DICTIONNAIRE NATIONAL

DES

CONTEMPORAINS

Contenant les Notices

DES MEMBRES DE L'INSTITUT DE FRANCE,
DU GOUVERNEMENT ET DU PARLEMENT FRANÇAIS,
DE L'ACADÉMIE DE MÉDECINE
ET DE TOUTES LES PERSONNALITÉS VIVANTES, FRANÇAISES OU DEMEURANT EN FRANCE,
QUI SE SONT FAIT CONNAITRE PAR LEUR ACTION DANS
LES LETTRES, LES SCIENCES, LES ARTS, LA POLITIQUE
L'ARMÉE, LES CULTES, L'INDUSTRIE, L'ADMINISTRATION, ETC.

Ouvrage rédigé et tenu a jour
PAR UN GROUPE D'ÉCRIVAINS, SAVANTS, ARTISTES ET HOMMES POLITIQUES

SOUS LA DIRECTION DE

C.-E. CURINIER

TOME QUATRIÈME

PARIS

OFFICE GÉNÉRAL D'ÉDITION

DE LIBRAIRIE & D'IMPRIMERIE

14, Rue du Cardinal-Lemoine (V°), 14

Tous droits de reproduction et de traduction réservés.

DICTIONNAIRE NATIONAL

DES

CONTEMPORAINS

PARIS. — Imprimerie de l'OFFICE GÉNÉRAL D'ÉDITION, DE LIBRAIRIE & D'IMPRIMERIE. — PARIS

DICTIONNAIRE NATIONAL
DES
CONTEMPORAINS

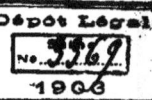

Contenant les Notices

DES MEMBRES DE L'INSTITUT DE FRANCE,
DU GOUVERNEMENT ET DU PARLEMENT FRANÇAIS,
DE L'ACADÉMIE DE MÉDECINE
ET DE TOUTES LES PERSONNALITÉS VIVANTES, FRANÇAISES OU DEMEURANT EN FRANCE,
QUI SE SONT FAIT CONNAITRE PAR LEUR ACTION DANS
LES LETTRES, LES SCIENCES, LES ARTS, LA POLITIQUE
L'ARMÉE, LES CULTES, L'INDUSTRIE, L'ADMINISTRATION, ETC.

Ouvrage rédigé et tenu a jour
par un groupe d'Écrivains, Savants, Artistes et Hommes politiques

SOUS LA DIRECTION DE
C.-E. CURINIER

TOME QUATRIÈME

PARIS
OFFICE GÉNÉRAL D'ÉDITION
DE LIBRAIRIE & D'IMPRIMERIE
14, Rue du Cardinal-Lemoine (V° Arr.), 14

Tous droits de reproduction et de traduction réservés.

Principaux collaborateurs de ce volume

MM. **Frédéric LOLIÉE,** lauréat de l'Institut, auteur du *Dictionnaire des Ecrivains et des Littératures* (adopté par le Ministère de l'Instruction publique et par la Ville de Paris).

A. LAGOGUEY, ancien directeur de l'Ecole Normale secondaire spéciale, ancien membre du Conseil supérieur de l'Instruction publique.

Paul VIBERT, économiste, membre du Conseil des Etudes coloniales et maritimes, ancien professeur libre du Cours de colonisation comparée à la Sorbonne.

Henri d'OSMONS, licencié ès lettres, homme de lettres.

Ch. ROLLAND, agrégé d'histoire, homme de lettres.

Jules CURINIER, licencié ès lettres, professeur de l'Université.

Ch. d'HELVIE, homme de lettres.

G. de BRUGELINES, homme de lettres.

Max MONNIER, publiciste scientifique.

Em. WOOLF, docteur ès sciences, publiciste scientifique.

Etc...

INDEX ALPHABÉTIQUE

DES NOTICES CONTENUES

DANS LE

TOME QUATRIÈME

DU

DICTIONNAIRE NATIONAL DES CONTEMPORAINS

A

Achalme (Dr P.-J.), médecin 299
Aguillon (Louis), sénateur 307
Abott (Mlle Bessie), artiste lyrique. 174
Alliand (Emile), écrivain 327
Albanel (Louis), magistrat. 354
Alberti (Henri), peintre. 162
Aldy (E.-P.-F.), député, avocat. 277
Albert (Jean-Pierre), minéralogiste. 55
Allègre (Raymond), peintre 333
Amagat (E.-H.), physicien, membre de l'Institut. 317
Amic (Henri), écrivain. 197
Amman (C.-E.), administrateur, officier. . . 238
Andrieux (Louis), avocat, homme politique. . 321
Andaaga (Edouard de), musicien. 278
Anglade (Gaston), peintre. 206
Antoine (André), artiste dramatique. . . . 218
Antonelli (Dr Albert), chirurgien. 154
Arago (François), député. 325
Archinard (Général Louis), explorateur. . . 193
Arlin (J.-C.-V.), peintre et sculpteur. . . . 80
Armengaud Jeune (Jules), ingén. homme politique. 355
Armstrong (Thomas, Baron d'), philanthrope. . 77
Aubry (Dr Ch.-A.), député. 247
Audiffred (J.-H.), député. 273
Auffray (Jules), député. 332
Augé (J.-A.), député. 333
Auricoste (Noël), ancien député. 100
Aymard (Edouard), député (de l'Institut). . . 225

B

Bauge (Colonel de), ingénieur 121
Basset (C.-S.), Dr-chirurgien 279
Bapst (Germain), historien et orfèvre . . . 113
Barthélemy (Anatole de), archéologue (de l'Institut) 260
Basly (E.-J.), député 323
Bassot (Général), géographe (de l'Institut) . . 4
Baumann (Antoine), écrivain 168
Bayeux (Dr Raoul), chirurgien. 239
Bazin (René), écrivain (de l'Ac. française) . . 329
Beaudoin (Jean), peintre 118
Beaumont (Charles), écrivain 79
Belin (Dr F.-X.-R.), chirurgien. 58
Bellanger (Charles), littérateur. 128
Benedictus (Louis), compositeur de musique . 240
Benoist (Charles), député. 292
Bérard (Alexandre), député, sous-secrétaire d'État. 300
Bérard (Ernest), ancien député, industriel . . 300
Bergemieux (Maurice), architecte. 96
Bernard (Eugène), publiciste 131
Berteaux (Maurice), député 351
Bertelin (Albert), compositeur de musique . . 30
Bézine (Paul), homme politique, avocat. . . 112
Bienvenüe (Fulgence), ingénieur. 254
Bigourdan (Guillaume), astronome 269
Biencourt (Alexandre de), administrateur . . 319
Blanchet (Joseph), historien, prov du lycée Condorcet 183
Bodin (Paul), ingénieur, professeur. . . . 322

Err. — Page 322, 1re colonne, 7e alinéa, 12e ligne, lire « admiration » au lieu de « administration ».

Boiwier (Michel), sénateur. 227
Bonaparte (Prince Victor-Napoléon), chef de la maison impériale 117
Bonnat (Léon), peintre (de l'Institut) . . . 249
Bonnevay (Laurent), député 83
Bonvoux (Henri), publiciste. 167
Bordier (P.-J.), musicien. 334
Borguet (Pierre-Ernest), député 212
Borja de Mozota (A.-L.-J.), administrateur . . 35
Borne (Dr Charles), médecin, député . . . 51
Borrelly (L.-A.-N.), astronome. 340
Bos (Charles), député 302
Bouchard (Joseph), écrivain 214
Bouquet de la Grye (A.), ing. hydrogr. (de l'Instit.) 137
Bourguignon (Jean), écrivain 246
Boussinecq (V.-J.), mathématicien (de l'Institut). 357
Bout de Charlemont (Hippolyte), écrivain . . 90
Bouvard (J.-A.), écrivain 236
Bracquemond (Félix), peintre et graveur . . 121
Branicki (Cte Augustin), homme polit. et publiciste 59
Brejean-Silver (Mme Georgette), artiste lyrique . 312
Brès (Mme Madeleine), Dr médecin 146
Breton (Jules), peintre, écrivain (de l'Institut) . 348
Breton (J.-I.), député 153
Bréval (Mlle Lucienne), artiste lyrique. . . . 50
Brice (René), député, financier 314
Brière (E.-A.), administrateur colonial. . . . 244
Brieux (Eugène), auteur dramatique 356
Brindeau (Louis), député. 337

— 11 —

Brisson (Joseph), député. 279
Brodier (Dr Pierre), médecin 56
Bruant (Aristide), chansonnier 182
Brunard (Jules), cantatrice. 315
Bruneau de Laborie (Emile), explorateur 202
Brunet (Louis), député, écrivain . . . 252
Brunet (Fernand), administrateur . . 27
Brunet-Debaines (Louis-Alfred), graveur. 172
Brus (Marc de), publiciste 155
Buisson (Ferdinand), député, publiciste 305
Budin (Dr Pierre), médecin (de l'Ac. de médecine). 220

C

Caillaux (Joseph), député, ancien ministre. 25
Caillé (Dominique), écrivain 238
Cailletet (P.-L.), physicien (de l'Institut). 108
Callon (Charles), compositeur de musique. 319
Calvé (Emma), cantatrice. 235
Cambourg (Joïe de), auteur dramatique. 335
Candéla (V.-M.), violoncelliste 38
Capus (Alfred), auteur dramatique. . 220
Cardet (A.-G.), député 298
Carnot (Ernest), ingénieur, ancien député. 235
Carnot (François), député, ingénieur. 236
Carolus-Duran, peintre. 265
Carpot (François), député, avocat. . . 93
Carrance (Evariste), publiciste 342
Casadesus (Henri), musicien. 350
Casadesus Bellerba (Mme Renée), musicienne 351
Cassagne (Armand), peintre. 198
Castelnau (Léonce de), député. . . . 245
Castro-Seffia (Dr Louis), médecin . . 286
Catalogne (Jacques), député, avocat. 86
Cayla (Dr A.), médecin. 231
Cazeaux-Cazalet (Georges), viticulteur, député. 73
Cazin (Dr Maurice), chirurgien . . . 179
Charmes (Francis), sénateur, publiciste. 339
Charmes (Xavier), membre de l'Institut. 340
Chatelier (Paul du), archéologue. . . 346
Chaumet (Chrries), député, publiciste. 105
Chaumié (Joseph), sénateur, ministre. 89
Chantemps (Alphonse), député, ancien magistrat. 97
Chauvet (Gustave), archéologue. . . 306
Chavanon (Jules), écrivain, paléographe. 352
Ciganda (E.-G.), diplomate 405
Cimino (Dr Benoît), médecin et publiciste. 59
Clary (comte Justinien), sportsman. . 294
Clément (Ch.), député, médecin. . . 235
Cleares (Emile), député 13
Coache (E.-C.-A.), député. 341
Cocula (Alfred), sénateur. 29
Colin (Maurice), député. 178
Collin (L.), compositeur de musique . 358
Congy (Albert), député. 290
Constans (Ernest), sénateur, ambassadeur, ancien ministre. 337
Contrans (Paul), député. 403
Contenson (Ludovic de), écrivain. . . 35
Cormon (Fernand), peintre (de l'Institut). 67
Cormon (Pierre), auteur dramatique (décédé). 125
Cortazzo (Oreste), peintre et illustrateur. 172
Coulondre (Gaston), député. 43
Courmeau (Ataïe du), publiciste. . . 153
Courteline (Georges), écrivain. . . . 140
Coutand (Albert), publiciste. 263
Critsman (Dr Daniel), médecin. . . . 10
Crotte (Francisque), chimiste. . . . .

D

Dabat (Léon), administrateur 212
Daireaux (E.-H.), jurisconsulte, écrivain. 403
Dalmorès (Charles), artiste lyrique . 54
Danet (Albert), avocat. 52
Daraux (Paul), artiste lyrique 130

Dard (Baron Henry), député. 70
Darcsay (Georges), archéologue. . . 136
Darier (Dr Armand), médecin oculiste. 217
Darvey (voir Mme Lacest).
Daumy (Charles), sénateur 285
David d'Angers (Robert), sculpteur . 39
Debove (Dr M.-G.), doyen de la Fac. de méd. de Paris. 169
Decrais (Louis), sénateur, ancien ministre 254
Dèche (Dr J.-L.), député 165
Defarg (A.-E.-M.), sénateur 277
Defontaine (Dr Léon), chirurgien . . 290
Dehenne (Dr Albert), médecin, ophtalmologiste 91
Delagrave (Charles), éditeur 416
Delarbre (Paul), député 75
Delard (Eugène), administrateur du musée Galliera. 259
Delaurier (Emile), publiciste 119
Delcassé (Théophile), député, ministre 349
Delmas (Fernand), architecte. . . . 212
Delorme (Dr Edmond), chirurgien militaire (de l'Académie de médecine) 180
Delpech (Auguste), sénateur 184
Demange (Edgar), avocat 21
Demars (Dr Achille), chirurgien . . . 160
Demont-Breton (M et Mme), peintres. 349
Denis (Abbé Ch.), philosophe, conférencier. 258
Déroulède (Paul), littérateur, homme politique 1
Déroulède (André), ancien officier . . 3
Descaves (Lucien), écrivain 281
Desmolières (Mme), docteur-médecin 358
Destaille (Edouard), sénateur 201
Desmons (Frédéric), peintre (de l'Institut). 27
Dessaney (Emile), peintre 36
Diamantberger (Dr M.-S.), médecin . 277
Doat (Taxile), sculpteur céramiste . . 108
Donnay (Maurice), auteur dramatique 276
Doumergue (Gaston), député, ministre 353
Druard (Hippolyte), avocat, ancien préfet. 320
Dubois (Dr Emile), député 189
Dubreuil (F.-A.), avocat, professeur de droit 56
Duc (Lucien), publiciste 159
Duchange (Jacques), publiciste, ingénieur 139
Duchatelet (Dr L.-A.), chirurgien . . 441
Duchesne (Henri), architecte paysagiste 158
Duclaux-Monteil (Jules), député . . . 173
Dumas (Louis), violoncelliste 142
Dupuy (Jean), sénateur, journaliste, ancien ministre. 317
Dupuy (Pierre), député 348
Duquesnel (Paul), député 76
Durand (Joseph), député 223
Duris (Edmond), chimiste 136
Dutreil (Maurice), député 274

E

Edwards-Pillet (Mme Blanche), Dr médecin. 208
Expert-Bezançon (Charles), sénateur. 308

F

Fabre (Dr Paul), médecin (de l'Acad. de médecine) 325
Fage (René), avocat, publiciste . . . 434
Faguet (Emile), écrivain (de l'Académie Française). 161
Faris (Antonio, Vicomte de), paléographe, écrivain. 187
Farinole (Vincent), ancien sénateur . 190
Favarcq (J.-L.), constructeur, économiste. 41
Féraudy (Maurice de), artiste et auteur dramatique. 203
Ferrer-Estève (José), musicien . . . 22
Ferrier (Adolphe), député 243
Flameng (François), peintre 41
Flameng (Léopold), graveur (de l'Institut) 41
Flammarion (Camille), astronome . . 254
Fleury (Maurice Comte), écrivain . . 240
Florentin (Général), grand chancelier de la Légion d'honneur 188
Florian (Frédéric), graveur. 45
Floureau (Emile), député, ancien ministre. 85

— III —

Fontaine de Bonnerive. Voir Lye (Georges de).
Fontaubert (D' Pierre de), médecin. 351
Forichon (Emile), premier président de la cour
 d'appel de Paris, sénateur. 219
Fosse (François Vicomte de), officier, aquarelliste,
 écrivain. 114
Fouad d'Arcevue (André), publiciste. 120
Fouchard (D' Marcel), médecin. 143
Fouché (Ernest), député. 272
Feugendoire (Auguste), graveur et ingénieur. 131
Fouineau (D' Raoul), médecin. 176
France (M⁰⁰ Gemier, dite Jeanne), écrivain. . . 207
Frayssoix (Marquis de), peintre, écrivain. . . 164
Frins (Georges), administrateur, publiciste. . . 102

G

Gabrielli (Thadée), député. 94
Galezowski (D' Xavier), médecin oculiste. . . 209
Gallieni (Général), gouverneur de Madagascar 249
Galpin (G.G.), député. 339
Gangnat (Robert), avocat, publiciste. 190
Garrigues (D' J.-F.-A.), médecin. 318
Gavrinis (M⁰⁰) Voir Stéphane.
Gasquet (Amédée), directeur de l'Enseig. primaire. 311
Gassier (H.-A.), sénateur. 263
Gayraud (Abbé), député. 335
Genuys (Charles), architecte. 20
Geoffroy-Saint-Hilaire (D' Pierre), médecin 214
Georges (Abbé Louis), prêtre, homme politique 122
Gérald (Georges), député. 281
Gérard (Albert), sénateur. 216
Gérard (L.-E.), député. 248
Gérin-Lajoie (D' M.-T.), médecin 202
Gigot de Villefaigne (J.-F.), publiciste. 159
Gilbert (D' Augustin), médecin. 205
Giraudeau (Fernand), écrivain. 178
Girard (Cyprien), ancien ministre 360
Gizard (D' Frantz), médecin (de l'Ac. de médecine) 177
Godin (Jules), sénateur, ancien ministre. . . 356
Gomot (Hippolyte), sénateur, ancien ministre 49
Genthier (Abbé), historien. 331
Gonjon (D' Étienne), médecin, sénateur. . . 228
Goure (D' Louis), médecin. 144
Gourmont (Rémy de), écrivain. 60
Gousseau (William), musicien. 286
Gousset (Émile), avocat, ancien député . . . 237
Gras (Charles), député et publiciste. 20
Grasset (Auguste), peintre, dessinateur . . . 123
Gregh (Fernand), poète, écrivain. 152
Grodiller (A.-R.), député. 276
Grosjean (Georges), député. 147
Guérin (Eugène), sénateur, ancien ministre. . . 225
Guillaume (Eugène), statuaire (de l'Institut), di-
 recteur de l'École de Rome 316
Guillon (Alfred), écrivain. 120
Guillet (Adolphe), magistrat (de l'Institut) . . 313
Guimard (Hector), architecte d'art. 101
Guimet (Émile), industriel, collectionneur . . 309
Guyot (Yves), économiste, ancien ministre . . 223
Guyot de Villeneuve (J.-P.), député 295

H

Hading (M⁰⁰ Jane), artiste dramatique. 51
Hagberg (Auguste), peintre. 44
Hallopeau (D' F.-H.), médecin (de l'Académie de
 Médecine). 433
Hanotaux (Gabriel), diplomate, ancien ministre (de
 l'Académie Française). 113
Harmand (Jules), naturaliste, explorateur. . . 43
Harmois (Georges), écrivain. 215
Haton de la Goupillière (J.-N.), ingénieur des mines
 (de l'Institut). 49
Havette (René), publiciste. 122

Hayem (D' Georges), médecin (de l'Académie de
 Médecine). 28
Hebrard de Villeneuve (Henry), conseiller d'État. 292
Heim (D' Frédéric), médecin, botaniste. . . . 343
Hélary (D' L.-J.), médecin. 288
Helme (D' F.-V.), médecin 224
Henrique-Duluc (Louis), député. 81
Heredia (José-Maria de), poète (de l'Acad. Française). 137
Héricault (Jean-Charles d'), publiciste 36
Héron de Villefosse (A.), archéologue (de l'Institut). 249
Hubbard (Gustave-Adolphe), député. 21
Huysmans (Joris-Karl), écrivain. 165

I

Ibarra (Juan), littérateur 142
Ibels (H.-G.), peintre 170
Indy (Vincent d'), compositeur de musique . 217
Iscard (Paul), député, médecin. 344
Issard (M.-Z.), historien, archiviste. 315
Ivel (Paul d'), auteur dramatique. 33

J

Jacomin (V.-A.-L.), peintre 168
Janet (Léon), député, ingénieur 87
Jan-Nenchabian (F.-J.), peintre 324
Johanin (Alexandre), député 246
Judet (J.-L.), député. 308

K

Kerviler (René de), ingénieur, littérateur. . . 99
Kirchhoffer (Alphonse), escrimeur. 31
Koch (Louis), administrateur du Musée Victor Hugo 359
Krantz (Camille), député, ancien ministre . . 36

L

Laborde (D' Jean), médecin. 298
La Chambre (Charles), financier, ancien député 296
La Chambre (Charles), député. 296
Lacein de Villemerin (Auguste), publiciste. . 63
Lacout (M⁰⁰ dite Darvey), compositeur de musique 359
Lafitte (Daniel-Bertrand de), publiciste. . . . 211
Lahure (Alexis), imprimeur. 161
Laisant (C.-A.), mathématicien, ancien député 257
Lakhovsky (Georges), ingénieur. 110
La Loyère (Armand Vicomte de), gouverneur des
 colonies. 173
Lamy (Ernest), député. 102
Lanjuinais (P.-H. Comte de), député. 310
Lapercerie (M⁰⁰ Jacques Richepin, née Cora). 176
La Perre de Roo (V.-C.-D.), colombophiliste, publi-
 ciste 150
Lapinada (Alexandre), artiste lyrique et dramatique. 30
Laquerrière (D' Albert), médecin. 287
La Rochetaison (Georges Comte de), député. 64
Lasteyrie-Dussaillant (R.-C. Comte de), ancien dé-
 puté (de l'Institut). 9
Laurens (Paul-Albert), peintre. 71
Laurens-Castelet (Marquis de), député. . . . 60
Lavalley (Gaston), écrivain. 141
Lebon (Ernest), écrivain 5
Le Breton (Gaston), archéologue (de l'Institut). 261
Le Chartier (Eugène), publiciste. 16
Le Chevallier (G.-V.), sénateur. 273
Le Cent (Guillaume), pasteur protestant, publiciste. 191
Lecocq-Grandmaison (Henri), sénateur. . . . 232
Ledien (Alcius), polygraphe, administrateur. 270
Lefas (Alexandre), député. 152
Lefebvre (Jules), peintre (de l'Institut). . . . 33

M

Lefebvre (Léo), publiciste. 58
Lefèvre-Pontalis (Eugène), archéologue. . . . 200
Lefèvre-Pontalis (Germain), historien, diplomate. 210
Le Fur (D' René), chirurgien 81
Lemire (l'Abbé), député. 40
Lenix (Frédéric), musicien. 63
Le Riche (Henri), peintre et sculpteur . . . 82
Le Rey (Auguste), musicien. 95
Lesca (J.-H.), industriel 183
Le Vayer (Paul), administrateur, publiciste. . 72
Levraud (Docteur), député 293
Limpmann (Gabriel), physicien (de l'Institut). . 64
Loiseau-Bourdier (Auguste), administrateur . . 143
Lombard (Emile), écrivain, professeur. . . . 198
Loque (M.-J.-G.), député, médecin. 188
Lorain (D' M.-J.-H.), médecin. 354
Louis (René), auteur dramatique 62
Lucas (Léo), publiciste. 32
Luro (Jacques), industriel. 111
Lys (Fontaine de Bonnerive, dit Georges de), écriv. 171

M

Mangeant (Paul-Emile), peintre, sculpteur, publiciste. 128
Magnaud (Paul), magistrat, publiciste. . . . 105
Magnin (D' Antoine), botaniste et médecin . . 245
Marcel (G.-A.), écrivain 146
Margis (Alfred), compositeur de musique. . . 62
Marie (D' Pierre), médecin 284
Maris (Eugène), ingénieur 323
Marioton (Claudius), sculpteur, ciseleur . . . 100
Maret (Félix), député, médecin. 84
Marron (Ferdinand), ferronnier d'art 115
Marsac (Paul-Alphonse), peintre 175
Maruéjouls (Emile), député, ministre 329
Mas (Auguste), député 192
Mathuisieulx (Henri Vicomte de), écriv., explorateur. 162
Maussabré (marquis R.-G. de), député 52
Maxau (Charles), ancien sénateur, ancien ministre. 353
Maseline (M'''), peintre 47
Manière (Pierre), député. 180
Maxon (Albin), écrivain 327
Meige (D' Henry), médecin neurologiste . . . 75
Menier (Joseph), avocat 331
Menard (D' Louis), médecin. 330
Mercet (Emile Louis), administrateur et financier. 48
Merouve (Charles), romancier 157
Mesnimy (Adolphe), député 23
Mesureur (Gustave), directeur de l'Assist. publique. 185
Metzger (Albert), historien, publiciste 275
Errata. — A la 3° ligne du 3° alinéa de la 2°
colonne, supprimer les mots « depuis lors »,
M. Metzger ayant été admis à l'Académie
de Savoie *avant* 1893, non *après*.
Meurice (Paul), auteur dramatique, publiciste . 65
Mézières (Alfred), sénateur, écrivain (de l'Ac. franç.) 156
Millerand (Alexandre), député, ancien ministre . 53
Minorey (A.-E.), sculpteur 15
Mitchell (Guernsey), sculpteur-statuaire . . . 62
Monchablon (Jean), Voir Jan-Monchablon.
Montaigu (P.-A.-J. Comte de), député . . . 330
Montigny (M''' de), Voir Salberg.
Morel (V.-N.), médecin 344
Mornard (Henry), avocat 187
Mougeot (Léon), député, ministre 313
Moulé (Eugène), musicien, administrateur . . 143
Mourier (Charles), jurisconsulte, administr. (décédé). 50

N

Nénot (H.-G.), architecte (de l'Institut) 72
Nicolaïdi (D' Jean), médecin. 314
Nicolas (César, administrateur (décédé) . . . 15
Nicolay (Fernand), avocat, écrivain 111
Nocard (Edmond), vétérinaire de l'Académie de
Médecine), décédé. 409
Normand (Jacques), écrivain 301

O

d'Ettinger (D' William), médecin 37
Olivier (Louis), publiciste scientifique 83
Ollivier (Louis), député, avocat 79
Ollone (H.-M.-G. Vicomte d'), explorateur, officier. 230
Ollone (Max d'), compositeur de musique. . . 230
Osmoy (Louis Comte d'), homme politique, administrateur colonial. 72
Osmoy (Tanneguy Comte d'), député. 71
Ozun (F.-L.), député. 203

P

Pajot (F. C.), député. 7
Pallain (Georges), gouv. de la Banque de France . 8
Pansinger (Clément de), peintre 163
Err. — Le nom, dénaturé par une erreur
typographique dans la notice, est « Pansinger », et non « Pansiger ».
Parent (Armand), violoniste 88
Pariset (Stanislas), peintre 39
Parisot (Georges-Albert), sénateur 169
Parmentier (général), polygraphe 93
Passy (Paul), écrivain, professeur 184
Patricot (Jean), peintre et graveur 69
Pelleport-Burète (Pierre Vicomte de), publiciste . 347
Péret (Raoul), député 91
Perraud (S. E. le Cardinal), de l'Ac. française . 278
Perroche (P.-A.), député 68
Pessard (Émile), musicien 492
Petit (Georges), député 107
Petit (Pierre), photographe 145
Peyrot (D' J.), chirurgien (de l'Ac. de médecine) . 88
Pichat (J.-F.), député 25
Pichon (Stéphane), résident général en Tunisie . 18
Pierretet (Paul-Clément), administrateur et publiciste 303
Piette (Édouard), polygraphe, ancien magistrat . 234
Pobéguin (L.-H.-G.), explorateur 356
Poilpot (Th.), peintre 166
Poisset (Paul), odontologiste 302
Polignac (Comtesse de), musicienne 435
Potin (P.-P. Marcadas, dit), artiste lyrique . . 149
Poncet (D' Antonin), chirurgien (de l'Ac. de médec.) 186
Popp (Victor), ingénieur électricien 353
Porto-Riche (Georges de), auteur dramatique . . 360
Poyet (D' Georges), médecin 160
Préaulx (Berthe Comtesse de) 285
Pressensé (Francis de), député 43
Prévost (Camille), escrimeur 255
Prévost (Marcel), romancier 3
Prillieux (Édouard), sénateur (de l'Institut) . . 148
Provins (Gabriel Lagros de Langeron, dit Michel), écrivain 369
Pucch (Louis), député, avocat . . . . . .

R

Rabien (D' L.-M.), médecin 376
Raffaëlli (J.-F.), peintre 221
Rambourgt (Eugène), sénateur 177
Raulin (H.-P.-M.), architecte 37
Raux (Albert), linguiste, professeur 347
Raymond (D' F.), médecin (de l'Acad. de Médecine) 222
Reiterer (D' Édouard), médecin et histologiste . 229
Réville (Jean), théologien, historien 193
Reves (Michel), orientaliste, juriste et professeur. 92
Reynier (D' Paul), chirurgien 226
Richard d'Aulnay (D' Gaston), médecin . . . 94
Richardet (A.-J.-B.), publiciste 106
Richemond (Lucien), artiste dramatique . . . 31
Richepin (Jacques), poète, auteur dramatique . 176
Ripert (J.-B.-V.), député 169
Riquoir (D' Gabriel), médecin 334

— v —

Rivière (Dr A.-J.), médecin, physiologiste 253
  Depuis. — Décoré de la Légion d'honneur (1908).
Robella (Léon), publiciste 24
Robert (Edmond), publiciste 124
Rochas-d'Aiglun (Colonel Comte de), écrivain . . 9
Rodier (Dr Henri), médecin 138
Rodin (Auguste), sculpteur 6º
Roland de Cadoiel (A.-U.), publiciste, romancier . 215
Roll (Alfred), peintre, sculpteur 65
Rolland (Dr Léon), sénateur 149
Rondeleux (Paul), ancien député, ingénieur . . . 357
Rouché (Eugène), mathématicien (de l'Institut) . . 57
Roulin (Dr Louis), médecin 135
Rousseau (Dr Léon), chirurgien 310
Rouvet (Colonel Léonce), député 89
Rouvier (Maurice), sénateur, ministre, ancien président du Conseil 345
Royer (Henri), explorateur, naturaliste 34
Rey (François), administrateur, bibliophile . . . 127
Rozan (Charles), littérateur, professeur et moraliste . 76
Rudelle (Théodore), député, avocat 208

S

Sabaterie (Dr J.-P.), député 110
Sachs (Léo), compositeur de musique 287
Saint-Arroman (Raoul de), écrivain, administrateur . 299
Saint-Saëns (Camille), musicien (de l'Institut) . . 297
Salberg (Mme R. de), littérateur, graphologue . . 87
Sandrique (Albert), député 284
Sanguier (Marc), écrivain, conférencier 114
Sard (Dr Joseph de), médecin 221
Sardou (Victorien), auteur dramatique (de l'Ac.franç.) 129
Sarrau (Émile), physicien (de l'Institut) 241
Sauvan (Honoré), sénateur 222
Sauvineau (Dr Charles), médecin oculiste 194
Saussède (Jules), député 280
Saveret (Victor), avocat, publiciste 279
Schneider (Charles), député 80
Sebilles (Paul), poète, peintre 282
Seigneste (Adrien), publiciste, professeur 163
Sem (Georges Gorsuas, dit), dessinateur 228
Sesae (Urbain), député 197
Serres (Honoré), député 264
Siegfried (Jules), député 47
Silver (Charles), compositeur de musique 312
  (Voir aussi Brejean-Silver).
Sinell (Georges), architecte 142
Sireyjol (Léon), député 227
Seckes (Lazare), sculpteur 115
Soeques (Dr Jules), médecin 164
Sorel (Albert), historien (de l'Institut) 124
Soyer (Jacques), archéologue 335
Spronck (Maurice), député 164
Stéphane (Mme Garrissen,dite),écriv.,auteur dramat. 174
Sachetet (Luc-André), député 234
Syveton (Gabriel), député, publiciste 328

T

Tapret (Dr Odile), médecin 48
Tavé (Jean), député 232
Tcheraz (Minas), professeur, publiciste, homme politique 125

Tell du Mavelt (Georges Baron du), agronome . . 248
Tesson (Alfred de), publiciste 107
Teutsch (Dr Robert), médecin 247
Texier (Hubert), publiciste 86
Thierry-Cases, député 92
Thelmet (Dr H.-L.), médecin 77
Thomas (Auguste), administrateur, industriel . . 22
Thomas (Gaston), député, publiciste 133
Thomson (Albert), sénateur 231
Tinseau (Léon Comte de), romancier 209
Torchat (Charles), député 27
Tournade (Henri), député 294
Toussaint (Dieudonné-Prudent), archéologue . . 167
Traineau (Le Geutdec Comte de), député 336
Tramar (Comtesse de), écrivain, journaliste . . . 42
Trecot (Louis-Joseph), chimiste (de l'Institut) . . 20
Troubat (Jules), écrivain 170
Trouillet (Jean-Paul), publiciste 123
Trouvé (Alexis), publiciste 167
Truy (Paul), député 96

U

Uzanne (Octave), écrivain, bibliophile 66

V

Vallé (Ernest), sénateur, ministre 341
Vandal (Albert), historien (de l'Académie Française) . 4
Van Marcke de Lummen (Jean), peintre 214
Varennes (P.-R. des), écrivain 47
Varicard des Côtes (P-H.), architecte, graphologue . 155
Vaschide (Nicolas), publiciste 46
Velten (Godefroy), sénateur, industriel 19
Venteuat (G.-P.), publiciste 140
Vernes (Maurice), exégète, historien 195
Verveort (André), publiciste 160
Vever (Henri), sculpteur-joaillier 84
Viard (Dr Joseph), médecin, publiciste 266
Vierge (Daniel), peintre et dessinateur 148
Viger (Albert), sénateur, ancien ministre 45
Villard (Dr Ferdinand), sénateur, médecin . . . 185
Viollette (M.-J.), député, avocat 104
Vogüé (Marquis de), archéologue, diplomate (de l'Institut) 73
Vuillier (Gaston), peintre, dessinateur, publiciste . 272

W

Waddington (Richard), sénateur 256
Waldeck-Rousseau (René), sénateur, ancien président du Conseil 241
Wallon (Henri), sénateur, historien (de l'Institut) . 204
Watris (C.-J.), officier supérieur 98
Watris (Paul), avocat, homme politique 98
Weber (Arthur), publiciste, juriste 127
Wickham (Dr Louis), médecin 295
Weetyne (Ivan de), publiciste 132
Wolff (Johannès), violoniste 199

Z

Zaccarelli (Dr Pascal), médecin 139

DICTIONNAIRE NATIONAL
des
CONTEMPORAINS

TOME QUATRIÈME

DÉROULÈDE (Paul)

Littérateur et homme politique, né à Paris le 2 septembre 1846. Il est le neveu d'Émile Augier. Ses études faites à Louis-le-Grand, à Condorcet et au lycée de Versailles, il prit la licence en droit à la Faculté de Paris et, sous le pseudonyme de « Jean Rebel, » envoya des vers à la *Revue Nationale*. Il visita ensuite l'Europe, l'Egypte, et assista, en 1869, à l'inauguration du canal de Suez. A son retour en France, il fit recevoir au Théâtre Français et jouer, le 9 juin 1869, une pièce en un acte, en vers, intitulée : *Juan Strenner*.

En 1870, dès la déclaration de la guerre, M. Paul Déroulède s'engagea dans les zouaves ; il reçut dans la poitrine une balle qui s'amortit sur un volume des *Poésies* de Musset. Fait prisonnier en portant secours à son frère, à Sedan, il fut interné en Silésie ; mais il s'évada pour reprendre du service dans les armées de la Loire et de l'Est.

Mis à l'ordre du jour de l'armée et décoré pour avoir, à la tête d'une compagnie de tirailleurs algériens, occupé Montbéliard, il prit part plus tard à la répression de la Commune et fut blessé au bras en enlevant une barricade ; il venait d'être promu lieutenant lorsqu'il dut quitter le service militaire, à la suite d'une chute de cheval qui lui avait brisé la jambe.

M. Déroulède, qui, déjà, s'était fait connaître dans la littérature, continua ses travaux. Il avait conservé un profond amour de l'armée et il se dépensa, un peu bruyamment peut-être, en fondations patriotiques. Il créa la Ligue des Patriotes en 1882, sur les conseils et à la demande de Gambetta, et, dès lors, mena une vie très agitée, parcourant, comme ambassadeur de sa ligue et apôtre de la revanche, la Grèce, la Turquie, la Russie, où, reçu par Tolstoï, Katkoff et les principaux hommes politiques, il examina avec eux la possibilité d'une alliance franco-russe. En France, on le vit président des banquets, des concours de tir, de gymnastique ; faisant des conférences d'un patriotisme exalté et figurant dans toutes les cérémonies vêtu d'une immense redingote verte qui contribuait à l'originalité de sa personne.

S'étant porté à des voies de fait sur M. Mayer, directeur de la *Lanterne*, qui l'accusait de vouloir faire de la Ligue des Patriotes une entreprise électorale (5 septembre 1882), il encourut un procès retentissant qui aboutit à sa condamnation à 25 francs d'amende. Un désaccord sérieux, survenu peu de temps après parmi les membres de la Ligue des Patriotes, amena la démission de son président, Anatole de La Forge.

M. Déroulède, qui, jusqu'alors, avait constamment déclaré ne vouloir être que « le député de Strasbourg », tenta d'entrer personnellement dans la politique en se présentant aux élections complémentaires législatives de Paris (16 décembre 1885) ; il obtint, au scrutin de liste, sur 378.000 votants, 104.000 suffrages, en quelques jours et sans bulletins imprimés à son nom. La même année (1885), il fondait le journal le *Drapeau*, organe hebdomadaire de la Ligue.

Dès la première heure, il fut l'un des plus ardents lieutenants du général Boulanger et il engagea peu à peu dans son parti la Ligue des Patriotes, dont il avait été nommé président après la démission du comte Féry d'Esclands, motivée par l'immixtion de la Ligue dans la politique (25 avril 1887). Cette association, nombreuse et bien organisée, devint, en ses mains habiles, un instrument puissant d'agitation politique et électorale.

M. Déroulède fut l'organisateur avéré ou occulte des manifestions de la gare de Lyon, de la revue du

14 juillet 1887 et le contrôleur général des scrutins plébiscitaires.

Il subit un nouvel échec personnel aux élections législatives, dans la Charente, le 17 juin 1888.

L'action de la Ligue des Patriotes se fit surtout sentir dans la fameuse élection partielle de la Seine (27 janvier 1889) qui, après les nombreux succès électoraux obtenus par le général Boulanger dans les départements, faisait de lui le député de Paris avec une énorme majorité. Le gouvernement s'émut alors d'une organisation aussi puissante et en décida la dissolution. Une protestation publique de M. Déroulède et de la Ligue contre les mesures militaires dont la mission Atchinoff avait été l'objet dans notre établissement de Sagalla, lui en fournit le prétexte (1ᵉʳ mai 1889). Une perquisition, opérée dans les bureaux de la Ligue, fit infliger à M. Déroulède une amende de 100 francs.

Après la condamnation du général Boulanger par la Haute-Cour et sa retraite à l'étranger, M. Déroulède resta l'un de ses plus fidèles défenseurs.

Il se présenta aux élections générales législatives de 1889 dans la 2ᵉ circonscription d'Angoulême et fut élu, au premier tour, par 9,407 voix, contre 3,685 données à M. Donzole, candidat républicain ; il prit place au premier rang du groupe boulangiste et souleva d'orageuses scènes à la Chambre. La plus violente fut celle du 2 janvier 1890 : avec deux de ses collègues, MM. Laguerre et Millevoye, M. Déroulède voulut empêcher de parler M. Joffrin, proclamé député de Paris à la place du général Boulanger, déclaré inéligible ; ces trois députés subirent en cette circonstance la censure avec exclusion temporaire et, sur leur refus de quitter la salle, ils furent expulsés de force.

Le 21 octobre de la même année, M. Déroulède eut un duel sans résultat avec M. Joseph Reinach ; un peu plus tard, le 13 novembre, il se battit encore avec M. Laguerre, son ancien ami ; puis avec M. Clémenceau, après une séance mémorable de la Chambre, où l'on avait pu voir ces deux hommes politiques en venir à d'émouvantes provocations.

M. Déroulède déposa, le 5 décembre, une proposition tendant à empêcher que les députés puissent voter pour leurs collègues absents. Il interpella fréquemment, au cours de la législature, le gouvernement, et donna sa démission, le 22 juin 1893, après l'insuccès d'une interpellation de M. Millevoye au sujet d'une prétendue trahison, les débats ayant montré que celui-ci et ses amis avaient été joués (affaire Norton).

Il ne fut candidat nulle part aux élections générales de 1893 et se tint, durant plusieurs années, éloigné du Parlement. Il rentra dans la mêlée dès que fut agitée l'hypothèse de la révision du procès Dreyfus et se présenta au renouvellement législatif du 8 mai 1898, dans la deuxième circonscription d'Angoulême, son ancien collège, où il fut élu par 7,763 voix, contre 5,873 à M. Mulac, et 1,168 à M. Legrand, républicain.

En septembre de la même année, il reconstitua l'ancienne Ligue des Patriotes ; en même temps, par ses écrits, par ses discours, par tous ses actes, au Parlement comme au dehors, il s'efforçait de ressusciter, sous le vocable de nationalisme, le boulangisme plébiscitaire dont il était demeuré l'inébranlable champion. Constamment à la tête des mouvements populaires opposés à la révision du procès Dreyfus, il prit nettement une attitude révolutionnaire, le 20 février 1899, en essayant d'entraîner dans un commun accord l'armée et la population parisienne ; il tenta notamment de détourner le général Roget de son devoir pour le faire marcher sur l'Élysée à la tête d'un détachement militaire revenant des funérailles du président Félix Faure. Arrêté et poursuivi pour cette tentative, il fut acquitté par la Cour d'assises de la Seine, la Chambre des mises en accusations ayant, d'ailleurs, écarté l'accusation de complot.

Malgré cet arrêt, M. Waldeck-Rousseau, devenu président du Conseil après la démission de M. Ch. Dupuy, fit, le 18 août, perquisitionner chez les chefs des partis nationaliste et monarchiste, et, à la suite de cette opération, M. Déroulède fut incarcéré. Traduit devant le Sénat, transformé en Haute-Cour de Justice, avec MM. André Buffet, Jules Guérin et d'autres agitateurs royalistes ou plébiscitaires, il se vit, après des débats ayant tenu 47 audiences, condamner à dix années de bannissement, pour complot contre le gouvernement établi.

Fixé à Saint-Sébastien, en Espagne, il soutint, en 1900, une très vive polémique avec son ancien coaccusé politique, M. André Buffet, au sujet de la responsabilité revenant à chacun des chefs des partis royaliste et nationaliste dans les événements précités ; une rencontre ayant été jugée inévitable entre MM. Déroulède et Buffet, rendez-vous fut pris en Suisse ; mais la police, prévenue, put empêcher le duel et les deux adversaires durent rentrer chacun chez soi sans avoir pu vider leur querelle. M. Buffet, d'ailleurs, avait déclaré que, si le duel avait lieu, il tirerait en l'air.

D'Espagne, M. Déroulède continue de diriger le *Drapeau*, organe officiel de la Ligue des Patriotes qui, rendu quotidien un moment en 1901, est redevenu hebdomadaire.

Comme poète et auteur dramatique, M. Paul Déroulède jouit d'une réputation avec laquelle ses actes publics paraissent avoir peu de rapports, bien qu'il ait déclaré que ses productions littéraires avaient guidé sa conduite politique. Toujours animé du plus vibrant patriotisme, il s'est fait en quelque sorte le chantre de la Patrie. Son vers est parfois incorrect, on le lui a souvent reproché ; mais le souffle ardent qui l'inspire fait oublier aisément les quelques légers défauts de la forme. On lui doit les poésies suivantes : *Sur Corneille*, stances (1871) ; les *Chants du Soldat* (1872) et les *Nouveaux Chants du Soldat* (1875), poésies couronnées par l'Académie française et qui eurent un succès prodigieux ; l'*Hetman*, drame en vers, représenté à l'Odéon, où il obtint près de cent représentations (1877) ; *Pro Patria* (1878) ; la *Moabite* (1880), autre drame qui, reçu au Théâtre-Français, fut interdit par la censure ; les *Marches et Sonneries* (1881) ; une cantate : *Vive la France !* dont Gounod écrivit la musique ; *De l'Education nationale* (1882) ; la *Défense nationale* (1883) ; *Monsieur le Uhlan et les trois couleurs*, contes (1884) ; *Refrains militaires* (1888) ; *Histoire d'amour* (1890) ; les *Chants du Paysan*, couronnés par l'Académie française (1893) ; *Messire Duguesclin* (1895), drame joué à la Porte-Saint-Martin ; *Paris* (1896) ; la *Mort de Hoche*, autre drame (1897) ; *La plus belle fille du monde*, un acte en vers (Comédie Française, 1898). Les pièces de cet auteur n'ont pas trouvé auprès du public un succès aussi grand que ses poésies patriotiques.

M. Paul Déroulède est chevalier de la Légion d'honneur depuis le 2 février 1871.

DÉROULÈDE (André)

ANCIEN officier, frère du précédent, né à Paris le 20 février 1852. Il s'engagea à dix-huit ans, lors de la guerre de 1870, au 3ᵉ régiment de zouaves. Blessé d'un coup de feu à la bataille de Sedan, il fut fait prisonnier avec son frère Paul et s'évada avec lui d'Allemagne. En 1872, il entra à l'Ecole polytechnique avec la médaille militaire et en sortit en 1874 dans l'artillerie. Il prit part à l'expédition de Tunisie comme capitaine-adjoint au colonel (depuis général) Brugère. Sa blessure s'étant rouverte, il dut quitter le service militaire en 1887 avec la croix de la Légion d'honneur. Il s'occupe depuis de beaux-arts et fait de la peinture.

PRILLIEUX (Edouard-Ernest)

SÉNATEUR, botaniste, membre de l'Institut, né à Paris le 11 janvier 1829. Arrière petit-fils d'un géomètre qui, avant la Révolution de 1789, traça l'enceinte de Paris aux boulevards extérieurs, petit-fils et fils de fonctionnaires, il entra comme élève, en 1850, à l'Institut agronomique de Versailles, qui devait être supprimé trois ans après.

Chargé d'une mission d'étude sur les vignes que ravageait l'oïdium, M. Edouard Prillieux se rendit dans le Midi et commença, dès ce moment, à publier d'importants travaux sur divers sujets de botanique. En 1874, il fut nommé professeur d'histoire naturelle des végétaux cultivés à l'Ecole centrale des Arts et Manufactures et, deux années plus tard, lorsque l'Institut agronomique s'établit à Paris, il y occupa la chaire de botanique, où son maître, M. Duchartre, l'avait précédé à Versailles. Il fut, par la suite, chargé par le ministère de l'Agriculture, à plusieurs reprises, de voyages pour suivre sur place les atteintes des vignobles par le mildew et le black-rot, dont ses études et ses efforts réussirent à atténuer les dégâts.

M. Prillieux fut élu, en 1876, membre de la Société nationale d'Agriculture, dans la section d'histoire naturelle agricole, en remplacement d'Adolphe Brongniard.

En 1883, il fut nommé inspecteur général de l'Enseignement agricole et, en cette qualité, il a pris une part active à la création et à l'organisation de l'enseignement scientifique de l'agriculture en France. En 1888, il devint directeur du Laboratoire spécial de pathologie végétale créé à son intention à l'Institut agronomique de Paris. En 1897, pour entrer au Sénat, il résigna ces deux fonctions et en reçut l'honorariat. L'année suivante, il fut élu membre de l'Académie des Sciences (section de botanique), au fauteuil rendu vacant par la mort de Naudin.

M. Edouard Prillieux a publié, dans divers recueils spéciaux de botanique et d'agriculture et dans les *Comptes-rendus de l'Académie des Sciences*, de nombreux travaux ayant trait aux maladies de la vigne, aux altérations des plantes causées par les bactéries, les parasites animaux ou végétaux, le gel, etc., à l'anatomie, à la morphologie et à la physiologie de la famille des orchidées et des végétaux en général, etc. Il a fait paraître à part le recueil de ses leçons, imprimé sous ce titre : *Maladies des plantes agricoles et des arbres fruitiers causées par les parasites végétaux* (2 vol. 1896-1897).

Conseiller général de Loir-et-Cher pour le canton de Mondoubleau depuis plusieurs années et vice-président du Conseil général, M. Edouard Prillieux fut élu sénateur de ce département le 3 janvier 1897, par 373 voix contre 150 à M. Jullien, député, radical, et 75 à M. le général Macé, libéral. Il fait partie, à la Chambre haute, de l'Union républicaine.

Il est officier de la Légion d'honneur depuis 1887, officier du Mérite agricole et de l'Instruction publique.

BASSOT (Jean-Antoine-Léon)

GÉOGRAPHE, astronome, général, membre de l'Institut, né à Renève (Côte-d'Or) le 6 avril 1841. Entré à l'Ecole polytechnique en 1861, sorti dans l'Etat-Major, il fut promu capitaine en 1870 et fit la campagne avec ce grade ; il devint commandant en 1880, lieutenant-colonel en 1888, colonel en 1892 et général de brigade en 1899.

En 1870, M. Bassot avait été attaché au Dépôt de la Guerre pour le service géodésique. En 1871, après la guerre, il reprit cette fonction, qu'il n'a plus quittée depuis, consacrant ses travaux aux triangulations et à l'étude de la forme et de la figure de la terre.

Le général Perrier dont l'œuvre d'ingénieur et de géographe a été si remarquable, prit, en 1870, M. Bassot avec lui pour la mesure de la méridienne de France, qu'il venait d'entreprendre sur l'ordre du maréchal Niel. Cette opération, qui comporte une chaîne de triangle s'étendant des Pyrénées à Dunkerque, a exigé près de vingt années de travail sur le terrain. A partir de 1882, le général Perrier ayant pris la direction du Service géographique de l'Armée (ancien Dépôt de la Guerre), M. Bassot dirigea seul l'entreprise commune.

Dans le même temps, et toujours sous les ordres du général Perrier, M. Bassot exécutait une série d'opérations ayant pour objet la constitution du réseau géodésique de l'Algérie et de la Tunisie. C'est ainsi qu'il participa aux déterminations astronomiques de longitude, latitude et azimut à Alger, Bône, Nemours, Biskra et Laghouat, ainsi qu'à la jonction géodésique de l'Algérie avec l'Espagne, dont le succès fut un véritable événement scientifique. Plus tard, en 1886, il dirigea la mesure de la méridienne de Laghouat, en y appliquant une méthode d'observation qui permit de faire exécuter cette chaîne, d'une étendue de 4 degrés, en 50 jours, par trois groupes d'opérateurs.

En 1882, M. Bassot fit partie de la mission dévolue au service géographique par l'Académie des Sciences pour aller observer en Floride (Etats-Unis) le passage de Vénus sur le soleil. Enfin il a coopéré, tant en France qu'à l'étranger, à plusieurs déterminations astronomiques pour fixer les coordonnées de stations géodésiques ou d'observatoires importants ; il a pris part notamment aux mesures des différences de longitude entre Paris et les observatoires de Lyon, Nice, Greenwich, Leyde, Madrid, Genève.

M. Bassot fut élu membre de l'Académie des Sciences (section de géographie et navigation) le 23 janvier 1893, en remplacement de Jurien de La Gravière. Il devint, en 1897, membre du Bureau des Longitudes, dont il était correspondant depuis 1875. En 1898, il a été choisi comme chef du Service Géographique et sous-chef d'Etat-major général de l'Armée.

Il n'a publié que des mémoires insérés dans le *Mémorial du Dépôt de la Guerre*.

Le général Bassot est officier de l'Instruction publique et officier de la Légion d'honneur.

VANDAL (Albert)

HISTORIEN, membre de l'Académie Française, né à Paris le 7 juillet 1853. Fils du comte Edouard Vandal, qui fut conseiller d'Etat et directeur-général des Postes sous le second Empire (1843-1849), il accomplit ses études classiques au lycée Bonaparte (Condorcet), où il fut lauréat du Concours général ; il suivit ensuite les cours de la Faculté de Droit, fut reçu licencié, puis docteur, et devint, par la voie du concours, auditeur au Conseil d'Etat, en 1877. Il démissionna en 1882 pour se consacrer définitivement à la littérature historique, qui l'attirait. Il a publié, dans cette direction, des travaux remarquables autant par le style que par l'élévation de la pensée et la précision des documents.

En 1883, M. Albert Vandal devint professeur à l'Ecole des Sciences politiques, où il fait un cours très suivi sur les affaires d'Orient. Il a été admis à l'Académie Française le 10 décembre 1896, au fauteuil de Léon Say.

M. Albert Vandal avait débuté dans les lettres par un volume de voyage ; *En karriole à travers la Suède et la Norvège* (1876). Cet ouvrage obtint un vif succès et eut plusieurs éditions.

En 1882, il fit paraître : *Louis XV et Elisabeth de Russie*, étude d'un haut intérêt historique sur les relations de la France et de la Russie au XVIIIe siècle et qui lui valut le prix Bordin de l'Académie française. Entre autres mérites, l'auteur du livre a celui d'avoir signalé l'opportunité d'un rapprochement entre la France et la Russie.

Vinrent ensuite : *Une ambassade française en Orient, la Mission du Marquis de Villeneuve* (1887) ; *Marie de Gonzague et l'ambassade de la maréchale de Guébriant en Pologne* (1888). En 1891 commença la publication de *Napoléon et Alexandre I*er* : *l'Alliance russe sous le premier Empire* (3 volumes), œuvre de haut mérite qui obtint, pour ses deux premiers volumes, le grand-prix Gobert de l'Académie Française en 1893, renouvelé en 1894 pour le 3e volume. Il a écrit depuis : l'*Odyssée d'un Ambassadeur* : les *voyages du marquis de Nointel* (1899) ; l'*Avènement de Bonaparte*, articles pour la *Revue des Deux-Mondes* et le *Correspondant* (1900-1901), destinés à être réunis en volumes.

L'éminent écrivain a donné en outre à la *Revue des Deux-Mondes*, en 1894, des articles très remarqués sur le *Passage du Niemen* et les *Débuts de la Campagne de Russie*, d'après des documents inédits ; au *Journal des Débats*, en 1893 et 1894, il a fait paraître une suite d'études de critique historique. Il a écrit aussi dans la *Revue de Famille*, dirigée par Jules Simon, la *Revue de Paris*, la *Revue historique*, la *Revue d'Histoire diplomatique*, les *Annales de l'Ecole des Sciences politiques*, le *Journal des Débats*, etc. ; il collabore régulièrement au *Gaulois*, et il a collaboré à l'*Histoire générale de l'Europe*, publiée sous la direction de MM. Lavisse et Rambaud.

M. Albert Vandal a fait d'assez nombreuses conférences, principalement sur des sujets historiques ou de politique étrangère. Une de ces conférences, donnée à la Société de Géographie et publiée ensuite sous le titre : *Les Arméniens et la Réforme de la Turquie* (1897), eut un grand retentissement ; l'orateur y appelait Abdul-Hamid : « le Sultan rouge » et cette épithète est entrée depuis dans le langage courant. A la Ligue de la Patrie Française, dont il fait partie, il prononça, en 1901, une autre conférence abondamment documentée sur l'*Alliance russe et l'Armée française*, qui fut très commentée et publiée en librairie ; c'était l'une des attaques les plus virulentes qui aient été dirigées contre le ministère Waldeck-Rousseau et spécialement contre son chef. D'autres conférences de M. Vandal, faites à l'Ecole de Saint-Cyr, ont été publiées dans l'*Armée à travers les âges*.

M. Albert Vandal est chevalier de la Légion d'honneur depuis 1894.

LEBON (Désiré-Ernest)

MATHÉMATICIEN, né à Audigny (Aisne) le 25 août 1846. Il débuta dans l'enseignement secondaire, comme répétiteur au lycée de Saint-Quentin, le 1er juillet 1866 ; puis il entra à l'Ecole normale secondaire spéciale de Cluny, à l'ouverture de cet établissement, le 1er novembre 1866. A sa sortie de cette école, en 1869, il fut chargé de cours au lycée de Saint-Omer.

Après le 4 septembre 1870, il prit un congé pour s'engager volontairement dans le 1er bataillon de chasseurs à pied, où il resta jusqu'à la paix.

Reçu, en 1872, le second, au concours d'agrégation de mathématiques de l'Enseignement secondaire spécial, M. Ernest Lebon fut successivement envoyé, comme professeur de cette science, du lycée de Saint-Omer à ceux d'Amiens en 1873, et de Nancy en 1876 ; il est, depuis le 27 septembre 1878, professeur de mathématiques au lycée Charlemagne, à Paris.

En même temps, il a été chargé du cours de géométrie descriptive dans la classe de mathématiques spéciales, au lycée de Versailles, de 1879 à 1883, et au lycée Charlemagne de 1898 à 1899. En outre, il a professé, comme remplaçant de Jules de la Gournerie, la géométrie descriptive et la stéréotomie au Conservatoire des Arts et Métiers, de 1881 à 1883, et le Conseil de cet établissement le proposa en seconde ligne comme titulaire de la chaire.

M. Ernest Lebon, qui a été membre de plusieurs commissions d'examens, est, depuis 1891, correcteur, au ministère de la Guerre, pour la composition d'épure du concours d'admission à l'Ecole spéciale militaire de Saint-Cyr ; il est en outre, depuis 1891, examinateur en Sorbonne pour le baccalauréat de l'Enseignement secondaire moderne et, depuis 1895, président de la Commission chargée d'éliminer les copies sans valeur de la composition de mathématiques du concours général en seconde moderne pour les départements.

Membre fondateur de l'Association des anciens élèves de l'Ecole normale secondaire spéciale de Cluny, M. Ernest Lebon fait partie, depuis 1883, du comité de cette société. Entré, en 1885, dans l'Alliance française pour la propagation de la langue française dans les colonies et à l'étranger, il s'est, de 1886 à 1893, dévoué pour cette association en organisant, comme secrétaire du comité de propagande dans le Ve arrondissement de Paris, des conférences publiques : ses efforts valurent à ce comité une médaille d'argent en 1889. Il est en outre membre de plusieurs autres associations, ayant pour but le progrès des études et de la science, telles la Société pour l'instruction élémentaire, la Société des amis de l'Université de Paris, le « Circolo mathematico » de Palerme, la Société astronomique de France, la « Royal astronomical Society » de Londres, etc. De plus, il a été membre du Congrès international de l'Enseignement supérieur, de l'Enseignement secondaire et de celui des Mathématiciens, respectivement aux Expositions universelles de 1889 et de 1900, à Paris ; enfin, il a été délégué par la Société astronomique de France pour la représenter, en 1902, au Congrès international de Sciences historiques organisé à Rome sous les patronage du roi d'Italie.

M. E. Lebon s'est fait remarquer par la publication, depuis 1875, d'ouvrages et de mémoires de mathématiques. Ses livres qui, en général, s'adressent aux classes supérieures des deux enseignements secondaires, ont été composés après une étude attentive des principaux écrits sur les questions qu'il y développe ; ses mémoires contiennent les résultats de ses recherches sur des questions relatives à la Géométrie, à la Stéréotomie et au Calcul infinitésimal.

Le *Traité de Géométrie descriptive* de M. E. Lebon (2 vol. grand in-8, 1880-82, 1888, 1901, contenant des épures très claires dans le texte, Paris, Delalain frères), s'adresse aux candidats aux grandes écoles. La première édition fut présentée à l'Académie des Sciences par Jules de la Gournerie, en 1883, et la troisième du 1er volume par M. Henri Poincaré, en 1901. Cet ouvrage a été l'objet d'appréciations flatteuses, tant à l'étranger qu'en France, signées des noms bien connus de MM. R. Guimarães, Gino Loria, C. Alasia, E. Lemoine, etc. M. L. Gérard, docteur ès-sciences, dans son analyse du livre, écrivait ces lignes :

..... Ce qui explique le grand succès des ouvrages de M. Lebon, c'est qu'ils sont rédigés avec un soin minutieux, une parfaite entente du sujet et de la manière dont il faut l'exposer à des commençants, en évitant les innovations téméraires tout en se tenant au courant des progrès de la science. Que l'on ouvre le livre de M. Lebon à une page quelconque, on est d'abord frappé de voir les questions bien coupées, énoncées nettement et disposées dans un ordre logique. Ensuite, si on prend la peine de lire une page ou deux, on voit que M. Lebon, après avoir nettement indiqué la méthode qu'il se propose de suivre, s'attache à expliquer les constructions jusque dans les plus petits détails, en cherchant à prévoir les difficultés qui peuvent arrêter le commençant, en signalant les simplifications qui peuvent se présenter, les vérifications, etc..... (*Bulletin de Sciences Mathématiques et Physiques élémentaires*, Paris, 15 mai 1901).

Son *Histoire abrégée de l'Astronomie* (1 vol. in-8, 1899, imprimé avec luxe par la maison Gauthier-Villars, à Paris, orné de seize portraits fut, dès son apparition, signalée à l'Académie des Sciences par le secrétaire perpétuel, Joseph Bertrand, et présentée par M. C. Wolf. Appréciée devant la Société astronomique de France par le secrétaire général, M. Camille Flammarion, elle a été encore signalée à la « Royal Astronomical Society » de Londres par le président, M. G.-H. Darwin. Depuis la publication de ce livre, fruit de dix années de patientes et consciencieuses recherches, faites aux meilleures sources, plus de quarante journaux français et étrangers ont publié des appréciations qui en signalent le plan original, la précision scientifique et la minutieuse exactitude, la clarté et l'élégance du style, et qui le recommandent à la fois aux étudiants comme aux personnes du monde. Parmi ces articles, signés de noms émérites d'astronomes, de professeurs et de publicistes, on remarque ceux de M. Jean Mascart (*Revue encyclopédique*), J. Vinot (*Journal du Ciel*), E. Durand-Gréville (*Journal de Saint-Pétersbourg*), L. Gérard (*Nouvelles Annales de Mathématiques*), C. Alasia (*Le Matematiche pure ed applicate*), etc. M. Henri Deslandres, astronome titulaire à l'Observatoire physique de Meudon, résumait les mérites du livre dans les lignes suivantes :

... Ce livre peut donc, à juste titre, être appelé une *Histoire de l'Astronomie*. Il est heureusement complété par une Table alphabétique des auteurs cités dans l'ouvrage, avec l'indication des pages qui les concernent, et avec l'addition de nombreux détails non insérés dans la biographie.

... Il fournit des renseignements fort utiles et très commodes à trouver. Il doit être recommandé à tous ceux qui veulent faire un voyage, complet ou restreint, dans le domaine de l'Astronomie. (*Bulletin astronomique*, publié sous les auspices de l'Observatoire de Paris, décembre 1900).

Cet ouvrage, auquel des souscriptions ont été faites par le ministère de l'Instruction publique et par la direction de l'Enseignement primaire de la Seine, a été honoré par l'Académie Française, dans la séance publique du 21 novembre 1901, du prix Furtado, « décerné à l'auteur d'un livre de littérature utile ».

Les autres ouvrages de M. Ernest Lebon sont : *Traité élémentaire de Géométrie descriptive théorique et appliquée*, pour l'enseignement secondaire spécial (3 vol. in-8 de texte accompagnés chacun d'un atlas de planches. 1875-1876, 1879, Delalain, Paris) ; *Recueil des Epures de Géométrie descriptive proposées depuis 1862 pour l'admission à l'Ecole spéciale militaire de Saint-Cyr* (1 vol. in-8., 1878-1890, Delalain, Paris) ; *Supplément au premier volume du Traité de Géométrie descriptive*, à l'usage des candidats à l'Ecole spéciale militaire de Saint-Cyr (1 vol. grand in-8, 1881, Delalain, Paris) ; *Géométrie descriptive*, pour l'enseignement secondaire spécial, puis moderne (2 vol. in-8 avec figures dans le texte, 1883-1895, 7ᵉ édition en 1899, Delalain, Paris) ; *Théorie et Applications des Sections homothétiques de deux quadriques* (1 vol. grand in-8, 1884, Gauthier-Villars, Paris ; — ce livre contient des propriétés nouvelles sur lesquelles Gerono et Ch. Brisse ont appelé l'attention dans les *Nouvelles Annales de Mathématiques*) ; *Théorie et Construction de l'Appareil hélicoïdal des arches biaises* (1 vol. in-4, 1886-1887, Gauthier - Villars, Paris ; — cet ouvrage, développement des idées de Jules de la Gournerie, a été analysé également par Gerono et Ch Brisse et signalé par A. Rebière dans son livre *Mathématiques et Mathématiciens*) ; *Géométrie appliquée* (1 vol in-12, 1886, 1896, Delalain, Paris) ; *Eléments de Perspective* (1 vol. in-8, 1887, Delalain) ; *Géométrie élémentaire* (en 1 ou en 2 vol. in-12, 1888, 1900, Delalain) ; *Algèbre élémentaire* (1 vol. in-12, 1889, Delalain) ; *Problèmes de Mathématiques pour le baccalauréat* (1 vol. in-8 jésus, 1898, A Colin, Paris).

M. Ernest Lebon a achevé l'édition de 1884 et revu celle de 1898 du *Traité de Perspective* de Jules de la Gournerie, et rédigé sur ce savant la *Notice* insérée dans le livre. Il a ajouté quelques notes succinctes aux éditions de 1885 et de 1901 de la troisième partie du *Traité de Géométrie descriptive* de cet auteur et rédigé la *Théorie de l'intersection de deux polyèdres* dans l'édition de 1891 de la première partie.

M. Lebon avait fondé, en octobre 1886, et il a rédigé pendant huit ans, un journal mensuel, le *Bulletin scientifique*, ayant pour but la préparation aux examens et concours de divers enseignements ; la collection de ce recueil forme huit volumes in-8 (1886-1894, A. Colin et F. Alcan, Paris). Depuis le commencement de 1901, il est l'un des principaux collaborateurs de la revue italienne *Le Matematiche pure ed applicate*, dirigée par M. C. Alasia.

Parmi les 27 mémoires de Mathématiques que M. Ernest Lebon a insérés, de 1876 à la fin de 1901, dans plusieurs périodiques français ou étrangers, citons ceux qui ont le plus attiré l'attention : *Développable circonscrite à deux coniques* (1880, Paris) ; *Sur l'arête de rebroussement d'une développable* (Société Mathématique de France, 1880, Paris ; — Jules de la Gournerie a reproduit, dans son *Traité de Géométrie descriptive*, les équations que l'auteur a, le premier, trouvées pour cette arête de rebroussement) ; *Nouvelle construction de l'intersection d'une droite et d'une quadrique de révolution* (1882, Paris) ; *Mémoire sur l'épaisseur des berceaux horizontaux* (1883, Paris) ; *Note sur l'intégration des équations différentielles* $F(p, p x - y = o$ (1884, Paris) ; *Sur l'angle des lits oblique et normal de la vis Saint-Gilles* (1884, Paris) ; *Sur la construction de la tangente en un point d'origine de l'ombre portée sur lui-même par un cylindre ou un cône creux du second ordre* (1884, Paris ; — M. Karl Pelz, de Gratz, a pris cette note comme point de départ d'un mémoire) ; *Construction nouvelle des points d'intersection d'une droite et d'une conique* (1885, Paris) ; *Note sur la projection d'une hélice* (1886, Paris) ; *Sur le calcul de quelques intégrales* (1888, Paris) ; *Solution du problème de Malfatti* (1889, Palermo ; — M. L. Gérard cite l'élégance et la simplicité des calculs de cette solution) ; *Sur les surfaces admettant les plans de symétrie du tétraèdre régulier et du cube* (1889, Ch. Delagrave, Paris ; — ce travail est le résumé d'un Mémoire qui avait été présenté, en 1886, à l'Académie des Sciences pour le grand prix des Sciences mathématiques et qui fut l'objet d'un rapport élogieux du géomètre Halphen) ; *Sur les démonstrations de quelques propriétés métriques du triangle* (1889, Bruxelles) ; *Sulla determinazione degli ombelichi delle superficie tetraedriche* (1890, Palermo) ; *Sur une propriété de la strophoïde oblique* (1895, Paris) ; *Sull'Equazione reciproca del quarto grado* (1901, Città di Castello) ; *Sur une propriété des nombres de la forme* $\frac{1}{4} n (n + 1)$ (1901, Paris). A côté de ces recherches originales se placent aussi des *Développements de questions théoriques de Géométrie descriptive*, rédigées de 1876 à 1889, avec des démonstrations souvent nouvelles, pour faciliter la préparation au concours d'agrégation de mathématiques de l'Enseignement secondaire spécial, et enfin des *Enoncés de Problèmes inédits* proposés dans divers journaux scientifiques.

Les titres des principales publications de M. Lebon ont été insérés dans le *Catalogue des ouvrages envoyés par les professeurs* pour la Bibliothèque du ministère de l'Instruction publique à l'Exposition universelle de 1889, à Paris ; l'auteur fut, à ce moment, nommé collaborateur de ce ministère et ses livres furent appréciés très élogieusement dans le *Rapport du Jury international* (classe 7). Enfin, pour l'ensemble de ses travaux mathématiques, le jury international (classe 13) de l'Exposition universelle de 1900, à Paris, lui a décerné une médaille de bronze.

Nommé officier d'Académie en 1883, M. Ernest

Lebon a été promu officier de l'Instruction publique le 14 juillet 1889.

PALLAIN (Georges)

ADMINISTRATEUR, économiste, né le 25 octobre 1845 à Paris. Ses études accomplies au lycée Charlemagne, il entra à l'école de Droit, fut reçu licencié, se fit inscrire au barreau de Paris et devint secrétaire d'Ernest Picard, ministre des Finances de la Défense nationale.

M. Georges Pallain fut sous-préfet de Sceaux du 4 juin 1871 jusqu'en décembre 1872 ; choisi alors comme chef de cabinet du ministre des Finances, il devint bientôt après trésorier-payeur général de la Haute-Marne (24 mai 1873).

Nommé sous-directeur, chargé de la direction du personnel au ministère des Finances, le 16 mars 1876, il accomplit à ce moment une mission financière à Rome. Après le 16 mai, il se fit mettre en disponibilité pour ne pas servir le ministère de Broglie-Fourtou (26 juin 1877).

Réintégré dans l'administration le 15 décembre suivant, comme directeur du cabinet, du personnel, de l'inspection générale et du contrôle des régies, M. Georges Pallain démissionna, le 29 décembre 1879, de ces fonctions pour prendre celles de directeur du contentieux, de l'inspection générale des Finances, de la statistique et agent judiciaire du Trésor public.

En 1881, M. Georges Pallain passa au ministère des Affaires étrangères au titre de directeur du cabinet, du personnel, des fonds et de la comptabilité. Conseiller d'Etat en service extraordinaire en 1882, il rentra au ministère des Finances, où il reprit ses précédentes fonctions ; en 1885, il devint directeur général des Douanes et fut, en 1888, délégué à la Conférence internationale sur le régime des sucres, à Londres. Après la démission de M. Joseph Magnin, il se vit confier, le 1er février 1898, les hautes et importantes fonctions de gouverneur de la Banque de France.

Erudit et économiste des plus distingués, M. Georges Pallain a successivement publié : le *Corps législatif jugé par lui-même, 1863-1869*, avec une introduction d'Ernest Picard (1869) ; *Traité de la législation spéciale du Trésor public en matière contentieuse*, de Dumesnil (1881, nouvelle édition refondue et complétée) ; les éditions de la *Correspondance inédite du prince de Talleyrand et du roi Louis XVIII pendant le Congrès de Vienne* (1885) ; *Correspondance de Talleyrand sous le Directoire* (1890), avec introduction et notes ; une *Etude sur Mirabeau* (1892); divers autres ouvrages historiques ou financiers et trois volumes intitulés : les *Douanes françaises* (1898). Commandeur de la Légion d'honneur depuis 1888, M. Pallain est, en outre, officier de l'Instruction publique et dignitaire de plusieurs ordres étrangers.

PAJOT (François-Christophe)

DÉPUTÉ, né à Ainay-le-Viel (Cher) le 30 juin 1844. Elève de l'Ecole vétérinaire de Lyon, il fut diplômé en 1866. Il devint, par la suite, membre du comité d'initiative du « Conseil des Vétérinaires de France ».

Elu conseiller municipal de Saint-Amand (Cher) en 1872, puis conseiller d'arrondissement en 1883 et conseiller général l'année suivante, pour le canton du même nom, il donna sa démission de conseiller municipal de Saint-Amand en 1892 pour se faire nommer conseiller municipal et maire de La Clette, autre commune du même département.

Aux élections législatives de 1885, porté sur la liste républicaine radicale du Cher, il avait été élu député par 43,379 voix sur 82,639 votants. Le 22 septembre 1889, il fut confirmé dans son mandat, au premier tour, dans la circonscription de Saint-Amand, par 8,194 voix contre 5,485 au comte de Mortemart. Il a été successivement réélu : en 1893, par 7,348 voix contre 5,781 à M. Meslet, maire de St-Amand, et 2,068 à M. Benoist, socialiste ; en 1898, par 9,711 suffrages sans concurrent.

A la Chambre, M. Pajot est inscrit au groupe radical-socialiste, dont il a été élu questeur en 1893. Il a présenté un projet de loi relatif à l'augmentation des cadres des vétérinaires militaires, qui a été adopté. Il s'est prononcé ou a voté contre les nouveaux droits de douane, contre les expéditions coloniales, pour la séparation de l'Eglise et de l'Etat, pour la suppression du budget des cultes et de l'ambassade du Vatican, pour les propositions de réformes administratives, pour la réforme générale de l'impôt, et en particulier celui des boissons, pour la suppression des prestations, de la cote personnelle et de l'impôt des portes et fenêtres, pour l'impôt sur le revenu, etc. Il a soutenu la politique des cabinets radicaux et celles du ministère Waldeck-Rousseau.

LASTEYRIE - DUSAILLANT
(Robert-Charles Comte de)

ARCHÉOLOGUE, membre de l'Institut, ancien député, né à Paris le 15 novembre 1849. Descendant de Mirabeau, fils du comte Ferdinand de Lasteyrie, qui fut membre de l'Académie des Inscriptions et Belles-Lettres et député (1810-1879), il entra à l'Ecole des Chartes et obtint, en 1873, le diplôme d'archiviste paléographe, avec une thèse intitulée : *Etudes sur les Comtes et Vicomtes de Limoges antérieurs à l'an 1000*. Attaché dès lors comme archiviste aux Archives Nationales, il devint, en 1880, successeur de M. Quicherat, dans la chaire d'archéologie du moyen-âge à l'Ecôle des Chartes.

Déjà membre du Comité des Travaux historiques et de la Commission des Monuments historiques, M. de Lasteyrie fut élu, le 7 février 1890, membre de l'Académie des Inscriptions et Belles-Lettres, en remplacement de Pavet de Courteille.

Après s'être fait connaître par des travaux d'histoire et d'archéologie qui, joints au souvenir de son père, lui ont ouvert les portes de l'Institut, il voulut se consacrer aussi à la politique. Elu membre du Conseil général de la Corrèze pour le canton de Vigeois dès 1880 et réélu à ce poste en 1886 et 1892, il fut nommé député de la 2ᵐᵉ circonscription de Brives (Corrèze), le 17 décembre 1893, en remplacement de M. Labrousse, démissionnaire, par 9,547 suffrages contre 2.352 à M. Siauve-Evausy, socialiste.

A la Chambre, M. de Lasteyrie fut inscrit au groupe des « Républicains de gouvernement » et au groupe agricole. Il a fait partie des commissions de la réforme générale de l'impôt (1894), du Budget (1896 et 1897), etc. ; il a été deux fois rapporteur du budget des Travaux publics (1896) et rapporteur de la Commission nommée pour la réforme de la taxe militaire (1897). Au renouvellement de 1898, il fut battu par M. Bussière, radical, qui obtint 9,224 voix, pendant que 5,105 seulement se portaient sur son nom.

M. de Lasteyrie a publié divers travaux littéraires, notamment : *Histoire générale de Paris* (1887, in-folio avec planches) ; *Bibliographie générale des travaux historiques et archéologiques publiés par les Sociétés savantes de France* (1888-1902, 4 vol. in-4°) et *Album archéologique des Musées de province* (1890, in-4° avec planches) ; ces deux dernières publications éditées sous les auspices du ministère de l'Instruction publique. On lui doit aussi la publication des *Mélanges d'Archéologie et d'Histoire* de Quicherat (1886, in-8°) et différents *Mémoires*, dont quelques-uns ont été couronnés par l'Académie des Inscriptions et Belles-Lettres. Enfin, il a dirigé pendant plusieurs années la *Gazette Archéologique*.

Membre et ancien président de la Société des Antiquaires de France, de la Société de l'Histoire de Paris et de plusieurs autres sociétés savantes, M. de Lasteyrie a été fait, en 1871, chevalier de la Légion d'honneur, pour sa conduite pendant la guerre.

ROCHAS d'AIGLUN
(Eugène-Auguste-Albert Comte de)

ÉCRIVAIN, officier, né à Saint-Firmin (Hautes-Alpes) le 20 mai 1837, d'une ancienne famille d'origine provençale. Il fit ses études au lycée de Grenoble, y remporta, en 1856, le prix d'honneur de mathématiques spéciales et, l'année suivante, il entra à l'Ecole polytechnique.

Sorti en 1861, le troisième de sa promotion, de l'Ecole d'application de Metz, le comte Albert de Rochas d'Aiglun alla, comme lieutenant du Génie, à Montpellier. Capitaine au choix en 1864, il fut, pendant la guerre de 1870, attaché à l'Etat-major de la place de Metz. Envoyé à Grenoble en 1872, il quitta cette ville pour Paris en 1878, où il était nommé inspecteur des études à l'Ecole polytechnique ; il y remplit pendant plusieurs mois les fonctions de directeur des études et fut promu chef de bataillon en 1880. Après d'autres déplacements, il revint à Grenoble, comme commandant du Génie, pour terminer les fortifications qu'il avait contribué à élever quelque temps auparavant.

Rappelé en 1888 à Paris, comme directeur de la *Revue du Cercle militaire*, M. de Rochas, quelques mois après, accepta le poste civil d'administrateur de l'Ecole polytechnique ; il quitta alors l'armée active pour passer, avec le grade de lieutenant-colonel, dans l'armée territoriale.

Le comte de Rochas d'Aiglun s'est acquis une grande notoriété scientifique par ses travaux sur l'histoire et la topographie militaire des Alpes, sur la technique militaire ancienne, sur les sciences psychiques, etc. Il les a publiés, le plus souvent, dans la *Revue de Géographie*, la *Nature*, le *Cosmos*, le *Dictionnaire des Antiquités grecques et romaines* (de Saglio et Daremberg), l'*Encyclopédie de l'Architecture et de la Construction* (de Planat), le *Journal des Economistes*, la *Revue Scientifique*, la *Revue de Philologie*, etc.

Voici les titres de ses ouvrages, classés selon les sujets divers dont ils traitent : *D'Arçon, ingénieur militaire, sa vie et ses écrits* (1867) ; *De l'organisation des armes spéciales chez les Romains* (1868) ; *Traité de fortification de Philon de Byzance* (1871) ; *Poliorcétique des Grecs* (1872) ; *Principes de la fortification antique* (1881) ; *L'artillerie chez les anciens* (1882) ; *Traité des pneumatiques de Philon de Byzance* (1882) ; *Traité des pneumatiques de Héron d'Alexandrie* (1882) ; *Traité des machines d'Athénée* (1883) ; *Les origines de la Sciences et ses premières applications* (1883) ; *La Science et l'Industrie dans la Grèce antique* (1884) ; la *Télégraphie optique dans l'antiquité* (1884) ; le *Transport de grandes masses* (1885).

Histoire militaire d'Embrun (1871) ; *Histoire des fortifications de Grenoble* (1873) ; la *Campagne de 1692 dans le Haut Dauphiné* (1874) ; *Topographie militaire des Alpes* (1875) ; les *Vallées Vaudoises* (1880) ; les *Campagnes de la succession d'Autriche dans les Alpes* (1887) ; les *Campagnes de la succession d'Espagne dans les Alpes* (1888) ; les *Compagnie alpines* (1889) ; *Les Bourcet et leur rôle dans les guerres alpines* (1895).

De l'utilité d'un glossaire topographique (1874) ; *De l'orthographe des noms de lieu* (1875) ; *Patois des Alpes cottiennes* (1877) ; *Premier essai d'un glossaire topographique des Alpes* (1878).

Pensées et mémoires inédits de Vauban (1882) ; *Vauban géographe* (1884) ; *Vauban commentateur de la Bible* (1885) ; *Les lettres de recommandation de Vauban* (1888) ; *Vauban architecte* (1889) ; *Projet d'une carte politique de l'Europe, par Vauban, en 1706* (1891) ; *La Fortification de campagne et la réorganisation de l'armée, par Vauban* (1891) ; *Correspondance de Vauban* (1899-1901).

La Science des Philosophes et l'Art des Thaumaturges dans l'Antiquité (1882) ; les *Epreuves par le feu* (1882) ; la *Suspension de la vie* (1885) ; l'*Audition colorée* (1885) ; la *Lévitation* (1885) ; *Le Rayon vert et l'équerre chromatique* (1885) ; les *Forces non définies* (1887) ; les *Doctrines chimiques au XVIIe siècle* (1888) ; le *Fluide des magnétiseurs* (1891) ; les *Etats profonds de l'hypnose* (1892) ; les *Etats superficiels de l'hypnose* (1893) ; l'*Extériorisation de la sensibilité* (1895) ; l'*Extériorisation de la motricité* (1896) ; *Etude sur l'argentaurum* (1897) ; *Saint Vincent de Paul et la Pierre Philosophale* (1898) ; les *Frontières de la Physique* (1898) ; l'*Extériorisation de la pensée* (1900) ; *La Physique et la Magie* (1900) ; *Les Sentiments, la Musique et le Geste* (1901).

On lui doit encore : le *Livre de Demain* (1 vol. 1864) et le *Centenaire de l'Ecole polytechnique* (3 vol. 1896 à 1900), luxueuse et intéressante publication, qu'il a dirigée comme secrétaire du comité, et dans laquelle il a donné maints articles personnels.

Ce savant a reçu, pour ses divers travaux, les récompenses suivantes : prix d'éloquence à l'Académie de Besançon (1867) ; une médaille d'or de la Société pour l'encouragement des études grecques (1872) ; la grande médaille de vermeil de la Société française d'archéologie (1881) ; une médaille d'argent de la Société des langues romanes (1877) ; la première médaille d'or au Congrès national des Sociétés de géographie (Lyon 1882) et deux médailles d'argent aux Expositions universelles de 1878 et de 1889.

Membre honoraire du Comité des travaux historiques et scientifiques au ministère de l'Instruction publique, de l'Académie delphinale, de l'Académie de Savoie, de l'Académie de Blois (dont il a été le président), le colonel de Rochas est officier de la Légion d'honneur, de l'Instruction publique, du Saint Sauveur (Grèce) et des Saints Maurice et Lazare (Italie), commandeur de Sainte-Anne (Russie), du Mérite militaire (Espagne), du Médjidié (Turquie), du Nicham de Tunis, et du Dragon Vert de l'Annam.

CRÔTTE (Francisque)

Chimiste et publiciste, né à Lyon le 5 mai 1849. Il fit ses études classiques dans sa ville natale et y suivit les cours de la Faculté de Médecine comme élève libre, attiré tout jeune encore, par certains problèmes de thérapeutique. La tuberculose surtout le préoccupait déjà et il étudia tout spécialement les affections pulmonaires.

Le 3 septembre 1870, à la nouvelle de la capitulation de Sedan, M. Francisque Crôtte, avec un de ses amis, M. Lucas, et plusieurs autres, se rendit à l'hôtel-de-ville de Lyon, où ils formèrent un Comité de Salut Public provisoire et firent proclamer la République, vingt-quatre heures avant que la révolution n'éclatât à Paris, et malgré les menaces des autorités impériales.

Vers 1874, M. F. Crôtte fit reparaître le *Journal de Guignol*, feuille satirique et de politique républicaine qui, sous sa direction, obtint un succès considérable.

Venu à Paris en 1878, M. Crôtte y fonda une feuille hebdomadaire illustrée, le *Titi*, avec une collaboration d'élite, parmi laquelle on relevait les noms d'Emile Zola, André Gill, Grévin, Régamey, Pépin, Maxime Rude, Richepin, et où lui-même signait « Jean Guignol » des articles en patois lyonnais.

Revenu à ses études de chimie bactériologique, M. Francisque Crôtte se consacra surtout à la recherche d'un remède véritable à la tuberculose, et fut assez heureux pour le trouver. En 1894, il envoya à l'Académie des Sciences une communication sur les résultats du traitement de la tuberculose par les transfusions de l'aldéhyde formique dans le corps humain au moyen de l'électricité statique à haute tension. Les effets de cette médication furent bientôt reconnus par les professeurs, les médecins et les chimistes du monde entier.

En 1896, il adressait une deuxième communication à la même Académie sur les guérisons dûes à sa méthode dans la tuberculose et toutes les affections d'origine microbienne. Ces résultats furent obtenus dans les cliniques et instituts des rues de Monceau et d'Edimbourg, à Paris, où M. F. Crôtte, avec le concours de plusieurs médecins français et étrangers, accueillait les malades, pauvres ou riches, qui se présentaient.

Les habitants de ce quartier riche, qui ne voulaient pas voir un sanatorium s'organiser dans leur voisinage, essayèrent d'entraver l'œuvre de cet hygiéniste qui, après avoir soutenu deux ans un procès qui lui coûta des sommes considérables, finit par succomber, n'ayant plus les moyens de se défendre. Appelé alors en Amérique par des docteurs qui appréciaient les bienfaits de sa découverte, M. Crôtte y organisa, avec de hautes personnalités médicales, sa méthode pour être appliquée dans toute sa rigueur. Il fit, en 1898, au Congrès International de Colombus (Ohio), devant plus de 7,000 médecins, une communication où il proposait de traiter gratuitement 500 malades pour démontrer l'efficacité de son procédé. Il organisa des instituts à New-York, et les hôpitaux de Washington adoptèrent sa méthode.

En 1899, il présenta au Congrès international de la tuberculose de New-York un rapport sensationnel sur l'extinction de la race humaine par cette maladie.

Après un voyage en Allemagne, où il avait exposé, à la Faculté de Médecine de Bonn, les grandes lignes de sa méthode, M. Francisque Crôtte revint à Paris, et ouvrit, rue de Turin, un nouveau sanatorium où de nombreux indigents sont soignés gratuitement.

De nouvelles communications ont été faites sur l'excellence de la méthode de ce chimiste, notamment par les docteurs Ducamp, de Bordeaux, au Congrès international de Médecine de Paris (1900), et Albert Salivas, de Paris, au Congrès international de Londres (1901). D'autres médecins, les docteurs Bertheau (de Paris), F.-T. Labadie (de New-York), Hatch, professeur à l'Université de Pensylvanie, Geisse (de Bonn), etc., ont aussi présenté des rapports concluants sur l'efficacité de la même méthode.

M. Francisque Crôtte s'est aussi occupé de chimie industrielle : il a trouvé des procédés efficaces pour la conservation des bières en fûts, la purification et la stérilisation des eaux, l'amélioration et l'innocuité des tabacs, etc. Il a pris de nombreux brevets pour ses découvertes, notamment pour une machine d'électricité statique de 3 millions de volts pour les transports et transfusions des antiseptiques et médicaments à travers le corps humain, machine construite d'après ses données et qui sert surtout à la cure de la tuberculose et du cancer, ainsi que des autres affections microbiennes.

FAVARON (Jean-Louis)

CONSTRUCTEUR, économiste, né à Valentine (Haute-Garonne) le 7 septembre 1856. Venu à Paris, il y devint bientôt membre fondateur, puis directeur d'une des premières associations coopératives ouvrières, dénommée « les Charpentiers de la Villette. » M. Favaron sut donner à cette organisation une vive impulsion. Porté, en 1884, par les directeurs d'associations similaires, à la présidence de la Chambre consultative des Associations ouvrières de production, il construisit pour celles-ci, à l'Exposition du Travail de 1885, un pavillon qui valut à son auteur une médaille d'or.

Chargé, lors de l'Exposition universelle de 1889, avec « les Charpentiers de la Villette », de l'entreprise générale des pavillons de la Presse, des Postes et Télégraphes et de plusieurs autres travaux importants, notamment des deux grands échafaudages roulants ainsi que de la charpente et grosse menuiserie de la Galerie des Machines, M. Favaron fut nommé membre du Comité d'admission de la classe 63. L'année suivante, il obtenait une médaille de vermeil à l'Exposition des Sciences et Arts industriels à Paris.

A l'Exposition du Travail de 1891, le pavillon exécuté sous la direction de M. Favaron par les Associations ouvrières syndiquées fut particulièrement remarqué par le jury spécial. Deux ans plus tard, laissant la société coopérative « les Ouvriers Charpentiers de la Villette » dans un état florissant, M. Favaron fonda celle des « Charpentiers de Paris », qui devint bientôt l'une des plus importantes, sinon la plus importante de la capitale.

Autant pour la valeur technique des travaux accomplis sous sa direction, que pour récompenser les services rendus à la cause mutualiste, M. Favaron fut nommé, en 1895, chevalier de la Légion d'honneur.

Parmi les nombreuses constructions exécutées par la Société « les Charpentiers de Paris, » sous la direction de M. Favaron, il convient de citer entre autres : les lycées Fénelon, Lamartine, Janson-de-Sailly, Victor Hugo, Louis-le-Grand, J.-B.-Say, le Museum d'histoire naturelle, la Mairie du x⁰ arrondissement, les Moulins de Javel, l'Institut médical d'hydrothérapie de Billancourt, une vaste maison industrielle rue Réaumur, la reconstruction de la Sorbonne, du nouvel Opéra-Comique, des Magasins de décors de l'Opéra-Comique et du Théâtre Sarah Bernhardt, l'édification en 18 jours des bâtiments nécessités par la conversion de la rente de 4 1/2 %, le groupe de prisons de Fresnes (3,000 mètres de superficie, charpente en bois et gros fers), nombre d'écoles, bâtiments industriels, hôtels particuliers, villégiatures à Paris et dans les départements.

D'autres travaux importants ont été exécutés à Dieppe, à Rouen, à Laval, dans les Ardennes, dans l'Eure, dans la Somme, etc., non seulement pour les ouvrages de bois et fer, mais aussi pour la menuiserie et la serrurerie.

« Les Charpentiers de Paris » sont en outre chargés de l'entretien des édifices, monuments et établissements des Palais Nationaux, du Département de la Seine et de la Ville de Paris, du Mont-de-Piété, Arc-de-Triomphe de l'Etoile, Palais du Louvre et des Tuileries, Palais de Justice, Conservatoire des Arts et Métiers, Bibliothèque Nationale, Ecole des Beaux-Arts, Ecole Normale supérieure, Institut Agronomique, etc. ; des travaux de l'administration de l'Assistance publique, des compagnies des Chemins de fer de l'Est et du Nord, de la Compagnie parisienne du Gaz, etc.

A l'Exposition Universelle de 1900 la société « les Charpentiers de Paris » put donner l'exacte mesure de ses moyens d'action. Parmi les très nombreux travaux exécutés à ce moment par M. Favaron, nous mentionnerons les plus importants : Grand Palais des Champs-Elysées, Palais des Congrès et de l'Economie sociale, Palais de la partie médiane de l'Esplanade des Invalides ; grand escalier d'honneur de la Salle des Fêtes ; échafaudages du pont Alexandre III ; toutes les clôtures de l'enceinte de l'Exposition (8 kilomètres) ; Salles des Fêtes des ministères de l'Intérieur, du Commerce et de l'Industrie ; Concours universel hippique de Vincennes (30,000 de constructions pour écuries, bois, etc., emménagés en six semaines) ; les Pavillons du Luxembourg, de l'Indo-Chine, du Portugal, des Colonies Portugaises, de la Bosnie et de l'Herzégovine, de la Section Tunisienne, de l'Afrique Occidentale et du Sénégal ; le bâtiment des Contributions indirectes (quay d'Orsay), les estrades des Invalides, du Palais des Mines et de la Métallurgie, les Classes 1, 2, 3, 32, 57, 65, etc. ; 3 bâtiments pour la Boulangerie-Pâtisserie (quai Debilly), etc. ; le Pavillon du Comptoir national d'Escompte de Paris, les bâtiments pour le Service Médical du Champ-de-Mars, de l'esplanade des Invalides et du Trocadéro, 5 bureaux de Postes et Télégraphes ; les postes des Pompiers, d'Octroi et de la Navigation, l'Etablissement Duval (quay Debilly), le Restaurant bleu (à la Tour Eiffel), la « Maison du Rire » (cours la Reine), « le Mas Provençal » (aux Invalides) ; la Nouvelle-Calédonie, la charpente et la menuiserie de la Salle des Illusions ; les parquets du Palais des Mines et de la Métallurgie, etc.

M. Favaron eut en outre de nombreuses missions à remplir à cette même exposition, comme membre des comités d'admission et d'installation, du Jury des récompenses (classe 28) puis, comme secrétaire du Congrès de l'Éducation sociale.

La société « Les charpentiers de Paris », sous la direction de M. Favaron, a obtenu les récompenses suivantes, à l'Exposition universelle de 1900 : grand prix classe 103 ; hors concours classe 28 ; médaille d'or classe 29 ; six médailles d'argent de collaborateurs classes 28, 29 et 103 ; 40 médailles d'argent aux ouvriers avec droit de porter le ruban tricolore ; plus un diplôme de la Société nationale des Architectes, décerné sur la proposition de M. Bouvard, directeur des services d'architecture de l'Exposition, à un des chefs d'équipe de la Société.

Elle avait déjà reçu aux précédentes expositions : de Bordeaux 1895, 2 médailles d'or et argent ; de Rouen 1896, une médaille d'or et une de collaborateur ; d'Alençon 1898, 1 diplôme d'honneur et 1 médaille d'or de collaborateur ; de Toronto 1898, 1 médaille d'or ; du Mans 1899, 1 médaille d'or.

En 1897, la Société centrale des Architectes décerna à M. Favaron une médaille d'argent (la plus haute récompense qu'elle puisse donner à une personne n'étant pas architecte), pour services rendus.

« L'œuvre commerciale, morale et sociale de M. Favaron est immense, a écrit très justement M. Louis

Martin, architecte, dans le journal le *Batiment*. » (8 février 1900). Il est membre du Conseil supérieur des habitations à bon marché, membre de la Commission extra-parlementaire pour la révision des cahiers des charges et marchés de l'Etat, et du Conseil supérieur du Travail au ministère du Commerce.

Président de la Chambre consultative des Associations ouvrières de production de France, de l'Orphelinat de la coopération, directeur de la société « la construction Coopérative » et membre du Conseil d'administration de la Banque coopérative, il a présidé, en octobre 1901, le Congrès tenu à Lyon par les associations ouvrières de France.

Officier de l'ordre du Nicham, M. Favaron a été promu, en 1901, officier de la Légion d'honneur.

CLOAREC (Emile)

ÉPUTÉ, ancien avoué, né à Morlaix (Finistère) le 6 janvier 1858. Il appartient à une famille depuis fort longtemps établie dans la région.

Fils d'un ancien avoué et maire de Morlaix, il est petit-fils par alliance de M. Swiney, ancien membre de l'Assemblée nationale, ancien député, qui fit partie des 363, après le seize-mai ; et le gendre de M. Swiney, conseiller général, président de la Commission départementale du Finistère.

Ses études faites à Morlaix, puis à Paris, où il se fit recevoir licencié en droit en 1880, M. Emile Cloarec fut inscrit au barreau de Morlaix, et succéda ensuite à son père dans la charge d'avoué qu'occupait celui-ci.

Maire de Ploujean (Finistère) depuis 1892, il fonda, en 1895, dans sa commune, la première société de secours mutuels contre la mortalité du bétail et cette association a donné lieu depuis à de nombreuses fondations similaires.

En même temps qu'il s'occupait de questions agricoles, M. Emile Cloarec s'intéressait à celle de l'enseignement. Il fit, dès 1880, des cours gratuits de droit et d'économie politique au collège de Morlaix. Il est un des propagateurs les plus actifs dans le Finistère des questions de mutualité.

Candidat au Conseil général du Finistère, il échoua, à deux reprises, de quelques voix ; mais au décès de M. Jaouen, député de la première circonscription de Morlaix, il fut élu à ce siège, le 15 septembre 1901, par 9,596 voix, contre 417 à chacun de ses deux concurrents.

A la Chambre, où M. Cloarec n'est inscrit à aucun groupe, il est cependant classé, en politique, comme républicain libéral indépendant ; en économie, il est protectionniste pour ce qui concerne les intérêts agricoles, dont il s'occupe très activement et pour lesquels il a obtenu certains avantages.

M. Cloarec a fait, en 1898, une très intéressante tentative de rénovation du théâtre breton en France. Sur la petite scène de Ploujean, il a fait représenter, avec une troupe de cultivateurs, de vieux mystères ou des pièces morales. L'une d'elles : *Saint Gwenolé et Ar Vezventi* (l'ivrognerie) est, depuis, récitée dans les écoles de la région, où elle porte des fruits appréciables.

L'honorable député, pour faciliter la tâche des maîtres et des élèves, a obtenu que le français soit enseigné en idiome breton aux jeunes enfants, dans les écoles du Finistère ; cet enseignement bilingue donne d'excellents résultats.

M. Cloarec est officier d'Académie depuis 1886.

HARMAND (François-Jules)

ÉDECIN, naturaliste, explorateur et diplomate, né à Saumur (Maine-et-Loire) le 23 octobre 1845. Fils d'un colonel de cavalerie, il appartient à une famille noble de Lorraine, qui a donné le conventionnel Harmand (de la Meuse), son arrière-grand-oncle. Il accomplit de brillantes études au lycée de Versailles.

Parti pour la Cochinchine en 1866, comme médecin de Marine, M. Jules Harmand fit, en cette qualité, diverses expéditions et s'attacha fortement à l'étude des hommes et des choses de l'Indo-Chine. Revenu en France en 1870, il prit part à la guerre contre l'Allemagne (campagnes de la Baltique et de la mer du Nord), puis à la répression de l'insurrection de Kabylie, et continua ensuite ses services dans le Levant (1871-1872).

Il fut renvoyé en Cochinchine, sur sa demande, en 1873, et adjoint comme médecin et naturaliste à la mission Louis Delaporte, chargée d'étudier les monuments de l'ancien Cambodge et de rapporter les éléments du musée Khmer qui figure aujourd'hui au palais du Trocadéro. La mission se trouvant interrompue par suite de l'état de santé de presque tous ses membres, M. Harmand obtint de rejoindre au Tonkin le lieutenant de vaisseau Francis Garnier, qui venait de quitter Saigon ; investi par la force des circonstances d'un rôle exclusivement militaire, il fut nommé par Garnier commandant de la province et de la forteresse de Nam-Dinh, qu'il occupa jusqu'après la mort de son chef. Il fut décoré de la Légion d'honneur à son retour en France, en 1874.

M. Harmand repartit presque aussitôt pour l'Extrême-Orient, chargé cette fois d'une mission d'exploration scientifique, organisée par le ministère de l'Instruction publique, avec des subventions de la Société de Géographie et de la ville de Versailles. Il consacra les années 1875, 1876 et 1877 à parcourir principalement les régions inexplorées ou peu connues de la vallée du Mekhông, et finit par aboutir à Hué, après avoir, le premier, traversé les montagnes qui séparent le Laos de l'Annam. Les riches collections zoologiques et botaniques, les observations de toute sorte recueillies, au cours de ces voyages, sur l'état économique et politique de ces régions, les mœurs et l'anthropologie des populations, sur les routes et la géographie du pays, d'un intérêt vital pour la France, lui valurent de nombreuses récompenses académiques et des sociétés savantes, médailles d'or, etc.

Mis en lumière par ces travaux et par ses publications spéciales, M. Harmand fut nommé conservateur de l'Exposition permanente des produits des Colonies françaises, instituée au palais de l'Industrie, où il fit, en 1880 et 1881, une série de conférences sur les Colonies, jusqu'au moment où il fut désigné au choix du gouvernement pour aller remplir au Siam les fonctions de consul et commissaire de France.

Les succès qu'il obtint alors sur place, en même temps que la valeur de ses rapports politiques au ministère des Affaires étrangères, amenèrent le gouvernement à faire choix de sa personne pour prendre, en juin 1883, après la mort du commandant Rivière, tué à Hanoï, la direction de nos affaires de l'Indo-Chine. Nommé commissaire-général de la République au Tonkin et en Annam, avec les pouvoirs de gouverneur-général, il insista aussitôt sur la nécessité de réduire la cour de Hué, assista à l'attaque et à la prise des forts de Tuan-an par l'amiral Courbet et, au lendemain du débarquement, il se rendit, avec une escorte de quelques hommes, à la capitale, où il fit signer par les plénipotentiaires annamites le traité du 23 août 1883, improvisé en quelque sorte, et sans instructions du gouvernement, pendant le bombardement. Cet instrument diplomatique, malgré les modifications qu'on lui fit subir à Paris (traité de 1884), détermine encore la base de nos rapports avec le gouvernement subjugué et les populations.

Des pouvoirs parallèles aux siens ayant été donnés à l'amiral Courbet, M. Harmand demanda énergiquement son rappel et l'obtint au commencement de 1884.

A Paris, il ne crut pas devoir dissimuler à Jules Ferry qu'il ne partageait pas ses vues sur notre politique en Extrême-Orient et qu'il désapprouvait les idées de certains de ses inspirateurs, notamment notre entreprise sur Formose ; il préconisait la mainmise sur l'île de Hainam et l'attaque de la province de Canton. Cette attitude lui valut de ne reprendre du service actif qu'à la fin de 1885, comme consul général de France à Calcutta. Nommé ministre plénipotentiaire deux ans plus tard, il fut maintenu dans l'Inde, où il s'était appliqué à étudier, au point de vue comparatif, les procédés de la domination et de l'administration britanniques. Très éprouvé par le climat du Bengale, M. Harmand rentra à Paris en 1890 et, en dépit de l'état de sa santé, il accepta d'aller remplir au Chili une mission temporaire, interrompue par la guerre civile balmacédiste.

Après une longue convalescence, il fut nommé, en mars 1894, envoyé extraordinaire et ministre plénipotentiaire de la République Française au Japon.

Arrivé à son poste quelques jours avant l'ouverture des hostilités entre le Japon et la Chine, M. Harmand eut à jouer entre le Japon, la Russie et l'Allemagne, le rôle de modérateur ; dans les longues et parfois dramatiques négociations qui suivirent la constitution de ce que l'on a appelé la « Triplice d'Extrême-Orient », et qui eurent pour effet principal la révision du traité de Shimonosaki et la rétrocession à la Chine de la presqu'île de Liao-Toung et de Port-Arthur, il put voir ses efforts personnels appréciés par le gouvernement japonais. Il eut ensuite à faire face aux difficultés nombreuses auxquelles donna lieu la mise en vigueur des traités nouveaux et impopulaires par lesquels les puissances européennes et les Etats-Unis abandonnaient aux tribunaux japonais leurs droits de juridiction consulaire sur leurs sujets et nationaux. A la suite de ces traités, il discuta et signa une nouvelle convention douanière avec le Japon (décembre 1898). Enfin, les troubles qui éclatèrent, en mai 1900, dans le nord de la Chine, amenant l'intervention militaire des puissances dans la région du Péchili, eurent pour conséquence des négociations très actives et délicates avec le gouvernement de Tokyo, placé dans des circonstances toutes particulières, par suite de la proximité du conflit. La Légation de France au Japon se trouva en outre transformée, dès l'envoi des premières troupes françaises, expédiées à l'improviste d'Indo-Chine, en une sorte d'intendance militaire, assumant spontanément la tâche de faire profiter le corps expéditionnaire des ressources variées que lui offrait le Japon, et de provoquer toutes les mesures utiles à nos soldats et à nos états-majors.

On doit à M. Harmand d'assez nombreuses publications scientifiques et mémoires insérés aux *Bulletins des Sociétés de Géographie de Paris* et de *Géographie Commerciale*, des *Etudes Coloniales*, des *Annales de l'Extrême-Orient*, du *Commerce Extérieur* ; dans l'*Atlas Colonial*, etc. On cite en outre de lui les ouvrages suivants : *Le Laos et les Populations sauvages de l'Indo-Chine* (Tour du Monde 1879-1880) ; les *Races Indochinoises* (1884) ; l'*Affaire du Tonkin* (brochure 1884) ; l'*Inde*, traduit de sir John Strachey, avec une introduction développée sur le gouvernement et l'administration de nos possessions d'Indo-Chine (1901).

Correspondant du Muséum, commandeur de la Légion d'honneur depuis 1897, M. J. Harmand est dignitaire de nombreux ordres étrangers.

MISEREY (Albert-Ernest)

SCULPTEUR, né à Menilles (Eure) le 31 juillet 1862. De condition modeste, il fut d'abord tailleur de pierre comme son illustre devancier Michel-Ange et, comme lui, une irrésistible vocation l'éleva jusqu'à l'art statuaire.

Elève de l'Ecole des Arts décoratifs (1881-1883), où il obtint de nombreuses récompenses, et de M. Thomas à l'Ecole des Beaux-Arts, d'où il sortit en 1892, également récompensé, il reçut aussi les conseils du sculpteur Gautier.

Aux Salons annuels de la Société des Artistes français, où M. Miserey expose annuellement, on a vu de lui en 1893 : le *Colonel Nairince*, et *La Tour d'Auvergne*, bustes plâtre. Puis il envoya les œuvres suivantes : le *Poison des Borgia*, fort belle statue plâtre ; la *Tour d'Auvergne*, buste marbre (1894), placé depuis dans la salle d'honneur du 46e de ligne ; *Buste de M. X...* (1895) ; *Danseuse*, statuette marbre, acquise par M. Leroy, député (1897) ; *Buste décoratif*, pierre, de M. A. Parissot, sénateur (1898) ; *Portrait de M. Milliard, sénateur de l'Eure, ancien ministre de la Justice*, buste plâtre, qui reparut en marbre en 1901 ; *Portrait de M. Gossart*, architecte du même département, buste plâtre (1899) ; la *Source*, statuette marbre, acquise pour le musée de Bordeaux (1900), reproduite en marbre de couleur et destinée à un musée (1901) ; *Tombeau de M. le Dr Guindey, sénateur de l'Eure* (1901) pour le cimetière de la ville d'Evreux, etc.

On doit encore à cet artiste l'important groupe de mineurs qui ornait le Palais des Mines à l'Exposition universelle de 1900, un médaillon de *Merimée*, le frère du célèbre écrivain, pour la mairie de Broglie (Eure) et différents travaux d'art pour les mairies d'Evreux, de Vernon, etc.

M. Miserey, écrivit un critique dans le *Rappel de l'Eure*, a une qualité maîtresse plus rare qu'on ne pourrait croire en sculpture : il fait ressemblant. Il ne s'en tient pas là ; il cherche, trouve, traduit l'expression. On peut dire qu'ils parlent ou qu'ils vont parler, ses portraits, quand on a vu celui de M. Milliard.

Il faut ajouter que l'œuvre de cet artiste présente les qualités d'exécution et de métier les plus dignes d'éloge.

M. Miserey a reçu une 3e médaille en 1894 et une 2e en 1901.

NICOLAS (César-Marc)

ADMINISTRATEUR, ancien conseiller d'Etat, né à Thenelles, près Ribemont (Aisne), le 25 avril 1839. Il appartient à une ancienne famille d'origine picarde et fit ses études classiques au collège des Bons Enfants, à Saint-Quentin, depuis érigé en lycée.

D'abord maître répétiteur au lycée Henri IV, à Paris, M. César Nicolas fut nommé, en 1859, commis expéditionnaire au ministère de l'Agriculture, du Commerce et des Travaux Publics. Il devint successivement redacteur, sous-chef, puis chef de bureau et enfin chef de division à ce même ministère, qui ne comprit bientôt plus que l'Agriculture et le Commerce.

En 1870, M. Nicolas avait fait partie de la délégation envoyée à Tours et à Bordeaux par le gouvernement de la Défense Nationale, comme secrétaire de M. du Moustier de Frédelly ; il coopéra avec celui-ci au ravitaillement de Paris et à diverses autres mesures de même ordre exigées par les circonstances.

Il fut appelé, en 1884, à la direction du Commerce intérieur au ministère du Commerce, direction qui comprenait alors nombre de services rattachés depuis à divers ministères, notamment l'hygiène (actuellement à l'Intérieur) : il demeura à la tête de cette importante direction jusqu'à sa mise à la retraite, en 1900, et fut nommé alors directeur honoraire.

Au cours de ses fonctions, M. Nicolas eut à s'occuper de la préparation des lois concernant le travail et les assurances sociales, les marques de fabrique, les brevets d'invention. Sa compétence dans ces dernières questions est si généralement reconnue qu'il fit partie des conférences diplomatiques tenues à Rome, à Madrid et à Bruxelles pour la protection internationale de la propriété industrielle ; il y fit de courageux efforts pour amener l'Allemagne et l'Autriche à entrer dans l'Union de défense de la propriété industrielle, fondée dans une première conférence précédente, en 1873, à Paris.

C'est, pour une grande part, à M. Nicolas que l'on doit le maintien en France du Bureau international des Poids et Mesures, en 1873. C'est à son inspiration encore que doit être attribuée la création d'une médaille destinée à reconnaître les services des vieux ouvriers (1886) ; il a même été, à ce titre spécial, nommé lui-même titulaire de cette médaille, devenue si populaire dans le monde ouvrier.

De 1884 à 1900, M. Nicolas est resté conseiller d'Etat en service extraordinaire, représentant le ministère du Commerce.

M. C. Nicolas a fait partie des Commissions supérieures des Expositions universelles de 1889 et de 1900. Il a été membre de nombreux comités concernant les chemins de fer, les arts et métiers, etc.

Il a publié, en collaboration avec M. Michel Pelletier, un *Manuel de la Propriété industrielle*.

Grand-officier de la Légion d'honneur, M. Nicolas est en outre officier de l'Instruction publique, commandeur de l'ordre de Léopold, etc.

Le CHARTIER (Eugène)

Publiciste, né à Paris le 25 mars 1853. Il fit ses classes au collège Sainte-Barbe et accomplit ensuite plusieurs voyages d'études en Allemagne et en Angleterre.

Chef du service des assurances de la Société Générale pour le développement du Commerce et de l'Industrie et de la Caisse des Familles, de 1880 à 1884 M. Le Chartier a acquis une haute notoriété en raison de ses connaissances spéciales. Dès 1882, il publiait la première édition d'un *Dictionnaire pratique des Assurances*, aujourd'hui généralement répandu. En 1883, il fonda, dans une section de l'Association Philotechnique, des cours d'assurances qui furent très suivis. L'année suivante, il inventait les *Graphiques typographiques*, devenus depuis d'un usage courant. De 1884 à 1886, il dirigea l'Institut des Assurances et, en 1887, il fonda l'*Avenir Economique et financier*, répertoire bi-mensuel des assurances, qui n'a cessé de prospérer depuis lors et comprend, en 1902, vingt-un volumes. En 1890, il fondait l'annuaire le *Paris-Assureur*, toujours existant.

En 1898, M. Eugène Le Chartier devint assureur-conseil de la Chambre syndicale des Propriétaires.

Après avoir figuré avec succès à l'Exposition universelle de 1889, à la section de l'Economie locale, il envoya à celle de 1900 une collection de documents d'assurances de grand intérêt et que la *Semaine de Paris* apprécia ainsi :

C'est le monument unique, le monument rare et précieux élevé à la gloire des assurances ; il l'a été par un publiciste de grande valeur, il est vrai, M. Le Chartier. Nous avons été émerveillé en parcourant toutes ces richesses péniblement acquises par un homme de goût, par un fervent assureur qu'aucune peine n'a rebuté qui n'a ménagé ni son temps, ni sa fatigue.

Cette collection, qui a obtenu une médaille d'or, a été affectée par son créateur au ministère du Commerce, section de la Prévoyance et de l'Assurance sociales.

M. Le Chartier a inventé un extincteur d'incendie connu sous la dénomination de « l'Instantané ».

Parmi les ouvrages dûs à M. Le Chartier, outre ceux que nous avons déjà cités, il faut mentionner : une deuxième édition du *Dictionnaire pratique des assurances terrestres* ; le *Livre d'or des Compagnies françaises d'assurances* (3 vol. avec de nombreux graphiques, fac-similé, etc) ; *Paris-Assureur* ou l'*Annuaire des Assurances* ; le *Vade-Mecum judiciaire de l'Assureur et de l'Assuré* ; le *Tableau des Compagnies d'assurances opérant en France*, tableau polychrôme ; *Résumé alphabétique de la Jurisprudence des Assurances contre l'incendie* (1 vol.) ; *Dictionnaire des Tarifs incendie* (1 vol.) ; *Dictionnaire de poche des Tarifs incendie* (1 vol.) ; les *Grands Exemples*, ouvrage résumant tous les accidents survenus en France de 1899 à 1901 ; le *Dictionnaire des Tarifs vie* (1 vol.) ; le *Répertoire international des Compagnies d'assurances*, comprenant près de six mille fiches ; le *Dictionnaire international des Assurances*, publié en dix langues (1 vol.) ; le *Livre d'or international des Compagnies d'assurances* (1 vol.) ; une *Collection de cent plaques de compagnies d'assurances contre l'Incendie*, reproduction exacte, etc.

Nommé, en 1899, arbitre-rapporteur pour les questions d'assurances près le Tribunal de Commerce de la Seine, membre de la Société de Statistique et de la Société d'Economie politique de Paris, M. E. Le Chartier est officier de l'Instruction publique et chevalier du Christ de Portugal.

SIEGFRIED (Jules)

Homme politique, économiste et philanthrope, né à Mulhouse (Alsace) le 12 février 1837, d'une ancienne famille de la région. Il fit ses études dans la cité natale et vint, en 1862, se fixer au Hâvre (Seine-Inférieure). Peu de temps après, avec son frère, M. Jacques Siegfried, il fondait, à Bombay, la première maison française qui ait été établie pour l'achat des cotons ; cette entreprise prospéra rapidement et permit aux deux négociants de créer des comptoirs à Liverpool, à la Nouvelle-Orléans, à Savannah.

M. Jules Siegfried, comprenant que le commerce moderne exige des connaissances techniques spéciales, provoquait, dès 1865, par ses dons, et de concert avec son frère, la création à Mulhouse d'une Ecole supérieure de Commerce. Cette institution disparut après la guerre franco-allemande de 1870-71 ; mais M. Siegfried la fit renaître au Hâvre. Des écoles similaires se sont depuis ouvertes à Rouen, à Lyon, à Marseille, à Bordeaux.

Nommé, en 1869, membre de la Chambre de Commerce du Hâvre, M. Jules Siegfried, l'année suivante, fut élu conseiller municipal et adjoint au maire de cette ville. Révoqué par le gouvernement du 24 mai 1873, il fut choisi, en 1877, comme conseiller général pour le canton de Bolbec (Seine-Inférieure) et, en 1878, devint maire du Hâvre. Il s'occupa à ce titre de toutes les questions d'assistance publique et d'enseignement, créa les sociétés des cités ouvrières du Hâvre et de Bolbec, le cercle Francklin, conçu sur le modèle des cercles ouvriers américains et anglais, le premier bureau d'hygiène et le nouvel hôpital, établi par pavillons séparés dans un parc superbe. Il contribua aussi au perfectionnement de l'outillage du port, à l'agrandissement du bassin et fit construire le boulevard maritime.

Après avoir échoué de quelques voix aux élections générales législatives de 1877, dans la troisième circonscription du Hâvre, il fut élu député de la Seine-Inférieure, au scrutin de liste, en 1885, avec 77.479 voix sur 149,546 votants ; réélu dans la première circonscription du Hâvre, en 1889, par 6.848 suffrages, contre 3,178 à M. Odinet, boulangiste, il vit encore son mandat confirmé en 1893, par 6,332 voix, contre 2,355 données à M. Guillot, radical.

Républicain indépendant et partisan déclaré de la concentration républicaine, M. Siegfried s'intéressa surtout, pendant ces trois législatures, aux questions d'ordre financier, social ou économique. Il intervint, à la tribune de la Chambre, dans la plupart des discussions touchant à ces matières, toujours avec compétence, souvent avec succès.

Plusieurs fois membre de la Commission du budget, dont il fut vice-président, il a rédigé et soutenu des rapports remarquables sur le budget du Commerce en 1893 et sur celui des Colonies en 1896. Il fut, pendant quelques années, président de la grande commission d'assurance et de prévoyance sociales, qui a fait aboutir les projets de loi sur les sociétés de secours mutuels, les accidents des ouvriers, et préparé celui sur les retraites ouvrières ; il a fait aussi voter le projet de loi sur la protection de la santé publique.

Ministre du Commerce, de l'Industrie et des Colonies dans le cabinet Ribot (4 décembre 1892), M. Siegfried se signala en faisant adopter le projet de loi concernant la marine marchande et celui sur la conciliation et l'arbitrage facultatif entre patrons et ouvriers ; il démissionna avec ses collègues, le 30 mars 1893.

En 1894, le vote de la loi sur les habitations à bon marché, due à son inspiration, provoqua la fondation de nombreuses sociétés de constructions ouvrières, parmi lesquelles il faut mentionner la Société française des habitations à bon marché et la Société de crédit des habitations à bon marché, qu'il organisa lui-même.

Le 8 août 1897, M. Jules Siegfried fut élu sénateur de la Seine-Inférieure, à une élection partielle nécessitée par le décès de M. P. Casimir-Périer, obtenant 1,020 voix sur 1,480 votants. Au Sénat, il s'occupa surtout, comme il l'avait fait à la Chambre, des questions économiques et sociales. Membre de la Commission des Finances, plusieurs fois rapporteur du budget du Commerce et de l'Industrie, il déposa les propositions de loi tendant à faciliter la constitution et le maintien de la petite propriété, à réglementer le nombre des débits de boisson et, en 1898, un projet concernant le gouvernement et l'administration des colonies, basé sur l'unité de pouvoir et la décentralisation. Il fonda le groupe colonial sénatorial, dont il fut nommé président.

Non réélu au renouvellement de janvier 1900, M. Siegfried accomplit, l'année suivante, un voyage dans l'Amérique septentrionale, pour essayer d'y jeter les bases d'une entente commerciale franco-américaine et franco-canadienne.

Il a été l'un des principaux organisateurs de la section d'économie sociale à l'Exposition universelle de 1889 et président du groupe XVI (Economie sociale) à celle de 1900. Il a aussi contribué à la création du Musée social, dont le comte de Chambrun prit l'initiative et il préside le Comité de direction de cette institution. On lui doit la publication d'un important ouvrage: *La Misère, son histoire, ses causes, ses remèdes*, couronné par l'Académie des Sciences morales et politiques ; d'une étude documentée sur la *Situation économique et sociale des Etats-Unis* et d'un *Résumé complet de la question de l'Habitation à bon marché* (1902).

Membre, pendant plusieurs années, du Conseil supérieur de l'Assistance publique et du Conseil consultatif d'hygiène de France, vice-président du Conseil supérieur des habitations à bon marché, M. Jules Siegfried est officier de la Légion d'honneur, officier d'Académie, etc.

MERCET (Emile-Louis)

ADMINISTRATEUR et financier, né le 31 août 1842 à Paris, où il fit ses études classiques. Il débuta, en 1858, dans la très ancienne et importante maison de banque Mallet frères et C¹⁰ et entra, en 1867, au Crédit-Lyonnais, qui, en 1875, le chargea de fonder et diriger l'agence de cet établissement à Constantinople. Il fut désigné par la colonie française de cette ville pour remplir, en 1876 et 1877, les fonctions de député de la Nation.

En 1879, M. Emile Mercet prit la direction de l'agence du Crédit Lyonnais à Saint-Pétersbourg. Il revint à Paris en 1881, pour entrer comme associé dans la maison de banque Perier frères et C¹⁰, qui se continua en 1891 sous la raison sociale Perier, Mercet et C¹⁰ et dont il contribua puissamment à assurer le développement et la prospérité.

En 1889, M. Mercet fit partie du groupe de financiers éclairés qui assumèrent la tâche patriotique de sauver et reconstituer le Comptoir d'Escompte de Paris. Administrateur du nouveau Comptoir national d'Escompte dès l'origine, il prit une part active à la direction des affaires de cet important établissement de crédit, à son rapide et progressif développement, et fut nommé vice-président du Conseil d'administration en 1874.

M. Emile Mercet s'est consacré, de tout temps, à l'étude et à la pratique des questions et des opérations financières. Il est administrateur de la Banque de l'Indo-Chine, président du Conseil de la C¹⁰ française pour l'exploitation des procédés Thomson-Houston, de la Société des Chantiers et Ateliers de la Gironde, de la Société centrale de Dynamite, vice-président de la C¹⁰ française pour la fabrication des compteurs et matériel d'usines à gaz, etc.

Esprit libéral, ouvert à tous les progrès, doué d'une intelligence à la fois élevée et pratique et possédant l'expérience consommée des grandes affaires, M. Mercet a rendu à l'épargne française, en maintes circonstances, des services signalés. Ses qualités d'administrateur et de financier, la justesse de ses vues, la prudence et la fermeté de ses résolutions, l'avaient de longue date désigné à l'attention de ses collaborateurs. Aussi, après le décès de M. Denormandie, le Conseil d'administration du Comptoir national d'Escompte, à l'unanimité, l'éleva à la présidence de cette institution financière (5 février 1902).

M. Emile Mercet est membre de la Société d'Economie politique, de la Société de Statistique de Paris ; il a été le président de cette dernière société pour l'année 1902. Il est, en outre, président de l'Union Coloniale française depuis la fondation de cette association.

Chevalier de la Légion d'honneur en 1879 et promu officier en juin 1896, il est, de plus, dignitaire de quelques ordres étrangers.

PIERROTET (Paul-Clément)

ADMINISTRATEUR et publiciste, né à Joigny (Yonne) le 3 mars 1855, d'une ancienne famille de la région. Son père, l'un des chefs du parti démocratique de l'Yonne, avait été emprisonné au fort de Bicêtre lors du coup d'Etat de 1851. Venu à Paris en 1873, M. Paul Pierrotet entra à l'Ecole des Hautes Etudes, section des sciences.

Dès 1876, M. Pierrotet se faisait remarquer au nombre des secrétaires du « Comité des dix-huit », présidé par Gambetta et qui avait pour but de défendre les institutions républicaines. En même temps, il prêtait son concours à l'Association polytechnique du VI⁰ arrondissement de Paris jusqu'en 1879, époque à laquelle il créa, dans une ancienne école de la rue Jean Lantier, des cours destinés à l'obtention du brevet supérieur pour les jeunes filles, cours qui ont donné d'excellents résultats. Dans ce même ordre d'idées, il fut amené à devenir président d'honneur du Cercle populaire des Amis de l'Enseignement laïque, société qui a pour objet l'organisation de cours moraux et de patronage pour les jeunes gens.

Nommé, en 1888, maire-adjoint du V⁰ arrondissement de Paris, M. Pierrotet, dans ces fonctions, fut chargé des questions d'enseignement et de la réorganisation des bureaux de bienfaisance après la laïcisation ; il a été aussi président de la Commission d'Hygiène et, en cette qualité, a pris l'initiative de l'extension du système de désinfection pour les maladies contagieuses.

A la mort du Dr Deschamps, conseiller municipal du quartier de la Sorbonne, M. Pierrotet, présenté par un groupe d'électeurs au remplacement du défunt, donna sa démission d'adjoint ; puis, s'étant retiré de la lutte électorale, pour des raisons personnelles, avant le premier tour de scrutin, il ne voulut reprendre ses fonctions à la mairie du Ve arrondissement qu'en 1900.

Répétiteur, puis professeur de physique à l'Ecole Sainte-Barbe depuis 1884, M. Pierrotet devint, en 1898, examinateur d'entrée à l'Ecole des Hautes Etudes Commerciales.

Au moment où la question se posa de la réorganisation du collège Sainte-Barbe, le nom de M. Pierrotet parut alors s'imposer comme directeur de cette ancienne institution, si justement réputée. Placé à sa tête en 1901, il élabora un programme de réformes qui fut immédiatement appliqué.

Cette école, dont la discipline intérieure est pour ainsi dire familiale et dont les règlements et usages donnent toute sécurité aux familles, possède des directeurs d'études même pour les classes élémentaires. Elle comporte un enseignement spécial, plus pratique que théorique, pour les jeunes gens qui se destinent au commerce, à l'industrie et à l'agriculture, aux écoles Centrale, de Grignon, etc. Les succès y sont également brillants pour les préparations à l'Ecole polytechnique, à l'Ecole normale, à l'Ecole de Saint-Cyr, à l'Ecole des Mines, à l'Ecole des Ponts et Chaussées, etc.

M. Pierrotet a innové la création d'un enseignement préparatoire aux licences ès lettres, d'histoire, de philosophie et de langues vivantes et d'un enseignement supérieur libre pour les étudiants aux diverses facultés.

M. Pierrotet a publié de nombreux articles dans la *Revue de Physique et de Chimie* et d'autres revues scientifiques. On lui doit aussi un grand nombre de conférences scientifiques ou économiques à Paris et en différents endroits.

Il est officier de l'Instruction publique.

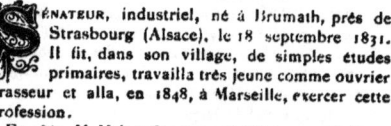

VELTEN (Godefroy)

SÉNATEUR, industriel, né à Brumath, près de Strasbourg (Alsace), le 18 septembre 1831. Il fit, dans son village, de simples études primaires, travailla très jeune comme ouvrier brasseur et alla, en 1848, à Marseille, exercer cette profession.

En 1861, M. Velten fonda un établissement de brasserie qui prit rapidement une importance telle qu'il est devenu maintenant le plus important de la région méridionale de la France. En 1885, ayant acquis une très grosse fortune, il passa la main à une société anonyme qui, sous la dénomination de « Société des Brasseries de la Méditerranée », continue, depuis, l'industrie fondée par lui.

Dès les dernières années de l'Empire, M. Velten s'était intéressé, sinon mêlé, aux luttes politiques, soutenant de ses deniers les organes d'opposition et faisant en grande partie les frais des élections au Corps législatif de Gambetta en 1868, et d'Esquiros en 1869, à Marseille.

Pendant la guerre, il organisa et subventionna des comités de secours aux familles des volontaires enrôlés. Après le 4 septembre 1870, il aida à vivre les feuilles républicaines marseillaises l'*Egalité* et la *Jeune République*, puis il contribua à la fondation du *Petit Provençal*, devenu bientôt très prospère.

En 1874, M. Velten fut élu conseiller municipal de Marseille sur la liste du comité central démocratique ; en 1879, il devint conseiller général des Bouches-du-Rhône, et le demeura jusqu'en 1885, avec la présidence de la commission départementale pendant trois ans. Il a, en outre, exercé les fonctions d'administrateur du bureau de bienfaisance, dont il fut même président durant quelques années, et du Mont-de-piété ; il a créé la Société des Pionniers de l'Avenir, sorte d'école préparatoire au service militaire, et participé à maintes autres œuvres philanthropiques et patriotiques, à Marseille et dans le département des Bouches-du-Rhône.

Aux élections sénatoriales du 5 janvier 1885, la mort d'Eugène Pelletan ayant laissé un siège vacant dans les Bouches-du-Rhône, M. Velten se présenta et fut élu, le second sur trois, par 224 voix sur 402 votants, sur la même liste que Challemel-Lacour et Barne. Il a été réélu, au renouvellement du 7 janvier 1894, par 232 voix sur 419 votants, au premier tour.

Inscrit à la gauche démocratique de la Chambre haute, l'honorable sénateur s'intéresse surtout aux débats portant sur les questions économiques et commerciales. Il est intervenu notamment pour combattre l'élévation des droits sur les céréales, pour soutenir les intérêts de la savonnerie et de l'huilerie dans la discussion du tarif général des douanes ; sur la proposition de loi contre les ouvriers étrangers, dont il rédigea les conclusions du rapport ; sur la question du canal de Marseille au Rhône, etc.

M. Velten a été membre de la commission de réglementation du travail des enfants et des femmes dans les ateliers et de celle de la Marine.

Décoré de la Légion d'honneur pour ses créations de brasserie et de malterie pneumatiques, l'honorable sénateur fut promu, en 1885, officier de ce même ordre, à la suite de l'épidémie cholérique de 1884-1885.

GRAS (Charles)

ÉPUTÉ, lithographe, publiciste, né à Montpellier (Hérault) le 4 octobre 1850. Ses études accomplies dans la ville natale, il collabora à la *Liberté de l'Hérault* et fonda, en 1869, le *Babillard*, journal satirique démocratique, que le gouvernement impérial poursuivit avec rigueur.

Engagé volontaire en 1870, pour la campagne franco-allemande, M. Charles Gras vint ensuite à Paris, où il s'occupa de lithographie et de son application aux arts industriels. On le considère comme l'un des vulgarisateurs de l'impression en couleurs à bon marché et il s'est créé dans cette spécialité une réelle notoriété.

Nommé administrateur du bureau de bienfaisance, puis adjoint au maire du Vᵉ arrondissement, M. Gras fut élu conseiller municipal du quartier du Jardin des Plantes (Vᵉ arrondissement) en 1896. A l'Hôtel-de-Ville, il siégea au groupe socialiste et s'occupa surtout des questions d'assistance et de travaux publics.

Lors des élections générales législatives de 1898, M. Charles Gras fut élu député de la 2ᵉ circonscription du Vᵉ arrondissement de Paris, comme candidat socialiste, au 2ᵉ tour de scrutin et par 5,107 voix contre 3,812 à M. Trélat, député républicain sortant.

A la Chambre, M. Charles Gras se fit inscrire au groupe socialiste. Il s'est, dans les circonstances où la défense des intérêts démocratiques l'exigeait, joint à la majorité républicaine du Palais-Bourbon, sans toutefois abandonner aucun des desiderata formulés dans son programme.

Libre échangiste déclaré, il a fait partie des grandes commissions parlementaires du suffrage universel et de l'impôt sur le revenu.

Il est intervenu à plusieurs reprises et notamment dans les discussions concernant les associations, la marine marchande et les conseils de guerre, dont il a demandé la suppression en se plaçant exclusivement au point de vue humanitaire.

M. Charles Gras a fondé et dirigé pendant plusieurs années *Paris-Revue*, intéressante publication artistique ; il a dirigé aussi les suppléments littéraires du *Petit Marseillais* et de la *Dépêche de Toulouse*. On lui doit en outre un livre de nouvelles, qui a obtenu du succès : *La bonne franquette*.

TROOST (Louis-Joseph)

HIMISTE, membre de l'Institut, né à Paris le 17 octobre 1825 Après avoir fait ses études classiques au lycée Charlemagne, il entra, en 1848, à l'Ecole normale supérieure ; reçu agrégé en 1851, docteur ès-sciences en 1857, il fut, pendant plusieurs années, professeur de chimie au lycée Bonaparte.

Nommé, en 1868, maître de conférences à l'Ecole normale ; puis, en 1874, professeur de chimie à la Faculté des Sciences de Paris, M. Troost devint, dans le même temps, directeur du Laboratoire d'enseignement et de recherches de chimie à la Sorbonne. Il a été élu membre de l'Académie des Sciences en 1884, en remplacement de Wurtz.

Les travaux de M. Louis Troost et ses recherches scientifiques ont commencé sous la direction de Sainte-Claire-Deville. Il a continué l'œuvre de ce savant et a enrichi lui-même, soit seul, soit avec M. P. Hautefeuille, le domaine de la science d'importantes découvertes. Il s'est occupé de la densité des vapeurs, de l'équivalent des substances vaporisables, des phénomènes de dissociation, de la perméabilité du platine à haute température, du rôle du silicium et du manganèse dans la métallurgie, des propriétés de l'acide cyanique en particulier et des autres acides en général ; des gaz, de la mesure des températures élevées etc. Ces études ont fait l'objet de nombreux mémoires insérés dans les publications de la Société chimique, les *Annales de Physique et de Chimie* et autres organes spéciaux.

Outre ces publications et sa thèse : *Recherches sur le lithium et ses composés* (1857, in-4°), on connaît de M. Troost les traités in-18ᵉ suivants, unanimement appréciés : *Précis de Chimie* (1863, très-important traité,devenu classique et qui a atteint la 34ᵐᵉ édition en 1902) ; *Traité élémentaire de Chimie* (1865, 13ᵉ édit. 1902) : *Un Laboratoire de Chimie au XVIIIᵉ Siècle*, étude sur Scheele (1866) et une traduction du *Traité chimique* de Wœhler (1865).

Chevalier en 1868, officier en 1886 et, depuis 1900, commandeur de la Légion d'honneur, ce savant est, de plus, commandeur des ordres de Saint-Stanislas et de Sainte-Anne de Russie.

HUBBARD (Gustave-Adolphe)

ÉPUTÉ, avocat, publiciste, né le 22 mai 1858 à Madrid (Espagne), où son père s'était réfugié après le coup d'Etat de 1852. Sa famille étant rentrée en France en 1868, il fit ses études au Lycée Condorcet, puis à la Faculté de Droit, et fut reçu avocat en 1880.

En 1879, il avait été nommé secrétaire de la Commission du Budget de la Chambre, succédant, dans cet emploi, à son père, devenu secrétaire-général de la Questure ; l'amitié de ce dernier avec Gambetta fit admettre aussi M. Gustave-Adolphe Hubbard à la *République Française*, à laquelle il collabora.

Le 14 novembre 1881, M. Blandin, sous-secrétaire d'Etat au ministère de la Guerre dans le cabinet Gambetta, prit le jeune avocat comme secrétaire ; il cessa ces fonctions à la chute du grand ministère (janvier 1882).

En mai 1884, M. Hubbard se fit élire conseiller municipal du quartier Montparnasse, à Paris. Puis, aux élections générales législatives d'octobre 1885,inscrit sur la liste radicale de Seine-et-Oise, il fut nommé député,au scrutin de ballottage, avec toute cette liste. Au renouvellement de 1889,fait au scrutin uninominal, il se porta dans la 1ʳᵉ circonscription de Pontoise, dans ce département, et fut élu par 6,964 voix contre 6,947 à M. Ambroise Rendu. Son mandat fut renouvelé en 1893, par 7,737 voix, contre 6,346 à M. Gilbert Boucher ; mais, aux élections générales de 1898, il ne se représenta pas dans cette circonscription ; candidat à Fontainebleau (Seine-et-Marne), il n'obtint que 8,897 voix, contre 10,390 à l'élu, M. Ouvré, républicain modéré.

Il demeura éloigné du Parlement jusqu'en 1901, où le décès de M. Robert, député de Sisteron (Basses-Alpes) permit à M. Hubbard de postuler, comme candidat radical, ce siège, où il fut élu.

M.Hubbard,inscrit au groupe de l'Extrême Gauche, a toujours pris une active part aux travaux de la Chambre ; il est fréquemment intervenu dans les débats parlementaires sur les plus différents sujets. Il combattit le mouvement boulangiste et plus tard le nationalisme ; il s'occupe plus spécialement des questions de finance et de politique étrangère. Rapporteur du budget de 1902, il a proposé la suppression de celui des cultes.

On doit à M. Hubbard quelques brochures : les *Finances de Babylone*, une *Biographie de Sadi Carnot*, un *Petit traité d'économie politique*, les *Communes de Paris*, etc. Il a fait jouer au théâtre de Versailles une comédie : l'*Ecole des Belles-mères* (1888) et deux drames : l'*Espion* et l'*Attentat* (1895).

DEMANGE (Charles-Gabriel-Edgar)

VOCAT, né à Versailles (Seine-et-Oise) le 22 avril 1841. Son père, d'origine vosgienne, étant alors chef d'escadron de cuirassiers dans cette ville, il y commença ses études classiques,qu'il acheva au lycée de Nancy. En 1859, le jeune homme prit ses inscriptions à la Faculté de Droit de Paris, et entra au barreau le 8 novembre 1862. Devenu quatrième secrétaire de la conférence des avocats pour 1864-65, sous le bâtonnat de M. Desmaret, il obtint le prix Liouville. Ses maîtres furent Emile Leroux et Carraby.

A vingt-neuf ans, c'est-à-dire presque au début de sa carrière,M. Edgar Demange eut à défendre le prince Pierre-Napoléon Bonaparte, meurtrier de Victor Noir, devant la Haute Cour de Tours. L'acquittement de l'accusé mit son défenseur sur le chemin de la renommée (mars 1870). Puis, vint à Blois, également devant la Haute Cour, le procès dit des *Blouses blanches*, où Mᵉ Demange défendit Baury, l'un des principaux accusés, que la révolution du 4 septembre rendit à la liberté.

En Cour d'assises, où il fut bientôt renommé à l'égal de Lachaud, Mᵉ Demange a pris la parole dans maintes causes célèbres, parmi lesquelles nous mentionnerons : le procès de la veuve Gras (1877) ; les affaires Lebiez, l'étudiant en médecine assassin (1878) ; Voyer, capitaine accusé de faits d'immoralité et acquitté en 1880 ; du docteur Cabiol (avortement), également acquitté en 1881. Dans le crime du Pecq, en 1882, Mᵉ Demange fut chargé de la défense de Gabrielle Fenayrou ; en 1884, dans le différend, qui fit tant de bruit, entre Alexandre Dumas fils et le peintre Jacquet, il plaida pour ce dernier. Citons encore les affaires des frères Ballerich, de Mᵐᵉ

Françey, Riboux, Pellet en 1884; puis, en 1887, l'affaire Pranzini, qui retint si longtemps l'attention publique.

Dans le procès des décorations, qui eut lieu en 1888, M° Demange prêta le concours de sa parole à M. Ribaudeau, secrétaire de M. Wilson. Plus tard, en mars 1893, il plaida pour M. Antonin Proust, accusé d'avoir touché un chèque du Panama et acquitté. Il eut à assister, la même année, Ducret, dans l'affaire Norton (faux papiers) ; puis, en 1894, c'est encore à l'éminent avocat qu'incomba la tâche lourde, délicate et difficile de défendre le capitaine d'artillerie Alfred Dreyfus, accusé de trahison. Dès la première heure, se déclarant énergiquement convaincu de l'innocence de son client, on le vit, plein de dévouement, prêt à lui sacrifier ses amitiés les plus chères. Il a donné alors et dans la suite de cette affaire une leçon d'abnégation et d'humanité dont la postérité lui tiendra compte comme d'un acte de réelle bravoure civique.

La même année, il prêtait son concours à M. Fénéon, accusé de complicité dans l'affaire des trente anarchistes. Quand s'ouvrit le procès si longtemps attendu et si sensationnel d'Arton, en 1897, c'est M° Demange qui défendit l'agent de la Compagnie de Panama ; il prit la parole dans les différentes affaires connexes au premier procès et ses plaidoiries serrées, pleines d'argumentations, furent très appréciées.

Quand la Cour de Cassation eut décidé la révision du procès d'Alfred Dreyfus, M° Demange, assisté cette fois de M. Laborie, soutint encore les intérêts de son client de 1894, devant le Conseil de guerre de Rennes, en août 1899. Il renouvela alors, avec plus d'énergie et de dévouement encore, les efforts qu'il avait dépensés cinq ans auparavant en faveur de cet officier, et prononça une chaleureuse, émouvante et habile plaidoirie, qui fit une impression profonde sur le tribunal et sur l'auditoire. S'il ne put obtenir l'acquittement de son client, en faveur de quoi deux membres du Conseil seulement se prononcèrent, il jeta du moins le doute dans l'esprit des juges, qui abaissèrent la condamnation perpétuelle primitive en celle de dix années de détention.

M° Demange a plaidé, en outre, un assez grand nombre de causes civiles, où il s'est montré très habile avocat d'affaires.

Aucune de ses plaidoiries n'a été imprimée ; le maître, dont la modestie égale le talent, répond, lorsqu'on s'en étonne : « Je ne sais pas écrire »

Dès 1868, M. Demange était membre de la Société de Médecine légale de France, qui a fait de lui plus tard son président (1891-1892) ; il a été aussi, de 1889 à 1892, membre du Conseil de l'Ordre des avocats. Il est vice-président de l'Association vosgienne.

FERRER-ESTÈVE (José)

GUITARISTE et compositeur de musique espagnol, demeurant en France, né à Gérone (Catalogne) le 13 mars 1835. Il montra de bonne heure d'heureuses dispositions pour la musique et son père, avocat distingué, jouant de la guitare en amateur, il manifesta prématurément de la prédilection pour cet instrument ; plus tard, désireux de le connaître mieux, il l'étudia avec la méthode d'Aguado ; puis, en 1860, il alla à Barcelone, où il reçut les conseils de l'éminent professeur Joseph Broca.

M. Joseph Ferrer s'était d'abord destiné au commerce et ne faisait de la musique qu'en amateur ; mais il s'adonna bientôt tout entier à l'art. Après s'être fait apprécier à Barcelone, comme guitariste, il vint à Paris en 1885 et y moissonna d'amples applaudissements dans les grands concerts où il se faisait entendre (salles Pleyel, Herz, Rudy, Kriegelstein, etc.) ; il acquit également, comme professeur de guitare, une brillante réputation et fut, en 1889, nommé guitariste de la Comédie Française.

Rappelé dans son pays en 1898, comme professeur de guitare au Conservatoire de Barcelone, il conserva cette fonction pendant trois années et revint, en 1901, à Paris, où il retrouva, comme professeur et comme virtuose, son succès d'autrefois.

M. Joseph Ferrer s'est aussi fait connaître comme compositeur. Il a écrit surtout des œuvres d'un style très personnel, s'adaptant fort bien à la guitare. On cite de lui : 20 pièces (contenant 60 morceaux), publiées à Barcelone et dont voici les titres : *Recuerdos de Montgri* (Capricho) ; *Quejas de mi lira* (Vals de concierto) ; *Fantasia sobre un tema de Beriot* ; *Cuatro piezas progresivas* ; *El Ramillete* (Diez pequeñas piezas) ; *Brisas del Parnaso* (Cuatro piezas) ; *El Talisman* (Vals de concierto) ; *Horas apacibles* (Ocho piezas faciles) ; *Tres valses* ; *Polonesa* ; *Dos nocturnos* ; *Doce minués* ; *Elegia fantástica* ; *De noche en el lago* (Fantasia) ; *La Gallegada* (Fantasia) ; *Los Encantos de Paris* (Capricho) ; *Veladas intimas* (Cuatro piezas) ; *Impresiones juveniles* (Vals brillante) ; *Dos tangos* ; *Canto de Amor* (Vals de concierto).

A Paris, ce musicien a fait éditer également 20 pièces, contenant 40 morceaux, intitulées : *Veillées d'automne* (Quatre pièces faciles) ; *Echos de la forêt*,

(Mélodie-Valse) ; *Mélancolie* (Duo) ; *Belle* (Gavotte) ; *Souvenirs du 15 août* (Romance sans paroles) ; les *Sirènes* (Duo) ; *Feuilles du printemps* (Six pièces faciles) ; *Résignation* (Andante) ; *Tendresse paternelle* (Mélodie expressive) ; *Récits champêtres* (Trois mélodies) ; l'*Étudiant de Salamanque* ; *Agréments du foyer* (Trois pièces faciles) ; les *Soupirs* (Valse de concert) ; *Sérénade Espagnole* (Duo) ; la *Danse des Naïades* ; *Charmes de la Nuit* (Nocturne) ; *Brise d'Espagne* (Valse caractéristique) ; *Pensées Mélodiques* (Quatre pièces) ; *Boléro* (Duo) ; *Souvenirs d'antan* (Six menuets).

On annonce encore de lui une *Méthode complète pour la Guitare.*

MESSIMY (Adolphe)

Publiciste, ancien officier, né à Lyon le 31 janvier 1869. Il fit ses études classiques au lycée de cette ville, puis entra à l'Ecole de Saint-Cyr à dix-huit ans et en sortit lieutenant d'infanterie deux ans après, l'un des premiers de sa promotion.

Désigné pour servir dans un bataillon de chasseurs alpins à l'extrême frontière italienne, le lieutenant Messimy se fit remarquer alors par son énergie et l'intérêt qu'il portait à ses hommes. Dans une contrée particulièrement froide et dangereuse, il risqua sa vie à maintes reprises, au cours de manœuvres militaires. En 1892, durant une reconnaissance faite dans la haute montagne avec trois camarades, il fut précipité avec ses compagnons de plusieurs centaines de mètres et échappa par miracle à la mort, après avoir essayé vainement de sauver ses amis.

En 1896, il entra, dans les premiers numéros, à l'Ecole supérieure de guerre et fut promu capitaine deux ans plus tard.

Rentré dans la vie civile en 1899, M. Messimy collabora à différents journaux de province et de Paris, notamment au *Temps*, où ses articles sur les questions militaires furent très remarqués.

Il a publié aussi des études documentées dans la *Revue Politique et Parlementaire* et la *Revue des Questions Coloniales.*

Dans ses écrits, M. Messimy se montre partisan d'une politique nettement républicaine et favorable à beaucoup de réformes sociales ; touchant le militarisme, il a écrit que « l'armée de la République doit à tout prix devenir une armée républicaine et démocratique ».

Il a, en outre, traité avec une haute compétence les questions de droit, science qu'il a étudiée aux facultés de Lyon et de Paris, et les questions coloniales, qui ont été l'objet de plusieurs de ses travaux.

M Messimy est le gendre de M le professeur Cornil, sénateur et membre de l'Académie de Médecine.

THOMAS (Auguste)

Administrateur, industriel, né à Saint-Ambroix (Gard) le 20 février 1845. Fils aîné d'un ardent républicain, que le coup d'Etat de 1852 exila en Afrique, il devint, par la mort de son père, à seize ans, l'unique soutien de sa mère et de ses six frères et sœurs. Prenant, dès ce moment, la place du chef de famille disparu, il en assuma sans défaillance les charges, lourdes pour ses jeunes épaules, et sut mettre, grâce à son travail, les siens à l'abri du besoin.

Pendant la guerre de 1870, M. Auguste Thomas, que sa situation dispensait du service actif, s'engagea cependant dans un bataillon de marche de la garde nationale de Paris et prit part aux opérations militaires jusqu'à la fin du siège.

M. Auguste Thomas s'est activement occupé d'affaires commerciales, financières ou industrielles ; il est connu du grand public surtout à cause de la part considérable, et souvent même prépondérante, qu'il a prise dans la fondation ou la prospérité de plusieurs importantes entreprises. Esprit éclectique et pratique, aux larges vues, à la compréhension nette, il a donné la mesure de ses facultés et de la variété de son initiative en créant ou coopérant à des affaires de genres les plus divers. C'est ainsi qu'en 1879, il fut appelé à faire partie du Conseil d'administration des distilleries Cusenier, et cette époque marque pour cette société le début du développement considérable qu'elle a pris depuis plusieurs années. Plus tard, avec son compatriote Xavier Ruel, le fondateur du Bazar de l'Hôtel-de-Ville, il créait la Société des Chalets de nécessité, dont il demeure le plus ancien administrateur. Puis il jeta les bases de la Compagnie du littoral de la Méditerranée, qui, après avoir construit, à la Turbie, l'un des plus grandioses hôtels des environs de Monaco, a fait de cette petite bourgade une superbe ville, admirablement tracée, éclairée à l'électricité, et qui est bientôt devenue l'une des stations préférées des habitués de la Côte d'Azur.

M. Thomas a fondé encore la Société du Fer-Béton, dont les travaux et les procédés permettent la réalisation d'économies considérables dans divers genres de constructions, avec des conditions de sécurité, d'incombustibilité, d'insonorité, que l'on n'était arrivé jusqu'ici que bien rarement à réunir. Il est président du Conseil d'administration de cette société.

Il préside, en outre, la Compagnie des Fourneaux modernes, appareils dont la conception pratique a assuré le succès ; il est administrateur du chemin de fer du Bois de Boulogne, de la Société de fournitures photographiques Lumière et de diverses autres compagnies, ayant toutes pour but la réalisation d'un progrès scientifique ou une utilité industrielle.

M. Auguste Thomas s'est aussi intéressé aux choses de l'agriculture. Dans l'Ardèche, où il est propriétaire, il cultive en grand le cerisier et le noyer, pour employer les fruits à la fabrication de kirsch et de brou de noix dont les marques sont fort appréciées. Il est maire de Gravières, commune de ce département, et délégué cantonal.

Membre des jurys des expositions de Chicago en 1893, de Lyon en 1894, membre des comités d'admission et des comités départementaux de l'Exposition universelle de 1900, M. Thomas, déjà chevalier du Mérite agricole, a été fait chevalier de la Légion d'honneur le 26 février 1900.

ROBELIN (Léon-Paul-Auguste)

Publiciste et conférencier, né à Longjumeau (Seine-et-Oise) le 20 mars 1866. Il est le fils d'un négociant très estimé de Corbeil, membre de la Chambre de commerce et ancien juge au Tribunal de commerce de cette ville.

M. Léon Robelin fit de solides études classiques au collège Sainte-Barbe ; resté membre du comité des anciens élèves, il a été chargé, à ce titre, de coopérer à la réorganisation de cet établissement.

M. Robelin s'est consacré tout entier à des œuvres de patriotisme et de philanthropie sociale. Dès 1884, il fondait, à Longjumeau, la bibliothèque de prêt gratuit ; en 1886, la Société d'encouragement à l'instruction, devenue depuis très prospère ; en 1888, un patronage d'apprentis, et en 1889 une Société de gymnastique. Il accrut encore le cercle de son activité en créant d'autres bibliothèques et des cours d'adultes, non-seulement à Longjumeau, mais à Palaiseau, Saint-Leu-Taverny, Saulx, les Chartreux, Juvisy, Arpajon, Athis-Mons, Corbeil, Montgeron, Villeneuve-Saint-Georges, etc.

Les progrès à réaliser dans l'enseignement n'ont pas absorbé exclusivement les efforts de M. Robelin. Il s'est aussi préoccupé des améliorations à apporter à l'agriculture ; à cet effet, il créa, en 1892 et 1893, des champs d'expérience agricole, dans lesquels il essaya des procédés nouveaux, pratiques et ingénieux.

Membre du Conseil municipal de Longjumeau depuis 1892, il a été nommé maire de cette ville en 1896 ; en cette qualité, il a créé un hôpital-hospice cantonal ; il a inauguré, en 1897, le monument élevé à Adolphe Adam, l'auteur du *Postillon de Longjumeau*, et il a procédé à d'importantes améliorations dans la voierie et l'éclairage de la cité.

Elu, en 1892, membre du Conseil général de la Ligue de l'enseignement, avec Jean Macé, Journault et autres éminents amis de l'instruction laïque, il reçut de cette association une grande médaille d'argent en 1891 et fut nommé par elle secrétaire-général en 1900, après la mort de M. Charavay.

A ce titre, M. Léon Robelin a fait dans la France entière, de nombreuses conférences ; il a organisé huit congrès nationaux : à Nantes, Bordeaux, Reims, Rouen, Rennes, Toulouse, Paris et Caen, congrès qui, grâce à son active impulsion, ont obtenu un réel succès. Sa compétence reconnue dans toutes les questions d'enseignement et d'association l'a fait nommer secrétaire-général du Congrès des sociétés d'enseignement populaire en 1900.

M. Léon Robelin s'est fait connaître aussi comme publiciste. Il a donné de nombreux articles au *Journal des Instituteurs*, au *Bulletin de la Ligue de l'Enseignement*, à la *Dépêche de Seine-et-Oise* (feuilles dont il est devenu le directeur), à l'*Echo de la Semaine*, dont il eut la direction politique pendant quelque temps, etc.

Aux élections générales législatives de 1898, il fut candidat dans Seine-et-Oise, contre M. Argeliès, ancien boulangiste, élu.

Fixé depuis à Paris, dans le XVIe arrondissement, où le comité de l'Alliance républicaine démocratique posa sa candidature aux élections générales législatives de 1902, M. Léon Robelin y soutient la politique de concentration républicaine.

Membre des conseils de la Société populaire des Beaux-Arts, de celle d'Instruction élémentaire, de la Société des Vétérans de Terre et de Mer, etc., M. Robelin, déjà officier de l'Instruction publique, a été nommé chevalier de la Légion d'honneur en 1900.

CAILLAUX (Joseph)

Député, ministre des Finances, né au Mans (Sarthe) le 30 mars 1863. Il appartient à une ancienne famille de la région : arrière-petit-fils d'un procureur-syndic de Chartres pendant la Révolution, petit-fils d'un magistrat très estimé, il est le fils d'Eugène Caillaux, qui fut représentant à l'Assemblée Nationale de 1871, ministre des Travaux publics de 1873 à 1876, puis sénateur et ministre des Finances dans le cabinet de Broglie en 1877 (1849-1896).

Après après avoir fait de solides études classiques au lycée Condorcet et non dans un collège ecclésiastique comme on l'a écrit à tort, M. Joseph Caillaux, à la suite d'un examen brillant, qui lui valut les éloges du Jury, fut reçu licencié en droit devant la Faculté de Paris.

En 1887, il entra à la Caisse des Dépôts et Consignations comme simple commis et accomplit là le stage nécessaire à l'admission au concours pour l'inspection générale des Finances. Reçu, en 1888, le deuxième à ce concours, il devint successivement inspecteur de quatrième, de troisième, puis de deuxième classe ; entre temps, il était appelé, comme maître de conférences, à l'Ecole des Sciences politiques (1892).

Après la mort de son père, qui était maire d'Yvré-l'Evêque (Sarthe), il se présenta, pour lui succéder au Conseil municipal de cette commune, avec une profession de foi nettement républicaine ; mais il échoua de quelques voix contre le candidat conservateur (1896).

Lors du renouvellement général de la Chambre, en 1898, les comités républicains de l'arrondissement de Mamers (Sarthe) offrirent la candidature aux élections législatives à M. Caillaux, qui se trouvait à ce moment en inspection dans l'Algérie. Après avoir refusé tout d'abord cette offre, il l'accepta, sur les instances des deux tiers des maires de l'arrondissement, et fut élu député, au premier tour de scrutin, par 12,939 voix, contre 11,737 à M. le duc de La Rochefoucauld, député sortant, monarchiste. Il a été réélu, le 27 avril 1902, par 13.547 suffrages, contre 11,515 obtenus par M. Sénart de l'Institut, nationaliste.

A la Chambre, M. Caillaux se fit inscrire tout d'abord au groupe dit « progressiste » ; puis il s'en détacha, avec plusieurs amis, lorsque la politique de ce groupe ne lui parut plus nettement républicaine. Membre et rapporteur de la Commission des crédits, il fut aussi chargé du rapport concernant le projet d'impôt sur le revenu.

Quand le président Loubet confia la mission de former un ministère à M. Waldeck-Rousseau, après la chute du cabinet Dupuy, le député de la Sarthe reçut le portefeuille des Finances, pour lequel sa compétence et son autorité bien établies en cette matière le désignaient naturellement (22 juin 1899).

Au cours de son ministère, il s'est attaché à la réalisation de réformes financières d'un intérêt considérable. Il a fait aboutir notamment les propositions de loi modifiant le régime fiscal des hypothèques, des boissons, des successions, etc. Il a complété l'œuvre d'unité budgétaire entreprise précédemment par M. Maurice Rouvier, en réalisant la suppression du compte spécial militaire et de plusieurs autres comptes du budget.

Il a, en outre, établi l'autonomie financière de l'Algérie par la création d'un budget spécial à cette colonie. Il a été l'un des promoteurs et le protagoniste de la Conférence internationale tenue à Bruxelles pour la réforme du régime des sucres, conférence où triompha en principe l'union des douanes européennes, contre les prétentions des nations à cartels et à trusts (1902).

Au Parlement, M. Joseph Caillaux est devenu l'un des orateurs les plus écoutés ; sa parole, précise et persuasive à la fois, la solidité et la concision de son argumentation, apportent toujours une vive clarté dans les questions d'affaires discutées à la tribune.

M. Caillaux a publié un ouvrage de grand intérêt documentaire, intitulé : les *Impôts en France* (1 vol. 1896).

PICHON (Stéphen-Jean-Marie)

Diplomate, homme politique, né à Arnay-le-Duc (Côte-d'Or) le 10 août 1857. Elève au lycée de Besançon, où il accomplit ses études classiques, il refusa de recevoir, des mains du duc d'Aumale, alors général dans cette ville, un prix de philosophie.

Venu, en 1874, à Paris, pour se préparer à l'Ecole Normale, il abandonna son projet pour se mêler activement aux luttes politiques, d'abord dans les cercles d'étudiants et réunions publiques, puis dans la presse républicaine radicale. En 1878, il entra au journal la *Commune affranchie*, puis il collabora à la *Révolution Française* de M. Sigismond Lacroix et, en 1880, devint l'un des principaux rédacteurs de la *Justice* de M. Clémenceau, où ses articles politiques et ses chroniques parlementaires furent très vite remarqués.

En 1882, M. Stéphen Pichon remplaça, au Conseil

municipal de Paris, pour le quartier de la Salpêtrière, M. Sigismond Lacroix, élu député ; il fut confirmé dans ce mandat en 1884. Il fit partie du groupe dit autonomiste de l'Hôtel-de-Ville, prit une part très active aux débats de l'Assemblée communale dont il fut l'un des secrétaires, déposa et développa plusieurs interpellations, entr'autres celle qui valut un vote de blâme au préfet de police à la suite d'une manifestation socialiste au Père-Lachaise.

Porté sur la liste radicale du département de la Seine aux élections générales législatives de 1885, M. Stéphen Pichon fut élu député, au 2e tour de scrutin, par 2,1,183 voix sur 461,886 votants.

Inscrit à l'extrême-gauche du Palais-Bourbon, il fut membre, puis rapporteur de la Commission du Budget ; il prit la parole en maintes circonstances et devint bientôt l'un des orateurs très écoutés du Parlement ; il demanda la séparation de l'Eglise et de l'Etat (1886), la suppression du budget des Cultes (1887), la nomination du Sénat par le suffrage universel (1888), la réduction des fonds secrets, etc. ; il fut l'un des auteurs de la proposition de loi contre le principe des candidatures multiples (1889) et se signala parmi les adversaires les plus énergiques du boulangisme.

Réélu, en 1889, dans la 2e circonscription du XIVe arrondissement, au 2e tour de scrutin, par 2,663 voix contre 2,502 à M. Michelin, boulangiste, il continua de siéger parmi les radicaux-socialistes de la Chambre et accentua sa réputation d'orateur en intervenant de préférence, au cours de cette législature, dans les discussions relatives aux questions de politique étrangère. Il fut secrétaire de la Chambre en 1889-1890.

Au renouvellement de 1893, candidat dans la même circonscription, il n'obtint que 2,172 voix contre 2,837 à l'élu, M. Michelin, son ancien concurrent.

Durant cette période, M. Pichon fut membre du Conseil supérieur de l'Assistance publique, de la Commission des bâtiments civils et palais nationaux et de la Commission des voyages et missions scientifiques.

Le 22 mai 1894, il fut nommé, par M. Casimir-Périer, ministre plénipotentiaire de deuxième classe et désigné comme envoyé extraordinaire à Port-au-Prince (Haïti) ; envoyé ensuite en mission spéciale à Santo-Domingo (République Dominicaine), il procéda au rétablissement des relations diplomatiques entre la France et ce pays.

Envoyé extraordinaire et ministre plénipotentiaire à Rio-de-Janeiro (Brésil) le 23 décembre 1895, M. Stéphen Pichon y contribua à l'extension du commerce entre cette nation et la nôtre, puis il fut chargé de négocier et signa le traité d'arbitrage du 17 avril 1897 pour la délimitation de la Guyane française.

Le 29 décembre 1897, il se rendait aux mêmes titres à Pékin où, en raison de la diplomatie tortueuse de la Cour chinoise, il eut à surmonter de nombreuses difficultés. Elevé à la première classe de son grade le 8 avril 1898, à la suite de la négociation du contrat concédant à un syndicat franco-belge le chemin de fer Hankéou-Pékin, il se trouva, bientôt après, en face d'une situation particulièrement grave et dangereuse. En 1899, en effet, éclata la révolte des Boxers, patriotes et révolutionnaires chinois, qui voulaient chasser de leur pays les étrangers et multipliaient dans ce but les atrocités. Cette secte, devenue maîtresse de Pékin, s'attaqua aux légations européennes qui eurent à soutenir un siège long et pénible. Le ministre d'Allemagne fut tué ; les autres européens coururent mille risques de mort. M. Pichon, en cette circonstance mémorable, montra un sang-froid, une énergie et un courage qui ne se démentirent pas un instant, jusqu'à l'entrée à Pékin des troupes alliées envoyées pour délivrer les légations (14 août 1900).

Après la victoire des armes européennes, M. Pichon signa, comme plénipotentiaire de la République, la note collective remise au gouvernement chinois, au nom des puissances européennes, le 24 décembre 1900; puis il entama et soutint les négociations, qu'il suivit jusqu'au 18 mai 1901. A son retour en France, il fut l'objet des plus enthousiastes et des plus sympathiques manifestations.

Appelé, le 19 mai 1901, à la Résidence générale de Tunisie, M. Stéphen Pichon, dans cette fonction différente a donné une nouvelle preuve de la variété de ses aptitudes administratives et diplomatiques ; il a marqué un très exact sentiment de la situation économique du Protectorat en s'efforçant de développer les intérêts de la colonie française en face de ceux des colonies étrangères, fort importantes, établies dans ce pays. Il s'est aussi occupé de la question des voies ferrées destinées à accroître les ressources de la Tunisie dans une large mesure et il est intervenu pour faire voter par le Parlement, en mars 1902, le projet élaboré dans ce but par l'administration du Protectorat.

Chevalier de la Légion d'honneur le 31 décembre 1895, officier du 8 avril 1898, M. Stéphen Pichon a été élevé à la dignité de commandeur le 14 août 1900, le jour même de l'entrée de nos troupes à Pékin.

BRUNET (Fernand)

ADMINISTRATEUR, né à Bourges (Cher) le 2 juin 1844. Fils d'un médecin bien connu dans la région, il accomplit des études de droit et de sciences et se fit inscrire comme avocat au barreau de Paris en 1864.

M. Fernand Brunet entra, deux ans plus tard, en qualité de surnuméraire, au ministère des Finances et fut reçu au concours de l'inspection générale en 1868. Successivement nommé adjoint en 1869, inspecteur des finances de 4ᵉ classe en 1873, de 3ᵉ classe en 1875, de 2ᵉ classe en 1878, de 1ʳᵉ classe en 1886, il fut promu inspecteur général en 1895 et, quelques mois après, délégué à ce titre au ministère de la Marine, pour étudier les simplifications et économies à apporter dans les différents services de ce département.

Envoyé alors en mission au port de Brest, M. Brunet en revint avec un projet de réorganisation des arsenaux basé, au point de vue administratif, sur l'application du principe de l'autonomie aux services d'exécution ; au point de vue comptable, sur l'adoption d'un système de crédits-matières, et, au point de vue du contrôle, sur la transformation de l'inspection permanente en une inspection mobile. Ces importantes réformes, après avoir rencontré tout d'abord une vive opposition, sont entrées dans le domaine des faits, sauf en ce qui concerne la transformation de l'inspection permanente en une inspection mobile.

Appelé ensuite à faire partie de la Commission supérieure chargée de procéder à la révision de l'inventaire général des approvisionnements de la Marine aux prix réels, M. Brunet fut nommé rapporteur de cette commission ; mais les travaux dont elle était chargée n'eurent pas de suite, en raison d'un changement de ministère.

A peine M. Brunet venait-il de quitter le département de la Marine pour reprendre l'exercice normal de ses fonctions d'inspecteur général des finances, qu'il fut appelé à faire partie successivement de deux commissions importantes, la première chargée d'étudier la réorganisation des comptables directs du Trésor (trésoriers généraux, receveurs particuliers et percepteurs), la seconde instituée à l'effet d'examiner la question du contrôle des dépenses engagées et celle des dépenses sur exercices clos.

Rapporteur de la première de ces commissions, M. Brunet présenta des conclusions qui servirent de base au projet de loi sur la réorganisation des trésoreries générales, déposé dans la législature 1898-1902, par le ministre des Finances, à la Chambre des députés. Devant la seconde, il présenta un important travail sur l'organisation et le fonctionnement du contrôle des dépenses engagées dans les différents départements ministériels.

Le 18 janvier 1902, après la démission de M. Georges Bousquet, M. Fernand Brunet fut appelé aux hautes fonctions de directeur général des Douanes.

Membre de droit, en cette qualité, des Comités consultatifs d'hygiène publique et de la Commission permanente des valeurs en douane, du Conseil de l'Office national du Commerce extérieur, des Conseils supérieurs de l'Agriculture, de la Marine marchande, du Commerce et de l'Industrie, M. Brunet est, en outre, membre du Conseil supérieur de Statistique, du Comité consultatif des chemins de fer, du Comité consultatif de la navigation intérieure et des ports et conseiller d'Etat en service extraordinaire.

Officier de la Légion d'honneur depuis 1898, M. Brunet est décoré de divers autres ordres.

DETAILLE (Jean-Baptiste-Edouard)

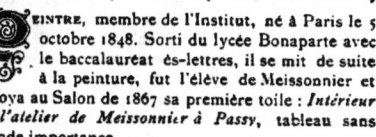

PEINTRE, membre de l'Institut, né à Paris le 5 octobre 1848. Sorti du lycée Bonaparte avec le baccalauréat ès-lettres, il se mit de suite à la peinture, fut l'élève de Meissonnier et envoya au Salon de 1867 sa première toile : *Intérieur de l'atelier de Meissonnier à Passy*, tableau sans grande importance.

Pendant la guerre de 1870, M. Detaille fut incorporé dans les mobiles de la Seine ; il se rendit au camp de Châlons, puis revint à Paris, où il demeura pendant le siège.

On peut penser que cette campagne a exercé une influence sur l'avenir artistique du peintre qui, jusqu'à ce moment, avait hésité entre deux voies, peignant des scènes du XVIIIᵉ siècle ou de la vie contemporaine en même temps qu'il s'essayait dans la peinture militaire. C'est ce dernier genre qui a fini par l'emporter ; après la guerre, M. Detaille s'y est adonné à peu près exclusivement et il y a trouvé la célébrité.

M. Detaille a envoyé aux Salons annuels : *Halte des Tambours* (1868) ; *Repos pendant la manœuvre au camp de Saint-Maur* (1869) ; *Charge des Gardes d'honneur contre les Cosaques en 1814* (1870) ; les *Vainqueurs* (1872), tableau refusé au Salon à cause du sujet, qui reproduisait un soldat allemand emportant des objets volés pendant la campagne ; *En retraite*

(1873) ; *Charge du 9ᵉ cuirassiers à Morsbronn* (1874) ; *Le régiment qui passe*, belle toile que la gravure a rendue populaire (1875) ; *En reconnaissance* (1876) ; *Salut aux blessés* (1877), tableau représentant des officiers allemands et français, et que l'artiste consentit à retoucher, à la demande de l'administration, pour remplacer les allemands par des autrichiens ; *Inauguration du nouvel Opéra*, aquarelle documentaire qui est au Luxembourg ; *Bonaparte en Egypte*, toile que l'on trouva inférieure à ses productions moyennes (1878) ; *Défense de Champigny par la division Faron*, tableau très réussi (1879) ; *Distribution des drapeaux*, œuvre que l'artiste a détruite plus tard, n'en étant pas satisfait (1881) ; *Bataille de Rezonville*, toile panoramique dont on trouva les proportions mal observées (1884) ; le *Rêve*, la plus connue des œuvres de M. Detaille, qui obtint la médaille d'honneur et est au Luxembourg (1888) ; *En batterie* (1890) ; *Sortie de la garnison d'Huningue* (1892), depuis au Luxembourg, donnée par une société privée ; les *Victimes du Devoir* (1894) ; Portraits de LL. AA. RR. *le prince de Galles et le duc de Connaught* (1895) ; *Funérailles de Pasteur*, tableau commandé par l'Etat, qui fut peu loué : « série de figurines isolées, dit un critique, sans harmonie de lumière... » (1897) ; *Châlons, 9 octobre 1896*, toile représentant l'empereur et l'impératrice de Russie, avec le président de la République Félix Faure, se rendant à la gare après la revue (1898) ; le *Maréchal Masséna* (1901), etc.

Cet artiste est l'auteur d'un grand nombre d'autres toiles et d'aquarelles qui ont figuré seulement aux expositions particulières ou n'ont pas été exposées du tout et parmi lesquelles nous citerons : *Intérieur d'un café sous le Directoire* ; le *Renseignement* ; les *Incroyables au Luxembourg* ; le *Moulin de Bagatelle* (toiles exécutées avant 1870) ; des panneaux décoratifs : *Grenadier de la Garde*, *Artilleur à pied*, *Artilleur à cheval*, *Dragon*, pour un hôtel particulier. etc.

En collaboration avec Alphonse de Neuville, il a exécuté le *Panorama de Champigny* (1882) et celui de *Rezonville* (1883). Mentionnons encore sa *Revue de Châlons*, aquarelle commémorative faite en 1896, après la visite de l'empereur de Russie et pour lui, dont l'exposition dans une salle de Paris excita une vive curiosité, mais peu d'enthousiasme artistique.

Il a illustré : les *Grandes manœuvres*, du major Hoff (1884) ; l'*Armée française*, texte de J. Richard, reconstitution des costumes militaires français depuis 1789 (1886-1888) ; un album enfantin : les *Bonnes idées de Mlle Lili* et quelques autres ouvrages.

Cet éminent artiste fut élu membre de l'Académie des Beaux-Arts, en remplacement de Muller, en 1892 ; il fut désigné, en 1895, comme président de la Société des Artistes français, fonctions dans lesquelles lui a succédé, en 1898, M. J.-P. Laurens.

M. Detaille a obtenu : au Salon, des médailles en 1869, 1870, 1872, et celle d'honneur en 1888 ; à l'Exposition universelle de 1889, le grand-prix ; à celle de Bruxelles de 1897, la grande médaille d'honneur. Hors-concours, membre du jury à l'Exposition de 1900, il est dignitaire de plusieurs ordres étrangers, titulaire de la médaille coloniale et commandeur de la Légion d'honneur depuis 1897.

HAYEM (Georges)

Médecin, membre de l'Académie de Médecine, né à Paris le 24 novembre 1841. Interne des hôpitaux en 1864, il était déjà membre de la Société anatomique (1864), de la Société médicale d'observation (1865) et de la Société de biologie (1866) au cours de son internat, achevé en 1869. Deux fois lauréat de l'internat, obtenant la médaille d'argent en 1866 et la médaille d'or en 1867, il fut, cette dernière année, nommé préparateur au laboratoire d'anatomie pathologique, dont il devait devenir, en 1873, directeur-adjoint et directeur en 1874.

Reçu docteur en 1868, avec une thèse intitulée : *Etude sur les diverses formes d'encéphalite*, qui reçut la médaille d'argent de la Faculté, M. Georges Hayem obtint l'agrégation (section de médecine), premier de sa promotion, et fut nommé, en 1872, médecin des hôpitaux. Attaché, en 1879, à l'hôpital Saint-Antoine et nommé, la même année, professeur de thérapeutique et matière médicale, il fut désigné, en 1893, pour la chaire de clinique médicale, qu'il occupe depuis avec une autorité reconnue.

Le 5 janvier 1886, le Dʳ Hayem avait été admis à l'Académie de Médecine.

Elève et préparateur de Vulpian, M. Hayem eut toujours à sa disposition un laboratoire de recherches. Sa vie scientifique a été ainsi pour ainsi dire double : partagée entre les occupations professionnelles ou professorales et les travaux techniques expérimentaux. Ces derniers, très importants, consignés en de nombreuses publications, comprennent des recherches cliniques, anatomo-pathologiques et thérapeutiques.

Ses études sur l'hématologie, fortifiées par un

grand nombre d'expériences et de faits, ont orienté cette branche de la pathologie vers une direction nouvelle. Le premier, il a signalé l'hypertrophie des globules blancs et montré qu'elle porte sur les mononucléaires clairs ou granuleux et sur les polynucléaires. Il a, de plus, étudié avec M. le docteur G. Lion, la forme dite lymphatique de la leucémie.

Ses autres travaux ont porté sur l'anatomie et la physiologie pathologiques générales, sur les maladies du tube digestif et du foie, celles du système nerveux, du cœur, de l'appareil respiratoire, sur la thérapeutique expérimentale et appliquée. Il a indiqué et pratiqué avec succès le traitement du choléra par les injections d'eau salée.

De 1864 à 1902, ce savant n'a pas publié moins de 292 ouvrages ou mémoires, parmi lesquels on cite surtout les suivants : *Des Bronchites, pathologie générale et classification* (thèse d'agrégation, 1869) ; *Des Hémorrhagies intra-rachidiennes* (autre thèse d'agrégation, 1872) ; *Recherches anatomiques sur le choléra* (1873) ; *Recherches sur l'anatomie pathologique des atrophies musculaires* (1875, travail couronné par l'Académie de Médecine, prix Portal ; 4ᵉ éd. 1877) ; *Leçons cliniques sur les manifestations cardiaques de la fièvre typhoïde* (1875) ; *Caractères et évolution des hématoblastes chez les ovipares* (1877) ; *Recherches sur l'évolution des hématies dans le sang de l'homme et des vertébrés* (1878-1879, avec planches) ; *Recherches sur l'Anatomie normale et pathologique du sang* (1878) ; *Leçons sur les modifications du sang sous l'influence des agents médicamentaux et des pratiques thérapeutiques* (1 fort vol. in-8° 1882) ; *Cours de thérapeutique expérimentale* (avec figures 1882) ; *Traitement du Choléra* (1885); les *Médications* (1887, 2ᵉ série 1890, 3ᵉ 1891, 4ᵉ 1893, 5ᵉ 1894) ; *Du Sang et de ses altérations anatomiques* (grand in-8° de 1022 pages et 126 figures, 1889) ; *Leçons sur le Traitement du Choléra* (1892) ; *Maladies de l'Estomac* (1897, en collaboration avec M. le Dʳ Lion, dans le *Traité de Médecine* de MM. Brouardel et Gilbert) ; *Leçons sur les Maladies du Sang* (in-8° de 695 pages, 1900), etc.

M. le Dʳ Hayem a fondé, en 1873, et dirige depuis lors, la *Revue des Sciences médicales en France et à l'Etranger*.

Deux fois lauréat de l'Institut (prix de médecine et de chirurgie), en 1878 et 1882, décoré en 1886, l'éminent professeur a été promu officier de la Légion d'honneur en 1898.

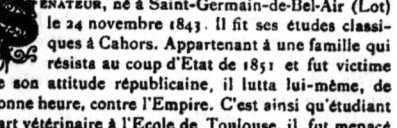

COCULA (Jean-Alfred)

SÉNATEUR, né à Saint-Germain-de-Bel-Air (Lot) le 24 novembre 1843. Il fit ses études classiques à Cahors. Appartenant à une famille qui résista au coup d'Etat de 1851 et fut victime de son attitude républicaine, il lutta lui-même, de bonne heure, contre l'Empire. C'est ainsi qu'étudiant l'art vétérinaire à l'Ecole de Toulouse, il fut menacé d'expulsion pour faits politiques.

Installé comme vétérinaire dans son pays natal, M. Cocula acquit une rapide notoriété de praticien. En même temps, il continuait ouvertement la lutte contre le gouvernement impérial. Signalé comme un révolutionnaire dangereux, il fut l'objet d'une enquête qui démontra l'exagération de cette accusation ; mais il n'en demeura pas moins l'objet des vexations administratives.

Après le 4 septembre, il succéda à son père, conseiller municipal de Saint-Germain-de-Bel-Air depuis 1848 ; puis il devint successivement adjoint, maire de cette commune et enfin conseiller général du Lot, pour le canton, en 1889. Révoqué au 24 mai 1873 et au 16 mai 1877, il a été constamment réélu dans ces divers mandats jusqu'ici. Il est vice-président de l'assemblée départementale du Lot.

M. Alfred Cocula a été chargé, en 1894 et 1895, par le ministère de l'Agriculture, de deux missions, l'une dans les Alpes, l'autre dans les Pyrénées, pour étudier certaines questions sanitaires. Les rapports qu'il présenta à la suite de ces missions lui valurent de hautes approbations. Il est l'auteur d'un autre rapport sur l'élevage dans le Lot qui, devenu en quelque sorte classique, est adopté comme manuel dans les écoles publiques.

Nommé entrepositaire spécial des tabacs en 1894, puis receveur particulier des finances en 1898, il se démit de cette dernière fonction en 1901, après son élection au Sénat.

M. Cocula s'est prodigué dans toutes les luttes politiques de son département, où il a coopéré pour une grande part aux élections de MM. de Verninac et Pauliac, sénateurs.

En 1889, il refusa la candidature législative qui lui était offerte dans l'arrondissement de Gourdon, pour ne pas diviser les voix républicaines. En 1893, candidat radical dans cette circonscription, il assura le succès de M. Lachièze, républicain plus modéré, en se désistant en sa faveur au second tour de scrutin. Au renouvellement général législatif de 1898, il fut encore le candidat, dans cette même circonscription, du comité radical-socialiste ; après avoir obtenu au premier tour 7,918 voix contre 5,728 à l'abbé Magne, conservateur, et 5,653 à M. Lachièze, député sortant, il échoua au ballottage, avec 9,372 voix contre 10,070 à l'élu, M. Lachièze, devant qui s'était retiré le candidat conservateur.

A la mort de M. de Verninac (1901), M. Cocula fut élu, à son remplacement, sénateur du Lot, par 429 voix contre 200 à plusieurs concurrents. Il est inscrit à la gauche démocratique de la Haute Assemblée.

L'attitude républicaine de M. Cocula, ses opinions très nettement libre-penseuses et anti-cléricales et surtout sa proposition d'abrogation de la loi Falloux, si connue sous la désignation de « vœu Pochon-Cocula », lui ont valu les attaques fréquentes de la presse conservatrice, qui l'a souvent représenté comme un irréductible révolutionnaire. Les actes et les votes, au Luxembourg, de l'honorable sénateur, montrent que cette appréciation a été manifestement exagérée par la haine politique.

LAPISSIDA (Alexandre)

DMINISTRATEUR, artiste lyrique et dramatique, né le 9 mars 1839 à Volkrange (Alsace). Ses études faites à Metz, il joua la comédie dès l'âge de 18 ans. Il parut à Metz, à Brest, à Rouen, à Amiens pendant plusieurs années ; puis il aborda l'art lyrique et chanta sur diverses scènes, à Strasbourg et à Bade pendant quatre ans, à Bruxelles pendant vingt-cinq ans.

Après avoir été, dans cette ville, successivement artiste, régisseur, régisseur général, puis directeur du Théâtre royal de la Monnaie pendant trois ans, il alla à Londres, où il fu: régisseur général du théâtre Covent-Garden pendant six ans ; il devint ensuite régisseur général à l'Opéra de Paris en 1890 et, depuis, il remplit ces fonctions avec un tact et une compétence unanimement reconnus.

Durant son séjour à Bruxelles, M. Lapissida fit venir dans cette ville et engager les artistes suivants, auxquels il donna la première éducation scénique : MM^{mes} Caron, Melba, Landouzy, Bosman, Deschamps, MM. Renaud, Gresse et Soulacroix. Ces artistes ont tenu, depuis, les plus brillants emplois à l'Opéra ou à l'Opéra-Comique de Paris.

M. Lapissida avait été appelé à l'Opéra pour y monter *Sigurd*, de M. Reyer, dont la mise en scène avait été déjà créée par lui à Bruxelles ; depuis, il a mis en scène à l'Académie nationale de musique tous les opéras montés dans la période de son administration.

Parmi les œuvres qu'il a montées d'une façon particulièrement brillante à Bruxelles, il convient de citer : *Hérodiade* (de Massenet), *Jocelyn* (de Godard), *Richilde* (de Mathieu), *Saint-Mégrin* (des frères Hillemacher), les *Templiers* (de Litolf), *Gwendoline* (de Chabrier), etc.

Il est en outre, l'auteur de nouvelles mises en scène de *Salammbô* et de la *Valkyrie* à Paris ; c'est encore lui qui a imaginé, pour cette dernière œuvre de Wagner, la chevauchée du troisième acte.

Il convient enfin de rappeler qu'*Aïda* a été montée à Paris avec les documents de M. Lapissida.

Vingt partitions des plus connues du répertoire portent le nom de ce brillant metteur en scène.

M. Lapissida est officier de l'Instruction publique depuis 1884. Il est en outre chevalier de l'ordre de Léopold de Belgique, officier des ordres de Villaviçiosa de Portugal, du Cambodge, du Lion et du Soleil de Perse, etc.

BERTELIN (Albert)

OMPOSITEUR de musique, né à Paris le 26 juillet 1872. Il fit ses classes à l'Ecole Monge (aujourd'hui lycée Carnot) et commença, vers 1891, ses études musicales. Elève de M. Théodore Dubois, puis de M. Charles Widor, au Conservatoire, M. Bertelin étudia aussi le piano avec M. Pugno. Il s'est fait connaître et rapidement remarquer par la composition d'œuvres auxquelles le public et la presse ont fait bon accueil en France et à l'étranger.

Le talent de M. Albert Bertelin a été mis en lumière surtout par l'audition, à Marseille, en 1898, d'un fragment de son *Cantique des Cantiques* (Association des Concerts) ; et celle de la *Légende de Loreley* (1900), qui, après avoir été donnée deux fois à Paris, au Théâtre d'Application, eut à Berlin (Bechsteinsaal et Singakademie) et à Leipzig (Kaufhaus) un très brillant succès.

Parmi les autres compositions dues à M. Albert Bertelin, il faut citer d'assez nombreuses pièces de piano et entr'autres : *Six danses dans le style ancien* ; un *Recueil de dix mélodies* ; un *Lamento* pour piano et violon ; trois *Cantates* composées pour les concours des prix de Rome. Il est encore l'auteur : de la musique de scène et des chœurs pour *Hélène* de Leconte de

Lisle ; d'un drame musical d'après *Electre* de Sophocle, en deux actes ; d'une *Messe a capella* écrite pour être exécutée dans la cathédrale de Dijon ; d'une *Sonate pour violoncelle* ; d'un *Quatuor pour instruments à corde*, etc.

M. Albert Bertelin est membre de la Société nationale et de la Société internationale de Musique.

KIRCHHOFFER (Alphonse-Nicolas)

PROFESSEUR d'escrime, né à Paris le 19 décembre 1873. Fils d'Alphonse Kirchhoffer, ancien maître d'armes de la Garde impériale et professeur réputé (1846-1890), il prit ses premières leçons d'escrime sous la direction de son père. Orphelin à 16 ans, il reçut ensuite les conseils de M. Vigeant, le maître bien connu, qui devint pour le jeune homme un ami et un protecteur éclairé.

Tout jeune, avant même l'époque du service militaire, M. Kirchhoffer se fit remarquer, en des assauts brillants et d'une manière suivie, à Limoges, Bayonne, Bordeaux, au Cirque d'Eté de Paris contre M. Georges Rouleau ; à Aix-les-Bains contre le chevalier Pini ; à l'Elysée contre M. Berges et à la salle Jean-Louis contre MM. Th. Legrand, Pini et Conte.

En 1892, à son retour du régiment, il prit la direction complète de la Salle Jean-Louis, à Paris, où il avait déjà fait apprécier son jeu souple et puissant, et dont M. Vigeant avait bien voulu s'occuper en son absence.

M. Kirchhoffer a montré, en de nombreuses rencontres célèbres, toute l'étendue de sa science de l'escrime ; il a triomphé souvent d'adversaires jusque-là sans rivaux. Il gagna notamment le tournoi international d'armes de 1896 à Paris ; dans un autre assaut fameux, en 1896, il obtint un avantage marqué sur le chevalier Pini à la salle du *Figaro*. Premier prix au tournoi de l'Exposition universelle de 1900, il sortit encore victorieux, à Londres d'abord, à Paris ensuite, de deux matchs à la suite l'un de l'autre, en 1902, tirant contre son ancien adversaire, M. Pini ; le dernier assaut donna lieu à trois séances, au cours desquelles M. Kirchhoffer toucha vingt-quatre fois M. Pini et ne fut touché lui-même que vingt-deux fois.

Il a accompli plusieurs voyages à l'étranger, en Autriche, en Espagne, en Belgique, en Suisse, en Angleterre, paraissant dans des fêtes de bienfaisance avec les professeurs les plus illustres. A l'occasion d'une fête de ce genre, donnée à l'Opéra de Berlin en 1899, M. Kirchhoffer refusa de croiser l'épée devant l'empereur Guillaume II, par une lettre rendue publique.

Le 14 avril 1902, M. Kirchhoffer, à la suite d'une polémique de presse, se battit en duel ; etc M. Bruneau de Laborie et, après un combat qui ne donna pas lieu à moins de dix reprises, fut légèrement blessé.

Ce brillant maître d'armes est professeur titulaire au collège Stanislas, maître titulaire et secrétaire de l'Académie d'Armes de Paris, membre de la Société des « Uns », etc.

Sous-lieutenant de réserve au 104e régiment d'infanterie, il est officier d'Académie, chevalier de l'Ordre d'Isabelle la Catholique, de Charles III et de la Croix Rouge d'Espagne, de la Couronne de Roumanie, etc.

RICHEMOND (Lucien)

ADMINISTRATEUR, artiste dramatique, né à Lyon le 23 novembre 1865. Il commença dans sa ville natale des études à l'Ecole des Beaux-Arts, dans la section d'architecture. Venu, dès 1882, à Paris pour les y poursuivre, il se sentit attiré vers l'art dramatique et prit les leçons de M. Landrol, administrateur du Gymnase. Engagé à ce théâtre, où il parut non sans succès dans les rôles du répertoire, il parcourut ensuite la province jusqu'en 1890.

A cette époque, M. Lucien Richemond devint directeur du Casino de Royat ; plus tard celui de Cannes. Il dirigea ensuite, pendant quatre ans, le théâtre des Célestins de Lyon, où sa gestion ramena le succès, un moment éloigné de cette scène.

En 1899, il prit, avec M. Abel Deval, la direction de l'Athénée à Paris et les deux associés réussirent à donner à ce coquet et charmant théâtre la vogue qu'il n'avait encore pu trouver jusque-là ; ils y représentèrent des pièces comme l'*Homme à l'oreille coupée* (qui devint ensuite la *Mauvaise plaisanterie*), l'*Auréole*, M*me* *Flirt*, etc., autant de succès.

En 1901, M. Richemond prit, aussi avec la collaboration de M. Deval, la direction du théâtre des Folies-Dramatiques. Sur cette ancienne scène qui, après avoir monté des pièces telles que la *Fille de Mme Angot*, n'avait plus retrouvé depuis plus de dix ans la faveur du public, M. Richemond s'est encore révélé comme un administrateur habile et diligent : l'*Etude Tocasson* de M. A. Valabrègue et surtout le *Billet de Logement* de MM. Antony Mars et Henri Kéroul, œuvres que la presse et la foule ont également applaudies, montées avec goût, après avoir été choisies avec tact, ont redonné bien vite au théâtre dirigé par M. Richemond son lustre et sa réputation d'autrefois.

LUCAS (Julien-Léo)

PUBLICISTE, administrateur, né à Saint-Ouen (Seine) le 14 septembre 1841. Après l'achèvement de ses études classiques au lycée de Rennes, il entra, en 1860, au ministère de l'Intérieur comme rédacteur, se fit recevoir licencié en droit, et parcourut les divers degrés de la hiérarchie administrative. Il dirigea successivement plusieurs bureaux jusqu'en 1893, année où il prit sa retraite, avec le titre de sous-directeur honoraire.

M. Léo Lucas est le fils d'Hippolyte Lucas, poète très estimé de la période romantique, né à Rennes le 20 décembre 1807, auteur de pièces tirées du théâtre espagnol et du théâtre grec qui lui valurent une belle réputation de dramaturge. Critique du *Siècle* pendant de longues années, Hippolyte Lucas publia, dans un grand nombre de journaux ou revues, des articles littéraires fort remarqués. Il mourut, le 14 novembre 1878, bibliothécaire à l'Arsenal.

M. Léo Lucas, depuis sa mise à la retraite, s'est occupé de remettre en lumière les œuvres de son père, de qui il avait été le collaborateur assidu. Les principaux ouvrages d'Hippolyte Lucas se composent de : *Heures d'amour*, poésies dont plusieurs éditions ont consacré sa réputation d'élégiaque ; *Caractères et Portraits de femmes* (2 vol. 1836) ; *Histoire philosophique et littéraire du théâtre français* (1843, 1 vol. 2ᵉ édit. 3 vol. 1863) ; *Curiosités dramatiques et littéraires*, esquisse de la littérature anglaise (1 vol. 1855) ; le *Portefeuille d'un Journaliste* (1 vol., 1856) ; de romans : la *Pêche d'un mari* (1 vol. 1862), *Madame de Miramion* (1 vol. 1866), etc.

M. Léo Lucas a attiré l'attention du monde littéraire sur lui-même en continuant certaines œuvres inachevées de son père, en publiant celles qui étaient encore inédites ou en faisant réimprimer quelques-unes des anciennes citées plus haut, avec des notes ou des commentaires très personnels. Ces nouvelles publications portent les titres suivants : les *Cahiers roses de la Marquise*, roman et nouvelles (1 vol. 1884) ; *Portraits et Souvenirs littéraires* (1 vol. 1890) ; *Heures d'amour* (5ᵉ édit.) et *Poésies inédites* (1 vol. 1891) ; *Chants de divers pays*, poésies (1 vol. 1893) ; *Histoire philosophique et littéraire du théâtre français complétée jusqu'à nos jours par H. Lucas fils* (3 vol. 1894) ; *Choix de poésies*, suivi de plusieurs *Nouvelles en prose* (1 vol. 1898) ; le *Corsaire*, poème dramatique en 5 actes, en vers, adaptation d'après Byron (1 vol. 1901). Ce poème, composé en collaboration avec Ev. Boulay-Paty et imprimé en 1829, fut l'un des premiers drames en vers de la période romantique.

M. Léo Lucas est officier de la Légion d'honneur depuis le 5 juillet 1893 et décoré de divers ordres étrangers.

LE ROY (Auguste)

MUSICIEN, né à Nouvion-en-Ponthieu (Somme) le 16 janvier 1871. Fils de M. Edouard Le Roy, distingué compositeur de musique, il manifesta lui aussi, très jeune encore, de fort belles dispositions musicales. Elève de Jacquart au Conservatoire de Paris, il continua ses études à Dresde avec le célèbre professeur Grutzmacher et prit aussi les conseils de Salmon.

De bonne heure, M. Auguste Le Roy se fit entendre, comme violoncelliste, en province et à Paris ; puis il partit à l'étranger, parut brillamment à Dresde, Berlin, Copenhague, Christiania, Londres, etc., dans les grands concerts, avec des orchestres dirigés par Grieg, Colonne, etc., et se créa ainsi rapidement une enviable notoriété artistique.

A Christiania, M. A. Le Roy, engagé comme violoncelliste-solo au Théâtre-Royal, vit la presse de cette ville lui rendre un unanime hommage. A Londres, à Saint-James-Hall, il fut applaudi par un public enthousiaste, composé de près de trois mille amateurs d'élite.

De retour à Paris, cet artiste s'est fait apprécier comme virtuose dans les soirées données à la Salle des fêtes du *Journal*, où, constate une critique, « il joua exquisement du Widor, du Lalo et du Popper, et dans la diversité des morceaux qu'il interprète, la souplesse de son talent nous le révèle susceptible d'être aussi excellent professeur qu'impeccable soliste à entendre dans les grands concerts. »

M. A. Le Roy a aussi fait de brillantes tournées en France. Il est l'un des rares virtuoses qui aient eu la bonne fortune d'exécuter des œuvres de compositeurs célèbres devant leurs auteurs mêmes. C'est ainsi qu'il travailla la *Sonate* de Grieg avec Grieg et les *Concertos* de Lalo et de Saint-Saëns avec ces derniers maîtres. D'ailleurs tout le répertoire lui est également familier et ses interprétations sont déclarées des plus brillantes.

LEFEBVRE (Jules-Joseph)

Peintre, membre de l'Institut, né le 14 mars 1836 à Tournan (Seine-et-Marne). Il fut élève de Léon Cogniet à l'Ecole des Beaux-Arts et y obtint, en 1861, le prix de Rome, avec la *Mort de Priam*, sujet du concours.

M. Jules Lefebvre avait débuté aux Salons annuels, dès 1855, par un *Portrait*. Depuis lors, il n'a cessé d'exposer des œuvres nombreuses, dans les genres divers auxquels il s'est adonné : nu, paysage, portrait. Il est demeuré l'un des plus fidèles représentants de l'art classique. Les toiles les plus généralement appréciées de cet artiste portent les titres suivants : *Nuit de Noël* (1861) ; la *Charité romaine* (1864) ; *Jeune fille endormie*, qui reçut une médaille de 3ᵉ classe (1865) ; *Nymphe et Bacchus* (1867) ; *Femme couchée*, médaille de 2ᵉ classe (1868) ; la *Vérité*, médaille de 1ʳᵉ classe (1870) ; la *Cigale* (1872) ; *Rêves de Chloé* (1875) ; *Madeleine* (1876) ; *Pandore* (1877) ; *Portrait de M. Léonce Raynaud et Mignon* (1878) ; *Diane surprise* (1879) ; *Portrait de Mˢ Pelpel* (1880) ; la *Fiametta et Ondine* (1881) ; la *Fiancée* (1882) ; *Psyché* (1883) ; *Yvonne* (à l'Exposition triennale de la même année) ; l'*Aurore* (1884) ; *Laure* (1885) ; *Portraits de Mᵐᵉ T.* et de *Mᵐᵉ L. G.*, qui valurent à l'artiste la médaille d'honneur (1886) ; *Morning Glory* (1887) ; l'*Orpheline et Portrait de Mˡˡᵉ M.-L. Ricord* (1888) ; *Liseuse* (1889) ; *Lady Godiva, promenade de la comtesse de Coventry, nue, à cheval, à travers la ville*, une des toiles les plus discutées de l'auteur (1890) ; *Nymphe chasseresse* (1891) ; une *Fille d'Eve* (1892) ; des *Portraits aux initiales* en 1893, 1894 ; *Violetta* (1895) ; *Portraits aux initiales* en 1896 et 1897 ; *Portrait de Mᵐᵉ V. Postma* ; *Portrait de M. le comte O. de Kerchove de Deuterghem* (1898) ; *Portrait de Mᵐᵉ R.* ; *Portrait de M. Edouard Corroyer*, membre de l'Institut (1899) ; *Portrait de M. Ernest Sanson*, architecte (1900) ; *Yvonne*, portrait (1901) ; la *Vestale endormie* (1902).

Il a aussi peint des *Plafonds* pour l'hôtel Vanderbilt à New-York, pour le Salon des Lettres à l'Hôtel-de-Ville et pour la Cour de cassation à Paris.

Elu, le 28 novembre 1891, membre de l'Académie des Beaux-Arts, en remplacement de Delaunay, M. Jules Lefebvre a fait constamment partie des jurys de la Société des Artistes français, association dont il est membre perpétuel.

Outre ses récompenses aux Salons, il a obtenu, en 1878, à l'Exposition universelle de 1889, un grand prix pour l'ensemble de son œuvre. A celle de 1900, il était membre du Jury.

Décoré de la Légion d'honneur depuis 1870, M. Jules Lefebvre a été promu officier en 1878 et commandeur en 1895.

IVOI (Paul-Charles-Philippe-Erie DELEUTRE, dit Paul d')

Romancier, auteur dramatique, né à Paris le 28 octobre 1856. Fils et petit-fils d'écrivains qui avaient déjà fait connaître et rendu notoire le pseudonyme de « Paul d'Ivoi », il accomplit ses études classiques au lycée de Versailles et se fit inscrire à la Faculté de Droit de Paris. Reçu licencié, il se prépara un moment à l'Ecole polytechnique, pour complaire à ses parents ; mais il ne persévéra pas dans cette voie, une vocation héréditaire le poussant déjà vers les lettres.

M. Paul Deleutre débuta, sous le nom de Paul d'Ivoi, par des « nouvelles à la main » dans le *Paris-Journal* d'Henri de Pène. Il fit ensuite des articles de reportage au *Figaro*, puis tint quelques mois la critique littéraire au *Globe* et publia des vers un peu partout.

Délaissant bientôt le journalisme pur pour le roman, où le portaient ses facultés d'imagination et de style, M. Paul d'Ivoi publia en feuilletons : le *Capitaine Jean* (au *Rappel*), la *Femme au diadème rouge* (au *Soleil*), *Olympia et Compagnie* (à l'*Eclair*), etc.

Peu à peu, le talent de cet écrivain se précisa et pour ainsi dire se condensa en une manière bien personnelle, où l'invention et la correction s'allient à un dialogue vif et rapide. Comparables aux ouvrages de M. Jules Verne par le réel intérêt qui se dégage de récits de voyage et d'aventures très mouvementés, les œuvres écrites dans la nouvelle manière de M. Paul d'Ivoi diffèrent cependant de celles de son illustre devancier par leur composition neuve et bien originale ; elles portent les titres suivants : les *Cinq sous de Lavarède* (1 vol. 1893) ; le *Sergent Simplet* (1894) ; *Cousin de Lavarède !* (1895) ; *Jean Fanfare* (1896) ; le *Corsaire Triplex* (1897) ; la *Capitaine Nilia* (1898) ; le *Docteur Mystère* (1899) ; *Cigale en Chine* (1901) ; *Mariliague de Marseille* (1902).

Ces romans ont trouvé la faveur du public, aussi bien dans la presse, où certains ont paru d'abord en feuilletons, au *Petit Journal*, au *Matin*, au *Journal des Voyages*, que sous la forme de volumes illustrés, publiés chez les éditeurs Combet et C¹ᵉ (librairie Furne).

M. Paul d'Ivoi a fait paraître encore sous le pseudonyme de « Paul Eric » et avec grand succès également, une série d'études historiques qui rappellent Alexandre Dumas par l'affabulation féconde en péripéties diverses, et sont remarquables par la sûreté de la documentation, souvent inédite ; les premiers volumes de cette série sont : la *Mort de l'Aigle* (1901) et les *Cinquante ou l'Ile d'Elbe* (1902).

Au théâtre, cet écrivain a donné les pièces suivantes, que le public et la critique accueillirent avec une faveur toujours croissante : le *Mari de ma femme*, comédie en 3 actes (1886, Déjazet) ; le *Tigre de la rue Tronchet*, avec MM. Kéroul et Decourcelle, comédie en 3 actes (1888, Menus Plaisirs¹ ; la *Pie au nid*, avec G. Duval, comédie en 3 actes (1890, Nouveautés) ; les *Cinq sous de Lavarède*, pièce en 4 actes et 21 tableaux, tirée de son roman et représentée au Châtelet, en 1902, avec un succès des plus brillants. On annonce encore de lui : le *Corsaire Triplex*, autre pièce du même genre.

M. Paul d'Ivoi est officier de l'Instruction publique, membre de la Société des Gens de Lettres, de la Société des Auteurs dramatiques, etc.

ROUYER (Henri)

EXPLORATEUR, naturaliste, né à Paris le 3 décembre 1876. Il fit ses études classiques au lycée Condorcet et au collège Chaptal. Dès l'âge de seize ans, il voyageait en Suisse, se livrant à des recherches intéressant l'entomologie. Deux ans plus tard, il entrait au Muséum d'Histoire naturelle de Paris, qui lui accorda, à plusieurs reprises, des bourses de voyage. Il parcourut alors notamment la chaîne des Pyrénées, l'Algérie, la Tunisie et l'Asie Mineure, poursuivant des travaux et des études géologiques ou zoologiques.

Quand fut décidé l'envoi de la mission Foureau-Lamy en Afrique centrale (1897), M. Henri Rouyer fut proposé par M. Milne-Edwards, directeur du Muséum, pour en faire partie ; mais une maladie inopinée l'empêcha de réaliser ce projet. Il accomplit alors son service militaire ; puis il reprit sa place au Muséum.

En 1900, la Société de Géographie, le Muséum d'Histoire naturelle et le journal la *Patrie* conférèrent ensemble au jeune savant une mission ayant pour objet l'étude des sciences naturelles et de l'ethnographie en Océanie. Pour l'accomplir, M. Rouyer parcourut en tous sens les îles de la Malaisie et de la Mélanésie, visitant Ceylan, Sumatra, Java, Bornéo, les îles Célèbes, les îles Moluques, la Nouvelle-Guinée, etc.

Cette mission, qui, à son départ d'Europe, était composée de MM. le baron Villars, Schneider, de Riemer, Hagenbeck et de Silva, vit la plupart de ses membres disparaître au cours de ses pérégrinations. Le 9 mai 1901, M. de Silva fut tué aux îles Pageh (sur la côte occidentale du Sumatra), par une flèche empoisonnée, tandis que M. Rouyer était lui-même gravement blessé, ainsi que deux convoyeurs. M. de Silva fut remplacé par M. de Vriès et le docteur Forster. M. Schneider étant mort à son tour des fièvres béri-béri, dans l'île Salavati, l'adjonction du comte de Saint-Rémy à l'expédition combla ce nouveau vide. Mais, au moment où l'objet de la mission paraissait obtenu, une catastrophe vint l'anéantir presque toute entière. Le 2 janvier 1902, un groupe de Papous cannibales surprit la plupart des explorateurs et les massacra pour les manger. Ainsi périrent le baron Villars, le comte de Saint-Rémy, MM. Hagenbeck, de Vriès et de nombreux indigènes porteurs.

M. Rouyer, blessé très gravement et ayant couru le danger d'être dévoré lui-même ; M. de Riémer, le docteur Forster, et quelques-uns de leurs compagnons, purent se sauver, non sans avoir vengé leurs infortunés camarades en détruisant les villages coupables.

M. Henri Rouyer a réuni dans ces voyages une collection importante de pièces sur la faune, la flore et l'ethnographie des contrées explorées, ainsi qu'une série de photographies du plus haut intérêt documentaire, parmi lesquelles on doit signaler un cliché très curieux et très important au point de vue ethnographique, pris à Bornéo, où l'explorateur découvrit et photographia un être humain pourvu d'un appendice caudal et paraissant tenir autant de l'homme que du singe.

De retour à Paris, avec deux Javanais connaissant très bien l'histoire naturelle et l'ethnographie, M. Rouyer a classé et mis en ordre ses collections, pour les faire connaître dans une exposition publique au Palais-Royal.

M. Rouyer a publié de nombreux articles dans la *Nature*, la *Patrie*, le *Globe Trotter*, les *Comptes-rendus de la Société de Géographie* et ceux du *Muséum*, ainsi que dans divers journaux de Batavia. On annonce de lui plusieurs ouvrages en préparation sur l'histoire naturelle, sur les langues Malaises, Battack, Dayack, Boughuis, Papoues, et sur ses voyages en Malaisie et en Mélanésie.

M. Henri Rouyer est membre de la Société de Géographie de Paris et autres sociétés savantes.

CONTENSON
(Ludovic-Guy-Marie du BESSEY de)

ÉCRIVAIN, ancien officier, né à Lyon le 28 février 1861. Il fit ses études classiques au collège Stanislas à Paris, puis entra à l'Ecole de Saint-Cyr en 1881. Devenu sous-lieutenant en 1883, lieutenant en 1887, il passa à l'Ecole de Guerre les années 1889 à 1891, et en sortit avec le brevet d'Etat-major. Il quitta l'armée comme capitaine en 1899.

M. Ludovic de Contenson avait, dans cette période, effectué deux voyages en Orient. Une première fois, en 1892, il visita notamment la Syrie et le désert de Palmyre, d'où il rapporta des inscriptions sémitiques publiées depuis. En 1897, il parcourut le nord de la Syrie et l'Arménie, au lendemain des massacres, et au milieu de ruines encore fumantes.

Dans ces voyages, il se documenta sur la question arménienne et celles qui s'y rattachent, questions qui intéressent et préoccupent vivement l'Europe entière. Il a publié, sur ce sujet, d'importantes études très nourries, dans la revue le *Correspondant*, sous les titres : la *Turquie d'Asie* (1896), les *Peuples Musulmans* (1897), *Panislamisme et Nationalités d'Orient* (1900) ; et, dans la *Nouvelle Revue* : *Au Nord de la Syrie* (1899). Ces études ont été réunies en un volume intitulé : *Chrétiens et Musulmans* (Plon éditeur, 1901), précédé d'une préface de M. Jules Lemaître et qui contient un article inédit sur l'*Arménie*. La presse française et étrangère a fait le meilleur accueil à cet ouvrage, auquel le vicomte E.-M. de Vogüé a consacré une longue analyse dans le *Gaulois*.

M. de Contenson a collaboré en outre à diverses publications. En 1898, il donna, sous le pseudonyme de « Pierre d'Ameugny », dans la *Nouvelle Revue*, une étude militaire et sociale, sous le titre : l'*Ame de l'Armée*, qui fut très commentée. Il a écrit, dans le *Correspondant*, en 1901, une autre étude sur les *Retraites ouvrières*. Il a, en outre, fourni, de 1900 à 1902, aux *Annales de la Patrie française*, toute une série d'articles où il traite des questions sociales. Dans cet ordre d'idées, l'écrivain se déclare partisan de l'organisation professionnelle comme base de l'état social futur, et préconise, pour atteindre ce but, le développement des associations syndicales, coopératives et mutualistes. Dans la *Revue de Paris*, il a donné, en 1902, une intéressante étude historique : *Un régiment sous Louis XIII*, détachée d'un ouvrage dont on annonce la publication prochaine sous ce titre : *Mémoires du Comte de Souvigny, lieutenant-général des armées du roi* (XVIIe siècle).

BORJA de MOZOTA
(Antoine-Laurent-Joseph)

ADMINISTRATEUR, né à Nantes (Loire-Inférieure) le 29 septembre 1847. Fils d'un espagnol et d'une française, M. Borja de Mozota est de nationalité française, et cette qualité lui a été reconnue, en 1899, sur sa demande.

Ses études classiques accomplies au collège Chaptal, il fut admis au ministère des Travaux publics, comme surnuméraire, en 1865 ; mais, dès septembre de la même année, il entrait dans les services du Bureau-Véritas, où il devint successivement chef de la comptabilité en 1876, secrétaire général en 1881, puis chef du service administratif en 1884 ; il fut enfin choisi, en 1899, comme administrateur de cette importante administration.

Dans ces diverses fonctions, M. Borja de Mozota a pris une part considérable aux travaux de cette institution, si utile à la navigation et au commerce français et internationaux. Il a notamment organisé ou réorganisé les offices du Bureau-Véritas en Russie, en Allemagne, en Italie, en Suède et Norvège, au cours de voyages d'inspection fréquemment renouvelés.

M. Borja de Mozota a contribué à l'établissement du *Répertoire général de la Marine marchande* depuis 1870. Il s'est constamment appliqué à apporter d'utiles modifications ou additions aux publications du Bureau-Véritas. Trésorier et membre du bureau de l'Association technique maritime depuis 1889, membre associé de la Société des Ingénieurs civils et de la Société des « Naval Architectes », il a été nommé membre du Conseil supérieur de la Marine marchande en 1899. Il a été l'un des organisateurs des Congrès d'Architecture, de Construction navale et de la Marine marchande en 1900. Comme rapporteur de section à l'Exposition universelle de cette même année, il présenta un intéressant rapport, très nourri et documenté, sur la *Question du Tonnage*.

M. A. Borja de Mozota est chevalier de la Légion d'honneur, chevalier de 1ʳᵉ classe de l'ordre de Saint Olaf de Norvège, etc.

DEZAUNAY (Emile)

PEINTRE et aquafortiste, né à Nantes (Loire-Inférieure) le 25 février 1854. Ses études classiques faites dans sa ville natale, il vint à Paris, où il entra un moment à l'Ecole des Beaux-Arts. Il devint ensuite l'élève de Puvis de Chavannes, dont il est resté l'admirateur enthousiaste. Puis, afin de se créer une personnalité artistique en dehors de toute influence, il retourna en Bretagne, où il composa les études de types et de paysages qui lui ont assuré peu à peu une belle réputation.

M. Emile Dezaunay s'est produit tout d'abord aux Salons annuels de la Société des Artistes français, avec un *Portrait* (1878) ; il y a envoyé ensuite : *Etude de bretonne* (1879) ; *Portrait du Comte P. de G.* (1883) ; *Aux Courses* (1887) ; *Fin de bal masqué* et *Pendant l'inondation* (1889) ; *Pêcheur de saumon dans la brume du matin* (1890).

Après s'être tenu éloigné pendant quelques années des Salons officiels, le peintre envoya à la Société nationale des Beaux-Arts les œuvres suivantes : *Portrait* ; *Avant la Messe*, femme du Bourg de Batz (Loire-Inférieure) ; le *Biniou* et *Fillette bretonne* (1898) ; le *Patron Auffret et trois marins du bateau de sauvetage de Saint-Guénolé-Penmarck* et *Jeune garçon gardant sa sœur* (1899).

Entretemps, M. Emile Dezaunay produisait ses œuvres en des expositions particulières ; une première fois, en 1897, on vit de lui aux Galeries Laffitte, à Paris, entre autres portraits très remarquables, ceux de *MM. Marius Vachon, Roinard, André Treille*, etc. Cette exposition fut présentée au public par M. Frantz-Jourdain, dont les théories artistiques sont si goûtées des novateurs.

L'année suivante, M. Dezaunay envoya à la Sal'e des Ventes de la rue Drouot un choix de toiles des plus intéressantes, au nombre desquelles il faut mentionner particulièrement : *Tête de bretonne, Coin de Marché, les Poissons rouges, Servante de café, Petite fille au rideau rouge*, etc.

M. Dezaunay, écrivit alors M. Arsène Alexandre dans le *Figaro*, est un artiste qui a le sens du caractère et qui a retracé quelques types de marins et quelques portraits avec une belle fougue.

De son côté, un autre critique autorisé, M. Thiébault Sisson, disait dans le *Temps* :

Son modelé vigoureux est d'un homme qui observe et qui sait ; il voit brutal, mais juste, et ses paysages sont vivants, comme ses types de paysannes bretonnes et de pêcheurs. On peut ne pas goûter la manière ; mais cette manière est de quelqu'un.

En 1902, M. Dezaunay fit, à la galerie Bernheim jeune, une autre exposition particulière de son œuvre, où l'on remarquait notamment : les *Châtaignes* (La Forest) ; *Femme allaitant son enfant* (Beig-Meil) ; *Jeune mendiante de Rosporden* ; *Equipage du bateau de sauvetage de Penmarck* ; *Un Pardon à Sainte-Anne-La-Palue* ; *Enfants dans l'herbe* (environs de Paris) ; la *Bonne d'enfants* ; *Jeune fille de Crozon* (Finistère) et divers portraits.

A propos de cette dernière manifestation artistique, M. Arsène Alexandre écrivit dans le *Figaro* :

M. Dezaunay est, à notre avis, le plus caractéristique des peintres de mœurs et de types bretons... Il décrit, avec un rare entrain de brosse et une puissante connaissance du caractère de la race, les vieux loups de mer hâlés, les paysannes candides et pensives ; c'est un coloriste franc et clair, un artiste vraiment sincère et, pour tout résumer d'un mot, un des meilleurs peintres rustiques actuels.

Le critique d'art du *New-York Herald*, M. Bull, à son tour, dit :

Cet artiste a un talent spécial pour les portraits d'enfants. Sa manière est rude et puissante, et une véritable personnalité s'en dégage.

Cet excellent peintre est aussi un aquafortiste distingué. Ses originaux sont très recherchés des amateurs.

M. Emile Dezaunay est membre de la Société Taylor et de divers autres groupements.

KRANTZ (Charles-Camille-Julien)

INGÉNIEUR, député, ancien ministre, né à Dinoz (Vosges) le 24 août 1848. Sorti de l'Ecole polytechnique en 1870, il servit pendant la guerre dans l'artillerie comme lieutenant auxiliaire et fut, après la paix, nommé ingénieur des tabacs.

En 1876, il fut mis en disponibilité pour remplir les fonctions de chef de cabinet du commissaire général de l'Exposition universelle de 1878. Nommé maitre des requêtes au Conseil d'Etat en 1879, il devint aussi professeur de droit administratif à l'Ecole des Ponts-et-Chaussées. Il a été commissaire général de la section française à l'Exposition universelle de Chicago (1893).

En 1891, M. Brugnon, député de la 1ʳᵉ circonscription d'Epinal, ayant été élu sénateur, M. Krantz posa sa candidature et fut élu, le 22 février ; il a été réélu : au renouvellement de 1893 par 6,936 voix contre 838 à M. Parisot, candidat agricole ; le 8 mai

1898, par 8,809 suffrages contre 933 au même concurrent ; et le 27 avril 1902 par 8,729 contre 2,429 à M. Lapicque, radical.

Le député des Vosges, à la Chambre, s'est acquis une certaine notoriété dans les questions de travaux publics, militaires et financières ; il a été membre de la Commission du Budget et rapporteur général de 1896 à 1898.

Élu vice-président de la Chambre en juin 1898, il devint, le 1er novembre suivant, ministre des Travaux publics, puis de la guerre après la démission de M. de Freycinet, dans le cabinet Charles Dupuy, qui tomba le 22 juin de l'année suivante. Il a été choisi comme président de la Commission de l'Armée, en remplacement de M. Mézières, en 1901.

M. Camille Krantz est officier de la Légion d'honneur depuis le 2 avril 1894.

RAULINE (Henri-Pierre-Marie)

Architecte, né à Saint-Pierre-Langers (Manche) le 2 mai 1846. Venu à Paris, à l'École des Beaux-Arts en 1867, il entra dans l'atelier de Daumet, d'où il sortit de bonne heure pour coopérer, sous les ordres d'Abadie, aux plans, puis à la construction, commencée en 1876, de la basilique dite du « Vœu National », édifiée sous le vocable du « Sacré-Cœur » sur la butte Montmartre, à Paris.

Travaillant continuellement avec l'éminent architecte que fut Abadie, collaborant non seulement à la partie pratique de son œuvre, mais aux modifications du plan qu'elle comportait, M. Rauline, peut être considéré comme l'élève préféré de ce maître et son continuateur, bien que la direction des Travaux du Sacré-Cœur, après la mort d'Abadie, survenu en 1886, ait été confiée pendant quelques années (1887 à 1890) à M. Daumet, puis à Lainé.

Successivement sous-inspecteur, inspecteur, architecte-adjoint puis architecte en chef en 1890, M. Rauline assume depuis cette dernière année, l'entière responsabilité de cette lourde entreprise.

L'ensemble du Sacré-Cœur de Montmartre offre une intéressante réalisation du style roman adapté au caractère de notre époque. Très discutée avant son achèvement même, qu'on ne peut prévoir encore en 1902, l'église du « Vœu National », avec son dôme central et ses deux petits dômes, son campanile qui aura une hauteur de 120 mètres, et ses proportions gigantesques, s'impose à l'attention de tous.

M. Rauline a résolu le difficile problème technique d'assurer la stabilité des énormes masses de pierres entassées sur un sol peu résistant ; ce n'est pas là son moindre mérite. Il a su, en outre, pour la décoration de l'édifice, grouper une élite d'artistes tels que MM. Barrias, Louis Noël, Michel, Fagel, qui ont donné chacun l'empreinte de leur talent personnel à l'œuvre commune.

Outre sa contribution à l'édification du Sacré Cœur, M. Rauline est l'auteur d'importantes constructions particulières, maisons de rapport et de campagne, châteaux, villas, de plusieurs tombeaux, entr'autres celui élevé à M. Barboux au cimetière Montparnasse, en collaboration avec M. Barrias, etc.

Cet architecte a été inspecteur diocésain de Paris de 1881 à 1886 et rapporteur au Comité des inspecteurs généraux des édifices diocésains.

Membre de la Société Taylor, M. Rauline est commandeur de l'ordre de Saint-Grégoire le Grand.

OETTINGER (William)

Médecin, né à Genève (Suisse) le 27 août 1856. Appartenant à une famille protestante, d'origine mi-helvétique mi-française, fixée en Suisse depuis la révocation de l'édit de Nantes, sa qualité de français a été établie suivant un arrêté qui règle la nationalité de ses coreligionnaires en pareil cas.

Ses études classiques faites à Genève, M. William Oettinger vint se faire inscrire à la Faculté de Médecine de Paris. Externe, puis interne des hôpitaux (1880-1884), il fut reçu docteur en 1885, avec une thèse intitulée : *Études sur les paralysies alcooliques*, qui fut récompensée par la Faculté.

Nommé chef de clinique adjoint en 1886, M. le docteur Oettinger devint médecin des hôpitaux en 1891 et fut successivement attaché à l'hospice des Petits-Ménages d'Issy et à la Maison de Santé municipale Dubois ; il est à l'hôpital Broussais depuis 1896.

M. Oettinger est l'auteur de travaux scientifiques qui ont appelé l'attention sur son nom. Il a fait paraître plusieurs mémoires, des communications aux Sociétés savantes et de nombreux articles dans la presse médicale, notamment dans la *Semaine Médicale* et le *Bulletin de la Société Médicale des Hôpitaux*. Il a publié en outre : *Thérapeutique du rhumatisme et de la goutte* (1 vol.) ; les *Maladies des Artères et des Veines* et *Rhumatisme articulaire aigu*, études dans le *Traité de Médecine* de Charcot et Bouchard, etc.

M. le docteur Oettinger est membre de diverses associations médicales.

HÉRICAULT
(Jean-Charles de RICAULT d')

PUBLICISTE, né à Paris le 9 juin 1877. Il est le fils de Charles d'Héricault, l'érudit historien et le conteur attrayant, né en 1823, qui collabora à la *Revue des Deux-Mondes*, à la *Revue de Paris*, au *Correspondant*, à la *Presse*, à la *Liberté*, au *Figaro* et à bien d'autres publications périodiques, fonda la *Revue de la Révolution*, et publia des travaux historiques de haute importance, tels que : la *Révolution de Thermidor*, la *France Guerrière*, l'*Histoire anecdotique de la France*, l'*Histoire nationale des naufrages*, la *Révolution, 1789-1882* ; l'*Histoire de la Révolution racontée aux petits-enfants*, etc. On lui doit aussi des éditions très appréciées d'auteurs français : les *Œuvres* de Clément Marot, de Roger de Collerye, de Charles d'Orléans ; un *Essai sur l'origine de l'Epopée Française*, ainsi que des romans historiques ou psychologiques qui eurent un vif succès, notamment les ouvrages suivants : la *Fille aux Bleuets*, *Aventures d'amour d'un Diplomate*, la *Comédie des Champs*, *Une veuve millionnaire*, *Un Gentilhomme catholique*, la *Reine Sauvage*, la *Fille de Notre-Dame*, les *Cousins de Normandie*, *Une Reine de Théâtre*, *Aventures de deux parisiennes pendant la Terreur*, *Rose de Noël*, etc. Charles d'Héricault est mort en 1899.

Ses études accomplies chez les Pères Jésuites à Boulogne-sur-Mer, puis à Paris, M. Jean d'Héricault se prépara tout d'abord à l'Ecole de Saint-Cyr ; il abandonna ce projet pour se consacrer aux lettres.

Tout jeune encore, il collabora à la presse monarchiste et catholique de Paris et des départements : à la *Vérité française*, à la *Gazette de France*, au *Soleil*, notamment. Il a donné des articles de critique littéraire, ainsi que des chroniques et des études sur le « Vieux Paris » qui ont attiré l'attention sur lui.

En 1901, M. d'Héricault fonda la *Revue Catholique et Royaliste*, organe mensuel dont il demeure le directeur, et qui compte, comme collaborateurs, des écrivains tels que le baron de Rosnay, M. d'Ecault, l'abbé Spitzt, le marquis de La Tour du Pin, Mgr Justin Fevre, Mgr de Kernaëret, les vicomtes de Fontaine et Henri de France, M. R. de Fréchencourt, le baron d'Hamonville, MM. A. de Besancenet, Louis Perret, Ch. Vincent, Régnault de Maulmin, Dubois de la Roc, de Penguern, J. Goudareau, H. de Bernis, Armand Praviel, le comte de Lur-Saluces, Dom Besse, MM. Charles Maurras, Henri Arsac, Boyer de Bouillane, comte de Lantivy, etc.

Président du XIV° arrondissement du groupe de la « Jeunesse royaliste », M. de Ricault d'Héricault est membre de la « Corporation des publicistes chrétiens » et de « l'Appel au Soldat ».

CANDÉLA (Vincent-Michel)

VIOLONISTE et compositeur de musique, né à Paris le 30 septembre 1877. Tout enfant, il pratiqua le violon et se faisait applaudir déjà en des soirées ou concerts mondains, à côté d'artistes réputés. A treize ans, il entra au Conservatoire national, où il eut pour professeurs MM. Brun et Lefort. Sorti lauréat de cette école en 1895, il fit partie de l'orchestre Lamoureux comme premier violon ; il entra la même année à l'Opéra, après un brillant concours. Depuis 1900, il est premier violon de l'Académie nationale de Musique.

M. Candéla, depuis 1893, a parcouru les principales villes de France ; il a fait applaudir son talent de violoniste notamment à Epernay, Reims, Lons-le-Saunier, Valenciennes, Lens, Le Mans, Nevers, Saint-Quentin, etc. Il en a été de même en Belgique, à Verviers ; et en Angleterre, à Londres. Etant au service militaire, en 1898, il obtint, dans une cérémonie officielle à la Sorbonne, un succès très brillant en jouant devant MM. Loubet, président, et Casimir-Périer, ancien président de la République.

M. Candéla s'est particulièrement distingué par son interprétation dans les grandes villes de province des sonates de Schumann, Beethowen, Bernard, avec M. A. Delacroix. A Paris, aux Concerts du Trocadéro, au Festival Victor-Hugo, aux Concerts du *Journal*, au Cercle Militaire, aux Concerts Paumier de la salle de Géographie, etc., il a reçu du public de véritables ovations.

La presse parisienne et départementale a consacré à cet artiste de nombreux articles, généralement élogieux ; un excellent critique, rendant compte d'un concert donné en 1900, disait :

Il a, par le charme de son jeu, par son extraordinaire virtuosité, par la magie de ses pizzicati et de ses doubles cordes, par la délicatesse de ses pianissimo, excité dans la salle un véritable délire.

— Avec quel sentiment artistique, — disait un autre en 1901, — il sait faire chanter son instrument ! Quel magistral coup d'archet, quelle souplesse de poignet, quelle agilité et quelle sûreté de doigté.

Professeur, M. Candéla a formé des élèves pour la carrière musicale qui font honneur à son enseignement. Compositeur, on lui doit de fort agréables morceaux pour violon, entr'autres : *Burlesque*, une *Mazurka*, un *Trio*, etc.

DAVID d'ANGERS (Robert)

SCULPTEUR, né à Paris le 21 mai 1833. Fils de Jean-Pierre David d'Angers, l'illustre statuaire (1788-1856), il accomplit, pour répondre au désir paternel, ses études médicales, tout en poursuivant un but inavoué, celui de s'adonner à l'art. Il n'est donc pas élève de son père, qu'il perdit jeune encore ; mais d'Allasseur. Il reçut aussi les conseils d'Aimé Millet.

A la Société des Artistes français, où M. R. David d'Angers a exposé la plupart des œuvres de sculpture dont il est l'auteur, on a vu de lui : l'*Amour maternel*, groupe plâtre d'un bel effet (1872), qui reparut en marbre en 1878 ; *L. Franchetti*, buste bronze (1873); *M. Cléry*, buste marbre, et deux médaillons bronze (1874) ; *Sapho*, statue plâtre (1875) ; *Got*, buste bronze, à la Comédie Française (1876) ; *Mlle J. Samary*, de la Comédie Française, dans « *Petite pluie* », buste marbre ; *M. Michel Bouquet*, buste marbre (1877) ; *P.-J. David d'Angers*, buste plâtre, qui se trouve au Musée de Versailles, exécuté en marbre par le même auteur (1879) ; *Pierre-Paul-Emile David d'Angers*, son fils, buste marbre, au musée de Beaufort (1880) ; *Hippolyte Carnot*, buste terre cuite (1881) ; *Edouard Pailleron*, buste terre cuite (1882) ; *M. Duval* ; *Mlle Martin* et une *Tête de jeune fille*, médaillons bronze (1883) ; *M. Paul Casimir-Périer*, sénateur, buste bronze (1884), musée de Fécamp); *Mme Dartigues*, buste marbre ; *Ledru-Rollin*, buste bronze, au Père-Lachaise (1885) ; *M. D...*, buste marbre, et trois médaillons bronze (1886); *MM. Nunès, Got, Crosti, Etienne Arago, Damain, Barbier de Meynard, Oppenheim* ; *Mme A. N..* et *M. R. R...*, médaillons bronze (1887) ; *MM. Thierry-Poux, A. Maillard, E. Pailleron, Dr Max, Legrand, G. Escoffier, Victor Pavie, Gustave Nicole*, *MM^{lles} Blanche Lepetit* et *Mlle Marie Pailleron*, médaillons bronze (1888) ; *Pêcheuse d'Yport*, haut-relief bronze (1889) ; *Mlle Jeanne Louis-Noël*, médaillon bronze (1891) ; *Mlles Anaïs* et *Victorine R...*, médaillons bronze (1892) ; *Aimé de Soland*, buste bronze (1893); *M. La Besserie, professeur au lycée David d'Angers*, buste bronze (1894) ; *Femme de Bourg-Saint-Maurice*, petit buste bronze, pour M. Félix Faure, président de la République (1895), etc.

Beaucoup de critiques influents ont étudié et loué l'œuvre de M. Robert David d'Angers, et entr'autres Edmond About, Arsène Houssaye, Jules Claretie, Maurice Talmeyr, etc.

Cet artiste a fait don au Musée des Professeurs, à l'Ecole nationale des Beaux-Arts, d'un *Portrait de son père* par M. E. Hébert (de l'Institut), et au Louvre de la collection complète des médaillons de David d'Angers et des statuettes suivantes du même, en bronze : *Ambroise Paré, Racine, Condé, Jean Bart, Fénelon*, le *Général Bonchamps, G Cuvier, Gutenberg, Armand Carrel, Jefferson*.

M. Robert David d'Angers a publié un important ouvrage comprenant, en 450 pages, la reproduction photographique des médaillons de son père. Ce recueil de luxe, précédé d'une préface d'Edmond About, est intitulé : les *Médaillons de David d'Angers* (1867). Il a fait paraître encore, à la Librairie d'Education de la Jeunesse : *Un statuaire républicain*, biographie de son père (1891) ; puis une plaquette à 200 exemplaires, avec planches inédites : *Lettres de David d'Angers à son ami Jules Dupré* (1815), avec préface de lui (1891).

Officier d'Académie depuis son don de médaillons au Louvre, M. R. David d'Angers est membre de la Société des Artistes français et de la Société Taylor.

PARISOT (Stanislas-Octave)

PEINTRE, né à Brest le 24 octobre 1847. D'abord élève de l'Ecole de dessin de Versailles, il entra ensuite, à Paris, dans l'atelier de Cabanel. Forcé d'abandonner momentanément la carrière où il débutait, pour des raisons de famille, il devint clerc d'avoué ; puis il parfit son éducation artistique et collabora à plusieurs panoramas à Londres, à Bruxelles, etc.

M. Stanislas Parisot fut nommé, en 1883, professeur de dessin pour les lycées, puis aux cours d'adultes de la Ville de Paris.

Comme peintre, M. Parisot a réalisé, suivant une conception originale, des œuvres estimées. Repoussé à plusieurs reprises des Salons officiels, sa manière se dégageant trop librement des formules acceptées, il exposa, notamment aux Indépendants, à l'Union libérale et ailleurs, les toiles suivantes : l'*Ignorée*, tableau symbolique ; le *Vieux Pavé de Meudon*, paysage d'une profondeur caractéristique ; un *Hommage à Victor Hugo*, dessin, et plusieurs études de genre et d'intérieur ; les *Consolatrices* ; *Prométhée délivré*, composition symbolisant la Révolution française ; *Utopie* ; *Réconciliation*, immense toile, où sont rassemblées, en portraits très exacts, les grandes figures de la période révolutionnaire, dans une sorte d'apothéose composée avec ampleur et puissance, et dans un style très enlevé. C'est le génie de la Révolution réconciliant les antagonistes de la grande lutte.

Tout n'est pas de premier ordre dans cette vaste toile, a dit un critique (1902) ; mais il n'y manque pas de figures peintes avec beaucoup de force, et l'ensemble est d'une tonalité harmonieuse.

M. S. Parisot est officier d'Académie depuis 1897.

LENTZ (Frédéric)

USICIEN, né à Wasselonne (Alsace) le 22 avril 1833. De bonne heure, il fit partie de l'orphéon de Wilhem, dont il reste l'un des derniers représentants.

Elève de MM. Foulon et Lelyon, il faisait chanter, dès l'âge de douze ans et demi, un cantique à trois voix ; à quatorze ans, il composait un *Pie Jesu* à quatre voix, et à quinze, il écrivait des *Leçons de Solfège* pour la classe de Lelyon à l'école Turgot. Vers la même époque, il commença l'étude du piano et écrivit ses premières œuvres pour cet instrument.

A peine âgé de seize ans, M. Frédéric Lentz était chargé de remplacer les organistes de diverses paroisses de Paris. Il fut nommé, en 1859, organiste du chœur de l'église Saint-Sulpice, et, quelques temps après, l'abbé Pietri le demandait pour le service de la chapelle du Sénat, service qu'il assura en même temps que le premier jusqu'en 1867. A cette époque, il devint organiste et maître de chapelle de l'Ecole Albert-le-Grand, à Arcueil (Seine) et il remplit depuis lors ces fonctions.

Si, comme exécutant, M. Lentz est très apprécié pour la force et la souplesse de son jeu, il l'est non moins comme professeur, pour la justesse et la clarté de sa méthode. L'un des premiers propagateurs de l'art musical dans le peuple, il a donné longtemps des cours gratuits de musique à Paris, puis à Arcueil.

Ses compositions destinées aux musiques militaires sont très répandues et souvent exécutées dans les squares et jardins publics. Dès 1849, un *Pas redoublé* de lui était enlevé par le 64e de ligne.

Connaissant tous les instruments de musique et jouant particulièrement des instruments à clavier, M. Lentz les a fait intervenir habilement dans nombre de ses compositions, pittoresques et savoureuses, notamment dans les *Soixante Variations* pour l'accompagnement d'« *Adeste Fideles* », le chant de Noël bien connu.

Il est l'auteur d'un *Traité de Solfège* en 2 parties « écrit, dit-il lui-même, dans le langage simple et familier des enfants » et qui est, peut-on ajouter, d'une science consommée. On lui doit encore : des morceaux de chant, tels que : *C'est Dieu !* chœur à 4 voix, couronné par la ville de Paris ; *Sous le zinc*, opera-comique en 1 acte, texte de M. A. Bouvret ; *Sanctus et Benedictus*, morceau pour basse avec orgue ; une *Messe brève* à deux voix ; des *Saluts solennels* pour les fêtes de Saint-Thomas-d'Aquin (dont le célèbre *Exultet*), du bienheureux Albert-le-Grand (dont l'antienne *Sancte Alberte*), de l'Immaculée Conception et de Saint-Dominique ; des morceaux de danse tels que le *Chant du pays* et la *Jolie Parisienne*, valses fort aimées du public ; un *Concerto pour cornet*, écrit pour la classe de M. Mellet au Conservatoire, à la demande de ce professeur ; de nombreux duos pour divers instruments ; 12 morceaux faciles pour violon ou mandoline avec accompagnement de piano ; des morceaux pour harmonium, entr'autres une *Tyrolienne* et *Six morceaux caractéristiques* ; des morceaux pour orgue ou harmonium : l'*Organiste débutant*, 120 versets pour les commençants et 12 pièces à l'usage du service divin ; dix morceaux de genre et une *Marche nuptiale* pour orgue ; *Méditation pour violoncelle, harpe et orgue* ; de nombreux septuors, quatuors, valses et morceaux pour orchestre ; une *Marche triomphale* et de nombreux morceaux pour le piano ; *Coryzata*, sérénade humoristique ; quantité de romances, mélodies, motets, etc.

Outre les ouvrages publiés par ce compositeur, on connaît de lui des œuvres souvent exécutées, mais inédites, où se trouvent de fort beaux morceaux : *Hymne à Victor Hugo*, exécuté avec grand succès par le 4e de ligne ; huit symphonies ; six suites d'orchestre ; un opéra-comique en 3 actes, texte de Michel Carré ; plusieurs opéras-comiques en 1 acte, entr'autres : le *Médaillon d'Yvonne*, avec A. de Jalais et H. Thierry, et *Brune et Blonde*, avec Durat et J. de Marthold ; un ballet en 2 actes et plusieurs divertissements représentés un peu partout ; quantité de morceaux pour orgue et piano : duos, trios, quatuors, sonates, 30 actes de théâtre enfantin, etc.

Par cette énumération, on voit que M. Frédéric Lentz a touché à tous les genres ; on reconnaît généralement qu'il a partout trouvé le moyen d'exceller et de ne jamais être inférieur à lui-même.

FLAMENG (Léopold)

GRAVEUR, membre de l'Institut, né à Bruxelles, de parents français, le 2 novembre 1831. Il apprit son art à l'Ecole publique de gravure de Bruxelles. Venu en 1853 à Paris, il collabora à l'*Artiste* et à la *Gazette des Beaux-Arts* ; il illustra divers livres : *Picciola*, *Récits enfantins*, le *Sabot de Noël*, *Christophe Colomb*, etc. Deux de ses burins d'alors : la *Source* et *Angélique*, d'après Ingres, comptent parmi les plus belles œuvres de gravure du siècle.

En 1860, M. Léopold Flameng, lors de la transformation de Paris sur les plans du baron Haussmann, publia un fort beau livre d'eaux-fortes intitulé : *Paris qui s'en va et Paris qui vient*.

Au Salon des Artistes français, où il expose, on a vu de ce graveur, notamment : *Portrait à l'eau-forte de la comtesse d'Agoult* (1859) ; *Sauvée*, d'après un dessin de lui, et *Saint-Sébastien*, d'après Vinci (1861) ; la *Naissance de Vénus*, d'après Cabanel ; *Marguerite à la Fontaine*, d'après Ary Scheffer (1864) ; *Jésus-Christ au milieu des docteurs*, d'après Bida (1865) ; *Cinq gravures*, d'après Bida (1866) ; la *Mer houleuse*, d'après Ruysdaël ; *Jésus bénissant les enfants*, d'après Delacroix ; *Jésus distribuant du pain*, d'après Bida (1867) ; *Latour*, d'après lui-même ; le *Secret de l'amour*, d'après Jourdan (1868) ; *Stratonice*, d'après Ingres (1869) ; la *Jeune fille à la lampe*, d'après Gleyre (1870) ; *Assan et Namouna*, d'après H. Regnault (1872) ; *Brevet pour les belles actions civiles* (1873) ; la *Ronde de Nuit*, d'après Rembrandt (1874) ; l'*Abondance*, d'après Rubens et le *Portrait de la femme de Rubens*, eaux-fortes (1877) ; *Gille*, d'après Watteau et la *Sainte Vierge priant*, d'après Murillo, gravures (1878) ; cette même année, 22 *Gravures*, à l'Exposition, lui valurent une médaille de 3ᵉ classe ; la *Partie de cartes* et le *Turf*, d'après Frith (1879) ; *Rork'es Drift*, d'après de Neuville (1881) ; *Darwin*, d'après Johan Collier (1884) ; la *Mort de Sainte Geneviève*, d'après Jean-Paul-Laurens, gravure qui lui valut la médaille d'honneur, dans cette section, en 1886 ; *Wedded*, d'après sir Frédéric Leighton (1887) ; les *Moissons*, d'après Jules Breton (1888) ; *Frontispice de l'Œuvre de Boileau*, eau-forte d'après Lechevalier-Chevignard (1889) ; le *Gondolier galant*, d'après de Blaas (1889) ; *Plafond*, d'après Paul Baudry, burin (1892) ; *Retour du baptême*, d'après François Flameng et *Portrait de M. le comte Delaborde*, eaux-fortes (1894) ; la *Vierge au donateur*, d'après Van Dyck (1896) ; l'*Adoration des bergers*, burin, d'après Van der Gaes (1900).

Chevalier de la Légion d'honneur en 1870 et officier depuis 1898, l'éminent graveur a été admis à l'Académie des Beaux-Arts en 1898. Le grand-prix de gravure lui a été décerné à l'Exposition universelle de 1900.

FLAMENG (François)

PEINTRE, né à Paris le 6 décembre 1856. Fils et élève du précédent, il se destina d'abord à la gravure, et son premier envoi au Salon, en 1873, fut une eau-forte : mais, entraîné par son tempérament de coloriste, il entra bientôt dans l'atelier de Cabanel, pour étudier la peinture.

En 1875, M. F. Flameng envoya au Salon un *Portrait* et le *Lutrin* ; la même année, il entrait à l'Ecole des Beaux-Arts, dans l'atelier de M. J.-P. Laurens. Au Salon de 1876, on vit de lui une composition historique : *Frédéric Barberousse visitant le tombeau de Charlemagne* ; en 1877 et 1878, des *Portraits* ; en 1879, il obtint une médaille de 2ᵉ classe et le grand prix du Salon, avec l'*Appel des Girondins, le 30 décembre 1793*, toile souvent reproduite depuis par la gravure ; en 1881, il exposa : les *Vainqueurs de la Bastille* et la *Route de Capo di Monte*, à *Naples* ; en 1882, *Camille Desmoulins*. En 1883, l'artiste, s'adonnant au tableau de genre, envoya le *Duel*, qui eut un grand succès. On a vu de lui ensuite : en 1884, le *Massacre de Machecoul* et *Une répétition au XVIIIᵉ siècle* ; en 1885, *Marie-Antoinette se rendant au supplice* et les *Joueurs de Boules* ; en 1886, deux petites scènes du XVIIIᵉ siècle, le *Bain* et le *Jeu du Fusil*. Ayant reçu la commande de la décoration de l'escalier de la Sorbonne, M. Flameng exposa, en 1887 et 1888, les six panneaux de cette œuvre, qui a été son triomphe : 1º *Saint Louis remet à Robert de Sorbon la charte de fondation* ; 2º *Abélard et son école sur la montagne Sainte-Geneviève* ; 3º *le prieur Jean Heylin installe dans les caves de la Sorbonne la première imprimerie établie en France* ; 4º *La Renaissance* ; 5º *Richelieu pose la première pierre de l'église de la Sorbonne* ; 6º *Henri IV réforme l'Université*.

Continuant ses envois aux Champs-Elysées, il y fit paraître : en 1890, la *Halte, Infanterie de ligne, 1789* ; l'*Armée française marche sur Amsterdam, campagne de Hollande, 1796* ; en 1891, *Baptême dans la Basse-Alsace*, et un *Portrait* ; en 1892, le *Repos en Egypte* et *Dans l'Olympe* ; en 1893, un *Portrait* et *C'est lui ! campagne de France, 1814*.

6. — IVᵉ

De 1894 à 1897, M. François Flameng interrompit ses envois aux Salons annuels. Depuis qu'il les a recommencés, on a vu de lui : *Jeune fille au chien*, gravure; *Vive l'Empereur*, et *Portrait de M*^{lle} *O.-P...* peintures (1898) ; *Couverture pour la « Lecture pour tous »* dessin ; le *Soir d'Iéna* et *Peinture pour le nouveau billet de banque de mille francs*, toiles (1899); *Portrait de M*^{me} *Voulnr-Larski* (1900) ; *Portrait de M*^{lle} *de M...* (1901) ; *Eylau, 14 février 1807* ; *Portrait de la princesse XXX* (1902).

Outre les œuvres qui ont figuré aux expositions, M. Flameng, dont la peinture vaut surtout par ses qualités décoratives, a exécuté : la *Décoration de l'Hôtel Boucheron* à Paris, celle du *palais Charitonenko* à Moscou, et du *Glolies Club* à New-York, de la *Nouvelle Sorbonne* et une partie de celle de l'*Opéra-Comique* à Paris, et de nombreux portraits, parmi lesquels ceux de l'*Impératrice de Russie*, des *grandes duchesses Xénia, Wladimir et Serge*, de la *princesse Ioussonpoff*, MM^{mes} *Menier et Flameng*, etc. Cinq de ses tableaux ont été acquis par l'empereur Nicolas II de Russie ; ce sont : *Napoléon à l'Isabella, Le premier consul à la Malmaison, Chasse à courre dans la forêt de Fontainebleau, Bonaparte à Compiègne* et *Bonaparte à Saint-Cloud*.

Cet artiste a obtenu, outre les récompenses déjà mentionnées, le grand prix à l'Exposition universelle de 1889 ; il a été membre du Jury à celle de 1900. Chevalier de la Légion d'honneur en 1885, il fut promu officier en 1898.

TRAMAR (Marie-Fanny de LAMARQUE de LAGARRIGUE Baronne d'YSARN de CAPDEVILLE Marquise de VILLEFORT, dite Comtesse de)

ÉCRIVAIN, journaliste, auteur dramatique, née à Paris. Elle est la petite-fille du comte Nestor de Lamarque de Lagarrigue, écrivain et poète, ardent royaliste qui consacra toute sa fortune à la cause de la Restauration ; la fille de Jules de Lamarque de Lagarrigue, homme de lettres et philanthrope, à qui est due la fondation, reconnue d'utilité publique, de la Société générale de patronage des libérés, et sa famille est apparentée aux plus nobles maisons de France.

Mlle Marie-Fanny de Lamarque de Lagarrigue montra dès son jeune âge des dispositions extraordinaires pour la musique. Elle étudia le piano avec Marmontel et devint une virtuose remarquable ; elle fut aussi élève de Frelon pour l'orgue, et de son parrain, Théophile Fragonard, pour le dessin et la peinture; elle travailla en outre la sculpture avec André Delorme.

Très jeune, elle épousa le comte Ulrich VIII des Sutter, de la maison impériale d'Autriche. Devenue veuve, elle eut recours à ses talents pour vivre, fit quelques beaux portraits, des tableaux et des bustes.

Ayant travaillé le chant avec Delsarte, Puget, Fontana et Mme Barbot, elle fit des élèves à son tour, puis écrivit quelques pièces de théâtres.

Depuis 1899, elle est remariée avec le baron d'Ysarn de Capdeville, marquis de Villefort, dont la famille descend en ligne directe de Louis-le-Gros.

Elle a écrit pour la scène : les *Bottines*, qui furent créés à Argelès-Gazost ; un grand drame en quatorze tableaux, *Meurtrier* ; un autre drame en cinq actes, la *Princesse Medjoulow* ; le *Hochet* (1 acte) ; *Chez le Maître* (1 acte) ; *Cambrioleur mondain*, etc. Ces pièces ont été représentées au théâtre Pompadour, à la Salle des Agriculteurs et dans la Salle des Fêtes du *Journal*. On annonce d'elle, en outre, un ballet : *Parrati*.

Ces essais dramatiques sont signés du pseudonyme : « comtesse de Tramar ». C'est sous ce nom également que le même écrivain créa au *Journal* le « Carnet Mondain, » chroniques très-documentées et demandant une particulière érudition, auxquelles elle donna une note toute personnelle. Après avoir collaboré d'abord à l'*Évènement*, sous le pseudonyme de « comtesse de Marca », pour ses débuts dans le journalisme, elle inaugura au *Gil Blas* la rubrique « Au fil de l'heure », observations au jour le jour ayant une allure philosophique que l'on retrouve d'ailleurs dans presque tous ses écrits ; dans le même journal, elle signe les « Mondanites ». Elle a collaboré encore au *Gaulois*, au *Stand*, à la *Revue Diplomatique*, au *Moniteur des Consulats*, où elle fit paraître une étude sur M. Doumer ; à l'*Europe Artiste*, à la *Vie Illustrée*, à l'*Illustré Théâtral*, au *Grillon*. Elle a été rédactrice en chef du *Messager Mondain* et du *Félix-Mode* ; elle a écrit dans la *Femme Française*, l'*Echo de l'Est*, le *XXe Siècle*, dans le *Libéral* de Bruxelles, et donné des articles d'économie politique et sociale.

Elle a publié chez l'éditeur V. Havard, un intéressant ouvrage : les *Usages Mondains*, sous le pseudonyme de baronne d'Orval (18e édition en 1901). On annonce en outre d'elle : la *Princesse Medjoulow* et

Meurtrier, romans ; de nombreuses nouvelles : un ouvrage sur le *Cabinet de Toilette* et un autre sur l'élégance : le *Bréviaire Mondain*.

La comtesse de Tramar, membre de la Société des Auteurs dramatiques, a été nommée officier de l'Académie en 1898.

COURNAU (Attale du)

UBLICISTE, né à Castres (Tarn) le 6 février 1830, d'une famille du pays de Marsan-Albret, jadis toute militaire et puissante, ayant marqué dans les guerres d'Italie (Charles VIII et Louis XII), puis dans les guerres de Henri IV. Il est fils d'un démissionnaire de 1830, petit-fils d'un garde du corps de Louis XVI et petit-neveu de Raymond de Sèze, le défenseur de ce roi.

Ses études classiques accomplies à Mont-de-Marsan et à Bordeaux, M. A. du Cournau vint poursuivre, à Paris, celle du droit.

Quoique proche allié du président Troplong, il ne voulut accepter aucune des fonctions officielles qui lui furent offertes sous le second empire et, pendant tout ce régime, il se consacra presque exclusivement aux lettres. Il collabora aux revues la *Semaine des Familles*, la vieille *Mode* ressuscitée, le *Mercure de France*, l'une des *Revues Françaises* (1861-64); il publia deux volumes : *Yvonnette*, roman (1858) ; *Chants, Anathèmes et Prières*, poésies (1861). Il écrivit pourtant deux brochures politiques : la première, *Debout les catholiques !* (1860), pour essayer de conjurer l'unification de l'Italie ; la seconde, *Gare à la Prusse !* (1866, après Sadowa), pour dénoncer le péril de l'unification de l'Allemagne.

Après la guerre, de 1871 à 1882, M. du Cournau prit part à la mêlée politique dans la presse ; il rédigea le *Patriote Catholique* (1871-72), le *Conservateur de l'Ariège* (1872-74), la *Voix de la Patrie* (1874-75), le *Journal du Mans* (1875-76), le *Courrier de la Haute-Saône* (1876-78), l'*Etoile d'Angers* (1879) ; puis, à Paris, l'*Ami du Peuple*, né le 5 avril 1881, disparu fin novembre 1882. Concurremment, il publiait deux brochures : 1° *Dehors l'Etranger !* (1870, pendant la guerre) ; 2° *La France et le Congrès* (1878), contre l'envoi d'un représentant de la France au Congrès de Berlin.

Depuis 1882, M. du Cournau, revenu à la littérature, a collaboré à divers journaux ou revues : la *Revue du Monde Catholique*, jusqu'en 1894; un journal économique et financier, la *Finance*, de 1886 à 1891, puis le *Messager de Paris*, économique. Entre temps, il publiait trois brochures : le *Partage de l'Afrique*, contre la participation de la France à ce mouvement colonial ; l'*Affaire du Panama*, pour démontrer le but politique de cette affaire ; *Histoire de l'entente franco-russe*, pour aider à la conclusion de l'alliance. Il fit paraître en outre un roman : *Suzanne Duluc*, sur l'une des suites de la guerre (1 vol. 1889).

En 1897, cet écrivain publia, sous le titre : *Assez de scandales et de diableries !* une brochure donnée comme le prélude d'une critique étendue des mœurs politiques et religieuses de notre temps. On annonce, en outre, de lui, les ouvrages suivants, prêts à paraître: le *Rhin dans l'Histoire*, étude sur la marche de la France vers le Rhin ; l'*Europe de Demain*, examen des modifications à apporter en Europe pour maintenir l'influence et la puissance françaises et pour combattre celles des Etats-Unis d'Amérique dans le vieux monde ; plus deux drames patriotiques : le *Pont de Montereau* (sur la guerre de cent ans) et *Pour la Patrie* (sur celle de 1870-71) ; enfin, un ouvrage économique : la *Terre de France*, réunion d'articles parus dans le *Messager de Paris*.

PRÉVOST (Camille)

SCRIMEUR et écrivain, né le 23 octobre 1853, à Londres, de parents français. Arrière-petit-fils, petit-fils et fils de maîtres d'armes dont le renom est allé toujours croissant, il fut élève de son père, alors professeur de la famille d'Orléans. Venu à Paris en 1869, Robert aîné le prit avec lui comme professeur en second.

En 1870, M. Camille Prévost, que son âge ne permettait pas de recevoir encore dans un régiment, parvint à se faire engager dans la garde mobilisée.

Après la guerre, il fut nommé deuxième professeur au Cercle des éclaireurs Franchetti (1872); à la mort de Robert aîné, il devint professeur en premier à cette salle ; puis, l'année suivante, il fut appelé à diriger l'Ecole d'escrime française avec MM. Jacob et Georges Robert. Enfin, depuis 1880, il est directeur de la salle d'armes du Cercle de l'Union artistique, fusionné depuis avec le Cercle Impérial.

Réputé pour la souplesse et l'habileté de son jeu, qualités qui chez lui n'excluent pas la force, M. Camille Prévost compte parmi les meilleurs professionnels de l'épée et surtout du fleuret. Dans le nombre des assauts célèbres qu'il a soutenus, on se plait à rappeler ceux avec Rouzic en 1869, avec Merignac en 1871, avec Vigeant et Merignac en 1872, avec Hôttelet en 1878 et 1879, avec Rue de 1895 à 1897, avec Ayat en 1881, avec Merignac en 1892, avec les quatre maîtres italiens : Barbazetti, Pini, Tagliapietra et Sartori au Tournoi franco-italien en 1895, et d'autres encore avec Breton, Boulanger, Rouleau père et ses deux fils, Greco, Selderslagh, Verbrughe, Desmedt, Rossi, di Marinis, etc.

Il est jusqu'ici le seul professeur qui n'ait pas craint de compromettre sa réputation en tirant, à plusieurs reprises, avec des escrimeurs beaucoup plus jeunes que lui.

M. Camille Prévost a produit des ouvrages très estimés, où il traite de son art. Citons : *Théorie Pratique de l'escrime* (Paris, 1 vol. 1880), luxueux ouvrage, avec une préface de M. Legouvé, traduit en anglais ; *L'Escrime et le Duel*, suivi du *Code du Duel* dû à la plume de M. Gaston Jollivet (1 vol. 1891), ouvrage précédé d'un fort joli sonnet de M. Paul Bourget (ces deux traités sont devenus, en quelque sorte classiques) ; *Théorie de l'Escrime*, publiée en anglais, en 1897, dans *The Encyclopedia of Sport*, etc.

Vice-président de l'Académie d'Armes, M. Camille Prévost a reçu un très bel objet d'art de la Société l'Escrime française, à la suite d'un assaut organisé en son honneur et pour le remercier des services rendus à l'escrime et à cette société (1900).

HAGBORG (Auguste)

Peintre, né à Gothembourg (Suède) le 26 mai 1852. Après avoir commencé ses études artistiques à l'Ecole des Beaux-Arts de Stockholm, il vint à Paris à vingt-deux ans et débuta bientôt aux Salons annuels de la Société des Artistes français, où il envoya, dès 1876, une toile, *Gavroche*, que le roi de Suède acheta pour sa galerie particulière.

Il exposa ensuite, au même Salon, entr'autres œuvres : l'*Attente*, souvenir de Suède, acquis par l'État pour le Luxembourg (1877) ; *Grande marée dans la Manche* (1879) ; *Bénédiction d'une barque de pêche* (1881) ; *Récolte des pommes de terre et Entrée d'une carrière* (1882) ; *Au cimetière de Tourville (Manche)* (1883) ; *Arrivée des bâteaux de pêche le matin à Cayeux* (1886) ; *Allons !* et le *Matin à Baske-molla en Suède* (1888) ; *Octobre* et la *Petite lieuse* (1889).

M. Hagborg fut au nombre des artistes qui fondè-rent la Société nationale des Beaux-Arts, et depuis l'organisation de ce groupe, c'est au Salon nouveau qu'il a exposé ses toiles. On y a remarqué de lui : *Un futur loup de mer*, le *Soir*, *Paysage*, *Marée Basse* et *Marée Montante* (1890) ; *Un mineur*, *Paysages* (2 études de Suède), *Mine abandonnée*, *Etude de Gif*, paysage, et deux *Portraits de femme* (1891) ; *Bijou et Honoré*, le *Fils du fermier*, *Un atelier de bonnets*, *Un mendiant*, *Etude* (1892) ; *Portrait du consul général Bors*, commandé pour le musée de Bergen ; *Un enterrement* ; *Au puits, en Normandie* ; *Paysage en Suède*, *Soleil couchant* (1893) ; la *Tosca*, *Au bord de la mer en Suède*, *Une laitière en Picardie* et un *Portrait de femme* (1894) ; *Portrait d'homme*, *Dans le parc aux huîtres*, *Un grain*, la *Marée*, *Paysage en Bretagne* (1896) ; *Arrivage de harengs*, *Soir d'été*, *Etude d'automne en Suède*, *Marée basse à Cancale* et *Une déclaration*, étude de genre (1897) ; *A la campagne en Suède*, *Soir d'été* et *Coucher du soleil en Suède* (1898); *Portrait*, *Echo*, *Jalousie*, les *Bateaux*, l'*Attente*, *Nymphe des Bois* (1899) ; *Elfes*, *Lavoir du moulin*, *Pauvres gens*, le *Vieux pêcheur*, *Portrait* (1901) ; *Dalecarlienne* (tableau qui fut très remarqué), *Margit*, *Automne* (1902).

Cet artiste est l'auteur de quinze fort belles compositions et d'un portrait du roi Oscar de Suède pour l'illustration des *Poésies* de ce monarque, qui ont été publiées, avec un sonnet de M. Sully-Prudhomme et une préface de M. Jules Claretie, en 1902.

Un grand nombre d'œuvres de M. Hagborg ornent les musées français et étrangers. Les plus connues de celles-ci sont : *Un mineur*, qui est au musée de Bergen ; *Un bâteau de pêche*, au musée de Stockholm ; le *Portrait du peintre Zorn*, au musée de Gothembourg ; *Intérieur dalecarlien*, toile qui figura à l'Exposition universelle de 1900 et fut acquise par l'État français pour le musée du Luxembourg ; le *Cimetière de Tourville* (Manche), au musée de Gothembourg, etc. Les grandes galeries américaines possèdent aussi plusieurs de ses toiles.

Cet excellent artiste est fort apprécié comme portraitiste ; mais il est surtout réputé pour ses études de types et ses paysages du pays natal. Il sait, à merveille, reproduire les tons divers et fuyants du ciel ou du sol scandinave, comme les physionomies rudes ou gracieuses de ses compatriotes. La critique, en France comme à l'étranger, accueille généralement avec faveur ses compositions, toujours intéressantes.

M. Hagborg a obtenu de nombreuses médailles à Berlin, à Munich, à Tunis, etc. ; en 1879, il reçut une

3e médaille de la Société des Artistes Français. Hors-concours et membre du Jury aux Expositions universelles de 1889 et de 1900, sociétaire de la Société des Beaux-Arts, il a été décoré de la Légion d'honneur en 1893 et promu officier en 1901. Il est, en outre, décoré de première classe de l'ordre de Wasa, etc.

VIGER (Marie-Albert)

Ancien ministre, sénateur, né à Jargeau (Loiret) le 18 octobre 1843. Reçu docteur en médecine à Paris, il exerça sa profession à Châteauneuf-sur-Loire, où il devint maire, conseiller général, puis vice-président de l'Assemblée départementale du Loiret.

Inscrit sur la liste républicaine du Loiret aux élections législatives de 1885, il fut élu, le 5e sur six, au scrutin de ballottage, par 47,713 voix sur 83,422 votants. Au renouvellement de 1889, il se présenta, comme radical, dans la 2e circonscription d'Orléans et fut élu par 11,303 voix contre 9,179 obtenues par M. O'Mahony, monarchiste. Il fut réélu, sans concurrent, en 1893, par 14,399 voix ; et en 1898, par 14,045 suffrages.

M. Albert Viger siégea à la Gauche radicale de la Chambre de 1885 à 1890. Il s'est surtout occupé des questions économiques, financières, agricoles, commerciales et d'instruction publique. Il s'est montré le défenseur ardent des tarifs protectionnistes. Membre et rapporteur de la Commission des Douanes et de plusieurs autres, il a été questeur de la Chambre de 1885 à 1889 et vice-président du Groupe agricole.

A la formation du cabinet Ribot (1er janvier 1893), le député du Loiret reçut le portefeuille de l'Agriculture (et non celui du Commerce que lui a attribué à tort M. Vapereau, dans son *Dictionnaire des Contemporains*). Il le conserva dans le ministère suivant, présidé par M. Ch. Dupuy (5 avril), puis dans les cabinets Casimir-Périer (3 décembre), et Dupuy (31 mars 1894), sans interruption

Il fut remplacé par M. Gadaud, dans la combinaison Ribot (26 janvier 1895) ; mais revint aux affaires, dans le cabinet Bourgeois, toujours comme ministre de l'Agriculture (3 novembre 1895 au 21 avril 1896) ; puis encore dans le ministère Brisson (8 juin au 25 octobre 1898).

Après le décès de M. Fousset, sénateur radical du Loiret, M. Viger posa sa candidature à ce siège et fut élu, le 28 octobre 1900, par 462 voix sur 755 votants.

A la Chambre haute, où il est inscrit à la Gauche démocratique, l'honorable sénateur s'intéresse tout particulièrement aux mêmes questions agricoles et économiques qui l'occupaient de préférence à toutes autres au Palais-Bourbon. Il est vice-président de la Commission des Douanes.

Membre du Comité consultatif des chemins de fer, président de la Société nationale d'Horticulture de France, vice-président du Conseil supérieur de l'Agriculture, il fait partie encore des Conseils supérieurs des Haras et du Commerce. Il est membre associé de la Société nationale d'Agriculture.

Dignitaire de divers ordres étrangers, M. Albert Viger est commandeur du Mérite agricole.

FLORIAN (Frédéric)

Graveur, dessinateur, né à Saint-Aubin (Suisse) le 20 février 1859. Très jeune encore, il manifesta des dispositions artistiques telles qu'il reproduisit, sans aucun conseil, sur le bois, un dessin du *Magasin Pittoresque*. Il étudia d'abord seul la gravure ; puis, venu, en 1878, à Paris, il y reçut les conseils de M. Lepère.

Ses premières productions ont été des gravures concernant les faits d'actualité au *Monde Illustré*, où il signait B. D. F., en collaboration avec deux autres artistes. Ensuite, M. Frédéric Florian se consacra à la *Revue Illustrée*, où ses illustrations, dans la note intéressant ce périodique, obtinrent un réel succès.

Il a aussi produit de nombreuses gravures pour la maison Hachette de Paris, entr'autres celles de l'*Histoire de la Renaissance*); pour les *Harper* et *Scribner*, magazines de New-York, le *Graphic* de Londres, etc. Il a composé, dessiné et gravé les illustrations de l'*Almanach du Bibliophile* pour l'année 1899.

On doit encore mentionner de M. Florian six belles planches pour *Miror of fair Woman* de Londres, un *Billet de banque* pour la Banque de France et diverses gravures en taille-douce, avec une formule différente de celle adoptée d'habitude, d'après des croquis de M. Paul Renouard.

M. Frédéric Florian, a exposé aux Salons annuels de la Société des Artistes français les œuvres suivantes : deux gravures sur bois, d'après des dessins de MM. Lepère et Escalier *(Revue Illustrée*, 1886) ; onze gravures d'après MM. Besnard, Caldecott, Duez, Guth, L.-O. Merson, Myrbach et Renouard

(1887) ; trois gravures d'après MM. Besnard et Duez (1888) ; six gravures d'après MM. Besnard, Forain, Jeanniot et Roll (1889).

L'un des artistes fondateurs de la Société nationale des Beaux-Arts, M. Frédéric Florian, depuis 1890, envoie ses productions, dont le mérite artistique va toujours croissant, aux expositions de cette société, où l'on a vu de lui : six gravures d'après Forain, œuvre d'ensemble très remarquable, et deux gravures d'après Duez (1890) ; Dessins et gravures d'après Dierik Bouts, Botticelli et Carpaccio ; *Judith*, d'après Botticelli ; *Salomé*, d'après J. Cornélius van Oostzamen ; *Anges* de Goya ; Sujets japonais, par M. Humphrey Moore ; un dessin d'après M. Besnard d'après la *Joconde*, d'après Léonard de Vinci (1891) ; Dessins et gravures, d'après Botticelli, Montegna, Carpaccio ; gravures, d'après Ghirlandago et Renouard et deux autres gravures (1892) ; Gravure d'après Lippo-Lippi (1893) ; trois gravures anciennes, d'après M. Renouard, au burin (1894) ; Gravure, d'après M. Renouard (1896) ; Gravures, d'après Renouard et David d'Angers (1897) ; *Arckway, le dimanche soir à Londres*, gravure sur bois, d'après M. Renouard (1902), etc. Cet excellent artiste est sociétaire de la Société nationale des Beaux-Arts.

VASCHIDE (Nicolas)

PUBLICISTE et philosophe, né à Buzeu (Roumanie) le 7 décembre 1873, demeurant en France. Il fit ses études aux facultés de Bucharest et de Paris. Élève à l'École des Hautes Études, il poursuivit des expériences personnelles sur tous les domaines des sciences biologiques ayant un rapport quelconque avec la psychologie. Attaché, depuis 1896, à plusieurs laboratoires ou services des hôpitaux de Paris et plus particulièrement au laboratoire de M. François Frank au Collège de France, à ceux de Psychologie physiologique de la Sorbonne et de la Salpêtrière, il a été intimement associé, pendant trois ans, aux recherches de M. Binet, à la Sorbonne. Depuis 1898, il est chef du laboratoire de Psychologie expérimentale de l'École des Hautes Études à l'Asile de Villejuif.

M. Nicolas Vaschide a acquis une enviable notoriété dans le monde savant par de nombreux et importants travaux, portant en général sur des questions de psychologie, d'anthropologie, de psychiatrie et de physiologie.

Avant tout philosophe et adepte fervent de la nouvelle école de la psychologie expérimentale, il a publié d'intéressantes études portant notamment sur le rêve, la psychologie individuelle, le sens des émotions, le travail intellectuel, la circulation sanguine et la vie mentale, la mesure de la force physique, les hallucinations, les délires, la respiration, la télépathie mentale, etc. Il a donné une fort intéressante étude sur un « anencéphale » qu'il avait pu examiner vivant ; une autre sur le « xiphophage chinois » exhibé en 1902 chez Barnum. Sur maintes questions de psychologie, il a fourni une contribution originale, où le côté historique n'est jamais négligé.

Les travaux de M. Vaschide ont fait l'objet de communications à l'Académie des Sciences et à la Société de Biologie ou d'articles dans les publications scientifiques françaises et étrangères, et notamment : l'*Année Psychologique*, la *Revue Philosophique*, la *Revue Générale des Sciences*, la *Revue Scientifique*, *Psychological Review*, *The Monist* ; *The Journal of Mental Pathology* ; *Rivista sperimentale di Freniadria* ; *Centrablatt für Psychia- trie and Nervenheilkunde* ; *Nouvelle Iconographie de la Salpêtrière* ; *Revue de Psychiatrie* ; *Rivista médicale Italiana* ; les *Archives de Neurologie* ; la *Revue de Médecine*, etc. Il a en outre publié en librairie : la *Psychologie du Rêve au point de vue médical*, avec M. Piéron (Ballière, éditeur, 1899, 1 vol.) ; *Psychologie du délire dans les troubles psychologiques*, avec M. Vierpas (1 vol. Masson, 1900) ; l'*Audimétrie* (1 vol. Naud, 1901) ; la *Logique morbide* (1 vol. Société d'éditions scientifiques, 1902), etc.

M. Vaschide a construit, en collaboration avec M. le docteur Toulouse, le premier système d'appareils scientifiques pour la mesure des sens. Avec le même M. Toulouse, il s'est livré à des recherches expérimentales sur l'odorat qui ont eu du retentissement. En dehors de la psychologie, on connaît de lui des travaux microscopiques et biologiques non moins intéressants.

Secrétaire de la *Bibliothèque internationale de Psychologie expérimentale*, publiée à la librairie Doin, M. Nicolas Vaschide est membre des Sociétés de Psychologie, de Sociologie, de l'Enseignement supérieur d'Anthropologie, de la Société médico-psychologique, etc.

Outre son active production en langue française, ce savant a donné, sur des sujets littéraires ou philosophiques, des articles à l'*Indépendance Roumaine* et à plusieurs autres publications de son pays natal, sous divers pseudonymes.

M. Nicolas Vaschide est décoré de l'ordre roumain « Bene Merenti » de première classe.

Mme MAZELINE (née Jehanne HEUZÉ)

PEINTRE, née à Rouen (Seine-Inférieure). Douée, dès le jeune âge, de réelles dispositions artistiques, elle reçut à Rome les conseils du maître Belliure. Élève, à Paris, de M. Giacometti pour la figure et de Mme Madeleine Lemaire pour les fleurs, elle se consacra, d'abord à ce dernier genre.

Encouragée par l'excellent accueil que lui firent la critique et le public, Mme Mazeline envoya aux Salons annuels de la Société des Artistes français des œuvres dont plusieurs ont été très remarquées : peintures, aquarelles et pastels. Nous mentionnerons : *Roses de Nice*, aquarelle (1879) ; le *Soir, vallée de Benouville*, peinture à l'huile (1880) ; l'*Ours*, aquarelle (1882) ; la *Belle au bois dormant*, huile (1883) ; *Rome vue du Pincio le soir* et *Venise vue du Lido au crépuscule*, aquarelles (1886) ; la *Baronne de V...*, portrait pastel (1887) ; la *Cour des Doges au Palais ducal à Venise* et *Aigues-Mortes*, aquarelles (1888) ; *Un rosier*, aquarelle (1889) ; la *Farandole*, souvenir d'Espagne, aquarelle, importante composition qui fut gravée (1891) ; le *Rêve de Satan* (1893) ; *Portrait de M. Félix Faure, président de la République*, peinture remarquable et l'une des dernières qui aient consacré la physionomie de cet homme politique (1899) ; *Sur la jetée*, scène dramatique, et une intéressante étude pour le *Portrait de Félix Faure* exposé précédemment (1901).

Cette artiste, au talent consciencieux et toujours en progrès, a donné trois expositions particulières de ses œuvres à la galerie de la Bodinière, à Paris, en 1888, 1892 et 1900. Parmi les aquarelles qu'on y distingua, il faut citer les vues de Venise, de Rome, de Capri et de Naples, celles de Toulouse, de Carnac, d'Étretat et d'Auray, d'Algérie ou de la Camargue ; des monuments gothiques de la Normandie, de Rouen surtout. Dans ces productions si variées, la mer, avec ses effets toujours changeants, les ciels aux reflets capricieux, sont admirablement rendus, comme les impressions fugitives de la lumière diurne ou crépusculaire sur la nature et sur les êtres. Les expressions de physionomies paysannes (têtes de vieilles et de jeunes filles ou d'enfants), peintes avec un tel souci de vérité qu'on y retrouve presque le modelé de la sculpture, complètent les traits caractéristiques du talent de Mme Mazeline, plein de ressources et d'originalité.

On doit encore mentionner de cette artiste les portraits du *Général Galvau*, de *Lady Broock*, de la *baronne de Vaux*, etc., et la reproduction des fresques de la chapelle des primitifs à la Cathédrale d'Autun, commandée à l'auteur par la Commission des Monuments historiques.

Mme Jehanne Mazeline a la réputation d'un excellent professeur de dessin et de composition picturale.

Elle a obtenu plusieurs médailles aux expositions de Rouen, Nice, Rennes, Chicago, etc. Officier de l'Instruction publique, elle est membre de la Société des Femmes Peintres et sculpteurs et sociétaire des Artistes français.

VARENNES
(Pierre-Roger CHAPEAU des)

ÉCRIVAIN, né à Rochefort-sur-Mer le 2 avril 1853. Fils d'un officier marinier, il fit ses études dans sa ville natale. Ses parents le destinaient au vaisseau-école le *Borda* ; mais des revers de fortune lui fermèrent cette carrière ; il entra dans le commerce qu'il quitta de bonne heure pour s'adonner aux Lettres.

Après plusieurs collaborations à de petits périodiques, M. des Varennes fut rédacteur au *Rochefortais* avec Chevassus ; puis rédacteur en chef de l'*Intérêt public* après Habeneck. Il avait alors 27 ans. En 1882, lors de la préparation de l'Exposition internationale de Nice, il fut choisi pour y diriger le service de la presse et abandonna l'*Intérêt public*.

En 1884, Jules Ferry, alors président du Conseil des ministres, lui donna mission de fonder, à Orléans, un grand journal régional : le *Républicain Orléanais*, dans le but de combattre l'influence du comte de Paris et le parti conservateur dans cette région. Sa mission prit fin après les élections législatives de 1885, où le parti conservateur fut complètement battu dans le Loiret. M. des Varennes entra alors à la *Gironde*, de Bordeaux, comme chef du service des informations. Il demeura pendant six années collaborateur de ce grand journal.

En 1887, on lui offrit, à Jonzac (Charente-Inférieure), la candidature à la députation contre le général Boulanger ; il déclina cette offre publiquement. Plus tard, en 1896, il refusa de même la candidature au Sénat, que lui offraient ses compatriotes de la Charente-Inférieure, ne voulant accepter aucune fonction publique ou élective.

Venu à Paris en 1889, pour entrer au *Matin* comme interviewer, M. des Varennes dirigea en même temps une belle publication illustrée : les *Pêcheries maritimes*, faite sous les auspices du ministère de la Marine. Il collabora en outre au *Voltaire* et à la *République française*.

Ayant eu pour maître l'amiral Aube, après avoir suivi les cours de l'Ecole d'hydrographie de Bordeaux, M. Roger des Varennes devint un écrivain maritime et eut le mérite de lancer l'idée du torpilleur autonome. Cette campagne, qui fit du bruit dans le monde maritime, provoqua l'avènement de l'amiral Aube au ministère de la Marine.

Un peu plus tard (1890-91), Jules Ferry chargea M. des Varennes de la partie maritime de l'*Estafette*, qu'il dirigeait alors.

M. des Varennes fonda, en 1890, la *Correspondance militaire maritime et coloniale*, à l'usage des journaux de Paris et des départements ; il y joignit bientôt une *Correspondance littéraire* quotidienne, avec, pour collaborateurs MM. Camille Flammarion, François Coppée, André Theuriet, Alphonse Daudet, Henri de Bornier, Arsène Houssaye, Paul Arène, Joseph Fabre, Marcel Prévost, Yves Guyot, Catulle Mendès, Armand Silvestre, etc. Lui-même en écrivant quotidiennement sous douze pseudonymes, a donné, depuis 1892, près de 4,000 articles, contes ou nouvelles, dans la *Correspondance littéraire*, publication qui fournit la copie à 60 journaux de France et de l'Etranger.

Cet actif écrivain a écrit encore dans un grand nombre de journaux et revues de Paris, au *Bulletin de la Société astronomique de France*, au *Soir* de Bruxelles, à la *Revue de l'Extrême-Orient* en Chine, à la *Calédonie* de Nouméa, etc.

M. Roger des Varennes a formé, sous le titre de « Société des Ecrivains français et étrangers », avec le concours d'auteurs illustres de tous les pays, une association dans un but analogue à celui de la Société des Gens de lettres. Président de cette institution, il en a rédigé le catalogue, qui est une véritable œuvre de bénédictin des lettres.

Parmi les ouvrages de M. Roger des Varennes, nous citerons : les *Drames de la Mer*, *Baisers et Frissons*, le *Roman de Blanche*, les *Corsaires Girondins*, le *Roman d'un réserviste*, *Une cause sensationnelle* (traduit en anglais par Mme Ghil-Vanderbilt), *Un ermite millionnaire*, *Contes à Margot*, *Fragilités*, *Chroniques et Contes* (Collection des auteurs célèbres), *Guide de Nice illustré*, la *Candidature du commandant X*, l'*Esclave*, le *Rapin*, *Ames sœurs*, *Chevalier errant* (adapté de l'anglais), *Dilettanti* (adapté de l'allemand), *Biographie de Camille Flammarion*, la *Dot de Myriam*, *Tragédie au large*, l'*Aurore d'un peuple* (historique du peuple boër), etc.

M. des Varennes est officier d'Académie depuis 1880, chevalier du Mérite agricole, officier du Cambodge du Dragon de l'Annam, etc.

Ses deux filles, Mlles IVONE et MARGUERITE DES VARENNES, sont elles-mêmes des écrivains déjà connus. Elles collaborent régulièrement à des revues et journaux de province et de l'étranger, notamment à l'*Indépendance Roumaine*, où elles signent « Ivone et Margot » des correspondances remarquées. La première a fait paraître en outre : *Mésaventure de Griffette*, avec une préface d'Arsène Houssaye, *Myrrhis l'Indienne*, roman d'aventures, et un livre de *Chroniques et Contes*.

TAPRET (Odile)

Médecin, né à Rosières (Haute-Marne) le 8 septembre 1849. Il fit ses études classiques et médicales à Paris. Externe, puis interne, reçu le deuxième, des hôpitaux de Paris (1873-1878), il obtint le doctorat cette dernière année, avec une thèse, couronnée par la Faculté, sur la *Péritonite chronique*.

Chef de clinique du professeur Lasègue en 1878, le Dr Tapret fut nommé médecin des hôpitaux en 1881 et, en cette qualité chef de service à Saint-Antoine, puis à Lariboisière.

Très apprécié comme praticien, M. le Dr Tapret est aussi considéré comme un publiciste scientifique de haute valeur ; il a publié des communications, mémoires ou articles concernant les maladies générales et les affections du rein, de l'estomac, du cœur et de la poitrine, particulièrement. Il a collaboré au *Dictionnaire des Sciences Médicales* pour les parties *Cœur*, *Pericardite*, etc. ; à l'*Union médicale*, où il a traité du *Cancer de l'estomac* sous toutes ses formes et dans les *Bulletins* de différentes sociétés scientifiques dont il fait partie, où il a fait paraître d'importants travaux sur les *Anomalies des Artères du Cœur*, les *Cancers cachés de la vessie*, le *Rein typhoïde*, etc. Il faut aussi mentionner ses *Leçons cliniques*, objets de nombreuses thèses de ses élèves.

M. le Dr Tapret est membre de la Société Anatomique, de la Société de Laryngologie, etc.

Il est chevalier de la Légion d'honneur.

GOMOT (Pierre-Eugène-Hippolyte)

SÉNATEUR, ancien ministre, né à Riom (Puy-de-Dôme) le 12 octobre 1838 et non 1837, date indiquée à tort par M. Vapereau, dans son *Dictionnaire universel des Contemporains*, et par d'autres biographes. Ses classes achevées au lycée de Clermont-Ferrand, il vint étudier le droit à la Faculté de Paris, prit la licence et retourna dans sa ville natale, où il fut inscrit comme avocat à la Cour d'appel (1862).

M. Hippolyte Gomot délaissa bientôt le barreau pour entrer dans la magistrature impériale. Nommé substitut à Gannat le 8 octobre 1864, il passa à Riom en 1865. Après le 4 septembre, il adhéra au nouveau régime et fut promu sur place procureur de la République (7 octobre 1870). Le gouvernement du 16 mai 1877 l'envoya à Privas (Ardèche) ; mais il préféra démissionner que d'accepter cette disgrâce. Le 4 janvier 1878, le ministère Dufaure lui octroyait, comme compensation, un poste de conseiller à la Cour de Riom.

En cette même année 1878, M. Gomot fut élu conseiller général du Puy-de-Dôme pour le canton de Riom. Aux élections générales législatives du 21 août 1881, il se présenta, comme républicain, et fut élu député de la première circonscription de Riom, par 9,215 voix contre 6,365 à M. Marius Martin, bonapartiste. Au renouvellement de 1885, porté sur la liste opportuniste du Puy-de-Dôme, il vit son mandat confirmé, le 4 octobre, au scrutin de ballottage, par 78,141 suffrages, sur 131,907 votants.

Il fit partie du cabinet Brisson comme ministre de l'Agriculture, du 10 novembre au 28 décembre 1885, remplaçant M. Hervé Mangon, qui n'avait pas été réélu député. A la Chambre, il siégea à la Gauche démocratique. Chargé du rapport sur la demande de mise en accusation du ministère Ferry, il conclut au rejet, tout en déclarant que la guerre du Tonkin n'avait été « exempte ni de fautes ni d'erreurs » ; il fut rapporteur des lois sur l'assistance dans les campagnes, sur les récidivistes, sur la répression du vagabondage, sur le monopole des grands magasins ; il est l'auteur d'une proposition de loi sur les seigles et d'un autre rapport sur l'avilissement du prix du bétail en France.

Aux élections de 1889, il ne se représenta pas ; mais, le 5 janvier 1891, au renouvellement périodique de la Chambre haute, il fut élu sénateur du Puy-de-Dôme par 648 voix sur 1,157 votants.

Au Luxembourg, M. Gomot est intervenu notamment dans les discussions sur les budgets des Beaux-Arts, de l'Agriculture, etc. ; il a fait partie de la Commission des Chemins de fer et de celle de la Justice. Inscrit à la Gauche républicaine et au groupe agricole, il est vice-président de ce dernier groupe.

M. Gomot préside la société des « Auvergnats de Paris ». Il a publié des brochures historiques sur l'Auvergne : *l'Abbaye de Mozat* (1871) ; le *Château féodal de Tournoël* (1881) ; *Marilhat et son œuvre* (1884), etc. Il a dirigé pendant quelque temps la partie politique du *Voltaire*, a collaboré au *Temps*, au *Soir* et à divers autres journaux.

HATON de la GOUPILLIÈRE (Julien-Napoléon)

INGÉNIEUR des Mines, membre de l'Institut, né à Bourges (Cher) le 28 juillet 1833. Ses études classiques terminées, il fut admis à l'Ecole polytechnique en 1850, en sortit, le second, en 1852, pour entrer, avec le même numéro, à l'Ecole des Mines, d'où il sortit premier en 1855.

Nommé, cette même année, ingénieur ordinaire de 3ᵉ classe, promu de 1ʳᵉ classe en 1867, M. Haton de la Goupillière, qui s'était fait recevoir docteur ès-sciences en 1857, devint professeur de mécanique et d'exploitation souterraine à l'Ecole des Mines. Il occupa, pendant six années et concurremment avec cette fonction, la suppléance de la chaire de mécanique pratique à la Faculté des Sciences de Paris.

Déjà répétiteur à l'Ecole polytechnique, il fut choisi comme examinateur d'admission en 1885. La même année, il obtenait le grade d'inspecteur général des Mines ; puis, désigné, en 1887, comme directeur de l'Ecole nationale des Mines, il demeura à la tête de cet établissement jusqu'en 1901. Il devint alors directeur honoraire et président du Conseil général des Mines.

Président de la Commission du grisou et de la Commission centrale des machines à vapeur, instituées près le ministère des Travaux publics, il a présidé également la Société d'encouragement pour l'industrie nationale et la Société Mathématique de France. Il a été élu membre de l'Institut (Académie des Sciences), le 21 janvier 1884, en remplacement de Jules de la Gournerie.

Outre des rapports et des mémoires relatifs aux mathématiques, à la mécanique et à l'art des mines, M. Haton de la Goupillière a publié des ouvrages dont les plus répandus portent les titres suivants : *Eléments de calcul infinitésimal* (1860) ; *Traité théorique et pratique des engrenages* (1861) ; *Traité des mécanismes renfermant la théorie géométrique des organes et celle des résistances passives* (1864) ; *Cours d'exploitation des Mines* (1884-1885, 2 vol.) ; *Hydraulique et moteurs hydrauliques* (1886, traduit en allemand) ; *Cours de machines* (1892, 3 vol.), etc.

Grand-officier de la Légion d'honneur, M. de la Goupillière est aussi officier de l'Instruction publique et haut dignitaire de divers ordres étrangers.

BRÉVAL (Lucienne)

ARTISTE lyrique, née à Genève. Issue d'une excellente famille de cette ville, Mlle Bréval suivit les cours du Conservatoire de Musique genevois et y conquit les premiers prix de piano. Musicienne accomplie, douée en outre d'une fort jolie voix, elle chanta d'abord dans les salons, où son talent était fort apprécié. Entendue, au cours de ses tournées par M. Grenier, depuis directeur de l'Ambigu, celui-ci, émerveillé de l'audition, conseilla vivement à la cantatrice de parfaire son éducation artistique, lui prédisant d'ailleurs un brillant avenir.

Venue à Paris en 1887, Mlle Bréval entra immédiatement au Conservatoire dans la classe de M. Warot, qu'elle quitta en 1890 après avoir obtenu un premier prix d'opéra. Engagée aussitôt par M. Gailhard, directeur de l'Académie nationale de Musique, elle effectua ses débuts sur cette scène, le 20 janvier 1892, dans l'*Africaine*, où elle se fit remarquer tout de suite par l'ampleur et la souplesse de sa voix (rôle de Selika).

Dès lors, Mlle Lucienne Bréval a marché de succès en succès. Applaudie unanimement dans les rôles de son emploi, aussi bien dans les pièces du répertoire que dans les ouvrages nouveaux, elle se plaça, à l'Opéra, dans les premiers rangs. On doit, parmi les rôles où elle a le mieux réussi, mentionner ceux de *Salammbô* de Reyer, *Tannhauser* de Wagner et les superbes créations de Brunehilde (*Walkyrie*), de Yamina (la *Montagne Noire*), de *Frédégonde*, etc.

Entre temps, Mlle Bréval s'était fait entendre, et applaudir vivement, à Monte-Carlo et à Londres. Elle a aussi chanté, en 1894, au théâtre artistique d'Orange, *Pallas-Athénée*, que MM. Saint-Saëns et J.-J. Cros avaient composé à son intention.

En 1900, elle quitta momentanément l'Opéra pour se rendre en Amérique, où, notamment à New-York, Brooklyn, Philadelphie, elle interpréta les ouvrages français les plus estimés, entr'autres le *Cid* et *Salammbô*. La presse et le public américains l'accueillirent avec la même faveur qu'elle trouvait en France. Retournée, en 1902, dans l'autre continent, toujours avec l'impresario Grau, elle y accrut encore son triomphe.

De septembre 1901 à janvier 1902, Mlle Bréval avait été engagée à l'Opéra-Comique de Paris, où dans *Grisélidis* de Massenet, elle recueillit des ovations enthousiastes. A l'expiration de cet engagement, elle est retournée à l'Opéra.

Cette excellente cantatrice est officier d'Académie depuis 1894.

MOURIER (Charles)

JURISCONSULTE, administrateur et homme politique, né à Nîmes (Gard) le 26 octobre 1857, d'une famille protestante. Il fit ses études classiques au lycée de Nîmes, son droit à la Faculté de Paris, fut reçu licencié en 1879 et entra, en 1880, comme auditeur au Conseil d'Etat par voie de concours. Son compatriote, M. Jules Cazot, garde des Sceaux, se l'attacha comme chef de cabinet dès cette même année, puis en 1882, au cours des ministères Gambetta et Jules Ferry.

M. Charles Mourier, retourné au Conseil d'Etat, redevenait en 1888, sous le ministère Floquet, chef du cabinet de M. Ferrouillat, ministre de la Justice.

Maître des requêtes en 1890, il commença l'étude de l'Assistance publique et de toutes les questions s'y rattachant. En 1896, il fut appelé à faire partie du Conseil de surveillance de l'Assistance publique.

A l'Exposition universelle de 1900, M. Charles Mourier fut rapporteur du Comité d'admission et d'installation de la classe 112 (assistance publique et privée), puis rapporteur du Jury international (même classe) et membre du Congrès d'assistance publique et de bienfaisance privée.

Conseiller général du Gard pour le canton de Quissac depuis 1889, M. Charles Mourier, en 1901, se présenta comme candidat républicain aux élections législatives dans la 1re circonscription de Nîmes. Il s'agissait de remplacer M. Delon-Soubeyran, républicain, décédé. Arrivé en troisième rang, M. Mourier se désista au scrutin de ballottage en faveur de M. Fournier, son concurrent socialiste, qui fut élu contre M. de Bernis, conservateur (3 février).

Après cet échec, il fut nommé, le 23 mai suivant,

directeur de l'Assistance publique, en remplacement du docteur Napias, décédé.

M. Mourier est officier de l'Instruction publique et, depuis août 1900, officier de la Légion d'honneur.

BORNE (Charles-Marie-Joseph)

Médecin, député, né à Saint-Hippolyte (Doubs) le 1er février 1850. Ses études classiques accomplies à Besançon, il vint se faire inscrire à la Faculté de Médecine de Paris, fut externe des hôpitaux, médecin aide-major pendant la campagne de 1870-71, lauréat de la Faculté (prix Corvisart) en 1874 et obtint, le 24 juin de cette même année, le doctorat, avec une thèse intitulée : *Etude sur les Névralgies bracchiales*, qui fut mentionnée.

M. le docteur Borne alla d'abord exercer sa profession à Saint-Hippolyte, son pays natal, puis il s'établit à Hérimoncourt, localité voisine. Comme médecin, on lui doit, outre sa thèse, des travaux sur la *Pleurésie*, les *Névralgies*, la *Grippe ou Influenza* ; pour cette dernière maladie il préconise un traitement que l'on dit très efficace.

Conseiller général depuis 1883 et maire depuis 1893 de Saint-Hippolyte, le docteur Borne a été choisi, en 1898, comme vice-président de l'Assemblée départementale du Doubs.

Candidat au siège de M. Oudet, sénateur du Doubs, après le décès de celui-ci, il échoua, le 17 novembre 1895, contre M. Rambaud, républicain modéré, au troisième tour de scrutin. Après la mort d'un autre sénateur du même département, M. Gaudy, il se présenta encore, le 30 mai 1897, et recueillit 428 suffrages, contre 466 à M. Saillard, radical comme lui, élu. Lors du renouvellement législatif de 1898, M. Huguet, député de Montbéliard, se retirant, M. Borne posa sa candidature et fut élu comme radical, par 9,178 voix, contre 4,959 à M. le comte de Morville, conservateur, et 3,025 à M. Jeanperrin, républicain modéré. Aux élections générales du 27 avril 1902, il a été réélu par 10,306 suffrages, contre 7,620 à M. Gaston Japy, nationaliste.

A la Chambre, l'honorable député du Doubs est inscrit à la Gauche démocratique. En politique, il suit la ligne habituelle de son groupe ; il a voté la loi sur les associations en 1901 ; ami personnel de M. Waldeck-Rousseau, il a soutenu son ministère et le cabinet Brisson, qui l'avait précédé. En économie, il s'inspire, dans ses votes, des intérêts de la région qu'il représente.

Membre des commissions d'Initiative parlementaire, d'Assistance, d'Economie, d'Hygiène, des Voies navigables, il a été chargé, pour cette dernière, du rapport sur les canaux de l'Est, et, comme vice-président de la commission d'Hygiène, du rapport sur la loi concernant la protection de la santé publique, promulguée en 1902. En dehors du Parlement, il fait partie du Comité supérieur de l'Assistance publique au ministère de l'Intérieur, du Comité consultatif d'Hygiène publique de France, de la Commission contre les maladies contagieuses et vénériennes, de la Commission d'administration de l'Institut national de Sourds-Muets, du Comité consultatif de la Navigation intérieure et des ports, etc.

M. le docteur Borne est chevalier de la Légion d'honneur depuis 1893.

HADING (Jeannette-Alfredine TRÉFOURET, dite Jane)

Artiste dramatique, née le 26 novembre 1861 à Marseille. Dès l'âge de trois ans, elle parut sur la scène du Gymnase de cette ville, alors dirigée par Halanzier, et où son père était acteur. Entrée fort jeune au Conservatoire de Marseille, elle en sortit à quatorze ans, avec le prix de solfège et fut engagée au théâtre d'Alger, pour jouer la comédie, malgré son prix musical.

D'Alger, la jeune artiste alla au Caire, au théâtre du Khédive ; là, elle interpréta des genres très divers, l'opérette aussi bien que la comédie et même le drame. A Marseille, où elle revint en 1876, elle joua la Reine de *Ruy Blas*, la *Fille de Roland*, Esther des *Faux Ménages*, etc. Elle accompagna ensuite son père en tournée dans le Midi, puis revint à Marseille, au Gymnase témoin de ses précoces débuts, où elle chanta les opérettes en vogue : la *Petite Mariée*, la *Fille de Madame Angot*, *Giroflé-Girofla*, etc.

En 1877, Mme Jane Hading fut engagée au Palais-Royal, à Paris, pour jouer la *Chaste Suzanne*, de M. P. Ferrier ; l'année suivante, elle passa à la Renaissance où, revenant encore à l'opérette, elle remplaça Mme Jeanne Granier dans la *Petite Mariée* ; puis chanta la *Jolie Persane*, de Lecoq, en 1879 ; *Belle Lurette*, d'Offenbach, en 1880 ; l'*Œil crevé*, d'Hervé, en 1881.

Cette artiste qui, jusqu'alors, semblait chercher sa voie, devait la trouver à ce moment. Malgré son éducation artistique première, ce n'était pas, en effet, dans les pièces à musique qu'elle devait réussir ;

mais bien dans la comédie de mœurs, où la portait son tempérament.

Entrée au Gymnase en 1883, elle débuta dans une pièce de Gyp : *Autour du Mariage*, qui n'eut pas de succès ; la même année, elle créait Claire de Beaulieu dans le *Maître de Forges*, qui eut plus de 300 représentations consécutives. Elle épousa à ce moment (1884), à Londres, M. Koning, son directeur, contre qui elle devait former une instance en divorce trois ans plus tard (1887), et qui est mort depuis.

La présence de Mᵐᵉ Hading au Gymnase valut à ce théâtre une vogue exceptionnelle. Elle y créa, avec un succès soutenu : le *Prince Zilah*, de M. Jules Claretie ; *Sapho* d'Alphonse Daudet (1885) ; la *Comtesse Sarah* de M. G. Ohnet (1886) ; et fit une belle interprétation personnelle de *Frou-Frou* (1887).

Cette dernière année, elle accompagna M. Coquelin dans une tournée en Amérique ; puis, revenue à Paris, elle joua, au Vaudeville, la *Comtesse Romani*, d'Alexandre Dumas et le *Député Leveau* de Jules Lemaître (1888). Après un court séjour à la Porte-Saint-Martin pour créer l'*Impératrice Faustine* du comte Tzévuski (1889), rentrée au Vaudeville, elle parut dans : *Nos Intimes*, de Victorien Sardou (1890), *Thérèse Raquin*, d'Emile Zola (1891) et le *Prince d'Aurec*, de Lavedan (1892).

Son succès dans la princesse d'Aurec la fit admettre à la Comédie-Française, où elle débuta dans la marquise d'Auberive des *Effrontés* ; elle interrompit ses représentations pour une nouvelle tournée de dix mois en Amérique, en compagnie de M. Coquelin. A son retour, elle fit son deuxième début aux Français, dans Clorinde de l'*Aventurière* ; puis elle quitta cette maison pour retourner au Gymnase, où elle reprit la *Princesse de Bagdad* de Dumas, créa *Marcelle* de Sardou, et Maud des *Demi-Vierges*, de M. Prévost.

Après une tournée en Europe, elle créa, à la Porte-Saint-Martin, en 1898, dans *Plus que reine* de M. Emile Bergerat, le rôle de Joséphine. Elle voyagea ensuite en province et en Portugal ; puis elle créa l'*Enchantement* de M. Henri Bataille au Gymnase, reprit les *Demi-Vierges* à l'Athénée (1900), quitta encore Paris pour l'Orient ; puis, en 1901, revint créer, à l'Athénée, le *Vertige*, de M. Michel Provins, et à la Porte-Saint-Martin, la *Pompadour*, de M. Emile Bergerat. Elle reprit, en 1902, le *Maître de Forges*, où elle ne retrouva qu'atténué son succès d'autrefois.

Elle repartit encore, en mars de cette même année, pour une nouvelle tournée à travers l'Europe.

MAUSSABRÉ (Robert-Gilbert Marquis de)

ÉPUTÉ, né au château de Soulièvres (Deux-Sèvres) le 4 novembre 1865. Il fit ses études classiques chez les PP. Jésuites à Paris et fut admis, en 1885, comme élève à l'Ecole de Saint-Cyr, d'où il sortit en 1887, pour aller à Saumur, à l'Ecole de Cavalerie.

Nommé sous-lieutenant de dragons à Tours en 1888, puis lieutenant au 1ᵉʳ régiment de cuirassiers à Paris en 1890, M. de Maussabré donna sa démission, le 1ᵉʳ août 1897, pour se consacrer à l'exploitation des domaines agricoles qu'il possède dans le Poitou, et à la politique.

Candidat conservateur dans l'arrondissement de Parthenay (Deux-Sèvres), au renouvellement législatif de 1898, il fut élu député, au deuxième tour de scrutin, le 22 mai, par 11,613 voix contre 10,390 à M. André Lebon, ministre des Colonies, député sortant. Aux élections générales de 1902, il a été réélu, le 27 avril, au premier tour, par 11,218 suffrages, contre 10,970 accordés au même concurrent.

Inscrit au groupe antisémite et à la Droite monarchiste de la Chambre, le marquis de Maussabré vote, dans les questions politiques, avec l'opposition ; en économie, il est protectionniste.

DANET (Louis-Charles-Albert)

VOCAT, né à Privas (Ardèche) le 7 août 1846. Fils d'un officier supérieur, il vint, ses études classiques terminées au lycée de Tournon (Ardèche), se faire inscrire à la Faculté de Droit de Paris, où il fut reçu licencié et avocat près la Cour d'appel le 7 novembre 1868.

Mᵉ Danet s'initia aux affaires de sa profession sous la direction d'Oscar de Vallée ; il fut secrétaire de la Conférence des avocats pour l'année 1873-1874. Membre du Conseil de l'Ordre de 1889 à 1894, il déclina la candidature les années suivantes jusqu'en 1901, où il fut élu bâtonnier. Il est avocat-conseil du ministère de la Guerre.

Le talent oratoire, net et précis, de M. Albert Danet est fort apprécié dans les milieux judiciaires, où ce maître est considéré comme l'un des plus éminents avocats criminels. C'est surtout devant les Conseils de guerre qu'il a rencontré le plus de succès, la franchise de son attitude et la bonne foi de son argumentation impressionnant toujours les tribunaux militaires. Parmi les affaires les plus connues qu'il a défendues devant cette juridiction, il convient de citer celles du commandant Sabiani, directeur de la prison militaire de Paris, du Saint-Cyrien Philippot, du maréchal-des-logis de gendarmerie Cabis, du major Breton, du capitaine Buisson à Constantine, etc. Comme avocat du ministère de la Guerre, il soutint les poursuites du général Mercier contre MM. Allez frères dans l'affaire des fournitures militaires (1894-95).

En cour d'assises, l'éloquent avocat a plaidé aussi nombre de causes retentissantes ; il a notamment défendu les assassins célèbres Barré, Lebiez, Abadie et Marchandon ; il fit acquitter Eugénie Forestier dans l'affaire Prado, Lucien Fenayrou dans le « crime du Pecq » et le député Sans-Leroy dans les procès du Panama. Dans l'affaire Gouffé, il soutint la cause de la partie civile avec une grande élévation de pensée et de langage. Citons encore ses plaidoiries dans le procès célèbre de Jonquières-Fouroux à Toulon, et celui de la bande de Neuilly.

Membre de la Société de Médecine légale de France, M⁰ Albert Danet en a été le président pour 1890-1891.

MILLERAND (Etienne-Alexandre)

ÉPUTÉ, publiciste, ancien ministre, né à Paris le 10 février 1859 Inscrit, en 1882, au barreau de Paris, il se spécialisa dans la défense d'accusés politiques ou de grévistes et prononça notamment de retentissantes plaidoiries dans les affaires concernant les grévistes de Montceau les-Mines à Riom (1882) et à Châlons (1885), ceux de Decazeville à Rodez (1886) ; il défendit MM. Duc-Quercy et Ernest Roche à Villefranche (1886), les grévistes de Vierzon (1886), le D' Castelnau à Versailles (1888), l'ouvrier Culine poursuivi après les événements de Fourmies (1893), etc.

A la conférence Molé, M. Millerand s'était intimement lié avec M. Georges Laguerre, qui avait défendu avec lui les grévistes de Montceau-les-Mines, et après l'élection de celui-ci comme député de Vaucluse, il lui succéda en qualité de rédacteur à la *Justice* de M. Clémenceau. Il contribua aussi à organiser à Paris et en province les conférences de l'Union de la Jeunesse républicaine.

Elu, aux élections de 1884, conseiller municipal pour le quartier de la Muette (XVI° arrondissement de Paris), comme candidat radical, il siégea dans le groupe dit autonomiste de l'Hôtel de Ville et prit la parole en maintes circonstances.

Au renouvellement législatif de 1885, M. Millerand fut candidat sur plusieurs listes républicaines ; mais, n'ayant obtenu au premier tour de scrutin que 94.950 voix sur 434.011 votants, il se retira au ballottage. Lors des élections complémentaires de la même année, sa candidature, reprise par l'alliance des journaux radicaux et socialistes, triompha, au scrutin de ballottage, avec 159.924 suffrages sur 346.933 votants.

En 1889, le scrutin uninominal ayant été rétabli, il se présenta dans la 1re circonscription du XII° arrondissement de Paris et fut élu député au scrutin de ballottage par 5.538 voix contre 4.277 à M. Elie May, boulangiste. Il a été réélu dans la même circonscription : en 1893 par 6.416 voix contre 1.195 à M. Ribanier, socialiste revisionniste ; en 1898 par 8.791 voix sans concurrent, et en 1902, au deuxième tour et après une campagne très mouvementée, par 5.683 suffrages contre 5.348 à M. Péchin, nationaliste.

Au Palais-Bourbon, M. Millerand, de 1885 à 1889, siégea à l'extrême-gauche et intervint dans les discussions de politique générale et celles touchant aux questions sociales ; il prit la parole notamment dans les débats sur la réforme pénitentiaire, qu'il traita dans un rapport très remarqué, et sur la réforme de la législation des faillites, qu'il contribua largement à faire aboutir. Il interpella à plusieurs reprises le gouvernement à propos de faits de grève, combattit les ministères au pouvoir, appuya le projet de loi concernant le règlement du travail des femmes et des enfants dans les établissements industriels et se déclara l'un des plus ardents adversaires du boulangisme, se séparant à cette occasion de M. Georges Laguerre, son ancien ami et collaborateur.

A cette époque, ayant quitté le journal la *Justice*, M. Millerand essaya de créer un nouvel organe, la *Voix*, pour combattre à la fois l'opportunisme et le boulangisme. Cette feuille dura peu de temps.

Après sa première législature, le député de Paris, accentuant sa ligne politique, s'éloigna chaque jour davantage des radicaux pour se rapprocher des socialistes. Il combattit, en 1889, l'urgence d'une proposition de revision constitutionnelle, ne voulant pas, déclara-t-il, diviser le parti républicain, bien qu'il fut partisan de la revision elle-même. Membre de plusieurs commissions, notamment de celle du Budget, il fut rapporteur de divers projets de loi.

En octobre 1892, il fut choisi, avec MM. Clémenceau et Pelletan, comme l'un des arbitres acceptés par la Compagnie et les grévistes de

Carmaux, pour mettre fin à cette longue grève, qu'il avait, d'ailleurs, largement contribué à prolonger.

L'influence politique de M. Millerand n'ayant cessé de croître, il devint l'un des « leaders » du parti socialiste et fut l'un des fondateurs du groupe socialiste à la Chambre. Rédacteur en chef de la *Petite République* depuis 1893, il quitta ce journal en 1898, pour prendre la direction de la *Lanterne*.

M. Millerand fut, avec MM. Guesde, Jaurès, Vaillant, etc., au nombre des organisateurs du banquet tenu à Saint-Mandé, au Salon des familles, en 1898, où se trouva formulé et adopté le programme minimum des revendications socialistes, et que l'on a depuis appelé le « programme de Saint-Mandé ».

Dans « l'affaire Dreyfus », qui, dès 1898, passionna le pays et agita si fortement l'opinion publique, M. Millerand, tout au début de la campagne, se rangea du côté des partisans de la révision du procès et combattit, au Parlement comme dans son journal, les chefs militaires et autres adversaires de cette solution.

Cette attitude et l'appoint d'une importante fraction du parti socialiste qu'il pouvait apporter à une majorité parlementaire le désignèrent à M. Waldeck-Rousseau quand celui-ci constitua son ministère de « défense républicaine ». M. Millerand reçut, dans ce cabinet, le département du Commerce et de l'Industrie, le 22 juin 1899.

L'acceptation d'un portefeuille par l'un de ses membres fut une des causes principales de la scission qui se produisit à ce moment dans le groupe et dans le parti socialistes. Tandis que MM. Guesde, Vaillant et leurs amis condamnaient l'entrée de M. Millerand dans un cabinet « bourgeois », MM. Viviani, Jaurès et avec eux une importante fraction du parti, reconnaissaient cette innovation utile à ses intérêts mêmes et la proclamaient en tout cas légitime ; le Congrès socialiste de Tours, en 1901, n'en stipula pas moins l'obligation, pour les adhérents du parti, d'obtenir une autorisation avant d'accepter désormais une telle fonction.

Comme ministre et bien que tenu de suivre dans ses grandes lignes la politique générale du cabinet Waldeck-Rousseau, M. Millerand a su faire aboutir plusieurs propositions de loi intéressant la classe laborieuse, notamment celle sur les retraites ouvrières. Il s'est aussi préoccupé d'autres réformes d'ordre économique, parmi lesquelles celle concernant la réglementation du travail des mines. Il démissionna, avec ses collègues, le 4 juin 1902.

Dès son entrée dans le cabinet Waldeck-Rousseau, il avait quitté la direction effective de la *Lanterne*.

M. Millerand a été décoré, en 1901, de l'ordre de la Couronne de fer d'Autriche, qui confère à ses membres le titre de baron.

DALMORÈS (Charles BRIN, dit)

Artiste lyrique, né à Nancy le 31 décembre 1871. Après avoir été lauréat au Conservatoire de sa ville natale, il vint à Paris, où il entra au Conservatoire national en 1880 ; il y obtint les premiers prix de solfège et de cor. A sa sortie, à 19 ans, il fut engagé aux Concerts Lamoureux et aux Concerts Colonne.

En 1894, M. Dalmorès professait le cor au Conservatoire de Lyon. Là, M. Dauphin, la basse bien connue, l'ayant entendu chanter par hasard, s'étonna de l'ampleur de sa voix et s'offrit à lui donner des leçons de chant. Après quelques conseils de ce maître, le jeune artiste se rendit à Paris pour y étudier avec le ténor Vergnet le répertoire de grand opéra.

En 1899, M. Dalmorès débuta à Rouen, au Théâtre des Arts, où il se fit remarquer dans *Sigurd*, le *Prophète*, les *Huguenots* et surtout dans sa création de *Siegfried*.

Engagé à Bruxelles, au Théâtre de la Monnaie, en 1900, il obtint dans sa création de *Louise*, un succès qui se confirma aux reprises, en 1901, de *Tristan et Yseult*, de la *Walkyrie*, de *Lohengrin* ; il se classa enfin au rang des plus réputés interprètes de Wagner, en créant le *Crépuscule des Dieux* en 1902.

A la prière du compositeur d'Harcourt, il chanta, devant la comtesse de Flandre, le rôle du *Tasse*, et reçut des félicitations très chaleureuses.

Le 7 mars 1902, obligé de remplacer au pied levé le ténor Imbart de la Tour dans la *Prise de Troie*, il chanta et joua le rôle d'Enée de façon impeccable. Peu après il triomphait dans l'interprétation magistrale de l'*Alceste*, de Gluck, au Conservatoire de Bruxelles, où il sut donner une puissante sensation d'art dans l'interprétation d'un rôle assez ingrat.

L'excellent artiste a été engagé par le célèbre pianiste Cortot pour chanter à Paris, dans la saison d'été 1902, au cours de représentations wagnériennes, la redoutable partition de la *Götterdämerung*. Ses débuts, aux Festivals lyriques, firent sensation.

L'auteur de *Nos Contemporains*, de Bruxelles, a très-exactement défini le charme et la nature du talent de M. Dalmorès dans les lignes suivantes :

Sa voix jeune et franche s'adapte au lyrisme des hymnes et des invocations martiales aussi bien qu'aux effusions, aux plaintes ou aux caresses amoureuses. Il sait en tirer, selon les besoins de la partition, les fortes sonorités, les demi-teintes ; mais il se garde d'abuser des notes éclatantes. Il ajoute à ces qualités l'articulation impeccable des paroles et une préoccupation constante de l'effet plastique, des attitudes, des gestes tendant à rendre plus communicative l'émotion dont il s'est pénétré.

M. Charles Dalmorès est officier d'Académie.

ALIBERT (Jean-Pierre)

INGÉNIEUR minéralogiste, né à Montauban (Tarn-et-Garonne) le 22 mars 1820. Elève des frères de la Doctrine, il manifesta, tout jeune encore, de vives dispositions pour les études scientifiques et un goût particulier pour les voyages.

A dix-neuf ans, il se rendit en Angleterre, où il s'initia au commerce ; puis il parcourut la Russie, s'établit d'abord à Saint-Pétersbourg et ensuite à Irkoust (Sibérie), exploitant un important comptoir de pelleterie. De là, il entreprit une exploration dans la chaîne des monts Saïan, cherchant dans les rivières sibériennes des traces aurifères. Au cours de ces recherches, il découvrit, en 1847, des fragments de roche noire qui lui parurent être du graphite pur. Après avoir obtenu du gouvernement russe la concession des terrains visés, M. Alibert prit position à 7,300 pieds au-dessus du niveau de la mer et fit exécuter des fouilles qui, pendant huit ans, demeurèrent infructueuses ou à peu près ; mais il sut persister sans découragement et, le 4 septembre 1855, il parvenait enfin au gisement de graphite pur exploitable.

M. Alibert fit alors construire, sur le point culminant du Mont Batougol, des bâtiments industriels qui formèrent bientôt un village, et il organisa industriellement l'exploitation de sa découverte.

Peu de temps après, il découvrait, dans le torrent Anotte, non loin des mines de graphite, la néphrite, sorte de jade veiné de couleur verdâtre et transparente, d'une extrême pureté.

En 1862, M. Alibert revint en France, après avoir fait extraire des flancs du mont Batougol des quantités considérables de graphite.

Le graphite de Sibérie, appelé « graphite Alibert, » ayant été reconnu supérieur pour la fabrication des crayons, même au graphite célèbre de Cumberland, la maison allemande A.-W. Faber acquit, à la suite d'un contrat avec l'inventeur, le monopole exclusif de la confection des crayons et de leur vente. Ce monopole a assuré le renom dans le monde et la fortune de cette manufacture.

Pendant les quinze années de son séjour à la mine de graphite, sur le plus haut promontoire du Mont Batougol, M. Alibert fit régulièrement des observations météorologiques dont l'importance a été constatée par M. Élisée Reclus, dans sa *Nouvelle Géographie universelle*.

Dans la Russie d'Asie, M. Alibert a laissé des traces inoubliables de son séjour ; ses libéralités en faveur des populations malheureuses de cette région « sont au-dessus de toute manifestation de la reconnaissance humaine, » écrivait Mgr Eusèbe, archevêque d'Irkoust, en 1860. Les travaux qu'il y a accomplis lui ont valu, entre autres approbations louangeuses, celles du gouverneur général de la Sibérie orientale, le fameux comte Mouraview et les félicitations personnelles de l'empereur Alexandre II, qui, en 1866, après l'attribution d'une décoration, lui adressait publiquement ces paroles : « Je vous remercie encore pour tout ce que vous avez fait. »

Le roi Maximilien II de Bavière dès 1862, l'avait également remercié des « services éminents que ses recherches laborieuses rendaient à l'industrie bavaroise ».

M. Alibert qui, depuis son retour en France, s'est consacré tout entier à la science pure, a doté nos grands établissements scientifiques de fort belles collections géologiques. Dès 1862, une première, offerte au Muséum d'Histoire Naturelle, lui attirait de vifs remerciements de l'illustre Chevreul, alors directeur ; d'autres collections ont été attribuées : à l'École des Mines, en 1863 et en 1867 (destinées à l'étude de la minéralogie) ; au Conservatoire des Arts et Métiers, en 1862 et en 1884 (ayant trait à l'industrie) ; à la Faculté des Sciences, en 1895 (s'adressant aux artistes autant qu'aux savants). Enfin, en 1902, le Muséum bénéficiait d'une nouvelle collection géologique, au sujet de laquelle le directeur, M. Ed. Perrier (de l'Institut), écrivait à M. Alibert, le 12 mai 1902 :

Ces échantillons véritablement précieux, qui font l'ornement de nos collections, complètent celles que vous avez déjà offertes il y a 40 ans.

Entretemps, l'éminent ingénieur a inventé la « cheville Alibert, » qui, adaptée aux instruments de musique à archet, permet d'obtenir un accord parfait : « l'accord idéal, » selon l'expression d'un violoniste célèbre. Cette cheville a reçu l'approbation des plus illustres musiciens de l'Europe, confirmée par les conservatoires de Paris, de Bruxelles, de Berlin et de Vienne. La maison Pleyel, grâce à ces chevilles, a pu créer une harpe chromatique sans pédale.

M. J.-P. Alibert a obtenu de nombreuses

médailles d'or aux Expositions universelles de France et de l'étranger et la grande médaille d'or « Prœmia digno, » une des plus hautes récompenses de l'Empire russe. Membre de la Société des Ingénieurs civils de France, de la Société de Géographie de Paris, etc., correspondant de plusieurs associations étrangères, il est officier de la Légion d'honneur, officier de l'Instruction publique et dignitaire d'un grand nombre d'ordres étrangers.

DUBREUIL (François-Auguste)

AVOCAT, professeur de droit, né à Marseille le 5 avril 1834. Fils d'un négociant qui fut juge au Tribunal de Commerce de cette ville, il vint faire ses études classiques à l'Institution des Chartreux de Saint-Alban, près Lyon ; puis il alla se faire inscrire à la Faculté de Droit de Paris, où il prit le doctorat en 1858.

Admis, après deux ans de stage à Paris, comme avocat au barreau de la Cour d'appel de Lyon, M. Dubreuil fut, un moment, secrétaire de son oncle, M. Perras, avocat à Lyon, qui devint plus tard député au Corps législatif.

Dès 1863, Mᵉ Dubreuil fut appelé à faire partie du Comité consultatif de l'arrondissement de Lyon ; il n'a cessé, depuis, de remplir ces fonctions. Elu, en 1875, membre du Conseil de l'Ordre des avocats, il fut choisi comme bâtonnier en 1892 et réélu à cette dignité l'année suivante.

Il a professé le droit civil au Palais de Justice et à l'Ecole libre de Droit de Lyon, jusqu'au jour où fut créée, dans cette ville, une faculté de l'Etat (1868 à 1875). A ce moment, l'éminent professeur ne crut pas devoir accepter le poste qui lui était offert au même titre dans la nouvelle faculté officielle.

Mᵉ Dubreuil est l'un des avocats d'affaires les plus renommés de notre époque. Juriste érudit, il a eu à défendre des intérêts considérables, comme avocat, dans la plupart des affaires civiles importantes appelées devant le Tribunal ou la Cour de Lyon. Bien qu'il ait pris rarement la parole en Cour d'assises, il a cependant plaidé l'un des procès criminels les plus retentissants de ces dernières années, celui de l'anarchiste Caserio Santo, qui avait assassiné le président Carnot à Lyon, le 24 juin 1893. Malgré l'ingratitude de la cause, l'éloquent avocat sut trouver des accents généreux et des paroles émues en faveur du misérable, dont il avait pris en mains la défense d'office et malgré l'accusé même. C'est aussi Mᵉ Dubreuil, qui, dans la retentissante affaire de corruption Meyer, plaida pour la Ville de Lyon devant les assises du Rhône en 1902.

Conseiller municipal de Corbelin (Isère), membre de diverses sociétés savantes, notamment de l'Académie des Sciences, Belles-Lettres et Arts de Lyon, M. Dubreuil est chevalier de la Légion d'honneur depuis le 28 juillet 1898.

BRODIER (Pierre)

MÉDECIN, né à Warmeriville (Marne) le 3 mai 1866. Ses études classiques faites au lycée de Reims, il se fit inscrire à l'Ecole de Médecine de cette ville, où il fut externe à l'Hôtel-Dieu en 1886. Venu l'année suivante à la Faculté de Paris, il fut reçu interne en 1888 et docteur en 1893. Nommé chef de clinique chirurgicale en 1894, il est devenu assistant suppléant de consultation chirurgicale à l'hôpital Necker en 1898.

On doit au Dʳ Brodier un grand nombre d'articles, mémoires et communications, publiés dans les Comptes-rendus des sociétés scientifiques ou dans la presse médicale, notamment dans la *Gazette des Hôpitaux*, l'*Indépendance Médicale*, le *Bulletin Médical*, la *Semaine Médicale*, la *Semaine gynécologique*, etc. Il a donné, dans le *Nouveau Traité de Chirurgie* des professeurs Dantu et Delbet tous les articles se rapportant aux affections chirurgicales des vaisseaux et des ganglions lymphatiques.

En outre, M. Brodier a publié des travaux sur divers sujets des sciences médicales, parmi lesquels on cite surtout les suivants : *Présentation d'une treizième côte trouvée dans une dissection à l'Ecole pratique* (Société anatomique, 1889) ; *Sur un cas d'hermaphrodisme et un cas de grossesse extra-utérine* (Académie de Médecine, 1892) ; *Essai sur la cure radicale des hernies ombilicales* (Thèse de doctorat, 1893) ; *Sur les Kystes congénitaux du vagin*, étude suivie de la présentation d'un instrument de ligature destiné à la suppression des pinces dans les cas d'hystérectomie (Congrès de Genève 1896) ; *Sur les douleurs externes menstruelles* (Congrès d'Amsterdam, 1899), etc. On annonce, en outre, de lui, un important ouvrage sur les *Tumeurs de l'Hymen*.

M. le Dʳ Brodier, qui s'est spécialisé dans le traitement des affections gynécologiques, est membre de diverses associations scientifiques ou médicales.

ROUCHÉ (Eugène)

MATHÉMATICIEN, membre de l'Institut, né à Sommières (Gard) le 18 août 1832. Ses études classiques faites au lycée de Montpellier, il entra à l'Ecole Polytechnique en 1852. Dès sa sortie, trois ans plus tard, il était nommé professeur de mathématiques au lycée Charlemagne, à Paris. En 1858, il se fit recevoir docteur ès-sciences, avec une thèse qui obtint une mention honorable.

M. Rouché demeura professeur à Charlemagne jusqu'en 1867. Concurremment avec cette fonction ou après l'avoir quittée, il a été examinateur d'admission à l'Ecole Centrale des Arts et Manufactures (1858-1877), répétiteur de géométrie et de stéréotomie à l'Ecole Polytechnique (1861-1883), professeur de géométrie descriptive et stéréotomie à l'Ecole Centrale (1867-1884), examinateur d'admission à l'Ecole Polytechnique (1877-1883). Il devint ensuite examinateur de sortie à la même école, pour l'astronomie et la stéréotomie (1883) et professeur de géométrie descriptive au Conservatoire des Arts et Métiers (1er janvier 1884).

M. E. Rouché est membre correspondant de l'Académie de Montpellier depuis 1862, membre de la Société philomatique (1867), président de la Société Mathématique de France (1883), membre du Conseil supérieur de l'Enseignement technique (1888) et de la Commission supérieure des Congrès et Conférences. Il a fait partie des Comités d'admission et d'installation pour l'Enseignement supérieur et l'Enseignement technique à l'Exposition universelle de 1889.

Le 27 janvier 1896, il fut élu membre de l'Académie des Sciences.

Ce savant a collaboré à de nombreuses publications, notamment : les *Nouvelles Annales mathématiques*, le *Journal de l'Ecole Polytechnique*, le *Journal de Liouville*, les *Mémoires de l'Académie de Montpellier*, le *Recueil des Savants étrangers*, le *Journal de l'Instruction publique*, le *Bulletin de la Société philomatique*, etc.

Dans ces revues, il a fait paraître des travaux scientifiques qui sont très appréciés. Citons ceux : sur la *Décomposition des fractions rationnelles*; sur la *Théorie des résidus* ; sur les *Fonctions X de Legendre*; sur la *Division abrégée* ; sur la *Théorie des racines égales* ; sur les *Racines entières des équations et coefficients entiers* (démonstration du théorème de Gauss) ; sur le *Développement des fonctions en séries ordonnées suivant les dénominateurs des réduites d'une fraction continue* ; sur les *Intégrales communes à plusieurs problèmes de mécanique relatifs au mouvement d'un point sur une surface* ; sur l'*Interpolation* ; sur l'*Intégration des équations différentielles linéaires* ; sur le *Calcul inverse des intégrales définies* ; sur la *Série de Lagrange* ; sur une *Démonstration de la formule de Taylor donnant les diverses formes du reste* ; sur la *Convergence des séries* ; sur la *Discussion des équations du premier degré* ; sur l'*Identité de deux polynômes* ; sur les *Nombres incommensurables* ; sur l'*Elimination* ; sur les *Equations algébriques linéaires* ; sur la *Durée du jeu* ; sur la *Ruine des joueurs* ; sur le *Développement de la fonction implicite définie par la relation* fin $(x - y) = m$ fin $(x + y)$; sur la *Formule de Stirling* ; sur la *Comparaison des triangles rectilignes et des triangles sphériques* ; sur l'*Application des coordonnées polaires à la démonstration simultanée des théorèmes d'Appollonius* ; sur une *Propriété des figures homographiques* ; sur les *Lignes asymptotiques d'une surface du quatrième degré* ; sur un *Perfectionnement de la méthode des isopérimètres* ; sur la *Surface des ondes* ; sur l'*Impossibilité de la quadrature du cercle* ; sur la *Géométrie non Euclidienne* ; sur l'*Intersection de l'hyperboloïde et d'une droite* ; sur les *Propriétés géométriques des polygones funiculaires*; sur la *Théorie des miroirs sphériques* ; sur la *Machine pneumatique* ; sur un *Pont à intrados conoïde* ; sur la *Musique des Grecs* ; sur la *Vie et les travaux d'Edmond Laguerre* ; sur la *Théorie des chances*, à propos du calcul des probabilités de M. Joseph Bertrand ; sur les *Origines du trait de perspective* ; sur la *Vie et les Travaux de Chasles* ; sur la *Vie et les Travaux de Moquin-Tandon*, etc.

M. E. Rouché a publié, en outre, les ouvrages suivants : *Traité de Trigonométrie* (1856, en collaboration avec M. Lacour) ; *Traité d'Algèbre élémentaire* (1857) ; *Traité de Géométrie* (2 vol. de plus de 500 pages chacun, en collaboration avec M. Ch. de Comberousse ; 6e édition, 1864) ; *Eléments de Géométrie* (1 vol. de 510 pages, avec M. de Comberousse, 1867) ; *Notes et additions à la 3me édition du Traité de Géométrie descriptive* d'Olivier (1870) ; *Traité élémentaire de Géométrie descriptive* (2 vol. 1875) ; *Eléments de Statique graphique* (1 vol. 1889) ; *Traité de la coupe des pierres* (en collaboration avec M. Bresse, 1894) ; *Traité d'Analyse infinitésimale*, comprenant : le *Calcul différentiel* (1 vol. 1901) et le *Calcul Intégral* (1 vol. 1902). On annonce en outre de lui : la *Géométrie plane* et la *Géométrie de* l'espace, 2 volumes, et des *Leçons élémentaires de Géométrie.*

Officier d'Académie en 1867, chevalier de la Légion d'honneur en 1877, officier de l'Instruction publique en 1889, l'éminent mathématicien, depuis 1891, est officier de la Légion d'honneur.

BELIN (François-Xavier-René)

CHIRURGIEN, né à Colmar (Alsace) le 9 mai 1860. Fils d'un professeur à l'École de Médecine de Dijon, il fit toutes ses études à la Faculté de Paris et y fut reçu docteur en 1886, avec une thèse sur la *Déviation de la face dans l'Hémiplégie hystérique et dans l'Hémiplégie organique.* La même année, il se vit charger par le ministère de l'Intérieur d'une mission en Extrême-Orient. Il exerça, pendant quatre ans, sa profession au Japon.

De retour en France en 1890, le docteur René Belin créa l'Hôpital privé Cloquet, à Levallois-Perret, et acquit bientôt une haute réputation de chirurgien à Paris.

Il est l'inventeur de divers instruments spéciaux très précieux, notamment d'un bouton en aluminium pour injections hypodermiques, d'une trousse pour conserver les sutures aseptiques, d'un plan incliné pour les opérations abdominales, d'un nouveau pansement pour hystérectomie vaginale, d'un adaptateur universel pour doses massives de sérum artificiel, répandu dans le monde entier ; de la première machine à coudre l'estomac et l'intestin, et d'un passe-fil abdominal.

M. le D' Belin a été secrétaire de la Société de Médecine et de Chirurgie pratiques, administrateur du Syndicat des Médecins de Paris et président de la Société des Médecins du XVII° arrondissement. Il est aide-major de deuxième classe de réserve.

Le docteur Belin a publié de nombreux travaux scientifiques ; les suivants ont été très remarqués : *De l'emploi des courants continus dans les formes graves de la naupathie* (en collaboration avec le professeur S. Pirondi, de l'Académie de Médecine, 1889) ; *De l'intoxication par le sublimé, son traitement,* rapport fait à la Commission sanitaire (1889) ; l'*Obstétrique au Japon,* notes prises pendant un séjour à Tokio (1890) ; *Contribution à l'étude de l'inversion utérine* (1891) ; *Un cas d'hystérie traumatique après fracture de l'omoplate* (1892) ; *Injections intraveineuses de sérum artificiel* (1897) ; *Statistique de 103 opérations pratiquées à l'hôpital Cloquet* (1897) ; *De l'hystérectomie sphinctérienne* (Journal de Médecine de Paris et Archives d'Obstétrique et de Gynécologie, 1898) ; *Rupture de la ligne blanche par expression utérine, laparotomie, guérison ; Observation de six symphyséotomies ; De l'opération de Defontaine* (Congrès de Marseille, 1898) ; *Guérison de la péritonite tuberculeuse par l'hystérectomie vaginale ; Nouvelle série de 18 hystérotomies suspubiennes* (Congrès de Nantes, 1901), etc.

Directeur du journal la *Chirurgie pratique,* fondé en 1895, M. Belin collabore, en outre, à la *Médecine de Paris* et à la *Revue Médicale.*

Officier de l'Instruction publique, il est aussi officier du Christ du Portugal, d'Isabelle-la-Catholique, du Cambodge, de l'Annam, commandeur du Danebrog de Danemarck et du Sauveur de Grèce.

LEFEBVRE (Léo)

PUBLICISTE, né à Paris le 10 avril 1861. Ses études classiques terminées, il reçut une instruction musicale très complète, puis s'adonna à l'industrie. Entré d'abord dans une manufacture d'instruments de musique, où il était chargé de surveiller la fabrication, il fut ensuite choisi comme directeur commercial de la Compagnie internationale pour l'exploitation des procédés A. Seigle (chaudières marines et appareils d'éclairage intensif) ; puis il devint agent général de la Compagnie générale de Phonographes, Cinématographes et Appareils de précision de Paris.

M. Léo Lefebvre s'est fait remarquer par les intéressantes innovations qu'il a apportées au phonographe et au cinématographe ; en 1902, il a inauguré, sous le titre de *Cinématographie d'Art,* une création appelée à faire réaliser à cette industrie de notables progrès dans la voie artistique. Cette tentative a, de suite, obtenu un vif succès.

Pour les affaires dont il s'est occupé, M. Lefebvre a parcouru la France, les États-Unis, l'Angleterre, l'Espagne ; dans ces deux derniers pays, les couronnements du roi Alphonse XIII et du roi Édouard VII, en 1902, ont fourni l'occasion de nombreuses et intéressantes applications de la cinématographie d'art.

M. Léo Lefebvre a été secrétaire-général du théâtre des Bouffes-Parisiens, sous la direction Cantin. Comme publiciste, il a rédigé le Courrier des théâtres au *Gil Blas* et s'est occupé de grand reportage au *Journal,* feuille dont il a été le correspondant particulier à l'Exposition universelle de Lyon en 1894. Il a collaboré, en outre, à la *Semaine illustrée* et à plusieurs autres publications.

Membre actif de la Société républicaine des Conférences populaires, M. Léo Lefebvre a obtenu un diplôme d'honneur à l'Exposition universelle de 1900 (section de l'Enseignement). Il a été conseiller municipal de Saint-Maur-les-Fossés (Seine) de 1888 à 1892 et professeur à l'Association Polytechnique de cette commune.

M. Léo Lefebvre est officier d'Académie et de l'ordre du Cambodge.

BRANICKI (Comte Augustin)

HOMME politique et publiciste, né à Paris le 15 avril 1853. Fils du comte Xavier Branicki, l'un des fondateurs du Crédit Foncier de France, il fit ses études au collège Sainte-Barbe. Engagé volontaire, à dix-huit ans, dans la Légion étrangère, sous-lieutenant deux ans après, il quitta l'armée en 1879, avec le grade de lieutenant. Entre temps, il avait été attaché militaire à la Légation française de Lisbonne.

A la suite de revers de fortune, M. le comte Branicki s'improvisa explorateur. Pendant plus de deux ans, de 1885 à 1887, il voyagea dans les territoires contestés de la Guyane, à la recherche de mines aurifères.

Peu de temps après son retour, il partit pour Colon, en qualité de représentant de la maison Eiffel ; il conserva cette situation jusqu'à l'abandon des travaux du canal de Panama.

Rentré à Paris en 1892, le comte Augustin Branicki se mêla avec ardeur au mouvement politique, faisant une propagande active en faveur du prince Victor-Napoléon et des idées impérialistes. Il seconda M. Paul de Cassagnac dans la direction du parti bonapartiste et dirigea l'action des comités impérialistes de France, pendant la période électorale législative de 1902. Choisi, depuis 1900, comme président du Comité central impérialiste, il prononça, le 15 avril 1901, après la lecture de l'adresse de M. de Cassagnac : *Aut Cæsar aut nihil*, aux impérialistes réunis pour leur banquet annuel, un discours politique qui eut du retentissement.

Le comte Branicki a défendu ses idées avec un appréciable talent de plume ; il a collaboré au *Petit Caporal*, à la *Semaine parisienne* et à diverses autres feuilles impérialistes. Il a fondé, en 1900, et dirige le journal hebdomadaire l'*Aiglon*, dont le titre indique les tendances et le programme.

En librairie, il a fait paraître : *Griffes de Chat*, recueil de fantaisies humoristiques et politiques (1 vol. 1889) ; *Ananké*, « roman radiographique, » dit le titre, et autobiographique, pourrait-on ajouter, qui fut très favorablement accueilli par le public et la critique (1 vol. 1901, 2ᵉ éd. 1902). On annonce, en outre, de lui : *Par le Crottin*, roman de mœurs sportives.

Rappelons, comme détail anecdotique intéressant, que c'est M. le comte Branicki qui vendit à M. et à Mᵐᵉ Frédéric Humbert l'hôtel, situé avenue de la Grande-Armée, où ces audacieux intrigants demeurèrent longtemps, et d'où ils prirent la fuite en 1902.

CIMINO (Benoît)

MÉDECIN et publiciste, né à Ancône (Italie) le 24 juillet 1865, demeurant en France. D'abord élève de l'École militaire de Modène, M. Benoît Cimino fut officier dans l'armée italienne, qu'il quitta avec le grade de lieutenant. Il accomplit ensuite et concurremment des études scientifiques et littéraires et se fit recevoir, devant les facultés de Naples, docteur ès-lettres et philosophie en 1891 et docteur en médecine et chirurgie en 1893.

Venu à Paris à cette époque, le Dʳ Benoît Cimino entra bientôt dans le service du professeur Guyon à l'hôpital Necker. Depuis 1901, il est attaché au service du Dʳ Hartmann à l'hôpital Lariboisière.

Collaborateur à la *Médecine Moderne*, à la *Riforma medica* et à diverses autres publications médicales, M. Cimino a fait paraître des travaux intéressants sur la bactériologie et en particulier sur le traitement du cancer, travaux que mentionnent plusieurs traités spéciaux. On annonce en outre de lui une série de volumes sur la clinique des voies génitales et urinaires chez l'homme et la femme.

Tout en poursuivant la carrière médicale, à laquelle il s'est plus particulièrement consacré, le Dʳ Cimino s'est créé une place importante dans la presse internationale. Directeur politique de l'Agence italienne, il a été ou est encore le correspondant parisien de la plupart des journaux connus de la péninsule italique, notamment du *Courrier de Naples*, de la *Lombardie* de Milan, de la *Nation* de Florence, du *Fanfulla* de Rome, du *Dix-Neuvième Siècle* de Gênes, etc. Il a publié en outre, en italien, un charmant volume sur *Paris et la vie parisienne* et un autre sur l'*Exposition universelle de 1900* (Florence 1900), qui sont très consultés ; il a publié aussi des Conférences en italien, dont une sur *In torno agli spostamenti della societa moderna*, a eu du retentissement.

Membre de l'Association de la Presse Etrangère, de la Société de Médecine de Paris, de la Société française d'Urologie, décoré de deux médailles d'argent « à la valeur civique » pour actes « d'héroïsme et de courage accomplis au risque de sa propre vie », M. le Dr Benoît Cimino est chevalier de la Couronne d'Italie, des Saints Maurice-et-Lazare, officier d'Académie et chevalier de la Légion d'honneur.

LAURENS-CASTELET
(Alphonse-Olivier Marquis de)

Député, ancien officier, né à Toulouse (Haute-Garonne) le 9 avril 1844. Issu d'une famille d'épée, il fit ses études au milieu des siens, puis entra à l'Ecole de Saint-Cyr en 1862 et en sortit, deux ans plus tard, sous-lieutenant au 1er hussards ; ce régiment se trouvant alors en garnison en Algérie, le jeune officier contribua à la soumission de l'insurrection qui venait d'éclater à ce moment.

Devenu lieutenant aux dragons de l'Impératrice, M. de Laurens-Castelet démissionna pour se marier au début de 1870 ; mais, la guerre étant survenue, il reprit bientôt son grade, combattit à Gravelotte, à Mars-la-Tours, à Metz et, fait prisonnier avec son peloton, fut emmené en captivité en Allemagne. A son retour, il passa dans l'armée territoriale comme chef d'escadron et se retira à Puginier (Aude), commune dont il devint maire, succédant à son père, qui occupait cette fonction depuis 1850.

Dès la promulgation de la loi sur les syndicats (24 mars 1884), M. A. de Laurens-Castelet s'occupa d'organiser à Castelnaudary une association agricole. Président de cette société, à laquelle il n'a cessé de s'intéresser depuis lors et dont le nombre d'adhérents s'est constamment accru, il fit adopter la création d'une caisse de retraites pour les ouvriers de la terre et fonda lui même, dans son château de Puginier, un asile pour les infirmes.

Elu membre correspondant de la section agricole du Musée social de Paris, puis membre de la Société des Agriculteurs de France, il a obtenu, en 1897, une médaille d'argent au concours ouvert entre tous les syndicats agricoles de France.

Le marquis de Laurens-Castelet se porta, comme candidat républicain démocrate libéral, aux élections législatives de 1898 dans l'arrondissement de Castelnaudary (Aude) et obtint 5,463 voix, contre 5,732 à M. Saba, républicain radical, élu.

Lorsque M. Rivals se présenta à la succession de M. Saba, décédé au cours de la même législature, le marquis de Laurens-Castelet ne s'opposa pas à son élection (2 juillet 1899) ; mais le nouveau député ayant démissionné en 1901, M. de Laurens-Castelet se présenta alors ; il se retira de la lutte après avoir obtenu au premier tour de scrutin 3,559 suffrages, laissant seul M. Senescail, radical, qui fut élu au ballottage, avec 6,107 voix.

Au renouvellement législatif de 1902, M. de Laurens-Castelet, de nouveau candidat dans l'arrondissement de Castelnaudary, fut élu, au second tour de scrutin (le 11 mai), avec 4,736 voix, contre 3,869 à M. Senescail, député sortant, et 2,984 à M. Georgin, socialiste.

A la Chambre, le marquis de Laurens-Castelet ne fait partie d'aucun groupe.

L'honorable député est chevalier de la Légion d'honneur.

GOURMONT (Remy de)

Ecrivain, né au château de la Motte, à Bazoches-en-Houlme (Orne), le 4 avril 1860. Il appartient à la famille des peintres, graveurs, typographes, qui fleurirent vers la fin du XVe et le commencement du XVIe siècles ; c'est à l'un d'eux, Gilles de Gourmont, que l'on doit les premières éditions d'auteurs grecs et latins imprimées à Paris. Par sa mère, M. Rémy de Gourmont se rattache directement à la famille du poète Malherbe.

Venu à Paris en 1883, il entra presque aussitôt à la Bibliothèque Nationale ; mais il fut revoqué, quelques années après, pour avoir publié un article intitulé : le *Joujou Patriotisme*, qui affirmait la nécessité de l'accord franco-allemand. Dès lors, M. Remy de Gourmont se consacra exclusivement aux lettres. Il fut au nombre des fondateurs du *Mercure de France*, revue littéraire qui, depuis, s'est répandue dans le monde entier, et à laquelle, il donne tous les mois, sous le titre d'*Epilogues*, des notes d'un esprit averti et d'un tour très personnel.

M. Remy de Gourmont a collaboré assidûment au *Journal* de 1892 à 1894, puis à l'*Echo de Paris*, aux *Essais d'Art libre*, dont il fut le directeur en 1894 ; à la *Revue Blanche*, à la *Revue Indépendante*, à la *Revue du Nouveau Siècle*, qu'il dirigea en 1902, et à diverses autres revues françaises et étrangères.

Poète, romancier, critique, il a publié les ouvrages suivants : *Merlette*, roman (Plon éditeur, 1886) ; *Sixtine*, roman (Savine, 1890) ; le *Latin Mystique*, préface de J.-K. Huysmans, étude critique, avec une miniature de Filiger (*Mercure de France*, 1892) ; les *Litanies de la Rose*, poème (id. 1892) ; *Lilith*, poème dramatique (Girard, 1892 ; 2ᵉ édition *Mercure de France*, 1901) ; *Théodat*, poème dramatique ; le *Fantôme*, roman, 2 lithographies de H. de Groux ; l'*Idéalisme*, critique, frontispice de Filiger ; *Fleurs de Jadis*, poème (ces quatre ouvrages au *Mercure de France*, 1893) ; le *Château singulier*, roman, vignettes de l'auteur ; *Histoire tragique de la Princesse Phénissa*, poème dramatique ; *Proses Moroses*, petits contes et fantaisies ; *Histoires Magiques*, frontispice de H. de Groux, contes ; *Hiéroglyphes*, poésies, manuscrit reproduit en autographie, in-folio, frontispice de H. de Groux (ces 5 ouvrages au *Mercure de France*, 1894) ; l'*Ymagier*, recueil de gravures anciennes et nouvelles, d'études artistiques et philologiques, avec des œuvres originales de M.-N. Whistler, Gauguin, d'Espagnat, Seguin, Filiger, etc. (2 vol. in-4°, 1894-1896) ; *Phocas*, conte (l' *Ymagier*, 1895) ; la *Poésie populaire*, avec un air noté et des images ; *Aucassin et Nicolette*, chantefable du XIIIᵉ siècle, texte modernisé ; *Miracle de Théophile*, de Rutebeuf, texte modernisé ; *Almanach de l' Ymagier*, pour 1897, avec gravures sur bois de d'Espagnat (l' *Ymagier*, 1896) ; le *Pèlerin du Silence*, avec un dessin de Seguin ; le *Livre des Masques*, avec 30 portraits par Vallotton, critique (*Mercure de France*, 1896) ; le *Vieux Roi*, tragédie en prose ; les *Chevaux de Diomède*, roman (id., 1897) ; *D'un pays lointain*, contes ; le *IIᵉ Livre des Masques*, critique, 23 portraits par Vallotton (id. 1898) ; les *Saintes du Paradis*, poèmes, 19 gravures sur bois par d'Espagnat ; *Esthétique de la langue française*, critique ; le *Songe d'une Femme*, roman (id. 1899) ; *Oraisons mauvaises*, poème ; la *Culture des Idées*, critique (id. 1900) ; *Simone, poème champêtre* (id. 1901) ; le *Chemin de Velours*, critique (id. 1902).

M. Pierre de Bouchaud a donné de cet écrivain la définition suivante :

Son intelligence, embrassant tous les sujets, les traite tous agréablement... Cet écrivain apparaît vraiment comme le bénédictin laïque dont parlait Anatole France dans la préface du premier volume de sa vie littéraire.

Un autre critique, M. de Miomandre, en novembre 1901, le déclarait

... le représentant le plus intransigeant et le plus entier de la pensée libre, de l'élégance et de l'écriture raffinée.

M. Remy de Gourmont n'appartient à aucune association littéraire ou de presse.

LIPPMANN (Gabriel)

PHYSICIEN, membre de l'Institut, né à Hollerich (Luxembourg) le 16 août 1845. En 1868, il entra, à Paris, à l'Ecole normale supérieure, dans la section des sciences. A sa sortie, en 1872, il alla poursuivre l'étude de la physique et de la chimie dans les universités allemandes et se fit recevoir docteur ès sciences physiques quand il fut de retour à Paris, en 1875.

M. Gabriel Lippmann a fixé l'attention du monde savant par ses recherches et ses découvertes dans le domaine de la physique. Il inventa d'abord l'*électromètre capillaire*, appareil d'une extrême sensibilité, qui mesure les infiniments petits courants ; plus tard, le *moteur électro-capillaire* ; puis l'*électro-moteur capillaire*. Ensuite, il étudia successivement la polarisation des piles et des électrolytes, puis la dilatation électrique du verre, et chacune de ses études donna lieu à des trouvailles nouvelles, qui vinrent enrichir la science de l'électricité.

Il s'occupa encore de la mesure des résistances et de la détermination de l'*Ohm*. Il énonça ensuite le principe de conservation de l'électricité, et de ce principe il a conclu à la nécessité de contraction électrique des gaz. Sans aller plus avant dans cette conclusion, il continua ses travaux particuliers et, quelque temps après, un autre physicien, Quincque, observa et prouva, en 1880, que la contraction électrique des gaz était en effet nécessaire.

M. Lippmann, portant son attention sur l'optique, se livra à des recherches approfondies sur la photographie et, le 2 février 1891, il présentait à l'Académie des Sciences les résultats qu'il avait obtenus, lesquels consistaient à reproduire avec netteté, du violet au rouge, l'image du spectre solaire. De là à obtenir des portraits en couleurs, il semble qu'il n'y ait pas loin ; mais le perfectionnement n'est pas encore accompli et les investigations du savant toujours continuées dans cette voie, si elles ont constamment sollicité l'attention du monde savant, et souvent intéressé le grand public même, n'ont du moins pas encore abouti à un résultat pratique (1902).

En 1883, M. Lippmann avait été nommé professeur de calcul des probabilités et de physique mathématique à la Faculté des Sciences de Paris, en remplacement de Briot ; depuis 1886, il a échangé cette chaire contre celle de physique expérimentale, dans laquelle il succéda à Jamin. Le 8 février de la même année, il était élu membre de l'Académie des Sciences, au fauteuil rendu vacant par le décès du physicien Desains.

Outre sa thèse, qui fut très-remarquée, sur les *Relations entre les Phénomènes électriques et capillaires* (1876), M. Gabriel Lippmann a fait paraître de nombreux travaux dans les *Comptes-rendus de l'Académie des Sciences* et des mémoires, dont les plus importants portent les titres suivants : *Extension du principe de Carnot à la théorie des phénomènes électriques* (1876) ; *Sur les propriétés électriques et capillaires du mercure en contact avec différentes solutions aqueuses* (1877) ; *Action du magnétisme en mouvement sur l'électricité statique* (1879) ; *Méthode expérimentale pour la détermination de l'Ohm* (1881) ; *Méthode thermoscopique pour la détermination de l'Ohm* (1882) ; *Sur la théorie des couches doubles électriques de Helmholtz* (1882) ; *Expression générale de la température absolue et de la fonction de Carnot* (1882). Ses cours ont été publiés, l'un en 1886 : *Cours de Thermodynamique* et l'autre en 1888 : *Cours d'acoustique et d'optique*. Un autre volume de leçons a paru en 1899, sous le titre : *Unités électriques absolues*.

M. Lippmann a épousé Mlle Cherbuliez, fille de l'écrivain, membre de l'Académie Française. Il est commandeur de la Légion d'honneur.

MITCHELL (Guernsey)

SCULPTEUR-STATUAIRE, né à Rochester (Etats-Unis) le 1er octobre 1854, demeurant en France. Il s'occupa d'affaires dans la première phase de sa vie ; puis, venu à Paris en 1883, il commença à ce moment d'étudier la sculpture, sous la direction de MM. Marqueste et Barrias. Il voyagea ensuite quelque temps en Italie, en Allemagne et en Hollande, pour se pénétrer de l'art de tous pays.

De retour à Paris, M. Guernsey Mitchell s'est fait connaître et apprécier du public par des envois aux Salons annuels de la Société des Artistes français qui ont été généralement loués par la critique. Citons : *Jeune botaniste*, statuette plâtre, heureusement inspirée des artistes de la Renaissance (1887) ; *Jacob et l'Ange*, groupe plâtre d'un bel effet de mouvement (1888) ; *Printemps*, statue marbre (1890) ; *Rêverie*, statue plâtre, étude de femme nue très remarquable (1892) ; la *Mort de Moïse*, haut-relief important (1893) ; *Rêverie*, statue marbre, exécutée entièrement par l'auteur avec un extrême souci du fini et du réel, et dont la presse a fait de grands éloges (1895) ; *Ophélie*, étude, plâtre (1898).

Outre ces productions, exposées à Paris, M. Guernsey Mitchell a exposé en Amérique, en Allemagne et ailleurs, d'autres œuvres, parmi lesquelles on doit mentionner : le *Docteur Anderson*, statue bronze de plus de trois mètres, élevée à Rochester ; les bustes en bronze de MM. le *Ministre Andrew-D. White*, ambassadeur des Etats-Unis ; le *Docteur Morgan*, pasteur américain ; le *Docteur John-R. Paxton*, prédicateur américain ; *John et Frédéric Munroë* ; de nombreux bustes de femmes ; *Ophélie*, haut-relief en bronze, cire perdue, patiné ; *Portrait de jeune fille* et *Portrait de l'auteur*, bustes bronze ; *Amour*, statue marbre grandeur nature ; *Coquette*, buste de femme marbre ; *Tête de jeune garçon*, buste marbre, etc. ; les médaillons en argent, agrémentés d'arrangements décoratifs, de la *Reine Wilhelmine enfant*, de Mme *Cleveland*, etc.

Cet excellent artiste, dont le talent est fort apprécié aussi bien en Amérique, son pays, qu'en France, a fait partie en 1892 du « Advisory Comittee » de sculpture à l'Exposition internationale de Chicago. Récompensé au Salon de Paris en 1890, il a obtenu des médailles à plusieurs expositions étrangères.

LOUIS (René)

PUBLICISTE, auteur dramatique, né à Sidi-Bel-Abbès (Algérie) le 14 mai 1865. Il est le fils du général commandeur de la Légion d'honneur. Ses études classiques faites au lycée Henri IV, à dix-huit ans il s'engagea au 8e hussards. Il passa ensuite aux spahis et quitta l'armée en 1892 comme maréchal-des-logis. Il est demeuré officier de réserve.

Venu à Paris en cette même année 1892, M. René Louis fit des articles de grand reportage pour le *Matin*, l'*Eclair* et le *Figaro*.

Devenu ensuite secrétaire de M. Albert Bourgoint, avocat à la Cour d'appel, il s'occupa pendant plusieurs années de jurisprudence et fut attaché au service de contentieux du Crédit Lyonnais.

Poète, doué d'une imagination féconde, servie par un style original, aimable et châtié, M. René Louis s'est fait remarquer par des œuvres intéressantes à des titres divers. Il est l'auteur de nombreuses chansons ou romances éditées par MM. Enoch, Pisa et autres maisons ; de ces œuvres, certaines ont obtenu un succès considérable : *Vers le rêve, Sous le roi Louis, Océan, J'ai fait un rêve*, etc. Seul, ou en collaboration avec MM. Fortolis et de Marsan, il a fait représenter des pantomimes-ballets qui ont été fort bien accueillis à la scène, les suivants notamment : la *Romance de Pierrette*, à Bruxelles ; les *Sept péchés capitaux* et *Folies Musquées*, à l'Olympia ; *A travers Paris*, revue-ballet représentée avec une vogue persistante à Berlin et à Prague ; *le Loup et l'Agneau*, à Rouen et à Vichy, etc. Ces œuvres ont pour compositeurs habituels MM. Hirschmann, Spencer, Emile Doloire, Louis Auber, Mme Jane Vieu, etc.

On doit encore à M. René Louis des nouvelles, parues au *Gil Blas* ; un roman : *Mandrinet*, en collaboration avec Simon Boubée, paru au *Petit Bleu* ; les *Légendes Indiennes*, poésies brillantes, dites par Mlle Valentine Page de l'Odéon, etc. On annonce en outre de lui : un *Pater*, musique de Letorey ; la *Momie de Balthazar Schwartz*, comédie en vers, écrite pour le Théâtre Sarah Bernhardt ; *Stantorello*, comédie en deux actes en vers ; *Mousmé*, ballet destiné à Aix-les-Bains et à Nice, etc.

M. René Louis est officier d'Académie.

LACOIN de VILLEMORIN (Auguste)

Publiciste, homme politique, né à Paris le 7 avril 1869. Il est le fils de M. Lacoin, membre de la Société d'Economie politique, ancien directeur de la *Réforme Maritime*, et de Madame, née Marguerite Lévêque de Vilmorin, fille du chef de la maison de graines bien connue Vilmorin-Andrieux et Cie. Peintre de talent, élève de Paul Flandrin, Mme Lacoin de Vilmorin a, sous le pseudonyme de « Guita, » exposé des miniatures fort remarquées aux Salons de la Société des Artistes français. On lui doit également un ouvrage illustré très-intéressant sur l'*Art des Bouquets*, publié par la Librairie horticole.

M. Auguste Lacoin fit ses études classiques à Paris ; il prit la licence ès-sciences mathématiques et suivit les cours de l'Ecole des Sciences Politiques.

Destiné par sa famille à la carrière maritime et animé, fort jeune encore, du désir de voyager, il partit, n'ayant pas vingt ans, en Perse ; il rapporta plusieurs collections intéressant la géologie, l'archéologie et la botanique des régions qu'il avait visitées.

De retour à Paris, M. A. Lacoin se consacra au journalisme politique. Il fut l'un des fondateurs du *Drapeau tricolore* avec M. Pallu de la Barrière et collabora activement au *Paysan de France*. Il est devenu plus tard l'un des propriétaires-rédacteurs du *Républicain de Loir-et-Cher*, qui soutint la politique de la « défense républicaine » dans ce département.

Elu, en 1896, maire de la commune de Saint-Cyr-du-Gault (Loir-et-Cher), il se présenta au renouvellement général législatif de 1898, dans la première circonscription de Blois, avec un programme nettement républicain ; ayant obtenu 3,103 voix au premier tour de scrutin, il se retira au ballottage, pour assurer le succès du député sortant, M. Gauvin, auquel il a prêté également son concours aux élections générales de 1902.

M. A. Lacoin a publié, sous le double nom patronymique de ses parents légèrement modifié (Lacoin de Villemorin), des ouvrages sur des sujets très divers, qu'il traite toujours de façon intéressante. Citons : *La Politique étrangère en Perse* (1 vol. 1894) ; *De Paris à Bombay par la Perse* (1 vol. in 8° illustré, Firmin-Didot 1894) ; le *Jardin des Délices*, adaptation de contes persans (1 vol. *Mercure de France*, 1897) ; *Enquête sur la Crise Agricole* (1 vol. Blois 1898), etc.

Il a collaboré, en outre, au *Figaro Illustré* et à plusieurs autres revues et journaux.

Titulaire de la Médaille scientifique en or de 1re classe de Perse, M. A. Lacoin de Villemorin est officier d'Académie et décoré de l'ordre des officiers de l'Instruction publique de Perse.

LE RICHE (Henri)

Peintre et sculpteur, né à Grenoble (Isère) le 12 avril 1868. Venu à l'Ecole des Beaux-Arts de Paris, il étudia la peinture dans les ateliers de MM. W. Bouguereau et Tony Robert-Fleury et remporta, en 1888, le grand-prix de Rome.

De cette ville, outre les copies réglementaires d'après Carrache et Michel-Ange, M. Le Riche envoya à Paris une composition d'un réel mérite : *Brises du matin*, qui fut très remarquée. Après son retour, il exposa aux Salons de la Société des Artistes Français un *Portrait* à l'huile et une *Etude* au pastel en 1894, deux *Portraits d'hommes* et un pastel en 1895.

Pendant plusieurs années, cet artiste n'envoya rien aux expositions officielles ; en 1898, il reparut ; mais au Salon de la Société nationale des Beaux-Arts, cette fois, avec une gracieuse toile : *Bébés*. Il a envoyé depuis, à cette exposition : *Orphée*, œuvre de grande dimension, à la conception singulière, mais très mouvementées et d'un ardent coloris (1899) ; un *Portrait d'homme* et *Marie-Magdalena*, « un des meilleurs tableaux du Salon au point de vue peinture, » écrivit un critique ; un fort beau *Portrait du Dr Auscher* (1901) ; le *Portrait de M. Lapicque, maître de conférences à la Sorbonne* (1902), toile d'une facture large et spirituelle.

M. Henri Le Riche est l'auteur d'autres œuvres très connues, bien que n'ayant pas été exposées, et parmi lesquelles il faut mentionner une importante décoration pour la grande salle de la Préfecture de Nice, comprenant, en seize panneaux, deux pendentifs et un plafond, l'*Histoire de la Musique à travers les âges* ; dans ces compositions, l'artiste a su heureusement reproduire les traits de femmes comme Salomé, Mme de Sévigné, etc. On lui doit encore d'autres décorations pour les châteaux de M. de Castelbon à Voiron, de M. Bizelit à Aix-les-Bains, de M. Gilardoni à Paris, et au Palais des Arts Libéraux à l'Exposition universelle de 1900 ; de nombreux portraits et parmi les plus remarqués, ceux du *Prince Radziwill*, du *Dr Sardou*, de *Mme Maistre* et de *son fils*, du *Dr Bar*, de *Mme Saëtone*, de *M. Gilchrist*, de *Mme Coutavoz*, des *Enfants de M. Rey*, de *Mme Fromenthal*, etc. Une de ses toiles non exposées : *Lions à l'Abreuvoir*, a été acquise par la ville de Grenoble pour son musée.

Au cours d'un voyage en Orient, que M. Le Riche accomplit en 1892, cet artiste produisit de nombreuses études, types et paysages d'après nature, qui ont été exposées depuis à la galerie Vignon, à Paris.

Les œuvres de M. Henri Le Riche, peintures ou pastels, se font remarquer par une originalité de composition qui leur donne une note très particulière, parfois discutée, toujours intéressante Leur coloris est vif et leur dessin impeccable. La critique accueille toujours avec attention et le plus souvent avec faveur ses rares envois aux Salons annuels.

Cet excellent peintre s'est aussi fait connaître et apprécier comme sculpteur, sous le pseudonyme de « Hirné. » Il a produit des bijoux en or, argent, émail, ivoire, etc., où la personnalité de ses conceptions se retrouve, et qui sont exécutés à la perfection. On cite, parmi ses œuvres les meilleures, en ce sens : une agrafe pour la duchesse de Grammont, un pendentif pour le duc de Guiche, une épingle au paon pour la marquise de Clermont-Tonnerre, une orchidée pour le prince Radziwill, des plaques de collier de chien pour Mme Lanquereau, d'autres pendentifs pour Mme d'Anglesay, Mlle M. Villars, etc.

M. Henri Le Riche est membre de la Société nationale des Beaux-Arts.

LA ROCHETHULON
(Georges Comte de)

ÉPUTÉ, né à Versailles (Seine-et-Oise) le 8 janvier 1868. Fils du général et neveu, par sa mère, du baron de Ladoucette, ancien député, il fit ses études classiques au collège Stanislas à Paris. Ses grades universitaires pris, il entra à l'Ecole de Saint-Cyr en 1889 et en sortit en 1891 sous-lieutenant au 5me hussards ; puis il passa à l'école de Saumur. Lieutenant au 31e dragons en 1893, il quitta l'armée en 1897. Il a été nommé comme lieutenant de réserve, au 3e dragons à Nantes.

Bien que sa famille soit originaire du Poitou, où elle possédait de vastes propriétés, le comte de la Rochethulon, après avoir épousé mademoiselle de Las Cases, descendante du compagnon d'exil de Napoléon, s'intéressa particulièrement aux domaines de la comtesse, situés en Vendée. Comme propriétaire et agriculteur, il consacre une grande partie de son activité à tout ce qui se rattache à la culture et à l'élevage.

Elu maire de la commune de Saint-Hilaire de Talmont, M. de la Rochethulon, à ce titre, s'occupa notamment et avec profit pour sa commune, des questions de secours mutuels et d'assurances. En septembre 1901, il fut candidat au Conseil d'arrondissement dans le canton de Talmont et échoua de quelques voix.

En 1902, lors du renouvellement général de la Chambre, M. de la Rochethulon se présenta dans la première circonscription des Sables-d'Olonne (Vendée), avec un programme où il s'affirmait partisan de la liberté des cultes, de la protection des intérêts de l'armée, et nettement adversaire de la politique du ministère Waldeck-Rousseau. Il se déclarait, en outre, favorable aux traités de commerce et à la protection de l'industrie et de l'agriculture nationales.

Il fut élu au premier tour de scrutin, le 27 avril, par 8,187 voix contre 7,835 à M. Chailley-Bert, républicain ministériel, et malgré l'intervention de M. Gautret, député sortant non candidat, qui, au dernier moment, fit campagne contre lui.

A la Chambre, le député de la Vendée suit généralement la ligne politique du groupe progressiste.

MEURICE (François-Paul)

Auteur dramatique, romancier, publiciste, né à Paris le 7 février 1818. Le *Dictionnaire Larousse* et celui des *Contemporains*, de M. Vapereau, commettent tous deux une erreur en le faisant naître en 1820. Frère de l'orfèvre Froment Meurice (1802-1855), il accomplit ses études classiques au lycée Charlemagne ; puis il commença son droit, qu'il abandonna bientôt pour se consacrer exclusivement à la littérature.

Il débuta au théâtre en 1842 en faisant jouer, à l'Odéon, *Falstaff*, d'après Shakespeare, en trois actes, en vers, avec Théophile Gautier et Vacquerie. L'année suivante, il produisait, sur la même scène, le *Capitaine Paroles*, un acte, en vers, d'après Shakespeare, en collaboration avec Auguste Vacquerie, et une adaptation de l'*Antigone*, de Sophocle, qui fut un événement littéraire. Il donna, en 1847, avec Alexandre Dumas, *Hamlet*, traduit de Shakespeare, cinq actes, en vers, qui réussit au Théâtre Historique et dont le principal personnage, plus tard, fut repris avec éclat par M. Mounet-Sully au Théâtre Français. Il fut encore le collaborateur anonyme du grand romancier dans *Ascanio*, *Amaury*, les *Deux Diane*.

Ami de Victor Hugo et dévoué, comme lui, aux idées républicaines, M. Paul Meurice prit, en 1848, la rédaction en chef de l'*Événement*, journal inspiré par l'illustre poète. Sa qualité de gérant lui valut une condamnation à neuf mois de prison, pour un article de Charles Hugo, sur la peine de mort (1851). En 1869, il fut l'un des fondateurs et des rédacteurs du *Rappel*, avec Rochefort, Vacquerie et les deux fils de Victor Hugo.

Dans sa production, comme auteur dramatique, il convient de citer : *Benvenuto Cellini* (1852), drame en cinq actes, spécialement fait pour l'acteur-sculpteur Mélingue ; *Schamyl* (1855) ; *Paris*, drame cyclique (Porte-Saint-Martin, 1855) ; l'*Avocat des pauvres* (1856), drame en cinq actes, à la Gaîté ; *Fanfan la Tulipe* ; le *Roi de Bohême et ses sept châteaux* ; le *Maître d'École* (avec Frédérick-Lemaître) ; les *Beaux Messieurs de Bois-Doré* (avec Bocage) ; *François les Bas-Bleus*, drame à grand spectacle (Ambigu, 1858-1863), avec George Sand ; le *Drac*, pièce fantastique (Vaudeville, 1864) ; la *Vie Nouvelle*, comédie en cinq actes (Odéon, 1867) ; *Cadio*, avec George Sand (Porte-Saint-Martin, 1868) ; la *Brésilienne*, drame en cinq actes (Ambigu, 1878) ; les *Misérables*, avec Ch. Hugo (Porte-Saint-Martin, 1878) ; *Notre-Dame-de-Paris* (Théâtre des Nations, 1879) ; *Quatre-Vingt-Treize*, drame en cinq actes (Gaîté, 1881) ; le *Songe d'une nuit d'été*, féerie en trois actes et huit tableaux, d'après Shakespeare (Odéon, 1886) ; *Antigone*, reprise au Théâtre Français en novembre 1894 ; *Struensée*, cinq actes, en vers (Comédie Française, 1897).

Mentionnons aussi plusieurs romans de M. Paul Meurice : *Léonard Aubry* (1854) ; *Césara* : les *Chevaliers de l'Esprit* (1869) ; le *Songe de l'Amour* (1889), etc. On connaît aussi de lui quelques poésies éparses dans diverses revues.

M. Paul Meurice a été chargé par Victor Hugo de diriger l'édition définitive de ses *Œuvres* (1880-1902). Le testament du poète lui donna aussi le soin de publier les *Œuvres posthumes*, avec Auguste Vacquerie. Depuis la mort de ce dernier il a continué seul cette tâche. Son culte fidèle pour le grand poète lui valut d'être associé très intimement aux hommages rendus à son illustre ami, lors de la célébration de son centenaire, en 1902.

ROLL (Alfred-Philippe)

Peintre et sculpteur, né à Paris le 1er mars 1846. Il débuta comme dessinateur d'ornement chez un industriel et entra ensuite à l'École des Beaux-Arts, entraîné là comme par une vocation irrésistible. Élève de l'atelier Gérôme, puis de l'atelier Bonnat, il accomplit, pour se parfaire dans ses études artistiques, plusieurs voyages en Belgique, en Hollande et en Allemagne, où il fréquenta surtout les musées.

En 1870, M. Alfred Roll parut pour la première fois aux Salons annuels de la Société des Artistes français avec deux toiles : *Environs de Baccarat* et le *Soir*. Il y envoya ensuite : *Fuyard Blessé* (1872) ; *Bacchante* (1873) ; *Don Juan et Haydée* (1874) ; *Halte-là !* (1875) ; la *Chasseresse* (1876) ; les *Inondations de Toulouse* (1877) ; *Portrait de Jules Simon* (1876) ; la *Tête de Suisse* (1879) ; la *Grève des mineurs* (1880) ; *Le 14 juillet* (1882) ; *En Normandie* (1883) ; *Roubev, cimentier* ; *Crieuse de Vert* (1884) ; le *Travail* (1885) ; *Damoye, paysagiste* (1886) ; *Manda Lamétrie, fermière*, et *Au trot* (1888) ; *En été* ; *Enfant et Taureau* (1889) ; l'*Agriculture* (carton) et les *Portraits de M. Alphand* et de Mme *Guignard* (1889).

Après avoir obtenu une médaille de 3e classe en 1875 et une première en 1877, M. A.-P. Roll fut parmi les artistes dissidents qui fondèrent la Société nationale des Beaux-Arts. On a vu de lui, depuis ce moment, les tableaux suivants : Portraits de Mme Jane Hading et de MM. A. Proust, Coquelin cadet et Yves Guyot ; le Goûter, étude d'un enfant et de sa bonne (1890) ; Fatalités et Honte, pastel, et Chair (1892) ; le Centenaire, immense toile pour le Palais de Versailles, et une Femme nue assise (1893) ; la Femme Ragard, étude de pauvresse ; Exode et le Portrait de M. Greard (1894) ; les Joies de la Vie, vaste toile décorative, pour laquelle l'auteur a fait en outre de nombreuses études de morceaux séparés ; M. Carnot et les plans de la Sorbonne ; plusieurs Portraits d'enfants (1895) ; Portrait d'Alexandre Dumas fils ; Premiers rayons et Dans un jardin (1896) ; le Labour ; Rêve en Normandie ; Coucher du Soleil ; Portrait de Rochefort et Tête de Cheval (1897) ; Souvenir commémoratif de la pose de la première pierre du pont Alexandre III, tableau d'une belle disposition, placé dans un cadre en bois sculpté dû au même auteur ; Portrait du peintre Alfred Smith (1899) ; Pauvres gens, Amoureux, Crainte, Terreur et Mères et Enfants, dessins ; Drame de la Terre, composition d'une simplicité émouvante ; Vieille au Fagot ; les Petites du Menuisier ; Eglise dominatrice ; Portail de Cathédrale et Portrait (1902).

Dans une consciencieuse étude, fort documentée, que M. de Fourcaud a consacré à cet artiste, on lit :

S'il peint les riches et les heureux, il se penche aussi vers les humbles et leur dispense l'aumône royale de l'art. Il leur tend la main comme à des amis ; il se plaît à leur donner le salut de la démocratie en laquelle ils ont place. Au total, sa peinture est allègre autant que forte. A rendre le vrai des choses comme il le voit et suivant ce qu'il en tire de signifiance, sa verve n'est pas à court...

M. Roger Marx a écrit, de son côté, envisageant d'une manière plus générale l'œuvre du maître :

A considérer ses tableaux, de sujets et d'aspects si divers, on ne manquera pas de demeurer frappé par les qualités communes qui établissent l'unité de l'ensemble, la robustesse du métier, l'abondance de l'exécution, la souplesse d'un praticien heureux de reproduire. Il n'est pas une de ses toiles qui n'affirme la constante égalité d'humeur, de bonne humeur même, de son auteur ; qui le témoigne sa joie à faire œuvre de peintre. Irrésistiblement les spectacles du dehors, dans leur infinie variété, l'attirent ; sans inquiétude, ce qui ne veut pas dire sans effort, il en fixe le caractère, et à chaque œuvre nouvelle il donne l'exemple d'un coloris vibrant en lutte avec la réalité et d'un dessin large, facile, d'une ampleur qui s'ignore. M. Roll ne doit rien qu'à la nature et à lui-même. La suite des expositions l'a montré peintre jusqu'aux moelles, peintre d'un savoir consommé, d'une énergie et d'une simplicité rares ; c'était et c'est, avant tout, le peintre du plein air, le peintre des effets de lumière fugitifs, des spectacles d'un moment surpris et fixés dans leur animation passagère.

Nombre de toiles de cet éminent artiste ornent les musées du Luxembourg et de la Ville de Paris, de Saint-Etienne, de Saint-Quentin, de Mayenne, de Bordeaux, de Venise, de Pau, de Nantes, du Havre, de Valenciennes, d'Avignon, de Gand, de Béziers, etc., ainsi que les grandes collections particulières d'Europe et d'Amérique.

Vice-président de la Société nationale des Beaux-Arts, M. Roll est commandeur de la Légion d'honneur depuis 1900.

UZANNE (Louis-Octave)

ÉCRIVAIN et bibliophile, né à Auxerre (Yonne) le 14 septembre 1852. Ses études classiques accomplies dans la ville natale, il vint à Paris et s'occupa de bibliographie.

De 1875 à 1877, M. Octave Uzanne collabora au Conseiller du Bibliophile ; il fonda ensuite les Miscellanées bibliographiques (1878) ; puis le Livre, revue mensuelle du monde littéraire, qu'il dirigea de 1880 à 1889 et qu'il continua jusqu'en 1891 sous le titre : le Livre moderne. L'année suivante, il créait l'Art et l'Idée, « revue mensuelle du dilletantisme littéraire, » qu'il interrompit bientôt pour accomplir le tour du monde.

En 1889, M. Uzanne avait fondé, avec 160 autres personnes, une sorte de société commerciale et littéraire à la fois, pour l'édition des œuvres d'écrivains français, sous le nom de « Société des Bibliophiles contemporains, » qui fut suivie, en 1895, de la « Société des Bibliophiles indépendants ».

A ses débuts, il avait publié, avec des notes et index, une édition d'œuvres des Poètes des Ruelles au XVIIe siècle : Benserade, François Sarrazin, Mathieu de Montreuil (1875 à 1878, 4 vol.). Puis vinrent : les Petits conteurs du XVIIIe siècle (1878 à 1883, 12 volumes) ; des Documents sur les Mœurs du XVIIIe siècle (1879 à 1883, 4 vol.) ; ainsi que des éditions avec préfaces et notices des ouvrages suivants : les Idées sur les Romains, du marquis de Sade ; Edouard, de Mme de Duras (1878) ; les Lettres de V. Voiture (1880) ; le Temple de Gnide (1881) ; l'Amour romantique de Léon Cladel (1882) ; la Correspondance de Mme Gourdan ; les Poésies de Boufflers (1883) ; Du Mariage, par un philosophe du XVIIIe siècle (1888) ; les Propos de Table de Victor Hugo, (1892) ; des Notes pour la Bibliographie du XIXe siècle (1894), etc.

Les œuvres personnelles de M. Octave Uzanne comprennent des études bibliographiques encore, des romans et des ouvrages de fantaisie. Voici les titres de ses publications : Caprice d'un Bibliophile (1878) ; le Bric-à-Brac de l'Amour (1879) ; le Calendrier de Vénus (1880) ; les Surprises du Cœur (1882) ; l'Eventail (1882) ; l'Ombrelle, le Gant, le Manchon

(1883) ; *Son Altesse la Femme* (1885) ; la *Française du siècle*, modes, mœurs et usages (1886) ; *Nos amis les livres*, causeries sur la littérature curieuse et la librairie (1886) ; la *Reliure moderne* (1887) ; le *Miroir du monde* (1888) ; les *Zigzags d'un curieux*, causeries sur l'art des livres et la littérature d'art (1889) ; le *Paroissien du célibataire* (1890) ; *Physiologie des Quais de Paris* (1892, 2ᵉ éd. 1896) ; *la Femme et la Mode*, métamorphoses de la Parisienne de 792 à 1892 (1893) ; la *Femme à Paris*, notes successives sur les Parisiennes de ce temps (1894) ; *Vingt jours dans le Nouveau Monde* (1894) ; *Contes pour les bibliophiles*, avec collaboration et dessins d'A. Robida (1895) ; *Contes de la vingtième année* (1896) ; *Féminies*, en collaboration avec Gyp, Abel Hermant, Henri Lavedan et Marcel Schwob (1896) ; les *Evolutions du bouquin* : *la Nouvelle Bibliopolis*, voyage d'un novateur au pays des Néo-Icono-Bibliomanes (1897) ; *Voyage autour de sa chambre* (1897) ; l'*Art dans la décoration extérieure des livres de ce temps*, en France et à l'étranger (1898) ; les *Modes de Paris*, variations du goût et de l'esthétique de la femme de 1797 à 1897 (1898) ; *Dictionnaire Biblio-Philosophique* (1898) ; la *Bohême du cœur* ; les *Types de Londres* ; *Visions de notre heure, choses et gens qui passent* (1899) ; la *Locomotion à travers l'histoire* (1900).

Cet écrivain a collaboré à plusieurs journaux ou revues de France ou de l'Etranger : la *Plume*, le *Figaro*, l'*Echo de Paris*, la *Libre Parole*, la *Dépêche de Toulouse*, le *Studio*, le *Magazine of Art*, etc.

CORMON
(Pierre-Etienne PIESTRE, dit Eugène)

AUTEUR dramatique, né le 5 mai 1810 à Lyon. Il adopta comme signature littéraire le nom de sa mère et, dès 1832, écrivit pour le théâtre des pièces de tous genres dont la série s'est continuée longtemps avec des fortunes diverses et qui forment un total de 150 ouvrages environ.

« Eugène Cormon n'opère jamais seul, » a dit un critique. En effet, toutes les œuvres de cet auteur dramatique, à l'exception de trois pièces sans importance, ont été faites avec le concours d'un ou plusieurs collaborateurs, d'Ennery, le plus souvent, ou MM. Grangé, Lockroy, Michel Carré, Laurencin, d'Artois, Lambert Thiboust, etc. M. Cormon « a la spécialité « de découvrir les coups à faire, écrit ce même critique ; « quand il en a déniché un, un de ses « complices le tourne, le retourne, le mijote et se met « à point. »

Nous citerons, parmi les œuvres dues à M. Cormon et à ses collaborateurs, celles qui ont obtenu des succès notables : *Paris la Nuit*, drame en 5 actes, avec Dupeuty, un des plus grands succès de l'Ambigu (1842) ; *Corneille et Rotrou*, comédie en un acte avec de la Boulaye (Comédie-Française, 1845) ; le *Canal Saint-Martin*, drame en 5 actes, avec Dupeuty (Ambigu, 1845) ; les *Dragons de Villars*, opéra-comique, 3 actes, avec Lockroy, musique de Maillart (Opéra-Comique, 1856) ; les *Crochets du père Martin*, drame en 3 actes, avec Grangé (Gaîté, 1858) ; les *Pêcheurs de Perles*, opéra-comique, 3 actes, avec Carré, musique de Bizet (Opéra-Comique, 1863) ; le *Premier jour de bonheur*, opéra-comique, 3 actes, avec d'Ennery, musique d'Auber (Opéra-Comique 1868) ; les *Deux Orphelines*, drame en 5 actes, avec d'Ennery, qui jouit encore d'une grande faveur populaire (Porte-Saint-Martin 1875) ; *Une cause célèbre*, autre drame en 5 actes avec le même (Ambigu, 1877) ; *Suzanne*, opéra-comique en 3 actes avec J. Lockroy, musique de Paladilhe (Opéra-Comique, 1878).

M. Eugène Cormon est chevalier de la Légion d'honneur.

CORMON
(Fernand-Anne PIESTRE, dit)

PEINTRE, membre de l'Institut, né à Paris le 22 décembre 1845. Fils du précédent, il fut élève de Cabanel, Fromentin et Portaëls.

M. Fernand Cormon, dès ses débuts, s'inspira de Delacroix et sa peinture imite, en effet, par l'audace de la conception surtout, celle de l'illustre maître défunt.

Il débuta au Salon de 1870 par les *Noces de Niebelungen*, toile qui fut récompensée. Citons, parmi ses expositions suivantes : *Sita* (1873) ; *Mort de Ravana, roi de Lanka* (1875) ; *Jésus ressuscitant la fille de Jaire* et *Portrait de M. Carrier-Belleuse* (1877) ; *Caïn* (1880) ; *Retour d'une chasse à l'Ours, âge de pierre* (1884) ; les *Vainqueurs de Salamine* (1887) ; *Portrait de M. Henry Maret* (1888) ; *Bataille de Graves* (1890) ; *Portrait de M. Gérôme* (1891) ; *Funérailles d'un chef à l'âge de pierre* (1892) ; *Portrait du Père Didon* et les *Grenadiers de la Garde à Essling* (1893) ; le *14ᵉ de ligne à Eylau* et une *Forge* (1894) ; des *Portraits* en 1895 et 1896, etc. ; *Décoration* d'une salle du Muséum (1898) ; *Portrait de Jeanne* ; les *Bandes du connétable de Bourbon, Italie, XVI° siècle* (1901).

Plusieurs de ces tableaux sont placés dans nos musées, au Luxembourg, à Saint-Germain-en-Laye, à Toulouse, à Rouen, etc.

M. Cormon a peint, pour la mairie du IV° arrondissement, un plafond : la *Naissance*, le *Mariage*, la *Guerre* et la *Mort* et deux panneaux en grisaille et camaïeu : la *Bienfaisance* et l'*Education* ; pour l'Hôtel-de-Ville de Paris, deux frises : *Histoire de l'Ecriture*.

M. Cormon, outre diverses médailles, a obtenu le prix du Salon en 1875, la médaille d'honneur en 1887, et le grand-prix à l'Exposition universelle de 1889. Chevalier de la Légion d'honneur en 1880, il a été promu officier en 1889. Il a été président du Jury de peinture en 1897 et admis à l'Académie des Beaux-Arts en 1898.

PESSARD (Emile-Louis-Fortuné)

USICIEN, né à Paris le 29 mai 1843. Fils d'un flutiste et d'une pianiste. il est le frère de Hector Pessard, écrivain distingué, qui a laissé une haute réputation de journaliste politique (1836-1896).

Après trois mois passés à l'Ecole Niedermeyer, M. Emile Pessard entra au Conservatoire, où il fut élève de Bazin par l'harmonie et l'accompagnement, de Laurent pour l'orgue, et de Carafa pour la composition ; il obtint le premier prix d'harmonie en 1862, et le premier grand-prix de Rome en 1866, avec la cantate *Dalila*, qui fut exécutée à l'Opéra-Comique le 21 février 1868.

A ses débuts, le jeune musicien avait tenu dans divers orchestres les emplois de flutiste, de contrebassiste ou de timbalier ; il avait, déjà à treize ans, composé, sur des paroles de son frère Hector, un petit opéra-comique à trois personnages : la *Lettre de faire-part*, qui fut joué 23 fois dans le théâtre de marionnettes du passage Jouffroy (1857). A son retour de Rome, il fit recevoir à l'Opéra-Comique un acte de Lucas et Abraham : la *Cruche cassée* (21 février 1870). Il a fait représenter depuis : le *Char*, opéra-comique de Paul Arène et Alphonse Daudet (Opéra-Comique 1878); le *Capitaine Fracasse*, opéra en 5 actes, de Mendès (Lyrique 1878) ; *Tabarin*, opéra en 2 actes, de Ferrier (Opéra 1885) ; *Tartarin sur les Alpes*, 4 actes, 13 tableaux de Bocage et de Courcy, d'après Alphonse Daudet (Gaîté 1888) ; *Don Quichotte*, opéra-comique 1 acte, de Deschamps (Menus-Plaisirs 1889) ; les *Folies amoureuses*, opéra comique 3 actes, de Lénéka et Matrat, d'après Regnard (Opéra-Comique 1891) ; une *Nuit de Noël*, drame 5 actes de Maurice Lefèvre et Roddaz, musique de scène (Ambigu 1895) ; *Mam'zelle Carabin*, opérette 3 actes. F. Carré (Bouffes 1895) ; la *Dame de Trèfle*, opéra-comique 3 actes, de Ch. Clairville (Bouffes 1898).

Il a, en outre, écrit pour le théâtre les pièces suivantes, qui n'ont pas été jouées : *Castor et Pollux*, fantaisie bouffonne en un acte, avec M. A. Deschamps ; *Giffles et Baisers*, de M. Pierre Barbier ; *Huguette*, de M. Gabriel Prévost ; *Laridon*, de M. Morel-Retz (trois opéras-comiques en un acte) ; la *Fiancée du Trombone à coulisse*, symphonologue en vers, de M. Paul Bilhaud ; le *Muet*, operettomime de M. Galipaux ; la *Grange Batelière*, opéra-comique en trois actes, de Maxime Boucheron et Xanrof ; les *Plaideurs*, opéra-comique en 3 actes, de MM. Adenis et Harthman, d'après Racine ; *Jeanne Hachette*, drame lyrique en trois actes et six tableaux de M. E. Dubreuil.

M. Emile Pessard est, en outre, l'auteur de plusieurs volumes de mélodies, morceaux pour piano, instruments, etc. Il a composé des *messes*, de nombreux morceaux de musique religieuse, des *Suites d'orchestre*, une *Cantate des Pupilles de la Légion d'honneur*, sur des paroles de M. Sully-Prudhomme, etc.

Les productions théâtrales de ce compositeur n'ont jamais obtenu grande faveur auprès du public, à l'exception toutefois de quelques opérettes, dont la gaîté du livret assura le succès Ses autres œuvres musicales sont plus appréciées.

C'est surtout à son enseignement que M. Pessard doit la haute notoriété qui entoure son nom ; il a, en effet, formé au cours de sa carrière professorale, des élèves qui sont devenus, à leur tour, des musiciens réputés.

Nommé, en 1878, inspecteur du chant dans les écoles de la ville de Paris, M. Emile Pessard, en 1880, quittait cette fonction pour occuper la chaire d'harmonie au Conservatoire, où il remplaçait Savard. Il devint, en 1890, directeur de l'enseignement du chant dans les maisons d'éducation de la Légion d'honneur.

Critique musical de l'*Evénement* de 1891 à 1899, ce musicien distingué est officier de l'Instruction publique et officier de la Légion d'honneur.

PATRICOT (Jean)

Peintre et graveur, né le 11 mars 1865 à Lyon. D'abord élève à l'Ecole des Beaux-Arts de la cité natale, il y reçut le prix du gouvernement en 1883 et vint ensuite à Paris, où il eut pour maîtres Henriquel-Dupont pour la gravure et Cabanel pour la peinture.

Ayant obtenu, à l'unanimité, le premier grand-prix de Rome pour la gravure en 1886, M. Jean Patricot exécuta en Italie de belles études d'après nature et des copies des primitifs italiens : Gozzoli, Botticelli et autres.

M. Patricot est considéré comme un novateur dans l'art de la gravure, qu'il a contribué à affranchir de certains procédés routiniers. Ses productions portent toutes l'empreinte d'un talent précis et bien personnel et se font remarquer par une exécution solide et par de hautes qualités d'inspiration. On se plaît à citer, parmi ses interprétations d'artistes anciens : la *Vision d'Ezéchiel*, de Raphaël ; la *Naissance de Vénus*, la *Vierge au Rosier* et la *Judith* de Botticelli, etc. ; parmi ses productions originales : le *Cap d'Antibes*, le *Cimetière de Beneville* (Calvados), deux superbes morceaux.

L'Etat possède de cet artiste une belle planche : *Mort d'Orphée*, acquise en 1892 ; une peinture : la *Judith*, d'après Botticelli, placée depuis 1895 à l'Ecole des Beaux-Arts, et un dessin : *Liseuse*, qui est, depuis 1897, au Luxembourg.

Peintre M. Patricot est fort apprécié, surtout comme portraitiste. On cite, parmi ses meilleures toiles, les suivantes : *Portrait de fillette*, pastel ; *Sur la Plage*, peinture à l'huile ; *Sur la falaise* ; le *Cimetière de Beneville* ; la *Route d'Antibes* ; les *Portraits de la Comtesse Revertera Aldobrandini*, de Mme G. Alapetite, du Dr Richelot, du Comte de Morny, de Mme Ostheimer, de Mlle Chagot, de Mlle d'Andanaga, de Mlle Andrée Levasseur, de Mme Aimé Martin, de Mme Loubet ; ce dernier, au Salon de 1902, reçut les louanges unanimes de la critique et fut fort admiré du public.

M. Roger Marx, dans une étude judicieuse qu'il lui consacra en 1902, dans la *Gazette des Beaux-Arts*, écrivait sur cet artiste :

M. Patricot n'est si robuste que parce qu'il dérive d'une connaissance approfondie du dessin, acquise au prix de sept années d'études acharnées d'après la bosse et la nature. L'application d'une volonté opiniâtre a transformé en véritable science l'extraordinaire adresse de mains natives. Afin d'atteindre nettement le but, il s'est donné une forte éducation première, dont son œuvre porte la trace et dont elle ne cessera pas de bénéficier dans toutes ses parties.

De son côté, à propos du *Portrait de Mme Loubet*, M. Thiébault Sisson disait dans le *Temps* (1902) :

L'exécution est d'une maîtrise, avec des alternatives de fougue dans les parties essentielles et de sagesse, ou mieux de réflexion, dans les grandes lignes. La pâte est abondante et riche dans les clairs, plus mince dans les ombres, et l'harmonie générale, faite de noirs veloutés, de notes fauves très chaudes, de beaux blancs et de délicats gris, est charmante. Autant de distinction en un mot dans la couleur que de simplicité élégante dans la composition.

Sociétaire de la Société des Artistes français, M. Patricot a obtenu : en 1892 une 2ᵉ médaille, en 1895 une première, la médaille d'honneur en 1898, le grand prix à l'Exposition universelle de 1900. Hors-concours en peinture depuis 1899, président de la Société des Artistes graveurs au burin, il a été nommé chevalier de la Légion d'honneur en 1899.

RODIN (Auguste)

Sculpteur, né à Paris le 14 novembre 1840. Il se mit, très jeune, à la sculpture et reçut tout d'abord les conseils de Barye. En 1864, il attirait déjà l'attention par sa première production, que l'on connaît sous le nom de l'*Homme au nez cassé*, masque bizarre et saisissant, qui déjà laissait pressentir l'originalité future de son auteur.

M. Rodin, à ce même moment, entrait chez Carrier-Belleuse comme praticien ; il demeura jusqu'en 1870 dans l'atelier de ce maître sculpteur. Puis, de 1871 à 1877, il collabora avec M. Van Rasbourg, artiste belge, à la décoration de la Bourse de Bruxelles.

Il avait débuté au Salon de 1875 par deux bustes en terre cuite : M. Garnier et M. B... ; en 1877, son envoi, l'*Age d'airain*, était d'une exécution si exacte que l'auteur fut accusé d'avoir moulé le corps sur nature ; M. Rodin put faire triompher sa bonne foi et cette affaire attira l'attention sur son nom. Cette œuvre, d'abord contestée, obtint une 3ᵉ médaille quand elle revint en bronze au Salon de 1880 ; elle figure depuis au Musée de Luxembourg. On a vu ensuite de M. Rodin, annuellement : *Portrait de M. M...* (1878) ; *Buste de M. A. C...* et *Saint Jean-Baptiste prêchant*, plâtre (1879) ; la *Création de l'Homme* (1880) ; *Saint Jean prêchant*, bronze, statue à l'anatomie tourmentée, accusant puissamment la manière si personnelle de l'artiste allait désormais triompher (1881) ; acquise par l'Etat, cette belle œuvre est au Musée du Luxembourg ; les bustes de MM. J.-P. Laurens, Carrier-Belleuse (1882), Danielli (1883), Dalou, Victor Hugo (1884), Antonin Proust (1885) ; Mme M. V... (1888).

En 1889, M. Rodin fit une exposition publique à la Galerie Georges Petit d'un choix de ses œuvres, à côté de peintures, également choisies, de M. Claude Monet. A cette exhibition figurait son groupe des *Bourgeois de Calais*, qui fit grande sensation à ce moment et qui a été depuis édifié sur une place de cette ville, où, il faut le reconnaître, il ne produit plus l'impression dramatique ressentie lors de l'exposition.

A la formation de la Société nationale des Beaux-Arts, M. Auguste Rodin fut au nombre des fondateurs du groupement dissident et, à partir de 1890, c'est au nouveau Salon qu'il a envoyé les productions suivantes : *Buste de M*^{me} *R.* argent ; *Torse, Vieille femme* et *Esquisses,* bronzes (1890) ; *Puvis de Chavannes,* buste plâtre (1891), qui reparut en marbre l'année suivante ; *Bastien Lepage,* médaillon plâtre (1893) ; *Rochefort,* buste plâtre (1895) ; *Victor Hugo,* groupe plâtre ; *Songe de la vie,* colonne marbre ; Groupe de l'*Amour et Psyché* ; petit groupe du *Songe* et la *Cariatide tombée porte sa pierre* (1897) ; *Balzac,* monument commandé par le comité de souscription pour être érigé à Paris et qui fut refusé à l'auteur, après avoir été attendu dix ans. Cette œuvre est l'une des plus commentées de M. Rodin ; d'aucuns l'admirent sans réserves, d'autres — et c'est le plus grand nombre — la considèrent comme une erreur de son génie. Citons ensuite : le *Baiser,* groupe marbre, chef-d'œuvre incontesté du maître, qui figure actuellement au musée du Luxembourg (1898) ; *Eve,* bronze ; *Buste de Falguière* ; un groupe marbre (1898) ; *Victor Hugo,* marbre (1901) ; *Ombres :* buste de *Victor Hugo* (1902).

Depuis de nombreuses années, l'éminent sculpteur travaille à une *Porte de l'Enfer* que l'on dit être une œuvre considérable, tant comme dimensions que comme révélation artistique ; mais qui n'est pas encore achevée et dont on n'a vu que des fragments.

Outre les productions que nous avons déjà citées, il convient de mentionner encore les suivantes : sa *Danaïde* et le *Buste de M*^{me} *J. V...,* qui sont au Luxembourg ; la statue de *Bastien Lepage,* exécutée pour la ville de Damvillers ; celle de *Claude Gelée dit Le Lorrain* pour Nancy ; le *Monument de Victor Hugo* pour le Panthéon, ainsi que de nombreux bustes et plusieurs monuments pour l'Amérique. Il a exposé, en outre, à différentes reprises, des dessins.

La plupart des musées d'Europe, outre celui du Luxembourg, possèdent des œuvres de ce maître. On en voit notamment à ceux de Marseille, Dijon, Grenoble, Genève, Berlin, Dresde, Stockholm, Londres, Budapesth, etc. M. Auguste Rodin occupe, dans l'art moderne, une place à part, et — pourrait-on dire — en marge de ses confrères. Il a révolutionné la sculpture en se dégageant de tous les préceptes d'école, et son indépendance a été de tout temps discutée avec passion. Longtemps, les détracteurs de ses procédés artistiques furent les plus nombreux ; mais la persévérance de son effort a, peu à peu, augmenté le groupe de ses partisans. Quelle que soit, d'ailleurs, l'opinion que l'on ait de sa manière, on doit reconnaître qu'il n'est pas une personnalité plus intéressante, plus attirante même, que la sienne, dans le monde artistique.

Cette « manière » si tourmentée de l'artiste, et que l'on a tant discutée, M. Roger Marx l'a exactement définie dans les lignes suivantes :

Entre celui-ci et l'ordinaire de nos sculpteurs rien qui se puisse comparer ; son art expressif, véridique, atteste le pur tempérament d'un descendant de Puget, de Rude et de Carpeaux ; autre chose le préoccupe que l'agrément des silhouettes, l'eurythmie des lignes ; il veut animer ses créations d'une vie intense, frémissante, palpitante, les faire remuer, sentir, souffrir. Avec quelle maîtrise il réalise son désir ! comme il sait contraindre l'enveloppe humaine à accuser le sentiment intime ! Il semble qu'on n'ait jamais dit dans un langage d'une aussi poignante et communicative émotion les affres de la douleur, les tortures de la passion, l'alanguissement de l'amour.

A l'Exposition universelle de 1889, M. Auguste Rodin fit partie du Jury ; à celle de 1900, il obtint la concession d'un pavillon spécial, en dehors des expositions collectives des Beaux-Arts, et fut également membre du Jury.

Nommé chevalier de la Légion d'honneur en 1888, il a été promu officier en 1892.

DARD (Henry-André-Joseph Baron)

Député, avocat, né à Paris le 20 juin 1875. Arrière-petit-fils d'un général du premier empire, petit-fils d'un officier de Napoléon III, il fit ses études classiques et celles de droit à l'Université catholique de Lille, puis à la Faculté de Paris.

Reçu licencié en droit, le baron Henry Dard se fit inscrire au barreau de Lille, où son talent oratoire et son savoir juridique lui valurent rapidement une enviable notoriété.

Choisi comme président de la Jeunesse catholique du Pas-de-Calais et du Cercle des Etudiants de la Faculté libre de Lille, le baron Henry Dard fit de nombreuses conférences sur toutes les questions politiques et sociales à l'ordre du jour, et notamment sur les syndicats ouvriers. Il s'est également fait connaître comme publiciste par des articles documentés sur le Canada, pays où il a effectué plusieurs voyages, et sur d'autres sujets.

Aux élections générales législatives du 27 mai 1902, le baron Henry Dard se présenta dans la 1re circonscription de Bethune comme candidat indépendant et fut élu député, au premier tour de scrutin, avec 7,947 voix contre 6,346 à M. Fanien, républicain, député sortant.

Dans son programme, il se déclarait protectionniste, défenseur des intérêts agricoles, industriels et miniers; catholique, partisan de la liberté de conscience et d'association.

A la Chambre, le député du Pas-de-Calais, est inscrit aux groupes de l'Action libérale et de la Patrie française. Il fut l'un des secrétaires d'âge à la constitution du bureau provisoire. Il vote avec l'opposition.

LAURENS (Paul-Albert)

PEINTRE, né à Paris le 18 janvier 1870. Fils de M. Jean-Paul Laurens, l'illustre artiste, membre de l'Institut, à qui l'Ecole française doit quelques-uns de ses meilleurs tableaux d'histoire (1), il fut élève de MM. Benjamin Constant et Cormon à l'Ecole des Beaux-Arts, après avoir pris les conseils de son père. Il obtint le second grand-prix de Rome avec une interprétation des *Saintes femmes au tombeau du Christ* et débuta aux Salons annuels de la Société des artistes français avec un *Portrait de « ma mère »* en 1891 ; il y a envoyé depuis : la *Fuite en Egypte* (1892); les *Saintes femmes au tombeau du Christ* (1893), qui lui valurent une bourse de voyage; *Pasiphaé* (1895); l'*Automne, Hymne à Cérès*; *Portrait de M. Mounet-Sully*, dans le rôle de l'*Arétin* (1896) ; *Glauké et Thaleia* (1897) ; la *Bourrasque* et *Femme nue couchée* (1898) ; *Vénus accueillie par les Heures* et *Portrait de « mon frère »* (1899) ; *Solitude* (1900) ; les *Gerbes* et *Portrait de « ma femme »* (1901).

En 1902, M. Paul-Albert Laurens a exposé à la Société nationale des Beaux-Arts des toiles remarquées : *Proserpine rendue à sa mère ; Joueuses de balles* et *Portrait de « mon père »*, qui a été acheté par l'Etat.

On doit en outre à M. Paul-Albert Laurens, de qui l'on reconnaît généralement l'originalité de l'inspiration et de la couleur, de nombreux dessins pour *Thaïs*, d'Anatole France ; la *Morte amoureuse*, de Th. Gautier ; *Sapho*, l'*Immortel* et les *Rois en Exil* d'Alphonse Daudet, et pour d'autres ouvrages.

(1) Voir notice page 15, tome 1er.

Plusieurs œuvres de cet artiste ornent les grandes collections particulières et les musées, notamment ceux du Luxembourg, de Toulouse, de Périgueux, etc. Certaines d'entr'elles ont figuré aux expositions de Budapesth et de Munich, où leur auteur obtint une première médaille.

M. P.-A. Laurens est professeur de dessin à l'Ecole polytechnique depuis 1898.

Cet excellent artiste a obtenu, à la Société des Artistes français, une mention honorable en 1891, une médaille de 3e classe en 1893 et une de première classe en 1897. Il est en outre titulaire d'une médaille d'or de l'Exposition universelle de 1900. Il a été élu sociétaire dès son entrée à la Société nationale des Beaux-Arts, en 1902.

OSMOY (Tanneguy LEBŒUF Comte d')

DÉPUTÉ, ancien officier de marine, né au château d'Osmoy (Eure) le 1er juillet 1862. Il est le fils du comte Charles-François-Romain d'Osmoy qui, décoré pour sa brillante conduite en 1870, fut député de 1871 à 1885, puis sénateur de l'Eure, écrivit des œuvres dramatiques et musicales, fut membre du Jury des Salons annuels, de celui des Beaux-Arts aux Expositions et jouit, sa vie durant, d'une haute réputation, aussi bien dans le monde politique que dans les milieux artistiques (1827-1894.)

Après de brillantes études, M. Tanneguy d'Osmoy fut reçu, en 1879, avec le numéro 10, à l'Ecole Navale ; devenu lieutenant de vaisseau, il obtint, en 1894 après la campagne du Tonkin où il s'était distingué, la croix de la Légion d'honneur.

En 1895, le comte d'Osmoy, après la mort de son père, démissionna et remplaça celui-ci comme conseiller général du canton de Quillebœuf (Eure). Il était déjà conseiller municipal de Bonneville-Aptot, commune où est situé le château d'Aptot qu'il habite depuis ce temps.

Au renouvellement général de la Chambre, en 1902, M. le comte d'Osmoy se porta candidat dans l'arrondissement de Pont-Audemer (Eure) et fut élu par 8,188 voix contre 5,121 à M. Loriot, député sortant, le 27 avril, au premier tour de scrutin.

M. d'Osmoy, qui appartient à la Chambre au groupe républicain progressiste, avait demandé dans son programme la liberté de conscience et d'enseignement, le maintien du privilège des bouilleurs de cru et la protection des intérêts agricoles. En politique, il vote comme son groupe et s'intéresse surtout à la solution des diverses questions coloniales et maritimes. L'honorable député de l'Eure a été président du Conseil d'administration de plusieurs sociétés industrielles.

OSMOY (Louis LEBOEUF Comte d')

HOMME politique, administrateur colonial, né à Evreux (Eure) le 2 décembre 1867. Frère du précédent, il entra, en 1890, dans l'administration coloniale, après avoir accompli son service militaire dans la cavalerie.

Nommé résident de France au Sénégal, puis en Casamance et au Dahomey, ou attaché à divers titres au gouvernement de ces différentes contrées, il prit part à plusieurs expéditions périlleuses et reçut la médaille coloniale pour ses brillants services. Il donna sa démission en 1901.

Aux élections municipales de 1900, M. Louis d'Osmoy s'était porté candidat républicain dans le quartier de la Porte-Dauphine à Paris et avait obtenu une importante minorité de voix contre l'élu, M. Gay, conseiller sortant, nationaliste.

Dans l'Eure, où il a fixé depuis sa résidence, M. Louis d'Osmoy continue à s'intéresser aux affaires publiques ; il est, avec son frère, l'un des représentants autorisés du parti républicain progressiste.

A son retour des colonies, M. L. d'Osmoy a été nommé officier d'Académie pour ses intéressantes communications aux Sociétés de géographie et pour les collections importantes qu'il a données à l'Exposition permanente des Colonies.

NÉNOT (Henri-Paul)

ARCHITECTE, membre de l'Institut, né à Paris le 27 mai 1853. Entré à l'Ecole des Beaux-Arts en 1853, il fut élève des architectes Lequeux, Questel et Pascal, obtint le prix Muller-Schœne en 1869 et interrompit ses études en 1870 pour s'engager, dès le début de la guerre, dans un bataillon de francs-tireurs. Il prit part aux opérations sous Paris notamment au Bourget, et reçut la médaille militaire. Après son volontariat, accompli en 1873-74, il fut nommé sous-lieutenant de réserve.

Rentré à l'Ecole des Beaux-Arts, il obtint, en 1875, le premier prix pour l'exécution d'une *Ecole* à Huy (Belgique) ; en 1876, le 2ᵉ prix au concours ouvert en vue de la reconstruction du *Théâtre* de Rouen ; en 1877, le grand-prix de Rome.

Ayant, au retour d'une chasse, déchargé son fusil sur une branche pendant l'extrémité d'une croix, cet incident fut grossi par la passion religieuse et politique que les événements du 16 mai 1877 avaient excitée dans le pays, et M. Nénot fut, pour ce fait, condamné à deux mois de prison. Cette peine lui fut remise ; mais elle entraîna cependant la perte de la médaille militaire et de son grade d'officier. Il se fit réhabiliter en 1883.

A Rome, le jeune architecte prit part au concours international pour l'érection d'un monument à la mémoire du roi Victor-Emmanuel ; le 1ᵉʳ prix, d'une valeur de 50,000 francs, fut accordé à son projet ; mais il n'obtint pas l'exécution à cause de sa qualité d'étranger ; à un deuxième concours (auquel l'architecte français ne participa point), elle fut attribuée à un italien (1884).

La même année, il remportait le premier prix au concours pour la reconstruction de la vieille Sorbonne, à Paris. Certains fonctionnaires, au nombre desquels Alphand, manifestèrent leurs craintes de confier à un homme aussi jeune une œuvre ainsi considérable ; mais les architectes membres du jury passèrent outre et M. Nénot fut chargé de l'édification de ce vaste monument.

Commencée en 1885, la Nouvelle Sorbonne a été achevée en 1901. Elle est l'œuvre principale de cet architecte, à qui l'on doit, en outre : l'agrandissement de l'Ecole des Sciences politiques, à Paris, un grand nombre de châteaux, d'hôtels, de tombeaux, maisons de rapport ; la partie architecturale du monument commémoratif érigé au Bourget à la mémoire du commandant Roland des francs-tireurs de la Presse et inauguré en octobre 1896, etc.

M. Nénot n'a envoyé aux Salons des Artistes français que ses œuvres de Rome : *Restauration du Temple de Vesta*, trois châssis, 3ᵉ médaille (1880) ; *Cour du Palais Pitti, à Florence* et le *Palais Ducal, à Venise* (1882) ; *Chapiteaux du Temple de Mars Vengeur, à Rome* (1882) ; *Perspective du Dôme de Pise* (1883) ; *Restauration du Temenos d'Apollon, à Délos*, 8 châssis et une aquarelle (1884), et enfin *Détail de la Façade de la Chartreuse de Pavie*, 2ᵉ médaille (1884), destiné au musée de Caen.

En 1895, l'architecte de la Sorbonne fut élu membre de l'Académie des Beaux-Arts.

Outre ses récompenses aux Salons, M. H.-P. Nénot a obtenu une médaille d'or à l'Exposition universelle de 1889 et un grand-prix à celle de 1900. Il est commandeur de la Légion d'honneur depuis 1901.

VOGÜÉ
(Charles-Jean-Melchior Marquis de)

ARCHÉOLOGUE, diplomate, membre de l'Institut, né à Paris le 18 octobre 1829. Descendant d'une ancienne famille du Vivarais, qui a depuis longtemps quitté cette région, il est le fils du marquis Léonce de Vogüé, qui fut représentant du peuple en 1848 et en 1877 (1805-1877) et le cousin du vicomte Melchior de Vogüé (1), membre de l'Académie française comme lui.

Dès l'achèvement de ses études classiques, M. de Vogüé s'adonna à des travaux sur les arts et l'histoire religieuse de l'Orient. Il entreprit, pour se documenter, un voyage en Palestine et en Syrie, qu'il prolongea plus d'un an (1853-1854). A son retour, il publia plusieurs ouvrages sur l'archéologie orientale qui attirèrent sur lui l'attention et le firent admettre, comme membre libre, à l'Académie des Inscriptions et Belles-Lettres, après le décès du duc de Luynes, en 1868.

L'année suivante, il retourna en Orient pour continuer ses recherches. En avril 1871, M. Thiers le nomma ambassadeur à Constantinople. Ce poste diplomatique lui permit de poursuivre encore ses études archéologiques; c'est ainsi qu'en recherchant dans les archives de notre ambassade ou celles de nos consulats des documents sur la *Vénus de Milo*, il découvrit une lettre attestant qu'en 1820, lors de sa découverte, la statue avait les bras cassés. Envoyé de Constantinople à Vienne, le 8 mai 1875, il donna sa démission d'ambassadeur en février 1879, quand Jules Grévy remplaça le maréchal de Mac-Mahon à la présidence de la République. Il fut, dit un biographe, « plus considéré, dans ces deux postes importants, comme savant que comme diplomate. »

Propriétaire d'importants domaines agricoles dans le Cher, le marquis de Vogüé est président de la Société d'Agriculture de ce département et conseiller général du canton de Léré. A l'assemblée départementale du Cher, il vote avec la fraction conservatrice.

Outre ses travaux archéologiques et historiques, il s'est occupé beaucoup d'agronomie scientifique et pratique. Il a été élu président de la Société des Agriculteurs de France, après la mort de M. de Dampierre, en 1901.

Membre de la Société de l'Histoire de France, du « Corpus des Inscriptions sémitiques », où il remplaça

(1) Notice page 204 tome 1er.

Renan en 1889, vice-président de la Croix-Rouge, M. de Vogüé a été élu membre de l'Académie française, en 1902, au fauteuil du duc de Broglie.

Le marquis de Vogüé a collaboré assidûment au *Correspondant*, à la *Revue archéologique*, au *Bulletin de la Société des Agriculteurs de France*, etc. Il a fait paraître les ouvrages suivants : les *Eglises de la Terre-Sainte* (1859) ; les *Evénements de Syrie* (1864) ; le *Temple de Jérusalem* (in folio avec 50 planches 1864-1865) ; l'*Architecture civile et religieuse du 1er au ve siècle dans la Syrie centrale* (30 fascicules avec planches 1865-1877) ; *Inscriptions Sémitiques*, traductions et commentaires (1869-1877, avec planches). On lui doit en outre de nombreux mémoires sur des sujets historiques ou archéologiques, ainsi que l'édition du *Voyage d'exploration à la mer Morte* du duc de Luynes (1871 à 1874, 2 volumes et atlas) et celle des *Mémoires du Maréchal de Villars*, d'après le manuscrit original (1884-1893, 5 volumes). En même temps que cette dernière publication, il en donnait une autre : *Villars d'après sa correspondance et des documents inédits* (1888, 2 volumes avec figures).

Décoré en 1873 et promu officier en 1875, M. le marquis de Vogüé est, depuis 1879, commandeur de la Légion d'honneur.

CAZEAUX-CAZALET (Georges)

VITICULTEUR, député, né à Cadillac (Gironde) le 23 avril 1861. Issu d'une ancienne famille de la région et propriétaire d'importants vignobles, M. Cazeaux-Cazalet fut l'un des fondateurs, dès 1884, du Comice agricole et viticole de Cadillac, dont il a été successivement secrétaire, secrétaire-général, puis président en 1893. Ce groupement agricole est considéré comme l un des mieux organisés et des plus prospères du genre, en France.

En 1886, M. Cazeaux-Cazalet était nommé secrétaire du Congrès international phylloxérique de Bordeaux. Il publia, à cette occasion, un intéressant rapport sur la *Reconstitution des Vignobles*. La plupart des organes scientifiques spéciaux, et notamment la *Revue de Viticulture* de Paris, ont donné depuis lors des études de cet auteur sur le *Greffage de la vigne*, l'*Incision annulaire*, les *Tailles en vert*, les *Causes de la chlorose de la vigne et les moyens de la prévenir*. Ces travaux, qui sont de la plus haute importance scientifique et pratique, ont été reproduits dans la plupart des ouvrages classiques en la matière, notamment dans les *Maladies de la vigne et les vignes américaines* de MM. Viala et Ravaz.

En 1893, au Congrès national viticole de Montpellier, M. Cazeaux-Cazalet fit un rapport sur la *Valeur comparée des porte-greffes et des producteurs directs américains*, dont les conclusions sont restées définitives. En 1895 et 1896, au Congrès de Bordeaux, ses observations successives sur le black-rot, contribuèrent à généraliser l'adoption du traitement cuprique contre les maladies cryptogamiques de la vigne et, le premier, il donna une formule pour faire les traitements opportuns.

En même temps, la question économique préoccupait aussi M. Cazeaux-Cazalet. Dès 1887, il avait fait paraître un travail très complet sur les moyens de favoriser la vente et la consommation des vins naturels et d'empêcher l'emploi abusif des vins vinés et falsifiés, où il formulait cette opinion que « pour empêcher la fraude, le personnel de la régie devait intervenir non-seulement dans la perception des droits ; mais encore pour signaler toute falsification ». Il démontrait aussi la facilité de la fraude à l'aide d'acquits à caution fictifs.

En 1893, devant la mévente persistante des vins, M. Cazeaux-Cazalet émit cette idée que « les députés, par la voie du groupe viticole, devaient faire une enquête auprès des comices et des assemblées agricoles, pour se renseigner sur les causes de la crise et en trouver le remède. »

Un des fondateurs, en 1895, de l'Association syndicale des propriétaires-viticulteurs de la Gironde, et devenu depuis son vice-président, M. Cazeaux-Cazalet a fait adopter par cette Société le vœu « que la régie rétablisse, pour les alcools, les comptes distincts », dont la mise en vigueur empêcherait la fraude sur les vins et les alcools. Il demanda aussi l'application de la circulaire du ministre des Finances, du 31 janvier 1888, qui obligeait les négociants pratiquant le vinage avec remise des droits à fournir la preuve de l'arrivée des marchandises à destination. Enfin, de 1897 à 1900, il publia des rapports très documentés, avec vœux à l'appui, sur la limitation du sucrage des vins, l'adoption des comptes distincts pour l'alcool, la suppression de la tolérance pour les expéditeurs d'alcool, l'examen des lois et décrets relatifs au commerce des vins, les modifications possibles à apporter au projet de loi contre les fraudes voté par le Sénat le 2 février 1899, etc.

Membre, depuis sa fondation, de la Société des Viticulteurs de France, M. Cazeaux-Cazalet fait partie, depuis 1898, du conseil d'administration de cette société ; il a publié, à sa demande, un remarquable rapport sur les acquits fictifs, les entrepôts et les marques de crus, dont les conclusions furent adoptées et reproduites par la presse viticole toute entière. Il est en outre président de la Société d'étude et de vulgarisation de la zoologie agricole de Bordeaux.

M. Cazeaux-Cazalet a publié, dans un autre ordre d'idées, des communications sur les *Tarifs de douanes* (1891), la *Crise économique et la Crise du change* (1896), l'*Impôt sur le revenu* (1897), etc.

En 1893, avec les seules ressources du Conseil municipal et du Comice de Cadillac, il provoqua la création de l'Ecole primaire supérieure agricole de cette ville, école devenue actuellement très prospère. C'est à lui même qu'est due la création, à Cadillac, de la caisse de crédit agricole la « Solidarité mutuelle. »

Secrétaire général de la Commission chargée d'organiser, à l'Exposition universelle de 1900, l'exposition des produits de la Gironde, il fut nommé membre des Comités d'installation et d'admission de la classe 60 (exposition des vins) et membre du Jury. Il fut aussi nommé membre du Congrès international des Viticulteurs réuni à cette date.

Les travaux de M. Cazeaux-Cazalet sur la viticulture, au point de vue agronomique et économique, leur importance et leur utilité pratique, ont entouré son nom, dans le monde entier, d'une juste notoriété.

En 1893, M. Cazeaux-Cazalet avait été élu conseiller général du canton de Cadillac ; dans l'exercice de ce mandat, qui lui a été renouvelé en 1901, il s'est occupé surtout des finances départementales, de l'exécution du chemin de fer de Libourne à Langon et de l'installation, au château historique de Cadillac, d'un institut œnologique et viticole. Elu, en 1896, maire de la commune chef-lieu, il l'a dotée de l'éclairage électrique, d'une large distribution d'eau par l'installation d'un puits artésien à grand débit, et il a porté à un haut degré la prospérité des écoles.

Au renouvellement général de la Chambre, en 1902, il se présenta comme républicain et fut élu, au 2ᵉ tour de scrutin, le 11 mai, député de la 6ᵉ circonscription de Bordeaux, avec 8,143 voix contre 6,576 à M. Blanchy, nationaliste.

A la Chambre, M. Cazeaux-Cazalet a adhéré au groupe de l'Alliance démocratique, qui suit une ligne politique nettement républicaine.

Il est chevalier de la Légion d'honneur et commandeur du Mérite agricole.

MEIGE (Henry)

Médecin, neurologiste, né à Moulins (Allier) le 11 février 1866. Il fit ses études médicales à la Faculté de Paris, où il fut successivement externe, interne provisoire des hôpitaux et préparateur, à la Faculté, du cours d'histoire de la médecine, puis du cours de pathologie interne. Il obtint le doctorat, en 1893, avec une thèse intitulée : le *Juif-Errant à la Salpêtrière*.

Élève de Charcot, du professeur Brissaud et de M. Paul Richer, M. Meige s'est surtout consacré à l'étude des maladies nerveuses et mentales. Il a collaboré activement à un grand nombre de publications scientifiques. Depuis 1893, il est rédacteur en chef de la *Nouvelle Iconographie de la Salpêtrière*, où il a publié, entr'autres travaux, les suivants, sur les rapports de l'art et de la médecine : les *Possédés des Dieux* ; les *Hermaphrodites antiques* ; *La Lèpre, la Peste, le Goître, les Nains, les Bossus, les Culs-de-Jatte dans l'Art* ; les *Pierres de Tête, les Urologues, le Mal d'Amour* ; *Les Opérations chirurgicales, les Dentistes, les Pédicures, la Saignée, la Circoncision dans l'Art*, etc. Un recueil de ces publications, intitulé *Art et Médecine* a obtenu, en 1900, le prix Saintour de l'Académie de Médecine.

Parmi les travaux du même auteur sur l'histoire de la médecine, on peut citer : les *Possédées Noires*, la *Maladie de la Fille de Saint-Geosmes, Prophètes et Thaumaturges au XIXe Siècle*, etc.

Rédacteur en chef, depuis 1897, de la *Revue Neurologique*, organe de la Société de Neurologie de Paris, M. le docteur Meige, dans le domaine des maladies nerveuses, a donné d'importantes études sur les *Myopathies*, l'*Infantilisme*, le *Gigantisme et l'Acromégalie*, les *Anomalies digitales* ; il a donné le premier la description du *Trophoedème*. Enfin, il s'est consacré tout spécialement à l'étude des *Tics* et de leur traitement, a publié de nombreux articles sur ce sujet, dont quelques-uns en collaboration avec le professeur Brissaud et, avec le Dr E. Feindel, il a fait paraître un volume de 640 pages : *Les Tics et leur traitement* (1902).

On doit encore au même auteur la publication de deux volumes de *Leçons de M. le professeur Brissaud sur les maladies nerveuses* (1894 et 1899) ; des *Leçons de M. J. Séglas sur les maladies nerveuses et mentales* (1 vol. 1896) et du *Compte-rendu des Travaux de la section de Neurologie au XIIIe Congrès international de Médecine en 1900* (1 vol. 1901).

Lauréat de l'Académie de Médecine, M. le Dr Henry Meige est membre correspondant de la Société Médico-psychologique, membre de la Société d'Histoire de la Médecine, secrétaire de la Société de Neurologie de Paris depuis sa fondation, etc.

DELARBRE (Paul)

Député, agriculteur, né à Troarn (Calvados) le 5 mai 1866. Petit-fils de Jean-Baptiste-Prosper Delarbre (1801-1879), qui fut maître de forges et représentant du peuple en 1848 ; neveu de M. Alphonse-Désiré Desloges (1828-1899), qui fut député et conseiller général du Calvados, il appartient à une ancienne famille très considérée en Normandie.

Ses études classiques faites au lycée de Caen, M. Paul Delarbre s'adonna à l'agriculture. Comprenant tout ce qu'on pouvait obtenir du riche sol normand avec les méthodes scientifiques de culture, il acquit, en 1890, le domaine d'Auge (Calvados) et parvint, en quelques années, par des travaux d'irrigation et de fumure rationnelle, à le transformer si complètement qu'il en décupla la valeur, ce qui lui valut la grande médaille d'or du ministère de l'Agriculture. Important propriétaire de pâturages à Manneville (Calvados), où il possède le château de ce nom, il est considéré comme l'innovateur de l'industrie laitière dans l'arrondissement. Il pratique, en outre, l'élevage, s'attachant particulièrement à l'amélioration des races bovine et porcine ; les spécimens d'animaux fournis par ses fermes sont cités comme types.

Ayant, par ses travaux et ses expériences agronomiques, contribué à la prospérité de sa région, M. Delarbre, se préoccupant aussi de la question ouvrière et pour éviter aux travailleurs agricoles les conséquences du chômage, leur assura, par un roulement continuel, du travail dans ses domaines. Il s'intéresse, en outre, dans une large mesure, à toutes les œuvres de mutualité et de bienfaisance de la contrée.

Très populaire dans sa région et, pour employer sa propre expression, « l'ami et le camarade de ses concitoyens, » M. Delarbre fut nommé, en 1892, conseiller municipal dans six communes à la fois ; il opta pour celle de Troarn. En 1895, il fut élu conseiller d'arrondissement, et, en 1899, conseiller général du Calvados, pour le canton de Troarn, succédant dans ce mandat à son oncle, M. Desloges.

A l'assemblée départementale, M. Paul Delarbre s'est intéressé notamment aux réductions d'impôt, à l'amélioration du sort des cantonniers, à la réforme des services sanitaires concernant les animaux, etc.

Aux élections générales législatives de 1898, M. Paul Delarbre, sollicité par un grand nombre d'électeurs, se porta candidat, quelques jours avant le scrutin, dans la première circonscription de Caen et obtint 5,653 voix contre 5,726 à l'élu, M. G. Lebret, ancien ministre. Au renouvellement général de 1902, candidat dans la même circonscription, il fut élu député au premier tour, avec 7,387 suffrages, contre 2,819 à M. Lebrets, son ancien concurrent, et 2,152 à M. Franklin-Bouillon, radical.

M. Paul Delarbre s'est affirmé, dans son programme, partisan de la réduction du service militaire, de la liberté de conscience et d'association, de la protection des intérêts agricoles, de la politique d'économie, des retraites ouvrières, etc. Républicain « sans épithète, » il s'est déclaré favorable à une « république ouverte à toutes les bonnes volontés ».

ROZAN (Charles)

LITTÉRATEUR, professeur et moraliste, né à Nantes le 3 mai 1824. Sa famille étant venue s'établir à Paris quelques mois après sa naissance, il fut élevé dans cette ville et entra, très jeune, dans l'administration. Il était chef de division au ministère de l'Instruction publique et des Cultes quand il prit sa retraite, en 1881, pour se livrer tout entier à l'enseignement et aux lettres.

M. Charles Rozan est l'auteur de plusieurs ouvrages de morale et de philologie, dont le sens fin et délicat, autant que la sûreté des informations, ont assuré le succès. Outre des *Leçons de Géométrie élémentaire* (1865), il a fait paraître : les *Petites ignorances de la Conversation* (1856), recueil critique de proverbes, d'adages et de dictons populaires, qui a eu douze éditions ; la *Bonté* (1869), ouvrage couronné par l'Académie française (10ᵉ édition) ; *La Jeune fille*, lettres d'un ami (1876, 4ᵉ édition) ; *Andrieux, œuvres choisies*, édition précédée d'une notice sur cet aimable conteur (1878) ; *Le Jeune homme*, lettres d'un ami, (1878, 2ᵉ édition) ; *Au milieu des hommes*, notes et impressions (1882) ; *Petites ignorances historiques et littéraires* (1888), ouvrage couronné par l'Académie française, inventaire critique des mots historiques attribués aux personnages célèbres de notre histoire ; *Au terme de la vie* (1891) ; *Lettres d'une fiancée à son grand-père* (1892) ; *De l'ordre dans les idées* (1893) ; *Etre aimable*, lettres à une amie (1894) ; *Lettres sur le mariage* (1896) ; *Parmi les femmes* (1898) ; *Les Animaux dans les proverbes* (2 vol. 1902).

M. Rozan est, depuis 1864, un des rédacteurs du *Journal des Demoiselles*. Il a publié, en 1867, une feuille humoristique intitulée l'*Unique, journal du silence*, dans laquelle il invitait ses contemporains à rechercher un peu moins les nouveautés et à lire un peu plus les bons livres.

Il ressort, dans son ensemble, de l'œuvre de cet auteur, un profond amour de l'humanité et un grand désir de donner à tous, à la jeunesse surtout, de sages conseils et d'utiles enseignements

M. Charles Rozan est chevalier de la Légion d'honneur.

DUQUESNEL (Paul)

DÉPUTÉ, agriculteur et magistrat, né à Paris le 29 août 1860. Après avoir accompli ses études classiques et suivi les cours de la Faculté de Droit, il prit la licence et s'inscrivit au barreau de Paris en 1884.

Entré, bientôt après, dans la magistrature, M. Duquesnel fut successivement attaché au Parquet de la Seine (14 février 1885), juge-suppléant au Tribunal d'Amiens (6 août 1886), juge à Clermont d'Oise (20 juillet 1889), puis juge d'instruction au Tribunal de Senlis (7 février 1890) Nommé juge suppléant au Tribunal de la Seine le 30 juillet 1892, il démissionna en juillet 1899.

Propriétaire-agriculteur dans l'Oise, M. Paul Duquesnel remplaça, en 1892, comme conseiller d'arrondissement de Maignelay, son père, qui détenait ce mandat depuis 1867 Il est l'auteur de différents vœux en faveur de l'agriculture, formés par cette assemblée ; il a été réélu en 1895.

En 1894, la presse de l'Oise et de la région signala l'heureuse initiative de M. Paul Duquesnel en vue de défendre et protéger l'industrie sucrière contre la concurrence étrangère.

Devenu délégué cantonal pour l'Instruction publique et pour l'Hygiène dans l'Oise, membre du Conseil de surveillance administrative de l'asile des aliénés de Clermont, M. Duquesnel, en 1896, devint maire de Montigny, succédant à son père, décédé, lequel occupait ces fonctions depuis 1871.

Mêlé, par l'exercice de ces divers mandats, à la politique active, il se présenta dans la circonscription de Clermont aux élections législatives de 1898, contre M. Rendu, radical socialiste, qui fut nommé.

De nouveau candidat, au renouvellement général de 1902, dans le même collège, M. Paul Duquesnel fut élu député, au 2e tour de scrutin, le 11 mai, par 10,661 contre 9,899 au même adversaire.

Il est inscrit au groupe républicain progressiste, à celui de la petite et de la moyenne culture et au groupe sucrier de la Chambre.

THOINOT (Henri-Léon)

MÉDECIN, né à Paris le 13 octobre 1858. Ses études classiques accomplies, il se fit inscrire à la Faculté de Médecine de Paris, fut interne des hôpitaux en 1882 et obtint le doctorat en 1886. Il devint d'abord auditeur, puis membre du Comité consultatif d'Hygiène publique de France (1889), inspecteur du service des épidémies du département de la Seine (1872), médecin des hôpitaux (1894), professeur agrégé de la Faculté de Médecine pour la section de médecine légale et expert près le Tribunal de la Seine (1895).

Comme secrétaire de la Commission de la tuberculose, M. le Dr Thoinot fut chargé, avec M. Grancher, du *Rapport sur la Tuberculose* pour les années 1896 et 1899. Il a fait partie des Congrès de la tuberculose tenus à Berlin en 1898 et à Londres en 1901. Il est membre et secrétaire-adjoint de la Société de Médecine légale, membre de la Société médicale des Hôpitaux, de la Société d'Hygiène, etc.

Les travaux de M. Thoinot sont des plus appréciés dans le monde scientifique, surtout ceux concernant l'hygiène et la médecine légale. Nous citerons : d'abord sa thèse sur le *Choléra de 1884*, qui obtint les prix Bréant de l'Académie des Sciences et de la Faculté de Médecine (1886) ; puis les articles *Typhus exanthématique* dans le *Traité de Médecine* de Charcot et de Bouchard et, dans le *Manuel de Médecine Debove-Achard*, ceux intitulés : *Coqueluche, Bronchites aiguës, Bronchites chroniques, Péricardites, Artérites, Hémorrhagie cérébrale, Ramollissement cérébral, Hémiplégie, Paralysie*.

On doit mentionner, parmi les travaux qu'il a fait paraître, ceux portant les titres suivants : *Spécificité et inoculabilité de la varicelle* (1885) ; *La Diphtérie en France au XIXe siècle. — Son extension progressive, ses foyers* (couronné par l'Académie de Médecine, prix Saint-Paul, 1888) ; *La suette miliaire du Poitou en 1887*, avec M. Brouardel ; *Géographie de la suette miliaire en France au XVIIIe et XIXe siècles*, avec le docteur Hontang ; *Etudes critiques sur la suette miliaire ; Epidémie de fièvre typhoïde au lycée de Quimper* (1888) ; les *Conditions typhoïgènes de la ville de Troyes* (1888) ; *Epidémie de fièvre typhoïde à l'Ecole normale primaire supérieure de Saint-Cloud*, avec M. le professeur Brouardel (1890) ; *Enquête sur les causes des épidémies de fièvre typhoïde qui ont régné au Havre et dans l'arrondissement en 1887-1888*, avec le même ; *Deux épidémies de fièvre typhoïde, Trouville et Villerville, en 1890*, avec le même (1890) ; *Epidémie de fièvre typhoïde à Avesnes-sur-Helpe, en 1891* (1892) ; *Leçons sur la pratique de la désinfection ; Cours d'hygiène* (3 éditions de 1889 à 1894) ; *Note sur quelques examens du sang dans le typhus exanthématique*, avec le Dr E. Calmette ; *Etude sur l'épidémie de typhus exanthématique de l'Ile-Tudy* (1891) ; *Etude sur les causes de la fièvre typhoïde à Besançon, et en particulier sur les causes de l'épidémie qui a sévi dans cette ville d'octobre 1893 à mars 1894 ; Etude sur quelques foyers de la fièvre typhoïde en France ; Contribution à l'étiologie et à la prophylaxie de la fièvre typhoïde en France* (prix Lacaze de la Faculté de Médecine, 1894) ; *Leçons sur les attentats aux mœurs et les inversions du sens genital* (1 vol. 1898) ; *La fièvre typhoïde et les eaux de source à Paris* (1900), etc.

Lauréat de la Faculté et de l'Académie de Médecine, ainsi que de l'Institut, M. le docteur Thoinot est chevalier de la Légion d'honneur depuis 1893.

ARMSTRONG (Thomas de SAINT - GEORGES Baron d')

PHILANTROPE, publiciste, né le 26 novembre 1840 à Buenos-Ayres (République Argentine), demeurant en France. Sa famille, d'origine écossaise, noble et très ancienne, contracta jadis alliance avec Herimon, ancien roi d'Irlande ; elle est aussi apparentée aux de Préaux, vieille maison française, dont un membre, Pierre II, fut envoyé comme otage, en 1360, au roi d'Angleterre Edouard III, par Jean le Bon, lors de la signature du traité de Brétigny. Plusieurs Armstrong se sont signalés, au cours des siècles, dans le métier des armes ; l'un d'eux, général, fut le fondateur et l'organisateur de l'arsenal militaire de Wolwich (Angleterre) ; l'inventeur du canon est un de ses cousins. Thomas, père du baron actuel, alla se fixer à Buenos-Ayres, où il épousa Mlle de Villanueva, issue d'une des plus anciennes familles espagnoles établies dans l'Argentine.

Après avoir accompli en Angleterre, au collège de

Saint-Edmunds, de brillantes études, M. Thomas de Saint-Georges, revenu à Buenos-Ayres, prit une part active à la fondation ou au développement de toutes les œuvres humanitaires, d'éducation et de bienfaisance de la Plata. En 1871, quand la fièvre jaune sévit dans la capitale argentine, causant près de 250,000 décès, et tandis que la population désertait la ville, il resta malgré tout sur les lieux et se dévoua particulièrement, au milieu de ses collègues de la Société populaire philanthropique. L'année suivante, une épidémie de petite vérole s'étant déclarée au Chili, il prit l'initiative de la création de listes de souscriptions destinées à venir en aide aux victimes et il contribua largement à leur succès.

Deux ans plus tard, le choléra sévissant à Buenos-Ayres, M. Saint-Georges d'Armstrong rendit de grands services comme secrétaire de commissions de salubrité et d'hygiène. Il devint ensuite inspecteur honoraire de la commission d'éducation des écoles primaires et graduelles ; peu de temps après, il fondait des écoles dans les prisons de Buenos-Ayres qui, jusque-là, en étaient dépourvues, ainsi que des bibliothèques à l'usage des détenus, et plusieurs écoles pour adultes. Président de la Société littéraire Franklin, il dirigea pendant plusieurs années le journal le *Citoyen*, dont il a été aussi propriétaire et où il développait la théorie de l'arbitrage entre les nations, à la propagation de laquelle il s'est particulièrement dévoué.

Malgré ses idées pacificatrices, il dût servir dans la garde nationale de Buenos-Ayres et même, comme capitaine d'État-major, il prit part à la répression d'une émeute ; mais il essaya toujours, même pendant les guerres, fréquentes dans cette période, de faire œuvre de paix. C'est ainsi que, dès 1874, avant que la Croix-Rouge ne fut organisée dans son pays, il fut délégué par une association de dames charitables au champ de bataille de la Verdi (République Argentine), où il prêta son concours pour le soin des blessés. Quelques années après, il était envoyé, avec deux de ses collègues, au président de la République de l'Uruguay, pour essayer d'aplanir le différend survenu entre celui-ci et des groupes d'insurgés.

En 1880, M. de Saint-Georges d'Armstrong fut envoyé comme inspecteur de la Croix-Rouge sur les lieux de combat. En 1884, il fut délégué par la même association pour la représenter à la Conférence Internationale de Genève. En 1890, il devenait son correspondant attitré

Pendant quelques années, entre temps, il remplit gratuitement les fonctions de secrétaire particulier du ministre plénipotentiaire d'Espagne près le gouvernement argentin.

En 1884, M. de Saint-Georges d'Armstrong avait été également désigné comme candidat au Congrès Argentin ; s'il ne fut pas élu, son programme, comportant divers projets de lois pacificatrices, sollicita et retint l'attention des penseurs.

Fixé en France depuis cette époque, il y est devenu, dès 1885, membre de la Société française d'Arbitrage entre les nations. Au Congrès de 1889, aucun étranger ne pouvant faire partie des comités, il fut seulement membre d'honneur ; mais il prit part cependant à l'organisation, durant l'Exposition universelle, du Congrès de sauvetage, où il présenta un projet sur la fédération et obtint une médaille de bronze. Il fut, quelques années après, délégué par la Société de sauvetage de l'Aude pour le représenter au Congrès de Toulon.

En 1890, il fut vice-président du Congrès de Londres pour l'arbitrage international et en 1893 membre du Jury de sauvetage et des ambulances de la Croix Rouge. Lors de l'Exposition de 1900, il a fait partie des divers congrès d'arbitrage, de désarmement, d'humanité, de sauvetage, d'assistance, de la Croix-Rouge, et de celui d'ethnographie, tenus à Paris.

Il a présidé le Congrès de l'Humanité, réuni en mars 1902 à Pierrelatte. A celui pour le même objet, tenu ensuite à Paris, il défendit avec véhémence ses vues tendant à la suppression de la peine de mort et celles relatives à l'amélioration des criminels. Il émit, en outre, le vœu que des mesures énergiques soient prises contre les cochers et conducteurs de voitures à traction animale ou mécanique qui mettent, par insouciance, journellement, des vies humaines en péril. Il fit enfin voter un hommage aux bienfaiteurs de l'humanité vivants et morts.

En avril 1902, au Congrès de la Paix, réuni à Monaco, il présenta un projet de médiation dans la guerre sud-africaine, en conformité avec les résolutions précédemment adoptées à la Conférence de la Haye et une autre proposition de résolution relative aux camps de concentration, dont il était alors tant parlé.

Le baron de Saint-Georges d'Armstrong est président d'honneur de la Société amicale des Sauveteurs, de l'Institut de sauvetage de la Méditerranée et de plusieurs autres associations de sauveteurs ; membre bienfaiteur du Salon Lamartine, de la Société du grand-prix humanitaire pour la récompense des actions d'éclat, de la Ligue franco-italienne et de celle des Contribuables, de l'Association internationale des Journalistes amis de la paix, de l'Alliance scientifique universelle (dont il a été le vice-président et le délégué au Congrès des Orientalistes de Paris) ; du Conseil de la Société d'Ethnographie (dont il a été également vice-président), de la Bibliothèque de Bolivar (dont il a été deuxième vice-président), correspondant de la « Société des Uns », conseiller de l'Union celtique franco-irlandaise, membre du Reform-Club de Londres, etc.

M. d'Armstrong a publié un ouvrage : *Principes généraux du Droit international*, dont le premier volume : *Utilité de l'arbitrage* (1890), fait autorité en la matière (2º vol. 1902). On annonce du même auteur plusieurs études sur la *Confédération des Etats-Unis de l'Europe*, suivant la conception humanitaire qui lui est chère, et un *Catéchisme de Droit international*. Il a collaboré aux *Annales de l'Alliance scientifique*, à la *Revue Libérale*, etc.

Par son mariage avec une fille de M. Faria, ministre du Portugal à Buenos-Ayres, parente du fameux Godoï, prince de la Paix en Espagne, M. de Saint-Georges est devenu « gentilhomme de la Cour de Portugal ». Chevalier de Malte, il est, en outre, commandeur de Notre-Dame de la Conception de Villa-Viciosa, de Notre-Seigneur Jésus-Christ, chevalier du Saint-Sépulcre, titulaire de la médaille de première classe en or de la Municipalité de Buenos-Ayres, de la Croix de fer et de la médaille en argent du Lazarete du Chili, de l'ordre du Libertador Simon Bolivar, etc.

BEAUMONT (Charles)

ÉCRIVAIN, fonctionnaire, né à Pont-à-Mousson (Meurthe) le 5 février 1845. Il est le fils d'un conducteur des Ponts et Chaussées, publiciste distingué en même temps. Ses études classiques faites en province, puis celles de droit à Paris, il se fit recevoir licencié et inscrire momentanément avocat stagiaire. Entré dans l'administration dès l'âge de dix-neuf ans, il est devenu secrétaire chef des bureaux de la mairie du VIIᵉ arrondissement de Paris.

Écrivain et auteur dramatique, M. Charles Beaumont s'est fait connaître et apprécier du public en publiant des œuvres peu nombreuses, mais remarquables par le charme délicat du style et une érudition toujours sûre. Il a collaboré au *Paris Moderne*, où il fit paraître un joli conte : *Locdu et Hallis* ; au *Paris Joyeux*, où il donna plusieurs poèmes ; au *Monde Maçonnique*, à l'*Esprit Moderne*, au *Paris Mont-Blanc*, à l'*Avenir de Rennes*, à la *Revue générale internationale*, où il donna une nouvelle fort bien accueillie : la *Jolie Fille de Batz* ; au *Ralliement de Saint-Servan* ; à la *Revue des Conférences et des Arts*, où il a fait paraître un résumé des conférences d'Hippolyte Maze sur la *France avant la Révolution*.

En librairie, cet écrivain a publié : les *Francs-Maçons*, comédie en 3 actes, précédée de l'*Initiation antique*, en collaboration avec son père, M. Auguste Beaumont (1 vol. 1867) ; le *Cahier de Marcel*, roman contemporain (1880, 2ᵉ éd. 1892) ; la *Fille unique*, comédie en un acte, en collaboration avec J. Thurwanger, parue dans la brochure intitulée : *Quatre comédies* (1887) ; un recueil de trois nouvelles : *Vert-de-Gris, Au bord du Mariage, Histoire d'un pied d'échelle* (1902), etc.

On annonce du même auteur : le *Page de Voiture*, comédie en un acte, en prose ; la *Générale Soufflet*, roman, et *Ferdinand VII*, drame écrit en collaboration avec son père, M. A. Beaumont.

M. Charles Beaumont est officier de l'Instruction publique.

OLLIVIER (Louis)

DÉPUTÉ, avocat, né à Guingamp (Côtes-du-Nord) le 3 avril 1853.

Il appartient à une ancienne famille originaire de la région. Son arrière grand-père fut député sous Louis-Philippe. Son grand-père, longtemps magistrat, fut maire de Guingamp et conseiller général du département ; son père, avocat, ancien maire de cette ville et conseiller général, a, sous le pseudonyme de Séverin de la Chapelle, publié des études remarquées, notamment sur la *Réforme du suffrage universel* et la *Représentation proportionnelle*.

M. Louis Ollivier fit ses études de droit à Rennes et obtint le diplôme de docteur en 1874. Il devint ensuite secrétaire de M. le premier président Bécot, puis de M. le premier président de Kerbertin dans cette ville. Nommé, le 16 février 1878, substitut du procureur de la République à Paimbœuf, il remplit les mêmes fonctions successivement à Fougères (1879), puis à Saint-Brieuc (1880) et donna sa démission lors de l'exécution des décrets d'expulsion des religieux (29 mars 1880).

La même année, il se faisait inscrire au barreau de Saint-Brieuc, où il ne tarda pas à se créer une réelle notoriété. Plusieurs fois bâtonnier de l'Ordre, M. L. Ollivier a plaidé nombre d'affaires criminelles, civiles et de presse. La plus mémorable est celle dite du

« pendu crucifié, » dont toute la presse eut à s'occuper et qui se termina par l'acquittement de l'inculpé.

M. L. Ollivier a été nommé conseiller municipal de Saint-Brieuc en 1900 et conseiller général des Côtes-du-Nord pour le canton midi de cette ville en 1901. Lors des élections générales législatives de 1902, il fut élu député de la 2ᵉ circonscription de Guingamp, par 7,240 voix contre 6,368 à M. le Dʳ Quéré, républicain radical, au premier tour de scrutin, le 27 avril, remplaçant M. de Kerouartz, député sortant, qui ne se représentait pas.

Républicain « libéral et catholique », M. Ollivier est inscrit, à la Chambre, aux groupes de l'Action libérale et de la Patrie Française. Son programme comporte la liberté d'association et d'enseignement, la réforme des lois sociales, la protection des intérêts agricoles, etc.

ARLIN (Jean-Clément-Victor)

PEINTRE et sculpteur, né à Lyon le 23 juin 1868. Fils de M. Joanny Arlin, peintre fort estimé, il étudia d'abord la sculpture, puis la peinture, à l'Ecole des Beaux-Arts de Lyon, où il eut pour professeur M. Dufraine et où il obtint plusieurs récompenses. Puis, venu à Paris, il reçut les leçons de MM. J.-P. Laurens, Benjamin Constant et Albert Maignan. Il fut également récompensé à l'Ecole des Beaux-Arts de Paris.

M. Victor Arlin s'est fait apprécier comme sculpteur et comme peintre. Il a envoyé aux Salons annuels de la Société des Artistes français d'abord de la sculpture : deux fort beaux bustes en plâtre, pleins de vie et fort bien venus (1892) ; puis les peintures suivantes : *M. L. Champagne*, portrait (1897) ; *Mᵐᵉ L. Becker*, portrait (1899) ; *Portrait de l'auteur en costume Louis XIII* (1900) ; *Épisode de la fuite en Egypte*, « évocation d'une ravissante poésie », dit un critique, toile magistralement exécutée (1901) ; *Portrait de Mᵐᵉ Scheveurer* (1902).

Outre ses expositions à Paris, l'excellent artiste a produit ses œuvres en de nombreux Salons de province, notamment à ceux de la Société lyonnaise des Beaux-Arts dont il est membre, à Lyon ; à Pau, à Chalon-sur-Saône, etc. On a cité, parmi ses toiles exposées en différentes villes, des tableaux d'une haute valeur, notamment son *Paysan conduisant ses bêtes aux champs*, peinture pleine de vie et de poésie, qui obtint, en 1897, de l'Académie des Beaux-Arts, le prix Troyon ; *Une rue de Biskra*, étude algérienne d'une superbe couleur ; la *Nuque de Jeanne*, étude

de genre ; un portrait, qui fut très remarqué, de *M. Maizial*, etc.

Sociétaire de la Société des Artistes Français, M. V. Arlin, outre le prix de l'Institut déjà mentionné et le prix Ponthus-Cimier, reçu en 1897, a obtenu des récompenses au Salon de Paris et à la Société lyonnaise des Beaux-Arts (3ᵉ, 2ᵉ et 1ʳᵉ médaille). Il a été membre du Jury à l'Exposition des Beaux-Arts de Lyon en 1901.

SCHNEIDER (Charles)

DÉPUTÉ, né à Colmar (ancien département du Haut-Rhin) le 19 mai 1851. Il appartient à une famille de la région, qui compte parmi les siens plusieurs officiers. Il faisait ses études au lycée de la ville natale quand la guerre franco-allemande survint. Engagé volontaire à dix-neuf ans, M. Charles Schneider participa à la défense de Neufbrisach. Fait prisonnier avec la garnison de cette ville, il resta en captivité à Rastadt (duché de Bade), du 11 novembre 1870 au 11 mars 1871.

De retour à Colmar, il opta pour la France et partit pour Paris, où il remplit la même formalité. Après avoir servi au 35ᵉ de ligne, M. Charles Schneider entra dans le commerce, passa quelques années à Paris et vint à Belfort, prendre, en 1877, la direction d'un important commerce de mercerie dont il s'occupa jusqu'en 1900. Il a été juge au Tribunal de Commerce de cette ville.

M. Schneider fit, de bonne heure, une active propagande en faveur des idées républicaines. Nommé, en 1892, conseiller municipal et, en 1894, maire de Belfort, son administration contribua à favoriser le développement et l'importance considérable pris par la cité depuis quelques années.

Élu, en 1898, conseiller général, M. Charles Schneider fut, la même année, candidat aux élections législatives dans l'arrondissement-territoire de Belfort et obtint 8,180 voix, contre 9,342 à l'élu, M. A. Viellard, conservateur.

Lors du renouvellement de la Chambre, en 1902, il se représenta et fut élu député, par 9,514 voix, contre 9,347 au même adversaire (27 avril).

M. Charles Schneider fait partie du groupe parlementaire de la gauche radicale. Il soutient de ses votes et de son influence le programme du comité pour la défense des réformes républicaines et la politique radicale-socialiste.

HENRIQUE-DULUC (Louis)

PUBLICISTE, député, né à Vico (Corse) le 30 septembre 1852. Il fit de brillantes études classiques et s'engagea volontairement, en 1870, lors de la guerre franco-allemande ; il se distingua au siège de Belfort, devint officier d'infanterie et, après sa sortie de l'armée, fut nommé sous-intendant militaire du cadre de réserve (1889).

M. Louis Henrique a été, de 1880 à 1881, secrétaire-général de la préfecture de l'Aube.

En 1882, il fonda l'*Avenir des Colonies*, organe qui prit bientôt une certaine importance ; l'année suivante il était choisi comme délégué de Saint-Pierre-et-Miquelon au Conseil supérieur des Colonies nouvellement reconstitué. Cette même année, il fonda la Société française de colonisation, dont il n'a pas cessé d'être le secrétaire-général. Il est en outre président du groupe colonial des Conseillers du Commerce extérieur de la France, président d'honneur du Syndicat de la Presse coloniale, etc.

M. Louis Henrique, qui s'est spécialisé avec une haute compétence dans les questions coloniales, fut, en 1889, à l'Exposition universelle de Paris, commissaire de la section des Colonies françaises ; il organisa plus tard, en 1893, la section coloniale française à l'Exposition internationale de Chicago. En 1894, il publia un rapport fort nourri et qui a été très remarqué sur l'*Algérie, la Tunisie et les autres colonies françaises à l'Exposition de Chicago*. La même année, il prit la direction du journal la *Politique Coloniale* qui, sous son impulsion, est devenue l'une des principales publications françaises du genre.

Aux élections générales législatives du 8 mai 1898, il fut élu député de l'Inde française, par 31,975 voix, contre 17,485 à M. Paul Bluysen, libéral. Il a été réélu, au renouvellement du 27 avril 1902, par 30,545 voix, contre 1,995 voix à M. Yves Guyot, ancien député, et 165 à M. Paul Bluysen.

Membre de la Gauche radicale et de l'Union démocratique de la Chambre, M. Louis Henrique prend une part active aux travaux parlementaires. Radical de gouvernement, il a soutenu les ministères Waldeck-Rousseau et Combes de ses votes et de son influence. Très populaire dans la colonie qu'il représente au Palais-Bourbon, il a pris constamment à tâche de défendre ses vœux et ses intérêts. C'est lui qui a été l'initiateur, dans la discussion du budget de 1901, de l'article 33 de la loi de finances accordant l'autonomie coloniale en matière budgétaire. Il a fait également voter par la Chambre un amendement réduisant les taxes postales sur les journaux expédiés du ou aux colonies.

Adversaire déclaré de l'ingérence religieuse dans l'enseignement, M. Louis Henrique a obtenu la laïcisation du collège de Pondichéry. Cette mesure, qui portait une grave atteinte au prestige de la Mission catholique dans l'Inde, détermina les attaques violentes dirigées depuis contre le représentant de l'Inde française. Elles provoquèrent, par représailles, des poursuites contre l'un des partisans les plus dévoués de M. Henrique-Duluc, M. Chanemougan, conseiller général et électeur des plus influents, pour faits de concussion ; l'acquittement de M. Chanemougan et la réélection de M. Louis Henrique ont mis un terme à ces accusations.

Depuis 1900, M. Louis Henrique est directeur politique du journal le *Voltaire*. Il est l'auteur d'un important ouvrage en 6 volumes, intitulé : les *Colonies françaises illustrées* (1890) et de *Nos Contemporains*, galerie coloniale et diplomatique (3 vol.)

Officier de la Légion d'honneur, M. Louis Henrique est en outre officier de l'Instruction publique, grand-officier des ordres de l'Annam, du Cambodge, du Nicham, grand-croix de l'Etoile Noire, etc.

LEMIRE (l'Abbé Jules-Auguste)

DÉPUTÉ, prêtre, écrivain et professeur, né à Vieux-Berquin (Nord) le 23 avril 1853. Il fit ses études classiques au collège libre Saint-François-d'Assises à Hazebrouck. Bachelier ès-lettres et ès-sciences au sortir de la philosophie, il entra au séminaire de Cambrai, fut ordonné prêtre en 1878 et revint à Hazebrouck, comme professeur de rhétorique à l'établissement où il avait fait ses classes.

En 1892, M. l'abbé Lemire prit l'initiative de la création, à Hazebrouck, d'un second collège destiné aux carrières libérales, le premier étant réservé aux futurs séminaristes. Il dirigea ensuite les travaux de construction de ce collège, ce qui le mit naturellement en relations avec la classe ouvrière.

L'un des promoteurs en France du « socialisme chrétien, » l'abbé Lemire a beaucoup écrit sur la question sociale et les réformes qui lui paraissent désirables à ce point de vue. Il s'est aussi fait apprécier comme orateur par de nombreuses prédications ou conférences données un peu partout, et particulièrement dans les congrès agricoles et catholiques.

Aux élections générales législatives de 1893, l'abbé

Lemire se présenta comme candidat « socialiste chrétien » dans la première circonscription d'Hazebrouck, et fut nommé, au 2ᵉ tour de scrutin, par 6,754 voix, contre 5,659 à M. Outters, notaire, républicain. L'honorable député du Nord a été réélu dans la même circonscription : en 1898, avec 8,752 voix, contre 3,073 à divers candidats ; en 1902 par 9,700 suffrages, sans concurrent.

Quelques mois après sa première élection, le 9 décembre 1893, l'abbé Lemire fut assez grièvement blessé par les éclats d'un engin lancé par l'anarchiste Vaillant, à la Chambre des députés. Au cours de cette même législature, il demanda et fit adopter la modification des formalités du mariage, dans le but de faciliter les unions légales ; il se prononça en faveur de la liberté d'association, de l'organisation d'un bien non partageable et insaisissable, dit « bien de famille », du maintien de l'ambassade auprès du Vatican (par un discours très sensationnel), du bénéfice des tarifs militaires pour les agents des douanes, de l'interdiction du duel, du projet de loi sur la petite propriété rurale, qu'il contribua à faire adopter comme membre de la commission nommée à cet effet. etc.

Durant la deuxième législature (1893 à 1898), l'abbé Lemire fit partie des commissions de l'agriculture, de l'enseignement et des associations. Il combattit énergiquement un amendement tendant à la suppression des subventions aux écoles catholiques d'Orient, intervint en faveur des améliorations destinées à l'extension de la marine marchande et au sort des invalides de la marine, de la création d'un ministère du travail, de l'exécution, lors de l'Exposition universelle de 1900, d'une maison-type pour l'ouvrier français, demande qu'il obtint du gouvernement, etc. Il déposa et fit voter un amendement au bénéfice des agents et sous-agents des postes chargés de famille ; il fut le rapporteur d'une proposition de loi, qu'il fit adopter, accordant aux caisses régionales de crédit agricole des avances pécuniaires. Il a encore contribué à obtenir des crédits pour l'amélioration du sort des employés des douanes, pour le maintien ou le rétablissement de divers aumôniers, etc.

L'abbé Lemire a publié : *D'Irlande en Australie*, lettres de son frère, le P. Achille de la Congrégation du Saint-Esprit, sur le catholicisme irlandais et le libéralisme anglais (1880) ; le *Cardinal Manning et son action sociale*, étude très documentée (1893) ; *L'Abbé Dehaene et la Flandre*, ouvrage historique et biographique devenu fort populaire dans la région (1893) ; *Le Catholicisme en Australie* ; *Une Trappe en Chine*, ou l'évangélisation dans l'Extrême-Orient par les ordres contemplatifs et ouvriers (1894) ; les *Congrès de Reims* et de *Bourges*, volumes édités sous sa direction, avec notes et préfaces, etc.

Il a donné, en outre, de nombreux articles à la *Revue de Lille*, aux *Annales du Comité flamand de France*, à la *Réforme Sociale* de Le Play, au *Correspondant*, à la *Revue*, etc.

Il a fondé, en 1897, et il préside depuis ce temps la « Ligue française du Coin de Terre », reconnue d'utilité publique et pour laquelle il a fait paraître diverses brochures de propagande.

MARGIS (Alfred)

Compositeur de musique, né à Colombes (Seine) le 30 octobre 1874. Il fit ses études classiques au collège Chaptal à Paris et accomplit ensuite son service militaire au 28ᵉ d'infanterie, à Rouen, où il composa la première œuvre que l'on puisse mentionner de lui : *Valse bleue*, laquelle venait déjà après d'autres essais de jeunesse.

Ce morceau, que son auteur eut, dit-on, quelque peine à faire imprimer, est devenu, en quelques années, l'un des plus grands succès de l'édition moderne. On estime qu'en 1902, le tirage de cette valse a atteint le chiffre total de près d'un million d'exemplaires, dont 200,000 en France et 500,000 en Amérique.

La réputation de M. Alfred Margis bénéficiant de ce succès rapide et peut-être sans précédent, ses compositions postérieures obtinrent auprès du grand public un accueil très favorable. Parmi ses œuvres, éditées par les maisons Salabert, du Wast, Enoch, Hachette, Ricordi, on doit citer les suivantes : *Valse Blanche, Valse Rose*, les *Baisers, Petite Source, Valse Royale, Valse Américaine, Frissons et Fleurs* (valses); les *Lapins*, polka-marche ; *Tsouki*, marche orientale ; *Rugby*, marche américaine ; *Pourquoi ne pas m'aimer? Eternellement, Exquises caresses, Roses de France*, autres valses chantées avec une vogue persistante par MM^mes Lambrecht, Paulette Darty, Germaine Gallois, etc. ; *Ancienne idylle*, le *Papillon, Si je vous disais..., Rêve fini, Placet d'Amour*, le *Fuseau*, les *Chysanthèmes, Poésie*, et autres mélodies.

Il faut encore mentionner de ce compositeur, qu'un critique autorisé a appelé « le Strauss moderne », la musique de scène de la *Croix maudite*, pièce représentée au théâtre Moncey, et le *Beau Chœurcas*, opérette donnée aux Mathurins. On annonce en outre un ballet-pantomime pour les Folies-Bergères et une opérette donnée aux Mathurins.

M. Alfred Margis a dirigé, en 1901, au Palais de Glace une audition de ses œuvres qui fut un brillant succès. Il est officier d'Académie.

BONNEVAY (Laurent)

Député, avocat, économiste, né à Saint Didier-au-Mont-d'Or (Rhône) le 28 juillet 1870. Il est le fils d'un conseiller général du canton de Lamure, qui fut l'un des chefs du parti républicain de la région, à la fondation de la République.

Après avoir suivi les cours de la Faculté de Droit et une fois licencié, il prêta serment d'avocat devant la Cour d'appel de Lyon, en 1891.

Premier secrétaire de la Conférence, M. Bonnevay se créa rapidement une certaine notoriété et reçut, en 1896, le prix Mathevon de la Conférence des avocats.

Appelé à plaider de nombreuses causes devant les tribunaux civils et la Cour d'appel ; mêlé, en outre, tout jeune aux luttes de la politique locale, il débuta dans la vie publique en 1900, comme conseiller municipal de la ville de Lyon, et fut bientôt, dans cette assemblée, l'un des chefs de l'opposition républicaine progressiste et l'adversaire irréductible du maire, M. le docteur Augagneur.

Candidat, pour la première fois, aux élections législatives de 1902, dans la deuxième circonscription de Villefranche-sur-Saône, il fut élu député, au premier tour de scrutin, par 11,084 voix, contre 10,094 à M. Palix, député sortant (27 avril).

Républicain modéré, M. Bonnevay s'est fait inscrire au groupe progressiste du Palais-Bourbon ; il s'intéresse surtout aux questions ouvrières.

Mutualiste convaincu, le député du Rhône est président de plusieurs sociétés de secours mutuels et il a donné, dans toute la région du Sud-Est, de nombreuses conférences en faveur de la mutualité.

M. L. Bonnevay a publié différentes études sociologiques, notamment : le *Tisseur en boutique de Saint-Nizier-d'Azergues* ; le *Homestead*, etc... et un livre très documenté : les *Ouvrières lyonnaises travaillant à domicile*, ouvrage couronné par la Société d'Économie politique et sociale de Lyon. Il a collaboré assidûment au *Mutualiste Lyonnais* et à la *Revue des questions ouvrières et d'Économie sociale*, de Lyon.

OLIVIER (Louis)

Publiciste scientifique, né à Elbœuf le 29 juin 1854. Reçu docteur ès-sciences de la Faculté de Paris en 1881, il obtint le prix Bordin de l'Institut pour sa thèse sur l'*Appareil Tégumentaire des Racines*.

En 1890, M. Louis Olivier fonda la *Revue générale des Sciences pures et appliquées*, qu'il continue de diriger et à laquelle il collabore régulièrement. Il a réuni, pour la rédaction de cette revue, l'élite des écrivains scientifiques de la France et de l'étranger ; aussi est-elle devenue, sous l'intelligente impulsion de son directeur, le journal le plus répandu peut-être du monde en son genre. La *Revue générale des Sciences* est arrivée à donner périodiquement le tableau exact du mouvement scientifique, industriel et social contemporain et c'est à elle qu'ont recours les maîtres de la science chaque fois qu'ils ont une communication à faire au public.

Les travaux de M. L. Olivier se rapportent à la biologie générale. Ils ont eu notamment pour objets : l'étude du développement histologique des tissus des téguments des racines végétales, l'analyse des phénomènes de réaction intra-cellulaire déterminés par des réductions de pression ou des influences actiniques, le mécanisme de l'utilisation du soufre par le protoplasma, la sulfhydratation des eaux par réduction des sulfates sous l'influence des êtres vivants, la continuité du protoplasma dans l'organisme végétal, etc. Une autre série de ses recherches a porté sur la physique et la photographie.

On lui doit également l'emploi de la méthode actinométrique en photographie, l'invention d'un dévidoir, récompensée par la Société d'encouragement à l'Industrie nationale, et quelques instruments de physique.

Depuis plusieurs années, il a institué, en vue de développer parmi les français le goût des voyages à l'étranger, une série de croisières scientifiquement organisées, qu'il conduit dans toutes les parties du monde. Ces croisières ont déjà fait connaître à bon nombre de nos compatriotes le nord de l'Europe, la Suède, la Norvège, le Danemark, la Finlande, les îles de l'Atlantique, le bassin de la Méditerranée, de la mer Noire et de la Caspienne, ainsi qu'une importante partie de l'Asie et de l'Afrique (Syrie, Egypte, Nubie, Tripolitaine, Oranie, Maroc).

En 1902, M. Olivier a inauguré, indépendamment de ses croisières maritimes, une série d'excursions aériennes, destinées à répandre le goût du sport aéronautique et à préparer la conquête méthodique de l'atmosphère.

MAROT (Félix)

Député, médecin, né à Angoulême (Charente) le 5 août 1865. Il fit ses études classiques au lycée de sa ville natale et celles de médecine à la Faculté de Paris, où il fut reçu docteur en 1893, avec une thèse fort intéressante *Sur un Streptocoque de la bouche*. Il a été préparateur de bactériologie à la clinique des maladies infantiles de la Faculté de Médecine (1892 à 1894), où il a professé un cours de bactériologie. Il exerça ensuite sa profession à Paris.

M. le docteur Marot a publié sur les questions bactériologiques et hygiéniques des travaux scientifiques qui ont été remarqués. Ils ont paru sous forme de mémoires ou d'articles dans les journaux, notamment la *Presse Médicale*, le *Bulletin Médical*, la *Médecine Moderne*, la *Revue des Maladies de l'Enfance*; dans ce dernier organe, il donna, entr'autres études, en collaboration avec le professeur Marfan, un travail qui est très apprécié, sur la *Dyspepsie gastro-intestinale des nouveau-nés*.

En 1898, lors du renouvellement législatif, M. le docteur Marot se porta candidat dans l'arrondissement de Ruffec (Charente) et y obtint, au premier tour de scrutin, une importante minorité de suffrages ; il se retira au ballottage pour assurer l'élection de son concurrent républicain plus favorisé M. Limouzain-Laplanche, qui fut élu. En 1900, il fut nommé conseiller municipal de Ruffec ; il devint, l'année suivante, conseiller d'arrondissement pour le canton d'Aigre (Charente).

De nouveau candidat aux élections générales législatives de 1902, il fut élu, dans le même arrondissement de Ruffec, par 6,901 voix contre 6,497 à M. Limouzain-Laplanche, radical, au premier tour de scrutin (27 avril).

M. le docteur Marot fait partie, à la Chambre, du groupe républicain progressiste, dont il partage les vues politiques. Il s'est déclaré partisan de la liberté d'association et d'enseignement, de la réduction du service militaire sous réserve de la réorganisation des cadres, de la protection des intérêts agricoles, de la décentralisation, de la diminution du nombre des fonctionnaires, du maintien du privilège des bouilleurs de cru avec certaines garanties contre la fraude, etc.

VEVER (Henri)

Sculpteur-joaillier, né à Metz le 16 octobre 1854. Il fit ses études dans sa ville natale, puis vint à Paris, après avoir opté pour la France.

Élève de l'École des Arts décoratifs en 1871, puis de l'École des Beaux-Arts, où il remporta plusieurs médailles, il eut pour professeurs MM. Aimé Millet pour la sculpture et Gérôme pour la peinture. Fils et petit-fils de joailliers réputés, il étudiait en même temps la profession de ses ascendants en dehors de la maison paternelle, dont il s'occupa cependant par la suite et prit la direction en 1881.

Aux Salons de la Société des Artistes français, M. Henri Vever a envoyé des dessins et des objets d'art. Mais ce sont surtout les expositions universelles de 1889 et de 1900 qui ont mis son nom en évidence et consacré sa réputation. Il a contribué pour une large part à la rénovation de la bijouterie et de la joaillerie françaises. Ses modèles d'épingles de chapeau, de pendentifs, de broches, de peignes, de diadèmes, de boucles de ceintures entr'autres, sont très appréciés du public, comme ils le sont des connaisseurs, parce qu'ils présentent une intéressante originalité d'inspiration, unie à la pure tradition classique de la forme.

M. Vever, écrivait M. Léonce Bénédite dans *Art et Décoration* en 1900, a eu l'ambition de faire œuvre de vrai artiste et pour mériter cette gloire il n'a ménagé ni la peine, ni le temps, ni les sacrifices. Ce qui caractérise la forme de son art, c'est qu'il est parvenu à créer un style bien personnel remarquable par l'écriture du dessin nette, franche, déterminée ; le sentiment des justes proportions entre les divers éléments du sujet, le rythme toujours sensible et sans confusion, le travail sobre et peu chargé. Il faut que le bijou se lise facilement sur les fronts, sur les gorges et les poitrines. Et c'est pour avoir suivi ces enseignements qu'il a produit un si bel ensemble de distinction, de mesure et de goût.

Collectionneur réputé pour la sûreté de son choix, M. Vever possède une galerie de toiles de peintres modernes et une collection d'objets d'art japonais, toutes les deux célèbres.

Membre de la Société des Artistes français, depuis 1875, M. Henri Vever a obtenu un grand prix aux Expositions universelles de Paris en 1889 et 1900, de Bruxelles en 1897, etc.

Il est chevalier de la Légion d'honneur et officier d'Académie.

FLOURENS (Emile-Léopold)

Député, ancien ministre, né à Paris le 27 avril 1841. Il est le second fils de Marie-Joseph-Pierre Flourens, l'illustre physiologiste dont les travaux sont demeurés classiques, qui fut secrétaire perpétuel de l'Académie des Sciences, membre de l'Académie française, député, pair de France (né dans l'Hérault, à Maureilhan, en 1794, mort à Montgeron en 1867). Petit-fils, par sa mère, du général baron Clement, il est le frère cadet du révolutionnaire Gustave Flourens (1838-1871). Il a épousé une fille de l'économiste Michel Chevalier.

Ses études classiques accomplies au lycée Charlemagne, M. Emile Flourens apprit le droit à la Faculté de Paris et entra, dès 1863, au Conseil d'Etat, comme auditeur ; en 1868, il démissionna pour se faire inscrire, comme avocat, au barreau de la Cour d'appel.

Au moment de la réorganisation du Conseil d'Etat, il fut nommé maître des requêtes (1872) ; en même temps, il devenait professeur à l'Ecole libre des Sciences politiques. Conseiller d'Etat en 1879, il fut directeur des Cultes depuis cette date jusqu'en mars 1885, où il était choisi comme président de la section de législation, justice et affaires étrangères au Conseil d'Etat, et président du Comité consultatif des protectorats au ministère des Affaires étrangères.

M. Flourens prit le portefeuille des Affaires étrangères, dans le cabinet formé par M. Goblet le 18 décembre 1886 ; il était, dans cette combinaison, le collègue du général Boulanger, ministre de la Guerre, et il dût parfois, pour atténuer, dans nos relations diplomatiques, l'effet des allures belliqueuses et souvent provocatrices du fameux général, leur opposer une attitude d'autant plus prudente et réservée. C'est ainsi que, en février 1887, M. Flourens crut devoir retenir une lettre que Boulanger adressait au tzar, et la communiquer, dit-on, à Bismarck, afin que celui-ci, prévenu, ne vit point dans cette correspondance personnelle une manifestation officielle ou une provocation.

Bientôt après, un incident plus grave vint requérir l'habileté diplomatique du ministre des Affaires étrangères. Le commissaire spécial français Schnaebelé fut arrêté, le 21 avril suivant, par les autorités allemandes à la gare de Pagny-sur-Moselle sur notre territoire. Cette violation du droit des gens produisit dans le pays une émotion très considérable. Des enquêtes furent immédiatement ouvertes par les ministres de la Justice et de l'Intérieur ; en même temps, M. Flourens chargeait M. Raindre, conseiller d'ambassade remplaçant M. Herbette, notre ambassadeur alors en congé, de se renseigner à Berlin sur les motifs de l'arrestation du fonctionnaire français. L'attitude ferme et conciliatrice à la fois de notre ministre amena, au bout de huit jours, la mise en liberté du sieur Schnaebelé.

M. Flourens conserva son portefeuille dans les ministères qui suivirent, présidés par M. Rouvier (30 mai 1887) et par M. Tirard (12 décembre même année) et il se retira le 2 avril 1888, à la constitution du cabinet Floquet.

Le passage aux affaires de M. Flourens a été marqué encore par la solution, à la satisfaction de nos intérêts, du différend survenu entre notre résident-général, M. Le Myre de Villers, et la reine de Madagascar (24 septembre 1887). Afin de fixer nos droits en Egypte, il adressa à nos représentants à l'étranger une circulaire sur l'attitude de la France au cours des négociations poursuivies à Constantinople pour la neutralisation du canal de Suez ; le 24 octobre, il signait une convention relative à cette même question d'Egypte et une autre relative aux Nouvelles-Hébrides et aux Iles sous le Vent.

En 1888, M. Chaix, député, ayant été élu sénateur, M. Flourens posa sa candidature dans les Hautes-Alpes et fut nommé député, le 26 février, par 12,617 voix sur 24,006 votants et contre 11,036 suffrages à M. Euzière, radical. Au renouvellement général de l'année suivante, fait au scrutin uninominal, il se présenta dans l'arrondissement d'Embrun et fut renvoyé à la Chambre, le 22 septembre, au scrutin de ballottage, par 3,754 voix, contre 1,090 à M. Bouché de Belle, boulangiste. Il fut réélu en 1893 par 2,922 suffrages, contre 2,870 à M. Pavie, républicain.

Au Palais-Bourbon, après avoir quitté le ministère des Affaires étrangères, M. Flourens siégea au centre gauche ; il combattit le ministère Floquet, vota pour le scrutin d'arrondissement et se prononça contre le Boulangisme, dans la première législature. Ensuite, il s'intéressa surtout aux questions de politique extérieure et coloniales, protesta contre le projet d'envoyer une flotte française à Kiel et soutint le ministère Méline.

Aux élections générales de 1898, M. Flourens abandonna son ancien collège électoral pour poser sa candidature dans la 5ᵉ circonscription de Lyon, où il échoua, avec 2,600 voix, contre 3,400 obtenues par M. Krauss, radical, élu.

En 1902, il se présenta, comme républicain indépendant, dans la 2ᵉ circonscription du vᵉ arrondissement de Paris, aux élections législatives générales et il fut élu, au 1ᵉʳ tour de scrutin, le 27 avril, par 5,703 voix contre 5.043 à M. Charles Gras, député sortant, radical-socialiste.

Il n'est inscrit à aucun groupe politique de la Chambre.

Collaborateur assidu de la *Revue Contemporaine*, du *Figaro*, de l'*Eclair* et de la *Gazette des Tribunaux*, M. Flourens a publié divers ouvrages, notamment : *Organisation judiciaire et administrative de la France et de la Belgique de 1814 à 1875*, livre couronné par l'Académie Française (1875); *Alexandre II, sa vie et son œuvre* (1894).

M. Flourens est titulaire du grand cordon de l'Osmanié et officier de la Légion d'honneur depuis 1880.

TEXIER (Hubert)

Publiciste, homme politique, né à Limoges (Haute-Vienne) le 15 avril 1863. Neveu de l'abbé Texier, archéologue distingué, il fit ses études classiques au lycée de sa ville natale, puis celles de droit à Paris. Reçu licencié, il s'inscrivit au barreau de Limoges, où il s'occupa d'affaires criminelles et civiles.

Au cours d'un procès plaidé à Limoges en 1893, et dans lequel M. Texier paraissait, non comme avocat, mais comme témoin, une très vive altercation s'éleva entre celui-ci et M. Millerand, ancien ministre, qui plaidait pour l'une des parties. Toute la presse s'émut de l'incident, qui fut encore aggravé par les commentaires désobligeants pour M. Millerand auxquels se livra M. Texier.

M. Hubert Texier a fait paraître de nombreux articles à la *Gazette du Centre*, au *Petit Centre*, au *Courrier du Centre* et autres organes régionaux, ainsi qu'au *Lemouzi*, revue des écoles felibréennes du Limouzin, publiée en patois. Il a aussi donné par la suite des études à la *Gazette des Beaux-Arts* de Paris. On doit, en outre, à M. Hubert Texier la publication de la *Correspondance de l'abbé Texier* (son oncle) *avec Montalembert* (1 vol.) et *Virgilo Limouzi*, poème inédit de l'abbé Roby en vers limousins burlesques (1748), suivi d'une traduction et notes, etc. On annonce du même auteur : une étude de mœurs et de types paysans sous le titre de : *Au pays de M. de Pourceaugnac, lettres à Jeannot*; un ouvrage sur les *Monuments antiques de la ville de Limoges*; un recueil de nouvelles et une étude sur les *Légendes limousines et leurs rapports avec les drames de Shakespeare, Wagner*, etc.

En même temps qu'il se faisait remarquer dans les lettres, M. Hubert Texier s'intéressait aux luttes politiques, tant dans la presse, par les articles qu'il y publiait, que par sa participation à la vie publique. En 1895, il obtint 872 voix contre 1,152 à M. Demartial, élu, comme candidat au Conseil général de la Haute-Vienne. Désigné, lors des élections législatives de 1902, dans le XVIIᵉ arrondissement de Paris pour soutenir le programme de l'union progressiste dont le groupe parlementaire était dirigé par MM. Méline, Krantz et Renault-Morlière, il déclina toute candidature pour ne pas diviser les voix du parti d'opposition libérale dans cet arrondissement.

Très connu comme homme de sport, et escrimeur apprécié, M. Hubert Texier a été choisi comme témoin ou arbitre dans plusieurs affaires d'honneur.

CATALOGNE (Jacques)

Député, avocat et avoué, né le 27 septembre 1856 à Arzacq-Arraziquet (Basses-Pyrénées). Il accomplit ses études classiques au lycée de Pau, puis suivit les cours de la Faculté de Droit de Toulouse jusqu'au grade de licencié et se fit ensuite inscrire comme avocat à la Cour d'appel de Pau.

Après avoir plaidé pendant quelques années, M. Catalogne se rendit acquéreur, dans la même ville, d'une charge d'avoué à laquelle il donna un tel essor qu'elle devint bien vite la plus achalandée. Après 18 années d'exercices de cette fonction, il céda son office pour poser sa candidature législative, en 1902.

Presque continuellement membre de la Chambre des avoués, nommé par ses collègues président de la dite Chambre, juge de paix suppléant du canton-est de Pau, président du Comice agricole d'Arzacq, président de deux sociétés de secours mutuels de la région, M. J. Catalogne, dont la popularité locale était très grande, débuta dans la vie politique comme conseiller municipal d'Arzacq. Il est maire de cette commune depuis l'année 1888.

Elu conseiller général pour le canton d'Arzacq en 1892, il est, depuis lors, secrétaire du Conseil général, président de la Commission des travaux publics de cette assemblée, membre de la Commission départementale et du Conseil départemental des Basses-Pyrénées.

Sollicité de poser sa candidature aux élections législatives de 1902, dans la circonscription d'Orthez,

M. Jacques Catalogne fut élu, avec un programme républicain, par 8,582 voix contre 8,414, à M. Lagardette, candidat républicain libéral progressiste, soutenu par le parti conservateur et par le clergé.

L'honorable député est inscrit au groupe de la gauche démocratique du Palais-Bourbon.

R. de SALBERG
(Mlle Angèle de MONTIGNY, dite)

Littérateur, graphologue, née à Constantine (Algérie). Elle est la fille du vicomte de Montigny, ancien fonctionnaire de l'Empire.

Après avoir suivi, pendant l'Exposition de 1878, les conférences de l'abbé Michon sur la graphologie, elle se consacra à l'étude de cette science, qu'elle devait être une des premières à propager et à vulgariser par la voie de la presse.

Elle fit ses premiers essais littéraires dans la *Gerbe*, où elle signa des chroniques d'art et des causeries « Vicomtesse de Boulainvilliers » et « P. O'Reille » (1879-1880). Elle publia ensuite un petit conte : le *Rond des Fées*, qu'elle signa pour la première fois « R. de Salberg ». Depuis, elle a donné, sous ce pseudonyme, des nouvelles, des essais de critique et surtout des études et des portraits graphologiques, dans un grand nombre de journaux ou revues, notamment : le *Clocher*, le *Magasin Pittoresque*, le *Journal des Demoiselles*, le *Gratis*, la *Veillée des Chaumières*. On lui doit, dans la *Nouvelle Revue*, une remarquable *Biographie du comte de Ruolz* ; dans l'*Univers*, une *Etude sur Joseph de Maistre* ; dans la *Vérité*, des *Souvenirs personnels sur le général de Sonis* ; dans la *Revue internationale*, les *Chroniques de l'Elégance*, signés « Comtesse Bernardine », etc.

En 1892, elle a réuni en volume, sous le titre : *Aperçus graphologiques en trente causeries*, ses articles publiés par le *Ruy-Blas*, de Nantes. Ce travail, exposé à Chicago en 1893, lui valut une médaille d'argent.

Entrée, en 1892, à la *Mode pratique* de la maison Hachette, elle a publié dans cette revue une série d'articles qui furent le point de départ de son important ouvrage : le *Manuel de Graphologie usuelle enseignée par l'exemple*, guide pratique et complet des connaissances graphologiques.

Entre temps, à la *Mode du Petit Journal*, à la *Mode pour tous*, au *Soleil du Dimanche*, à la *Revue de France*, etc., elle donnait des contes, des nouvelles et également des études de graphologie. Collaboratrice du premier volume de l'*Almanach Hachette* en 1894, elle est, depuis 1896, chargée de la partie graphologique de cette publication. En 1902, elle a donné une étude très documentée sur *André Chénier*, dans le *Carnet historique et littéraire*.

Membre adhérente de la Société des Gens de Lettres depuis 1892, elle fait partie, depuis 1896, de la Société de Graphologie, siège depuis 1897 au conseil d'administration de cette société et compte parmi les collaborateurs réguliers du journal la *Graphologie*.

Depuis 1889, R. de Salberg avait fondé un des premiers cours connus pour l'enseignement graphologique. Elle fut, en 1900, secrétaire du Congrès des sciences de l'écriture, à l'Exposition.

En avril 1902, elle a présenté au Congrès des Sociétés savantes, réuni à la Sorbonne, dans la section d'économie sociale, un rapport pour démontrer l'utilité de la graphologie et la nécessité de faire entrer cette science dans les programmes pédagogiques comme élément précieux pour aider à l'éducation des enfants.

JANET (Léon)

Député, ingénieur des Mines, né à Paris le 6 décembre 1861. D'origine franc-comtoise, il est le neveu de M. Tramu, ancien député du Doubs. Ses études classiques faites au lycée Charlemagne, où il obtint le prix de l'Association des anciens élèves, il entra, en 1879, à l'Ecole polytechnique et en sortit à dix-neuf ans le premier de sa promotion.

Admis, en 1881, à l'Ecole des Mines, M. Janet obtint encore le numéro un à la sortie. Après avoir été chargé, pendant quelques années, à Valenciennes, de la surveillance des mines de charbon du bassin du Nord, il fut rappelé à Paris en 1890, au service du contrôle des Chemins de fer. Peu après, la Ville de Paris le choisissait comme géologue conseil et le chargeait d'étudier la question de l'alimentation de la capitale en eau potable.

Il devint ensuite ingénieur en chef du contrôle de la Compagnie des Chemins de fer P.-L.-M. Dans ces hautes fonctions, il a pu faire apporter d'importantes améliorations à l'horaire des trains et à la condition des petits employés de chemin de fer.

M. Léon Janet a publié d'importants travaux dans les organes spéciaux et bulletins de sociétés savantes, sur les mines, les carrières, les chaudières à vapeur, les chemins de fer, les eaux potables, la géologie, etc. Il est aussi l'auteur de cartes agronomiques qui lui ont valu une médaille d'or de la Société nationale d'Agriculture, et il a fait de nombreuses conférences sur les questions scientifiques les plus variées.

Conseiller municipal de Saint-Vit, commune d'où sa famille est originaire, M. Léon Janet fut élu député de la 2ᵉ circonscription de Besançon (Doubs), par 7,028 voix contre 6,165 à M. Vuillier, nationaliste, aux élections générales législatives du 27 avril 1902.

A la Chambre, l'honorable député du Doubs appartient au groupe de la gauche radicale.

Chef d'escadron d'artillerie territoriale, M. Léon Janet est chevalier de la Légion d'honneur.

PARENT (Armand)

VIOLONISTE, né à Liège (Belgique) le 5 février 1863, naturalisé et demeurant en France. Après avoir fait ses études au Conservatoire de Liège, où il obtint les premiers prix d'harmonie, de musique de chambre et de violon, ce dernier en jouant un concerto de Vieuxtemps d'une manière qui lui valut les éloges de ce maître.

Nommé, après un concours, concertmeister de l'orchestre Bilse de Berlin, il vint ensuite à Paris et se fit rapidement connaître du grand public comme virtuose de premier ordre. Musicien d'une profonde érudition et d'un bel enthousiasme, M. Armand Parent, tout en interprétant l'école classique dans ses plus éminents représentants, s'attacha surtout à faire connaître en France, à un moment où son œuvre y était presque ignorée, le compositeur Brahms, de qui il donna en première audition plusieurs ouvrages importants. Dès 1886, M. Armand Parent donnait aussi, avec M. Rémy, la première audition du *Concerto pour deux violons*, de Bach. C'est encore à lui qu'est due la première exécution du *Quatuor à cordes* de Saint-Saens. A Paris et à Madrid, dans les séances qu'il donna à la Société Philharmonique en 1901, il joua, par contre, avec un succès non moins considérable, les 17 quatuors de Beethowen.

Après avoir fait partie du Quatuor Sarasate comme second violon, M. Armand Parent fonda le quatuor qui porte son nom, avec MM. Luquin, Denayer et Baretti. C'est ce quatuor qui s'est fait applaudir en France et à l'étranger dans toutes les œuvres déjà signalées. Il faut ajouter que M. Armand Parent a été aussi l'un des premiers à jouer à Paris les œuvres de César Franck, Gabriel Fauré, d'Indy, Guy Ropartz, Debussy, Chausson, Lekeu, alors que ces compositeurs étaient loin d'avoir acquis leur réputation présente, à laquelle il n'aura donc pas été étranger. Au dehors, il s'est toujours préoccupé de faire connaître et apprécier l'école française contemporaine. A Paris, le Quatuor Armand Parent est des plus répandus : tous les ans il se fait entendre aux Concerts Colonne et Risler, aux Cercles de l'Union Artistique et Volney, à la Société Mozart, à la Scola Cantorum Pendant cinq ans il a interprété toutes les œuvres de musique de chambre à la Société nationale et, lors de l'Exposition de 1900, il fut désigné en première ligne pour prendre part aux séances officielles de musique de chambre. M. Armand Parent a publié plusieurs mélodies, desquelles on doit citer : *Brunette*, la *Dernière feuille*, l'*Enfant dort*, etc. et d'autres morceaux, notamment : un *Quatuor à cordes*, une *Sonate*, un *Andante religioso*, ainsi que plusieurs transcriptions.

Ce distingué violoniste a été nommé professeur à la « Scola Cantorum » de Paris. Il est officier de l'Instruction publique.

PICHAT (Jean-François)

DÉPUTÉ, né le 22 juillet 1843 à Saint-Christophe-entre-deux-Guiers (Isère). Issu d'une très ancienne, mais modeste famille de cultivateurs dauphinois, il accomplit ses études dans plusieurs établissements scolaires de son département d'origine et débuta dans les Ponts-et-Chaussées, en 1864, comme employé chez un ingénieur. Agent-voyer à Grenoble de 1865 à 1868, au Vallonais (1869), à Saint-Laurent-du-Pont (1870), M. Pichat devint chef de bureau de l'agent-voyer en chef en 1872 et retourna, comme agent-voyer, à Saint-Laurent-du-Pont, où il se fixa définitivement (1874).

Nommé conseiller d'arrondissement en 1883, conseiller municipal deux ans après, maire de Saint-Laurent-du-Pont en 1888 et conseiller général de ce canton en 1889, M. Pichat fit partie, pendant six ans (1895-1900), de la Commission départementale de l'Isère, où ses conseils furent souvent sollicités et écoutés pour le règlement des questions de voirie ; il y fut notamment le promoteur de l'importante réforme du déclassement des routes départementales au profit des communes de montagne.

Déjà connu, sous l'Empire, comme républicain ; d'autre part adversaire résolu des théories collectivistes, il fut sollicité de se présenter aux élections législatives de 1902, dans la 2ᵉ circonscription de Grenoble, contre M. Zévaès, député sortant, révolutionnaire.

Elu, au 2ᵉ tour de scrutin (11 mai), par 12,894 voix contre 10,934 à son concurrent, l'honorable député n'est inscrit à aucun groupe politique du Palais-Bourbon. Il est républicain progressiste.

CHAUMIÉ (Joseph)

SÉNATEUR, ministre de l'Instruction publique, né à Agen (Lot-et-Garonne) le 17 mars 1849. Après avoir accompli ses études classiques au lycée de la ville natale et suivi les cours de la Faculté de Droit de Paris, devant laquelle il prit la licence en 1870 et le doctorat en 1872, M. Joseph Chaumié fut avocat stagiaire à la Cour d'appel de Paris.

Rentré à Agen en 1875, il prit place au barreau du chef-lieu de Lot-et-Garonne et ne tarda pas à s'y créer, par son éloquence et sa connaissance approfondie des lois, une très grande notoriété. Il a été appelé à prendre la parole dans les plus importants procès politiques et de presse de la région et a plaidé notamment pour M. Georges Leygues, ancien ministre de l'Instruction publique, qui avait assigné le journal la *Croix*, pour diffamation. Membre du conseil de l'Ordre des avocats d'Agen en 1885, il fut élu bâtonnier en 1888.

M. Joseph Chaumié a plaidé, en outre, devant diverses cours d'assises, des affaires criminelles retentissantes, telles que l'affaire Meyer, à Lyon, où, avec Me Dubreuil, il a soutenu les intérêts de la municipalité de cette ville (1901).

Candidat républicain au Conseil général, dans son département d'origine, en 1880, il avait été battu ; en 1896, il se présenta aux élections municipales et devint conseiller et maire d'Agen.

Au renouvellement partiel triennal de la Chambre haute, qui s'opéra le 3 janvier 1897, M. Durand, sénateur sortant de Lot-et-Garonne, ne se représentant pas, le maire d'Agen, candidat sur la même liste que MM. Fallières et Faye, fut élu, le premier sur treize concurrents, au deuxième tour de scrutin, par 432 voix sur 688 votants.

Dans le monde parlementaire et, en particulier, à la Chambre haute, l'honorable sénateur acquit bientôt une situation très en vue. Inscrit au groupe de la gauche républicaine, il a fait partie de plusieurs commissions sénatoriales importantes et a soutenu de ses votes et de son influence la politique dite de « défense républicaine ».

Après la démission du ministère Waldeck-Rousseau, M. Joseph Chaumié accepta, dans le cabinet présidé par M. Combes, le portefeuille de l'Instruction publique (juin 1902), bien qu'il parût plutôt désigné pour celui de la Justice.

Comme grand-maître de l'Université, il eut, dès son entrée en fonctions, à intervenir dans les discussions, au Sénat, de la loi réduisant à deux ans le service militaire et à propos des réformes à introduire dans l'enseignement secondaire. Il fixa, par une longue et très explicite circulaire aux recteurs tous les points constituant le nouveau régime adopté pour cet enseignement (juillet 1902).

ROUSSET (Léonce)

DÉPUTÉ et officier supérieur, né le 9 novembre 1850 à Toulon (Var), de parents Messins. Fils d'un colonel d'artillerie, il fit ses classes dans les lycées des diverses villes où son père tint garnison, notamment à ceux de Versailles et Louis-le-Grand à Paris.

Entré à l'Ecole spéciale militaire de Saint-Cyr en 1868 et sorti deux ans plus tard sous-lieutenant au 6me régiment d'infanterie, il fit partie de l'armée de Metz pendant la guerre Franco-Allemande (1870), fut blessé à la bataille de Noisseville et combattit contre la Commune à Paris (1871).

M. L. Rousset a aussi fait plusieurs campagnes en Algérie et en Tunisie, de 1880 à 1886 ; en 1878, il avait rempli les fonctions d'officier d'ordonnance auprès du général Borel, ministre de la Guerre.

Professeur à l'Ecole supérieure de Guerre, dont il a été l'un des maîtres les plus distingués, il franchit très rapidement les degrés de la hiérarchie militaire et fut nommé lieutenant-colonel en 1897.

M. le colonel Rousset a jeté un vif éclat sur son nom en publiant un ouvrage très documenté : *Histoire générale de la guerre franco-allemande* (6 volumes 1895-1898, couronné par l'Académie Française (prix Née). Il a encore fait paraître : *Le IIe corps de l'armée de Metz* (1891) ; les *Maîtres de la guerre : Frédéric II, Napoléon et Moltke*, qui a été traduit en plusieurs langues (1899) ; *Contes lointains* (1900), etc.

Il a collaboré assidûment à divers journaux, notamment au *Gaulois* et à la *Liberté*, où il a donné des articles politiques, dans le sens nationaliste, qui ont été vivement commentés.

M. le colonel Rousset quitta l'armée en octobre 1900, en envoyant au ministre de la Guerre une lettre de démission qui fut rendue publique.

Candidat, avec le programme de la Patrie française, aux élections générales législatives de 1902, dans la circonscription de Verdun (Meuse), M. Rousset fut élu député, au premier tour de scrutin (27 avril), par 9,714 voix, contre 7,264 à M. Prudhomme-Havette, député sortant, républicain.

Au cours de la période électorale, le colonel Rousset, dans un article de journal, ayant critiqué l'attitude politique des instituteurs primaires, reçut d'un très grand nombre de ces fonctionnaires des lettres injurieuses et quelquefois menaçantes. Il dût soumettre le cas au ministre de l'Instruction publique, M. Chaumié, qui, en juillet 1902, par une circulaire officielle, invita le personnel de l'Instruction primaire à s'abstenir de semblables manifestations.

Le député de Verdun se déclare républicain libéral ; il n'est inscrit à aucun groupe politique du Parlement.

Décoré de plusieurs ordres étrangers, le colonel Rousset est officier de l'Instruction publique et, depuis 1900, officier de la Légion d'honneur.

BOUT de CHARLEMONT (Hippolyte-Marie)

ÉCRIVAIN, poète et fonctionnaire, né à Lorient (Morbihan) le 31 janvier 1848. Issu de deux anciennes familles d'épée, les Bout et les Camas, dont plusieurs membres illustrèrent leur nom comme officiers de terre ou de mer, il passa sa jeunesse dans le nord de la France, fit de brillantes études à Abbeville (Somme), puis entra au ministère de la Marine, où il fut bientôt chargé du service important de l'enseignement public aux colonies.

Dans le même temps (1873), M. Bout de Charlemont faisait ses débuts dans la presse parisienne et s'y signalait bientôt par une série d'études documentées sur le commerce, l'industrie, la marine et les colonies.

Jusqu'en 1880, il collabora plus ou moins activement au *Journal officiel*, à la *Revue Maritime et Coloniale*, au *Monde illustré*, à la *Revue de France*, à la *Revue Britannique*, au *Moniteur universel*, au *Figaro*, à la *Chasse illustrée*, etc. Entre temps, il publiait plusieurs travaux remarqués sur la pisciculture, savoir : *Notice historique sur la Pisciculture* ; *Coup d'œil sur la Pisciculture et ses procédés*, et plus tard : *Notes pour servir à l'histoire des aquariums* ; il y ajoutait une *Notice sur les richesses minérales de la Nouvelle-Calédonie* et un roman d'éducation pour la jeunesse : la *Famille Roë*, qui fut couronné par la Société protectrice des animaux.

Il entra ensuite dans les perceptions et quitta Paris pour la Dordogne, où il fut, pendant 18 mois, percepteur à Champagnac-de-Bel-Air. Nommé, en 1882, percepteur de 2ᵉ classe à Barbentane (Bouches-du-Rhône), il y resta dix-neuf ans. En 1901, il fut nommé percepteur de 1ʳᵉ classe à Aubagne, même département.

En changeant de situation, M. Bout ne cessa pas de consacrer les loisirs que lui laissaient ses fonctions aux lettres, qui lui doivent des poésies et des études du plus haut intérêt. C'est ainsi qu'il a fait, depuis lors, paraître en prose : les *Couleurs de Quiquenbroche*, nouvelle (1885) ; *Vals pour rire*, recueil de nouvelles d'une allure gaie et légère, critique aimable et spirituelle de la célèbre station thermale (1 vol. 1893) ; *Notice biographique sur les Filhol-Camas*, ses aïeux (brochure, 1895) ; *Marines*, autre recueil de nouvelles tantôt dramatiques, tantôt fantaisistes, d'une réelle originalité (1 vol. 1895) ; *Barbentane*, esquisse historique et monographique de cette petite ville (brochure, 1899) ; la *Tour à eau*, conte à la Daudet ; la *Ville morte du Pied de bouquet*, reconstitution saisissante d'un lointain passé (1901).

On cite, parmi ses œuvres poétiques : la *Femme du collectionneur*, monologue (1888) ; les *Fleurs du Nord*, réunion de 106 sonnets sur la Russie, dédiée au tzar Alexandre II, qui en a accepté la dédicace (1 vol. 1897) ; la *Fraternité*, ode (1898) ; les *Noces du Néant*, ode (1899) ; la *Cigale*, prose et vers mêlés (1 vol. 1900) ; le *Pont d'Aramon* (1901) ; les *Adieux d'une mère à son fils*, ode patriotique (1902), etc.

Il a donné en outre de nombreux morceaux poétiques fort appréciés au *Bulletin de la Société des Gens de Lettres*, à la *Semaine mondaine d'Avignon*, au *Bulletin de Vaucluse*, à l'*Avenir de la Dordogne*, à la *Revue de Bretagne*, de *Vendée et d'Anjou*, au *Cosmopolite*, à la *Provence artistique*, à l'*Homme de bronze* d'Arles, aux *Feuilles d'or* d'Avignon, à la *Provence Illustrée*, etc.

On annonce du même auteur : *Un coin du Midi*, nouvelles ; les *Fleurs de Bretagne*, 150 sonnets sur ce pays ; *Feuilles volantes*, petites nouvelles en prose ; les *Fleurs du Ciel* et *Toute la Lyre*, poésies diverses ; *La forme gouvernementale, les pouvoirs élus et la puissance électorale chez tous les peuples civilisés*, étude comparée ; la *Clairine de Robin*, petit roman pastoral.

M. Bout de Charlemont s'est également occupé de recherches archéologiques ; il a signalé aux corps savants, dans les Bouches-du-Rhône, entre Boulbon et Tarascon, un emplacement qu'il croit avoir été le siège d'un oppidum celtique d'abord et d'une ville romaine ensuite.

Membre de la Société des Gens de Lettres depuis 1880 et de la Société des Félibres de Paris, M. Bout de Charlemont a été délégué cantonal à Barbentane de 1890 à 1901 ; il est passé en la même qualité à Marseille à cette époque.

Officier d'Académie en 1877, il a été nommé officier de l'Instruction publique en 1900.

PÉRET (Raoul)

DÉPUTÉ, magistrat, né à Chatellerault (Vienne) le 29 novembre 1870. Fils d'un ancien procureur-général de Poitiers, qui fut depuis conseiller à la Cour de cassation, M. Raoul Péret fit ses études classiques à Poitiers, où il commença aussi son droit, qu'il termina à la Faculté de Paris.

Inscrit au barreau de la Cour d'appel en 1892, il fut, l'année suivante, attaché au cabinet de M. Guérin, garde des Sceaux ; il prit le doctorat en droit en 1895 et quitta le ministère, en 1896, pour remplir les fonctions de substitut du procureur de la république à Auxerre (Yonne). Il démissionna après son élection de député, en 1902.

Elu conseiller municipal de Vendeuvre (Vienne) en 1896 et confirmé dans ce mandat en 1900, M. Péret devint maire de cette commune en 1901 et, la même année, conseiller général de la Vienne pour le canton de Neuville. A ce titre, il s'occupe surtout des questions judiciaires et de chemins vicinaux.

Lors des élections générales législatives de 1902, M. Raoul Péret se porta dans la deuxième circonscription de Poitiers, comme candidat républicain, et fut élu, au deuxième tour de scrutin, par 9,772 voix contre 6,884 à M. de Sesmaisons, nationaliste, succédant à M. Dupuytrem, député sortant, conservateur.

M. Raoul Péret siège à la gauche démocratique de la Chambre. Partisan de la politique radicale, il s'est déclaré favorable à l'application énergique de la loi sur les associations, à la séparation des églises et de l'Etat, à la réduction du service militaire, à la reprise de l'ancien projet d'impôt sur le revenu basé sur les signes extérieurs, etc. Il a déposé, en 1902, un projet de loi tendant à la disparition des mentions non indispensables dans les copies des actes de l'état civil.

L'honorable député de la Vienne est l'auteur d'une intéressante *Etude sur l'inviolabilité du secret des lettres* (1 vol. 1895) ; il a publié de nombreux articles dans les journaux régionaux, notamment l'*Avenir de la Vienne*. Il est officier d'Académie.

DEHENNE (Albert)

MÉDECIN, ophtalmologiste, né à Bourbourg (Nord) le 5 juin 1852. Il fit ses études classiques au lycée de Saint-Omer, puis fut élève à la Faculté de Médecine de Paris. Reçu, le premier de sa promotion, à l'hôpital militaire du Val-de-Grâce, il y devint, à la suite d'un brillant concours, préparateur d'anatomie et chef de clinique du service des maladies des yeux. Il soutint, en 1875, sa thèse de doctorat sur les *Explorations chirurgicales inutiles et dangereuses*, et l'année suivante, lauréat de sa promotion, il quitta le Val-de-Grâce pour entrer comme médecin à l'hôpital militaire de Versailles.

Démissionnaire en 1878, le docteur Dehenne, depuis ce moment s'est consacré exclusivement à l'ophtalmologie, spécialité dans laquelle il a acquis une haute réputation.

Tout en pratiquant l'exercice de sa profession d'abord à Versailles, puis à Paris, où il dirige une clinique extrêmement fréquentée par les étudiants en médecine et par les malades, M. le docteur Dehenne a publié nombre de travaux importants dans les organes scientifiques suivants : la *Revue d'Ophtalmologie*, le *Journal d'oculistique*, l'*Union médicale*, le *Progrès médical*, les *Annales d'oculistique*, le *Journal de médecine de Paris*, le *Journal de clinique et thérapeutique*. Ses principales études traitent : *De la cataracte ; De la mensuration de la myopie ; Des atrophies syphilitiques d'emblée ; Corps étrangers de l'œil ; Rapports pathologiques de l'œil et de l'utérus ; Traumatisme curatif du pannus ; Névrotomies sus-orbitaires contre le blépharospasme ; De la kératite des moissonneurs ; Emploi thérapeutique de l'ésérine; Leçons sur l'amblyopie toxique ; De la sclérotomie ; De l'action de la pilocarpine dans les affections oculaires ; Traitement des maladies des voies lacrymales; Rétractions musculaires consécutives aux paralysies oculaires ; De l'ergotinime en thérapeutique oculaire ; De la rétinite périmaculaire ; Traitement chirurgical de la kératite interstitielle ; Traitement des granulations par le thermocautère ; De glaucome infantile comparé au glaucome d'adulte ; Du chlorydrate de cocaïne en thérapeutique oculaire ; De l'avancement musculaire ; Considérations sur les traumatismes de l'œil ; De la sclérotomie rétro-iridienne ; De l'intervention chirurgicale dans la luxation du cristallin ; Leçons sur la sarcome de la choroïde, l'ophthalmie des nouveau-nés, le traitement des kératites, de l'iritis,* etc. ; *Traitement de l'entropion et de l'ectropion par la cautérisation ignée ; De la kératite phagédénique ; Prophylaxie de la cécité par ophtalmie des nouveau-nés ; De l'emploi rationnel de la pilocarpine; Du traitement de la myopie progressive par la sclérotomie ; De la simplification des opérations en chirurgie oculaire*, etc. Plusieurs de ces mémoires ont paru sous forme de thèses soutenues par les élèves du professeur Dehenne. On connait encore de lui un *Manuel opératoire sur la Cataracte*, devenu classique aujourd'hui (4ᵉ éd. 1 vol. 1897).

Le docteur Dehenne est médecin de l'Opéra, médecin-oculiste de l'Opéra-Comique, du Théâtre Français, du collège Chaptal, de la Préfecture de police et des Prisons de la Seine, de la Société des Gens de lettres, de celles des Artistes dramatiques, des Sauveteurs de la Seine, des anciens élèves de l'Ecole Polytechnique, de l'Association des Etudiants ; expert près le Tribunal de la Seine et la Cour d'appel de Paris. Président de la Société médicale du IXᵉ arrondissement, il est, en outre, membre de la Société de Médecine de Paris, de la Société de Médecine et d'Hygiène publique, de la Société d'Ophtalmologie de Paris et de plusieurs sociétés d'arrondissement.

Chevalier de la Légion d'honneur, officier de l'Instruction publique, commandeur de l'Annam, du Cambodge, de Saint-Sylvestre, etc., il a reçu de nombreuses médailles d'honneur décernées par le ministère de l'Intérieur et la Préfecture de police.

THIERRY-CAZES
(CAZES, Thierry, ou)

DÉPUTÉ, né le 3 juillet 1861, à Fleurance (Gers). Après avoir fait ses classes au collège de cette petite ville, il fut nommé maître auxiliaire à Lyon et quitta l'Université, à l'âge de 21 ans, pour servir dans l'artillerie.

Libéré avec le grade de maréchal-des-logis-chef, M. Thierry-Cazes devint préparateur à l'Ecole pyrotechnique de Bourges. Il prit là sa licence-ès-lettres et d'histoire, et obtint successivement les chaires d'histoire au collège de Narbonne et au lycée d'Aix.

Dès sa jeunesse, M. Thierry-Cazes prit part aux luttes politiques, comme journaliste et comme orateur. C'est ainsi qu'il fut, dans le Gers, le promoteur de la campagne radicale socialiste qui assura l'élection des candidats de cette nuance à la Chambre en 1893, et au Sénat en 1897. Entre-temps, il collaborait assidûment à la *Dépêche de Toulouse* et à la *Lanterne*.

Au renouvellement général de la Chambre, en 1893, il fut élu député de l'arrondissement de Lectoure, par 5,016 voix contre 4,238, à M. Descamps, député sortant opportuniste et 557, à M. A. Picard, radical. Inscrit aux groupes socialiste et radical-socialiste de la Chambre, M. Thierry-Cazes intervint souvent dans les débats parlementaires, plus particulièrement dans les discussions du budget général. Battu aux élections générales du 22 mai 1898, par M. Delpech-Cantaloup, conservateur, avec 5,665 voix contre 5,517, M. Thierry-Cazes reprit sa place dans l'Université et fut successivement principal des collèges d'Uzès et de Narbonne.

Sollicité par ses compatriotes de se représenter dans la circonscription de Lectoure, en 1902, lors du renouvellement général législatif, il triompha de son ancien concurrent par 6,431 suffrages, contre 4,936, au deuxième tour de scrutin, le 11 mai.

L'honorable député appartient aux groupes radical-socialiste, démocratique et viticole du Palais-Bourbon.

REVON (Michel)

ORIENTALISTE, juriste et professeur, né le 24 mars 1867, à Genève, de parents français. Fils du conservateur du musée d'Annecy, il accomplit ses études classiques au lycée de cette ville, où il remporta les prix d'honneur en rhétorique et en philosophie, puis il suivit les cours des Facultés de Droit et des Lettres de Grenoble.

Reçu docteur en droit et docteur ès-lettres, après avoir obtenu quatorze premiers prix à la Faculté de Droit de Grenoble et avoir été lauréat du concours général des Facultés de Droit, M. Michel Revon se fit inscrire comme avocat à la Cour d'appel et fut ensuite appelé à l'Université de Genève pour enseigner le droit civil. Revenu bientôt en France pour occuper les fonctions d'attaché au parquet du procureur-général à Paris, il remporta trois prix à l'Institut, dont deux prix d'éloquence à l'Académie française, et fut désigné pour se rendre au Japon, afin d'enseigner le droit français à la Faculté de Tokio. Nommé conseiller légiste du gouvernement japonais au ministère de la Justice et au ministère des Affaires étrangères, puis doyen de l'Ecole franco-japonaise de Droit de Tokio, il fut élevé par l'empereur du Japon au grade de « tchokounine, » fonctionnaire de première classe (ayant rang après les ministres).

Ce savant, depuis sa rentrée en France, après deux

voyages autour du monde et sept ans de séjour au Japon, a été chargé du cours d'histoire des civilisations de l'Extrême-Orient, à la Sorbonne, en 1899.

M. Michel Revon a attiré sur son nom une rapide et juste notoriété par son enseignement et par les travaux d'histoire, de jurisprudence et d'économie sociale auxquels il s'est consacré. Les principaux ouvrages qu'il a publiés portent les titres suivants : le *Droit de la guerre sous la République romaine* (1891); *les Syndicats professionnels et la loi du 21 mars 1884* (1891) ; l'*Arbitrage international* (1892, ouvrage traduit en plusieurs langues étrangères) ; *Joseph de Maistre* (1892) ; *George Sand* (1894) ; *De arte florali apud Japonenses* (1896) ; *Hoksai* (1896) ; *Philosophie de la guerre* (1896), etc.

Officier de l'Instruction publique, commandeur du Trésor sacré du Japon, commandeur ou officier de divers autres ordres étrangers, M. Michel Revon est chevalier de la Légion d'honneur depuis 1893.

CARPOT (François)

ÉPUTÉ, avocat, né à Saint-Louis (Sénégal) le 11 mai 1862. Fils d'un ancien officier du commissariat de la Marine, M. François Carpot fit ses études à Bordeaux. Aussitôt reçu licencié en droit, il vint à Paris suivre les cours du doctorat et ceux de l'Ecole des Sciences politiques. Il était inscrit au barreau de Paris quand il fut nommé, en 1889, conseiller de préfecture de la Corrèze.

En 1891, il quitta l'administration pour s'établir à Saint-Louis comme avocat. Il s'y créa rapidement une belle situation.

Conseiller général du Sénégal, pour le canton de Saint-Louis, depuis plusieurs années, M. François Carpot s'est surtout préoccupé, dans l'assemblée coloniale, des questions économiques et sociales.

Candidat aux élections législatives au Sénégal, en 1898, il obtint 2,511 voix contre 2,895 à M. d'Agoult, élu. Il se représenta au renouvellement de 1902 et, cette fois, fut élu député par 3,292 suffrages, contre 1,540 à M. Louis Dreyfus, républicain, et 261 à M. le comte d'Agoult, député sortant.

Libre-échangiste déclaré, partisan de l'impôt sur le revenu, de la loi sur les associations dont il demande l'application « sans faiblesse ni passion », de la réduction du service militaire, de la séparation des églises et de l'Etat, etc., M. François Carpot appartient au groupe de l'Union démocratique parlementaire.

PARMENTIER
(Joseph-Charles-Théodore)

ÉNÉRAL, polygraphe, né à Barr (ancien département du Bas-Rhin) le 14 mars 1821. Entré en 1840 à l'Ecole polytechnique, il passa à l'Ecole d'application de l'artillerie et du génie, alors à Metz, en 1842. Nommé lieutenant au 1er régiment du génie en 1844, il fut promu capitaine en 1847 et, en cette qualité, entra au Dépôt des fortifications à Paris (1853) L'année suivante, devenu aide de camp du général Niel, il prit part à l'expédition de la Baltique, assista à la prise de Bomarsund et fut fait chevalier de la Légion d'honneur ; puis il se rendit au siège de Sébastopol en 1855. Trois ans après, il fut nommé chef de bataillon et promu, en 1859, officier de la Légion d'honneur, pour sa belle conduite à la bataille de Solférino.

Demeuré aide de camp du maréchal Niel, commandant du 6e territoire à Toulouse, le commandant Parmentier fut nommé chef du génie à Toulouse en 1861, puis à Constantine en 1866, et directeur dans la même ville en 1868. Il avait été promu lieutenant-colonel en 1865 et il devint colonel en 1869. Désigné, à son retour en France, comme directeur des fortifications au Havre au mois de février 1870, il passa, en juillet, à l'armée du Rhin, en qualité de chef d'état-major du génie au 1er corps. A Reichshoffen, le colonel Parmentier eut deux chevaux tués sous lui et reçut la croix de commandeur de la Légion d'honneur. Prisonnier de guerre après Sedan et interné à Bonn (sur le Rhin), il revint, le 10 avril 1871, reprendre le poste de directeur des fortifications au Havre, puis à Lyon en 1873.

M. Parmentier fut successivement nommé directeur supérieur des 9e et 12e corps à Tours en 1875, général de brigade en septembre 1875, membre du Comité des fortifications en 1878, général de division inspecteur permanent du génie pour l'armement des côtes et membre de la Commission de la défense des côtes en 1881 ; il passa, en 1886, par limite d'âge, dans la section de réserve et prit sa retraite l'année suivante.

Le général Parmentier a publié de nombreux travaux dans les bulletins des sociétés savantes ou les organes scientifiques. Parmi ceux qu'il a consacrés aux sciences mathématiques, on doit mentionner : *Comparaison de quelques méthodes de quadrature et formule nouvelle pour la quadrature des courbes planes*, formule depuis lors connue sous le nom de son auteur. Il a donné des traductions fort appréciées d'ouvrages allemands d'un ordre technique, tels les *Eléments de l'art de fortifier* de Schwinck (1847) ; *Description d'un système de fortification polygonale et à caponnières* ; *Description topographique et stratégique du théâtre de la guerre turco-russe* ; *Vocabulaire des termes de fortification allemand-français*, etc.

On lui doit en outre d'intéressants vocabulaires des principaux termes géographiques, avec la transcription des noms de lieux en arabe, turc, magyar, scandinave et rhétoroman ; des études linguistiques sur les emphatiques arabes et sur les langues rhétoromanes. Il a publié encore des travaux astronomiques, notamment sur la *Distribution des petites planètes entre Mars et Jupiter*. Il a donné enfin, en 1898, au *Livre d'or du Centenaire de l'Ecole polytechnique*, des études documentées sur les musiciens Choron, Durutte et Dautresmes, anciens élèves de l'Ecole.

M. le général Parmentier, qui a épousé une célèbre virtuose du violon, Mlle Teresa Milanollo, s'est intéressé lui-même à l'art musical ; il a donné des articles de critique à la *Gazette Musicale* et à d'autres journaux. Ses compositions pour piano, orgue, violon, chant et orchestre sont appréciées, notamment les suivantes : *Sur le fleuve*, barcarolle pour violon et piano ; les *Sept canons d'un genre particulier* pour piano à quatre mains, et un intéressant *Essai de Mnémotechnie musicale* permettant de retenir une longue suite de chiffres.

M. Parmentier est président d'honneur de l'Alliance française pour la propagation de notre langue aux colonies et à l'étranger, membre fondateur de la Société de mathématique et de la Société astronomique de France, membre de l'Association française pour l'avancement des sciences, et de celle pour l'encouragement des études grecques, de la Société de linguistique et des Sociétés de géographie de Paris, Lyon et Toulouse, membre honoraire et correspondant des Sociétés de géographie d'Anvers et de Neufchâtel, de la Société rhéto-romane de Coire (Suisse), etc.

Titulaire des médailles commémoratives de la Baltique, de Sébastopol et d'Italie, décoré du Medjidié (5e classe), officier des S. S. Maurice et Lazare (Italie), le général Parmentier a reçu de plus la médaille de la valeur militaire de Sardaigne ; il est officier de l'Instruction publique depuis le 12 juillet 1886 et, depuis l'année précédente, grand-officier de la Légion d'honneur.

RICHARD d'AULNAY (Gaston)

Médecin et publiciste scientifique, né à Paris le 8 décembre 1865. Fils et petit-fils de médecins parisiens distingués, il fit ses études classiques et médicales aux facultés de Paris, devint externe des hôpitaux en 1887 et interne en 1890.

Nommé, à la suite d'un concours, médecin de la maison de Saint-Lazare, il s'attacha à l'étude des affections des organes génitaux et urinaires et des maladies cutanées. Il publia alors plusieurs articles documentés sur le *Traitement des végétations génitales* et sur le *Bleu de méthylène dans la vaginite et l'uréthrite*. En 1894, il obtint le doctorat avec une thèse remarquée sur l'*Uréthrite chez la femme, ses formes, ses variétés et sa microbiologie*.

Depuis lors, M. Richard d'Aulnay a collaboré à de nombreuses revues médicales, scientifiques et littéraires. On doit mentionner, parmi ses travaux publiés, ceux portant les titres suivants : les *Différents modes d'infection syphilitique* ; la *Pyoctanine dans les affections des organes génitaux et urinaires* ; *Cures et méfaits de l'hydrargyrisme* ; *De la syphilis conceptionnelle* ; le *Dermographisme* ; les *Diabétides génitales* ; *De la vaccino-syphilis* ; *Des injections mercurielles* ; les *Stigmates hérédo-syphilitiques* ; *Indications et contrindications du Bleu de Méthylène dans les affections des organes génito-urinaires* ; *De la Gonococcose* ; *Technique des grands lavages urethro-vesicaux* ; l'*Enveloppement humide contre l'insomnie neurasthénique* ; *Malformations génitales d'origine congénitale* ; *Du drainage utérin* ; *Traitement des métrites par la compression ouatée et le bain glycériné* ; *De l'influence syphilitique sur l'avortement* ; *De la Phlébite syphilitique* ; *Observations d'intoxications par la migrainine* ; *De la dilatation uréthrale progressive et quotidienne dans la goutte militaire et l'urethrorrhée par les bougies dures à boule olivaire* ; *De l'infection générale syphilitique* ; *Le syphili-virus et l'exérèse du syphilôme primitif* ; les *Décongestionnants de l'utérus intus et extra*, etc.

M. le Dr Richard d'Aulnay a participé à la rédaction de nombreux articles pour des ouvrages médicaux et des traités scientifiques. Il a fondé et dirigé pendant quelques années une clinique qu'il a cédée pour se consacrer tout entier à ses études médicales et à la clientèle privée. Il s'est adonné à peu près exclusivement au traitement des affections des organes génitaux et urinaires, et a acquis, dans cette branche de la médecine, une réputation de premier ordre.

Il s'occupe aussi de déontologie et d'hygiène publique ; il a prêté avec dévouement son concours à de nombreuses sociétés de secours mutuels (Sociétés des artistes dramatiques, lyriques, musiciens, etc.).

Le D' Richard d'Aulnay fait partie de différentes sociétés médicales et scientifiques, de l'Association des médecins de la Seine, de la Société de Dermatologie et de Syphiligraphie, de la Société Médicale du ix⁹ arrondissement de Paris et il est correspondant de plusieurs sociétés, revues ou journaux à l'étranger.

Il est officier d'Académie et titulaire de divers ordres étrangers.

LESCA (Jacques-Hippolyte)

INDUSTRIEL, né à Anglot (Basses-Pyrénées) le 17 avril 1853. Il débuta, très jeune, comme employé de commerce à Bayonne, et partit, à dix-huit ans, pour l'Amérique du Sud, où il fut d'abord employé dans les « saladeros », établissements industriels où l'on abat les bestiaux, où l'on conserve les viandes, prépare les peaux, le suif et les divers déchets ; il devint, par la suite, employé intéressé, et finalement chef d'industrie.

Dans chacune des localités de la République Argentine où M. Lesca a séjourné, il s'est toujours, en dehors de ses occupations professionnelles, intéressé à la chose publique, et les suffrages des électeurs de ces villes l'ont fréquemment appelé à siéger dans les conseils municipaux. Il a été choisi plusieurs fois comme vice-président de ces assemblées municipales, son labeur industriel ne lui ayant jamais permis d'accepter le titre de président.

Il s'est appliqué à doter les cités argentines qu'il a habitées de sociétés de mutualité françaises. Il a également créé, dans certaines, des bibliothèques publiques.

M. Lesca a fondé, dans la province du Rio-Grande du Sud, au Brésil, le saladero le plus important qui y existe et le premier en date sur le fleuve Uruguay, dans la partie longeant cette province du Brésil. Il a exploité à la fois, dans l'Argentine, l'Uruguay et le Brésil jusqu'à cinq saladeros, dans lesquels 220,000 bœufs étaient abattus dans une seule saison de huit mois de travail, chiffre qui n'a jamais été atteint par aucun autre industriel de ce genre.

Il a occupé à Montevideo, les fonctions de vice-président de la Chambre de Commerce française.

Depuis son retour en France, il s'est signalé à l'attention publique par ses efforts pour élargir les rapports intellectuels et commerciaux de notre pays avec l'Amérique du Sud. Il a été l'un des instigateurs les plus actifs de la fondation, à Paris, de la Chambre de Commerce du Rio de la Plata, et les suffrages de ses collègues ont porté M. Lesca à la première vice-présidence de cette institution, dès sa constitution définitive (juillet 1902).

GABRIELLI (Thadée-Jean-Augustin)

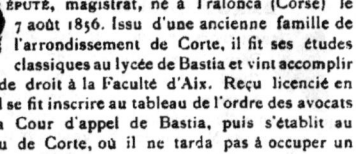

DÉPUTÉ, magistrat, né à Tralonca (Corse) le 7 août 1856. Issu d'une ancienne famille de l'arrondissement de Corte, il fit ses études classiques au lycée de Bastia et vint accomplir celles de droit à la Faculté d'Aix. Reçu licencié en 1879, il se fit inscrire au tableau de l'ordre des avocats près la Cour d'appel de Bastia, puis s'établit au barreau de Corte, où il ne tarda pas à occuper un des premiers rangs.

Le 1ᵉʳ août 1886, M. Gabrielli fut élu conseiller général du canton de Sermano, malgré une forte opposition. Il fut réélu sans concurrent et à l'unanimité en 1892 et en 1898. A l'assemblée départementale de la Corse, il a toujours pris une part très active aux travaux en cours ; il a été rapporteur des chemins vicinaux et rapporteur général du budget. A diverses reprises il a été choisi comme secrétaire ou vice-président du Conseil général, membre de la Commission départementale, du Conseil départemental de l'Instruction publique, etc.

M. Thadée Gabrielli entra, le 25 août 1892, dans la magistrature, en qualité de procureur de la République près le Tribunal de Sartène, où il se signala par des mesures de répression très énergiques contre les criminels et leurs protecteurs, toujours nombreux dans l'île.

Le 25 septembre 1900, il passa, avec les mêmes fonctions, au Tribunal d'Ajaccio (2ᵉ classe) et fut proposé, un an après, pour le poste d'avocat-général près la Cour d'appel de Bastia.

A la veille des élections législatives de 1902, M. Gabrielli avait été désigné comme candidat à Corte par tous les comités cantonaux de l'arrondissement. Par esprit de discipline républicaine, il n'accepta pas cette candidature, afin d'assurer la réélection du député sortant, M. Giaccobi ; mais les électeurs de Sartène, ses anciens justiciables, le pressant d'accepter la candidature dans leur arrondissement, il s'y présenta comme républicain et fut élu, le 27 avril 1902, par 5,955 voix contre 740 données à M. Susini, nationaliste.

A la Chambre, M. Gabrielli fait partie de l'Union démocratique ; son programme, qui est celui de la plupart des radicaux de gouvernement, comporte en outre l'achèvement des voies ferrées en Corse, l'assainissement de la côte orientale de l'Ile, l'établissement de services maritimes, etc.

M. Gabrielli est le neveu de M. Emmanuel Arène, son collègue à la Chambre.

BERGOUNIOUX (Maurice)

ARCHITECTE, sociologue, économiste, né à Paris le 24 octobre 1873. Elève de Ginain, il s'est fait connaître de bonne heure par des travaux d'architecture marqués au coin d'une originalité sans conteste.

Le genre de M. Maurice Bergounioux n'est point de « l'art nouveau », puisqu'il se rattache aux pures traditions des styles classiques ; mais l'assouplissement de ces traditions aux exigences de l'esthétique et de la technique modernes, qu'il réalise avec un rare bonheur, donne à ses œuvres un aspect imprévu, harmonieux et neuf qui est, en la matière, l'une des tentatives artistiques les plus intéressantes de l'époque actuelle.

On doit mentionner, dans cet ordre d'idées, les maisons de rapport construites par M. Bergounioux aux 15, 21 et 23 de la rue Morère (XIVe arrondissement) ; ses installations industrielles 23 rue de Clisson, 54 et 66 boulevard de l'Hôpital, 83 avenue de la Grande-Armée et surtout un castel, à Chevreuse (qui appartient à l'auteur), élevé en pleine forêt entre Dampierre et les Vaux-de-Cernay, qui possède tout le confort moderne et réalise dans son ensemble tout le programme de l'habitation nouvelle. Il faut encore citer la construction et l'installation d'usines pour les travaux du bois à Villemonble (Seine) et l'édification d'un groupe central de villas ouvrières ayant servi d'étude à la société la « Prolétarienne », œuvre philanthropique et de mutualité dont M. Maurice Bergounioux est le directeur-général.

Cet architecte est aussi l'auteur d'intéressants projets pour la reconstruction du quartier de la Bourse à Marseille, pour l'assainissement de la Bièvre à Paris et l'assainissement de la ville de Boulogne-sur-Mer. On lui doit en outre la reconstitution de plusieurs châteaux en province.

Ancien professeur à l'Association polytechnique, M. Bergounioux est expert près le Conseil de Préfecture et les tribunaux de la Seine.

Adepte des théories carvillistes et l'un des chefs de l'école de sociologie pratique qui s'est fondée sur les bases de cette philosophie, école qui compte d'assez nombreux partisans en Europe, M. Maurice Bergounioux a fait de fréquentes conférences de propagande dans les milieux les plus divers.

Il est l'auteur d'un calendrier-républicain réformé et d'un projet de décentralisation budgétaire joint à l'impôt sur le revenu en faveur des caisses de retraites déposé à la Chambre.

Candidat au Conseil municipal, en 1898, dans le quartier de la Salpêtrière (XIIIe arrondissement) à Paris, il arriva troisième sur 8 candidats au premier tour de scrutin et se retira au ballottage. En 1902, lors du renouvellement général de la Chambre, il se présenta encore dans le VIIe arrondissement et échoua contre M. Lerolle, député sortant, conservateur, qui fût réélu.

M. Maurice Bergounioux est officier d'Académie.

TRUY (Paul)

DÉPUTÉ, né à Cambrai (Nord) le 11 août 1876. Fils d'un avoué de cette ville, il fit ses études classiques au collège de Cambrai ; puis son droit aux facultés de Lille et de Paris ; il devint ensuite, pour parfaire sa connaissance de la jurisprudence civile, clerc d'avoué à Paris.

En 1901, M. Paul Truy fonda, à Montreuil-sur-Mer, le *Républicain*, journal indépendant, qui soutenait la politique progressiste, s'inspirant du programme et des idées de M. Ribot, ancien ministre et député du Pas-de-Calais.

L'année suivante, aux élections générales législatives, M. Boudenoot, député sortant, étant devenu sénateur, il posa sa candidature dans l'arrondissement de Montreuil-sur-Mer, avec un programme où il se déclarait partisan de la liberté de conscience et d'enseignement, de la réduction du service militaire, de la protection des intérêts agricoles, et d'une plus juste répartition des impôts, tout en restant l'adversaire de l'impôt progressif sur le revenu.

Elu, au scrutin de ballottage (11 mai 1892), par 8,937 voix, contre 8,595 à M. Boucher-Cadard, président à la Cour d'appel, ancien sénateur, M. Paul Truy, qui était à l'ouverture de la législature, le plus jeune député de la Chambre, fut secrétaire d'âge. Il appartient au groupe progressiste et à celui dit des « betteraviers », qui soutient les intérêts agricoles et industriels de la région du Nord.

PERRAUD
(S. E. le Cardinal Adolphe-Louis-Albert)

CARDINAL, orateur, écrivain, membre de l'Académie française, né à Lyon le 7 février 1828. Ses études brillamment accomplies à Paris, aux lycées Henri IV et Saint-Louis, il entra, en 1847, à l'Ecole normale supérieure, fut reçu agrégé d'histoire en 1850 et nommé, la même année, professeur au lycée d'Angers.

La carrière de l'enseignement semblait s'ouvrir, large et facile, devant lui ; il la délaissa bientôt cependant (1852), pour entrer à l'Institut de l'Oratoire. Ordonné prêtre en 1855, il fut professeur d'histoire au petit séminaire oratorien de Saint-Lô (Manche) de 1857 à 1865 ; puis, devenu, cette dernière année, docteur en théologie, il occupa la chaire d'histoire ecclésiastique à la Sorbonne jusqu'en 1874.

En 1870, le Père Perraud partit comme aumônier de l'une des ambulances de la Société de secours aux blessés ; puis il fonda à Bruxelles un comité de secours pour nos soldats prisonniers en Allemagne.

Choisi comme évêque d'Autun le 10 janvier 1874, préconisé le 4 mai et sacré à Saint-Sulpice, par le cardinal Guibert, le 29 juin suivant, il fut élu supérieur général de l'Oratoire en 1884, sur la désignation du P. Petétot, son prédécesseur. Il a été créé cardinal par S. S. le pape Léon XIII et réservé *in petto* le 16 janvier 1893, proclamé dans le Consistoire du 29 novembre 1895, et nommé titulaire de l'Eglise de Saint-Pierre-aux-Liens à Rome, dont il prit solennellement possession le 2 juillet 1896. En juillet 1901, il a donné sa démission de supérieur-général de l'Oratoire.

Mgr Perraud, que ses travaux littéraires et oratoires avaient depuis longtemps mis en lumière, a été élu membre de l'Académie française le 8 juin 1882, en remplacement d'Auguste Barbier. Il est l'un des meilleurs orateurs de la chaire catholique.

Parmi les nombreux ouvrages publiés par l'éminent prélat, il convient de citer les suivants : *Etudes sur l'Irlande contemporaine* (2 vol. 1862) ; l'*Oratoire de France aux XVII*e *et XIX*e *siècles* (1865) ; les *Paroles de l'heure présente* (1871) ; le *P. Gratry, ses derniers jours, son testament spirituel* (1872) ; le *Cardinal de Richelieu évêque, théologien et protecteur des lettres* (1882) ; *Œuvres pastorales et oratoires* (4 vol. in-8°, 1883-1886) ; la *Discussion concordataire au Sénat et à la Chambre des Députés* (1892) ; *Quelques réflexions au sujet de l'Encyclique du 16 février 1892* ; *A propos de la mort de M. Ernest Renan, souvenirs et impressions* (1893) ; *Discours militaires* ; *Eurythmie et Harmonie* (1896) ; la *Liberté de l'Enseignement* (1899), etc.

Mgr Perraud a écrit, en outre, un grand nombre d'éloges, panégyriques, oraisons funèbres et brochures de circonstances, dont les titres principaux sont : *Montalembert* (conférence, 1870) ; *Jeanne d'Arc* (1872 panégyrique) ; l'*Abolition de l'Esclavage*, *Les Séminaristes à la caserne*, *Importance de la question sociale et ouvrière*, *Nos morts au Dahomey*, *La France, peuple choisi* ; les oraisons funèbres de *Mgr Darboy*, du *P. Captier*, du *Cardinal Guibert*, du *Général Changarnier*, du *Maréchal de Mac-Mahon*, du *Cardinal Lavigerie* ; *Dieu et l'Enfant*, la *Catastrophe de Monceau-les-Mines*, la *Fraternité normalienne*, etc.

Président d'honneur de la Société anti-esclavagiste de France, Mgr le cardinal Perraud est officier d'Académie (1874), chevalier de la Légion d'honneur (1876) et grand-croix du Saint-Sépulcre (1897).

CHAUTEMPS (Alphonse)

DÉPUTÉ et ancien magistrat, né à Valéry (Haute-Savoie) le 18 octobre 1860. Il est le frère de M. Emile Chautemps, député de la Haute-Savoie et ancien ministre des Colonies (1).

Ses études classiques terminées, M. Alphonse Chautemps vint à Paris pour y faire son droit. Reçu docteur en 1881, il s'inscrivit comme avocat au barreau de Saint-Julien (Haute-Savoie) ; il avait alors 21 ans. Quatre années plus tard, il entra dans la magistrature, en qualité de substitut du procureur de la République à Largentière ; en 1890, il fut nommé procureur de la République au Blanc (Indre) et en 1899 à Tours. En 1902, pour le récompenser des services qu'il avait rendus, le titre de président honoraire du tribunal de Tours lui fut conféré.

Etant procureur de la République au Blanc, M. Alphonse Chautemps s'était présenté, comme candidat républicain, à l'occasion d'une élection législative partielle qui eut lieu, en 1897, dans cet arrondissement. Dans sa profession de foi, il disait :

Je ne donnerai mon concours qu'à un gouvernement qui plantera résolument son drapeau au milieu du parti républicain, sans compromission avec les ennemis de nos institutions.

Cette déclaration lui attira l'inimitié du ministère Méline, qui suscita de nombreuses candidatures à son auteur. M. de Beauregard, son principal adversaire, fut élu ; mais l'échec de M. A. Chautemps fut des plus honorables, puisque son nom obtint plus de voix

(1) Voir notice page 41, tome III.

que ceux de tous les concurrents républicains réunis. Son attitude en cette circonstance lui valut d'être désigné comme le candidat des groupements républicains d'Indre-et-Loire et d'être soutenu par le comité radical de l'arrondissement de Loches, dans cette circonscription, lors du renouvellement général de la Chambre, en 1902. Il fut élu député, le 27 mai, au 1er tour de scrutin, par 9,913 voix contre 8,235 à M. Raoul-Duval, bonapartiste, remplaçant M. Daniel Wilson, qui ne se représentait pas.

M. Alphonse Chautemps est inscrit au groupe de la gauche radicale du Palais-Bourbon.

WATRIN (Charles-Joseph)

Officier supérieur de cavalerie, né à Longuyon (Moselle) le 23 février 1839. Il appartient à une très ancienne famille de la Lorraine, ayant donné à la France plusieurs officiers distingués. Son père, soldat des guerres du premier Empire, reçut, à dix-sept ans, la croix sur le champ de bataille. Le nom de Watrin est gravé sur l'Arc-de-Triomphe de l'Etoile.

M. Charles Watrin fit ses études au Prytanée impérial de la Flèche. Entré à Saint-Cyr en 1857, il en sortit en 1859 et servit en qualité de sous-lieutenant au 8me cuirassiers, puis au 3me lanciers ; il passa, en 1863, avec son grade, à l'escadron des Cent-Gardes de l'empereur, où il fut promu lieutenant (1869) ; à la fin du mois d'août 1870, il reçut de Napoléon III la mission de conduire le prince impérial, du théâtre de la guerre où il se trouvait, dans le Nord, avec une escorte de trente cents-gardes. Après des étapes successives, le lieutenant Watrin se trouvait, le 4 septembre au matin, à Maubeuge, où la population, surexcitée par les nouvelles de la capitulation de Sedan et de la proclamation de la République, menaçait de faire un mauvais parti au prince et à son escorte. Bravement, l'officier tint tête à la foule et parvint, par son attitude énergique, à protéger le départ du prince impérial. Le fils de Napoléon III put ainsi, sans danger, partir le soir même pour la Belgique, après avoir chaleureusement embrassé l'officier qui venait de protéger sa vie en exposant la sienne.

Le 5 septembre, le lieutenant Watrin rentré à Paris, était versé, avec ses hommes, au 2me régiment de cuirassiers de marche, avec lequel il fit tout le siège. Il obtint successivement, dans cette arme, les grades de capitaine et de chef d'escadrons, et terminait sa carrière militaire comme lieutenant-colonel.

Nommé chevalier de la Légion d'honneur en 1881, il est, en outre, officier de Charles III d'Espagne et décoré de plusieurs autres ordres étrangers.

WATRIN (Paul-Ernest)

Avocat, homme politique, né à Paris le 2 octobre 1876. Fils du précédent, il accomplit ses études classiques chez les Pères Jésuites de la rue de Vaugirard, se mêla de bonne heure aux luttes politiques, se montrant défenseur ardent des idées napoléonniennes. Alors que, tout jeune, il était inscrit à la Faculté de Droit de Paris, M. Paul Watrin ralliait déjà, parmi la jeunesse universitaire, tous ses camarades qui partageaient ses opinions et créait, en janvier 1896, le « Comité des Etudiants impérialistes ». A cette occasion, il reçut du prince Victor-Napoléon une lettre de félicitations commençant par ces mots :

Le dévouement est chez vous tradition de famille ; vous le prouvez par l'initiative que vous avez prise...

En octobre de l'année suivante, il fondait de ses deniers et il dirigea, jusqu'en janvier 1901, le *Boute-Selle*, organe périodique où il combattait vaillamment et d'une plume exercée, en faveur des principes bonapartistes, et où il s'affirmait résolument « catholique militant et nationaliste antisémite ».

Fougueux orateur et ardent polémiste, M. Paul Watrin a rarement laissé passer une occasion de prendre la parole au cours des réunions impérialistes, nationalistes ou antisémites tenues à Paris et en province durant la période d'agitation soulevée dans notre pays par l'affaire Dreyfus (1898-1902).

Il a collaboré à un grand nombre de journaux conservateurs en province. Il est vice-président du Comité central impérialiste de France, dont le comte Branicki est le président et M. Paul de Cassagnac le délégué général.

Inscrit au tableau de l'Ordre des avocats de Paris, M. Paul Watrin apporte à ses occupations professionnelles une activité très grande et une compétence juridique déjà reconnue. Il s'intéresse aussi à diverses œuvres charitables : membre dévoué des sociétés de patronage ayant pour but de ramener au bien l'enfance coupable, il est l'avocat de l'œuvre du Bon Pasteur, pour la régénération des prostituées.

M. P. Watrin a reçu, en 1900, du Saint-Siège, la croix de l'ordre romain de Saint-Pierre. Il est chevalier de l'ordre religieux et militaire de la Milice de Jésus-Christ et titulaire de diverses décorations étrangères.

KERVILER
(René POGARD du COSQUER de)

Ingénieur et littérateur, né le 13 novembre 1842 à Vannes (Morbihan). Après avoir fait ses classes au collège Saint-François-Xavier dans cette ville, il entra à l'Ecole polytechnique en 1861 et en sortit, avec le numéro sept, pour devenir élève de l'Ecole des Ponts-et-Chaussées, en 1863. Ingénieur ordinaire (1866), chargé de missions en Angleterre, en Belgique et en Hollande, il fut successivement nommé ingénieur des Ponts-et-Chaussées à Tarbes (1867), puis à Saint-Brieuc (1869), où il construisit, pendant la guerre de 1870, tout le matériel de deux batteries d'artillerie départementale ; à Nantes (1873) et à Saint-Nazaire (1874), où il occupe, depuis 1882, les fonctions d'ingénieur en chef.

Au cours des travaux de construction du bassin de Penhouët, que M. de Kerviler dirigea de 1875 à 1881, il découvrit une stratification des couches successives d'alluvion, permettant de déterminer l'âge des objets archéologiques trouvés dans chacune d'elles. Cette découverte, que l'on appela le *Chronomètre préhistorique de Saint-Nazaire*, fit l'objet d'une communication du ministre de l'Instruction publique au Congrès des sociétés savantes tenu à la Sorbonne en 1877 et valut à son auteur les palmes académiques.

M. de Kerviler, dans sa carrière d'ingénieur, a réalisé des ouvrages très importants de travaux publics. C'est ainsi qu'on lui doit la conception et l'exécution, à Saint-Nazaire, en 1884, du premier pont roulant manœuvré hydrauliquement, établi en France ; la construction du phare des Charpentiers, au large de l'embouchure de la Loire (1887) ; le creusement de la Barre des Charpentiers, qui a procuré à la Marine, au prix de travaux pénibles et longs, une rade d'abri qui faisait défaut de ce côté de l'Océan (1889-1892) et la nouvelle entrée du port de Saint-Nazaire, avec une écluse de 220 mètres de longueur (1902).

Il est l'auteur : d'une *Notice sur le port de Saint-Nazaire*, publiée par le ministère des Travaux publics dans la collection des *Ports de France* (1884) ; du mémoire de la Société d'études de travaux français sur le *Projet du Canal des Deux Mers*, dont il fut autorisé à défendre les conclusions devant les commissions d'examen en 1886. Il a publié des études ou notes sur ses travaux dans les *Annales des Travaux publics*, les *Annales des Ponts-et-Chaussées* et les *Recueils de notices* sur les modèles des Travaux publics aux Expositions universelles de Paris (1878, 1889, 1900) et de Melbourne (1882), ainsi que des *Rapports annuels aux Conseils généraux* de la Loire-Inférieure et d'Ille-et-Vilaine.

M. de Kerviler s'est fait remarquer en outre par la publication de travaux très documentés sur l'archéologie celtique, gallo-romaine et du moyen-âge, ainsi que sur divers points historiques, particulièrement sur l'origine et l'histoire de l'Académie française. Il a donné d'abord plusieurs études sur les premiers académiciens (*Habert de Montmort, Ballesdens, l'abbé Colbert, l'abbé de Louvois*, les *Bignon*, etc.) ; sur *la Bretagne, la Champagne, la Gascogne, la Saintonge et l'Aunis à l'Académie* ; puis : *le Chancelier Pierre Séguier et son groupe académique* (1874) ; *Bibliographie raisonnée de l'Académie française* (1877) ; *la Bretagne à l'Académie française au XVIIe siècle* (1877, 2e édition 1879) ; *Valentin Conrart* (1881) ; les *Trois Cardinaux de Rohan* (1881) ; *la Bretagne à l'Académie française au XVIIIe siècle* (1885) ; *Recherches et Notices sur les députés de la Bretagne aux Etats Généraux* (1888-89, 2 vol.) ; de nombreuses notices sur les anciens académiciens *Bautru, Gombaud, Silhon, de Gomberville, Sirmond, Cureau de la Chambre, Desmarets de Saint-Sorlin, Salomon de Virelade* ; des études sur le *Procès des 132 Nantais en 1794* (1886 à 1895), sur *Olivier Morvan* et la *Société patriotique de la Bretagne en 1784* (1885). Il poursuit régulièrement, depuis 1886, la publication d'un *Répertoire général de bio-bibliographie bretonne*, dont 13 volumes ont paru en 1902.

Ses principaux travaux relatifs à l'archéologie portent les titres suivants : *Note sur les monuments celtiques d'Angleterre, d'Ecosse et d'Irlande* (1870) ; *Mémoire sur des tranchées présumées antiques* (1873) ; *Etude critique sur la Géographie de la presqu'île armoricaine au commencement et à la fin de l'occupation romaine* (1874) ; *Fouilles faites en 1873 à Saint-Donatien* (1874) ; *l'Age du bronze et les Gallo-Romains à Saint-Nazaire* (1877) ; *Documents pour servir à l'histoire de Saint-Nazaire* (1877-1884, 4 vol.) ; les *Chaires extérieures en Bretagne* (1882) ; *Recherches sur la grande ligne des Mardelles gauloises de la Loire-Inférieure* (1883) ; *Des Projectiles cylindro-coniques depuis les temps les plus reculés jusqu'à nos jours* (1884) ; *les Vénètes et César* (1886) ; *les Voies romaines en Armorique*, etc. La plupart de ces travaux ont été réunis, avec une étude complètement remaniée du *Chronomètre préhistorique de Saint-Nazaire*, en 3 volumes, sous le titre général : *Armo-*

rique et Bretagne (1893), couronnés par la Société française d'Archéologie.

Il a aussi publié : les mémoires de son père, sous le titre de *Souvenirs d'un vieux capitaine de frégate* (2 volumes) ; une édition des 12 premiers chants de la *Pucelle*, de Chapelain (1882) et des poésies réunies sous le titre de *Bruyères et Lilas*, dont la plupart avaient été auparavant signées du pseudonyme « Larvorre de Kerpénic » (1901).

M. de Kerviler fait partie du Comité des travaux historiques et scientifiques au ministère de l'Instruction publique et de nombreuses sociétés savantes, sportives, patriotiques ou philanthropiques ; il est inspecteur de la Société française d'archéologie pour le département de la Loire-Inférieure. L'un des présidents d'honneur de la Société des Bibliophiles bretons et président de l'Union régionaliste bretonne, il a présidé, en 1899, le Congrès de l'Association bretonne à Guérande, et il préside, depuis plusieurs années, la Société de Géographie commerciale de Saint-Nazaire.

Il est commandeur des ordres de Saint-Grégoire et d'Isabelle-la-Catholique, officier de l'Instruction publique et chevalier de la Légion d'honneur.

AURICOSTE (Noël)

ADMINISTRATEUR, ancien député, né à Ussel (Lot) le 25 décembre 1844. Sorti, en 1868, de l'Ecole normale secondaire spéciale de Cluny, avec le brevet de capacité, équivalent à la licence, il devint professeur de sciences physiques et naturelles au collège de Mende jusqu'en 1878, où il fut appelé comme chef de division à la préfecture de la Lozère. Depuis la révolution du 4 septembre 1870, il dirigeait le *Moniteur de la Lozère*, journal républicain du département.

Présenté par les comités républicains de l'arrondissement de Marvejols comme candidat à la députation, au renouvellement général législatif d'août 1893, il fut élu député par 5,336 voix contre 5,300 à M. Grousset, monarchiste, député sortant. Quelques mois après, dans une élection partielle, il était élu conseiller général de la Lozère, pour le canton de Marvejols.

Le député de la Lozère, au Parlement, s'intéressa spécialement aux questions d'enseignement, d'agriculture et d'hygiène ; il intervint notamment dans les discussions sur la fusion des services de voirie, sur l'enseignement agricole dans les écoles normales, sur les budgets, demandant, en 1895, par voie d'amendement, qu'ils fussent présentés et mis en discussion dès le mois de janvier de chaque année, évitant ainsi le vote des douzièmes provisoires ; il est l'auteur d'un projet sur les assurances agricoles.

Membre des commissions de révision de la loi sur les aliénés, sur l'extinction de la mendicité, de révision de la loi sur l'enseignement primaire en ce qui concerne la nomination des instituteurs, sur le monopole des assurances par l'Etat, etc., il se montra partisan d'une politique nettement républicaine et soutint, en économie, l'établissement de tarifs protectionnistes modérés.

Au renouvellement général de 1898, candidat dans la même circonscription, M. Auricoste fut battu par le marquis de Chambrun, républicain modéré, obtenant 3,434 suffrages, conte 6,553 à l'élu (8 mai).

Nommé, l'année suivante, directeur de l'Office Colonial, il a organisé ce service, qui est devenu, sous son active impulsion, une très importante administration, fournissant aux agriculteurs, aux industriels et aux commerçants les renseignements les plus précieux sur les ressources et les débouchés offerts par nos colonies.

MARIOTON (Claudius)

SCULPTEUR, ciseleur, né à Paris le 2 février 1844. Fils d'un ouvrier, il travailla lui-même, comme ouvrier, pour la maison Christophle. Cependant, se sentant attiré vers un art plus parfait, il parvint, à force de volonté et de peine, à acquérir les connaissances nécessaires à la technique professionnelle. Il fût élève de M. Levasseur, de l'Ecole des Arts décoratifs, et il eut, à l'Ecole des Beaux-Arts, MM. A. Dumont et J.-G. Thomas pour maîtres.

En 1873, M. Claudius Marioton débutait aux Salons de la Société des Artistes français avec un buste de Mlle *Irma Bossu*, qui ne passa pas inaperçu. Il a exposé depuis les œuvres suivantes : un *Buste de lui-même* (1874) ; un *Jeune Faune* (1875) ; le *Premier coup de marteau* et *Portrait de M. Avezard* (1876) ; la reproduction en bronze du *Jeune Faune* et le *Passe-temps du berger* (1878) ; l'*Amour fait, à son caprice, tourner le monde* (1879) ; le *Plaisir* et objet d'art (1880) ; *Benvenuto Cellini* et buste de l'*Amiral Cloué, ministre de la Marine*, qui orne le musée des Arts décoratifs (1882) ; *Diogène* (1883) ; le *Travail guide la Fortune* (1884) ; *Musique champêtre* et la reproduction en bronze du *Diogène*, placée ensuite dans le square du Temple et qui est restée l'une des inspirations les plus populaires de cet artiste (1884) ; *Ondine*, statuette en or et argent émaillé et *Portrait de M. le docteur Outin* (1886) ; *Tyrtée* et les *Cerises* (1887) ; *Refrain de printemps*, statuette en argent, et le *Travail guide la Fortune*, en bronze (1888) ; *Phœbe* (1889) ; *Byzance*, statuette en or, argent, émail et pierres précieuses, réalisation du plus haut mérite (1891) ; *Satyre*, objet d'art en acier repoussé, marbre, lapis lazzuli et porphyre, qui figure au musée Galliera, à Paris (1892) ; *Offensive et Défensive*, plaquette polychrome en argent, marbre et acier incrusté (1894) ; un *Bock*, étain et or (1896) ; *Sympathie*, plaquette commémorative en or, argent et porphyre, exécutée pour les noces d'argent de M. et Mme Emile Colin, éditeurs de bronzes (1897) ; *Platane* ; *Fleur brione* ; *Enfants papillons* (1898) ; *Erudit*, statuette en plâtre (1900) ; *Néréide*, lampe électrique bronze et cristal (1901) ; *Arbalétrier du XVe siècle*, statuette bronze patiné et marbre (1902).

M. Claudius Marioton est encore l'auteur des *Groupes d'enfants* qui soutenaient les globes lumineux des galeries Rapp et Desaix au Palais des Beaux-Arts de l'Exposition universelle de 1889 ; de la *Ville de Lyon*, statue allégorique à l'Hôtel-de-Ville de Paris, exécutée en pierre. Son *Amour*, exposé en 1879, a été exécuté en marbre pour le musée de Copenhague. On lui doit aussi une très fine statuette : *Pastorale*, pour le ministère de l'Agriculture, et quantité d'objets d'art : plaquettes, médaillons, bagues, encriers, etc.

Cet excellent artiste est l'un de ceux qui ont donné à l'art décoratif des métaux une orientation nouvelle. La critique a loué généralement la grâce, la délicatesse et la vérité d'attitudes de ses œuvres.

Professeur émérite, son enseignement ne sera pas sans influence sur l'avenir de l'art industriel français. Directeur de l'Ecole professionnelle des fabricants de bronze et d'orfèvrerie, chef des travaux du métal à l'Ecole Boulle, M. Claudius Marioton a produit des élèves qui, comme MM. Georges Dupré, Yencesse et d'autres, lui font grand honneur.

Vice-président des Jurys des Arts décoratifs aux Salons annuels, membre du Jury de l'Exposition universelle de 1900, il a obtenu successivement une médaille de 3me classe en 1883, une de 2me classe en 1885, une médaille d'argent à l'Exposition universelle de 1889 et une médaille d'or à celle de 1900. Il est officier d'Académie et chevalier de la Légion d'honneur.

GUIMARD (Hector)

ARCHITECTE d'art, né à Paris le 10 mars 1867. Elève, d'abord de l'Ecole des Arts décoratifs, où il obtint le grand-prix en 1882, il continua ses études professionnelles à l'Ecole des Beaux-Arts. Dès cette époque, il faisait preuve d'un tel esprit de rébellion contre les formules classiques que ses camarades le surnommaient le « Ravachol de l'architecture ». En réalité, il n'était pas, en art, anarchiste au point de n'admettre aucun maître, puisqu'il reconnaît avoir puisé dans l'œuvre de Viollet-le-Duc l'inspiration à laquelle il doit d'être devenu depuis l'un des maîtres de l'art nouveau en architecture.

Sorti de l'Ecole des Beaux-Arts en 1887, après y avoir remporté de nombreux succès, M. Guimard, dès cette même année, à un concours pour la construction d'une Caisse d'épargne au Mans, fut classé troisième, et obtint une première mention honorable ; l'année suivante, son projet pour l'Hôtel-de-Ville de Calais fut placé dans les dix premiers. En 1888, la construction d'un café-restaurant sur le quai d'Auteuil montrait une première réalisation de ses conceptions artistiques particulières. En 1889, il fit exécuter, pour l'Exposition universelle, un petit pavillon fort gracieux et fort original, dont il envoya les plans au Salon de 1890.

Depuis cette époque, M. Hector Guimard parut à tous les Salons, d'abord à la Société des Artistes français ; puis, à partir de 1892, à la Société nationale ; partout ses innovations hardies, son souci d'adapter les données architecturales aux nécessités de la vie et à la destination des bâtiments, attirèrent l'attention.

C'est M. Guimard en effet, qui, l'un des premiers en France, a résolu le problème de construire une maison de rapport sur des bases absolument neuves, dégagées de tous les styles d'autrefois. Celle qui a été édifiée d'après ses conceptions à l'angle du hameau Béranger (16, rue La Fontaine), et qui fut primée au concours des façades organisé, en 1898, par la Ville de Paris, réalise en tous points ce programme.

Dans cette construction, — écrit M. Gustave Soulier — l'ensemble et les moindres détails, jusque dans les crémones, les boutons de portes et les pitons de tapis d'escalier, dans les vitraux ou les tentures aussi bien que dans les façades, la même ligne décorative se retrouve sans se ressembler jamais.

Un autre édifice, bien marqué à l'empreinte personnelle de cet artiste, est la salle de concerts Humbert de Romans, construite pour contenir plus de quinze cents personnes et qui présente, soit à l'extérieur, soit surtout à l'intérieur, des combinaisons architecturales destinées à produire une acoustique impeccable ; des motifs délicats et originaux en décorent les diverses parties.

Les formules artistiques dont M. Hector Guimard est l'innovateur et qui constituent ce que l'on a déjà appelé le « style Guimard », ont reçu de nouvelles applications dans plusieurs grandes entreprises de travaux publics, notamment pour le Métropolitain de Paris, dont les gares, à l'aspect si originalement décoratif, ont été construites sur ses plans et modèles, après un concours où plus de soixante projets avaient été refusés.

Parmi les travaux pour des particuliers de M. Guimard, nous citerons ses villas au parc de Beauveau-Craon, à Garches, et le Castel moderne, à Sèvres, qui sont de hardies et fort belles innovations.

Chargé, en 1896, du cours de perspective, puis nommé, la même année, professeur titulaire à l'Ecole nationale des Arts décoratifs, il ne s'est point fait, dans son enseignement officiel, l'apôtre exclusif de sa doctrine ; mais, dans ses ateliers, il se livre à son art préféré sans réserve ; prêchant d'exemple, il est non-seulement architecte, mais tour à tour ouvrier ornemaniste, sculpteur, créateur de modèles de vases pour la manufacture de Sèvres, et aussi de meubles artistiques de style moderne.

En mai 1899, M. Hector Guimard développa ses doctrines esthétiques dans une conférence au Salon du *Figaro*, qui eut du retentissement et fut reproduite par de nombreux journaux d'art. Il y affirmait l'idée directrice de son œuvre, qu'il résumait en trois mots : « logique, harmonie, sentiment ».

LAMY (Ernest)

Député, avocat, né à Lorient (Morbihan) le 8 novembre 1867. Issu d'une famille originaire de la région, il fit ses études classiques au collège de Vannes et celles de droit à la faculté de Rennes, où il se fit recevoir licencié, puis docteur en 1892. Inscrit au barreau de sa ville natale en 1893, il était choisi, au bout de peu de temps, comme secrétaire de l'ordre. Il s'est rapidement créé par la suite une enviable notoriété comme avocat de causes civiles et d'affaires commerciales. Il a plaidé aussi plusieurs procès de presse, concernant les journaux de la région.

S'intéressant, en même temps, à la vie publique, M. Ernest Lamy se montrait actif propagandiste de la politique libérale. En 1896, il présenta aux élections municipales de Lorient une liste où figurait son nom et qui obtint une forte minorité de suffrages. Il a contribué à la fondation, pendant la campagne électorale de 1901-1902, de la *Cloche d'Alarme du Morbihan*, feuille qui soutint les vues et le programme des groupes de l'Action libérale, de l'Union progressiste, de la Patrie française, etc.

Aux élections législatives de 1902, M. Ernest Lamy se porta candidat républicain libéral dans la deuxième circonscription de Lorient et fut élu député, au premier tour de scrutin, le 27 avril, par 7,064 voix, contre 5,739 à M. Jacob, député sortant.

Dans son programme, M. E. Lamy se déclarait partisan de la liberté d'association et d'enseignement, de la liberté du travail, de la réduction du service militaire, etc. A la Chambre, il vote avec l'opposition.

FRIAS (Georges)

Administrateur, publiciste, né à Tucuman (République Argentine) le 26 août 1869, demeurant en France. Après avoir terminé ses études classiques à Buenos-Ayres, il entra dans le commerce et devint, dans cette ville, le représentant de la société Cail et Cie de Paris pour les machines à sucre.

Appelé à l'un des postes de directeur de la Banque de la province de Buenos-Ayres, M. Georges Frias remplit également les fonctions de syndic du commerce, fut membre de la Bourse et de la société le « Centre du Commerce, » de la capitale argentine. Il était co-propriétaire, à Santiago-del-Estero, d'une sucrerie importante.

En 1896, il liquida ses affaires dans la République Argentine et vint fixer sa résidence à Paris, où il créa une agence de commission pour toutes affaires entre la France et la Plata. Sa compétence bien établie dans les questions touchant au commerce d'échange le fit choisir comme secrétaire-général de la Chambre de commerce du Rio de la Plata, dès la constitution, à Paris, de cette institution, le 8 juillet 1902.

Devenu ainsi l'une des chevilles ouvrières de la Chambre de commerce argentine, il a assumé la tâche de propager le but économique qu'elle poursuit, de rédiger les rapports de ses séances, recruter des adhésions, etc.

M. Georges Frias collabore au *New-York-Herald*, édition parisienne, et expose, dans ses articles, les progrès réalisés dans la République Argentine sur le terrain des intérêts matériels et moraux. Il envoie, en outre, des correspondances à divers journaux argentins.

DAIREAUX (Emile-Honoré)

JURISCONSULTE, écrivain, né à Rio-Janeiro (Brésil) le 21 avril 1843, de parents français. Licencié en droit de la Faculté de Paris, il fut inscrit au barreau de la Cour d'appel de cette ville le 13 décembre 1865 et fut secrétaire de la Conférence des avocats en 1867.

M. Emile Daireaux débuta dans le journalisme, à la *Presse*, en 1864, sous la direction d'Emile de Girardin ; il créa, à la même époque, la petite Bibliothèque à 25 centimes, réunie depuis à la Bibliothèque nationale et y publia les *Mémoires de M*^{me} *Rolland* (4 vol.), les *Œuvres de Camille Desmoulins* (3 vol.), la *Vie de César* et la *Vie des Gracques, de Plutarque* (1 vol.), au même moment où Napoléon III publiait sa *Vie de César* (1867).

Poursuivi politiquement, par les tribunaux de l'Empire pour ses articles du *Courrier français*, il partit pour Buenos-Ayres en 1868, appelé par des affaires personnelles et de famille. Revenu à Paris pour prendre part à la guerre de 1870, il contribua, comme capitaine d'état-major des mobilisés de Seine-et-Oise, à la défense des tranchées du Sud et à la bataille de Buzenval. Il retourna, en 1871, à Buenos-Ayres, où il conquit le grade de docteur en droit hispano-américain et s'inscrivit au barreau de cette ville.

Jusqu'en 1883, M. Daireaux occupa une situation importante à Buenos-Ayres, où, comme avocat, il eut souvent l'occasion de rendre de signalés services à ses compatriotes et aux entreprises françaises.

Rentré en France, il fut de nouveau inscrit au barreau de la Cour d'appel de Paris de 1883 à 1890.

M. Daireaux a publié en espagnol un manuel général du droit argentin : *El Abogado de si mismo*, qui, très apprécié des juristes, a atteint son dixième mille en 1902 et se trouve dans toutes les mains en Amérique du Sud.

En même temps qu'il collaborait, de loin, à la *Revue des Deux-Mondes*, au *Temps*, aux *Débats*, à la *Gironde*, à l'*Economiste français*, à la *Revue Britannique*, au *Tour du Monde*, à la *Revue de Paris*, il fondait, à Buenos-Ayres en 1880, un grand journal quotidien français : l'*Union française*, qui fournit une brillante carrière. Après la fusion de cet organe avec le *Courrier de la Plata*, il prit la rédaction en chef de celui-ci, qu'il conserve encore, en lui fournissant une active collaboration.

Il a publié : en 1878, à la librairie Hachette, un volume aujourd'hui épuisé : *Buenos-Ayres, la pampa et la Patagonie* ; en 1887 : la *Vie et les Mœurs à la Plata* (2 vol. in 8°, 4me édition) ; la *République Argentine* (1 vol. contenant 6 monographies, acquises par le gouvernement argentin, qui distribua 25,000 exemplaires de chaque à l'Exposition de 1889) ; à la librairie Cotillon : le *Droit international privé dans la République Argentine* (1890). En préparation : la *République Argentine depuis dix ans* (1902).

Membre perpétuel de la Société de Législation comparée, de la Société de Géographie, de la Société de Géographie commerciale, il est officier d'Académie et commandeur de l'ordre du Nicham.

CONSTANS (Paul)

DÉPUTÉ, né à Néfiach (Pyrénées-Orientales) le 8 septembre 1857. Fils d'un ouvrier tisserand, il quitta, vers la quinzième année, l'école communale de son village natal pour suivre les cours de l'Ecole primaire supérieure de Perpignan, où il ne resta que six mois.

Doué d'une vive intelligence, mais pauvre, il dût de bonne heure pourvoir aux besoins de la vie quotidienne et, à vingt ans, il était à Paris, employé dans un magasin. A cette époque les groupements ouvriers commençaient à se former, M. Paul Constans contribua activement à la fondation et à l'organisation du Syndicat des employés de commerce parisiens, aujourd'hui devenu très important. Chassé de son emploi à cause de ses opinions, il ne tarda pas à trouver une nouvelle situation et, quelques années plus tard, il fut appelé à Montluçon, comme directeur de la maison Chantemille. Il fit, dans cette ville, une très active propagande en faveur des idées socialistes et des revendications ouvrières et devint rapidement populaire.

En 1893 et en 1895, il refusa les candidatures qui lui furent offertes ; mais, en 1896, cédant aux sollicitations de ses amis il se présenta aux élections municipales, et fut élu adjoint au maire.

Au mois de janvier 1896, il avait fondé la Fédération républicaine-socialiste de l'Allier, dont il a été le secrétaire.

Désigné, en 1898, comme candidat socialiste aux élections législatives, M. Paul Constans obtint 3,192 voix dans la circonscription de Montluçon et se désista en faveur de M. Létang.

Elu maire de Montluçon en janvier 1899, conseiller général le mois suivant et réélu maire en 1900, il se représenta au renouvellement législatif de 1902 et fut nommé député de cet arrondissement par 9,352 suffrages, contre 6,597 à M. Thaury, nationaliste, au premier tour de scrutin, le 27 avril.

L'honorable député est inscrit au groupe socialiste de la Chambre.

GENUYS (Charles)

Architecte, né à Paris le 9 octobre 1852. Elève de l'Ecole des Arts décoratifs de 1867 à 1870, il entra ensuite dans la classe de l'architecte Train à l'Ecole des Beaux-Arts (1870 à 1879) ; dans cette même période, il accomplit, comme volontaire d'un an, son service militaire et il effectua des voyages d'études en Italie et en Egypte. Lauréat du prix Rougevin en 1878, il obtint, en 1879, le second prix de Rome.

Attaché, dès 1878, en qualité de répétiteur d'architecture à l'Ecole des Arts décoratifs, M. Charles Genuys devint professeur en 1882 et fut promu, en 1887, sous-directeur de cette école.

Dans son enseignement, aussi bien que dans de nombreuses études et critiques d'art, traitant principalement de l'architecture et de l'art décoratif, qu'il a fait paraître dans la *Revue des Arts décoratifs*, *Art et décoration*, l'*Art* etc., M. Genuys a combattu en faveur des idées modernes, fréquemment en opposition avec les traditions classiques ; mais sans cependant vouloir rompre tout à fait avec celles-ci.

Dès 1881, cet architecte prenait part au concours pour l'aménagement de la salle des séances de l'Assemblée nationale à Versailles et obtenait un prix, en collaboration avec MM. Train, Dalou et Aubé.

Il a, depuis, conçu le plan et fait exécuter de beaux immeubles de rapport à Paris et d'artistiques villas dans la banlieue. Architecte du diocèse de Châlons depuis 1881, il a dirigé la restauration de la cathédrale de cette ville. En outre, comme architecte en chef des monuments historiques de Meaux, Château-Thierry et des départements de la Marne et des Ardennes, il a restauré la plupart des édifices de ces régions. En 1898, il a parachevé l'église de Vitry-le-François.

Auteur de travaux de décoration fort intéressants, on se plaît à citer de lui dans cet ordre d'idées les remarquables fontaines décoratives de Bayeux et d'Evreux ; cette dernière, en porcelaine de Limoges, fut élevée en 1893. Il est de plus l'auteur de nombreux dessins de mobiliers et de motifs de décoration.

M. Charles Genuys a rarement exposé aux Salons annuels. Ses envois à la Société des Artistes français lui ont cependant valu une médaille de 3ᵉ classe en 1882 (pour sa fontaine d'Evreux). Hors-concours et membre du Jury à l'Exposition universelle de 1900, il obtint, dans la section d'architecture, une médaille d'argent.

Il est officier de l'Instruction publique et, depuis 1894, chevalier de la Légion d'honneur.

VIOLLETTE (Maurice-Gabriel)

Député, avocat, né à Janville (Eure-et-Loir) le 3 septembre 1870. Après avoir fait ses classes au lycée d'Orléans, il vint, comme étudiant en droit, à Paris, fut reçu licencié et prêta serment d'avocat devant la Cour d'appel en 1892 ; puis il prit le doctorat en 1896.

Remarqué par Mᵉ Millerand, il devint le secrétaire de cet avocat, et c'est ainsi qu'il fut appelé à préparer ou à plaider, soit avec ce maître, soit seul, de très importants procès, notamment celui de la *Petite République*, de la *Dépêche de Toulouse* et de M. Jaurès contre M. Rességuier, à propos de la grève de Carmaux.

Mᵉ Viollette a souvent pris la parole pour la *Petite République*, pour d'autres journaux et pour diverses personnalités devant les tribunaux, les cours d'assises et d'appel ou les conseils de guerre.

Au renouvellement général de la Chambre de mai 1898, M. Viollette se présenta, comme candidat socialiste, dans l'arrondissement de Chinon (Indre-et-Loire), contre M. Maurice, président du Tribunal civil de Tours, conservateur, et M. Leffet, radical. Il se désista, au 2ᵉ tour de scrutin, en faveur de M. Leffet, qui fut élu.

Nommé chef du secrétariat du ministre du Commerce, lorsque M. Millerand prit ce portefeuille dans le cabinet Waldeck-Rousseau (23 juin 1899), il garda ces fonctions jusqu'au mois de février 1902, époque à laquelle il démissionna pour être libre de se présenter aux élections générales législatives prochaines.

Elu député de l'arrondissement de Dreux le 11 mai 1902, par 8,507 voix contre 7,464 à M. Joseph Dubois, fils du député sortant, progressiste, M. Viollette, quoique socialiste, n'est inscrit à aucun groupe de la Chambre.

Il a collaboré à divers journaux de province, à la *Petite République* et à plusieurs publications juridiques.

MAGNAUD (Paul)

Magistrat, publiciste, né à Bergerac (Dordogne) le 20 mai 1848. Il appartient à une famille originaire de Lot-et-Garonne, département où il accomplit ses premières études classiques. Fils d'un ancien fonctionnaire des Finances, qui fut directeur de l'Enregistrement à Limoges, M. Paul Magnaud fit son droit à la faculté de Paris. Inscrit au barreau de la Cour d'appel, il resta pendant plusieurs années éloigné du Palais pour des raisons de santé ; puis, en 1881, il fut appelé aux fonctions de substitut à Doullens (Somme). Il y resta peu de temps.

Successivement nommé juge d'instruction à Montdidier la même année, puis à Senlis (Oise) en 1883 et à Amiens en 1885, il devint président du Tribunal de Chateau-Thierry (Aisne) le 6 juillet 1887.

Une telle situation, encore qu'honorable, n'eut pas appelé sur son détenteur l'attention générale si M. Paul Magnaud ne s'y était fait remarquer comme un véritable novateur en jurisprudence appliquée. Philosophe, moraliste et économiste à la fois, il s'est efforcé de faire entrer un peu d'humanité dans les applications quotidiennes de la loi et cette attitude, nouvelle chez un magistrat de carrière, a rendu son nom célèbre.

Au lieu d'exécuter les lois à la lettre, a écrit M. Henri Leyret dans un livre intitulé : *Les Jugements du Président Magnaud réunis et commentés*, de s'enlizer dans les procédures et la justice d'école, de n'être qu'un complice servile de l'iniquité sociale, ce magistrat s'est bravement affranchi et, homme plus que juge, révolté en son âme droite que la loi fût seulement une machine à gouverner les masses, il a reconnu qu'elle est, selon la formule décisive de Georges Clémenceau, faite pour l'homme et non l'homme pour la loi. A la loi écrite, il a substitué la loi naturelle ; au dogme, la raison ; au code, la justice. Tandis que les juristes semblent prendre pour devise le fameux : *Homo homini lupus*, lui, fraternel, il n'a vu dans les accusés que des victimes de la Société, et, loin de se complaire à les condamner, il les a pris en pitié ; il a cherché les causes véritables de leurs délits ; il s'est révélé pitoyable et humain, désolé de punir, ravi d'innocenter... C'était une habitude de condamner un malheureux, parce que malheureux. Lui, établissant toutes les responsabilités, il a mis au jour celles de la Société ; il lui a reproché de donner la première l'exemple de la violation de ses propres lois, et, nettement, il a proclamé qu'elle n'a pas le droit de punir un homme dont le véritable crime précisément est d'être malheureux. Enfin, abordant le problème social en son point le plus discuté, il a déclaré le droit à la vie antérieur au droit de propriété ; il a fait s'incliner la loi devant la faim...

La plupart des décisions du « bon juge », épithète sous laquelle se trouve généralement désigné M. Paul Magnaud, seraient à mentionner et à méditer. Depuis le fameux acquittement de la « voleuse de pain », qui fit le tour de la presse, il a prononcé des jugements où sont reconnus le droit à la vie ou les devoirs de la Société envers les indigents ; d'autres signalant les devoirs des magistrats, ou souhaitant la recherche de la paternité, la réforme des maisons de correction, l'amélioration des rapports entre ouvriers et patrons, etc.

Il est, de plus, le promoteur de la loi dite de « pardon, » dont le projet a été déposé devant les Chambres, loi qui permettrait aux tribunaux d'absoudre les coupables dans certains cas d'excusabilité déterminés.

Mis en évidence par le retentissement des affaires jugées à Chateau-Thierry, le président Magnaud a été à plusieurs reprises l'objet de sollicitations d'électeurs pour un siège législatif. Il a toujours refusé d'accepter aucune candidature ; mais il n'a pas craint de se mêler aux polémiques suscitées par son attitude réformatrice, en écrivant des lettres pour le public dans la *République française*, le *Figaro*, le *Radical* et d'autres journaux.

Membre de la Société des études historiques et de diverses autres associations savantes, littéraires ou philanthropiques, le président Magnaud a été élu président d'honneur du Congrès de l'Humanité réuni à Paris lors de l'Exposition universelle de 1900.

Commandant d'état-major dans l'armée de réserve et chevalier de la Légion d'honneur au titre militaire pour la part qu'il prit aux opérations de l'armée de la Loire en 1870-71, M. Magnaud est en outre officier d'Académie, de la Couronne de Roumanie et décoré de l'ordre de Sainte-Anne de Russie.

CHAUMET (Charles)

Député, publiciste, né à Cauderan (Gironde) le 21 février 1866. Issu d'une famille jouissant d'une ancienne réputation dans ce département, il fit ses études classiques au lycée de Bordeaux ; puis, après quelques années de droit, il entra dans la presse sous les auspices d'Eugène Tenot, qui l'appela avec lui au journal la *Gironde*, où M. Chaumet a publié depuis bon nombre d'articles politiques, économiques et autres.

M. Charles Chaumet créa, dans le même temps, à Bordeaux, en collaboration avec M. Fernand Faure, depuis directeur honoraire de l'Enregistrement, la *Tribune ouvrière*, organe destiné, dans la pensée de ses fondateurs, à développer l'action syndicale en dehors de toute idée politique.

Il fit paraître également la *Tribune agricole*, périodique depuis fondu avec le *Monde agricole* et qui, sous sa direction, en s'efforçant de concilier les intérêts du commerce et de l'agriculture, a pris un développement considérable.

En outre, M. Chaumet a donné de nombreuses conférences dans le midi de la France et spécialement dans la Gironde sur les questions de mutualité et de bienfaisance : on doit une mention spéciale a celles qu'il a prodiguées sur l'œuvre des Prévoyants de l'Avenir.

Candidat à la députation, présenté par l'union démocratique, en 1898, dans la 1re circonscription de Bordeaux, M. Chaumet obtint, au second tour, 5,377 voix, pendant que l'élu, M. Chiché, en recueillait 7,012 et deux autres candidats 1,699.

Il a été élu député de cette même circonscription, au renouvellement législatif de 1902, avec 6,943 suffrages, contre 4,789 à son ancien concurrent, M. Chiché, et 1,307 à M. Grossard, libéral, au dernier tour de scrutin, le 11 mai.

Républicain, M. Chaumet a soutenu la politique des ministères Waldeck-Rousseau et Combes. Il s'est prononcé en faveur de la loi sur les associations, de l'abrogation de la loi Falloux, de la réduction du service militaire et contre l'impôt progressif sur le revenu. En économie, il est libre-échangiste, partisan de l'établissement de traités de commerce et de la création de ports-francs, création sur laquelle ses conférences ont attiré l'attention.

RICHARDET (Amédée-Jean-Baptiste)

PUBLICISTE, né aux Laverottes-Pennesières (Haute-Saône) le 28 novembre 1860. Après avoir achevé ses études classiques à Besançon, il vint se fixer à Paris (1880) et fut attaché comme secrétaire au cabinet du sollicitor de l'ambassade d'Angleterre.

De 1890 à 1894, il fut successivement rédacteur, puis sténographe à l'Agence Havas.

Entre temps, dès 1879, M. Richardet avait fondé une revue littéraire bi-mensuelle sous le titre : le *Téléphone*, qui devint, en 1895, la *Revue Idéaliste*; il a su grouper, comme collaborateurs, d'éminents écrivains, tels que MM. Jules Claretie, A. Mézières, Emile Ollivier, Henry Houssaye, Jules Lemaître, François Coppée, etc. Cette revue, qu'il continue de diriger, a publié des articles originaux du grand-duc Constantin, du prince de Monaco, des reines de Roumanie et de Portugal. De 1881 à 1883, il fit paraître, en outre, un journal quotidien : la *Dépêche sténographique* ; puis il créa, en 1889, l'*Enseignement sténographique*, publication bi-mensuelle tendant à propager l'étude de la sténographie dans les écoles primaires et qui, sous sa direction, a acquis une grande importance.

M. Richardet est le fondateur et le président du « Cercle National », association poursuivant un but pédagogique et moralisateur à la fois, et que patronnent, entr'autres personnalités marquantes, la reine d'Angleterre, le roi des Belges, le roi et la reine de Portugal, la reine de Roumanie, la reine de Grèce, le roi et la reine de Serbie, et la plupart des grands-ducs de Russie.

Membre de l'Association des Journalistes parisiens et de la Société des Publicistes chrétiens, M. Richardet est grand-officier de Saint-Sava, commandeur de Saint-Grégoire-le-Grand, du Christ de Portugal, d'Isabelle-la-Catholique, etc.

CIGANDA (Evariste-G...)

DIPLOMATE, conférencier, homme politique, né dans le département de Soriano (Uruguay) le 26 octobre 1868, demeurant en France. Après des études à l'Université et à l'Ecole des Sciences politiques et sociales de Montevideo, il se fit recevoir docteur en droit et inscrire comme avocat dans cette capitale. En même temps, il devenait professeur de droit civil et d'histoire américaine dans divers établissements d'enseignement, et il collaborait aux principaux journaux politiques de Montevideo.

En 1893, M. Evariste Ciganda fut élu député du département de San-José au Parlement de l'Uruguay ; il ne tarda pas à compter parmi les orateurs les plus brillants de cette assemblée et fit voter une loi relative aux pensions de retraite des instituteurs, qui reste connue sous le nom de « loi Ciganda ».

En 1900, il fut nommé consul-général de la République Orientale de l'Uruguay, à Paris. Il a su conquérir, dans l'exercice de ce mandat, des sympathies nombreuses dans notre pays, où il s'est fait apprécier comme conférencier.

En mars 1902, le Dr Evariste Ciganda donna, à la Sorbonne, sous les auspices de la Société pour la propagation des langues étrangères en France, une conférence très instructive et très intéressante sur les origines et les destinées de l'Uruguay et de toute l'Amérique Latine. Peu après, il fit campagne en faveur de la création à Paris, d'une Chambre de commerce pour la défense des intérêts économiques et commerciaux des peuples Sud-Américains et le resserrement des relations entre ces pays et le nôtre. Ses efforts, rapidement couronnés de succès, amenèrent, en juillet 1902, la constitution de cette chambre, qui l'a proclamé membre honoraire.

PIERRE-PETIT (PETIT, Pierre, ou)

PHOTOGRAPHE, peintre, né à Aups (Var) le 15 août 1831. Venu à Paris à dix-sept ans, il fit son apprentissage dans la photographie et se livra à des recherches relatives aux papiers d'impressions photographiques.

En décembre 1851, le jeune artiste manifesta si fougueusement son hostilité au coup d'État qu'il fut arrêté et condamné à cinq ans d'internement. Il obtint, en 1852, une liberté relative et put, pour continuer ses études, séjourner à Paris, à l'aide d'un permis qu'il devait demander tous les huit jours à la Préfecture de Police. Sa grâce pleine et entière lui ayant été accordée en 1853, il entra comme opérateur chez le photographe Disderi et y resta jusqu'en 1858. Il exécuta là les premières cartes de visite photographiques et il eut à photographier à un tous les membres de la famille impériale et la plupart des célébrités de l'époque dans la politique, les lettres et les arts.

En 1858, M. Pierre Petit s'établit à son compte ; il a vu, depuis, d'année en année, s'accroître l'importance de la maison qu'il a fondée, grâce à la sollicitude qu'il a toujours mis à suivre, quand il ne les innovait pas, les progrès réalisés dans l'art de la photographie. L'outillage des ateliers, sans cesse renouvelé et perfectionné, et l'habileté professionnelle de son chef, que nul ne conteste, ont placé cet atelier au premier rang des photographies parisiennes pour les portraits, les vues panoramiques, les applications des procédés de peinture, etc.

Après avoir longtemps dirigé seul son établissement, M. Pierre Petit, s'est adjoint comme collaborateurs, ses trois fils Auguste, Francis et Pierre. Aujourd'hui, cette maison, qualifiée par un critique de « photographie modèle », atteint un chiffre énorme de production quotidienne de clichés. Elle a exécuté, de 1878 à 1902, 522,109 clichés de portraits, près de 100,000 clichés de groupes divers et une quantité prodigieuse de vues de sites, de villes, de châteaux, de sujets hippiques, etc.

On connaît de M. Pierre Petit plusieurs œuvres de peinture, copies de toiles des grands maîtres du passé surtout, qui témoignent chez leur auteur d'un agréable talent.

Il a dirigé diverses publications, éditées avec luxe et toutes ornées de gravures d'après ses photographies. Citons : l'*Exposition universelle illustrée de Paris* (1867, texte de François Ducucing, éditée chez Lahure); le *Panthéon des illustrations françaises au XIXe Siècle*; la *Galerie des hommes du jour*; les *Figures du temps*, etc.

De hautes récompenses ont été décernées à M. Pierre Petit à toutes les expositions auxquelles il a participé. Il était, lors de l'Exposition universelle de 1900, membre du Comité d'admission de la classe 12.

Il est chevalier de la Légion d'honneur, officier de l'Instruction publique, officier de l'Osmanié et chevalier de Charles III d'Espagne.

TESSON (Alfred-Jean de)

PUBLICISTE, ancien officier de marine, né à Avranches (Manche) le 17 septembre 1840. Issu d'une ancienne famille de Normandie, il fit ses études classiques aux collèges d'Avranches et de Cherbourg. Entré en 1856 à l'Ecole Navale, il en sortit en 1858 pour être attaché au port de Brest. Il a pris part aux campagnes d'Italie (1859), de Syrie (1860-61), du Mexique (1863-67), de France, et s'est distingué tout particulièrement au siège de Paris (1870-71). Devenu secrétaire et aide-de-camp du major-général de la Flotte à Brest, M. de Tesson a été mis à la retraite, comme capitaine de frégate, en 1882, sur sa demande.

Retiré depuis dans sa ville natale, il s'est consacré principalement à des recherches généalogiques et héraldiques. Ses études, discutées avec intérêt par la critique parisienne et fort bien accueillies du public lettré, lui ont valu une juste notoriété. En 1890, il a été nommé président de la Société d'Archéologie, de Littérature et de Sciences et Arts des arrondissements d'Avranches et de Mortain.

M. A. de Tesson a publié ses travaux dans les *Mémoires* de cette société, dans la *Revue de l'Avranchin* et en volumes. Nous devons citer : la *Monographie de la Mancellière*, paroisse habitée depuis 400 ans par sa famille (1 vol. in-8°) ; l'*Armorial de l'Avranchin* (1 vol. in 8°) ; *La plus vieille Recherche nobiliaire du Mortaisin* (1 vol. in 8°); *Résumé de toutes les recherches de la noblesse faites dans les élections d'Avranches et de Mortain* (1 vol. in 8°) ; *Vue généalogique très complète de la famille de Tesson*, sous forme principalement d'additions à des monographies de paroisses dont l'auteur a dépouillé les anciens registres (1 vol. in 8°), l'*Emigration dans l'Avranchin* (1 vol. in 8°), etc.

Collectionneur au goût très sûr, M. de Tesson possède des objets d'art précieux du Japon, de la Chine, du Tonkin et de nombreux tableaux de maîtres anciens et modernes.

Il est chevalier de la Légion d'honneur depuis 1867, chevalier de l'ordre de Guadalupe, membre du Conseil héraldique de France, lauréat de la section héraldique de l'Exposition de Paris (1895), etc.

CAILLETET (Paul-Louis)

Physicien, membre de l'Institut, né le 21 septembre 1832 à Châtillon-sur-Seine (Côte-d'Or). Ses études classiques achevées au lycée Henri IV, il entra à l'Ecole des Mines ; puis il s'adonna à l'industrie, contribuant à l'exploitation des forges de la Côte-d'Or, qui appartiennent à sa famille.

En même temps qu'il surveillait ses intérêts commerciaux, M. Cailletet poursuivait des expériences et des recherches scientifiques d'un haut intérêt ; il approfondit un grand nombre de questions relatives aux propriétés physiques et chimiques du fer, à la dissociation des gaz dans les foyers métallurgiques, au passage de l'hydrogène à travers les lames de fer, etc. Il étudia aussi l'action des très hautes pressions sur les liquides et sur les gaz. qu'il réussit à comprimer à plus de 1,000 atmosphères, grâce à un appareil de son invention.

Ses recherches sur la condensation de l'éthylène et de l'acétylène, qu'il communiqua, en 1877 et 1878, à l'Académie des Sciences, l'amenèrent à réaliser la liquéfaction de l'oxygène, de l'azote de l'air et de tous les gaz considérés jusqu'à cette époque comme permanents. Cette découverte eut pour résultat de démontrer que tous les corps suivent la même loi et peuvent se présenter sous les trois états : solide, liquide et gazeux. Presqu'à la même date, M. Raoul Pictet, de Genève, publiait des expériences du même genre, reconnaissant toutefois lui-même la priorité de M. Cailletet.

Se préoccupant des applications pratiques de sa découverte, M. Cailletet a réalisé la construction d'appareils produisant de l'air liquide en quantité et à bas prix, au moyen de turbines à grande vitesse.

Des constatations de ce savant il résulte que les aéronautes pourront désormais s'élever à une grande hauteur, puisqu'il leur suffira d'emporter un litre d'oxygène liquide pour obtenir environ 800 litres d'air revenu à l'état gazeux respirable.

S'étant également occupé de l'étude de la haute atmosphère au moyen de ballons, il a fait avancer pratiquement cette question avec ses appareils photographiques automatiques prenant, à des intervalles réguliers, la vue des terrains sur lesquels passent les ballons. Ces appareils dont un autre avantage est de pouvoir donner, par exemple, toutes les dispositions d'un champ de bataille, sont utilisés par le ministère de la Guerre en France.

M. Cailletet a publié ses travaux dans les *Mémoires de la Société d'encouragement*, les *Comptes-rendus de l'Académie des Sciences* et les *Annales de Chimie et de Physique*. Il a été élu correspondant de l'Institut en 1877 et admis, en remplacement de Du Moncel, à l'Académie des Sciences, le 9 mai 1884.

Ancien président de la Société de Physique, membre de divers autres corps savants, il est officier de la Légion d'honneur et de l'Instruction publique.

DOAT (Taxile)

Sculpteur-ceramiste, né à Albi (Tarn) le 4 mars 1851. Ses études classiques terminées, il entra dans l'administration des lignes télégraphiques, rattachée plus tard au sous-secrétariat des Postes et Télégraphes. Une vocation impérieuse l'attirant cependant vers l'art, il devint, à l'Ecole des Beaux-Arts, élève de M. Dumont et entra, en 1878, à la Manufacture nationale de Sèvres, à laquelle depuis ce temps il demeure attaché.

Dès 1880, M. Taxile Doat se créa une spécialité, qui lui valut bientôt une véritable notoriété, avec ses pâtes d'application, tout de suite si recherchées que le premier objet d'art acquis par la Commission des Beaux-Arts pour le musée du Luxembourg fut le *Mât de cocagne*, céramique remarquable de cet auteur.

Peu à peu les grandes collections particulières s'intéressèrent aussi à cette nouveauté artistique, et l'on cite comme des œuvres hors de pair les pièces de M. Taxile Doat qui figurent dans les collections du baron de Zuylen, de MM. Lebeau, de Swarte, Hébrard, directeur du *Temps* ; Mme Brasseur de Lille, etc. ; comme celles que l'on connaît dans les musées des Arts décoratifs de Paris, Sèvres, Troyes, Tours, Périgueux, Lille, Dijon, Albi, Saint-Pétersbourg, Berlin, Hambourg, Copenhague, Christiania, Mulhouse,

Helsingfors, Dresde, Breslau, Leipzig, Londres (South Kensington et British Museum). D'autres pièces du même artiste appartiennent au prince impérial du Japon, au roi de Danemark, au palais de la Présidence de l'Elysée, au ministère des Affaires Etrangères, à la Chambre des Députés, au Palais du gouverneur-général de l'Indo-Chine à Saïgon, etc.

Céramiste, émailleur et modeleur, M. Taxile Doat mit bientôt une juste fierté d'artiste à être lui-même son propre praticien. Grâce à ses connaissances techniques et à sa longue expérience, jointes à ses études de chimie céramique, il parvint à produire seul, sans aucun collaborateur, des œuvres charmantes de grâce, de coloris et de forme.

M. Taxile Doat, a écrit Paul Arène dans la *Revue des Arts décoratifs* (tome v), est un des plus brillants collaborateurs de la Manufacture de Sèvres et certes, il n'aurait pas eu besoin d'une exposition particulière pour affirmer son originalité. Ses petits cadres en pâte appliquée, représentant des rondes d'enfants et d'amours ou des allégories d'un parisianisme ingénieusement idylliques, se distinguent aussi bien par le charme de l'invention que par la maîtrise du rendu, et grâce à la souplesse du dessin, à la finesse du modelé, au jeu délicat des épaisseurs et des transparences, peuvent rivaliser avec les plus précieux camées.

Aux Salons annuels de la Société des Artistes français, où cet excellent artiste exposa de 1880 à 1890 ; puis à ceux de la Société nationale, dont il est sociétaire, les œuvres de M. Doat retiennent toujours l'attention du public et obtiennent les suffrages de la critique. Son habileté décorative, vouée aux arts du feu, s'étend aux émaux limousins, aux grès flammés et surtout à la porcelaine dure. Elle se complait au décor de coupes, de plats, de panneaux, de petits cadres et de vases, aux formes conventionnelles ou naturelles, inspirées des fleurs, des fruits et des coquillages.

Sa technique d'absolu grand feu sait enrichir ses pâtes d'application des conquêtes les plus récentes de la chimie céramique : couvertes colorées, brillantes ou mates, translucides ou opaques, sous-couvertes, pâtes colorées, teintures et cristallisés.

Ce sont ces décors que le feu pare de ses attrayants imprévus qui sertissent ces camées où l'auteur triomphe toujours par le charme de la pensée et la perfection de l'exécution.

A l'Exposition universelle de 1900, où il disposait d'un emplacement particulier, le succès de cet artiste fut tel que de nombreux musées lui firent des acquisitions directes importantes, celui de Lille notamment.

M. Taxile Doat a obtenu deux médailles d'argent et six médailles d'or aux expositions d'Anvers (1885), de Paris et de Madrid (1886), de Barcelone (1888) et de Paris (1889 et 1900). Il est chevalier de la Légion d'honneur, officier d'Académie et décoré de l'ordre du Nicham-Iftikar.

NOCARD (Edmond)

VÉTÉRINAIRE, membre de l'Académie de Médecine, né à Provins (Seine-et-Marne) le 29 janvier 1850. Il fit ses études à l'Ecole vétérinaire d'Alfort. Diplômé en 1873, le premier de sa promotion, M. Nocard fut aussitôt nommé, après concours, chef de clinique à cette même école. En 1878, un nouveau concours lui donna la chaire de clinique chirurgicale qu'il conserva jusqu'en 1887, époque à laquelle il passa à la chaire de police sanitaire et des maladies contagieuses, en même temps qu'à la direction de l'Ecole. En 1891, il donna sa démission de directeur pour se consacrer entièrement à son laboratoire.

M. Nocard a été l'un des premiers adeptes des doctrines microbiennes ; il fit partie de la « mission Pasteur », que le gouvernement français envoya en Egypte en 1883, pour étudier le choléra.

En 1886, il fut élu membre de l'Académie de Médecine, succédant à Henri Bouley, son maître, qui l'avait déjà désigné pour le remplacer à la direction du *Recueil de Médecine vétérinaire*.

Membre du comité de rédaction des *Annales de l'Institut Pasteur*, il y a publié des mémoires sur la *Tuberculose*, sur les *Mammites contagieuses des vaches et des brebis laitières*, sur le *Farcin du bœuf*, sur le *Charbon*, la *Rage*, les *Lymphangites pseudofarcineuses*, la *Piroplasmose du chien*, etc.

Les naturalistes ont donné son nom au genre « *Nocardia* », auquel appartiennent, entr'autres microbes pathogènes, ceux du farcin du bœuf et de l'actinomycose. C'est M. Nocard qui a fait connaître le bacille de la psittacose. Son nom restera attaché à l'histoire de l'avortement épizootique des vaches, de la gourme fœtale et scepticémique, du tétanos, de la tuberculose et de la morve. Collaborateur habituel du docteur Roux, c'est avec lui qu'il a découvert la culture du bacille de la tuberculose dans les milieux glycérinés, le microbe de la péripneumonie contagieuse des bêtes bovines, le plus petit de tous les microbes connus, et il poursuit, depuis 1891, des recherches sur la tuberculine et sur la malléine. Dans son laboratoire ont été immunisés les premiers chevaux qui ont fourni du sérum antidiphtérique et antitétanique. Avec M. Roux encore, il a organisé le service sérothérapique de l'Institut Pasteur, dont se sont inspirés les laboratoires analogues du monde entier.

En 1902, à la demande du département de l'Agriculture de l'Irlande, il alla étudier sur place une maladie grave qui tuait près de cinquante pour cent des jeunes veaux dans le Sud-Ouest de ce pays ; il put établir la nature et indiquer les moyens de prévenir l'apparition du mal.

M. Nocard est membre du Comité consultatif des épizooties, de la Société de Biologie et du Conseil d'hygiène de la Seine ; il a présidé le Congrès de la Tuberculose en 1898 et il compte parmi les vingt membres honoraires étrangers de la Société royale d'Agriculture d'Angleterre.

Commandeur de l'ordre de Léopold de Belgique, titulaire du prix Lacaze de la Faculté de Médecine de Paris, plusieurs fois lauréat de l'Académie de Médecine, de l'Académie des Sciences et de la Société nationale d'Agriculture, il a été décoré de la Légion d'honneur en 1883 et promu officier en 1892.

SABATERIE (Jean-Pierre)

ÉPUTÉ, médecin, né à Saint-Bonnet-le-Chastel (Puy-de-Dôme) le 9 août 1855. Fils d'un propriétaire d'hôtel, il accomplit ses études classiques au collège de Billom.

Venu à Paris pour y suivre les cours de la Faculté de Médecine, il fut reçu docteur en 1883, avec une thèse sur l'*Amputation du segment antérieur de l'œil dans les accidents sympathiques oculaires*, et s'établit ensuite à Arlanc (Puy-de-Dôme), qu'il n'a plus quitté depuis cette époque.

Délégué cantonal (15 mai 1883) d'Arlanc, où il organisa une société du Sou des écoles laïques pour lutter contre la concurrence des écoles congréganistes; suppléant du juge de paix du canton (6 février 1886), médecin de l'hospice dès son installation, puis administrateur de cet établissement (1er janvier 1898), membre du Conseil d'hygiène de l'arrondissement d'Ambert (3 novembre 1891), médecin-inspecteur des enfants du premier âge et assistés, service qui n'existait pas et qu'il a organisé ; médecin de l'Association fraternelle des cantonniers et des sociétés de secours mutuels fondées à Arlanc ; président de la Commission d'inspection des pharmaciens, M. le docteur Sabaterie, devenu très populaire, fut nommé conseiller général du Puy-de-Dôme, pour le canton d'Arlanc, au mois de juillet 1895.

Secrétaire du Conseil général (août 1895), membre de la Commission départementale dont il a été président (août 1899 jusqu'au jour où il a été élu député), il est maire d'Arlanc depuis 1896.

M. le docteur Sabaterie se présenta à la députation, dans l'arrondissement d'Ambert, en 1902, et fut élu, au premier tour de scrutin, le 27 avril, par 10,070 voix contre 5,149 à M. Farjon, député sortant, qui, depuis plusieurs législatures, représentait cette circonscription.

Inscrit au groupe de la gauche radicale et à celui de la défense des intérêts agricoles, l'honorable député se déclare protectionniste intransigeant.

LAKHOVSKY (Georges)

EINTRE, ingénieur, inventeur, né à Minsk (Russie) le 17 septembre 1873, résidant en France. Il apprit la peinture à Odessa, où il obtint les premières récompenses de l'Ecole des Beaux-Arts ; envoyé ensuite comme boursier de cette ville à l'Ecole des Beaux-Arts de Paris, il entra dans l'atelier de M. Gérôme. Il a à plusieurs reprises, exposé aux Salons annuels de la Société des Artistes français et a obtenu une médaille d'or à l'Exposition des Artistes franco-russes en 1895.

Joignant à l'art du peintre la science de l'ingénieur, M. Lakhovsky, en 1890, à la suite de la catastrophe du Sud-express, imagina, pour éviter la fréquence de semblables évènements, un appareil fixant les rails des chemins de fer aux traverses de la voie de telle façon qu'aucun effort ne peut ni les arracher ni les écarter, supprimant ainsi deux des principales causes d'accidents.

Cet ingénieux appareil connu universellement aujourd'hui sous le nom de « tirefond Lakhovsky, » a été approuvé par la Commission de l'exploitation technique des chemins de fer de France, qui lui a reconnu les plus grandes qualités, notamment « une solidité à toute épreuve et une protection aussi parfaite que possible de la traverse contre le dépérissement par pourriture ou toute autre cause ». Il est peu à peu adopté par les compagnies de chemins de fer françaises et étrangères, à mesure qu'elles en comprennent les avantages pratiques et l'utilité humanitaire.

M. Georges Lakhovsky a, jusqu'au 1er mars 1901, vécu avec son frère jumeau Joseph, qui fut, lui aussi, un peintre distingué. C'est ensemble que ces deux frères firent leurs études ; ensemble qu'ils vinrent à Paris et conçurent l'invention du tirefond Lakhovsky ;

mais la mort les sépara brusquement au moment où ils allaient faire connaître leur invention, et M. Georges Lakhovsky a dû seul entreprendre cette tâche, qu'il a menée à bonne fin.

LURO (Jacques ou Santiago)

INDUSTRIEL, homme politique, né à Buenos-Ayres (Argentine) le 7 décembre 1847, demeurant en France. Son père, Pedro Luro, originaire du département des Basses-Pyrénées, avait conquis en Argentine, dans l'élevage et dans l'industrie de l'abattage et de la préparation des viandes de conserve (saladeros), une énorme fortune et une situation morale prépondérante.

Après d'excellentes études à l'Université de Buenos-Ayres, M. Jacques Luro obtint le diplôme de docteur en droit et se fit inscrire comme avocat au barreau de cette ville. Il démissionna pour s'associer aux entreprises industrielles de son père.

Élu député à la Chambre provinciale, il en devint le président (1880-1884). Porté, en 1885, au Sénat, par les suffrages des électeurs, il fut nommé aussi membre de la Convention chargée de réformer la constitution, et occupa, de 1886 à 1890, un siège de député au Parlement argentin. Il a attaché son nom à plusieurs projets de loi relatifs à des questions financières ou économiques et on lui doit l'initiative de la fondation de villes, de la construction de lignes ferrées et de maintes réformes ou travaux importants.

En 1893, à la suite du renversement des pouvoirs constitués, M. Luro prit une part très active à la reconstitution du gouvernement et fut proclamé candidat aux fonctions gouvernementales ; il obtint au premier tour la majorité relative des suffrages ; mais, avant le scrutin de ballottage, il demanda, avec son compétiteur, M. Pellegrini, son élimination en faveur de M. Udaondo, qui fut élu au second tour. Quelque temps après, M. Luro se retirait définitivement de la vie publique.

Le rôle financier de M. Luro n'a pas été moins considérable que son action politique. D'abord vice-président de la Banque de la province de Buenos-Ayres, établissement qui fut coté le troisième par ordre d'importance dans le monde financier, il contribua par la suite à la création de la Banque de la Nation et concourut non-seulement à l'élaboration de ses statuts et règlements ; mais aussi très spécialement à la fondation de toutes les succursales.

Il a été l'un des créateurs de l'industrie des frigorifiques pour la conservation des viandes et leur transport d'Amérique en Europe, industrie qui a élevé dans des proportions colossales le chiffre des importations entre l'Argentine et l'Angleterre. Pour sa part, la Société dont M. Luro a été le principal intéressé, exporte annuellement plus de 1.500.000 moutons en Europe. Il a, de plus, le premier, appliqué ce système au transport du beurre en Angleterre et cette innovation a donné très vite d'heureux résultats pratiques.

Propriétaire d'immenses prairies dans la Plata, il s'est consacré surtout à l'élevage, non-seulement en vue de l'exportation des animaux vivants, des viandes ou de la laiterie ; mais aussi pour rechercher le moyen d'améliorer la race des chevaux de la Plata par des croisements avec les races normandes et percheronnes. Il possède à Paris un établissement de vente des produits de ses haras de l'Argentine et on assure qu'il est en voie de doter la Plata d'un excellent type de cheval issu du pur-sang anglais.

Il a concouru à créer, à Buenos-Ayres, la Société du Jockey-Club, modelée sur celles de Paris et de Londres et il en a été, au cours de six années, le président. D'autre part, il avait fondé la Chambre de Commerce de sa ville natale, dont il était le président.

Ses compatriotes résidant comme lui à Paris, estimant que M. Luro, mieux que personne, était en situation de contribuer au développement des relations économiques entre la France et la république de l'Amérique du Sud, l'ont choisi comme président de la Chambre de Commerce du Rio de la Plata, créée à Paris en juillet 1902.

NICOLAY (Fernand)

AVOCAT, écrivain et conférencier, né à Paris le 12 février 1848. Fils d'un ancien professeur agrégé de l'Université, il fit des études classiques très complètes et suivit pendant plusieurs années les cours de la Sorbonne et du Collège de France, en même temps que ceux de la Faculté de Droit.

Inscrit au barreau de Paris en 1872, M. Nicolay ne tarda pas à s'y créer une certaine réputation comme avocat, en défendant les intérêts de personnalités connues très diverses : MM. de Mun, Paul Féval, le duc de Tarente, Félix Clément, l'archevêque de Paris, etc.

S'intéressant à la vie publique, il a pris part à diverses œuvres philanthropiques ou sociales. Avec

M. Couriot, l'ingénieur distingué, il a fondé la huitième section de l'Association polytechnique ; il a fait partie, pendant plus de dix ans, du bureau de la Ligue contre l'athéisme, à côté de MM. Jules Simon, Franck Waddington, Arthur Desjardins, Leroy-Beaulieu, etc. Il s'est fait connaître comme conférencier en traitant des questions économiques et sociales à l'ordre du jour, en de nombreuses réunions, à Paris et dans les grandes villes de province.

Ecrivain remarquable autant par la sûreté et l'étendue de ses connaissances que par la facilité et l'élévation de son style, il a collaboré à nombre de revues ou journaux : le *Français*, le *Soleil*, le *Moniteur Universel*, la *Revue Catholique*, le *Gaulois*, etc., tant sous son nom que sous divers pseudonymes et il a fait paraître en librairie : les *Enfants mal élevés* (1 vol. 1890), ouvrage couronné par l'Académie des Sciences morales et politiques, dont le succès a été tel que vingt-deux éditions en ont été imprimées et qu'il a été traduit dans la plupart des langues européennes ; *Histoire des croyances, mœurs et coutumes*, selon le plan du *Décalogue* (3 vol. 1901), vaste encyclopédie constituant la synthèse des idées spiritualistes, d'après les documents les plus variés et les plus exacts puisés particulièrement dans les « coutumiers » de tous les peuples. Cette étude, si importante qu'on l'a prise parfois pour une œuvre collective et dont M. Nicolay est pourtant le seul auteur, a été couronnée par l'Académie française et très favorablement jugée par la critique française et étrangère.

C'est un véritable travail d'érudition que cette *Histoire des Croyances*, où M. Fernand Nicolay a groupé autour des dix préceptes du *Décalogue*, pris comme plan de son ouvrage, les recherches qu'il a faites depuis 25 ans dans les innombrables volumes concernant les « Coutumiers des peuples, » textes et témoignages dont il a donné ici la quintessence et auxquels renvoient près de 4,000 références. On appréciera l'effort dépensé par l'auteur pour constituer cette vaste synthèse, pour grouper ces curiosités historiques et judiciaires, faire un *Exposé des Croyances de l'humanité*, scruter les pensées et le sens moral du genre humain dans leurs manifestations les plus saisissables et les plus sincères en n'employant que des documents absolument sérieux et vérifiés avec un soin scrupuleux. C'est en quelque sorte l'histoire même de l'âme de l'humanité qu'on trouvera ici exprimée à grands traits. Toutes les questions de morale universelle sont traitées à cette place et dont chacun mériterait une analyse. (*Revue des Deux-Mondes*, 15 octobre 1901.

M. Fernand Nicolay est encore l'auteur de nombreux opuscules et brochures très estimés. Citons : la *Moralisation du suffrage universel*, projet de loi sur le suffrage universel amendé par la pluralité des voix ; le *Budget des Cultes*, étude faite d'après les documents officiels de 1789 ; *les Parlements et les Pèlerinages* ; les *Enterrements civils*, à propos d'un incident qui donna naissance à la jurisprudence adoptée depuis dans les cas analogues ; le *Matérialisme et la Science*, étude critique ; le *Divorce et ses périls* ; *Instruire est-ce moraliser ?* etc.

M. Fernand Nicolay est membre de la Corporation des Publicistes chrétiens et de diverses autres sociétés de même genre. Il a épousé, en 1881, la fille d'un notaire de Paris, Mlle Alice Gripon, qui s'est pleinement associée à sa vie littéraire.

BÉZINE (Paul)

OMME politique, avocat, né à Brienon-l'Archevêque (Yonne) le 25 mars 1861. Il accomplit ses études classiques au collège Sainte-Barbe à Paris, puis il fit son volontariat au 10e régiment de chasseurs, à Vendôme, et suivit ensuite les cours de la Faculté de Droit de Paris.

Inscrit au barreau de la Cour d'appel de 1883 à 1890, M. Paul Bézine s'occupa d'affaires criminelles et civiles Il étudia aussi la pratique de sa profession comme clerc d'avoué et secrétaire d'agréé.

Mêlé activement de bonne heure aux luttes politiques, il fut l'un des fondateurs de l'association connue sous le nom de « Jeunesse royaliste de Paris, » qu'il contribua à créer vers 1886 et dont il devint secrétaire, vice-président, puis président. En 1896, lors du renouvellement des conseils municipaux, M. Bézine posa sa candidature conservatrice dans le quartier Saint-Germain-l'Auxerrois, à Paris, contre M. Gibert conseiller sortant, républicain, qui fut réélu.

Des raisons personnelles l'ayant contraint d'abandonner un moment la politique active, il échappa aux poursuites qui furent dirigées contre ses amis devant la Haute-Cour, où il ne comparut que comme témoin (1899).

Après l'arrêt de cette assemblée qui exila de France M. André Buffet, celui-ci dût se démettre des fonctions qu'il occupait de directeur du bureau politique du duc d'Orléans à Paris. Le prince confia alors ce poste à M. Paul Bézine (1900), qui devint en même temps directeur de la *Correspondance Nationale*, organe reliant le bureau politique du duc d'Orléans à la presse monarchiste de Paris et des départements.

Il a, depuis lors, reconstitué la Librairie nationale, créée par le comte de Paris en vue de la propagande royaliste, et s'est appliqué activement à la réorganisation de ce parti.

M. Bézine est lieutenant de réserve d'artillerie.

HANOTAUX (Albert-Auguste-Gabriel)

DIPLOMATE, ancien ministre, historien, membre de l'Académie française, né à Beaurevoir (Aisne) le 19 novembre 1853. Il suivit simultanément les cours des écoles de Droit et des Chartes, obtint, en 1880, les diplômes de licencié en droit et d'archiviste paléographe et fut nommé maître de conférences à l'Ecole des Hautes Etudes.

M. Gabriel Hanotaux était entré, le 29 janvier 1879, au ministère des Affaires Etrangères comme attaché au cabinet ; il y devint successivement chef de bureau à la direction des Archives, secrétaire, puis membre de la Commission des Archives diplomatiques, sous-chef, puis chef-adjoint du cabinet du ministre.

Nommé, en 1885, conseiller d'ambassade à Constantinople, il fut chargé d'affaires à cette ambassade et, comme tel, prit part à la conférence donnée en vue du règlement de la question de Bulgarie. Il quittait, peu de temps après, ces fonctions, pour se présenter à la députation comme candidat républicain modéré, dans le département de l'Aisne, en remplacement de M. Villain. Il fut élu, le 18 avril 1886, par 52,666 voix, contre 48,654 données à M. Gilbert Boucher, républicain.

A la Chambre, M. Hanotaux s'occupa plus particulièrement de la loi militaire et des propositions d'assistance ouvrière. Non réélu aux élections générales de 1889, il revint bientôt au ministère des Affaires Etrangères, où il fut chargé de la sous-direction des Protectorats, puis de la direction des Affaires consulaires et commerciales.

Quand M. Charles Dupuy forma son deuxième ministère (31 mai 1894), il prit là M. Hanotaux pour lui confier le portefeuille des Affaires étrangères. Dans le cabinet Ribot, qui suivit (26 janvier au 2 novembre 1895), ce département ministériel demeura sous la direction du même titulaire ; mais, à la formation du ministère Bourgeois, M Hanotaux fut écarté de la combinaison. Il reprit le portefeuille des Affaires étrangères dans le cabinet Méline, le 29 avril 1896, et démissionna, avec tous ses collègues, le 14 juin 1898.

L'opinion publique avait vu avec satisfaction l'arrivée au pouvoir de M. Hanotaux, qui sut répondre aux espérances que l'on avait fondées sur sa compétence et son autorité. Il fit peu de politique ; mais, de son passage au pouvoir datent la conclusion de la convention franco-congolaise (14 avril 1894), qui régla la frontière nord de l'Etat du Congo, en anéantissant la convention précédemment signée par l'Angleterre et l'Etat indépendant, et une autre convention, signée par la France et la Chine, déterminant la frontière du Tonkin au nord jusqu'au Mékong et mettant fin aux prétentions de l'Angleterre d'établir un état-tampon sur la rive gauche du fleuve. M. Hanotaux contribua en outre, conjointement avec le gouvernement russe, à la conclusion de la paix entre la Chine et le Japon, et réussit aussi, lors des troubles d'Arménie, à sauvegarder l'indépendance du sultan et l'intégrité de l'Empire ottoman ; mais on put lui reprocher avec quelque apparence de raison de n'avoir point alors tenu un compte suffisant de l'affreuse position faite aux Arméniens par la domination turque.

Il assista, comme ministre des Affaires étrangères, à la réception à Cherbourg des souverains russes par le président Félix Faure (octobre 1896) et prépara la conclusion de l'alliance formelle survenue depuis entre les deux pays.

Le 1er avril 1897, étant ministre, M. Gabriel Hanotaux fut élu membre de l'Académie française.

On doit à M. Hanotaux des ouvrages importants d'histoire et d'archéologie. Citons : les *Villes retrouvées*, Thèbes d'Egypte, Ninive, Babylone, Carthage, Pompéi, Herculanum (1880) ; *Origines de l'institution des Intendants des provinces*, d'après des documents inédits (1884) ; *Henri Martin, sa vie, ses œuvres, son temps* (1885) ; *Etudes historiques sur les XVIe et XVIIe siècles en France* (1886) ; *Instructions aux ambassadeurs de France à Rome depuis 1648* (1888) ; l'*Histoire de Richelieu*, ouvrage pour lequel l'Académie française a accordé à l'auteur le grand-prix Gobert, la plus haute récompense décernée par elle. Commencée depuis 1888, sa publication n'était pas encore achevée en 1902.

M. Hanotaux a collaboré à plusieurs journaux ou revues. Il publia ainsi plusieurs chapitres de son *Histoire de Richelieu* dans la *Revue des Deux-Mondes* ; des articles sur le *Partage de l'Afrique* dans la *Revue de Paris* ; une étude sur l'*Affaire de Madagascar* et une longue série d'articles, dans le *Journal*, sur divers sujets d'éducation, de morale, d'économie et de colonisation ; ceux intitulés : *Du choix d'une carrière* ont été réunis en un volume, avec additions, et publiés sous ce titre : l'*Energie française* (1902).

En avril 1902, faisant, en Algérie, une tournée de conférences, l'ancien ministre des Affaires étrangères fut l'objet d'une tentative de meurtre, motivée par une vengeance féminine, à laquelle il put heureusement échapper.

M. Hanotaux est officier de la Légion d'honneur et dignitaire de plusieurs ordres étrangers.

FOSSA (François Vicomte de)

FFICIER, aquarelliste et écrivain, né à Paris le 3 avril 1861. Issu d'une ancienne famille originaire du Roussillon, il fit ses études au lycée Fontanes et embrassa la carrière militaire. Après avoir été officier d'ordonnance du général commandant l'artillerie à Vincennes, il a été nommé capitaine d'artillerie à Bruyères (Vosges).

Sous le pseudonyme d'Yvan d'Assof, M. de Fossa a exposé aux Salons, à la Société des Artistes amateurs et ailleurs, des aquarelles remarquées, parmi lesquels on doit mentionner les *Vues de Lacaune (Tarn)*, de Marseille, d'Hyères, de Fontainebleau, de la Grotte de Sainte-Beaume, de l'enceinte du donjon de Vincennes, etc. Il est élève de M. Vignal.

Le capitaine de Fossa est l'auteur d'une importante *Histoire du château de Vincennes*, ouvrage très documenté, contenant diverses reproductions de gravures anciennes et des études originales.

Il a donné sur le même sujet des conférences, dont la presse parisienne s'est fort occupé.

SANGNIER (Marc)

NCIEN officier, écrivain et conférencier, né à Paris le 3 avril 1873. Petit-fils de Lachaud, le célèbre avocat, il est le fils de M* F. Sangnier, qui fut également inscrit au barreau de Paris, et qui s'est fait connaître par la publication de plusieurs ouvrages, notamment par une édition des *Plaidoyers et Discours de M* Lachaud*.

Elève au collège Stanislas, où il obtint le premier prix de philosophie au concours général de 1891, il s'y exerça fort jeune à l'art oratoire en prenant part aux discussions du cercle « la Crypte », qu'il avait fondé dans cette école.

Admis à l'Ecole Polytechnique en 1895, il prit, à cette époque, ses inscriptions à l'Ecole de Droit de Paris et fut, en 1898, reçu licencié, alors qu'il servait déjà, avec le grade de sous-lieutenant, au 1er régiment de génie.

A Polytechnique comme à Stanislas, il avait rallié bon nombre de ses camarades et organisé avec eux des conférences contradictoires religieuses, sociales et économiques.

Pendant qu'il accomplissait, comme sous-lieutenant, son année de service, à Toul, il organisa dans cette ville des cours populaires exclusivement réservés aux soldats. Chaque samedi, il donnait aux sapeurs qui voulaient l'entendre une causerie sur l'armée et la démocratie. Il lui advint parfois de discuter contradictoirement avec ses soldats et de se complaire même à encourager leurs controverses.

Démissionnaire en 1899, il se consacra à l'étude des questions religieuses ou sociales et prit la présidence du « Sillon », groupement, sans distinction de milieux ou d'opinions, des catholiques soucieux d'aider au développement des forces sociales du catholicisme dans la société contemporaine.

Sous l'impulsion de M. Marc Sangnier, le « Sillon » a multiplié en France des « cercles d'études » ayant pour but la constitution d'une élite ouvrière catholique et qui, chaque trimestre, sont représentés à un Congrès national. Le premier de ces congrès, tenu à Paris en février 1902, réunissait les délégués de 400 cercles.

D'autre part, le « Sillon » et son président poussent à la création d'instituts populaires, nullement confessionnels, ouverts à tous, quelles que soient leurs croyances. Ils ont organisé en outre des promenades dans les usines, les musées, les œuvres économiques, etc.

La revue le *Sillon*, organe de ce groupement est dirigée par M. Marc Sangnier, qui y collabore, avec un réel talent de plume, de la façon la plus autorisée et la plus assidue.

On doit à cet écrivain plusieurs études importantes : *Education sociale du peuple*, parue dans la *Quinzaine*, en 1899 ; *Les Catholiques et l'éducation du peuple* (1900) ; *Méthode d'éducation démocratique* (1901) ; et quelques articles dans l'*Univers*, le *Peuple Français*, etc.

Sa réputation d'orateur repose sur le retentissement et le succès de conférences qu'il a faites en France, en Italie, en Belgique, et au cours desquelles il n'a cessé d'affirmer sa foi catholique et des convictions démocratiques tout ensemble, en s'élevant contre la politique des républicains au pouvoir, qu'il considère comme contraire à ce qu'il croit être les vrais intérêts de la démocratie.

M. Marc Sangnier est chevalier de Saint-Grégoire-le-Grand, décoration que le pape Léon XIII lui fit remettre *motu proprio*, par le nonce, à Paris, en 1901.

SOCHOS (Lazare)

SCULPTEUR, né dans l'Ile de Tinos (Grèce) le 6 janvier 1862 et demeurant en France. Doué de réelles dispositions artistiques, il entra, à l'âge de 15 ans, dans l'atelier du peintre français Guillemet, fondateur de la première école de dessin de Constantinople. A la mort de ce maître, il fut envoyé à Athènes, où il suivit les cours de l'Ecole des Beaux-Arts. Après avoir obtenu là tous les premiers prix, il vint à Paris et fut élève de l'Ecole des Arts décoratifs et de celle des Beaux-Arts, où il eut pour professeurs MM. Mercié, Cavelier et Millet.

M. Sochos débuta, en 1888, aux Salons de la Société des Artistes français, par un *Portrait d'enfant*, buste plâtre. Il s'y est fait remarquer depuis ce temps avec les œuvres suivantes ; Mme *D...*, buste terre cuite (1889) ; *la Muse de retour sur l'Acropole*, statue plâtre, et *Zarifi*, buste marbre pour le tombeau que l'artiste a élevé au célèbre philanthrope dans le cimetière grec de Constantinople (1890) ; *Pallikare hellène*, buste terre cuite (1891) ; *M. A. Avgérinos*, buste marbre ; la *Princesse Alexandra*, médaillon bronze dont le marbre a été acquis par la reine de Grèce ; Mme *Adam*, autre médaillon bronze, offert par les étudiants hellènes de Paris à cette femme de lettres (1892) ; *M. Bikelas*, buste marbre, et *Tête d'enfant*, buste terre cuite (1893) ; le *Poète Souris*, médaillon bronze ; *M. G...*, médaillon plâtre (1894) ; *Colocotroni, héros de la guerre de l'indépendance grecque*, statue équestre obtenue au concours et destinée à être érigée sur une place publique d'Athènes (cette statue est la première de ce genre qui existera en Grèce ; elle comporte deux bas-reliefs, épisodes de la vie du héros ; une reproduction en a été érigée, en 1901, à Nauplie) ; *Coray, savant grec*, buste bronze, érigé au cimetière Montparnasse (1895) ; *M. D. Psathis*, buste plâtre ; *Projet de médaille pour les jeux olympiques*, plâtre teinté (1896) ; Mme *Ch...*, médaillon bronze (1897) ; *M. D...*, buste plâtre, et Mme *N...*, médaillon plâtre (1898) ; *Projet de médaille commémorative pour la Grèce*, terre cuite (1899) ; *M. Psichari* et *M. Arnaud Jeanti*, bustes plâtre (1902), etc.

A l'Exposition universelle de 1900, cet artiste avait exposé, à l'entrée du pavillon grec, une statue représentant *La Grèce protégeant les antiquités*.

M. Lazare Sochos est encore l'auteur des bustes du *Colonel Pournaras*, de *M. Goudis, armateur*, du *chirurgien Arétéos* ; du *docteur Zambaco-Pacha* ; du projet du *Monument Syngros*, philanthrope grec, à Athènes et d'intéressants projets de statues destinées à commémorer les mémoires de *Pappaflessa*, l'un des héros de l'indépendance grecque, de *Germanos*, archevêque de Patras, qui leva lui aussi l'étendard de la révolte en 1821, etc. La restauration du colossal *Lion de Chéronée*, élevé en souvenir de la bataille fameuse, par les anciens grecs, lui a été également confiée.

Il faut ajouter que M. Lazare Sochos est l'architecte de ses propres monuments. Ses œuvres, généralement bien accueillies par les meilleurs critiques, sont remarquables par une originalité réelle, jointe au culte bien entendu des traditions classiques.

M. Sochos a été récompensé à la Société des Artistes français ; en 1888, il a reçu le premier prix au concours pour l'érection d'un monument à lord Byron à Athènes et il a obtenu une médaille d'or à l'Exposition universelle de 1900. Il est officier d'Académie.

MARROU (Ferdinand)

FERRONNIER d'art, né à Montjay (Hautes-Alpes) le 25 janvier 1836. Orphelin de bonne heure, il dut, vers quatorze ans, travailler les métaux dans un atelier de Gap. A dix-huit ans, il se rendait à Lyon, où il apprit à manier le marteau ; puis, venu à Paris, il travailla pendant dix ans pour des maisons d'ornementation. En 1864, il se fixa définitivement à Rouen (Seine-Inférieure) et s'y fit bientôt connaître par des œuvres d'un grand intérêt artistique.

Tout en restant un homme de métier, averti et d'une réelle habileté, M. Marrou devient un artiste original et fécond. On ne peut mentionner toutes les créations de ce maître ès-ferronnerie, qui se trouvent surtout dans des propriétés d'amateurs et dans les principaux monuments de Rouen ; mais il faut citer au moins les suivantes : les quatre clochetons de la cathédrale, pyramides de vingt-cinq mètres en cuivre martelé et ornées de chimères, dans le style du XIVe siècle, l'un des plus importants travaux exécutés en ce genre ; le clocher de Saint-Romain, en plomb repoussé dans le style Louis XIII ; une fontaine en fer forgé qui figura à l'Exposition universelle de 1889, pièce unique, composée d'une sorte de cage de pampres d'où s'élance une Renommée de belle inspiration, et qui a été acquise par la Société Bénédictine de Fécamp ; les toitures et les lustres en cuivre repoussé dans le style renaissance des nouveaux bâtiments de la Bénédictine de Fécamp ; la toiture et les grilles du château de Saint-Pierre de Varangeville ; divers travaux d'art intérieurs et extérieurs à l'église de

Bon-Secours ; les épis de l'église Saint-Jacques de Dieppe ; la crête et l'ornementation de la salle des pas-perdus du Palais de justice de Rouen, et la maison même de l'artiste qui est, à juste titre, l'une des curiosités de la cité normande.

Les œuvres de M. Ferdinand Marrou ont été maintes fois étudiées par des critiques autorisés :

On dit, a écrit M. Paul Bluysen dans le *Journal de Rouen*, dans les cercles artistiques : « les fers forgés de Rouen ; » or il n'y a que ceux de M. Marrou ; mais on admettra qu'ils suffisent à corser la réputation d'une ville, car la place qu'ils occupent leur est bien dûe. M. Marrou est non pas un adaptateur, l'importateur et l'imitateur des procédés d'autrui ; il a fait et fait tous les jours œuvre de création et son œuvre doit durer. Il sera l'une des gloires Rouennaises et remplira des musées.

M. Hugues Le Roux disait, de son côté, dans le *Journal de Paris* :

Ah ! ce marteau de Marrou ! Il bat comme une artère, comme une aile, comme un écrin éperdu d'amour que la main emprisonne, comme le sabot d'un destrier foulant des armures. Il a sa vie propre, ses phrases de musique. C'est un amant et un soldat. Il se fâche, il ordonne, il violente, il saccage, il jouit, il crée ; c'est de lui que sont sortis ces chefs-d'œuvre devant lesquels on s'extasie.

M. Ferdinand Marrou a obtenu de très hautes récompenses, notamment une médaille d'argent à l'Exposition universelle de 1878, une médaille d'or à l'Union centrale des Beaux-Arts en 1880, un diplôme d'honneur et une médaille d'or à l'Exposition universelle d'Amsterdam de 1883, un diplôme d'honneur à l'Exposition d'Anvers de 1885, etc. Il a été membre des Comités d'admission et du Jury aux Expositions universelles de Paris en 1889 et 1900 et a été fait chevalier de la Légion d'honneur dès 1885.

DELAGRAVE (Charles-Marie-Eugène)

ÉDITEUR-LIBRAIRE, né à Paris le 12 mai 1842. Ancien élève du collège Sainte-Barbe, il a été appelé, en 1888, à la présidence du Conseil d'administration de cet établissement.

En mai 1865, M. Charles Delagrave prit, à la suite de M. Tandou, leur successeur, la direction de la librairie classique fondée en 1839 par MM. Dezobry et Magdeleine. Comprenant que l'éditeur classique moderne doit seconder l'œuvre des pédagogues, des éducateurs et des professeurs, en leur fournissant des livres conformes à leurs désirs et au courant des dernières méthodes, il fut l'un de ceux qui contribuèrent le plus, après la guerre de 1870, au renouvellement des livres à l'usage de l'enseignement primaire, en France. L'idée de l'« enseignement par l'aspect » lui parut féconde ; il la réalisa par l'édition de nombreuses collections de tableaux muraux (leçons de choses, histoire, géographie, cartes, etc.)

Le premier, il a muni l'enseignement primaire supérieur d'une collection de livres spéciale (collection Martel).

M. Charles Delagrave a su grouper autour de lui les plus précieuses collaborations ; pour la géographie, il a réuni les concours de MM. Levasseur (de l'Institut), le général Niox, professeur à l'École de guerre ; Vidal de Lablache, Naud-Evrard, Périgot et divers autres représentants autorisés de cette science. Sa *Bibliothèque pédagogique* et sa *Revue pédagogique*, qui compte parmi ses rédacteurs MM. Gréard, Bayet, Buisson, Hémon, etc., ont exercé, dès leur création, une action considérable.

Les éditions classiques à l'usage de l'enseignement secondaire ont reçu de cet éditeur des soins particuliers. Certaines de ces dernières demeurent des types du genre ; par exemple : en français, les *Pensées de Pascal*, par Havet et les *Œuvres de Corneille*, par Hémon ; en latin, le *Cesar de bello Gallico*, par MM. Constans et Denys et la *Cinquième philippique de Ciceron* par Edet ; en grec, le *Thucydide* de A. Hauvette, etc. Pour les éditions d'auteurs philosophiques il sut s'assurer les concours de MM. Boutroux, Rabier, Bergson, etc., et publia les manuels de Janet, Fouillée, etc.

D'autres ouvrages, édités par M. Delagrave, le *Manuel d'histoire de la Littérature française*, par F. Brunetière ; le *Cours* de P. Hémon, le *Précis* de Pélissier, le *Cours de grammaire historique* de Darmesteter, etc., ont reçu du monde savant un accueil enthousiaste, à l'étranger aussi bien qu'en France.

Les sciences n'ont pas été non plus négligées par M. Ch. Delagrave, qui a confié à MM. Poiré, Dufailly, Vacquant, Macé de Lépinay, Hément, etc., d'importants travaux, où, à côté d'autres qualités, l'exposition, simple et claire, fait du livre un véritable conseiller d'étude.

MM. de Crozals, Hubault, Cons, Toussenel, Dauban, Vast, Jaliffier, etc., ont écrit de nombreux volumes d'histoire pour les divers degrés de l'enseignement. D'autres auteurs, MM. Chasles, Liégaux-Vood, Guillaume, Meadmore, etc., pour l'anglais, et MM. Pey, Grandjean, Adler, Mesnard, Jœgle, Charles Schmitt pour l'allemand, conservent la faveur des écoles et des lycées.

La librairie Delagrave a publié les dictionnaires les plus répandus peut-être de ce temps. C'est de cette maison en effet que sont sortis : pour l'histoire, le dictionnaire Dezobry et Bachelet (2 vol.) ; pour les sciences, jadis, le dictionnaire Privat-Deschanel et

Focillon, aujourd'hui remplacé par le bel ouvrage de MM. Poiré, Perrier, directeur du Muséum d'histoire naturelle, Remy Perrier, de Joannis, etc. ; pour la grammaire, le célèbre *Dictionnaire général de la langue française*, de Darmesteter, Hatzfeld et Thomas, qui obtint un retentissant succès dans le public, reçut le prix Jean Reynaud de 10,000 francs de l'Académie des Inscriptions et Belles-Lettres et un grand-prix à l'Exposition universelle de 1900. Citons encore les dictionnaires Charles et Schmitt pour l'allemand, Elwall pour l'anglais, le *Petit Dictionnaire étymologique* de Morlet et Richardot, etc., et les ouvrages spéciaux tels que le *Dictionnaire de la Pêche et des Poissons*, par M. de La Blanchère ; le *Livre de la Ferme*, par Joignaux ; le *Livre de coupe* de Mme Scheffer ; l'*Enseignement ménager* de Huleux et Lalanne, etc.

L'enseignement des salles d'asile, celui des lycées et cours de jeunes filles, celui des écoles primaires, ont également vu sortir de la librairie Delagrave la plupart des ouvrages dont ils font le plus constant emploi. Les établissements d'enseignement français aux colonies ou dans les pays d'influence française ont reçu du même éditeur des livres à leur usage spécial.

Ces livres classiques ont dû en partie leur succès au soin pris par leurs auteurs de demeurer étrangers aux querelles politiques ou religieuses, ainsi qu'à leur clarté et à leur impartialité.

Dans ses éditions de luxe, M. Delagrave a su joindre à son discernement professionnel coutumier le goût d'un amateur d'art passionné et éclairé. Il est peu de dessinateurs connus qui n'aient trouvé bon accueil auprès de lui. Les merveilleux dessins de Boutet de Monvel, les spirituels crayons de Louis Morin, les croquis d'un charmant réalisme de Geoffroy, les compositions de Guillaumet et de bien d'autres artistes, ornent ou égaient les livres d'étrennes qu'il publie.

La librairie Ch. Delagrave, enfin, a fondé plusieurs périodiques très répandus aujourd'hui : le *Saint-Nicolas*, journal enfantin fort luxueusement édité ; l'*Ecolier illustré*, à l'usage des enfants des écoles primaires ; la *Lecture en famille*, qui a succédé au *Musée des familles* et à la *Lecture en classe* ; l'*Ecole nouvelle*, pour les instituteurs ; la *Revue de Géographie*, la *Revue Pédagogique*, organe officiel du ministère de l'Instruction publique, etc.

De nombreuses récompenses ont été décernées à M. Ch. Delagrave, notamment à l'Exposition universelle de Paris (1867), à celles de Philadelphie, d'Anvers, de Melbourne, etc. A l'Exposition universelle de 1878 il obtint trois médailles d'or et fut nommé chevalier de la Légion d'honneur ; à celle de 1889 il fut membre du jury, rapporteur de la classe 16 (géographie) et promu officier de la Légion d'honneur. Membre du jury et hors-concours en 1900, il vit les auteurs édités par lui remporter plusieurs grands prix. Il a été nommé président des éditeurs participant à l'exposition d'Hanoï en 1902 et il est décoré de plusieurs ordres étrangers.

BONAPARTE
(NAPOLÉON-Victor-Jérôme-Frédéric)

PRINCE, chef de la maison impériale française, né à Paris le 18 juillet 1862. Par son père, le prince Jérôme-Napoléon (1822-1891), fils de l'ancien roi de Westphalie, Jérôme-Napoléon, il est le petit-neveu de Napoléon 1er. Par sa mère, la princesse Marie-Clotilde, fille de Victor-Emmanuel II, roi d'Italie, et de Marie-Adelaïde, archiduchesse d'Autriche, il descend de l'impératrice Marie-Thérèse et il est, par les femmes, le petit-fils de Louis XIV.

Partageant l'exil de sa famille en 1870, le prince Victor-Napoléon fit sa première éducation en Suisse, près de Prangins. Quatre années plus tard, le prince Jérôme ayant pu rentrer en France, ses deux fils, Victor et Louis, suivirent les classes du lycée de Vanves d'abord, du lycée Charlemagne ensuite.

Le prince Victor-Napoléon acheva ses études sous la direction de Duruy ; puis, aussitôt son baccalauréat ès-sciences passé, il accomplit un long voyage d'études à travers l'Allemagne et l'Autriche.

C'est en 1879 que le nom de Victor-Napoléon apparut dans l'histoire du parti bonapartiste. Le prince impérial venait de périr au Zululand ; dans son testament, on trouva le codicille suivant, par lequel le fils de Napoléon III avait voulu assurer les traditions de sa race et la perpétuité de ses doctrines :

..... Les devoirs de notre Maison envers le paysane s'éteignent pas avec ma vie ; moi mort, la tâche de continuer l'ouvrage de Napoléon 1er et de Napoléon III incombe au fils du prince Napoléon, et j'espère que ma mère bien-aimée, en le secondant de tout son pouvoir, nous donnera, à nous autres qui ne serons plus, cette dernière et suprême preuve d'affection.

Cette transmission directe de l'héritage des Napoléon au prince Victor, en passant par-dessus la tête de son père, amena des dissentiments entre le prince Jérôme-Napoléon et son fils ; une scission se produisit dans le parti bonapartiste, qui se divisa pendant quelques années en « jérômistes » et en « victoriens. »

M. Paul de Cassagnac, dans le *Pays*, prenant parti pour cette dernière fraction, s'efforça d'aggraver le dissentiment entre le père et le fils. Ce dernier, après avoir longtemps hésité, accepta, en mai 1884, de remplir le rôle de chef de parti.

En 1882-83, le prince Victor avait accompli son volontariat militaire, au 32ᵉ régiment d'artillerie, à Orléans.

Le 28 juin 1886 fut promulguée la loi interdisant le territoire de la République aux chefs des familles ayant régné en France et à leurs héritiers directs dans l'ordre de primogéniture. Dès le lendemain, le prince Napoléon quittait Paris au milieu d'une manifestation sympathique de ses amis. Dans son appartement, dont les portes avaient été ouvertes à tous ses partisans, il prononça les paroles suivantes pour définir la ligne politique qu'il entendait observer :

L'exil, dit-il, n'ébranlera pas ma foi dans notre cause ; il ne m'empêchera pas d'y dévouer ma vie.
Malgré l'éloignement, malgré toutes les injustices et toutes les amertumes, je resterai fidèle aux principes de l'Empire... Ces principes sont les vôtres ; ils ont été consacrés par les votes populaires. Aujourd'hui, comme au commencement du siècle, ils signifient : souveraineté de la nation, stabilité et fermeté du pouvoir, égalité des droits, respect des croyances religieuses, paix entre les citoyens, démocratie organisée.

Le prince Jérôme et son fils quittèrent tous les deux la France ; mais l'un s'en fut en Suisse et l'autre en Belgique. Ils ne se rejoignirent qu'au lit de mort du prince Napoléon, à Rome, où celui-ci vivait très retiré depuis un an (18 mars 1891).

De Bruxelles, qu'il a choisi pour résidence, le prince Victor-Napoléon n'a cessé depuis son départ de revendiquer le droit au plébiscite et celui pour le peuple de désigner lui-même son chef.

Au nombre des manifestes qu'il a écrits, d'un style ferme et rapide, quand l'intérêt de sa cause l'a exigé, il faut citer sa lettre au maire d'Ajaccio, lors du centenaire du consulat en décembre 1899, et celle au général Thomassin, en février 1902, qui impressionnèrent l'opinion publique.

Dans ces lettres se trouvent deux passages qui résument la politique qu'il déclare soutenir et expliquent son attitude :

Rappelez-vous que nous sommes les défenseurs de la Révolution de 1789. Napoléon, suivant sa propre expression, a dessouillé la Révolution. Il en a maintenu fermement les principes.
— Je n'ai jamais voulu troubler mon pays ni par des paroles sans portée, ni par de vaines démonstrations J'ai été frappé par l'exil, non pour mes actes, mais à cause des doctrines que je représente.

Son frère, deuxième fils du prince Jérôme, le prince Napoléon-*Louis-Joseph-Jérôme*, né au château de Meudon le 16 juillet 1864, après avoir fait en France son service militaire légal, passa dans l'armée italienne jusqu'en 1889 ; à ce moment, il prit du service en Russie, où il est devenu général.

Le prince Jérôme a laissé encore une fille, *Marie-Loetitia-Eugénie-Catherine-Adélaïde*, née à Paris le 20 décembre 1866, qui a épousé, le 11 septembre 1888, l'ex-roi d'Espagne Amédée, duc d'Aoste, son oncle, lequel est mort en 1890.

BEAUDUIN (Jean)

Peintre, né à Verviers (Belgique) le 23 juillet 1851. Il accomplit ses études artistiques à l'Académie des Beaux-Arts d'Anvers et vint se fixer à Paris, où, pour vivre, il fit de l'illustration. Il collabora à la *France illustrée*, à la *Silhouette*, au *Panurge*, à *Tout-Paris* à la *Chronique parisienne*, au *Paris illustré*, au *Figaro*, et illustra entr'autres livres : *En pleine fantaisie*, d'Armand Silvestre et les *Audacieuses*, de la comtesse de Molènes.

Aussitôt qu'il le put, M. Jean Beauduin s'adonna entièrement à la peinture et, préoccupé par des recherches de coloration intense et lumineuse, il alla se fixer aux environs de Paris, à Sannois, où il passa douze années et où se dégagea pleinement sa personnalité de coloriste luministe.

Il a envoyé aux Salons des Artistes français des toiles qui, tout en conservant les traditions de composition et d'arrangement, se firent remarquer par une intensité de couleur et une grande lumière. Nous citerons parmi celles-ci : *Deux Printemps* (1888) ; l'*Eté à Sannois* (1892) ; *Soleil* (1893, mention honorable) ; *Jeunesse* (1894) ; le *Soir* (1895) ; *Derniers rayons* (1896) ; *Automne mouillé* (1897) ; *Crépuscule* (1898) ; les *Hauteurs de Sannois* (1900).

Depuis cette dernière année, cet artiste n'a plus rien envoyé aux expositions officielles.

Il est l'auteur de nombreuses toiles qui sont estimées pour la richesse de leurs colorations, ainsi que pour le sentiment poétique et fort qui s'en dégage. Nous citerons au hasard : *Quiétude* ; *Bénédice* ; la *Femme de trente ans* ; l'*Heure rose* ; la *Chanson des flots* ; l'*Adieu au Jour* ; *Douceur de vivre* ; *Pourpres d'automne* ; *Apaisement* ; *Vesper* ; les *Astères* ; le *Soir des Panathénées* ; *Erato* et de nombreux paysages où la largeur du style n'exclut pas la modernité et la hardiesse du coloris.

Ces toiles sont éparses un peu partout, dans les galeries particulières et dans les musées en France en Belgique et surtout en Amérique, où le talent de cet artiste est très prisé.

> M. Beauduin est un passionné de la lumière, a écrit M. Paul Marylis dans la *Paix*. Il y a en lui, d'un côté, le poète qui sent les choses et s'attache à l'expression ; de l'autre le peintre, l'homme de métier qui sait tous les secrets de la lumière et qui la recherche avec une infatigable volonté.
> Cet émoi, ce trouble qu'on a devant la beauté, Beauduin le trahit dans sa toile. Ce ne sont pas de simples décors, ni des morceaux de nature brutalement transplantés qui surgissent sous son pinceau extasié ; mais la notation sobre et vraie des effets les plus saisissants du jour, de belles harmonies, amoureusement rendues en des pages suggestives de sentiment et de pensée.

Citons encore ces quelques lignes de M. Gonzague Privat, qui corroborent les précédentes :

> De la lumière, encore plus de lumière dans les communiantes villageoises de M. Beauduin.
> Toute la partie paysage est supérieurement traitée.
> Quel peintre bien doué et quel artiste de race ! C'est un vrai régal pour les délicats que l'exposition de M. Beauduin Aucun des effets de la lumière dans le paysage ne le trouve en défaut de pieuse observation. Effets de soleil sur la neige, brumes matinales, soleil de midi tombant d'aplomb sur les herbes brûlées, soirs vaporeux, crépuscules pleins de poésie, tout cela est exquis, admirablement vu et supérieurement interprété.
> Nous verrons quelque jour M. Beauduin très haut côté dans l'opinion des collectionneurs et l'Exposition des Indépendants n'aurait-elle servi qu'à le mettre en lumière que son but serait largement atteint. (*Evénement* 25 mars 1890).

Il convient de reconnaître que la prédiction de ce critique s'est pleinement réalisée.

DELAURIER (Emile-Joseph)

Publiciste politique et scientifique, inventeur, né à Paris le 8 juillet 1823. Après s'être occupé du commerce de tableaux et de librairie, il s'intéressa à la solution de divers problèmes de philosophie, d'astronomie, de chimie, de mécanique et de métaphysique même. Il a exposé ses théories, souvent contraires à celles généralement admises sur les mêmes points, dans des communications et mémoires présentés aux sociétés savantes ou dans les ouvrages qu'il a publiés. Citons, parmi ses publications : *Une nouvelle théorie fondée sur l'expérience de la cause de la production de l'électricité dans les piles hydro et thermo électriques* et *Remarques sur les courants électriques* (Mémoires à l'Académie des Sciences, 1885) ; *Critique et perfectionnement de la Science actuelle* (1 vol. 1891), contenant une nouvelle théorie de l'univers basée sur l'unité et l'éternité de la matière, et l'analyse raisonnée des travaux de Stahl, Lavoisier, Pasteur, etc. ; un important *Essai d'une théorie générale supérieure de Philosophie naturelle et de Thermo-chimie* (1 vol. 1883, 2ᵉ éd. 1900), où l'auteur déclare que sa théorie philosophique est « unitaire » et sa théorie chimique est « binaire. »

« Je suis, dit-il, le continuateur et je perfectionne les idées des illustres Stahl et Berzélius ».

Dès 1848, M. Emile Delaurier s'était fait connaître comme publiciste politique foncièrement républicain démocrate. Il a fait paraître successivement dans cet ordre d'idées : *Une Constitution*, brochure très commentée à son apparition, et suivie plus tard de nombreux autres opuscules, notamment : *République ou Monarchie*, lettre adressée au comte de Chambord (1870) ; *Projet d'une nouvelle constitution républicaine démocratique et sociale* (1880) ; *Le scrutin de liste et l'opinion de Lamartine sur ce mode de votation*, dont l'auteur se déclare également l'adversaire (1884) ; *Critique de la Bible* (1900), etc.

Durant plusieurs années, M. Delaurier a été rédacteur politique et scientifique aux journaux le *Montrougien* et le *Bon Citoyen*, aujourd'hui disparus. Il a aussi publié des articles de diverses sortes au *Cosmos* et dans différentes revues scientifiques ou littéraires.

Tout en poursuivant ces spéculations philosophiques, scientifiques ou politiques, M. Emile Delaurier réalisait quelques innovations pouvant être utiles à tous. Il a inventé notamment : un moulin universel toujours orienté et pouvant utiliser la force des courants maritimes ; une nouvelle pile qui, sous un petit volume, donne une très grande puissance électrique avec une faible dépense ; une autre pile regénérable, véritable accumulateur qui porte son nom, pouvant servir à la navigation, à l'automobilisme, à l'électrothérapie, et dont l'usage s'est vite répandu ; un appareil pour la purification des eaux ; un monocycle, sorte de brouette où toute la charge est portée par la roue, capable de franchir les pentes difficiles et de traverser les ornières avec une dépense de force relativement minime ; un monocycle pedestre hygiénique pour courses rapides accélérées ; un ingénieux appareil, dit « Cône D, » qui, placé devant une automobile ou une locomotive, rejette les corps tombés sur la voie des moteurs et prévient ainsi tout accident mortel ; un nouveau système d'aviateur pyrotechnique à réaction reposant sur le principe du plus lourd que l'air ; un appareil destiné à la destruction dans les mines du grisou à mesure de sa production, à l'aide de l'étincelle électrique par son mélange avec l'air ; un système de navigation rapide au moyen d'un navire amphibie marchant sur eau et sur terre ; un nouveau générateur électrique appelé « Magnélectro universel », reversible et à bon marché, etc.

On doit mentionner encore qu'à plusieurs Salons

annuels, M. Delaurier a exposé des tableaux : paysages, fleurs ou fruits, qui ont été bien accueillis de la critique.

Il a obtenu plusieurs médailles d'or, de bronze et diverses autres récompenses aux expositions universelles et régionales ; il est membre honoraire ou effectif de la Société d'encouragement à l'Industrie, de la Société de Physique, de la Société chimique de Paris, de celle des Amis des Sciences, de la Société d'Ethnographie, etc.

FOSSÉ d'ARCOSSE
(André-Félix-Alexandre-Emilien)

PUBLICISTE, né à Soissons (Aisne) le 29 octobre 1867. Il appartient à une ancienne famille originaire du Languedoc et fixée dans l'Aisne depuis 1836. Son grand-père, Emilien Fossé d'Arcosse (1810-1887), imprimeur et publiciste distingué, fut membre du Conseil municipal, président du Tribunal de Commerce de Soissons, chevalier de la Légion d'honneur et officier de l'Instruction publique. Son père, M. René Fossé d'Arcosse, ancien officier de marine, juge au Tribunal de Commerce, conseiller municipal, chevalier de la Légion d'honneur fut, de plus, un auteur estimé.

M. André Fossé d'Arcosse commença ses études classiques au collège de sa ville natale et les termina à Paris, où il débuta ensuite dans le journalisme. Tant sous son nom que sous divers pseudonymes, il a collaboré à plusieurs publications, notamment à des revues héraldiques.

En 1887, il fut attaché à la rédaction de l'*Argus Soissonnais*, organe politique qui, sous la direction de son grand-père et de son père, avait pris un rapide essor. Devenu co gérant de ce journal en 1889, il en demeura le seul propriétaire-directeur en 1899 et il a, depuis ce temps, fortement accentué la prospérité de cette importante feuille départementale.

Outre l'*Argus Soissonnais*, qui soutient la politique du parti libéral-progressiste, M. André Fossé d'Arcosse édite les publications suivantes : le *Bulletin du Comice Agricole de l'arrondissement de Soissons*, le *Bulletin mensuel de la Société d'Horticulture et de petite culture de Soissons*, l'*Ordo ad usum diœcesis Suessionensis*, etc.

Il a publié encore notamment : un *Guide à travers Soissons*, très documenté (1891, 4e éd.) ; les *Fêtes de Villers Cotterets et Feuillets détachés*, à propos du centenaire d'Alexandre Dumas, deux brochures utiles à consulter (1902) ; une étude sur le *Jardin-Ecole de la Société d'Horticulture de Soissons* ; plusieurs notices généalogiques et des rapports présentés à divers Congrès catholiques.

M. André Fossé d'Arcosse est membre du Conseil de fabrique de la cathédrale de Soissons, de la Société archéologique, historique et scientifique de cette ville, président des Comités des écoles chrétiennes libres, président diocésain des Conférences de Saint-Vincent-de-Paul et du Conseil d'administration du Cercle catholique de Soissons ; secrétaire-général du Comité soissonnais de la Société de secours aux blessés militaires des Armées de terre et de mer (Croix rouge française) ; membre de l'Institut héraldique de France, etc.

GUILLON (Alfred)

ÉCRIVAIN, auteur dramatique, né à Nantes (Loire-Inférieure) le 23 juillet 1844. Il appartient à une ancienne famille de cette ville.

Petit fils d'un trésorier-payeur-général, fils d'un ancien président du Tribunal de Commerce, il s'établit courtier d'assurances maritimes dans sa ville natale.

Tout en s'occupant d'affaires commerciales, M. Alfred Guillon s'est fait connaître dans les lettres. Comme auteur dramatique, il a fait représenter à Paris, au Théâtre Déjazet : *Qui se ressemble s'assemble* et *Un mariage tambour battant*, deux actes, qui obtinrent nombre de soirées ; au Vaudeville : le *Fluide*, un acte, joué plus de cent fois ; et sur diverses scènes de province : *Aux Eaux* ; la *Lycéenne* ; *Jeunes filles, prenez garde à vous !* saynète de salon ; *Mon neveu Cyprien*, vaudeville en un acte ; le *Retour d'un Robinson*, un acte ; *Sœurs Jumelles*, comédie en 3 actes, etc.

M. Alfred Guillon est encore l'auteur de nombreux monologues, dont plusieurs font partie du répertoire usuel de MM. Coquelin cadet et Galipaux, de MM^{mes} Cerny et Maria Legault. Citons : le *Volapük*, le *Gourmet*, *Je suis ministre !* le *Mariage d'Aglaé*, l'*Hypnotiseur*, le *Bain de mer*, *De la prudence*, le *Vieux Coffret*, le *Voyage à Veson*, *Colonel et sous-lieutenant*, *Dix mille francs de dot*, la *Jeûneuse*, le *Lapin*, *Oh ! que c'est grave !* le *Naturalisme*, le *Musulman en Chambre*, le *Député Nègre*, etc.

Cet écrivain, dont les œuvres pétillent d'esprit et de fine satire, est membre de plusieurs sociétés littéraires et artistiques et commandeur de l'ordre du Libérateur du Vénézuela.

BANGE (Charles-Timothée-Maximilien-Valérand RAGON de)

Officier et Ingénieur, né à Balignicourt (Aube) le 17 octobre 1833. Entré à l'Ecole polytechnique, parmi les premiers, en 1853, il en sortit officier d'artillerie, prit part, comme lieutenant, à la campagne d'Italie et fut ensuite attaché à l'Arsenal de Brest, dans la section de l'armement des côtes, où il resta de 1860 à 1862. Promu capitaine d'état-major particulier le 24 décembre 1862, il fut, à cette même date, envoyé aux Forges du Centre, à Nevers. Il quitta cet établissement, au mois d'août 1864, pour aller à la manufacture d'armes de Châtellerault, d'où il se rendit à l'Ecole-atelier de pyrotechnie, à Metz, en 1866.

Capitaine commandant au 9° d'artillerie en 1867, il fut nommé, en 1869, adjoint au directeur de l'atelier de précision. Après la guerre de 1870-71, il rentra à cet atelier, dont il devint directeur titulaire en 1873. Promu chef d'escadron d'état-major particulier le 24 février 1874, lieutenant-colonel le 5 janvier 1878 et colonel le 13 novembre 1880, il demanda sa mise à la retraite en 1881.

En 1882, le colonel de Bange prit la direction des établissements Cail, qu'il abandonna en 1889.

Officier d'un savoir réel, bien que souvent en opposition avec l'enseignement officiel, ingénieur fertile en applications scientifiques diverses, le colonel de Bange est considéré comme le créateur du système d'artillerie adopté en France depuis 1877 et, postérieurement, par nombre d'états européens, notamment la Serbie, où le canon de Bange triompha des pièces Armstrong et Krupp, dans un concours demeuré mémorable, qui eut lieu en 1884.

Outre le canon qui a rendu son nom universellement célèbre, le colonel de Bange a inventé un système de matériel roulant de chemins de fer, qui semble constituer la solution du problème des lignes économiques ; on lui doit encore un projet de transformation du matériel roulant et des locomotives, destiné à éviter les déraillements.

Le colonel de Bange a publié des articles remarqués dans la *Revue d'Artillerie* et dans d'autres périodiques.

Il est commandeur de la Légion d'honneur et de l'Epée de Suède, officier de Sainte-Anne de Russie, de Saint-Olaff, du Takowo de Serbie, de l'Osmanié de Turquie et chevalier de l'ordre du Bain.

BRACQUEMOND (Joseph-Auguste, dit Félix)

Peintre et graveur, né à Paris le 22 mai 1833. Entré en 1848 dans un atelier de lithographie, il fit, pour s'essayer à l'eau-forte, l'année suivante, une reproduction de la gravure de Boissieu, l'*Anesse et son âne* et, dès 1852, il gravait une de ses meilleures productions : le *Haut d'un battant de porte*.

M. Bracquemond apprit le dessin avec le peintre Joseph Guichard. Il exposa, en 1852, à la section de peinture du Salon, un portrait de *Sa Grand-Mère* ; en 1853, son propre portrait.

Comme graveur à l'eau-forte, M. Bracquemond a été l'un des plus féconds producteurs et l'un des meilleurs artistes de ce temps. Ses productions originales sont nombreuses et variées. Il a traité tous les sujets: portraits d'après nature, figures nues, paysages, fantaisies, illustrations, vignettes, etc. ; il a interprété de plus, avec fidélité et intelligence, les peintres les plus divers, comme Holbein et Rubens, Ingres et Delacroix, Rousseau et Corot, Millet et Meissonnier, Leys et Gustave Moreau, etc.

Parmi ses nombreuses expositions, nous mentionnerons : le *Portrait d'Erasme*, d'après Holbein, au Salon des Refusés (1863) ; puis à celui des Artistes français : le *Portrait de M*** *Paul Meurice*, peinture (1866) ; *Edmond de Goncourt* (1881, gravure, son chef-d'œuvre peut-être, qui est au Luxembourg) ; le *Vieux Coq* (1882) ; *David*, d'après Gustave Moreau (1884) ; la *Rixe*, d'après Meissonnier (1885) ; le *Printemps*, d'après Millet (1889) ; la *Partie perdue*, d'après Meissonnier (1891) ; l'*Arc-en-Ciel* (1895), etc.

Très habile dans la technique de l'art, M. Bracquemond, depuis 1867, se sert, pour la décoration de la faïence, de la gravure à l'eau-forte. Après avoir travaillé avec le céramiste Deck, il fut attaché, en 1872, à la Manufacture de Sèvres qu'il quitta, au bout de six mois, pour fonder lui-même un atelier de décoration céramique par impression sur la porcelaine.

M. Félix Bracquemond a écrit des articles de critique dans le *Journal des Arts*, le *Rappel*, etc. ; il est l'auteur d'un intéressant volume : *Du Dessin et de la Couleur* (1885) ; d'un *Rapport sur la Gravure à l'Exposition de 1889* ; d'une brochure : *A propos des manufactures nationales de céramique et de tapisserie* (1891) ; d'une *Préface pour les catalogues des ventes de la collection des Goncourt* (1897) ; d'une *Etude sur la Gravure sur Bois et la Lithographie* (1898), etc.

Cet artiste a obtenu une médaille en 1866 pour la peinture ; et, pour la gravure, d'autres médailles de 3ᵉ classe en 1868, de 2ᵉ classe en 1882, de 1ʳᵉ classe en 1881 et la médaille d'honneur en 1884. Hors-concours aux Expositions universelles de 1889 et de 1900, il reçut un grand-prix à cette dernière pour la gravure. Chevalier de la Légion d'honneur en 1882, il est officier depuis 1889.

HAVETTE (René)

Publiciste, né à Rachecourt - sur - Blaise (Haute-Marne) le 1ᵉʳ avril 1868. Il apprit de bonne heure la sténographie suivant la méthode Prévost-Delaunay et fut secrétaire particulier de M. Barbe, ministre de l'Agriculture. Membre de la Chambre des sténographes judiciaires de Paris, il en a été le syndic, à sa fondation, en 1899.

M. René Havette a fait beaucoup pour activer le développement de la sténographie en France. Il a été membre de plusieurs congrès ; à celui de 1900, international, il a communiqué une très remarquable étude sur *Coulon de Thévenot, l'inventeur de la Tachygraphie française*, appuyée sur des documents originaux qui doivent servir à la rédaction d'une histoire de la vie de cet auteur.

Il a accompli des recherches considérables touchant la connaissance ou le perfectionnement de la sténographie et a su réunir une collection des plus importantes concernant l'art abréviatif. Outre les nombreux articles qu'il a écrits dans les journaux français et allemands, il a publié en volumes : *Simples modifications à la méthode Prévost-Delaunay*, destinées à donner à la sténographie la pente de l'écriture et à en augmenter la rapidité (1899) ; *Sténographie, système Prévost-Havette, méthode simplifiée* (1901) ; la *Tachygraphie française de La Valade*, contribution à l'histoire de la sténographie (1901), et une réédition, avec notes et préface, de la *Méthode pour escrire aussi vite qu'on parle*, de l'abbé J. Cossard (1651), le premier ouvrage français traitant de sténographie alphabétique et dont il n'existe plus que les deux exemplaires déposés à la Bibliothèque nationale (1902). On annonce du même auteur une *Histoire de la Sténographie pendant la Révolution française*, en relation avec le compte-rendu in-extenso des débats parlementaires et une *Histoire générale de la Sténographie française*.

M. René Havette dirige la *Revue internationale de Sténographie*, important organe, fondé en 1887 et qui a publié notamment une *Bibliographie de la Sténographie française* appelée à rendre de grands services aux spécialistes.

Ce publiciste est officier d'Académie et chevalier du Mérite Agricole.

GEORGES (l'abbé Louis)

Prêtre, homme politique, orateur et publiciste, né à Avranches (Manche) le 21 juillet 1862. Il fit ses études classiques au collège de Granville, puis passa la licence ès-lettres, étant élève des Carmes, à la Faculté de Paris en 1880 et se rendit ensuite à Rome, où il fut reçu docteur en théologie et ordonné prêtre en 1884.

Choisi par Léon XIII comme secrétaire de la section française de l'Exposition de Rome relative à l'art chrétien archéologique (1883), et devenu ensuite secrétaire particulier du cardinal Schiaffino, l'abbé Georges fut désigné, peu de temps après, comme aumônier du Palais Massimo, appartenant à la famille de ce nom, qui est alliée aux Bourbons de France et d'Italie. A vingt-trois ans, les services qu'il avait déjà pu rendre au Saint-Siège le firent nommer camérier d'honneur et missionnaire apostolique, fonctions donnant droit au titre de monseigneur.

Des raisons de santé obligèrent l'abbé Georges à rentrer en France au moment où il devait être appelé à la nonciature (1885). Il a été depuis successivement curé de Montfort-l'Amaury, de Bazemont et de Fontenay-le-Fleury, en Seine-et-Oise. Orateur ardent, pathétique, et d'une vaste érudition, il a abordé l'étude de la question sociale dans une série de conférences faites dans ce département et à Paris. Au cours de ces sermons, ayant émis quelques critiques sur l'attitude de certains catholiques et d'une partie du clergé, il fut invité par ordre supérieur à un changement de résidence qu'il n'accepta pas.

Elu conseiller municipal de Fontenay-le-Fleury, étant encore curé de cette commune, en 1898, et réélu après l'annulation du premier vote, l'abbé Georges fut nommé, l'année suivante, conseiller d'arrondissement du canton Ouest de Versailles à une forte majorité. En 1902, simultanément conseiller municipal de Fontenay-le-Fleury, de Trappes et de Saint-Cyr, il opta pour cette dernière commune.

Très populaire et très discuté comme tous les novateurs, il a déterminé en Seine-et-Oise et même ailleurs un mouvement d'opinion accentué vers le socialisme chrétien. Dès 1893, il s'était porté à la députation, dans les Côtes-du-Nord, comme représentant de cette tendance religieuse et économique.

En 1898, il obtenait, dans la troisième circonscription de Versailles, au renouvellement législatif, 3,901 voix contre 4,673 à l'élu, M. Haussmann, conservateur, et 3,108 à M. Rameau, député sortant, républicain. Candidat encore, en 1901, dans l'arrondissement de Rambouillet, et en 1902, dans la même circonscription de Versailles, il recueillit chaque fois un grand nombre de suffrages sans être élu.

On doit à M. l'abbé Georges des publications très documentées sur des sujets de controverse religieuse ou politique. Nous citerons notamment : *Souvenirs d'Italie* (1 vol. 1891), *Léon XIII et la France* (brochure 1892) ; *Ma prison* (1892) ; *Histoire des Seigneurs d'O* (1 vol. 1892) ; le *Pape et sa Maison en 1893*; les *Évêques de France* (1894) ; les *Prêtres Français* (1894), etc. On annonce encore : la *Question sociale en France* et les *Conservateurs en Seine-et-Oise*.

M. l'abbé Georges est membre de l'Académie Saint-Pierre de Rome et de plusieurs autres sociétés savantes.

GRASSET (Auguste)

Peintre, dessinateur, né à Vitry-le-François (Marne) le 6 mai 1829. Dès l'âge de douze ans, il manifesta un goût très vif pour le dessin. Après avoir étudié, puis enseigné cet art jusqu'en 1850 dans une institution libre de Passy (Seine), M. Auguste Grasset s'adonna plus particulièrement à la peinture paysagiste et parcourut les musées, où il s'inspira des anciens maîtres. Il reçut aussi les conseils de Corot et de Daubigny.

En 1865, M. Grasset envoya pour la première fois au Salon de Paris un paysage : les *Bords de la Seine*. Dès lors, il n'a cessé de produire des œuvres où de remarquables qualités d'observation s'allient à une grande sincérité ; il les a exposées tantôt à Paris, tantôt à Versailles, Tunis, Amiens, Reims, Châlons, etc. Ces expositions lui valurent plusieurs récompenses.

On cite, parmi les plus importantes productions de M. Auguste Grasset : la *Cavée Verte à Ault* (Somme) ; la *Baie de Rotheneuf près de Saint-Malo* (Manche) ; les *Promenades de la place Vauban à Avallon* (Yonne) ; *Route du Pont-Claireau aux Cousins* (Yonne) ; *En regard d'une place d'Avallon* (Yonne) ; la *Campagne près Saint-Waast-la-Hougue* (Manche) ; *Un sentier à Périgny* (Seine-et-Marne) ; l'*Embouchure de la Seine à Honfleur* (Seine-Inférieure) ; *Intérieur de ferme à Clisson* (Loire-Inférieure) ; la *Rivière la Cère, près Murat* (Cantal) ; *Environs de Cherbourg*, *vue de la mer* ; la *Pointe de l'île Tristan à Douarnenez* (Finistère) ; *Effet de neige au bord de la Marne* ; *Rochers aux Ris, près Douarnenez* ; *Route de Douarnenez aux Ris*, etc.

Beaucoup de ces œuvres ornent les grandes galeries d'amateurs connus ; d'autres ont été placées dans certains musées de France.

On connaît, en outre, de cet artiste quantité d'études ou d'impressions de Bretagne, des Vosges, de l'Yonne, etc.

M. Auguste Grasset n'a jamais cessé d'enseigner le dessin. Professeur aux écoles de Saint-Maur (Seine) pendant dix-huit ans, il est, depuis 1865, professeur à l'Institution du Parangon à Joinville-le-Pont. Au cours de son professorat, dans cet établissement ou dans diverses autres grandes institutions, il a eu pour élèves des jeunes gens qui sont devenus depuis des artistes connus, tels MM. Quignon, Lecamus, Dagnaux, J.-J. Rousseau, etc.

M. Auguste Grasset est officier d'Académie.

TROUILLET (Jean-Paul)

Publiciste, né à Clermont-Ferrand (Puy-de-Dôme) le 25 décembre 1855. Aussitôt ses études classiques terminées, il embrassa la carrière du journalisme et fut, de 1880 à 1883, rédacteur en chef du *Pilote*, organe républicain de l'arrondissement de Dieppe (Seine-Inférieure).

Dès 1882, M. Trouillet fondait le *Moniteur des Intérêts Maritimes* ; il transformait bientôt cet organe en une publication beaucoup plus importante, sous le titre de *Revue-Gazette Maritime et Coloniale*, qu'il dirigea jusqu'en 1893. Pendant la même période, de 1883 à 1894, il était rédacteur colonial à la *Paix*, journal quotidien républicain de Paris.

En 1887, M. Trouillet créait l'*Annuaire Colonial*, recueil dont l'intérêt est sans cesse croissant et qui, sous son active et intelligente direction, a atteint un haut degré de prospérité.

Le 11 février 1888, il avait fondé, en outre, les *Tablettes coloniales*, feuille hebdomadaire, qui devint quotidienne en 1896, sous le titre de la *Dépêche Coloniale* et dont il est resté directeur-rédacteur en chef. En 1902, il y a joint un supplément bi-mensuel : la *Dépêche Coloniale illustrée*, qui a bientôt pris rang parmi les plus populaires des périodiques de ce genre et a reçu les encouragements de tout le monde colonial. Ces publications sont devenues deux des organes les plus autorisés en matière de politique et d'affaires coloniales.

M. J.-P. Trouillet s'est s'occupé, avec une compétence reconnue, de toutes les questions coloniales et il a beaucoup écrit sur ce sujet ; il est notamment l'auteur de nombreuses notices coloniales et biographiques, et de plusieurs ouvrages estimés, dont l'un: les *Questions Coloniales*, a été fort remarqué.

Ancien membre des Comités de classement des Expositions universelles de Paris, en 1889 et 1900, membre du Conseil supérieur des Colonies, délégué de la colonie de Mayotte et Comores au Comité consultatif des Colonies, M. J.-P. Trouillet est vice-président du Syndicat de la Presse Coloniale, officier de l'Instruction publique et décoré de différents ordres coloniaux.

ROBERT (Edmond)

PUBLICISTE, né à Bourg-Saint-Andéol (Ardèche) le 1er novembre 1850. Il fit ses études au collège de sa ville natale et, pendant la guerre franco-allemande, il s'engagea dans les volontaires de l'Ouest (zouaves de Charette), qui furent incorporés dans l'armée de Chanzy.

En 1872, M. Edmond Robert devint directeur-rédacteur en chef du journal conservateur la *Bourgogne*, à Auxerre, et garda cette situation jusqu'en 1879. Nommé, à ce moment, sous-directeur de la *Correspondance Saint-Chéron*, organe officieux du comte de Chambord, il fut chargé de la rédaction politique et parlementaire, après la mort de ce prince, de la *Correspondance Nationale*, organe du comte de Paris ; puis, au décès du chef de la maison d Orléans, il devint rédacteur en chef de la *Correspondance politique, parlementaire et diplomatique*, qui était en relation avec environ 350 journaux conservateurs et que dirigeait le comte de Lafargue.

M. Edmond Robert abandonna, en septembre 1901, cette publication, absorbée par une agence télégraphique, pour prendre la direction de l'*Avenir du Foyer*, importante revue économique.

Il contribua à la fondation de *Armée et Marine*, avec le vicomte Jules de Cuverville et fut secrétaire-général de cette revue illustrée.

Au cours de sa carrière professionnelle, ce publiciste, dont le talent de plume et la correction sont unanimement reconnus, a fondé deux autres publications : le *Courrier du Var* et le *Courrier du Village*, feuilles qui passèrent en d'autres mains. Il a collaboré assidûment à la *Revue Française*, à l'*Alerte*, à la *Patrie* et à la *Presse*, où il a donné surtout des articles économiques et parlementaires, ainsi qu'un roman intitulé : *Deux amours*. Il a dirigé, pendant quinze ans, la revue économique et financière : le *Moniteur de la Banque* et collaboré à la *Revue Sud-Africaine*.

M. Edmond Robert a été commissaire de la Presse à toutes les expositions depuis 1878 Il est membre du comité et trésorier de l'Association départementale de la Presse monarchiste depuis sa fondation, syndic de la Presse parlementaire départementale, secrétaire du Comité général des associations de la Presse française, etc. Il est, d'autre part, officier du Nicham-Iftikar et titulaire de nombreuses distinctions étrangères.

SOREL (Albert)

HISTORIEN, membre de l'Institut, né à Honfleur (Calvados) le 13 août 1842. Entré, en 1866, aux Affaires étrangères, il fit partie de la Délégation de ce ministère à Tours, en 1870. En 1872, il fut appelé à la chaire d'histoire diplomatique à l'Ecole des Sciences politiques et devint, en 1876, secrétaire-général de la Présidence du Sénat. Il a quitté ces fonctions, pour prendre sa retraite, en 1902.

En 1881, M. Albert Sorel avait été nommé membre du Comité des travaux historiques ; il fut élu, le 28 décembre 1889, membre de l'Académie des Sciences morales et politiques en remplacement de Fustel de Coulanges et, en 1894, membre de l'Académie française, au fauteuil de Taine. Il est président de la Commission supérieure des Archives nationales et vice-président de celle des Archives diplomatiques. Associé ou correspondant des académies de Cracovie, Munich, Stockholm, Copenhague, Berlin, Gœttingue et de la Société royale d'histoire de Londres, il a été reçu docteur de l'Université d'Oxford.

M. Albert Sorel s'essaya dans les lettres, d'abord avec des œuvres d'imagination : la *Grande Falaise, 1785-1799* (1871), le *Docteur Egra* (1872). Il publia ensuite des ouvrages d'histoire, remarquables par leur érudition aussi bien que par leurs hautes qualités de style, et dont les plus importants portent les titres suivants : *Histoire diplomatique de la guerre franco-allemande* (1875) ; la *Question d'Orient au XVIIIe siècle* (1877) ; *Essais d'Histoire et de Critique* (1883, 2e éd. 1894) ; l'*Europe et la Révolution française*, où l'auteur s'occupe surtout des effets de la Révolution en Europe et du contre-coup de la politique européenne sur la Révolution Cet ouvrage capital de M. Sorel a été traduit en diverses langues ; il a eu un retentissement considérable et a valu à son auteur deux fois de suite, en 1887 et en 1888, le grand-prix Gobert de l'Académie française. Il a été publié en quatre parties : 1° les *Mœurs politiques et les Traditions* (1885, 4 éditions en 1902) ; 2° la *Chute de la Royauté* (1887, 3 éditions) ; 3° la *Guerre aux Rois* (1891, 3 éditions) ; 4° les *Limites naturelles* (1892, 3 éditions). On doit à M. Sorel encore : *Lectures historiques* (1894) ; *Bonaparte et Hoche en 1797* (1896) ; *Nouveaux essais historiques* (1899) ; *Lectures historiques* (1900); *Essais de Littérature et d'Histoire* (1901). Il a écrit, pour une réédition de l'*Introduction à l'Histoire universelle* de Michelet, une remarquable *Etude* (1899) ; dans la Collection des grands écrivains, il a fait paraître les biographies de *Montesquieu* et *Mme de Staël* ; il a, de plus, donné un volume : *Autriche*, au *Recueil des instructions aux ambassadeurs et ministres de France*, publié, en 1884, sous les auspices du ministère des Affaires étrangères.

L'éminent historien a collaboré au *Temps*, à la *Revue des Deux Mondes*, la *Revue historique*, la *Revue bleue*, la *Revue de Paris*, *Minerva*, les *Annales de l'Ecole des Sciences politiques*, etc. Il est officier de la Légion d'honneur depuis 1885.

CORTAZZO (Oreste)

PEINTRE et illustrateur, né à Rome le 27 avril 1836. D'origine espagnole, il étudia d'abord les principes de l'art pictural sous la direction de son père, Michel Cortazzo, artiste estimé qui, après avoir obtenu le prix de Rome, s'était fixé dans cette ville.

Venu, en 1868, à Paris, où il réside depuis lors, M. Oreste Cortazzo prit les conseils de M. Bonnat et débuta aux Salons annuels, en 1869, avec une scène historique : *le Cardinal de Richelieu et la reine Anne d'Autriche*. On a remarqué de lui depuis, notamment : *Une séance interrompue* (1870) ; le *Maître à danser* (1873) ; les *Marionnettes* (1874) ; le *Couronnement de la mariée* ; le *Nouveau seigneur du village* (1878) ; *Portrait de Mme V...* (1883), etc.

Il est en outre l'auteur de nombreuses toiles non exposées, qui figurent dans les grandes collections des deux mondes, et dont les plus connues sont : *Une matinée musicale sous Louis XV* ; *Un nouveau jugement de Pâris*, qui appartient à M. Vanderbilt de New-York et, *Un mariage de convenance*, deux tableaux d'un bel effet décoratif ; *Etude du château de Chambord* ; *Marie-Antoinette* ; l'*Inauguration du port Modero de Buenos-Ayres*, trois études importantes, ornant le musée de cette dernière ville, etc.

La peinture de cet artiste, qui reproduit généralement des scènes de genre des XVIIe et XVIIIe siècles, se fait remarquer par de précieuses qualités de coloris et de précision. Plusieurs de ses tableaux figurent dans les grandes collections des deux mondes et la plupart ont été popularisés par l'illustration.

Illustrateur lui-même, M. Cortazzo est l'auteur de nombreux dessins gravés où lithographiés pour les éditions américaine et française des *Œuvres* de George Sand et de Balzac ; pour *Yvette* de Maupassant ; *Papa Félix* d'Art. Roë ; *Un lys dans la neige* de Victor Tissot ; l'*Ile vierge* de Camille Lemonnier, etc.

Récompensé comme peintre et comme illustrateur à l'Exposition universelle de Paris, en 1889. M. Oreste Cortazzo est chevalier de l'ordre de François Ier des Deux-Siciles et officier de la Couronne d'Italie.

TCHÉRAZ (Minas)

PROFESSEUR, publiciste, homme politique, né à Constantinople, d'une famille arménienne, le 3/15 juillet 1852, et demeurant en France. Il fit ses études au collège Nubar-Chahnazar de Haskeuy, et se perfectionna dans la connaissance des langues arménienne, française, anglaise, turque et grecque.

M. Tchéraz a enseigné durant près de 25 ans la littérature, l'histoire et les langues (surtout le français), dans les meilleures écoles arméniennes de Constantinople ; il a dirigé, de 1886 à 1889, l'Ecole centrale arménienne de Galata, la plus importante institution des Arméniens en Turquie.

Nommé, en 1870, rédacteur en chef de la revue arménienne *Ergrakount* (Globe), fondée à Constantinople, il y donna une série d'articles francophiles à l'occasion de la guerre franco-allemande. Il publia également, dans cette capitale, de nombreux livres et articles en arménien, dont les principaux portent les titres suivants : *Essais littéraires* (1874) ; *Education nationale* (1876) ; *Ce que nous avons gagné au Congrès de Berlin* (1878) ; *Arménie et Italie* (1879) ; *Plume et Epée* (1881) ; *Nouveaux discours* (1881-89) ; *Conférences pédagogiques* (1882-83) ; *Mon premier voyage en Europe* (1885-87). Dans quelques-uns de ces écrits, l'auteur combat l'usage de l'arménien ancien, devenu incompréhensible, et recommande de se servir uniquement de l'arménien moderne dans la littérature populaire : idée qui a fini par triompher.

M. Tchéraz a été fondateur ou président de la « Société Araratienne », de la « Société Cilicienne » et des « Sociétés-Unies arméniennes », qui ont créé ou entretenu une centaine d'écoles en Arménie et en Cilicie. Il a fait partie du Conseil arménien de l'Instruction publique, et a été l'un des membres les plus éloquents de l'Assemblée nationale arménienne, siégeant à Constantinople. Sous le patriarcat de Mgr Nersès Varjabédian (1874 à 1884), il exerça les fonctions de secrétaire-général du Patriarcat arménien de Constantinople, chargé de la correspondance politique et des négociations avec les ambassades de Constantinople et les chancelleries européennes.

Chargé, en 1876, de traduire en français le premier rapport publié en Europe sur les atrocités commises en Arménie, M. Tchéraz fut, en 1878, au nombre des députés que le Patriarcat envoya en Europe, pour plaider la cause arménienne à l'occasion du Congrès de Berlin. En compagnie de l'archevêque Khrimian (plus tard patriarche suprême de l'Eglise arménienne), il visita Rome, Paris, Londres et Vienne, où il eut des entrevues avec le comte Corti, M. Waddington, lord Salisbury et le comte Andrassy, ministres des Affaires étrangères. Il se rendit au Congrès de Berlin et eut de fréquents entretiens avec l'impératrice Augusta, le prince impérial (plus tard empereur Frédéric III) et tous les plénipotentiaires. Il était la plume et la bouche de la députation arménienne, et c'est surtout grâce à ses efforts et à sa ténacité que les Arméniens ont obtenu, dans le traité de Berlin, l'article 61, par lequel la Porte s'engageait à réformer son administration dans leur pays.

Le sultan n'ayant pas tenu ses engagements, le Patriarcat chargea, en 1880, M. Tchéraz d'une mission spéciale auprès de M. Gladstone, à la suite de laquelle le premier ministre d'Angleterre poussa les puissances à faire une démonstration navale à Dulcigno, pour l'application des clauses du traité de Berlin relatives au Monténégro, à la Grèce et à l'Arménie. Mais, après la solution des questions monténégrine et grecque, l'Allemagne, s'opposant au règlement de la question arménienne, se retira du concert européen, ce qui eut pour résultat d'empirer la condition des Arméniens de Turquie.

M. Tchéraz revint en France, en 1883, pour tenter de nouvelles démarches ; puis, ayant visité, en 1888, le Caucase, l'Arménie russe et une partie de la Turquie d'Asie, il vint encore, en 1889, se livrer à une nouvelle campagne, spécialement en France et en Angleterre. Persécuté par les autorités turques à sa rentrée à Constantinople, l'infatigable patriote arménien se réfugia à bord d'un bateau russe, la veille du jour fixé pour son arrestation, et regagna l'Europe, pour y continuer sa propagande.

Fixé d'abord à Londres, il y fonda, le 15 novembre 1889, un journal français, politique et littéraire : l'*Arménie*, qui eut aussi une édition anglaise. Il fit créer, en 1890, une chaire d'arménien dans cette ville (King's College), et en fut nommé titulaire. Elu membre de la Société de Folk-Lore (1891) et de la Société royale Asiatique (1892), il présenta à ces compagnies plusieurs mémoires relatifs à la littérature et aux traditions du peuple arménien. Il participa aux travaux du Congrès des Orientalistes (1892) et publia de nombreux articles dans la presse anglaise, tout en plaidant la cause de sa patrie auprès des diplomates et des hommes publics. En 1893, invité à représenter l'Eglise arménienne au Parlement des Religions, réuni à l'occasion de l'Exposition universelle de Chicago, il y prononça plusieurs discours, fut l'un des présidents de ce congrès et obtint une des vingt-cinq médailles qui furent décernées. Il visita, à cette occasion, New-York, Boston, Philadelphie, Worcester, Providence, faisant des conférences publiques sur sa patrie, en anglais ou en arménien, ce qui lui valut une médaille d'or et d'autres distinctions de la part des colonies arméniennes fixées en Amérique. C'est également à cette occasion qu'il fut nommé commandeur du Libérateur et obtint une médaille d'honneur du ministère de l'Instruction publique du Venezuela.

Pendant les massacres arméniens, M. Tchéraz fit une centaine de conférences publiques dans les villes principales de l'Angleterre, de l'Ecosse, de la France et de la Belgique. Il fut, à ce moment, élu membre d'honneur des Sociétés de Géographie de Lorient, de Saint-Nazaire et d'Anvers et de la Société des Sciences, des Arts et des Lettres du Hainaut.

Naturalisé anglais en 1895, il vit avec mécontentement, plus tard, l'attitude de l'Angleterre, qui, après avoir prodigué ses encouragements aux arméniens, les abandonnait à leur sort, et il quitta Londres en 1898, pour se fixer définitivement à Paris, où il continua sa propagande et la publication de son journal, tout en collaborant à la *Revue des Revues*, à la *Revue d'Europe*, à la *Fronde* et autres organes parisiens.

En 1899, M. Tchéraz fut chargé, par une trentaine de colonies arméniennes établies en Bulgarie, en Roumanie et en Egypte, de plaider la cause arménienne auprès de la Conférence de la Paix à la Haye. Il eut des entretiens avec la plupart des délégués des puissances, et fit, grâce au concours du docteur Kuyper (plus tard premier ministre des Pays-Bas), des conférences publiques à la Haye et à Amsterdam, malgré l'opposition de la police, influencée par les délégués ottomans.

On affirme que le sultan envoya à diverses reprises à M. Tchéraz, des affidés, chargés d'acheter son silence par des promesses d'argent, de décorations et de hautes fonctions ; mais le patriote arménien repoussa constamment ces ouvertures.

A l'époque de l'Exposition universelle de 1900, M. Tchéraz présenta des mémoires aux congrès internationaux d'Histoire des Religions, des Traditions populaires et de la Presse coloniale. Il fut reçu par le shah de Perse, qui le nomma officier de l'ordre du Lion et Soleil, durant son séjour à Paris. En 1901, MM. Delcassé, ministre des Affaires étrangères, et Constans, notre ambassadeur à Constantinople, conférèrent avec lui sur le règlement du conflit franco-turc. Enfin, en 1902, le ras Makonnen s'entretint avec lui au sujet de l'Eglise abyssine, placée, en Turquie, sous la juridiction de l'Eglise arménienne. Il ne néglige, ainsi, aucune occasion d'intéresser les peuples et les gouvernements au sort de l'Arménie.

WEBER (Arthur-Ernest)

PUBLICISTE, né à Orléans (Loiret) le 1er juillet 1848. Il accomplit dans sa ville natale ses études classiques, fut lieutenant des mobiles de Versailles lors de la campagne franco-allemande (1870-71) et se fit remarquer au siège de Paris.

Etabli notaire à Fontainebleau (Seine-et-Marne) depuis 1874, M. Arthur Weber fut élu maire de Saint-Mesmin (Loiret) en 1881. Il est devenu conseiller municipal de Fontainebleau en 1885 et a été premier adjoint de cette ville de 1892 à 1896. Il a été aussi vice-président de la Caisse d'épargne, de la Commission administrative de l'hospice, du collège, délégué cantonal.

M. Weber est l'un des fondateurs des journaux l'*Indépendant de Fontainebleau*, la *Démocratie*, et de la Société des Amis des Arts de Seine-et-Marne.

Candidat républicain aux élections législatives de 1889 dans l'arrondissement de Fontainebleau, il obtint, sans être élu, une importante minorité.

Publiciste et juriste apprécié, délégué au Comité des notaires des départements, M. A. Weber est l'auteur d'un *Important supplément à tous les codes*, publication périodique, et de plusieurs volumes de droit usuel, notamment : *Par devant notaire* ; *Des usages locaux* ; *Autour d'un Congrès*, etc. Il collabore en outre à de nombreuses revues techniques et est correspondant de plusieurs journaux ou revues littéraires, scientifiques et de jurisprudence.

M. Arthur Weber est officier d'Académie, commandeur de l'ordre de Charles III d'Espagne, chevalier du Christ de Portugal, membre de la Société littéraire et artistique internationale, etc.

ROY (François-Xavier)

ADMINISTRATEUR, bibliophile, né le 23 juillet 1830 à Asnières (Seine). Fils d'un colporteur, il fut placé, dès l'âge de neuf ans, dans une fabrique d'impression de papiers peints. Trois ans après (1842), il entrait en apprentissage à l'imprimerie Paul Dupont, où il travailla sous les ordres de Napoléon Chaix, qui devait plus tard fonder l'Imprimerie des chemins de fer.

Après avoir été, en 1848, caporal dans la garde mobile ; puis, de 1850 à 1860, tour à tour ouvrier bijoutier et mécanicien, il s'adonna au commerce des journaux et des publications périodiques. En même temps, il s'efforçait d'accroître son instruction en fréquentant les cours du soir et en travaillant tout seul le plus possible.

En 1871, M. François Roy inaugura l'édition et la vente des romans populaires illustrés par livraisons à dix centimes. Dans cette voie, qui devait bientôt donner une sorte d'orientation nouvelle à la librairie française, il a été un précurseur ; la maison qu'il avait fondée sur des bases modestes se développa rapidement et son chef se plaça bientôt au nombre des éditeurs connus de la capitale.

Dans le choix et le lancement des œuvres qu'il a éditées, M. Roy a témoigné d'un sens critique très fin et d'un sur instinct de sélection. Le *Bossu*, de Paul Féval, roman par la publication duquel il débuta avec un vif succès, fut bientôt suivi des publications du *Fils du Diable* ; puis des célèbres romans de Montépin : le *Mari de Marguerite*, les *Tragédies de Paris*, la *Porteuse de pain*, etc. ; ceux d'Emile Richebourg : la *Dame voilée*, la *Fille maudite*, l'*Enfant* du *faubourg*, etc. Etienne Enault, après quelques romans parus chez Dentu, donna également à la librairie Roy l'*Enfant trouvé* et les *Jeunes filles de Paris*, tous romans qui obtinrent auprès du public une vogue extraordinaire.

D'autres auteurs réputés ont figuré dans le catalogue de cette librairie. Adolphe Belot, que M. Roy s'était longtemps refusé d'éditer, en raison de la licence de ses œuvres, l'amena enfin, après des sollicitations instantes à publier une édition de luxe à 20 centimes la livraison, pour un public autre que celui qu'atteignaient les livraisons à dix centimes.

Ses goûts studieux, son érudition de bibliophile, instiguèrent M. Roy à attacher son nom à d'autres ouvrages d'un haut intérêt documentaire. Il faut citer au nombre de ces derniers : *Paris à travers les siècles*, magnifique publication dont il établit lui-même le cadre, au cours de cinq années de labeur acharné durant lesquelles il compulsa plus de deux cents ouvrages. Sur les conseils de son ami, Emmanuel Gonzalès, il confia la rédaction de ce recueil à Gourdon de Genouilhac. Cette œuvre obtint un succès colossal, tant en raison de son intérêt historique, que par la façon luxueuse dont elle fut présentée au public. Elle fut suivie d'une publication également intéressante : les *Costumes des Parisiens*.

Après la cession de sa maison de librairie, M. Roy n'a pas cessé d'être un ami des livres. Il compte au nombre des bibliophiles les plus érudits de cette époque.

MANGEANT (Paul-Emile)

Peintre, sculpteur et publiciste, né à Paris le 12 décembre 1868. Il fit ses premières études artistiques sous la direction de son grand père maternel, Antoine Etex, le célèbre peintre, sculpteur et architecte, auteur de l'un des trophées de l'Arc-de-Triomphe (1808-1888) ; puis il passa dans l'atelier de M. Gérome à l'Ecole des Beaux-Arts.

Cet artiste s'est fait apprécier par des œuvres d'ordre divers qui ont justement mis son nom en relief. Il compte parmi les premiers peintres qui aient complété leurs toiles par des cadres en bois ou en bronze sculptés par eux.

Tous les objets d'art qu'il a présentés ont été imaginés, dessinés et modelés par lui à exemplaire unique, et ils offrent ainsi un intérêt tout particulier.

Aux Salons annuels de la Société des Artistes Français, M. Mangeant a exposé notamment : Mlle *Lucile D. P ..* (portrait) et l'*Annonciation de la naissance de Samson*, toile qui ne passa pas inaperçue (1881) ; *Eve, réveil d'Adam après la création de la femme* (1883) ; la *Charité* (1886) ; le *Renouveau* (1887) ; le *Matin* (1889).

L'un des premiers artistes ralliés à la Société nationale des Beaux-Arts, il a, depuis sa fondation, envoyé au Salon dissident les œuvres de peinture et de sculpture suivantes, toujours remarquées du public et louées par la critique : la *Prière* (1890) ; le *Tub* (1891) ; *Eve* (1892) ; *Vision de Printemps*, cadre bois et bronze (1893) ; la *Vérité*, tryptique, peinture en détrempe, avec un cadre en chêne pyrogravé et bronze (1894) ; l'*Espérance*, avec un cadre en bronze et *Silhouette de femme* (1896) ; *Vision d'Eté* (cadre chêne et sycomore pyrogravé et teinté, orné de bronze) (1897) ; *Jouvence*, et *Mor-Gana, fille de la mer*, cadres sculptés (1898) ; *A la mémoire de Puvis de Chavannes*, cadre en noyer sculpté ; le *Thé*, portrait de Mlle Lucie M.., cadre en bois et cuivre (1899). En 1901 il envoya une vitrine de sa composition, en érable d'Amérique et palissandre, contenant une série de ravissants bijoux en argent repoussé, agrémentés de pierres précieuses ou autres ornements ; l'année suivante, une autre collection de semblables bijoux artistiques était accompagnée d'une peinture de grande dimension : *Rayons d'Automne*, panneau décoratif, pour l'hôpital des vieillards de Versailles.

Un des tableaux de M. Mangeant : l'*Enfant prodigue*, figure à l'Hôtel-de-Ville de Dreux ; à l'hôpital de Versailles se trouve un autre panneau également important : *Une vue des Côtes Bretonnes*.

Les qualités de composition, de couleur et d'invention décorative dominent dans son œuvre.

Ce serait une injustice, écrivait Armand Silvestre, à propos du *Tub*, de ne pas avoir quelque reconnaissance pour les artistes qui, comme M. Mangeant, nous donnent, parmi les détails heureux d'une nature morte solidement étudiée, cette belle vision du corps féminin qui demeure l'enchantement suprême des yeux.

Cet excellent artiste est professeur de dessin à l'Ecole nationale d'Horticulture de Versailles et membre de diverses sociétés artistiques. Il a donné des articles de critique au *Quotidien illustré*, au *Journal des Artistes*, à la *Revue de Versailles illustrée*.

M. Emile Mangeant a obtenu des récompenses au Salon de 1882 et à l'Exposition universelle de 1900. Sociétaire pour les objets d'art et associé pour la peinture de la Société nationale des Beaux-Arts, il est officier d'Académie depuis 1896.

SARDOU (Victorien)

Auteur dramatique, membre de l'Académie française, né à Paris le 5 septembre 1831. Fils d'un professeur peu fortuné, il étudia d'abord la médecine, tout en s'essayant à des études historiques, qui parurent dans la *Biographie-Didot* ou dans des revues peu répandues. Il donnait, dans le même temps, pour vivre, des leçons d'histoire, de latin et de philosophie ; il produisait même déjà des pièces de théâtre, que les directeurs des scènes parisiennes refusaient sans les lire et dont certaines ont été jouées plus tard.

En 1854, le jeune auteur parvint cependant à faire représenter à l'Odéon la *Taverne des Etudiants*, comédie en trois actes, dont la chute l'écarta momentanément du théâtre. Son mariage avec Mlle de Brécourt vint pourtant lui assurer des relations utiles à sa carrière dramatique. Après avoir donné, avec Th. Barrière : les *Gens nerveux*, comédie en 3 actes, au Palais-Royal, en 1859, il fit représenter les *Premières armes de Figaro*, vaudeville en 3 actes, avec Vanderbuch, et *Monsieur Garat*, vaudeville en 2 actes, au théâtre Dejazet (1859 à 1860). Ces pièces, dans lesquelles Dejazet obtint un succès considérable, commencèrent sa réputation et l'on a pu écrire justement que la popularité de Dejazet fut la « marraine de la popularité de Sardou ».

La fortune, dès lors, sourit à M. Sardou. Sur toutes les scènes parisiennes, qui l'avaient dédaigné jusque-là, il parut en triomphateur. Les *Pattes de Mouche*, comédie en 3 actes (Gymnase, 15 mai 1860), intrigue d'une allure émouvante et fine, souvent reprise depuis au Théâtre-Français, consacrèrent définitivement son talent. Il donna ensuite, sans interruption : l'*Ecureuil*, les *Femmes fortes*, vaudevilles (Vaudeville, 1861) ; *Piccolino*, comédie 3 actes (Gymnase, 18 juillet 1861), dont il fut tiré un opéra-comique en 3 actes, avec M. de Lauzière, musique de Mme de Granval (Italiens, 5 janvier 1869) et un autre opéra-comique en 3 actes, avec Nuitter, musique de Guiraud (Opéra-Comique, 11 avril 1876); *Nos Intimes*, comédie 4 actes, l'une des meilleures du genre (Vaudeville, 16 novembre 1861) ; la *Papillonne*, comédie 3 actes (Comédie-Française, 11 avril 1862) ; la *Perle Noire* (Gymnase, 12 avril 1862) ; les *Prés-Saint-Gervais*, vaudeville 1 acte (Déjazet, 24 avril 1862), dont il fut tiré un opéra-comique avec Ph. Gille, musique de Lecoq (Variétés, 14 novembre 1874) ; les *Ganaches*, comédie (Gymnase, 29 octobre 1862) ; *Bataille d'Amour*, opéra-comique avec Daclin, musique de Vaucorbeil (Opéra-Comique, 13 avril 1863) ; les *Diables noirs*, comédie 4 actes, qui fut d'abord interdite par la censure (Vaudeville, 28 novembre 1863) ; le *Dégel*, comédie 3 actes (Dejazet, 12 avril 1864) ; *Don Quichotte*, féerie 3 actes (Gymnase, 25 juillet 1864) ; les *Pommes du voisin*, vaudeville 3 actes (Palais-Royal, 15 octobre 1864) ; le *Capitaine Henriot*, opéra-comique 3 actes, avec Vaez, musique de Gevaërt (Opéra-Comique, 29 décembre 1864) ; les *Vieux Garçons*, comédie 5 actes (Gymnase, 21 janvier 1865) ; la *Famille Benoîton*, comédie 5 actes, qui devint bientôt très populaire (Vaudeville, 4 novembre 1865) ; *Nos bons Villageois*, comédie 4 actes (Gymnase, 3 octobre 1866) ; *Maison neuve*, comédie (Vaudeville, 3 décembre 1866) ; *Séraphine*, comédie 5 actes (Gymnase, 29 décembre 1868) ; *Patrie*, drame 5 actes (Porte-Saint-Martin, 18 mars 1869), repris avec éclat à la Comédie-Française en 1901, après avoir motivé un opéra en 5 actes avec Gallet, musique de Paladilhe (Opéra, 20 décembre 1886) ; *Fernande*, comédie 4 actes (Gymnase, 8 février 1870) ; le *Roi Carotte*, opéra bouffe 3 actes, musique d'Offenbach (Gaîté, 15 janvier 1872) ; *Rabagas*, comédie 5 actes, d'un caractère politique, qui fut diversement commentée et souvent donnée à Paris et en province (Vaudeville, 1er février 1872) ; les *Merveilleuses*, comédie 4 actes (Variétés, 16 février 1873) ; *Andréa*, comédie 4 actes (Gymnase, 17 mars 1873) ; l'*Oncle Sam*, comédie 4 actes, que la censure interdit d'abord, par crainte de complications diplomatiques avec les Etats-Unis, et qui fut très bien accueillie à New-York, avant de l'être à Paris (Vaudeville, 6 novembre 1873) ; le *Magot*, vaudeville 3 actes (Palais-Royal, 14 janvier 1874) ; la *Haine*, drame 5 actes, qui, très discuté, n'obtint que vingt-cinq représentations (Variétés, 14 novembre 1874) ; *Féréol*, comédie 4 actes (Gymnase, 17 novembre 1875) ; l'*Hôtel Godelot*, comédie 3 actes, avec Crisafulli, qui signa seul (Gymnase, 13 mai 1876) ; *Dora*, comédie de mœurs 5 actes (Vaudeville, 22 janvier 1877) ; les *Noces de Fernande*, opéra-comique 3 actes, avec de Najac, musique de Deffès (Opéra-Comique, 18 novembre 1878) ; *Daniel Rochat*, comédie 5 actes, à tendances sociales sur le mariage moderne (Comédie-Française, 16 février 1880) ; *Divorçons*, comédie 3 actes, avec de Najac, qui constitue une amusante satire du divorce et a été constamment reprise avec un vif succès (Palais-Royal, 6 décembre 1880) ; *Odette*, comédie 4 actes (Vaudeville, 17 novembre 1881) ; *Fédora*, drame 3 actes (Vaudeville, 11 décembre 1882);

Théodora, drame 5 actes, musique de scène de Massenet (Porte-Saint-Martin, 26 décembre 1884), puissante évocation historique, dans laquelle Mᵐᵉ Sarah Bernhardt, qui a repris cette pièce bien des fois, a toujours reçu des applaudissements enthousiastes ; *Georgette*, comédie 4 actes (Vaudeville, 9 décembre 1885) ; le *Crocodile*, pièce 5 actes, musique de Massenet (Porte-Saint-Martin, 21 décembre 1886) ; la *Tosca*, drame 5 actes (Porte-Saint-Martin, 27 novembre 1887) ; *Marquise*, comédie 3 actes (Vaudeville, 12 février 1889) ; les *Bourgeois de Pontarcy* (Vaudeville, 1889) ; *Belle-Maman*, comédie 3 actes, avec Raymond Deslandes (Gymnase, 15 mars 1890) ; *Cléopâtre*, drame en 5 actes, avec E. Moreau, musique de Leroux (Porte-Saint-Martin, 23 octobre 1890) ; *Thermidor*, drame 4 actes (Comédie-Française, 24 janvier 1891), pièce sur les événements de l'époque révolutionnaire, qui fut l'objet de manifestations tumultueuses au théâtre, dans la rue et à la Chambre ; interdite à sa troisième représentation, elle a été reprise depuis, à Bruxelles et à Paris, sans soulever de colères. Vinrent ensuite : *Madame Sans-Gêne*, comédie 4 actes, avec E. Moreau (Vaudeville, 27 octobre 1893), un des plus grands succès modernes, où Mᵐᵉ Réjane s'est fait longtemps applaudir en France et à l'étranger ; *Gismonda*, drame 4 actes (Renaissance, 31 octobre 1894) ; *Marcelle*, comédie 4 actes (Gymnase, 21 décembre 1895) ; *Paméla, marchande de frivolités*, comédie 3 actes (Vaudeville, 1898) ; *Spiritisme*, pièce sur l'occultisme, qui ne tint pas longtemps l'affiche (Gymnase, 1899) ; *Robespierre*, pièce écrite pour le célèbre acteur anglais Irving, et créée par lui avec un vif succès, au Lyceum-Théâtre, à Londres, en 1900

On annonce encore, du même auteur, un drame historique pour Mᵐᵉ Sarah Bernhardt, son interprète préférée : la *Sorcière*.

M. Sardou a publié plusieurs études littéraires, qui ont servi de préfaces aux *Premières Illustrées* de M. Toché et aux *Annales du Théâtre* de MM. Noël et Stoullig ; son *Discours de réception à l'Académie française*, le 23 mai 1878, et un roman : la *Perle Noire* (1 vol. 1862), d'où une pièce a été tirée. On lui doit encore de curieux dessins à l'inspiration due au spiritisme, dont il est un fervent adepte, et des articles sur ce sujet.

L'œuvre dramatique de M. Victorien Sardou est immense et assez inégale. Ce fécond écrivain a été souvent accusé de s'approprier le bien d'autrui. Dans une étude intitulée : *Mes Plagiats* (1 volume 1883), il démontra combien il est difficile à un auteur dramatique, sur tant de sujets déjà traités, de ne pas se rencontrer, même a son insu, avec l'un de ses devanciers. D'autres critiques, rendant justice à son habileté scénique, lui ont reproché un style parfois négligé, parce que certaines productions de M. Sardou, pour ainsi dire improvisées, ne prétendaient pas à la recherche littéraire ; elles n'en ont pas moins plu au public par d'autres qualités. Quoiqu'il en soit de ces remarques, il n'en reste pas moins acquis que M. Victorien Sardou est certainement le plus célèbre auteur dramatique contemporain.

M. Victorien Sardou a épousé, en secondes noces, Mlle Anne Soulié, fille de l'ancien conservateur du musée de Versailles.

Il a été élu membre de l'Académie française le 7 juin 1877, après une lutte très vive contre Leconte de Lisle et le duc d'Audiffret-Pasquier, devenus tous deux, par la suite, ses collègues.

Président de la Société des Auteurs et Compositeurs dramatiques, M. Victorien Sardou est grand-officier de la Légion d'honneur et dignitaire de nombreux ordres étrangers.

DARAUX (Paul)

Artiste lyrique, professeur de chant, né à Toulouse (Haute-Garonne) le 28 novembre 1864. Il fit d'abord de sérieuses études d'architecture et de dessin à l'Ecole des Beaux-Arts de sa ville natale ; puis, porté par des dons naturels vers l'art vocal, il suivit les cours du Conservatoire de Toulouse et passa ensuite au Conservatoire de Paris (1885), où il eut pour professeurs Archainbaud et Achard, et d'où il sortit, en 1888, lauréat pour le solfège, le chant et l'opéra-comique.

M. Paul Daraux s'est fait entendre dans les principaux concerts et sur les plus grandes scènes musicales. Dès 1887, il faisait apprécier son talent et son bel organe de baryton aux Concerts Lamoureux, dans le *Chant de la Cloche*. On l'entendit ensuite aux Concerts Colonne, où il fit de brillantes interprétations du *Faust* de Schumann, des *Ruines d'Athènes* de Beethowen, d'*Alceste* de Gluck, de *Rebecca* de Franck, etc ; à la Société des Concerts du Conservatoire, où il chanta la *Messe* de Bach, le *Requiem* de Fauré, la *Messe en ré* de Beethowen, *Aude et Roland* de L. Honnoré ; et au Conservatoire même, où il triompha dans le *Job* de H. Rabaud.

La réputation de M. Daraux devint bientôt consi

dérable, à la suite des auditions qu'il donna dans toutes les grandes manifestations musicales en France, en Allemagne, en Suisse, en Belgique, etc. Avec un égal succès, il parut à Nancy dans la *Messe en si*, les *Passions et Cantates* de Bach, la 9ᵐᵉ *Symphonie* de Beethoven, la *Damnation de Faust*, les *Béatitudes*, le *Déluge*, le *Requiem* de G. Fauré, etc. ; à Toulouse dans *Judas Macchabée*, diverses *Cantates* de Bach, *Rédemption* de Gounod ; à Tours dans les *Sept paroles du Christ* de Th. Dubois ; à Bruxelles dans les *Mélodies* et *Lieders* de Schumann, d'Indy, César Franck et les *Poèmes* de Guy Ropartz (écrits à son intention) ; à Orange dans l'*Antigone* de M. Saint-Saëns. Il créa, à Monte-Carlo, le roi d'Arles du *Renaud d'Arles* de L. de Fourcaud et Desjoyaux, rôle qui lui valut des ovations enthousiastes; enfin, à Paris encore, il s'est fait applaudir dans Wotan de *Siegfried* à la salle Pleyel, la *Résurrection du Christ* de l'abbé Perosi au Cirque d'Eté, la *Vision de Dante* de R. Brunel au Châtelet, la *Passion* d'Alexandre Georges et de l'abbé Jouin au Nouveau Théâtre, et le Roi Marke de *Tristan et Isolde* au Festival Lyrique, en 1902, rôle où la critique a été unanime à le louer.

M. Paul Daraux, a écrit M. Dandelot dans le *Monde Musical*, est l'un des chanteurs les plus recherchés par les chefs de nos grandes sociétés symphoniques et l'un de ceux que le public apprécie le plus. C'est qu'avec cet excellent artiste, on se trouve en face d'un musicien de grand style, ayant réalisé une très belle conception de l'art du chant, possédant un répertoire très étendu et capable d'affronter les exécutions des œuvres modernes les plus ardues.

Cet excellent artiste est officier d'Académie.

BERNARD (Eugène-Félix-Louis)

Publiciste, né le 9 décembre 1867 au Mesnil-Saint-Denis (Seine-et-Oise), où son père était notaire. Il fit, au lycée de Versailles, de brillantes études, fut reçu licencié en droit à la Faculté de Paris et se consacra tout jeune encore aux lettres.

Après avoir fondé, avec quelques amis, la *Décade* et le *Passe-Temps Littéraire*, où il marqua ses débuts, M. Eugène Bernard a collaboré, tant sous son nom que sous divers pseudonymes, à de nombreux journaux ou revues de Paris et des départements, notamment le *Monde Artiste*, le *Journal des Beaux-Arts*, le *Moniteur de l'Armée*, le *Journal officiel des Théâtres*, le *Journal*, l'*Echo de Versailles et de Seine-et-Oise*, le *Courrier de Versailles et de Seine-et-Oise*, où il publia des chroniques, récits, contes, nouvelles, poésies, articles de critique littéraire, artistique, musicale et théâtrale, souvent très remarqués.

On lui doit aussi plusieurs à-propos en vers, écrits à l'occasion de différentes solennités ; une comédie en un acte : le *Soupçon* ; une revue : *Guignol-Revue*, qui fut représentée avec succès au « Ferrail-Club » de Versailles ; des compositions de belle inspiration comme : *Pour la France !* et *Pro Patria Caritas*, et des romances ou mélodies, en collaboration avec des musiciens connus.

M. Eugène Bernard, qui, avant de se fixer à Paris, avait habité longtemps Versailles, fut l'un des protagonistes de presque toutes les manifestations littéraires et artistiques qui se sont produites dans cette ville durant son séjour. Choisi par la Société populaire des Beaux-Arts comme président du Comité départemental de Seine-et-Oise, il contribua pour une large part au développement de cette société, qui lui décerna une médaille d'honneur en témoignage de remerciement.

Epris des questions coloniales et économiques, M. Eugène Bernard a donné également son concours à la Société Africaine de France, dont il a été secrétaire pendant plusieurs années.

Membre du Syndicat de la Presse Artistique et de l'Association Syndicale des Journalistes Coloniaux, il fait aussi partie du Comité d'action pour favoriser les voyages en France et de nombreuses sociétés d'instruction, de mutualité et de prévoyance.

M. Eugène Bernard est officier du Nicham Iftikhar de Tunis depuis le 14 juillet 1901.

FOUGEADOIRE (Auguste)

Graveur et ingénieur, né à Tillières (Eure) le 21 avril 1836. D'origine modeste, il apprit le métier de graveur, dans lequel il acquit rapidement un beau talent d'artiste. Attiré aussi vers la mécanique, qu'il a très sérieusement étudiée, il s'est fait connaître par de nombreuses inventions, qui rendent de grands services à l'industrie.

On doit notamment à M. Fougeadoire une machine à agrandir, réduire, déformer dans un sens voulu, les dessins. Cette machine, employée par les imprimeurs-lithographes du monde entier, évite à ceux-ci la peine de refaire un dessin sur pierre. Les industriels qui se servent du piquage, tels que les dessinateurs et brodeurs sur étoffes, les peintres sur porcelaine et sur verre, les graveurs, etc., utilisent aussi cette machine.

Après avoir parcouru la France, les Iles-Britanniques, la Suisse, l'Italie, l'Autriche, l'Espagne, l'Algérie, toute l'Europe du Nord et l'Amérique, du Canada à la Havane et de New-York à San-Francisco, cet ingénieur revint à Paris pour se consacrer à de nouvelles recherches ; il a imaginé un appareil automatique indiquant aux voyageurs, dans les compartiments des chemins de fer, le nom de la prochaine station où le train doit s'arrêter. Son système a été adopté par les compagnies anglaises.

Il a aussi construit une machine à poser automatiquement les œillets en métal, un tourne-feuille pour piano, orchestre, etc. ; une machine destinée à imprimer les enveloppes de lettres sans margeur, une machine à fabriquer, en une fois, les étiquettes œilletées qui exigeaient six opérations successives ; une machine *typochromique* pour imprimer en couleurs, à l'aide d'un très petit moteur, automatiquement, etc.

M. Fougeadoire a publié d'importants ouvrages et notamment des *Albums de Chiffres, Monogrammes* et *Armoiries*, recueils très complets en six styles différents ; l'un de ces ouvrages, qui contient de superbes planches en couleurs, a eu, malgré son prix élevé, sept éditions.

M. Auguste Fougeadoire a obtenu, pour l'ensemble de ses œuvres, des récompenses aux Expositions universelles de Paris, en 1878 et en 1889, et une médaille d'argent en 1900. Il est décoré du Nicham-Iftikhar.

WOESTYNE (Henri-Pierre Marquis Van de WOESTYNE de GRAUMEZ de WARDES, dit Ivan de)

PUBLICISTE, né à Bruxelles (Belgique) le 28 juillet 1834. Il appartient à une ancienne famille d'origine flamande, anoblie en 877 par Beaudouin-bras-de-fer, qui obtint le marquisat en 1705, sous Louis XIV, et dont une branche française a donné le général de La Woestine qui, sous l'empire, commanda en chef les gardes nationales du département de la Seine et mourut gouverneur des Invalides le 25 avril 1870.

Venu jeune en France, après avoir été officier dans l'armée belge, M. van de Wœstyne se fit connaître dans la Presse. Entré, en 1865, d'emblée, au *Figaro*, exclusivement littéraire alors, il collabora, sous le pseudonyme d'Ivan de Wœstyne, avec MM. Rochefort, Alphonse Daudet, Lockroy, Claretie, Magnard, Scholl, Albert Wolff, etc. Il fit ensuite et surtout du grand reportage au *Figaro*, devenu quotidien, et dans diverses autres feuilles et publia, en 1869, son premier roman au *Petit Journal*.

Lors de la guerre Franco-Allemande de 1870-71, M. Ivan de Wœstyne demanda du service actif et fit, comme capitaine d'artillerie, toute la campagne. Après la paix, il reprit sa place dans la presse conservatrice, hostile au gouvernement de M. Thiers, de qui il donna, dans le *Figaro*, cette épitaphe anticipée, qui lui attira l'inimitié du célèbre « libérateur du territoire ; mais qui fut longtemps dans toutes les bouches :

« On dira, quand il sera mort,
« Pour glorifier sa mémoire :
« Cit-gît celui qui vient encor
« De délivrer le territoire. »

M. Ivan de Wœstyne collabora ensuite au *Gaulois* et à l'*Eclair*, qu'il fonda, sans quitter le *Figaro*, où les renseignements, pour ses correspondances sur les guerres Bulgare et Russo-Turque notamment, ne furent quelquefois obtenus qu'au prix de réels dangers personnels.

La notoriété acquise par l'intrépide informateur l'avait désigné à M. Gordon Bennett, directeur du *New-York Hérald*, qui le chargea de suivre la campagne de l'Angleterre contre les Afghans. M. Ivan de Wœstyne revint ensuite au *Gaulois*, où il dénonça, en 1880, les espionnages qui s'effectuaient au ministère de la Guerre ; puis, entré au *Triboulet* quotidien de Harden-Hickey, il y publia d'importants articles sur l'Irlande, qu'il parcourut en tous sens.

Au *Gil Blas*, où il fut ensuite, il s'intéressa aux choses militaires et rendit compte, en 1887, des manœuvres de mobilisation du dix-septième corps d'armée, qui préoccupaient particulièrement alors l'opinion publique.

Ce publiciste a fait paraître une intéressante relation de son *Voyage au pays des Bachi-Bouzouks* (1 vol. 1876) ; *Madame* (la duchesse de Berry) *en Vendée*, et plusieurs brochures très discutées : l'*Art de combattre l'armée Allemande ; Sus à l'Angleterre !* etc.

Au cours de sa carrière, M. Ivan de Wœstyne a eu de nombreux duels, presque toujours heureux, entr'autres avec MM. Adolphe Belot, Ranc et Arthur Meyer.

Membre de l'Association des Journalistes Parisiens et de plusieurs autres groupements professionnels, il a été fait commandeur de Saint-Stanislas de Russie par l'empereur Alexandre II, en 1879, et il est dignitaire de divers autres ordres.

HALLOPEAU (François-Henri)

MÉDECIN, membre de l'Académie de Médecine, né à Paris le 17 janvier 1842. Il fit ses études classiques au lycée Bonaparte, aujourd'hui Condorcet, et se fit ensuite inscrire à la Faculté de Médecine. Reçu successivement interne des hôpitaux (1867-1871), docteur (1871) et médecin des hôpitaux (1877), il fut appelé aux services de l'hôpital Tenon en 1880, de Saint-Antoine en 1881 et de Saint Louis en 1884 ; il n'a pas quitté depuis cette époque ce dernier établissement.

Nommé professeur agrégé à la Faculté de Médecine en 1878, il fut d'abord chargé de cours à l'Ecole pratique, puis chargé du cours auxiliaire des maladies du système nerveux à la Faculté de Médecine (1883 à 1886) et du cours de pathologie expérimentale en 1884. Depuis 1886, ses leçons cliniques sur les maladies cutanées et syphilitiques sont toujours très suivies. Quand le professeur Fournier prit sa retraite, il manqua seulement deux voix à M. Hallopeau pour être élu, en remplacement de ce maître, professeur de clinique dermatologique et syphilitique à la Faculté de Médecine (1902).

En 1893, M. le Dr Hallopeau avait été élu membre de l'Académie de Médecine.

Membre fondateur, vice-président et ancien secrétaire-général de la Société française de Dermatologie et de Syphiligraphie, il est, en outre, membre titulaire et honoraire de la Société de Biologie, membre de la Société médicale des Hôpitaux, ancien président de la Société de Thérapeutique, ancien vice-président de la Société Clinique, ancien président de la Société médicale de l'Elysée, membre honoraire de la Société Anatomique, et des Sociétés de Dermatologie et de Syphiligraphie de Vienne, Moscou, Kiew et Rome, membre correspondant de la Société dermatologique de Berlin et de la Société des Sciences médicales et naturelles de Bruxelles ; il a présidé, en 1893, la section médicale de la Société pour l'avancement des Sciences.

Il a été désigné comme vice-président des Congrès internationaux de Dermatologie de Vienne (1892), Rome (1894), Londres (1896), Moscou (1897) et du Congrès de Gynécologie et de Pœdiatrie, tenu, en 1901, à Nantes.

Il a été, d'autre part, président de l'Association amicale des anciens élèves du lycée Condorcet, en 1900.

Très apprécié comme dermatologiste, le Dr Hallopeau a publié de nombreux travaux scientifiques, parmi lesquels deux ouvrages sont devenus classiques : *Traité élémentaire de Pathologie générale* (1 vol. 1884, 5e éd. 1897) et *Traité pratique des Maladies de la peau*, avec M. Leredde (1 vol 1900). Ses communications et mémoires, au nombre de plus de 500, ont paru dans les *Annales de Dermatologie*, le *Bulletin de la Société Médicale des Hôpitaux*, les *Archives générales de Médecine*, la *Semaine Médicale*, les *Comptes-rendus de l'Académie de Médecine*, etc. ; ils portent principalement sur des espèces et des variétés morbides nouvelles de maladies cutanées, sur le farcin, le lichen plan, les dermatoses bulleuses, le psoriasis, les maladies parasitaires, les maladies syphilitiques, la seborrhée, les maladies du système nerveux, celles du système circulatoire et respiratoire, etc.

Lauréat de l'Institut et de la Faculté de Médecine, M. Hallopeau est chevalier de la Légion d'honneur.

THOMSON (Gaston-Arnold-Marie)

DÉPUTÉ, publiciste, né à Oran le 29 janvier 1848. Il étudia, d'abord à Paris, puis à Alger, la médecine, et non le droit, comme le dit, par erreur, le *Dictionnaire des Parlementaires*.

Revenu à Paris, il fut rédacteur parlementaire à la *République Française*, sous la direction de Gambetta, de 1873 à 1877. Il collabora ensuite à d'autres feuilles et prit la direction du *National*, en 1892.

Elu député de Constantine, pour la première fois, sous le patronage de Gambetta, le 26 avril 1877, après le décès de M. Lambert, il fut l'un des 363 et reconquit son siège, par 6,497 voix, au 14 octobre suivant. Lors du renouvellement de la Chambre, en 1881, Constantine ayant été divisé en deux circonscriptions, il se porta dans les deux, fut nommé et opta pour la seconde. Aux élections de 1885, faites au scrutin de liste, il fut élu, le premier sur deux, par 6,213 voix sur 11,918 votants ; aux législatures suivantes de 1889 et 1893, il représenta la première circonscription du même département ; puis, en 1898, il se présenta et fut élu dans la deuxième, où il a été réélu, en 1902, le 27 avril, au premier tour, par 7,179 voix, contre 2,856 à M. Maxime Rasteil, antisémite.

A la Chambre, M. Thomson prit longtemps une part très active aux débats. Il se fit inscrire, à son arrivée, au groupe de l'Union Républicaine et vota sous l'inspiration de Gambetta ; puis il soutint Jules Ferry et sa politique coloniale. Il est intervenu dans maintes discussions et a été membre et rapporteur de plusieurs commissions, notamment celle du Budget, dont il fut vice-président en 1895. Depuis cette époque, son rôle parlementaire est devenu plus effacé, et il n'a plus paru à la tribune que dans les délibérations relatives à l'Algérie.

On connaît de lui un livre : *Herzégovine, Histoire, Géographie*, publié en 1877.

FAGE
(Guillaume-Louis-Joseph-René)

Avocat, publiciste, né à Tulle (Corrèze) le 3 juin 1848. Fils de M. Emile Fage, ancien vice-président du Conseil de préfecture de la Corrèze et lui-même écrivain distingué, il fit ses études classiques au collège de Tulle et au lycée de Limoges ; puis, reçu licencié en droit devant la Faculté de Paris en 1870, il se fit inscrire, la même année, au tableau des avocats à Tulle.

En 1875, M. René Fage quitta le barreau de Tulle pour celui de Limoges, où sa réputation de jurisconsulte et de défenseur s'établit et s'accrut rapidement. Membre du Conseil de l'Ordre de cette ville, il y a été appelé par deux fois au bâtonnat, en 885 et en 1890.

Entre temps, M. René Fage s'était fait connaître dans les lettres par des articles publiés dans le *Corrézien*, l'*Abeille de la Corrèze* et le *Courrier du Centre*, où il donnait des chroniques diverses et notamment des notes de voyage sur l'Italie.

Il a aussi collaboré aux *Bulletins de la Société Archéologique et Historique du Limousin*, de la *Société des Sciences et Arts de la Corrèze*, de la *Société Scientifique de Brive*, à l'*Annuaire de la Corrèze*, à l'*Almanach Limousin*, au *Bibliophile Limousin*, etc.

Il a écrit de nombreux ouvrages ou mémoires sur l'histoire et la description du Limousin, qui lui ont valu de flatteurs éloges de l'Institut et de la Presse. En voici les titres : *Excursions limousines* (1re série 1871, 2e série 1880 3e série 1883) ; *Restauration du Cloître de Tulle, notes historiques* (1873, 2e éd. 1879) ; *Quelques procès limousins devant le Parlement de Bordeaux* (1877) ; *la Maison de Ségur, son origine, ses vicomtes* (1878) ; *Notes pour servir à l'histoire de l'imprimerie à Tulle* (1819) ; *la Maison de l'abbé à Tulle* (1879) ; *l'Inondation de Saint-Roch à Tulle, 16 août 1756*, (1880) ; *la Numismatique limousine à l'Exposition universelle de 1878* (1880) ; *Notice bibliographique sur Eustorg de Beaulieu* (1880) ; *Une ancienne Justice : la Cour d'appeaux de Ségur* (1880) ; *Guillaume Sudre, cardinal limousin* (1880) ; les *Epitaphes du cloître de Saint-Martin de Brive* (1881) ; *Jean-Joseph Dumons, peintre d'histoire, 1687-1779* (1881) ; *Dissertation d'Etienne Baluze sur Saint-Clair, Saint-Laud, Saint-Ulfard et Saint-Beaumade* (1881) ; les *Œuvres de Baluze cataloguées et décrites* (1882) ; *Un épisode de la Fronde en Province : tentative de translation à Limoges du Parlement de Bordeaux* (1882) ; le *Point de Tulle* (1882) ; *Liste des châteaux du diocèse de Limoges avant 1789* (1882) ; le *Château de Puy-de-Val* (1883) ; *Molière et les Limousins* (1883, 2e éd. 1884) ; *Lettres inédites de Baluze à Melon du Verdier* (1883) ; *Complément des œuvres de Baluze* (1884) ; *Les Anglais à Tulle* ; la *Lunade* (1885) ; les *Bataillons de volontaires du Limousin* (1885) ; *Deux lettres de Mascaron à Mlle de Scudéry* (1885) ; *Notes sur un Pontifical de Clément VI et sur un Missel dit de Clément VI, conservés à la Bibliothèque de Clermont* (1885) ; le *Tombeau du Cardinal de Tulle à Saint-Germain-les-Belles* (1885) ; les *Origines de Tulle* (1885) ; les *Fortifications de Tulle*, avec un plan (1886) ; *Notice bibliographique sur Pierre de Besse* (1886) ; *Quelques procès limousins aux Grands Jours de Poitou* (1886) ; *Une boutique de marchand à Tulle au XVIIe siècle* (1886) ; le *Château ou Fort Saint-Pierre* (1886) ; la *Tour-prisonnière, dite Tour de Meysse* (1886) ; la *Tour de la Motte* (1886) ; la *Porte Chanac à Tulle* (1886) ; la *Place publique à Tulle* (1886) ; *Une visite à Obazine en 1712* (1886) ; un *Atelier de dentelles à Tulle au XVIIIe siècle* (1887) ; le *Collège de Tulle* (1887) ; la *Grande maison de Loyac*, (1887) ; *Notice sur les travaux de M. Edouard Lamy de la Chapelle* (1887) ; la *Cathédrale et le Cloître de Tulle* (1888) ; les *Couvents d'hommes à Tulle* (1888) ; les *Couvents de femmes à Tulle* (1888) ; un *Jurisconsulte briviste : Anthoine Mailher de Chassat* (1888) ; le *Vieux Tulle* (1888) ; *A de Larouverade* (1889) ; le *Théâtre au collège : répertoire de M. H. Baju* (1890) ; *François-Emile de Lansac, peintre d'histoire, de genre et de portraits, 1803-1890* (1890) ; le *Diocèse de la Corrèze pendant la Révolution, 1791-1801* (1890) ; *En Limousin, album de dessins* (1891) ; *Oleron, impressions de vacances* (1891) ; la *Prise de Tulle et son occupation par l'armée du vicomte de Turenne, 1585-1586* (1891) ; *Etat des études historiques et archéologiques dans le département de la Corrèze* (1892) ; les *Etats de la Vicomté de Turenne* (2 vol. 1894) ; *Pierre et Jean-François Guitard, Annet Bleygeat, maîtres imprimeurs* (1894) ; *Alexandre Nourry-Grammont* (1895) ; *Dictionnaire des médecins du Limousin*

(Corrèze et Haute-Vienne) jusqu'à la fin du XVIIIe siècle (1895) ; Étienne Bleygeat, François Varolles, maîtres-imprimeurs, les frères Delbos, fondeurs en caractères (1895) ; Un chapitre inédit de l'histoire du collège de Tulle, 1780-1792 (1895) ; Wolpmann et Rossignol: Introduction de l'Imprimerie à Ussel (1896) ; le Général Souham, 1760-1837 (1897) ; Pierre Sparvier, peintre d'histoire, de fleurs et de portraits, 1663-1731 (1898) ; Quelques marchés d'impressions au XVIIe siècle (1899) ; Petites notes historiques (1901) ; la Vie à Tulle aux XVIIe et XVIIIe siècles (1902).

M. René Fage a formé une importante bibliothèque de plus de 4,000 volumes ou brochures sur le Limousin ou imprimés en Limousin.

Président de la Société Archéologique et Historique du Limousin, correspondant de la Société des Antiquaires de France, inspecteur divisionnaire de la Société française d'Archéologie et ancien correspondant du ministère de l'Instruction publique, cet écrivain est officier de l'Instruction publique.

POLIN (Pierre-Paul MARSALÈS, dit)

Artiste lyrique et comique, né à Paris le 13 août 1863. Il essaya tout d'abord de s'adonner à la fabrication des tapisseries artistiques et fut élève à la Manufacture des Gobelins ; mais il quitta bientôt cette voie.

Le 4 septembre 1886, il débutait, sous le pseudonyme de « Polin, » à l'Eden-Concert, scène d'où prirent leur essor vers la renommée Yvette Guilbert, Ville, et d'autres de ses émules ; le débutant obtint d'emblée un beau succès avec des chansonnettes de troupier, prémices d'un répertoire considérable dans ce genre, où il a suscité de nombreux imitateurs, mais n'a pas encore trouvé d'égal. Il passa ensuite au théâtre des Nouveautés et attacha son nom à une création brillante dans Champignol malgré lui. Cependant, pour revenir à son premier genre, il n'hésita pas à payer un dédit de vingt-mille francs, afin de rentrer librement au concert de la Scala (1890).

Sur cette scène, où il paraît depuis lors tous les hivers, il est l'idole d'un public qu'il fait rire aux larmes ou attendrit tour à tour par ses inimitables incarnations de tourlourou candide, création où il a su parvenir au maximum d'effet comique par la plus sobre rareté du geste et par l'ahurissement original de la physionomie.

Il fait, en outre, également l'hiver, dans l'opérette, les délices des habitués du Casino de Monte-Carlo ; et en été, son nom, en vedette sur l'affiche du concert de l'Alcazar, draine la foule à cet établissement.

En 1897, M. Polin fut prêté par la direction de la Scala au Palais-Royal pour créer, dans Chéri, un rôle de garde municipal resté, grâce à lui, légendaire.

On ne peut citer les titres des chansonnettes, monologues, saynètes, créés par M. Polin et qu'il a rendus célèbres; le nombre en est trop considérable et leur énumération serait sans intérêt documentaire. Ce sont toujours de drôlatiques ou touchantes aventures de troupier qu'il a dites ou chantées ; celles qui sont demeurées les plus populaires sont : Ous' qu'est Saint-Nazaire ? la Lettre aux parents, Ça vous fait quéq' chose ! l'Automobile du Colon, la Grosse Julie, la Cantinière, Mon Camarade, etc.

Cet excellent artiste s'est fait entendre dans plusieurs salons mondains de Paris et a donné également des auditions à Bruxelles, au théâtre de l'Alcazar sous la direction Malpertuis.

Il est officier d'Académie.

ROULIN (Louis)

Médecin, né à Egrizelle-le-Bocage (Yonne) le 30 novembre 1849. Fils d'un notaire, il fut élève du lycée de Sens et vint, après l'achèvement de ses études classiques, suivre à Paris les cours de la Faculté de Médecine.

Externe des hôpitaux et de la Clinique d'accouchements, titulaire d'une médaille de bronze de l'Assistance publique en 1877, il fut reçu docteur en médecine, l'année suivante, avec une thèse intitulée : De la rupture prématurée et spontanée des membranes de l'œuf.

Membre de la Société de Médecine de Paris, de la Société de Médecine et de Chirurgie pratiques, de la Société Médico-Pratique, de la Société Médicale du IXe arrondissement, le docteur Roulin outre quelques communications à ces sociétés savantes a publié notamment : Traitement de la diphtérie par les douches au phénate de soude (1888, ouvrage qui a obtenu une mention de l'Académie de Médecine), Quelques considérations sur le traitement de la diphtérie (1896) ; Quel doit être le traitement actuel de la diphtérie ? (1898) ; les Boers, pays, race, mœurs, coutumes, gouvernement (1900) ; Quelques réflexions à propos des sanatoria et du traitement de la tuberculose (1901), etc.

DARESSY (Georges-Emile-Jules)

RCHÉOLOGUE et administrateur, né à Sourdon (Somme) le 19 mars 1864. Fils de M. Henri Daressy, auteur des *Archives des Maîtres d'Armes de Paris*, il fut élève de l'Ecole des Hautes-Etudes de 1881 à 1885. Nommé, en 1886, membre de la Mission archéologique française au Caire, il devint, en 1887, conservateur adjoint du musée d'Antiquités égyptiennes de Boulacq, transféré ensuite au palais de Ghizeh, puis, en 1902, au Caire.

M. Georges Daressy a attiré l'attention sur son nom par ses recherches patientes, qui ont abouti à certaines découvertes auxquelles le monde savant s'est intéressé au plus haut point. Sous la direction de MM. Grébaut, de Morgan et Maspero, il a contribué à la mise en lumière des ruines du palais d'Amenhotep II à Medinet-Abou (1889), de nombreux sarcophages renfermant les momies de prêtres et de prêtresses d'Ammon (1891), de l'emplacement de la ville de Thinis, patrie de Ménès, le premier roi d'Egypte (1894) ; ainsi qu'au déblaiement et à la restauration des temples de Karnac et de Louxor (1892-1893), de Medinet-Abou (1894-1899), d'Abydos (1898) et de plusieurs tombeaux dans la vallée des Rois à Biban-el-Molouk.

M. Georges Daressy a publié les ouvrages suivants, pour le service des Antiquités de l'Egypte : *Notice explicative des ruines du temple de Louxor* (1893) ; *Notice explicative des ruines du temple de Médinet-Abou* (1897) ; *Fouilles de Deir-El-Bircheh*, rapport sur *El Yaouta Fayoum* (1898) ; *Une ancienne liste des Décans égyptiens* (1900) ; la *Chapelle d'Uazmès* ; les *Sépultures des prêtres d'Ammon à Deir El Bahari* ; *Rapport sur la trouvaille d'Hat-aaï* ; *Trois points inexplorés de la nécropole thébaine* (1901) ; *Rapport sur les fouilles à Sa El Hagar* ; le *Temple de Mit Rahineh* (1902). Pour le *Catalogue général du Musée égyptien du Caire*, il a donné : *Ostraca* (1901) ; *Fouilles de la Vallée des Rois : tombes de Maherpra et de Amenophis II* (2 vol. 1902).

Il a fait paraître, en outre, de nombreux travaux sur ses recherches archéologiques dans la *Revue Archéologique*, le *Recueil des travaux relatifs à la Philologie et à l'Archéologie égyptienne et assyrienne*, les *Mémoires de la Mission archéologique française au Caire*, les *Mémoires de l'Institut Egyptien du Caire* ; il a adressé, sur des sujets analogues, des communications du plus haut intérêt à l'Institut égyptien, à la Société Khédiviale de Géographie du Caire et au Congrès des Orientalistes tenu à Paris en 1897. Membre de l'Institut égyptien, M. Georges Daressy est officier de l'Osmanié depuis 1893 et de l'Instruction publique depuis 1901.

DURIN (Edmond)

HIMISTE, né à Dunkerque (Nord) le 10 janvier 1834. Il commença au collège de sa ville natale ses études classiques et les termina au lycée de Douai ; puis il se rendit à Lille, y suivit les cours de chimie de Kulhmann, puis entra en 1853, dans le laboratoire d'un de ses parents, M. Corenwinder, chimiste distingué et fabricant de sucre ; il devint lui-même fabricant de sucre et distillateur, se consacrant, à l'étude de la chimie industrielle en général et plus spécialement, aux questions de sucrerie et de distillerie.

Venu, en 1875, à Paris, M. Edmond Durin y fonda un laboratoire de chimie et créa, en 1884, le journal la *Distillerie Française*, qui est devenu un des plus importants organes de France dans son genre. Directeur rédacteur en chef de cette publication, il y a publié un nombre considérable d'articles, qui lui ont valu une grande réputation d'écrivain et de savant. Il a, en outre, présenté un certain nombre de mémoires à l'Académie des Sciences sur les *Diverses transformations du sucre*, sur le *Rôle du sucre pendant la végétation*, sur *Diverses altérations du sucre pendant la fabrication*, etc.

Mêlé activement à toutes les études et les discussions relatives à la chimie industrielle et aux industries du sucre et de l'alcool, M. Durin a été appelé à faire partie de la plupart des commissions extra-parlementaires depuis 1878 : commission du règlement des distilleries, commission des distilleries agricoles, grande commission de l'alcool que présidait Léon Say, commissions du monopole, des laboratoires de l'Etat, des emplois industriels de l'alcool, commission technique de l'alcool dénaturé, etc.

Secrétaire-général du Syndicat des Distillateurs de France depuis 1876, président d'honneur de la Société des Chimistes et Essayeurs de France ; vice-président dès sa fondation, deux fois président, puis président honoraire de la Société des Chimistes de sucrerie de France et des Colonies, il a été, à l'Exposition universelle de 1900, secrétaire des Comités d'admission et d'installation, puis secrétaire et rapporteur du Jury de la classe 55.

M. Edmond Durin est chevalier du Mérite agricole

BOUQUET de la GRYE
(Jean-Jacques-Anatole)

INGÉNIEUR hydrographe, membre de l'Institut, né le 20 mai 1827 à Thiers (Puy-de-Dôme). Entré à l'Ecole polytechnique en 1847, il fut, à sa sortie, classé dans le corps des ingénieurs hydrographes et envoyé en mission dans la Loire, puis, en 1851, sur les côtes d'Italie.

Nommé, en 1852, sous-ingénieur de 2ᵉ classe, M. Bouquet de la Grye fut promu ingénieur de 2ᵉ classe en 1865, de première classe en 1875 et ingénieur en chef en 1886 ; il a été admis à la retraite en 1893.

Au cours de sa carrière, il a été chargé de missions scientifiques diverses. Il explora, de 1853 à 1856, les côtes de l'Océanie, en fit le relevé au sud-est et au sud-ouest et publia, à son retour, un atlas de 14 cartes qui a remplacé les croquis d'Entrecasteaux ; il fit, en 1861, le levé du plan d'Alexandrie et détermina, l'année suivante, la position la plus favorable à donner au phare des Minquiers.

De 1863 à 1871, il a révisé la côte ouest de France, étudié les courants de marée, inventé des instruments nouveaux de triangulation qui sont en service depuis 1864, créé le rade de Saint-Jean-de-Luz et assuré ainsi la sécurité de cette ville ; il a dirigé les travaux de dévasement du port de Lorient ; présenté à l'Institut, par le canal de M. Delaunay, les résultats de ses observations du passage de Mercure sur le Soleil ; déterminé les longitudes des îles Tuamotu ; présenté, en 1869, au service des instruments, un projet d'inclinomètre destiné à mesurer à bord les mouvements de tangage et de roulis ; s'est occupé, pendant la guerre de 1870, de la diminution du frottement dans les projectiles, et a découvert un procédé nouveau de gravure sur cuivre, etc. En 1875, il présentait à l'Académie des Sciences un *Mémoire sur la chloruration de l'eau de mer* ; en 1876, il lui adressait deux notes ayant trait à des expériences sur les tourbillons que l'on créait artificiellement dans des voies cylindriques.

Cette même Académie, à deux reprises différentes, en 1874 et en 1882, le chargea de l'observation du passage de Vénus.

Nous citerons encore, parmi les principaux travaux de M. Bouquet de la Grye, son séismographe enregistreur, son *Mémoire sur les ondes atmosphériques*, son *Tableau logarithmique*. Il est aussi l'auteur d'un *Mémoire sur le Port de Paris* et on a longtemps fait beaucoup de bruit autour du projet traité dans cette étude, tendant à faire de Paris un port de mer ; il a été le principal promoteur de ce projet.

M. Bouquet de la Grye a été élu membre de l'Académie des Sciences, dans la section de Géographie et de Navigation, le 7 avril 1884, en remplacement de Yvon-Villarceau. Il a été président de la Société de Géographie de Paris.

Il a collaboré à l'*Annuaire des Marées*, aux *Etudes hydrographiques de la Baie de la Rochelle* (1877) et à diverses autres publications techniques ou savantes. Outre les nombreux rapports et mémoires dont il est l'auteur, il a fait paraître deux ouvrages assez consultés : *Pilote des côtes Ouest de la France* (1873, 2 volumes) et *Guide des Manœuvres en cas de cyclone* (1881). Il a, de plus, traduit de l'anglais, les *Notes sur les sondes faites par de grandes profondeurs*, de Davys.

Commandeur de la Légion d'honneur depuis 1889, officier de l'Instruction publique, M. Bouquet de la Grye a été fait, en 1890, grand-officier de la Rose du Brésil par l'empereur dom Pedro.

HEREDIA (José-Maria de)

POÈTE, membre de l'Académie française, né à la Fortuna-Cafeyère, près de Santiago (Cuba), le 22 novembre 1842. Venu en France, avec ses parents, à huit ans, il fit ses études au collège de Saint-Vincent, à Senlis (Oise). A 17 ans, il retourna à la Havane, où il fut élève de l'Université pendant une année ; il revint à Paris ensuite et suivit les cours des Ecoles de Droit et des Chartes.

M. José-Maria de Heredia, dès ce moment, s'adonna à la littérature. Il débuta dans les organes du jeune groupe des « Parnassiens » : la *Revue de Paris*, le *Parnasse*, la *Renaissance*, la *Revue française*, où il donnait surtout des sonnets, genre de poésie où il s'est spécialisé et où il a excellé. Il fit ensuite paraître ses productions poétiques dans la *Revue des Deux Mondes*, le *Temps*, le *Journal des Débats*, et sa réputation alla grandissant.

Les œuvres poétiques de M. de Heredia se font remarquer par une grande élévation de pensée, un style imagé et coloré, un rythme ample et sonore. Elles sont peu nombreuses et il a pu les réunir en un recueil unique, qui a été publié en 1893 sous le titre : les *Trophées*, que l'Académie française couronna aussitôt et qui a été réédité plusieurs fois depuis cette date.

Il avait précédemment traduit un ouvrage espagnol

18. — IVᵉ

du capitaine Bernard Diaz del Castillo : *Histoire véridique de la conquête de la Nouvelle Espagne* (1878 à 1887, 4 vol.) Cette traduction a été également couronnée par l'Académie.

En 1896, l'éminent poète lut aux souverains russes, en visite à Paris, un morceau de poésie : *Salut à l'Empereur*, qui fut ensuite publié en plaquette.

M. de Heredia avait été élu membre de l'Académie française le 22 février 1894, au fauteuil de Charles de Mazade. A la mort d'Henry de Bornier, il a été nommé, en son remplacement, conservateur de la Bibliothèque de l'Arsenal (1901).

Il est officier de la Légion d'honneur.

RODIER (Henri-Théodore-David)

Médecin, né à Saint-Dizant-du-Gua (Charente-Inférieure) le 16 janvier 1862. Ses études classiques terminées, il vint à Paris pour y suivre les cours de la Faculté de Médecine, fut externe des hôpitaux, et soutint avec succès sa thèse de doctorat, en 1898, sur l'*Emploi des injections de Cocaïne dans les extractions dentaires*.

Ses études médicales achevées, et plusieurs années avant la publication de cette thèse, M. Henri Rodier s'était livré déjà à l'étude de la stomatologie, sous la direction de son oncle, le docteur Godet de Cherpenaize.

Attaché à la clinique odontologique des Quinze-Vingts, dans le service du docteur Pietkiewicz, il devint bientôt son chef de clinique à l'Hôtel-Dieu.

Depuis, M. Rodier s'est toujours occupé des affections de la bouche à côté de ses maîtres, les Drs Pietkiewicz, Gaillard, Cruet.

Nommé, le 1er janvier 1893, dentiste des hôpitaux, il fut successivement chargé des services de l'hôpital Trousseau, puis de l'hôpital Lariboisière, où, depuis le 1er janvier 1895, il a créé un service de stomatologie suivi par les médecins qui se destinent à l'étude des affections buccales et dentaires.

M. le Dr Rodier est examinateur près la Faculté de Médecine pour l'obtention du diplôme de chirurgien dentiste.

Il a publié de nombreux travaux scientifiques qui ont attiré l'attention sur sa personnalité. Citons entre autres : *Un cas de nécrose arsenicale de la mâchoire supérieure* (1893) ; *Procédé rapide pour enlever les amalgames au moyen du thermo-cautère* (1899) ; *De l'emploi de la cocaïne en solution alcoolique concentrée pour l'extirpation immédiate des pulpes vivantes* (1900) ; *Paralysie faciale d'origine dentaire*, étiologie signalée pour la première fois (1901) ; *Accidents consécutifs à la stérilisation des canaux dentaires par les aiguilles métalliques surchauffées* (1902) ; *Résultats éloignés de greffes dentaires* (1902), etc.

Le Dr Henri Rodier fait partie du comité de rédaction de la *Revue de Stomatologie*. Il est membre de plusieurs sociétés médicales, trésorier de la Société de Stomatologie et secrétaire-général de la Société médicale des Dentistes des Hôpitaux.

BELLANGER (Félix-Charles)

Poète, historien et romancier, né à Brest le 13 septembre 1852. Fils aîné de Charles-Henri Bellanger, ancien élève de l'École Polytechnique, ancien officier de vaisseau, colonel des Télégraphes militaires pendant la guerre de 1870-71, il fit, au lycée de Saint-Brieuc, ses études classiques et prit le baccalauréat ès-lettres. Engagé volontaire au 3e zouaves, il fit campagne en Afrique, revint en France au 2e de ligne et fut libéré en 1875, comme fils aîné de veuve, avec le grade de sergent-major.

Entré dans l'administration des Ponts et Chaussées, M. Charles Bellanger s'occupa de littérature pendant les heures de loisir que son service lui laissait. Il publia, dans l'*Avenir du Morbihan* et le *Phare de Bretagne*, de 1880 à 1884, une série de nouvelles et de romans qui lui donnèrent une certaine célébrité dans la région bretonne qu'il habitait. L'un de ces romans : la *Perle de l'Ile aux Moines*, fit considérablement monter le tirage de l'*Avenir du Morbihan*. Un *Mémoire sur les améliorations matérielles et morales dont est susceptible la ville de Vannes* lui valut, dans un concours, un premier prix de 800 francs.

Il habita ensuite Paris, Gap, Narbonne, Saint-Girons, Peronne, collaborant à un grand nombre de revues et de journaux, parmi lesquels nous citerons les *Alpes Républicaines*, le *Petit Marseillais*, le *Télégramme* de Toulouse, où il publia des articles très remarqués sur nos colonies ; puis il devint rédacteur en chef, pour la partie littéraire, du journal le *Progrès*.

M. Charles Bellanger a publié en volumes : *Un peu de tout*, poésies intimes (1870-1883) ; *A Victor Hugo, Fleur des Mers*, poème touchant, « page de jeunesse et d'amour, revêtue d'un parure éthérée », comme l'a dit M. Thévenot dans la préface (1885) ; *Histoire et Géographie des Colonies de la France et des pays placés sous son protectorat* (1886), ouvrage honoré des souscriptions de plusieurs ministères ;

Madagascar, la dernière expédition, de Majunga à Tananarive (1895), ouvrage honoré d'une souscription du ministère de la Guerre ; *Halte-là ! l'Egypte et les Anglais* (1897), brochure qui valut à l'auteur les félicitations d'un grand nombre de notabilités politiques et littéraires ; *Eloge d'Alphonse Daudet*, qui obtint le premier prix au concours de la Société littéraire de Nîmes ; les *Recueillies*, recueil de poésies divisé en 3 parties : I. *L'Ame haute et Rimes françaises*, II. *Strophes amoureuses*, III. *Heures tristes* (1902). Des lettres élogieuses d'Armand Sylvestre, d'Henri de Bornier, de MM. Pierre Loti, Jean Aicard, André Theuriet, constituent la préface de ce livre, auquel un un grand nombre de journaux ou revues de France et de l'Etranger ont consacré des articles laudatifs :

Certes, comme le dit H. de Bernier, Bellanger vit pour l'Art et pour l'Idéal et il suffit de lire dans la préface des lignes signées des plus grands noms de la littérature pour être convaincu qu'il peut être rangé parmi les grand ciseleurs de la pensée. (E. PELS. — *Le Carillon de Louvain* (Belgique).

— La beauté de ces vers, la passion qu'on y trouve, le charme qui s'en dégage, le sentiment et la mélancolie qu'on y rencontre, font des *Recueillies* une œuvre à la fois forte, pénétrante, simple et émue, c'est-à-dire un chef-d'œuvre. (A. RICARD. — *Le Progrès*).

— Dans les *Recueillies*, les lecteurs trouveront une langue claire, châtiée digne de cette saine et forte littérature dont s'enorgueillit notre belle France. (*Le Républicain Landais*).

Au théâtre, M. Bellanger a donné : *Pierre Thévenin*, comédie en 3 actes et en prose, qui fut jouée pour la première fois au Théâtre de Lorient (3 janvier 1884).

Cet écrivain est officier d'Académie depuis 1886.

DUCHANGE (Jacques-Léon-Georges)

Publiciste, ingénieur, né à Cambrai (Nord) le 11 mai 1876. Il fit ses études classiques à l'école Monge (depuis lycée Carnot), puis se prépara en vue de l'Ecole Centrale. Poussé cependant vers les lettres par un vif ascendant, il fit paraître une revue éphémère : le *Grain de Sel*, composa des revues de fin d'année et, sous un pseudonyme, des chansons que chantèrent Polin, Yvette Guilbert et d'autres artistes. Il devint ensuite secrétaire de la rédaction de la *Nouvelle Revue Parisienne*, puis critique dramatique à la *Rampe*, périodique théâtral, et il fonda, en 1899, l'*Effort de Paris*, qui, sous le titre nouveau de la *Revue Dorée*, a pris depuis une des premières places dans la jeune littérature. Cette revue compte parmi ses collaborateurs MM. Paul Adam, J.-H. Rosny, Camille Lemonnier, André Couvreur, André Lebey, etc. M. Duchange y donne lui-même de nombreux articles ; il écrit, en outre, à la *Revue Théâtrale*, des articles de critique théâtrale humoristique.

M. Jacques Duchange a fait paraître en librairie les ouvrages suivants : le *Dégout*, recueil de poésies, avec une préface de Sarcey (1 vol. 1895) ; les *Droits de la Femme*, comédie en un acte (Théâtre Vivienne, (1896); la *Mort de Pierrette* (plaquette, 1897) ; *Peintures quatrains* (plaquette, 1898) ; *Hymne d'amour*, poème philosophique (1 vol. 1900) ; *Un homme à l'Amour*, (1 vol. 1902), roman de mœurs parisiennes. On annonce encore : les *Pâturages*, autre roman parisien.

Attaché primitivement comme ingénieur à la maison Blériot, M. Jacques Duchange est devenu ensuite propriétaire d'une importante manufacture d'appareillage électrique et de mécanique de précision ; il dirige la construction et l'organisation de postes de télégraphie sans fil. Il a collaboré à la *Télégraphie sans fil expliquée au public*, étude de M. R. Popp.

M. Jacques Duchange a été secrétaire de la Société des Enfants du Nord. Il fait partie de la Société des Auteurs dramatiques, du Syndicat de la Presse périodique, de l'Association des Secrétaires de rédaction, de la Société d'émulation de Cambrai et des « Rosati ».

ZUCCARELLI (Pascal)

Médecin, né à Sainte-Lucie-de-Mercurio (Corse) le 12 avril 1864. Il fit ses études classiques au lycée de Bastia ; puis, après avoir accompli le service militaire, il alla se faire inscrire à la Faculté de Médecine de Marseille, où il devint successivement externe des hôpitaux en 1888, interne en 1890, préparateur d'anatomie et de physiologie en 1891, prosecteur d'anatomie et de médecine opératoire en 1892. Il obtint la même année le premier prix du comité médical et des hôpitaux, et fut nommé, en 1893, chef interne de l'Hôtel-Dieu de Marseille. De 1892 à 1893, il fut chargé de conférences d'anatomie et de médecine opératoire.

Reçu docteur, en 1894, avec une thèse intéressante sur l'*Anatomie de l'estomac chez l'enfant*, qui a été citée à plusieurs reprises dans le *Traité des Maladies des Enfants* du professeur Grancher, il se fixa, en 1895, à Bastia, où il s'est acquis une grande notoriété de praticien. Médecin du Parquet et de la Cour d'appel de Bastia, le docteur Zuccarelli est devenu aussi médecin inspecteur de la station thermale d'Orezza.

Le docteur Zuccarelli a publié nombre de travaux importants sur les *Fractures de la colonne vertébrale*, le *Prolapsus du rectum*, les *Sutures et résections intestinales*, la *Maladie bleue*, les *Fractures du bassin*, le *Kyste hydatique du cou*, la *Rupture de l'intestin grêle*, les *Fractures multiples du crâne*, l'*Impaludisme en Corse et son influence*, l'*Alcoolisme*, les *Maladies infectieuses*, la *Diphtérie*, la *Typhoïde*, etc. On lui doit en outre une *Histoire médicale de la ville de Bastia* (2 forts volumes, 1902), ouvrage très documenté.

M. le docteur Pascal Zuccarelli est membre du Conseil d'hygiène et de salubrité de la ville de Bastia, officier d'Académie, etc.

VENTENAT (Gabriel-Pierre)

Publiciste, né à Bordeaux (Gironde) le 19 février 1853. Fils d'un architecte de la Compagnie des Chemins de fer du Midi, il fit ses études classiques aux lycées de Castres et de Béziers, et se prépara un moment à la carrière des Ponts et Chaussées ; mais il bifurqua bientôt vers le journalisme, où l'attirait sans doute sa réelle vocation.

De 1881 à 1885, M. Gabriel Ventenat dirigea, dans sa ville natale, l'*Information*, important organe quotidien ; il y créait, en 1881, la *Revue artistique et littéraire*, périodique bi-mensuel qui groupa des jeunes écrivains d'avenir, tels MM. Jean Rameau, Charles Fuster, etc.

Devenu administrateur de la *Gironde* (1885-1886), M. G. Ventenat concourut pour entrer au ministère de l'Intérieur, où il fut nommé chef de bureau. En même temps, il entrait au journal le *Matin*, sous la direction Edwards, pour faire le compte-rendu des séances de l'Institut d'une façon très-régulière et suivie jusqu'en 1896. L'année suivante, il fondait une revue mensuelle : les *Annales du Bien*.

Depuis 1897, M. Gabriel Ventenat a pris la direction, à Paris, de la *Tribune Indo-Chinoise*, que publie à Hanoï M. A. de Peretti. Il donne, dans cet organe, des correspondances parisiennes sur la politique, les beaux-arts et les lettres, qui témoignent d'une grande expérience des choses et des hommes.

M. Gabriel Ventenat a été correspondant de plusieurs journaux de province et notamment de la *Vie Bordelaise*, sous le pseudonyme de Georges Spada. Il a publié sous le titre : les *Contes noirs*, un recueil de poésies très-appréciées. Il est en outre l'auteur d'une pièce de théâtre : *Grangette*, drame moderne en deux actes, en prose, et d'une étude très-documentée sur l'*Obélisque de Louqsor* érigé à Paris.

Avec plusieurs hommes de lettres connus, M. G. Ventenat est le promoteur de la Société de lecture dramatique, destinée à faciliter les rapports entre les directeurs et les auteurs au théâtre. Il est membre du syndicat de la Presse coloniale et officier d'Académie.

COUTAUD (Albert-Victor-Jean)

Publiciste, philanthrope, né le 8 août 1848 à Cintegabelle (Haute-Garonne). Il fit ses études classiques au collège de Gaillac (Tarn), commença celles de droit à Toulouse, où il prit la licence, et les continua à Paris, où il passa sa thèse de doctorat en 1876.

Pendant la guerre de 1870-71, il avait pris part au siège de Paris comme officier d'ordonnance d'un général de brigade.

Au cours de ses études juridiques, M. Albert Coutaud s'était essayé déjà dans le journalisme en fondant, à Paris, vers 1874, la *Voix des Ecoles*, feuille bi-mensuelle. Après un court passage au barreau, où il s'occupa exclusivement d'affaires civiles, il collabora au *Progrès Libéral*, au *Patriote Albigeois* et à beaucoup d'autres organes de province.

En 1879, il entra dans l'administration comme conseiller de préfecture. Promu, en 1882, vice-président du Conseil de préfecture du département du Tarn, il devint sous préfet d'Espalion, puis de Châtillon-sur-Seine, de Beaume-les-Dames et des Sables d'Olonne.

Démissionnaire en janvier 1894, M. Albert Coutaud s'est consacré désormais au journalisme et à diverses œuvres sociales ou philanthropiques. Il a été le rédacteur en chef de la *Démocratie Vendéenne* de 1900 à 1901 et le correspondant parisien de la *Vendée Républicaine*, et de plusieurs autres organes. Il a publié aussi des ouvrages estimés : *Le droit de poursuite à l'égard des débiteurs accessoires*, thèse de doctorat en droit (1 vol. 1876) ; *Essai sur la Pédagogie de Rabelais* (1 vol. 1899).

Conférencier agréable et documenté, M. Coutaud s'est fait remarquer par des causeries aux Universités populaires, à la Société des Etudes Italiennes et ailleurs. Secrétaire du Conseil supérieur de l'Assistance publique au ministère de l'Intérieur, membre du Conseil d'administration de l'Orphelinat de la Seine, il a été élu, en 1901, président de la Société protectrice des Animaux, dont il avait été d'abord l'un des lauréats, puis administrateur et secrétaire-général.

Il est, d'autre part, administrateur-syndic de la Presse périodique française et membre de plusieurs sociétés savantes.

Titulaire d'une médaille d'or pour son dévouement pendant deux épidémies de choléra dans l'arrondissement des Sables-d'Olonne (1893), M. Albert Coutaud a été nommé, en 1894, chevalier de la Légion d'honneur. Il est aussi officier de l'Instruction publique.

DUCHASTELET (Louis-Auguste)

CHIRURGIEN, né à Hazebrouck (Nord) le 29 mai 1858. Issu d'une ancienne famille d'Arras, il fit ses études classiques à Dunkerque et apprit la médecine aux Facultés de Lille et de Paris. Il fut reçu docteur en 1886, avec une thèse, couronnée par la Faculté de Paris et l'Académie de Médecine, intitulée : *Capacité et tension de la Vessie*, étude de physiologie clinique et chirurgicale qu'il fit à l'hôpital Necker, sous l'inspiration de son maître, le professeur Guyon, dont il devint l'assistant à la Maison de santé des Frères Saint-Jean de Dieu de la rue Oudinot. Là, dans la fréquentation constante d'un tel maître, dont il continuait de recevoir l'enseignement en quelque sorte particulier, au cours des opérations de chaque jour, il se confirma dans la pratique de la chirurgie urinaire en général et de la lithotritie.

M. le docteur Duchastelet a professé, à l'Ecole pratique de la Faculté de Médecine, des cours libres très suivis sur l'anatomie chirurgicale de l'appareil génito-urinaire et les opérations qui se font sur cet appareil.

On doit à ce chirurgien : une intéressante étude sur la *Suture de la vessie et le relèvement du péritoine pendant la taille hypogastrique*, un des premiers mémoires publiés en France sur ce sujet (*Cystorraphie hypogastique*, dans la *Revue de Chirurgie*, 1883) ; des communications au Congrès français de Chirurgie et à l'Association française d'Urologie, entr'autres sur *Quelques indications de la taille et de la lithotritie* ; plusieurs notes sur des sujets spéciaux ; d'autres sur l'*Aspiration dans la lithotritie*, sur des *Instruments nouveaux : Nettoyeur vésical, Cathéter hydroaerique pour les rétrécissements de l'urèthre*, publiées dans les *Annales des maladies génito-urinaires*, et dans les *Annales médico-chirurgicales*, revue que le Dr Duchastelet fonda en 1884 et dirigea jusqu'en 1895.

On annonce, du même auteur, une étude d'ensemble sur la lithotritie et les modifications instrumentales qu'il a imaginées pour quelques uns particuliers de cette délicate opération, dont il est considéré comme l'un des praticiens les plus expérimentés.

M. le docteur Duchastelet est membre de la Société des Médecins de France, de celle des Médecins de la Seine et de l'Association française d'Urologie.

LAVALLEY (Gaston)

ÉCRIVAIN, romancier, historien, né à Vouilly (Calvados) le 29 novembre 1834. Conservateur adjoint à la Bibliothèque de Caen depuis 1870, il en est devenu, en 1881, le conservateur en chef.

Très-jeune encore, M. Gaston Lavalley s'était signalé dans les lettres par des ouvrages de sortes diverses. Il a collaboré ou collabore encore au *Journal du Dimanche*, au *Musée universel*, au *Petit Journal*, à la *Ruche Parisienne*, à la *Réforme littéraire*, à la *Revue de l'Instruction publique*, à la *Nouvelle Revue*, à la *Grande Encyclopédie*, à la *Gironde*, à la *Normandie*, à la *Revue des Provinces de l'Ouest* et autres journaux de province, ainsi qu'au *Journal de Saint-Pétersbourg*.

On lui doit des romans, nouvelles et pièces de théâtre, publiés en librairie et accueillis avec beaucoup de faveur ; ce sont : *Une première cause* (1857) ; le *Maître de l'Œuvre* (1858, troisième édition en 1896) ; l'*Hôtel fortuné* (1859) ; *Eux*, drame contemporain en un acte et en prose, publié sous l'anonymat, mais dont il s'est révélé l'auteur (1860).

Cet ouvrage, dit Quérard dans ses *Supercheries Littéraires*, avait été provoqué par les étranges révélations de George Sand au sujet d'Alfred de Musset.

Publié sans nom d'auteur, il a été attribué à tort, par le *Dictionnaire des ouvrages anonymes* de Barbier (3e édition), à M. Alexis Doinet, qui avait collaboré à la *Revue contemporaine* sous le pseudonyme de Toby Flock. Cette erreur provenait sans doute d'un article publié par Aurélien Schol, dans la *Silhouette* du 26 décembre 1859. Dans cette fantaisie, où l'on a cru voir des allusions, l'auteur a déclaré n'avoir voulu attaquer personne, mais uniquement les personnages de romans qui faisaient un bruit scandaleux autour de la mémoire de Musset. Tout jeune alors, il ne s'était proposé d'autre but que de défendre le poète de la jeunesse.

M. Lavalley a écrit ensuite : l'*Etalage*, comédie (1861) ; *Aurélien* (1863) ; le *Droit de l'épée* (1866) ; *Légendes Normandes* (1867) ; *Après l'Auto-da-fé* (1869) ; *Un crime littéraire* (1869) ; les *Balayeuses*, satire (1871) ; la *Jeanne Hachette normande* (1872) ; les *Carabots, scènes de la Révolution* (1874) ; *Un voyage de noces* (1885) ; *Entre deux tombes* (1888) ; le *Drame du Camp de Vaussieux* (1886) ; les *Compagnons du Vau-de-Vire* (1889) ; les *Drames de la Bêtise* (1891) ; le *Général Nu-Pieds* (1898) ; *Un chauvin de la Science* (1900) ; les *Crimes* de la Parole (1901) ; *Un Chanoine enlevé par le Diable* (1902).

Il a publié en outre des études critiques, littéraires et historiques très-documentées, dont voici les titres : *Arromanches et ses environs* (1867) ; *Brutalités* (1871) ; *Notice sur M. Lefèvre, commandant du Génie* (1873) ; *Catalogue des ouvrages relatifs aux Beaux-Arts qui se trouvent à la Bibliothèque de Caen* (1876) ; *Caen, son histoire et ses monuments* (1877) ; *Caen démoli* (1878) ; *Catalogue des manuscrits de la Bibliothèque de Caen* (1880) ; les *Compagnies du Papeguay*, étude historique sur les sociétés de tir avant la Révolution (1881) ; les *Poésies Françaises de Daniël Huet, évêque d'Avranches* (1881) ; les *Grands Cœurs* (ouvrage couronné par l'Académie Française en 1883 ; 1re édition 1882, 2e édition 1890) ; *Insuffisance de nos lois contre la calomnie* (1889) ; *Napoléon et la disette de 1812* (1896) ; *Notice historique sur la Bibliothèque de Caen* (1897) ; *Le duc d'Aumont et les Cent-jours en Normandie* (1899) ; *Le peintre et aquarelliste Septime le Pippre* (1899) ; *Etudes sur la Presse en Normandie* (1901) ; *Le peintre Robert Lefèvre, sa vie, son œuvre* (1902). Il a aussi donné de nombreuses notices à la *Normandie monumentale et pittoresque*, ouvrage in-folio en 10 volumes.

Depuis son entrée à la Société des Gens de lettres, où il a été reçu en 1863, M. Lavalley a publié tous les ans des nouvelles dans le *Bulletin* édité par cette Société. Il est officier de l'Instruction publique.

DUMAS (Louis)

VIOLONCELLISTE et compositeur de musique, né à Paris le 24 décembre 1877. Fils d'un professeur de l'Université et d'une pianiste, il manifesta de bonne heure les meilleures dispositions pour la musique. Il accomplit ses études classiques jusqu'au grade de bachelier ès-lettres ; mais, entre temps, le jeune homme apprit à jouer du violoncelle et il est devenu aujourd'hui un virtuose réputé de cet instrument.

M. Louis Dumas entra, à dix-neuf ans, au Conservatoire national de Musique, dans la classe de M. Xavier Leroux et obtint le premier prix d'harmonie en 1900. Il fut ensuite l'élève, pour la composition, de M. Lenepveu ; puis il se produisit, avec grand succès, aux salles Pleyel, Erard, etc.

Diverses œuvres intéressantes ont fait très vite apprécier, comme compositeur, M. Dumas. On lui doit notamment : le *Page aux Fleurs* (poésie de Roger Milès) ; *Fin de Rêve* (poésie de Charles Dumas) ; *Romance* pour flûte ; *Barcarolle* pour piano ; *Romance* pour orchestre, etc.

IBARRA (Juan-Francisco)

LITTÉRATEUR, né à Buenos-Ayres (République Argentine) le 5 janvier 1877, demeurant en France. Fils de riches propriétaires, il accomplit ses études classiques à l'Université de sa ville natale, puis il se rendit en Europe pour étudier sur place l'œuvre des grands maîtres de la littérature classique du vieux monde. Retourné dans son pays, il publia des poésies dans les journaux ou revues d'Amérique et d'Espagne et fit paraître, en 1898, un *Résumé annoté de l' « Hérédité psychologique » de Ribot*, travail qui fut remarqué. Il suivit ensuite les cours de la Faculté des Lettres de Buenos-Ayres, devant laquelle il soutint avec succès une thèse pour le doctorat intitulée : *El Helenismo en la Literatura Latina* (1901).

A Paris, où il a, depuis, fixé sa résidence, M. Juan Ibarra s'est fait connaître par diverses recherches historiques et littéraires ; on annonce de lui une importante *Histoire de la Littérature argentine*.

SINELL (Georges)

ARCHITECTE, né à Paris le 14 avril 1864. Elève de Blondel à l'Ecole des Beaux-Arts, il abandonna fort jeune encore les cours de cet établissement pour des raisons de santé. Plusieurs fois lauréat de concours publics pour ses projets d'églises ou d'écoles, M. Georges Sinell, seul ou en collaboration avec d'autres architectes, a construit de nombreuses villas et maisons de rapport à Paris comme en province. On lui doit aussi des reconstitutions fort habiles ou des constructions originales de châteaux et plusieurs édifices funéraires, entr'autres une chapelle en ciment armé, d'un style très particulier, élevée au cimetière de Grenelle, et un autre monument de même genre à celui de Passy.

Parmi les œuvres où cet artiste a su le mieux faire valoir sa manière très personnelle, il faut mentionner les maisons de rapport édifiées rue Lafeuillade, rue Danton, rue de la Banque et rue Edmond Valentin. Cette dernière construction, fort imposante et d'un bel effet décoratif, « très fine, souple, élégante, permet de « mesurer tout le progrès accompli depuis trente ans « dans l'architecture moderne, » a écrit un critique d'art dans la *Liberté*; elle a été primée au concours ouvert par la ville de Paris en 1901.

M. Georges Sinell a exposé, à plusieurs reprises, aux Salons de la Société des Artistes français, des travaux qui ont été remarqués.

LOISEAU-BOURCIER (Auguste)

ADMINISTRATEUR, né à Pontgouin (Eure-et-Loir) le 19 mars 1849. Entré fort jeune comme employé dans la maison Bourcier et Cie, fondée par ses oncles à Paris, il devint successivement intéressé, puis associé, et reprit cet établissement à son compte en 1887. Cette maison entretient avec tous les pays de l'Amérique du Sud des relations nombreuses et très importantes.

M. Loiseau-Bourcier, devenu pour l'Europe l'unique concessionnaire des carrières d'onyx vert de la République Argentine, a fait connaître et adopter ce produit par les architectes français. La direction des services d'architecture de l'Exposition universelle de 1900, quand il s'agit de construire le grand palais des Champs-Elysées, choisit cet onyx vert pour la décoration des huit piliers du hall elliptique qui sont à l'entrée de l'édifice sur l'avenue d'Antin. Les rampes, colonnes et balustres du grand escalier de l'immeuble de la compagnie d'assurances la « New-York », sur le boulevard des Italiens, et d'autres applications ailleurs encore, ont, depuis, montré le parti qu'on pouvait tirer de ce produit nouveau pour la décoration des édifices.

Dans l'ordre économique, M. Loiseau-Bourcier a pu rendre des services appréciables à la France et à l'Amérique latine à la fois, et c'est de la sorte surtout qu'il s'est désigné à l'attention publique.

Ayant eu l'heureuse initiative de fonder, en avril 1902, sous le titre de *Bulletin de l'Agence de l'Amérique latine*, une publication quotidienne donnant tous les renseignements reçus par câble et toutes les nouvelles d'Europe concernant les républiques hispano-américaines, il put mettre cet organe à la disposition des promoteurs de la création, à Paris, d'une Chambre de Commerce du Rio de la Plata. L'appui de ce bulletin a contribué largement à la prompte réalisation de ce projet, susceptible d'accroître l'échange commercial entre la France et l'Amérique méridionale, et M. Loiseau Bourcier a été désigné pour siéger parmi les membres de cette Chambre de Commerce, dès sa fondation (juillet 1902).

Il a obtenu, en 1900, pour sa collaboration artistique à l'édification du grand palais des Champs-Elysées, une médaille d'argent et a été nommé officier d'Académie.

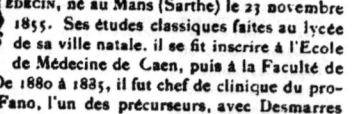

FOUCHARD (Marcel)

MÉDECIN, né au Mans (Sarthe) le 23 novembre 1855. Ses études classiques faites au lycée de sa ville natale, il se fit inscrire à l'Ecole de Médecine de Caen, puis à la Faculté de Paris. De 1880 à 1885, il fut chef de clinique du professeur Fano, l'un des précurseurs, avec Desmarres père, Sichel et Liebreicht, de l'ophtalmologie française.

Reçu, en 1885, docteur, avec une thèse sur le *Gliome de la rétine*, qui obtint une mention honorable, et dans laquelle il démontrait, l'un des premiers, la curabilité de cette affection par énucléation hâtive, M. Fouchard s'installa bientôt après au Mans, où il se consacra exclusivement à la pratique de l'oculistique.

Le docteur Marcel Fouchard a collaboré, pour plusieurs importants articles, au *Dictionnaire de Médecine clinique et thérapeutique* et il a publié de nombreux travaux dans les *Archives médicales d'Angers* et la *Clinique ophtalmologique* de Paris.

Oculiste du Bureau de bienfaisance du Mans depuis 1885 et oculiste consultant régional de la Compagnie des Chemins de fer de l'Ouest, M. le docteur Fouchard a été nommé président de la Société de Médecine du Mans en 1900, après en avoir été successivement trésorier et vice-président. Il est aussi membre de la Société française d'Ophtalmologie et de plusieurs autres corps savants.

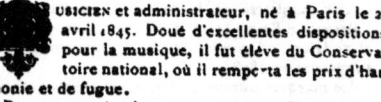

MOULLÉ (Eugène)

MUSICIEN et administrateur, né à Paris le 28 avril 1845. Doué d'excellentes dispositions pour la musique, il fut élève du Conservatoire national, où il remporta les prix d'harmonie et de fugue.

Devenu ensuite le représentant à Paris, de la manufacture de pianos « Steinway », l'une des plus importantes du monde entier, M. Edmond Moullé a implanté en France cette « marque, » aujourd'hui classée parmi les premières dans les milieux artistique et mondain.

Les maîtres les plus célèbres ont vanté le mérite des instruments sortis de cette maison, notamment Paderewsky, Rubinstein, Félicien David, Gounod, Liszt, Berlioz, Nikisch, Rosenthal, Busoni, Emma

Calvé, Nordica, Eames-Story, Mancinelli, Arnoldson, Joachim, Adelina Patti, Melba, etc. Richard Wagner lui-même marqua sa préférence pour les pianos de cette facture par la lettre suivante, qu'il écrivait au chef de la maison, de Bayreuth, le 11 mars 1879 :

Je regrette mon grand piano Steinweg comme on regrette une femme aimée. Il me manque continuellement ; il me manque partout. Je ne jouis plus de la musique depuis que mon piano est parti ; j'espère que son absence ne sera pas de trop longue durée. — Bien à vous. — RICHARD WAGNER.

Comme compositeur, M. Eugène Moullé a publié, en 1890, *Cinquante chants populaires recueillis dans la haute Normandie et harmonisés*, un ouvrage qui a eu beaucoup de succès.

M. E. Moullé est officier de l'Instruction publique depuis 1898.

FRAYSSEIX
(Etienne BONNIN, Marquis de)

PEINTRE, écrivain, ancien officier supérieur de marine, né à Fontenay-Le-Comte (Vendée) le 2 septembre 1838. Issu d'une ancienne famille du Poitou dont les origines connues remontent au XII⁰ siècle, il est le fils d'un préfet de la Vendée, qui devint président fondateur des chemins de fer de l'Etat.

Ses études faites à Paris, M. de Fraysseix entra dans la marine pendant la campagne de Crimée (1854). Il fit la campagne d'Italie (1859), fut fait chevalier de la Légion d'honneur pour faits de guerre accomplis au Mexique en 1864, et nommé, en 1865, lieutenant de vaisseau pour le sauvetage de la frégate l'*Entreprenante*, naufragée à la Havane. Il prit part, avec ce grade, à la guerre de 1870-71.

Capitaine de frégate en 1876, capitaine de vaisseau en 1890, il a été aide de camp de huit amiraux, dont quatre ministres de la Marine ; il a commandé le vaisseau le *Saint-Louis*, a été chef d'état-major de la 2⁰ division de l'escadre de la Méditerranée, et a pris sa retraite en 1898.

Le marquis Bonnin de Fraysseix s'est fait connaître comme peintre par quelques œuvres intéressantes. Elève de Baudry et de Lansac, il a exposé à plusieurs reprises aux Salons annuels de la société des Artistes français, dont il a été membre. On lui doit notamment : un tryptique ornant le chœur de l'église Saint-Flavien à Toulon : la *Foi*, l'*Espérance* et la *Charité* ; le *Débarquement de Saint-Louis à Damiette*, vaste composition très remarquable, qui est à l'église Saint-Louis de la même ville ; l'*Incendie à bord* et *Portrait de M. Gustave Lambert, historien de la Provence*, toiles qui figurent au musée de Toulon ; la *Glorification de l'Idéal*, tableau qui appartient à la vicomtesse de Trédern, etc. On lui doit aussi des aquarelles : la *Prise de Sfax*, *A serrer les voiles*, *Dévastation*, *Au feu ! Gaillard d'avant*, etc., qui sont connues.

M. de Fraysseix a publié un volume de vers : *Les orages et les beaux jours* et divers articles dans le *Correspondant*. Il a reçu le grand prix extraordinaire de l'Académie des Sciences pour l'*Accroissement des forces maritimes par son invention du tir optique* (1873), système adopté par les départements de la Marine et de la Guerre.

Membre fondateur de la Ligue nationale Maritime, il a donné, pour ce groupement, de nombreuses conférences à Paris et en Province.

Officier de la Légion d'honneur, le marquis de Fraysseix est décoré de divers ordres étrangers.

GOURC (Louis)

MÉDECIN, né à Béziers (Hérault) le 23 mai 1866. Fils de commerçants, il accomplit ses études classiques au collège Henri IV de sa ville natale et vint ensuite à Paris, comme élève à l'Ecole supérieure de Pharmacie.

Reçu pharmacien de première classe en 1885, puis chirurgien-dentiste en 1895 et docteur en médecine deux ans plus tard, avec une thèse sur la *Bactériologie des tumeurs adénoïdes et leurs rapports avec les déformations de la voûte palatine et les déviations dentaires* (1897), M. Louis Gourc a été nommé, après concours, dentiste des hôpitaux de Paris.

Il est l'auteur de divers travaux concernant sa spécialité, parus dans les journaux et revues scientifiques ou ont fait l'objet de communications à des sociétés savantes et dont la longue énumération serait sans intérêt documentaire.

Ancien professeur à l'Ecole Dentaire de Paris, professeur à l'Union des Femmes de France, il fait des cours d'hygiène à la mairie du 1ᵉʳ arrondissement, est examinateur pour les candidats infirmiers et a créé le service dentaire à l'Hôpital Boucicaut.

Médecin-dentiste du Sanatorium populaire de Bligny et du Dispensaire, très fréquenté et merveilleusement installé, créé à Montrouge par Mᵐᵉ Furtado-Heine, M. le docteur Louis Gourc est chef de clinique assistant de la consultation des maladies de la bouche et des dents à l'Hôtel-Dieu et membre de plusieurs sociétés savantes ou médicales.

PEYROT (Jean-Joseph)

CHIRURGIEN, membre de l'Académie de Médecine, né à Périgueux (Dordogne) le 19 novembre 1843. Il fit ses études classiques au lycée de sa ville natale et celles de médecine à la Faculté de Paris. Successivement il fut reçu externe des hôpitaux (1868), interne (1869), aide d'anatomie (1874), docteur et lauréat de la Faculté (1876), prosecteur à l'École de Médecine (1877), chirurgien des hôpitaux (1878) et professeur agrégé en 1880.

En 1877, lors de la guerre russo-turque, le docteur Peyrot avait été envoyé par le gouvernement français, avec le Dr Bouilly, sur le théâtre des hostilités, pour étudier le fonctionnement des ambulances en temps de guerre ; c'est ainsi que, tout en soignant les blessés, sur le champ de bataille de Plevna et ailleurs, il put se livrer à une étude approfondie des blessures produites par les armes à feu.

Comme médecin des hôpitaux, il a été successivement chargé de services à Bicêtre en 1886, à Tenon en 1887, et à Lariboisière l'année suivante. Il demeure, depuis lors, attaché à cet établissement, où il professe, avec une grande autorité et une science reconnue, un cours annexe de clinique chirurgicale, qui est très suivi.

L'éminent praticien a été élu membre de l'Académie de Médecine en 1898 et en remplacement de Péan. Considéré à bon droit comme l'un des représentants les plus autorisés de l'école française chirurgicale, il était déjà, depuis 1886, membre de la Société de Chirurgie.

M. le docteur Peyrot est l'auteur d'importants travaux scientifiques ; parmi ceux qui ont paru dans les grands ouvrages médicaux, il convient de mentionner : l'article *Cryptorchidie* dans le *Dictionnaire encyclopédique* de Dechambre ; les *Affections du cou, de la poitrine et de l'abdomen* (3e volume du *Manuel de Pathologie externe*) ; les *Affections chirurgicales de la poitrine* (6e volume du *Traité de Chirurgie* de Reclus et Duplay) ; les *Brûlures*, dans le *Traité de Thérapeutique appliquée* du Dr Robin, etc.

Il a publié en outre de nombreux mémoires et articles dans les organes médicaux, les *Comptes-rendus de l'Académie de Médecine* ou de la *Société de Chirurgie* et dans les *Bulletins* des Congrès dont il a fait partie. On cite, entr'autres, les études portant les titres suivants : *Ganglions tuberculeux de l'aisselle*, *Déchirure de l'artère et de la veine poplitées à la suite d'une fracture de l'extrémité inférieure du fémur* (1869) ; *Hypertrophie prostatique avec calculs vésicaux* (1871) ; *Endocardite aiguë* (1874) ; *Endocardite aiguë ayant amené, en 3 semaines, la formation d'un anévrysme de la cloison inter-auriculaire, de deux anévrysmes secondaires proéminents dans les oreillettes et d'un commencement d'ouverture dans le péricarde* (1874) ; *Lipôme du ligament large* ; *Observation anatomique d'une luxation congénitale de la hanche*, *Pièces de lipôme arborescent des articulations du genou* (1875) ; *Étude expérimentale et clinique sur le thorax des pleurétiques et sur la pleurotomie* (Thèse de doctorat, 1876) ; *Sur les tensions intrathoraciques dans les épanchements de la plèvre* (1877) ; *Observation et pièces de luxation de l'extrémité inférieure du cubitus en avant du radius* (1878) ; *De l'intervention chirurgicale dans l'obstruction intestinale* (Thèse d'agrégation, 1880) ; *Angiome fibreux développé dans la loge musculaire de l'œil droit et qui a fini par entraîner la disparition complète de l'organe* (1882) ; *Cancer du corps thyroïde — ablation — résection de la carotide primitive, de la jugulaire interne et du pneumogastrique* ; *Fracture du crâne — trépanation* (1885) ; *Transplantation chez l'homme d'un tendon emprunté à un chien* ; *Réduction d'une luxation du coude datant de 143 jours* ; *Présence de grains riziformés dans un vieil abcès de la marge de l'anus* (1886) ; *Mémoire sur le panaris tuberculeux* (1887) ; *Emploi de l'anesthésie chloroformique dans l'ablation des amygdales et des végétations adénoïdes du larynx*, la *Question des plaies pénétrantes par balles* (1887) ; la *Stérilité du pus dans les abcès du foie et ses conséquences chirurgicales* (1891) ; *Trépanation pour accidents cérébraux tardifs, consécutifs à un traumatisme* (1892) ; *Rupture rénale traitée par l'ouverture de l'épanchement sanguin et la ligature de vaisseaux rénaux qui, deux mois après l'accident, saignaient encore* (1893) ; *Accidents d'hystérie traumatique à la suite d'un coup sur le crâne* (1894) ; *Un abcès du foie sans microbes, mais à amibes* ; *Étranglement de l'épiploon fixé par son extrémité libre dans l'abdomen et engagé sous forme d'anse dans une hernie* (1896) ; *Des Abcès froids pulsatiles du thorax* (1897), etc.

Président, depuis plusieurs années, de la Société amicale des Périgourdins de Paris et possédant, dans son département d'origine, de grandes sympathies, M. Peyrot, après la démission de M. Roger, sénateur de la Dordogne, fut candidat républicain radical au siège laissé vacant par celui-ci et obtint, après trois tours de scrutin, 532 voix, contre 539 à M. Guillier, élu. Cette tentative électorale a permis à M. le Dr Peyrot de manifester ses sentiments démocratiques, et il compte, depuis lors, parmi les hommes du parti républicain que leur valeur et leur dévouement à la chose publique désignent à l'attention générale.

Officier de la Légion d'honneur, le Dr Peyrot a été fait, par l'empereur de Russie, en 1877, pour la part qu'il avait prise à la campagne russo-turque, commandeur de l'ordre de Saint-Stanislas (avec les glaives).

MARCEL (Gabriel-Alexandre)

ÉCRIVAIN, né à Paris le 7 avril 1843. Élève du collège Sainte-Barbe, il publia, fort jeune, en collaboration avec M. Jules Verne, la série connue sous le titre : *Histoire des Grands Voyages*.

Peu après, chargé par le ministère de l'Instruction publique de missions d'études en Espagne, M. Gabriel Marcel rapporta de ses voyages dans la Péninsule ibérique les éléments de nombreuses publications qu'il a signées, et parmi lesquelles nous devons mentionner : *Mendana et la découverte des îles Marquises* ; les *Origines de la carte d'Espagne* ; les *Portugais dans l'Afrique Australe*, etc.

On lui doit en outre d'intéressantes communications, très documentées, parues dans la *Géographie*, la *Revue de Géographie*, le *Bulletin de la Société de Géographie*, etc. Il est, de plus, l'auteur de savantes reproductions de cartes américaines, pour lesquelles il a été lauréat du prix Loubat, de 3,000 francs, décerné par l'Institut (un atlas et un volume de texte in-folio). Citons, dans le même ordre d'idées, ses reproductions de cartes des XIVe et XVe siècles.

Il a publié aussi des études historiques sur le Nouveau-Monde, d'un très vif intérêt. On connaît particulièrement ses mémoires sur les *Corsaires français dans les Antilles au XVIe siècle* ; le *Surintendant Fouquet vice-roi d'Amérique*, etc. On doit encore à M. G. Marcel plusieurs traductions de l'anglais et un volume sur *La Pérouse*.

Entré à la Bibliothèque Nationale en 1868 et nommé conservateur de la Section des cartes en 1880, M. Gabriel Marcel fut chargé, en 1892, de représenter le ministre de l'Instruction publique aux fêtes du Centenaire de Christophe Colomb ; il prit la parole à Huelva, au Congrès des Américanistes qui s'y était réuni.

Membre du Comité des Travaux historiques au ministère de l'Instruction publique et conseiller technique à la Commission de délimitation de la Guyane, au ministère des Affaires étrangères, il a rempli à cette occasion une mission officielle en Suisse. Il fit en outre partie de la Commission française d'arbitrage pour la délimitation du Costa-Rica et de la Colombie.

Ancien président de la Commission centrale de la Société de Géographie de Paris, il est membre correspondant de l'Académie d'Histoire de Madrid, des Sociétés de Géographie de Lisbonne, Madrid, Lima, Stockolm, Rouen, etc.

M. Gabriel Marcel est chevalier de la Légion d'honneur, officier de l'Instruction publique, commandeur *de Numero* d'Isabelle-la-Catholique, officier de l'ordre de Saint Jacques, commandeur de l'ordre de Libertador, chevalier de Gustave Wasa, etc.

Mme BRÈS (Née Madeleine GEBELIN)

MÉDECIN, né à Bouillargues, près Nîmes (Gard), le 25 novembre 1842. Fille d'un médecin, elle se maria à quinze ans.

A la suite de revers de fortune, Mme Brès, qui n'avait, jusque-là, reçu qu'une instruction primaire, se mit à l'étude, passa son baccalauréat et, le 3 juin 1875, elle soutenait sa thèse de doctorat : *Sur la mamelle et l'allaitement*, travail très compétent autant qu'original, ayant pour but de montrer les changements de composition du lait chez la femme, correspondant aux développements de l'enfant. Ce travail avait été préparé au laboratoire de chimie biologique.

Mme Madeleine Brès, qui a été la première femme française reçue docteur en médecine, s'est surtout adonnée à l'hygiène et au traitement des maladies de l'enfance ; elle a fait de nombreuses causeries maternelles, concurremment avec des leçons de choses sur les besoins de l'enfant. Ces causeries, ces enseignements, étaient donnés dans le but de former un personnel de directrices de crèches, de filles de service, de berceuses ; le côté théorique en est enseigné dans les vingt arrondissements de Paris. Elle a fondé, en 1885, à Paris, une crèche maternelle où sont soignés et gardés gratuitement les enfants jusqu'à l'âge de trois ans. Depuis de longues années, elle soutient, de ses propres deniers, cette institution, qui a rendu les plus grands services dans un quartier populeux de la capitale.

En 1891, Mme Madeleine Brès fut chargée par le ministre de l'Intérieur d'une mission en Suisse, pour étudier le fonctionnement et l'organisation, au point de vue de l'hygiène, des établissements destinés à l'enfance ; quelques mois après, elle était désignée par le préfet de la Seine pour faire des conférences aux directrices des écoles maternelles de Paris au point de vue de l'hygiène de l'enfance. Elle fut ensuite nommée membre du Conseil de surveillance des crèches de la ville de Paris.

M⁰⁰ Madeleine Brès dirige le journal l'*Hygiène de la femme et de l'enfant* ; elle a publié, outre sa thèse, les travaux suivants : *Sur l'allaitement artificiel et le biberon*, ouvrage qui fut très remarqué (1880) ; *Analyse du lait des femmes Galibies*, alors en exhibition au Jardin d'Acclimatation (1882) ; *Mamans et Bébés*, livre sur les soins d'hygiène à donner aux mères et aux nouveaux-nés (1899) et une quantité d'études d'une haute valeur sur l'*Hygiène des enfants*.

Officier d'Académie (1875), officier de l'Instruction publique (1885), M⁰⁰ Brès a, en outre, obtenu plusieurs médailles de la Faculté.

GROSJEAN (Georges)

Député, écrivain, ancien magistrat, né à Pontarlier (Doubs) le 23 juillet 1865. Fils d'un ancien juge de paix et conseiller municipal de Pontarlier, il fit ses études classiques au collège de sa ville natale, puis au lycée de Besançon. Il suivit ensuite les cours de l'École des Sciences politiques et ceux des Facultés de droit, des Lettres et de Médecine de Paris.

Lancé de bonne heure dans les luttes politiques, M. Georges Grosjean fut au nombre des personnalités qui, sous les auspices de Jules Ferry, fondèrent l'Association nationale républicaine et combattirent l'agitation boulangiste.

En 1889, il entra au ministère de la Justice et, après avoir passé deux ans comme attaché ou secrétaire au cabinet du ministre, puis deux autres années à la direction des affaires criminelles et des grâces, devint chef de cabinet du ministre (1893). Il était en même temps secrétaire de la commission officielle instituée à la chancellerie pour la revision de la législation pénale. Le 9 janvier 1894, il fut nommé juge au Tribunal de 1ʳᵉ instance de Versailles.

Lors des débats soulevés dans la Presse et le Parlement par la demande en révision du procès Dreyfus, M. Georges Grosjean, qui s'était déjà fait remarquer par d'autres publications, fit paraître dans l'*Éclair*, des articles sensationnels. Ses révélations touchant l'enquête faite par la Chambre criminelle de la Cour de Cassation, appelée à se prononcer sur la révision, entraînèrent l'intervention de M. Quesnay de Beaurepaire et ne furent pas étrangères au vote de la loi « de dessaisissement ».

D'autres allégations de M. Georges Grosjean devant la Cour de Cassation et la déposition du général Roget devant le Conseil de guerre de Rennes, invoquant le témoignage de ce magistrat, concoururent certainement à la deuxième condamnation de M. Alfred Dreyfus.

Ayant, à la suite de cette attitude, encouru deux mois, puis six mois de suspension, à la demande de M. Monis, alors garde des Sceaux, et envoyé en disgrâce à Lyon, M. Georges Grosjean démissionna de ses fonctions de juge en novembre 1900.

Entre temps, il avait été impliqué dans le procès de la Haute-Cour, après une déposition de M. Melcot, avocat-général à la Cour de Cassation, et avait bénéficié d'un arrêt de non-lieu (1899).

Dès 1898, il s'était préoccupé d'organiser la protestation contre le mouvement de la Ligue des Droits de l'Homme, en créant une Ligue de la Patrie Française. Il fut l'un des instigateurs de ce groupement, dont l'action s'est fait sentir surtout dans les élections municipales de 1900.

Orateur remarquable, sa dialectique prompte et incisive, vivante de clarté, son éloquence vigoureuse et concise, la sûreté d'une information jamais en défaut et toujours topique, le désignèrent à l'attention générale au cours de diverses campagnes politiques.

En 1902, M. Georges Grosjean se porta candidat républicain libéral, aux élections générales législatives, dans l'arrondissement de Pontarlier (Doubs). Il fut élu, au deuxième tour de scrutin, par 6,485 voix, contre 5,903 à M. Magnin, radical-socialiste ; le député sortant, M. Maurice Ordinaire, ayant été éliminé dès le premier tour.

A la Chambre, M. Georges Grosjean peut être rangé parmi les « républicains progressistes » Il s'intéresse surtout aux questions de jurisprudence, de politique extérieure et d'organisation du travail. Il a déposé des projets de loi relatifs à la protection de la main-d'œuvre nationale contre la concurrence étrangère et sur la nationalité.

Depuis qu'il a quitté la magistrature, M. Georges Grosjean est rentré au barreau de Paris.

Homme de sport, pratiquant à la fois l'équitation et l'escrime, il est vice-président du comité de la Salle Hoche, dont le vice-amiral Rieunier est le président.

M. Georges Grosjean a collaboré à l'*Action Française*, où l'un de ses articles lui valut des poursuites presque tout de suite abandonnées ; il cessa sa collaboration à cette revue le jour où elle rompit avec la politique républicaine qu'elle avait d'abord suivie ; il a écrit à l'*Eclair*, à la *Liberté* et à l'*Echo de Paris*, où il dirige la politique extérieure ; il publie en outre, dans ces journaux et dans plusieurs revues parisiennes, des études substantielles et très appréciées sur les questions économiques, financières et sociales.

En volumes, il a fait paraître : la *Révolution Française* (1887), avec préface de M. Charles Bigot, ouvrage très bien accueilli par la critique ; la *Mission de Semonville à Constantinople* (1887) ; les *Relations de la France avec le Royaume des Deux-Siciles, à la fin du XVIIIe siècle* (1888) ; la *Question religieuse*, étude historique et politique (1892) ; *La France et la Russie pendant le Directoire* (1896) ; l'*Entente Franco-Russe sous le Consulat* (1898). On annonce encore de lui un ouvrage sur la *Politique orientale de Napoléon Ier*, dont de nombreux fragments ont paru dans la *Revue Hebdomadaire*, et un autre sur les *Conséquences politiques et économiques de l'entrée du Japon dans le concert des grandes puissances*.

La diversité des travaux auxquels il s'est adonné montre que M. Georges Grosjean n'a pas confiné dans un cercle restreint l'activité de son esprit ; il ne la disperse pas pourtant, car, se déclarant pénétré de la notion d'Etat, conscient de la continuité de la vie nationale et des conditions qui nécessitent son évolution, il a ordonné son œuvre — de style plein et sobre — dans l'unité de cette pensée directrice.

VIERGE (Daniel)

Peintre et dessinateur, né à Madrid (Espagne) le 5 mars 1851. Élève de Madrazo dans sa ville natale, il se fit connaître en Espagne, par des compositions déjà très appréciées, avant de venir à Paris, où il s'est fixé depuis 1869.

Sa collaboration, comme illustrateur, au *Monde Illustré*, à l'*Illustration*, à la *Vie Moderne*, au *Musée des Familles*, au *Magasin Pittoresque*, etc., rendit bientôt le nom de M. Vierge populaire. Pleins d'imagination, de verve, de mouvement et de couleur, ses dessins firent la fortune de ces journaux, où il n'a cessé de se produire depuis, sauf une interruption, causée par une maladie grave, de 1880 à 1890.

M. Daniel Vierge a exposé, aux Salons annuels de la Société nationale des Beaux-Arts, de nombreux dessins, détachés des ouvrages qu'il a illustrés. Parmi les éditions que son talent d'illustrateur a ornées, il convient de citer notamment : l'*Histoire de France* de Michelet ; les *Contes* d'Edgard Poë ; le *Dernier des Abencerrages*, de Châteaubriand ; plusieurs volumes de Victor Hugo ; le *Don Quichotte*, de Cervantès ; le *Cabaret des Trois Vertus*, de Saint-Juir ; l'*Espagnol, le Duc et le Sculpteur* ; la *Bosnie et l'Herzégovine*, etc.

Il faut mentionner à part le *Don Pablo de Ségovie*, de Francisque de Quevedo, dont l'illustration avait été laissée inachevée et que M. Daniel Vierge a complétée, dans une superbe édition nouvelle, très recherchée des amateurs, qu'il a éditée lui-même en 1902 et à laquelle une suite, formant collection, est annoncée.

Pour la première fois, en 1902, l'éminent artiste envoya de la peinture au Salon de la Société nationale des Beaux-Arts. Sa toile, représentant une *Scène de la guerre franco-allemande de 1870-71*, traitée dans un sens largement dramatique et réaliste, dans une très exacte note de coloris, fut diversement commentée ; elle ne l'en a pas moins placé d'emblée parmi les bons peintres contemporains.

M. Daniel Vierge est officier de la Légion d'honneur et décoré de divers autres ordres.

PROVINS (Gabriel LAGROS de LANGERON, dit Michel)

Écrivain, auteur dramatique, né à Nogent-sur-Seine (Marne) le 22 mai 1861. Il fit ses études classiques aux lycées de Mâcon et de Lyon et celles de droit à la Faculté de Paris. Reçu licencié en 1882, il se fit inscrire un moment au barreau et devint secrétaire politique de M. Waldeck-Rousseau. Il fut ensuite administrateur de plusieurs grandes sociétés financières et notamment de la Banque Parisienne.

Porté cependant vers les lettres par un ascendant irrésistible, M. Lagros de Langeron fit paraître, en 1892, un volume : *Lettres d'Homme*, qui, sous l'anonymat, obtint un assez vif succès et reparut depuis avec la signature « Michel Provins. » C'est sous ce pseudonyme que l'écrivain s'est fait, depuis, connaître. On apprécie en lui, outre un style abondant, facile et pourtant châtié, le psychologue mordant et le satiriste toujours averti de la haute société parisienne. M. Michel Provins est le créateur d'un genre, celui de ces « dialogues » courts, incisifs et alertes, qui contiennent à la fois un argument, une intrigue et une morale, et ont été d'ailleurs souvent représentés comme des pièces complètes.

En librairie, cet auteur a fait paraître : la *Femme d'aujourd'hui*, études de mœurs sociales, publiées d'abord partiellement au *Gaulois* (1 vol. 1893); les *Lendemains d'aujourd'hui*, avec couverture de Métivet (1 vol. 1899); les *Passionnettes* (1 vol. illustré par Métivet, 1901) et *Heures conjugales* (1 vol. 1902).

Au théâtre, M. Michel Provins a fait représenter : *Dégénérés !* pièce donnée,en 1896 au Théâtre d'Application et en 1897 au Gymnase, avec un très vif succès, qui a été traduite dans toutes les langues et montée sur la plupart des scènes européennes ; le *Talion*, comédie en un acte (Théâtre Antoine, 1896) ; l'*Ecole des flirts*, un acte précédé de conférences de l'auteur (Théâtre d'Application, 1897) ; *Incompatibilité d'humeur*, un acte représenté un peu partout (1898) ; les *Symptômes*, un acte (1897) ; le *Vertige*, comédie en quatre actes, qui, créée en 1901, à l'Athénée, y tint longtemps l'affiche et avec laquelle Mme Jane Hading accomplit une longue tournée triomphale en Europe. Cette pièce a été également traduite et représentée un peu partout. On signale encore de lui : les *Parisiens*, pièce en 4 actes pour l'Athénée, et le *Feu sous la cendre*, acte créé à Londres par Mme Jane Hading (1902).

M. Michel Provins a collaboré au *Journal*, à la *Revue des Revues*, à la *Revue Dramatique*, à l'*Illustration*, etc. Il est membre de la Société des Gens de Lettres et de la Société des Auteurs et Compositeurs de Musique.

ROLLAND (Léon)

SÉNATEUR, médecin, né à Mas-Grenier (Tarn-et-Garonne) le 7 janvier 1831. Fils d'un docteur en médecine, il fit ses études médicales à la Faculté de Paris, où il fut reçu docteur en 1855. Après avoir été médecin auxiliaire à l'hôpital militaire du Gros-Caillou, il alla, en 1857, exercer sa profession à Verdun-sur-Garonne d'abord, puis à Montauban ; il devint médecin en chef de l'asile d'aliénés de Tarn-et-Garonne en 1879.

En 1871, M. Léon Rolland avait été élu maire de Verdun et conseiller général pour ce canton ; il préside, depuis 1886, le Conseil général de Tarn-et-Garonne, où il a fait partie de la plupart des commissions intéressant surtout la voirie et l'instruction publique. Il fut, en 1872, le promoteur du rachat des ponts à péage.

Membre de la Société des Belles-Lettres, Sciences et Arts de Tarn-et-Garonne, il y a fait de fréquentes communications scientifiques ou des récits de voyages, présentant à la fois un intérêt littéraire et un enseignement. Il a fait partie du Conseil départemental de l'Instruction publique, des Commissions administratives des Ecoles normales de garçons et de filles et du Lycée de jeunes filles de Montauban.

Au renouvellement sénatorial du 4 janvier 1891, porté sur la liste républicaine de Tarn-et-Garonne, M. Rolland fut envoyé au Luxembourg,par 255 voix sur 467 votants. Il a été réélu, en 1900, le 28 janvier, par 248 suffrages sur 466 votants.

A la Chambre Haute, l'honorable sénateur siège à gauche et vote avec l'Union républicaine. Il a pris la parole pour traiter maintes questions d'intérêt général, et a déterminé plusieurs votes importants, notamment en faveur de l'institution des prestations en nature, du fermage des octrois cantonaux, etc. Il a fait partie des commissions relatives à l'hygiène, l'assistance et la santé publiques et à la loi sur les accidents du travail.

Le nom de M. Rolland restera surtout attaché à la loi du service militaire de deux ans, dont il a déposé, en 1898, le projet,qu'il a depuis soutenu à différentes reprises en qualité de rapporteur et auquel s'est rangé, en 1902, le gouvernement. Il est, au Sénat, vice-président de la commission de l'Armée.

Chevalier de la Légion d'honneur depuis 1875, M. Rolland a été nommé officier d'Académie en 1893.

PONCET (Antonin)

CHIRURGIEN, membre correspondant de l'Académie de Médecine, né à Saint-Trivier-sur-Moignans (Ain) le 28 mars 1849. Ses études classiques accomplies à Belley et à Lyon, il commença la médecine à la Faculté de cette dernière ville, où il fut plusieurs fois lauréat et interne des hôpitaux. Inscrit ensuite à la Faculté de Paris, il y prit le doctorat en 1873 et fut encore lauréat, pour sa thèse inaugurale.

Reçu, le premier, au concours d'agrégation, en 1878,il fut nommé, à la suite d'un concours également, chirurgien en chef de l'Hôtel-Dieu de Lyon l'année suivante. A la Faculté de cette ville, il professa d'abord la médecine opératoire, puis fut désigné, en 1892, pour occuper la chaire de clinique chirurgicale.

Membre de la Société de Chirurgie et de plusieurs autres sociétés savantes, ancien président de la

Société des Sciences médicales, il a présidé, en 1899, le Congrès français de Chirurgie, à Paris. Depuis 1896, il est membre correspondant de l'Académie de Médecine.

M. le docteur Poncet a accompli, en Allemagne, en Angleterre et en Amérique, plusieurs voyages dans le but d'étudier les progrès de l'art chirurgical et les diverses méthodes antiseptiques. Il a publié le résultat de ses études au dehors en une série d'articles parus dans le *Lyon Médical* de 1880 à 1885.

Partisan convaincu et actif propagateur des pansements antiseptiques, ce chirurgien, qui jouit, dans le monde médical, d'une haute réputation de praticien et de savant, a vulgarisé de bonne heure et perfectionné les méthodes d'antisepsie aujourd'hui si généralement appliquées. Il a créé, à l'Hôtel-Dieu de Lyon, une salle aseptique d'opérations qui a, depuis, servi de type pour nombre d'installations analogues dans les hôpitaux français et étrangers.

C'est M. le docteur Poncet qui, après l'attentat commis par l'anarchiste Caserio Santo sur le président Carnot, donna, dans la voiture même où il avait été frappé, les premiers soins au blessé. Puis, quand l'infortuné président eut été transporté à la Préfecture du Rhône, ayant reconnu une plaie pénétrante du foie avec hémorrhagie interne, il pratiqua l'opération de la laparotomie qui, ne pouvant sauver le malade, mortellement frappé, permit, au moins, de retarder pendant quelques heures le dénouement fatal (24 juin 1894).

Cet éminent chirurgien est l'auteur de travaux importants sur les *Affections des os*, les *Maladies des Voies urinaires*, le *Traitement chirurgical des goîtres*, les *Maladies des Femmes*, l'*Antisepsie*, le *Rhumatisme tuberculeux*, etc., qu'il a publiés en librairie et dans les journaux spéciaux, la *Revue de Chirurgie* notamment, ou communiqués à l'Académie de Médecine, aux Congrès de Chirurgie et aux sociétés savantes. On lui doit en outre les ouvrages suivants : *Traité clinique de l'Actinomycose humaine et de la Botryomycose*, écrit en collaboration avec M. L. Bérard (1897) ; *Traité de la Cystostomie sus-pubienne chez les Prostatiques*, avec M. X. Delore (1899) ; *Traité de l'Uréthrostomie périnéale dans les rétrécissements incurables de l'urèthre* (1900).

La science chirurgicale lui est redevable de diverses opérations nouvelles qu'il a imaginées et qui, entrées dans la pratique, sont connues sous le nom d' « opérations de Poncet. »

Le professeur Antonin Poncet est chevalier de la Légion d'honneur depuis 1894 et titulaire de divers ordres étrangers.

La PERRE de ROO
(Victor-Charles-Désiré)

Colombophiliste, publiciste, né à Thielt (Belgique) le 21 avril 1834. Il commença ses études à l'école des Recollets et au collège de Thielt, les continua à l'Athénée de Gand et au lycée de Lille et acheva son instruction à Londres, où il passa plusieurs années. Puis il voyagea, visitant, durant plus de deux ans, l'Angleterre, l'Ecosse et l'Irlande, la France, l'Italie, les îles de Sicile, Malte, Corfou, le Levant, la Turquie, la Crimée, l'Egypte, etc. Venu à Paris en 1866, la villa où il habitait à Saint-Cloud, fut brûlée pendant la guerre de 1870-71, par les prussiens.

Avant l'arrivée de l'armée allemande sous les murs de Paris, M. La Perre de Roo avait engagé le comte de Palikao, alors ministre de la Guerre, à employer les pigeons-voyageurs pour rétablir, en cas d'investissement, les communications interrompues ; ce conseil fut suivi et l'on sait que, pendant le siège, 115,000 dépêches et mandats-postes purent être introduits dans Paris par ce moyen.

Encouragé par le succès de cette expérience, M. de Roo, après la paix, insista auprès de M. Thiers et du général de Cissey, ministre de la Guerre, pour faire établir des colombiers militaires en toute éventualité; il vit réaliser ce désir et il a été, depuis, l'instigateur de tout ce qui a été fait en colombophilie militaire en France, en Russie, en Angleterre, en Autriche, en Italie, en Espagne, en Portugal et en Suisse. Il a distribué, en quelques années, gratuitement, 800 pigeons-voyageurs aux membres de la Société et aux abonnés du journal l'*Acclimatation*, de Paris, en vue de propager la race sur toute la surface de la France, et il a fait don de plusieurs milliers de ces mêmes pigeons aux divers gouvernements de l'Europe qui ont établi des colombiers militaires d'après ses indications.

M. La Perre de Roo a collaboré d'une manière assidue au journal l'*Acclimation* de Paris, à la *Revue Colombophile* de Tourcoing, au *Mentor Agricole* de Bruxelles, à la *Gazette de Thielt*, au *Homing News* de Londres, au *Bulletin de la Société d'Acclimatation* de Paris, etc. Il a publié, dans ces organes ou séparément, de fort intéressantes études sur la *Consanguinité et les effets de l'hérédité*, le *Pigeon messager et son* application à l'art militaire, les *Colombiers militaires*, l'*Instinct d'orientation du pigeon messager*, la *Poste par pigeons voyageurs pendant le siège de Paris* (1870-71) ; la *Monographie des races de poules* et la *Monographie des races de pigeons*, volumes ornés de gravures coloriées ; le *Guide illustré de l'Eleveur* en deux volumes, etc.

Membre lauréat de la Société d'Acclimatation, de l'Académie nationale d'Acclimatation de Paris, de la Société d'aviculture de Vienne, des Sociétés colombophiles, de Rome, Florence, etc., M. de Roo est commandeur de la couronne d'Italie, chevalier du Christ de Portugal et des Saints-Maurice et Lazare d'Italie, décoré des ordres du Mérite d'Autriche, du Mérite naval et du Mérite militaire d'Espagne, titulaire d'une médaille d or du ministère de l'Agriculture de France, etc.

ANTONELLI (Albert)

Médecin et chirurgien oculiste, né à Naples (Italie) le 10 juillet 1865. Il fit ses études classiques et médicales dans cette ville, où son père, anatomiste célèbre, est doyen de l'Université. Reçu docteur en 1888, il devint chef de clinique en 1890 et professeur agrégé d'ophtalmologie en 1892.

Ses travaux scientifiques, touchant particulièrement à l'oculistique, avaient déjà fait remarquer en Italie le docteur Antonelli, quand il vint, en 1894, à Paris, où il obtint le doctorat et s'établit en 1897. Il y a poursuivi ses recherches dans la même voie et s'est acquis rapidement une grande réputation de praticien et de savant.

Le docteur Antonelli a inventé plusieurs instruments qui sont aujourd'hui en usage dans la pratique courante des ophtalmologistes, pour l'examen des fonctions oculaires. Il a publié de nombreux travaux, parmi lesquels on cite notamment : *Valeur morphologique et histologie du ganglion ciliaire* (Journal de la Société des Naturalistes et Médecins de Naples, 1889) ; *Kystes sous-conjonctivaux des glandes acino-tubuleuses* (Congrès italien d'ophtalmologie, Pise, 1890) ; *Contribution à l'anatomie pathologique de la cornée des yeux atrophiques (rhytidosis)*, en collaboration avec le docteur Sgrosso (Annali di Ottalmologia, 1890) ; *La maturation artificielle de la cataracte* (thèse de concours, Naples, décembre 1890) ; *Le tissu de granulation et les granulomes* (Monographie, avec planches, pour l'*Encyclique médicale italienne*, 1891) ; *Contribution à l'étude anatomique des yeux atrophiés* (Annali di Ottalmologia, avec planches, et Archives d'Ophtalmologie, 1892) ; *Névrite optique, papillaire et rétrobulbaire, suite d'influenza*, observations cliniques et considérations (Recueil d'Ophtalmologie, 1892); *Optomètre à skiascopie* (Congrès italien d'ophtalmologie, Palerme, 1890, et Archives d'Ophtalmologie, 1892) ; *Ophtalmoscope à réfraction* (Annali di Ottalmologia, 1892); l'*Amblyopie transitoire*, contribution à l'étude des troubles visuels dans les maladies nerveuses (Archives de Neurologie, 1902, mémoire qui fut, plus tard, traduit en allemand) ; le *Scotomètre*, instrument pour le diagnostic des amblyopies toxiques (Annali di Ottalmologia, 1893) ; *Observations de corectopie bilatérale*, nouvelle contribution d'ophtalmometrie clinique (Annali di Ottalmologia, 1893); *Dacryoadénite aiguë des lobules accessoires inférieurs*, observation clinique et considérations (Annali di Ottalmologia, 1893); l'*Ophtalmomètre Javal-Schiotz employé pour l'exophtalmométrie et l'ophtalmostatométrie* (Annali di Ottalmologia et Archives d'Ophtalmologie, 1894) ; *La correction optique des opérés de cataracte* (Congrès de la Société française d'ophtalmologie, 1895) ; *Les phénomènes skiascopiques (ombre en croissant linéaire) et la myopie acquise, dus à la sclérose du cristallin et à la cataracte commençante* (Recueil d'Ophtalmologie, 1895) ; *Aberroscopie objective à l'aide de la skiascopie* (Société française d'Ophtalmologie, 1895); l'*Iritomie périphérique dans quelques cas de glaucome secondaire* (Revue générale d'Ophtalmologie, 1896) ; *La dissociation de la vision binoculaire chez quelques stratiques et quelques hystériques*, etc. (Archives d'Ophtalmologie, 1896) ; *Le croissant linéaire dans certaines formes de cataracte, Confirmation anatomopathologique* (Annales d'Oculistique, 1897) ; *Les stigmates ophtalmoscopiques rudimentaires de la syphilis héréditaire* (1 vol. avec figures dans le texte et trois planches en couleur, 1897, et Bulletin médical, 1898) ; *Traitement de l'eczema des paupières chez les enfants* (la Médecine infantile, 1898) ; *Névrite optique et chorio-rétinite pigmentaire bilatérales, suite de fièvre pernicieuse des pays chauds* (Recueil d'Ophtalmologie) ; *La forme de la source lumineuse (carré lumineux) pour l'astigmométrie et l'aberroscopie skiascopique de l'œil* (Recueil d'Ophtalmologie et Congrès de la Société française d'Ophtalmologie, 1898); *L'hérédité seconde, en syphilis, au point de vue des stigmates ophtalmoscopiques*, lettre ouverte à M. le docteur Jullien (la France Médicale, 1898) ; *Contribution aux formes frustes de la syphilis héréditaire* (Communication à la Société de Médecine de Paris, 1898) ; *Mécanisme du strabisme chez l'hérédo-syphilitique*(*Archives d'Ophtalmologie*, 1898) ; *Traitement des affections lacrymales par les sondes au protagol* (Société d'Ophtalmologie de Paris, 1899) ; *Les stigmates ophtalmoscopiques rudimentaires de la syphilis acquise.* (*France médicale*, 1899) ; *Sinusite ethmoido-frontale,etc.* (Société d'Ophtalmologie de Paris, 1899) ; *Périostite orbitaire heredo-syphilitique, etc.* (Société de Dermatologie, 1900) ; *Lésions oculaires congénitales, etc.* (Société d'ophtalmologie de Paris, 1901) ; *Les stigmates ophtalmoscopiques de la syphilis héréditaire et atavique* (Congrès international d'Ophtalmologie de Paris, 1900) ; *Névrite optique, suite de fièvre typhoïde* (Société d'Ophtalmologie de Paris, 1901) ; *La conjonctivite hypertrophique* (Congrès d'Ophtalmologie de Paris, 1901) ; *Les affections dites parasyphilitiques, leur nature et leur origine d'après leurs symptômes oculaires* (Société de Médecine de Paris et *Progrès médical*, 1902].

Membre honoraire de l'Académie de Médecine de Naples et de la Société royale de Médecine publique de Belgique, membre titulaire de la Société de Médecine et de la Société d'Ophtalmologie de Paris, de la Société de Médecine et de Chirurgie pratiques de Paris, le D' Antonelli est, d'autre part, officier d'Académie, chevalier des ordres des Saints-Maurice et Lazare et de la Couronne d'Italie.

LEFAS (Alexandre)

Député, né à Vannes (Morbihan) le 10 septembre 1871. Fils d'un fonctionnaire de l'administration, il fit ses études classiques à Laval et au collège Stanislas, à Paris, où il suivit ensuite les cours de la Faculté de Droit.

Reçu licencié en 1891, M. Alexandre Lefas prêta serment d'avocat devant la Cour d'appel de Paris et, quatre ans plus tard, soutint, avec succès, une thèse de doctorat sur la *Notion de la Juridiction gracieuse*. Peu de temps après, il fut chargé de conférences à la Faculté de Droit de Paris, puis chargé du cours d'histoire du droit français public et privé, à la Faculté d'Aix Marseille (1899-1901).

Candidat aux élections législatives de 1902 dans la circonscription de Fougères (Ille-et-Vilaine), il fut élu, le 27 avril, au premier tour de scrutin, par 11,115 voix, contre 8.705 à M. Bazillon, député sortant.

Républicain modéré, M. Alexandre Lefas fait partie, au Palais-Bourbon, du groupe de la « Réforme parlementaire », dont il est secrétaire ; du groupe de défense des intérêts agricoles et de celui qui s'occupe des ouvriers des manufactures de l'Etat. Il s'est fait entendre, à la tribune, dans diverses discussions parlementaires et notamment, le 16 octobre 1902, dans celle relative à l'application de la loi sur les associations.

L'honorable député a publié d'intéressants travaux historiques ou juridiques. On cite de lui notamment : l'*Origine des municipalités en Provence* (dans la *Revue des Institutions Provençales*); l'*Adoption testamentaire à Rome* (dans la *Nouvelle Revue historique de Droit*), etc. Il a collaboré à la *Grande Encyclopédie*.

GREGH (Fernand)

Poète, écrivain, né à Paris le 14 octobre 1873. Il fit de brillantes études aux lycées Michelet et Condorcet et remporta même, en 1890, le prix de composition française au concours général, sur un sujet qui semblait augurer de sa vocation naissante : *Définition de la poésie ; la poésie ne défigure pas, elle transfigure*.

Reçu licencié de philosophie en 1892, M. Fernand Gregh fondait, la même année, une revue littéraire : le *Banquet*, avec quelques jeunes hommes de lettres.

A la fondation de la *Revue de Paris*, en 1894, il fut choisi comme secrétaire de la rédaction de cette publication, dont le succès a été si rapide et si grand. C'est dans cette revue qu'ont paru presque tous les vers de M. Fernand Gregh et la plupart de ses articles sur la poésie, le théâtre et la musique. Il a collaboré, aussi à la *Revue bleue*, à la *Revue blanche*, à la *Plume*, à la *Revue hebdomadaire*, à l'*Effort*, à la *Grande France*, etc.

M. Fernand Gregh publia un premier recueil de vers en 1896 : la *Maison de l'Enfance*, qui obtint un très-vif succès, augmenté encore par le prix Archon-Desprouses qui lui fut attribué en 1897 ; cette récompense fut la première consécration de la jeune poésie réformatrice par l'Académie française. Il a fait paraître depuis : la *Beauté de vivre*, autre recueil de vers (1 vol. 1900) ; la *Fenêtre ouverte*, ensemble de critiques littéraires et de poèmes en prose (1 vol. 1901) ; une suite d'*Etudes sur Victor Hugo*, publiées par la *Revue de Paris*, lors du centenaire du poète, en 1902, et qui doivent être réunies en volume. On annonce aussi de lui un nouveau volume de vers intitulé : les *Jours d'un Homme*.

COURTELINE (Georges MOINAUX, dit)

ÉCRIVAIN et auteur dramatique, né à Tours le 25 juin 1860. Fils de Jules Moinaux, le spirituel auteur des *Tribunaux comiques* (1815-1895), il fit ses classes au collège de Meaux, ville où sa famille s'était réfugiée pendant le siège de Paris ; il accomplit ensuite son volontariat militaire au 13e chasseurs à cheval, à Bar-le-Duc, et, protégé par M. Émile Flourens, alors directeur des Cultes, il entra dans cette administration.

Tout jeune, M. Moinaux, sous le pseudonyme de Georges Courteline, fit de la littérature. Dès la vingtième année, il fondait, avec Jacques Madeleine, à la librairie Vanier, une revue littéraire : *Paris-Moderne*, qui vécut près de deux ans (1881-1882). Il collabora ensuite aux *Petites Nouvelles*, journal également disparu ; puis il donna des chroniques à l'*Echo de Paris* (1890 à 1894), ensuite au *Journal* (1894) et dans divers autres organes de la presse quotidienne.

M. Georges Courteline s'est créé, dans la littérature contemporaine, une place à part. Il a écrit, outre un grand nombre de nouvelles ou de chroniques, des livres et des pièces de théâtre d'un genre très-personnel, où, d'une plume alerte, dans un style étincelant de verve comique et d'esprit satirique, il s'attache à ridiculiser les travers de la vie militaire et des mœurs bourgeoises. Il a publié en librairie : *Gaîtés de l'Escadron* (1886) ; les *Femmes d'amis* (1888) ; le *Train de 8 h. 47*, amusant récit militaire qui eut un très grand succès et rendit son nom populaire (1889) ; *Lidoire et La Biscotte* (1890) ; *Potiron* (1891) ; *Ronds de Cuir* (1893) ; *Ah ! Jeunesse !* (1894) ; les *Fantaisies de Jean de la Butte* (1896) ; *Un Client sérieux* (1899) ; les *Marionnettes de la vie* (1900).

Au théâtre, il a fait représenter : *Lidoire* (Théâtre Libre, 1891) ; les *Joyeuses commères de Paris*, cinq actes, avec M. Catulle Mendès (Nouveau Théâtre, 1892) ; *Boubouroche* (Théâtre Libre, 1893), pièce en un acte donnée depuis dans un grand nombre d'autres théâtres et des centaines de fois ; les *Grimaces de Paris* avec Louis Marcelin (Nouveautés, 1894) ; *La peur des coups* (Bodinière, 1894) ; les *Gaîtés de l'Escadron*, pièce en 4 actes, tirée de son roman (1895), très souvent reprise depuis, notamment au Théâtre Antoine, et dont le succès ne s'épuise pas ; le *Droit aux étrennes* (Grand Guignol, 1896) ; *Un Client sérieux* (Carillon, 1896) ; *Monsieur Badin*, *Théodore cherche des allumettes*, les *Boulingrins*, *Hortense, couche-toi !* série de saynètes amusantes, données au Grand Guignol, en 1897 et 1898 ; *Le gendarme est sans pitié* (1899) ; *Le commissaire est bon enfant* (1900) ; l'*Article 330* (1901) ; les *Balances* (1902), ces dernières pièces données au Théâtre Antoine.

M. Georges Courteline a été décoré de la Légion d'honneur en janvier 1899.

BRETON (Jules-Louis)

DÉPUTÉ et chimiste, né à Courrières (Pas-de-Calais) le 1er avril 1872. Neveu du peintre Jules Breton, de l'Institut, il accomplit ses études au lycée de Lille et vint ensuite à Paris, pour entrer au laboratoire de chimie de Schutzemberger, au Collège de France ; il devint bientôt le préparateur de ce savant dans son laboratoire de l'École de Physique et de Chimie.

Dès 1891, M. J.-L. Breton collabora, de Paris, au *Réveil du Nord* et fonda le groupe socialiste des étudiants, qui provoqua le réveil des idées socialistes dans le monde des écoles. L'année suivante, il créa une revue socialiste : le *Drapeau Rouge*, et adhéra au Comité révolutionnaire central. Il joua un rôle important lors de la manifestation anti-cléricale du 22 mars 1892, à l'église St-Merry, où, remplaçant le prédicateur, il prononça un discours du haut de la chaire.

Au mois de mai suivant, il fut désigné pour diriger le *Parti Socialiste*, organe officiel du Comité révolutionnaire central. L'année suivante, il fondait, à Paris, une imprimerie spécialement destinée à l'impression d'ouvrages et de brochures de propagande socialiste.

A la suite de la manifestation du 1er mai 1893, impliqué dans les poursuites intentées au député Baudin, il fut condamné avec lui à 200 francs d'amende. Un peu plus tard, sur une décision prise spécialement en Conseil des ministres par le cabinet Casimir-Périer, M. J.-L. Breton était poursuivi et condamné par la Cour d'assises de la Seine, le 10 février 1894, à deux ans de prison, pour un article publié dans le *Parti Socialiste*. L'amnistie de 1895 le fit sortir de la prison de Clairvaux, où il avait été envoyé, et son retour à Paris donna lieu à une très grosse manifestation socialiste. Il reprit aussitôt sa campagne de propagande en faveur de ses idées et collabora à la *Petite République*, où il écrit « l'Actualité scientifique, » sous le pseudonyme de « Noterb ».

Choisi, par les comités républicains et socialistes de la 2e circonscription de Bourges, comme candidat aux élections législatives de 1898, M. J.-L. Breton fut élu député, le 22 mai, par 9,084 voix contre 7,881 à M. Monnier, opportuniste; il a été réélu le 27 avril 1902, au premier tour de scrutin, par 9,618 voix, contre 4,492 à M. Robin, radical, et 3,052 à deux autres candidats.

L'honorable député du Cher siège à l'extrême gauche de la Chambre. Il est fréquemment intervenu dans les discussions parlementaires pour défendre ses théories socialistes. Il débuta à la tribune, le 4 juillet 1898, en attaquant vigoureusement l'élection du prince d'Arenberg. Il a pris, depuis lors, la parole, notamment pour demander l'abrogation des lois d'exception contre les anarchistes, ainsi que dans les discussions de la loi concernant la réforme des Conseils de prud'hommes, de la loi sur les associations, des lois sur les accidents de travail, sur les caisses de retraites ouvrières, sur le repos hebdomadaire des employés, dans la discussion relative à la nomination des grandes commissions, etc. Il prononça deux importants discours dans la discussion du projet de loi portant amnistie de tous les faits relatifs à l'affaire Dreyfus et souleva de véritables tempêtes en rappelant complètement tous les incidents de cette affaire. Disons à ce sujet que, dès le début de cette affaire, il s'était montré un des plus énergiques partisans de la révision du procès et que, lorsque la quasi-unanimité de la Chambre vota l'affichage du discours de M. Cavaignac, il fit partie de la toute petite minorité qui émit un vote contraire (7 juillet 1898).

Il a pris chaque année une part active à la discussion du budget et renouvelé de fréquentes propositions tendant à la séparation des Églises et de l'État.

Il a également déposé et développé de nombreuses interpellations, notamment au cours de l'affaire Dreyfus : sur le faux Henry, sur le dossier secret, sur le dossier ultra-secret, sur les mesures à prendre à la suite de l'enquête de la Cour de Cassation, sur l'ordre général à l'armée de M. de Galliffet ; puis sur les actes commis dans les établissements pénitentiaires, sur la nécessité de l'interdiction de l'emploi du blanc de céruse, sur les conseils et les compagnies de discipline, sur les établissements congréganistes d'assistance, etc.

Plusieurs de ces interpellations, principalement celles relatives à l'affaire Dreyfus, provoquèrent à la Chambre des débats très mouvementés et déterminèrent des résultats importants. L'interdiction de l'emploi de la céruse dans les travaux de peinture et la réforme des établissements pénitentiaires militaires furent, par exemple, la conséquence de ces interventions. Le 2 juin 1899, son interpellation, avec M. Vaillant, au sujet des violences commises par la police, amena la chute du cabinet Dupuy.

M. J.-L. Breton est l'auteur de plusieurs propositions de loi tendant à la suppression des droits d'entrée sur les houilles étrangères et des droits de douane sur les fontes, aciers et fers étrangers ; d'autres concernant l'application de la loi sur les accidents du travail aux maladies d'origine professionnelle, demandant la réforme complète du régime des compagnies de discipline et des établissements pénitentiaires ; sur les caisses de retraites ouvrières ; sur l'établissement du monopole d'introduction des blés et des farines ; sur la fixation des dates des périodes de 28 et 13 jours en dehors des époques durant lesquelles les travaux des champs atteignent leur maximum d'intensité et d'utilité ; sur l'application des lois sur les prud'hommes et les accidents de travail aux travailleurs des champs ; sur la révision de la Constitution ; sur l'établissement des conditions de travail ; sur le repos hebdomadaire des employés ; sur la suppression du Code militaire et des conseils de guerre ; sur la liberté de chasse et de pêche ; sur la modification du règlement de la Chambre ; sur la nomination des grandes commissions ; sur la publication au *Journal Officiel* du nom des députés absents aux séances de la Chambre ; sur l'augmentation du nombre et l'amélioration de la situation des mécaniciens de la Marine, etc.

N'ayant que 26 ans au moment de son élection, M. J.-L. Breton fit partie du bureau provisoire, comme secrétaire d'âge, au début de chaque session. Il fut nommé, le 9 janvier 1900, secrétaire de la Chambre des députés pour l'année 1900.

Durant la septième législature, il fit partie de plusieurs commissions et il a été nommé, en 1902, membre de la très importante Commission des associations et des congrégations, chargée d'étudier les projets de loi concernant les congrégations religieuses. Il est également délégué du groupe socialiste parlementaire à l'Union des groupes de gauche.

M. J.-L. Breton n'est pas qu'un orateur politique brillant, il s'est aussi livré à des recherches scientifiques d'un grand intérêt, notamment sur les moteurs à explosion, les rayons X, la télégraphie sans fil, les courants de haute fréquence, etc. Outre les études et chroniques qu'il a données dans divers journaux ou revues, il a publié plusieurs ouvrages, entr'autres : la *Revue Scientifique et Industrielle de l'année* (1897-1898-1899) ; *Rayons Cathodiques et Rayons X* (1897) ;

le *Carbure de calcium et l'Acétylène* (1898) ; la *Chronophotographie* (1898); les *Machines motrices* (1898); la *Traction mécanique* (1898) ; la *Télégraphie sans fil* (1899) ; la *Commande électrique des machines* (1899) ; l'*Energie électrique dans les mines* (1899) ; l'*Electricité médicale* (1899) ; les *Machines-outils à travailler les métaux* (1900), etc.

VARINARD des CÔTES (Pierre-Hector)

ARCHITECTE, conférencier et graphologiste, né à Roanne (Loire) le 16 septembre 1858. Ses études classiques achevées au lycée de Saint-Etienne, il suivit quelque temps, à Lyon, les cours de l'Ecole des Beaux-Arts, puis vint à Paris en 1883. Il passa par l'atelier de l'architecte J. André et fut admis à l'Ecole nationale des Beaux-Arts, d'où il sortit en 1888, pour collaborer, l'année suivante, aux travaux de l'Exposition universelle.

M. Varinard s'est toujours particulièrement intéressé aux expositions et il a participé à l'organisation d'un grand nombre de ces manifestations industrielles, artistiques, horticoles, etc. Déjà, en 1888, il avait, après l'incendie de l'Opéra-Comique, organisé, aux Champs-Elysées, dans le pavillon de la Ville de Paris, l'Exposition ignifuge, la première exposition de sauvetage. En 1891, il dirigea l'installation entière de l'Exposition rétrospective de la ville de Saint-Etienne. Cinq ans après, à la suite d'un concours il dotait cette ville, en collaboration avec le sculpteur Vermare, d'un *Monument à la mémoire des enfants du département de Loire morts pour la défense de la Patrie*.

En 1893, il fut nommé architecte de la ville de Paris, pour l'entretien des bâtiments municipaux.

M. Varinard jouit d'une grande réputation comme graphologiste. Il a succédé à l'abbé Michon dans la direction de la *Graphologie*, organe officiel de la Société de Graphologie, et il a donné, sur cette science, dont il s'est fait l'ardent apôtre, de nombreuses conférences tant à Paris qu'en province.

Depuis 1886, il prend annuellement part aux congrès des Sociétés savantes, à la Sorbonne, et ses portraits psychiques et moraux d'après la graphologie, sont demandés et font sensation dans le monde entier.

Expert en écritures près le Tribunal de la Seine, il fut appelé, à ce titre, en qualité d'arbitre, dans un procès retentissant, devant le Tribunal de Luxembourg (Grand-Duché) en 1889. Il fut, en 1898, l'un des trois experts qui déclarèrent, dans l'affaire Dreyfus, que le bordereau à eux soumis n'était pas écrit par le commandant Esterhazy. De ce chef, attaqué par Emile Zola dans sa lettre *J'accuse !* ainsi que ses deux collègues en expertise, MM. Couard et Belhomme, ils plaidèrent tous les trois ensemble contre le célèbre écrivain et le firent condamner à deux mois de prison, à une indemnité de 30,000 francs et à l'insertion dans plusieurs journaux.

Comme délégué cantonal, il fut chargé d'organiser, pendant l'Exposition universelle de 1900, le premier Congrès des délégations cantonales de France. C'est également lui qui créa le Congrès international des Sciences de l'Ecriture, dont il fut le secrétaire-général.

Il a exécuté quelques aquarelles dans l'*Album des Provinces de France*, remis au tsar Nicolas II, lors de son premier voyage en France.

M. Varinard des Côtes a collaboré, sous plusieurs pseudonymes, à de nombreux journaux de Paris, de la province et de l'étranger. Il fait partie de plusieurs sociétés scientifiques, littéraires, et du Comité directorial de la Société des Chasseurs de France, créée en mars 1902.

BRUS (Marc de)

PUBLICISTE, né au château de Lafayolle, près Saint-Martin-d'Estreaux (Loire), le 21 juillet 1862. Après des études élémentaires de lettres et de sciences, il suivit les cours de l'Ecole des Mines de Saint-Etienne ; puis il s'adonna aux affaires financières, fut directeur de la Banque nationale à Moulins et fonda ensuite la Banque départementale de l'Allier.

Après avoir été pendant quelques années agriculteur et éleveur, M. de Brus vint à Paris et publia deux premiers ouvrages qui le firent connaître : *Chasses aux Braconniers*, *Péchés de chasses*, dont huit éditions s'épuisèrent rapidement. Parmi les autres livres dont il est l'auteur, on doit citer les suivants : *Histoire d'un seul chien en cinq personnes* ; la *Petite pêche à la ligne* ; la *Démocratisation de la chasse en France* ; le *Cyclisme pratique* ; l'*Argent d'abord* (mœurs de la terre), etc.

Après avoir été secrétaire de la rédaction de la *Chasse Illustrée*, il fut, dans la presse, le promoteur de l'impôt sur les vélocipèdes ; c'est à lui qu'est aussi due, en grande partie, la création des sociétés artistiques de chasse, des peintres de chevaux, des peintres de fleurs ; ses efforts ont fait décider la réglementation sur les pigeons voyageurs et ont prouvé l'intérêt de la vaccination obligatoire des chiens contre la rage.

M. Marc de Brus fonda, en 1890, le *Chasseur illustré*, qu'il dirigea jusqu'en 1900. Entre temps, il a été chroniqueur au *National*, au *Monde Illustré*, à l'*Univers Illustré*, à la *Revue des Sports*, au *Petit Journal*, à l'*Eclair*, au *Gaulois*, aux *Annales Politiques et Littéraires*, à l'*Ouvrier*, à la *Liberté*, etc.

En 1902, il a créé la *Société des Chasseurs de France*, dont il est le président, et il dirige le journal officiel de cette société.

MÉZIÈRES (Alfred-Jean-François)

ÉNATEUR, écrivain, membre de l'Académie française, né à Rehon (ancien département de la Moselle) le 19 novembre 1826. Fils d'un ancien recteur de l'Académie de Metz, il fit de brillantes études au lycée de cette ville et entra, dès 1845, à l'Ecole normale. Elu par ses camarades et nommé par décret capitaine d'etat-major après la révolution de février 1848, il prit part, en cette qualité, à la répression de la sanglante insurrection de Juin. Aide de camp du général Bréa, il faillit être tué en même temps que son chef.

A la fin de cette même année, M. Mézières était nommé professeur de rhétorique au lycée de Metz. De là il fut envoyé, en 1849, à l'Ecole française d'Athènes, d'où il sortit en 1852 pour préparer et soutenir à Paris ses thèses du doctorat (1853). Nommé, à ce moment, professeur de rhétorique au lycée de Toulouse, puis professeur de littérature étrangère à la faculté de Nancy (1851), il fut appelé, en 1861, à la Sorbonne, comme chargé de cours à la même chaire. Il devint professeur titulaire au mois de juin 1863 et, en cette qualité, représenta l'Université de France au jubilé de Shakspeare en 1864 et au jubilé de Dante en 1865.

Pendant la guerre, il prit du service dans un régiment de marche.

M Alfred Mézières a collaboré assidûment au *Temps* et à la *Revue des Deux-Mondes*. Il a publié des ouvrages de critique ou d'histoire dont voici les titres principaux : *Etude sur les œuvres politiques de Paul Paruta et De Fluminibus inferorum* (thèses de doctorat (1853) ; *Shakespeare ses œuvres et ses critiques* (1861, cinq fois réédité depuis et couronné par l'Académie française) ; *Préddécesseurs et Contemporains de Shakespeare* (1863, également réédité plusieurs fois et récompensé par le prix Montyon en 1864) ; *Contemporains et Successeurs de Shakespeare* (1864, plusieurs éditions ensuite) ; *Dante et l'Italie nouvelle*

(1865) ; *Pétrarque*, étude d'après de nouveaux documents (1867, livre qui valut à son auteur une deuxième fois le prix Montyon l'année suivante) ; la *Société française* (1869) ; *Récits de l'Invasion* (1871) ; *Gœthe, les œuvres expliquées par la vie* (1873, 2 vol. plusieurs fois réédités) ; *En France, XVIIIe et XIXe siècles* (1883) ; *Hors de France* (1884) ; *Vie de Mirabeau* (1891) ; *Morts et Vivants* (1895).

Le 29 janvier 1874, il avait été élu membre de l'Académie française, au fauteuil de Saint-Marc-Girardin. C'est sur sa proposition que, en 1879, cette assemblée refusa à M. Emile Ollivier le droit de répondre au discours de réception d'Henri Martin et chargea Xavier Marmier de ce soin.

L'éminent écrivain est, depuis 1885, président de l'Association des Journalistes parisiens.

Successivement membre, vice-président et président du Conseil général de Meurthe-et-Moselle, M. A. Mézières, après avoir échoué aux élections générales législatives de 1877, se porta encore candidat à la députation et, le 21 août 1881, fut élu député de l'arrondissement de Briey, par 11,659 voix, sans concurrent Il a depuis, toujours fait renouveler son mandat, sans interruption et, pour la dernière fois, aux élections générales de 1898, où il obtint 11,616 voix, contre 2,251 à M. de Ladonchamps, conservateur.

A la Chambre, M. Mézières votait avec la gauche modérée et s'occupait surtout des questions littéraires, industrielles et militaires. Il fut le rapporteur de la plupart des projets intéressant la propriété artistique ou littéraire ; il combattit les mesures prises contre les princes ayant régné en France et l'obligation du service militaire pour les séminaristes ; il se montra l'adversaire du mouvement boulangiste et démissionna de la Ligue des Patriotes dès qu'elle suivit la fortune du général. Dans ces dernières années, depuis que l'affaire Dreyfus a donné une sorte d'orientation nouvelle aux partis, il a laissé voir, plutôt qu'il n'a manifesté, ses préférences pour la politique nationaliste, contre celle de défense républicaine.

Il a fait partie de commissions nombreuses ; longtemps vice-président de celle des Douanes, il présidait, depuis 1885, celle de l'Armée.

Le 26 août 1900, M. Alfred Mézières, après le décès de M. Volland, se présentait aux électeurs sénatoriaux de Meurthe et-Moselle et était élu, par 667 voix sur 969 votants, au premier tour. Il siège, depuis lors, au centre gauche de la Haute Assemblée.

Administrateur du Crédit Foncier, docteur en droit de l'Université d'Edimbourg et membre de l'Académie de la Crusca, de Florence, l'honorable sénateur est officier de la Légion d'honneur depuis 1877.

MÉROUVEL (Charles CHARTIER, dit)

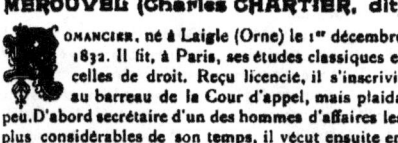
ROMANCIER, né à Laigle (Orne) le 1ᵉʳ décembre 1832. Il fit, à Paris, ses études classiques et celles de droit. Reçu licencié, il s'inscrivit au barreau de la Cour d'appel, mais plaida peu. D'abord secrétaire d'un des hommes d'affaires les plus considérables de son temps, il vécut ensuite en province et à Paris.

Ce ne fut que fort tard qu'il écrivit, sous le pseudonyme de « Charles Mérouvel, » quelques nouvelles, puis de nombreux romans qui obtinrent un succès considérable auprès du grand public, en paraissant d'abord en feuilletons dans la *Petite République Française*, alors très répandue, puis dans le *Petit Parisien* et ensuite en librairie.

Romancier populaire apprécié parmi les meilleurs auteurs de ce genre, M. Charles Mérouvel a donné des ouvrages qui plaisent par des qualités d'invention et d'émotion difficiles à dépasser ; son style sait rester simple et clair, et l'intérêt des situations ou des caractères, toujours bien observés, se maintient malgré l'étendue et la variété des affabulations. On peut dire que ses livres ont été publiés partout et traduits dans toutes les langues.

De 1881 à 1902, cet écrivain a fait paraître les romans suivants : les *Caprices de Laure* (1 vol.) ; la *Vertu de l'abbé Mirande* (4ᵉ édition, 1 vol.) ; le *Péché de la Générale* (6ᵉ édition, 1 vol.) ; la *Filleule de la Duchesse* (2ᵉ édition, 1 vol.) ; la *Maîtresse de M. le Ministre* (3ᵉ édition, 1 vol.) ; *Jenny Fayelle* (4ᵉ édition, 1 vol.) ; le *Krach* (5ᵉ édition, 1 vol.) ; les *Deux Maîtresses* (4ᵉ édition, 1 vol.) ; le *Mari de la Florentine* (4ᵉ édition, 1 vol.) ; *Amours mondaines* (1 vol.) ; les *Derniers Kérandal* : 1ᵒ Mˡˡᵉ *de Fonterose*, 1 vol., 2ᵒ *Juana Trélan*, 1 vol. (3ᵉ édition) ; *Angèle Méraud* (5ᵉ édition, 1 vol.) ; *Mademoiselle Jeanne* (6ᵉ édition, 1 vol.) ; la *Veuve aux cent millions* (4ᵉ édition, 2 vol) ; *Fleur de Corse* (5ᵉ édition, 1 vol.) ; le *Roi Crésus*, 4ᵉ édition : 1ᵒ les *Rosendaël* (1 vol.), 2ᵒ *Cœur de Créole* (1 vol.) ; le *Divorce de la Comtesse* (6ᵉ édition, 1 vol.) ; *Dos à Dos* (4ᵉ édition, 1 vol.) ; les *Trémor*, 4ᵉ édition : 1ᵒ le *Gué aux biches* (1 vol.), 2ᵒ *Solange Fargeas* (1 vol.) ; *Madame la Marquise* (19ᵉ édition, 1 vol.) ; *Une nuit de noces* (17ᵉ édition, 1 vol.) ; *Diane de Briolles* (12ᵉ édition, 1 vol.) ; *Abandonnée !* (8ᵉ édition, 3 vol.) ; le *Marquis Gaëtan* (12ᵉ édition, 1 vol.) ; *Pour un regard* (1 vol.) ; la *Comtesse Hélène* (17ᵉ édition, 1 vol) ; *Un Lys au ruisseau* (18ᵉ édition, 1 vol.) ; *Chaste et Flétrie* (20ᵉ édition, 1 vol.) ; la *Vierge de la Madeleine* (16ᵉ édition, 2 vol.) ; *Morts et Vivants* (23ᵉ édition, 1 vol.) ; *Confession d'un gentilhomme* (12ᵉ édition, 1 vol.) ; *Haine et Amour* (18ᵉ édition, 1 vol.) ; *Femme de Chambre* (14ᵉ édition, 1 vol.) ; la *Fille sans nom* (19ᵉ édition, 1 vol.) ; le *Docteur Mont-Dore* (14ᵉ édition, 1 vol) ; *Mortel Amour* (16ᵉ édition, 1 vol.) ; *Caprice de Dames* (5ᵉ édition, 1 vol.) ; *Thérèse Valignat* (7ᵉ édition, 1 vol.) ; la *Rose des Halles* (4ᵉ édition, 1 vol.) ; *Cœur d'or* (4ᵉ édition, 1 vol.) ; le *Roi Milliard* (16ᵉ édition, 1 vol.) ; *L'Honneur ou la Vie* (15ᵉ édition, 1 vol.) ; *Rochenoire* (10ᵉ édition, 2 vol.) ; *Riches et Pauvres* (9ᵉ édition, 1 vol.) ; la *Roche sanglante* (2 vol.) ; *Damnée* (2 vol.) ; *Misère et Beauté* (2 vol.) ; *Deux Passions* (2 vol.) ; *Bâtards*, comprenant : *Marie-Madeleine* (1 vol.) et le *Fils de Rose* (1 vol.) ; la *Passerelle* (1 vol.) ; *Fièvre d'or* (2 vol.) ; *Fille Maudite* (2 vol.)

Membre de la Société des Gens de lettres, M. Charles Mérouvel a été fait chevalier de la Légion d'honneur en 1902.

MORNARD (Henry)

AVOCAT, né à Saint-Quentin (Aisne) le 31 octobre 1859. Fils d'un avoué, il fit ses études classiques au lycée de sa ville natale et celles de droit à la Faculté de Paris. Reçu licencié en 1880, il se fit inscrire au barreau de la Cour d'appel et prit le doctorat en droit deux ans plus tard, avec une thèse remarquée relative aux *Assurances sur la Vie*, qui lui valut une médaille d'or de la Faculté.

Admis ensuite à la conférence du stage du barreau de la Cour de Cassation et du Conseil d'Etat, il devint premier secrétaire de cette conférence en 1891 et prononça, en cette qualité, un discours très documenté sur l'*Histoire de l'Ordre des Avocats au Conseil d'Etat et à la Cour de Cassation depuis le XIIIᵉ siècle jusqu'à nos jours*.

En 1892, M. Henry Mornard fut inscrit au barreau du Conseil d'Etat et de la Cour de Cassation, en remplacement de M. Roger Marvaise, ancien sénateur, de qui il avait été le secrétaire. Il eut à défendre de nombreuses causes civiles, parmi lesquelles on doit signaler celles de la Société des Téléphones de France contre l'Etat, des victimes des faillites retentissantes de l'Assurance financière, les Réassurances générales, les Canaux agricoles, etc.

Avocat de différentes sociétés et notamment de la Ligue des Droits de l'Homme, M. Henry Mornard s'est occupé aussi de procès criminels ou politiques, dont quelques-uns eurent un grand retentissement. C'est ainsi, notamment, qu'après la condamnation d'Émile Zola par la Cour d'assises de la Seine (1898), pour diffamation envers le Conseil de guerre de Paris, à propos du procès Dreyfus, M. Henry Mornard parvint à obtenir, malgré les conclusions contraires du procureur-général, la cassation de cet arrêt (2 avril 1898).

Quelques mois plus tard, le ministère Brisson ayant introduit une instance en révision du procès Dreyfus devant la Cour de Cassation, M° Mornard accepta la tâche difficile, et qui se révéla périlleuse, de défendre la cause de l'ancien capitaine et, tandis que le cabinet Brisson était renversé à la Chambre sur la question même de cette révision (25 octobre 1898), il obtenait, à quelques jours de là (29 octobre), un arrêt de la Chambre criminelle de la Cour de Cassation déclarant la révision recevable et ordonnant une instruction sur le fond.

Cependant le ministère Dupuy, qui avait succédé au précédent cabinet, ayant fait voter la loi dite de « dessaisissement » pour retirer à la Chambre criminelle l'examen de l'affaire Dreyfus et la renvoyer devant les Chambres réunies de la Cour de Cassation (1er mai 1899), M° Mornard obtenait pour la deuxième fois, à la suite de retentissants débats qui durèrent du 29 mai au 1er juin 1899, la révision de la condamnation du capitaine Dreyfus, à l'unanimité des voix et, cette fois, suivant les conclusions favorables du procureur-général Manau.

Le 26 avril 1902, M° Mornard obtenait encore un arrêt de la Cour de Cassation ordonnant la révision d'un autre jugement de Conseil de guerre, celui qui avait, en 1892, condamné à mort, pour meurtre présumé, le soldat Voisin, lequel avait déjà bénéficié d'une commutation de peine. A la suite de cet arrêt, un nouveau jugement, rendu en août-septembre 1902, par le Conseil de guerre du Mans, acquitta le soldat Voisin.

M° Henry Mornard a soutenu, en outre, les recours en cassation de divers journaux républicains, notamment la *Lanterne*, l'*Aurore*, la *Petite République*, l'*Avenir de Rennes*, etc., poursuivis en diffamation par les Pères Assomptionnistes ; dans ces affaires, il parvint à faire consacrer une distinction entre les attaques dirigées contre les congréganistes personnellement et celles dirigées contre les congrégations mêmes, distinction permettant d'écarter, à l'égard des polémiques dirigées contre ces dernières, le délit de diffamation.

L'éminent avocat a collaboré aux publications de la Société de Législation comparée, à la *Revue générale de Droit* et à d'autres revues spéciales.

Il est membre de plusieurs associations, notamment de l'Union internationale de Droit pénal, de la Société de Législation comparée et de diverses sociétés d'arbitrages internationaux.

DUCHÊNE (Henri-Olympe)

ARCHITECTE-PAYSAGISTE, écrivain, né à Lyon en 1841. Venu à Paris en 1854, il se fit admettre au Conservatoire des Arts-et-Métiers, où il remporta toutes les récompenses, et il passa l'examen pour l'École centrale en 1860, au moment de la mort de son père. Protégé par M. Tresca, directeur du Conservatoire des Arts-et-Métiers, il allait partir pour diriger une usine en province, lorsqu'à la suite de demandes d'employés que faisait alors l'administration, il entra dans les bureaux de la Ville de Paris, où on commençait alors les grandes transformations que dirigea Alphand, pendant tant d'années.

Possédant à fond la science du dessin, M. Duchêne ne tarda pas à être remarqué par l'ingénieur en chef, M. Darcel, qui fit de lui son chef d'études et son collaborateur pour la création des projets des squares et promenades de la capitale.

Pendant les heures de liberté que lui laissait sa carrière administrative, le jeune dessinateur s'adonnait aux études littéraires et philosophiques. Après la guerre de 1870, il écrivit dans la *Revue de Paris* ou d'autres publications et remporta le prix de comédie que donnait M. de la Pommeraye, pour un acte à trois personnages. M. Jacolliot lui confia ensuite la rédaction d'un *Dictionnaire oriental*, traitant, principalement, les questions de l'art et des langues dans l'antiquité.

Les premiers essais personnels dans l'art des jardins de M. Duchêne, en dehors de l'administration, furent patronnés par M. Mouton, ingénieur en chef, qui lui confia la restauration et la composition de plusieurs jardins. Après la mort de cet ingénieur, les services auxquels il appartenait furent supprimés et M. Duchêne fut versé dans les bureaux techniques, où il fut également remarqué. Mais, les travaux particuliers qu'il avait déjà accomplis l'ayant mis en relief, il put à ce moment quitter l'administration pour se consacrer entièrement aux créations des parcs et jardins, pour son propre compte. Il ne tarda pas à jouir d'une belle notoriété et, dès lors, il créa une grande partie des principaux parcs des grands domaines en France et à l'Etranger.

Ses principales œuvres sont : les domaines de Chaumont-sur-Loire, à M. le prince de Broglie ; de Maruton-Salon, à M. le prince A. d'Arenberg ; du Francport, à M. le marquis de l'Aigle ; de Saint-Hubert, à M. le comte du Bourg ; de Millemont, à M. Béjot ; de Champs, à M. le comte Cahen d'Anvers ; du Marais, à M. le comte Boni de Castellane ; du Bois-Baudran, à M. le comte Greffulhe ; de Condé-sur-Iton, à M. le comte de Jarnac ; de Chambly, à M. le prince Murat.

M. Duchêne est mort en 1902.

Le caractère principal de l'œuvre de cet architecte-paysagiste est d'avoir rénové l'art des Parcs et Jardins, en revenant à la grande tradition du jardin français dont Versailles est la formule. Il a créé une école de paysage où sont mariés, d'une façon toute spéciale, le genre français avec le genre anglais.

Son fils, M. Henri Duchêne, qui a été, pendant plus de douze années, le chef d'études et le collaborateur assidu de son père, continue son œuvre dans la même tradition.

GIGOT de VILLEFAIGNE (Jean-Félix)

PUBLICISTE, né à Saint-Pétersbourg (Russie) le 31 mars (12 avril) 1878. Fils d'un joaillier de la Cour impériale, qui a été vice-président de l'Association française de bienfaisance de cette ville, il fit ses premières études à Saint-Pétersbourg, puis vint à Paris, où il suivit les cours d'une école supérieure de commerce, où il obtint en très bon rang le diplôme décerné par l'Etat.

M. G. de Villefaigne s'est fait connaître de bonne heure par ses écrits sur la sténographie. Il a édité ou publié nombre de traités ou de périodiques spéciaux, qui ont acquis une réputation universelle en la matière. Depuis 1899, il dirige la *Revue internationale de Sténographie*, organe fondé en 1887 par M. Vaunaisse.

Il a fait paraître en outre : le *Sténographe franco-russe*, recueil de spécimens d'écriture très curieux ; la *Photographie de la Parole*, ouvrage publié sous un pseudonyme, et diverses notices relatives à une *Méthode d'enseignement du premier âge*, dite « antéscolaire ». Sa parfaite connaissance des divers systèmes de sténographie et son indépendance de jugement l'ont fait choisir par la direction de la *Grande Encyclopédie* pour la rédaction de l'article sur la sténographie inséré dans ce recueil et très remarqué tout aussitôt.

M. Gigot de Villefaigne est membre de l'Association professionnelle des Sténographes et de la Chambre des Sténographes français.

DUC (Lucien)

PUBLICISTE, né à Valaurie (Drôme) le 7 septembre 1849. Il fit ses premières études auprès d'un oncle professeur de l'Université, et les continua à l'Ecole normale de Nice. Entré dans l'enseignement, il fut, lors de la guerre franco-allemande, incorporé dans les Mobiles du Rhône et prit part à la défense de Belfort (1870-71).

En 1878, M. Lucien Duc fondait, à Draguignan (Var), une feuille poétique : l'*Echo des Muses*, qui fusionna l'année suivante avec la *Revue Méridionale* de Toulon, sous le titre : la *Province*. Cette revue servit d'organe à l'Académie des Lettres, Sciences et Arts de la Province que M. Duc créa, en 1879, à Lyon et qui groupa bientôt un noyau de littérateurs et d'artistes connus. La *Province*, heureuse tentative de décentralisation, parut de 1879 à 1883 à Lyon et depuis à Paris, où s'est fixé son directeur. Elle compte dans son comité MM. Jules Troubat, Eugène Garcin, Paul Risson, Victor Glachant, Emile Barbier, etc.

M. Lucien Duc a fait paraître plusieurs ouvrages, estimés à différents points de vue, et desquels on doit mentionner les suivants, écrits en langue française : *Souvenirs du siège de Belfort* (1871) ; *Mémoires d'un écolier* (1884) ; *Etude raisonnée de la Versification française* (1889), intéressant traité de prosodie clairement exposé ; *Souvenirs d'Ecole normale* (1891) ; *En Provence* (1894) ; *Décentralisons !* comédie en 1 acte en vers (1897) ; les *Hôtes de Beaumont*, roman (1902).

Il a donné, en provençal : *Li sèt rai de moun estello*, poésies (1891) ; *Marineto*, poème en 7 chants (1894) ; *Medaioun felibren*, tableau vivant du Félibrige, principalement du Félibrige parisien (1902).

M. Lucien Duc, en dehors de ses travaux littéraires, dirige une imprimerie. Il est « maître en gai savoir » et officier de l'Instruction publique.

PRÉAULX (Berthe de GUÉHÉNEUC de BOISHUE Comtesse de)

ÉCRIVAIN, née à Saint-Helen (Côtes-du-Nord) le 24 octobre 1855. Elle appartient à l'une des plus anciennes familles de Bretagne, alliée aussi à la vieille noblesse de l'Indre.

La comtesse de Préaulx s'est signalée à l'attention publique par son dévouement agissant pour la cause des Naundorff, prétendants au trône de France. Elle a soutenu avec une ardente conviction les intérêts de cette famille et a écrit, non sans un certain talent de plume, dans diverses publications, des relations intéressantes d'épisodes du martyre de Louis XVII et ses aventures tragiques.

Contrairement à l'opinion généralement admise, elle s'est efforcée, d'établir que la question de la descendance de Louis XVI n'était pas historiquement tranchée de façon indiscutable. Profitant du doute qui permet à toutes les thèses de se donner libre cours, elle a soutenu celle de la survivance de Louis XVII dans les Naundorff et est parvenue, sinon à convaincre, du moins à intéresser tous les esprits passionnés pour les controverses historiques.

DEMARS (Achille)

CHIRURGIEN, né à Paris le 11 octobre 1858. Il fit de brillantes études classiques au lycée Louis-le-Grand. Inscrit ensuite à la Faculté de Médecine, il fut reçu externe, puis interne des hôpitaux (1884). Pendant le séjour qu'il fit à la Salpêtrière, dans le service du professeur Charcot, il publia, en collaboration avec le docteur Feré, une intéressante étude sur le *Traitement du vertige de Ménière*.

Reçu docteur en 1888, avec une thèse remarquée sur le traitement des *Kystes hydatiques du foie*, décrivant un nouveau procédé de la double sonde, et qui lui valut le prix Demarquay de la Société de Chirurgie, M. Demars a fait paraître depuis le temps d'assez nombreux travaux scientifiques dans les *Annales de la Tuberculose* du professeur Verneuil, la *Revue des Sciences Médicales* du docteur Hayem, etc. Ces travaux portent notamment : *Sur la castration dans les testicules tuberculeux et la généralisation de la tuberculose*, la *Cure radicale des hernies chez les enfants par le chlorure de zinc*, mémoire présenté à l'Institut par le professeur Lannelongue, etc.

On lui doit en outre un *Traité chirurgical des varices superficielles du membre inférieur* (1 vol. 1900) et un nouveau procédé pour la cure radicale de la phlébite variqueuse.

Très apprécié dans le monde médical pour son savoir et sa grande conscience professionnelle, M. le Dr Demars est membre de l'Association des Médecins de France.

Maire de Saint-Thibault-des-Vignes (Seine-et-Marne), il est, d'autre part, officier d'Académie.

VERVOORT (André)

PUBLICISTE et financier, né à Paris le 18 décembre 1865. Fils d'un ancien fonctionnaire de la préfecture de la Seine, petit-fils d'un avocat dont la mémoire demeure en honneur au barreau parisien, il fit ses études classiques aux lycées Saint-Louis et Henri IV.

En 1884, M. André Vervoort débuta dans la presse, comme reporter à la *France Libre*. Il passa de là successivement à l'*Echo de Paris*, au *National* et à la *Presse* (1889) et donna de nombreuses chroniques très remarquées à l'*Intransigeant*, journal dont son beau-frère, M. Henri Rochefort, est rédacteur en chef.

Candidat républicain radical aux élections législatives de 1893, à Limoges, il obtint 3,000 voix et se désista, au deuxième tour du scrutin, en faveur de son concurrent, M. Labussière, qui fut élu.

De 1895 à 1898, il dirigea le *Jour*, où il traitait les questions politiques ou sociales d'actualité. En 1902, il devint directeur du *Soir*.

M. André Vervoort est l'auteur de plusieurs romans : *Nini Saltimbanque*, *Tout à l'Egoût*, la *Faute de l'abbé*, *Sacrifiée*, parus en feuilletons dans divers journaux. Il a fait représenter au théâtre des pièces qui ont été généralement bien accueillies. Citons : le *Camelot*, pièce en 5 actes et 6 tableaux (25 août 1897, Théâtre de la République), qui a longtemps tenu l'affiche ensuite en province ; les *Pétards de l'Armée*, revue fantaisiste (Parisiana, décembre 1897) ; *Trahison*, drame en 5 actes et 6 tableaux (Théâtre de la République, 1898) et diverses revues jouées dans les théâtres et concerts de Paris. Il signe ses pièces de théâtre « Paul Andry. »

En dehors de ses travaux littéraires et politiques, M. André Vervoort s'occupe d'affaires financières et industrielles, notamment de celles concernant la traction : tramways, chemins de fer, etc.

FAGUET (Emile-Auguste)

PROFESSEUR, écrivain, membre de l'Académie française, né à la Roche-sur-Yon (Vendée) le 17 décembre 1847. Fils d'un professeur de l'Université, il fit ses études classiques à l'institution Massin et entra à l'Ecole normale supérieure en 1867.

Nommé, à sa sortie de l'Ecole normale, professeur de troisième au lycée de la Rochelle (1870), M. Emile Faguet reçut l'agrégation des lettres en 1874 et devint professeur de rhétorique au lycée de Bordeaux. Après avoir obtenu, en 1883, le doctorat ès-lettres, il fut appelé à Paris, où il professa d'abord la troisième au lycée Charlemagne, puis la seconde à Condorcet (1885) et la rhétorique à Janson de Sailly (1887).

Désigné, en 1890, pour suppléer M. Lenient dans la chaire de poésie française à la Faculté des Lettres de Paris, il devenait titulaire l'année suivante.

Tout en poursuivant sa carrière universitaire, M. Emile Faguet se faisait connaître par des travaux de critique littéraire ou dramatique, qu'il donnait dans certains journaux et revues, ou publiait en volumes. Il avait débuté à l'*Evènement*, sous le pseudonyme de « Montrevêche » dès 1871 ; admis à la *Revue des Deux-Mondes* en 1885, il fut ensuite chargé du bulletin dramatique au *Soleil* ; il a collaboré encore à la *Revue de Paris*, à la *Revue bleue*, à *Cosmopolis*, à l'*Echo de Paris*, la *France*, le *Journal des Débats*, les *Annales politiques et littéraires*, etc. Il a fondé, en 1902, et il dirige la *Revue latine*, journal mensuel de littérature comparée.

En volumes, il a publié : la *Tragédie française au XVIe siècle, 1550-1600*, et *De Aurelii Prudentii Clementis carminibus lyricis* (thèses de doctorat, Bordeaux, 1883), puis des petits livres pédagogiques : *Corneille expliqué aux enfants* ; *La Fontaine expliqué aux enfants* ; *Notices littéraires sur les auteurs français et Recueil des textes des auteurs français* prescrits par les nouveaux programmes ; *Mme de Maintenon institutrice* (tous volumes parus dans la même année 1883). Il écrivit ensuite les ouvrages suivants : les *Grands maîtres du XVIIe siècle*, études dramatiques et littéraires (1885) ; *Notes sur le Théâtre contemporain* (3 séries 1887, 1890, 1896) ; *Dix-huitième siècle* ; les *littérateurs* (1890) ; *Politiques et Moralistes* (1891, 2e série 1898) ; *Etudes littéraires sur le XIXe siècle* (1892) ; *Drames anciens, drames modernes* (1898) ; *Propos littéraires* (1902), etc.

M. Emile Faguet est réputé comme un critique avisé, érudit et indépendant — trop indépendant a-t-on même écrit ; — ses jugements toutefois ne sont pas toujours acceptés sans réserves ; ceux, notamment, fort sévères, qu'il a portés sur les philosophes du *XVIIIe* siècle, ont soulevé de vives controverses.

Elu membre de l'Académie française en 1900, il était chevalier de la Légion d'honneur depuis 1891 et officier de l'Instruction publique.

LAHURE (Alexis-Etienne)

IMPRIMEUR-ÉDITEUR, né à Paris le 10 mars 1849. Entré, à dix-sept ans, après l'achèvement de ses études classiques, comme employé dans la maison d'imprimerie de son père, Charles Lahure (1809-1887), il partagea, dès le 1er janvier 1869, la direction de cette maison avec son frère Louis ; celui-ci étant mort en 1878, son autre frère, Auguste, entra à l'imprimerie à son tour. Après le décès de ce dernier, survenu en 1881, M. Alexis Lahure s'adjoignit son beau-frère, M. Bauche, et il dirige avec lui, depuis cette époque, la célèbre imprimerie fondée il y a deux siècles, déjà si estimée sous les Crapelet, et si considérablement développée.

M. Alexis Lahure a, lui-même, fait réaliser à l'entreprise de sa famille de nouveaux progrès. C'est ainsi que, dès 1877, il rendait pratiques les impressions en couleur qui devaient lui permettre d'éditer, avec un luxe artistique inconnu jusque-là, des livres tels que le *Conte de l'Archer*, d'Armand Silvestre, qui obtint, en 1882, le prix unique du Livre au concours de l'Union des Arts décoratifs, et le *Paris illustré* (1883), le premier journal avec gravures en couleurs qui ait été publié.

En 1880, M. Lahure, avant tout autre imprimeur parisien, avait introduit dans ses ateliers les machines à deux couleurs, grâce auxquelles il a donné un grand développement aux impressions en couleurs.

Lors de son entrée dans la maison de son père (1867), l'imprimerie Lahure comptait 28 machines typographiques ; en 1902, son outillage, entièrement renouvelé, comportait 50 machines typographiques, dont le plus grand nombre de très-grands formats à retiraison et plusieurs à deux couleurs. L'acquisition, en 1876, de l'imprimerie Simon Raçon avait enrichi l'importante collection de poinçons et de caractères de la maison, qui s'accrut encore, en 1896, de l'imprimerie Flammarion et en 1902, d'une partie de l'imprimerie Gautherin. Elle possède un important atelier de brochage, muni de l'outillage mécanique le plus perfectionné ; enfin une société de secours mutuels et une caisse de retraites ont été organisées et sont alimentées sur les bénéfices de la maison.

L'imprimerie Lahure occupe le premier rang pour l'impression en caractères grecs et en langues étrangères ; elle a remporté, de 1886 à 1890, tous les premiers prix dans les concours ouverts par l'Association pour l'encouragement des études grecques.

Cette maison a édité elle-même un certain nombre d'ouvrages ; elle est notamment propriétaire de l'*Annuaire des Commerçants*, de l'*Annuaire des grands Cercles*, de la *Revue des Arts graphiques*, de grandes éditions d'art, etc. Une agence de publicité, devenue très importante, est jointe à l'imprimerie et à la librairie.

Des récompenses élevées ont été décernées à M. Alexis Lahure dans toutes les expositions auxquelles il a participé, notamment une médaille d'or en 1878 et le grand prix en 1889. Membre des comités de ces expositions, secrétaire des comités et rapporteur du jury de la classe 11 à celle de 1900, il a été vice-président de la Chambre Syndicale des imprimeurs, et il est vice-président de celle des éditeurs d'annuaires.

Pendant la guerre de 1870, M. Alexis Lahure avait été lieutenant des mobiles de Seine-et-Oise. Il fut ensuite sous-lieutenant de réserve au 72e de ligne, et successivement lieutenant et capitaine au 12e, puis au 41e régiment territorial. Il est chevalier de la Légion d'honneur, officier d'Académie, officier du Cambodge, chevalier de Sainte-Anne de Russie et commandeur d'Isabelle-la-Catholique.

MATHUISIEULX
(Henri MEHIER Vicomte de)

ÉCRIVAIN, explorateur, né à Rome, de famille française, le 29 juillet 1860. Il fit ses études classiques chez les Jésuites de Lyon et au collège Stanislas à Paris.

Ayant embrassé d'abord la carrière militaire, M. de Mathuisieulx fit la campagne du Tonkin comme officier de marine. Déjà, en Indo-Chine, il s'occupa de recherches scientifiques et notamment de topographie et du relevé de cartes concernant les pays limitrophes de la frontière chinoise (1889-1891).

De retour en France, il démissionna pour se consacrer aux lettres. Il a été chargé de la direction de la partie concernant l'Afrique pour le supplément de la *Géographie* de Vivien de Saint-Martin. Il a fait paraître, d'autre part, divers ouvrages de voyages et d'aventures, parmi lesquels on doit mentionner, de 1892 à 1902, les suivants : *Dans la Brousse* ; *De la Montagne au Désert* ; *En captivité chez les pirates tonkinois* ; la *Vagabonde*, étude sur la Russie ; la *Tour des Andes*, étude sur le Guatemala ; l'*Idée de Maître Hermanus*, roman dont l'action se passe en Hollande. La plupart de ces ouvrages, ornés de nombreuses illustrations, ont obtenu un réel succès de librairie. Il a collaboré, en outre, au *Journal des Voyages*, au *Bulletin de la Société de Géographie*, au *Tour du Monde*, à la *Lecture pour tous* et au *Journal de la Jeunesse*.

En 1900, M. de Mathuisieulx fut chargé, par le ministre de l'Instruction publique, d'une importante mission archéologique en Tripolitaine, pays où, depuis les voyages des allemands Barth, Nachtgal et Rholfs, dans le milieu du siècle dernier, aucun européen n'avait plus pu circuler. L'intrépide explorateur releva, au cours de ses recherches, de nombreux vestiges des civilisations punique et romaine, à Leptis-Magna, à Sabratha, dans le massif de l'Yffren et le long des cours du Gariana et du Tarounha.

Ce voyage, qui ne fut pas toujours sans dangers, a fait l'objet d'un rapport inséré dans le *Bulletin des Missions scientifiques* et d'un récit dans le *Tour du Monde*.

M. de Mathuisieulx est membre du Comité de l'Afrique Française, pour les sections d'Afrique et d'Orient.

ALBERTI (Henri)

PEINTRE, né à Paris le 18 janvier 1868. Fils d'un négociant, il fit de solides études classiques et suivit ensuite les cours de peinture de l'Académie Julian, où il eut pour professeurs MM. Doucet et J. Lefebvre. Il a aussi reçu les conseils de M. Luc-Olivier Merson.

Il exposa, pour la première fois, au Salon des Artistes français, en 1894. Son tableau : le *Père Biel, le Poudreux (Calvados)*, lui valut les éloges de la Presse et attira l'attention sur le jeune artiste.

M. H. Alberti envoya successivement au même Salon : *Le Christ et les Pêcheurs*, la *Grande Poissonnière à Honfleur* (1895) ; la *Loge de Mme Yvette Guilbert* (1896) ; *Dans le passage* ; la *Saint-Roch à Vasouy, Calvados* (1897) ; *Voiture cellulaire* (1898) ; *Daphnis et Chloé* (1899) ; le *Retour de la grande pêche* (1900) ; *Une répétition générale* aux Folies-Bergère (1901).

Certaines toiles de ce peintre contiennent une série

de portraits des personnalités les plus en vue du monde artistique, littéraire et mondain. Telles sont, par exemple : la *Loge d'Yvette Guilbert* où l'on voit fidèlement reproduites, des physionomies parisiennes bien connues, comme MM. J. Ricard, Redelsperger, Louis de Robert, etc. ; *Répétition Générale aux Folies-Bergère*, qui contient aussi les portraits d'autres notabilités.

On connaît encore, entre autres œuvres non exposées de M. Alberti, deux toiles fort intéressantes : la *Jolie plaignante* et les *Invités du Groom*, scènes de la vie réelle (1902).

Ce curieux artiste, dont les productions ornent de nombreuses galeries anglaises et américaines, recherche surtout les « effets de lumière. » Brillant coloriste, il a exécuté, dans sa note très personnelle, un grand nombre de portraits, qui le placent au nombre des bons peintres contemporains.

Lieutenant de réserve de cavalerie, attaché à l'état-major du 7ᵉ corps d'armée, M. H. Alberti est décoré d'une médaille de sauvetage.

SEIGNETTE (Adrien)

Publiciste, professeur, né à Versailles le 27 janvier 1842. Fils d'un proviseur de lycée, il accomplit ses études classiques successivement à Amiens, Toulouse et Orléans.

Entré lui-même dans l'Université à dix-neuf ans, comme professeur de sciences au collège de Foix, M. Adrien Seignette poursuivit sa carrière en province jusqu'à son entrée au lycée Condorcet, en 1880, où il resta jusqu'en 1901, époque à laquelle il prit sa retraite. Il avait, en 1889, obtenu le doctorat ès-sciences naturelles, avec une étude approfondie sur la *Formation des tubercules dans les végétaux*. Son enseignement, très-approprié aux nécessités pratiques des programmes, valut de nombreux succès à ses élèves aux concours généraux annuels.

M. Seignette voulut cependant faire profiter de son expérience professionnelle non-seulement les jeunes gens suivant les cours supérieurs et secondaires, mais aussi les enfants des écoles primaires ou élémentaires. Dans ce but, il imagina et fit expérimenter par de nombreux professeurs une méthode rationnelle d'enseignement primaire, dite « concentrique, » qui est publiée sous le titre d'*École Moderne*.

En exécutant ce vaste programme, a pu écrire, de M. A. Seignette, M. Gaston Bonnier (de l'Institut), l'auteur n'a pas seulement cherché à publier une série d'ouvrages nouveaux s'ajoutant à tant d'autres volumes déjà connus. Le but qu'il a atteint est plus élevé : graduer tous les enseignements de l'École et les simplifier en les traitant par une méthode homogène...

La collection des ouvrages de M. Adrien Seignette, inscrits sur la liste de ceux adoptés par les écoles primaires de la ville de Paris et des départements, ne comporte pas moins de vingt-deux livres d'élèves, avec six atlas et vingt-sept cartes murales ; vingt-deux livres de maîtres, avec quatorze tableaux de géographie et dix-huit cartes murales, en outre d'un cours préparatoire, de tableaux de lecture et de cahiers d'écriture.

L'accueil fait à l'initiative de M. Adrien Seignette s'explique par la simplification que sa méthode apporte à la tâche des professeurs, autant que par une facilité plus grande d'apprentissage pour les élèves.

M. Adrien Seignette est, depuis 1884, directeur du *Journal des Instituteurs*, important organe de pédagogie, qui a pris, dans ces dernières années, un développement considérable.

Cet éminent professeur a été nommé, à sa sortie de l'Université, inspecteur général honoraire de l'Enseignement public et membre des commissions de l'Enseignement secondaire et de l'Enseignement primaire. Il est, en outre, président du Comité des Congrès nationaux d'instituteurs et d'institutrices en France (œuvres postscolaires) et membre du Conseil général de la Ligue de l'Enseignement.

M. Adrien Seignette est chevalier de la Légion d'honneur et officier de l'Instruction publique.

PANSIGER (Clément de)

Peintre, né à Phalsbourg (Alsace-Lorraine) le 1ᵉʳ mars 1855. Fils d'un officier de cavalerie, il accomplit ses études classiques au lycée de Metz ; puis, attiré de bonne heure vers la peinture, il fut élève de l'Académie des Beaux-Arts de Munich et exposa aux Salons annuels de Vienne.

Après avoir visité les principaux musées d'Europe et séjourné notamment à Florence et à Rome, avec Marees et Boecklyn, M. de Pansiger se retira, pendant quelque temps, dans le Tyrol. C'est à cette époque qu'il commença à s'adonner, plus spécialement, au pastel, genre qui l'a, depuis longtemps déjà, rendu célèbre.

Appelé à Vienne pour y faire un grand nombre de portraits de personnalités appartenant au monde aristocratique et à la Cour impériale, cet excellent artiste envoya, durant son long séjour dans la capitale de l'Autriche, des tableaux de genre ou des portraits aux Expositions internationales de Munich, Rome, Berlin,

Dresde, Budapesth, Vienne et Paris. Il reçut partout des récompenses, notamment à l'Exposition universelle de Paris, en 1889, où il fut mis hors concours.

Depuis son installation en France, ce maître peintre a conquis ici une grande notoriété et a exécuté surtout des portraits, tels que ceux du duc et de la duchesse de Noailles, de Mme la baronne de Hœckeren, de Mme Bernardaky, de Mme Singer, de Mme Till, de M^{elles} Germaine et Geneviève de Lamothe, de M. Droz, des enfants du comte de Fels, de la Tortoyada, etc.

Délégué par le gouvernement autrichien à l'Exposition universelle de Paris de 1900, M. de Pansiger est chevalier de la Légion d'honneur.

SOCQUET (Jules)

MÉDECIN, né à Paris le 11 novembre 1853. Ses études classiques faites à l'Ecole Turgot et avec des professeurs libres, il suivit les cours de la Faculté de Médecine. Elève du professeur Brouardel, de qui il devint le secrétaire et, par la suite, le collaborateur comme préparateur au laboratoire de toxicologie, il se fit recevoir docteur en 1883.

La même année, M. Socquet était nommé médecin légiste du Parquet de la Seine ; en cette qualité il a été chargé de nombreuses expertises médico-légales, pratiquées tant à Paris qu'en province. Il est devenu aussi expert arbitre au Tribunal de Commerce de la Seine.

Parmi les causes criminelles célèbres ou sensationnelles, dont l'examen a été confié à M. le docteur Socquet, on doit mentionner les affaires Prado, Pranzini, des anarchistes Simon, Dardare et Léveillé, des « Apaches » de Belleville et de Charonne, le crime de Bourg-la-Reine et tant d'autres.

On lui doit aussi d'importants travaux scientifiques qui, au point de vue juridique, sont d'un intérêt constant. Outre sa thèse de doctorat sur la *Criminalité en France*, qui fut couronnée par la Faculté, il a publié, dans la *Revue de Psychiatrie*, les *Annales d'Hygiène et de Médecine Légale de France*, les *Comptes-rendus* des différents Congrès internationaux de Médecine légale et autres organes spéciaux, des communications ou mémoires, au nombre desquels on mentionne fréquemment ceux *Sur le Suicide*, étude qui lui valut le prix Montyon de l'Académie des Sciences ; la *Syphiloïde papillomateuse et les Erreurs de diagnostic dans les cas où la dermatose peut être confondue avec la syphilis* ; *Sur les Intoxications par l'oxyde de carbone*, etc.

Plusieurs de ces travaux ont été produits en collaboration avec MM. Brouardel, Fournier, Ogier, etc. Certains d'entre eux ont motivé des thèses de doctorat remarquées.

M. le Dr Socquet est vice-président de la Commission des Logements insalubres, nommée par la ville de Paris. Il a fait partie des comités de la classe d'hygiène pour les Expositions de Moscou (1889) et de Paris (1900). Il est, en outre, membre de la Société médico-légale de France et des Sociétés médico-légales de Bruxelles, New-York et autres.

Médaillé pour son dévouement lors de l'incendie du Bazar de la Charité en 1894, M. le Dr Socquet est officier de l'Instruction publique et chevalier de la Légion d'honneur depuis 1892.

SPRONCK (Maurice)

DÉPUTÉ, avocat et publiciste, né à Paris le 18 février 1861. Après avoir accompli ses études classiques et suivi les cours de la Faculté de Droit, il prêta serment d'avocat devant la Cour d'appel de Paris et y plaida durant plusieurs années. En même temps, il s'occupait de politique, devenait président de la conférence Molé-Tocqueville en 1889, et faisait, pour l'Association nationale républicaine, qui le compte encore parmi les membres de son comité-directeur, de nombreuses conférences à Paris et en province.

Candidat aux élections municipales de 1900, dans le quartier du Gros-Caillou (VIIe arrondissement de Paris), il fut élu, le 13 mai, au second tour de scrutin, par 3,541 voix contre 2,725 à M. Lopin, conseiller sortant.

A l'Hôtel-de-Ville, il fit partie de la 6e commission (hygiène, eaux, égouts, navigation), de la Commission mixte des revendications financières, de la Commission mixte des eaux et de l'assainissement, de la Commission chargée de l'examen des comptes de l'Assistance publique ; rapporteur-général du Compte, rapporteur sur l'administration des ingénieurs des Eaux de la ville de Paris, rapporteur de l'importante question de l'abaissement du prix du gaz, il a été très bien accueilli toutes les fois qu'il a abordé la tribune dans l'assemblée municipale.

Républicain nationaliste, M. Maurice Spronck se présenta, en cette qualité, aux élections législatives de 1902, dans la 2e circonscription du VIe arrondissement de Paris, et fut élu député, le 27 avril, au premier tour, par 4,380 voix, contre 2,335 à M. Frébault, radical-socialiste, et 1,647 à M. Aubriot, socialiste.

A la Chambre, il fait partie du groupe nationaliste, de celui de la réforme parlementaire et de celui des intérêts de Paris. Il a pris la parole en diverses circonstances, notamment à propos de l'élection de M. Jumel, des Landes, et au sujet de la ligne de Chartres à Paris (1902).

Écrivain distingué, M. Maurice Spronck a collaboré ou collabore à la *Revue des Deux-Mondes*, à la *Revue Bleue*, à la *Revue hebdomadaire*, au *Journal des Débats*, à la *République*, à la *Voix Nationale*, à la *République Nouvelle de Bordeaux* et à la *Liberté*.

Il a publié plusieurs volumes, dont un : les *Artistes littéraires*, est un remarquable ouvrage de critique sur les écrivains français du XIXe siècle.

HUYSMANS (Joris-Karl)

ÉCRIVAIN, né à Paris le 5 février 1848. Il appartient à une famille d'origine hollandaise, qui compte parmi les siens des peintres estimés, notamment Cornélius Huysmans, de qui notre musée du Louvre possède plusieurs œuvres.

Attaché au ministère de l'Intérieur depuis 1868, M. Huysmans y fut successivement sous-chef, puis chef de bureau et prit sa retraite en 1898.

Il avait débuté dans les lettres, en 1874, par la publication d'une plaquette de vers : le *Drageoir aux Épices*. Jeté dans le mouvement littéraire « naturaliste », par sa collaboration aux *Soirées de Medan*, M. J.-K. Huysmans conçut ses premiers ouvrages suivant la formule de cette école; mais avec un style déjà personnel et d'une particulière saveur. Il a fait paraître ainsi : *Marthe* (1 vol. 1876, 2e ed. 1879) ; les *Sœurs Vatard* (1 vol. 1879) ; *En ménage* (1 vol. 1881) ; *A Vau l'Eau* (1 vol. 1882) ; *Croquis Parisiens*, avec des gravures de Forain (1 vol. 1886) ; *En Rade* (1887) ; *Certains* (1889) ; *Un Dilemne* (2e ed. 1889).

Avec *A rebours*, critique de certaines mœurs contemporaines, où figure le type étrange de Des Esseintes, en qui l'on voulut reconnaître un poète titré du temps (1 vol. 1884), le genre de cet auteur accusa une autre tendance. Se préoccupant, dès ce moment, de problèmes touchant à la métaphysique et au catholicisme particulièrement, M. Huymans s'inquiéta d'occultisme, dans *Là-Bas* (1 vol. 1891), puis de mysticisme et annonça bientôt qu'il se retirait du monde pour aller partager la vie des moines Bénédictins de Ligugé (1898) ; mais, après l'exécution des décrets concernant les congrégations non autorisées, qui provoqua le départ de ces religieux (1902), M. J-K. Huysmans revint à Paris et rentra dans la vie civile.

Dans sa nouvelle manière, il a fait paraître : *En route* (1 vol. 1896) ; *Cathédrale* (1 vol. 1898) ; *Saint-Séverin* (1 vol. 1898) ; *Sainte-Lydwine de Schiedam* (1 vol. 1900) ; *De Tout* (1 vol. 1902). On annonce encore de lui un roman intitulé : l'*Oblat* (1903).

Critique d'art d'une certaine compétence, M. Huysmans a écrit dans l'*Art Moderne* des articles, depuis réunis en volume, dans lesquels il préconisait le talent d'artistes, tels que MM. Redon, Raffaelli, Forain, alors peu connus. Il a collaboré au *Gaulois*, à l'*Echo de Paris*, à la *Réforme* et à diverses revues.

Il est, depuis 1893, chevalier de la Légion d'honneur.

DÈCHE (Jean-Louis-Bernard)

MÉDECIN, député, né à Granges (Lot-et-Garonne) le 18 septembre 1855. Arrière-petit-fils et fils de maires de Calonges et conseillers généraux de Lot-et-Garonne, il étudia la médecine en partie à Bordeaux, où il fut interne des hôpitaux, et à Paris, où il fut reçu docteur en 1882, avec une thèse intéressante et nouvelle pour l'époque sur la *Guérison des plaies pénétrantes causées par les petits projectiles*.

Établi médecin à Calonges, où il s'est occupé avec dévouement et distinction de sa profession, ainsi que de diverses œuvres de philanthropie et de mutualité, le Dr Dèche se créa bientôt une grande popularité dans la région, où son nom était déjà très connu et estimé. Il s'intéressa aussi aux questions d'agriculture, à la fois comme propriétaire et comme membre ou président de syndicats. Il fut choisi, en outre, comme président d'honneur d'une association de vétérans.

Nommé maire de Calonges en 1900 et conseiller général du canton du Mas-d'Agenais en 1899, M. J.-L. Dèche a été élu député, au renouvellement législatif de 1902, dans l'arrondissement de Marmande (Lot-et-Garonne), au deuxième tour de scrutin (18 mai) et par 12,767 voix, contre 10,498 à M. Arago, républicain, en remplacement de M. Léo Melliet.

Républicain progressiste, M. le Dr Dèche, à la Chambre, fait partie de la Commission d'initiative parlementaire.

POINSOT (Paul-Hippolyte-Victor)

ODONTOLOGISTE, né à Paris le 25 janvier 1848. Opérateur patenté dès 1865, il fut attaché, de 1866 à 1869, comme dentiste, au service du docteur Maisonneuve à l'Hôtel-Dieu. C'est là qu'il suivit l'enseignement de l'antiseptie, alors à ses débuts et, l'un des premiers, l'appliqua à l'art dentaire.

En mai 1868, sur les conseils de son maître, M. Poinsot demanda à l'Assistance publique la création du poste de dentiste des hôpitaux. Faute de crédits, l'administration ne put donner suite à cette demande. L'année suivante, au moment de l'organisation de la garde mobile, il fit encore valoir l'utilité d'un service dentaire dans l'armée et, après la guerre de 1870-71, il fit, avec Delalain, de nombreuses restaurations buccales ou faciales aux mutilés militaires du Val-de-Grâce.

Membre fondateur, puis trésorier de la Chambre syndicale de l'art dentaire (1878-1883), il fut prié, en 1879, par une délégation du Cercle des Dentistes de Paris, de prêter son concours pour organiser un enseignement dentaire en France et contribuer à la création d'une école libre à Paris. C'est ainsi qu'il devint l'un des fondateurs de l'Ecole dentaire de Paris, où il fut, dès la première heure, par le suffrage de ses collègues, devenant ainsi ses élèves, désigné comme professeur de pathologie dentaire (1880-1883), puis de thérapeutique spéciale (1883-1895).

M. Paul Poinsot fut successivement nommé vice-président, président du Conseil d'administration et directeur de cette école jusqu'en 1895, époque à laquelle il devint président-directeur et professeur honoraires. C'est sous son professorat qu'ont été formés les dentistes qui ont dirigé ensuite l'Ecole dentaire.

Ce spécialiste, qui jouit d'une haute réputation, a créé le service dentaire à l'Asile clinique Sainte-Anne, officieusement d'abord en 1884 ; puis cette création fut officiellement consacrée en 1891. Il a poursuivi là d'importantes études sur les altérations graves de la bouche coïncidant avec des affections nerveuses ou mentales. Les travaux qu'il accomplit dans cette voie ont, jusqu'ici, confirmé le bien-fondé de ses observations initiales et, au Congrès de 1900, il fit ressortir l'utilité pour le médecin de s'associer le dentiste dans le traitement de certaines affections mentales ou nerveuses.

Les services rendus par M. Poinsot à l'asile Sainte-Anne ont décidé l'administration à créer une semblable organisation dans tous les asiles de la Seine.

En 1892, le vote d'une nouvelle loi mit en danger l'exercice de la profession de dentiste, l'art dentaire lui-même et son enseignement. M. Poinsot, directeur de l'Ecole dentaire au moment le plus périlleux de son histoire, se consacra tout entier à la défense des intérêts professionnels en jeu et put obtenir le décret de 1893, qui, par des dispositions transitoires, assura la vitalité de l'art dentaire.

M. Poinsot est considéré comme l'un de ceux qui ont le plus contribué à asseoir la pratique dentaire sur des bases scientifiques solides ; il organisa le Congrès dentaire de 1888, et fut premier vice-président de cette assemblée en 1889, et l'un des six examinateurs désignés par le ministère de l'Instruction publique pour faire subir les examens des premiers chirurgiens dentistes de la Faculté de Médecine de Paris, en 1894. En 1902, il accepta la présidence de la huitième section du Congrès dentaire international.

M. Paul Poinsot est l'auteur de nombreux travaux dans le domaine de sa spécialité. Il a notamment publié des études sur : la *Diathèse unique dans les affections buccales* (1883) ; le *Système dentaire* (1885) ; les *Accidents de la première dentition* (1892) ; les *Extractions des pulpes de dents complètement calcifiées au moyen de la trépanation* (Congrès de Chicago, 1894) ; l'*Utilisation de l'Electricité pour le recuit des métaux employés à la construction des appareils dentaires* (1895, Congrès de Bordeaux) ; l'*Enseignement de l'Art dentaire en France* (Congrès de Lyon, 1898) ; *La création et le fonctionnement du service dentaire à l'Asile Sainte-Anne* (1900) ; *Moyen nouveau pour obtenir le moulage des bouches* (1902, Société odontologique), etc.

Il a fait d'autres communications importantes, aux diverses sociétés dont il fait partie, sur des inventions d'instruments dentaires et sur des procédés opératoires ; il a collaboré au *Journal d'Odontologie*, bulletin officiel des sociétés odontologiques françaises.

Elu en 1882, membre de la Société Odontologique de Grande-Bretagne, président honoraire de l'Association générale des Dentistes de France et de la Société d'Odontologie de Paris, M. Paul Poinsot a obtenu des distinctions du Congrès dentaire de 1889, du ministère du Commerce et de l'Industrie, de l'Ecole dentaire de Paris et de l'Association générale des Dentistes de France. Il est, depuis 1898, officier de l'Instruction publique.

BONVOUX (Henri)

Publiciste, né à Marseille (Bouches-du-Rhône) le 21 novembre 1847. Après avoir fait ses études au lycée de sa ville natale, il vint à Paris en 1869 et fit paraître, dans les revues, quelques poésies. Il prit part à la campagne de 1870 dans les mobiles des Bouches-du-Rhône.

M. Henri Bonvoux, se consacrant à la sténographie, fut admis, au concours, en 1876, comme sténographe du Sénat ; en 1886, il a été nommé sténographe réviseur. Il est, en outre, sténographe du Conseil général de la Manche depuis 1880.

De 1873 à 1886, il a été l'un des sténographes judiciaires les plus réputés ; mais il a, depuis, complètement abandonné le Palais pour le Sénat.

Secrétaire archiviste de l'Association professionnelle des Sténographes français de 1891 à 1896, il fut choisi comme vice-président en 1896 ; il préside cette association depuis 1900.

M. Henri Bonvoux a été rédacteur en chef du *Chroniqueur du Foyer*, revue aujourd'hui disparue ; il a collaboré à la *Petite Revue*, au *Journal des Familles*, à l'*Economie domestique*, au *Télégraphe*, etc. On annonce de cet auteur un recueil de poésies.

Membre de la Société « la Cigale », dont il a été le secrétaire de 1879 à 1885, M. Henri Bonvoux est officier de l'Instruction publique.

TOUSSAINT (Dieudonné-Prudent)

Archéologue et publiciste, né à Boulogne-sur-Seine le 19 mai 1862. Il appartient à une ancienne famille, originaire de la Champagne, dont plusieurs membres ou alliés se sont distingués dans la magistrature, le clergé, l'armée ou l'administration. Reçu commis-expéditionnaire au ministère de l'Agriculture, en 1880, il a été attaché, par la suite, au cabinet de M. Méline, ministre de ce département.

M. Toussaint s'est fait connaître comme écrivain et conférencier. En Seine-et-Oise et dans l'Oise, il a donné de nombreuses causeries sur la littérature, la poésie et l'agriculture. Il s'est aussi fait remarquer par ses recherches archéologiques dans la vallée de la Viosne et l'arrondissement de Pontoise. Plusieurs de ses trouvailles ont figuré dans diverses expositions, à Paris en 1885 et 1889, à Magny-en-Vexin en 1888, et certaines d'entr'elles ornent le musée de Saint-Germain-en-Laye. Elles lui ont valu plusieurs médailles. En 1890, il fut chargé par le ministre de l'Instruction publique d'une mission d'études dans le cimetière franc d'Ableiges.

La science géologique lui est redevable d'avoir préparé les études des gisements quaternaires d'Eragny et de Cergy (vallée de l'Oise).

M. D.-P. Toussaint collabore au *Progrès de Seine-et-Oise* et au *Régional de Seine-et-Oise*. Il a publié en librairie, notamment : les *Contes et Légendes des cantons de Pontoise et de Marines* ; des études sur le *Cimetière franc d'Ableiges* ; les *Découvertes géologiques et archéologiques des environs de Pontoise*. On annonce encore de lui : *Le Répertoire et la Topographie archéologiques des cantons de Pontoise et de Marines*.

Lauréat de la Société d'Agriculture de Chaumont (Oise) et de la Société d'Instruction populaire de Paris. M. D-P. Toussaint est officier d'Académie depuis 1889.

TROUVÉ (Alexis)

Publiciste, administrateur, né au Chamblac (Eure) le 24 janvier 1853. Fils d'un garde forestier et modeste cultivateur, son instruction fut d'abord très-négligée. Au moment de la déclaration de guerre, en 1870, il était commis de perception à Broglie. Il s'engagea dans les mobilisés de l'Eure et rapporta de la campagne une santé compromise, ce qui le fit réformer à son arrivée au régiment, trois ans plus tard.

M. Alexis Trouvé vint ensuite à Paris, où il occupa pendant quelques années un emploi très-secondaire à la Recette centrale des Finances de la Seine. Se rendant compte alors de l'insuffisance de son instruction à peine ébauchée, il se mit ardemment à l'étude, malgré sa situation précaire où le nécessaire lui manquait parfois ; il amassa une somme de connaissances suffisantes pour s'adonner à la littérature, qui l'attirait.

Retourné en province (au Havre), il devint le correspondant ou le collaborateur de nombreux journaux, parmi lesquels nous citerons : la *France*, la *République*, la *Dépêche* de Nancy, le *Petit Marseillais*, le *Petit Méridional*, le *Lyon-Républicain*, le *Petit Nord*, etc. Une chronique politique européenne, qu'il publia tous les quinze jours pendant sept ans, dans un grand journal des Antilles, sous la rubrique : *Lettre de France*, obtint un vif succès.

Au mois de mars 1890, M. Alexis Trouvé entra à

l'Agence Havas comme petit employé ; mais, dès l'année suivante, il était appelé au secrétariat de cette administration (mai 1891). Il se forma vite à la besogne toute spéciale et si particulièrement délicate qui lui était confiée et, trois ans plus tard, il devenait secrétaire-général de cette grande agence française, poste qu'il occupe depuis lors.

Par ses fonctions, M. Alexis Trouvé est en rapports constants avec le grand public et l'universalité de la presse française, auprès de laquelle il jouit d'une considération et d'une sympathie très vives.

En 1897, M. Alexis Trouvé accompagna en Tunisie les ministres du Commerce, des Finances et de la Justice, à l'occasion de l'inauguration du port de Sfax. Il a rapporté de ce voyage un petit volume d'impressions vécues qui n'a pas été livré à la publicité.

M. Trouvé est officier ou commandeur de différents ordres français et étrangers. Il appartient à l'Association des Journalistes parisiens et au Syndicat de la Presse coloniale.

JACOMIN (Vigny-Alfred-Louis)

PEINTRE, né le 3 janvier 1842 à Paris. Élève d'abord de son père, qui fut lui-même un bon artiste, puis de l'Académie Suisse, il suivit ensuite les cours de l'Ecole des Beaux-Arts de Paris et, dès 1864, il se faisait connaître avec un *Hamlet*, peinture d'interprétation originale.

Depuis 1867, M. Jacomin a envoyé, aux Salons annuels de la Société des Artistes français ou à diverses expositions, des toiles de genre dont la composition, le coloris, le brio ont été très remarqués. On doit mentionner entr'autres : *Portrait Renaissance, Faust, Un mariage au XVIIe siècle*, la *Bonne Lame*, le *Baptême*, le *Miroir magique*, le *Coup de Jarnac*, l'*Ordonnance du Roi*, l'*Antiquaire*, la *Critique chez l'Artiste*, le *Graveur, Chez l'Antiquaire*, le *Fou qui vend la sagesse*, la *Brimade*, la *Cabaretière*, les *Noces de l'Enfant prodigue*, le *Duo, Pierre et Jacques, Une rencontre chez l'armurier*, etc. On connaît aussi de lui diverses aquarelles, parmi lesquelles une *Salomé* des plus brillantes, « un des succès du Salon de 1896 », écrivit un critique.

Plusieurs de ces toiles ont été gravées par Baude et popularisées par la reproduction dans les journaux illustrés.

Comme paysagiste, M. Jacomin a également fait apprécier son talent, avec des sujets tels que : la *Solitude*, l'*Etoile de la Borde*, l'*Etang de Saint-Cucufa*, le *Bocage*, la *Clairière*, la *Mare aux Faisans*, la *Digue*, l'*Abreuvoir*, la *Maréchalerie, Dans la Prairie* (animaux), etc.

M. Jacomin, disait, en 1898, dans la *Revue des Beaux-Arts*, M. Chavarous, est un artiste consciencieux très épris de son art. Toutes ses toiles, d'une exécution scrupuleuse, d'un dessin très pur et d'un joli coloris, peuvent prendre place à côté de celles de nos meilleurs peintres de genre.

De nombreuses œuvres de cet artiste ornent les musées ou collections particulières d'Espagne, d'Angleterre et d'Amérique. L'auteur a été médaillé aux expositions de Londres, Philadelphie, Barcelone, Amiens, Montpellier, Lyon, etc.

BAUMANN (François-Antoine-Marius)

ÉCRIVAIN, ancien magistrat, né à St-Chamond (Loire) le 10 mai 1860. Fils d'un organiste de cette ville, il fit ses études classiques successivement aux petits séminaires de Montbrison, de Saint-Jean et des Minimes à Lyon, ville dans laquelle il prit ensuite les inscriptions de droit et fut reçu licencié, puis docteur (1887), après avoir obtenu un deuxième prix au concours général des Facultés de Droit de France.

Successivement nommé juge-suppléant à Lyon, puis substitut à Charleville et à Nancy, procureur de la République à Rocroy et à Bar-le-Duc, il démissionna en 1897 pour se consacrer aux lettres.

M. Antoine Baumann a publié depuis lors : le *Tribunal de Vuillermoz*, roman de mœurs judiciaires, qui est le résumé synthétique de ses impressions professionnelles et renferme en outre une thèse sur les conditions actuelles de la magistrature (1 vol. 1878) ; *Souvenirs de Magistrat*, recueil de nouvelles, reliées entr'elles par une intrigue ténue (1 vol. 1899) et la *Vie sociale de notre temps*, notes, opinions et rêveries d'un positiviste (1 vol. 1900).

On annonce du même auteur : la *Religion Positive*, roman philosophique qui doit être comme le résumé de la doctrine d'Auguste Comte par un de ses adeptes les plus fervents.

Cet écrivain a collaboré aux *Annales de Philosophie Chrétienne*, à la *Quinzaine* et à l'*Action Française*. Conformément aux indications d'Auguste Comte lui-même, il s'attache volontiers à éveiller les sympathies des catholiques pour le positivisme.

M. Antoine Baumann est membre du Conseil de l'exécution testamentaire d'Auguste Comte.

PARISSOT (Georges-Albert)

Sénateur, né à Paris le 6 septembre 1845. Petit-neveu du fondateur et fils d'un des directeurs de la « Belle Jardinière, » la maison de commerce bien connue, il fit ses études classiques au collège Sainte-Barbe et prit ensuite ses inscriptions de droit.

Délaissant la jurisprudence pour la peinture, art vers lequel le portait un goût particulier, M. Georges Parissot suivit les conseils de M. G. Bergeret et exposa, aux Salons annuels de la Société des Artistes français, des toiles dont certaines furent remarquées. Esprit très cultivé et d'une érudition réelle, il s'est aussi fait applaudir, au Cercle Volney dont il fait partie, avec plusieurs saynètes d'actualités qu'il y a fait jouer.

La politique, cependant, a absorbé presque exclusivement son activité. Fixé, depuis 1870, pendant une grande partie de l'année dans l'Eure, il y créa de vastes et intéressantes exploitations agricoles, des fermes-modèles considérées comme types et dont se sont préoccupé les grandes sociétés d'agriculture. Mis en lumière par ces travaux, il entreprit la défense et la propagande des idées républicaines dans ce département, encore attaché en partie aux souvenirs de l'Empire. A cet effet, il soutint des luttes électorales très-vives, en diverses élections législatives : en 1881, contre M. Janvier de la Motte; en 1884, contre M. Raoul Duval, qui devait pourtant adhérer lui-même ensuite à la République; et en 1885, où il était porté sur la liste républicaine du département, qui échoua tout entière.

Maire de Thibouville (Eure) depuis 1884, conseiller général pour le canton de Beaumont-le-Roger depuis 1892, et confirmé sans interruption depuis dans ces deux mandats, M. Parissot a fondé et préside le Comice et le Syndicat agricoles de Bernay.

En 1895, il fut élu sénateur de l'Eure, par 544 voix, contre 476 à M. Mattard, radical, en remplacement du comte d'Osmoy, décédé.

Au Sénat, M. Parissot est inscrit au groupe progressiste ; il a soutenu fermement le cabinet Méline et la politique modérée Faisant sienne la parole de M. Thiers : « la République sera conservatrice ou elle ne sera pas, » et estimant l'alliance des républicains avec les radicaux, et surtout avec les socialistes, mauvaise pour la République, l'honorable sénateur de l'Eure s'est déclaré l'adversaire des ministères Waldeck-Rousseau (1898-1902) et Combes (1902).

Il n'a jamais manqué d'affirmer ces convictions, qu'il a développées parfois fort éloquemment. A l'occasion de l'inauguration de la mairie de Tilleul-Othon (Eure), en octobre 1902, notamment, dans un discours que reproduisirent même les journaux adversaires, M. Parissot prononçait les paroles suivantes, qui résument toute son attitude politique :

Je n'hésite pas à vous dire que le ministère Waldeck-Rousseau, en servant les intérêts de certains républicains, a fait un grand mal à la République. En appelant aux affaires le parti socialiste, il a oublié que ce parti n'est qu'un parti révolutionnaire et non pas un parti politique. Certains de ses chefs le répètent bien haut et ils ont raison...

Laissons donc, sous un régime dont l'essence même est d'être libéral et qui ne peut être autre chose, la liberté faire son œuvre. L'instinct national, l'expérience peut-être chèrement acquise, l'usage de ses droits par chaque citoyen et le sentiment peu à peu développé de ses devoirs feront plus que des lois d'exception que d'autres lois viendront détruire ; soyez certains que, dans la vie d'un peuple, la logique nécessaire se fait des passions intéressées qui ne durent qu'un jour, et reconnaissez cette vérité, qui fait votre honneur, c'est que, dût-elle en souffrir, la République ne peut se soustraire aux étreintes parfois cruelles de la liberté.

DEBOVE (Maurice-Georges)

Médecin, membre de l'Académie de Médecine et doyen de la Faculté de Paris, né à Paris le 11 mars 1845. Ses études médicales ont été faites à la Faculté de cette ville, où il fut reçu interne des hôpitaux le 23 décembre 1868 et obtint le doctorat en 1873.

Médecin des hôpitaux en 1877, M. le docteur Debove passa l'agrégation l'année suivante et fut nommé professeur à la Faculté de Médecine en 1890. Quand M. Brouardel prit sa retraite en 1902, il fut désigné pour le remplacer comme doyen de la Faculté.

Il avait été élu membre de l'Académie de Médecine en 1893.

M. le professeur Debove est l'auteur de travaux importants touchant à divers points de l'art médical. Parmi ceux qu'il a publiés, on cite notamment les ouvrages ou mémoires suivants : le *Régime lacté dans les maladies* ; *Pathogénie des Tremblements*, avec M. Boudet ; *Lavage de l'Estomac* ; *Recherches sur l'alimentation artificielle* ; *Traitement de la Névralgie par la congélation* ; *Leçons cliniques et thérapeutiques sur la tuberculose parasitaire* (1 vol. 1890) ; *Recherches expérimentales sur l'hystérie* ; *Recherches sur l'influence de la graisse sur la nutrition* ; *Manuel de Pathologie* (1895, 2 vol.) ; *Manuel de Diagnostic médical*, son plus important ouvrage (1899, 2 vol.), etc. Il a, de plus, collaboré à diverses publications, recueils ou dictionnaires médicaux.

Le doyen de la Faculté de Médecine de Paris est officier de la Légion d'honneur.

IBELS (Henri-Gabriel)

PEINTRE, dessinateur, auteur dramatique et pédagogue, né à Paris le 30 novembre 1867.

M. Ibels envoya au Salon des Indépendants, en 1891, ses premières toiles, et ces essais attirèrent immédiatement l'attention sur lui. Tout aussitôt, en effet, les critiques les plus autorisés lui consacrèrent des études, dont nous reproduisons quelques passages, pour définir les diverses manières, toujours personnelles, de cet artiste :

Tout en aimant à noter les saillies énergiques des muscles en mouvement (témoin son *Hercule forain*), M. Ibels ne renonce pas aux séductions de la couleur et ne répudie pas l'harmonie. L'artiste, au demeurant, est curieux, chercheur et montre à la fois des lithographies, des eaux-fortes, des illustrations, des dessins, un médaillon et un vase formé d'une coupe aux flancs de laquelle serpente et s'enroule une figure délicatement modelée dans la cire. (ROGER MARX. — *Voltaire*).

— M. Ibels est lithographe, publiciste et peintre des plus remarqués ; il est observateur de la vie, qu'il voit sous ses aspects essentiels avec de rares facultés de synthèse. Si simples pourtant que soient ses silhouettes et si franc son coloris, il a le souci, dont nous le louons, d'écrire complètement sa pensée. (ARSÈNE ALEXANDRE. — *Paris*).

— Déconcertant et personnel en diable, cet artiste possède au plus haut degré cette qualité rare et précieuse : il est multiple ! C'est ainsi que nous le voyons tour à tour peintre réaliste des bohèmes, des forains et des soldats, nous détaillant les musculatures puissantes des bateleurs et des hercules, ou bien les veuleries souples des clowns fatigués ; puis soudain exquisant des projets de vitrail, des bords de rivière et de grands lys mystiques, tout comme les incompréhensibles, mais harmonieux symbolistes. (J. CHANCEL. — *Revue Mondaine*).

M. Ibels a exécuté plus de quatre cents toiles, pastels ou aquarelles, dont la nomenclature serait sans intérêt documentaire ; dans ces œuvres, il a saisi et rendu en maître, non-seulement les curieuses scènes de la vie parisienne, mais encore « les « paysans, âprement pris sur le vif, magistralement « crayonnés et montrés dans leur égoïsme féroce », ainsi que l'a écrit M. T. Klingsor, dans la *Revue*.

Il a pris une part active au mouvement de renaissance décorative, en groupant les premiers artistes qui exécutèrent les cartons des vitraux de Tiffany exposés à la maison Bing. Il s'est, en outre, affirmé et répandu comme lithographe, et il est placé parmi les premiers maîtres de l'affiche.

Au Salon du Centenaire de la Lithographie, en 1895, M. Ibels exposa une série d'illustrations de chansons, programmes du Théâtre libre, etc., qui fut très remarquée. Il a composé, pour une édition spéciale de *La Terre*, de Zola, une suite de lithographies fort recherchées aujourd'hui.

Comme dessinateur humoriste, il a collaboré à tous les grands journaux parisiens illustrés. Lancé dans la bataille politique, il fonda, en 1899, le *Sifflet*, où il tint tête à M. Forain, son maître, devenu alors son adversaire. Il a réuni une partie de ses dessins politiques en un volume, édité chez Stock sous le titre de *Allons-y !* et ses dessins humoristiques consacrés au Café-Concert, au Cirque, aux Forains, en un autre, sous le titre de *Demi-Cabots* (Fasquelle, éditeur). Il a exécuté une série de 26 eaux-fortes, pour l'illustration d'un livre de M. Jean Jullien sur la *Vie de Paris* et tiré à cent exemplaires seulement (1902, même éditeur).

Auteur dramatique aussi, M. H.-G. Ibels a écrit les pièces suivantes : une comédie historique en 4 actes, *La Montansier*, en collaboration avec MM. de Flers et Caillavet, pour être interprétée au Vaudeville par Mme Rejane ; l'*Amour unique*, comédie en 4 actes, et l'*Annonce*, comédie en un acte, avec la collaboration de M. Pierre Morgand.

Enfin, et c'est peut-être là l'œuvre qui passionne le plus cet artiste aux multiples aspects, M. Ibels a créé une œuvre pédagogique qui, selon le mot de M. G. Larroumet, « révolutionne l'enseignement de l'Histoire » ; l'histoire de France, l'histoire générale, celles de la littérature française et étrangère et celle de l'art (peinture, sculpture, architecture), ont été résumées, d'une façon claire, pratique, saisissante d'ingéniosité, en un volume intitulé : l'*Atlas Historique*, série de tableaux polychrômes, synchroniques et synoptiques, qui innove une méthode d'enseignement et de recherches destinée à rendre les plus grands services au savant, comme à l'étudiant ou à l'écolier.

TROUBAT (Jules-Simon)

ÉCRIVAIN, né à Montpellier (Hérault) le 19 septembre 1836. Fils d'un républicain, victime du coup d'État du 2 décembre 1851, il fit ses études au lycée de sa ville natale.

M. Jules Troubat s'étant, fort jeune, déclaré contre l'Empire, subit une condamnation de trois mois de prison, pour fait politique, en 1858. La même année, il vint à Paris, où Champfleury, qu'il avait connu à Montpellier, le présenta à Arsène Houssaye. Chargé par celui-ci, dans l'*Artiste*, du compte-rendu des ventes artistiques de l'hôtel Drouot, il signa ses articles du nom maternel « Hérand, » pour complaire à son directeur, a-t-il déclaré depuis, qui prisait fort les noms commençant par un H.

En 1861, M. Troubat devint le secrétaire de Sainte-Beuve, comme il l'avait été jusque-là de Champfleury ; il conserva cette fonction jusqu'à la mort du grand critique (1869), qui fit de lui l'un de ses exécuteurs testamentaires et son légataire universel. Il a recueilli et publié en volumes ses œuvres posthumes : *P.-J. Proudhon ; Premiers Lundis* (recueil d'anciens articles du *Globe*, du *National*, etc., 3 volumes) *Lettres à la Princesse, Correspondance* (3 vol.) ; *Cahiers de Sainte-Beuve* (1 vol.), etc. Le volume intitulé *Souvenirs et Indiscrétions, le Dîner du Vendredi-Saint*, englobé par des nécessités de librairie dans les œuvres de Sainte-Beuve, est de M. Troubat, comme l'indique la préface de Charles Monselet à la deuxième édition (1880).

M. Troubat, qui s'était révélé comme un critique sagace lui-même et toujours bien informé, a publié en outre : *Œuvres choisies de Piron*, avec une analyse de son théâtre et des notes, précédées d'une étude de Sainte-Beuve (1 vol. 1864) ; *Histoire de Jean-l'ont-pris*, conte languedocien, traduit de l'abbé Favre et précédé d'une notice (1 vol. 1877) ; *Plume et Pinceau*, études de littérature et d'art (1 vol. 1878) ; le *Blason de la Révolution* (1 vol. 1883) ; *Petits étés de la cinquantaine*, sonnets et autres poésies (1 vol. 1896) ; *Notes et Pensées* (1 vol. 1888) ; *le Mont Ganelon, le Grand Ferré, Jeanne d'Arc et Guillaume de Flavy*, études résumées (1 vol. 1889) ; *Souvenirs du dernier secrétaire de Sainte-Beuve* (1 vol. 1890) ; *Une amitié à la d'Arthez ; Champfleury, Courbet, Max Buchon*, suivi d'une conférence de Sainte-Beuve (1 vol. 1900) ; *Essais critiques* (1 vol. 1902) ; *Gaités de Terroir* (1 vol. 1903).

M. Troubat est aussi l'auteur de la *Vie de Sainte-Beuve*, placée en tête de l'édition définitive du *Tableau de la Poésie française et du Théâtre français au XVIe siècle*. Il a recueilli et publié, en 1894, les *Salons posthumes* de Champfleury, avec une introduction et, en 1896, sous le titre de *Lettres Laotiennes*, une intéressante correspondance, dont des fragments parurent d'abord dans la *Revue Bleue*, correspondance que lui adressait son fils aîné, Paul Troubat, sergent d'infanterie de marine, mort en 1895, au Laos, de fièvre pernicieuse.

M. Troubat a collaboré à l'*Artiste*, à l'*Evènement*, au *Voltaire*, à la *République du Midi*, au *Progrès de l'Oise*, à la *Jeune France*, à la *Vie Littéraire*, à la *Nouvelle Revue*, à la *Revue Bleue*, à l'*Art*, à la *Révolution française*, à la *Justice*, au « *Viro-Soulen* », à la *Province*, à la *Provence artistique*, etc.

Bibliothécaire du Palais de Compiègne de 1879 à 1892, M. Troubat devint à ce moment, cette bibliothèque ayant été supprimée, bibliothécaire des Sociétés savantes à la Bibliothèque nationale. Il est officier d'Académie et vice-président du Félibrige de Paris depuis 1896.

Son frère, M. FERNAND TROUBAT, est l'auteur de nombreuses poésies languedociennes et de divers ouvrages pittoresques sur le Midi, publiés à Montpellier, où il habite.

LYS (Georges FONTAINE de BONNERIVE, dit de)

FFICIER, écrivain, né à Oullins (Rhône) le 8 août 1855. Entré à l'Ecole de St-Cyr en 1874, il en sortit en 1876 comme sous-lieutenant au 56ème de ligne ; lieutenant au 112me le 13 octobre 1882, il devint capitaine au 89e le 27 décembre 1888, puis passa au 76e, à Paris, le 14 juillet 1898.

M. Fontaine de Bonnerive débuta dans les lettres sous le pseudonyme de Georges de Lys, nom d'une branche éteinte de sa famille et dont il est le seul héritier. Il collabora d'abord au *Soleil du Midi*, journal de Marseille Venu à Paris, il publia des romans, contes, nouvelles, articles et poésies au *Courrier Français*, à la *Revue Bleue*, à la *Revue Illustrée*, à la *Revue hebdomadaire*, à la *Nouvelle Revue*, au *Correspondant*, au *Monde Moderne*, à l'*Illustration*, au *Monde Illustré*, à la *Vie Illustrée*, au *Figaro*, au *Gaulois*, au *Gil Blas*, au *Français*, etc. Le succès qui accueillit les œuvres de M. Georges de Lys fut très vif dès le début et s'est soutenu en librairie, où cet auteur a successivement donné : *Idoles*, poèmes (1 vol. 1884) ; *Tubéreuses*, poèmes (1 vol. 1885) ; *Raymond Meyreuil*, roman d'observation (1 vol. 1886) ; *D'Estoc et de Taille*, poésies d'inspiration guerrière (1 vol. 1887, 2e édition 1891) ; *Une idylle à Sedom*, curieux roman de reconstitution archaïque (1 vol. 1889) ; la *France armée*, étude documentaire (1 vol. 1891) ; *Chou blanc*, roman de mœurs (1 vol. 1895) ; le *Pardon*, légende en vers (1 vol. 1895) ; *Officier et Soldat*, ouvrage couronné par l'Académie française (1 vol. 1897) ; *Au Tableau*, roman publié en collaboration sous le pseudonyme d'Heldey (1 vol. 1900) ; le *Logis*, roman couronné également par l'Académie Française (1 vol. 1901) ; *Rahab la Courtisane*, autre roman pittoresque (1 vol. 1902).

On annonce de M. Georges de Lys plusieurs autres ouvrages : le *Fil de la Vierge*, roman ; la *Trampe*, étude originale déjà publiée par l'*Armée Illustrée* ; *Phalènes*, recueil de vers, et l'*Arentelle*, roman de mœurs. Au théâtre de l'Athénée, cet écrivain a fait recevoir une comédie en un acte : *Pierrot troubade* (1902).

Membre de la Société des Gens de lettres depuis 1890 et de la Société « la Plume et l'Epée, » qu'il contribua à fonder en 1892, M. Georges de Lys est chevalier de la Légion d'honneur (1898).

BRUNET-DEBAINES (Louis-Alfred)

GRAVEUR-AQUAFORTISTE, né au Havre (Seine-Inférieure) le 5 novembre 1845. Il est le fils de Lous-Fortuné Brunet-Debaines, chevalier de la Légion d'honneur, architecte de grand talent à qui l'on doit l'Hôtel-de-Ville, le Musée-bibliothèque du Havre et d'autres édifices importants.

Après avoir débuté à l'Ecole des Beaux-Arts de Paris dans la section d'architecture, il y fut l'élève de Pils en peinture et de MM. Ch. Normand, Lalanne et Gaucherel pour l'eau-forte. Il acquit rapidement, dans ce dernier art, une réputation solide et méritée. En 1879, il fut appelé en Angleterre pour l'exécution d'importants travaux et ne revint en France qu'en 1893.

Dès 1872, M. Brunet-Debaines, par ses envois aux Salons annuels, s'était fait connaître comme un artiste original, consciencieux et habile. On cite de lui, parmi les gravures exécutées d'après ses propres dessins depuis cette époque : l'*Hôtel-Dieu de Paris* ; *Derniers vestiges du Pont Saint-Charles* ; l'*Eglise Saint-Pierre de Caen* ; la *Rue de l'Epicerie*, la *Rue Damiette à Rouen* ; le *Cours la Reine à Rouen* ; la *Cathédrale de Cantorbery* ; un *Chemin creux en Normandie*, etc. Parmi ses reproductions d'œuvres de maîtres, il faut mentionner particulièrement : *Une vue de Venise*, d'après Ziem ; *Danse de Nymphes*, d'après Corot ; *Westminster et le Parlement*, d'après Vicat Cole ; *Parting Day, Evening Times* et *The weald of Surrey*, d'après Leader ; *Willows whiten, Aspens quiver*, d'après Keely Halswelle ; *The Valley farm* ; *The Corn field*, d'après Constable ; *The Burial of Wilkie*, d'après Turner ; la *Mare aux chênes*, d'après J. Dupré, etc.

A propos d'une vue de la *Haute vieille Tour à Rouen*, eau-forte originale, M. Lalo dans la *Revue de l'Art Français*, a pu écrire que la manière de cet artiste était « tout à fait remarquable par la sureté de « la facture, la variété des tons et l'aisance avec « laquelle sont indiqués et mis en place les person-« nages et la foule. » Un autre critique, parmi tous ceux, fort nombreux, qui ont analysé ses œuvres, en a donné l'exacte définition suivante :

Soucieux de la couleur et du caractère qu'il convient de donner à chacune de ses planches, il a l'habitude d'exécuter lui-même, d'après nature, un lavis ou une gouache très serrée du site ou du monument qu'il entreprend de représenter.

A Rouen et à Paris, M. Brunet-Debaines a exposé, en outre, des dessins au lavis et des aquarelles pleines de vie, de couleur et de mouvement. Certaines de ses compositions figurent dans les grandes collections et musées.

Il a donné au *Rouen Illustré* plusieurs eaux-fortes originales. Il a collaboré à la *Gazette des Beaux-Arts*, à l'*Art*, au *Port-Folio*, et à l'*Art-Journal* de Londres.

Classé second au concours Troyon en 1871 (*Une inondation*), cet excellent artiste a obtenu aux Salons, après d'autres récompenses, deux médailles de 2ème classe en 1872 et 1873, une médaille de 1re classe en 1886 ; des médailles d'or aux Expositions universelles de Paris (1889 et 1900) et plusieurs médailles ou autres récompenses aux expositions du Havre, de Rouen, de Vienne, de Philadelphie, de Lyon, etc.

Chevalier de la Légion d'Honneur depuis 1874 et officier du Nicham-Iftikar, il est vice-président de la Société normande de Gravure.

COULONDRE (Gaston)

DÉPUTÉ et magistrat, né à Nîmes (Gard) le 1er juin 1857. Fils de riches propriétaires fonciers, il accomplit ses études classiques au lycée de sa ville natale, dont il fut un excellent élève, et vint à Paris pour suivre les cours de la Faculté de Droit.

Lauréat du concours de thèses pour la licence en 1886, reçu docteur en droit deux ans plus tard, M. Gaston Coulondre, après avoir été, de 1886 à 1888, avocat à la Cour d'appel de Paris, entra dans la magistrature. Successivement nommé juge d'instruction à Uzès (Gard) en 1888, juge à Avignon (Vaucluse) en 1898, il devint président du tribunal d'Apt en 1901.

Entre temps, fidèle aux traditions de sa famille qui, dans les départements du Gard et de l'Hérault, a toujours professé des idées républicaines avancées, M. Gaston Coulondre débuta dans la politique, avec un programme radical-socialiste, comme conseiller municipal de Vérargues (Hérault), commune dont il devint maire aussitôt (1888).

Sollicité de poser sa candidature dans la circonscription d'Avignon, aux élections législatives de 1902, M. Coulondre fut élu député, au scrutin de ballottage, le 11 mai, par 9,364 voix contre 8,862 à M. Pourquery de Boisserin, député sortant, maire d'Avignon.

L'honorable député fait partie du groupe radical-socialiste, du groupe de l'enseignement et du groupe agricole du Palais-Bourbon.

M. Gaston Coulondre est officier d'Académie et chevalier du Mérite agricole.

LA LOYÈRE
(Armand de BEUVERAND Vicomte de)

OUVERNEUR des colonies, écrivain, né à Versailles (Seine-et-Oise) le 11 février 1847. Il appartient à une famille d'origine bourguignonne et parisienne. Petit-fils, du côté paternel, du général de La Loyère et, du côté maternel, du baron Cottu, il fit ses études dans sa famille et se fit recevoir licencié en droit. Lors des hostilités franco-allemandes (1870-71), il prit une part brillante à la défense de Belfort, comme capitaine de mobiles, et il fut fait chevalier de la Légion d'honneur à vingt-deux ans.

Entré ensuite dans l'administration comme chef de cabinet du baron Cottu, alors préfet, il devint secrétaire-général de la préfecture de l'Ardèche, puis sous-préfet de Tournon, dans ce département. Démissionnaire le 16 mai 1877, il rentra dans l'administration après la retraite du gouvernement « de l'ordre moral » et fut successivement sous-préfet de Cherbourg et de Toulon. En 1887, le vicomte de la Loyère fut nommé directeur de l'Administration pénitentiaire des colonies à la Nouvelle-Calédonie et, en 1891, envoyé au même titre, à la Guyane. Il occupa ensuite le poste de secrétaire-général du Dahomey (1893), où il remplit, par intérim, les fonctions de gouverneur. Rentré en France, il se vit appeler au secrétariat-général de l'Inde Française en 1897. Il a été nommé, en 1902, gouverneur de la Guadeloupe. Dans ces divers postes, il s'est fait apprécier comme un administrateur habile et sagace, toujours au courant des mœurs et coutumes des régions où il était envoyé.

Écrivain de mérite, fort connu du grand public sous le pseudonyme de Paul Mimande, il a fait paraître dans le *Figaro*, la *Revue Bleue*, la *Revue des Deux Mondes*, l'*Illustration*, la *Grande Revue*, la *Revue de Paris*, le *Correspondant*, des études sociales, presque toujours exotiques et présentant à la fois l'intérêt d'un roman et celui d'un traité d'ethnographie et d'histoire. Nous mentionnerons, entr'autres livres: *Souvenirs d'un échappé du Panama* (1893); *Criminopolis*, ouvrage couronné par l'Académie française, qui lui attribua le prix Fabien (1897); *Forçats et Proscrits* (1898); l'*Héritage de Behanzin* (1898); l'*Abbé Frenet* (1900); le *Roman d'Odette* (1900); la *Galerie d'un sous-préfet*, souvenirs administratifs (1901), etc. On annonce du même auteur: le *Mamoul*, études de l'Inde et des Indous (1902).

Membre de la Société « la Plume et l'Epée, » de la Société des Gens de lettres, de l'Union coloniale, etc., M. de La Loyère est commandeur de plusieurs ordres étrangers, officier d'Académie et officier de la Légion d'honneur.

DUCLAUX-MONTEIL (Jules)

ÉPUTÉ, né aux Vans (Ardèche) le 30 juillet 1848. Fils d'un ancien maire de cette ville et conseiller général de l'Ardèche, il commença ses études classiques dans un établissement congréganiste et les termina au lycée de Lyon, où il prit le baccalauréat. En 1870, il fut lieutenant-adjudant-major des mobiles de son département.

Propriétaire foncier et industriel dans l'Ardèche, M. Jules Duclaux-Monteil s'est aussi beaucoup occupé d'affaires financières.

Maire des Vans depuis 1888 et toujours confirmé dans ce mandat, il fut élu conseiller général pour le canton de ce nom, une première fois, en 1889 et invalidé. Il se présenta de nouveau en 1901 dans le même canton; élu une deuxième fois, il fut encore invalidé. Réélu en 1902, sa nomination fut contestée encore; mais admise finalement. Dans l'assemblée départementale de l'Ardèche, il vote avec la droite.

Aux élections générales législatives de 1893, M. Duclaux-Monteil avait posé sa candidature conservatrice dans l'arrondissement de Largentière (Ardèche); il n'obtint, au deuxième tour de scrutin, que 9,929 voix, contre 12,174 accordées à M. Odilon Barrot, républicain, élu; en 1898, il renouvela, sans plus de succès, la même tentative: son même concurrent fut encore élu par 11,448 suffrages, pendant que 11,216 se portaient sur son propre nom. Plus heureux au renouvellement de la Chambre de 1902, il vit triompher sa candidature, toujours appuyée par les catholiques et les conservateurs, et fut nommé député au premier tour de scrutin, le 27 avril, avec 12,228 voix, contre 11,990 au même M. Odilon Barrot, député sortant, républicain.

M. Jules Duclaux-Monteil s'est fait inscrire au groupe progressiste de la Chambre.

ABOTT (Mlle Bessie PICKENS, dite)

Artiste lyrique, née à New-York le 5 avril 1880, demeurant en France. Petite-fille d'un ancien ambassadeur à Saint-Pétersbourg, fille de Mme Pickens, qui appartient à la famille de Benson, l'ancien archevêque de Cantorbery (en Angleterre), elle avait huit ans à peine quand, après avoir entendu, pour la première fois, au Métropolitan-Opéra-House, *Roméo et Juliette*, sa vocation commença à se dessiner.

D'abord élève de Mme Ashforth, une ancienne cantatrice réputée de New-York ; ensuite de M. Fidèle Koenig de Paris, la jeune fille fut encouragée et protégée par MM. Jean de Reszké et Coquelin qui, à deux ans de distance, l'ayant entendue sur les paquebots pendant la traversée, lui trouvèrent une fort jolie voix et lui conseillèrent de se vouer à la carrière lyrique. Elle vint, en 1901, à Paris, où elle fut présentée par M. Koenig, chef du chant à l'Opéra, à M. Capoul, qui lui donna des leçons de mise en scène. En même temps, Mlle Bessie Abott eut M. Paul Lhérie comme professeur de diction et, le 17 novembre 1901, elle fut engagée à l'Académie nationale de Musique.

Le 9 décembre suivant, cette artiste débuta dans le rôle de Juliette, de *Roméo et Juliette*, avec un immense succès. Le lendemain, la presse tout entière enregistrait en termes élogieux les débuts de la jeune cantatrice.

Je serais bien étonné, disait M. Charles Joly, dans le *Figaro*, si Mlle Bessie Abott, la jeune débutante d'hier soir, n'était pas appelée à parcourir une carrière lyrique des plus brillantes, car elle a chanté le rôle de Juliette avec une rare virtuosité. Bien des cantatrices ont reçu de la nature des dons égaux aux facultés dont dispose cette jeune fille ; mais j'en connais peu qui eurent la voix plus étendue et plus souple ; en outre, le métal en est pur, cristallin, transparent. En vérité, je vous le dis, c'est une étoile qui se lève.

— Une révélation, hier soir, à l'Opéra : celle d'une jeune et jolie Américaine, Mlle Bessie Abott, douée d'une voix d'un timbre pénétrant et délicieux. Dès son entrée en scène, toute la salle était déjà sous le charme de cette apparition de jeunesse et de candeur et, après la valse du premier acte, enlevée avec une surprenante virtuosité, on a fait à la débutante une ovation, qui s'est continuée à la scène du balcon ainsi qu'au grand duo final de la chambre nuptiale... C'est une nouvelle Patti, disait-on de tous côtés... (*Le Gaulois*).

— Sa diction est particulièrement nette et, quoique Américaine, elle chante sans aucun accent, dans un très-bon français dont on ne perd pas une syllabe. Toutes les qualités qu'on a si fort applaudies avant-hier sont dues, nous dit-on, à M. Gailhard, l'infatigable directeur de notre Académie nationale de Musique. (*Gil Blas*).

Mlle Bessie Abott a créé, à l'Opéra, l'Oiseau de *Siegfried* ; elle a, dans son emploi, les rôles de *Faust* (Marguerite), d'*Hamlet* et de *Rigoletto* (1902).

Cette excellente cantatrice s'est fait entendre au palais de l'Elysée, lors du voyage à Paris du roi Oscar de Suède, en 1902.

STÉPHANE (Mme GARRISSON, née Valentine MÉNARD, dite)

Écrivain, auteur dramatique, née à Lunel (Hérault). Fille et petite-fille de docteurs en médecine, elle témoigna, dès la prime jeunesse, d'un vif penchant pour la littérature. Son mari, M. Gaston Garrisson, fils du sénateur de Tarn-et-Garonne, fut, en 1885-86, secrétaire de la Présidence du Conseil ; en 1889, candidat aux élections législatives dans le Tarn-et-Garonne, après avoir assisté M. Herbette dans l'organisation de l'Exposition pénitentiaire en France et en Italie. Il collabora au *Temps* et à divers autres journaux, publia un recueil de vers et une réédition des *Œuvres du poète François Maynard*, fut membre de la Société des Félibres et de celle des Cigaliers. Il est mort en 1893.

Son mariage avait introduit Mme Garrisson dans des milieux à la fois politiques et littéraires ; elle écrivit dès lors diverses œuvres ; mais ne se détermina à les publier qu'après le décès de son mari. Depuis, elle a fait paraître, sous le pseudonyme de « Stéphane » : les *Reines de Paris*, roman de mœurs contemporaines (1895) ; *Une Race*, étude de mœurs rurales (1897) ; *Grand-Maman* (dans la *Nouvelle Revue*, 1902).

Abordant en même temps le théâtre, elle a fait représenter à la Bodinière, en 1900, une comédie en un acte : l'*Ecueil*, dont M. Jules Lemaître avait accepté la dédicace, pièce pleine de finesse et de grâce, rappelant parfois Musset, et qui fut reproduite dans les *Annales de la Patrie Française* ; puis au Nouveau-Théâtre, en octobre 1901, le *Clos*, pièce en trois actes, parue peu après dans la *Nouvelle Revue*. On annonce d'elle encore une pièce en 4 actes : *A ciel ouvert*, destinée au théâtre Antoine, et une autre en 3 actes : *Déclassée*, en lecture à ce théâtre (1902).

Stéphane a donné à de nombreuses revues littéraires telles que la *Nouvelle Revue*, la *Chevauchée*, la *Revue du Midi*, la *Chronique Mondaine*, etc., d'excellentes études d'analyse ou de critique sur les œuvres de contemporains comme Maurice Barrès, Marcel Prévost, Emile Pouvillon, le Sâr Peladan, Brieux, Falguière, etc.

Les œuvres littéraires ou dramatiques de Stéphane ont été généralement louées par la critique. Le *Temps*, après la représentation de l'*Ecueil*, en 1900, à la

Bodinière, signalait le succès de cette comédie ; le même journal, l'année suivante, estimait que le *Clos* était une « œuvre curieuse, rappelant le théâtre norvégien ». Après son premier roman, les *Reines de Paris*, on avait lu déjà dans la *Dépêche* de Toulouse :

— Voici une œuvre forte... Ce livre, d'une saveur vraiment nouvelle, ne ressemble à rien de déjà fait ; l'idée profonde et précise y tient plus de place que l'imagination ou la sentimentalité.... C'est une exposition du problème social... prise du point de vue d'un esprit bourgeois par sa naissance, indépendant et impartial par sa nature... ; de style, bien personnel, ne pastichant celui d'aucun autre écrivain.

Et M. Charles Maurras, à propos d'*Une Race*, écrivait dans la *Gazette de France* :

J'ai sous les yeux un petit livre dont le sens est exquis, l'expression éloquente et forte. Singulier petit livre, fait de tableaux rustiques, tout pleins de joie, de vérité, de poésie, qui rappelle certaines idylliques allemandes... Et l'on songe aussi quelquefois au Gœthe d'*Hermann et Dorothée*.

MARSAC (Paul-Alphonse)

PEINTRE, né à Paris le 22 juillet 1865. Fils du maître d'armes bien connu, il fut d'abord élève de l'Ecole des Arts décoratifs, dont il devint lauréat, puis de celle des Beaux-Arts et de MM. Sain et Duffaud. Durant son service militaire, il exécuta pour la salle d'honneur du 2me régiment d'infanterie de ligne, à Granville (Manche), la *Bataille de Zurich* et la *Bataille de Solférino*, deux importantes toiles, bien composées. De 1888 à 1890, il a été dessinateur au Service géographique de l'Armée.

En 1886, M. Paul Marsac débutait aux Salons de la Société des Artistes français avec une fort belle *Vue de la Colette à Jersey*. Il a envoyé depuis, à la même exposition : le *Soir et Crépuscule* (1888) ; *Brouillard de Décembre* (1890) ; *A marée basse, baie du Mont-Saint-Michel* (1891) ; le *Rhône vu du mont de la Justice*, environs d'Avignon (1892) ; *Plein Soleil* (1894) ; l'*Ile de Batz, Finistère* (1895) ; *Un centenaire en Provence* et *Journée d'automne* (1895) ; *Matinée de printemps*, environs de Gray (Haute-Saône) (1897) ; la *Baie du Sphinx* (1898) ; la *Maison de Mireille* (1902).

Outre ces envois aux Salons officiels, on connaît de M. Paul Marsac un grand nombre d'autres œuvres, pleines de mérite, au nombre desquelles il convient de citer : le *Bac de Charenton-le-Pont*, les *Falaises de Villers-sur-Mer*, le *Panorama de Trouville*, le *Calme*, *Un coin du vieux Paris*, la *Tour de Montlhéry*, le *Printemps sur les coteaux de Corbeville*, la *Gorge aux chats* (forêt de Fontainebleau), la *Gorge aux loups*, la *Mare aux Fées*, les *Bords du Loing*, *Une vieille ferme à Montigny-sur-Loing*, le *Loup et l'Agneau*, le *Cap de la Hève*, la *Plage de Frascati sur les côteaux de Ville-d'Avray*, le *Port de Granville*, la *Plage de Saint-Pair*, le *Vivier-sur-mer*, le *Phare de Cancale*, le *Port de Roscoff*, la *Rivière Dossen* (Finistère), les *Ecueils de Roscoff*, les *Alpilles* (Bouches-du-Rhône), le *Château des Baux*, le *Clocher de Maillane*, le *Mas de Magali*, la *Moisson à Saint-Rémy-de-Provence*, *Troupeau surpris par l'orage*, les *Nénuphars*, la *Tour de Maurepas*, la *Seine à Poissy*, *Meules aux environs de Maurepas*, *Côteaux de Viroflay*, l'*Hiver à Paris*, la *Neige à Saint-Cyr*, le *Printemps à Montigny-sur-Loing*, le *Clocher*, les *Inondations du Loing*, l'*Abreuvoir*, le *Vieux Port à Gray*, les *Bords de Saône*, la *Tour des Phocéens*, la *Baie du Prado*, les *Hauteurs de la Madrague*, la *Bleue*, la *Jaune*, la *Verte*, *Coup de Mistral*, la *Vague*, le *Château d'If*, l'*Ile Pomègue*, *Effet de Lune*, etc.

Chargé de la partie artistique de la section des Iles Mayotte et Comores à l'Exposition universelle de 1900, M. Paul Marsac exécuta un intéressant diorama représentant la *Récolte de la canne à sucre* et une *Rhumerie en pleine activité*. Il a envoyé à l'Exposition de Hanoï, en 1903, des œuvres remarquées.

Plusieurs toiles de cet artiste figurent dans les musées ou les grandes collections particulières, notamment : *A marée basse dans la Baie du Mont-Saint-Michel*, qui se trouve au musée de Carpentras ; *Journée d'automne en Provence*, qui orne le cabinet du ministre, au ministère des Finances, et la *Rade de Saigon*, à la salle des Fêtes de la mairie de cette ville.

M. Paul Marsac a collaboré au *Moniteur du Dessin*, à la *Revue des Beaux-Arts*, à la *Revue des Colonies*, etc.

Peintre des ministères de la Marine et des Colonies, il est membre titulaire du Syndicat de la Presse coloniale et vice-président de la Société coloniale des Beaux-Arts.

Artiste très divers, primesautier, mais toujours consciencieux et sincère, M. Paul Marsac a obtenu de nombreuses récompenses en province et à Paris ; il a reçu de la Société des Artistes français une mention honorable en 1894, une médaille de 3e classe et une bourse de voyage en 1895 ; une médaille de bronze à l'Exposition universelle de 1900 ; un diplôme d'honneur à l'Exposition pan-américaine de Buffalo (1902), etc.

Officier de l'Instruction publique et décoré des ordres du Cambodge et de l'Etoile d'Anjouan, M. Marsac est de plus titulaire d'une médaille de sauvetage.

FOUINEAU (Raoul)

Médecin, né à Paris le 24 novembre 1873. Fils d'un ancien commandant de chasseurs à pied, officier de la Légion d'honneur, devenu ensuite maire-adjoint du VI° arrondissement de Paris, il fit ses études classiques au lycée Condorcet, puis il suivit les cours de la Faculté de Médecine ; il fut nommé, par ses camarades, vice-président de l'Association générale des Etudiants. Externe en 1893 et interne des hôpitaux (1895), il obtint le doctorat en 1898, avec une thèse sur l'*Œdème du Poumon*, qui lui valut de la Faculté le prix Corvisart et une mention honorable.

Le D' Raoul Fouineau a publié sur le même sujet des études très documentées dans divers périodiques médicaux. Il a fait paraître en outre un *Formulaire de Thérapeutique infantile* (1 vol. 1901), avec une préface du D' Hutinel, qui est généralement consulté par les praticiens, en raison des indications très exactes et précises qu'ils trouvent dans cet ouvrage.

Très réputé pour le traitement des maladies de l'enfance, le D' Fouineau a été nommé médecin du lycée Voltaire. Il est de plus médecin adjoint du Dépôt (service des Prisons de la Seine), médecin de plusieurs associations de secours mutuels et de divers théâtres. Secrétaire de la Société des médecins du XI° arrondissement et de celle des médecins de théâtre, officier d'Académie, il a été médaillé pour son concours en 1900, aux œuvres de mutualité.

RICHEPIN (Jacques)

Poète, auteur dramatique, né à Paris le 20 mars 1880. Fils de M. Jean Richepin, le célèbre poète (1), il se fit recevoir bachelier ès-lettres en 1897 et s'essaya aussitôt dans les lettres. A dix-huit ans, il avait terminé la *Reine de Tyr*, pièce en 4 actes, en vers, qui fut représentée en 1899 et obtint un réel succès au Théâtre Maguéra où elle fut interprétée par M™° Maguéra et M. Severin. En 1900, il donna, au théâtre Sarah Bernhardt, la *Cavalière*, pièce d'une superbe allure, en 5 actes et en vers, dans laquelle M™° Cora Laparcerie, qu'il devait épouser l'année suivante, se révéla artiste de premier ordre.

M. Jacques Richepin, que ses qualités personnelles d'écrivain et de poète ont mis en relief autant que le nom qu'il porte, semble s'être attaché jusqu'à présent à s'éloigner de la couleur et de la truculence, caractéristiques de la manière de son père ; il tend plutôt à l'observation et à la psychologie des caractères.

Il a collaboré à la *Presse*, au *Matin* et à la *Revue de Paris*, où ont paru de lui des poésies réunies ensuite sous le titre : les *Labyrinthes* (1902). On annonce en outre de lui : *Cadet Roussel*, 3 actes en vers pour la Comédie Française ; *Lord Byron*, 5 actes en vers, et *Mayeux*, 5 actes en vers.

M. Jacques Richepin a été admis étant encore mineur (1900), à la Société des Auteurs et Compositeurs dramatiques ; il était, à ce moment, le plus jeune membre de cette association.

LAPARCERIE
(M™° Jacques RICHEPIN, née Cora)

Artiste dramatique, femme du précédent, née à Bordeaux. Elle remporta, au Conservatoire de sa ville natale, un premier prix de chant, puis se consacra à l'art dramatique.

Venue à Paris et engagée, en 1898, à l'Odéon, elle débuta dans le *Capitaine Fracasse* de Bergerat ; puis elle fit de remarquables créations successivement dans *Richelieu*, la *Double Méprise*, de Victor Margueritte ; le *Don Juan*, de Haraucourt ; les *Truands* de Jean Richepin, où elle remplit un intéressant rôle de « ribaude »; *Chênecœur*, de Soulié ; *France d'Abord !* de Henri de Bornier et dans de nombreuses reprises telles : le *Chien de Garde* de Jean Richepin ; la *Maréchale d'Ancre*, de Philaster ; le *Lion Amoureux*, de Ponsard, etc.

Au Théâtre de l'Œuvre, elle a créé notamment : *Fausta*, de Paul Sonniès ; *Aert*, de Romain Rolland ; *Dans la nuit*, de A. de Lorde et Eugène Moret, etc.

En 1900, cette excellente artiste alla interpréter *Alkestis*, de Gustave Rivollet, à Orange ; puis le *Prométhée*, de Jean Lorrain et Hérold, à Béziers, où elle représenta en 1902 *Parysatis*, de M™° Dieulafoy.

Le talent fin, souple et si original de M™° Cora Laparcerie s'est fait apprécier encore sur diverses autres scènes, notamment au théâtre Sarah Bernhardt dans la *Cavalière* ; à la Porte-Saint-Martin, dans *Quo Vadis* ; au Vaudeville dans les *Petites Jourdeuil* ; à l'Athénée dans *Ninon de Lenclos*. Elle a fait, en outre, des interprétations brillamment personnelles des grandes œuvres du répertoire aux matinées classiques de l'Odéon : *Andromaque*, *Athalie*, *Cinna*, le *Cid*, *Horace*, *Andromède*, *Iphigénie*, *Athalie*, etc.

Elle a épousé, en 1901, M. Jacques Richepin.

(1) Notice tome I°, page 141.

GLÉNARD (Frantz)

Médecin, membre de l'Académie de Médecine, né à Lyon le 25 décembre 1848. Il fit, dans cette ville, ses études classiques, puis celles de médecine. Il interrompit ces dernières, à la troisième année, pour s'engager dans un régiment de ligne, quand éclata la guerre de 1870. Fait prisonnier au combat des Ormes, près d'Orléans, et interné à Stettin (Allemagne) durant cinq mois, il fut admis comme assistant du Dr Brand dans le service des hôpitaux affectés aux malades français ; il étudia là le traitement de la fièvre typhoïde par les bains froids, qu'il introduisit ensuite et propagea en France par une vingtaine de mémoires, parus de 1873 à 1900, et par des communications aux sociétés savantes, entr'autres à l'Académie de Médecine et à l'Institut en 1883.

Interne des hôpitaux, puis chef de clinique de la Faculté de Lyon, il fut reçu docteur en 1875, avec une thèse sur l'*Étude des causes de la coagulation spontanée du sang à son issue de l'organisme ; application à la transfusion*. Mais M. Glénard, presqu'aussitôt après, dût abandonner sa profession, souffrant d'une grave affection qu'il avait contractée pendant sa captivité. Après sa guérison, quelques années plus tard, il fixa sa résidence à Vichy, où il devint par la suite médecin de l'Hôpital thermal.

Le docteur Glénard est l'auteur d'importants travaux scientifiques qui font autorité. Parmi ceux qu'il a publiés, on cite tout particulièrement les suivants : *Sur la localisation définitive du souffle maternel de la grossesse « artère puerpérale »* (Archives de Tocologie, 1876) ; *Étude sur l'Enteroptose*, maladie qui, dans les traités classiques de médecine de France et de l'étranger, est décrite et connue sous le nom de « maladie de Glénard » (Lyon médical, 1885) ; *Du foie chez les diabétiques ; Du diabète alcoolique* (Lyon médical, 1890) ; *Sur la palpation bi-manuelle du foie par le procédé du pouce ; Introduction à l'étude de l'Hépatisme* (Lyon médical et 1 vol. 1893) ; *Sur les caractères objectifs et le diagnostic du rein mobile, procédé néphroleptique* (Revue théorique et pratique des maladies de la nutrition 1893 et 1 vol. 1894) ; ces deux derniers procédés sont décrits dans les traités classiques sous le nom de « procédés de Glénard » ; les *Ptoses viscérales* (1 fort vol. Paris, Alcan, 1898) ; *De l'Hépatisme* (Progrès médical 1900) ; *De l'Alcoolisme insidieux* (id. 1901) ; *Le Vêtement féminin et l'Hygiène* (Conférence à l'Association française pour l'avancement des Sciences, publiée dans la *Revue Scientifique*, 1902) ; *Insuffisance hépatique et Maladies de la nutrition* (Congrès de Toulouse, 1902).

Il est, en outre, l'auteur de diverses inventions hygiéniques ou chirurgicales, notamment d'une ceinture hypogastrique connue sous le nom de « sangle Glénard ».

Le Dr Glénard a fondé et dirigé la *Revue des Maladies de la nutrition* et il a collaboré à la plupart des revues ou journaux de médecine actuels.

Membre correspondant de l'Académie de Medecine depuis 1894, il fait partie en outre de la Société médicale des hôpitaux de Paris, de la Société de Médecine de Paris, de la Société de Médecine et de celle des Sciences médicales de Lyon, et de plusieurs corps savants étrangers.

M. le Dr Glénard est chevalier de la Légion d'honneur et titulaire de divers autres ordres.

RAMBOURGT (Eugène)

Sénateur, ancien fonctionnaire, né à Coursan (Aube) le 4 octobre 1844. Issu d'une ancienne famille de la région, qui compta parmi les siens le général de ce nom et le vicomte Rambourgt, député de l'opposition libérale sous le second empire, il fit ses études classiques au collège d'Auxerre (Yonne) et celles de droit à la faculté de Paris.

Reçu licencié, M. Rambourgt entra, en 1871, dans l'administration comme chef de cabinet du sous-secrétaire d'État à l'Intérieur, M. Calmon. Successivement sous préfet de Saint-Dié (1872), de Falaise (1874), d'Orange (1876), de Saint-Quentin (1877) et de Verdun (même année), il se retira en 1878.

Nommé, à cette époque, maire de Coursan et conseiller général de l'Aube pour le canton d'Ervy, il fut secrétaire, vice-président, puis président de l'assemblée départementale.

En 1889, M. Eugène Rambourgt fut élu député de la 2e circonscription de Troyes, au scrutin de ballottage, avec 5,757 voix contre 4,778 voix à M. Charonnat, radical, et 2,050 au baron Legoux, bonapartiste. Républicain progressiste, il fit partie, à la Chambre, de plusieurs commissions, notamment de celles du règlement définitif des budgets, des réformes administratives et de la révision des patentes.

Il échoua, au renouvellement législatif de 1893, dans la même circonscription, obtenant 5,946 voix contre 6,425 à l'élu, M. Dutreix, radical-socialiste ; mais, à la mort de M. Tézenas, sénateur de l'Aube (1897), M. Eugène Rambourgt fut élu, en son remplacement, par 413 voix sur 687 votants.

Inscrit à la gauche républicaine de la Haute Assemblée et au groupe agricole, dont il est devenu le secrétaire, M. Rambourgt est également secrétaire du Sénat depuis 1900. Il a été membre et rapporteur de la commission du règlement définitif des budgets, membre de la Commission de révision du gouvernement et de l'administration des Colonies et de celle des chemins de fer.

Protectionniste et très dévoué aux intérêts agricoles et industriels de son département, l'honorable sénateur a fondé et préside l'une des premières associations d'agriculteurs et de viticulteurs instituées dans l'Aube.

M. Eugène Rambourgt fait partie du Conseil général de l'Association nationale républicaine, présidé par M. Audiffred, député, et du Comité directeur de l'Alliance républicaine, dont le président est M. Méline. Il est enfin membre de la Commission supérieure de surveillance des Caisses nationales d'assurances contre les accidents.

GIRAUDEAU (Fernand)

ÉCRIVAIN, ancien fonctionnaire, né en 1835 à Paris. Il y fit ses études classiques et entra dans l'administration en 1863, comme chef de cabinet du préfet des Bouches-du-Rhône.

Attaché ensuite aux cabinets de MM. Billault et Rouher, ministres d'Etat, M. Fernand Giraudeau devint directeur du Service de la Presse. Il donna sa démission au 4 septembre 1870, et se retira dès lors de la vie publique. Il a collaboré depuis ce temps au *Paris-Journal* de Henri de Pêne, à la *Patrie* et à divers autres journaux conservateurs.

M. Giraudeau est l'auteur de publications historiques, politiques et économiques qui sont appréciées. On doit mentionner notamment de lui les ouvrages suivants : la *Presse périodique de 1789 à 1867* (Dentu éditeur, 1867); *Nos Mœurs politiques* (Dentu, 1868); l'*Opposition de Panurge* (Dentu, 1869); la *Vérité sur la Campagne de 1870* (Amyot, 1871); *La Mort et les Funérailles de Napoléon III* (Amyot, 1873); *Vingt ans de despotisme et quatre ans de liberté* (Lachaud, 1874); l'*Empire* (Dentu, 1884); *Les Vices du jour et les Vertus d'autrefois* (Perrin, 1891); *Napoléon III intime* (Ollendorff, 1895).

Sous le pseudonyme d'André Raibaud, il a fait paraître ceux-ci : les *Mystères de la Cassette Impériale* (Noblet, 1871); *Bleus, Blancs, Rouges* (Dépôt central des Editeurs, 1873); les *Papiers secrets de la Défense nationale* (Amyot, 1875); *Comment on devient bonapartiste* (Lachaud, 1875).

Enfin on connaît de lui les livres suivants publiés sans nom d'auteur : *Mon voyage au Corps législatif* (Amyot, 1862); *Une excursion électorale* (Amyot, 1863); *Testament politique de M. Prudhomme* (1865); la *Légende Napoléonienne* (Noblet, 1869); *Paris charitable* (Plon, 1897).

M. Fernand Giraudeau, depuis plusieurs années, s'est consacré exclusivement à l'Office central des Institutions de bienfaisance de Paris. Il est chevalier de la Légion d'honneur depuis 1867.

COLIN (Maurice)

DÉPUTÉ, jurisconsulte, né à Lyon le 19 janvier 1859. Fils d'un industriel de cette ville, il fit ses études classiques chez les Pères Maristes de Saint-Chamond (Loire), puis celles de droit aux facultés de Lyon et de Paris. Lauréat du concours général de droit et licencié en 1881, il se fit recevoir docteur en 1883 et professeur agrégé des Facultés de Droit en 1887.

Dès 1881, M. Maurice Colin s'était fait inscrire au barreau de la Cour d'appel de Paris, où il s'occupa d'affaires civiles. En 1887, il fut nommé professeur de droit constitutionnel à l'Ecole de Droit d'Alger. Depuis cette époque, il appartient au barreau de cette même ville.

M. Maurice Colin est l'auteur d'importants travaux de jurisprudence, qui sont hautement estimés. On cite surtout les suivants : les *Dons manuels* (1 vol. 1884), ouvrage couronné par la Faculté de Droit ; *Traité de Droit administratif* (1 vol. 1890); les *Donations des Testaments* (2 vol. 1897, 2ᵉ édition 1899, en collaboration avec M. Baudry-Lacantinerie). Il a fourni en outre de nombreuses études juridiques aux publications telles que le *Répertoire* de Sirey et des articles concernant les questions algériennes à la *Revue politique et parlementaire*, à la *Revue des Deux Mondes*, au *Journal des Débats*, dont il était le rédacteur algérien. Plusieurs des articles consacrés par lui aux questions algériennes ont été réunis en un volume sous ce titre : *Quelques questions Algériennes* (1900).

Aux élections générales législatives de 1902, M. Maurice Colin, que sa situation à Alger et ses études sur les questions intéressant la colonie avaient mis en évidence, fut élu député de la 1re circonscription d'Alger, au premier tour de scrutin et par 9,782 voix contre 8,682 à M. Edouard Drumont, antisémite, directeur de la *Libre Parole*, député sortant.

Républicain sans autre épithète, M. Maurice Colin a soutenu la politique des ministères Waldeck-Rousseau et Combes. Il est inscrit, à la Chambre, au groupe de l'Union démocratique. Il appartient en outre au groupe colonial et au groupe viticole. Il est membre de la commission de la réforme judiciaire et de celle des patentes ; il a déposé sur la tribune de la Chambre un intéressant projet de loi tendant à remanier les articles 331 à 335 du code pénal, afin de rendre plus sévère la répression des attentats à la pudeur, celle de l'excitation des mineurs à la débauche, ainsi que la complicité dans ces délits, questions dont les travaux de divers congrès ont fait connaître au public l'importance.

L'honorable député est membre de l'Alliance démocratique républicaine.

CAZIN (Maurice)

CHIRURGIEN, né à Versailles le 8 mars 1865. Fils d'Achille Cazin, le savant physicien (1832-1877), principalement connu par ses travaux sur l'électricité et sur la théorie mécanique de la chaleur, et de Mme Jeanne Cazin, membre de la Société des Gens de lettres et lauréat de l'Académie Française, il fit ses études au lycée Louis-le-Grand, à Paris, et entra en 1883 au Muséum d'histoire naturelle, dans le laboratoire de Milne-Edwards ; il fit là ses premiers travaux d'anatomie comparée et d'histologie, qui furent publiés dans les *Comptes-rendus de l'Académie des Sciences*, les *Bulletins de la Société philomatique de Paris* et les *Annales des Sciences naturelles*.

Licencié ès-sciences naturelles en 1885, docteur ès-sciences en 1888, M. Cazin fut nommé simultanément répétiteur à l'Ecole des Hautes-Etudes, au Muséum, et préparateur du professeur Cornil, puis chef du laboratoire du professeur Duplay, à la Faculté de Médecine. Interne des hôpitaux de Paris en 1890, il fut attaché successivement à l'hospice de la Salpêtrière, à l'hôpital de la Charité, à la maison Dubois, et sortit de l'internat, le deuxième de la promotion des internes en chirurgie, lauréat de l'Assistance publique (médaille d'argent), de l'Académie de Médecine (prix de l'Académie, 1893) et de la Faculté de Médecine (médaille d'argent).

Reçu docteur en médecine en 1894, il fut nommé chef de clinique chirurgicale de la Faculté à l'Hôtel-Dieu de Paris, en 1896, et médecin de l'Exposition universelle en 1898.

Il fonda, en 1901, avec son collègue de la Faculté, le docteur Banzet, la Clinique médico-chirurgicale, à l'exemple des institutions similaires de l'étranger.

Le Dr Cazin s'est particulièrement attaché à l'étude de l'organisation des services de la Croix-Rouge en temps de guerre et, dans ce but, il a créé, au Dispensaire de la Société de secours aux blessés militaires, un enseignement pratique destiné à permettre aux femmes du monde de remplir utilement les cadres d'infirmières des ambulances de la Croix-Rouge. Délégué à la Conférence internationale de Saint-Pétersbourg, il y a fait approuver ce mode d'instruction par les dispensaires-écoles d'infirmières, qui se sont multipliés en France et ont déjà donné d'excellents résultats.

M. Cazin est l'auteur de nombreux travaux sur le *Cancer*, le *Traitement des hernies*, les *Maladies des os et des articulations*, le *Traitement de l'appendicite*, la *Chirurgie de l'intestin*, les *Atrophies musculaires*, et sur différents sujets d'anatomie comparée, d'histologie, et d'anatomie pathologique, publiés sous forme de mémoires ou d'articles dans les *Comptes-rendus de l'Académie des Sciences*, les *Bulletins de la Société anatomique de Paris*, les *Archives générales de Médecine*, la *Gynécologie*, les *Annales d'Orthopédie*, la *Semaine Médicale*, etc.

Chargé, en collaboration avec le Dr Duplay, au Congrès de Budapest, en 1894, d'un rapport sur les *Origines du Cancer*, le Dr Cazin a pris également une part importante aux congrès internationaux de Londres (1891), Rome (1894), Genève (1895) et Moscou (1897). Il a publié, dans la *Bibliothèque de Chirurgie contemporaine*, un important *Traité des Tumeurs*, avec le professeur Duplay, et a collaboré à la nouvelle édition du *Traité d'histologie pathologique* de Cornil et Ranvier, en rédigeant les chapitres consacrés aux *Maladies des os et des articulations*.

Il a pratiqué avec succès, l'un des premiers, la cure radicale des hernies sans fils perdus, le traitement des pleurésies purulentes par la résection costale au point déclive, l'ouverture large de l'estomac et l'hémostase directe dans les grandes hémorrhagies provenant d'ulcérations gastriques, l'intervention précoce dans l'appendicite suivant la méthode préconisée par le professeur Dieulafoy. En 1902, il attira l'attention des chirurgiens sur l'importance de l'examen du sang au point de vue du diagnostic des formes graves de l'appendicite que l'on doit opérer sans retard.

Indépendamment de ses travaux de chirurgie générale, le D⁰ Cazin s'est adonné tout spécialement à l'étude de la gynécologie et il a publié sur une affection très récemment connue, le *Déciduome malin*, un mémoire important qui a été couronné par la Société de Médecine de Paris (Prix Duparque, 1895), ainsi que divers travaux sur les *Kystes du vagin*, les *Fibromes kystiques de l'utérus*, etc.

Chef du Laboratoire de clinique chirurgicale de la Faculté, à l'Hôtel-Dieu de Paris, chirurgien de la Clinique médico-chirurgicale et du Dispensaire de la Croix-Rouge française, M. Cazin est membre de la Société Anatomique, de la Société de Médecine de Paris, de l'Association française de Chirurgie et de divers autres corps savants.

MAZIÈRE (Pierre)

Député, agriculteur, né au Fôt, près d'Aubusson (Creuse) le 13 novembre 1847.

M. Pierre Mazière débuta dans la politique en soutenant, en 1874, la candidature de M. de Nalèche au Conseil général de la Creuse. Elu, en 1878, conseiller municipal de Moutier-Rozeille ; adjoint, puis maire de cette commune, il n'a cessé depuis d'être confirmé dans cette fonction édilitaire.

Après avoir soutenu, au scrutin de ballotage de 1882, la candidature législative de M. Emile Cornudet, M. Pierre Mazière fut élu, l'année suivante, conseiller général pour le canton de Felletin, contre M. Renard, depuis sénateur. Il fut réélu conseiller général en 1889, malgré l'effort du parti boulangiste, qu'il combattit aux élections législatives de la même année. Son mandat fut encore renouvelé en 1895 et en 1901 sans concurrent.

A l'assemblée départementale de la Creuse, M. Pierre Mazière a pris une place importante, intervenant surtout dans les questions relatives aux voies de communications, à l'agriculture, aux émigrants, aux instituteurs, aux agents-voyers, aux cantonniers, aux imprimeurs, aux courriers, etc. Il s'y déclara partisan de l'impôt progressif et unique sur le revenu, de la loi sur les associations et de la séparation des églises et de l'Etat, de l'abrogation de la loi Falloux, de la réforme de la magistrature et de la réduction des frais de justice, de celle du service militaire, de l'établissement de caisses de retraites pour les travailleurs, de caisses de secours aux invalides du travail, et d'autres réformes dans le même ordre d'idées.

C'est avec le même programme politique qu'il se présenta au renouvellement législatif de 1902, dans l'arrondissement d'Aubusson. Elu député le 27 avril, au premier tour de scrutin, par 11,517 voix contre 4,875 voix à M. Chataignon, radical, et 1,821 à M. Latrige, libéral, M. Mazière s'est fait inscrire au groupe radical-socialiste de la Chambre. Il a été nommé membre des commissions d'initiative parlementaire et des Postes et Télégraphes. En compagnie de plusieurs de ses collègues, il a déposé un intéressant projet de loi relatif au vote par correspondance, pour permettre aux nombreux émigrants départementaux de prendre une part effective aux élections de leur région respective (1902).

M. Pierre Mazière est considéré comme un agriculteur distingué ; il est surtout réputé pour les progrès qu'il a su apporter à la culture et à l'élevage dans la région qu'il habite. Il a obtenu un premier prix et plusieurs autres récompenses aux concours agricoles. Il est vice-président du Comice de Felletin (Creuse).

DELORME (Edmond)

Chirurgien militaire, membre de l'Académie de Médecine, né le 2 août 1847 à Lunéville (Meurthe-et-Moselle).

Elève de l'Ecole de Médecine militaire de Strasbourg en 1866, il prit part à la guerre de 1870 à l'armée du Nord. Médecin aide-major de 2ᵉ classe en 1871, de 1ʳᵉ classe en 1873, il devenait médecin-major de 2ᵉ classe en 1878, de 1ʳᵉ classe en 1885 ; médecin principal de 2ᵉ classe en 1891, de 1ʳᵉ classe en 1898, enfin médecin inspecteur en 1902.

Nommé, au concours, professeur agrégé à l'Ecole d'application de la Médecine militaire (Val-de-Grâce) en 1877, M. Delorme y fut chargé de l'enseignement pratique de la médecine opératoire. De 1887 à 1897, il a occupé à cette même école la chaire de « blessures de guerre et de clinique chirurgicale. »

Membre titulaire de la Société de Chirurgie depuis 1892, il a été admis à l'Académie de Médecine en 1897, en remplacement de Nicaise, et il compte aux premiers rangs parmi les chirurgiens militaires contemporains.

De ses nombreux travaux, plusieurs lui ont valu les plus hautes récompenses de l'Institut ou de l'Académie de Médecine. Pour la plupart originaux, ils ont trait à un perfectionnement opératoire, à la description d'une méthode chirurgicale nouvelle ou à des recherches personnelles sur la chirurgie de guerre. On cite de lui : *Essais ophtalmoscopiques* (thèse de Paris, 1871) ; *Mémoire sur la ligature des artères de la main et du pied, en particulier des artères profondes* (prix Barbier 1881, *Mémoires de l'Académie de Médecine*) ; *Contribution à la chirurgie de la face, restauration des deux tiers antérieurs de la voûte palatine et du nez* (*Bulletins et Mémoires de la Société de Chirurgie* 1888 ; prix du baron Larrey, de l'Institut, 1896) ; *Sur le traitement des pertes de substance antéro-postérieures de la voûte palatine par l'autoplastie de la muqueuse buccale* ; *Traitement des pseudarthroses par le procédé du tenon* ; *Traitement spécial du prolapsus du rectum, du varicocèle par l'autoplastie inguinale, des hémorroïdes* ; *Mémoire sur la compression limitée et forcée dans le traitement des névrites* (Prix Amussat, 1896) ; *Sur la ponction et l'incision du péricarde*, en collaboration avec le Dr Mignon (Prix Laborie, 1895) ; *Sur les appareils métalliques de soutien du nez et les ablations totales des narines* ; *Traitement chirurgical de la symphise du Cœur* (*Bulletins de la Société de Chirurgie*, 1896). Ses travaux sur la *Cure chirurgicale de la hernie* ont imposé cette opération dans l'armée.

En chirurgie générale, on doit encore à ce savant des recherches très personnelles sur la chirurgie de la poitrine. C'est lui qui a imaginé, pour le traitement de certaines affections du cœur et du poumon, d'ouvrir « un volet » à la paroi du thorax. Dans le traitement des pleurésies purulentes chroniques, il enlève la fausse membrane épaisse qui enserre et ratatine le poumon (*Décortication pulmonaire*). Ces méthodes hardies, aujourd'hui classiques, portent le nom de leur auteur.

Ces travaux ont généralement paru dans la *Revue de Chirurgie*, la *Gazette des Hôpitaux*, les *Archives de Médecine militaire*, les *Comptes-rendus de l'Académie de Médecine* et autres périodiques spéciaux.

La chirurgie de guerre lui est redevable d'études de premier ordre. Il a décrit d'une façon précise les effets produits par les balles actuelles sur les divers tissus : *Des types de fractures des os longs par les balles actuelles* ; *Des résections articulaires en chirurgie d'armée* ; *Des effets comparés des balles de 11 millimètres et de 9 millimètres*. Ses travaux et sa méthode ont imposé au Val-de-Grâce un enseignement pratique pour les médecins stagiaires.

Le Dr Delorme est l'auteur d'un *Traité de Chirurgie de guerre* (1887-1893) en deux volumes, ouvrage couronné par l'Institut (prix Montyon) et universellement consulté sur la matière. Secrétaire des *Archives de Médecine militaire* de 1883 à 1886, il avait déjà fondé la *Revue militaire de Médecine et de Chirurgie* en 1881.

M. le Dr Delorme est officier de la Légion d'honneur et officier de l'Instruction publique.

DELPECH (Noël-Auguste)

SÉNATEUR, publiciste, né le 22 décembre 1846 à Bonnac (Ariège), d'une famille où les sentiments démocratiques sont traditionnels. Son grand-père, prêtre constitutionnel de la Révolution, fut persécuté sous le premier empire, et son père fut proscrit au coup d'Etat de 1851.

Après de brillantes études au collège (depuis lycée) de Foix, M. Delpech fut nommé professeur de rhétorique au même lycée en 1868. Dès la déclaration de guerre en 1870, il s'engagea au 1er régiment de zouaves ; fait prisonnier à Sambacourt, il s'évada pour revenir continuer la campagne.

Nommé, en 1871, professeur de rhétorique au lycée de Cahors, puis sous-principal au collège de Castres, il fut révoqué au 16 mai 1877. Il fit alors du journalisme et collabora au *Journal de Rouen* notamment. Après l'arrivée au pouvoir du ministère Dufaure, M. Delpech fut réintégré dans ses fonctions, puis envoyé successivement, comme censeur, à Bastia ; comme professeur de 5me au lycée de Nice, puis au même titre au lycée de Carcassonne, et enfin professeur de 4me au lycée de Foix (Ariège), où ses déclarations nettement républicaines et anti-cléricales lui valurent de nombreuses attaques.

Dès 1890, M. Delpech avait fait paraître, sous le pseudonyme de « Nivode, » un ouvrage très commenté : *l'Apôtre*, dont une deuxième édition est annoncée (1902). Il avait en outre publié plusieurs brochures de propagande républicaine, notamment : *l'Eglise romaine et la Civilisation*, collaboré à la *Dépêche de Toulouse* et à d'autres organes radicaux.

Ancien conseiller municipal de Foix, M. Delpech fut choisi comme candidat républicain radical socialiste lors des élections sénatoriales du 7 janvier 1894, dans le département de l'Ariège et, après une lutte très-vive, élu sénateur par 312 voix sur 601 votants.

Au Sénat, M. Delpech s'est révélé orateur ardent, précis et d'une éloquence à la fois sobre et enflammée. Membre de la Commission permanente de l'Armée et de plusieurs autres, entr'autres de celles sur les associations et sur la durée du travail dans les mines, l'honorable sénateur, qui siège à la gauche démocratique, a soutenu les ministères Brisson, Waldeck-Rousseau, Combes et leur politique. Dès la demande en révision du procès Dreyfus, il se signala, à la première heure, parmi les défenseurs de cette cause ; il a prononcé sur ce sujet plusieurs discours retentissants, notamment un véritable réquisitoire contre le général Mercier, qu'il improvisa à la tribune du Sénat, dans la discussion de loi d'amnistie en 1901. Il est l'un des représentants du parti radical les plus écoutés et les plus autorisés de la Haute Assemblée.

Elu conseiller général pour le canton de Quérignent (Ariège) en 1895, il a été confirmé dans ce mandat en 1901.

M. A. Delpech ne manque jamais une occasion d'affirmer sa foi républicaine et libre-penseuse dans les réunions ou conférences organisées à Paris et en province. Sa sincérité et son énergie combatives lui ont attiré plusieurs duels.

L'honorable sénateur de l'Ariège a collaboré à l'*Aurore* et à la *Raison*.

Membre fondateur de la Ligue des Droits de l'Homme, choisi comme président du Conseil de l'Ordre du Grand-Orient de France, par le Convent maçonnique de 1902, il fait partie encore de plusieurs associations républicaines ou de libre-pensée, notamment de l'Association du Parti républicain radical et radical-socialiste.

BRUANT (Aristide)

Poète, chansonnier, né à Courtenay (Loiret) le 6 mai 1851. Il commença, au lycée de Sens, des études que vinrent interrompre les revers de fortune des siens. En 1870, il fit la campagne franco-allemande dans une compagnie franche.

Venu en 1871 à Paris, M. Aristide Bruant entra à la Compagnie des Chemins de fer du Nord. Cependant la vocation artistique hantait déjà le jeune employé, qui étudia la musique et s'essaya bientôt à quelques compositions.

Vivant au milieu du peuple, écrit M. O. Méténier, dans une intéressante étude sur Aristide Bruant, il avait en germe ce talent d'observation qui devait plus tard se développer si merveilleusement. Une sympathie naturelle l'attirait vers les humbles, les mécontents, les opprimés, qui souffraient comme lui. Il résolut de se faire le chantre des miséreux, et tout le temps que lui laissaient ses heures de bureau, il le passait avec eux, s'assimilant leur langage, étudiant leurs mœurs ; puis, rentré chez lui, le soir, il s'ingéniait à analyser ses impressions, à les rendre en conservant aux traits qui l'avaient frappé leur caractère pittoresque. Il comprenait déjà quelle originalité se dégage de la langue primesautière de la rue et quelle œuvre de pitié peut sortir de la notation exacte des mille petits faits de la vie populaire, même sous la forme ironique et légère, quoique brutale, qui caractérise sa manière.

M. Aristide Bruant écrivit donc des chansons en argot qui obtinrent du succès tout de suite. En même temps, il lançait des chansons d'une autre sorte qui eurent, elles aussi, assez de vogue : le *Boulevard des Etudiants, D'la Braise, C'est pas vrai, Henri IV a découché, la Femme*, etc. Non content d'écrire la musique et les paroles de ses chansons, il voulut les interpréter lui-même et il se fit engager au Concert de l'Epoque où sa voix vibrante, son geste vif, sa verve primesautière plurent au public.

Après avoir paru à la Scala et aux Ambassadeurs, M. Aristide Bruant entra un moment au Chat noir où il fit connaître : *A la Villette*, la *Marche des dos* et toute la série de ses chansons de quartier. En 1885, il fondait enfin son fameux cabaret du « Mirliton » et c'est là que sa réputation particulière de chansonnier populaire s'établit définitivement. La vogue de cet établissement et de son protagoniste fut énorme et on peut dire universelle. C'est là que Bruant lança ces vers fameux qui ont donné naissance à toute une littérature nouvelle : *Bonne année, Fantaisie triste, la Noire, Gréviste, Grelotteux, A Batignolles, A Montparnasse, A Saint-Lazare*, le *Récidiviste*, etc. Dans le même temps, il créait le journal le *Mirliton*, mensuel, puis hebdomadaire, où collaborèrent MM. Courteline, Camille de Sainte-Croix, Lautrec et Steinlen. Le succès, d'un genre particulier, mais très vif, de M. Bruant lui suscita bientôt de nombreux imitateurs ; mais, ni comme auteur, ni comme diseur, aucun ne l'a égalé encore.

Parmi les autres chansons qu'Aristide Bruant créa lui-même on doit mentionner : *Fins de Siècle, Plus de patrons, Exploité, Aux arts libéraux, Monsieur l'Bon, Crâneuse, Pilon*, etc.

En 1898, M. Aristide Bruant fut candidat aux élections législatives dans le xviii° arrondissement de Paris ; il obtint plus de 500 voix.

La même année, il prit la direction du Concert de l'Epoque, dans lequel il avait fait ses débuts comme artiste. Il y a fait représenter : les *Types de Bruant*, scènes pittoresques qui n'ont point tardé à être interprétées dans différents autres théâtres.

En librairie, cet auteur populaire a publié : *Dans la Rue* (1 vol. 1889) recueil de chansons, qui fut suivi d'un autre recueil paru sous le même titre en 1895 ; puis : *Sur la Route* (1 vol. 1897), autre recueil de vers ; l'*Argot au XX° siècle*, dictionnaire français-Argot (1 vol. 1901) ; les *Bas-fonds de Paris*, roman édité par livraisons (1902), etc.

On annonce du même auteur un nouveau *Dictionnaire Français-Argot*, revu et complété.

M. Aristide Bruant est membre de la Société des Gens de lettres depuis 1892.

LE VAYER (Paul)

DMINISTRATEUR, publiciste, né à Vaugirard (commune depuis annexée à Paris) le 14 janvier 1845. Fils d'un ingénieur distingué, il fit ses études classiques dans sa famille, puis suivit, comme élève les cours de la Faculté de Droit de Paris, de l'École des Hautes Études et de l'École nationale des Chartes. Il fut de la promotion de cette dernière école qui prit part à la guerre de 1870-1871.

Sous-officier au 5e régiment de mobiles de la Seine (corps d'armée de Saint-Denis), M. Le Vayer prit part aux combats livrés sous Paris (Villetaneuse 19 septembre, Stains 21 décembre 1870) Par la suite, tenant à s'associer à la réorganisation militaire de notre pays, il subit les examens nécessaires pour être officier de réserve. Lieutenant au 27e régiment territorial (décret du 30 mars 1876), il donna sa démission en 1881, à la veille de passer capitaine, et au moment où il fut appelé à réorganiser le service historique de la Ville de Paris, qu'il n'a pas cessé de diriger depuis, avec le titre d'inspecteur des Travaux historiques.

En 1895, désigné par feu Jules Cousin au choix du préfet de la Seine, M. Le Vayer fut chargé de la direction de la Bibliothèque et des Collections historiques de la Ville de Paris (musée Carnavalet), qu'il conserva jusqu'en 1898 ; mais chacun de ces services prenant un développement considérable et toujours progressif, le Musée fut détaché de la Bibliothèque et des Travaux historiques, pour être confié à M. Georges Cain, et M. Le Vayer demeura, dès lors, directeur des Travaux historiques et de la Bibliothèque de la Ville de Paris.

Outre les matériaux nombreux qu'il a fournis à maints ouvrages d'archéologie et d'érudition, M. Le Vayer a donné beaucoup d'articles et de notices aux publications spéciales telles : la *Correspondance historique et archéologique*, la *Revue archéologique du Maine*, la *Collection de l'Histoire générale de Paris*, notamment l'*Atlas général des anciens plans de Paris* ; la *Topographie historique du vieux Paris*, l'*Epitaphier général du vieux Paris* (où figurent également de très-intéressants dessins de monuments funéraires des XIII-XVe siècles, de la Sainte Chapelle du Palais, des anciens Cordeliers de Paris et du cimetière de Saint-Etienne du-Mont).

Peintre miniaturiste de talent, M. Le Vayer a d'ailleurs produit de charmants livres d'heures et nombre de pages enluminées, dont certaines ont figuré avec honneur aux Expositions universelles de 1878 et de 1900, ainsi que des peintures héraldiques du meilleur style.

Enfin il a publié en volumes le *Recueil des Inscriptions Parisiennes* (Paris, Imprimerie Nouvelle 1881, 1 vol. in-8° colombier avec figures) et la *Bibliographie sommaire des entrées solennelles des Rois, Reines de France, Souverains étrangers à Paris, etc.* (Paris Imprimerie Nationale 1896, 1 vol in-4 jésus).

Membre de la Commission des Travaux historiques, du Comité des Inscriptions parisiennes, de la Commission du Vieux Paris du Conseil d'administration de la Société de l'Histoire de Paris et de l'Ile de France, de la Société historique et archéologique du Maine, M. Le Vayer a obtenu, comme directeur des Travaux historiques, deux grands prix aux Expositions universelles de 1889 et de 1900. Il est officier de l'Instruction publique depuis 1889.

BLANCHET (Joseph-Désiré)

HISTORIEN, professeur et administrateur, né à Mazan (Vaucluse) le 27 juillet 1844. Fils d'un notaire. il commença ses études classiques au collège de Carpentras et les termina au lycée Charlemagne à Paris

Reçu à l'Ecole Normale supérieure (section des lettres) en 1863, M Blanchet en sortit le second de sa promotion, avec le titre d'agrégé d'histoire et de géographie. Nommé successivement professeur aux lycées de Nice, de Bordeaux et au lycée Charlemagne à Paris, il fut appelé à donner l'enseignement de l'histoire et de la géographie au lycée Fénelon, le premier lycée de jeunes filles créé en France.

Pourvu ensuite d'une chaire d'histoire à l'Association fondée par Victor Duruy à la Sorbonne. M. Blanchet prononça un discours très remarqué, le jour de la distribution des prix aux lauréats du Concours général, en 1889 Censeur des études au lycée Condorcet (1889-1891), proviseur du lycée Louis-le-Grand (1891-1894), il devint proviseur du lycée Condorcet, en remplacement de M Gidel, en 1894.

M. Joseph Blanchet a publié de nombreux ouvrages relatifs à l'enseignement de l'histoire. On lui doit notamment : *Petite Histoire ancienne : l'Orient, la Grèce, Rome* (1 vol.) ; *Histoire de France* (1 vol.) ; un *Cours d'Histoire à l'usage de l'Enseignement des jeunes filles*, comprenant l'*Histoire Nationale* en 3 volumes ou années, d'après les programmes de 1882 ; un *Cours d'Histoire à l'usage des Ecoles primaires supérieures* (programmes de 1893), comprenant l'*Histoire de France* en 3 volumes ; on annonce de lui un autre *Cours d'Histoire à l'usage de l'Enseignement secondaire des jeunes filles*, programme de 1897, comprenant l'*Histoire Nationale* en 3 volumes.

En collaboration avec M. Pinard, il a fait paraître un *Cours d'Histoire à l'usage de l'Enseignement primaire* en 7 volumes, savoir : 5 volumes pour l'*Histoire de France* et 2 volumes pour l'*Histoire Générale* ; et, en collaboration avec M. Toutain, un *Cours d'Histoire pour les lycées et collèges*, programmes de 1890 et 1891, en 11 volumes, intitulés : *Biographie des Hommes illustres* (1 vol.) ; *Histoire de France* (2 vol.) ; *Histoire ancienne des peuples de l'Orient* (1 vol.) ; *id. de l'Orient et de la Grèce* (1 vol.) ; *id. Grecque* (1 vol.) ; *id. romaine* (1 vol.) ; *id. de l'Europe* (3 vol.) ; *id. Contemporaine* (1 vol.).

M. Blanchet a fait, à l'Hôtel de Ville de Nice, des conférences publiques qui ont eu un très grand succès.

Il est officier de l'Instruction publique et officier de la Légion d'honneur.

PASSY (Paul)

ÉCRIVAIN, professeur, né à Versailles le 13 janvier 1859. Fils de M. Frédéric Passy, membre de l'Institut (1), il fit ses études classiques dans sa famille. Reçu bachelier, puis licencié et enfin docteur ès-lettres (1892), il s'était depuis longtemps déjà consacré à l'étude des langues étrangères et de la linguistique proprement dite

Tout en étant professeur d'anglais et d'allemand dans les écoles de la Ville de Paris, les écoles primaires et le collège Sévigné, M. Paul Passy étudiait à l'Ecole des Hautes Etudes les langues germaniques et les patois français. Il s'est spécialisé ensuite, comme maître de conférences, puis directeur-adjoint à la même école depuis 1894, dans l'enseignement de la phonétique générale et comparée, et de la phonétique appliquée à la langue française.

Dans cet ordre d'idées ou au point de vue pédagogique pur, M. Paul Passy fait paraître, depuis 1886, une revue spéciale : le *Maître Phonétique*, organe de l'Association phonétique internationale dont il est fondateur. Il a publié en outre : l'*Ecriture phonétique*, exposé populaire de la méthode ; *Lectures variées*

(1) Notice page 173 du tome 1ᵉʳ.

ou transcriptions ; *Exposé des principes de l'Association phonétique* ; *Etudes sur les changements phonétiques*, qui reçut de l'Institut le prix Volney ; les *Sons du Français* (5 éditions en 1902) ; *Premier et deuxième livres de lecture avec transcriptions phonétiques* ; le *Phonétisme au Congrès de Stockholm* ; le *Français parlé* (4 éditions) ; *Abrégé de prononciation française* ; *Eléments d'Anglais parlé* (3 éditions) ; *Kleines Lesebuch für Kinder* ; *Histoires pour enfants en transcription* ; *Mémoire sur la méthode directe* ; *Dans le Far West américain* ; *Notes sur l'enseignement au Danemark* ; l'*Instruction primaire aux Etats-Unis*.

On doit aussi à M. Paul Passy la construction d'une machine à écrire suivant l'alphabet phonétique international (la sonoscribine) Avec M. Louis Havet, de l'Institut, et quelques autres personnalités, il s'est beaucoup occupé de la réforme orthographique, qu'il a toujours préconisée dans ses écrits et qu'il met d'ailleurs en pratique. Il collabore au *Réformiste*.

Adepte de l'Eglise protestante baptiste, dont il est devenu « ancien » ou pasteur laïque, il dirigea quelque temps l'*Echo de la Vérité*, puis il prit la direction de la *Cloche d'Alarme*, organe du christianisme apostolique ; il poursuit d'autre part son œuvre d'évangélisation par des conférences et des publications, telles que : *Versions populaires du Nouveau Testament* ; *25 Cantiques populaires en transcription* ; l'*Evangile de Marc grec en lettres latines* ; *L'Evangile de Luc ou la Bonne Nouvelle de N.-S. Jésus-Christ* ; *Pasteur et Paysan*, dialogue sur quelques questions brûlantes ; *Sortons de l'ornière !* la *Vérité sur l'Arménie*, etc. Il convient d'ajouter que M. Passy professe, en matière politique et économique, des opinions socialistes, et qu'il est membre militant du groupe révolutionnaire de sa localité.

M. Paul Passy est président de la « Société des Volontaires Evangélistes », et membre de la Ligue des Droits de l'Homme, de l'Association protestante pour l'étude des questions sociales, du Syndicat des membres de l'Enseignement, de l'Association française pour l'avancement des Sciences. Il est officier d'Académie et chevalier de l'ordre du Dannebrog.

Son frère, M. JEAN PASSY (1866-1898), fut un polyglotte distingué. Il a écrit une importante *Chrestomatie*, ainsi que plusieurs opuscules religieux et un travail sur l'*Origine des Ossalois*, qui n'a pas été publié du vivant de l'auteur, mais qui est annoncé pour paraître dans la Collection de l'Ecole des Hautes Etudes (1902).

VILLARD (Ferdinand)

SÉNATEUR, médecin, né à Saint-Christophe (Creuse) le 5 octobre 1842. Fils d'un instituteur, il fit ses études classiques au collège de Guéret, puis vint apprendre la médecine à la Faculté de Paris. Interne des hôpitaux en médecine et en chirurgie, il fut chargé, en 1868, d'une mission en Orient, d'où il rapporta de nombreux documents, qui ont été publiés depuis, sur l'hygiène et les maladies spéciales à la Grèce, à la Turquie, à la Syrie, à l'Egypte, etc.

En 1870, pendant le siège de Paris, interne à l'hôpital de la Pitié, M. Villard remplit les fonctions de chirurgien au 160e bataillon de la garde nationale, puis celles d'aide-major aux ambulances militaires du Jardin des Plantes, dirigées par le professeur Broca.

Reçu docteur en médecine en 1872, avec une thèse très fouillée *Sur le Haschich*, M. Ferdinand Villard alla s'établir à Guéret la même année ; il y a exercé depuis sa profession et a été nommé médecin des épidémies pour l'arrondissement en 1882.

S'intéressant de bonne heure à la vie publique, M. le Dr Villard avait déjà fait connaître, sous l'empire, ses opinions républicaines. Nommé, en 1874, conseiller municipal de Guéret, adjoint au maire de 1877 à 1884, il devint maire en 1886 et il a été constamment maintenu à ce poste. Il a fait exécuter, à Guéret, d'importants travaux de voirie, de constructions, d'éclairage par la lumière électrique, etc.

Elu conseiller d'arrondissement du canton de Guéret en 1883, il devint conseiller général de Pontarion en 1891 et président du Conseil général de la Creuse en 1899. A ce dernier titre, dans la session d'août 1899, il prononça, contre la politique nationaliste, un discours dont cette assemblée départementale vota, à l'unanimité, l'affichage dans toutes les communes de la Creuse. Il a été réélu conseiller général en 1895 et en 1901.

Porté, aux élections législatives de 1885, sur une liste républicaine de ce département, M. le docteur Villard se retira après le 1er tour de scrutin, pour assurer l'échec de la liste conservatrice. Le 7 janvier 1894, au renouvellement triennal de la Haute Chambre, il fut élu sénateur de la Creuse par 328 voix sur 648 votants, au premier tour de scrutin. Inscrit à la Gauche démocratique du Luxembourg, M. Villard s'est particulièrement occupé, dans cette assemblée, des questions d'hygiène et de médecine publiques. Il a été nommé membre de plusieurs commissions chargées d'étudier les propositions de loi relatives à ces questions et il s'est fait entendre à la tribune à plusieurs reprises pour défendre les intérêts généraux de son département.

Secrétaire du Conseil central d'hygiène de la Creuse depuis 1898, M. le Dr Villard a fait paraître nombre de publications médicales, scientifiques et historiques, notamment un rapport sur les *Maladies épidémiques observées dans le département de la Creuse* (1892), qui lui valut une médaille d'or de l'Académie de médecine ; un autre, sur l'*Hygiène des habitants de la Creuse et des émigrants creusois* (1893), fut honoré d'une médaille de vermeil du Comité consultatif d'Hygiène publique de France ; il a publié aussi des études sur *Un chef-lieu de province au XVIIIe siècle : Guéret, capitale de la Haute-Marche* (1890) ; *Guéret en 1789* (1899), etc.

L'honorable sénateur est officier de l'Instruction publique, membre correspondant de la Société Anatomique de Paris, de la Société de Médecine légale de France, de la Société médicale d'Athènes, etc.

MESUREUR (Gustave-Émile)

ADMINISTRATEUR, ancien député, ancien ministre, né à Marcq-en-Baroeul (Nord) le 2 avril 1847. Venu jeune à Paris, il s'y établit dessinateur pour la fabrique de broderies, tout en se mêlant au mouvement politique.

En 1881, M. Gustave Mesureur fut élu conseiller municipal de Paris et conseiller général de la Seine pour le quartier Bonne-Nouvelle ; réélu en 1884 et en 1887, il prit une part très active aux travaux des assemblées municipale et départementale de Paris. Il est l'auteur d'un rapport sur le changement de nom des rues de Paris, qui souleva d'assez nombreuses protestations dans la presse et dans le public. Il remplit successivement, au Conseil municipal, les fonctions de syndic, vice-président, puis président, du 18 octobre 1886 au 28 mai 1887.

A cette date, le décès de M. Cantagrel ayant nécessité une élection législative partielle à Paris, M. Mesureur avait été élu député, comme radical-socialiste, par 219,934 voix, contre 38,573 au général Boulanger (22 mai). A la Chambre, il siégea à l'extrême-gauche, réclama notamment la révision de la constitution et l'élévation des patentes des grands magasins.

Le scrutin d'arrondissement ayant été adopté pour le renouvellement général de 1889, il se présenta alors dans le 11e arrondissement et fut élu, le 22 septembre, au ballottage, par 6,529 voix contre 5,131 à M. Gassier, boulangiste. Il a été réélu, dans la même circonscription, une première fois en 1893, au premier tour de scrutin (le 20 août) et par 5,858 voix contre 3,022 à deux candidats socialistes ; puis le 8 mai 1898, par 6,352 suffrages contre 3,395 à M. Caron, républicain modéré ; mais, aux élections générales de 1902, il échoua, dès le premier tour (27 avril), n'obtenant que 5,631 voix, tandis que 7,394 se portaient sur le nom de M. Syveton, nationaliste, qui fut élu, et 310 sur un autre candidat socialiste révolutionnaire.

M. Mesureur a marqué son passage au Palais-Bourbon par une laborieuse participation aux travaux parlementaires. Membre de nombreuses commissions, notamment celles chargées d'étudier les lois sur les conseils de prudhommes, sur l'arbitrage, le placement gratuit, la saisie des salaires, la suppression des octrois, etc., il présida longtemps la Commission du Travail, rapporta divers budgets, puis fut choisi, en 1899, comme président de la Commission du Budget, poste qu'il conserva jusqu'à la fin de la législature.

Ministre du Commerce dans le cabinet Bourgeois, du 1er novembre 1895 au 23 avril 1896, M. Mesureur fit rouvrir la Bourse du Travail fermée par le ministère Dupuy et il présenta divers projets de loi intéressant la classe ouvrière, que M. Millerand devait faire, plus tard, voter par le Parlement. Il fut l'objet, comme tous ses collègues d'ailleurs, d'attaques fort vives ; la malignité de ses adversaires politiques alla même jusqu'à lui faire un grief énorme de ce que, accompagnant, le 2 avril 1895, le président de la République à Longchamps, où se courait un prix officiel, le ministre du Commerce, oubliant un instant la réserve imposée par sa situation, aurait répondu à des manifestations hostiles dont il était l'objet par une inconvenance. Cet incident, dont M. Mesureur a toujours nié l'exactitude, fut longtemps et est encore exploité avec passion contre lui.

Élu, en 1898, vice-président de la Chambre, il fut maintenu dans cette fonction tant qu'il demeura député.

Lorsque, avec l'agitation motivée par la révision du procès Dreyfus, les partis politiques s'orientèrent vers des directions nouvelles, M. Mesureur évita de se prononcer nettement dans le sens de l'un ou de l'autre des grands courants qui entraînaient, vers des voies différentes, les fractions du parti républicain. Les nationalistes, en le combattant opiniâtrement pendant la campagne électorale de 1902, montrèrent qu'ils ne lui savaient point gré de cette attitude, laquelle, par contre, avait mécontenté certains de ses amis politiques ; aussi l'échec de M. Mesureur fut-il attribué en partie à cette réserve d'une excessive prudence.

Après la mort de M. Mourier, M. Gustave Mesureur fut nommé, le 27 août 1902, directeur de l'Assistance publique. En cette qualité, il a présenté un projet d'emprunt pour la réfection ou la construction d'hôpitaux à Paris et un projet de réforme relative au personnel de son administration.

Mme Mesureur, née Amélie Dewailly, a publié d'intéressants livres pour la jeunesse et des poésies fort appréciées. Elle a écrit notamment, sous son nom de jeune fille : *Histoire d'un Enfant de Paris pendant le siège* (un volume prose), deux recueils de vers : *Rimes roses*, avec préface d'Alexandre Dumas ; *Nos Enfants*, couronné par l'Académie française, etc.

POPP (Victor)

Ingénieur électricien, né à Vienne (Autriche) le 5 mars 1846. Fils du docteur G. Popp, médecin de la Cour impériale d'Autriche-Hongrie, il devint élève de l'École polytechnique de sa ville natale (1862-1865), puis vint se fixer en France en 1876 et obtint la naturalisation trois ans plus tard.

Après avoir établi à Vienne un réseau d'horloges pneumatiques de son invention, qui fonctionne depuis très-régulièrement, M. Popp fit consacrer, à l'Exposition universelle de Paris (1878), son système, et la Ville lui délivrait une concession de cinquante ans pour l'exploitation des horloges pneumatiques parisiennes. Quelques années ensuite, il fondait à Paris la Société d'air comprimé, qui obtint, en 1886, du Conseil municipal, pour quarante années, l'autorisation de placer des conduits souterrains pour distribuer la force motrice à domicile. Le transport, le fractionnement et l'utilisation de l'air comprimé sont devenus, depuis cette innovation, d'un usage courant, et cette force motrice nouvelle est arrivée à distribuer 3,000 chevaux à la petite industrie parisienne.

M. Victor Popp, s'occupant ensuite d'électricité, élabora les plans d'établissement de l'éclairage par ce moyen de la capitale. Lorsque le Conseil municipal de Paris, à la veille de l'Exposition universelle de 1889, approuva ses projets, le secteur confié à la compagnie fondée par cet ingénieur se trouva un des premiers prêts pour le service de la partie comprise depuis Ivry jusqu'au faubourg Saint-Honoré (rive droite). Depuis ce temps, l'éclairage électrique, dont M. Popp a été l'un des promoteurs, à Paris surtout, s'est étendu et developpé dans de larges proportions et sa compagnie distribue le courant électrique à 500,000 lampes.

Après la découverte par M. le docteur Branly (1) des tubes à limaille et du principe de la télégraphie sans fil, M. Victor Popp, inventeur lui-même d'un système de syntonisation électrique, prit l'initiative de l'exploitation pratique de cette invention et constitua une compagnie, sous la dénomination de « Société française des Télégraphes et Téléphones sans fil, » pour la mise en application des procédés Branly-Popp. En 1902, cette société a soumis au gouvernement français des projets pour l'établissement de stations sur toutes les côtes de France, d'Algérie, de Tunisie et autres colonies, mettant ainsi notre pays en communication directe, sans le secours de câbles, avec ses possessions d'outre-mer. En outre, M. Victor Popp a imaginé, pour Paris et ses environs, un service à domicile visant la distribution des nouvelles importantes du jour, service qui permettrait aux abonnés d'être immédiatement mis au courant de tous les évènements intéressants ou utiles.

Une autre application de cette découverte, imaginée par l'éminent ingénieur, est l'appareil avertisseur des orages, destiné à prévenir les agriculteurs pour l'usage des canons contre la grêle.

M. Victor Popp a écrit plusieurs traités sur l'air comprimé et la télégraphie sans fil.

FARIA
(Antonio de PORTUGAL Vicomte de)

PALÉOGRAPHE, écrivain et diplomate, né à Lisbonne (Portugal) le 24 mars 1868, demeurant en France. Appartenant à une famille de diplomates, il est le fils ainé du vicomte de Faria (1823-1901), qui fut consul-général de Portugal en France. Au cours de ses études classiques, accomplies au collège Stanislas, à Paris, il eut, dans cet établissement, pour condisciple, le duc d'Orléans, avec qui il s'est maintenu en relations.

Entré dans la diplomatie, M. Antonio de Portugal de Faria fut nommé, en 1881, chancelier du consulat général de Portugal à Paris ; il devint chancelier de 1re classe à Cadix le 21 janvier 1886 et, le 25 août suivant, vice-consul à la même résidence ; en cette qualité, il put rendre, par son tact et son dévouement, de signalés services à ses compatriotes. En décembre 1891, il fut promu consul à Montevideo (Uruguay), où

(1) Voir Notice page 170, tome III.

les troubles de 1894 rendirent sa mission délicate et parfois même périlleuse ; si bien que plusieurs ouvrages sur le droit d'asile relatent avec éloges la courageuse attitude de M. de Faria en diverses circonstances où la sécurité ou les droits de ses nationaux eurent besoin d'être assurés. De Montevideo, il fut envoyé, en 1896, au même titre à Livourne (Italie).

Par une commission spéciale de son gouvernement, le vicomte de Faria fut délégué, en 1898, comme secrétaire du commissariat royal de Portugal, dont son père était titulaire, à l'Exposition universelle de Paris de 1900. Il a été membre du Jury international de cette exposition, pour la classe XIII.

Tout en poursuivant brillamment sa carrière consulaire, M. de Faria s'adonnait à des travaux historiques, archéologiques ou héraldiques, qui ont attiré sur son nom l'attention publique. Il convient de citer, parmi ses très nombreuses publications, outre plusieurs biographies d'illustrations portugaises, notices généalogiques ou héraldiques des grandes familles de ce pays et des études bibliographiques, les ouvrages suivants : les *Champs d'or de l'Afrique portugaise* (traduit du *Bulletin de la Société de Géographie de Lisbonne*, 1891) ; *Christophe Colomb et les écrivains Gaditans* (1891) ; *Mon séjour à Cadix*, relation des évènements où l'auteur s'est trouvé mêlé (1893) ; *Etude historique sur Cadix* (1895) ; *Portugal et République Argentine*, Questions diplomatiques résolues par le vicomte de Faria (ouvrage en portugais) ; *Quelques notes sur les rapports entre les Portugais et la Province de Cadix depuis les temps les plus reculés* ; *Epigraphes et inscriptions funéraires existant au Campo-Santo de Pise* (3 ouvrages publiés à Livourne en 1897) ; 1. *Torquato Tasse et Louis de Camoens*, sonnet ; *Vasco de Gama* ; 2. *Bartholomeo Velho : découverte d'un plasnisphère de 1561* ; 3. « *Adamastor*, » notes pour l'histoire du croiseur de guerre portugais construit par souscription nationale ; 4. *Lettre à MM. les Auteurs du « Journal des Sçavans » sur la Navigation des Portugais aux Indes Orientales, d'après José J. Soares de Barros et Vasconcellos* (ces 4 ouvrages publiés en portugais sous le titre générique de : *Centenario da India*, à Livourne, en 1898) ; *l'Inquisition en Portugal au XVIIe Siècle* (Coïmbre, 1899) ; *Portugal et Italie* (dictionnaire bibliographique en portugais, 1900) ; *Rapport Consulaire* (Lisbonne 1900), etc. Il a publié, en 1902, dans le *Gaulois*, un *Tableau généalogique de la Famille Royale de Portugal*, établi avec conscience et érudition.

M. de Faria s'intéresse aux travaux ou aux œuvres de fort nombreuses sociétés savantes, philanthropiques ou académiques françaises, portugaises et autres. C'est ainsi qu'il est, notamment, délégué de l'Alliance scientifique universelle de Paris, membre des Sociétés de Géographie de Paris, Lille, Lisbonne, Madrid, de celles d'Ethnographie Américaine et Orientale, de Topographie, d'Histoire et Géographie, des Etudes historiques et autres sociétés savantes de Paris. Il fait encore partie de l'Association des Chevaliers Pontificaux, de l'Automobile-Club et du Conseil héraldique de France, de l'Institut du Midi (de Toulouse), de plusieurs Sociétés de sauvetage et de maintes autres associations françaises. Des divers corps savants étrangers qui le comptent parmi leurs membres, nous devons mentionner : la Société Bibliographique italienne de Milan, les Instituts de Vizeu et de Coïmbre, l'Académie italienne « Dante-Alighieri, » dont il est président d'honneur, etc.

Gentilhomme de la Cour de Portugal en exercice, le vicomte de Faria est grand-cordon de l'ordre du Saint-Sépulcre, commandeur de l'ordre militaire de Notre-Dame de la Conception de Villaviçosa, commandeur de la Couronne d'Italie, chevalier des ordres du Christ, de Charles III, d'Isabelle-la-Catholique et chevalier de la Légion d'honneur.

LOQUE (Marius-Joseph-Gustave)

Député, médecin, né à Bollène (Vaucluse) le 22 novembre 1852. Issu d'une ancienne famille républicaine de la région, dont plusieurs membres furent proscrits au 2 décembre 1851; fils d'un médecin estimé, M. Loque fit ses études à l'Ecole de Pharmacie de Paris, où il présenta en 1882, exceptionnellement, une thèse sur la *Saponite*, qui fut récompensée ; puis à la Faculté de Médecine, où il se fit recevoir docteur, avec une thèse sur l'*Asthme*, qui valut à son auteur une mention honorable (1884).

Après avoir exercé, à Paris, la pharmacie, M. le D' Loque revint dans sa ville natale, où il s'adonna à la médecine. Devenu bientôt très populaire, grâce à son savoir et à son dévouement professionnel, le D' Loque fut élu maire de Bollène en 1896 et conseiller général pour ce canton en 1898. Confirmé dans ce dernier mandat en 1901, il s'est, à l'Assemblée départementale de Vaucluse, particulièrement occupé de la question des sanatoria anti-tuberculeux, de l'interdiction du cumul des fonctions électives et de la liberté d'enseignement.

Aux élections générales législatives de 1898, le D' Loque se présenta dans l'arrondissement d'Orange comme candidat radical-socialiste et obtint, au premier tour de scrutin, une importante minorité de voix. Il crut alors devoir retirer sa candidature, pour assurer le succès de celle de M. Paul Faure, avocat à la Cour d'appel, candidat radical, qui fut élu député. Mais au renouvellement général de 1902, à nouveau candidat dans la même circonscription, le D' Loque fut élu député avec 8,921 voix contre 8,496 au député sortant, au second tour de scrutin et après une lutte fort vive.

Inscrit au groupe de la gauche radicale, le D' Loque dût défendre à la tribune son élection contestée par les amis de son adversaire. Le discours, ironique et spirituel, qu'il prononça en cette circonstance, emporta sa validation.

On doit à l'honorable député de Vaucluse d'intéressantes études sur l'éducation, parues dans l'*Evénement*.

Officier d'Académie, M. le D' Loque est membre de plusieurs sociétés savantes.

FLORENTIN (Georges-Auguste)

Général, grand-chancelier de la Légion d'honneur, né à La Fère le 18 septembre 1836. Fils d'un officier d'artillerie, il fut élève de l'Ecole polytechnique de 1855 à 1857 et en sortit, comme sous-lieutenant, dans l'artillerie également ; promu lieutenant en 1859, puis capitaine (1864) et capitaine commandant en 1869, il prit une part brillante à la guerre franco-allemande, en 1870-71, comme chef d'une batterie. Blessé très grièvement au combat de Servigny-Sainte-Barbe, après s'être fait remarquer aux batailles de Borny, Gravelotte et Saint-Privat, le capitaine Florentin dût renoncer momentanément au service actif et devint, après la paix, ingénieur militaire à la direction de l'artillerie à Paris, puis à la fonderie de canons de Bourges. De 1880 à 1885, il fut directeur de la fonderie de Tarbes (Hautes-Pyrénées) ; puis il reprit sa place dans le service de troupe, comme colonel du 18e régiment d'artillerie. Il avait été nommé successivement commandant en 1874, lieutenant-colonel en 1881 et colonel en 1884.

Au cours de ses travaux de technicien, M. Florentin a fait preuve d'une grande activité et d'une science approfondie. Le modèle d'un des canons qui lui sont dûs figure au musée des Invalides.

Promu général de brigade en 1889, pour commander l'artillerie en Algérie, puis au 8ᵉ corps à Bourges deux ans plus tard, il devint général de division en 1894 et fut appelé au commandement de la 40ᵉ division d'infanterie dans l'Est. Nommé gouverneur militaire de Paris en 1900, succédant au général Brugère, le général Florentin, dans cette nouvelle fonction, avec un tact consommé, montra un égal dévouement pour les intérêts de l'armée et pour les institutions républicaines.

Le général Davout, grand-chancelier de la Légion d'honneur, ayant démissionné en septembre 1901, le général Florentin a été appelé à sa succession.

Il est grand-officier de l'ordre dont il est devenu le grand-chancelier ; il est, en outre, décoré de divers autres insignes honorifiques.

DUBOIS (Emile)

Député, médecin, né à Saint-Léonard (Haute-Vienne) le 28 décembre 1853. Fils d'un conseiller municipal républicain de Limoges, qui fut exilé à la suite des événements de la Commune de Paris, il commença, au lycée de sa ville natale, des études classiques qu'interrompirent les revers de fortune de sa famille. Il continua pourtant de s'instruire seul et, s'étant fait recevoir bachelier ès lettres, devint élève en pharmacie à Limoges, à Genève et à Paris. Il donna ensuite des leçons de grammaire et de rhétorique, professa un cours préparatoire de chimie et de physique et entra à l'Ecole Sainte-Barbe comme inspecteur-suppléant des études. Bachelier ès sciences ensuite, il prit ses inscriptions médicales, fut reçu externe des hôpitaux en 1876, puis docteur en médecine et lauréat de la Faculté en 1880.

Nommé, la même année, professeur d'histoire naturelle à l'Ecole supérieure Arago, le Dʳ Dubois exerça en même temps sa profession dans le xivᵉ arrondissement de Paris, où il fut aussi professeur aux Associations Philotechnique et Polytechnique. Il a créé la première œuvre d'assistance aux vieillards et invalides du travail dans cet arrondissement où, se dévouant au traitement des malades pauvres, il contracta la diphtérie en soignant des enfants.

Le Dʳ Dubois, qui avait déjà manifesté ses convictions républicaines pendant qu'il était encore étudiant, fut élu conseiller municipal de Paris, pour le quartier de la Santé, et conseiller général de la Seine en 1887, et réélu aux renouvellements de 1890, 1893 et 1896, avec une majorité toujours croissante.

Au Conseil municipal de Paris, M. Emile Dubois fut chargé, dès 1889, d'un rapport sur les améliorations à apporter dans les bureaux de bienfaisance ; il demanda par la suite la création d'hôpitaux spéciaux d'enfants, la décentralisation des services hospitaliers, l'accélération des secours à domicile, l'établissement de nouveaux dispensaires, etc. Il s'occupa activement des questions d'assainissement, de désinfection et d'ambulances urbaines ; c'est à ses efforts que sont dues la disparition du bureau central des hôpitaux, la création des circonscriptions hospitalières permettant aux malades d'être soignés dans l'hôpital le plus rapproché de leurs familles, et la fondation du laboratoire de bactériologie de la ville de Paris. Il a été président des commissions des Ecoles Arago, Lavoisier, Edgard Quinet (école supérieure de jeunes filles) et de l'Ecole professionnelle et ménagère du xivᵉ arrondissement. Il a fait partie du Conseil départemental, de la Commission des Lycées de Paris, etc.

Au Conseil général, le Dʳ Dubois fut rapporteur général du budget des asiles d'aliénés du département de la Seine, membre des Commissions de surveillance des asiles et du Conseil de surveillance de l'Assistance publique, puis rapporteur-général du budget départemental et président du Conseil général (1897-1898). Il fut choisi aussi comme président de comités d'admission à l'Exposition universelle de 1900.

Au renouvellement général législatif de 1898, le Dʳ Dubois fut élu député de la 2ᵉ circonscription du xivᵉ arrondissement de Paris, après une lutte très vive, par 3,742 voix contre 2,689 à M. Michelin, député sortant. Il a été réélu, au renouvellement de 1902, dans la même circonscription, à la suite d'une campagne non moins mouvementée, par 4,784 voix contre 3,791 à M. Andriveau, nationaliste.

A la Chambre, le Dʳ Dubois a été successivement membre des commissions d'initiative parlementaire, de l'enseignement et de la réforme des patentes. Président de la Commission permanente d'hygiène publique, qu'il a fait instituer, il a fait voter plusieurs projets de loi concernant l'hygiène des casernes, l'alimentation et la santé des soldats, etc. Il dénonça à la tribune, le premier, les progrès et les ravages de la tuberculose dans l'armée et il est intervenu encore pour demander l'augmentation des laboratoires scientifiques, la prohibition à Paris des courses de taureaux, la création de caisses des écoles et de cantines scolaires dans les communes les plus pauvres, l'amélioration du sort des employés des services ambulants des postes, etc. Il a déposé plusieurs propositions de loi intéressant l'hygiène générale, notamment dans les hôpitaux et les établissements d'Etat, sur les conseils de révision, etc. Il a soutenu la politique des ministères Brisson, Waldeck-Rousseau et Combes et il fait partie du groupe radical-socialiste.

Outre sa thèse de doctorat, intitulée : *Du Traitement de la Métrite parenchymateuse* (1880), M. le Dr Dubois est l'auteur de divers travaux scientifiques, parmi lesquels on doit mentionner d'importants mémoires, présentés à l'Académie de Médecine, portant sur le *Traitement de la Tuberculose* (1898) et le *Traitement et la Prophylaxie de la Coqueluche* (1901). Il a collaboré à la *Petite République Française*, à la *Cité* et a été couronné à plusieurs concours littéraires pour des œuvres telles que : *Souhaits à la France*, poésie dont la musique est due à M. Emile Pessard et qui fait partie du répertoire de musique militaire.

M. le Dr Dubois est officier de l'Instruction publique, président de la Société des Laboratoires Bourbouze et de la Fédération des Sociétés de Natation et de Sauvetage de France.

GANGNAT (Robert)

AVOCAT. publiciste, né à Antony (Seine) le 24 janvier 1867. Il fit ses études classiques à l'école Bossuet et au lycée Louis-le-Grand, puis son droit à la Faculté de Paris. Reçu licencié, il fut inscrit au barreau de la Cour d'appel jusqu'en 1902. Il avait été, en 1891, secrétaire de M. Pichon, depuis résident de France à Tunis, alors député de Paris. En 1895, il fut attaché au cabinet de M. Léon Bourgeois, président du Conseil, ministre de l'Intérieur et suivit celui-ci dans son intérim aux Affaires étrangères, après la démission de M. Berthelot.

A la chute du cabinet Bourgeois, M. Robert Gangnat reprit sa place dans la Presse, où il avait débuté quelques années auparavant. De 1898 à 1900, il rédigea la critique dramatique et musicale au journal le *Matin*, où sa connaissance approfondie des choses du théâtre et sa parfaite impartialité firent grandement apprécier ses articles. Il collabora en outre à la *Revue d'Art dramatique* et à d'autres périodiques sous divers pseudonymes. Depuis 1887, il s'occupe activement de la société dramatique « les Escholiers, » qu'il a présidée de 1891 à 1894.

En octobre 1902, M. Robert Gangnat a été nommé agent général de la Société des Auteurs et Compositeurs dramatiques, en remplacement de M. Gustave Roger, décédé au mois d'août de la même année.

FARINOLE (Vincent-Marie)

SÉNATEUR, conseiller honoraire de Cour d'appel, né à Sigean (Aude) le 1er septembre 1832. Il appartient à une famille corse qui a compté plusieurs podestats ; son grand-père, membre du Conseil supérieur (Parlement de la Corse) sous Louis XVI, faisait partie de la Cour royale d'Ajaccio, lors de la conquête de la Corse par les Anglais et il fut au nombre des membres qui décidèrent qu'elle continuerait à rendre la justice au nom du roi de France. Son père donna, à vingt ans, sa démission de capitaine au Royal-Corse en garnison à Naples, lorsque Murat déclara la guerre à la France ; il mourut à 98 ans, le dernier des chevaliers de Saint-Louis. Un de ses oncles, le comte de Santini, évêque émigré de Saint-Florent pendant la Révolution, avait été député du clergé en même temps que Charles Bonaparte représentait la noblesse. Un autre de ses aïeux, l'amiral Ciavatoni, dit Vinciguerra, commanda dix-huit galères sous Louis XIV. Par sa mère, il descend du grand ingénieur Jacques Mathieu, qui découvrit les mines d'Anzin et il est neveu d'un ami de Lafayette, le consul-général de Philadelphie de Letombe. Il a épousé une petite-nièce du général de division de Gentile, qui conquit, sous le premier Empire, les Iles Ioniennes ; cet ami et compagnon de Paoli ne le suivit pas dans sa politique antifrançaise ; il commandait les troupes de la République au moment de l'évacuation de la Corse par les Anglais.

M. Farinole commença ses études classiques chez les Jésuites à Bruguelette, les continua à Metz, à Douai, et les termina à Paris, aux lycées Charlemagne et Saint-Louis. Il suivit ensuite les cours de la Faculté de Droit d'Aix (Bouches-du-Rhône), reçut le diplôme de licencié, se fit inscrire, comme avocat, au barreau de Bastia en 1856 et y plaida jusqu'en 1870.

Républicain dès l'Ecole de Droit, malgré ses liens de parenté avec les Pietri, les Gavini, etc., M. Farinole fut, en Corse, un des adversaires les plus résolus de l'Empire. Le jour du plébiscite de 1870, en dépit des menaces et du danger auquel il s'exposait, il se rendit au scrutin avec trois cents amis, hués et insultés comme lui, pour voter « non » à bulletin ouvert.

Au 4 septembre 1870, M. Farinole fut nommé procureur de la République à Bastia par Crémieux, puis juge au Havre et avocat général à Bastia par Dufaure. Révoqué au 24 mai 1873, il devint ensuite conseiller à la même cour, puis à celle d'Aix.

Successivement élu conseiller général des cantons

de Murato, puis de Ghisoni, il fut nommé sénateur de la Corse, le 7 janvier 1894. au 1ᵉʳ tour, par 409 voix contre 349 à M. Péraldi. Il se fit inscrire tout d'abord à la gauche républicaine ; mais, à la suite du banquet de « Saint-Mandé », organisé en faveur du suffrage universel et auquel nombre de ses collègues et lui-même avaient donné leur adhésion, il devint membre du groupe de la gauche démocratique, présidé alors par M. Peytral (1896). Il vota le plus souvent avec ce groupe, dont il suivit la politique, sauf dans les questions religieuses où il entendit conserver son indépendance. Lors du procès de la Haute-Cour (1899), M. Farinole vota l'acquittement et se sépara de la gauche démocratique.

Partisan de la liberté d'enseignement et de conscience, M. Farinole fut amené à se prononcer contre les ministères Waldeck-Rousseau et Combes. En 1902, ayant donné son adhésion à la politique de M. Méline, il prêta son concours à M. Franck Chauveau, sénateur de l'Oise, pour les conférences faites en vue des élections législatives.

M. Farinole s'est beaucoup occupé des intérêts de la Corse. En 1895, il avait déjà interpellé le ministre de la Justice sur les abus commis par les juges de paix dans son département et c'est à la suite de ses énergiques protestations au Sénat (1901), que le gouvernement renonça à appliquer l'aggravation de l'impôt personnel mobilier, qui atteignait particulièrement la Corse.

Chargé par la Ligue Corse de Paris, que préside le général Alessandri, d'agir contre les « fléaux » qui désolent l'île, M. Farinole s'éleva contre l'organisation maritime postale de la Corse et obtint, malgré M. Millerand, alors ministre du Commerce, le renvoi de cette question à une commission spéciale, qui l'appela à sa présidence (1900).

Pour mettre un terme aux fraudes électorales qui se commettent en Corse, M. Farinole demanda à la tribune une loi de répression. Peu après, la Chambre adopta son projet, grâce au concours de M. Perreau, professeur de droit, député d'Aix (1901).

Pour mettre obstacle à l'incendie des forêts en Corse, M. Farinole a déposé devant le Sénat, avec MM. Lourties et Milliès-Lacroix (1902), un projet de loi tendant à compléter l'article 434 du Code pénal et à punir les incendies volontaires des landes, maquis, etc., comblant ainsi une grave lacune de la loi.

Enfin, il a souvent protesté contre le déboisement de la Corse, que la fabrication de l'acide gallique au moyen du bois de châtaignier aggrave chaque jour, mal que la législation ne permet pas d'enrayer.

L'honorable sénateur de la Corse s'est toujours déclaré nettement protectionniste.

LE COAT (Guillaume)

PHILANTHROPE, pasteur protestant et publiciste, né à Trémel (Côtes-du-Nord) le 27 août 1845. Petit-fils de G. Ricou, le poète et fabuliste breton, il fut élève des pasteurs V.-E. Bouchon et William Monod, du collège de Morlaix et de l'Ecole normale de Courbevoie, où il reçut le brevet supérieur d'enseignement en 1866.

Fixé à Trémel en 1868, M. Le Coat, tout en exerçant dans cette commune la profession d'expert agronome patenté, s'adonna à la propagande de la religion protestante et se dépensa en de nombreuses œuvres philanthropiques. C'est ainsi que, dès 1870, muni d'une délégation officielle du Consistoire réformé, il ouvrit un culte public au temple, bâti à Trémel en 1861 et que les autorités locales tenaient fermé, temple qui a été agrandi des deux tiers en 1902. En 1872, il établit, dans ce temple même, pendant les jours de semaine, une école libre et gratuite de garçons, ainsi qu'un cours gratuit d'adultes. Etendant son action, il créa, en 1875, un lieu de culte évangélique breton à Brest (extra-muros) et un autre, avec école, à Pont-Ménou.

En 1885, M. Le Coat fondait un hospice et un asile de nuit à Trémel ; puis, en 1888, un orphelinat de filles et, en 1892, un orphelinat de garçons avec ferme agricole ; en même temps, il ouvrait encore un autre local de réunion évangélique à Huelgoat et une chapelle à Conval ; plus tard, d'autres organisations de ce genre purent être créées grâce à son initiative, de sorte que quatorze sous-stations dépendent aujourd'hui de Trémel.

En 1899, pour procurer de l'ouvrage aux aînés de ses orphelins, M. Le Coat construisit à Trémel une usine à teiller le lin et le chanvre, avec turbine et machine à vapeur, usine qui emploie 20 ouvriers. En 1901, il agrandit l'orphelinat de filles et bâtit un dispensaire, ainsi qu'un dépôt de livres religieux, auquel s'attachent trois voitures pour le colportage biblique dans le pays breton. Il a formé en outre des œuvres philanthropiques pour les bretons, à Jersey, au Havre, à Plymouth, etc.

M. Guillaume Le Coat a écrit dans les journaux de la région, sous le pseudonyme de « Te Lako, » des articles sur l'agriculture, la langue bretonne, les us et coutumes des bretons, les élections, etc. Il est l'auteur d'une traduction de la *Bible* en breton, dont 10,000 exemplaires ont été répandus dans le pays, avec plus de 100,000 copies des Evangiles. Il a traduit en outre, de l'anglais en breton : le *Voyage du Chrétien*, *André Deun* et plus de cent différents autres traités. Il a composé un *Recueil de cantiques bretons* pour être chantés sur les vieux airs locaux. Du français, il a également traduit en breton une foule de traités et de cantiques En 1885, il publia un *Almanach breton* qui se vend aujourd'hui à 7,000 exemplaires dans le pays. En 1888, il commença la publication du *Trémelois*, journal mensuel, écho de la Mission évangélique Bretonne. On lui doit encore deux livres sur la langue bretonne : la *Bretagne*, traduction française avec la traduction anglaise en regard; un *Catéchisme républicain français-breton; Que croit l'Eglise réformée?* brochure de propagande, et plus de 200 traités ou pamphlets en breton. Enfin, on annonce de cet auteur la publication des œuvres inédites de son grand-père, le fabuliste breton G. Ricou, tant vantées par le célèbre romancier E. Souvestre.

MAS (Auguste)

Député et professeur, né à Prades (Pyrénées-Orientales) le 28 mai 1854. Après avoir été élève du lycée de Toulouse, où il remporta les prix d'honneur en rhétorique et en philosophie, il vint à Paris parachever ses études classiques au collège Sainte-Barbe et au lycée Louis-le-Grand.

Reçu licencié ès-lettres en 1877, puis agrégé en 1883, M. Auguste Mas fut successivement professeur de rhétorique aux lycées d'Orange, d'Avignon, de Chambéry, de Nîmes et de Montpellier. Dans cette dernière ville, il épousa la fille du chimiste Chancel, ancien recteur de l'Université de Montpellier.

Nommé conseiller municipal de Montpellier et adjoint-délégué à l'Instruction publique et aux Beaux-Arts dès 1902. M. Mas, en cette qualité, s'occupa de la réorganisation du Musée, de l'Ecole des Beaux-Arts et du développement des écoles laïques. Il a été l'un des créateurs de l'Université populaire de Montpellier, où il a fait de nombreuses conférences ; il a représenté au Conseil académique la ville de Montpellier d'abord, puis ses collègues agrégés, qui l'élurent presque à l'unanimité.

Membre du Conseil d'arrondissement et président de cette assemblée de 1895 à 1901, M. Auguste Mas fut désigné par le comité radical-socialiste de l'Hérault pour se présenter aux élections législatives de 1902 dans la 1re circonscription de Montpellier, nouvellement créée. Il fut élu député, au second tour, le 11 mai, par 7,982 voix, contre 7,869 à M. Castets, doyen de la Faculté des Lettres, candidat libéral.

L'honorable député fait partie du groupe radical-socialiste de la Chambre, du groupe colonial, du groupe de l'enseignement et membre des grandes commissions du Travail et des Affaires étrangères. Il est officier de l'Instruction publique depuis 1898.

PETIT (Georges-Augustin-Désiré)

Député, industriel, né à Nicey (Côte-d'Or) le 21 février 1872. Ses classes faites au collège de Langres, il vint à Paris prendre ses inscriptions à l'Ecole supérieure de Pharmacie.

Interne des hôpitaux et préparateur de chimie à la Faculté de Médecine, dans le service du professeur Armand Gautier (de l'Institut), M. Georges Petit se fit recevoir pharmacien de 1re classe en 1897. De retour dans la Côte-d'Or, il s'y maria et, délaissant la profession pour laquelle il s'était préparé, il succéda à son beau père. M. Carlat, dans la direction d'une importante fabrique de semelles de galoches en bois.

Très estimé de ses concitoyens, il fut élu conseiller municipal et maire de Voulaines en 1898 et conseiller général pour le canton de Recey-sur-Ource en 1899. A l'assemblée départementale de la Côte-d'Or, M. Georges Petit s'est spécialement occupé des questions d'instruction publique et d'assistance et a fait voter un vœu demandant l'abrogation de la loi Falloux.

Candidat aux élections générales législatives de 1902, il fut élu député de l'arrondissement de Châtillon-sur-Seine (Côte-d'Or), au second tour de scrutin et par 5,822 voix, contre 4,547 à M. Daguin, libéral.

Républicain radical, l'honorable député de la Côte-d'Or s'est fait inscrire, à la Chambre, aux groupes de la gauche radicale, de l'enseignement et de la défense des intérêts de la moyenne et petite propriété. Il est membre des commissions du Travail et d'Hygiène publique. Protectionniste, il s'est déclaré en faveur du maintien du privilège des bouilleurs de cru et des zones relatives au tarif des tabacs.

M. G. Petit a fondé et dirige, depuis 1902, le *Réveil du Châtillonnais*, feuille régionale bi-hebdomadaire.

ARCHINARD (Louis)

Explorateur, général, né à Paris le 11 février 1850. Elève de l'Ecole polytechnique, il en sortit sous-lieutenant dans l'infanterie de marine en 1870.

Lieutenant en second le 10 août 1872, en premier le 11 juin 1873, M. Archinard fut promu capitaine le 11 décembre 1875, capitaine en premier le 4 décembre 1877, chef d'escadron le 15 mai 1884. Il était, à ce moment, aux colonies ; mais bientôt il fut appelé à Paris, pour rédiger, au ministère de la Marine, le *Mémorial officiel*.

Envoyé, en 1888, au Soudan, pour remplacer le colonel Galliéni, il eut à poursuivre le programme de travaux publics entrepris par son prédécesseur ; mais le roi Ahmadou, maître de la route du Soudan et des accès du lac Tchad et de Tombouctou, ayant soulevé contre nos tentatives les populations indigènes, M. Archinard dût combattre ces résistances ; il s'empara, le 6 février 1890, de Ségou-Sikoro, capitale d'Ahmadou, en rasa la citadelle, prit ensuite son autre ville, Koumakary, et envoya le roi à Kaarta, dans le Nord de ses états.

Promu lieutenant-colonel, le 1er mai 1890, il revint en France au mois d'août. Une nouvelle entreprise offensive d'Ahmadou l'obligea à abréger son séjour pour retourner précipitamment au Soudan. Le 1er janvier 1891, il entrait dans Kiorto, capitale du Kaarta, que son adversaire venait de quitter. Il poursuivit et atteignit celui-ci près de Youri, où une deuxième victoire le rendit maître absolu d'Ahmadou. Pendant ce temps, un autre roi indigène, Samory, à son tour, s'était mis en campagne et le colonel Archinard dût se retourner contre ce nouvel ennemi ; il eut à essuyer contre les Toucouleurs, en troupes souvent bien organisées, des engagements importants, où le dessus ne restait à nos armes qu'au prix de grands efforts. Il rentra, malade, au fort de Siguiri, en mai 1892, sans avoir achevé la pacification de la région.

Le 1er septembre 1892, il devenait colonel et était nommé commandant supérieur du Soudan français.

Chassé de Segou, Ahmadou, de Bandiagara où il avait fixé sa résidence, continuait à mettre obstacle à notre expansion et prêchait la guerre sainte contre les blancs envahisseurs. Le colonel Archinard, ayant réuni toutes les forces dont il pouvait disposer, se remit en campagne, mais ne put pénétrer dans Bandiagara qu'après le départ d'Ahmadou. Il prit cependant possession de la cité, plaça sur le trône le frère du sultan vaincu, Aguibou, et assit notre domination sur le Massina en mettant fin à la résistance des tribus qui s'opposaient à notre marche sur Tombouctou, la « ville sainte ». Puis, poursuivant sa campagne dans cette direction, il était sur le point de s'emparer de Tombouctou quand il fut, le 20 novembre 1893, brusquement rappelé en France, laissant le commandement des troupes au colonel Bonnier qui, lui, entra triomphalement dans la cité sacrée le 15 janvier 1894.

Les causes du rappel de M. Archinard n'ont jamais été bien éclaircies ; on les motiva par la transformation du commandement supérieur militaire en une administration civile et, en effet, M. Albert Grodet fut envoyé, comme gouverneur, pour administrer le pays après le départ du colonel ; aussi, malgré les témoignages de gratitude pour ses « brillants services » dont on essaya de pallier cette mesure, M. Archinard ne l'accepta-t-il pas sans protester et il manifesta son mécontentement en refusant la cravate de commandeur du Dragon de l'Annam, qui lui était offerte à titre de compensation.

Placé au commandement du 2e régiment d'infanterie de Marine à Cherbourg à sa rentrée en France, il fut désigné, en 1894, comme inspecteur général de la Marine et appelé à ce titre à Paris, où il devint directeur au ministère de la Marine.

Promu général en 1897, il fut chargé du commandement de la brigade des troupes de Cochinchine. Il est officier de la Légion d'honneur depuis 1889.

RÉVILLE (Jean)

Théologien protestant et historien, né à Rotterdam (Hollande), de parents français, le 6 novembre 1854. Fils de M. Albert Réville, professeur au Collège de France (1), il fit ses classes au gymnase (lycée) de Rotterdam et ses études théologiques aux facultés de Genève, Paris, Berlin et Heidelberg.

Quand il fut reçu docteur en théologie devant la faculté de Paris, en 1884, M. Jean Réville avait exercé déjà les fonctions de pasteur à Sainte-Suzanne, près Montbéliard (Doubs) de 1880 à 1883. Il a été aussi pasteur aumônier du lycée Henri IV à Paris pendant plusieurs années.

En 1886, M. Jean Réville fut nommé maître de conférences à l'Ecole pratique des Hautes Etudes, où il a été chargé de l'enseignement de l'Histoire de

(1) Notice page 103, tome 1er.

l'Eglise chrétienne. Il est devenu, à cette même Ecole, secrétaire de la section des Sciences religieuses, que préside M. Albert Réville son père, et directeur-adjoint en 1900.

D'autre part, M. Jean Réville a été nommé maître de conférences (1894), puis professeur-adjoint à la Faculté de Théologie protestante de Paris. Il y représente l'élément libéral, qu'il a contribué à développer en France et en Suisse par des conférences très suivies.

M. Jean Réville est l'auteur d'importants travaux d'un caractère religieux et historique. Citons notamment : le *Logos d'après Philon d'Alexandrie* (1877) ; *De anno dieque quibus Polycarpus Smyrnæ martyrium tulit* (1880) ; la *Doctrine du Logos dans le quatrième Evangile et dans les œuvres de Philon* (1881) ; la *Religion à Rome sous les Sévère* (1886), ouvrage traduit en allemand par le professeur Gustave Krüger sous le titre : *Die Religion Zu Rom unter den Severern* (1 vol. 1888) ; les *Origines de l'Episcopat*, étude sur la formation du gouvernement ecclésiastique au sein de l'Eglise chrétienne dans l'empire romain (Bibliothèque de l'Ecole des Hautes Etudes, *Sciences Religieuses*, tome V, un vol. 1894) ; la *Résurrection d'une Apocalypse : le Livre d'Henoch*, conférence faite à la société des Etudes juives, le 19 novembre 1893 (1 vol. 1894) ; *Paroles d'un Libre-Croyant* (1898), ouvrage traduit en allemand par M. H. Buck, sous ce titre : *Religiœse Reden* (1892) ; le *Quatrième Evangile, son origine et sa Valeur historique* (1901, 2ᵉ édition revue 1902, et tome XIV de la Bibliothèque de l'Ecole des Hautes Etudes, *Sciences Religieuses*) ; le *Protestantisme libéral, ses origines, sa nature, sa mission* (1903), etc.

M. Jean Réville a dirigé seul, de 1884 à 1896, l'importante *Revue de l'Histoire des Religions* ; à cette date, M. Marillier devint son collaborateur ; puis, après la mort de celui-ci (1901), il conserva seul la direction de cette revue, qui est actuellement un organe scientifique accrédité dans les universités étrangères aussi bien qu'en France. Cette publication a pour but de donner à la théologie une base scientifique et non confessionnelle, en la fondant sur l'histoire des religions et la psychologie religieuse, et non pas seulement sur l'étude des documents sacrés des chrétiens ou des juifs.

M. Jean Réville a collaboré en outre à la *Revue Bleue*, au *Protestant*, à l'*Encyclopdie des Sciences religieuses*, au *New World* de New-York et au *Algemeen Handelsblad* d'Amsterdam, dont il a été le correspondant de 1880 à 1887.

Membre de la Ligue des Droits de l'Homme et président de la Société des Etudiants en théologie protestante de Paris, il a été secrétaire du premier Congrès international de l'Histoire des Religions réuni à Paris en 1900 et il est officier de l'Instruction publique.

SAUVINEAU (Charles)

ÉDECIN oculiste, né à Tours (Indre-et-Loire) le 25 juin 1862. Après avoir accompli ses études classiques dans sa ville natale, il y commença la médecine et fut lauréat de l'Ecole ; venu ensuite à Paris, il fut reçu externe (1883), puis interne des hôpitaux (1888) et docteur (1892), avec une thèse, couronnée par la Faculté de Médecine, sur la *Pathogénie et le Diagnostic des Ophtalmoplégies*.

Après avoir été attaché à la clinique ophtalmologique de l'Hôtel-Dieu durant son internat, le docteur Sauvineau devint, en 1894, chef des travaux ophtalmologiques à la clinique des maladies mentales de la Faculté (hôpital Sainte-Anne). Il fut chargé, à la même époque, du service d'ophtalmologie de la clinique des maladies nerveuses à la Salpêtrière, où il fit, de 1894 à 1899, des conférences cliniques et des cours complémentaires.

Nommé, en 1899, assistant du service d'ophtalmologie à l'hôpital Lariboisière, il fut ensuite chargé de ce service au même hôpital, puis à l'hôpital Bichat et à la Compagnie des chemins de fer d'Orléans. Il exerça de plus, pendant plusieurs années, les fonctions de médecin oculiste à l'hôpital de Saint-Germain-en-Laye, au Syndicat général du Bâtiment et des Travaux publics et à la Société philanthropique l'Union du Commerce. Il est oculiste des maisons de la Légion d'honneur de l'hôpital Gouin, de la Caisse d'Assurance mutuelle des Chambres syndicales, et de la Compagnie des Tramways mécaniques des environs de Paris.

M. le docteur Sauvineau est l'auteur d'importants travaux scientifiques. On doit mentionner, parmi ses publications concernant la médecine et la chirurgie générales, les mémoires suivants : *Etudes cliniques sur le traitement de la tuberculose d'après la méthode de Koch* (Gazette médicale de Paris, 1890) ; *Pouls lent permanent* (thèse de Bouéssée, 1891) ; *Sur le Phlegmon infectieux du Pharynx* (Société Anatomique, 1891), etc. Touchant l'ophtalmologie, il a fait paraître notamment : *Etude des paralysies oculaires chez les enfants du premier âge* (Société d'Ophtalmologie, 1893) ; *Sur la paralysie associée de l'élévation et de l'abaissement* (Congrès international d'Edimbourg, 1894) ; *Nouveau type de paralysie associée des mouvements horizontaux des yeux* (Congrès d'Ophtalmologie de Paris, 1895) ; *Trouble oculaire d'origine hérédo-syphilitique*, avec le docteur Fournier (Société de Dermatologie et de Syphiligraphie, 1896) ; *Kératite à répétition par dacryo-adenite infectieuse* (Congrès d'Ophtalmologie, 1896) ; *Lésion du nerf optique dans l'hérédisyphilis* (id. 1898), etc.

Membre de la Société de Dermatologie et de Syphiligraphie, de la Société d'Ophtalmologie de Paris, de la Société française d'Ophtalmologie, de la Société de l'Elysée, de celle des « Uns », etc , il est l'un des fondateurs de la Société d'assistance aux Animaux.

Médecin aide-major de l'armée territoriale, le Dr Sauvineau est chevalier de la Légion d'honneur.

VERNES (Maurice-Louis)

Exégète et historien, né à Nauroy (Aisne) le 25 septembre 1845. Fils du pasteur Louis Vernes, président du Consistoire de l'Eglise réformée de Paris (1), il fit, au lycée Bonaparte (depuis Condorcet), de brillantes études, suivit les cours de théologie des Facultés de Montauban et de Strasbourg et soutint une thèse sur la *Rédemption d'après Jésus-Christ*, qui marquait déjà une tendance au libéralisme religieux.

Après plusieurs voyages en Allemagne et en Orient, M. Maurice Vernes revint à Paris pour s'engager dans les mobilisés ; il prit part aux combats de Champigny et de Buzenval (1870-71). Après la paix, il fut, pendant plusieurs années, capitaine d'artillerie territoriale et il a publié, dans la *Revue d'Artillerie*, un opuscule sur la *Télégraphie portative de campagne*.

Ayant posé sa candidature aux chaires de philosophie et de littérature de l'Académie de Neuchatel (Suisse), il la retira, à la suite d'une affection contractée pendant la guerre, et, à la demande des chefs du parti libéral protestant, se porta à la vacance de la chaire d'hébreu et de critique de l'Ancien Testament à la Faculté de Théologie de Montauban (1873) ; mais la chaire fut attribuée à un candidat orthodoxe.

Reçu licencié en théologie depuis 1871, avec une thèse française remarquée sur le *Peuple d'Israël et*

(1) Notice page 75, tome II.

ses espérances, et une thèse latine : *De natura fidei apud Paulum apostolum*, il subit, en 1874, avec succès, le doctorat à Montauban, avec une nouvelle thèse sur l'*Histoire des idées messianiques depuis Alexandre jusqu'à l'empereur Hadrien*, œuvre de conception originale, mettant en lumière le caractère des espérances messianiques et tendant à établir que l'avènement du christianisme ne reposait point seulement sur un rêve d'idéalisme, mais provenait de l'attente fébrile d'une révolution matérielle.

En raison de ses doctrines libérales, M. Maurice Vernes ne put encore une fois obtenir de chaire lors de la réorganisation de la Faculté de Théologie de Strasbourg et de son transfert à Paris (1877) ; mais il fut chargé d'une délégation annuelle comme maître de conférences pour l'enseignement de la philosophie.

A la suite de son discours d'inauguration des travaux de l'année 1882-1883, dans lequel il reconnaissait l'impossibilité d'affirmer au point de vue scientifique l'action de la Providence, tout en maintenant expressément les droits du sentiment religieux, M. Maurice Vernes fut mis en demeure de démissionner.

Il entrait, en 1886, comme directeur-adjoint à l'Ecole pratique des Hautes Etudes, dans la section des sciences religieuses, fondée à cette date en remplacement des Facultés de Théologie catholique, pour l'enseignement des religions d'Israël et des Semites occidentaux.

M. Maurice Vernes est, de plus, professeur au Collège libre des Sciences sociales depuis 1901 ; il y fait un cours sur les religions et leur rôle social ; depuis 1902, en outre, à l'Ecole d'Anthropologie, il professe un cours libre d'histoire comparée des religions et de la philosophie.

Parmi les nombreux ouvrages publiés par M. Vernes, il faut citer les titres suivants : *Quelques réflexions sur la crise de l'Eglise réformée de France* (1875) ; *Un revirement de l'opinion libérale en France* (1876) ; *Mélanges de critique religieuse* (1880) ; *L'Histoire des religions aux différents degrés de l'enseignement public* (1881) ; les *Abus de la méthode comparative dans l'Histoire des religions* (1886) ; *M. Gustave d'Eichtal et ses travaux sur l'Ancien Testament* (1887) ; *L'Histoire des religions, son esprit, sa méthode et ses divisions, son enseignement en France et à l'étranger* (1887) ; *Une nouvelle hypothèse sur l'origine du Deutéronome* (1887) ; *Précis d'Histoire juive depuis les origines jusqu'à l'époque persane* (1 vol. 1889); les *Résultats de l'exégèse biblique, l'histoire, la religion, la littérature* (1 vol. 1890) ; *Essais bibliques* (1 vol. 1891) ;

A propos de Mme *de Maintenon* (1894) ; *De la place faite aux légendes locales par les livres historiques de la Bible* (1897) ; *Manuel de l'Histoire des Religions* (1 vol. 3ᵉ édit. 1902-1903). Il a également traduit du hollandais : *Religion nationale et Religion universelle* de A. Kuenen (1 vol. 1883).

Son ouvrage capital, où il expose sous une forme complète ses vues propres sur la formation de l'Ancien Testamen est celui intitulé : *Du prétendu Polythéisme des Hébreux, ou Essai critique sur la religion du peuple d'Israël*, suivi d'un *Examen de l'authenticité des écrits prophétiques* (2 vol. in-8° 1891) ; il y ramène la grande production religieuse d'Israël aux temps de la Restauration ou du second temple, comblant ainsi la lacune qui interpose toute une série de siècles inféconds entre la formation des doctrines juives et le mouvement chrétien. Cet ensemble de travaux doit être complété par des études faisant ressortir les emprunts faits par le peuple d'Israël aux civilisations et langues de l'Occident.

Fondateur, en 1880, de la *Revue de l'Histoire des Religions*, M. Maurice Vernes a dirigé pendant quatre ans cette importante publication, où il a, le premier, indiqué la nécessité de traiter sur le même plan les religions dites « sacrées » ou « profanes » et, en même temps, il réclamait qu'il fût fait une place à leurs principales données dans l'enseignement public à ses différents degrés. Il a collaboré en outre à de nombreuses publications périodiques, notamment à la *Bibliothèque Universelle et Revue Suisse* (articles sur le livre *De l'Intelligence* de Taine, sur les *Dialogues et fragments philosophiques* de Renan, sur les *Elections françaises en 1885*) ; à la *Revue Internationale de l'Enseignement* (*Ernest Renan et son œuvre, L'enseignement de la République et les études religieuses, L'histoire des religions dans les universités allemandes*) ; à la *Deutsche Revue* et la *Revue de Belgique* (*Ernest Renan et la question religieuse en France*) ; à la *Revue Philosophique* (revues annuelles d'histoire et de philosophie religieuse de 1882 à 1896) ; à la *Nouvelle Revue* (le *Protestantisme Français, Ernest Havet et son œuvre religieuse*) ; à la *Revue des Etudes Juives*, du conseil de laquelle il a été secrétaire-rapporteur et président (*Etude sur le Cantique de Débora, Rapports littéraires annuels de 1891 à 1894, Discours sur l'Antisémitisme et la méthode historique*) ; à la *Grande Encyclopédie* (*Ancien et Nouveau Testaments*, livres et personnages se rapportant à la Bible et à l'Evangile, *Jésus*) ; à la *Revue Scientifique* (*l'histoire sainte laïcisée*, le *Saint Suaire de Turin*) ;

à la *Revue critique d'Histoire et de Littérature*, à la *Revue Historique*, à la *Revue Bleue*, etc.

M. Maurice Vernes a été secrétaire-adjoint du Conseil de la Société pour l'étude des questions d'Enseignement supérieur et il a fait paraître, à propos des nouveaux programmes d'enseignement appliqués à l'Ecole Monge et aux lycées de jeunes filles : la *Réforme de l'Enseignement supérieur aux Pays-Bas* (1879) ; *Rapport général sur les travaux du groupe de l'Enseignement des jeunes filles* (1881), etc. Il a donné, de plus, une collaboration régulière au journal quotidien le *Signal* ; il a écrit aussi dans le *Siècle* et l'*Aurore*. Avec M. Georges Picot et quelques autres personnalités, il a organisé, en 1883, un comité chargé de répandre dans le public l'idée de la représentation des minorités, et qui publia, en 1888, un important ouvrage de législation et de statistique comparées, débutant par une étude d'ensemble sur les *Principes et les procédés de la représentation proportionnelle*. En 1885, dans un Congrès international relatif à cette question qui avait lieu à Anvers, il fut chargé de la rédaction du rapport français.

Au point de vue politique, M. Maurice Vernes, qui a été maire de Soisy-sous-Etiolles (Seine-et-Oise), a été candidat républicain libéral aux élections législatives de 1885 dans ce département. Libre-penseur et rationaliste, il est devenu, à la suite de son évolution intellectuelle, nettement radical socialiste. Il a envoyé son adhésion au Congrès international de libre-pensée réuni à Genève en septembre 1902, a adressé d'importantes communications à la *Raison*, ainsi qu'aux *Annales de la Jeunesse laïque* et figure dans la Commission exécutive de l'Association nationale des Libre-penseurs de France, dont il a présidé la première réunion.

Lors de la mise en question de la révision du procès Dreyfus (1898), M. Maurice Vernes avait été des premiers, par des lettres rendues publiques, à se prononcer en faveur de cette mesure. Il a pris part, depuis ce temps, aux conférences faites en province et à Paris par la Ligue des Droits de l'Homme, dont il est membre. Il s'est intéressé également à l'œuvre des Universités populaires, où il a donné plusieurs conférences applaudies. Il est, d'autre part, vice-président de la section d'assistance volontaire de l'Association pour le développement de l'assistance aux malades, fondée par Mme Alphen-Salvador, section dont l'organisation fut décidée à la suite d'une conférence de M. Vernes, en octobre 1902.

AMIC (Henri)

ÉCRIVAIN, auteur dramatique, né à Nogent-sur-Marne (Seine) le 30 avril 1853. Après avoir fait ses études classiques à l'école Sainte-Barbe, il débuta dans les lettres en 1878 avec un roman : *Renée*, dont la publication ne passa pas inaperçue.

Il a fait paraître ensuite en librairie : *Mme de Karnel*, roman d'une sincère observation (1 vol. 1879) ; *Mes vingt-huit jours*, récit humoristique (1 vol. 1881) ; *Plaisir d'amour*, recueil de nouvelles souvent reproduites dans la presse (1 vol. 1883) ; *Au pays de Gretchen*, roman sur les mœurs d'outre-Rhin (1 vol. 1887) ; *George Sand*, souvenirs sur la femme et l'écrivain, avec des lettres inédites, étude fort documentée et paraissant avoir donné la note juste relativement à l'auteur d'*Indiana*, parue d'abord dans le *Magasin Littéraire* (1 vol. 1890).

M. Henri Amic, qui s'est plus particulièrement consacré à l'art dramatique, a donné au théâtre, depuis 1879, des pièces dont plusieurs ont obtenu de véritables succès et ont été reprises maintes fois dans les salons ou sur les scènes de province. Citons : *Un ami*, un acte à l'Odéon ; *Une Vengeance*, 3 actes au Gymnase ; *Daria*, 5 actes, tirés d'un roman de Pont-Jest, au Théâtre d'Application ; les *Papillons noirs*, 3 actes au Casino de Nice ; *Une Femme*, 1 acte au Théâtre d'Application ; *Mlle Dargens*, 3 actes à l'Odéon ; *Un Bon Garçon*, 2 actes au même théâtre ; *Pour le Drapeau*, pantomime, musique de Pugno à l'Ambigu ; *Colombine pour deux*, musique de Pierre Joret, pantomime, au Théâtre des Bouffes-Parisiens ; *Ma sœur Almen*, 3 actes, au Gymnase ; le *Luxe des Autres*, 3 actes, avec Paul Bourget, à l'Odéon, etc.

La psychologie de M. Henri Amic, toujours exacte et caustique sans être amère ; son style clair, se prêtant fort bien aux exigences du dialogue, ont placé cet écrivain parmi les bons auteurs dramatiques de notre temps.

On annonce de M. Henri Amic : *En regardant passer la vie*, ouvrage en collaboration avec Mme Lecomte du Nouy, l'auteur d'*Amitié amoureuse*, et des œuvres théâtrales : *Qui aime bien* (1 acte) ; le *Piège*, pièce en 3 actes, avec M. Paul Bourget ; les *Trois Henri*, pièce historique, etc.

M. Amic a collaboré à la *Revue Internationale*, où il fut chargé de la critique théâtrale, musicale et littéraire ; au *Figaro*, où ses articles sur George Sand furent très remarqués ; au *Monde Illustré*, etc.

Membre de la Société des Auteurs et Compositeurs de Musique, il est officier d'Académie.

SÉNAC (Urbain)

DÉPUTÉ, viticulteur, né à Saint-Élix-Theux (Gers) le 21 mai 1839. Il fit ses études classiques et celles de droit à Toulouse.

Inscrit d'abord au barreau de cette ville, il succéda ensuite à son beau-père, notaire à Saint-Nicolas-de-la-Grave (Tarn-et-Garonne) en 1867 ; il a occupé cette charge jusqu'en 1873.

Nommé, en 1870, adjoint au maire de cette commune, M. Sénac fut trois fois suspendu ou révoqué par le gouvernement de l'ordre moral, de 1873 à 1877 ; mais il fut constamment réélu. En 1890, il fut élu conseiller général du Gers, pour le canton de Mirande.

M. Sénac s'est fait remarquer, dans cette région de vignobles, par ses travaux de viticulture et d'agronomie. Il a reconstitué un important vignoble à Saint-Nicolas-de-la-Grave et un autre à Mirande ; il a fondé, à Saint-Nicolas-de-la-Grave, un comice agricole dont il est resté le président. Il a obtenu plusieurs récompenses aux expositions viticoles ou agricoles de Paris et de la province et a fourni de nombreux articles sur ces questions dans le *Journal d'Agriculture pratique*, le *Recueil agronomique de Tarn-et-Garonne* et la *Dépêche de Toulouse*. Il est titulaire d'une médaille d'honneur, pour sa belle conduite lors d'une série d'incendies qui, en 1878, avaient porté la frayeur à Saint-Nicolas-de-la-Grave.

Après avoir soutenu la candidature républicaine de M. Lasserre, dans l'arrondissement de Castelsarrazin (Tarn-et-Garonne), en 1893, l'attitude politique à la Chambre de celui-ci, élu député, ayant paru trop modérée à de nombreux électeurs, M. Sénac fut amené à se porter candidat radical-socialiste au renouvellement législatif de 1898 ; il obtint 8.738 voix, contre 8.878 à M. Lasserre, réélu ; mais, en 1902, candidat dans la même circonscription, il fut élu député par 8,776 voix contre 8,217 à M. de Mauvoisin, nationaliste.

Il est inscrit au groupe radical-socialiste de la Chambre et aux groupes viticole et agricole.

Dans son programme, M. Sénac a réclamé l'impôt progressif sur le revenu, la décentralisation administrative, la diminution des gros traitements, la réduction du service militaire, le maintien des lois scolaires, etc.

LOMBARD (Emile-Henri)

ÉCRIVAIN, professeur, économiste, né à Varsovie (Pologne russe), de parents français, le 28 avril 1852. Fils d'un universitaire distingué, il rentra en France avec sa famille en 1860. Il commença ses études classiques au lycée Saint-Louis, à Paris, les poursuivit à Trowbridge (Angleterre) de 1865 à 1867, puis à l'institution Chevalier de Paris, et passa, en 1870, le baccalauréat ès-sciences.

Engagé volontaire pendant la guerre franco-allemande (1870-1871), M. Emile Lombard devint professeur de français en Angleterre à la fin de 1871. Employé de banque à Paris, de 1872 à 1875, et précepteur, de 1875 à 1879, dans une famille à Leipzig, il se fit recevoir docteur en philosophie, dans cette dernière ville, en 1879.

De retour à Paris, M. Emile Lombard fut successivement professeur d'allemand au petit collège Sainte-Barbe de Fontenay-aux-Roses, à l'Ecole Monge et au lycée Janson-de-Sailly, à Paris. Reçu agrégé de langue allemande en 1885, il a été depuis professeur d'allemand aux lycées de Saint-Quentin de 1885 à 1887, de Limoges (1887-91), à l'Ecole Alsacienne à Paris (1891-94), au lycée Michelet à Vanves (1894-97) et au lycée Montaigne, depuis 1897.

Ayant conçu l'idée d'une publication destinée à l'accroissement des relations nationales avec l'extérieur, il fondait, le 8 décembre 1894, la revue mensuelle l'*Etranger*, qui devenait bientôt, sous le titre de *Concordia*, l'organe de la Société d'Etudes internationales, dont il fut également le fondateur et à laquelle il adjoignit, peu de temps après, la *Correspondance internationale* (1896), et un Bureau d'assurance mutuelle internationale (1899), complétant heureusement l'organisation.

Président de la Société d'Etudes et de Correspondance internationales, M. Emile Lombard a voulu, au moyen de sections définies (voyages, langues vivantes, art et littérature, collections, sciences, commerce et industrie, pédagogie et enseignement, psychiâtrie, etc.), étendre et faciliter tous les progrès dans ces diverses manifestations de l'activité et de l'intelligence humaines. Cette association, dont les fins économiques et sociales ont été l'objet d'appréciations flatteuses des hautes personnalités et de la presse des deux mondes, réunit plus de trois mille membres, sous la présidence d'honneur de la baronne Suttner, de M. Frédéric Passy, du comte Léon Tolstoï, de M. Henri Dunant, etc. Elle tend à resserrer de plus en plus les liens naturels des divers peuples, sans distinction de race ni de culte.

M. Emile Lombard est l'auteur de diverses publications. Citons : une intéressante étude sur *Alexandre Hardy*, publiée à Leipzig (1880) ; la *Petite ville allemande*, comédie de Kotzebue, traduction accompagnée de plus de 2,000 notes (Paris 1891) ; les *Chefs-d'œuvre du Théâtre de Shakespeare*, conférences données à Limoges en 1889 et 1898, puis dans diverses villes d'Allemagne, et publiées en partie dans la *Revue de l'Enseignement des Langues vivantes*, etc.

CASSAGNE (Armand-Théophile)

PEINTRE, dessinateur et écrivain, né au Laudin (Eure) le 3 mai 1823. Il débuta comme maître d'études à Rouen et professa la calligraphie et le dessin.

Pendant dix années qu'il résida dans cette ville, il étudia, à la bibliothèque locale, fort riche en manuscrits anciens, l'art de l'enluminure. Il travailla sous la direction de l'érudit bibliophile Henry Pottier, et le peintre et écrivain Théodore de Jolimont l'initia à la méthode véritable employée par les Bénédictins pour l'application et la gravure des ors. Il fit paraître, en 1850, les *Archives de la Famille*, ouvrage destiné à rénover et à vulgariser l'art de la miniature et de l'enluminure.

Venu, en 1852, à Paris, où il eut pour maître Viollet-le-Duc, M. Armand Cassagne participa à différentes œuvres de cet architecte, notamment à la reproduction des vitraux de la Sainte-Chapelle. Il collabora aussi à des volumes sur le *Caucase*, la *Pologne* et publia seul : la *Normandie* (1 vol. 1853), les *Bords du Rhin* (1854), le *Duché du Luxembourg* (1855), l'*Auvergne* (1856), études pittoresques et illustrées. Puis il s'attacha à composer une série d'ouvrages didactiques sur la peinture et le dessin, simples, pratiques, d'une utilité incontestable et dont le succès considérable n'a pas été épuisé par de nombreuses éditions ; il faut mentionner entr'autres : la *Perspective du Paysagiste* (1858) ; le *Dessin pour tous* (1862). traité conçu sur une base essentiellement rationnelle pour l'enseignement élémentaire et pratique, dont les principales parties tirent encore annuellement à 30,000 exemplaires ; *Traité pratique de Perspective* (1867), présentant parallèlement les figures linéaires et leur application sur nature aux dessins pittoresques ou d'architecture ; *Le Village et les Bois* (1870) ; *Traité d'Aquarelle* (1874), le premier travail sérieux sur la matière, publié d'une façon complète ; *Éléments de Perspective par le Plan*, ouvrage très élémentaire avec un dessin sur nature par figure (1875) ; l'*Art élémentaire* (1877), dont le titre indique la portée ; l'*Alphabet du Dessin* (1879), traité adopté à la suite d'un concours pour toutes les écoles publiques de Suisse ; *Guide de l'Alphabet du Dessin* (1880) ; les *Modèles à Silhouettes* (1885) ; la *Nature chez soi* ou le *Paysage d'après la bosse* (1886) ; la *Nature pittoresque* (1888) ; le *Dessin enseigné par les Maîtres : antiquité, moyen-âge, temps modernes* (1889), étude ornée de reproductions importantes, etc.

Dessinateur et aquarelliste remarquablement doué, M. Cassagne a illustré lui-même tous ses ouvrages ; il a donné en outre de nombreuses illustrations à plusieurs journaux, dont *The Art amateur* de New-York. Aux Salons annuels de la Société des Artistes français on a vu de lui, notamment, les dessins et les aquarelles suivantes : *Pont-en-Royans, Dauphiné* (1857); *Iraarbac, Prusse* (1857); le *Château de Pierrefonds* (acquis par le ministère d'Etat, 1860) ; *Paris, le Pont-Royal* (1861); l'*Abbaye de Vaux*; les *Bruyères de Cernay* (1863), etc. A l'Exposition universelle de 1867, ses *Forêt de Sapins, Entrée en forêt, Intérieur de forêt* furent très remarqués, ainsi que, par la suite, ses aquarelles des *Ruines de la Cour des Comptes*, du *Conseil d'Etat* et ses *Intérieurs des Eglises d'Aveu* et *de Bois-le-Roi*. Il a exposé encore quatre fort belles gravures suivant le procédé Comte en 1878 et d'importantes lithographies, faites directement sur le métal et qu'il appelle « gravures au crayon gras, » en 1892, 1893 et 1894.

Cet artiste au talent varié est encore l'auteur de nombreuses toiles très appréciées des amateurs, parmi lesquelles il convient de citer : le *Dormoir*, les *Hauteurs du Mont Ussy*, *Route sous les grands bois*, les *Centenaires de la forêt*, le *Palais de Fontainebleau*, l'*Allée de Sully*, l'*Etang des Carpes*, etc. Plusieurs de ces toiles et diverses aquarelles ont été acquises par l'Etat et figurent dans les musées ; d'autres ornent les galeries particulières connues de France et de l'étranger. Depuis 1896, il n'a plus exposé ; mais il n'en continue pas moins de produire des peintures et des aquarelles toujours très remarquées.

Se préoccupant de toutes les questions se rattachant aux beaux-arts, M. Cassagne, à la suite d'expériences renouvelées, a contribué à la création d'un papier portant son nom et qui est très recherché par la plupart des aquarellistes.

M. Armand Cassagne a obtenu des récompenses diverses aux expositions universelles de Philadelphie, de Londres, de Rouen, de Montpellier, et de Paris. Il est membre de la Société des Artistes et des Lithographes français et de la société « la Pomme », depuis leur fondation, officier de l'Instruction publique, etc.

WOLFF (Johannès-Antoine)

VIOLONISTE, né à la Haye (Hollande) le 12 mai 1862. Il fit ses études musicales à Dresde (Allemagne) et à Paris. Élève de Massart, à notre Conservatoire de musique et de déclamation, il y remporta tout de suite le premier prix de violon en 1881.

M. Joannès Wolff débuta brillamment, comme artiste, aux Concerts Pasdeloup du Cirque d'Hiver ; il parcourut ensuite la Norwège, la Suède, le Brésil, etc. De retour à Paris, il se fit entendre et applaudir dans plusieurs grands concerts ; puis il visita l'Allemagne, la Hollande, l'Angleterre, l'Autriche, la Russie, où se consacra sa réputation d'exécutant.

Virtuose d'une rare finesse et d'une puissance non moindre, capable à la fois de fougue et de délicatesse, M. Johannès Wolff a été appelé dans la plupart des cours d'Europe et il a joué devant de nombreux souverains. A Paris, il s'est produit avec succès et à plusieurs reprises, dans les Concerts Colonne, comme en diverses soirées organisées pour des œuvres de bienfaisance.

Cet artiste consommé a marqué une prédilection pour les œuvres des compositeurs français contemporains, qu'il a contribué à faire connaître à l'étranger, depuis Saint-Saëns jusqu'à Francis Thomé. Il s'est de même prodigué, à l'étranger, en faveur des œuvres charitables françaises. Il a été nommé violon-solo de la cour de Hollande.

Compositeur en même temps que virtuose, il est l'auteur de plusieurs romances, d'une *Habanera* et de divers autres morceaux pour violon.

M. Johannès Wolff a été fait chevalier des ordres d'Orange-Nassau de Hollande, de Saint-Stanislas de Russie, de Ludwig de Hesse, du Christ de Portugal ; il est titulaire de la médaille du Jubilé de la reine Victoria et de la médaille d'or « Arts et Sciences » d'Anhalt. Déjà officier de l'Instruction publique, il a été, en 1901, décoré de la Légion d'honneur.

LEFÈVRE-PONTALIS (Germain)

HISTORIEN, diplomate, né à Paris le 11 février 1860. Fils de M. Antonin Lefèvre-Pontalis, membre de l'Institut (1), il fit ses études classiques au lycée Condorcet. Elève de l'Ecole des Chartes de 1879 à 1883 et diplômé cette dernière année, il a été, en outre, reçu licencié ès-lettres et en droit devant les facultés de Paris. Attaché au Bureau historique des Archives du ministère des Affaires étrangères jusqu'en 1891, il s'est fait mettre en disponibilité avec le grade de secrétaire d'ambassade.

M. Germain Lefèvre-Pontalis a publié nombre de travaux historiques d'un vif intérêt et d'une érudition incontestable. Il a collaboré assidûment aux *Inventaires des Archives des Affaires étrangères*. On lui doit, outre sa thèse à l'Ecole des Chartes : *Etude sur Jean de Villiers, seigneur de l'Isle-Adam* (1883), la publication de la *Correspondance inédite des Ambassadeurs de France en Angleterre, MM. de Castillon et de Marillac; Odet de Selve* (2 vol. 1885 et 1888) et une autre étude : la *Mission du marquis d'Eguilles auprès de Charles-Edouard, 1745-46* (1887-88). Il a donné, en outre, plusieurs mémoires sur l'histoire de Jeanne d'Arc : les *Episodes de l'Invasion anglaise*; *Un détail du siège de Paris par Jeanne d'Arc*; la *Chronique de Guyenne*; la *Fausse Jeanne d'Arc*; la *Panique anglaise en mai 1429*; les *Sources allemandes de l'Histoire de Jeanne d'Arc*, etc.

Les recherches de M. Germain Lefèvre-Pontalis sur la Pucelle d'Orléans lui ont valu d'être chargé par la Société de l'Histoire de France de la continuation de l'ouvrage de Quicherat sur le *Procès de Jeanne d'Arc*.

Il faut mentionner encore de cet historien ses études diverses sur *Olivier Basselin, Arnaud Guilhem de Barbazan le Chevalier sans reproche*, les *Capitaines anglais de Pontoise, Ambroise de Loré compagnon de Jeanne d'Arc*, le *Siège de Meulan en 1424*, etc.

M. Germain Lefèvre-Pontalis a donné, en collaboration avec M. Léon Dorez, pour la Société de l'Histoire de France, la *Chronique d'Antonio Morosini, 1396-1413* (4 vol. 1901), ouvrage auquel l'Académie des Inscriptions et Belles-Lettres a décerné, en 1902, le prix Bordin.

Vice-président de la Société historique du Vexin, il est membre du Conseil de la Société d'Histoire de France et de plusieurs autres associations savantes.

(1) Notice page 248, tome II.

LEFÈVRE-PONTALIS (Eugène)

ARCHÉOLOGUE, né à Paris, le 12 février 1862. Frère du précédent, il fut, comme lui, élève du lycée Condorcet, puis de l'Ecole des Chartes de 1881 à 1885. Diplômé cette dernière année, il fut attaché à la Bibliothèque Mazarine, puis nommé bibliothécaire du Comité des Travaux historiques et scientifiques, fonction qu'il remplit jusqu'en 1892.

M. Eugène Lefèvre-Pontalis s'est fait connaître par des recherches archéologiques qu'il a fait connaître en diverses publications. Son principal ouvrage : l'*Architecture religieuse dans l'ancien diocèse de Soissons aux XIe et XIIe siècles* (2 vol. in folio, 1894-1896), renferme une étude très complète sur les origines de l'architecture gothique dans l'Ile-de-France et dans la Picardie; on y trouve aussi la description et les relevés d'églises rurales très intéressantes. Cet archéologue a publié également : la *Monographie de l'Eglise Saint Maclou de Pontoise* (1888, in-4°); une *Histoire de la Cathédrale de Noyon* (1901, in-8°); les *Façades successives de la Cathédrale de Chartres aux XIe et XIIe siècles* (1902, in-8°). Il a collaboré à la *Bibliographie des Travaux historiques et archéologiques des Sociétés savantes de la France*.

On doit citer encore de M. Eugène Lefèvre-Pontalis ses monographies de Saint-Martin-des-Champs à Paris, des églises de Chars, d'Epône, de Gassicourt, de Gonesse, d'Hardricourt, de Juziers, de Meulan, de Santeuil, de Triel (Seine-et-Oise), de Chaalis, de Pontpoint, de Saint-Germer, de Villiers-Saint-Paul (Oise); ses études sur la nef de la Cathédrale du Mans, sur les églises de Fresnay-sur-Sarthe, de la Madeleine à Châteaudun, de Paray-le-Monial, etc. monographies publiées dans les *Bulletins des Sociétés départementales*. On annonce encore du même auteur un ouvrage sur l'*Architecture romane en Espagne*.

M. Eugène Lefèvre-Pontalis a été conseiller d'arrondissement dans le département de Seine-et-Oise de 1889 à 1898.

Directeur, depuis 1900, de la Société française d'Archéologie et du *Bulletin Monumental*, il est, en outre, membre du Comité des travaux historiques et scientifiques, de la Société nationale des Antiquaires de France, de la Société d'Histoire de Paris et de l'Ile de France, etc.

M. Eugène Lefèvre-Pontalis est officier de l'Instruction publique.

DESMONS (Frédéric)

Sénateur, vice-président du Sénat, né le 14 octobre 1832 à Brignon (Gard). Fils d'un notaire, il commença ses études classiques au collège d'Alais et les termina au lycée de Nîmes ; il alla ensuite suivre les cours de théologie à la Faculté protestante de Genève d'abord, à celle de Strasbourg ensuite, et il fut reçu docteur en théologie, à cette dernière faculté, en 1855, avec, pour thèse, une *Etude historique et critique du Mormonisme*.

L'année suivante, M. Frédéric Desmons fut nommé pasteur du culte protestant à Vézenobres (Gard) ; il a été depuis successivement pasteur à Vals (Ardèche), à Saint-Geniès-de-Magloire (Gard), où il demeura 25 ans et où il fonda la première loge maçonnique, une bibliothèque publique populaire, des bourses pour les écoliers pauvres et organisa des conférences sur divers sujets.

Devenu président du Consistoire de Saint-Chaptes (Gard), M. Desmons décida cette assemblée à offrir au gouvernement de la Défense nationale les cloches des temples de la Consistoriale pour les transformer en canons (1870). Pendant la Commune de Paris (1871), il fut adjoint à la délégation nommée pour servir d'intermédiaire entre l'armée de Versailles et les fédérés parisiens.

Depuis 1848, M. Frédéric Desmons s'est occupé de politique républicaine active. En 1851, pendant son séjour à Genève au moment du coup d'Etat, il fut en relations avec de nombreux réfugiés politiques. En France, il fit constamment de l'opposition à l'empire et fut menacé à plusieurs reprises de peines rigoureuses par le gouvernement. Elu conseiller général du Gard, en 1877, pour le canton de Vézenobres, il se présenta à la députation en 1878, dans la 1re circonscription d'Alais, après la mort de M. Ducamp ; mais il se désista au deuxième tour de scrutin, en faveur d'un autre candidat républicain, M. Favand. Après le décès de celui-ci, il fut élu député, par 8,439 voix, contre 3,393 au candidat monarchiste, le 19 juin 1881, et son mandat fut renouvelé, le 21 août suivant, aux élections générales, par 7,768 voix, sans concurrent au ballottage.

Dès sa première élection législative, M. Desmons s'était démis de son mandat au Conseil général, pour ne pas cumuler deux fonctions électives. Il fut réélu député : en 1885, avec la liste radicale du Gard, par 58,137 suffrages sur 110,746 votants ; en 1889, dans son ancienne circonscription, par 7,205 voix, contre 6,643 à deux autres candidats et en 1893 par 7,317 voix, sans concurrent.

A la Chambre, M. Desmons se fit inscrire au groupe de l'extrême-gauche, dont il fut vice-président pendant deux ans. Appelé à faire partie de nombreuses commissions, notamment celles des chemins de fer, du travail et de la caisse des retraites, il présida la commission d'enquête au sujet de l'affaire Wilson, celle qui fut envoyée dans la Loire à la suite d'une explosion minière, et d'autres relatives à la réforme des prisons et aux sociétés coopératives. Il prit part à de nombreuses discussions, demandant, à plusieurs reprises, la suppression de l'ambassade au Vatican, la rétribution des fonctions municipales, et, en 1884, au Congrès de Versailles, la suppression de la présidence de la République. Il fit partie, en 1885, de la délégation chargée de représenter la France à l'inauguration, à New-York, de la statue de Bartholdi : la *Liberté éclairant le Monde*.

Au renouvellement triennal du Sénat, en 1894, M. Desmons fut élu sénateur du Gard, comme radical, par 537 voix sur 842 votants, au second tour (14 janvier) ; ce mandat lui a été renouvelé, le 4 janvier 1903, par 487 suffrages sur 827 votants, au premier tour de scrutin.

Dès son entrée dans la Haute-Assemblée, M. Desmons se fit inscrire au groupe de la gauche démocratique, dont il est devenu vice-président, puis président. Il a été membre des grandes commissions du Budget, des Finances et de nombreuses autres, telles que celle relative aux congrégations. Il a soutenu la politique de réformes républicaines et les ministères Bourgeois, Brisson, Waldeck-Rousseau et Combes. Il est, depuis 1898, vice-président du Sénat.

L'honorable sénateur du Gard est une des personnalités les plus en vue du monde politique. Il est membre du Conseil supérieur de l'Administration pénitentiaire au ministère de l'Intérieur, de la Commission de répartition des secours accordés aux sociétés de production (ministère du Commerce), de la Commission de la Bibliothèque du ministère de la Marine, de la Commission d'examen des demandes de bureaux de tabacs au ministère des Finances et vice-président du Comité de l'Association du parti radical et radical-socialiste de France. Membre du Conseil de l'ordre du Grand-Orient de France depuis 1872, il en a été le président de 1896 à 1902. Il avait été choisi, en 1900, pour présider la grande assemblée internationale de la Franc-Maçonnerie à Paris et il a représenté le Grand-Orient de France aux Congrès maçonniques de La Haye et de Genève.

Orateur élégant et disert, d'une argumentation solide et de vastes connaissances, M. Desmons a fait de nombreuses conférences publiques ou privées dans les loges maçonniques, à Paris, en province et à l'étranger.

GÉRIN-LAJOIE (Médéric-Thomas)

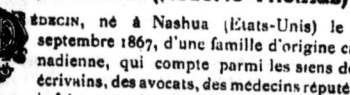

ÉDECIN, né à Nashua (États-Unis) le 3 septembre 1867, d'une famille d'origine canadienne, qui compte parmi les siens des écrivains, des avocats, des médecins réputés. Après avoir fait ses études classiques dans un collège français au Canada, il fut reçu à la Faculté de Montréal, en 1889, docteur en médecine et maître en chirurgie, avec le numéro un. Etabli dans sa ville natale, il y fut élu conseiller municipal et membre du Conseil d'hygiène ; candidat aux élections législatives, il échoua de dix voix.

Membre et délégué de l'Alliance française aux Etats-Unis depuis 1891, le Dr Gérin-Lajoie a organisé des réunions et des comités, notamment à Fall-River, à Nashua, à Lowel, à New-Belford, à Manchester, à Woonsockret, etc. En 1893, il accompagna en Nouvelle-Angleterre M. Emile Levasseur, membre de l'Institut, dans la mission que celui-ci accomplit aux Etats-Unis à cette époque.

Membre et premier secrétaire de la « Famille française, » association que fonda, en 1897, M. Louis Herbette, conseiller d'Etat, pour étendre l'amitié et les relations des français dans les pays étrangers, le Dr Gérin-Lajoie suivit M. Herbette dans son voyage aux Etats-Unis et au Canada en 1899, et en facilita beaucoup les résultats. En 1896, il avait été envoyé à Paris, comme chef de la délégation américaine, pour assister au jubilé de M. Théophile Roussel, sénateur et membre de l'Institut.

Le Dr Gérin-Lajoie a été chargé, en avril 1899, d'un service spécial de renseignements et d'indications aux étrangers sur l'organisation de la Faculté de Médecine de Paris et le rôle des professeurs et savants français. Il fut sous-secrétaire de la section de gynécologie du Congrès international de Médecine, réuni à Paris en 1900.

Le Dr Gérin-Lajoie a ainsi contribué à développer l'influence de la science française et particulièrement de l'école médicale française, à l'extérieur. Il a été reçu, en 1900, docteur en médecine de la Faculté de Paris, avec une thèse originale sur la *Pneumonie et son traitement par le Chlorydrate d'ammoniaque*, que son auteur innova et dont il a, depuis, appuyé l'autorité par près de cent observations.

M. Gérin-Lajoie a publié, outre sa thèse : *Études sur la prophylaxie de la Tuberculose* (1893) ; *Hémorrhagie retro-placentaire pendant la grossesse* (1893) ; *Influence des impressions et émotions de la mère sur le produit de la conception in utero* (1894) ; *Sur la Dyspepsie et le traitement qu'elle comporte* (6me éd. 1896) et de nombreux articles dans l'*Electrothérapie gynécologique* ou d'autres organes médicaux, sur l'hypnotisme, les « envies » pendant la grossesse, la contagion dans la tuberculose, etc.

Ancien médecin en chef de l'Association indépendante des Forestiers canadiens à Paris, médecin en chef de la Compagnie des Tramways de l'Est parisien, le Dr Gérin-Lajoie est membre du Conseil médical de la Société des Gens de lettres, du « dîner de la Marmite », de la Société d'Hypnologie, de la Société d'Electrothérapie et de plusieurs associations savantes étrangères.

Naturalisé Français en 1900, il est chevalier de la Légion d'honneur, officier d'Académie et titulaire de décorations étrangères.

BRUNEAU de LABORIE (Emile)

XPLORATEUR, sportman, né à Périgueux (Dordogne) le 16 mai 1871. Il fit ses études classiques dans sa famille, puis suivit les cours de l'Ecole des Sciences politiques, à Paris, et se fit bientôt connaître par son active participation à divers sports, notamment à l'escrime.

M. Bruneau de Laborie accomplit, en 1892, un voyage dans le Sud Tunisien et en Tripolitaine, au cours duquel il essaya, sans y parvenir d'ailleurs, d'améliorer les relations des Français avec les Touareg-Azdjer. En 1898, il fit, au Zanguebar, une exploration dans le but d'étudier les conditions possibles d'exploitation agricole de cette région ; il visita aussi une partie de Madagascar. Puis, en 1899, il remplit heureusement une mission du gouvernement de la Côte d'Ivoire, pour la reconnaissance d'un territoire faisant partie de cette colonie.

D'autre part, M. Bruneau de Laborie a beaucoup fait, en France, pour le développement de l'éducation physique. Il est président honoraire et ancien président effectif de la Société du Boxing-Club, de la Société d'entraînement à l'Escrime et au Pistolet, et il est membre du comité de la Société d'encouragement à l'Escrime, de la société de l'Estocade, du Cercle d'escrime d'Anjou, etc.

Toujours cité comme l'un des meilleurs tireurs à l'épée de notre époque, M. Bruneau de Laborie a eu plusieurs duels heureux, entr'autres, avec M. Kirchhoffer, le maître d'armes réputé.

Il a publié de nombreux articles sur l'escrime, une intéressante étude sur la *Théorie du Duel*, une autre sur la *Main-d'œuvre dans la Côte d'Ivoire*, etc.

Il est l'un des français, assez rares, ayant obtenu, au titre civil (comme explorateur), la médaille coloniale.

FÉRAUDY
(Dominique-Marie-Maurice de)

Artiste et auteur dramatique, né à Joinville-le-Pont (Seine) le 3 décembre 1859. Fils du colonel commandant l'Ecole de gymnastique de cette ville, il fit ses études classiques aux lycées de Versailles, Henri IV et Louis-le-Grand de Paris, puis il entra au Conservatoire, en 1878, dans la classe de Got, et en sortit deux ans plus tard avec le premier prix de comédie. La même année, il débutait à la Comédie-Française, dans Sosie, de l'*Amphitryon* de Molière (17 octobre).

M. de Féraudy marquait, bientôt après, le rôle de Desvergettes, dans le *Député de Bombignac*, des qualités bien personnelles d'ironie qui l'ont placé au nombre des meilleurs artistes de ce temps. Parmi ses principales créations, on doit mentionner celles qu'il fit dans les pièces suivantes : *Raymonde*, l'*Héritière*, *Une rupture*, *Pepa*, *Camille*, *Une Famille*, l'*Article 231*, l'*Ami de la Maison*, l'*Amour brode*, *Cabotins*, *Vers la joie*, les *Romanesques*, l'*Amiral*, *Mieux vaut douceur...*, *Catherine*, le *Torrent*, *Struensée*, la *Petite Amie*, l'*Autre Danger*, etc. Il s'est fait également applaudir dans les reprises d'*Adrienne Lecouvreur*, *François le Champi*, l'*Ami Fritz*, *La joie fait peur*, l'*Eté de la Saint-Martin*, les *Demoiselles de Saint-Cyr*, *Bertrand et Raton*, les *Faux Bonshommes*, *Bataille de Dames*, le *Dépit amoureux*, le *Médecin malgré lui*, le *Légataire universel*, le *Barbier de Séville*, le *Mariage de Figaro*, *Froufrou*, *Monsieur Scapin*, *Mademoiselle de la Seiglière*, *Visite de noces*, le *Fils de Giboyer*, les *Rantzau*, *Montjoie*, la *Vie de Bohème*, *Célimare le Bien-Aimé*, *Mercadet*, *Patrie*, etc.

Sociétaire de la Comédie-Française depuis le 12 janvier 1887, M. de Féraudy a été nommé, en 1891, professeur de diction et de déclamation au Conservatoire, où il a succédé à Got, son maître.

M. de Féraudy s'est aussi fait connaître et vivement apprécier comme auteur dramatique, avec plusieurs pièces en un acte ayant pour titres : *A quoi rêvent les jeunes gens* ; *Dead-Heat* ; *Tic à tic*, comédie en collaboration avec J. Rouche, qui obtint près de 700 représentations ; l'*Ecole des Vieux*, saynète représentée aux Mathurins ; *Quart de soupir* (aux Capucines) ; l'*Enervée*, avec G. Loiseau ; *Parente éloignée*, etc. Il a fait représenter en 1902, au théâtre de l'Athénée, une autre pièce en 3 actes : *Leurs amants*, qui est un petit chef-d'œuvre d'observation du monde et du demi-monde parisiens, où apparaît chez l'auteur un sens très vif de psychologue et de moraliste. On lui doit encore : *Heures émues*, un recueil de vers.

M. de Féraudy a composé, en outre, plusieurs mélodies ou romances, mises en musique par de bons musiciens contemporains. Citons : *Amoureuse*, l'*Heure d'aimer*, *Mensonges*, *Deux sous d'amour*.

Il est membre de la Société des Auteurs, Compositeurs et Editeurs de musique et de la Société des Auteurs et Compositeurs dramatiques.

OZUN (Frédéric-Léon)

Député, avocat et publiciste, né à Hèches (Hautes-Pyrénées) le 22 février 1840. Il appartient à une ancienne famille de la région, dont plusieurs membres ont occupé des fonctions électives, soit dans le gouvernement des Quatre-Vallées, soit à la Constituante.

Venu, en 1860, à Paris, M. Ozun y fit ses études de droit, tout en s'occupant comme répétiteur dans diverses institutions privées. Reçu licencié en droit en 1873, il se fit inscrire au barreau de Paris, mais y plaida peu de temps. Il entrait bientôt à la *Gazette des Tribunaux*, dont il demeura le rédacteur principal pendant près de trente ans. En 1878, il eut l'idée de publier un *Annuaire judiciaire* donnant des renseignements fort utiles sur tout ce qui se rattache à cette matière et il continua pendant plusieurs années cette publication, qui a été poursuivie par d'autres écrivains ensuite.

Dévoué aux institutions républicaines et partisan des réformes d'ordre politique et social, M. Ozun entra dans la vie publique en se faisant élire conseiller général pour le canton de la Barthe (Hautes-Pyrénées), en 1881 ; il a été réélu depuis constamment. Au Conseil général de ce département, il a pris l'initiative de plusieurs vœux concernant notamment l'Impôt sur le revenu et s'est occupé activement des travaux de l'assemblée.

Dès 1893, M. Ozun entreprit une lutte fort vive contre M. Edmond Blanc, député des (Hautes-Pyrénées. Candidat républicain radical dans l'arrondissement de Bagnères-de-Bigorre, en 1894, après l'invalidation de celui-ci, il obtint, sans être élu, 7,488 voix contre 10,193 à ce concurrent plus heureux ; en 1898, au renouvellement législatif, M. Ozun échoua encore, avec 8,852 suffrages contre 9,389 ; mais à celui de 1902, M. Edmond Blanc s'étant retiré de la lutte électorale, il fut élu député par 11,929 voix, contre 5,125 à M. de Fouquières, conservateur, au premier tour de scrutin.

M. Ozun est inscrit au groupe de la gauche radicale de la Chambre. Il fait partie de la grande commission du Commerce et de l'Industrie et de celle des Economies budgétaires.

WALLON (Henri-Alexandre)

SÉNATEUR inamovible, historien, membre de l'Institut, né à Valenciennes (Nord) le 23 décembre 1812. Entré à l'École normale supérieure en 1831, il en sortit en 1834 agrégé d'histoire.

Après avoir été professeur à Louis-le-Grand et au Collège Rollin, M. Henri Wallon fut, en 1840, nommé maître de conférences à l'Ecole normale ; puis, en 1846, chargé de suppléer Guizot dans sa chaire d'histoire à la Sorbonne.

Les travaux sur l'esclavage publiés par M. Wallon ayant attiré l'attention sur lui, il fut, après la révolution de 1848, choisi comme secrétaire de la Commission pour l'abolition de l'esclavage, dont Schœlcher était le président. Cette situation le désigna au choix des électeurs de la Guadeloupe, qui l'élurent deuxième suppléant à l'Assemblée Constituante, où il n'eut pas, d'ailleurs, à siéger. Mais, aux élections générales du 13 mai 1849 pour la Législative, porté sur la liste modérée du Nord, il fut élu représentant de ce département, par 92,290 voix. A l'Assemblée, il se prononça en faveur de l'expédition de Rome et contre la loi du 31 mai 1850 restrictive du suffrage universel. S'étant, en cette circonstance, séparé de la majorité conservatrice, il se démit de son mandat.

La même année, il était nommé professeur d'histoire et de géographie modernes à la Sorbonne et admis à l'Académie des Inscriptions et Belles-Lettres, au fauteuil de Quatremère de Quincy.

Pendant toute la durée du second empire, M. Wallon se tint à l'écart de la politique ; il publia les travaux d'histoire sacrée et profane ou de controverse religieuse dont nous donnons plus loin la nomenclature, tout en poursuivant sa carrière professorale. Il devint secrétaire perpétuel de l'Académie des Inscriptions, après la démission de Guigniaut, le 24 janvier 1873, fut nommé doyen de la Faculté des Lettres le 18 mars 1876, et mis à la retraite, en 1887, avec le titre de doyen honoraire.

Après la chute de Napoléon III, l'éminent professeur était rentré dans l'arène politique. Porté sur la liste conservatrice du Nord, aux élections du 8 février 1871 pour l'Assemblée nationale, il fut élu, le vingt-cinquième sur 28, par 181,217 suffrages. Siégeant au centre droit, il vota cependant le retour à Paris ; mais opina pour le maintien de l'état de siège, pour le pouvoir temporel du pape et contre la dissolution de l'Assemblée. C'est lui qui fit voter, après la libération du territoire, la déclaration que « M. Thiers avait bien mérité de la patrie ; » mais il n'en vota pas moins, le 24 mai 1873, l'ordre du jour Ernoul qui provoquait la démission de cet homme d'Etat ; puis il donna son appui au ministère de Broglie.

Bientôt, cependant, M. Wallon, s'éloignant de ses amis politiques, forma un groupe qui prit son nom et suivit à peu près la même ligne de conduite que le centre gauche. Au cours de la discussion des lois constitutionnelles, il présenta et défendit avec ardeur le fameux amendement qui a gardé son nom et qui fut le point de départ du vote de la constitution qui nous régit :

Le président de la République est élu à la pluralité des suffrages par le Sénat et par la Chambre des Députés réunis en Assemblée nationale. Il est nommé pour sept ans ; il est rééligible.

Votée à une voix de majorité, cette disposition instituait la République. Elle a fait donner à son auteur le nom de « père de la Constitution ».

M. Wallon reçut le portefeuille de l'Instruction publique, des Cultes et des Beaux Arts dans le cabinet Buffet, formé le 10 mars 1875. En cette qualité, dans la discussion de la loi sur l'enseignement supérieur, ses sentiments religieux l'emportèrent sur le libéralisme qu'il affichait : loin de réclamer le privilège pour l'Etat de la collation des grades, il fit voter la création du jury mixte en faveur des universités catholiques (loi promulguée le 26 juillet) ; il démissionna, avec tous ses collègues, le 8 mars 1876, laissant la place au premier ministère libéral Dufaure.

Entre temps, il avait été porté sur la liste des Droites

pour les élections des sénateurs inamovibles créés par la Constitution nouvelle; ne parvenant pas à réunir, en plusieurs tours de scrutin, le nombre de voix nécessaires, il retira sa candidature ; mais, l'ayant posée de rechef, il fut élu, au neuvième tour de scrutin, le soixante-douzième sur les 75 membres prévus et par 372 voix sur 632 votants.

Après la constitution du Sénat, il fonda, dans la haute assemblée, le groupe dit constitutionnel, qui suivit sensiblement la même ligne politique que la droite monarchiste ; pourtant, après le 16 mai 1877, M. Wallon s'abstint dans le vote de dissolution de la Chambre (23 juin). Il prit place ensuite au centre droit et combattit les projets présentés par Bardoux et Jules Ferry sur l'enseignement supérieur. Il s'opposa à la laïcisation de l'enseignement primaire, se plaignit (janvier 1880) de l'exclusion des évêques du Conseil supérieur de l'Instruction publique, proposa, en juin 1881, d'autoriser les ministres des cultes non munis du brevet de capacité à ouvrir des écoles confessionnelles dans les communes où il n'en existait pas ; se prononça, en toutes occasions, contre la révision de la Constitution, ainsi que pour la défense des intérêts catholiques dans toutes les questions d'enseignement, notamment en 1901-1902, dans les discussions sur la réforme de l'enseignement secondaire et de la loi sur les associations.

Président d'honneur du groupe agricole sénatorial, l est le doyen d'âge de la Haute Assemblée.

Voici la liste des ouvrages publiés par M. Henri Wallon, outre un certain nombre de mémoires ou d'études dans les revues ou journaux : *Géographie politique des temps modernes* (1839) ; *De l'Esclavage dans les Colonies* (1847) ; *Histoire de l'Esclavage dans l'Antiquité* (3 vol. 1848, nouvelle édition 1879, couronnée par l'Institut) ; dans ces ouvrages, l'auteur attribue à la Constitution du christianisme l'abolition de l'esclavage ; la *Sainte Bible résumée dans son histoire et dans ses enseignements* (2 vol. 1854, 2ª édition 1886) ; *De la croyance due à l'Evangile* (1858), réédité en 1887 sous le titre : l'*Autorité de l'Evangile* ; *Mémoires sur les années de Jésus-Christ* (1858, 3ª édition 1887); *Du Monothéisme chez les races sémitiques* (1859); *Jeanne d'Arc* (1860), ouvrage qui obtint le grand prix Gobert de l'Académie française et dont une nouvelle édition valut à l'auteur les félicitations, par bref spécial, du pape Pie IX (1875) ; *Epîtres et Evangiles des Dimanches*, extrait des traductions de Bossuet, avec notes (1862) ; les *Saints Evangiles*, autre traduction tirée de Bossuet (1863), dont une édition de grand luxe fut publiée plus tard ; la *Vie de Jésus et son nouvel historien*, critique du livre de Renan (1864) ; *Richard II*, épisode de la rivalité de la France et de l'Angleterre (2 vol. 1864) ; *Vie de N.-S. Jésus-Christ selon la concordance des Quatre Evangélistes* (1865) ; la *Terreur*, étude sur la Révolution (2 vol. 1873) ; *Saint Louis et son temps* (2 vol. 1875 ; 2ª éd. illustrée, avec cartes, 1878) ; *Histoire du Tribunal révolutionnaire de Paris avec le journal de ses actes* (1880-1882, 6 vol., dont une édition abrégée, en 2 volumes, a paru en 1892) ; les *Représentants du Peuple en mission en l'an II* (1888-1890, 5 vol.) ; la *Révolution du 31 mai et le Fédéralisme en 1793* (1891). Il a, en outre, réuni, sous le titre d'*Eloges académiques* (2 vol. 1883), des notices sur divers écrivains.

Chevalier de la Légion d'honneur dès 1847, promu officier sous l'empire en 1868 et commandeur en 1886, M. Wallon est, en outre, titulaire d'une médaille de sauvetage pour un acte de courage accompli, avec son fils, aux bains de mer des Petits-Dalles, en 1878.

GILBERT (Augustin)

MÉDECIN, professeur, né à Buzancy (Ardennes) le 15 février 1858. Externe des hôpitaux de Paris en 1878, puis interne (1880), deux fois récompensé au concours de l'internat et cinq fois lauréat de l'Assistance publique, il fut reçu docteur et lauréat de la Faculté en 1886. Médecin du bureau central des hôpitaux (1888), agrégé de la Faculté (1889), chef du laboratoire de thérapeutique à la Faculté (1890), médecin de l'hôpital Tenon (1893) et de l'hôpital Broussais (1894), le docteur Gilbert fut chargé du cours de clinique annexe à la Faculté en 1895 et il a été nommé, en remplacement de M. Landouzy, professeur de thérapeutique à la Faculté de Médecine de Paris, en 1901.

Auteur de travaux scientifiques considérables, le professeur Gilbert a dirigé, avec M. Brouardel, doyen honoraire de la Faculté de Médecine, la publication du *Traité de Médecine et de Thérapeutique* (10 vol. 1890-1902), dans lequel il a donné notamment les articles *Colibacillose*, *Maladies du foie* et *Syphilis médullaire*. Il a succédé, en 1896, à Dujardin-Beaumetz, comme directeur du *Formulaire de Thérapeutique et de Pharmacologie*, dont il a fait paraître la treizième édition. Il a été nommé membre et secrétaire de la Commission relative au *Codex* et membre du Comité d'organisation des voyages d'études aux eaux minérales.

Les autres publications dûes à ce savant concernent la clinique et l'anatomie pathologiques, la bactériologie, la pathologie expérimentale ou comparée et la thérapeutique ; on doit mentionner particulièrement celles portant les titres suivants : *Contribution à l'étude du Cancer primitif du foie* (thèse de doctorat 1886) ; *Communication sur l'Apoplexie hystérique* (Société clinique 1887) ; *Etudes sur les Maladies du foie*, avec le Dr Hanot (1 vol. 1888) ; l'*Hystérie tabagique* (Société médicale des Hôpitaux 1889) ; *Notes sur l'anatomie pathologique de la tuberculose et sur la cirrhose tuberculeuse expérimentale du foie* (Société de Biologie 1890) ; *Etude de la tuberculose aviaire*, avec MM. Cadiot et Roger (Congrès de la Tuberculose 1891) ; la *Pathologie du Sang*, étude de la sémiologie du sang et de sa pathologie (*Traité de Médecine* de Charcot-Bouchard-Brissaud 1892) ; les *Abcès tuberculeux expérimentaux du foie* (Congrès de la Tuberculose 1893) ; *Altérations histologiques du foie chez les animaux tuberculeux* (Société de Biologie 1894) ; *Essais de sérothérapie dans la syphilis*, avec M. Fournier (*Semaine Médicale* 1895) ; *Notes sur l'action des extraits hépatiques sur la glycosurie* (Société de Biologie 1896) ; *De la tétanie hépatique* (Société de Biologie 1897) ; les *Formes cliniques des cirrhoses du foie*, avec M. Surmont (Congrès international de Moscou, et *Presse Médicale* 1897) ; *Pathogénie de la lithiase biliaire*, avec M. Fournier (*Presse Médicale* 1898) ; l'*Opothérapie, traitement de certaines maladies par les extraits d'organes animaux* (1 vol. 1898) ; les *Maladies du Sang* (*Traité de Médecine* Bouchard-Brissaud 1899) ; *De l'Ictère familiale*, étude de la diathèse biliaire, avec MM. Castaigne et Lereboullet ; la *Néphrite biliaire ; Diathèse biliaire et hépatisme*, avec M. Lereboullet (Société Médicale des Hôpitaux 1900) ; *Des divers types de tuberculose hépatique* (Congrès international de Moscou 1900) ; *Traitement de la lithiase biliaire*, avec M. Fournier (Congrès international de Médecine, Paris 1900) ; *Des cholémies anictériques*, avec M. Lereboullet (Société Médicale des Hôpitaux 1901) ; la *Cholémie simple familiale*, avec le même, observations originales sur le passage de la bile dans le sang (*Semaine Médicale* 1901) ; la *Thérapeutique générale*, avec M. Bomet (*Traité de Pathologie générale* de Bouchard 1901) ; les *Fonctions du Foie* (1 vol. 1901) ; la *Cholémie simple familiale*, nouvelles observations (*Gazette hebdomadaire* et Société de Médecine 1902) ; l'*Urobilinurie dans la cholémie familiale* (Société de Biologie 1902), etc.

Membre du Comité de rédaction des *Archives de Thérapeutique*, il a été secrétaire-général de la section de Thérapeutique au Congrès international de 1900.

M. le professeur Gilbert est membre des Sociétés Anatomique, Clinique, Médicale des Hôpitaux, de Biologie, de Dermatologie et de Syphiligraphie, de Thérapeutique de Paris, et membre honoraire de la Société de Thérapeutique de Moscou. Lauréat de l'Académie de Médecine, il est chevalier de la Légion d'honneur.

ANGLADE (Gaston)

PEINTRE, né à Bordeaux (Gironde) le 29 septembre 1854. Bien qu'il eut manifesté fort jeune de vives dispositions artistiques, il dut lutter contre la volonté paternelle et n'apprit qu'assez tard la peinture. Il prit les conseils de MM. Baudit et Peloure et se perfectionna longtemps, avant de paraître aux Salons annuels, où il n'exposa qu'arrivé à la plénitude de son talent.

Paysagiste d'une observation à la fois juste et poétique, cet artiste plaît par son originalité, ses qualités de coloriste et de compositeur. Des critiques ont dit qu'il était vraiment le « peintre des bruyères » ; à coup sûr, il a peu de rivaux dans ce genre, où il excelle ; mais son talent ne peut se restreindre à une spécialité et ses études des environs de Paris valent celles des diverses régions de la France dont il a su rendre les aspects multiples en coloriste et en poète.

M. Gaston Anglade a exposé, à la Société des Artistes français les œuvres suivantes, qui y ont été très remarquées : *Lever de lune sur la pointe de Lacanau* ; le *Soir à Charenton* (1896) ; la *Fin du jour à Laverdin*, Loir-et-Cher (1897) ; *Soleil couchant* et le *Soir dans la Combe au Bas-Préau*, Charente-Inférieure (1899) ; *Lever de lune sur la pointe de Saint-Georges-de-Didonne*, Charente-Inférieure (1901) ; *Belle journée de novembre à Montfermeil*, Seine-et-Oise (1902).

En cette dernière année, dans une exposition qu'il fit à la galerie Gérard, à Paris, on apprécia entr'autres œuvres, quelques fort belles toiles : *Matinée à Montfermeil*, la *Glane à Saint-Junien* (Haute-Vienne) ; la *Vallée du Blant* ; les *Environs d'Argentan*, etc.

La plupart des tableaux de M. Anglade, aujourd'hui classé parmi les bons paysagistes modernes, ornent les galeries d'amateurs célèbres d'Europe et d'Amérique ; quelques-unes figurent dans les musées français.

DIAMANTBERGER (Mayer-Saul)

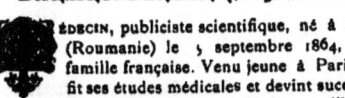

ÉDECIN, publiciste scientifique, né à Buzeo (Roumanie) le 5 septembre 1864, d'une famille française. Venu jeune à Paris, il y fit ses études médicales et devint successivement externe des hôpitaux, puis interne à l'hôpital Rothschild (1887 à 1890), docteur et lauréat de la Faculté (1890). Médecin-adjoint de l'hôpital Rothschild depuis 1896, il a été nommé, en 1897, professeur de pathologie externe à l'Ecole dentaire française de Paris.

Le docteur Diamantberger s'est fait connaître par des travaux scientifiques touchant notamment au gaïacol, qu'il a contribué à introduire dans la thérapeutique. On cite de lui les publications suivantes : les *Pulvérisations biiodo-mercuriques dans le traitement de la Tuberculose*, en collaboration avec le docteur Z. Spivacoff (*Annales de la Tuberculose*, 1889) ; *Le Gaïacol et la Créosote*, étude clinique et thérapeutique (*Gazette des Hôpitaux*, 1890 et 1891) ; *Du Rhumatisme noueux (Polyarthrite déformante) chez les enfants* (thèse qui obtint une mention honorable, 1890) ; le *Rhumatisme noueux et Idiotie*, étude clinique (*Nouvelle Iconographie de la Salpêtrière* 1890) ; *Le Gaïacol dans le traitement de la tuberculose pulmonaire*, en collaboration avec M. le docteur A. Weill (Société de Médecine pratique et *Journal de Médecine de Paris*, 1891) ; le *Traitement gaïacolé dans la Phtisie pulmonaire*, en collaboration avec M. le docteur A. Weill (Congrès pour la tuberculose, Paris 1891) ; *Nouvelles études sur les injections gaïacolées* (Congrès pour la tuberculose en 1893) ; *Récidive de la Rougeole* (communication à la Société de Médecine et de Chirurgie pratiques, 1894) ; *Mammite chez un adolescent* (Société médicale du IXe arrondissement de Paris, 1892) ; *Faradisation intrastomacale dans les vomissements incoercibles* (études d'électrothérapie clinique faites à l'Hôpital de Rothschild en 1888-89-90, thèse de M. F. Cocon, Paris 1901) ; les *Anévrismes du cœur*, l'*Atrophie du cœur*, l'*Hypertrophie du cœur*, *Dégénérescence graisseuse du cœur*, etc. (articles parus dans le *Traité pratique de Médecine clinique et thérapeutique* de Bernheim et Laurent, 6 vol. 1895) ; les *Eaux minérales en Roumanie, stations balnéaires et climatériques* (1899) ; *Un cas de gangrène pulmonaire chez une jeune fille de 14 ans guéri par le gaïacol* (*Archives de Médecine et Chirurgie*, 1900) ; *De la gaïacolisation intensive dans le traitement de la Tuberculose pulmonaire*, en collaboration avec le Dr A. Weill (communication au Congrès international de Médecine, Paris 1900) ; *Citrophène*, notes thérapeutiques (*Bulletin médical* 1901) ; le *Sapolan en Dermatologie*, étude thérapeutique (*Archives de Médecine et de Chirurgie*, 1900).

On lui doit de plus un grand nombre d'articles de thérapeutique, de géographie médicale et de travaux analytiques, parus dans les *Archives Orientales de Médecine et de Chirurgie*, revue publiée sous sa direction depuis 1899. Cette publication qui, dès sa fondation, compta de nombreux collaborateurs célèbres, français et étrangers, a contribué pour une large part à maintenir et à étendre l'influence de l'école médicale française en Orient ; elle est, depuis 1901, fondue avec la *Médecine orientale*, du docteur S. Bernheim et, sous la forme bi-mensuelle, ces deux organes réunis ont pris un nouveau développement.

Le docteur Diamantberger est membre des Sociétés de Thérapeutique, de Médecine et de Chirurgie pratiques de Paris, de la Société médicale du IXe arrondissement, du Syndicat de la Presse scientifique et membre correspondant de la Société médicale de Constantinople. Il est officier d'Académie et médecin aide-major dans l'armée territoriale.

FRANCE
(Mme GOMIEN, née Gabrielle-Jeanne-Marie BERNARD, dite Jeanne)

CRIVAIN, née au Buis-les-Baronnies (Drôme) le 23 septembre 1848. Femme d'un officier supérieur du génie, Mme Gomien débuta dans les lettres en 1883, avec une nouvelle : les *Visions de Wilhelmine*. Douée d'une imagination ardente et d'une plume alerte, elle s'est fait connaître du grand public par des œuvres diverses, écrites sous le pseudonyme de « Jeanne France », qu'elle a adopté.

Mme Jeanne France a publié les romans suivants : la *Baronne de Langis* (1 vol. 4e éd.) ; *Madame Fulbert* (1 vol.) ; *Abeilles et Frelons* (1 vol., 2e éd.) ; *Duchesse*, en collaboration avec M. Carolus d'Harrans (1 vol. 2e éd) ; le *Père*, avec M. Achille Magnier (1 vol) ; le *Dernier Chevalier* (1 vol. 2e éd.) ; les *Drames du château de Joux* ; *Berthe et Lois*, suite au précédent (2 vol.) ; *Denise, Comtesse de Bardannes* (1 vol.) ; *Pour être riche* (1 vol.).

Elle est aussi l'auteur de nombreux ouvrages écrits spécialement pour la jeunesse, notamment : le *Tombeau d'une mère* ; l'*Ex-voto de Montanac*, suite du précédent (2 vol. 3e éd.) ; le *Mystère d'un vieux château* ; le *Fils d'un prince*, *Dom Fernando*, *Châtiée*, la *Fièvre du Remords*, avec M. Alphonse France (2ᵉ éd.); les *Ancêtres des Francs-Tireurs* (25ᵉ mille); *Une Française* (25ᵉ mille); *Un héros de quinze ans* (15ᵉ mille); les *Femmes françaises en 1870* (20ᵉ mille); l'*Honneur des Aubert*, avec M. Achille Magnier; *Le Luxe, voilà l'ennemi !* l'*Enfant du Temple*, l'*Ambition qui tue*; *Pour être riche*, etc.

Parmi les nouvelles et contes de cet écrivain, il faut signaler : *Celles qui pleurent*, *Vierges et Femmes* (2 vol.); *Veuves et Vieilles filles* (2 vol.); *Simples histoires*; *Nouvelles patriotiques* (15ᵉ mille); *Heures d'angoisses*, récits sur la Révolution (3ᵉ mille); *Leçons d'une sœur*; *Contes d'Alsace* (6ᵉ mille); *Contes d'hier et d'aujourd'hui* (2ᵉ éd.); le *Retour du Chevalier*; le *Butin du Zouave* (15ᵉ mille); les *Sept péchés capitaux* et *Petites Ames... grands cœurs*, contes enfantins (2 vol.) etc.

Sous le titre général de *Petits drames ignorés*, Mᵐᵉ Jeanne France a donné des dialogues rapides, émouvants ou spirituels : *Avec tous les atouts*; *Femme de Traître*; l'*Amour de l'Homme*; *Celles qu'ils aiment*; le *Sacrifice de Jean Borel*, avec M. Achille Magnier; *Joujoux brisés*.

Poète d'une inspiration élégante et facile, elle a aussi publié des recueils de vers : *Hantises d'Automne* et *Echos d'Autrefois*, avec M. Achille Magnier.

Pour le théâtre, elle a écrit : les *Minuits de Mˡˡᵉ Thomeray*, comédie en 3 actes; le *Calvaire*, pièce en 3 actes; *Soupçonnée*, 1 acte; la *Fiancée de Luc*, 1 acte, et diverses comédies ou opéras, seule ou en collaboration. Musicienne aussi, elle a composé : le *Petit frère*, paroles et musique; *La plus belle étoile*, paroles de Victor Hugo; *Visite d'Enfant*, paroles d'Achille Magnier; *Il lui parla d'amour*; *Vains rêves*; *N'a-t-elle pas aimé ?* paroles et musique; *Rêve vers l'Etoile*; le *Retour du marin*; *C'était écrit*; *Gethsemani*, etc.

Mᵐᵉ Jeanne France a collaboré à plus de 800 revues ou journaux. Elle a fondé, en 1901, et dirige depuis ce temps, sous le titre de *France-semeuse*, une originale publication mensuelle, qui s'adresse surtout aux jeunes filles et jeunes femmes, dont elle s'efforce d'être le conseiller et le récréateur.

L'œuvre de cet écrivain a été couronnée maintes fois par la Société d'encouragement au Bien et par la Société d'Instruction et d'Education populaire.

Mᵐᵉ Jeanne France est membre de la Société des Gens de Lettres et de celle des Auteurs dramatiques.

Son fils, M. Alphonse-Jean Gomien, né en 1874, officier dans l'armée active, s'est déjà révélé en littérature sous le pseudonyme d'Alphonse France. On lui doit notamment ces volumes : la *Fièvre du Remords*, en collaboration avec sa mère; *D'Alger au Désert* et de nombreuses nouvelles.

EDWARDS-PILLIET (Mᵐᵉ Blanche)

Médecin, née à Milly (Seine-et-Oise) le 11 juin 1858. Fille du Dʳ Edwards, qui exerça sa profession à Neuilly-sur-Seine, elle passa les baccalauréats ès sciences et ès lettres à la Sorbonne, puis prit ses inscriptions médicales à la Faculté de Paris. Après avoir soutenu une pénible campagne pour obtenir aux femmes l'accession des concours des hôpitaux, elle fut nommée externe des hôpitaux en 1882, interne provisoire aux Enfants assistés (1887), puis à la Maternité (1888). Elle obtint le doctorat en 1889, avec une thèse sur l'*Hémiplégie dans quelques affections nerveuses (ataxie, sclérose en plaques, hystérie)*.

Nommée médecin du ministère du Commerce, des Postes et Télégraphes, de la Crèche du 1ᵉʳ arrondissement, du Lycée Lamartine (où elle est chargée d'un cours d'enseignement de l'hygiène), de la Société de l'Allaitement maternel; professeur des Infirmières de la ville de Paris à la Salpêtrière et à Lariboisière, de l'Association des Dames françaises, de l'Association philotechnique, où son enseignement est très suivi, Mᵐᵉ Edwards-Pilliet est devenue, en 1900, présidente de la Société philanthropique l'Union française des Mères de familles, qui a pour but de soigner à domicile les femmes et les enfants et de vulgariser les connaissances nécessaires de la vie pratique dans les milieux ouvriers.

Mᵐᵉ Edwards-Pilliet a fait de nombreuses conférences dans les principales Universités populaires, notamment sur l'hygiène individuelle et sociale. S'occupant surtout de la gynécologie au point de vue médical et chirurgical ou des maladies de l'enfance, elle a publié sur ces questions de nombreux articles dans les organes spéciaux, entr'autres le *Progrès médical* et la *Tribune médicale*. Elle a fait diverses communications, notamment sur la *Femme dans l'art de guérir* (Rapport au Congrès des œuvres et institutions féminines, 1900); sur l'*Hygiène de la femme*, au Congrès du droit des Femmes (1900); sur l'*Assistance familiale* au Congrès de 1901, etc.

Mᵐᵉ Edwards-Pilliet est officier de l'Instruction publique.

GALEZOWSKI (Xavier-François)

ÉDECIN oculiste, né à Lipowice (Pologne russe) le 5 janvier 1833. Il fit ses études médicales à Saint-Pétersbourg et fut reçu docteur à la faculté de cette ville, avec une médaille d'or pour sa thèse : *Etude sur l'Ophtalmoscope*, en 1858. Venu ensuite à Paris, il y devint, en 1859, chef de la clinique occulistique du Dr Desmarres, fonctions qu'il remplit jusqu'en 1864. Il passait, l'année suivante, le doctorat à la faculté de Paris, avec une thèse sur les *Altérations du nerf optique et les maladies cérébrales dont elles dépendent*, qui fut couronnée.

Le Dr Galezowski fondait, trois ans plus tard, une clinique spéciale du traitement des maladies d'yeux, à Paris. Il fut attaché, dans le même temps, à l'enseignement du professeur Richet, pour les démonstrations ophtalmoscopiques.

Pendant la guerre de 1870-71, il prit du service comme chirurgien-major du 53e bataillon de la garde nationale et de l'ambulance de l'église Saint-Gervais ; il se fit alors naturaliser français. Il a épousé la fille du célèbre chanteur Tamberlick.

M. Galezowski s'est adonné exclusivement à l'étude et au traitement des maladies des yeux. On lui doit, dans cette branche de la thérapeutique, des travaux nombreux et importants. Nous citerons ceux portant les titres suivants : *Du diagnostic des maladies d'yeux par la chromatoscopie rétinienne* (1868) ; *Traité classique des maladies d'yeux* (1872, troisième édition 1888) ; *Echelles typographiques et chromatiques pour l'examen de l'acuité visuelle* (1874) ; *Traité iconographique d'Ophtalmoscopie* (1876, réédité en 1885) ; *Des amblyopies et des amauroses toxiques* (1879) ; *Echelles portatives des caractères et des couleurs pour mesurer l'acuité visuelle* (1880) ; *Echelles optométriques et chromatiques pour mesurer l'acuité de la vision* ; avec le Dr Daguenet : *Diagnostic et traitement des affections oculaires* (1883) ; *Des cataractes et de leur traitement* (1885) ; *Hygiène de la Vue* (1888) ; *De l'action du benzophenomeide ou pyoktanine dans le traitement des ulcères rongeants et abcès de la cornée* (1890) ; *Observations cliniques* (1891 et 1892) ; *Une nouvelle méthode d'opération de la cataracte secondaire*, publiée en allemand (1896), etc. ; plus beaucoup de communications ou rapports, sur des sujets d'oculistique, aux différents organes et congrès scientifiques.

Le Dr Galezowski a fait des cours libres à l'Ecole pratique de la Faculté ; il a formé de brillants élèves et jouit d'une très haute notoriété comme oculiste.

Durant un voyage en Perse, il guérit le schah et son entourage de diverses affections d'yeux ; il obtint la création à Teheran d'une chaire et d'une clinique ophthalmologiques en langue française, pour lesquelles il désigna le Dr Ratuld, son ancien chef de clinique ; il publia à son retour une très intéressante relation de son voyage et fut, à cette occasion, décoré du grand cordon du Lion et du Soleil de Perse. Il est titulaire de plusieurs autres ordres étrangers et, depuis 1885, officier de la Légion d'honneur.

TINSEAU
(Antoine-Joseph-Léon Comte de)

DMINISTRATEUR et romancier, né à Autun (Saône-et-Loire) le 20 avril 1843 (le *Dictionnaire Larousse* le fait, par erreur, naître en 1844). Ses études classiques faites au collège des Jésuites, à Dôle, il obtint la licence en droit, à la faculté de Paris, en 1869, et fut successivement sous-préfet de Guingamp, en 1871 ; puis de Saint-Jean-d'Angely, de Nontron, de Mortain et de Châteaudun.

Révoqué, après la démission du maréchal de Mac-Mahon, en 1880, M. Léon de Tinseau se consacra entièrement à la littérature ; la facilité de son style et le charme de ses récits lui ont acquis un certain renom. Il débuta par un roman de mœurs de la vie mondaine : *Robert d'Epirieu* (1882) et donna ensuite : *Alain de Kerisel* (1883) ; la *Meilleure part*, ouvrage couronné par l'Académie française (1884) ; *l'Attelage de la Marquise* (1885), roman ; *Madame Villeféron jeune* (1886) ; *Montescourt* (1887), récit d'une lutte électorale ; *Dernière campagne* (1887), série de nouvelles ; *Charme rompu* (1888) ; *Ma cousine Pot-au-feu* (1888) ; *Bouche close* (1889) ; *Sur le seuil* (1890), un de ses meilleurs ouvrages ; *Strass et Diamants* (1890) ; *Du Havre à Marseille par l'Amérique et le Japon* (1891), récit d'un des voyages de l'auteur autour du monde ; *Plus fort que la haine* (1891) ; *Faut-il aimer ?* (1892) ; *Mon oncle Alcide* (1892) ; *Maître Gratien* (1893) ; *En Norwège* (1893), récit de son voyage au Cap Nord ; le *Chemin de Damas* (1894) ; *Dette oubliée* (1895) ; *Vers l'Idéal* (1896) ; *Bien folle est qui s'y fie* (1896) ; *Dans la brume* (1897) ; *Un nid dans les ruines*, roman (1898) ; *Mensonge blanc*, recueil de nouvelles (1899) ; les *Péchés des autres*, roman (1900) ; *Au coin d'une dot*, roman (1901) ; la *Chesnardière*, roman (1902) ; la *Princesse errante*, roman (1903).

M. Léon de Tinseau a donné plusieurs de ces nouvelles et d'autres contes, feuilletons ou romans, dans l'*Illustration*, la *Revue bleue*, la *Revue de Paris*, le *Correspondant*, la *Lecture* et diverses publications parisiennes.

Il a collaboré à certains journaux américains, dans lesquels il a publié des articles en anglais.

Président du conseil d'administration de la Compagnie des Messageries fluviales de Cochinchine, dont le siège est à Paris, M. Léon de Tinseau est un grand voyageur. A plusieurs reprises, il a fait le tour du monde ; trois fois, il a traversé le continent américain ; il s'est rendu à Constantinople neuf fois ; il a visité le Japon, la Chine, d'autres parties de l'Asie, le Caucase, etc. Il a fait ainsi des études qu'il a parfois utilisées dans ses publications.

Membre des académies de Mâcon et de Besançon, officier du Trésor-sacré du Japon, commandeur d'Isabelle-la-Catholique, M. de Tinseau a été nommé chevalier de la Légion d'honneur en 1900.

LE FUR (René-Frédéric)

Chirurgien, né à Pontivy (Morbihan) le 12 janvier 1872. Petit-fils d'un médecin de cette région, fils d'un ancien maire de Pontivy, il fit ses classes au lycée de sa ville natale et ses études médicales à la Faculté de Paris. Elève des professeurs Guyon, Panas, Paul Berger, il fut reçu externe en 1892, interne des hôpitaux (1894), aide d'anatomie (1895) et docteur en 1901, avec une thèse d'une importance exceptionnelle sur les *Ulcérations vésicales et en particulier l'ulcère simple de la vessie*, étude qui fut très commentée à l'étranger et lui valut les prix de l'Institut et de l'Académie de Médecine.

M. le D⁽ʳ⁾ Le Fur a publié, outre cette thèse, des mémoires, des communications et des études scientifiques, qui ont attiré rapidement l'attention sur son nom. Il a fait paraître notamment, dans le *Bulletin de la Société Anatomique*, les travaux suivants : *Kyste de l'ovaire et Cancer du foie* (1894) ; *Luxation et arrachement de la première articulation chondro-costale, suivie de perforation du poumon* (1895) ; *Otite moyenne chronique purulente suivie de mastoïdite Abcès intra-cérébral. Noyaux métastatiques dans les poumons* (1895) ; *Fracture du crâne* (1895) ; *Grossesse extra-utérine* (1898) ; *Cancer de l'estomac avec péritonite et ascite enkystée. Faux urinaire* (1898) ; *Appendicite. Péritonite enkystée avec abcès appendiculaire. Rupture de la poche et péritonite septique diffuse* (1898) ; *Epithéliome cylindrique du rectum à cellules muqueuses simulant un rétrécissement. Anus iliaque. Mort* (1898) ; *Epithélioma du corps thyroïde s'accompagnant de suppurations cervicales* (1898) ; *Kyste hydatique du rein suppuré. Néphrotomie. Guérison* (1899) ; *Fracture de l'étage postérieur et de l'étage moyen de la base du crâne, hémorragie extra-dure-mérienne et surtout piemérienne* (1899) ; *Perforation traumatique de l'estomac. Gastrostomie. Guérison* (1899).

Il a publié, d'autre part : *Des ulcérations vésicales et de l'Ulcère simple de la vessie*, communication au Congrès international de Médecine de Paris et *Comptes-rendus de la section de Chirurgie urinaire* (1900), ainsi que les communications suivantes, faites à l'Association française d'Urologie et parues dans son *Bulletin* en 1902 : *Néphrectomie dans les cas de lésions rénales compliquées de rein mobile ; Deux cas de Prostatectomie totale par la voie périnéale ; Uréthro-prostatites non blennorrhagiques ; Cystite primitive, infection rénale ascendante ; Ulcération syphilitique de la vessie ; Masseur mécanique et électrique de la prostate ; Doigtier pour massage et électrisation de la prostate ; Des prostatites chroniques et de leur traitement*, etc.

Se consacrant particulièrement à l'étude des affections genito-urinaires, le D⁽ʳ⁾ Le Fur a publié encore, sur les maladies de la vessie et de la prostate en particulier, de nombreuses études fort intéressantes, résultant d'idées et de recherches personnelles.

Chirurgien de l'hôpital Péan, il a eu, dans son service, l'occasion déjà de faire de l'enseignement et de mettre en pratique, au point de vue opératoire, les idées qu'il a soutenues théoriquement dans ses travaux ou ses ouvrages.

Membre de la Société Anatomique et médecin de plusieurs théâtres (Folies-Dramatiques, Trianon, Palais de Glace), le D⁽ʳ⁾ Le Fur est en outre médecin particulier du duc d'Orléans, qu'il accompagna pendant six mois, dans une croisière en Méditerrannée, à bord de la *Maroussia*. Il eut, à cette époque, l'occasion de visiter les cours de Portugal, de Grèce, de Roumanie et de Turquie, et il fut reçu par M⁽ᵐᵉ⁾ la comtesse de Paris, à Villamanrique, près de Séville.

Le D⁽ʳ⁾ Le Fur a accompli d'autres voyages en Allemagne, Autriche, Angleterre, Belgique, Italie, Espagne, Grèce, Turquie, pour étudier, dans ces pays, l'organisation médicale au point de vue enseignement et hospitalisation.

Il a fait, en qualité de chirurgien, avec d'anciens

internes et prosecteurs de la Faculté de Paris, la campagne gréco-turque de 1900, et il n'est pas sans intérêt de mentionner que l'ambulance franco-turque de la Banque impériale Ottomane, à laquelle il était attaché, remporta de beaux succès de chirurgie de guerre : la mortalité globale atteignit à peine 4 .% .C'est la première fois qu'en temps de guerre fut véritablement appliquée la chirurgie antiseptique et aseptique.

Membre du comité de la Société « la Bretagne, » chargée de subvenir aux besoins des Bretons pauvres de Paris, il a publié quelques articles politiques dans la *Revue de l'Ouest*, qui ont été reproduits par la Presse parisienne ; il est membre de la Corporation des Publicistes chrétiens.

Fait officier du Medjidié, de l'Osmanié et de l'Imtiaz par le sultan, après la campagne turco-grecque, M. le D^r Le Fur est, de plus, officier de la Conception du Portugal.

LAFLOTTE (Daniel BERTRAND de)

PUBLICISTE, né à Blois (Loir-et-Cher) le 20 août 1864. Arrière-petit-fils du jurisconsulte Delvincourt, il fit ses études à l'externat des Pères Jésuites de la rue de Madrid, à Paris, où il suivit ensuite les cours de l'Institut catholique, jusqu'au grade de licencié en droit.

Après quelques années passées dans l'administration des Finances, M. D. B. de Laflotte démissionna pour se consacrer définitivement à la littérature. Ses chroniques, d'un style imagé et alerte, sont hautement appréciées par les lecteurs du *Gaulois*, de l'*Echo de Paris*, du *Nouvelliste de Bordeaux*, du *Théâtre illustré*, du *Figaro Illustré*, de l'*Illustration*, de *Femina*, etc.

Sous le pseudonyme de « Bertrand-Fauvet », il a, en outre, collaboré au *Moniteur Universel* et à la *Presse*, où ses « Petits bleus » ont été remarqués pour leur allure satirique et mordante. A mentionner encore une série de conférences données jadis à la Bodinière sous le titre humoristique de « Paris en balade », et plusieurs pantomimes jouées au Cercle funambulesque.

Pendant la crise sardinière qui affama la Bretagne, M. de Laflotte parcourut les côtes en janvier 1903, et eut la délicate et ingénieuse pensée de faire adopter pour un mois des familles de pêcheurs nécessiteuses par des familles parisiennes. Grâce à la publicité de l'*Echo de Paris*, le succès de cette charitable initiative dépassa les plus optimistes espérances.

M. D. B. de Laflotte est membre de l'Association professionnelle de la Critique dramatique et musicale, de la Corporation des Publicistes chrétiens. de l'Association de la Presse monarchique départementale, de la Société des Auteurs et Compositeurs de Musique et membre adhérent de la Société des Gens de lettres.

SARD (Joseph de)

MÉDECIN, né à Barcelone (Espagne) le 24 octobre 1873, demeurant en France. Fils d'un homme politique distingué, qui fut député aux Cortès, président du Conseil général de Barcelone, officier de la Légion d'honneur et grand croix d'Isabelle-la-Catholique, M. Joseph de Sard fit ses études médicales à la Faculté de Paris. Il y eut pour professeurs MM. Guyon, Albarran, et obtint, en 1900, le doctorat, avec une thèse remarquée sur le *Cathétérisme cystoscopique des urétères considéré comme moyen de diagnostic*. Entré, en 1901, dans le service du professeur Terrier, à l'hôpital de la Pitié, il y a été chargé d'une consultation sur les maladies de voies urinaires.

M. le docteur de Sard est en outre médecin attaché au Consulat général d'Espagne.

On lui doit divers travaux, notamment sur les *Maladies des voies urinaires*, qui, publiés dans les recueils spéciaux, l'ont mis rapidement en lumière.

Membre de l'Association française d'Urologie, M. le docteur de Sard est chevalier de la Légion d'honneur et d'Isabelle-la-Catholique.

DABAT (Léon)

ADMINISTRATEUR, né à Bourg-la-Reine (Seine) le 28 juillet 1859. Il fit au lycée Louis-le-Grand, à Paris, toutes ses études classiques, puis obtint la licence à la Faculté de Droit.

Entré, en 1881, au ministère de l'Agriculture et du Commerce par voie de concours, M. Dabat fut, l'année suivante, nommé rédacteur au bureau des encouragements à l'agriculture. où il eut à traiter les affaires relatives à l'économie rurale En 1889, il devint secrétaire de M. Tisserand, alors directeur de l'Agriculture et, en cette qualité, s'initia à toutes les questions économiques qui ressortaient de cette direction. Il collabora également, comme secrétaire, aux travaux de nombreuses commissions ; l'activité et le zèle qu'il montra en ces circonstances le firent apprécier vivement et attirèrent sur lui l'attention.

Nommé sous-chef, puis chef-adjoint, au cabinet de M. Viger, ministre de l'Agriculture, en 1893, M. Dabat revint ensuite dans les services comme chef de bureau; il fut choisi comme chef de cabinet par M. Viger, à nouveau ministre de l'Agriculture, en 1895 et en 1898. Devenu, en cette dernière année, sous-directeur au service de l'Agriculture, il se distingua par sa contribution à la réforme des statistiques agricoles, à l'organisation de l'office de renseignements agricoles et autres mesures importantes.

En 1902, M. Dabat fut appelé à la direction du service de l'Hydraulique au ministère de l'Agriculture, en remplacement de M. Léon Philippe, avec la mission de donner à ce rouage important une orientation nettement agricole, d'en modifier et étendre à la fois les attributions, pour répondre au désir unanime du Parlement et du monde agricole.

M. Léon Dabat a publié d'intéressants rapports sur les divers problèmes qu'il a été à même d'étudier. Il a été, à l'Exposition universelle de Paris (1900), secrétaire de la classe 5 (enseignement agricole) et du groupe 1 (enseignement universitaire et technique), dont M. Léon Bourgeois était le président ; le Jury, en outre, lui confia le rapport sur la classe de l'enseignement agricole. En 1902, chargé, en qualité de commissaire-général, d'installer l'Exposition internationale de l'alcool dans la galerie des machines à Paris, il sut organiser cette exposition d'une façon fort originale et lui donner un grand éclat.

Secrétaire du Conseil supérieur de l'Agriculture, M. Léon Dabat est officier de la Légion d'honneur, de l'Instruction publique et du Mérite agricole.

BORGNET (Pierre-Ernest)

Député, né à Rouen (Seine-Inférieure) le 2 février 1846. Il appartient à une famille originaire de la région. Après avoir étudié le droit (il s'est, plus tard fait recevoir licencié), il succéda à son père, dans son commerce des grains, de 1871 à 1885. Membre, puis président de la Ligue commerciale de Rouen, il fut élu, en 1898, juge au Tribunal de Commerce de cette ville.

Amené à prendre part aux luttes politiques en combattant la municipalité rouennaise, il fut nommé conseiller municipal de Rouen en 1900, et conseiller général du premier canton en 1901, puis élu député de la 1re circonscription de Rouen, le 27 avril 1902, par 6,993 voix, contre 6,254 à M. Louis Ricard, député sortant, ancien garde des Sceaux.

Républicain libéral indépendant, M. Borgnet est inscrit au groupe progressiste de la Chambre. Il s'est prononcé, dans son programme, « en faveur de toutes les libertés : liberté de conscience, d'association, du travail, de l'enseignement, » et s'est nettement déclaré l'adversaire de la politique suivie par les ministères Waldeck-Rousseau et Combes. Il s'intéresse, avec une sollicitude particulière, aux questions touchant son département.

DELMAS (Fernand-Etienne-Charles)

Ingénieur et architecte, né à Paris le 17 octobre 1852. Elève de l'Ecole centrale, il en sortit en 1875 ingénieur des Arts et Manufactures, et entra à l'Ecole des Beaux-Arts, dans l'atelier de MM. Vaudremer et Raulin, architectes.

Dès 1876, M. Fernand Delmas avait participé aux travaux du palais du Trocadéro comme inspecteur. Il a été, depuis, chargé de nombreuses constructions privées, hôtels, maisons de rapports villas, châteaux, usines, et il a obtenu au concours, en collaboration avec M. Bérard, l'exécution du palais des Beaux-Arts à Lille (1885-1892) et, en collaboration avec M. Puech, sculpteur, celle du monument de J.-B. Dumas, élevé à Alais (1886-1887). On lui doit aussi l'édification, à Paris, de l'Hôtel des Sociétés savantes (1885-1900), du nouvel Hôtel de la Société des Ingénieurs civils de France (1896-1897), du tombeau de Henri de Lapommeraye, avec M. Fontaine (1897) ; de l'église de Sannois (Seine et Oise) (1899-1900) ; du pavillon du ministère du Commerce et de l'Industrie à l'Exposition universelle de Paris (1900), etc.

Professeur à l'Association polytechnique depuis 1879, délégué de section de 1880 à 1887, secrétaire-général (1887-1893), vice-président de ce groupement, (1889 à 1899), M. Fernand Delmas a été répétiteur, de 1884 à 1890, puis professeur à l'Ecole Centrale des Arts et Manufactures, où il fait un cours très suivi d'architecture et de constructions civiles. Il a été nommé par le ministre du Commerce et de l'Industrie inspecteur régional de l'Enseignement technique (1896) et membre du Conseil supérieur de ce même enseignement en 1899. Il est l'auteur de nombreux rapports ayant trait aux questions d'enseignement technique.

M. Fernand Delmas a pris part à diverses expositions, où il a vu plusieurs de ses projets récompensés. Il a reçu notamment une médaille à l'Exposition universelle de 1878, une médaille d'argent à celle de 1889, une deuxième médaille à l'Exposition d'Anvers en 1894 et une médaille d'or à celle de Bruxelles (1897). Il a été membre du Jury à l'Exposition de Toulouse (1887), à l'Exposition universelle de 1900 et membre des Comités d'organisation des Congrès réunis à Paris en 1889 et 1900.

Membre de la Société des Ingénieurs civils de France et de la Société centrale des Architectes, M. Fernand Delmas a été nommé architecte-expert près le Tribunal civil de la Seine en 1902.

Officier d'Académie dès 1884, promu officier de l'Instruction publique en 1889, il a été fait chevalier de la Légion d'honneur en 1900.

BAPST (Constant-Germain)

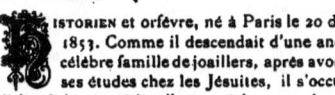

ISTORIEN et orfèvre, né à Paris le 20 décembre 1853. Comme il descendait d'une ancienne et célèbre famille de joailliers, après avoir achevé ses études chez les Jésuites, il s'occupa tout d'abord de ce métier d'art et, à la mort de son père, en 1878, s'associa avec M. Falize pour l'exploitation de son commerce ; puis il abandonna à ce dernier la direction de la maison.

M. Germain Bapst s'est acquis une notoriété particulière comme collectionneur, bibliophile, historien et archéologue. Il possède une fort belle collection, très connue, d'objets historiques se rapportant surtout à l'époque de la Révolution et de l'Empire.

Membre de la Société des Bibliophiles et des Antiquaires de France, administrateur du Musée des Arts décoratifs, du conseil de la Manufacture nationale de Sèvres et du comité du Musée de l'Armée, M. Germain Bapst avait été envoyé, de 1883 à 1886, en mission pour le compte du gouvernement en Orient. Il s'est occupé de l'organisation de presque toutes les expositions rétrospectives artistiques et industrielles, particulièrement des expositions universelles de 1889 et de 1900, où il a été rapporteur de la classe des Arts décoratifs, de celle du Théâtre et de l'exposition militaire.

Lors de la donation de Chantilly à l'Institut, il fut chargé de la rédaction du *Catalogue raisonné de la Collection d'objets d'art et de sculpture*, laissée par le duc d'Aumale.

M. Germain Bapst a fait un certain nombre de conférences, principalement sur l'art décoratif, sur l'orfèvrerie, la découverte de l'imprimerie, la mise en scène au temps de Corneille et de Molière, ces dernières au théâtre de l'Odéon. Il a fait paraître, entr'autres publications, les suivantes : *Mémoire rétrospectif du Métal à l'Exposition centrale des Beaux-Arts* (1881) ; *Inventaire de Marie-Joséphine de Saxe, dauphine de France, 1731-1797* (1883) ; *L'Imprimerie et la Reliure* (1883) ; *Etude sur les métaux dans l'Antiquité et le Moyen-Age* (1884), ouvrage couronné par l'Académie des Inscriptions et Belles-Lettres ; le *Testament du roi Jean le Bon* (1884) ; *Etudes sur les coupes phéniciennes* (1885) ; *Souvenir du Caucase*, fouilles sur la grande chaîne (1887) ; *Etude sur l'Orfèvrerie française au XVIII° siècle : les Germains, orfèvres et sculpteurs du roi* (1888), couronné par l'Académie française ; *Histoire des Joyaux de la Couronne*, ouvrage également couronné par l'Académie française (1889) ; *Essai sur l'Histoire du Théâtre* (1894) ; le *Maréchal Canrobert, souvenirs d'un siècle* (1902), etc. Il a donné, en outre, une deuxième édition, en trois volumes, des *Mémoires du général de Ségur* ; il a publié aussi les *Mémoires d'un canonnier de l'armée d'Espagne* et des articles sur *Napoléon*, sur la *Tactique*, sur l'*Artillerie ancienne et moderne*, etc., dans les *Harper's Magazine*, la *Revue des Deux Mondes*, la *Gazette des Beaux-Arts*, le *Correspondant*, le *Cosmopolitan*, le *Standard*, le *Journal des Débats*, le *Temps*, l'*Economiste français* et d'autres revues ou journaux. Il a dirigé, en 1892-1893, la revue la *Vie contemporaine*. M. Germain Bapst est chevalier de la Légion d'honneur depuis 1889.

GÉRARD (Albert)

ÉNATEUR, né à Château-Regnault (Ardennes) le 26 avril 1861. Après avoir fait ses études classiques à l'institution Rossat, de Charleville, et à Sainte-Barbe à Paris, il entra, en 1881, à l'Ecole polytechnique et en sortit en 1883, pour s'adonner à l'industrie.

Maître de forges et administrateur délégué des importantes boulonneries de Bogny-Braux (Ardennes), dont les établissements occupent près de 2,500 ouvriers, M. Albert Gérard a organisé, pour son personnel, des caisses de retraites et un système d'assurances, qui sont considérés comme des modèles du genre.

Conseiller municipal de Château-Regnault depuis 1886, M. Albert Gérard fut élu conseiller d'arrondissement pour le canton de Monthermé ; choisi comme président de cette assemblée, il devint conseiller général du même canton en 1901. Il a été élu sénateur des Ardennes, le 4 janvier 1903, avec 429 voix sur 839 votants, au troisième tour de scrutin et comme candidat radical indépendant.

M. Albert Gérard, au Sénat, s'intéresse surtout à l'étude des questions sociales. Il s'est déclaré, dans son programme, partisan du service militaire de deux ans, de la réduction des impôts et d'une marche politique résolument progressive et nettement républicaine.

BOUCHARD (Marie-Joseph)

Poète, romancier, publiciste, né à Vatan (Indre) le 19 novembre 1870. Fils d'un instituteur, il commença au lycée de Châteauroux, ses études classiques, qu'il dût abandonner momentanément, à la suite d'une maladie grave, et reprendre ensuite seul.

Devenu clerc de notaire dans sa ville natale, le jeune homme, malgré la résistance de sa famille, s'essaya dans les lettres. En 1891, il débutait par une plaquette de vers : la *Première glane*, qui parut sous les auspices de M. François Coppée. Depuis ce temps, M. Joseph Bouchard, de qui le talent s'est accusé, affiné et précisé dans l'originalité, a successivement publié : *Bleuets et Chrysanthèmes* (1893); les *Ironiques* (1894) ; *A coups d'Estompe* (1895), trois recueils de vers, qui lui valurent les éloges des meilleurs critiques et la faveur du public.

En 1898, M. J. Bouchard aborda le roman avec le *Triomphe de l'Amour*, suivi, en 1900, d'un autre volume : le *Fruit défendu*, œuvres qui consacrèrent définitivement la réputation de l'écrivain. Cet auteur a donné en outre, aux journaux et revues, de nombreuses nouvelles, parmi lesquelles on doit mentionner celles qui ont obtenu le plus de succès : la *Vieille, Conte de Caverne*, *Phébus*, le *Berger du Paradis*, *Rêve de Marquis*, les *Mésaventures de M. Rechignat*. Il a écrit aussi, sur les événements contemporains, des chroniques d'un jugement sûr et d'une note bien personnelle.

Enfant du Berry, M. Joseph Bouchard, après une lutte très vive contre les adversaires de son initiative, est parvenu à instituer une fête annuelle commémorative de George Sand, qui fut célébrée pour la première fois, à Nohant et à La Châtre, les 14 et 15 septembre 1901, sous la présidence d'honneur de M. Emile Forichon, sénateur de l'Indre, premier président de la Cour d'appel de Paris et sous la présidence effective de Henry Fouquier, alors vice-président de la Société des Gens de lettres.

M. Joseph Bouchard, à la suite des élections législatives de 1902, a, dans une déclaration rendue publique, posé dès ce moment sa candidature très nettement républicaine dans l'arrondissement d'Issoudun (Indre), pour le suivant renouvellement de la Chambre des députés.

Cet écrivain est officier d'Académie depuis le 25 mars 1901.

GEOFFROY-SAINT-HILAIRE (Pierre)

Médecin, né à Vault-de-Lugny (Yonne) le 21 janvier 1871. Petit-fils et arrière-petit-fils des célèbres naturalistes, fils de l'ancien directeur du Jardin d'Acclimatation, il étudia la médecine à la Faculté de Paris. Interne des hôpitaux, où il fut élève des professeurs Gaucher et Lucas-Championnière, il devint, en 1896, préparateur d'histologie à la Faculté de Médecine, dans le service de M. Retterer, et obtint le doctorat, en 1898, avec une thèse sur les *Œdèmes abdomino-pelviens en gynécologie*.

Depuis lors, M. le Dr Geoffroy-Saint-Hilaire a attiré sur lui l'attention en publiant de nombreux articles de science pure ou de vulgarisation scientifique, dans le *Journal de Cinésie* et différents organes de médecine.

Le Dr Geoffroy-Saint-Hilaire est membre de la Société de Kinésithérapie, du Syndicat des Médecins de la Seine et de plusieurs autres sociétés savantes.

VAN MARCKE de LUMMEN (Jean)

Peintre, né à Paris le 5 juillet 1875. Fils du célèbre peintre Emile Van Marcke de Lummen, dont les œuvres sont dans la mémoire de tous, il fit ses études classiques et artistiques à Paris, où il eut comme professeurs MM. Cormon et Édouard Detaille.

M. Jean Van Marcke de Lummen s'est fait connaître du public par les études exposées aux Salons annuels de la Société des Artistes français et de la Société Hippique, et parmi lesquelles on a surtout remarqué les suivantes : l'*Entraînement à Hyères* (1899) ; *Un terrain d'entraînement à Newmarket* (1900); *Une course à Newmarket*; *Un coin du pesage à Longchamp* (1902); *Un départ à Doncaster* ; les *Lime-Kilns à Newmarket* (1903), etc.

Comme on le voit, M. Jean Van Marcke de Lummen s'est, pour ainsi dire, spécialisé dans la peinture des chevaux, dont il a étudié particulièrement l'anatomie et les attitudes ; il sait rendre, avec un vrai mérite d'exécution, les scènes hippiques. Il est aussi l'auteur de nombreux portraits de chevaux, de fusains et dessins à l'essence formant, suivant un procédé qui lui est spécial, de véritables tableaux au ton chaud, coloré et chatoyant, du meilleur effet.

Il faut aussi mentionner du même auteur plusieurs portraits de personnalités parisiennes connues.

M. Jean Van Marcke de Lummen est membre de la Société des Peintres et Sculpteurs de chevaux.

HARMOIS (Georges-Félix)

JURISCONSULTE, écrivain, né à Paris le 9 avril 1861. Après l'achèvement de ses études classiques, il entra comme petit clerc chez un avoué et quitta, en 1888, cette étude, où il était devenu principal clerc, pour fonder un cabinet de jurisconsulte, auquel il a su donner depuis un grand développement et une haute réputation.

M. Georges Harmois fonda, en 1891, le journal l'*Avocat-Conseil*, qui fusionna, en 1895, avec la revue de droit l'*Avocat*, laquelle, sous sa direction, est devenue l'une des plus intéressantes publications de vulgarisation juridique de ce temps.

M. Harmois a publié d'intéressants travaux sur le *Divorce*, les *Fonds de Commerce*, l'*Assistance judiciaire*, les *Réformes du Barreau*, les *Frais de Justice*, les *Sciences occultes devant la Loi*, les *Abus de la Procédure*. On lui doit aussi des *Lettres ouvertes* sur des sujets de droit, un volume de *Consultations judiciaires gratuites*, les *Lettres d'un Indépendant*, un *Code commercial*, un important rapport au Congrès international d'Assistance publique de 1900, publié sous le titre : la *Maison du Pauvre*, etc.

S'adonnant, en outre à un autre genre d'études, il a entrepris, depuis 1902, la publication de deux recueils biographiques qui se poursuivent depuis sous sa direction : le *Dictionnaire biographique des Jurisconsultes, de la Magistrature et du Barreau* et le *Dictionnaire international des Philanthropes*. Il dirige aussi l'*Ami des Pauvres*, l'*Ami des chiens*, le *Moniteur du Tireur territorial*, revues spéciales, et il a collaboré à plusieurs autres publications.

L'un des fondateurs, en 1898, du Syndicat des hommes d'affaires de France, M. Georges Harmois a demandé aux membres de cette compagnie d'accorder gratuitement leurs consultations aux malheureux. Il a également fondé, avec M*me* Marguerite Durand, directrice de la *Fronde*, le cimetière pour chiens et autres animaux domestiques, création très appréciée aux points de vue hygiénique et philanthropique.

Musicien à ses heures, M. Harmois a composé quelques morceaux, notamment une romance connue *Loin de vos yeux si doux*.

Membre du Syndicat de la Presse suburbaine, de l'Association de la Presse périodique, de l'Association des Amis de la Paix, du Syndicat de la Presse spiritualiste, de celui de la Critique parisienne et de diverses autres corporations littéraires ou scientifiques, M. Georges Harmois est officier d'Académie et décoré de divers ordres étrangers.

M*me* HARMOIS, née BERTHE VERCLER, est la collaboratrice assidue de son mari ; elle écrit, en outre, dans la *Fronde*, des articles qu'elle signe de son nom de jeune fille ; elle a pris part, en 1900, aux travaux du Congrès international de la condition et des droits des femmes.

ROLAND de CADEHOL (Anatole-Cyprien)

PUBLICISTE, romancier, né à Carville (Calvados) le 4 juin 1846. Neveu de Pierre Zaccone, l'écrivain bien connu, dont il fut le collaborateur, il débuta dans les lettres à dix-neuf ans, avec *Aure de Plouharnel*, roman qui parut dans la *Science hippique*, à Paris, en 1865. On lui doit encore d'autres ouvrages, romans et nouvelles, qui ont reçu le meilleur accueil du grand public : *Mademoiselle Spleen*, la *Fée des Algues* ; la *Tour de la Tard Avisée* ; *Fleur de Pétrole* ; la *Légende du Signe* ; le *Royaume d'Empoigne* ; *Chenedollé et Bérat* ; *Histoires urbaines et rurales*, etc.

M. Roland de Cadehol s'est surtout fait connaître comme un journaliste de race, un polémiste verveux et toujours averti. Ses débuts dans la presse politique datent de sa collaboration à l'*Ami de la France*, organe franco-russe fondé à Paris en 1870 et qui fut supprimé l'année suivante par la Commune. Il devint ensuite, et successivement, rédacteur à la *Gazette des Etrangers* (1871), au *Courrier illustré* (1872), à l'*Opinion Nationale* (1873-74), à la *Marseillaise* et au *Républicain de Paris* (1878) d'Henri Rochefort et Charles Floquet, sous le pseudonyme d'André Carville ; puis à l'*Intransigeant*, dont il fut l'un des principaux rédacteurs dès la fondation de ce journal (1880) jusqu'en 1881.

Entre temps, M. Roland de Cadehol avait combattu en faveur des idées républicaines, en province, comme rédacteur à l'*Ordre d'Arras* (1873) ; rédacteur en chef du *Républicain du Finistère* (1876-78) durant la période du 16 mai, il se vit condamner à deux ans de prison et vingt-cinq mille francs d'amende, malgré la plaidoirie de son avocat, Charles Floquet. Incarcéré au fort Bouguen, à Brest, M. Roland de Cadehol y continua sa campagne sous les pseudonymes d'Olivier Basselin et Jehan Le Houx.

Il fut ensuite rédacteur en chef du *Républicain de l'Allier* (1879-80), du *Progrès de Clamecy* (1881), du *Républicain de Loir-et-Cher* (1881-82), du *Libéral de la Marne* (1883-84), du *Petit Niçois* (1885), du *Journal du Havre* et du *Petit Havrais* de 1886 à 1897.

A cette époque, M. Roland de Cadehol revint à Paris pour entrer à la *République Française*, où il fut chroniqueur littéraire, puis secrétaire de la rédaction (1897-1900) ; il devint ensuite rédacteur parlementaire au *Soir* (1900-1901) ; puis il alla à Bordeaux, comme rédacteur en chef de la *France de Bordeaux et du Sud-Ouest*, importante feuille départementale.

Dans toute sa carrière, M. Roland de Cadehol a fait preuve d'un mérite professionnel et d'une conscience littéraire reconnus. Beaucoup de ses articles pourraient être donnés en exemple pour leur érudition, leur esprit et l'impeccabilité de leur forme.

M. Roland de Cadehol est membre de la Société des Gens de lettres, de l'Association des Journalistes parisiens, de celle des Journalistes parlementaires, et l'un des trois fondateurs, avec MM. Edgar Monteil et Charles Sauvestre, de l'Association des Journalistes républicains.

BOURGUIGNON (Jean)

CRIVAIN, né à Charleville (Ardennes) le 8 avril 1876. Il fit, au lycée de sa ville natale, de brillantes études classiques. qu'il compléta ensuite à l'Université de Paris.

M. Jean Bourguignon s'est d'abord fait connaître par des études d'histoire régionale. Il débuta en collaborant à l'*Histoire militaire du département des Ardennes*, ouvrage publié par M. Rayeur, agrégé d'histoire, qui obtint, en 1894, le prix Montyon de l'Académie française. Vers le même temps, il fondait, avec des professeurs de l'Université, la *Revue d'Ardenne et d'Argonne*, qui prit bientôt place parmi les plus sérieux organes de la province, et à laquelle il n'a cessé de fournir des articles d'érudition et d'histoire (fouilles archéologiques, documents d'archives, bibliographie).

En collaboration avec M. Louis Pierquin, il a entrepris une étude biographique et critique sur *Jean-Nicolas Pache, ministre de la Guerre en 1792 et maire de Paris sous la Terreur*. Cette étude doit comprendre trois volumes : le premier, relatif au séjour de Pache à Thin-le-Moutier, dans les Ardennes, paru en 1900 (Fontemoing éditeur), a été honoré d'une souscription du ministère de l'Instruction publique. Entr'autres travaux historiques, M. Jean Bourguignon a publié, en 1902, un curieux récit du *Voyage de Pierre-le-Grand, à son départ de France, en 1717*, et on annonce de lui une thèse de doctorat sur le *Mouvement des Encyclopédistes hors de France au XVIII° siècle*. Sur plusieurs points particuliers de ce sujet, comme l'influence des encyclopédistes en Belgique, il avait fait déjà de savantes communications à la Société d'Etudes ardennaises de Sedan, et au Congrès Archéologique d'Arlon (Belgique), en 1899.

D'autre part, il s'est consacré à des travaux littéraires : il a donné, en collaboration avec M. Charles Houin, agrégé de l'Université, une étude complète sur la *Vie et l'Œuvre d'Arthur Rimbaud*, le fameux auteur du *Sonnet des Voyelles*, dont le monument se dresse dans un square de Charleville. De cette étude, Stéphane Mallarmé a pu dire :

Elle est une définitive, minutieuse et tout à la fois large et intelligente évocation d'Arthur Rimbaud, où puisera dans l'avenir quiconque a du goût pour l'extraordinaire compatriote de MM. Jean Bourguignon et Charles Houin.

En outre, M. Jean Bourguignon a dirigé, pendant quelques années, avec les poètes Albert Mérat, Ernest Raynaud et le dessinateur F-A. Cazals, une originale revue mensuelle d'art et de littérature : le *Sagittaire*, qui eut un certain succès et où il fit paraître d'intéressants articles sur *Paul Verlaine*, l'*Humour et les Humoristes*, etc.

Secrétaire et collaborateur de M. Hugues Le Roux, surtout en ce qui concerne les questions coloniales, il a entrepris, avec l'éminent chroniqueur, d'importants travaux documentaires sur l'Afrique économique et politique.

Cet écrivain a collaboré ou collabore au *Petit Bleu* (de Bruxelles), au *Petit Ardennais*, au *Petit Parisien*, à la *France Scolaire*, à la *Revue des Beaux-Arts et des Lettres*, à la *Plume*, à la *Nouvelle Revue*, aux *Lectures pour tous*, etc.

Ajoutons encore que M. Jean Bourguignon a donné, en province et à Paris, de nombreuses conférences pour des sociétés d'enseignement et pour des universités populaires ; il a contribué surtout aux conférences hebdomadaires organisées pour les malades, dans les hôpitaux de Paris, par l'union démocratique pour l'éducation sociale ».

INDY
(Paul-Marie-Théodore-Vincent d')

Compositeur de musique, né à Paris le 27 mars 1851. Il appartient à une ancienne famille originaire du Vivarais et alliée à la plupart des maisons nobles de cette région.

Entré au Conservatoire national de Musique en 1873, il suivit la classe d'orgue de César Franck et celui-ci fut aussi son professeur pour la composition.

M. Vincent d'Indy débuta, comme compositeur, en 1875, par une symphonie : *Jean Hunyade*. Il a produit, depuis cette époque, un certain nombre d'œuvres où se montre un talent musical assez original et varié, rappelant pourtant, le plus souvent, la manière et les procédés wagnériens. Parmi ces productions il convient de citer : un *Quatuor avec piano* (1878) ; la *Chevauchée du Cid* (1879) ; *Wallenstein*, trilogie pour orchestre (1881) ; *Poème des Montagnes*, suite pour piano ; *Attendez-moi sous l'orme*, un acte, en collaboration avec Prevel et Bonnières, joué à l'Opéra-Comique le 11 février 1882 ; le *Chant de la Cloche* (1883), légende dramatique en un prologue et sept tableaux (poème du musicien même), qui remporta le grand prix de composition musicale de la Ville de Paris, fut exécuté d'abord aux frais de la ville en 1885 ; puis, repris aux Concerts Lamoureux en 1886, avec le ténor Van-Dycket Mlle Brunet-Lafleur (depuis Mme Lamoureux) ; *Songefleurie* (1884) ; une *Suite en ré, pour trompette, deux flutes et instruments à cordes* (1886) ; *Symphonie pour orchestre et piano sur un air montagnard français* (1886) ; *Trio pour piano, violoncelle et clarinette* (1887) ; *Fantaisie pour hautbois et orchestre* (1888) ; *Fervaal* (1889), drame musical en trois actes et un prologue (poème du même), dont des fragments furent exécutés aux concerts de l'Opéra en 1895, joué au théâtre de la Monnaie de Bruxelles en 1897 et, en 1898, à l'Opéra-Comique ; *Karadec*, musique de scène (1890) ; un *Quatuor pour instruments à cordes*, créé par Ysaye à Bruxelles et à Paris (1890) ; une *Cantate de fête pour l'inauguration d'une statue* (Emile Augier) (1893) ; *L'Art et le Peuple*, chœur d'orphéon (1894) ; la *Forêt enchantée*, légende symphonique, jouée, en premier lieu, chez Pasdeloup et reprise, en 1890, aux Concerts Lamoureux ; *Deus Israël*, motet à six voix sans accompagnement (1896) ; *Istar*, variation symphonique, créée aux Concerts Ysaye de Bruxelles en 1897 ; l'*Etranger*, drame lyrique en 2 actes, dont il a écrit aussi les paroles (en prose) et qui fut représenté au théâtre de la Monnaie, à Bruxelles, avec succès, en janvier 1903. Ce compositeur est encore l'auteur de *Sainte-Marie-Magdeleine*, cantate ; de l'*Ouverture* pour *Antoine et Cléopâtre* ; de *Cantate Domino* ; d'une *Symphonie en 4 parties* et autres pièces de musique.

Inspecteur de l'enseignement musical de la Ville de Paris depuis 1893, directeur des études de la *Scola Cantorum*, qu'il contribua à fonder en 1896, président de diverses sociétés de concerts, notamment de la Société nationale de Musique, M. Vincent d'Indy a été nommé chevalier de la Légion d'honneur en 1892 et commandeur de l'ordre de Charles III d'Espagne en 1896.

DARIER (Armand)

Médecin et chirurgien oculiste, né le 31 octobre 1854. Il fit ses études médicales aux facultés de Genève et de Paris. Préparateur de physiologie, puis chef de clinique médicale à Genève, il fut reçu docteur en médecine à Paris, en 1882.

Ayant accompli plusieurs voyages d'études scientifiques en Allemagne et en Angleterre, le docteur Darier s'efforça de faire bénéficier l'ophtalmologie française de ses recherches à l'étranger. Après avoir été, pendant plusieurs années, chef de clinique du Dr Abadie, il fonda lui-même, pour les maladies des yeux, au centre de Paris, une clinique, qui est très fréquentée par les malades et les élèves en médecine ; il professe, depuis 1900, un cours libre d'oculistique à la Faculté de Médecine.

M. le Dr Darier a pris une part active aux Congrès internationaux, où sa connaissance des langues anglaise et allemande lui a permis de se faire le porte-parole des oculistes français. Membre du Comité directeur de la Société française d'Ophtalmologie et ancien président de la Société d'Ophtalmologie de Paris, il fait partie aussi de la Société d'Ophtalmologie de Heidelberg et de divers autres corps savants.

Dans un volume de *Leçons de Thérapeutique oculaire basées sur les découvertes les plus récentes* (cours libre fait à la Faculté de Médecine de Paris en 1900, 1901 et 1902), le Dr Darier a résumé vingt années d'expérience personnelle. Couronné par l'Académie de Médecine, ce livre fait connaître, entr'autres faits importants, certains travaux de son auteur qui méritent une mention spéciale. Ce sont notamment : 1° la découverte des propriétés analgésiantes profondes et de longue durée de la *Dionine*, qui permet, en maintes circonstances, de calmer les douleurs, parfois si terribles, du glaucome, de l'iritis, etc. ; 2° l'application à la thérapeutique oculaire des propriétés anesthésiques de longue durée de l'*Acoine*, qui rend indolores les injections sous-cutanées ou sous-conjonctivales ; 3° l'introduction des sels organiques d'argent dans le traitement de l'ophtalmie purulente et des conjonctivites, pour remplacer le nitrate d'argent, si douloureux et parfois si dangereux pour un organe aussi délicat que l'œil.

M. Darier a opéré en oculistique une véritable révolution en préconisant d'administrer localement les différentes médications par injections sous-conjonctivales. Les résultats obtenus par ce nouveau mode de traitement sont des plus remarquables dans les complications graves de la myopie progressive, dans les choroïdites, les rétinites et le décollement de la rétine, affections contre lesquelles la médecine était pour ainsi dire complètement désarmée jusqu'à ces dernières années.

Rédacteur en chef de la *Clinique Ophtalmologique*, journal publié en français et en allemand depuis 1896, M. le docteur Darier a fait paraître plus de cent mémoires se rapportant à l'ophtalmologie. Ses principaux travaux portent les titres suivants : *De la réaction électrique des nerfs optiques* (1884) ; *De l'emploi de la Cocaïne en thérapeutique oculaire* (1887) ; *De la Colchine dans les maladies oculaires de nature rhumatismale ou goutteuse* (1889) ; *Dégénérescence cystoïde bilatérale de la rétine* (avec planches, 1890) ; *Traitement chirurgical de la conjonctivite granuleuse* (1890); *Des injections sous-conjonctivales en thérapeutique oculaire* (Congrès d'Ophtalmologie, 1891) ; *Cinq cas de cancroïdes des paupières guéris par un nouveau traitement* (1893) ; *Le meilleur mode d'application de la médication mercurielle aux maladies oculaires* (Congrès international d'Edimbourg 1894) ; *Des traumatismes du système cristallinien, myopie traumatique* (1896) ; *De la possibilité de voir son propre cristallin* (1894) ; *De l'emploi de l'ichthyol en oculistique* (1896) ; *Nouveau procédé de kératotomie pour pratiquer l'iridectomie ou l'extraction de la cataracte* (1896) ; *De l'importance de la thérapeutique locale dans les iridochoroïdites infectieuses et sympathiques* (Congrès de Heidelberg 1896) ; *Comment doit-on opérer le strabisme ?* (1897) ; *Des nouveaux sels d'argent en thérapeutique oculaire* (Académie de Médecine 1897) ; *Guérison de l'ophtalmie purulente des nouveaux-nés par le protargol* (Académie de Médecine 1898) ; *L'euphtalmine et les mydriatiques se prêtant le mieux à l'examen ophtalmoscopique* (1899); *Action physiologique du massage sur l'organe de la vision, massage par effleurage, massage vibratoire, massage-pression* (Congrès international d'Utrecht 1899) ; *Des analgésiques oculaires et en particulier de la Dionine* (Académie de Médecine 1900); *De l'Acoine, permettant de rendre indolores les injections hypodermiques et sous conjonctivales* (Académie de Médecine 1901), etc.

ANTOINE (André-Léonard)

DMINISTRATEUR et artiste dramatique, né à Limoges le 31 janvier 1858. Il fit de simples études primaires dans la cité natale ; puis, venu à Paris, il entra comme employé à la Compagnie parisienne du Gaz, où il ne touchait encore, en 1887, qu'un modeste traitement de 150 francs par mois.

Au début de cette même année 1887, M. Antoine, qui, avec quelques amis, employait ses loisirs à jouer la comédie dans un cercle restreint d'intimes, conçut le projet de fonder une sorte de théâtre intermittent, pour la représentation des œuvres d'auteurs jeunes, inconnus ou méconnus, sans souci d'écoles, de traditions ni de préjugés ; théâtre où la critique serait appelée et le public admis par abonnement. Les camarades du jeune novateur étant entrés dans ses vues, un drame en quatre actes, *Jacques Damour*, fut mis en répétition et représenté, le 30 mars 1887, dans la salle de l'Elysée-Montmartre, les frais ayant été couverts par une cotisation entre les organisateurs.

Le succès de la tentative eut ce résultat que la pièce, mise ainsi en lumière, fut immédiatement reprise à l'Odéon, où elle a fourni une belle carrière ; la critique et le public s'intéressèrent à l'idée nouvelle et hardie de M. Antoine et, de ce jour, le « Théâtre libre » fut fondé.

Après avoir fait connaître la *Nuit Bergamasque* de M. Emile Bergerat deux mois plus tard, puis : *En famille*, de M. Oscar Metenier, l'œuvre faillit sombrer à cause de l'impossibilité où elle se trouvait d'équilibrer son budget ; mais, son créateur, loin de se décourager, plein d'espoir dans le succès, résolut de s'y consacrer tout entier et, pour ce faire, quitta son emploi à la Compagnie du Gaz.

Dès lors, M. Antoine multiplia ses démarches et redoubla ses efforts ; il sut intéresser la presse à son entreprise et amener un public généreux et épris d'art à souscrire des abonnements dont le total, de 3,700 francs en octobre, s'éleva jusqu'à 8,000 francs à la fin de l'année. En même temps, il maintenait son organisation dans un régime de sévère économie et on a raconté que, pour épargner les frais de poste, le jeune directeur du Théâtre-libre portait lui-même à domicile les requêtes ou les invitations qu'il adressait aux protecteurs éventuels de son œuvre.

L'année suivante, l'abonnement atteignit 40,000 francs ; le Théâtre-libre qui, jusque-là, avait emprunté diverses salles pour donner ses représentations, fixa ses assises aux Menus-Plaisirs ; il eut alors une clientèle régulière et connut la quiétude des entreprises assurées. Le public s'habitua peu à peu au jeu de ces artistes qui, sans aucune éducation préparatoire, rompant d'ailleurs avec bien des traditions scéniques, avaient créé une sorte d'art dramatique nouveau, sobre, naturel, dépourvu d'emphase, mais non d'émotion. On se récria d'abord contre les audaces de M. Antoine, qui montait des pièces hardies, d'une inspiration très risquée, parfois même frisant l'immoralité ; le directeur des Beaux-Arts, M. Larroumet, dut, en 1890, se défendre, ayant encouragé par une subvention de 500 francs ce théâtre, contre les attaques d'une partie de la presse qui n'approuvait pas la nouvelle forme d'art de M. Antoine et de ses camarades, forme audacieuse et « libre » comme le nom du théâtre, trop libre même, au dire de plusieurs critiques.

Peu à peu cependant, le public et la presse acceptèrent les innovations scéniques de M. Antoine, ainsi que les pièces osées sur lesquelles se portaient son choix de préférence ; les dernières récriminations s'éteignirent sous le concert de louanges, adressées au comédien aussi bien qu'au directeur, pour les progrès incontestables qu'il avait fait réaliser à l'art dramatique.

A la fin de 1896, M. Antoine fut, avec M. Ginisty, appelé à la direction du théâtre national de l'Odéon ; mais il ne put s'entendre avec son associé et se sépara bientôt de lui.

Après l'abandon de ses fonctions officielles, il prit à son compte, transforma et fit restaurer la salle des Menus-Plaisirs (1897), où le Théâtre-libre avait jusque-là donné ses intermittentes représentations et il dirige depuis, sous la désignation de « Théâtre Antoine », cette scène, où il continue, en somme, avec un plein succès, l'œuvre ébauchée par le Théâtre libre.

M. Antoine a mis en lumière un certain nombre d'auteurs qui lui doivent en partie leur célébrité ; il a fait connaître et conduit au succès bien des pièces qui eussent échoué sur tout autre théâtre. On lui doit surtout d'avoir débarrassé le jeu des acteurs de beaucoup d'attitudes ou de gestes conventionnels, dont l'inutilité fut démontrée par la rapidité même avec laquelle on en abandonna la pratique.

Malgré ces services rendus à l'art dramatique, M. Antoine, à cause d'une condamnation en adultère obtenue contre lui par sa femme, vit longtemps ajourner sa demande de décoration : il fut enfin fait chevalier de la Légion d'honneur en 1902 ; il était déjà officier de l'Instruction publique.

FORICHON (Emile)

MAGISTRAT, sénateur, né à Châteauroux (Indre) le 17 novembre 1848. Ses études classiques achevées au lycée de la ville natale, il vint à Paris étudier le droit. Reçu licencié à la Faculté en 1873, il retourna à Châteauroux, fut inscrit au barreau des avocats et devint bâtonnier de l'ordre.

M. Emile Forichon entra ensuite dans la magistrature, où il devait accomplir une brillante carrière. Nommé, en 1879, procureur de la République à Châteauroux, il devint, dès l'année suivante, avocat-général à Bourges ; en 1882, il était envoyé à Nantes comme procureur de la République ; puis revenait à Bourges, en qualité de procureur-général, un an après.

M. Henri Brisson, dont la protection n'avait pas été étrangère au rapide avancement du jeune magistrat, ayant été appelé, le 6 avril 1885, à former un cabinet où il s'était attribué le portefeuille de la Justice, prit avec lui M. Emile Forichon, comme secrétaire-général au ministère. Quelques jours avant la chute du cabinet Brisson, M. Forichon fut pourvu d'un siège de conseiller à la Cour de Cassation (décembre 1886) ; puis, à la retraite de M. Périvier, il devint premier président de la Cour d'appel de Paris (1898).

Après le décès de M. Brunet, sénateur de l'Indre, M. Emile Forichon qui, jusque-là, ne s'était point mêlé aux luttes politiques, posa sa candidature devant le collège sénatorial de son département d'origine, comme républicain radical. Il fut élu, au premier tour de scrutin, le 7 octobre 1900, par 377 voix sur 599 votants, contre le baron du Quesne, nationaliste, et M. J. Dufour, socialiste.

L'honorable sénateur, à qui ses hautes fonctions dans la magistrature ne permettent pas de prendre une part très active aux travaux parlementaires, est inscrit à l'Union républicaine de la haute assemblée.

Il a soutenu, par ses votes, la politique des ministères Waldeck-Rousseau et Combes.

M. Emile Forichon a été appelé à faire partie du Conseil de l'Ordre de la Légion d'honneur en 1893. Il est commandeur de cet ordre depuis 1902.

CAPUS (Alfred-Vincent)

Journaliste, romancier et auteur dramatique, né à Aix (Bouches-du-Rhône) le 25 novembre 1858. Il commença ses études classiques dans sa ville natale et les termina au lycée Fontanes, à Paris.

D'abord élève à l'Ecole des Mines, M. Capus ne tarda pas à délaisser la science pour la littérature. Dès 1882, il débutait au journal le *Clairon*, fondé par M. Cornély ; il passa successivement au *Gaulois* et à l'*Echo de Paris* où, sous le pseudonyme de « Graindorge », il a donné une longue série de chroniques et de dialogues, sur les hommes et les choses de l'actualité, qui obtinrent le plus franc succès, grâce à la verve et à la spirituelle fantaisie de leur auteur.

Appelé a recueillir au *Figaro* la succession d'Albert Millaud, en 1892, M. Alfred Capus a publié dans ce journal, sur les « Faits du Jour, » de petits articles, d'une ironie parfois mordante et malicieuse, qui lui ont assuré une place spéciale dans ce mode littéraire. Il a collaboré, en outre, à la *Revue bleue* et à l'*Illustration*.

Cet écrivain a aussi produit des romans : *Qui perd gagne* (1890) ; *Faux départ* (1891) ; *Années d'aventures* (1893) ; *Monsieur veut rire* (1893), etc.

C'est au théâtre surtout que M. Alfred Capus a trouvé ses plus beaux succès. Doué d'un grand sens d'observation, il a mis à la scène des situations vraies, qu'il sait présenter avec un art parfait, un esprit des plus fins, malicieux, souriant et philosophique à la fois. Il a fait représenter notamment : en 1895, au Vaudeville : *Brignol et sa fille* ; aux Nouveautés, en 1896, avec M. Alphonse Allais : *Innocents*, vaudeville en trois actes, deux pièces qui trouvèrent le meilleur accueil auprès du public ; puis, en 1897, au Gymnase : *Rosine*, comédie en quatre actes, dans laquelle il s'élève à une haute conception de l'existence et qui fut très diversement commentée dans la presse et l'opinion ; en 1899, au Vaudeville : la *Veine*, comédie en 3 actes, qui eut un nombre considérable de représentations : en 1902, à la Renaissance, la *Châtelaine* (3 actes) ; en 1903, aux Variétés, le *Beau jeune homme* (3 actes et 6 tableaux).

M. Alfred Capus est chevalier de la Légion d'honneur depuis 1900.

BUDIN (Pierre)

Médecin, membre de l'Académie de Médecine, né le 9 novembre 1846 à Ennecourt-le-Sec (Oise). Il fit ses études classiques et médicales à Paris, fut reçu interne des hôpitaux en 1871 et docteur en médecine en 1876.

Devenu, en 1880, professeur agrégé à la Faculté de Médecine de Paris, le docteur Budin fut nommé premier au premier concours pour les accoucheurs des hôpitaux en 1882, et immédiatement chargé du service de la Charité. En 1895, il devint accoucheur en chef de la Maternité et professeur du cours spécial destiné aux élèves sages-femmes et il a été nommé, en 1898, professeur titulaire de clinique obstétricale à la Maison d'accouchement Tarnier En 1892, il avait fondé les « consultations de nourrissons ».

Admis à l'Académie de Médecine le 29 janvier 1889, lauréat de l'Institut, M. le Dr Budin est président honoraire de la Société Obstétricale de France et membre ou président de nombreuses associations scientifiques françaises et étrangères

M. le docteur Pierre Budin s'est spécialisé dans l'obstétrique et la gynécologie ; il est considéré, dans cette branche de l'art médical, comme l'un des maîtres les plus autorisés de la science contemporaine. Non-seulement ses travaux constituent un important apport scientifique ; mais on leur accorde une haute portée sociale. Il a fait, sur ses recherches, de fréquentes communications à l'Académie de Médecine et aux sociétés spéciales. De plus, on lui doit de nombreux et savants ouvrages dont nous citerons les principaux : *Recherches physiologiques et cliniques sur les accouchements* (1875) ; *Sur le mécanisme de l'accouchement normal et pathologique* (traduction du livre anglais du Dr Duncan) ; *De la tête du fœtus au point de vue de l'obstétrique* (thèse de doctorat, 1876) ; *Des lésions traumatiques chez la femme dans les accouchements artificiels* (1878) ; *Recherches sur l'hymen et l'orifice vaginal* (1879) ; *Des varices chez la femme enceinte* (thèse d'agrégation, 1880) ; *Obstétrique et Gynécologie* (1885, avec de nombreuses figures et planches) ; *Leçons de clinique obstétricale* (1889, avec figures) ; *Hygiène de l'Enfance : Allaitement* (1892) ; *Des applications du forceps au détroit supérieur* (1893) ; *Des hémorrhagies utérines dues à la rupture du sinus circulaire* (1894) ; *Du traitement prophylactique de l'ophtalmie des nouveaux-nés par le nitrate d'argent à 1 p. 150* (1895) ; *Service des enfants débiles à la Maternité* ; *Troubles survenus chez les* nourrices (1896) ; *Femmes en couches et nouveaux-nés* (1897) ; *Recherches sur l'alimentation des enfants débiles*, avec M. C. Michel ; la *Pratique des accouchements à l'usage des sages-femmes*, avec M. E. Couzat (2ᵉ éd. 1898) ; *Abaissement de la température chez les enfants débiles* ; *Alimentation des enfants débiles* (1899) ; le *Nourrisson, alimentation et hygiène* (1 fort vol. avec figures et graphiques en couleurs, 1900), ouvrage précédé d'une préface de M. Jonnart, député, et qui fut le point de départ de la campagne entreprise à ce moment en faveur de l'allaitement maternel et contre la mortalité infantile ; *Traité de l'Art des Accouchements*, très important ouvrage, commencé avec la collaboration du Dʳ Tarnier et terminé seul depuis la mort de ce dernier (4 vol. 1901).

Le professeur Budin est officier de l'Instruction publique et, depuis 1900, officier de la Légion d'honneur.

RAFFAELLI (Jean-François)

PEINTRE, né à Paris le 20 avril 1850. Se sentant, très jeune, de vives dispositions pour la peinture, il reçut de M. Gérôme les premières leçons ; mais la nécessité de gagner sa vie l'obligea, en même temps, à utiliser sa voix, qu'il avait assez belle, et il entra dans un théâtre lyrique du boulevard des Italiens, comme chanteur. C'est seulement après la guerre de 1870, qu'il put s'adonner entièrement à la peinture.

M. Raffaelli avait exposé, pour la première fois, au Salon officiel de 1870, un *Paysage* ; il envoya, dans les années qui suivirent : l'*Attaque sous bois* (1873) ; *Mendiante* (1874) ; *A Nice* (1875) ; *En excursion* ; *Moresque* (1876) ; *Charmeuse nègre* ; la *Famille de Jean le Boiteux* ; *Paysans de Plousgasnou* et un buste en plâtre : *Hans Burgmeier* (1877) ; la *Rentrée des Chiffonniers* ; *Deux vieux Chiffonniers*, aquarelle gouache ; la *Vieille*, dessin (1879). A dater de cette année 1879, il cessa momentanément ses envois.

En 1884, il assembla ses œuvres dans un magasin de l'avenue de l'Opéra ; puis il revint, l'année suivante, au Salon et y exposa : le portrait de M. *Clémenceau dans une réunion électorale* ; *Forgerons* ; *Chiffonniers*. On a vu de lui ensuite : *Chez Gonon le Fondeur* ; *Midi, effet de givre* ; le *Dimanche au cabaret* et l'*Armée du Salut*, dessins rehaussés (1886) ; la *Belle Malinée* ; *Terrassiers à la décharge*, dessin (1887) ; *Portrait de M. Edmond de Goncourt* (au musée de Nancy) ; les *Buveurs d'absinthe* ; *Judith* ; *Gabrielle* ; *Terrassiers* ; le *Professeur de musique* (1889).

Il envoya à l'Exposition de 1889 un grand nombre de ses tableaux et notamment *Chez Gonon le Fondeur*, que possède depuis le Musée du Luxembourg.

Après deux ans d'interruption, M. Raffaelli, cessant sa participation au Salon des Artistes français, dirigea ses toiles sur le Salon dissident de la Société nationale des Beaux-Arts et, chaque année depuis, il les y a exposées en grand nombre. Nous citerons celles de ces œuvres qui ont été plus remarquées : *Portrait de M. W. Dannat* ; l'*Avenue d'Argenteuil* (1891) ; les *Vieux convalescents* ; la *Convalescente* ; le *Cheval blanc* ; la *Route au Soleil* ; le *Sculpteur idéaliste* ; *Bonhomme faisant des liens* (1892) ; la *Place Saint-Sulpice* ; les *Nourrices sur la place de la Concorde* ; *A votre santé, la mère Bontemps ! Pêcheurs d'Ecosse* ; *Marchand d'habits* ; l'*Arc-de-Triomphe* ; *Sur le Boulevard* (1893) ; le *Tombeau de Napoléon aux Invalides* ; *Notre-Dame de Paris* ; *Portrait de ma fille Germaine* (1896) ; le *Marchand de Mouron* ; la *Trinité* ; *Saint-Germain-des-Près* ; *Saint-Etienne-du-Mont* ; *Parisienne aux Champs-Elysées* (1897) ; l'*Institut* ; *Aux Champ-Elysées* et deux portraits (1898) ; *Jeune fille aux bleuets* (1899) ; *Au Boulevard des Italiens* ; l'*Inondation de Gennevilliers* ; deux vues de *Notre-Dame* (1891) ; la *Porte Saint-Denis* ; *Bord de la Seine à Maisons-Laffitte* ; *A Sartrouville* ; *Portrait de Mˡˡᵉ Andrée G...* (1902), etc.

M. Raffaelli est aussi l'auteur de plusieurs morceaux de sculpture assez importants et d'un grand nombre de lithographies ou d'eaux-fortes ; c'est à lui qu'est due l'illustration des *Types de Paris*, le curieux ouvrage auquel ont collaboré les plus illustres littérateurs.

Par la variété et l'originalité de son talent, par la richesse de son imagination, par la fécondité de son œuvre, cet artiste s'est acquis une réputation de haute et incontestable valeur. On apprécie diversement toutefois ses multiples manières ; c'est ainsi que ses tableaux de fleurs, fort nombreux, et ses paysages, sont moins généralement goûtés que ses portraits ou tableaux de genre et surtout ses monuments de Paris. Il est regardé, somme toute, comme l'un des maîtres les plus intéressants de l'école impressionniste contemporaine.

Récompensé d'une médaille d'or pour la peinture à l'Exposition universelle de 1889 et d'une semblable médaille pour la gravure à celle de 1900, M. Raffaelli est sociétaire de la Société des Beaux-Arts. Il est chevalier de la Légion d'honneur depuis 1889.

RAYMOND (Fulgence)

ÉDECIN, membre de l'Académie de Médecine, né à Saint-Christophe (Indre-et-Loire) le 29 septembre 1844.

Elève de l'Ecole vétérinaire d'Alfort (1861), chef du service d'anatomie et de physiologie à cette école (1866), externe des hôpitaux de Paris (1871), interne et lauréat de l'Assistance publique (1875), docteur et lauréat de la Faculté (1876), chef de clinique de la Faculté (1877), il fut nommé médecin des hôpitaux en 1878 et professeur agrégé de la Faculté en 1880.

M. le docteur Raymond s'est créé une notoriété particulière dans la science contemporaine par ses travaux et son enseignement. Après avoir suppléé le professeur Goubaux à l'Ecole d'Alfort de 1867 à 1869, et le professeur Sée à l'Hôtel-Dieu en 1881, il fut chargé d'un cours complémentaire d'anatomie pathologique à la Faculté de 1883 à 1884, de pathologie interne de 1887 à 1888 et d'un cours libre de clinique médicale à l'hôpital Lariboisière de 1890 à 1893. En 1894, il succéda à Charcot dans sa clinique des maladies nerveuses et comme médecin de la Salpêtrière.

En 1885, le professeur Raymond avait été chargé, par le ministère de l'Instruction publique, d'une mission en Russie pour l'étude des maladies du système nerveux. Il a été élu membre de l'Académie de Médecine en 1890.

Les travaux de cet éminent professeur ont trait à la thérapeutique, à la clinique médicale, à la pathologie générale, à la bactériologie, à la pathologie nerveuse et mentale, à l'anatomie pathologique, à la physiologie expérimentale, etc. On doit mentionner, parmi ses principales publications : *Etude sur l'hémychorée de l'hémianesthésie et des tremblements symptomatiques* (thèse de doctorat 1876) ; la *Danse de Saint-Guy et son traitement*; *Des Dyspepsies* (1878) ; *Traitement de la tetanie et du tetanos* (Dictionnaire Encyclopédique des Sciences médicales); *Traitement général des Atrophies musculaires et maladies amyotrophiques* (conférences à la Faculté, 1887-88, ouvrage qui obtint le prix Lallemand de l'Institut); *De la puerpéralité* (thèse d'agrégation, 1880) ; *Tabes dorsalis* (Revue internationale de Thérapeutique, 1883) ; *Un cas d'endocardite végétante a pneumocoques* (Gazette médicale de Paris, 1893) ; *Contribution à l'étude des tumeurs névralgiques de la moelle épinière* (Archives de Neurologie, 1893) ; *Psychoses et Pneumonie* (Semaine médicale, 1893) ; *Cliniques des maladies du système nerveux recueillies à l'hôpital de la Salpêtrière par les D^{rs}* Ricklin et Souques (5 vol. 1894-1899) ; *Névroses et Idées fixes*, travaux du laboratoire de psychologie de la clinique de la Salpêtrière (2e série 1900), etc. Il a fourni aussi de nombreux articles ou sujets de thèses soutenues par ses élèves et publiées dans les bulletins des sociétés savantes ou dans les journaux suivants : le *Progrès médical*, la *Gazette médicale*, les *Archives de Neurologie*, la *Revue de Médecine*, la *Revue neurologique*, la *Revue internationale de Thérapeutique et de Pharmacologie*, etc.

Membre honoraire de la Société anatomique, membre titulaire de la Société de Biologie et de la Société Médicale des hôpitaux, membre de l'Académie des Sciences de Saint-Pétersbourg, des Sociétés médicales de Berlin, de Prague, de Rome, etc., le professeur Raymond est officier de la Légion d'honneur.

SAUVAN (Honoré)

ÉNATEUR, né à Nice (Alpes-Maritimes) le 7 novembre 1860. Fils du chevalier Maxime Sauvan, conseiller général des Alpes-Maritimes, qui fut président du Comité français au moment de la rétrocession de Nice à la France, il fit ses études classiques au lycée de sa ville natale.

Important propriétaire foncier, M. Honoré Sauvan s'est toujours intéressé aux questions de mutualité ; il est membre fondateur ou participant d'un grand nombre de sociétés de secours mutuels ou d'assistance de la région niçoise et a puissamment contribué à constituer la Fédération des Sociétés de secours mutuels des Alpes-Maritimes ; son active collaboration au mouvement mutualiste lui a valu la médaille d'honneur du ministère de l'Intérieur.

M. Honoré Sauvan est entré fort jeune dans la vie politique. Elu pour la première fois conseiller municipal de Nice en 1886, il a été constamment réélu depuis et devint adjoint au maire en 1892.

Il fut amené, par suite de différends survenus avec le chef de la municipalité dont il faisait partie, à se présenter seul, en 1896, en opposition à une liste de trente-six concurrents. Elu ainsi trente-six fois, il fit passer ensuite une liste entièrement composée de ses partisans et fut proclamé maire de Nice ; il a été confirmé dans cette fonction en 1900.

Comme maire de Nice, M. Honoré Sauvan a pris une part prépondérante au développement de la belle cité méridionale, où son influence et sa popularité sont considérables. C'est à lui que sont dues l'installation, à Nice, des tramways électriques, l'entreprise des travaux de l'avant-port, la solution de la question de l'assainissement et la distribution des eaux potables.

M. Sauvan eut à lutter longtemps contre la Préfecture des Alpes-Maritimes, qui lui était hostile ; mais il triompha de son opposition.

Elu, en 1897, conseiller général pour le canton de Nice-Est, il ne demanda pas le renouvellement de ce mandat

Lors des élections triennales du 4 janvier 1903, M. Sauvan a été nommé sénateur des Alpes-Maritimes, par 247 voix sur 395 votants.

Membre du groupe de l'Union républicaine, il a été choisi comme secrétaire de la Commission d'intérêt local du Sénat.

Les souverains étrangers qui fréquentent Nice l'hiver ont donné à M. Sauvan de nombreuses preuves de leur estime. La défunte reine d'Angleterre l'avait nommé commandeur de son ordre de Victoria, le roi des Belges l'a fait chevalier de celui de Léopold et le prince royal de Roumanie lui a fait octroyer le cordon de commandeur de la Couronne de Roumanie. Nommé officier d'Académie en 1896, il est chevalier de la Légion d'honneur depuis 1901.

DURAND (Joseph-Etienne-Denis)

Député, magistrat, né à Pradelles (Haute-Loire) le 8 mai 1849. Il accomplit ses études de droit à Lyon, où il se fit recevoir licencié, et à Montpellier, où il obtint le doctorat en 1882. En 1884, il devint juge de paix en Algérie et conserva cette fonction jusqu'en 1888, époque de son retour en France.

En 1892, M. Joseph Durand fut nommé maire de Saint-Etienne-de-Vigan (Haute-Loire) et, la même année, conseiller général pour le canton de Pradelles.

A l'Assemblée départementale, M. J. Durand s'est occupé surtout des questions budgétaires et agricoles, notamment de la législation concernant la police sanitaire des animaux domestiques, ainsi que de la création du réseau téléphonique de la Haute-Loire.

M. Joseph Durand a été élu député de ce département, pour la 2ᵉ circonscription du Puy, le 27 avril 1902, par 8,794 voix, contre 3,500 à M. Ravoux, libéral, et 1,821 à M. Hugonie, candidat républicain agricole.

A la Chambre, l'honorable député de la Haute-Loire n'est inscrit à aucun groupement. Républicain progressiste, il fait partie de la Commission de législation fiscale. Dans son programme il s'est déclaré partisan des « libertés d'enseignement, d'association, et du travail ».

GUYOT (Yves)

Économiste, publiciste, ancien député et ancien ministre, né à Dinan (Côtes-du-Nord) le 6 septembre 1843. Il appartient à une famille originaire des environs de Rennes ; son grand-père fut un jurisconsulte distingué et son père exerçait la profession d'avocat. Il fit ses études classiques à Rennes et vint à Paris en 1864, où il se fit bientôt remarquer aux conférences La Bruyère et Molé.

M. Yves Guyot publiait, deux ans plus tard, un ouvrage consacré à la propriété industrielle : l'*Inventeur*, qui est fréquemment cité comme une autorité. En 1867, il était rédacteur à la *Pensée nouvelle*. L'année suivante, aussitôt après la loi sur la presse supprimant l'autorisation préalable, il se rendit à Nîmes et y prit la direction de l'*Indépendant du Midi*. Il fut condamné à un mois de prison, à propos de la souscription Baudin.

De retour à Paris en 1870, il devint secrétaire du Comité antiplébiscitaire de la rue de la Sourdière, puis rédacteur au *Rappel*. Durant le siège de Paris, il prit part à la bataille de Buzenval ; membre de la Ligue des Droits de Paris sous la Commune, il s'efforça en vain, ainsi que ses collègues, de mettre un terme à la guerre civile et il fut de ceux qui, réunis dans les derniers jours rue Béranger, préservèrent de l'incendie le Conservatoire des Arts-et-Métiers, le Temple, les Archives, l'Imprimerie Nationale.

Rédacteur en chef de la *Municipalité*, puis collaborateur du *Radical*, il fut élu conseiller municipal du quartier Saint-Avoye en novembre 1874 et devint rédacteur en chef de la *Réforme économique* en 1875. Directeur du *Bien public* de Menier en 1876, il prit, à cette même époque, l'initiative du centenaire de Voltaire, dont le comité répandit à 100.000 exemplaires les *Œuvres choisies* et érigea la statue qui se trouve quai Malaquais. Ayant formulé, au Conseil municipal, de vives critiques, qu'il reproduisit dans la presse, sur la police de Paris, il fut condamné, en 1876, à six mois de prison. Deux ans plus tard, il publiait les lettres du « Vieux petit employé » contre la police, dans la *Lanterne*, qui amenèrent, en 1879 la chute de MM. Albert Gigot, préfet de police, de Marcère, ministre de l'Intérieur, et la révocation ou la démission de nombreux hauts fonctionnaires de la Préfecture.

M. Yves Guyot ne s'était pas représenté aux élections municipales de 1878 ; redevenu conseiller municipal du quartier Notre-Dame en 1880, il échoua au renouvellement de 1885.

Après avoir, été, en 1878, candidat malheureux aux élections législatives, à Bordeaux, il s'était présenté sans plus de succès, en 1881, dans la 1re circonscription de Paris, contre Tirard, alors ministre du Commerce; mais, au renouvellement parlementaire de 1885, porté sur la liste radicale de la Seine, il fut élu député, au ballottage (21 octobre), par 283,422 voix sur 414,360 votants. Il conserva son siège aux élections générales de 1889, où, candidat dans le 1er arrondissement de Paris, il fut élu par 6,133 voix, contre 5,407 à M. Turquet, boulangiste, au deuxième tour de scrutin (22 septembre.)

La carrière parlementaire de M. Yves Guyot, pour avoir été courte, n'en fut pas moins brillante. Ayant pris, dès son arrivée à la Chambre, une part très active aux travaux des commissions s'occupant des questions économiques ou financières, il fut chargé du rapport général du Budget de 1888. Appelé au ministère des Travaux publics dans le cabinet formé par son ancien concurrent, Tirard, après la chute du ministère Floquet (22 février 1889), il conserva son portefeuille dans le cabinet Freycinet, qui demeura au pouvoir jusqu'au 18 février 1892.

Pendant les trois années qu'il passa au ministère des Travaux publics, M. Yves Guyot réalisa le dégrèvement de la grande vitesse en chemin de fer, qui réduisait de 27 pour cent le prix des places en troisième classe. Il inaugura des lignes de chemin de fer en si grand nombre, présida tant de banquets et accomplit des voyages officiels si fréquents que la presse le surnomma le « ministre inaugurateur » ou le ministre « juif-errant ; » il revendiqua, d'ailleurs ces appellations comme des titres d'honneur dans un discours qu'il prononça à Saint-Amand (Cher), à l'une de ces cérémonies.

L'attitude politique du député de Paris qui, de radicale au début, s'était modifiée dans un sens plus modéré, lui coûta son siège au renouvellement législatif de 1893, où M. Goblet, candidat radical dans sa circonscription, battit au ballottage ses deux concurrents modérés, MM. Yves Guyot et Muzet, malgré le désistement de M. Guyot en faveur de M. Muzet, après le premier tour de scrutin.

Rentré dans la vie privée, M. Yves Guyot se consacra à la direction du *Siècle*, qu'il avait prise depuis le 14 avril 1892; dans ce journal, il a mené d'actives campagnes en faveur de ses idées politiques et économiques, soutenant les théories libre-échangistes contre le protectionnisme et le socialisme ; il y a combattu ardemment aussi, dès la première condamnation (1894), en faveur de la révision du procès Dreyfus et contre le nouveau parti politique désigné sous le nom de nationalisme. Il a abandonné la direction de ce journal en 1903, tout en lui continuant sa collaboration.

Au renouvellement général législatif de 1902, M. Yves Guyot, candidat aux Indes françaises, n'avait recueilli que 1,993 suffrages, alors que son concurrent, M. Henrique-Duluc, radical, était envoyé à la Chambre par 30,541 voix. Dans une brochure, publiée après l'élection, il se livra à d'amers commentaires de son échec (1903).

M. Yves Guyot a donné de nombreuses conférences pour répandre ses doctrines économiques aux divers congrès d'Anvers, de Milan, et ailleurs ; il a brillamment soutenu la controverse contre les leaders des partis protectionniste ou socialiste.

Outre ses très nombreux articles dans les journaux ou revues, il a fait paraître les ouvrages suivants : *Études sur les doctrines sociales du Christianisme* (1873) ; *Préjugés politiques et lieux-communs* (1873) ; *Histoire des Prolétaires*, avec M. Sigismond Lacroix (1873) ; *La Vérité sur l'Empire* (1875) ; la *Science économique* (1881) ; *Dialogue entre John Bull et Georges Dandin sur le Traité de commerce franco-anglais* (1881) ; l'*Enfer social* (1882) ; *Études de Physiologie sociale*, comprenant : 1° la *Prostitution*, 2° la *Police*, 3° la *Traite des Vierges à Londres* (1883) ; le *Bilan de l'Église* (1883) ; la *Morale* ; l'*Organisation municipale de Paris et de Londres* (1883) ; *Lettres sur la Politique coloniale* (1885) ; l'*Impôt sur le Revenu* (1887) ; la *Vérité sur le Boulangisme* (1888) ; la *Tyrannie socialiste* (1893) ; les *Principes de 89 et le Socialisme* (1894) ; la *Propriété, son origine, son évolution*, réfutation d'une thèse de M. Paul Lafargue, publiée dans le volume même où elle est exposée (1895) ; *Protectionnisme et Socialisme* (1895) ; la *Morale de la Concurrence* ; les *Tribulations de M. Faubert* : l'*Impôt sur le revenu* ; *Trois ans au Ministère des Travaux publics* (1896) ; *Voyages et découvertes de M. Faubert* : l'œuvre de M. Cambon en Algérie (1897) ; la *Comédie socialiste* ; les *Travaux publics* ; *Quesnay et la Physiocratie* (1898) ; l'*Affaire Dreyfus, analyse de l'enquête* (1899) ; l'*Évolution de l'Espagne* ; *Nécessité de la concurrence religieuse* (1900) ; *Dictionnaire du Commerce, de l'Industrie et de la Banque* (1902), etc. On lui doit aussi deux romans satiriques : *Un Fou* et *Un Drôle*, parus en 1884.

AYNARD (Edouard)

Député, banquier, membre de l'Institut, né à Lyon le 1er janvier 1837. Il fit ses études classiques au collège d'Oullins.

Chef d'une importante maison de banque lyonnaise, il a participé à la fondation ou à l'administration d'un grand nombre d'entreprises financières et industrielles de la région. Il est président d'honneur, après avoir été longtemps président effectif, de la Chambre de Commerce de Lyon. Il a fait partie du Conseil municipal lyonnais de 1871 à 1880.

M. Aynard se présenta pour la première fois aux élections générales législatives, en 1889, dans la VIIIe circonscription de Lyon, comme républicain modéré, et fut envoyé à la Chambre, le 22 septembre, au second tour de scrutin, par 11,863 voix contre 6,918 accordées à M. Huguet, monarchiste. Il a été réélu : au renouvellement du 20 août 1893, au premier tour, par 10,701 voix contre 3,001 à M. Delharpe ; à celui de 1898, par 10,350 suffrages contre 8,950 à trois autres candidats, au premier tour (le 8 mai) ; enfin, à celui de 1902, toujours au premier tour (27 avril), par 11,145 voix contre 10,068 à M. Chambaud, radical, et 151 à M. Thozet.

A la Chambre, le député de Lyon, inscrit au groupe des « républicains de gouvernement », a fait partie de nombreuses commissions, notamment de celles des Douanes, du travail et de la prévoyance, du budget, etc. Intervenant dans toutes les discussions sur les projets d'ordre économique ou industriel, il prit une très grande part aux débats relatifs au tarif général des douanes (1890-91) ; il a soutenu l'impôt sur la rente (1896), combattu l'incompatibilité entre les fonctions de régent de la Banque et celles de député (1897), l'impôt sur le revenu, la journée de huit heures, etc. Rapporteur de la loi sur les Caisses d'épargne et de celle sur l'enseignement, il opina, dans ce dernier rapport, en faveur de la liberté d'enseignement et contre le stage scolaire. Il a pris part à presque toutes les discussions relatives à l'instruction publique, aux beaux-arts et aux réformes sociales. Il soutint la politique du ministère Méline (1896-98), combattit les cabinets radicaux et vota contre la loi sur les associations (1902). Membre des groupes Agricole et Colonial, il a été vice-président de la Chambre pendant toute la législature 1898-1902.

M. Aynard a écrit, à l'occasion de l'Exposition universelle de 1889, une monographie intitulée : *Lyon en 1889* ; il est aussi l'auteur de quelques brochures sur des sujets économiques et artistiques. Ces derniers travaux et sa participation à nombre d'œuvres relatives au développement des arts lui ont ouvert les portes de l'Institut, où il a été admis, comme membre libre de l'Académie des Beaux-Arts, en 1901.

Régent de la Banque de France, chevalier de la Légion d'honneur depuis 1879, l'honorable député du Rhône a été promu officier en 1889.

Une fille de M. Aynard, décédée en 1902, avait épousé M. Jonnart, son collègue à la Chambre, qui a été gouverneur-général de l'Algérie.

GUÉRIN (Pierre-Eugène-Gustave)

Sénateur, avocat, ancien ministre, né le 28 juillet 1849 à Carpentras (Vaucluse). Ses études accomplies au lycée de Grenoble, il vint étudier le droit à la Faculté de Paris. La guerre franco-allemande survenant, il s'engagea pour la durée des hostilités dans le bataillon des mobiles de Vaucluse, fit la campagne de la Loire, puis celle de l'Est et, le 1er février 1871, passait en Suisse avec l'armée de Bourbaki.

Reçu, en 1875, avocat au barreau de Paris, il s'occupa exclusivement de causes civiles ; il assista cependant, au criminel, le capitaine Le Chatelier, poursuivi après l'issue fatale de son duel avec M. Harry Alis, et obtint l'acquittement de son client. Parmi les autres affaires auxquelles il prêta son ministère, mentionnons encore son intervention pour les Humbert dans le fameux procès Humbert-Crawford.

Nommé conseiller municipal de Carpentras en 1875, adjoint, puis maire de cette ville, M. Eugène Guérin devint, de 1880 à 1886, conseiller général de Vaucluse et vice-président de l'assemblée départementale. En 1885, la liste républicaine le comptait au nombre des candidats à la députation contre la liste boulangiste, qui demeura victorieuse.

Elu sénateur de Vaucluse, le 1er juin 1890, en remplacement de M. Alfred Naquet, démissionnaire, il vit son mandat confirmé aux élections générales du 4 janvier suivant, par 417 voix sur 451 votants, et au renouvellement de 1900 par 364 suffrages sur 440.

M. Eugène Guérin était secrétaire de la Chambre-Haute lorsqu'il fut appelé à faire partie du premier cabinet Dupuy, le 4 avril 1893, en qualité de garde des Sceaux. Remplacé, le 5 décembre de cette même année, par M. Antonin Dubost, il redevint ministre de la Justice dans le deuxième cabinet Dupuy, du 31 mai 1894 au 26 janvier 1895.

M. Eugène Guérin, pendant son passage au ministère, fit voter le projet de loi sur les menées anarchistes, malgré la vive opposition du parti socialiste et d'une fraction nombreuse du parti républicain ; c'est sous son ministère également que fut jugé et condamné le capitaine Dreyfus par le Conseil de guerre de Paris (1894).

Rapporteur de plusieurs projets de loi juridiques, il est intervenu, comme sénateur, surtout dans les débats et les travaux de ce même caractère. C'est ainsi qu'il a combattu et fait repousser l'institution d'un tribunal arbitral entre patrons et ouvriers dans les questions de responsabilité des accidents, tout en proposant d'accorder aux ouvriers des garanties devant les tribunaux ordinaires.

Membre de la Commission des Finances, il rapporta le budget de la Guerre pour l'année 1896.

M. Eugène Guérin appartient à la Gauche républicaine et à l'Union républicaine du Sénat. Il est membre du Conseil supérieur des habitations à bon marché.

REYNIER (Paul)

Chirurgien, né le 31 juin 1851 à Paris, où il accomplit ses études classiques et médicales. Interne des hôpitaux en 1876, aide d'anatomie (1878), prosecteur de la Faculté de Médecine (1879), docteur (1880), il fut successivement nommé chirurgien du Bureau central en 1882, professeur agrégé d'anatomie et de physiologie à la Faculté en 1883 et chirurgien des hôpitaux en 1888. Il a, depuis, successivement rempli ces dernières fonctions aux hôpitaux d'Ivry, Tenon et Lariboisière, où il reste depuis 1896.

M. le Dr Reynier s'est acquis une très haute réputation à la fois comme praticien et comme clinicien. Dans les cours qu'il a professés, pendant six ans, à la Faculté de Médecine, sur les affections des organes des sens, du système nerveux et du cœur, il s'est efforcé de démontrer que la connaissance de la physiologie de ces organes en assurait la connaissance pathologique. Il est également très apprécié comme anatomiste.

Parmi les nombreux travaux dont il est l'auteur et qui ont été insérés dans les recueils scientifiques ou les bulletins des sociétés savantes, on doit mentionner principalement les suivants : le *Bruit de Moulin*, recherches cliniques et expérimentales (thèse de doctorat, 1880) ; *Expériences relatives au choc péritonéal*, avec M. Ch. Richet (Académie des Sciences, 1880) ; *Sur les nerfs du cœur* (thèse d'agrégation, 1883) ; *Etude sur le développement de la portion sus-diaphragmatique du tube digestif* (1885) ; *Contribution à l'étude de l'articulation scapulohumérale* (Journal d'Anatomie et Physiologie, 1887) ; *Mémoire sur la direction de l'estomac*, avec le docteur Souligoux. (Société Anatomique, 1895) ; *Recherches sur le chloroforme* (Société de Chirurgie 1888, 1892, 1895) ; *De la luxation sus-épineuse de l'extrémité externe de la clavicule* (France médicale, 1877) ; *Rétrécissements valvulaires congénitaux du rectum* (Gazette hebdomadaire, 1878) ; *Mémoire sur trois cas de pustule maligne, produits par la fabrication des baleines de corsets*, avec le docteur Gellé (Archives de Médecine, 1884) ; *De l'importance du réflexe patellaire dans le Diabète* (Société de Chirurgie, 1887) ; *Communication sur le Tétanos* (Société de Chirurgie, 1888) ; *Contribution à l'étiologie de certaines périostites périosto-myélites, ostéo-myélites* (Archives de Médecine, 1885) ; *Influence du système nerveux dans la pathogénie des gangrènes* (Congrès de Chirurgie, 1892) ; *Trépanation de l'apophyse mastoïde* (Société de chirurgie, 1892) ; *Pathogénie et nature de l'angine de Ludwig* ; *Urétérectomie totale* (Société de Chirurgie, 1893) ; *Traitement des tumeurs fibreuses de l'utérus*, (Congrès de Chirurgie, 1893) ; *Traitement des perforations rectales survenant au cours de la laparotomie pour suppuration des annexes* (Congrès de Rome 1893); *Des accidents chirurgicaux chez les diabétiques* (Société de Médecine et de Chirurgie pratiques, 1894) ; *Sur une propriété nouvelle du Salol*, avec le docteur Ischwall (Société de Chirurgie, 1894) ; *Hernie du poumon à travers l'éclatement complet d'un espace intercostal, Emphysème généralisé, Intervention, Guérison* (Société de Chirurgie, 1895) ; *Du pied-bot paralytique, son traitement* (Société de Médecine et Chirurgie pratiques, 1896); *Pathologie de la Tarsalgie* (Congrès de Chirurgie, 1896) ; *Notes sur les lymphatiques de l'utérus* (Semaine gynécologique, 1898) ; *Traitement des suppurations pelviennes* (Congrès de Gynécologie de Genève, 1898) ; *Indications opératoires des fibromes utérins* (Congrès de Gynécologie d'Amsterdam, 1899) ; *Etude radiographique du crâne et de l'encéphale*, avec le Dr Glover (Archives de Neurologie, 1898) ; *Des paralysies chloroformiques* (Société de Médecine, 1898) ; *De l'Anthrax* (Journal des Praticiens, 1899) ; *Etude physiologique et clinique sur la Nirvanine* (1899) ; *Etude physiologique des injections intraveineuses du sérum artificiel* (Société de Médecine et de Chirurgie,

1901); *Étude sur les sutures nerveuses* (Société de Chirurgie, 1901); plusieurs mémoires sur le *Traitement de l'Appendicite* (Sociétés de Chirurgie, 1892 et 1899, de Médecine et de Chirurgie pratiques 1896; Congrès de Chirurgie, 1900 ; *Presse Médicale*, 1901), etc.

M. le Dr Reynier est l'inventeur de plusieurs appareils et instruments spéciaux, desquels on doit mentionner : une canule destinée à maintenir les fistules gastriques ; un dilatateur anal ; des pinces en usage dans l'hystérectomie vaginale, des écarteurs abdominaux, un angiotripteur pour la forcipressure des vaisseaux, etc.

Membre et ancien président de la Société de Médecine et de Chirurgie pratiques, membre des Sociétés Anatomique, Chimique, de Chirurgie, d'Anthropologie, de Gynécologie, de Laringologie, etc., M. le Dr Reynier est chevalier de la Légion d'honneur.

BOISSIER (Michel)

ÉNATEUR, né à Montluçon (Allier) le 22 novembre 1834. Ses études classiques faites au collège de la ville natale, il fut clerc de notaire à Montluçon, puis à Paris, de 1859 à 1863. Cette dernière année, il acquit, à Néris-les-Bains (Allier), une charge de notaire, qu'il a conservée jusqu'en 1900.

Dans les dernières années de l'empire, M. Michel Boissier, devenu conseiller municipal, puis adjoint au maire de Néris-les-Bains, s'était signalé par l'ardeur de ses convictions républicaines. Il fut au nombre des citoyens qui proclamèrent la République au 4 septembre 1870 Elu, en 1871, conseiller d'arrondissement pour le canton ouest de Montluçon, et l'année suivante maire de Néris, M. Boissier fut nommé, en 1886, conseiller général pour le canton de Montluçon. Il conserva ce mandat jusqu'en 1892.

Comme maire de Néris-les-Bains, il a beaucoup contribué au développement de l'hygiène et de la prospérité de cette charmante station thermale. Il fut révoqué, à trois reprises, par les ministères du maréchal de Mac-Mahon.

Candidat radical-socialiste aux élections législatives dans l'Allier, en 1881 et en 1889, M. Michel Boissien se désista chaque fois pour assurer, au second tour de scrutin, l'élection de M. Thivrier comme député de Montluçon.

Le 4 janvier 1903, il a été élu sénateur de l'Allier, au renouvellement partiel de la Haute-Assemblée, sur la liste radicale-socialiste, et par 575 voix sur 843 votants, au deuxième tour de scrutin.

L'honorable sénateur de l'Allier est membre de la gauche démocratique du Luxembourg. Anti-clérical déclaré, il a demandé au Sénat la suppression de toutes les congrégations non autorisées.

Publiciste virulent et non sans mérite, il collabore assidûment au *Radical de l'Allier* et il a publié avec succès des *Dialogues anti-cléricaux* (12e mille), des brochures politiques et des chansons satiriques dont l'une, intitulée : *Les Quatre Poteaux*, publiée en 1877, a largement contribué au triomphe des idées républicaines dans l'Allier.

SIREYJOL (Jean-Louis-Léon)

ÉPUTÉ, né à Saint-Priest-les-Fougères (Dordogne) le 27 janvier 1861. Issu d'une famille très populaire dans la région, petit-fils d'un ancien maire de sa commune natale, il accomplit ses études classiques au lycée de Périgueux, où il reçut le prix d'honneur de philosophie en 1879 et fut lauréat du concours général ; puis il étudia la médecine aux facultés de Bordeaux, où il fut préparateur d'histoire naturelle, et de Montpellier, où il obtint le doctorat en 1887, avec une thèse fort intéressante sur l'*Œdème du nouveau né*.

De retour à Saint-Priest-les-Fougères, où M. Léon Sireyjol alla exercer sa profession, il fut élu maire dès 1888. Il conserva cette fonction jusqu'en 1896, époque à laquelle il alla habiter Saint-Pardoux-la-Rivière. Il avait été nommé, l'année précédente, conseiller général pour le canton de ce nom. Devenu aussitôt maire de Saint-Pardoux, il a été, depuis lors, confirmé dans ces deux mandats sans interruption.

Secrétaire du Conseil général de la Dordogne. M. le Dr Sireyjol a pris une part importante aux affaires départementales. Rapporteur de la Commission des voies et chemins de fer, il a fait adopter l'établissement d'un réseau de tramways sillonnant le département. Il s'est aussi beaucoup occupé des intérêts des cultivateurs de tabac et en général des questions agricoles ou industrielles.

Au renouvellement général législatif de 1902, M. le Dr Sireyjol fut élu député de l'arrondissement de Nontron (Dordogne), par 12,151 voix, contre 5,849 à M. Lachapelle, républicain, au premier tour de scrutin, le 27 avril.

Il réclamait, dans son programme, notamment l'impôt sur le revenu, la séparation des églises et de l'Etat, la suppression des grosses retraites, la réduction du service militaire, etc.

M. le Dʳ Sireyjol, qui appartient au groupe radical-socialiste de la Chambre, a été élu membre de la Commission des travaux parlementaires.

GOUJON (Étienne)

Médecin, sénateur, né à Pont-de-Veyle (Ain) le 20 avril 1840. Il prit ses inscriptions à la Faculté de Médecine de Paris et y fut reçu, en 1866, docteur et lauréat avec une thèse intitulée : *Recherches sur quelques points d'Anatomie et de Physiologie*.

Envoyé à cette époque en mission dans la Nièvre, où sévissait une épidémie cholériforme, il reçut une médaille d'or à cette occasion. Pendant la guerre de 1870-71, il prit part, en qualité de médecin-major, à la campagne, dans l'armée du Rhin, puis dans celles de la Loire et de l'Est et fut décoré pour sa conduite.

Peu de temps après, M. Goujon prenait la direction d'une maison de santé, rue de Picpus, destinée au traitement des aliénés. Comme propriétaire de cet hospice, il fut, en 1882, mêlé à une cause criminelle qui fit beaucoup de bruit. Une demoiselle Fidelia de Monasterio ayant été admise comme folle dans son établissement, puis retirée sans que toutes les précautions et les formalités exigées par la loi aient été remplies, un procès en séquestration et enlèvement termina cette affaire. Appelé comme témoin, M. Goujon se vit sévèrement reprocher par le président du tribunal la facilité avec laquelle il avait reçu et rendu sa malade, sans s'entourer des garanties que la prudence professionnelle, sinon la loi même, pouvaient réclamer.

Comme médecin, M. Goujon a fait paraître des travaux sur le *Choléra*, sur la *Production du tissu osseux*, sur l'*Irritabilité nerveuse et musculaire*, etc., dont plusieurs ont été récompensés par l'Académie des Sciences. Membre de la Société Médico-Physiologique, il a collaboré au *Journal d'Anatomie et de Physiologie*.

En 1879, M. le docteur Goujon avait été nommé maire du XIIᵉ arrondissement de Paris ; il a conservé ces fonctions jusqu'en 1900.

Membre du Conseil général de l'Ain, pour le canton de Pont, depuis 1883, il a présidé cette assemblée jusqu'en 1898. Candidat à la députation dans la 1ʳᵉ circonscription de Bourg en 1883, il échoua avec 5,213 voix contre 6,648 à l'élu, M. Pochon, radical.

En 1885, le docteur Goujon fut élu, comme candidat opportuniste, sénateur de l'Ain, par 564 suffrages sur 905 votants, en remplacement de M. Drouhet. Réélu en 1894, par 737 suffrages sur 889 votants, il vit son mandat encore renouvelé en 1903, par 722 voix sur 883 votants.

Il est inscrit, à la Chambre haute, aux groupes Agricole, de l'Union républicaine et de la Gauche républicaine. Secrétaire du Sénat de 1887 à 1890, il a été membre de plusieurs commissions spéciales et de la Commission de l'Armée ; il a pris part rarement aux discussions générales ; mais quelquefois à celles portant sur des points professionnels. En politique, après avoir suivi longtemps une ligne modérée, il a soutenu les ministères Waldeck-Rousseau et Combes.

Président du Comité supérieur du service de l'Assistance publique et de l'Hygiène au ministère de l'Intérieur, de la Commission consultative de surveillance des Quinze-Vingt et de la Commission de surveillance administrative de l'Asile national du Vésinet, M. le docteur Goujon est commandeur de la Légion d'honneur depuis 1902.

SEM (Georges GOURSAT, dit)

Dessinateur, né à Périgueux (Dordogne) le 22 novembre 1863. Il fit ses études classiques chez les Jésuites de Sarlat, puis revint dans sa ville natale, où il dirigea une maison de commerce que lui avait léguée son père.

Le souci des affaires n'empêcha pas de se livrer à des préoccupations artistiques le jeune homme, possédé par le goût du dessin, crayonnait d'alertes silhouettes en marge des colonnes de chiffres. Son premier essai connu est un programme destiné au théâtre de Périgueux. Il publia ensuite une revue illustrée : *Périgueux-Revue*, dont trois numéros parurent et où défilèrent, lestement croqués, les plus amusants types de cette ville. Puis, il se rendit à Bordeaux, où il fit paraître quatre numéros d'une autre revue de même genre.

Après un court séjour à Paris, il se rendit à Marseille, où les deux numéros de *Marseille-Revue*, qu'il imagina, obtinrent encore un certain succès. De retour à Paris, cette fois définitivement, il étudia particulièrement les milieux de l'escrime et de l'entraînement. Lié avec MM. Vigeant, Regamey, Prévost, Kirchhoffer et, d'autre part, admis dans l'intimité des sportman les plus notoires, il publia, en 1899, sous le pseudonyme de « Sem, » un premier Album de caricatures sur *Le Turf*, dont la vogue fut bien parisienne; trois autres albums suivirent, qui confirmèrent encore la réputation de leur auteur.

Cet artiste excelle dans la recherche et le rendu des travers et des ridicules de ses contemporains ; il sait trouver le trait caractéristique des personnalités du Tout-Paris, et l'exagération de ce trait constitue l'originalité de sa charge.

Ce chulo de Sem, a écrit M. Jean Lorrain, sec et brun comme un havane, est un terrible justicier. Il cite le luxe, le jeu, la galanterie, tous les gains illicites des lucres et des stupres, à son tribunal d'inquisition, et telle est la monstrueuse vanité des coupables qu'ils soupirent et tressaillent d'aise sous les coups d'étrivières. Plus Sem les cingle cruellement, plus ils se pâment d'aise et, châtouillés dans leurs fibres secrètes, ils s'empressent sur ses pas, le félicitent, le congratulent et l'exhortent en balbutiant : « Encore ! Encore ! »

Sem a collaboré au *Gaulois*, au *Figaro*, à la *Vie Parisienne*, au *Rire*, au *Journal*, etc., et ses dessins font les délices des lecteurs de ces divers organes. Il est aussi l'auteur de diverses affiches fort appréciées ; on cite notamment celles pour un bal d'étudiants à Bordeaux, pour les artistes Paulus et Polin, pour la *Châtelaine* à Paris, etc.

RETTERER (Edouard)

ÉDECIN et histologiste, né à Mutterrholz (Alsace) le 10 octobre 1851. Il fut reçu docteur en médecine de la Faculté de Nancy en 1878, puis il vint à Paris et fut préparateur à la chaire d'anatomie comparée du Muséum d'Histoire naturelle de 1880 à 1882 ; attaché ensuite à la mission scientifique en Laponie du professeur Pouchet, il devint le secrétaire et l'ami de ce maître. A son retour, M. Retterer fut nommé préparateur du cours d'histologie à la Faculté de Médecine de Paris (1883-1889). Reçu agrégé d'anatomie et d'histologie en 1889, il devint, en 1898, chef des travaux d'histologie à la même Faculté. Il s'était fait recevoir, en 1881, licencié ès sciences naturelles et, en 1885, docteur ès sciences naturelles.

M. le Dr Retterer a été professeur de biologie aux cours d'enseignement populaires supérieurs de la ville de Paris de 1884 à 1900.

Il est l'auteur de nombreux et importants travaux scientifiques, parmi lesquels on doit mentionner les suivants : *Recherches sur l'anatomie et le développement du squelette chez les mammifères* (Journal de l'Anatomie et de la Physiologie, 1884) ; le *Développement du squelette, des extrémités et des productions cornées chez les mammifères* (thèse de doctorat, 1885) ; *Recherches sur l'anatomie et le développement des organes lymphoïdes* (Journal de l'Anatomie et Société de Biologie, 1885 à 1897) ; *Recherches sur la structure et le développement du système vasculaire et du tissu érectile ; Distribution des fibres élastiques dans les parois artérielles et veineuses*, avec M. Robin (Journal de l'Anatomie, 1886) ; *Sur le développement du tissu érectile dans les organes copulateurs chez les mammifères* (Société de Biologie, 1887) ; *Sur la Tératologie et notamment sur un reste de cartilage bronchial double et symétrique*, avec M. Poirier (Société Anatomique, 1889) ; *Sur l'histologie et le développement de la technique histologique et les premiers phénomènes du développement des poils du cheval* (Société de Biologie, 1894) ; *Sur le développement, l'histogenèse, la structure et l'évolution des organes conjonctifs, des cavités closes séreuses et articulaires, notamment sur le mode de formation des articulations* (Société de Biologie, 1894) ; *Ebauche squelettogène et développement des articulations* (Journal de l'Anatomie, 1902) ; *Sur l'histogenèse et la structure du tissu conjonctif, dense, fibreux et tendineux, du tissu élastique et des tissus cartilagineux et osseux ; Sur les ganglions lymphatiques des mammifères, notamment sur la structure et les fonctions des ganglions lymphatiques dans l'espèce humaine* (Société de Biologie, 1902) ; *Sur les ganglions lymphatiques des oiseaux, notamment un parallèle des ganglions lymphatiques des mammifères et des oiseaux* (Association des Anatomistes, 1902).

M. le docteur Retterer a donné, en outre, dans le *Dictionnaire encyclopédique des Sciences médicales*, la *Revue Générale des Sciences pures et appliquées* ou les *Annales de Gynécologie*, les articles intitulés : *Embryonnaire, Embryoplastique, Haptogène, Hétéroplasie, Hétérologie, Peau* (avec M. Robin), *Phlébentérisme, Périoste, Pigment, Pileux, Plasma, Plastique, Protoplasma, Vaisseaux, Placenta discoïde, Placenta des carnassiers* ; puis les articles : *Amnios, Allantoïde, Baer, Bichat, Cellule, Ejaculation, Erection, Fécondation*, dans le *Dictionnaire de Physiologie* de Richet. On lui doit encore un ouvrage fort apprécié sur l'*Anatomie et la Physiologie animale* (1 vol. 1891, 2e édit. 1896) et diverses traductions d'ouvrages de savants allemands.

Avec M. Tourneux, professeur à la Faculté de Médecine de Toulouse et sous la direction de M. Mathias Duval, il publie le *Journal de l'Anatomie et de la Physiologie* depuis plusieurs années.

OLLONE
(Henri-Marie-Gustave Vicomte d')

EXPLORATEUR, officier, né à Besançon (Doubs) le 4 septembre 1868. Issu d'une famille qui a produit une suite presque ininterrompue de généraux, il fit ses études classiques à Besançon et à Paris. Entré à Saint-Cyr en 1888, il en sortit, en 1890, sous-lieutenant au 90e régiment de ligne à Châteauroux. Il prit part, comme lieutenant au 200e régiment, à la conquête de Madagascar (1895-96). Après son retour, affecté au 94e à Bar-le-Duc, il exécuta de nombreux voyages en Europe et en Asie-Mineure.

En 1898, le lieutenant d'Ollone fut chargé par le gouvernement d'une mission difficile en Afrique occidentale. En compagnie de l'administrateur Hostains, et avec une faible escorte de vingt tirailleurs sénégalais et de quarante porteurs soudanais, il devait essayer de relier la Côte d'Ivoire au Soudan et à la Guinée et d'explorer l'Interland de la République de Liberia, régions habitées par des peuplades anthropophages et couvertes d'une forêt impénétrable, où n'avait pu pénétrer encore aucun européen.

Ayant réussi à s'assurer la neutralité, sinon l'amitié, des premières tribus voisines de la côte, la mission Hostains-d'Ollone, partie de Béréby (golfe de Guinée), près de l'embouchure du Cavally, s'avança dans l'intérieur et construisit sur les bords de ce fleuve un poste fortifié qu'elle nomma Fort-Binger. Après avoir noué des relations avec de nouvelles tribus, elle reprit sa route ; mais, parvenue chez des indigènes appartenant à une race différente, dont nul interprète ne connaissait la langue, elle fut attaquée traitreusement dans une embuscade. Le capitaine d'Ollone combattit pendant six jours consécutifs, marchant sans guide à travers la forêt et prenant d'assaut 44 villages fortifiés. Les indigènes terrifiés firent leur soumission et la mission victorieuse déboucha enfin au poste de Beyla (Soudan). Il y avait sept mois qu'on était sans nouvelles d'elle et on l'avait crue perdue, une colonne envoyée à sa rencontre sous le commandement du lieutenant Woelffel n'ayant pu arriver jusqu'à elle, malgré de rudes et coûteux combats. La mission Hostains-d'Ollone, traversant ensuite le Soudan et toute la Guinée, atteignit enfin la mer à Konakry (1900), ayant tracé le premier itinéraire du golfe de Guinée à l'Atlantique.

Cette mission produisit, entr'autres résultats considérables, la mise en communication de la Côte d'Ivoire avec le Soudan et la Guinée ; des découvertes géographiques importantes lui sont dues (hautes montagnes de 2,000 à 3,000 mètres, nombreux cours d'eau, etc.), ainsi que l'extension de la souveraineté de la France sur une grande partie de l'Interland libérien.

Capitaine depuis 1899, M. d'Ollone fut replacé, en 1901, au 103e régiment, à Paris.

Le capitaine d'Ollone est l'auteur d'un important ouvrage intitulé : *De la Côte d'Ivoire au Soudan et à la Guinée* (1 fort vol. in-8° illustré, Hachette, 1901, 3e édition), qui a été couronné par l'Académie française ; de plusieurs articles sur Liberia et la Côte d'Ivoire, parus dans le *Bulletin du Comité de l'Afrique française*, la *Revue de Géographie*, les *Annales de Géographie* et autres organes spéciaux. Il a fait de nombreuses conférences à la Sorbonne, puis à Lyon, Nantes, Nancy, Amiens, Bordeaux, etc. Sa mission lui a valu des médailles d'or de la Société de Géographie, de la Société de Géographie commerciale de Paris et des principales sociétés de géographie de province.

Le capitaine d'Ollone est chevalier de la Légion d'honneur depuis 1900, officier d'Académie et de l'Etoile-Noire du Bénin, décoré des médailles de Madagascar et Coloniale.

OLLONE (Max-Paul-Marie-Félix d')

COMPOSITEUR de musique, né le 13 juin 1875 à Besançon (Doubs), où il fit ses études classiques. Frère du précédent. Doué de remarquables et précoces dispositions musicales, il publiait dès 1888, diverses mélodies chez l'éditeur Durdilly.

Venu à Paris en 1892, M. Max d'Ollone entra au Conservatoire, dans la classe de M. Lavignac, où il obtint, en 1893, le premier prix d'harmonie ; puis, dans la classe de composition dirigée par M. Massenet, ensuite par M. Lenepveu, il obtint successivement le prix de fugue (1894), le second grand-prix de Rome en 1895, et le premier grand-prix en 1897, avec sa cantate intitulée : *Frédégonde*. Il reçut encore de l'Institut, au concours, le grand-prix Rossini, pour son oratorio : la *Vision de Dante*, qui fut exécuté aux Concerts du Conservatoire ; puis, pour le même ouvrage, le prix Monbinne, destiné à l'œuvre la plus remarquable de l'année (1899).

Pendant ses quatre années de séjour à la Villa Médicis, il organisa avec M. Rabaud une série de concerts à Rome (1898-1899), puis à Vienne (1899), afin de faire connaître à l'étranger les plus belles œuvres de César

Franck, Saint-Saëns, Chabrier, d'Indy, Lalo, Bruneau, Charpentier. Ces concerts eurent un grand retentissement en Autriche.

En 1899, M. Max d'Ollone fit exécuter, aux Concerts Lamoureux, une *Fantaisie pour piano et orchestre*, et en 1900, à Angers, le prélude de *Saint-François-d'Assise*, oratorio. En 1901, il composa, pour les représentations en plein air de Béziers, le ballet de *Bacchus et Silène*, qui fut donné avec un très grand succès. Ces diverses œuvres ont été depuis exécutées dans de nombreux concerts, notamment la *Vision de Dante*.

En 1902, M. Max d'Ollone se vit attribuer encore par l'Institut le prix Allombert, pour l'ensemble de ses envois de Rome.

Revenu à Paris, il a fait exécuter, en 1903, aux Concerts Colonne, les *Villes Maudites*, fragment symphonique d'un important ouvrage auquel il travaillait depuis plusieurs années.

M. Max d'Ollone a publié de nombreuses mélodies pour chant chez les éditeurs Durdilly, Durand, Enoch, Heugel, ainsi que : un *Quatuor à cordes* ; sa *Fantaisie pour piano et orchestre* ; *Jeanne-d'Arc*, scène lyrique avec chœurs ; la *Vision de Dante*, oratorio, et diverses œuvres pour piano, piano et violon, etc.

THOUNENS (Simon-Bertrand-Vital-Eugène-Albert)

SÉNATEUR, né à Fronsac (Gironde) le 25 octobre 1845. Il appartient à une ancienne famille, originaire de la Réole, qui, depuis trois cents ans, y est honorablement connue dans le notariat. Il fit de brillantes études au lycée de Bordeaux, puis obtint la licence en droit à la Faculté de cette ville et succéda ensuite à son père, comme notaire, à la Réole. Il exerça cette profession jusqu'en 1899 ; l'honorariat lui fut alors accordé.

Conseiller d'arrondissement de la Gironde dès 1879, M. Albert Thounens fut élu, en 1881, conseiller général pour le canton de Sauveterre. Confirmé depuis dans ce mandat à chaque renouvellement, il devint secrétaire, puis vice-président et enfin président du Conseil général de la Gironde (1898). Il a pris une part prépondérante aux affaires départementales et s'est occupé notamment du nouveau mode de répartition de l'impôt dans la Gironde.

Un siège sénatorial ayant été rendu vacant dans la Gironde par le décès de M. A. Caduc, sénateur, M. Thounens se présenta, comme républicain radical, et fut élu, le 4 janv. 1903, par 668 voix, contre 600 à M. Fernand Faure, ancien député et ancien directeur-général de l'Enregistrement.

Au Sénat, M. Thounens s'est fait inscrire au groupe de la Gauche démocratique. Il s'est déclaré partisan de la loi sur les congrégations, de la réduction du service militaire, de l'adoption de traités de commerce de réciprocité, etc.

Vice-président du Conseil agricole de la Réole, M. Thounens est chevalier de la Légion d'honneur.

CAYLA (Albert-Baptiste-Alexandre)

MÉDECIN, né à Cahors (Lot) le 4 septembre 1855. Il fit ses études classiques au lycée de sa ville natale (devenu depuis lycée Gambetta) et vint ensuite se faire inscrire à la Faculté de Médecine de Paris. Successivement externe des hôpitaux (1878), interne provisoire et interne de 1882 à 1886, à l'Hôtel-Dieu, aux hôpitaux Saint-Antoine, des Enfants assistés et Saint-Louis, il obtint une médaille de bronze de l'Assistance publique et fut reçu docteur en 1887. Chef de clinique adjoint de la Faculté à l'hôpital Saint-Louis, dans le service des maladies cutanées et syphilitiques du professeur Fournier, de 1888 à 1892, le Dr Cayla avait été nommé, dès 1889, médecin de la fondation Galignagni, à Neuilly. Cette maison, destinée aux littérateurs, aux artistes, aux savants, est due à la générosité de deux philanthropes, qui en confièrent l'administration à l'Assistance publique.

M. le Dr Cayla, outre sa thèse sur la *Tuberculisation des organes génito-urinaires* (1877), a publié un mémoire sur la *Contagiosité et l'inoculabilité de la tuberculose*, qui obtint le prix Portal de l'Académie de Médecine en 1886. Dans le premier travail, il établissait les lois de la propagation de la maladie dans l'appareil urinaire et génital ; dans le second, il se rangeait dans le camp des partisans de la contagiosité et de l'inoculabilité, à une époque où cette doctrine ne rencontrait que peu d'adeptes.

On doit encore citer de lui des communications ou mémoires, sur la *Typhose syphilitique* ; l'*Esthiomène vulvaire* ; la *Disjonction de la symphise pubienne pendant l'accouchement* ; le *Traitement de la variole par la médication éthéréo-opiacée* ; la *Rétraction de l'aponévrose palmaire dans le diabète* ; *Une malformation cardiaque congénitale* ; *Trois cas de bleurotomie, dont un pour kyste hydatique suppuré du foie* ; la *Pyohémie spontanée*, avec le Dr Charrin ; l'*Absence du rein gauche* ; l'*Arthrite secondaire syphilitique*, etc.

Le Dr Cayla s'est, en outre, beaucoup occupé de questions professionnelles : pendant dix ans secrétaire-général du Conseil des Sociétés médicales d'arrondissement de la Seine, président de ce même conseil, de la Société de Médecine du XVIe et de l'Association des médecins de Neuilly, il a eu à résoudre de nombreuses questions intéressant sa corporation.

Dans un autre ordre d'idées, au point de vue sportif, il a manifesté une prédilection marquée pour l'alpinisme. Membre de la direction centrale du Club Alpin français, il s'est intéressé à la mise en valeur du gouffre de Padirac, situé dans son département, près du célèbre pèlerinage de Rocamadour, et a contribué à l'inauguration solennelle qui eut lieu, en 1900, sous la présidence de M. Georges Leygues, ministre de l'Instruction publique, en présence de nombreuses notabilités scientifiques.

Le Dr Cayla est président de la Société des originaires du Lot, vice-président de la Société des Secouristes français, officier d'Académie depuis 1899 et chevalier de la Légion d'honneur depuis 1903.

TAVÉ (Jean)

Député, avocat, né à Tulle (Corrèze) le 1er août 1856. Fils d'un commerçant de cette ville, il y fit ses études classiques au collège (transformé depuis en lycée) et vint ensuite apprendre le droit à la Faculté de Paris. En 1880, il s'inscrivit, comme avocat, au barreau de Tulle, où il s'occupa de nombreuses affaires, dont certaines eurent du retentissement un peu partout ; il fut choisi à plusieurs reprises comme bâtonnier de l'Ordre des avocats.

Conseiller municipal de Tulle depuis 1883, M. Tavé fut élu maire de cette ville en 1892 et il a été depuis constamment réélu à cette fonction. Sous son administration, de nombreuses améliorations ont été apportées à cette importante cité, notamment la construction d'un théâtre municipal, d'un hôtel pour la Caisse d'Epargne, d'un hôtel des Postes, d'écoles et de groupes scolaires ; la création de cantines scolaires, la mise en œuvre d'un système d'adduction d'eau potable d'un débit de deux mille litres, etc.

Aux élections générales législatives de 1902, M. J. Tavé fut élu député de la 2e circonscription de Tulle, au scrutin de ballottage, avec 10,064 voix, sans concurrent, ayant battu au premier tour MM. Delpeuch et Vacher, anciens députés de cette circonscription.

Membre du groupe radical-socialiste de la Chambre, l'honorable député, dans son programme, a demandé notamment l'impôt sur le revenu, la réduction du service militaire, la séparation des Eglises et de l'Etat, etc. Il est membre des Commissions parlementaires de la réforme des patentes, de l'enseignement et du travail.

M. Tavé est chevalier de la Légion d'honneur.

Le COUR GRANDMAISON (Henri-François-Adolphe)

Sénateur, armateur, né à Nantes le 27 février 1849. Frère de M. Charles Le Cour Grandmaison, (1) qui fut sénateur de la Loire-Inférieure (1848-1901), il fit ses études classiques à l'Externat des Enfants Nantais et au lycée de cette ville.

Il succéda à son père comme armateur à Nantes et fonda un important établissement de construction de navires, les « Chantiers Nantais », dont il fut nommé président du Conseil d'administration.

Lors de la guerre de 1870-1871, M. Henri Le Cour Grandmaison devint lieutenant des mobiles dans l'armée de la Loire et se distingua particulièrement au cours de la campagne.

Elu, en 1879, maire de Campbon et réélu constamment depuis à cette fonction, il fut révoqué, en 1899, pour avoir refusé d'afficher la décision de la Cour de Cassation relative à l'affaire Dreyfus ; mais les élections suivantes le ramenèrent à la mairie.

M. Henri Le Cour Grandmaison est aussi conseiller général pour le canton de Savenay depuis 1879. A l'Assemblée départementale de la Loire-Inférieure, il s'est intéressé surtout aux questions agricoles ou des voies navigables et spécialement celles concernant la Loire.

Après le décès de son frère, Charles Le Cour Grandmaison, il fut élu sénateur de la Loire-Inférieure, à son remplacement, le 14 avril 1901, par 750 voix, sans concurrent.

Royaliste et catholique déclaré, M. Henri Le Cour Grandmaison fait partie, au Sénat, du groupe de la droite. Il est intervenu dans la discussion de la loi sur la marine marchande, dont s'était déjà préoccupé son frère et s'est toujours déclaré nettement protectionniste.

Membre de plusieurs comices agricoles de son département, président de celui de Savenay, M. Henri Le Cour Grandmaison a été nommé chevalier de la Légion d'honneur en 1871, pour faits de guerre.

(1) Notice tome II, page 33.

CALVÉ (Emma)

CANTATRICE, née le 20 octobre 1866 à Madrid, de parents français. Dans l'Aveyron, à Milhau, où s'écoula son enfance, elle fut remarquée par un ancien ténor du Théâtre lyrique, Puget, qui, après l'avoir entendue, lui conseilla de se vouer à la carrière artistique et lui donna les premières notions musicales. Elle fut ensuite l'élève de MM^{mes} Laborde et Marchesi, et elle aborda la scène pour la première fois, à Nice, dans une représentation à bénéfice, en 1883.

Le 25 septembre de l'année suivante, elle était engagée à la Monnaie de Bruxelles, où ses débuts dans le rôle de Marguerite, de *Faust*, révélèrent son talent.

En 1884, revenue à Paris, Mlle Emma Calvé créa, au théâtre des Nations, Bianca dans *Aben-Hamet*, de Th. Dubois. Quelques mois après (mars 1885), sa création du rôle d'Hélène, dans le *Chevalier Jean*, de Victoria Joncières, à l'Opéra-Comique de la salle Favart, valut à la jeune artiste de belles ovations.

Elle quitta alors Paris pour parcourir l'Italie et se fit entendre à Florence, Milan, Rome, Naples, Venise. A son retour en France, en 1889, elle chanta, au Théâtre de la Gaîté, le répertoire italien, dont elle fut une admirable interprète. Elle créa sur cette scène, avec un grand succès personnel, le rôle de Leïla dans les *Pêcheurs de Perles* de Bizet.

Dès ce moment et jusqu'en 1892, Mlle Calvé fit des tournées en Europe, avec *Cavalleria Rusticana*, qu'elle créa aussi, après son retour, à l'Opéra-Comique de Paris, où elle a chanté en outre *Carmen*, la *Navarraise*, les *Pêcheurs de Perles*.

Mlle Calvé partit en Amérique en octobre 1895 ; elle a chanté dans le Nouveau-Monde : *Ophélie*, *Méphistophélès* de Boïto, le *Cid*, *Lucie de Lammermoor*, *Joconde*, *Cavalleria Rusticana*, etc.

Revenue à Paris en mai 1896, elle créa, avec une grande intensité d'émotion et un inoubliable succès, le rôle de *Sapho*, que M. Massenet avait écrit pour elle (octobre 1897) ; puis elle retourna à l'étranger jusqu'en 1900, où elle fut, quelques mois, engagée à l'Opéra. Rentrée à l'Opéra-Comique à la fin de l'année 1902, elle créa à ce théâtre Louise, dans la *Carmélite* de MM. Raynaldo Hahn et Catulle Mendès ; mais elle abandonna le rôle après quelques représentations, pour aller au Casino de Monte Carlo, chanter *Hérodiade*, la *Damnation de Faust* et les divers personnages de son emploi dans la troupe de M. Gunsbourg.

Douée d'un véritable tempérament dramatique, nature vibrante, avec une voix souple, au timbre harmonieux, ample et pur, Mlle Emma Calvé est, en même temps qu'une cantatrice de grand talent, une tragédienne incomparable.

Philanthrope éclairée et généreuse, cette éminente cantatrice a créé, pour les enfants d'artistes, un orphelinat auquel elle se consacre très ardemment.

Elle est officier de l'Instruction publique.

SUCHETET (Luc-André)

DÉPUTÉ, né à Elbeuf (Seine-Inférieure) le 6 mars 1849. Il fit la campagne de 1870-71 comme sergent des mobiles de son département et concourut, avec ce corps, à la défense de Paris. Elu, pendant le siège, officier aux suffrages, il n'accepta pas ; mais il a, depuis, servi comme officier de réserve.

Nommé, en 1881, conseiller municipal de Bréauté (Seine-Inférieure) et maire de cette commune en 1892, M. Suchetet fut élu, en 1895, membre du Conseil d'arrondissement pour le canton de Goderville et, en 1901, du Conseil général pour le même canton. Dans ces deux assemblées, il a, en toutes circonstances, pris la défense des intérêts agricoles. Co-fondateur et président d'honneur du Syndicat contre la mortalité du bétail de Bréauté, il est aussi président d'honneur, après en avoir été le président effectif, de la Société d'Agriculture pratique de l'arrondissement du Hâvre et président de la Société de secours mutuels de Goderville, société qu'il a organisée en 1895.

Au renouvellement général parlementaire de 1898, à la suite de manifestations sympathiques dont il fut l'objet de la part des habitants de la 3e circonscription du Hâvre, notamment des ouvriers de l'industrielle cité de Bolbec, M. Suchetet, devint candidat à la députation avec un programme où il se déclarait partisan de la liberté de l'enseignement. Elu député au premier tour de scrutin, par 7,987 voix, contre 7,927 à M. Delaunay, député sortant, il a été réélu, aux élections législatives de 1902, dans la même circonscription, comme républicain libéral et toujours au premier tour, par 9,788 suffrages, contre 6,700 à M. Jouvin, radical.

A la Chambre, l'honorable député de la Seine-Inférieure a fait partie de plusieurs commissions, notamment de la grande commission des douanes. Il s'est élevé en faveur de la protection des graines et fruits oléagineux ; nommé rapporteur de sa propre proposition, il réussit à la faire mettre à l'ordre du jour. Représentant une circonscription non seulement agricole et industrielle, mais aussi maritime, il a pris également la défense de nos pêcheurs de Terre-Neuve et de nos droits au French-Shore; c'est à lui qu'on doit l'institution, actuellement établie, d'une médaille d'honneur en faveur des marins ayant accompli trois cents mois de navigation. Il a pris la parole, à la tribune, dans des questions très diverses et il est l'auteur de plusieurs propositions de loi concernant le travail de l'industrie, le commerce, les questions militaires, etc. Il est membre du groupe de l'Action libérale.

M. Suchetet a consacré ses loisirs à des recherches scientifiques d'un grand intérêt. Ses curieuses expériences sur l'hybridation dans le règne animal, notamment, ont été suivies avec attention par le monde savant. Parmi les travaux qu'il a publiés sur ce sujet et qui ont été très appréciés, nous devons mentionner les suivants : la *Question des Léporides* (*Revue des Questions scientifiques* de Bruxelles, 1887); l'*Hybridité dans la nature* (id. 1888); *Notes sur les Hybrides des Anatidés et nouvelles observations sur le même sujet* (*Bulletin de la Société d'Acclimatation*, 1889); la *Fable des Jumarts* (*Mémoires de la Société Zoologique de France*, 1889); *Histoire du Bimaculated Duck, confondu longtemps avec l'A. glocitans de Pallas et Notes sur plusieurs autres oiseaux du même genre* (Lille, 1 vol. 1894); les *Hybrides des Oiseaux et Mammifères à l'état sauvage* (Congrès scientifique international catholique de Bruxelles, 1895); *Phénomènes de reproduction dans les croisements de races et de variétés d'animaux* (Assises de Caumont, Rouen, 1896); *Problèmes Hybridiologiques* (*Journal d'Anatomie*, 1897); *Des Hybrides à l'état sauvage*, important ouvrage de 1100 pages, comprenant : les *Gallinacés*, les *Palmipèdes*, les *Echassiers*, les *Passereaux* et les *Oiseaux de proie* (1897). Il a écrit plusieurs autres études concernant notamment l'*Anthropologie préhistorique* et la *Philosophie zoologique*.

Membre de l'Académie des Sciences, Belles-Lettres et Arts de Rouen, ancien membre du Conseil de la Société Zoologique de France et de l'Association Scientifique de Bruxelles, M. Suchetet est le fondateur et le secrétaire-général des Congrès catholiques de Normandie, dans lesquels il a institué une section d'apologétique chrétienne. Il convient de rappeler, à ce sujet, que cette section a donné naissance aux Congrès scientifiques internationaux, que présida de son vivant Mgr d'Hulst et dont M. Suchetet s'occupa activement.

M. Suchetet s'est aussi dévoué longtemps à l'œuvre des cercles catholiques d'ouvriers. Il avait créé, à Rouen, le conseil de quartier de Saint-Gervais et, en collaboration avec M. Bernard Baudry, la Conférence Ozanam, conférence de jeunes gens, semi-littéraire, semi-charitable, dont il resta, pendant plusieurs années, le président. Partisan du développement de l'instruction, il a fondé, à Bréauté, une vaste école, qu'il entretient à ses frais. C'est aussi, en grande partie, à ses libéralités, faites en mémoire de son frère, M. Georges Suchetet, et à celles de son oncle, M. F. Olivier, que la ville d'Elbeuf est redevable d'un grand établissement charitable connu sous le nom d'Orphelinat de garçons.

L'honorable député de la Seine Inférieure est chevalier de Saint-Grégoire-le-Grand.

POBÉGUIN (Charles-Henri-Olivier)

EXPLORATEUR et administrateur colonial, né le 26 février 1856 à Valence (Drôme). Fils d'un officier, il fit cinq ans de service militaire comme engagé volontaire et fut nommé agent des Postes et Stations au Congo français, en 1886. La même année, il partait avec M. de Brazza, comme second de la mission Jacob, pour étudier le tracé de la ligne de chemin de fer projetée entre Loango et Brazzaville, ligne qui n'a pas été effectuée. En 1888, il remplit, chez les Batekes de l'Alima, la mission de relever la ligne de partage des eaux des bassins de l'Ogowé et du Congo. Chargé, en 1889, comme chef de station, de l'administration de la région des Batah, il explora toutes les côtes du Congo français, depuis Massabe (colonie portugaise) jusqu'à la rivière Campo (Cameroun), de 1889 à 1890, et en dressa la carte, dont le détail a fait l'objet d'un atlas spécial, qui a été publié.

Détaché à Grand-Bassam pour y remplir les fonctions d'administrateur, M. Pobéguin se rendit en Guinée française, à la demande de M. Noël Ballay, alors gouverneur; puis à la Côte d'Ivoire avec M. Binger, tout en conservant la situation de résident à Grand-Lahou. Il entreprit à ce moment le parcours et le relevé de la lagune Grand Lahou, du fleuve Bandama et d'une partie du Baoulé (1893-94); puis, du Bandama jusqu'au Cavally (République de Libéria), des rivières Dugueré, Tabou et des fleuves Sassandra, San Pedro et Cavally, dont les rives n'avaient pas encore été explorées (1894-1895).

Administrateur de la région du Baoulé en 1896, et

chargé, l'année suivante, de la résidence de France à la Grande-Comore, M. Pobéguin devint, en 1900, commandant du cercle de Kouroussa dans la Haute-Guinée. En 1902, il a été nommé administrateur de la Haute-Guinée et élevé sur place, l'année suivante, à la première classe de son grade.

Au cours de sa carrière, déjà longue, M. Pobéguin s'est révélé comme un excellent organisateur, doublé d'un hardi pionnier. Il est, peut-on dire, de ces « vieux coloniaux », dont l'œuvre utile et féconde, pour n'avoir pas eu le retentissement d'aucunes, n'en demeure pas moins importante dans ses résultats.

Lauréat des prix Ch. Montereau de la Société de Géographie et Caillé de la Société de Géographie Commerciale de Paris, M. Pobéguin est l'auteur de nombreux rapports, dont d'intéressants extraits ont été publiés dans les bulletins de ces sociétés.

Membre correspondant du Muséum d'Histoire Naturelle de Paris, il a contribué pour une large part à la connaissance de la faune et de la flore des diverses régions qu'il a explorées. Il a rapporté de ses voyages d'importantes collections pour le Muséum.

Chevalier de la Légion d'honneur depuis 1898, M. Pobéguin est, en outre, officier de l'Instruction publique et chevalier du Mérite agricole.

CLÉMENT
(Marie-Charles-Homère-Hidulphe)

Député, médecin, né à la Trinité (Martinique) le 12 juillet 1852. Il fit ses études classiques à Saint-Pierre-de-la-Martinique et vint prendre ensuite ses inscriptions à la Faculté de Médecine de Paris. Externe des hôpitaux, il fut reçu docteur, en 1878, avec une thèse sur les *Maladies mentales*.

De retour à la Martinique, M. le docteur Clément exerça sa profession au François, importante commune de l'île, dont il devint conseiller municipal, puis maire en 1885. Elu conseiller général de la Martinique en 1887, et toujours réélu depuis à cette fonction, il a été nommé président du Conseil général en 1901.

Très populaire dans l'arrondissement du Sud, il s'est intéressé à toutes les questions pouvant améliorer la situation de ses compatriotes. Lorsque des grèves éclatèrent au François, en 1900, son intervention, bien qu'énergique et courageuse, ne put malheureusement prévenir le massacre de quelques ouvriers, dû aux ordres d'un officier dont la conduite a été blâmée officiellement; mais il put, du moins, en arrêter les effets. Notons que M. Clément échappa, par un heureux hasard seulement, à la fusillade, au moment où il exhortait au calme les manifestants.

Le docteur Clément fut élu député de la 1re circonscription de la Martinique, le 4 mai 1902, avec 5,172 voix, contre 4,873 à M. Duquesnay, député sortant, nationaliste.

Quelques jours après cette élection et avant que le deuxième tour de scrutin eut assuré un député à la deuxième circonscription de l'île, l'éruption volcanique du Mont-Pelé se produisit, qui eut pour résultat, en anéantissant la ville de Saint-Pierre et la partie la plus florissante de la Martinique, où périrent plus de 35,000 victimes, de rendre impossible l'élection d'un deuxième représentant pour cette malheureuse région.

M. le docteur Clément, dans ces tristes circonstances, concourut à l'organisation des secours aux sinistrés restés vivants. D'accord avec les pouvoirs publics, il s'efforça, comme membre du comité d'assistance aux victimes de la catastrophe, de répartir les fonds recueillis par la souscription internationale, pour parer autant que possible aux effroyables misères que les éruptions de mai et d'août 1902 avaient accumulées dans l'île.

Inscrit au groupe radical-socialiste de la Chambre, l'honorable député de la Martinique est membre et secrétaire de la Commission parlementaire des affaires extérieures, protectorats et colonies et soutient la politique de défense républicaine.

M. le docteur Clément a été fait chevalier de la Légion d'honneur en 1897.

CARNOT (Ernest-Claude-Jean)

Ingénieur, ancien député, né à Annecy (Haute-Savoie) le 26 décembre 1866. Il est le deuxième fils du quatrième président de la République, Sadi Carnot (1837-94) et le neveu de M. Adolphe Carnot, le savant directeur de l'Ecole des Mines, membre de l'Institut (1). Ses études classiques terminées à Paris, il entra à l'Ecole des Mines et suivit en même temps les cours de la Faculté de Droit. Licencié en droit en 1890, il obtint, l'année suivante, le diplôme d'ingénieur des Mines.

Nommé inspecteur des Messageries Maritimes en 1891, M. Ernest Carnot dut à cette fonction d'effectuer, à deux reprises, le tour du monde ; il se livra au cours de ces voyages, à des études comparatives, à la suite desquelles il publia : les *Charbonnages du Tonkin*, articles parus d'abord dans la *Revue scienti-*

(1) Notice tome II, page 5.

fique (1893) et *l'Utilisation du cheval sud-américain au point de vue militaire* (1894). Il est devenu administrateur de la Société des Messageries Maritimes en 1894.

Après le décès de M. Pierre Gueneau, député de la 2ᵉ circonscription de Beaune (Côte-d'Or), qu'avait représentée son père avant son élection à la première magistrature du pays, M. Ernest Carnot fut élu député par 8,894 suffrages, sans concurrent, le 6 janvier 1895. Inscrit au groupe des « républicains de gouvernement », il s'occupa particulièrement des questions maritimes, commerciales et coloniales. Il fut secrétaire de la Chambre en 1895 et en 1896, fit partie de la Commission des Colonies depuis sa création (1896) jusqu'à la fin de la législature et ne se représenta pas au renouvellement général législatif de 1898.

M. Ernest Carnot a été conseiller général de la Côte-d'Or, pour le canton de Nolay, de 1895 à 1901.

Nommé, en 1895, adjoint au commissaire-général de l'Exposition universelle, il a été fait, en 1900, chevalier de la Légion d'honneur.

CARNOT (François-Adolphe-Léon)

Député, ingénieur, né à Paris le 22 février 1872. Frère du président, il fit ses études classiques au lycée Janson de Sailly et à l'Ecole Monge, aujourd'hui lycée Carnot. Entré ensuite à l'Ecole Centrale, il en sortit, en 1896, avec le diplôme d'ingénieur des Arts et Manufactures.

M. François Carnot fut nommé, en 1897, délégué général des Musées centennaux, pour l'Exposition universelle de 1900 ; il a été, depuis, chargé de la publication des rapports sur cette importante section.

Elu, en 1901, contre M. J.-B. Gueneau, député, membre du Conseil général de la Côte-d'Or, pour le canton de Nolay, en remplacement de son frère Ernest, M. François Carnot s'est intéressé surtout, dans cette assemblée départementale, aux questions de crédit et d'assurance mutuelle agricole, ainsi qu'aux travaux publics.

Aux élections générales législatives de 1902, il se porta, comme candidat républicain, dans la deuxième circonscription de Beaune (Côte-d'Or), siège qu'avait occupé son frère, et y fut élu, au premier tour de scrutin, par 6,554 voix contre 5,586 à M. J.-B. Gueneau, député sortant, radical.

Républicain progressiste, M. François Carnot a, dans son programme, demandé la liberté d'association sous la réserve de l'autorisation préalable, la liberté d'enseignement avec le contrôle de l'Etat, la réduction du service militaire, la protection des intérêts agricoles, etc. Inscrit au groupe progressiste et au groupe colonial dont il est le secrétaire, le député de la Côte-d'Or est également l'un des secrétaires de la Chambre. Il fait partie de la Commission d'initiative et du groupe de la réforme parlementaire.

M. François Carnot est chevalier de la Légion d'honneur et du Mérite agricole depuis 1900, officier d'Académie depuis 1902.

MM. Ernest et François Carnot ont épousé les deux filles de M. Chiris (1839-1890), qui fut l'un des 363 députés protestataires au Seize-Mai, puis sénateur des Alpes Maritimes.

L'aîné des fils du regretté président de la République, M. Sadi Carnot, est capitaine d'Infanterie.

BOUVARD (Joseph-Antoine)

Architecte, administrateur, né le 19 février 1840 à Saint-Jean de Bournay (Isère). Orphelin dès l'âge de onze ans, il entra, aussitôt ses études terminées, au collège de Vienne, chez un architecte de cette ville, M. Quénin. Venu à Paris en 1863, il fut reçu à l'Ecole des Beaux-Arts, dans l'atelier de Constant Dufeux ; il y obtint plusieurs médailles de première classe et son professeur, reconnaissant en lui des qualités toutes particulières, lui prêta un appui sans réserve.

En 1864, M. Joseph Bouvard entra au service de la Ville de Paris, comme conducteur des travaux de l'Eglise Saint-Laurent, puis comme inspecteur des travaux de la mairie de Belleville.

Lors de la guerre de 1870-1871, M. Bouvard se vit confier les travaux de défense dans les XIXᵉ et XXᵉ arrondissements. En novembre 1870, il s'engagea dans une compagnie de marche et, blessé à Buzenval, trouva sa place occupée à son retour.

Sous les ordres de Constant Dufeux, M. J. Bouvard participa alors aux travaux du Panthéon, de l'Ecole de Droit et du Luxembourg ; il fut directement chargé de l'appropriation de ce palais aux services municipaux et c'est à ce moment qu'il obtint sa réintégration dans le service d'architecture de l'administration centrale de la Ville de Paris (1873). Devenu, dès lors, le collaborateur précieux d'Alphand, qui ne cessa de rendre témoignage de la valeur artistique et du zèle éclairé de son auxiliaire, M. Bouvard prit, aux côtés de ce maître, une part très active à l'organisation de toutes les expositions et de toutes les fêtes publiques.

Promoteur des expositions autonomes de la Ville de Paris, il dirigea leur installation à Vienne (Autriche) en 1873, à Londres en 1874, à Bruxelles en 1876, à Paris en 1878, à Amsterdam en 1881, etc.

Quand le Parlement s'était transporté de Versailles à Paris (1879) et qu'il avait fallu installer aux Tuileries les services de la Préfecture de la Seine, c'est M. Bouvard qui avait été chargé de l'aménagement de l'ancienne résidence impériale ; il sut achever son œuvre dans le court délai de trois mois.

Elevé alors au grade d'architecte de l'administration centrale des Beaux-Arts et des Fêtes, on le chargea, après le vote de la loi sur l'enseignement primaire, en 1882, de l'installation des locaux nécessaires à son application dans la ville de Paris. En moins de six mois, M. Bouvard parvint à construire cinquante-deux écoles provisoires.

Parmi les autres travaux d'édilité qu'il a dirigés, il faut citer encore la construction de l'Ecole nationale professionnelle de Voiron (Isère) et de la caserne de la garde municipale, boulevard Morland à Paris ; une partie de la décoration de la place de la République ; l'achèvement des Archives de la Seine et du Musée Carnavalet ; divers groupes scolaires ou établissements hospitaliers ; la Bourse du Travail, etc.

Architecte-conseil des Chemins de fer P.-L.-M., il a apporté son concours à l'étude de quelques-uns des édifices de cette compagnie, notamment des gares de Saint-Etienne, de Marseille et de Paris.

Pour l'Exposition universelle de 1889, M. Bouvard éleva le Palais des Expositions diverses, comprenant le fameux dôme central, dont les heureuses dispositions et la grandeur architecturale furent unanimement louées.

En 1892, après la mort d'Alphand, M. Bouvard fut nommé commissaire-général des fêtes en son remplacement. C'est à ce titre qu'il organisa notamment les réceptions des marins et ensuite des souverains russes à Paris Il devint en même temps inspecteur-général du service d'architecture de la Ville de Paris. En juin 1897, il a été promu directeur-administrateur du service d'architecture, des promenades, des plantations, de la voirie et du plan de Paris, réunissant ainsi tous les services se rapportant à la conservation et à l'embellissement de la capitale, dont plusieurs étaient dirigés jusque-là par des ingénieurs.

Lors de l'Exposition universelle de 1900, nommé directeur des services d'architecture, des parcs et jardins et des fêtes, M. Bouvard put réaliser, à cette occasion, comme collaborateur de M. Picard, commissaire-général, ses visées artistiques, en contribuant à l'établissement de la nouvelle avenue et du pont Alexandre III aux Champs-Elysées. Poursuivant l'œuvre de l'embellissement de Paris, commencée ainsi, il dirigea ensuite la transformation de l'esplanade des Invalides, du Champ-de-Mars et des berges de la Seine.

Au cours de sa carrière, M. Bouvard a été membre du Conseil général des Bâtiments civils et président du Comité des Bâtiments scolaires au ministère de l'Instruction publique ; il est membre de la Société centrale des Architectes et de la Société des Artistes français, expert honoraire au tribunal civil, membre de la Commission des Beaux-Arts de la ville, de celle du vieux Paris, du Conseil d'architecture de la Commission des indemnités, président de la Commission supérieure de voirie, membre du Comité de la défense de Paris et du Comité de perfectionnement du corps des sapeurs-pompiers, membre honoraire de l'Institut royal des Architectes britanniques, etc.

Chevalier de la Légion d'honneur en 1878, officier en 1889, commandeur en 1897, grand-officier en 1900 ; officier d'Académie en 1885, de l'Instruction publique en 1901 et commandeur du Mérite agricole, M. J. Bouvard est en outre grand-officier ou grand-croix de nombreux ordres étrangers et il a reçu plusieurs médailles aux diverses expositions universelles, dont une médaille d'or en 1889.

GOUSSOT (Emile-Marie)

AVOCAT, ancien député, né à Thiaucourt (Meurthe) le 2 décembre 1862. Issu d'une ancienne famille d'origne lorraine, petit-fils d'un officier de la Révolution, fils d'un officier du génie, il fit ses études classiques au lycée de Rouen ; puis, son service militaire accompli, il collabora à diverses publications de cette ville : la *Cloche d'Argent*, le *Masque*, le *Rabelais*. Il a, depuis, donné des articles à la *Presse* et à plusieurs autres journaux parisiens.

Attaché, en 1886, à la Préfecture de la Seine, M. Emile Goussot y demeura pendant deux années, tout en consacrant ses loisirs à de nombreuses conférences pour la Ligue de l'Enseignement, l'Union de la Jeunesse républicaine, la Fédération des groupes radicaux-socialistes, la Ligue des Patriotes, etc.

Révoqué, en mai 1888, pour avoir critiqué la politique du gouvernement dans une réunion publique donnée à Rouen, M. Goussot prit, dès ce moment, une part active au mouvement révisionniste tenté sous l'impulsion du général Boulanger.

Elu député de la Seine, comme boulangiste, aux élections générales de 1889, dans la 1re circonscription de Saint-Denis, avec 4,710 voix, contre 4,214 à M. Péan, M. Emile Goussot fut invalidé, puis réélu, après une campagne très vive, par 4,500 voix contre 3,200 au même adversaire. Il fut confirmé dans ce mandat, en 1893, avec 5,845 suffrages, contre 3,349 à M. Gelez, socialiste révolutionnaire, et en 1898, par 6,419, contre 5,898 à deux autres candidats ; mais il échoua au renouvellement de 1902, dans la même circonscription, obtenant 7,674 voix contre 8,957 à l'élu, M. Weber, socialiste.

A la Chambre, M. Emile Goussot eut sa place dans la minorité boulangiste, puis nationaliste. Il a souvent voté avec la fraction socialiste, notamment les projets de loi intéressant la classe ouvrière, et avec la fraction patriote dans toutes les questions intéressant l'armée et la défense nationale.

Avec MM. Ernest Roche, Cluseret et Féroul, M. Emile Goussot fut l'un des fondateurs du premier groupe socialiste parlementaire ; il y resta jusqu'au moment où eut lieu le fameux banquet de Saint-Mandé (1896) et démissionna à cette occasion, ne voulant pas paraître adhérer au collectivisme.

Il prit une grande part aux discussions de l'Assemblée ; interpella le cabinet Constans sur les poursuites exercées devant la Haute-Cour et sur les actes d'un commissaire de police dont il obtint d'ailleurs le déplacement, et le cabinet Ribot sur les incidents du Panama ; il demanda la réglementation équitable du pari mutuel, la liberté de l'industrie de la margarine, la suppression de la censure, et s'opposa au projet de renouvellement partiel de la Chambre. Il est aussi intervenu sur la question des allumettes et des trains ouvriers, obtenant, sur le premier point, la nomination d'une commission destinée à l'étude des moyens propres à éviter la manipulation du phosphore blanc, qui n'est plus employé depuis ce temps dans les manufactures de l'Etat.

Membre de la Commission d'études chargée de modifier la loi en matière d'expropriations pour cause d'utilité publique, puis des grandes commissions de l'Armée et du Suffrage universel, il a appuyé, parmi les propositions présentées à la commission de l'Armée, celles relatives à la création d'une armée coloniale, à la retraite proportionnelle, à la revision du code militaire, à la situation des officiers de réserve, au service d'un an avec les rengagements ; à la commission du Suffrage universel, il a soutenu les projets tendant à la suppression « de toute influence d'argent et de pression » dans les élections, au vote sous enveloppe, à la création de cabines d'isolement, à l'égalité en matière électorale, etc.

Inscrit au barreau de la Cour d'appel de Paris depuis 1893, M. Emile Goussot s'y est spécialisé avec distinction dans les questions de contrefaçons et d'accidents.

L'ancien député de la Seine s'est plusieurs fois battu en duel pour des motifs d'ordre politique. Rappelons, entr'autres, ses rencontres avec M. Edinger, directeur du *Clairon* ; avec M. Paulet, ancien secrétaire de M. Rouvier ; avec M. Denoix, depuis sénateur, etc.

CAILLÉ (Dominique-François)

ÉCRIVAIN, avocat, né à Nantes le 1er avril 1856. Reçu, en 1878, licencié en droit, avec une thèse sur le *Rapport en droit français et en droit romain (De Collatione bonorum)*, il se fit inscrire au barreau de Nantes.

M. Dominique Caillé s'est fait remarquer par sa participation active à certaines œuvres littéraires et par des publications historiques ou poétiques qui ont attiré sur sa personnalité l'attention publique. Il a été vice-président du Cercle littéraire et artistique de Nantes, de la Société le « Grillon » et de la Société académique de Nantes et du département de la Loire-Inférieure. Il s'est occupé de la direction de la *Revue Littéraire* de Nantes ; puis de la *Revue de Bretagne, de Vendée et d'Anjou*, à titre de secrétaire de la Société des Bibliophiles bretons, dont cette revue était alors l'organe.

Ses principaux ouvrages en vers sont intitulés : *Poésies* (1re édition 1881, 2e 1885, Nantes ; 3e 1892 Vannes) ; *Parisina*, poème imité de lord Byron (1882) ; *Conan* (1884) ; *Edith au cou de cygne* (1886) ; *Sonnets* (1887) ; *Au bord de la Chézine* (1887) ; *Sous la tonnelle* (1888) ; *Pen-Bron* (1888) ; *Lever d'étoiles* (1889) ; *Un Regulus nantais* (1889) ; le *Gui sacré* (1891), etc.

Parmi ce qu'il a publié en prose, on doit citer : *Elisa Mercœur* (1889) et, sous le titre général : *Figures de mon Pays* (de 1889 à 1900), des études sur *Joseph Rousse, Emile Grimaud, Emile Péhant, Charles Robinot-Bertrand et Madame Riom* ; sur ses trois parents : *Eugène Lambert* l'auteur des *Fleurs du Bien, Evariste Boulay-Paty*, premier grand prix de poésie à l'Académie française, et *Stéphane Halgan* qui, au dire de Théophile Gautier, a chanté la nature bretonne avec le sentiment de Brizeux ; sur *Edmond Biré*, sur *Luc Olivier-Merson*, etc.; puis : *Dix lettres inédites* de Boulay-Paty (1892) ; le *Journal intime* de ce poète (1900) ; *Joseph Fouché, duc d'Otrante*, d'après une correspondance privée inédite (1893) ; *Carrier à Nantes*, conférence (1897) et, en 1902-1903, un document des plus intéressants pour l'histoire de la conquête de l'Algérie : le *Journal de marche du 5ème bataillon de Chasseurs à pied*, depuis sa création sous les ordres du commandant Mellinet, depuis général de division, jusqu'au moment où celui-ci en passa le commandement à Canrobert.

Il a donné, en outre, une fort intéressante *Histoire du « Grillon », société artistique et littéraire de Nantes* et a collaboré à un certain nombre de publications de Paris et de la province.

BAYEUX (Raoul-Robert)

Médecin et chirurgien, né à Lisieux (Calvados) le 8 avril 1862. Il fit ses études classiques à Lisieux et à Caen, puis celles de sciences mathématiques à Paris ; après quoi il alla se perfectionner dans la langue anglaise au collège de Canterbury (Angleterre).

Désireux cependant de se consacrer à la médecine, le jeune homme revint à Paris, où il fut reçu externe des hôpitaux (1889), puis interne (1893), successivement aux Enfants Malades, à Trousseau, et à Aubervilliers. Élève de Péan et des docteurs Brun, Sevestre, Comby, Reclus, Pinard, Variot, Richardière et Henri Roger, M. Raoul Bayeux suivit également les enseignements du Dr Roux, à l'Institut Pasteur, pendant deux années. En 1897, il fut choisi comme l'un des présidents d'honneur de la section des maladies de l'enfance, au Congrès de Moscou, en raison du retentissement déjà grand de ses travaux sur le tubage du larynx.

Il fut reçu docteur en 1899, avec une thèse d'une importance exceptionnelle, qui obtint, l'année suivante, le prix Saintour de l'Académie de Médecine. Cette thèse, précédée d'une préface du docteur Roux et intitulée : *La Diphtérie depuis Arétée le Cappadocien jusqu'en 1894* ; résultats statistiques de la sérumthérapie sur deux cent trente mille cas. *Tubage du larynx*, était une étude à la fois historique, statistique, opératoire et clinique.

Le docteur Raoul Bayeux est, en effet, l'inventeur du « tube court » qui porte son nom et qui a remplacé les anciens tubes de Bouchut et de O. Dwyer pour les opérations du croup diphtérique. En outre, il a imaginé, pour retirer de la gorge des malades le tube déjà mentionné, le procédé digital « d'expectation », également connu sous son nom, qui simplifie et active considérablement l'intervention des praticiens.

M. le docteur Bayeux est chirurgien du Dispensaire d'enfants Simon Lazard à Auteuil. Il exerce à Paris sa profession et s'est consacré aux affections infantiles et au traitement de la tuberculose localisée. Il est l'auteur de nombreuses communications parues dans les organes spéciaux. Citons parmi ses travaux publiés : *Fréquence et gravité de l'obstruction des tubes laryngés dans le croup; méthode nouvelle qui met à l'abri de ce danger* (Médecine moderne, 1895); *Inconvénients et dangers du rejet spontané des tubes laryngés dans le cours du traitement du croup* (Journal de Clinique et de Thérapeutique infantiles, 1895) ; *Note sur un perfectionnement des tubes courts* (1895); *Spasme de la glotte tardif au cours d'un croup d'emblée* (1896) ; *Laryngo-trachéite pseudo-membraneuse diphtérique guérie par l'écouvillonnage simple du larynx* (1896) ; *Seringue à injecter des liquides antiseptiques dans la trachée des enfants intubés* 1896) ; *Étude sur les rétrécissements cicatriciels consécutifs à l'intubation ; Angine diphtérique légère avec croup très membraneux. Écouvillonnage spontané. Guérison sans autre intervention ; Angine diphtéroïde à streptocoques, éruption tardive post-sérique* (1896) ; *l'Écouvillonnage du larynx dans le croup membraneux à l'aide du tube de O. Dwyer modifié*, en collaboration avec le docteur Variot (Société médicale des Hôpitaux de Paris, 1896) ; *Observations cliniques et recherches expérimentales sur les ulcérations laryngées dues au tubage*, en collaboration avec Variot (Journal de Clinique et de Thérapeutique infantiles, 1896) ; *Tubage du larynx dans le croup, auto-extubation, pathogénie, prophylaxie* (Presse médicale, 1897) ; *Tubage permanent et tubage intermittent, au point de vue des lésions laryngées* (Journal de Clinique et de Thérapeutique infantiles, 1897) ; *Importance du mandrin dans un appareil de tubage* (Gazette hebdomadaire de Médecine et de Chirurgie, 1897) ; *Adénopathie trachéo-bronchique. Perforation de la bronche droite par un ganglion caséeux*, en collaboration avec Audion (Société Anatomique, 1897) ; *Sur le rôle de la toxine diphtérique dans la formation des fausses membranes*, en collaboration avec H. Roger, importante découverte de ce fait que la toxine seule produit les fausses membranes dans le croup diphtérique (Société de Biologie, 1897) ; *Sur un nou-*

veau signe clinique permettant de prévoir l'urgence prochaine de l'intervention chirurgicale dans le croup (XII° Congrès international de Médecine, Moscou 1897); *Thérapeutique chirurgicale du croup, le tubage du larynx* (Annales de Médecine et de Chirurgie infantiles, 1897-1898); *Difficultés de l'examen de la gorge chez les enfants* (Médecine infantile, 1897); *Relèvement de l'épiglotte par la méthode rétrograde, dans le tubage du larynx* (Société médicale des Hôpitaux de Paris, 1898); *Guérison rapide d'un mal de Pott par l'action du cacodylate de soude* (Annales de Médecine et de Chirurgie infantiles, 1901); *Traitement local des suppurations tuberculeuses par les grands lavages au permanganate de potasse*, id. 1902), etc.

M. le docteur Bayeux est officier d'Académie.

FLEURY (Maurice Comte)

ÉCRIVAIN, né au Chesnay (Seine et Oise) le 25 juin 1856. Il est le fils du général comte Fleury, grand-écuyer et aide-de-camp de l'empereur Napoléon III, qui fut aussi ambassadeur de France à Saint-Pétersbourg et sénateur (1815-1884). Ses études classiques faites au lycée Fontanes (depuis Condorcet), il prit ses inscriptions à la Faculté de Droit. Reçu licencié, il fut, en 1877, attaché au ministère des Affaires étrangères ; mais il renonça bientôt à la carrière diplomatique pour se consacrer aux lettres.

Depuis lors, le comte Maurice Fleury a publié de nombreux articles dans la *Revue de Paris*, la *Revue Bleue*, la *Revue hebdomadaire*, la *Revue des Etudes historiques*, le *Mois littéraire et pittoresque*, etc. En 1897, il fonda et il n'a cessé de diriger, depuis cette époque, le *Carnet*, revue mensuelle illustrée d'histoire et de littérature, qui compte comme collaborateurs des écrivains fort connus : MM. le comte d'Haussonville, Albert Vandal, le duc de la Trémoille, le vicomte de Grouchy, Frédéric Masson, H. Onfroy, Henri Cherot, le comte de Dilsbach, Foulon de Vaux, E. Gachot, G. Stenger, le vicomte de Reiset, le comte de Riocour, le vicomte R. d'Humières, le marquis de Pimodan, J. Renouard, le comte de Resbecq ; MM^{mes} Alphonse Daudet, Klobb, la comtesse de Turenne, etc.

Le comte Maurice Fleury, qui fait partie de nombreuses sociétés historiques ou littéraires, s'est acquis une enviable réputation comme historien documenté et précis, aussi bien que comme écrivain agréable. Les ouvrages qu'il a publiés, traitant généralement de sujets touchant à l'histoire des derniers siècles, ont été l'objet de commentaires nombreux et passionnés dans la presse ; mais on a généralement rendu justice à leur impartialité historique.

Il faut mentionner particulièrement de lui les livres suivants : *Carrier à Nantes, un grand terroriste* (1 vol. 1897, 2° éd. 1901) ; la *Légende d'Arthur* (1898) ; *Louis XV intime et les petites-maîtresses* (1 vol. 1899, 3° éd. 1903) ; *Souvenirs de la Comtesse de Montholon* (1 vol. 1901) ; *Souvenirs du colonel Biot* (1 vol. 1901) ; le *Palais de Saint-Cloud*, historique illustré de ce monument, ouvrage couronné par l'Académie française (1 vol. 1902) ; *Souvenirs du général marquis d'Hautpoul* (1 vol. 1902) ; les *Prisonniers de Cabrera, souvenirs du caporal Wagré* (1 vol. 1902) ; *Bonaparte en Egypte, notes du capitaine Thurinan* (1 vol. 1902) ; *Fantômes et Silhouettes*, mémoires et anecdotes sur les deux princesses de Condé, le duc de Lauzun, les Esterhazy à la cour de Marie-Antoinette, le chansonnier Despréaux, Mme de Custine, etc. (1 vol. 1903).

BENEDICTUS (Louis)

COMPOSITEUR de musique, né à Vienne (Autriche), de parents néerlandais, le 13 décembre 1850 et naturalisé français. Il fut, tour à tour, élève de Liszt, de Litolff et de Chauvet, l'ancien organiste de la Trinité.

M. Louis Benedictus fut parmi les premiers artistes qui eurent le courage d'interpréter les œuvres de Richard Wagner devant le public parisien : les six séances wagnériennes qu'il organisa à la Salle Nadar, en 1882, attirèrent dès ce moment l'attention sur sa personnalité et leur souvenir demeure présent à la mémoire de tous.

Comme compositeur, M. Louis Benedictus s'est fait connaître avec des morceaux pour piano, pour violon, pour chant. On lui doit aussi deux recueils de *Musiques bizarres* aux Expositions universelles de 1889 et de 1900 (2 volumes, Hartmann, Ollendorff, éditeurs). Il est encore l'auteur de la musique de scène de la *Marchande de Sourires*, pièce japonaise de Mme Judith Gautier ; de celle de la *Sonate du Clair de Lune*, dont Beethoven est le héros, du même poète, ouvrage reçu par la direction de l'Opéra-Comique en 1903, pour être représenté à ce théâtre.

M. Benedictus, dont les compositions sont fort appréciées est aussi un pianiste d'une brillante virtuosité.

SARRAU
(Jacques-Rose-Ferdinand-Emile)

PHYSICIEN, membre de l'Institut, né à Perpignan (Pyrénées-Orientales) le 24 juin 1837. Il fit ses études classiques au lycée de sa ville natale et à celui de Lyon, puis entra à l'Ecole Polytechnique en 1857.

Nommé ingénieur du Laboratoire central des Poudres et Salpêtres en 1860, M. Emile Sarrau fut promu directeur de ce service en 1876.

En 1883, il fut choisi, en outre, comme professeur de mécanique à l'Ecole Polytechnique et il est devenu, en 1897, inspecteur général des Poudres et Salpêtres.

Le 24 mai 1886, après la mort du mathématicien Saint-Venant, M. Sarrau fut élu, à sa place, membre de l'Académie des Sciences.

M. Emile Sarrau s'est livré à des travaux, importants au point de vue scientifique, sur la physique mathématique, la balistique, les propriétés des matières explosives, la théorie de la lumière, la compressibilité des gaz, leur point critique et l'équation caractéristique des fluides. Il a également étudié l'emploi des manomètres à écrasement pour la mesure des pressions développées par les substances explosives. Parmi ses travaux, dont quelques-uns ont été publiés en collaboration avec M. Vieille, directeur du Laboratoire des Poudres et Salpêtres, on doit mentionner particulièrement les suivants : *Sur la propagation et la polarisation de la lumière dans les cristaux* (Journal de Mathématiques pures et appliquées, 1867-1868) ; *Recherches théoriques sur les effets de la poudre et des substances explosives* (Mémorial de l'Artillerie de la Marine, 1874) ; *Force et travail des substances explosives* ; *Effets de la poudre dans les armes* (id. 1875) ; *Nouvelles recherches sur les effets de la poudre dans les armes* (id. 1876) ; *Formules pratiques des vitesses et des pressions dans les armes* (id. 1877) ; *Addition au Mémoire précédent* (un vol. 1878) ; *Recherches théoriques sur le chargement des bouches à feu* (Mémorial des Poudres et Salpêtres en un vol.1882) ; *Introduction à la Théorie des Explosifs* (id. 1893) ; *Théorie des Explosifs* (1re partie 1895, 2e partie annoncée 1903) ; *Recherches sur la compressibilité des fluides* (Comptes-rendus de l'Académie des Sciences, 1901), etc.

Commandeur de la Légion d'honneur depuis 1894, M. Emile Sarrau est, en outre, dignitaire de divers ordres étrangers.

WALDECK-ROUSSEAU
(Pierre - Marie - René - Ernest)

SÉNATEUR, avocat, ancien président du Conseil des ministres, né le 2 décembre 1846, à Nantes. Fils d'un représentant du peuple en 1848, qui fut aussi un avocat des plus distingués (1809-1822), il fit ses études classiques à l'établissement religieux des Enfants Nantais ; puis il vint se faire inscrire à la Faculté de Paris, où il fut reçu licencié en droit en 1869.

Fixé d'abord à Saint-Nazaire, puis à Rennes en 1873, M. Waldeck-Rousseau exerça, dans ces deux villes, la profession d'avocat. Plus tard, quand son élection de député l'appela à Paris, il se fit inscrire au barreau de la capitale, où il conquit très vite l'une des premières places parmi les avocats d'affaires.

Au nombre de ses plaidoiries retentissantes, on doit citer celles qu'il a prononcées contre la Grande Compagnie d'assurances et la Caisse des Dépôts et Comptes courants, dans l'affaire de la succession de Brunswick (plaidant pour M. de Civry) ; contre le Comptoir d'Escompte (pour M. Hentsch) ; dans l'affaire Achet ; celles des cuirassés chiliens (pour le gouvernement légal), des Guanos du Pérou (pour MM. Dreyfus frères), du Panama (pour M. Eiffel), Zola (contre un entrepreneur de Lourdes), Lebaudy, Coquelin (contre la Comédie Française) ; l'affaire Humbert-Crawford (pour un créancier), plaidoirie au cours de laquelle il émit, le premier, des doutes sur la réalité du fameux héritage en litige, etc.

M. Waldeck-Rousseau avait été élu député,pour la première fois, le 6 avril 1879, dans la 1re circonscription de Rennes, par 8,703 voix contre 281 à M. Fouqueron. Inscrit à l'Union républicaine de la Chambre, il déposa, en 1879, un projet de réforme de la magistrature et, en 1880, fut nommé rapporteur de diverses propositions de loi sur le même objet. Il prononça plusieurs discours très remarqués et prit une part importante à la discussion de la loi Martin-Feuillée, qui fit aboutir ses projets (1883). Il avait été réélu, le 21 août 1881, par 8,899 voix sur 13,803 votants.

Le 14 novembre de cette même année, M. Waldeck-Rousseau, que l'on avait appelé « le disciple préféré de Gambetta », devenait ministre de l'Intérieur dans le cabinet présidé par le grand tribun. Dès son arrivée au ministère, il adressa aux préfets, pour empêcher l'empiétement des influences politiques dans l'administration, une circulaire qui fit grand bruit. Tombé, avec ses collègues, le 29 janvier 1882, il reprenait le même portefeuille dans le second cabinet Ferry, le 21 février 1883.

M. Waldeck-Rousseau, pendant son passage aux affaires, forma, au ministère de l'Intérieur, une commission chargée d'étudier la participation des ouvriers aux bénéfices; il fit rejeter la nomination d'une commission parlementaire chargée de surveiller le fonctionnement des sociétés de secours mutuels et revendiqua pour le gouvernement la responsabilité de cette surveillance ; il fit repousser la demande d'amnistie en faveur des condamnés de Montceau-les-Mines, et la proposition Anatole de la Forge sur la mairie centrale de Paris ; il fit voter la loi sur les syndicats professionnels (1883), appuya la publicité des séances des conseils municipaux, défendit la loi sur les manifestations séditieuses ; repoussa l'élection du Sénat à deux degrés et l'attribution à tous les conseillers municipaux de la qualité d'électeur sénatorial, puis combattit la proposition Floquet demandant l'élection du Sénat au suffrage universel (1884). Il fit encore rejeter le contre-projet Bérenger tendant à substituer à la relégation des récidivistes des aggravations de peines, et quitta le pouvoir, avec le cabinet tout entier, après le désastre de Lang-Son, le 5 avril 1885.

Elu, le 4 octobre suivant, sur la liste républicaine d'Ille-et-Vilaine, au second tour de scrutin et par 63,671 voix sur 124,652 votants, M. Waldeck-Rousseau reprit sa place à la gauche républicaine, critiqua l'action de M. Sarrien, alors ministre de l'Intérieur, celle de M. Floquet et se prononça pour la politique scolaire et coloniale de la majorité républicaine, pour le rétablissement du scrutin d'arrondissement, pour l'ajournement indéfini de la revision de la Constitution, pour les poursuites contre le général Boulanger (1888).

En 1889, M. Waldeck-Rousseau ne se représenta pas aux élections législatives, ni à celles de 1893. Mais le 7 octobre 1894, il fut élu (par 829 voix), sénateur de la Loire, en remplacement de M. de la Berge, décédé et il a été réélu au renouvellement triennal de 1897, le deuxième sur cinq de la liste républicaine et par 768 suffrages sur 942 votants. Après la démission de M. Casimir-Périer, les amis politiques de M. Waldeck-Rousseau portèrent sa candidature à la présidence de la République ; il obtint 184 voix, pendant que 338 allaient à M. Brisson et 244 à M. Félix Faure, qui fut élu au second tour (17 janvier 1895).

Au Sénat, l'ancien ministre de l'Intérieur, qui fait partie de l'Union républicaine, prit peu de part aux discussions pendant plusieurs années. Son action, plutôt extra-parlementaire, s'employa à la réorganisation d'un parti de gouvernement ; il prononça de nombreux discours à Lyon, Montbrison, Saint-Etienne, Roanne, Saint-Mandé, etc., qui tracèrent la ligne politique d'un groupe important de républicains.

Président de l'Association gambettiste et président d'honneur du Comité national du Commerce et de l'Industrie, c'est sous ses auspices que l'idée d'un important groupement politique, sous forme d'un cercle républicain, prit naissance et se réalisa en 1897.

Le 23 juin 1899, après la chute du troisième cabinet Dupuy, M. Waldeck-Rousseau constitua un ministère, dont le but paraissait être uniquement de liquider l'affaire Dreyfus qui, depuis deux ans, agitait profondément le pays. Le nouveau cabinet fut composé d'hommes professant des opinions et ayant des origines politiques bien différentes ; c'est ainsi que, pendant qu'était appelé au ministère de la guerre le général de Galliffet, qui, toute sa vie avait montré du dévouement aux gens et aux choses de l'empire et qui avait lutté sans pitié contre la commune, M. Millerand, l'un des chefs du parti socialiste, devenait ministre du Commerce.

Cette réunion de personnalités si diverses suscita aussitôt les plus ardentes critiques. Interpellé avec violence, le ministère, par l'organe de son chef, se déclara prêt à défendre sans compromissions les institutions républicaines « et rien de plus », et il fit appel au concours de tous les républicains. Un ordre du jour de confiance, proposé par M. Perillier après cette déclaration, fut voté par 263 voix contre 237 (26 juin) ; par la suite, cette faible majorité devant aller croissant et se raffermissant à chacun des nombreux assauts que le cabinet subit au cours de son existence.

L'un des premiers actes politiques de M. Waldeck-Rousseau, qui, dans son ministère, s'était attribué le portefeuille de l'Intérieur, fut de faire poursuivre les chefs des partis nationaliste et monarchiste (août 1899), qu'il fit traduire devant le Sénat, transformé en Haute-Cour de Justice. Ce tribunal d'exception, après de longs débats, condamna, pour complot contre le gouvernement établi, MM. Paul Déroulède, Jules Guérin, André Buffet et quelques autres agitateurs politiques à des peines diverses (décembre 1899).

Pendant ce temps, le second procès Dreyfus s'était déroulé devant le Conseil de guerre de Rennes et l'ex-capitaine d'artillerie avait été condamné à dix ans de détention et à la dégradation militaire (10 septembre 1899) ; le 20 septembre, le président de la République graciait l'officier ; et le ministre de la Guerre, dans un ordre du jour à l'armée, déclarait « l'incident clos. » Mais l'opinion, d'aucun côté, ne trouva satisfaction dans cette demi-mesure ; elle ne la trouva pas davantage dans la loi que, l'année suivante, le ministère fit voter, amnistiant tous les faits poursuivis ou à poursuivre à propos de cette passionnante affaire.

En 1900, le ministère Waldeck-Rousseau présida à l'Exposition universelle, qui amena à Paris une foule considérable, venue de tous les points du globe, et de nombreux souverains ; cette fête du travail, que rien ne troubla, réussit brillamment.

Le 29 mai de cette année 1900, le général de Galliffet, démissionnaire, avait été remplacé au ministère de la guerre, par le général André.

L'année suivante, l'empereur Nicolas II et l'impératrice de Russie accomplirent leur second voyage en France ; ils furent brillamment reçus à Compiègne, à Reims et à Bétheny (Marne), où eut lieu une grande revue militaire.

Cette même année 1901, M. Waldeck-Rousseau présenta une loi sur les associations, soumettant l'existence des congrégations religieuses à une autorisation parlementaire. Après des débats mouvementés et fort longs, le projet du gouvernement fut adopté à peu près tel qu'il avait été conçu, à la Chambre d'abord, puis au Sénat et la loi, d'une importance exceptionnelle, promulguée le 4 décembre 1901.

Le 27 avril 1902 pour le premier tour de scrutin, et le 11 mai pour le ballottage, eut lieu le renouvellement général de la Chambre des Députés ; la composition de la nouvelle Chambre apportait au ministère Waldeck-Rousseau une majorité plus compacte et plus homogène que celle dont-il avait disposé dans la précédente législature. Le cabinet pouvait donc compter sur une longue existence s'il conservait le pouvoir ; mais M. Waldeck-Rousseau préféra se retirer ; il demeura encore en fonctions pendant que le président de la République accomplissait un voyage en Russie (mai) et démissionna, avec tous ses collègues, le 4 juin, donnant ainsi, pour la première fois depuis l'établissement de la République, l'exemple d'un ministère quittant volontairement les affaires, investi de la confiance des deux Chambres.

Le cabinet Waldeck-Rousseau, dont la durée fut de trois années moins quelques jours, a été le plus long ministère de la troisième république ; son action politique, habilement orientée par son chef vers ce but principal, a eu pour résultat la formation d'un solide parti de gouvernement, composé de républicains de toutes les nuances, formant, comme on l'a dit, un « bloc » compact, sinon homogène. Il a été remplacé par une combinaison de nuance radicale, présidée par M. Combes, sénateur.

L'ancien président du Conseil a publié, en 1902 et 1903 quatre importants ouvrages : *Associations et Congrégations*, où il a réuni les discours prononcés à l'occasion de la loi qui a été l'œuvre capitale de son ministère ; l'*Action républicaine et sociale* ; la *Défense républicaine* ; *Questions sociales*.

L'éminent homme d'État est un aquarelliste dont les œuvres révèlent mieux que le talent d'un amateur. Une étude, prise en Grèce pendant un voyage à travers l'Europe qu'il accomplit après avoir quitté le pouvoir et offerte par lui à la représentation organisée au théâtre Antoine en faveur des pêcheurs bretons (1903), révéla au public sa valeur artistique.

FERRIER (Adolphe)

Député, né à Serres (Hautes-Alpes) le 14 juin 1842. Issu d'une famille originaire de cette région, qui alla s'installer plus tard dans la Drôme, il s'établit, dès 1857, fabricant d'instruments agricoles à Die. Il fit la campagne de 1870-71 comme lieutenant au 45e régiment de marche.

M. Adolphe Ferrier, qui, déjà sous l'Empire, avait manifesté ses convictions républicaines, fut nommé, en 1878, conseiller municipal de Die et maire de cette ville en 1885 ; il présida à la laïcisation des écoles de Die et à la construction de nouveaux locaux destinés à l'enseignement primaire et fut révoqué, comme maire, en 1894.

En 1889, il avait été élu conseiller général pour le canton de Die. Réélu en 1895 et en 1901, il a fait partie, à l'Assemblée départementale de la Drôme, des commissions des finances et départementale.

Délégué cantonal depuis 1885, M. Ferrier s'est aussi occupé des questions de mutualité. Fondateur et président de la société des Sapeurs-pompiers de Die, président de la société de secours mutuels « la Fraternelle des Arts et Métiers » de cette même ville, il a obtenu à ce titre une médaille d'or du ministère de l'Intérieur. D'autre part, il s'est attaché, dans ses propriétés des Hautes-Alpes, à la reconstitution de vignobles détruits autrefois par le phylloxéra, et son exemple fut signalé aux viticulteurs de la région par la Société d'Agriculture des Hautes-Alpes, qui lui décerna, en outre, des récompenses. Enfin, pour avoir perfectionné l'outillage agricole et rendu ainsi service à la culture nationale, il a été également récompensé à plusieurs concours industriels ou agricoles.

Aux élections générales législatives de 1902, M. Ferrier posa, dans l'arrondissement de Die (Drôme), sa candidature à la députation et obtint, au premier tour de scrutin, 3,759 suffrages ; ses concurrents en recueillant respectivement : M. Long 4,468, M. Evesque 3,644, M. Lantelme 2,641 et M. de Bois-Hébert 172.

Entre les deux tours de scrutin, les divers comités qui avaient soutenu ces candidatures, forts du désistement des trois candidats républicains, offrirent le siège rendu ainsi disponible à M. Henri Brisson, qui était en ballottage dans le x° arrondissement de Paris ; mais, l'un des adversaires de M. Ferrier, M. Long, ayant ensuite retiré son désistement, M. Brisson revint sur la décision qu'il avait prise de se présenter au suffrage des électeurs de Die, et M. Ferrier fut élu, au second tour de scrutin, par 7,790 voix contre 6,794 à M. Maurice Long, radical.

Inscrit au groupe radical-socialiste de la Chambre, l'honorable député fait aussi partie des groupes de l'enseignement, de la défense de la petite et moyenne propriété, et de la viticulture. Il est membre des commissions parlementaires d'assurances et de prévoyance sociales et des Postes et Télégraphes.

M. Adolphe Ferrier est chevalier du Mérite agricole

BRIÈRE (Ernest-Albert)

Administrateur colonial, né à Lieurey (Eure) le 16 décembre 1848. Sorti de l'école de Saint-Cyr en 1869, comme sous-lieutenant d'infanterie de marine, il prit part à la campagne de 1870 et, fait prisonnier à Bazeilles, fut envoyé à Breslau, d'où il parvint à s'évader.

Désigné, en 1871, pour la Cochinchine, il entra, en 1873, comme administrateur stagiaire, dans le service des affaires indigènes. Il franchit rapidement tous les degrés de la hiérarchie, qui s'obtenaient alors par voie de concours et, en janvier 1879, il était administrateur de première classe.

Chargé, en 1880, de l'arrondissement de Roch-Gra, M. Brière mit à profit son séjour de deux années dans cette province reculée pour étudier la région de Camau, jusque-là peu connue.

En 1882, M. le Myre de Vilers lui confiait la direction de l'important arrondissement de Cholon, qu'il conserva pendant six ans et où il laissa la réputation d'un excellent administrateur. Trois ans plus tard, pendant l'insurrection cambodgienne, il fut chargé, dans les Hauts-Voïcos, d'une mission spéciale qui lui valut sa nomination d'administrateur principal (1885).

Choisi, en 1886, par Paul Bert, pour diriger au Tonkin la province de Nam-Dinh, avec le grade de résident de première classe, M. Brière fut, quelques mois après, décoré de la Légion d'honneur.

En 1887, les deux provinces du Sud de l'Annam, (Binh-Thuân et Khanh-Hoâ), temporairement soumises à notre action directe, ayant été replacées sous le régime du protectorat et rendues au gouvernement annamite, M. Brière fut chargé par M. Bihourd de la mission délicate de présider à ce changement de régime politique. Il réussit dans cette tâche et, l'année suivante, sous le gouvernement de M. Constans, il sut réprimer rapidement et sans bruit un commencement d'insurrection au Binh-Thuân.

Nommé, en 1889, aux hautes fonctions de résident supérieur au Tonkin, il donna sa démission de chef de bataillon et s'occupa principalement d'achever la pacification du delta tonkinois, en développant l'extension des colonies de police et l'action personnelle des mandarins.

Nommé, en novembre 1891, résident supérieur de l'Annam, M. Brière ne cessa, dans une série de rapports, d'appeler l'attention de M. de Lanessan sur les empiètements menaçants des Siamois qui, depuis 1885, envahissaient le Laos annamite et menaçaient la province de Quong-Tri, voisine de Hué. Lors de son second séjour à Hué, en 1895, il s'occupa de la pacification des provinces septentrionales de l'Annam, où, dans le Hatinh et le Nghe-An surtout, fonctionnait une véritable administration insurrectionnelle, parallèlement à l'administration régulière et encouragée d'une façon occulte par cette dernière. Il conçut à cet effet un plan audacieux, basé sur l'intervention directe de la Cour de Hué, et parvint à le faire approuver par le gouverneur-général Rousseau, en se rendant personnellement garant d'un succès qui dépassa les espérances.

M. Brière a été l'un des agents les plus actifs et les plus utiles de notre politique en Indo-Chine. Il a su éliminer, en Annam, les hauts mandarins irréductibles ; pénétrer cette cour jusque-là fermée à notre influence ; transformer l'organisation et le fonctionnement du Conseil secret dans un sens favorable à l'affermissement de notre protectorat ; préparer, en un mot, les réformes administratives et financières, en matière indigène, sans rien brusquer, de façon à en provoquer l'application en temps opportun.

Admis à la retraite en 1898, cet administrateur de haut mérite s'est vu conférer le titre de gouverneur honoraire des colonies en 1903.

Officier de la Légion d'honneur depuis 1897, M. Brière est, en outre, grand-croix du Dragon de l'Annam, grand-officier du Cambodge, commandeur du Trésor-Sacré du Japon, etc.

CASTELNAU
(Léonce de CURIÈRES de)

Député, ancien magistrat et avocat, né à Saint-Affrique (Aveyron) le 10 juin 1845. Issu d'une ancienne et noble famille du Rouergue, dont les origines connues remontent au xie siècle, fils d'un avocat distingué, M. de Castelnau entra dans la magistrature, comme attaché au Parquet de la Cour d'Agen (Lot-et-Garonne) en 1867. Nommé substitut du procureur impérial à Gourdon en 1869, il fut mis en disponibilité après le 4 septembre 1870.

Réintégré dans la magistrature en 1872, par le ministère Dufaure, comme substitut à Draguignan, il devint ensuite procureur de la République à Alais en 1873 et substitut du procureur-général à la Cour de Nîmes en 1875. Révoqué cinq ans plus tard, par M. Cazot, alors ministre de la Justice, il se fit inscrire au barreau de la même ville (1880).

Très estimé comme avocat et choisi comme bâtonnier de l'ordre à Nîmes, il s'occupa de nombreuses affaires civiles.

Elu, dès 1880, conseiller municipal du chef-lieu du Gard et conseiller général du canton de Barjac, il a été, depuis, constamment confirmé dans ce dernier mandat.

En 1892, M. de Castelnau fut candidat à une élection sénatoriale dans l'Aveyron, où il possède d'importantes propriétés. Dès ce moment, il s'affirmait comme un défenseur de la Constitution républicaine et il obtint, sans être élu, une importante minorité.

Au renouvellement législatif de 1902, M. de Castelnau se porta à la succession de M. Fournol, député sortant de l'arrondissement de Saint-Affrique, depuis décédé, et fut élu, au premier tour de scrutin, par 7,761 voix contre 6,556 à M. Blancard, radical.

Républicain libéral, le député de l'Aveyron fait partie, à la Chambre, des groupes de la Réforme parlementaire et de l'Action libérale.

M. de Castelnau a publié, dans la *Réforme Sociale* et dans diverses autres revues, des études estimées sur le *Patronat rural en Rouergue* ; l'*Ancien régime et la bourgeoisie* ; l'*Esprit nouveau, ses causes et ses effets* ; *François d'Assises et son œuvre sociale* ; les *Libertés publiques et l'ancienne Monarchie* ; les *Livres de raison d'une famille noble de l'an 1200 jusqu'en 1789*, etc.

M. de Castelnau est membre de l'Académie de Nîmes et président de la Société du sauvetage de l'Enfance de cette même ville.

MAGNIN (Antoine)

Botaniste et médecin, né à Trévoux (Ain) le 15 février 1848. Il fit ses études scientifiques et médicales aux facultés de Lyon. Interne des hôpitaux et préparateur du cours d'histoire naturelle à l'Ecole de Médecine de cette ville de 1871 à 1875, il compta, en 1872, parmi les trois principaux fondateurs de la Société Botanique de Lyon, dont il fut le secrétaire-général jusqu'en 1882 et le président en 1883. Il se fit recevoir licencié ès sciences naturelles, à Lyon, en 1875 et docteur en médecine, à Paris, en 1876.

Lauréat de la Faculté de Médecine de Paris la même année, M. Antoine Magnin fut chef des travaux pratiques du Laboratoire de médecine et de botanique de Lyon de 1877 à 1883. Il a été professeur à l'Ecole d'enseignement professionnel de Lyon et à l'Institut agricole d'Ecully de 1877 à 1884. En 1879, après s'être fait recevoir docteur ès sciences à la Faculté de Montpellier, il était chargé des fonctions d'agrégé d'histoire naturelle à la Faculté de Lyon.

Chargé ensuite d'un cours de botanique (1881-84) et de la direction du jardin botanique de la Tête-d'Or (1881-84), M. Magnin fut nommé maître de conférences à la Faculté de Besançon (Doubs) en 1884, professeur adjoint d'histoire naturelle à l'Ecole de Médecine de cette ville en 1885 et professeur titulaire en 1889. Nommé, en outre, professeur adjoint à la Faculté des Sciences de Besançon en 1886 et professeur titulaire en 1894, il a été appelé à la direction de l'Ecole de Médecine de cette ville en 1900. En 1902, il est devenu doyen de la Faculté des Sciences de Besançon.

Les travaux scientifiques dûs à ce professeur, très nombreux, sont disséminés pour la plupart dans les bulletins des sociétés savantes dont leur auteur fait partie ou dans divers organes spéciaux ; on doit toutefois mentionner les suivants : *Recherches géologiques, botaniques et statistiques sur l'impaludisme dans la Dombes et le miasme paludéen* (thèse de doctorat couronnée par la Faculté de Paris, 1876) ;

les *Bactéries*, monographie plusieurs fois traduite à l'étranger (thèse d'agrégation, 1878) ; *Recherches sur la Géographie botanique du Lyonnais* (1 vol. 1879) ; la *Végétation du Jura* (Académie des Sciences et autres sociétés, 1884-1902) ; *Histoire de la Botanique lyonnaise* ; le *Botaniste lyonnais Claret de la Tourrette* (1 vol 1885) ; la *Végétation de la région lyonnaise et de la partie moyenne du bassin du Rhône* (1 vol. 1886) ; *Remarques sur la description du Mont-Pilat de Du Choul* (Société Botanique de Lyon, 1887) ; *Notice sur Vaivolet et énumération des plantes du Beaujolais* (1888) ; *Documents sur de Jussieu et sa famille* (Société Botanique de Lyon, 1888-1897) ; *Nicodémie et Dejean*, notes (1890) ; les *Lacs du Jura* (Académie des Sciences et autres sociétés, 1892-1900) ; le *Botaniste lyonnais Ch. Martin* (1899) ; *Recherches spéléologiques, grottes et glacières du Jura*, en collaboration avec M. Fournier (2 vol. 1892-1900) ; *Notes rétrospectives sur l'Hydrographie souterraine, les sources vauclusiennes et leurs rapports avec la fièvre typhoïde* (1902) ; des articles importants dans le *Dictionnaire des Communes* de Joanne, les *Alpes françaises* de Falsan, les *Annales de Géographie* ; des contributions à la *Malacologie lyonnaise* de Locard, à la *Monographie du glacier du Rhône* de Falsan et Chantre, aux *Lacs français* de Delebecque, etc. Il dirige, depuis 1900, les *Archives de la Flore Jurassienne*.

Ses principales recherches concernent les *Lichens de la région lyonnaise*, les *Champignons parasites*, les *Rapports du Sol avec la Flore* (nombreux mémoires) ; la *Castration parasitaire* (8 notes ou mémoires, de 1888 à 1892) ; la *Flore épiphyte des Saules têtars* ; les *Lacs du Jura*, au nombre de 74, dont il a poursuivi l'étude limnologique complète et plus particulièrement celle de la flore, pendant 10 ans, de 1890 à 1900. Les résultats de ces recherches ont été résumés dans plusieurs mémoires ; ils sont développés dans les *Descriptions monographiques des 74 lacs jurassiens* (en cours de publication, *Mémoires de la Société botanique de Lyon*, 1903).

M. Magnin a inspiré l'important travail de M. Cl. Roux : *Recherches expérimentales sur la chlorose*, soutenu comme thèse de doctorat ès-sciences devant la Faculté de Besançon, en 1901.

Ce botaniste a fait, depuis 1872, d'incessantes recherches sur l'histoire naturelle dans la région de l'Est. Il a organisé et il dirige lui-même, depuis 1876, de nombreuses excursions botaniques dans les environs de Lyon, les monts du Lyonnais, le Dauphiné, le Bugey, le Jura et a contribué ainsi au développement de ses connaissances spéciales.

M. Magnin a été secrétaire du Comité d'études et de vigilance pour la destruction du phylloxera dans le département du Rhône ; il a pris part, comme secrétaire ou comme président, à plusieurs sessions ou congrès de la Société Mycologique et de la Société Botanique de France, de l'Association française pour l'avancement des Sciences (section de botanique) ; il est secrétaire de cette association pour 1903. Il a fondé, en 1900, la Société d'Histoire Naturelle du Doubs ; il est membre de la Commission Météorologique et du Conseil d'Hygiène de ce département. Il a été, en outre, membre du Comité d'organisation des congrès internationaux de l'Exposition universelle de 1900, délégué de l'Université de Besançon au Congrès de l'enseignement supérieur de Lyon (1894), aux fêtes universitaires de Grenoble (1896), au Congrès de l'Association internationale des Botanistes de Genève (1901) et aux fêtes universitaires de Lyon (1902). Il est enfin membre honoraire de la Société vaudoise des Sciences naturelles, de la Société grayloise d'émulation, de la Société des Naturalistes de l'Ain, et officier de l'Instruction publique depuis 1891.

Conseiller municipal de Besançon depuis 1888, M. Magnin a été adjoint, de cette date à 1892.

JEHANIN (Alexandre-Célestin-Jean)

Député, négociant, né à Bécherel (Ille-et-Vilaine) le 27 juin 1851. Petit-fils et fils de tanneurs très connus et très populaires dans la région, il exerça, lui aussi, leur profession.

Élu conseiller municipal de Bécherel en 1878, adjoint au maire en 1881, maire sans interruption depuis 1886, — fonction qu'avait occupée son père, — M. Alexandre Jehanin s'est occupé avec dévouement des intérêts de cette commune. Grâce à sa ténacité et son énergie, la ville de Bécherel s'est vue dotée, en peu d'années, de toutes les plus importantes améliorations qu'elle pouvait espérer.

En 1889, M. Jehanin devint conseiller d'arrondissement du canton de Bécherel et, en 1892, ses électeurs l'envoyèrent siéger au Conseil général. Membre de la Commission départementale, il s'occupa surtout, dans l'assemblée d'Ille-et-Vilaine, des questions vicinales et rurales ; il prit une part active à la création d'un réseau départemental de tramways et contribua surtout à faire adopter la ligne de Rennes à Bécherel, qui fut inaugurée en 1900 et qui est appelée à rendre les plus grands services à cette région.

En 1896, il fut nommé président du Comice agricole du canton de Bécherel ; il organisa, en 1900, dans ce canton, une société d'assurances mutuelles agricoles qui est devenue très prospère et très précieuse pour les agriculteurs.

Aux élections générales législatives de 1902, porté par les comités républicains à la candidature dans l'arrondissement de Montfort, M. Jehanin fut élu député, par 7,530 voix, contre 7,063 à M. de Montgermont, conservateur. M. Porteu, député sortant, également conservateur, ne s'était pas représenté.

L'honorable député d'Ille-et-Vilaine appartient à l'Union démocratique de la Chambre et suit la politique de ce groupe. Il est membre de la Commission du Commerce et de l'Industrie et de celle du Travail.

TEUTSCH (Robert)

MÉDECIN, publiciste scientifique, né à Wingen (Alsace-Lorraine) le 5 octobre 1872. Fils d'un ancien conseiller général du Bas-Rhin, député à l'Assemblée nationale de Bordeaux et, après l'annexion, député protestataire au Reichstag allemand, puis trésorier-payeur-général en France. M. Robert Teutsch fit ses classes dans divers lycées de province.

Venu ensuite à Paris, il y poursuivit en même temps les études du droit et de la médecine. Reçu licencié en droit en 1893, puis externe des hôpitaux, il prit le doctorat en médecine en 1898.

Se consacrant plus particulièrement au traitement des maladies nerveuses et reprenant ou poursuivant les recherches de Puységur et Dupotet, les précurseurs du magnétisme curatif ; de Charcot, Luys et autres savants plus près de nous, le Dr Robert Teutsch s'est surtout attaché à l'étude de la dyspepsie, de l'atonie gastro-intestinale, de la sciatique, de l'ataxie locomotrice, de l'hystérie et de l'épilepsie. A l'aide du magnétisme digital et d'aimants scientifiquement dirigés ; par les moyens de l'hypnose, de la métallothérapie et du transfert, il a obtenu des résultats que les recherches poursuivies d'autre part par plusieurs novateurs de ses confrères ont d'ailleurs corroboré.

Le Dr Robert Teutsch a inventé divers engins magnétiques : barreaux, plaques, fers à cheval, pointes, bracelets, etc., exécutés en or, fer, cuivre, argent, et employés dans le traitement de plusieurs des affections déjà mentionnées, notamment l'épilepsie.

Il a publié de nombreuses observations en volumes ou en communications dans les recueils spéciaux. Citons, parmi ces travaux : *Etude sur la sérumthérapie de la tuberculose* (*Progrès Médical*, 1894) ; *Tuberculose pulmonaire, sa propagation dans les divers milieux, son traitement hygiénique, sa prophylaxie* (thèse de doctorat, 1898, ouvrage couronné par l'Académie de Médecine en 1900) ; les *Écueils du traitement hygiénique et de l'éducation prophylactique publique dans la tuberculose pulmonaire* (1 vol., 1901) ; le *Séjour des tuberculeux pulmonaires au bord de la mer* (la *Tuberculose infantile*, 1902) ; *Morale de l'Instinct sexuel* (1 vol. 1902). On lui doit encore toute une série de mémoires sur la prophylaxie des maladies vénériennes, dans la *Revue de Médecine légale et de Jurisprudence médicale*, le *Journal de Médecine de Paris*, la *Revue pratique d'Obstétrique et de Gynécologie*, etc. A la conférence internationale de Bruxelles, réunie en septembre 1902, il a présenté d'intéressantes considérations sur la possibilité d'éviter les maladies vénériennes.

Par ses travaux relatifs au traitement des affections nerveuses, le Dr Robert Teutsch a été amené à s'occuper d'occultisme et même de chiromancie, dans les rapports que peuvent avoir ces connaissances avec la médecine sociale proprement dite.

Membre de la Société Médico-chirurgicale de Paris, de la Société française d'études des phénomènes psychiques et de la Société internationale de prophylaxie sanitaire et morale, il est officier d'Académie.

AUBRY (Charles-Alfred)

DÉPUTÉ, médecin né à Saint-Loup-sur-Semouse (Haute-Saône) le 22 juin 1853.

Engagé volontaire en 1870, dans les francs-tireurs du corps de Keller, il fit la campagne dans le Haut-Rhin et dans les Vosges.

Elève à l'hôpital militaire du Val-de-Grâce à Paris, M. Albert Aubry se fit recevoir docteur en médecine en 1876, avec une thèse portant sur l'*Étude des attractions et des répulsions de l'homme et de leurs rapports avec la santé et la maladie*. Sorti parmi les premiers de sa promotion, il fut envoyé, l'année suivante, en Algérie, comme médecin militaire.

Démissionnaire en 1880, M. le Dr Aubry se consacra à la médecine civile à Sétif et y devint bientôt très réputé pour sa science et sa philanthropie. Médecin des épidémies, il a été récompensé pour sa belle conduite.

Nommé conseiller municipal en 1888, puis maire de Sétif en 1892, il fit exécuter dans cette ville de grands travaux : construction de groupes scolaires et d'un théâtre municipal, plantation de promenades et de jardins, etc., tout en rétablissant l'ordre dans les finances. Devenu conseiller général pour le canton d'Aïn-Abessa en 1895, il a été choisi comme président du Conseil général de Constantine.

M. le Dr Aubry a été élu député de la première circonscription de Constantine, au renouvellement général législatif de 1902, par 6,054 voix, contre 5,452 à M. Morinaud, député sortant, nationaliste.

A la Chambre, l'honorable député de l'Algérie fait partie de l'Union démocratique. Il soutient la politique de défense et d'action républicaines ; il s'est prononcé pour la réduction du service militaire, pour l'établissement de traités de commerce et de réciprocité, pour la séparation des églises et de l'Etat et la suppression du budget des cultes, etc. Membre de la Commission des Congrégations, il s'y est élevé contre le rejet en bloc des demandes d'autorisation et en faveur d'un examen préliminaire (1903). Il est aussi membre de la Commission des réformes judiciaires et de la Commission des Douanes.

Le Dr Aubry est chevalier de la Légion d'honneur depuis 1894.

TEIL du HAVELT (Georges Baron du)

AGRONOME, viticulteur, né à Paris le 3 avril 1854, d'une famille ancienne, dont les origines remontent au XIIIe siècle et qui a fourni des capitaines catholiques pendant les guerres de religion, deux lieutenants-généraux aux armées du roi, deux lieutenants-colonels, de nombreux officiers de tous grades, dont huit morts sur le champ de bataille ; onze officiers de Saint-Louis, un chevalier de Malte et un député de l'Alsace sous la Restauration.

Entré à Saint-Cyr en 1873, le baron Georges du Teil, à sa sortie, en 1875, fut nommé sous-lieutenant au 43me régiment d'infanterie. Démissionnaire en 1880, il se fixa dans le Mâconnais, pour s'y livrer à la viticulture et à l'élevage.

Vice-président du Congrès national viticole de Mâcon en 1887, il publia un intéressant rapport sur la reconstitution du vignoble dans cette région, qui hâta les progrès de cette opération. Comme vice-président de la Société Hippique de Saône-et-Loire et de la Société des Courses de Mâcon, il a puissamment contribué à l'organisation et au développement des concours et des réunions hippiques départementales. Il est, en outre, président de la Société d'Horticulture de Saône-et-Loire.

A la mort du duc de Vicence, le baron Georges du Teil, devint président du Concours du Nord de la Société Hippique française et organisa les concours de Lille et de Boulogne-sur-Mer. Membre de la Société Hippique de France, il a été choisi comme président de cette société le 31 janvier 1903, succédant, dans cette fonction à MM le marquis de Mornay, le comte G. de Juigné et de la Haye-Jousselin. C'est à lui qu'appartient, à ce titre, chaque année, l'organisation du concours hippique de Paris et des concours de Bordeaux, Nantes, Nancy, Vichy et Boulogne-sur-Mer.

Fondateur, d'autre part, de l'Union Mâconnaise société de mutualité ouvrière ; membre de l'Académie de Mâcon, M. du Teil a été, en 1889 et en 1893, candidat à la députation dans la première circonscription de Mâcon ; il obtint, sans être élu, chaque fois, de nombreux suffrages.

Le baron du Teil de Havelt a été fait chevalier de la Légion d'honneur en 1900.

GÉRARD (Louis-Edmond)

DÉPUTÉ, né à Ban-de-Sapt (Vosges) le 8 février 1861, d'une ancienne famille vosgienne. Il fut clerc d'avoué, puis avoué lui-même, à Saint-Dié du 12 avril 1886 au 4 octobre 1900.

M. Gérard s'occupa seulement alors d'une façon active des questions politiques et administratives. En mai 1900, il avait été élu conseiller municipal de Saint-Dié, le quatrième sur les 27 élus de la liste où il figurait ; il devint, l'année suivante, conseiller d'arrondissement pour le canton.

Au renouvellement législatif général de 1902, M. Gérard se présenta et fut nommé député, au premier tour de scrutin, le 27 avril, par 7,786 voix, contre 4,767 à M. Charles Ferry, député sortant.

Se déclarant républicain progressiste indépendant, et non pas nationaliste comme on l'a qualifié à tort, M. Gérard n'appartient, à la Chambre, qu'au groupe de la réforme parlementaire. Dans son programme, il s'est montré partisan de la liberté d'enseignement et de conscience ; il a voté en faveur des congrégations religieuses et du privilège des bouilleurs de crû (1903).

GALLIÉNI (Joseph-Simon)

Général, explorateur, administrateur, né le 24 avril 1849, à Saint-Béat (Haute-Garonne). Sorti de l'Ecole militaire de Saint Cyr le 15 juillet 1870, il passa dans l'infanterie de marine, prit part à la guerre franco allemande, devint lieutenant en 1873, fit diverses campagnes aux colonies et fut promu capitaine en 1878.

M. Galliéni fut envoyé à ce moment, au Sénégal, où il accomplit une expédition dans l'intérieur (1879) ; puis le ministère de la Marine lui confia la mission de négocier une alliance avec Ahmadou, le roi de Segou, dans le Soudan. Parti de Saint-Louis, au début de l'année 1880, avec une escorte de 132 hommes, le capitaine Galliéni remonta le cours du fleuve Sénégal, passa, en février, à Bakel, et signa, à Bafoulabé, avec le roi de ce pays, un traité d'amitié. Poursuivant ensuite sa route, il fut attaqué par les Bambarras, ennemis d'Ahmadou, à Dio, et dût, abandonnant ses bagages, se replier sur le Niger (mai). Traversant alors le fleuve, il reprit le chemin de Segou où, après des négociations qui durèrent jusqu'en mars 1881, il obtint d'Ahmadou un traité nous accordant le commerce exclusif sur le haut Niger. Rentré à Saint-Louis, le 21 mars, après un succès, dont les effets ne devaient malheureusement pas longtemps subsister, M. Galliéni fut promu chef de bataillon en 1882. De 1883 à 1885, il servit à la Martinique ; puis, lieutenant-colonel en 1886, il fut nommé commandant supérieur du Haut Sénégal. Il exerça ces fonctions administratives et militaires jusqu'en 1888, où M. Archinard vint le remplacer.

Rentré alors en France, le colonel Galliéni fut envoyé à Brest pour commander le 6ᵉ régiment d'infanterie de marine (1889) ; promu colonel en 1891, il fut placé à la tête du 2ᵉ régiment tonkinois en Indo-Chine ; deux ans plus tard, il était mis hors cadre pour exercer le commandement du premier territoire militaire au Tonkin (1893).

Elevé au grade de général de brigade en 1895, il fut chargé, après la conquête de Madagascar, d'aller administrer cette nouvelle colonie française, avec le titre de gouverneur général et les pouvoirs civils, militaires et même judiciaires les plus étendus.

Arrivé dans la grande île en septembre 1896, le général Galliéni fit embarquer la reine déchue, Ranavalo, pour l'Algérie et s'appliqua à la pacification d'abord, puis à l'organisation et à la mise en valeur du pays. Il poursuit, depuis lors, cette tâche considérable, dans laquelle il paraît avoir habilement réussi. Les rigueurs, qu'au début, il avait cru devoir exercer contre les indigènes, ont pourtant soulevé, parfois, dans la Métropole, des protestations ; elles furent notamment critiquées vivement, en 1900, à la tribune parlementaire, en diverses interpellations, dont la plus retentissante fut celle de M. Vigné d'Octon.

Cet officier général a publié deux intéressantes relations de ses campagnes : *Mission d'exploration du haut Niger* (1885, avec cartes et plans) ; *Deux campagnes au Soudan* (1890, id.) ; ce dernier livre a été couronné par l'Académie française.

Titulaire de la grande médaille d'or de la Société de Géographie depuis 1881, le général Galliéni est dignitaire de nombreux ordres étrangers, officier de l'Instruction publique et commandeur de la Légion d'honneur.

BONNAT (Joseph-Florentin-Léon)

Peintre, membre de l'Institut, né à Bayonne (Basses-Pyrénées) le 20 juin 1833. Son père, dont il était le second fils, étant allé s'établir libraire à Madrid, en 1847, après des revers de fortune, l'appela auprès de lui. C'est là que, après avoir songé un moment à devenir marin, il s'éprit d'une belle ardeur pour la peinture, en visitant le musée du Prado. Suivant les cours de dessin de l'Académie de Madrid, il reçut les précieux conseils du peintre Frédéric de Madrazo ; en même temps, il étudiait dans leurs œuvres, en parcourant les musées, les anciens maîtres de l'école espagnole. A dix-sept ans, il peignit un premier tableau : *Giotto gardant ses chèvres*, qui eut un succès retentissant ; puis il fit quelques copies des portraits de souverains espagnols, dont l'un, demeuré dans les galeries du musée de Madrid, le *Portrait de Fruela II*, a fait parfois commettre à certains critiques d'Espagne l'erreur de citer l'auteur comme leur compatriote.

Après la mort de son père, le jeune homme obtint de la ville de Bayonne une pension de 1,500 francs pour venir à Paris, suivre les cours de l'Ecole des Beaux-Arts (1854) ; il fut là l'élève de Léon Cogniet et il reçut, dans le même temps, des conseils de Paul Delaroche et de Robert Fleury. En 1857, au concours pour le prix de Rome, il obtint un deuxième prix, avec son interprétation de la *Résurrection de Lazare*. La pension municipale lui ayant été renouvelée, il partit pour Rome, y passa trois années, puis revint à Paris, où ses expositions précédentes et ses envois d'Italie avaient déjà établi sa réputation.

En 1868, M. Léon Bonnat accomplit en Orient un autre voyage d'études, qui lui inspira quelques œuvres d'un nouveau caractère. En 1870, au moment de la guerre, l'artiste, de Saint-Jean-de-Luz où il était, revint à Paris ; puis, malade, il retourna dans son pays natal après l'armistice.

Le 5 février 1881, il fut élu membre de l'Académie des Beaux-Arts, au fauteuil même de son maître, Léon Cogniet ; en 1888, il a remplacé Gustave Boulanger comme professeur à l'Ecole des Beaux-Arts, et il a formé là certains élèves qui sont devenus aujourd'hui des maîtres à leur tour. Sociétaire perpétuel de la Société des Artistes français, il en est le président d'honneur, après l'avoir effectivement présidée de 1892 à 1894 ; il a présidé le jury de peinture de nombreux Salons et est constamment élu membre du comité de ce jury.

L'éminent peintre est, en outre, membre de nombreuses Académies des Beaux-Arts étrangères, notamment de celles de Madrid, Vienne, Berlin, etc.

Il a fondé, en 1899, à Bayonne, sa ville natale, un musée qui porte son nom, où figurent nombre de toiles des meilleures peintres ou sculpteurs des différentes époques et une très importante collection de dessins anciens et modernes.

M. Léon Bonnat est l'un des peintres les plus célèbres de l'école moderne. Il a traité à peu près tous les sujets : peinture de genre, d'histoire, paysage, jusqu'à des natures mortes. Ses compositions, discutées quelquefois, sont toujours intéressantes, autant par la composition que par l'exécution ; mais c'est surtout comme portraitiste qu'il se place hors de pair, par la manière si personnelle, qu'il a créée, où le sujet s'enlève vigoureusement sur un clair-obscur aux reflets éclatants. Il a élevé ce procédé jusqu'à la maîtrise d'un art difficile, que son mérite même a rendu banal après lui. M. Bonnat est, peut-on dire, le peintre officiel de la troisième république, ayant portraituré tous les chefs d'État depuis 1870, à l'exception de MM. de Mac-Mahon et Casimir-Périer.

On a vu de M. Léon Bonnat, aux Salons annuels de la Société des artistes Français, les œuvres suivantes : le *Bon Samaritain* (1859) ; *Adam et Eve trouvant Abel mort*, tableau populaire, actuellement au musée de Lille ; *Mariuccia*, qui appartient à Mme de Cassin ; et un *Portrait* (1861) ; *Martyre de Saint André*, au musée de Bayonne ; *Portrait de Mme L.* (1863), réexposée en 1867 ; *Pèlerins aux pieds de la statue de Saint Pierre dans l'église de ce saint à Rome*, tableau acquis par l'impératrice Eugénie et réexposé en 1867 ; *Antigone conduisant Œdipe aveugle*, au musée de Poitiers ; *M. G.*, portrait pour la Chambre des avoués (1865) ; *Saint Vincent de Paul prenant la place d'un galérien*, toile qui figura d'abord à l'église Saint-Nicolas-des-Champs, puis fut transportée au Petit-Palais des Beaux-Arts ; *Paysans napolitains devant le palais Farnèse à Rome* (1866) ; *Ribera dessinant à la porte de l'Ara-Cœli à Rome* (1867) ; l'*Assomption*, à l'église Saint-André de Bayonne, et les *Plafonds pour la salle du Palais de Justice à Paris* (1869) ; *Femme Fellah et son enfant* ; *Une rue à Jérusalem* (1870) ; le *Cheik d'Akabab en Arabie Petrée* ; *Femme d'Ustaritz* (pays basque), à Mme de Cassin (1872) ; *Barbier turc* ; *Scherzo* (1873) ; ces trois dernières toiles ont été popularisées par la gravure ; le *Christ*, étude pour l'une des salles de la Cour d'assises de Paris ; MM^{lles} *Dreyfus*, portraits ; les *Premiers pas* (1874) ; *Mme Pasca et l'Auteur*, portraits (1875) ; *Barbier nègre à Suez* ; la *Lutte de Jacob*, morceau d'une belle exécution (1876) ; *M. Thiers* (1877) ; *Don Carlos et Robert Fleury* (Exposition universelle 1878) ; *Victor Hugo* (1879) ; *M. Jules Grévy, président de la République* ; un *Job*, qui orne le musée du Luxembourg, d'un réalisme très osé (1880) ; *Léon Cogniet*, portrait, au musée du Luxembourg (1881) ; *Puvis de Chavannes*, portrait, qui valut à M. Léon Bonnat le don de *Doux Pays*, belle toile décorative de l'artiste regretté ; le *Martyre de Saint Denis*, au Panthéon, et un *Portrait de femme* (1885) ; *M. Pasteur et sa petite-fille* ; le *Vicomte Delaborde*, secrétaire perpétuel de l'Académie des Beaux-Arts, portraits (1886) ; *Alexandre Dumas* (1887) ; le *Cardinal de Lavigerie*, un des portraits les plus célèbres de l'auteur, peut-être son chef d'œuvre, et *Jules Ferry* (1888) ; *Idylle*, étude qui reparut à l'Exposition universelle de 1900 et orne depuis le musée Bonnat à Bayonne (1889) ; le *Président Carnot*, portrait (1890) ; la *Jeunesse de Samson*, d'un beau modelé antique (1891) ; *Ernest Renan*, autre très remarquable portrait (1892) ; le *Triomphe de l'Art*, pour l'Hôtel-de-Ville de Paris ; le *Prince de Monaco*, portrait (1894) ; *M. Félix Faure, président de la République* (1895) ; *M. Ricard, ancien garde des Sceaux* (1896) ; *M. Joseph Bertrand, de l'Académie française*, portrait, et *Aigle liant un lièvre*, au musée Bonnat de Bayonne (1897) ; le *Général Davout* ; Mme *Rose Caron*, portraits (1898) ; *Mme D.*, portrait ; *Saint-Jean-de-Luz, pays basque* (1899) ; *M. Loubet, président de la République*, portrait ; la *Justice*, plafond pour la première chambre du Palais de

Justice (1901) ; *M. L. C.* et *Mme la marquise de B.*, portraits (1902) ; *Portrait de M. G.* (1903), etc.

M. Léon Bonnat est l'auteur d'autres portraits nombreux de personnalités connues. On cite notamment ceux du *Professeur Tillaux (de l'Académie de Médecine)*, de *Mme Heriot*, de *Mlle Breval (de l'Opéra)*, de *M. Marschal-Field* et de *M. Paul Cambon, ambassadeur de France à Londres* ; des familles Vanderbilt, Astor, Cutting, etc.

Il a exécuté de nombreuses eaux-fortes d'après ses œuvres.

Aux Salons annuels, M. Bonnat a obtenu des médailles de 2ᵉ classe en 1861 et 1863 et la médaille d'honneur en 1869. A l'Exposition universelle de 1867, il avait reçu une médaille de 2ᵉ classe ; hors-concours à celle de 1889, il était membre du Jury en 1900.

Chevalier de la Légion d'honneur en 1867, officier en 1873, commandeur en 1882, grand-officier en 1897 et grand-croix en 1900, il est membre du Conseil de cet ordre national et dignitaire de divers ordres étrangers.

FLAMMARION (Camille)

ASTRONOME, écrivain, né à Montigny-le-Roi (Haute-Marne) le 26 février 1842. Destiné tout d'abord par sa famille à l'état ecclésiastique, il commença, au séminaire de Langres, des études qu'il vint achever à Paris en 1856. Deux ans plus tard, ayant acquis les deux baccalauréats, il fut admis à l'Observatoire impérial de Paris (1858), où il resta jusqu'en 1862.

A cette époque, tout en étant attaché au Bureau des Longitudes, qui le retint jusqu'en 1865, M. Camille Flammarion succédait, au *Cosmos*, à l'abbé Moigno ; en 1865, il devint rédacteur scientifique du *Siècle*, où il mena une très vive campagne contre l'administration de Le Verrier. En 1866, il fut l'un des fondateurs de la salle de conférences des Capucines, où il traita les principaux sujets d'astronomie. Président de la Société aérostatique de France, il accomplit plusieurs ascensions aérostatiques, pour étudier l'état hygrométrique ou la direction des courants aériens de l'atmosphère. En 1867, il fut le premier président du cercle parisien de la Ligue de l'Enseignement, que venait de fonder Jean Macé.

Fondateur, à Juvisy (Seine-et-Oise), où une voie publique porte son nom (comme d'ailleurs à Montigny, son lieu de naissance), d'un observatoire qu'il érigea, en 1882, sur l'ancienne propriété de la Cour de France, à lui léguée par son propriétaire, M. Méret, il y a organisé un véritable Institut libre dont les observations resteront précieuses.

En 1887, M. Flammarion fonda la Société Astronomique de France ; il a été le premier président, il demeure le secrétaire-général et surtout l'âme agissante de cette célèbre association savante, qui réunit maintenant les astronomes et les amis de l'astronomie du monde entier ; il dirige son *Bulletin mensuel*. C'est sur sa demande que la Société Astronomique de France organisa, en 1902, au Panthéon, les expériences du pendule, renouvelées de celles de Foucault, qu'il a continuées et développées.

M. Camille Flammarion fait partie de la Société des Gens de Lettres, de celle des Journalistes parisiens, de la Société royale Astronomique de Londres et de plusieurs autres corps savants.

Auteur d'un *Annuaire astronomique*, où sont exposés les phénomènes célestes observables pendant l'année, M. Flammarion a dirigé, en outre, la publication d'un *Dictionnaire encyclopédique universel* (paru de 1885 à 1901). Il a collaboré à plusieurs journaux et revues, notamment au *Temps*, au *Figaro*, à l'*Illustration*, aux *Annales politiques littéraires*, où il tenta, en 1900, une incursion dans le domaine du spiritisme qu'il dût renoncer à poursuivre ; il a fourni aussi un grand nombre de mémoires aux *Comptes-rendus de l'Académie des Sciences*.

Outre ces travaux, M. Camille Flammarion a publié les ouvrages suivants : la *Pluralité des mondes habités* (1862, 38 éditions) ; les *Mondes imaginaires et les mondes réels* (1864, 25 éditions) ; les *Merveilles célestes* (1865, 46 mille) ; *Études et lectures sur l'Astronomie* (9 vol. 1866-1880) ; *Dieu dans la Nature* (1866) ; *Histoire du Ciel* (1868) ; *Contemplations scientifiques* (1870) ; *Voyages aériens* (1870) ; l'*Atmosphère* (1871, 20 mille) ; *Récit de l'Infini* ; *Lumen* (1872, 57 édit.) ; *Vie de Copernic* (1873) ; les *Terres du Ciel*, description physique, climatologique et géographique du monde planétaire (1877, 50 mille) ; l'*Astronomie sidérale*, catalogue des étoiles doubles et multiples (1879) ; *Astronomie populaire*, description générale du ciel, couronnée par l'Académie française (1880, 100 mille) ; les *Étoiles et les curiosités du Ciel* (1881, 56 mille) ; le *Monde avant la création de l'Homme*, origines du monde et de l'humanité ; *Dans le Ciel et sur la Terre* (1886) ; *Petite Astronomie descriptive : Qu'est-ce que le Ciel ? Uranie* (1884, 34 mille) ; les *Derniers jours d'un philosophe*, traduction de Humphrey Davy (1889) ; *Les Éruptions volcaniques et les Tremblements de terre* ; *Rêves étoilés* ; *Clairs de lune* ; la *Planète Mars et ses conditions d'habitabilité* ; la *Fin du Monde*, livre qui eut un certain retentissement (1890) ; *Stella*, qui eut aussi un succès de curiosité (1892) ; *L'Inconnu et les problèmes psychiques* (1900), etc. Il est en outre l'auteur de cartes, plans, atlas et globes célestes.

Parmi les découvertes de M. Flammarion, on cite celle des variations qui s'accomplissent à la surface de la planète Mars ; celle de l'influence des radiations solaires sur les plantes ou « radioculture » ; celle de la corrélation entre les taches solaires et les températures terrestres ; celle du cycle de 54 ans des éclipses du soleil ; celle des systèmes stellaires emportés par un mouvement propre commun, etc.

Les ouvrages de ce savant, écrits dans un style simple et non sans charme, sont d'une lecture attrayante, même pour les personnes étrangères aux données scientifiques qui y sont développées. On a surnommé M. Flammarion le « poète du ciel » ; il en est aussi le philosophe, car ses œuvres concourent toutes à établir que l'astronomie ne doit pas se borner à calculer les positions ou les mesures des astres ; mais doit s'élever à l'étude de leur nature et des conditions de la vie extra-terrestre.

M. Camille Flammarion est le frère aîné de M. ERNEST FLAMMARION, le grand éditeur parisien. Il est chevalier de la Légion d'honneur depuis 1881.

BRUNET (Louis)

Député, écrivain, né le 23 juillet 1847 à la Réunion, où il fit ses études classiques. Son père, Charles Brunet, fut conseiller général et joua un rôle politique important dans la colonie, ainsi que ses deux oncles : Auguste, qui fut directeur de l'Intérieur, et Sully Brunet, qui représentait la Réunion à l'Assemblée législative de 1850.

Engagé volontaire dès la déclaration de guerre, en 1870, M. Louis Brunet fit toute la campagne franco-allemande, devint sous-officier et rentra à la Réunion après la paix.

Dès son retour dans l'île natale, il prit part au mouvement politique en fondant divers journaux républicains ou en collaborant à d'autres : le *Ralliement*, les *Communes*, la *Revue Bourbonnaise*, etc. ; il acquit très vite une brillante réputation de polémiste.

Quand l'éligibilité des maires eut été rendue aux municipalités, M. Louis Brunet fut aussitôt choisi comme premier magistrat de Saint-Benoît, importante commune de la Réunion, qui le nomma plus tard maire honoraire. Il devint, en même temps, conseiller général.

Candidat républicain aux élections législatives générales de 1893, il fut nommé député de la Réunion, avec 4,976 voix, contre 3,172 à M. Leroy, député sortant ; il a été réélu au renouvellement de 1898, par 5,464 suffrages, contre 3,923 à M. Garros, et à celui de 1902 sans concurrent.

M. Louis Brunet a pris une part importante aux débats de la Chambre. Il interpella, le 22 janvier 1894, le ministère Casimir-Périer, et fit voter un ordre du jour, à l'unanimité, qui décida la campagne de Madagascar, dont le député de la Réunion signala, par la suite, les nombreuses difficultés (1895).

En 1896, il déposa un intéressant projet d'organisation de Madagascar, supprimant l'hégémonie hova et donnant l'administration de chacune des autres peuplades à un résident particulier. A cette même époque, il demandait aussi que les Alsaciens-Lorrains, les anciens militaires, les ouvriers de la Métropole et les colons de nos autres possessions fussent encouragés à aller à Madagascar ; puis, après s'y être rendu lui-même, pour s'entendre avec le général Galliéni, il soumettait à la Chambre tout un programme de colonisation, qui, s'il avait pu être réalisé complètement, aurait permis une grande économie dans les frais d'occupation.

M. Louis Brunet poursuit, depuis plusieurs années, la réalisation d'un projet tendant à relier toutes nos possessions d'outre-mer à la Métropole par un réseau de câbles exclusivement français ; il a pris plusieurs fois la parole à ce sujet, notamment dans la discussion du budget de 1903 ; il a obtenu, à ce moment, l'adoption d'une partie de ses propositions.

M. Louis Brunet est l'auteur de plusieurs autres projets de loi, relatifs à l'organisation de la justice, au recrutement des juges, à l'institution et au fonctionnement du jury en toutes matières ; à l'organisation administrative des colonies et à la suppression du régime des décrets ; au Crédit foncier colonial ; à la révision de la Constitution (révision limitée et donnant à la Chambre la direction des affaires en matière politique et financière).

En 1900, M. Louis Brunet déposa une nouvelle proposition de révision de la Constitution, visant la réorganisation de la Haute-Cour de justice sur les bases que la Constituante de 1791 lui avait données : élection, tirage au sort, droit de récusation. Dans l'exposé des motifs qui le conduisirent à cette proposition, renvoyée à une commission spéciale, le député de La Réunion faisait, d'après des documents inédits, un intéressant historique des causes soumises à la juridiction de la Haute-Cour depuis son établissement et à celle même du Châtelet. Cet ouvrage, d'un intérêt à la fois historique, juridique et littéraire, fait honneur à l'érudition de son auteur.

L'honorable député de la Réunion est inscrit au groupe de la gauche radicale.

Écrivain très apprécié, M. Louis Brunet a publié, notamment, en dehors de sa longue collaboration aux journaux et revues de la Réunion, les ouvrages suivants : *Ripaud de Montaudevert*, scènes de la Révolution ; l'*Abbé Dermont*, épisode de la Commune ; *A outrance !* recueils de vers sur la guerre de 1870-71 ; *Gambetta (1870-71)* ; l'*Histoire de l'Association des francs-créoles de l'Ile Bourbon* ; la *France à Madagascar*, étude historique et politique ; *Français toujours ! De Marseille à Tamatave* ; *Fille de France* ; l'*Œuvre de la France à Madagascar*, important ouvrage (deux volumes) ; *Aperçus historiques et récit de la campagne* ; puis l'*Organisation de Madagascar*, les *Responsabilités et les luttes confessionnelles*. Il a fourni aussi de nombreux articles au *Matin*, à l'*Eclair*, à la *France*, au *Rappel*, au *Voltaire*, au *National*, à la *France de Bordeaux*, au *Petit Marseillais*, à la *Dépêche de Toulouse*, etc.

M. Louis Brunet a été choisi, en 1903, comme premier vice-président de la Commission des Colonies, Affaires extérieures et Protectorats.

RIVIÈRE (Alexandre-Joseph)

MÉDECIN, physiologiste, électricien, né le 20 février 1860 à l'Ile Maurice (ancienne Ile de France). Après de brillantes études, faites au lycée de la Réunion, il vint fort jeune en France, accomplit à Grenoble une année de mathématiques spéciales, prépara à Toulouse la licence ès sciences et prit ses inscriptions médicales à Montpellier d'abord, puis à Paris. Il se fit recevoir, en 1884, docteur de la Faculté de Paris, avec une thèse originale *Sur le Nervisme ou Névrarchie*, dans laquelle il s'élevait contre l'absence de méthode en clinique et soutenait que l'organisme humain est dirigé par un pouvoir central émanant du système nerveux (d'où le nervisme), s'affirmant dans l'état physiologique comme dans l'état pathologique et au moment de l'intervention thérapeutique. Très audacieuse pour l'époque, cette thèse inaugurale fut l'objet de commentaires élogieux pour son auteur.

De retour à l'Ile Maurice, le Dr Rivière y exerça avec distinction la médecine générale et légale et la grande chirurgie. Il importa, le premier, dans son pays natal, les méthodes antiseptiques de Pasteur et de Lister. C'est à son initiative qu'est dû l'emploi du calomel associé au bicarbonate de soude, à l'eau et à la chaleur, dans le traitement des maladies aiguës, pour prévenir dès leur début, toute auto-intoxication.

D'autre part, le Dr Rivière attirait, dans le même temps, l'attention de ses confrères sur les dangers des applications de glace, d'opium et de morphine, pour le traitement des appendicites. Les avantages de la méthode préconisée par ce médecin sont généralement reconnus aujourd'hui.

Il s'est élevé avec force contre l'abus des opérations chirurgicales. Le premier, il a parlé du traitement médical de l'appendicite, au moment même où la généralité des médecins niait son efficacité.

Il a appelé l'attention de ses confrères sur l'importance de la fonction hépatique : le foie, pour lui, est le grand défécateur chargé d'épurer l'organisme entier. Il considère que la bile est formée de tous les déchets et de tous les poisons de l'économie animale : de là sa théorie de l'insuffisance hépatique et de la cholémie, pour expliquer l'auto-intoxication.

Esprit vraiment philosophique, le docteur Rivière applique à la médecine les grandes lois physiques et naturelles. Il s'est consacré au traitement des maladies chroniques, auxquelles il oppose surtout l'action des agents physiques (électricité, eau, chaleur, lumière, mouvement, ozone, oxygène, etc.)

Il créa, en 1893, l'Institut Physicothérapique de Paris, qui est le premier du genre. Cet établissement modèle, qui comporte les services complets d'électrothérapie, hydrothérapie, vibrothérapie, radiographie, thermothérapie, mécanothérapie, photothérapie, aérothérapie, kinésithérapie, est, chaque jour, visité par de nombreux médecins du monde entier.

Par son journal, les *Annales de Physicothérapie*, le Dr Rivière a été, vis à vis du monde médical, le grand vulgarisateur des traitements physiques, qui sont, au jugement d'éminents praticiens, les agents les plus puissants dont dispose la médecine pour la cure des maladies chroniques.

Inventeur de nombreux appareils qui portent son nom, il a publié d'importantes communications, parmi lesquelles on doit citer les suivantes : le *Traitement hygiénique de l'obésité* (1901) ; les *Bains d'acide carbonique chlorurés carbo-gazeux et leur action sur l'organisme* (1901) ; *Aperçus de Philosophie et de*

Synthèse médicales (1902) ; *Esquisses de Physicothérapie* (1902) ; *Traitement abortif et curatif des formes graves de la Cholémie (Ictère grave, bilieuse, hématurique, fièvre jaune), par le moyen du calomel, de l'huile de ricin et de la chaleur* (1902) ; les *Bains thermo-lumineux* (1902) ; *Les trois quarts des nourrissons malades meurent de soif* (1902), etc. Il a présenté aussi nombre de mémoires aux sociétés savantes, sur l'*Action des courants de haute fréquence, relative à la guérison des cancroïdes de la face, le Traitement du cancer de la Tuberculose pulmonaire et des ganglions* (Congrès international d'Electricité et de Radiographie médicales, 1900) ; le *Traitement abortif et curatif des maladies aigües, de la typhoïde et de l'appendicite en particulier par le calomel, l'eau, la chaleur et la quinine* (Congrès de la British Médical Association, 1901) ; le *Traitement de la Tuberculose par les courants de haute fréquence* (Congrès de la Tuberculose de Londres, 1902), etc.

On doit encore au Dr Rivière un intéressant ouvrage sur le *Positivisme en Médecine* (1 vol. 1884), dont une deuxième édition est annoncée en 1903.

Le Dr Rivière est officier d'Académie, membre de la Société française de Physique et de plusieurs autres sociétés médicales.

BIENVENÜE
(Fulgence-Marie-Auguste)

NGÉNIEUR, né à Uzel (Côtes-du-Nord) le 27 janvier 1852. Entré à l'Ecole polytechnique en 1870, il en sortit, deux ans plus tard, pour suivre les cours de celle des Ponts-et-Chaussées (1872-1875). Après avoir débuté comme ingénieur de 3ᵉ classe à Alençon (Orne), où il s'occupa pendant plusieurs années de la construction de voies ferrées, il vint, en 1884, à Paris, et fut attaché à un service de contrôle de chemins de fer.

Appelé, en 1886, au service municipal de la Ville de Paris, M. Bienvenüe fut chargé des travaux relatifs aux XIXᵉ et XXᵉ arrondissements. C'est sous sa direction que s'opérèrent le percement de l'avenue de la République (depuis avenue Gambetta) et l'établissement du funiculaire de Belleville à la place de la République, qui, datant de 1890, c'est-à-dire d'une époque où la traction électrique n'était pas encore utilisée, a été résolu malgré de nombreuses difficultés, comme celle de l'étroitesse des voies parcourues.

Successivement promu de deuxième, puis de première classe, M. F. Bienvenüe devint, en 1891, ingénieur en chef des Ponts-et-Chaussées. C'est à lui qu'incombèrent, en 1891, le tracé et l'exécution des travaux relatifs à l'aqueduc construit pour la dérivation des eaux de l'Avre ; puis il entreprit, en 1895, les études nécessaires à la dérivation des eaux du Loing et en assura l'exécution, du moins partiellement.

Dès 1896, M. Bienvenüe procéda aux études préparatoires du chemin de fer métropolitain projeté à Paris et, après la déclaration d'utilité publique de cette entreprise (1898), il se consacra entièrement à son exécution. La construction de ce réseau multiple de voies ferrées à traction électrique, tantôt aériennes, le plus souvent souterraines, qui constitue le Métropolitain, a, depuis, absorbé l'éminent ingénieur ; l'ouverture et la mise en service de plusieurs tronçons purent être, grâce à son activité, rapidement réalisées et l'achèvement du projet amènera, à Paris, une très heureuse transformation des conditions de transport, dont les profits principaux seront, pour les habitants, une économie considérable de temps et d'argent.

M. Bienvenüe (dont il importe de bien établir l'orthographe, trop souvent défigurée, du nom) est officier de l'ordre de Léopold de Belgique et officier de la Légion d'honneur.

DECRAIS (Albert-Pierre-Louis)

ÉPUTÉ, diplomate et ancien ministre, né à Bordeaux (Gironde) le 18 septembre 1838. Issu d'une ancienne famille de la région, il fit ses études classiques au lycée de la ville natale et celles de droit à Paris. Reçu licencié, il devint premier secrétaire de la Conférence des avocats (1862-1863), sous le bâtonnat de Jules Favre, et prononça à ce titre un *Eloge de M. de Vatimesnil* qui lui valut le prix Pailiet.

Inscrit au barreau de Paris dès 1864, M. Albert Decrais se fit remarquer de bonne heure par ses convictions républicaines. Au 4 septembre 1870, il fut attaché par le gouvernement de la Défense nationale à la mission diplomatique de M. Tachard à Bruxelles.

Le 20 mars 1871, il était nommé préfet d'Indre-et-Loire et passait, en cette qualité, successivement dans les départements des Alpes-Maritimes (1874) et de la Gironde (1876). Démissionnaire le 18 mai 1877, M. Decrais devint conseiller d'Etat en 1879 ; puis, l'année suivante, nommé conseiller d'Etat honoraire, il fut choisi comme ministre plénipotentiaire et envoyé extraordinaire à Bruxelles.

Appelé, en 1882, à la direction politique au ministère

des Affaires étrangères, M. Decrais fut nommé, la même année, ambassadeur de France près le roi d'Italie à Rome (1882); il passa, au même titre, à Vienne en 1886, à Londres en 1894. et il demanda, en 1896, sa mise en disponibilité. Grâce à son tact, son habileté et sa connaissance approfondie de toutes les questions se rattachant aux hautes missions qu'il a eues à remplir, M. Decrais a pu rendre de grands services à notre pays et a laissé les meilleurs souvenirs dans les cours où il séjourna.

Conseiller général du département de la Gironde, pour le canton de Créon, de 1880 à 1886, M. Decrais se présenta, en 1896, comme candidat à la députation, en remplacement de M. Labat, décédé, dans la 1re circonscription de Bordeaux, et échoua contre M. Ferret, radical ; mais, quand M. Raynal, représentant de la 4e circonscription de cette ville, fut envoyé au Sénat, M. Decrais posa sa candidature dans ce collège et fut élu par 9,905 voix, contre 7,308 à M. Benon, conservateur. Il a été réélu, dans la même circonscription : en 1898, avec 14,868 suffrages, contre 3,718 à M. Surgand, socialiste, au premier tour ; et en 1902, toujours au premier tour, par 8,715 voix, contre 6,768 à M. Alibert, républicain indépendant.

Le rôle politique de l'honorable député de la Gironde a été des plus importants. Inscrit au groupe progressiste de la Chambre, M. Decrais suivit les membres de ce groupe qui adoptèrent la ligne politique de « défense républicaine » et formèrent ensuite l'Union démocratique. Il a fait partie de com. missions nombreuses et prend une part considérable et souvent décisive aux délibérations parlementaires.

Ministre des Colonies dans le cabinet Waldeck-Rousseau (23 juin 1899 au 4 juin 1902), M. Decrais a pris, durant son séjour au pouvoir, des mesures intéressant à la fois l'ordre économique et social de nos diverses possessions. Il s'est attaché à développer les moyens de communication du Dahomey, de la Guyane, de Madagascar, etc., par la construction de voies ferrées et l'ouverture de routes accessibles aux transports. Puis il essaya de séparer, partout où cela lui parut possible, les divers pouvoirs militaire, administratif et judiciaire; il s'efforça en outre de faire disparaître l'arbitraire dans les colonies pénitentiaires par l'établissement de tribunaux réguliers et la suppression des traitements coercitifs jugés excessifs, telle la « double boucle, » suppression à laquelle toute la presse et l'opinion ont applaudi.

Membre du Conseil de l'ordre de la Légion d'honneur depuis 1880, M. Decrais se démit de cette fonction, lors de son arrivée au ministère des Colonies. Il est grand-officier de la Légion d'honneur depuis 1894, grand-croix de Saint-Etienne d'Autriche-Hongrie, des Saints-Maurice-et-Lazare d'Italie, de Léopold de Belgique, de Villaviciosa de Portugal, etc.

PRÉVOST (Eugène-Marcel)

Romancier, auteur dramatique, né à Paris, le 1er mai 1862. Fils d'un sous-directeur des Contributions indirectes, il accomplit ses études classiques successivement au petit séminaire de Sainte-Croix à Orléans, au collège de Châtellerault, puis chez les Jésuites de Bordeaux et de Paris. Entré à l'Ecole Polytechnique en 1882, il en sortit, le vingtième de sa promotion sur 25 élèves, en 1884, pour suivre les cours de l'Ecole spéciale des Tabacs (1884-1886). Ingénieur diplômé de cette administration, il remplit successivement ses fonctions à Châteauroux (Indre), à Lille, à Paris, puis il fut mis en disponibilité sur sa demande en 1891.

Dès 1881, M. Marcel Prévost avait débuté dans les lettres par la publication, sous le pseudonyme de « Schlem », dans le journal le Clairon, d'une nouvelle intitulée : Conscrard Chambergeot. Il fit paraître ensuite, dans le Matin, une autre nouvelle : Jacques, qui devait être remaniée par la suite. Puis, en librairie et sous son propre nom, il publia : le Scorpion (1 vol. 1887) qui, d'emblée, plaça son auteur en bon rang parmi les écrivains de l'époque. Depuis lors, il a donné une série de romans que l'on s'accorde à déclarer remarquables par leurs qualités de style, d'observation et d'émotion. Psychologue, M. Marcel Prévost l'est plus que bien d'autres littérateurs peut-être, mais sans pédanterie, et avec le seul souci de peindre les caractères tels qu'on les voit passer dans la vie et l'humanité.

Nous mentionnerons de cet écrivain : Chonchette (roman, 1 vol. 1888) ; Mademoiselle Jauffre (1 vol. 1889); Cousine Laura (1 vol. 1890) ; la Confession d'un amant (1 vol. 1891) ; Lettres de femmes (1 vol. 1892) ; l'Automne d'une femme (1 vol. 1893) ; Nouvelles lettres de femme (1 vol. 1894) ; les Demi-Vierges, le succès le plus vif de l'auteur, qui a atteint en 1903, un tirage de plus de cent mille exemplaires (1 vol. 1894) ; Notre compagne (1 vol. 1895) ; le Moulin de Nazareth, où la nouvelle : Jacques réapparaît augmentée et avec des changements notables (plaquette, 1895) ; le Mariage de Juliette (autre plaquette, 1896) ; le Jardin secret, roman qui est parvenu à son soixantième mille (1 vol. 1897) : *Dernières lettres de femme* (1 vol. 1898) ; les *Vierges fortes*, sorte d'opposition aux *Demi-Vierges*, une des plus belles œuvres de cet auteur, si elle ne compte pas parmi les plus en vogue, et qui comprend deux volumes : *Frédérique* (1900) et *Léa* (1900) ; l'*Heureux ménage* (1 vol. 1901) ; *Lettres à Françoise*, recueil d'articles moraux parvenu à son trentième mille (1 vol. 1902) ; le *Domino Jaune* (plaquette, 1902) ; le *Pas relevé*, nouvelles (1 vol. 1902) ; l'*Accordeur aveugle* (1903).

On annonce de M. Marcel Prévost, destiné à la *Revue des Deux-Mondes* un nouveau roman : la *Princesse d'Erminges*.

Au théâtre, il a donné : l'*Abbé Pierre*, pièce tirée du *Scorpion* (Théâtre Libre, 1891) ; les *Demi-Vierges*, tirée de son roman (Gymnase, 1895). Il a écrit encore une pièce originale destinée à la Comédie française : *Unis* (1903).

M. Marcel Prévost a collaboré au *Figaro*, au *Gil Blas*, au *Temps*, au *Journal* (où il a donné des séries d'articles : la *Vie sentimentale*, les *Lettres à Françoise*, etc.), à la *Prensa* de Buenos-Ayres, etc. La plupart de ses romans ont paru d'ailleurs dans les journaux ou revues avant ou après leur publication en librairie.

Membre du Comité de la Société des Gens de Lettres, qui l'élut aussi à sa présidence. M. Marcel Prévost est officier de la Légion d'honneur depuis 1900.

WADDINGTON (Richard)

SÉNATEUR et industriel, né à Rouen le 22 mai 1838. Il est le frère de Willam Waddington, sénateur, membre de l'Institut, ancien ministre, qui fut longtemps ambassadeur à Londres (1826-1894). Propriétaire des filatures de Saint-Rémy-sur-Avre (Eure-et-Loir), il dirige ces manufactures, créées par son aïeul, anglais d'origine, qui obtint, en 1816, les lettres de grande naturalisation.

Chargé, pendant la guerre franco-allemande de 1870-1871, de l'organisation de l'artillerie de la garde mobilisée de la Seine-Inférieure, il en fut le capitaine et obtint, au titre militaire, la décoration de la Légion d'honneur à la fin de la campagne.

Au mois d'octobre 1871, M. Richard Waddington fut élu membre du Conseil général de la Seine-Inférieure, pour le canton de Darnétal, qu'il n'a plus cessé de représenter. Il était déjà juge au Tribunal de Commerce de Rouen depuis 1869, il devint membre de la Chambre de Commerce de cette ville en 1872 et a été choisi pour la présider en 1896.

Aux élections législatives du 29 février 1876, élu, comme candidat républicain, dans la troisième circonscription de Rouen, il s'était inscrit au Centre gauche, dont il fut le secrétaire. Après le 16 mai 1877, il se trouva parmi les 363 députés qui refusèrent un vote de confiance au cabinet de Broglie. Réélu aux élections suivantes, par 11,854 voix, contre 7,621 à M. Delamarre de Bouteville, candidat officiel (14 octobre 1877), il a vu, par la suite, son mandat renouvelé : le 21 août 1881, par 12,626 suffrages, contre 1,011 à M. Cordhomme, radical ; le 4 octobre 1885, au scrutin de liste, sur le groupement opportuniste de la Seine-Inférieure, le cinquième sur douze, par 80,138 voix sur 149,546 votants ; et le 22 septembre 1889, dans son ancienne circonscription, par 10,217 voix contre 9,032 données à M. de Pomereu, monarchiste.

A la Chambre, M. Richard Waddington prit une part assez active aux débats ; membre de la Commission des Chemins de fer, de celles des Douanes, du Travail et des Expositions universelles de 1878 et 1889, il défendit avec ardeur le système protectionniste ; il fut rapporteur de la loi sur le travail des femmes et des enfants dans l'industrie et intervint dans les discussions sur diverses questions ouvrières, coloniales, industrielles ou financières. Il combattit le mouvement boulangiste et soutint la politique modérée des ministères opportunistes.

Au renouvellement triennal de janvier 1894, M. Richard Waddington fut nommé sénateur de la Seine-Inférieure par 785 voix ; il a été réélu, en 1900, par 825 sur 1,486 votants, au second tour. Membre du Conseil supérieur des Colonies, du Comité consultatif des Chemins de fer, il a fait partie également de la Commission supérieure de l'Exposition de 1900 et a été choisi deux fois comme président de la Commission supérieure du Travail.

Au Sénat, comme il l'avait fait à la Chambre, il appuie les doctrines économiques protectionnistes, dans la Commission des Douanes dont il fait partie. Il a combattu les ministères Waldeck-Rousseau, Combes et les politiques de « défense » et d'« action » républicaines.

M. Richard Waddington a publié deux ouvrages historiques d'une certaine importance : la *Guerre de sept ans* (2 vol. 1894) ; *Louis XVI et le renversement des alliances* (1896).

LAISANT (Charles-Ange)

MATHÉMATICIEN, ancien député, né à la Basse-Indre (Loire-Inférieure) le 1ᵉʳ novembre 1841. Entré à l'École polytechnique en 1859, il en sortit, deux ans plus tard, officier du génie. Promu capitaine en 1866, c'est à ce titre qu'il prit part à la guerre franco-allemande de 1870. Pendant le siège de Paris, il fut chargé des travaux de défense du fort d'Issy et reçut, le 18 janvier 1871, la croix de la Légion d'honneur pour sa brillante conduite.

Le 8 octobre suivant, M. Laisant était élu conseiller général de la Loire-Inférieure ; l'autorité militaire l'envoya alors en Corse d'abord, puis en Algérie ; mais il parvint à suivre cependant les sessions de l'assemblée départementale dont il faisait partie. En 1875, pour se consacrer exclusivement à la politique active, il quitta l'armée par démission. Il devait être révoqué, plus tard, comme officier de l'armée territoriale, par M. de Freycinet, à la suite d'une réunion électorale donnée au théâtre du Château d'Eau, en 1888, pendant la campagne boulangiste.

Le 20 février 1876, M. Laisant devint député de la première circonscription de Nantes, élu par 8,721 voix, contre 5,870 au candidat conservateur. Siégeant à l'extrême-gauche, il vota l'amnistie en faveur des condamnés de la Commune, s'opposa à l'expédition du Tonkin et demanda la réduction à trois ans du service militaire avec la suppression du volontariat. Repoussée à ce moment, cette proposition fut reprise en 1877 et en 1878 ; elle ne devait être adoptée que quelques années plus tard, malgré les instances réitérées de son auteur.

Après le 16 mai 1877, M. Laisant compta parmi les 363 opposants au ministère de Broglie. Pendant la période agitée qui suivit, il eut deux duels, l'un avec son collègue, M. de La Rochette, député de la Loire-Inférieure, l'autre avec le comte de Maillé, qui était alors député de Maine-et-Loire ; il fut réélu député le 14 octobre de la même année, par 9,695 voix, contre 5,611 à l'amiral de Cornulier-Lucinière, royaliste.

Le 29 novembre 1877, M. Laisant se fit recevoir docteur ès-sciences mathématiques, avec deux thèses intitulées : *Applications mécaniques du calcul des quaternions* et *Nouveau mode de transformation des courbes et des surfaces*.

Dans la même période, il faisait paraître de nombreux articles de politique dans la presse parisienne et soutenait de vives polémiques pour la défense des idées démocratiques. En 1879, il prit la direction du *Petit Parisien*, qu'il conserva jusqu'en 1881. Ce journal ayant publié des attaques contre le général de Cissey, ministre de la guerre (affaire de Cissey-Kaulla), son directeur fut poursuivi conjointement avec M. Henri Rochefort et condamné pour diffamation, le 27 novembre 1880, à huit mille francs d'amende. Le député de la Loire-Inférieure porta cette affaire à la tribune de la Chambre ; mais sans succès.

Réélu en 1881, avec 6,805 voix, sans concurrent et toujours dans la même circonscription, M. Laisant fonda, la même année, la *République Radicale*, dont il conserva la direction jusqu'en 1886. Au renouvellement général législatif de 1885, fait au scrutin de liste, il ne se représenta pas dans son département ; mais fut élu dans la Seine, au second tour de scrutin, par 284,191 suffrages sur 434.360 votants.

Rapporteur de la Commission des lois sur le recrutement de l'armée, il démissionna de cet office, en juillet 1887, devant le refus de la Chambre d'accepter l'abolition totale des cas de dispense et d'exemption.

Le député de la Seine publia, en 1887, une étude de politique contemporaine, sous ce titre : l'*Anarchie bourgeoise*, qui fit un certain bruit. Lié, dès cette époque, avec le général Boulanger, et partisan de la révision de la Constitution, que celui-ci avait inscrite à son programme, M. Laisant devint l'un des membres du Comité national boulangiste et de la Ligue des Patriotes. Lors de la dissolution de cette ligue (1888), il fut impliqué dans le procès intenté à son comité directeur et condamné pour participation à une association non autorisée. Il avait publié, en 1887, un mémoire explicatif de sa nouvelle ligne de conduite, sous ce titre : *Pourquoi et comment je suis boulangiste*.

Aux élections législatives du 22 septembre 1889, faites de nouveau au scrutin uninominal, M. Laisant, candidat du général dans la 1ʳᵉ circonscription du XVIIIᵉ arrondissement de Paris, fut élu député au second tour de scrutin, par 3,600 voix contre 3,214 à M. Lafont, socialiste, député sortant.

Radical de gouvernement avant l'heure où ce parti a pu arriver au pouvoir, M. Laisant, ardent apôtre de certaines réformes démocratiques, s'était jeté dans le boulangisme avec l'espoir de faire aboutir plus rapidement ses conceptions politiques. L'échec du « parti national » l'ayant découragé, il ne se représenta pas au renouvellement général législatif de 1893 et rentra dans la vie privée, après avoir occupé au Parlement, pendant dix-huit années, une place très en vue.

Sa retraite cependant n'avait pas éteint toutes les rancunes amassées contre lui. Arton, après son arrestation, en 1896, ayant déclaré avoir versé une somme d'argent à M. Laisant pour assurer son vote en faveur de la Compagnie de Panama, ce dernier fut arrêté et emprisonné, malgré ses dénégations et l'absence de toute preuve autre que l'affirmation de son accusateur ; mais la Cour d'assises de la Seine rendit en sa faveur un arrêt d'acquittement en janvier 1898.

M. Laisant s'est séparé définitivement de ses anciens amis politiques sur l'affaire Dreyfus, en se prononçant nettement, quand il en eut l'occasion, en faveur de la révision de ce procès.

Pendant qu'il remplissait dans la vie publique de notre pays un rôle important, M. Laisant s'occupait parallèlement de travaux scientifiques qui sont universellement appréciés. Parmi ceux qu'il a fait paraître, on doit mentionner, outre de très nombreux mémoires, publiés dans les recueils spéciaux français ou étrangers, les ouvrages suivants : *Exposition de la théorie des équipollences*, traduction de l'ouvrage de G. Bellavitis (1 vol. 1874); *Essai sur les fonctions hyperboliques* (1 vol. 1874) ; *Introduction à l'étude des quaternions* (1 vol. 1881) ; *Théorie et applications des équipollences* (1 vol. 1887) ; *Premiers principes d'Algèbre* (1 vol. 1892) ; *Problèmes de Géométrie* (1 vol. 1894) ; *Application de l'Algèbre élémentaire à la Géométrie* (1 vol. 1897) ; ces trois derniers volumes en collaboration avec M. Perrin ; la *Mathématique ; philosophie, enseignement* (1 vol. 1898) ; un important *Recueil de Problèmes*, dont 6 volumes ont paru de 1893 à 1903. Il a dirigé, depuis l'origine, la partie mathématique de la *Grande Encyclopédie* ; en 1894, il fondait, avec M. E. Lemoine (1), l'*Intermédiaire des Mathématiciens*, importante publication spéciale ; puis il prit, en 1896, la direction des *Nouvelles Annales de Mathématiques*. En 1899, il fondait encore, avec M. H Fehr, professeur à l'Université de Genève, l'*Enseignement mathématique*, autre revue internationale de réel intérêt Enfin, il est secrétaire de la Commission permanente du *Répertoire bibliographique des Sciences mathématiques*, dont M. Henri Poincaré est président.

M. Laisant s'occupe avec beaucoup d'ardeur des questions de pédagogie scientifique, sur lesquelles il a fait plusieurs conférences, reproduites par la *Revue scientifique* ; depuis 1900, il est directeur des études scientifiques du Cours de jeunes filles et d'enfants que dirige Mᵐᵉ Charles Laisant, sa belle-fille.

(1) Notice page 112, tome III.

M. Laisant a été professeur à l'Ecole Sainte-Barbe et examinateur à l'Institut agronomique de 1895 à 1897. Après avoir été répétiteur de mécanique à l'Ecole Polytechnique, il y est devenu, en 1898, examinateur.

Membre et ancien président de la Société Mathématique de France et de la Société Philomathique, il est encore membre de l'Association française pour l'avancement des Sciences, de l'Institut national Genevois, de l'Académie des Sciences et Lettres de Padoue, de l'Académie des Sciences de Lisbonne, de l'Institut de Coïmbre, de l'Académie des Sciences de Madrid, du Cercle mathématique de Palerme, de la Société des Sciences physiques et naturelles de Bordeaux, ainsi que de la Société des Gens de Science, dont il a été président ; il fait partie, d'autre part, de l'Association nationale des Libres-Penseurs de France.

M. Laisant a été promu officier de la Légion d'honneur en 1902.

DENIS (Charles-Flavien)

Prêtre, philosophe et conférencier, né à Heilles-Mouchy (Oise) le 8 février 1860. Il fit ses études classiques au petit séminaire de Saint-Lucien et celles de théologie au séminaire de Beauvais. Nommé, en 1885, professeur de cinquième au petit séminaire de Noyon, il fut ordonné prêtre le 10 juillet 1887 et devint, peu de temps après, curé de Saint-Martin-le-Nœud, puis vicaire à Clermont (Oise) et aumônier du collège de cette ville de 1891 à 1897. M. l'abbé Denis vint ensuite à Paris et s'y produisit brillamment comme écrivain et comme conférencier.

L'abbé Denis avait débuté en faisant paraître, en 1887, une série d'études sur le *Problème de la Contingence*. Il publia ensuite, dans le journal la *Défense*, de nombreuses variétés critiques et littéraires et une remarquable *Introduction à l'Histoire de la Philosophie du Clergé du XIXᵉ Siècle*, puis il donna, dans l'*Université Catholique*, de Lyon, des études sur le P. Grou et la Spiritualité, l'*Abbé de Feletz et la critique littéraire et philosophique de 1800 à 1830*, l'*Abbé Frayssinous et l'Apologie chrétienne*, la *Fin du Paganisme et la Renaissance chrétienne* ; dans la *Revue du Monde Catholique* : l'*Abbé Emery et le cardinal de la Luzerne*, etc. En librairie, de temps à autre, il faisait paraître quelques volumes, notamment : l'*Œuvre de M. Caro et le Spiritualisme en France* (1 vol. 1857) ; *Renan ou l'Apologétique historique* (1 vol. 1890) ; *Esquisse d'une Apologie philosophique du Christianisme* (1898, dont une nouvelle édition est annoncée en 1903) ; *les Périls de la Foi*, en réponse au livre de Mgr Turinas : les *Vrais Périls*, étude qui eut deux éditions et fut très commentée (1901) ; *Un Carême apologétique*, sermons sur les dogmes fondamentaux (Albi, 1902), etc.

En avril 1895, pour donner à ses vues de réforme ecclésiastique l'appui d'un organe périodique, M. l'abbé Denis avait pris la direction des *Annales de Philosophie Chrétienne*, importante revue mensuelle fondée par A. Bonnetty et qui, dans des études classiques, critiques et apologétiques, analyse tous les problèmes de religion, d'exégèse et de science contemporaine, dans leurs rapports avec la théologie traditionnelle et l'histoire de l'Eglise. En 1896, M. l'abbé Denis inaugura dans cette revue une méthode de néo-apologie du christianisme, de concert avec M. Maurice Blondel ; ce mouvement a été suivi depuis par des hommes en vue, comme MM. Brunetière et Fonsegrive.

En septembre 1900, il prit une part active au Congrès sacerdotal de Bourges, où il fut vivement attaqué par M. l'abbé Gayraud, député, en raison de ses doctrines philosophiques, et celles-ci suscitèrent des polémiques diverses, notamment dans l'*Univers*, en janvier 1902.

Lorsque M. Deherme fonda, en octobre 1900, la « Coopération des Idées », il invita l'abbé Denis à des conférences contradictoires sur divers sujets religieux ou sociaux ; la première eut lieu avec un succès considérable, qui déplut à certaines personnalités. A la deuxième, interrompue par une cabale violente, il cessa pendant quelque temps la série de ces conférences, pour la reprendre seulement en février 1903, à l'hôtel des Sociétés savantes ; celle qu'il donna alors, en contradiction avec M. Han Ryner, réussit fort bien.

En 1902, M. l'abbé Denis et la plupart de ses collaborateurs ecclésiastiques ayant été vivement attaqués par le Père jésuite Fontaine, le P. Meignan, l'abbé Gayraud et le journal la *Vérité Française*, M. Denis répondit par la publication d'une brochure : les *Leçons de l'heure présente*, dans laquelle il expliquait son attitude de polémiste et démontrait la nécessité d'un progrès intellectuel dans le clergé catholique. Dix évêques lui accordèrent leurs encouragements, tandis que les attaques redoublaient, d'autre part, d'intensité. Dans une nouvelle étude sur la *Situation politique, sociale et intellectuelle du Clergé français* (1903), l'abbé Denis, à l'occasion de la loi sur les associations, a recherché les antécédents de la décadence de l'Eglise de France, due, selon lui, à une désobéissance coutumière, depuis vingt-cinq ans, à la direction du pape Léon XIII, au traditionnalisme gallican et janséniste et à l'inadaptabilité volontaire de quelques congrégations dirigeantes aux milieux sociaux et scientifiques contemporains.

Les vues très personnelles de M. l'abbé Denis sont diversement commentées dans le monde ecclésiastique. Si quelques personnalités du clergé les discutent ou se réservent, plusieurs prélats, au contraire, les approuvent pleinement. C'est ainsi, par exemple, que les archevêques d'Albi et de Bourges ont invité l'abbé Denis à prêcher le carême en leurs cathédrales. Ces deux derniers carêmes ont été réédités en un volume en 1903.

Mentionnons, comme détail anecdotique, que M. Paul Bourget a pris M. Denis comme type de son abbé démocrate Chanut, dans son roman intitulé : l'*Etape*.

DELARD (Joseph-Eugène)

ÉCRIVAIN, administrateur, né le 28 février 1858, au château du Cayrou, près Puy-l'Evêque (Lot). Il appartient à une famille d'agriculteurs et de soldats. Fils d'un colonel de l'empire, il fit ses études classiques au collège d'Agen et au lycée de Toulouse, puis celles de droit aux facultés de Paris et de Bordeaux. Reçu licencié, il ne s'adonna pas à la jurisprudence ; mais se consacra aux lettres.

Après avoir donné quelques nouvelles dans une petite revue : le *Feu follet*, il débuta réellement en littérature par la publication, à la *Revue des Deux-Mondes*, d'un roman de pénétrante observation rurale : le *Joug*, qui parut ensuite en librairie (1 vol 1889) et mit dès ce moment son auteur en lumière.

M. Eugène Delard a fait paraître ensuite : les *Dupourquet*, critique des mœurs de province, publiée d'abord dans la *Revue des Deux-Mondes* (1 vol 1892) ; le *Sillon*, autre étude de la vie rustique, dont le *Figaro* eut la primeur (1 vol 1895) ; *Bélicerte*, ironique peinture des mœurs électorales, donnée au *Gil-Blas* (1 vol 1895) ; *Ames simples*, recueil de nouvelles, dont la principale : le *Grand Germain*, parut aussi dans la *Revue des Deux-Mondes* (1 vol 1897) ; le *Désir*, roman de psychologie contemporaine, paru dans la *Revue de Paris* (1 vol 1899), etc.

Outre ces romans, remarquables par des qualités de

style et de fine satire, M. Eugène Delard a publié encore quelques études de critique d'art et de nombreux contes ou nouvelles dans le *Gil-Blas*, le *Temps*, le *Supplément littéraire du Figaro*, etc.

Pour le théâtre, cet auteur a écrit deux pièces, dont l'une : l'*Intruse*, comédie en trois actes, fut refusée par le comité de lecture de la Comédie Française en 1901, après des débats mouvementés ; l'autre : la *Cage*, pièce en deux actes, est annoncée pour être représentée en 1903 à l'Odéon.

M. Eugène Delard a été nommé, en janvier de cette même année, conservateur du Musée Galliera. Dans ce musée, qui n'est pas seulement une sélection, mais aussi une exposition permanente d'œuvres d'artistes modernes, il a organisé des manifestations d'art appliqué à l'industrie et notamment des expositions de bronzes et d'ivoires fort intéressantes.

BARTHÉLEMY
(Anatole-Jean-Baptiste-Antoine de)

ARCHÉOLOGUE, membre de l'Institut, né à Reims (Marne) le 1er juillet 1821. Il est fils d'un ancien préfet. A sa sortie de l'École des Chartes, il fut nommé secrétaire-général des Côtes-du-Nord, puis sous-préfet de l'ancien arrondissement de Belfort (Haut-Rhin) et de Neufchâtel (Seine-Inférieure) ; il quitta l'administration en 1860.

M. Anatole de Barthélemy, qui a été successivement correspondant du ministère de l'Instruction publique, membre du Comité des Travaux historiques et de la Commission de Topographie des Gaules, s'est fait remarquer par des travaux d'archéologie et de numismatique importants. Il a été admis à l'Académie des Inscriptions et Belles-Lettres, le 11 novembre 1887, en remplacement de M. Benoist.

Il a publié une *Revue des travaux de Numismatique*, de 1859 à 1863, ainsi que des mémoires ou des volumes qui ont été édités dans diverses villes de province. Citons, parmi ses travaux : *Rapport sur quelques monuments religieux et féodaux de la Loire* (1842) ; *Essai sur l'Histoire monétaire du prieuré de Sauvigny* (1846) ; *Monnaies des Aulerci* (1847) ; *Études sur les monnaies des ducs de Bourgogne* (1849) ; *Nouveau Manuel complet de Numismatique ancienne* (1851, 2e éd., 1890) ; *Nouveau Manuel complet de Numismatique au moyen-âge et moderne* (1854, 2e éd. 1890) ; *Diocèse de Saint-Brieuc, histoire et monuments* (1855) ; *Étude sur la Révolution en Bretagne* (avec M. Geslin de Bourgogne, 1858) ; *Armorial de la généralité d'Alsace* (1861) ; *Numismatique mérovingienne* (1865) ; *Mélanges historiques et archéologiques sur la Bretagne* (1869) ; *Études héraldiques* (1848), etc. Il a fait, depuis, de nombreuses communications à l'Académie des Inscriptions et Belles Lettres, sur des sujets analogues.

M. de Barthélemy est officier de l'Instruction publique et chevalier de la Légion d'honneur.

RIPERT (Jean-Baptiste-Victor)

DÉPUTÉ, avocat, né à Marseille (Bouches-du-Rhône) le 2 mai 1870. Il accomplit ses études classiques dans sa ville natale et celles de droit à la Faculté d'Aix, dont il fut plusieurs fois lauréat. Licencié en droit en 1891, M. Ripert compta au nombre des avocats du barreau de Paris de 1892 à 1894. Admis, au concours, comme rédacteur à la Préfecture de la Seine à ce moment, il démissionna, l'année suivante, pour se faire inscrire au barreau de Marseille, où il avait déjà paru quelque peu auparavant ; il y fut élu, en décembre 1896, premier lauréat de la Conférence des avocats.

En 1897, M. Ripert obtint l'annulation d'un arrêté pris par M. Flaissières, maire de Marseille, qui nuisait aux intérêts des marchandes de poissons au panier, très nombreuses dans le port de cette ville et organisées en syndicat. Ce succès judiciaire lui valut une notoriété, qui alla, depuis, sans cesse grandissant. Il a plaidé d'importants procès commerciaux ou civils et s'est produit avec distinction, comme conférencier, ailleurs qu'à la barre.

Lors des élections générales législatives de 1898, M. Ripert se porta candidat dans la première circonscription de Marseille, contre M. Carnaud, député sortant. Ce dernier fut réélu, au deuxième tour de scrutin, après une campagne électorale très vive.

En 1900, candidat au mandat municipal, sur une liste républicaine opposée à celle de M. Flaissières, maire de Marseille, et élu avec quatre amis politiques, M. Ripert prit la plus grande part aux attaques virulentes qui, dès lors, battirent en brèche l'administration de la municipalité collectiviste au pouvoir ; il critiqua notamment la répartition des finances, la nomination du personnel, les plans de grands travaux, etc. Il a contribué personnellement, plus que tout autre, à la chute de M. Flaissières, qui dut quitter la mairie en 1902.

Lorsque le président Kruger vint en France,

M. Ripert et ses amis avaient été les seuls, parmi les édiles marseillais, à le recevoir officiellement (1901).

Au renouvellement général législatif de 1902, M. Ripert, candidat dans la cinquième et nouvelle circonscription de Marseille, fut élu député, au deuxième tour de scrutin, par 7,341 voix, contre 6,660 à M. Flaissières.

Républicain démocrate, M. Ripert n'appartient à aucun groupe parlementaire et c'est à tort qu'on l'a désigné parfois comme nationaliste. Dans son programme, il réclamait la liberté de conscience absolue et les libertés d'association et d'enseignement sous le contrôle de l'Etat. Il est libre-échangiste.

L'honorable député des Bouches-du-Rhône a pris, à différentes reprises, la parole à la Chambre ; d'abord pour défendre la validation de son élection, qu'il emporta après un discours plein de verve et d'esprit ; puis à propos de l'affaire Pictet, dans une interpellation adressée à M. Pelletan, ministre de la Marine (1903).

LE BRETON (Gaston)

ARCHÉOLOGUE, écrivain d'art, membre correspondant de l'Institut, né à Rouen (Seine-Inférieure) le 22 novembre 1845. Après avoir terminé ses études classiques, il voulut les compléter par de nombreux voyages dans toute l'Europe et en Orient ; il rapporta, à son retour, de précieuses collections d'objets d'art, qui lui permirent plus tard d'enrichir les musées. Directeur du Musée céramique de Rouen depuis 1875, il en a fait un des principaux du monde en ce genre.

Nommé, en 1891, directeur du Musée départemental des Antiquités de la Seine-Inférieure, M. Le Breton y créa de nouvelles salles, notamment celle des antiquités égyptiennes, obtenue sans frais, par ses fouilles, ses recherches et ses démarches, lors de son séjour en Egypte ; de même que celle des tapisseries, broderies, étoffes, etc. Il augmenta ainsi les collections existantes par ses découvertes personnelles et ses acquisitions, telles que la mosaïque de Lillebonne, d'une importance capitale, et des tapisseries hors ligne, dont une gothique aux armes de France avec inscriptions d'un effet très décoratif, et l'autre de l'époque de Henri II (provenant de l'atelier de Fontainebleau, dirigé alors par Philibert Delorme), exécutée pour Diane de Poitiers dont elle porte le chiffre et les attributs ; puis par des objets d'orfèvrerie religieuse du moyen-âge, des bronzes, des sculptures remarquables, etc.

M. Gaston Le Breton est également conservateur des Monuments historiques de la Seine-Inférieure et du Musée Corneille à Petit-Couronne. Il a fondé et il dirige, à Rouen, le Musée de la Tour-Jeanne-d'Arc, pour lequel il a obtenu des dons importants, notamment le modèle du monument national de Jeanne d'Arc à Domremy par Antonin Mercié. C'est encore à lui que sont dûes l'organisation et l'installation des collections du Musée de peinture et de sculpture de la ville de Rouen, qui lui décerna une médaille d'honneur à cette occasion ; plus de huit cents tableaux et de nombreuses statues ont été là, par ses soins, classés ingénieusement par « écoles, » pour servir à l'instruction publique, et il en a établi les attributions d'après les documents les plus sûrs. Il a, en outre, doté ce musée, dont il est aussi le directeur, d'œuvres de premier ordre, telles que la statue de Puget : *Hercule terrassant l'hydre de Lerne*, ainsi que des sculptures, dessins et tableaux précieux. D'autres dons importants ont été faits ou obtenus par lui pour le Musée céramique, le Musée d'antiquités, le Muséum d'histoire naturelle et la Bibliothèque publique de Rouen.

Directeur-général des musées de Rouen, M. Le Breton remplit toutes ses fonctions sans aucune rétribution, ayant abandonné notamment le traitement qui lui était alloué à l'Ecole régionale des Beaux-Arts pour la fondation de nouveaux cours. Il a été élu membre correspondant de l'Académie des Beaux-Arts en 1887. Il est également membre du Comité des Travaux historiques et scientifiques, de l'Inventaire des richesses d'art de France, du Comité des Beaux-Arts des départements, de la Société nationale des Antiquaires de France, des Académies de Rouen, de Caen et de plusieurs villes étrangères, etc.

S'intéressant à l'art sous toutes ses formes, M. Gaston Le Breton a été l'un des principaux fondateurs et il est le président, depuis 1893, de la Société normande de gravure, qui remporta un grand prix à l'Exposition de Rouen en 1896, et dont le but est d'encourager les efforts des artistes normands, en leur donnant à reproduire des œuvres d'art ou des monuments importants de la Normandie.

Il a fondé de plus la Société des amis des Monuments rouennais, société qu'il présida pendant quatorze ans, dont il est devenu président d'honneur et qui a préservé de la ruine ou de l'oubli quelques-uns des plus précieux édifices de la capitale normande.

M. Gaston Le Breton a toujours été l'un des principaux organisateurs des expositions d'art rétrospectif de l'Union centrale des Arts décoratifs, au Palais de l'Industrie, à Paris, en 1880, 1882, 1884, etc ; de même qu'au Palais du Trocadéro en 1878 et 1889. En 1884, il organisa, à Rouen, au Palais des Consuls, une exposition d'art rétrospectif qui a été jugée la plus importante de toutes celles de ce genre, tentées jusqu'ici en province, et où figuraient des objets précieux des collections célèbres de MM. Dutuit, de Rothschild, Spitzer, Basilewsky, Odiot, etc. Il donna, à cette époque, des conférences publiques, destinées à faire ressortir les liens qui unissent l'art à l'industrie et les documents éclairant l'histoire et l'archéologie.

Il organisa, également à Rouen, lors de l'Exposition nationale et coloniale de 1896, un Salon des Beaux-Arts, dont l'importance artistique fut comparée à celle des Salons de Paris par toute la presse. Cent mille francs y furent consacrés à des acquisitions d'œuvres d'art. Il a été aussi président d'honneur et l'un des principaux collaborateurs de l'Exposition du Tissu, en 1901, à Rouen, pour la partie rétrospective.

En 1900, à l'Exposition universelle de Paris, il faisait partie du jury et des comités d'organisation des expositions rétrospectives des Beaux-Arts. De même à Bruxelles en 1889 et à Bruges en 1902. Vice-président du jury de l'Exposition millénaire historique à Budapest en 1896, il y avait rempli les fonctions de président pendant toute la durée de la session.

Doué d'un sens réellement artistique, M. Gaston Le Breton imagina, en 1892, l'organisation, à Rouen, d'un cortège historique représentant l'entrée du connétable Louis de Brezé dans cette ville, en 1526, comme gouverneur de Normandie ; avec quinze chars allégoriques, rappelant les diverses corporations de la Renaissance, et inspirés par les tapisseries, les vitraux ou gravures de l'époque, le tout d'une scrupuleuse exactitude. Un bronze artistique inédit, exécuté spécialement pour la circonstance, lui fut offert par souscription à cette occasion.

C'est M. Le Breton qui a présidé le comité qui fit ériger à Guy de Maupassant un monument, inauguré sous sa présidence, à Rouen, le 27 mai 1900.

Outre ses dons nombreux à la ville de Rouen, M. Gaston Le Breton en a fait également au Musée céramique de Sèvres, au Musée d'ethnographie et au musée de Cluny à Paris.

On doit à M. Le Breton la publication très artistique du *Deuxième centenaire de Pierre Corneille* (1884), l'un des ouvrages les plus remarquables parus en province, orné de gravures et de vignettes représentant les monuments de la Ville de Rouen du vivant même du grand poète et offrant ainsi une reconstitution complète de cette cité à son époque. Une médaille d'honneur lui fut décernée, à cette occasion, par le département de la Seine-Inférieure.

Il a publié encore de nombreux travaux sur l'art, d'une érudition toujours scrupuleuse. Citons : *Les faïences de Quimper et les faïences de Rouen* (1876); *Notice sur le zodiaque de l'église de Montigny en Seine-Inférieure* (1878) ; la *Céramique espagnole* (1879) ; *Essai iconographique sur Louis IX* ; les *Médaillons des mois du Musée de Rouen* ; *Deux pierres tumulaires de l'abbaye de l'Ile-Dieu* ; la *Céramique polychrôme à glaçures métalliques dans l'antiquité* ; *Attributions données à des tableaux du Musée de peinture de Rouen* ; la *Manufacture de porcelaine de Sèvres d'après un mémoire inédit du XVIII° siècle* (1881) ; *Inventaire des bijoux et de l'orfèvrerie appartenant à la comtesse de Sault, confiés à l'amiral de Villars et trouvés après sa mort en 1595* ; le *Sculpteur Jean-Baptiste Le Moyne, esquisse biographique et recherches sur les œuvres de cet artiste* ; les *Artistes normands au Salon de 1882* ; les *Peintures murales de l'Ecole de Fontainebleau découvertes à Gisors* ; *Histoire du tissu ancien* ; les *Etoffes et les broderies de la collection Spitzer* ; le *Musée céramique de Rouen* ; *Un carrelage en faïence de Rouen, du temps de Henri II, dans la cathédrale de Langres* (1883) ; *Schnetz et son époque, lettres inédites sur l'art, par Louis David, Léopold Robert, Horace Vernet, Ingres, Eugène Delacroix* (1885) ; *Lettres inédites de Schnetz à Paul Baudry sur l'art*, avec notes, etc. (1886); *Eugène Dutuit, le véritable créateur des collections Dutuit* (1886) ; l'*Hercule de Puget au musée de Rouen* (1887) ; les *Maîtres de l'Ornement de l'Ecole française aux XVI°, XVII° et XVIII° siècles* (1888) ; *Alfred Darcel, ancien administrateur de la Manufacture nationale des Gobelins et directeur de Cluny* (1893) ; *Essai historique sur la Sculpture en cire* (1894); *Notice sur deux anciennes tapisseries du Musée d'antiquités de Rouen* (1898) ; *Etude sur Lucca della Robbia, à propos des enfants chanteurs du Musée national de Florence* (1899), etc. Il a, en outre, collaboré au *Bulletin des Travaux historiques et des Sociétés des Beaux-Arts de la Seine-Inférieure*, à la *Gazette des Beaux-Arts*, à l'*Ami des Monuments*, au *Journal des Arts*, au *Bulletin monumental*, au *Précis de l'Académie de Rouen*, au *Bulletin de la Commission départementale des antiquités de la Seine-Inférieure*, etc.

Chevalier de la Légion d'honneur en 1885, officier depuis 1901, l'éminent critique d'art est de plus officier de l'Instruction publique et commandeur ou officier des ordres de François-Joseph, d'Isabelle-la-Catholique, de Charles III, de Léopold, de la Conception, etc.

CRITZMAN (Daniel)

ÉDECIN, publiciste scientifique, né à Bucharest (Roumanie) le 15 août 1864, d'une famille alsacienne et de nationalité française par conséquent. Venu à Paris pour y étudier la médecine, il fut externe des hôpitaux (1884-1887), puis interne (1888-1892) et titulaire de plusieurs médailles de l'Assistance publique ; préparateur d'anatomie pathologique à la Faculté (1889), il fut reçu docteur et lauréat de la même faculté en 1892. La même année, il recevait une médaille d'or et un diplôme d'honneur du ministère de l'Intérieur pour les services qu'il rendit pendant l'épidémie de choléra. Médecin consultant assistant de l'hôpital Boucicaut depuis 1896, il fut nommé, en 1897, médecin de l'Exposition universelle de 1900.

Le D' Critzman dirige, depuis plusieurs années, les *Archives des Sciences médicales*, importante publication avec planches, paraissant tous les deux mois, et à laquelle collaborent les savants des deux mondes. Il a fondé et dirige, depuis 1897, l'*Œuvre Médico-Chirurgicale*, intéressant recueil de monographies, traitant les questions les plus nouvelles du domaine des sciences médicales et formant, en 1903, trente volumes, dûs aux spécialistes les plus autorisés : les docteurs Legueu, Lejars, Tuffier, A. Gilbert, E. Gaucher, H. Roger, Ch. Achard, Pierre Delbet, Broca, etc. Cette publication constitue une innovation utile et originale.

M. le D' Critzman a fait paraître en outre les ouvrages suivants : *Manuel technique d'Histologie normale de Stohr*, en collaboration avec le D' Toupet (1 vol. 1889) ; *Traité pratique d'Histologie pathologique d'Israël*, traduction accompagnée d'un atlas dû au D' Letulle (1 vol. 1890) ; *Essais sur la Syringomyélie*, avec figures (1 vol. 1892) ; le *Cancer*, avec figures (1 vol. 1895) ; la *Goutte*, étude de pathogénie morphologique (tome I 1899, tome II 1903) ; ces deux ouvrages, qui jettent une vive lumière sur le problème ardu de la pathogénie de ces maladies constitutionnelles, ont été discutés avec intérêt dans le monde savant et les opinions de l'auteur adoptées pour la plupart.

On doit, de plus, à M. Critzman des mémoires très documentés publiés dans les organes scientifiques ou les *Comptes-rendus* de sociétés savantes ; citons, entr'autres, les suivants : *Étude sur le pouvoir antiseptique de l'acide fluorhydrique et sur le pouvoir des naphtols*, avec le D' du Castel (*Traité de Biologie*, 1888) ; *Nature et traitement de la Diphtérie*, avec le D' Thiroloix (*Gazette des Hôpitaux*, 1889) ; *Des portes d'entrée de la Tuberculose* (*Médecine moderne*, 1890) ; *Un cas de gigantisme congénital*, avec le D' Kalendero (*Presse médicale*, 1891) ; *Étude sur l'Érysipèle à répétition* (*Archives générales de Médecine*, 1892) ; *Traitement de l'Impaludisme chronique par la rate et la moelle de bœuf* (Académie de Médecine, 1895) ; *Étude des troubles morbides dans l'akinésie motrice de l'estomac* (*Presse médicale*, 1897); la *Méningite cérébro-spinale épidémique* (*Annales d'Hygiène*, 1898) ; la *Peste bovine et la peste bubonique* (id. 1889) ; la *Théorie rénale de la goutte* (*Archives des Sciences*, 1899) ; la *Lutte contre la Tuberculose pulmonaire : sanatoria et prophylaxie* (*Revue d'Hygiène*, 1900), etc.

M. le D' Critzman, qui s'est consacré au traitement de toutes les maladies constitutionnelles et de la nutrition, avait été délégué par le gouvernement français au Congrès de la Tuberculose pulmonaire, tenu à Berlin en 1899.

Il est officier d'Académie.

GASSIER (Hippolyte-Aimé)

ÉNATEUR, né le 21 octobre 1834 à Barcelonnette (Basses-Alpes). Établi banquier dans sa ville natale, il fut nommé, dès 1871, conseiller général du canton et il a été, depuis lors, constamment réélu. Membre de la Commission des finances de l'Assemblée départementale, il a pris une part active et souvent prépondérante aux débats sur toutes les questions intéressant la région. Il est vice-président du Conseil général des Basses-Alpes.

Aux élections générales législatives de 1876, M. Gassier avait été élu député de l'arrondissement de Barcelonnette, par 2,871 voix sur 2.891 votants, sans concurrent. Siégeant à gauche, il s'associa à toutes les interventions et à tous les votes de la majorité républicaine parlementaire. Au seize mai 1877, il fut au nombre des 363 députés qui protestèrent contre le message présidentiel du maréchalprésident et adoptèrent l'ordre du jour de défiance contre le ministère de Broglie-Fourtou.

Après la dissolution de la Chambre, M. Gassier fut réélu, le 14 octobre 1877, avec 1,774 voix contre 1,350 au colonel Gariel, candidat officiel. Il combattit le cabinet de Rochebouët et soutint le ministère Dufaure. Réélu à nouveau en 1881, dans le même arrondissement, et par 2,572 suffrages sur 2,638 votants, il continua la même politique républicaine et soutint notamment les cabinets Gambetta et Jules Ferry. Au renouvellement de 1885, il ne se représenta pas devant ses électeurs et se consacra longtemps tout entier à son mandat de conseiller général.

Après l'invalidation de MM. Andrieux et Fruchier, qui avaient été élus sénateurs des Basses-Alpes au renouvellement triennal du 4 janvier 1903, M. Gassier fut porté sur la liste républicaine opposée aux deux candidats nationalistes invalidés et nommé sénateur, le premier sur deux, obtenant 229 voix sur 415 votants, le 15 février 1903.

A la Chambre haute, l'honorable sénateur soutient la politique d'action républicaine. En économie, il est libre-échangiste.

M. Gassier est chevalier de la Légion d'honneur.

HELME (François-Victor)

Médecin, publiciste scientifique, né à Aix-les-Bains (Savoie) le 22 mai 1858. Il fit ses études médicales à la Faculté de Paris, où il devint externe des hôpitaux, puis fut reçu docteur, en 1886, avec une thèse d'un intérêt nouveau pour cette date sur la *Contagiosité de la Pneumonie infectieuse*. Après avoir été médecin des chantiers de l'Exposition de 1889, M. le docteur Helme se consacra presque exclusivement à la laryngologie ; il a publié, dans les *Comptes-rendus de la Société française de Laryngologie*, un rapport, qui a été très remarqué, sur les *Végétations adénoïdes et sur les adénoïdites aiguës et chroniques* ; il a également étudié, de concert avec M. le Dr Lermoyez, l'asepsie en laryngologie, dans un mémoire paru dans les *Annales des Maladies de la gorge, du nez et des oreilles*.

D'autre part, M. le docteur Helme s'est fait connaître du grand public par des travaux de vulgarisation médicale et des études documentées sur la sociologie, la philosophie, l'hygiène et l'éducation, dans leurs rapports avec la médecine contemporaine. Il a collaboré à l'*Union Médicale*, à la *Chronique Médicale* et, d'une manière assidue, à la *Médecine Moderne*, de 1891 à 1900, donnant, dans ce dernier organe, de nombreux articles, parmi lesquels ont eu un particulier retentissement ceux où il soutenait que la fameuse tuberculine de Kock n'avait point d'effet réellement curatif. De 1896 à 1897, le docteur Helme dirigea les *Archives internationales de Laryngologie*. Il a fondé en 1902 la *Revue Moderne de Médecine et de Chirurgie*, où il a publié des appréciations intéressantes sur *M. Waldeck-Rousseau et la profession médicale*, le *Dr Trousseau*, etc.

M. le docteur Helme est officier de l'Instruction publique, membre du Syndicat des Médecins de la Seine, des Sociétés de Laryngologie de Paris et de France, etc.

SERRES (Honoré)

Député, né à Toulouse (Haute-Garonne) le 25 mars 1845. Il appartient à une famille issue du Dauphiné et de la Gascogne. Petit-fils d'un officier du premier empire, fils d'un commerçant, il se fit connaître de bonne heure par l'ardeur de ses opinions républicaines. C'est sur sa proposition que la démocratie toulousaine envoya une couronne aux obsèques de Victor Noir (1869). Il fut le secrétaire du comité antiplébiscitaire de Toulouse et l'un de ceux qui, dans cette région, luttèrent le plus vivement contre le gouvernement impérial.

Elu conseiller municipal de Toulouse en 1881 et maire de cette ville en 1892, M. Honoré Serres a été, depuis, toujours confirmé dans ces fonctions. L'initiative qu'il a prise des grands travaux qui ont fait de l'antique cité languedocienne une ville moderne, par le percement de boulevards et d'avenues, la construction de beaux édifices, notamment d'écoles primaires, lui ont valu le nom d'« Haussmann toulousain ».

En 1901, M. Honoré Serres fut nommé conseiller général de la Haute-Garonne pour le canton de Grenade. Le 17 août 1902, il a été élu député de la 2e circonscription de Toulouse, en remplacement de M. Calvinhac, décédé, et par 8,461 voix, contre 3,613 à M. Labat, républicain nationaliste et 1,782 à M Rogalle, socialiste révolutionnaire, au premier tour de scrutin.

L'honorable député de la Haute-Garonne est inscrit au groupe radical socialiste parlementaire, dont il a soutenu le programme intégral. Il fait partie des commissions de prévoyance sociale et de décentralisation.

M. Honoré Serres est chevalier de la Légion d'honneur depuis 1890.

CAROLUS-DURAN
(Charles-Émile-Auguste DURAND, dit)

PEINTRE et sculpteur, né à Lille le 4 juillet 1838. Il reçut, dans sa ville natale, une instruction primaire et apprit le dessin à l'Ecole municipale ; puis il vint à Paris, où il poursuivit ses études artistiques, tout en gagnant péniblement sa vie matérielle. Ayant obtenu le prix Wicart de la ville de Lille, il s'en alla en Italie, où il séjourna plusieurs années, demeurant à Rome le plus longtemps.

Le jeune artiste envoya de ce pays, aux Salons annuels, quelques toiles qui passèrent à peu près inaperçues : la *Prière du soir* (1865) ; l'*Assassiné*, épisode de la campagne de Rome, donné depuis au musée de Lille (1866) ; le *Portrait de M. Ed. Reynart*, qui est au même musée (1867) ; il se rendit ensuite à Madrid où, pendant une année, il s'imprégna des maîtres anciens, particulièrement de Velasquez, à l'inspiration de qui il doit certainement le meilleur de son talent. D'Espagne il envoya un *Saint François-d'Assises*, qui fut exposé en 1868.

De retour à Paris, M. Carolus-Duran, dont la réputation s'établissait bientôt, envoya successivement aux Salons annuels : *Mme Feydeau*, portrait, actuellement au musée de Lille (1870) ; la *Dame belge* portrait de *Mme Maurice Richard* (1873) ; *Au bord de la mer*, portrait équestre de Mlle Croizette, belle-sœur de l'artiste (1876) ; *Emile de Girardin*, *Gustave Doré*, portraits (Exposition universelle de 1878) ; *Gloria Maria Medicis*, plafond commandé à l'artiste pour le musée du Luxembourg, qui fut placé au Louvre et qui, dit un critique autorisé, « n'obtint pas le succès de ses œuvres précédentes » ; *Mme Vandal*, portrait (1879) ; *Ma fille, Louis, François*, portraits (1880) ; *Un futur Doge* (1881) ; *Mise au tombeau*, tableau très remarqué pour ses belles qualités d'exécution (1882) ; *Eveil* (1886) ; *Andromède* (1887) ; *Bacchus* (1889).

En 1874, au Cercle Volney, M. Carolus-Duran avait réuni en une exposition particulière de nombreux portraits, entr'autres ceux de *MM. Jules Claretie, Philippe Burty, Lescure, Falguière, Vigeant, Haro, Dr Billart*, les *Enfants de l'auteur*, etc.

En 1889, il fut l'un des promoteurs et compta parmi les fondateurs de la Société nationale des Beaux-Arts, créée en opposition du Salon, jusque-là seul officiel, des Artistes français. A la mort de Puvis de Chavannes, qui avait été le premier président de ce groupement, M. Carolus-Duran fut appelé à la présidence, en remplacement de l'illustre peintre (1898).

Depuis que la Société nationale existe, c'est au Salon nouveau qu'il a envoyé ses œuvres. Citons, parmi celles qu'il y a exposées annuellement : *Lélie* et six portraits aux initiales en 1890 ; *Danaé* ; portraits de *Ch. Gounod, René Billotte*, des *Enfants du prince A. de B.* et de six personnes non désignées (1891) ; portraits de *Challemel-Lacour*, de *J.-J. Henner*, de *Edouard Sain* et de quatre femmes non désignées ; *Lucica* ; *Trio d'Amis* (1892) ; portraits de *MM. Widor, Ed. Guillaume, Arsène Houssaye* et de cinq dames ; *Un soir dans l'Oise* ; *Matinée de juin au bord de la Manche* (1893) ; la *Dernière heure du Christ*, esquisse ; le *Poète à la Mandoline* (depuis au Luxembourg) ; *Crépuscule d'Or* ; *Soir dans la plaine de Fréjus* ; *Portrait de Germaine* et trois autres portraits (1894) ; *Bouquet de Fleurs* ; *Crépuscule du matin* et *Un coin de Saint-Marc* à Venise ; *Souvenir du siège de Paris* ; portraits de *M. Paul Déroulède*, de *M. Georges Leygues* et cinq autres portraits (1896) ; *Soir en Forêt* (Provence) ; *Décembre* ; *Tristesse* ; *Crépuscule* ; *Coucher du soleil* ; trois portraits et deux natures mortes (1897) ; *Obsession*, esquisse ; *Liseuse* ; *Au bord d'une source* ; *Jeune fille en deuil* ; portraits des *Enfants du prince Murat* (1898) ; *Christ mort sur la croix*, esquisse, et deux portraits (1899) ; *Matinée d'orage* ; *Pommiers* (depuis au Luxembourg), et *Route en Savoie* ; l'*Enseigne du maître d'armes* ; portrait de *Mme la baronne de...* (1901) ; *En famille*, groupe des membres de la famille du peintre (1902) ; le *Vieux lithographe*, et des portraits (1903).

Outre les très nombreux portraits qu'il a exposés, cet artiste en a exécuté beaucoup d'autres et non de moindre valeur. Au cours d'un voyage qu'il fit en Amérique, notamment, voyage autour duquel se fit beaucoup de bruit, il a peint plusieurs des physionomies féminines connues du Nouveau-Monde : *MM^{me} Vanderbilt, Sloan*, la *Duchesse de Malbourough*, etc.

« Maître dans l'art de chiffonner les soies d'une « jupe et de rendre les caresses du velours sur un « torse féminin », a dit de lui Armand Silvestre, M. Carolus-Duran est, par excellence le peintre des femmes. Coloriste fougueux, d'une vigueur et d'un éclat rares, ses qualités très remarquables de brio l'ont mis au nombre des meilleurs portraitistes de notre temps, malgré une certaine négligence dans le dessin. Les productions de ce maître, autres que les portraits, sont moins appréciées ; il a donné cependant des toiles de genre que l'on admire sans discussion, telles le *Poète à la Mandoline*, la *Dame au gant* ; quant à ses paysages, on les tient en petite estime.

Tout étant intéressant à noter sur une personnalité d'aussi grand mérite que l'éminent artiste, nous devons mentionner ici certains travers, d'ailleurs très connus du public, et qu'un biographe fantaisiste a décrits avant nous, avec un peu de malice peut-être :

Charles Durand est né entre Lille et Tarascon ; a conquis Paris en l'esbrouffant sous le pseudonyme de Carolus-Duran. Porte haut une tête de photographe romantique ; s'habille comme M. Loyal ; a les mains chargées de bagues, les bras cerclés de bracelets ; joue de l'orgue, de la guitare, du fleuret ; chante, siffle, monte un cheval... noir. Homme-orchestre, peintre, troubadour, il touche modestement à tous les arts....

M. Carolus-Duran s'est essayé dans la sculpture un moment ; il a envoyé au Salon de 1873 un buste bronze de *Mme Carolus-Duran* et à celui de 1874 un *Pisan*. Ces deux tentatives n'ont plus été renouvelées.

Aux Salons des Artistes français, l'éminent artiste reçut des médailles en 1866, 1869, 1870 et la médaille d'honneur en 1879. A l'Exposition universelle de cette dernière année, il refusa la médaille de deuxième classe qui lui était accordée ; à celle de 1889, il était hors concours ; il fit partie du jury de celle de 1900. Il est, depuis cette même année, grand officier de la Légion d'honneur.

Sa femme, née PAULINE CROIZETTE (sœur de la charmante actrice de ce nom), a envoyé aux Salons de la Société des Artistes français, puis à ceux de la Société nationale des Beaux-Arts, dont elle est associée, des pastels appréciés.

VIARD (Jean-Joseph-Sénèque)

MÉDECIN, publiciste, né à Port-au-Prince (Haïti) le 20 juillet 1855. Il appartient à une famille française et africaine à la fois, son grand-père paternel étant originaire de la Charente-Inférieure, son grand-père maternel de la Bourgogne, tandis que ses deux grands-mères, l'une noire et l'autre mulâtresse, naquirent toutes les deux à Haïti. Cette dernière, Mme Balary, se distingua doublement, en 1848, en portant secours aux malheureux pendant une famine qui désolait l'île et en donnant asile à plusieurs prisonniers politiques, dont l'un, M. Laborde, un français, rappela ce fait avec reconnaissance dans une lettre élogieuse datée de Dijon le 4 septembre 1852.

Son père, M. Jean-Robert Viard, pendant la révolution de 1869, sauva de l'incendie, non sans grand danger, de précieuses archives et une somme d'argent considérable, à lui confiée comme trésorier d'une importante association d'Haïti ; il présida, en 1872-73, la commission d'enquête instituée par le Parlement Haïtien pour instruire sur certains faits de concussion reprochés au ministère.

Filleul de Mme Geffrard, femme de l'ancien président d'Haïti, M. Joseph Viard est le frère de M. Ducis Viard, publiciste réputé, ancien professeur d'histoire, ancien chef de division au ministère de l'Instruction publique, puis inspecteur des écoles de la République d'Haïti.

Venu très jeune en France, il prit ses inscriptions à la Faculté de Médecine de Paris dès 1873, devint plus tard externe des hôpitaux, à la Pitié, à Lourcine, à Saint-Louis et à l'Hôpital des cliniques, sous la direction des professeurs Gallard, Vidal, Ball, Fournier et Depaul. Il suivit aussi les cours d'accouchement du professeur Payot à la Faculté et ceux des différents services de l'hôpital du Midi (Ricord).

Détourné de la voie des concours par des raisons de famille, il obtint brillamment, en 1878, le doctorat en médecine, avec une thèse traitant : *De l'Epilepsie d'origine syphilitique*, qui reçut la note « extrêmement satisfait », la plus élevée de la Faculté, et les éloges du Jury.

Concurremment avec ses études médicales, M. Viard poursuivait d'autres études scientifiques, dans le même temps, au laboratoire du professeur Baillon, au Jardin des Plantes, en vue de la licence ès sciences naturelles.

Le Dr Viard exerça d'abord la médecine à Bèze (Côte-d'Or), où il fit paraître un intéressant mémoire sur l'*Affection vermineuse*, qui fut signalé au concours de l'Académie de la Rochelle (1879).

Installé ensuite à Saint-Etienne (1882), où il exerce depuis lors sa profession, M. Viard a, dans cette ville, mis en pleine lumière sa science médicale. Il s'y occupe spécialement des accouchements et des maladies de femmes, des maladies de la peau et de la syphilis, affections dans le traitement desquelles il s'est créé une haute réputation. Il a fondé, à Saint-Etienne, une clinique devenue très prospère, et qui rend de grands services aux indigents. Cette institution, en effet, supplée, pour les nécessiteux, à l'insuffisance de l'assistance médicale officielle, qui n'assure pas à tous des soins et des conseils également répartis.

Se préoccupant beaucoup des questions d'hygiène, il préconise la tempérance et le régime végétarien ; d'autre part, il a fait d'intéressantes recherches et prescrit d'utiles mesures touchant à l'antisepsie, à l'intervention immédiate dans les accouchements et à la préservation de la contagion de la syphilis, dont les suites meurtrières sont, selon lui, presque aussi fréquentes que celles de la tuberculose et de la diphtérie.

Très intéressé par les questions de mutualité, M. le D⁰ Viard a été médecin de plusieurs sociétés de secours mutuels, entr'autres celles des Teinturiers (1882-1893), des Métallurgistes de la Loire, à laquelle il s'est particulièrement dévoué (1882-1891) ; des sociétés des Forges et Aciéries de la Bérardière (1882-1897), des Rubanneries et Velouteries (1887-1891), des Sapeurs-pompiers (1882-1891), des Forges et Acieries de Saint-Etienne et de la Marine (1891-1901), société qui compte plus de deux mille ouvriers et dont le D⁰ Viard a été le seul médecin titulaire.

A ce titre, il s'est prodigué, non sans danger, lors des épidémies de fièvre typhoïde et d'influenza qui, à plusieurs reprises, ont désolé l'agglomération ouvrière de cette dernière société, notamment au cours de l'hiver 1891-1892 (épidémie sérieuse d'influenza) et de l'été 1898 (épidémie grave de fièvre typhoïde). Au moment où il les quitta, il reçut les félicitations officielles et particulières de tous ces groupements, pour le dévouement qu'il leur avait montré.

M. le D⁰ Viard s'est fait remarquer dans le monde savant par les travaux auxquels il s'est livré au point de vue médical. Au nombre de ceux qu'il a publiés, sous forme de mémoires ou de communications aux sociétés savantes et à divers congrès, on doit mentionner les suivants : *Notes sur un cas de nævus vasculaire variqueux* (avec dessin) ; *Sur quelques accidents nerveux en dehors de l'éclampsie, observés dans le cours de la grossesse, au moment de l'accouchement et après les suites des couches* ; *Sur un cas très rare de neurasthénie* (avec dessin) ; *Sur deux cas de dystocie* (avec dessin) ; *Sur le traitement rationnel des métrites*, etc.

En 1900, le D⁰ Viard inventa deux appareils très ingénieux : une alèze métallique pour faciliter les opérations gynécologiques et les pansements vaginaux et utérins (communiquée à l'Académie de Médecine le 14 août 1900) et un irrigateur à double courant perfectionné, dont s'est emparé l'attention publique jusqu'à l'étranger, notamment en Italie.

Frappé, d'outre part, des difficultés qu'éprouvent certaines personnes à supporter le tamponnement dans les affections vaginales et utérines, le D⁰ Viard imagina, en 1901, un ballon fort simple et depuis très employé, qui porte son nom ; dans la même année, il créait un suspensoir spécial en caoutchouc pour le traitement de l'orchite.

Membre de la Société française d'Hygiène depuis 1878, de la Société d'Anthropologie (1879), de la Société d'Ethnographie (1895) et de divers autres corps savants, le D⁰ Viard, très indépendant de caractère, n'a jamais demandé aucune distinction honorifique, ni décoration.

Très attaché à la France, son pays d'origine et d'adoption à la fois, M. Viard conserve aussi une vive affection pour les Antilles natales ; il a, en maintes circonstances, défendu la race noire, par sa parole ou dans ses écrits, notamment dans une lettre publique qu'il adressa, en 1894, à M. Léon de Rosny, membre de l'Institut, qui parut dans la *Fraternité* de Paris et eut du retentissement.

Porté non-seulement vers la science, mais encore vers les lettres et les arts par la tournure encyclopédique de son esprit, le D⁰ Viard est l'auteur de tous les dessins qui accompagnent ses publications médicales et de plusieurs portraits, notamment celui d'un ancien président d'Haïti, M. Nessage Saget Un Christ dû à son pinceau est conservé dans sa famille.

Dès l'âge de vingt ans, il publiait sous l'anonymat, dans divers journaux parisiens, des articles, parmi lesquels on doit signaler une étude sur les philosophe et savant Caro et Claude Bernard (1877). En 1882, il collabora activement au journal fondé par son frère aîné, M. Ducis Viard, à Port-au-Prince (Haïti) : la *Tolérance*, y donnant, sous le pseudonyme de « S.-V. Balary » et le titre « Carnet d'un mondain », une revue littéraire hebdomadaire, et, tous les mois, une revue politique et scientifique. En 1883-1884, il publiait en feuilleton dans ce journal : *Nik... ou souvenirs d'une Indienne*, roman qui obtint un vif succès aux Antilles et qui ne put paraître à Paris, l'auteur ayant refusé de modifier son œuvre.

De 1885 à 1895, sous le même pseudonyme, le D⁰ Viard publia, dans les journaux de Paris ou de la province, des articles humoristiques, sortes d'études de mœurs et de caractères, d'un tour enjoué, d'un style aimable et spirituel, et d'une réelle érudition, sous le titre : les *Plaies sociales* (étude sur les *Truands*, les *Prêtresses de Cythère*, etc.) et sous celui de : *Chroniques du Dimanche* (les *Bouffons*, les *Sots*, les *Médecins*, les *Poètes*, *A travers les Apothèmes et les Pilules*, les *Nevrosées*) ; des études sur *Napoléon et les femmes*, l'*Esprit des estropiés*, les *Plagiats et les plagiaires*, les *Mécontents*, *Pastorales*, *Fantaisies d'Artistes*, *Excentriques*, etc.

On annonce du même auteur : *A travers les Masques*, ouvrage humoristique, illustré de dessins de l'auteur, dont les productions antérieures de S.-V. Balary font bien augurer (1903).

M. le D' Viard, qui s'occupe aussi de questions diplomatiques, est consul de la République d'Haïti depuis 1892.

RUDELLE (Pierre-Henri-Théodore)

Député, avocat, né à Paris le 9 juillet 1843. Fils d'un conservateur des hypothèques de Seine-et-Oise, il fit ses études classiques au lycée de Versailles, puis celles de droit à la Faculté de Paris.

Inscrit d'abord comme avocat au barreau de Versailles, M. Rudelle fut attaché au parquet du procureur-général près la Cour d'appel de Paris en 1862. Il devint, peu de temps après, substitut à Rambouillet et passa successivement au même titre à Melun, puis à Versailles. Démissionnaire le 20 juin 1880, lors de l'application des premiers décrets contre les congrégations, il se fit à nouveau inscrire au barreau de Versailles, où ses confrères l'élevèrent à deux reprises à la dignité de bâtonnier. Elu constamment membre du Conseil de l'Ordre, M. Rudelle s'est créé une haute réputation d'orateur et de jurisconsulte, en plaidant de nombreuses affaires civiles et commerciales. Il est le conseil judiciaire du Syndicat des vins de Versailles et le président d'honneur du Syndicat des blanchisseurs de cette même ville.

M. Théodore Rudelle est, en outre, membre du Comice agricole de Seine-et-Oise, de l'Association des anciens élèves du lycée Hoche et de la plupart des sociétés philanthropiques ou de mutualité de Versailles et du département ; il a présidé la Société d'Agriculture et celle des Sciences morales, Lettres et Arts.

Conseiller général, depuis 1892, du canton sud de Versailles, M. Rudelle s'est attaché, dans l'Assemblée départementale de Seine-et-Oise, à la solution de toutes les questions d'améliorations sociales, de réduction d'impôts, d'hygiène, de salubrité, de voies et moyens de communications, etc. Membre de la Commission départementale et de la Commission des bureaux de tabacs, il est, en outre, membre de la grande Commission interdépartementale, et désigné à la surveillance de l'asile des aliénés de Clermont (Oise).

Le siège de M. Haussmann, député de la troisième circonscription de Versailles, étant devenu vacant par son décès, au renouvellement général législatif de 1902, M. Théodore Rudelle fut élu, en son remplacement, au premier tour de scrutin et par 7,712 voix, contre 4,339 à M. Genevois, radical-socialiste, 1,812 à M. l'abbé Georges, socialiste, et 870 à deux autres concurrents.

M. Théodore Rudelle fait partie, à la Chambre, du groupe de l'Action libérale et vote le plus souvent avec les républicains progressistes, parmi lesquels il compte beaucoup d'amis. Partisan des libertés d'association, d'enseignement et du travail, il est intervenu à la tribune, lors de l'interpellation de M. Lhopiteau relative à la règlementation des heures de travail, au sujet des industries du plein air, pour faire remarquer la situation préjudiciable créée aux maçons, couvreurs et autres (1903) ; à propos de la loi sur les accidents du travail, pour s'élever contre la généralisation des catégories d'imposables dont certaines ne devraient pas être comprises dans cette obligation ; pour se prononcer contre la formule exigée en cas de réclamations concernant les contributions, notamment à l'estimation des chiffres de diminutions proposés par les intéressés eux-mêmes ; pour interpeller le gouvernement à propos du voyage présidentiel en Algérie (1903), etc.

L'honorable député a déposé une proposition de réforme des patentes, intéressant particulièrement l'industrie de la blanchisserie, qui occupe près de 150,000 ouvriers en Seine-et-Oise et dont il demande le dégrèvement ; il est aussi l'auteur d'un projet de transformation du timbre fixe de dix centimes sur les quittances, établi en 1872 par décision de l'Assemblée nationale, en un timbre proportionnel, de 5 centimes jusqu'à cent francs et augmentant de 5 centimes par centaine de francs. Cette proposition, aboutirait, suivant son auteur, à un impôt non pas de superposition, mais de remplacement, supprimant l'impôt des prestations, celui des portes et fenêtres et diminuant l'impôt foncier, les patentes, etc. ; elle constituerait, selon lui, le meilleur impôt sur le revenu, non inquisitorial ni progressif, mais proportionnel aux dépenses de chacun, et permettrait à l'Etat, en raison de son rendement, d'en consacrer une partie pour la suppression des octrois municipaux, l'organisation des retraites ouvrières, etc. La mesure préconisée par M. Rudelle est déjà pratiquée au Mexique, où tous les impôts publics ont été remplacés par le système des timbres proportionnels sur quittances d'achat.

Le député de Seine-et-Oise, dont la compétence est particulière dans les questions juridiques et d'administration financière, s'est particulièrement attaché à poursuivre la réalisation de cette réforme fiscale.

BIGOURDAN (Guillaume)

Astronome, né à Sistels (Tarn-et-Garonne) le 6 avril 1851. Il fit ses études classiques à Valence-d'Agen et prit ensuite ses inscriptions à la Faculté des Sciences de Toulouse, où il obtint successivement les titres de licencié ès-sciences physiques et de licencié ès-sciences mathématiques.

Appelé à l'Observatoire de Toulouse en 1877, par Tisserand, M. Bigourdan fut chargé de la lunette méridienne. En même temps, il prenait part aux observations des satellites de Jupiter, à celles des taches solaires et à la construction des cartes écliptiques.

En 1879, M. G. Bigourdan se vit nommé aide astronome à l'Observatoire de Paris ; il devint successivement astronome adjoint en 1882 et astronome titulaire en 1897. En 1886, il avait pris le doctorat ès-sciences. Nommé, en 1890, professeur d'astronomie à l'Observatoire de Montsouris, il a été, de plus, chargé, en 1896, de professer la même science à l'Ecole des hautes études de la Marine.

M. Bigourdan a rempli, à plusieurs reprises, des missions scientifiques importantes : en 1882, il fut envoyé à la Martinique pour les observations du passage de la planète Vénus sur le Soleil ; en 1883, il accomplit un voyage d'études en Allemagne, en Autriche et en Russie; en 1892-1893, il établit au Sénégal, lors d'une éclipse totale du Soleil, une station pour l'observation de cette éclipse, pour la détermination de l'intensité de la pesanteur, de la longitude et la latitude de Joal et pour l'étude de la climatologie de cette région ; en 1900, il fut envoyé encore en Espagne, où il observa, pour la seconde fois, une éclipse totale du Soleil.

Ce savant s'est attaché principalement à perfectionner les instruments et les méthodes de mesures astronomiques, pour obtenir des observations à la fois nombreuses et précises.

Les travaux qu'il a publiés sont nombreux et se rapportent principalement à l'étude des comètes, des étoiles doubles et des nébuleuses ; il a découvert 500 de ces derniers astres et relevé, suivant une méthode nouvelle, plus de 6,000 antérieurement connus. Le recueil de ces observations, publiées dans les *Annales de l'Observatoire de Paris*, formera cinq volumes, dont deux ont paru en 1901 et 1902. On doit en outre mentionner, parmi ses travaux astronomiques, les mémoires suivants : *Sur l'atmosphère de Vénus* (1882) ; *Sur l'équation personnelle dans les mesures d'étoiles doubles* (1886, thèse) ; *Instructions sur l'usage de l'Equatorial* (1893); *Sur la mesure micrométrique des petites distances angulaires célestes et sur un moyen de perfectionner ce genre de mesures* (1895) ; *Sur un moyen propre à reconnaître les plus petites variations de marche des horloges astronomiques* (1896) ; *Sur un nouvel appareil construit pour la détermination de l'intensité de la pesanteur* (1897) ; *Sur une méthode différentielle propre à déterminer les variations de la latitude et la constante de l'aberration* (1898) ; *Sur les circonstances qui modifient les images réfléchies par le bain de mercure et sur la transmission dans le sol des trépidations produites à la surface* (1899); *Nouvelle détermination de la longitude Paris-Greenwich* (1902-1903), etc. Ces travaux ont été publiés dans les *Comptes-rendus de l'Académie des Sciences*, dans le *Bulletin Astronomique*, dont M. Bigourdan est rédacteur depuis l'origine (1884), et dans certains autres organes scientifiques.

Après avoir reconstitué un ouvrage perdu de Pingré, les *Annales célestes du XVII° siècle*, il l'a publié en 1901, sous les auspices de l'Académie des Sciences. Il a fait paraître encore, la même année : *Le Système métrique des poids et mesures, son établissement et sa propagation graduelle ; avec l'histoire des opérations qui ont servi à déterminer le mètre et le kilogramme* (1 vol.)

M. Guillaume Bigourdan est, en outre, l'auteur de plusieurs ouvrages historiques et bibliographiques, notamment : *Honoré Flaugergues, sa vie et ses travaux* (1884) ; *Histoire de l'Astronomie à Toulouse, de l'origine à la fondation de l'observatoire actuel* (1886); *Histoire des observatoires de l'Ecole militaire* (1888) ; *Sur plusieurs astronomes du nom de Salvago* (1895) ; *Sur Lacaille et l'invention du micromètre circulaire* (1895) ; *Inventaire général des manuscrits de la Bibliothèque de l'Observatoire de Paris* (1895), etc.

On annonce encore de lui une *Histoire de la mesure de la Terre* (1903).

Membre du Bureau des Longitudes depuis 1903, quatre fois lauréat de l'Institut, M. G. Bigourdan est chevalier de la Légion d'honneur, officier de l'Instruction publique et commandeur d'Isabelle-la-Catholique.

LEDIEU (Alcius)

POLYGRAPHE, administrateur, né à Démuin (Somme) le 14 avril 1850.

Il débuta dans les lettres par des articles historiques et littéraires, publiés sous l'anonymat dans le *Propagateur picard*, de Montdidier, et il s'intéressa, tout jeune encore, aux études paléographiques. S'occupant d'abord de reconstituer le passé de son bourg natal, il adressait, en 1875, à la Société des Antiquaires de Picardie, un mémoire sur *Démuin et ses Seigneurs*, qui lui valut une médaille de bronze. Depuis, complétant son travail de prédilection, il a fait paraître, sous le titre de : *Monographie d'un Bourg picard*, cinq volumes qui doivent être suivis de plusieurs autres.

Etendant ses efforts à toutes les localités du canton de Moreuil, M. Alcius Ledieu compulsa les archives publiques ou privées et put donner bientôt la monographie des vingt-cinq communes composant son canton d'origine.

Nommé, en 1879, conservateur de la Bibliothèque et des Musées d'Abbeville, M. Ledieu s'occupa de la rédaction d'un catalogue général, dont le précédent remontait à 1836. Chargé, en 1880, de l'aménagement des collections de cette ville, dans l'ancien hôtel d'Emonville, transformé en bibliothèque-musée, il s'acquitta fort bien de cette tâche ardue et innova dans ses vitrines centrales une exposition de reliures armoriées ou artistiques et d'incunables, qui est très visitée par tous les connaisseurs. En 1885, M. Ledieu fit paraître un catalogue spécial aux manuscrits de sa bibliothèque, dont la création date de 1685, et en publia depuis le complément. En 1893, il fit paraître les *Reliures artistiques et armoriées de la Bibliothèque d'Abbeville*, ouvrage qui donna l'idée à plusieurs autres bibliothécaires d'entreprendre une classification analogue. Il s'occupa, en outre, du catalogue des incunables de sa bibliothèque, parmi lesquels figurent deux volumes de la *Cité de Dieu* de Saint Augustin et la *Somme rurale* de Jean Boutillier, imprimés à Abbeville même en 1486 et 1487.

Nommé, en 1892, archiviste d'Abbeville pour les archives antérieures à 1790, M. Ledieu a dressé un inventaire très complet de ce département. Deux ans après, il redevenait conservateur titulaire des Musées d'Abbeville, cumulant ainsi les fonctions de bibliothécaire, d'archiviste et de conservateur des musées.

En 1894 et 1895, il établit le catalogue des manuscrits des bibliothèques de Roye, Péronne et Ham, pour le *Catalogue général des manuscrits des Bibliothèques de France*, publié par le ministère de l'Instruction publique.

Administrateur érudit et vigilant, à qui la prospérité de la Bibliothèque d'Abbeville est due pour une grande part, M. Alcius Ledieu a fait paraître de nombreuses études historiques, archéologiques, littéraires et autres. Citons notamment les suivantes : *Notice historique sur les villages disséminés sur le parcours du chemin de fer de Roye à Montdidier* (1875) ; *Un Village du Bas-Santerre. Saint-Mard, son prieuré, ses eaux minérales, ses légendes, avec des notices historiques sur Saint-Aurin, Léchelle, Villers, Goyencourt* (1877) ; *Un Village du Santerre. Démuin et ses Seigneurs* (1878) ; *Un Village de l'Amiénois. Fourdrinoy et son église* (1880) ; *Deux villages du Santerre. Ignaucourt et Aubercourt* (1881) ; *l'Œuvre historique et archéologique de M. Ernest Prarond*, étude critique et bibliographique (1881) ; *Notice sur un manuscrit de la Bibliothèque communale d'Abbeville (Terrier du Ponthieu)*, avec une lettre de M. Ch. Louandre (1882) ; *Histoire de la ville de Roye, par Emile Coët* (1882) ; *Dictionnaire d'Histoire locale* ; *l'Arrondissement d'Abbeville de nos jours et le Ponthieu en 1763* (1882) ; *Mémoire pour l'histoire de Saint-Valery-sur-Somme par Charles Blondin*, annoté et précédé d'une notice sur l'auteur (1882) ; *Airaines et Dreuil-Hamel. Notices et chartes inédites* (1883) ; *Essai sur les Trouvères picards* (1883), publié sous le pseudonyme « le Bibliophile Ratoux » ; *Une Seigneurie au XVe siècle* (1883) ; *Etudes d'histoire locale* ; *Sièges et prises de Saint-Valery* (1883) ; le *Mobilier de quelques paysans picards aux deux derniers siècles* (1884) ; *Archives d'Abbeville. Inventaire analytique des dénombrements de seigneuries* (1884) ; *Ville d'Abbeville. Bibliothèque et Musée. Rapport à M. E. Prarond*, maire (1884) ; *Illustrations contemporaines. Panthéon abbevillois. Boucher de Perthes, sa vie, ses œuvres, sa correspondance* (1885) ; *Catalogue analytique des manuscrits de la Bibliothèque d'Abbeville*, précédé d'une notice historique (1885) ; *Bibliothèque communale d'Abbeville. Notice sur l'évangéliaire d'Abbeville* (1885) ; *Notice historique sur la Bibliothèque depuis sa formation jusqu'à nos jours* (1885) ; *Les Badestamiers du Santerre aux deux derniers siècles* (1885) ; la *Vie d'un Douanier : Boucher de Perthes* (1885) ; *Panthéon abbevillois. Millevoye, sa vie, ses œuvres* (1886) ; *Bibliothèque d'Abbeville. Les bibliothécaires* (1886) ; *l'Amiral Courbet* (1886) ; *Logements de troupes aux environs de Roye en 1591-*

1592 et 1653-1654, d'après les archives du château de Fransart (1886) ; *L'Imprimerie et la Librairie à Abbeville avant 1789* (1887) ; la *Vallée du Liger et ses environs* (1887) ; *Notice historique sur Gouy-l'Hôpital, Lincheux et Hallivillers* (1887) ; *Notice sur Hornoy et Blanche-Maison* (1887) ; *Notice historique sur Senarpont et ses annexes* (1887) ; *Notice historique sur le Quesne* (1887) ; *Sur les souterrains du Quesnel-en-Santerre* (1887) ; *Etudes d'histoire locale. Deux années d'invasion en Picardie, 1635-1636* (1887) ; *Esquisses militaires de la guerre de Cent ans en Picardie. La Hire et Xaintrailles ; les Flavy* (1887) ; *Esquisses militaires de la guerre de Trente ans en Picardie* (1888) ; *Un compagnon d'armes de Jeanne d'Arc. Etienne de Vignoles* (1889) ; la *Somme cantonale. Moreuil et son canton* (1889) ; le *Livre de raison d'un magistrat picard, 1601-1602* (1889) ; *Souvenir du Vieux Démuin. Sobriquets et noms patronymiques* (1889) ; *Histoire du département de la Somme, avec la biographie des personnages remarquables qui en sont originaires* (1890) ; *Etudes d'histoire locale. La guerre de Trente ans en Artois* (1890) ; *Essai sur les paysans d'après les fabliaux* (1890) ; *Les Vilains dans les œuvres des trouvères* (1890) ; *Monographie d'un bourg picard* (1re partie). *Introduction à l'histoire de Démuin* (1890) ; l'*Histoire de Démuin depuis les temps le plus reculés jusqu'à nos jours* (2e partie) (1890) ; *Traditions populaires de Démuin* (3e partie) (1890) ; *Petit glossaire du patois de Démuin* (4e partie) (1893) ; *Nouvelles et Légendes recueillies à Démuin* (5e partie) (1895) ; *Une Poignée de dictons et sobriquets picards* (1890) ; *Souvenir du vieux Démuin. Une Gerbe de contes picards* (1890) ; *Notice sur deux Livres d'heures du XVe siècle* (1891) ; *Ville d'Abbeville. L'amiral Courbet, ses obsèques et l'inauguration de son monument ; documents officiels* (1891) ; *Notice biographique sur M. Armand Van Robais* (1891) ; *Un grand seigneur picard au XVIe siècle ; documents annotés* (1892) ; les *Etrangers en Picardie. Les Princes de Savoie-Carignan, derniers seigneurs de Domart-sur-la-Luce* (1892) ; les *Reliures artistiques et armoriées de la Bibliothèque communale d'Abbeville* (1892) ; *Variétés picardes. Mélanges d'histoire et de bibliographie* (1892) ; le *Mémorial d'un bourgeois de Domart sur les guerres de Louis XIII et de Louis XIV, 1634-1655* (1892) ; *Notices et choix de documents inédits pour servir à l'histoire de la Picardie* (tome 1er, 1893, tome II, 1896) ; *Excursions historico-archéologiques dans le Bas-Santerre* (1893) ; *Livres de raison de deux seigneurs picards, 1559-1692* (1894) ; le *Livre de raison d'un maïeur d'Abbeville* (1894) ; *Abbeville et le Ponthieu ; mélanges et fragments d'histoire* (1894) ; les *Picards à l'étranger ; les de Cambray d'Igny en Italie* (1895) ; le *Maréchal de Mailly, dernier commandant pour le Roi à Abbeville* (1895) ; *Fransart et ses Seigneurs, notice historique et archéologique* (1895) ; *Picquigny et son canton* (1896) ; *Catalogue des manuscrits de la Bibliothèque de Péronne* (1897) ; *Catalogue des manuscrits de la Bibliothèque de Ham* (1897) ; *Ernoult Delf, entailleur à Abbeville au XVe siècle* (1897) ; *Petites chroniques du Santerre* (1897) ; *Histoire du doyenné de Poix* (1898) ; *Histoire du doyenné de Conty* (1898) ; *Catalogue des manuscrits des bibliothèques de Péronne, Ham et Roye* (1898) ; *Centenaire de la Société d'émulation d'Abbeville* (1899) ; *Entrée de la reine Eléonore d'Autriche à Abbeville* (1899) ; les *Prussiens à Foucaucourt* (1899) ; *Un Anglais en France de 1790 à 1795* (1900) ; *Complément du catalogue des manuscrits de la Bibliothèque d'Abbeville* (1900) ; *Un exorcisme à Abbeville en 1580* (1901) ; la *Bibliothèque d'Abbeville à l'Exposition universelle de 1900* (1901) ; *Une exécution capitale à Abbeville en 1426* (1901) ; *Blason populaire d'Amiens* (1902) ; *Abatis de maisons à Abbeville au XIVe siècle* (1902) ; l'*Administration municipale à Abbeville au XVIIIe siècle* (1902) ; *Sentences portant mutilation de membres prononcées par l'échevinage d'Abbeville au XIIIe siècle* (1903) ; *Souvenirs de l'invasion*, épisodes et nouvelles patriotiques (1903) ; *Lettres d'un engagé volontaire* (1903) ; le *Magister de Pernais, contribution au traditionnisme en Picardie* (1903), etc.

M. Alcius Ledieu a, en outre, collaboré à la *Picardie* de 1874 à 1884, à la *Chronique des Arts*, à la *Revue de l'Art Chrétien*, à la *Revue des Etudes Historiques*, etc. Il a fondé, et dirigé pendant plusieurs années, la *Revue du Nord de la France* et le *Cabinet historique de l'Artois et de la Picardie*.

Membre titulaire et directeur de la Société d'Emulation d'Abbeville, il a toujours été le collaborateur régulier du *Bulletin trimestriel* de cette association.

Lauréat de l'Académie d'Amiens pour son *Eloge de Boucher de Perthes* (1882), de la Société des Antiquaires de Picardie pour son mémoire sur la *Vallée du Lègu* (1883), de l'Académie d'Amiens, à nouveau, pour sa *Biographie de Millevoye* (1883), de la Société des Antiquaires d'Amiens, pour la deuxième fois, avec son étude sur *Deux années d'invasion en Picardie* (1883), de la Société académique de Saint-Quentin pour sa *Biographie de La Hire, bailli de Vermandois* (1886), de la Société française d'Archéologie (1890 et 1893).

de l'Académie des Inscriptions et Belles-Lettres de Paris pour l'ensemble de ses ouvrages sur la Picardie, M. Alcius Ledieu est correspondant du ministère de l'Instruction publique, du Comité des Beaux-Arts, des Sociétés savantes des départements, officier de l'Instruction publique, etc.

VUILLIER (Gaston-Charles)

PEINTRE, dessinateur et publiciste, né à Gincla (Aude) le 12 juillet 1846. Il fit ses études classiques au lycée de Perpignan, puis fut envoyé à Marseille par sa famille, qui le destinait au notariat. Dès ce moment, il s'intéressait aux beaux-arts ; ayant été alors présenté à Gambetta, il exécuta le portrait de cet homme d'Etat, encore peu connu.

Lors de la guerre de 1870-71, M. Gaston Vuillier fit partie de l'armée de la Loire. Attaché à ce moment, comme officier hors-cadre, au cabinet de M. de Freycinet, ministre de la Guerre, il fut nommé, à la paix, chef de cabinet du préfet d'Oran. Démissionnaire en 1878, il vint à Paris, où il ne s'est plus occupé, depuis ce temps, que de peinture et de littérature.

Elève de M. Lansyer, M. Vuillier se produisit pendant plusieurs années aux Salons annuels de la Société des Artistes français, avec des œuvres de peinture, dont plusieurs obtinrent des récompenses. Cependant c'est surtout comme illustrateur et comme écrivain qu'il s'est fait connaître du grand public. Il a collaboré au *Tour du Monde*, au *Magasin pittoresque*, au *Musée des Familles*, à la *Géographie universelle* d'Elisée Reclus, au *Monde Illustré*, au *Supplément littéraire du Figaro*, etc. Il est l'auteur du texte et des dessins des ouvrages suivants : les *Iles oubliées : les Baléares, la Corse et la Sardaigne* (1 vol.), la *Sicile* (1 vol.), la *Tunisie* (1 vol.) ; la *Danse à travers les âges*, texte (1 vol) ; *Miramar de Majorque (Iles Baléares)*, œuvre absolument originale, éditée par lui-même, avec des reproductions d'aquarelles et de dessins atteignant à une perfection peut être ignorée jusqu'à présent.

M. Albert Cim, dans la *Revue Bleue*, a fort justement défini le talent de M. Vuillier dans les lignes suivantes :

M. Gaston Vuillier est un dessinateur qui est doué d'un admirable talent, surtout comme portraitiste — rien d'original et de vivant, de gracieux ou de saisissant, comme ces types de femmes, jeunes paysannes endimanchées, friquantes senoras, sorcières décrépites, etc..., de montagnards et de moines il arrive tant de fois, trahi la pensée de l'écrivain. Il y a concordance absolue dans les deux parties de l'œuvre, et cette harmonie, cette unité, n'en est pas un des moindres mérites... Doué d'un sens artistique très développé et très fin, esprit curieux, contemplatif, très impressionnable, M. Vuillier voit de préférence le côté pittoresque et en même temps le côté sérieux des choses, et il nous les décrit en poète et en philosophe, plutôt qu'en humoriste.

M. Gaston Vuillier a sauvé de l'indifférence et d'une destruction probable une des plus belles curiosités de France, les cascades naturelles de Gimmel (Corrèze), dont il s'est rendu acquéreur et sur lesquelles il a fait paraître une brochure illustrée intitulée : *Une excursion merveilleuse d'un réel intérêt*.

Cet artiste distingué est membre de la Société des Artistes français et de la Société des Amis des sites français.

FOUCHÉ (Ernest-Joseph-Marie)

DÉPUTÉ, ingénieur, né au Mans (Sarthe) le 18 septembre 1856. Il fit ses études classiques au collège de sa ville natale, puis suivit les cours de l'Ecole centrale des Arts et Manufactures de Paris, d'où il sortit ingénieur diplômé en 1881. Il s'est occupé, depuis ce temps, de la construction du matériel des voies ferrées et il a été choisi, d'autre part, comme administrateur de plusieurs compagnies exploitant des lignes d'intérêt local.

M. Ernest Fouché s'est aussi beaucoup intéressé aux questions agricoles et de mutualité. Il a fondé, dans son canton, une société d'assurances contre la mortalité du bétail et, à Saint-Saturnin, une caisse de crédit agricole. Il est, de plus, administrateur de la Caisse régionale de Crédit agricole du Maine.

Maire de la commune de Saint-Saturnin (Sarthe) depuis 1900, M. Fouché fut élu député de la première circonscription du Mans, en 1902, aux élections générales, le 27 avril, avec 12,000 voix contre 7,392 à M. Ajam, radical, et 2.720 à M. Deschamps, socialiste ; succédant à M. Rubillard, député sortant, qui ne se représentait pas.

Républicain « progressiste, patriote et libéral, » M. Ernest Fouché fait partie des groupes parlementaires de l'Action libérale de la Patrie Française, et du groupe agricole. Il s'est prononcé contre la politique des ministères Waldeck-Rousseau et Combes et en faveur des libertés d'association, d'enseignement, du travail, etc. En économie, l'honorable député de la Sarthe n'est systématiquement ni avec les protectionnistes, ni parmi les libre-échangistes : dégagé de toute idée préconçue, il règle sa ligne de conduite suivant les nécessités du moment et les circonstances.

AUDIFFRED (Jean-Honoré)

Député, avocat, né à Jausiers (Basses-Alpes) le 12 décembre 1840. Fils d'un marchand de toiles établi à Roanne (Loire), il commença dans cette ville ses études classiques, qu'il finit à Grenoble ; puis il vint à Paris suivre les cours de la Faculté de Droit.

La licence obtenue, M. Audiffred se fit inscrire comme avocat au barreau de Roanne, où il exerça sa profession jusqu'au 8 octobre 1870, époque à laquelle il fut nommé sous-préfet de cet arrondissement. Il se démit de ces fonctions le 5 avril 1871 et fut élu à la fois, cette même année, conseiller municipal de Roanne et membre du Conseil général des Basses-Alpes.

Candidat républicain dans la première circonscription de Roanne, lors d'une élection partielle, M. Audiffred fut nommé député, le 6 avril 1879, en remplacement de M. Cherpin, élu sénateur ; il obtint 8,465 voix contre 1,481 au révolutionnaire Blanqui.

Il a été successivement réélu : le 21 août 1881, par 8,872 voix contre 5,084 à M. Chassain de la Plasse et 667 à M. Déparis ; en octobre 1885, au 2ᵉ tour de scrutin, par 65,091 voix, au scrutin pluriel ; le 22 septembre 1889, par 10,216 suffrages, contre 6,200 à M. Charbonnier, conservateur ; en octobre 1893, par 9,821 voix contre 2,584 à M. Augé, socialiste.

Après la mort de M. Brossard, sénateur de la Loire, M. Audiffred fut candidat à son remplacement et élu, le 30 décembre 1894 ; mais, se ravisant, il démissionna, le 20 janvier 1895, et reprit sa place à la Chambre sans avoir siégé au Sénat.

Au renouvellement général législatif de 1898, il fut réélu député, au premier tour, par 10,178 suffrages, contre 10,114 à deux autres candidats ; et son mandat a été encore renouvelé, aux élections générales de 1902, par 12,716 voix contre 9,004 à M. Augé, son concurrent ordinaire, et au scrutin de ballottage.

Au cours de ces législatures successives, M. Audiffred, qui s'était fait inscrire d'abord au groupe de l'Union républicaine, a voté : en 1879, pour l'invalidation de l'élection de Blanqui à Bordeaux ; en 1880, pour l'application des lois existantes aux congrégations non autorisées ; en 1881, pour le rétablissement du divorce et contre la révision de la Constitution. Il s'est opposé à l'institution d'un maire de Paris, à l'élection des juges par le peuple, à la nomination des sénateurs par le suffrage universel. Il accorda tous les crédits pour le Tonkin et se prononça en faveur du scrutin uninominal, pour l'ajournement indéfini de la révision de la Constitution (chute du ministère Floquet) et contre le Boulangisme. Il fit voter, en 1891, un amendement maintenant le *statu quo* sur les filés de coton, malgré l'opposition de la Commission des Douanes et il déposa une proposition sur la réorganisation des collèges communaux. Plusieurs fois désigné comme rapporteur de projets de loi soumis au Parlement, il a notamment rapporté la loi sur les caisses de secours et de retraites des ouvriers mineurs, celles sur les sociétés de secours mutuels (août 1895) et la réorganisation des Halles centrales. Il a demandé la création d'une école française dans la Chine méridionale et a fait voter un crédit destiné à la création d'un laboratoire de recherches scientifiques pour la découverte du traitement des maladies contagieuses (1897).

Avec M. Waldeck-Rousseau, il fonda, en 1897, le Grand Cercle républicain ; mais il n'a pas suivi cet homme d'État dans sa politique d'action républicaine ; il a, au contraire, voté contre la loi sur les associations (1901) et combattu son ministère (1899-1902), ainsi que le cabinet Combes, qui l'a suivi.

Fondateur du groupe parlementaire des Républicains progressistes, il est membre du comité directeur de ce groupe, dont M. Méline est le chef.

Le député de la Loire est officier d'Académie.

LE CHEVALIER (Georges-Victor)

Sénateur, avocat, administrateur, né à Paris le 11 novembre 1839. Fils de l'éditeur républicain bien connu, Armand Le Chevalier, il fit ses études classiques au lycée Bonaparte et prit ensuite ses inscriptions de droit. Reçu licencié (1859), puis docteur (1862), il fut secrétaire de la Conférence des avocats en 1864, la même année que M. Ribot, député, ancien ministre.

Inscrit au barreau de Paris, M. Le Chevalier, après avoir étudié la procédure comme maître-clerc chez un avoué, fut secrétaire de M. Senard, ancien président de l'Assemblée Constituante de 1848. Menant de front le Palais et la politique, il prenait part à la campagne électorale de 1869 en soutenant, dans les réunions publiques, la candidature d'Adolphe Thiers à Paris, et, à la veille de la déclaration de guerre (août 1870), il plaidait pour l'accusé Fontaine, dans le fameux procès dit des « bombes Lepet », devant la Haute-Cour de justice réunie à Blois.

Au 4 septembre, M. Le Chevalier fut nommé, par Gambetta dont il était l'ami, préfet de la Sarthe. Forcé de quitter Le Mans après l'entrée des Prussiens dans cette ville, il parcourut le département et s'efforça de transmettre aux généraux français, en retraite dans la Mayenne, les renseignements qui pouvaient leur être utiles sur les mouvements de l'armée. Démissionnaire en même temps que Gambetta, en 1871, M. Le Chevalier reprit sa place au Palais et plaida des affaires retentissantes, telles celles, à Versailles, d'Ulysse Parent, poursuivi pour avoir été membre de la Commune et dont il obtint l'acquittement ; à Lyon, du général Cremer, poursuivi pour avoir fait exécuter sans jugement un commerçant de Dijon soupçonné d'espionnage (le général Cremer ne fut condamné qu'à un mois de prison) ; il défendit encore Blanqui, puis M. Lockroy, depuis député et ministre, dans un procès de presse, etc.

En 1873, M. Le Chevalier alla exercer sa profession à Constantinople. Il devint bientôt président du Barreau international de cette ville et fut désigné, en 1882, par les ministères Gambetta, puis Freycinet, comme délégué de France à la Commission de la Dette égyptienne au Caire, où il resta jusqu'en 1893. Ayant alors résigné cette fonction, il reçut le titre de ministre plénipotentiaire honoraire et fut, en même temps, nommé administrateur de la Compagnie du Canal de Suez.

Entre temps, M. Le Chevalier avait été en 1889 et il fut encore en 1893, dans la Sarthe, candidat républicain aux élections législatives, contre M. de la Rochefoucauld, duc de Doudeauville, qui fut élu ; mais avec un nombre de voix décroissant chaque fois. En 1898, il refusa la candidature qui lui était de nouveau offerte dans l'arrondissement de Mamers et assura l'élection de M. Caillaux, républicain, depuis ministre des Finances, à la réélection de qui il contribua aussi en 1902.

M. Le Chevalier avait été élu conseiller général de la Sarthe, dès 1895, contre le candidat conservateur ; il a été depuis confirmé dans ce mandat et, en 1898, a été choisi comme président de la Commission départementale.

Candidat à une élection sénatoriale partielle dans la Sarthe en 1895, il s'était retiré devant M. Lagludic, sénateur sortant ; il fut nommé, en 1900, président du Congrès sénatorial républicain de ce département, congrès qui assura la réélection des sénateurs républicains sortants.

Le 4 janvier 1903, il fut élu, comme candidat de concentration républicaine, sénateur de la Sarthe, en remplacement de M. Leporché, par 546 voix, contre 330 au D' Mascurel, républicain libéral.

Inscrit au groupe de l'Union républicaine, qui a soutenu la politique du ministère Combes, l'honorable sénateur est monté à la tribune, pour demander l'extension du bénéfice de l'amendement Morlot aux bouilleurs de cru ne se servant que d'alambics ambulants et ne brûlant qu'un maximum de 50 litres d'alcool ; il a également, dans la discussion du budget de 1903, soutenu une disposition qui, tout en interdisant le cumul entre l'indemnité sénatoriale et le traitement de ministre, aurait réservé la question pour les autres fonctions.

M. Le Chevalier a été honoré d'une médaille d'or pour son dévouement pendant l'épidémie de choléra qui sévit au Caire en 1883. Il est officier de la Légion d'honneur et grand-cordon de l'ordre du Medjidié.

DUTREIL (Maurice-Bernard)

Député, ancien officier, né à Paris le 13 juillet 1875. Il est le petit-fils de Jules-Bernard Dutreil, qui fut député aux Assemblées législative de 1848, nationale de 1871, et sénateur de 1776 jusqu'à sa mort (1878) et le fils de Paul-Marie Bernard Dutreil, qui, après avoir été chef de cabinet du duc Decazes, fut sénateur de la Mayenne de 1878 à 1879 et de 1888 à 1897.

Élève de l'École militaire de Saint-Cyr, de 1894 à 1896, M. Maurice Dutreil en sortit sous-lieutenant au 5ᵉ hussards ; envoyé à Nancy (1896-97), puis à Saumur (1897-98), il vint au 1ᵉʳ cuirassiers à Paris, sur la demande de sa famille, à la suite de la mort de sa sœur, victime de l'incendie du bazar de la Charité (1897).

Officier dans le régiment commandé par M. le colonel Bougon, qui fut lui-même élu député en 1902 et invalidé ensuite, M. Maurice Dutreil démissionna, au moment du renouvellement général législatif, pour se présenter dans la deuxième circonscription de Laval (Mayenne), où il fut élu député par 5,587 voix contre 5,360 à M. Pierre Heuzey, député sortant (au premier tour, 27 avril 1902).

M. Maurice Dutreil appartient, à la Chambre, aux groupes nationaliste et de l'Action libérale. Il s'est prononcé contre la politique suivie par les ministères Waldeck-Rousseau et Combes ; en faveur de la protection des intérêts agricoles, de la conclusion de traités de commerce et de réciprocité, etc. Membre de la Commission des comptes définitifs, il prit, dans son bureau, part à l'élaboration d'une liste unique de candidats aux grandes commissions parlementaires formée par les divers groupes de l'opposition et dont l'échec ne fut dû qu'à l'abstention de quelques députés conservateurs (1903). Il a déposé, cette même année, un projet de loi pour le rajeunissement des cadres militaires, demandant la suppression, dans l'arme de la cavalerie, d'un officier par escadron et son remplacement par un adjudant, comme il est fait dans quelques armées européennes et notamment en Allemagne.

METZGER (Albert)

Historien, publiciste, né à Mulhouse (ancien département du Haut-Rhin) le 31 mars 1853. Il commença ses études classiques au collège de Mulhouse et les termina à l'Académie de Neuchâtel (Suisse), à la suite de la guerre de 1870-71, qui annexa l'Alsace-Lorraine à l'Allemagne.

Ayant opté pour la France après la paix, M. Albert Metzger se fixa à Lyon, où il s'adonna à divers genres de littérature. Il fit paraître, dès 1874, sous ce titre : *Vers de Jeunesse*, un recueil de poésies qui fut accueilli avec faveur et a été réédité plusieurs fois depuis. En 1879, il fondait une revue : *Lyon scientifique et industriel*, qu'il dirigea dans une voie brillante pendant onze années.

Parmi les ouvrages publiés, dans la même période, par cet auteur, il convient de citer : en 1877, une étude sur *Jean-Jacques Rousseau à l'Ile Saint-Pierre*; en 1880, le *Budget de l'Instruction publique en France pour 1879-1880*, et, en 1882, le *Budget municipal de Lyon en 1881, recettes, dépenses, octrois*. En 1883, adoptant le genre historique qu'il avait déjà abordé, il fit paraître : la *République de Mulhouse* (1 vol.), précis des événements qui se déroulèrent dans cette enclave de l'Helvétie avant son annexion à la France en 1798. Encouragé par le succès qu'obtint ce travail d'érudition, il entreprit ensuite la publication, en collaboration avec M. Joseph Vaesen, de l'*Histoire de Lyon sous la Révolution, le Consulat et l'Empire*, vaste ouvrage en dix volumes, auquel s'intéressa vivement le monde lettré et qui fut complété par les mêmes auteurs avec un onzième volume, paru en 1889, à l'occasion du centenaire de la Révolution, sous ce titre : *A la veille de la Révolution, Lyon de 1778 à 1788*.

Retiré, vers 1884, à Chambéry, pour des raisons de santé, M. Albert Metzger, reprenant la suite de ses recherches sur le XVIIIe siècle et sur J.-J. Rousseau, s'attacha particulièrement à la personnalité de Mme de Warens, l'amie du philosophe ; grâce à une documentation qui ne recula devant aucune démarche ni aucun labeur, il put donner successivement : la *Conversion de Mme de Warens* (1 vol. 1886); les *Pensées de Mme de Warens* (1 vol. 1888) ; *Une poignée de documents inédits concernant Mme de Warens* (1 vol. 1888); les *Dernières années de Mme de Warens* (1 vol. 1891), livres qui furent l'objet de comptes-rendus élogieux dans la presse. Ayant, en vue de ces ouvrages, recueilli peu à peu tout ce qui a été imprimé depuis plus d'un siècle sur Jean-Jacques Rousseau et Mme de Warens, l'historien fit don à la Bibliothèque de la ville de Chambéry de la précieuse collection qu'il avait ainsi réunie.

En 1892, il publia le *Livre d'honneur des Communes de Savoie*, contenant les procès-verbaux de l'Assemblée nationale des Allobroges, qui demandaient, dès 1792, leur annexion à la France. Ce volume, précieux pour les familles savoisiennes, donne aussi la liste des combattants du pays pendant les guerres de la première république et celle de 1870-71.

En 1893, M. Albert Metzger fonda libéralement, à l'Académie des Sciences, Belles-Lettres et Arts de Savoie, dont il est membre depuis lors, une médaille d'or qui est attribuée, tous les deux ans, à l'auteur du meilleur ouvrage concernant la Savoie.

TORCHUT (Charles)

Député, avocat, né à la Tremblade (Charente-Inférieure) le 17 septembre 1862. Fils d'un ministre du culte protestant, président honoraire du Consistoire de Royan ; frère d'un médecin bien connu dans la région, il fit ses études classiques au collège de Saintes et celles de droit à la Faculté de Bordeaux.

Inscrit au barreau de Bordeaux de 1883 à 1887, M. Charles Torchut fut, dans le même temps, secrétaire judiciaire de M. Monis, sénateur, depuis ministre de la Justice. En 1888, il devint avocat à Marennes (Charente-Inférieure), où il s'est occupé depuis lors d'affaires criminelles et civiles ; ses plaidoiries émouvantes aux assises du département lui ont fait une belle réputation d'orateur éloquent et persuasif.

A la même époque (1888), M. Torchut formait, en vue des élections municipales de Marennes, une liste républicaine qui triompha, et la ville de Marennes fut ainsi administrée, pour la première fois, par une assemblée communale républicaine. Elu, en 1894, conseiller général de la Charente-Inférieure, pour le canton de la Tremblade, il fit partie de plusieurs commissions départementales. Il s'est, d'autre part, intéressé aux questions agricoles et a été nommé président de l'Union des Comices agricoles de l'arrondissement de Marennes.

Après l'envoi au Sénat de M. Garnier, député de l'arrondissement de Marennes, le 4 janvier 1903, M. Torchut fut élu en son remplacement, le 15 février suivant, par 6,295 voix, contre 3,839 à M. Bisseuil, ancien sénateur, progressiste ; 2,105 à M. Souchard, conservateur, et 300 à M. Chauvet, républicain.

L'honorable député de la Charente-Inférieure s'est déclaré, dans son programme, partisan de la liberté de l'enseignement, de la séparation des églises et de l'Etat, des lois contre les congrégations, de la réduction du service militaire, du libre-échange, etc. Il est inscrit au groupe de la Gauche radicale.

M. Torchut est officier d'Académie.

DONNAY (Maurice)

ÉCRIVAIN, auteur dramatique, né à Paris le 12 octobre 1860. Après avoir été élève à l'Ecole centrale des Arts et Manufactures, il abandonna bientôt l'industrie pour la littérature et se fit d'abord connaître au théâtre du Chat-Noir, par des poésies qu'il récitait lui-même et par deux petites pièces : *Phryné*, scènes grecques, et *Ailleurs*, revue symbolique, qui commencèrent sa réputation.

M. Maurice Donnay a fait représenter depuis : *Lysistrata*, comédie en 4 actes (Grand-Théâtre, 1894), adaptation libre et bien personnelle de la pièce d'Aristophane ; la *Folle entreprise*, 1 acte (Vaudeville) ; *Pension de famille* (Gymnase, 1895), un des grands succès de cette année-là ; *Amants*, comédie 5 actes (Renaissance, 1896), que M. Jules Lemaître compara à *Bérénice*, de Racine ; la *Douloureuse*, comédie 4 actes (Vaudeville, 1897), où Mme Réjane trouva l'occasion d'un beau triomphe ; l'*Affranchie*, comédie 3 actes (Renaissance, 1898) ; *Georgette Lemeunier*, comédie 4 actes (Vaudeville, 1898) ; le *Torrent*, pièce en 4 actes (Théâtre français, 1899) ; la *Clairière*, pièce à tendances socialistes, en 5 actes, avec M. L. Descaves (théâtre Antoine, 1900) ; *Education de Prince*, comédie 4 actes (Variétés, 1901) ; la *Bascule*, comédie 4 actes (Gymnase, 1902) ; l'*Autre Danger*, pièce 4 actes (Théâtre français, 1903).

Ecrivain plein d'esprit, avec une certaine tendance philosophique de surface, M. Maurice Donnay a obtenu un assez vif succès au théâtre. Il a écrit encore : *Eux*, la *Vrille*, comédies de salon ; *Education de Prince*, *Chères Madames*, deux volumes de dialogues parus en premier lieu dans la *Vie Parisienne*, sous le pseudonyme de « Lysis » et dans le *Journal*. Il a donné, dans ces deux organes et dans plusieurs autres de la presse parisienne, des chroniques littéraires.

Poète exquis, écrit M. Pierre Valdagne de l'auteur de *Lysistrata*, dont la joie, au bout d'une strophe, est de démolir d'un mot drôle son rêve. Philosophe très profond, parfois mélancolique, toujours humain, qui vous ouvre des portes sur de redoutables ou pitoyables fonds d'âmes et en referme vite les battants, parce que rien ne vaut un mot d'esprit, surtout un des siens, et que le moment est arrivé d'en avoir peur ne pas devenir trop triste...

M. Maurice Donnay est chevalier de la Légion d'honneur depuis 1896.

GROSDIDIER (Auguste-René)

DÉPUTÉ, industriel, né à Mouvages (Meuse) le 14 janvier 1846. Fils d'un industriel de la région, il fit ses études classiques au collège de Bar-le-Duc, puis au lycée Saint-Louis et à l'école préparatoire de Sainte-Barbe à Paris.

Entré lui-même dans l'industrie métallurgique, M. Grosdidier occupa bientôt une importante situation à Commercy (Meuse). Nommé conseiller municipal et maire de cette ville en 1884, il n'a cessé depuis lors d'être réélu à cette fonction. Comme maire, il a présidé à l'installation d'une nouvelle distribution d'eau et d'un réseau d'égouts.

En 1895, M. Grosdidier fut élu conseiller général de la Meuse, pour le canton de Commercy ; il a été depuis confirmé dans ce mandat. A l'Assemblée départementale, il fait partie de la commission des routes et chemins de fer ; il est en outre membre de la Commission départementale.

Après l'élection au Sénat de M. Raymond Poincaré, député de l'arrondissement de Commercy, M. Grosdidier fut élu en son remplacement, le 22 mars 1903, et par 12,408 voix contre 2,013 à M. Fleury, radical-socialiste.

Républicain indépendant, l'honorable député de la Meuse demandait, dans son programme, la liberté de conscience et d'enseignement sous le contrôle de l'Etat, la protection des intérêts nationaux, une politique d'économies budgétaires, etc. Il n'appartient à aucun groupe parlementaire.

Vice-président de la Chambre de Commerce de Bar-le-Duc, membre de la Caisse syndicale et du conseil d'administration de la Caisse patronale de retraite des ouvriers des Forges de France, de l'Association de l'Industrie et de l'Agriculture françaises, etc., il est chevalier de la Légion d'honneur (5 juin 1892) et officier de l'Instruction publique.

DEFARGE (Adolphe-Etienne-Marius)

SÉNATEUR, né à Manosque (Basses-Alpes) le 22 août 1836. Fils d'un républicain qui, au coup d'Etat de 1851, fut condamné et déporté pendant dix ans à Lambessa, il se consacra de bonne heure au commerce des draps et tissus, dans lequel il acquit une certaine aisance.

Suivant l'exemple paternel, M. Defarge s'occupa de politique dès sa jeunesse. Nommé conseiller municipal de sa commune natale en 1869, il mena une vive campagne contre le gouvernement impérial et, lors du plébiscite, fit voter 700 « non » à Manosque seulement.

Elu maire de Manosque en 1888 et confirmé dans ce mandat, sans interruption, depuis cette époque, M. Defarge a été, de plus, délégué aux commissions municipales des hospices, bureau de bienfaisance et caisse d'épargne ; juge suppléant au Tribunal de Commerce de 1869 à 1875 et juge de 1875 à 1881. Comme maire, il s'est efforcé d'améliorer les services édilitaires. Au point de vue de l'instruction publique, il est l'initiateur d'une mesure : la gratuité de l'enseignement secondaire, dont Jules Ferry le félicita grandement lors de son passage à Aix-en-Provence, au cours du voyage à travers la France qu'il accomplit en 1882 pour faire accepter par les populations son article 7. C'est ainsi qu'ayant procédé à la réfection du collège communal réservé aux garçons, M. Defarge a fondé également à Manosque, un cours secondaire gratuit de jeunes filles. Il a, de plus, joint à l'enseignement intellectuel la création d'ateliers manuels pour les élèves, qui sont ainsi préparés à toutes les professions industrielles et même artistiques.

Rendu très populaire par ces diverses mesures, M. Defarge fut élu conseiller général des Basses-Alpes pour le canton de Manosque en 1893, et choisi comme président de la commission départementale en 1896, fonction qu'il remplit jusqu'à son envoi à la Chambre. Il est, d'autre part, administrateur de la Banque de France à Digne.

Depuis longtemps, M. Defarge contribuait au succès des candidats républicains au Parlement dans les Basses-Alpes ; mais il avait toujours refusé les offres de candidature pour lui-même ; cependant, au renouvellement législatif de 1902, les comités régionaux radicaux s'unirent, dans l'arrondissement de Forcalquier, sur son nom et il fut élu député par 4,543 voix contre 3,650 à M. Sicard, député sortant, progressiste.

Inscrit au groupe radical-socialiste de la Chambre, il fut membre de la Commission d'initiative parlementaire et président des commissions de vérification de plusieurs élections. Il a voté, à la Chambre, la séparation des églises et de l'Etat, la suppression du budget des cultes et le retrait de notre ambassadeur au Vatican.

Aux élections sénatoriales du 4 janvier 1903, le département des Basses-Alpes envoya à la Chambre Haute deux élus d'opinion nationaliste : MM. Andrieux, ancien député, ancien préfet de police, et Fruchier, sénateur sortant ; mais ceux-ci ayant été invalidés, les délégués furent convoqués à nouveau, le 15 février suivant, et choisirent cette fois, deux candidats républicains, MM. Gassier et Defarge ; ce dernier obtint 218 voix sur 402 votants.

L'honorable sénateur fait partie de la Gauche démocratique et soutient la politique radicale, au Luxembourg, où il a renouvelé ses votes de la Chambre pour la suppression du budget des cultes et celle de l'ambassade du Vatican.

M. Adolphe Defarge est officier de l'Instruction publique.

ALDY (Emile-Paul-Félix)

DÉPUTÉ, avocat, né à Millau (Aveyron) le 17 juillet 1853. Ses études classiques faites à Toulouse et celles de droit à Aix, il se fit admettre comme avocat stagiaire au barreau de sa ville natale. Nommé ensuite substitut du procureur de la République à Limoux (1880), puis à Narbonne la même année, M. Aldy devint procureur de la République dans cette dernière ville, lors de la réforme de la magistrature, en 1883. Il crut devoir démissionner de cette fonction en 1887, refusant de conclure, sur les ordres officiels, contre M. Ferroul, maire de Narbonne, qui poursuivait pour diffamation le *Rappel de l'Aude* et le *Républicain de Narbonne*.

Inscrit la même année au barreau de Narbonne, M. Aldy ne tarda pas à s'y créer une situation prépondérante et une notoriété dépassant de beaucoup les limites du département de l'Aude. Il a été chargé de nombreuses affaires civiles et criminelles, qui ont mis en relief le talent de parole remarquable dont il est doué.

Elu, en 1888, conseiller municipal de Narbonne, sur la liste d'alliance radicale-socialiste, il démissionna en 1889, avec la fraction socialiste, pour permettre à la majorité de se prononcer en faveur de l'un des deux partis devenus rivaux. Ayant échoué alors, comme ses amis politiques, M. Aldy fut rappelé, en 1891, au Conseil municipal de Narbonne, avec la liste socialiste et nommé adjoint au maire. Réélu l'année suivante conseiller municipal et adjoint, il fut maire de Narbonne par intérim, de 1892 à 1894, en remplacement du Dr Ferroul, révoqué à cette époque. Il reprit ses fonctions d'adjoint en 1894, M. Ferroul reprenant celles de maire de Narbonne.

M. Ferroul, député de la 1re circonscription de Narbonne ne se représentant pas au renouvellement général de 1902, M. Aldy posa sa candidature et fut élu, en son remplacement, au deuxième tour et par 6,191 voix contre 5,772 à M. Turrel, ancien député, ancien ministre. Aussitôt après son élection, il se démit de ses fonctions d'adjoint de la ville.

Inscrit au groupe socialiste de la Chambre, l'honorable député fait partie de la commission de la réforme judiciaire et de celle des Postes et Télégraphes. Son programme comporte toutes les réformes économiques, politiques et sociales préconisées par le groupe auquel il appartient, et avec lequel il vote généralement.

ANDUAGA (Joseph-Edouard-Stanislas HOLTZER de)

PROFESSEUR et compositeur de musique, né le 13 octobre 1858 à Malaga (Espagne), demeurant en France. Issu d'une ancienne famille noble, basque d'origine, il commença ses premières études artistiques au Conservatoire d'Isabelle II, à Barcelone, dès l'âge de onze ans. Quelques années plus tard, il prenait les conseils de J.-B. Pujol pour le piano; puis il travailla le chant avec le professeur Palli. A dix-neuf ans, tout en continuant à se perfectionner dans l'art musical, il devint l'accompagnateur attitré des artistes réputés qui paraissaient au grand Opéra de Barcelone.

En 1882, M. Edouard de Anduaga alla se fixer à Madrid, où il ouvrit une école de chant qui fut bientôt fréquentée par la haute aristocratie. Parmi les élèves qu'il y a formés, on doit citer MMmes J. Calvo, R. Alvarez, E. Entrena, L. Lopez, A. Torrès, C. Mariscal ; MM. Gomis, Franco, Morini, Biel, Conesa, Paoli (celui-ci débuta en 1899 à l'Opéra de Paris), etc.

M. de Anduaga, poursuivant encore ses études, devint l'élève pour l'harmonie d'Emile Serrano. En 1890, il se rendit à Milan, où il trouva deux compatriotes, le ténor Codina et le baryton Romero, qui tinrent à honneur de prendre ses leçons pendant plusieurs mois. Beaucoup d'autres artistes en renom, italiens pour la plupart, eurent recours également au professeur espagnol, dont la direction contribua largement à leur succès.

Après un assez long séjour dans le nord de l'Italie et un retour à Madrid où l'appelaient ses intérêts, M. de Anduaga vint se fixer à Paris. Il sut bientôt y faire apprécier ses qualités d'enseignement et nombre d'artistes lyriques, en vedette actuellement, ont été ses élèves. Ses cours d'ensemble comprennent à la fois le chant, la danse, la mimique, la déclamation, le maintien, etc. ; ce groupement de tous les arts du théâtre rend grandement service aux personnes qui s'y destinent.

M. Edouard de Anduaga est l'auteur d'une *Méthode de Chant* très documentée et publiée chez l'éditeur Zozaya à Madrid ; on lui doit en outre de nombreux morceaux pour orchestre, piano et chant, entr'autres : *Viva el Torero*, marche devenue populaire en France même ; *Heures heureuses*, valse ; la *Femme au masque* (revue créée aux Folies-Bergères par Mme Otero ; J. Givre, éd. Paris) ; le *Tango de la Chunga* ; la *Marche de la déesse Richesse*, etc.

M. de Anduaga est membre de la Société des Auteurs, Compositeurs et Editeurs de Musique.

PERROCHE (Paul-Albert)

DÉPUTÉ, né à Montigny-la-Resle (Yonne) le 3 août 1845. Il fit ses études classiques au collège d'Auxerre et celles de droit à la Faculté de Dijon, où il obtenait, en 1867, le premier prix de droit français, au concours de licence ; en 1869, il fut reçu docteur en droit.

Incorporé dans les mobiles de l'Yonne au moment de la guerre franco-allemande, M. Perroche prit part à divers engagements aux environs de Dijon, avant la première occupation de cette ville par les Allemands, le 30 octobre 1870. Il fit ensuite partie de l'armée de l'Est et assista aux combats livrés, les 15, 16 et 17 janvier 1871, entre Héricourt et Montbéliard.

Le 15 novembre 1871, il entra dans la magistrature et fut successivement substitut du procureur de la République à Louhans (Saône-et-Loire), à Mâcon et à Dijon ; il devint procureur de la République à Wassy (Haute-Marne) en août 1878, à Beaune (Côte-d'Or) en mars 1879 et à Dijon en juillet 1880. Il donna sa démission le 5 novembre 1881 et se fit inscrire, comme avocat, au barreau de Dijon.

La gestion de ses intérêts l'appelant en dernier lieu

dans le département de la Marne, il s'y fixa, et s'occupa spécialement des questions concernant l'agriculture. Maire d'Outines depuis 1890 et conseiller général du canton de Saint-Rémy-en-Bouzemont depuis 1892, M. Perroche fut élu député de l'arrondissement de Vitry-le-François, aux élections générales de 1902, par 6,498 voix contre 5,313 à M. Haudos, candidat radical, et en remplacement de M. L. Morillot, député sortant, républicain progressiste, qui ne s'était pas représenté.

M. Perroche est considéré comme un député sincèrement républicain ; mais il n'est inscrit à aucun des groupes politiques de la Chambre. Dans la discussion du budget de 1903, il émit et développa à la tribune un amendement relatif à la mise en adjudication des bureaux de tabac, dont le vote par la Chambre produisit une certaine émotion.

SAVEROT (Théodore-Victor)

Avocat, publiciste, né à Dijon (Côte-d'Or) le 20 avril 1859. Petit-fils d'un professeur de droit qui fut conseiller à la Cour d'appel de cette ville, fils et neveu de présidents de chambre à la Cour d'appel de Dijon, M. Théodore Saverot fit ses études de droit à la Faculté de Paris, où il fut reçu docteur en 1885.

Après avoir plaidé avec succès tout d'abord au barreau de Dijon, M. Saverot se fit inscrire au barreau de la Cour d'appel de Paris, où il s'est occupé de causes criminelles et civiles qui ont mis sa personnalité en relief. Il s'est aussi fait remarquer par la publication de travaux documentés et intéressants sur des sujets juridiques, historiques, économiques ou critiques.

On lui doit, outre sa thèse sur l'*Origine de l'Institution contractuelle*, les ouvrages ou mémoires suivants : *Etude historique et juridique d'une institution romaine peu connue relative aux récupérateurs* ; les *Fiançailles dans notre ancien droit et chez les romains* ; *Un pèlerinage à Waterloo* et *Un tableau de Somo-Surra* (*Revue de la France moderne*) ; le *Travail au point de vue scientifique, industriel et social* (*Revue Politique et Parlementaire*), etc. Il a en outre collaboré au *Monde Economique*, à la *Grande Encyclopédie*, où il a publié des comptes-rendus bibliographiques fort appréciés et à diverses autres publications.

M. Victor Saverot est membre de plusieurs sociétés littéraires ou savantes.

BRISSON (Joseph)

Député, viticulteur, né à Libourne (Gironde) le 28 mars 1857. Issu d'une ancienne famille de cette région, il se fit recevoir licencié en droit à la Faculté de Paris et inscrire au barreau de sa ville natale, où il ne plaida que peu de temps. Propriétaire agriculteur et surtout viticulteur, membre du Conseil d'administration du Syndicat des viticulteurs de Bordeaux, M. J. Brisson fut élu, dès 1884, conseiller municipal et maire de Néac (Gironde).

Candidat aux élections législatives en 1898, dans la première circonscription de Libourne, M. J. Brisson échoua ; mais il fut élu député, au renouvellement de 1902, dans la même circonscription, par 8,448 voix contre 8.354 à son ancien adversaire, M. Surchamp, député sortant, au second tour de scrutin, le 11 mai.

Invalidé par la Chambre, il fut réélu le 21 septembre de la même année, par 8,340 voix contre 7.807 au Dr Lataste, radical.

Républicain indépendant et nationaliste, M. J. Brisson appartient au groupe viticole et à celui de la réforme parlementaire. Dans son programme, il réclamait « les libertés de conscience, d'enseignement et d'association, la réduction du service militaire, une politique d'économie », etc. Il fait partie, à la Chambre, de la Commission de vérification des comptes et exercices budgétaires et a été chargé du rapport sur le budget de la Justice.

BANZET (Charles-Samuel)

Chirurgien, né à Herimoncourt (Doubs) le 12 février 1867. Il fit ses études classiques à Paris et celles de médecine d'abord à Montpellier, puis à la Faculté de Paris. Externe, puis interne des hôpitaux (1892) ; sorti le premier de la promotion de l'internat et titulaire de la médaille d'or des hôpitaux ; lauréat de l'Académie de Médecine, il fut reçu docteur et lauréat de la Faculté en 1896, et devint chef de clinique chirurgicale à la Pitié, dans les services des professeurs Paul Berger et Terrier.

Nommé chef de laboratoire à la Faculté de Médecine en 1897, le Dr Banzet est aussi chirurgien de l'Asile maternel et du Dispensaire de la Société philanthropique de l'avenue du Maine, ainsi que d'une clinique médico-chirurgicale privée, qu'il a fondée en 1902 avec le Dr Maurice Cazin.

M. le Dr Banzet s'est fait remarquer par des

travaux relatifs aux affections des voies urinaires, qui ont été publiés dans les *Annales des Maladies génito-urinaires*, le *Journal des Praticiens* et autres organes spéciaux. On cite notamment ceux sur les *Suppurations en général et au point de vue bactériologique* (thèse de doctorat), sur la *Tuberculose vésicale*, sur les *Abcès urinaires*, etc. Il a collaboré au *Traité des Maladies du Foie* du Dr Schwartz.

Membre de l'Association française de Chirurgie et de la Société d'Urologie, M. le Dr Banzet a été secrétaire de plusieurs congrès d'urologie.

SAUZÈDE (Jules)

Député, né à Carcassonne le 19 juillet 1844. Il fit ses études au lycée de cette ville. Son père, médecin très estimé, l'habitua de bonne heure à tous les sports et c'est M. Jules Sauzède qui, avec quelques amis, organisa à Carcassonne les premières courses de chevaux. Vers 1868, il fit partie de la première société vélocipédique fondée dans l'Aude et en fut le trésorier.

En 1870, bien que ne comptant plus à aucun titre dans l'armée, M. Sauzède s'enrôla dans le bataillon de mobiles de l'Aude, et fit la campagne de l'Est, d'abord comme lieutenant ; il participa ensuite, comme capitaine dans le 83e régiment, sous les ordres du général Cremer, à la plupart des batailles que livra l'armée de Bourbaki. Une blessure au pied l'obligea à rentrer à l'hôpital de Besançon, où il resta quelques mois. Après sa guérison, il passa en Suisse et revint offrir son concours au gouvernement de la Défense nationale.

Rentré dans l'Aude, M. Sauzède s'y consacra à l'éducation physique de la jeunesse, à l'encouragement des arts et à la propagation des idées démocratiques. Choisi comme président d'honneur de la société de gymnastique l'« Avenir » de Carcassonne, vers 1890, il réussit en peu de temps, avec l'aide de quelques amis dévoués, à doter l'Aude d'une vingtaine de sociétés de gymnastique ou de tir.

Il fut président actif de l'« Avenir » en 1893, membre du jury aux concours de Cahors en 1894 et de Perpignan en 1895, et enfin président du comité d'organisation de la IIIe fête fédérale des sociétés de gymnastique du Midi. Il est en outre membre associé de l'Union des Sociétés de gymnastique de France.

M. Sauzède a fondé, à Carcassonne, l'une des plus importantes et des meilleures sociétés musicales du Midi. Il est fondateur et président de la 888e section des vétérans ; président ou membre de plusieurs autres associations d'assistance ou de mutualité sociale. Il a organisé à Carcassonne un comité, dont il est le président, chargé d'élever un monument aux Audois morts pour la patrie.

M. Sauzède fut élu, en 1890, conseiller municipal de Carcassonne le sixième sur une liste de vingt-sept noms. En 1892, il présenta aux électeurs une liste radicale-socialiste qui échoua toute entière ; mais, à l'occasion des élections complémentaires de 1893, il entra de nouveau au Conseil municipal avec deux de ses amis politiques.

La municipalité refusant d'obéir à l'impulsion qu'il désirait donner à la politique municipale, il groupa autour de lui ses collègues les plus avancés, attaqua avec une très grande énergie la majorité opportuniste et réussit, en 1896, à faire élire au premier tour, et contre trois autres listes, la liste radicale-socialiste dont il était le chef. Elle a été réélue en 1900.

Maire de Carcassonne depuis 1896, il fut, en 1898, élu au premier tour conseiller général de l'Aude (canton ouest de Carcassonne).

Candidat unique des radicaux-socialistes dans la 1re circonscription de Carcassonne, au renouvellement législatif de 1902, M. Sauzède fut élu député, au premier tour de scrutin, par 5.799 suffrages, contre 2.745 à M. Denis Guibert député sortant de la Martinique, nationaliste, et 2.537 à M. Marty, ancien ministre, ancien député et conseiller à la Cour d'appel de Paris, progressiste.

M. Jules Sauzède, à la Chambre, est inscrit au groupe radical-socialiste, à ceux de l'enseignement et de la viticulture. Il réclame les réformes politiques et économiques préconisées par les républicains avancés : impôt sur le revenu, séparation des églises et de l'Etat, réduction du service militaire, etc. Il est membre des commissions de l'Armée, de décentralisation, etc.

Président du Cercle radical-socialiste de Carcassonne, depuis 1890, il fut délégué, pour représenter le département de l'Aude, au Congrès de ce parti, qui se tint à Lyon en 1902.

Propriétaire viticulteur, l'honorable député s'occupe d'une façon constante de l'amélioration et de la reconstitution des vignobles, principale source de prospérité des départements du Midi. Il est vice-président de la Société démocratique d'agriculture de l'Aude et président du comité départemental du Canal des Deux-Mers (section de Carcassonne).

DESCAVES (Lucien)

ÉCRIVAIN, né à Paris le 18 mars 1861. Il est le fils d'un graveur au burin assez estimé, décédé en 1890, auteur de nombreux portraits d'hommes de lettres et d'artistes.

M. Lucien Descaves fit paraître ses premiers livres à Bruxelles, chez Kistemaeckers, l'éditeur des naturalistes. A peine âgé de 21 ans, il donnait le *Calvaire d'Héloïse Pajadou*, qui obtint un certain succès. Puis vinrent : *Une vieille rate* (1883) ; la *Teigne* (1886) et les *Misères du sabre* (1887), nouvelles sur les mœurs militaires, où l'auteur préludait à l'œuvre qui mit tout à fait en vedette sa personnalité.

M. Lucien Descaves posa, à cette époque, sa candidature à la Société des Gens de lettres ; mais, malgré le patronage d'Alphonse et d'Ernest Daudet, sa demande fut repoussée. L'année suivante il publiait un volume : *Sous-Offs* (1889), roman de mœurs militaires, qui fut dénoncé au parquet par quatre journaux parisiens : le *Gaulois*, l'*Autorité*, la *République Française* et la *Patrie*, comme n'étant « qu'un amas d'outrages à la pudeur et à l'armée. » Le ministre de la Guerre, M. de Freycinet, cassa de son grade de sergent-major de réserve l'auteur du livre, qui fut, en même temps, traduit devant la Cour d'assises de la Seine.

Une protestation contre ces poursuites fut signée par MM. Emile Zola, Alphonse Daudet, Georges Ohnet, Edmond de Goncourt, Jean Richepin, Paul Bourget, Th de Banville, H. Becque, Rosny, etc. Défendu par Me Tézenas, M. Lucien Descaves fut acquitté le 15 mars 1890.

Il a produit depuis lors : les *Emmurés* (1894), très curieux et attachant roman sur l'existence des aveugles ; *En villégiature*, nouvelles (1896) ; la *Colonne*, épisode de la Commune (1897) ; *Soupes*, nouvelles satiriques (1899).

Auteur dramatique, M. Descaves a fait jouer, au Théâtre libre : la *Pelote*, trois actes, en collaboration avec M. Paul Bonnetain, tirés de son roman *Une vieille rate* (.888) ; puis, au Théâtre Antoine : les *Chapons*, en collaboration avec M. Georges Darien, pièce en un acte qui donna lieu aux plus violentes polémiques et dont la représentation, couverte de huées, de coups de sifflets et d'applaudissements, alla difficilement jusqu'au bout (1890) ; la *Cage*, un acte, qui fut interdit à la deuxième représentation (1898) ; la *Clairière*, pièce sur le communisme, en 5 actes, avec M. Maurice Donnay (1900) ; *Tiers-Etat*, un acte (1902).

Il collabore au *Journal* depuis sa fondation et a publié à l'*Echo de Paris*, outre des chroniques et des contes hebdomadaires, les « Billets de Pierre à Jean » avec M. F. Vanderem, et, avec Mme J. Marni, les « Pages d'agenda », signées « Pierre y, impressions quotidiennes sur les hommes et les choses du jour.

Dans ses écrits, M. Lucien Descaves déploie certaines qualités d'observation et d'humanité qui leur donnent un charme spécial. Il est l'un des dix membres de l'Académie des Goncourt.

GÉRALD (Georges)

DÉPUTÉ, économiste, publiciste, né à Aixe-sur-Vienne (Haute-Vienne) le 1er septembre 1868. Après avoir terminé, au lycée de Limoges, ses études classiques, il suivit les cours de la Faculté des Lettres, de celle de Droit et de l'Ecole des Sciences politiques, à Paris.

Licencié en droit en 1889, M. Gérald avait été, dès 1886, attaché au ministère des Finances. Léon Say l'y remarqua et le chargea bientôt de conférences publiques sur le remaniement de notre législation commerciale et douanière ; dans ces conférences, il se montra partisan des traités de commerce à longue échéance, comme donnant plus de stabilité aux affaires. Entretemps, il collaborait au *Dictionnaire d'Economie politique et de Finances*, publié sous la direction de Léon Say et Chailley-Bert.

De 1892 à 1895, M. Gérald remplit plusieurs missions à l'étranger, notamment en Angleterre, aux Etats-Unis, au Canada, où il put rendre d'utiles services au commerce français.

A son retour en France, M. Georges Pallain, alors directeur-général des Douanes, qui lui avait confié le service de législation comparée à cette administration, l'associa étroitement à la publication de l'œuvre de Léon Say : les *Finances de la France*.

Appelé, en 1898, auprès de M. Paul Deschanel, alors président de la Chambre, en qualité de chef adjoint du cabinet de la présidence et chef du secrétariat particulier, M. Gérald remplit ces fonctions pendant trois ans. Il organisait, d'autre part, avec M. A. Courtois, secrétaire perpétuel de la Société d'Economie politique de Paris, l'Association nationale des jeunes économistes, dont il fut lui-même secrétaire général, et devenait ensuite président de la Conférence des Finances publiques au Musée social. Il fut aussi membre du conseil d'organisation du Congrès de la Législation douanière et des comités d'admission, pour la section coloniale, à l'Exposition universelle de 1900.

Propriétaire viticulteur et agriculteur à La-Garde-à-Rotard (Charente), M. Gérald fut élu, en 1899, conseiller municipal de Gondeon et en 1901 conseiller général de la Charente pour le canton de Baignes-Sainte-Radegonde. La même année (27 octobre), après le décès de M. Arnous, député conservateur de l'arrondissement de Barbézieux, il fut élu député par 5,616 suffrages, contre 5,410 à M. Landry, nationaliste. Il a été le premier député républicain de cette circonscription et son mandat fut renouvelé, aux élections générales de 1902, au premier tour de scrutin, par 6,401 voix, contre 6,037 à M. Lajeunie, conservateur.

M. Georges Gérald est inscrit aux groupes de l'Union démocratique, de la réforme parlementaire et au groupe viticole. Il est membre des deux grandes commissions permanentes des Douanes et des Affaires étrangères, Protectorats et Colonies. Très versé dans les questions fiscales, juridiques et économiques, il est intervenu à la tribune pour préconiser, au cours de la discussion du budget de 1902, un système financier permettant la construction des chemins de fer par et pour l'Etat en dehors des ressources ordinaires de l'impôt ; pour demander la publication sur les marchés ruraux, les jours de foires notamment, des cours ou mercuriales des grands centres régulateurs, tel celui de la Villette-Paris ; pour proposer un mode de perfectionnement de l'outillage postal, télégraphique et téléphonique dans les campagnes sans dépenses nouvelles. Défenseur énergique du privilège des bouilleurs de cru et des « cognacs charentais », il attaqua, en février et mars 1903, avec beaucoup de vigueur, les projets de M. Rouvier et la loi sur les boissons de 1900, déclarant que le mal venait surtout de l'augmentation excessive des droits de consommation sur l'alcool.

En outre, M. Gérald a déposé, seul ou avec plusieurs de ses collègues, plusieurs propositions de loi, entr'autres celles tendant à la création d'un permis de chasse hebdomadaire, à l'application aux délits de chasse de circonstances atténuantes et modifiant la loi du 3 mai 1844 ; à la modification du point de départ de l'exercice financier, de manière à éviter les douzièmes provisoires ; à l'organisation du contrôle préventif des engagements de dépenses, en vue d'arrêter les crédits supplémentaires ; à la réglementation de l'initiative parlementaire en matière de dépenses publiques, etc.

L'honorable député a été chargé par la Commission des Douanes d'un rapport sur la situation économique et les tarifs douaniers de la Chine et du Japon en 1903.

On doit à M. Gérald des études très documentées sur la *Question des sucres et l'Amérique du Nord*, sur les *Relations commerciales et maritimes de la France avec les colonies et les pays étrangers*, la *Législation commerciale et douanière des Etats-Unis*, le *Budget national et les budgets européens*, la *Question juive en Russie*, etc. Ces travaux ont été publiés dans la *Revue politique et parlementaire*, le *Petit Havre*, le *Petit Centre* et différents autres périodiques français ou étrangers.

Officier d'Académie, chevalier du Mérite agricole, il est, en outre, titulaire de plusieurs ordres coloniaux et commandeur de celui d'Orange-et-Nassau de Hollande.

SÉBILLOT (Paul)

POLYGRAPHE, poète, peintre, administrateur, né à Matignon (Côtes-du-Nord) le 6 février 1843. Fils d'un médecin, il fit ses études classiques au collège de Dinan, puis celles de droit aux Facultés de Rennes et de Paris. Il fut, en 1889, chef de cabinet du ministre des Travaux publics ; puis, de 1889 à 1892, chargé de la direction du personnel et du secrétariat.

M. Paul Sébillot, qui avait étudié la peinture sous la direction du maître Feyen-Perrin, s'est fait apprécier dans cet art. Son premier tableau : *Rochers à marée basse, souvenir de Bretagne*, exposé au Salon de 1870, n'y passa déjà pas inaperçu. Il continua régulièrement chaque année, jusqu'en 1883, aux Salons annuels, ses envois de toiles retraçant les divers aspects de son pays natal et dont la plus connue : *Roch Hir, vue de l'embouchure du Trieux*, est au musée de Saint-Brieuc. Il a composé de plus quelques eaux-fortes d'une belle touche.

En 1877, M. Sébillot avait fondé « la Pomme », société amicale et artistique réunissant les bretons et les normands résidant à Paris ; il en fut nommé président en 1878. Cette société publia par la suite, sur son initiative, un bulletin mensuel et des annuaires.

En 1882, il innovait le « Dîner de ma mère l'Oie, » premier essai de réunion des folkloristes et des traditionnistes de la France. En 1886, il fondait la *Revue des Traditions populaires*, qu'il n'a cessé de diriger depuis ; la même année, il était désigné comme secrétaire-général de la Société des Traditions populaires; il a rempli cette même fonction aux congrès de cette association tenus à Paris en 1889 et 1900, congrès dont il a réuni les procès-verbaux et les comptes-rendus en volumes.

M. Paul Sébillot est membre de la Société des Gens de Lettres, de l'Association des Journalistes parlementaires, de la Société de Linguistique, de la Société d'anthropologie dont il est vice-président, de la Société archéologique du Finistère, de la Commission des monuments mégalithiques ; membre honoraire de Folk-Lore Society, de Londres, de American Folk-Lore Society, de la Société finno-ougrienne d'Helsingsfors, de la Société du Folk-Lore Wallon, de Folk-Lore Society de Chicago, du Folk-Lore Andalus, de la Société des Traditions populaires de la Suisse et d'un grand nombre d'autres sociétés étrangères de folk-lore et d'ethnographie.

Dès 1875, M. Paul Sébillot avait publié une brochure de propagande politique : *La République c'est la tranquillité*, qui fut traduite en breton et tirée, après le 16 mai, à un nombre considérable d'exemplaires ; l'année suivante, il faisait paraître : le *Nouveau Manuel des Electeurs* ; puis, en 1878, une étude artistique : la *Réorganisation des Salons*, dans laquelle il demandait des réformes qui, depuis, ont été en partie réalisées. Il a fait de la critique d'art au *Bien public*, à la *Réforme*, à l'*Art français*, à l'*Art libre*.

Ses préférences le portant vers l'étude des coutumes, usages et dialectes des vieilles provinces françaises, c'est surtout sur ces objets qu'a écrit M. Sébillot. Nous citerons, parmi les nombreux ouvrages qu'il a fait paraître : *Traditions, superstitions et légendes de la Haute Bretagne* (1880) ; les *Contes populaires de la Haute Bretagne* (1880, 2e édition, 1881) ; la *Littérature orale de la Haute Bretagne* ; *Contes des paysans et des pêcheurs* (1881) ; les *Contes des marins* (1882) ; les *Traditions et superstitions de la Haute Bretagne* (2 volumes, 1882) ; la *Bibliographie des traditions et de la littérature populaire de la Bretagne*, avec H. Gaidoz (même année) ; *Contes de terre et de mer*, avec illustrations de Léonce Petit et Sahib (1883) ; *Gargantua dans les Traditions populaires* ; la *Bibliographie de l'Alsace*, avec M. Gaidoz ; le *Blason populaire de la France*, id. (1884) ; la *Bibliographie du Poitou*, id. ; les *Contes des provinces de France* (1885) ; les *Légendes, croyances et superstitions de la Mer* (2 volumes, 1886-1887) ; la *Bibliographie des Traditions populaires des Frances d'outre-mer* (1886), avec supplément (1888) ; *Essai sur le patois gallot* ; *la Langue bretonne, limites et statistique*, avec 6 cartes (1889) ; les *Coquilles de mer* ; *Légendes chrétiennes de la Haute Bretagne* ; *Devinettes de la Haute Bretagne* ; *Blason populaire de la Haute Bretagne* ; l'*Imagerie populaire en Bretagne*, avec gravures ; *Additions aux coutumes, traditions et superstitions de la Haute Bretagne* ; les *Incidents des contes populaires de la Haute Bretagne* ; *Le Tabac dans les superstitions et les coutumes* ; *Légendes du pays de Paimpol* ; *Dix contes de la Haute Bretagne* ; *Bibliographie des traditions de la Bretagne* ; *Contes de prêtres et de moines* ; *Ercé-près-Liffré et le château du Bordage*, monographie d'une commune d'Ille-et-Vilaine, qui contient des documents curieux sur le protestantisme en Bretagne; *Traditions et superstitions de la Boulangerie* (1891); les *Travaux publics et les mines dans les traditions et superstitions de tous les pays*, avec 400 illustrations (1894) ; *Légendes et curiosités des métiers*, illustré (1895) ; *Annuaire de Bretagne*, illustré, avec M. Kerviler (1897, 1 vol.) ; *Contes espagnols*, illustré ; la *Petite légende dorée de la Haute Bretagne*, illustré (même année) ; la *Littérature orale de l'Auvergne* (1898) ; la *Veillée de Noel*, pièce en un acte représentée avec succès au théâtre de l'Odéon le 24 décembre 1898 (1 vol. 1899) ; les *Légendes locales de la Haute Bretagne* (2 vol. 1899 et 1900) ; la *Bretagne enchantée*, recueil de poésies originales sur des thèmes populaires (1 vol. 1899) ; les *Coquillages de Mer*, étude de traditionnisme international (Collection des *Mélanges traditionnistes* dirigée par l'auteur, 1 vol. 1900) ; les *Paganismes champêtres*, poésies (1901) ; *Sur le culte des pierres en France*, étude (1902) ; *Questionnaire de Sociologie et d'Ethnographie* (1903) ; *Contes des pêcheurs bretons* (1 vol. 1903) ; la *Mer fleurie*, recueil de poésies sur des thèmes populaires (1 vol. 1903) etc.

Plusieurs de ses poésies ont été mises en musique par divers compositeurs et on annonce, sous ce titre de : *Mer fleurie*, un recueil de dix compositions du musicien Sélim, d'après l'œuvre du poète.

M. Paul Sébillot a fait paraître en outre, sous le titre d'*Auto-Bibliographie*, la liste complète de ses travaux publiés dans diverses revues ou publications historiques et archéologiques et dont beaucoup ont été traduits en anglais, portugais, espagnols, suédois et en plusieurs autres langues européennes.

M. Sébillot possède une bibliothèque de folk-lore qui compte près de 6,000 numéros, et une collection importante de gravures sur les métiers, le folk-lore et l'imagerie populaire.

Cet érudit écrivain est chevalier de la Légion d'honneur, officier de l'Instruction publique, officier du Sauveur de Grèce, commandeur du Cambodge et de l'Annam, grand-officier du Nicham-Iftikar, etc.

SANDRIQUE (Albert)

ÉPUTÉ, né à Brunehamel (Aisne) le 30 mai 1854. Issu d'une famille de propriétaires-cultivateurs, et parent de Paul Sandrique, qui fut secrétaire de Gambetta et député de l'Aisne (1835-1892), il fit ses études à Brunehamel, puis à Reims et s'engagea, à 19 ans, au 17e dragons à Carcassonne, où il devint maréchal des logis chef.

Abandonnant la carrière militaire pour satisfaire au désir de sa famille, M. Sandrique alla se fixer à Saint-Quentin-le-Petit (Ardennes), où il s'adonna à la mise en valeur d'une propriété de près de 400 hectares, appliquant des méthodes scientifiques et des procédés de culture intensive rationnelle, dont les résultats ont servi de modèle dans toute la région.

Vice-président du Cercle agricole de Réthel, M. Sandrique, qui s'occupe aussi des questions sucrières, est conseiller municipal de Saint-Quentin-le-Petit depuis 1880. Nommé, en 1896, maire de cette commune, il a amélioré le service de vicinalité rurale et réorganisé celui des secours contre l'incendie. Conseiller général des Ardennes pour le canton de Château-Percié depuis 1898, il a pris part aux travaux de la commission interdépartementale des chemins de fer et a été le promoteur des lignes d'intérêt local de Reims-Asfeld-Monteornes et de Renneville-Wasigny; d'autre part, il a obtenu, pour Saint-Quentin-le-Petit et plusieurs autres communes, la création de bureaux de poste, de télégraphe et de téléphone.

Après le décès de M. Linart, député de l'arrondissement de Réthel, en 1898, M. Sandrique, qui avait contribué à l'élection de ce dernier en 1893, refusa de poser sa propre candidature ; mais au renouvellement législatif de 1902, il se porta seul, sans comité, dans le même arrondissement et y fut élu député, au second tour de scrutin, par 6,149 voix, contre 5,828 à M. Braibant, radical-socialiste ; remplaçant M. Ternaux-Compans, député sortant, conservateur, éliminé dès le premier tour.

Dans son programme, M. Sandrique se déclarait partisan de la réduction du service militaire et de la suppression des périodes d'exercices de treize et de vingt-huit jours ; de l'impôt proportionnel à la fortune acquise, de l'établissement de traités de commerce et de réciprocité. Elu membre de la commission parlementaire d'intérêt local, et inscrit, à la Chambre, au groupe de la gauche radicale, il suit la politique de ce groupe, qui a soutenu les cabinets Waldeck-Rousseau et Combes.

M. Sandrique est chevalier du Mérite agricole.

MARIE (Pierre)

ÉDECIN, né à Paris le 9 septembre 1853. Il fit ses études classiques au lycée Louis-le-Grand, et se fit ensuite inscrire à la Faculté de Médecine. Externe, puis interne des hôpitaux, il fut reçu docteur en 1883.

Chef de clinique de Charcot à la Salpêtrière de 1879 à 1890, M. le Dr Marie fut nommé, à cette époque, médecin des hôpitaux et, en cette qualité, passa successivement à l'hospice Debrousse (1892) et aux hôpitaux de l'Hôtel-Dieu (1895) et Bicêtre (1896). Il avait été reçu professeur agrégé dès 1889.

Auteur de remarquables travaux sur les maladies nerveuses, où il soutient la nature infectieuse de la plupart de ces maladies, thèse généralement admise aujourd'hui par la science, M. le Dr Pierre Marie a fait paraître des mémoires, communications ou études dans la *Semaine médicale*, la *Revue de Médecine*, la *Revue Neurologique* et autres organes spéciaux. Citons, parmi ses travaux publiés, les titres suivants : *Sur les formes frustes de la maladie de Basedow* (thèse de doctorat 1883) ; *Sur la maladie de Thomsen* (1884) ; *De la paralysie spinale infantile et de l'épilepsie* (1885) ; *Sur la paramyoclonus multiplex* (1887) ; *Sur l'amyotrophie désignée sous le nom de maladie Charcot-Marie* (1888) ; *Sur cinq affections qui portent le nom du professeur Marie* : 1. *l'Acromégalie* (1886) ; 2. *l'Ostéo-orthopathie hypertrophiante pneumique* (1890) ; 3. *l'Hérédo-ataxie cerebelleuse* (1893) ; 4. *la Dysostose cleido-crânienne héréditaire* (1897) ; 5. *la Spondylose rhizomélique* (1898) ; *Sur l'achondroplaxie* (1900) ; *Sur le traitement de la sciatique par injections de cocaïne* (1902) ; *Sur la guérison de la céphalée syphilitique par la ponction lombaire* (1902), etc.

On doit encore au Dr Marie deux volumes, l'un sur les *Maladies de la Moëlle* (1892) et l'autre de *Cliniques médicales à l'Hôtel-Dieu* (1897).

Le professeur Marie est membre de la Société des Médecins des Hôpitaux, des Sociétés de Biologie, d'Anatomie, de Neurologie de Paris, de la Société royale de Médecine de Londres, de la Société de Médecine et de Chirurgie de Bologne, de la Société de Neurologie et de Psychiâtrie de Vienne, de la Société de Neurologie et de Psychiâtrie de Moscou, de la Société royale de Médecine de Buda-Pesth, de la Société de Médecine de Berlin, des Sociétés des Médecins Finlandais, Tchèques et d'autres corps savants. Il est officier d'Académie et chevalier de la Légion d'honneur.

DAUMY (Charles)

ÉNATEUR, industriel, né à Jouet-sur-l'Aubois (Cher) le 15 août 1836. Il fonda, en 1865, dans une propriété de sa famille, l'établissement de Beffes, qui a fait naître l'industrie des chaux hydrauliques et ciments dans le département du Cher et qui occupe plusieurs milliers d'ouvriers ; cette création a remplacé dans une certaine mesure, pour la population, les forges et hauts-fourneaux existant jadis dans la même localité.

Conseiller municipal de sa commune natale sous l'empire et connu déjà pour ses convictions démocratiques, M. Charles Daumy fut élu maire après le 4 septembre 1870 et conserva ce mandat pendant vingt-sept ans, jusqu'à son départ de Jouet. Il avait créé, dès 1873, dans cette commune, une société de secours mutuels qu'il a continué de présider après son départ ; il y a fait construire des écoles où la gratuité fut établie en fait avant le vote de la loi de 1882. Son attitude fermement républicaine le fit révoquer par le gouvernement du 16 mai 1877.

Désigné, en 1871, aussitôt après le vote de la loi sur les Conseils généraux comme candidat pour le canton de la Guerche, M. Daumy s'était effacé devant M. Henri Brisson, qui fut élu, tandis que lui-même devenait conseiller d'arrondissement.

Après l'échec au Sénat des candidats républicains MM. Devoucoux et Duvergier de Haursanne (1877), M. Daumy, porté comme candidat à la députation dans la 2ᵉ circonscription de Saint-Amand, céda sa place à M. Devoucoux, déjà candidat dans la 1ʳᵉ circonscription de Bourges ; ce dernier, élu dans les deux circonscriptions de l'arrondissement, ayant opté pour la première, M. Daumy se retira encore devant M. Roller, ancien déporté de 1851, dont il assura aussi l'élection.

Devenu conseiller général du Cher en 1878, M. Daumy fut désigné, en 1881, à la presque unanimité, par le congrès républicain, comme candidat à la députation ; il échoua cependant de quelques voix, certaines compétitions ayant surgi au dernier moment. Il démissionna alors de son mandat de conseiller général ; mais, réélu peu de temps après, il devenait président de la Commission départementale, puis bientôt après président du Conseil général du Cher.

Il a été élu sénateur du Cher le 4 janvier 1903, par 425 voix sur 714 votants, et en remplacement de M. Peaudecerf, sénateur sortant, qui ne se représentait pas.

Au Sénat, M. Charles Daumy siège à la Gauche démocratique. Il appartient à la Commission d'initiative parlementaire. Libre-échangiste en principe, il est partisan cependant des traités de commerce et des tarifs de réciprocité.

PRESSENSÉ
(Francis-Charles de HAULT de)

CRIVAIN, député, né à Paris le 3 septembre 1853. Il est le fils de Edmond de Hault de Pressensé (1824-1891), théologien protestant, écrivain et homme politique, qui fut membre de l'Institut, représentant républicain à l'Assemblée nationale de 1871 et sénateur inamovible.

M. Francis de Pressensé fit tout ensemble des études littéraires et juridiques. Reçu, aux Facultés de Paris, licencié ès lettres en 1872 et licencié en droit en 1876, il avait servi, d'octobre 1870 à février 1871, dans l'armée de la Loire, comme engagé volontaire, avec le grade de sous-lieutenant, à la première division du 2ᵉ corps d'infanterie.

Nommé sous-chef de cabinet du ministre de l'Instruction publique (1878-1879), il entra, en 1879, comme rédacteur au ministère des Affaires étrangères. L'année suivante, il était envoyé à Constantinople comme secrétaire d'ambassade ; puis, en 1881, à Washington (Etats-Unis), pour remplir la même fonction.

Démissionnaire en 1882, M. Francis de Pressensé entra dans la presse parisienne, qu'il n'a plus quittée désormais et où il s'est acquis, à des titres divers, une réputation d'écrivain et de polémiste toujours très documenté. Chargé, en 1882, de la politique étrangère au journal le *Parlement*, puis à la *République française* en 1885, et au *Temps* en 1888, il fut candidat à une élection législative partielle, à Boulogne-sur-Seine, en 1893, et échoua contre M. Rigaud, élu.

Dès le premier moment où fut posée la question de la révision du procès Dreyfus, qu'il soutint avec énergie dans l'*Aurore*, quelques mois après la fondation de ce journal (1898), M. de Pressensé, non content de mettre sa plume au service de cette cause, entreprit, à Paris, puis en province, une série de conférences, et poursuivit, avec quelques amis, cette fameuse campagne de luttes oratoires, souvent semée de dangers, troublée par de fréquents pugilats, qui se déroula pendant près de deux ans et qu'atténua seulement l'arrêt de la Cour de Cassation renvoyant le procès Dreyfus devant le tribunal militaire de Rennes. Après la nouvelle condamnation du capitaine Dreyfus et la grâce de celui-ci, malgré le vote de l'amnistie, M. de Pressensé n'a pas cessé de lutter passionnément pour arriver à une révision nouvelle et définitive de cette affaire.

Républicain modéré d'origine et de tendances, M. Francis de Pressensé fut amené peu à peu à prendre une nouvelle orientation politique, plus conforme aux théories du milieu nouveau où il évoluait, et qui le conduisit jusqu'au socialisme. Il fut élu, au renouvellement législatif de 1902, député de la dixième et nouvelle circonscription de Lyon, au deuxième tour de scrutin et par 6,701 voix, contre 3,688 à M. Dontenville, nationaliste.

Membre du groupe socialiste, M. Francis de Pressensé a été, à la Chambre, président de la Commission qui a fait rejeter le projet Chamon, relatif au gaz et adopté par le Conseil municipal de Paris en 1902 ; il est membre de la Commission d'assistance et de prévoyance sociale et vice-président de la Commission des Affaires étrangères.

Il a pris la parole fréquemment à la tribune, notamment pour protester contre l'expulsion de France de républicains espagnols ; sur l'attitude de notre pays dans les questions de politique étrangère (1902) ; pour demander la protection des Arméniens et Macédoniens opprimés par la Turquie ; pour répondre à un discours de M. Paul Deschanel sur l'internationalisme ; pour appuyer le rejet en bloc des demandes d'autorisation formées par les congrégations religieuses ; pour demander, avec M. Jaurès, une nouvelle enquête sur l'affaire Dreyfus (1903), etc. Il a déposé, en avril 1903, un projet de loi séparant les Eglises de l'Etat et dénonçant le Concordat. L'un des « debaters » les plus documentés du Parlement, il a le mérite de savoir demeurer toujours dans les limites d'une parfaite urbanité, même au milieu des plus orageuses discussions.

M. Francis de Pressensé a publié des ouvrages de divers genres. Citons : *Histoire des relations de l'Irlande et de l'Angleterre* (1 vol. 1889) ; *Vie du Cardinal Manning*, avec notes (1 vol. 1897) ; *Un héros : le Colonel Picquart* (1 vol. 1898) et plusieurs recueils d'articles. Il a aussi collaboré à la *Revue des Deux-Mondes*, à la *Revue politique et parlementaire*, à la *Revue Bleue*, à la *Petite République*, au *Siècle* et à divers autres journaux quotidiens.

Décoré de la Légion d'honneur, il démissionna au moment où fut prononcée la radiation d'Emile Zola comme dignitaire de cet ordre (1899).

GOUSSEAU (William)

USICIEN, né le 13 novembre 1870 à Paris. Il accomplit ses études littéraires au collège Stanislas et au lycée Louis-le-Grand, puis ses études musicales sous la direction de Charles Magner, auquel il a succédé, en 1893, comme maître de chapelle de l'église Saint-Nicolas-du-Chardonnet à Paris.

M. Gousseau est, en outre, depuis 1896, maître de chapelle du lycée Saint-Louis et, depuis 1899, professeur au Petit Séminaire de Paris, où il est chargé du cours d'orgue et du cours d'ensemble vocal.

On connaît de lui quelques transcriptions chorales classiques qui sont fort appréciées.

CASTRO-SOFFIA (Louis)

ÉDECIN, né à Santiago-de-Chili (Amérique) le 4 février 1855, demeurant en France. Fils d'un avocat distingué, député au Parlement de Santiago, il vint de bonne heure à Paris, où il fut reçu externe des hôpitaux, puis docteur de la Faculté de Médecine en 1885.

M. le docteur Castro-Soffia s'est fait apprécier comme praticien et comme théoricien, surtout en ce qui concerne la méthode curative de la tuberculose. Il a été chargé, à plusieurs reprises, de missions scientifiques par le gouvernement Chilien et ses rapports, très documentés, ont beaucoup contribué à la réorganisation et au progrès de l'enseignement technique de cette république.

Outre sa thèse sur les *Recherches expérimentales de la tuberculose des os*, qui fut très remarquée dans le monde savant, et plusieurs autres communications sur le même sujet, le docteur Castro-Soffia a publié, dans les organes scientifiques de Paris, des travaux relatifs au traitement d'affections diverses et notamment aux maladies du cœur. Depuis 1898, il est rédacteur en chef de la *Médecine scientifique*, importante revue technique, où collaborent plusieurs médecins éminents.

SACHS (Léo)

COMPOSITEUR, musicien, né à Francfort-sur-le Mein (Allemagne) le 3 avril 1856, demeurant en France Fils du compositeur et professeur de musique Jules Sachs, dont la réputation a été considérable, il montra lui-même, dès le jeune âge, une aptitude naturelle pour l'art musical. Dirigé cependant, par sa famille, vers les affaires. M. Léo Sachs vint, dès sa première jeunesse, à Paris, où il s'est fait naturaliser français et où il réside depuis.

Le jeune homme s'intéressa de bonne heure à toutes les manifestations de l'art musical et surtout aux tentatives des maîtres Pasdeloup, Lamoureux, Colonne, etc. Il prit les conseils de M. Galeotti et produisit en quelques années, avec une abondance non dénuée d'un extrême souci de tenue, des œuvres que les grands éditeurs parisiens ou allemands publièrent et auxquelles le public fit bientôt le meilleur accueil.

M. Léo Sachs a notamment composé de nombreuses mélodies : *En Sourdine*, l'*Heure exquise*, poésies de Paul Verlaine ; *Madrigal*, de Jean Lahor ; *Si j'étais roi*, d'après le poème de Victor Hugo, publiée par le *Figaro* lors de l'anniversaire du maître et chantée par Mlle Louise Grandjean, de l'Opéra ; *Rêve du Poète*, vers de Méry, chantée par Mlle Sirbain ; le *Bateau rose*, *Plainte d'hiver* et l'*Adieu*, poésies de Jean Richepin ; *Apaisement*, *Aubade*, dédiées à Mme Jeanne Raunay ; *Chanson d'automne* ; *Mélancolie* ; *Sur la grève* ; deux romances espagnoles chantées par M. Baldelli, etc. A citer à part la mélodie : *Retour près de l'aimée*, qui obtint un succès extraordinaire.

Il est aussi l'auteur de morceaux pour piano : *Papillons, Impromptu, Fantaisie* ; d'un *Air de Danse sur un mode ancien*, dédié à Mlle J. Toutain ; d'une *Romance sans parole pour violoncelle* ; d'un *Nocturne pour violon* ; de deux *Quatuors à cordes* dans le style classique et d'un *Trio*, œuvres de premier ordre, exécutées aux salles Pleyel, Erard, du *Journal*, rue d'Athènes, etc ; d'une *Sonate pour piano et violon*, de trois *Chœurs pour quatre voix*, d'une *Suite d'orchestre*, d'un intermède symphonique : *Babil d'Oiseaux*, etc.

Ce musicien distingué est membre de la Société des Compositeurs et Auteurs dramatiques

LAQUERRIÈRE (Albert)

MÉDECIN, électricien, né le 4 février 1874 à Orléansville (Algérie). Fils d'un physiologiste distingué, il fit à Paris ses études médicales. Elève libre de la Faculté, il suivit, d'autre part, l'enseignement du Dr Apostoli, qui fut l'un des premiers électrothérapeutes en France.

Reçu docteur en 1900, M. Laquerrière continua sa collaboration aux travaux de son maître, dont il était devenu l'ami et auquel il succéda à sa mort, survenue en 1902, dans la direction de la clinique réputée qu'avait fondée M. Apostoli à Paris. Dans cet établissement, le Dr Laquerrière professe, depuis lors, un enseignement que suivent de nombreux étudiants en médecine et il poursuit l'amélioration et l'extension des services créés par son prédécesseur.

Le Dr Albert Laquerrière est l'auteur de publications, se rattachant presque toutes à l'électrothérapie, parmi lesquelles il convient de mentionner : *Etude clinique sur le traitement des fibrômes utérins par la méthode d'Apostoli et en particulier sur ces résultats éloignés* (thèse de doctorat et *Annales d'Electrobiologie*, 1900) ; *Quelques réflexions sur le traitement des fibrômes par la méthode d'Apostoli*, notes (Société française d'Electrothérapie, 1900) ; *Traitement électrique dans deux cas de cancer utérin* (id. 1901) ; *Des méthodes conservatrices et en particulier de l'électricité dans les affections périutérines* (Société de Médecine de Paris, 1901) ; le *Traitement par l'électricité de la fissure douloureuse de l'anus*, avec le Dr Zimmern (*Presse médicale* 1901) ; *Electrothérapie gynécologique : derniers travaux du Dr Apostoli*, avec une intéressante biographie de ce dernier (1 vol. 1902) ; *De l'impuissance sexuelle et de son traitement électrique* (Société de Médecine de Paris 1902) ; *Etude physiologique sur différents modes de thérapeutique électrique portant sur l'intestin*, avec M. Delherm (Société française d'Electrothérapie 1902) ; *A propos du traitement de l'entérocolite*, avec le même (id. 1902) ; *Mode d'action des courants de haute fréquence contre le lupus* (id. 1902) ; le *Traitement de la constipation chronique et plus particulièrement de la constipation spasmodique par la galvano-faradisation* (Congrès international de Berne, 1902) ; *Traitement électrique des névralgies* (Société de Médecine de Paris 1902) ; *A propos des traite-*

ments électriques préconisés contre l'hémiplégie (Société française d'Electrothérapie, 1903) ; La mort par les courants électriques industriels étudiée spécialement chez le cheval (Répertoire de police sanitaire vétérinaire, 1903), etc.

M. le Dʳ Laquerrière est membre de la Société de Médecine de Paris et secrétaire de la Société d'Electrothérapie.

AMMAN (Charles-Elisée)

ADMINISTRATEUR, officier, né à Montmorency (Seine-et-Oise) le 29 octobre 1854. Elève de l'école professionnelle de Douai, il perfectionna son instruction dans les cours libres. Engagé volontaire au 3ᵉ régiment du génie en 1873, sous-officier en 1875, il servit à Arras, à Langres et à Douai. Nommé successivement adjoint de troisième classe (1882), de deuxième classe (1890), de première classe (1897) et officier d'administration du génie en 1900, par suite de réorganisation, il remplit ces fonctions à Evreux, puis à Bernay, à Vernon, au Bec-Hellouin et enfin à Paris.

Attaché, de 1883 à 1896, comme dessinateur, à l'ancien dépôt des fortifications, puis à la section technique du génie, M. Amman collabora, à ce titre, aux publications de ces établissements et notamment à la *Carte de France* au $\frac{1}{500,000}$, aux *Manuels d'instruction pratique du Génie*, à l'*Aide-mémoire*, au *Mémorial* et à la *Revue du Génie*, ainsi qu'aux travaux du service des places fortes au ministère de la Guerre.

Nommé conservateur du Musée de l'Armée dès sa création, le 16 décembre 1896, puis secrétaire du comité de perfectionnement, il procéda, sous la haute direction du général Vaison et sous celle du général de la Noé, son successeur, aux premiers aménagements de cet établissement ; il en poursuit depuis cette époque l'organisation avec un zèle et une activité qui ont été fort loués par toute la presse.

Le Musée de l'Armée, œuvre d'éducation populaire, conçue dans une pensée élevée, et avec des moyens bien modestes, surtout à l'origine, s'est développé rapidement grâce à la faveur du public et au concours de tous. Ses collections, qui s'enrichissent chaque jour par des dons de plus en plus nombreux, constituent une ressource unique et précieuse pour les artistes et les écrivains auxquels manquaient, jusqu'à présent, des renseignements authentiques sur les choses militaires d'autrefois. Il renferme de précieux documents sur l'histoire militaire de la France depuis quatre siècles.

M. Amman est l'auteur de nombreuses études d'organisation dans divers journaux ou revues militaires.

Bibliophile, amateur d'estampes et archéologue, il a réuni une collection d'environ 60,000 pièces et une documentation très complète sur l'*Ancien château et les fortifications de Conches* (Eure), ainsi que sur l'*Histoire de la ville et de la vallée de Montmorency*.

Membre fondateur ou actif de plusieurs associations littéraires, artistiques ou d'enseignement, telles que « la Société républicaine des conférences populaires », « l'Enseignement pratique », « la Plume et l'Epée », « la Sabretache », etc., il a, entre temps, donné son concours assidu à diverses œuvres philanthropiques, notamment « la Société de prévoyance des officiers d'administration du Génie » et le bureau de bienfaisance du viiᵉ arrondissement, dont il a été trésorier et membre du conseil pendant une quinzaine d'années.

M. Amman est officier d'Académie depuis 1898 et chevalier de la Légion d'honneur depuis 1902.

HÉLARY (Louis-Jean)

MÉDECIN, né à Enghien-les-Bains (Seine-et-Oise) le 29 mars 1863. Il fit ses études classiques au lycée de Saint-Brieuc (Côtes-du-Nord). Interne en pharmacie des hôpitaux en 1886 et, la même année, externe en médecine, il fut nommé interne en médecine en 1889, successivement à Tenon, Saint-Antoine, Dubois et Lariboisière. Reçu docteur et lauréat de la Faculté en 1893, il est devenu médecin de l'Etablissement thermal d'Enghien-les-Bains en 1896.

Outre sa thèse sur le *Traitement chirurgical de la tuberculose laryngée* (1893), le docteur Hélary a publié d'intéressants travaux sur le traitement des maladies de la gorge et du nez. On cite notamment les suivants : *Notes sur un cas d'abcès de la base de la langue* (1892) ; *Sur les affections tributaires des eaux sulfureuses* (1897). On lui doit aussi un ouvrage : les *Thermes d'Enghien*, écrit en collaboration avec MM. Lecomte-Denis et E. Hallé (1 vol. 1900). Il a collaboré au *Bulletin médical* et aux *Annales des Maladies de l'oreille et du larynx* du docteur Gouguenheim, avec qui il publia, du vivant de ce professeur, quelques autres travaux.

Membre correspondant de la Société Anatomique et de plusieurs autres associations médicales, M. le docteur Hélary est officier d'Académie.

HÉRON de VILLEFOSSE
(Antoine-Marie-Albert)

ARCHÉOLOGUE, membre de l'Institut, né à Paris le 8 décembre 1845. Petit-fils du baron Antoine Héron de Villefosse, qui fut membre de l'Académie des Sciences, inspecteur général des Mines et conseiller d'Etat, il entra, en 1866, à l'Ecole des Chartes. Reçu archiviste paléographe le 2 février 1869, après avoir présenté une thèse sur l'*Agriculture en Brie au Moyen-Age*, il fut, le 18 du même mois, nommé attaché au musée du Louvre.

Durant la guerre de 1870-71, il fit partie du service de l'Intendance, au quai de Billy, et, pendant la Commune, ayant réussi à se maintenir au Louvre avec A.. Barbet de Jouy, il contribua au sauvetage de nos précieuses collections nationales. En récompense de sa conduite dans ces circonstances difficiles, il fut décoré de la Légion d'honneur le 4 mars 1874.

Promu, le 20 août 1881, conservateur adjoint des Antiquités grecques et romaines au musée du Louvre et, le 30 janvier 1886, conservateur titulaire de la même section, M. Héron de Villefosse a exercé ces fonctions avec un dévouement unanimement reconnu. Le Louvre doit à sa clairvoyance et à son activité de nombreux enrichissements : l'un des plus importants est le merveilleux *Trésor d'argenterie romaine de Boscoreale*, offert par le baron Ed. de Rothschild et auquel le nom de M. de Villefosse reste attaché.

Plusieurs missions archéologiques, à la suite desquelles il rapporta au Louvre de précieux documents épigraphiques, lui furent confiées en Algérie et en Tunisie, de 1874 à 1877. Il fut en outre chargé par le gouvernement français d'inaugurer le musée du Bardo à Tunis en 1887, après avoir été délégué par le ministère de l'Instruction publique à l'Exposition de géographie de Venise (1881) ; il a été encore membre du Comité d'organisation de la partie rétrospective à l'Exposition universelle de Paris en 1889. C'est sur son rapport, après la double approbation unanime de la Commission consultative et du Conseil des Musées, que fut acquise pour le Louvre, en 1897, la fameuse tiare de Saïtapharnès, et, quand on contesta l'authenticité de cet objet, ce fut ensuite sur sa demande (23 mars 1903) qu'il fut retiré des vitrines et une enquête ouverte pour en établir la véritable origine.

Directeur-adjoint à l'Ecole pratique des Hautes-Etudes depuis 1882, M. Héron de Villefosse a fait là des conférences sur l'épigraphie latine et sur les antiquités romaines qui ont été suivies par un grand nombre de jeunes savants, devenus, pour la plupart, des maîtres à leur tour.

Elu, en 1886, membre de l'Académie des Inscriptions et Belles-Lettres, il a présidé cette compagnie en 1897. Il est en outre président de la section d'archéologie du Comité des Travaux Historiques au ministère de l'Instruction publique, président de la Commission de publication des documents archéologiques de l'Afrique du Nord, membre de la Commission des Monuments historiques, membre honoraire et ancien président de la Société des Antiquaires de France, ancien président de la Société de l'Ecole des Chartes et de l'Association pour l'encouragement des Etudes grecques, ancien directeur de la Société des Antiquaires de Normandie, membre de l'Institut de correspondance archéologique de Rome, associé correspondant de l'Académie des Sciences de Berlin, de l'Institut archéologique Autrichien, de l'Académie royale de Belgique, de l'Académie de l'Histoire de Madrid, etc.

M. Héron de Villefosse est l'auteur de nombreux et importants travaux archéologiques, qu'il a fait paraître notamment dans les *Monuments et Mémoires de la Fondation Piot*, la *Revue Numismatique*, la *Revue Archéologique*, la *Gazette Archéologique*, le *Bulletin Monumental*, le *Bulletin archéologique du Comité des Travaux historiques* (depuis 1882), le *Bulletin de la Société nationale des Antiquaires de France* (depuis 1876), les *Comptes-rendus de l'Académie des Inscriptions et Belles-Lettres* (depuis 1885), etc. On doit mentionner, parmi ses publications, les suivantes : *Rapport sur une mission archéologique en Algérie* (1875) ; *Notice sur les monuments provenant de la Palestine et conservés au musée du Louvre* (1876, 2ᵉ éd. 1879) ; *Inscriptions de Saint-Remy et des Baux*, lettre à M. Léon Palustre (1879) ; *Mélanges archéologiques*, première et deuxième série (1882) ; *Cachets d'oculistes romains* (2 volumes 1882, avec figures) ; *Inscriptions latines de Fréjus* (1889), ces deux derniers ouvrages en collaboration avec M. H. Thédenat ; *Catalogue sommaire des marbres antiques du Louvre* (1 vol. in 8°, 1896, avec planches) ; le *Trésor de Boscoreale* (1 vol. in 4°, 1900, avec 36 planches en photogravure et 57 vignettes) ; *L'Argenterie et les Bijoux d'or du Trésor de Boscoreale* (1 vol. in 8°, 1903, avec figures), etc.

L'Académie des Inscriptions lui a confié le soin de terminer la publication des *Œuvres complètes de Bartolomeo Borghesi* ; il a collaboré à une partie du tome ix ; le tome x, publié sous sa direction, a été achevé en 1897.

Officier de la Légion d'honneur depuis 1895, M. Héron de Villefosse a été promu grand-officier du Nicham-Iftikar en 1887.

CONGY (Albert-Félix)

DÉPUTÉ, économiste, né à Montceaux (Seine-et-Marne) le 24 mai 1857. Il fit, à Noisy-le-Sec, des études primaires ; puis, après avoir accompli son service militaire, il entra, en 1883, à la Compagnie parisienne du Gaz, où il fut attaché au secrétariat jusqu'en 1902.

Tout en remplissant cette fonction, M. Albert Congy s'occupa très activement d'œuvres de mutualité et de prévoyance sociales. Membre fondateur de l'Union centrale des Sociétés mutuelles et de prévoyance de France, dont il fut le secrétaire général, il est également membre honoraire perpétuel de la Société de secours mutuels des ex-sapeurs-pompiers de Paris, président de la 9° division de la « France prévoyante », ancien président de la Ligue de défense des « Prévoyants de l'Avenir », président de la Ligue de défense des Sociétés de prévoyance depuis la fondation de celle-ci, administrateur de l'Union centrale mutualiste française, etc.

Il a prêté son concours et son appui, comme conférencier, à la défense et à la propagation des œuvres mutualistes, à Paris et en province, notamment pour soutenir les intérêts de la Société des « Prévoyants de l'Avenir ». Il a été délégué de la « Dotation de la Jeunesse de France » au Congrès international de la mutualité en 1900 et de la Société des « Prévoyants de l'Avenir » au Congrès des caisses de retraites pour la vieillesse en 1901. Il a fondé et dirigé pendant plusieurs années le journal la *Mutualité française*.

Aux élections générales législatives de 1902, M. Albert Congy se porta candidat à la députation dans la 1re circonscription du 11° arrondissement de Paris et fut élu député, au 2° tour de scrutin, par 5,200 voix, contre 4,998 à M. Allemane, député sortant, socialiste collectiviste internationaliste. Son élection, contestée par ses adversaires politiques, ne fut validée que le 7 avril 1903, sans discussion, et la dernière parmi celles de mai 1902.

L'honorable député de la Seine est classé comme républicain socialiste patriote. Porté plutôt vers l'étude des questions d'économie sociale que vers les discussions d'ordre politique pur, il demandait dans son programme la liberté de conscience, d'association et d'enseignement sous le contrôle de l'Etat ; l'impôt progressif et global sur les revenus, la réduction du service militaire, l'économie dans les finances, etc.

M. Albert Congy, pendant la période même où son élection était soumise à l'enquête, intervint à la tribune pour demander, par des amendements déposés lors de la discussion du budget de 1902 : 1° l'exonération d'impôts des dons et legs aux sociétés de secours mutuels, 2° l'augmentation des subventions, 3° la majoration des petites pensions des sociétés de secours mutuels et des caisses de secours des ouvriers mineurs. Il a déposé aussi un amendement dans le débat relatif à la législation des rentes viagères, pour proposer un impôt de 10 % sur les dividendes des sociétés d'assurances par actions et il a fait adopter un autre amendement exonérant les sociétés de prévoyance de l'impôt de 4 % sur les rentes viagères. Il déposa, après sa validation, une proposition de loi sur l'organisation municipale de Paris et sur l'organisation départementale de la Seine (1903).

M. Albert Congy est membre de la Commission parlementaire du suffrage universel et de celle d'enquête sur les mines.

DEFONTAINE (Léon)

CHIRURGIEN, né à Paris, le 5 décembre 1855. Externe, puis interne et lauréat des hôpitaux de Paris (1878), dans les services des professeurs Péan, Duplay et Terrier, il fut reçu docteur en 1882.

Après avoir exercé sa profession à Paris, le docteur Defontaine alla s'établir au Creusot (Saône-et-Loire), où il fut chirurgien des usines (1884) ; il quitta, en 1899, cette situation, pour se consacrer à la clientèle chirurgicale de la région et à une clinique qu'il installa alors dans la même ville. Très apprécié comme praticien et se trouvant à même, par son expérience et ses connaissances acquises, de s'adonner à la chirurgie générale, il s'est distingué en pratiquant avec succès de nombreuses opérations ophtalmologiques, abdominales, orthopédiques, gynécologiques et autres.

Ayant attiré, par ses publications et sa recherche constante des progrès en chirurgie, l'attention du monde savant, le docteur Defontaine fut nommé, le 2 janvier 1889, membre correspondant de la Société de Chirurgie de Paris, et, le 7 décembre 1889, membre associé correspondant étranger de la Société des Sciences médicales de Lisbonne.

Parmi les travaux scientifiques qu'il a publiés on cite les suivants : *Arsenal de Chirurgie contemporaine (Encyclopédie internationale de Chirurgie*, 1883) ; *De la Syphilis articulaire* (1 vol. 1883) ; sa collaboration au *Traité de Pathologie chirurgicale générale* du professeur Terrier ; *Ostéotomie trochliforme nouvelle ; méthode pour la cure des ankyloses du coude*, avec figures *(Revue de Chirurgie*, 1887) ; *Traitement chirurgical des abcès du foie, revue générale (Gazette des Hôpitaux*, 1888) ; *Coup de soleil électrique* (Société de Chirurgie, 1888) ; *De la suppression du drainage dans la resection du genou* (Société de Chirurgie, 1889) ; *Arthodèse du pied-bot paralytique* (idem, 1889) ; *Cures radicales des hernies (Gazette des Hôpitaux*, 1889) ; *De l'arthrodèse, revue générale* (idem, 1891) ; *Extirpation du cancer de l'estomac*, étude sur un cas de guérison, avec figures (idem, 1892) ; *Deux extirpations de cancer de l'estomac : pylorectomie typique* (idem, 1893) ; *Hystérectomies abdominales totales pour fibromes (Archives de Chirurgie*, 1896) ; *Opérations par la voie abdominale pour tumeurs et suppurations de l'utérus et des annexes (Centre médical*, 1897) ; *Chirurgie du foie (Archives provinciales de Chirurgie*, 1897) ; *Traitement des dyspepsies et gastrites rebelles par la gastro-enterostomie* (idem, 1897) ; *Hystérotomie sphinctérienne (Académie de Médecine et Archives provinciales de Chirurgie*, 1898), etc.

Avec les principaux représentants de la chirurgie française, le docteur Defontaine a fondé, en 1893, les *Archives provinciales de Chirurgie*, auxquelles il prête depuis une active collaboration.

TOURNADE
(Henri-Marie-Louis-Joseph)

Député, industriel, né à Paris le 5 novembre 1850. Fils d'un employé au ministère des Finances, il fit ses études classiques aux lycées d'Orléans et de Versailles. Entré à l'Ecole militaire de Saint-Cyr en 1869, il en sortit, l'année suivante, sous-lieutenant. Il prit part, en 1870-71, aux principaux combats qui marquèrent le siège de Paris, fut blessé, le 21 octobre, à la Malmaison et proposé pour la croix. Promu lieutenant, puis capitaine, il passa en Algérie sur sa demande, dans l'administration des Affaires indigènes, et se distingua pendant l'insurrection du Sud-Oranais (1881).

Démissionnaire l'année suivante, M. Henri Tournade revint à Paris, où il s'occupa d'affaires de transports terrestres et maritimes. Il devint bientôt président et il est président d'honneur de la Chambre syndicale des Transports de Paris.

Tout en dirigeant son entreprise, qui, par ses soins, est devenue des plus importantes, il se mêla très activement aux luttes politiques ; membre de la Ligue des Patriotes et président du comité du xe arrondissement de cette association, il présida, en 1889, le comité qui opposa la candidature du général Thibaudin à celle de M. Henri Brisson, député du xe arrondissement. Il fit encore partie du comité Chevillon contre M. Maujan, également député du xe arrondissement. En 1890, il se porta lui-même candidat aux élections municipales dans le quartier de la Porte-Saint-Martin, obtint au premier tour de scrutin 1,722 voix, contre 2,682 à M. Thuillier, conseiller sortant, et échoua au deuxième tour de scrutin. Plus heureux au renouvellement de 1900, M. Tournade fut élu conseiller municipal du quartier de la Porte-Saint-Denis, par 2,757 voix, contre 1,472 à M. Hattat, conseiller sortant.

A l'Hôtel-de-Ville, il fit partie de la majorité nationaliste et s'intéressa surtout aux questions relatives à la petite industrie et au commerce français.

Au renouvellement général législatif de 1902, M. Tournade se porta candidat dans la deuxième circonscription du xe arrondissement de Paris, avec un programme républicain comportant : « la révision de la Constitution, le respect de l'armée et la réduction du service militaire, l'économie dans les finances, la protection du petit commerce, la réorganisation de la magistrature, la liberté de conscience, d'enseignement et d'association ». Après une lutte fort vive, il obtint, au premier tour de scrutin, 4,258 voix, contre 5,362 à M. Henri Brisson, député sortant, 3.443 à M. Houdé et 283 à M. Vannier.

M. Henri Brisson s'étant retiré avant le deuxième tour de scrutin, pour accepter la candidature qui lui était offerte dans les Bouches-du-Rhône, M. Tournade fut nommé député, par 7,040 voix, contre 4,737 à M. Christman, au ballottage.

M. Henri Tournade appartient au groupe colonial et au groupe des études militaires. Très compétent dans les questions de transports, il obtint 27 voix contre 24 dans le bureau qui nomma la grande commission parlementaire de la Navigation et des Chemins de fer en 1902. A la tribune, il a protesté contre un discours de M. Jaurès, sur la politique étrangère et l'abandon de l'Alsace-Lorraine ; il s'est encore élevé contre le projet d'exploitation des produits de la Manufacture de Sèvres par le gouvernement même, et pour soutenir les revendications du commerce céramiste. Il a repris pour son compte une ancienne proposition de loi demandant l'élection du Sénat par le suffrage universel. Partisan de la politique républicaine nationaliste, il a combattu les ministères Waldeck-Rousseau et Combes.

Chef de bataillon de l'armée territoriale, M. Henri Tournade est chevalier de la Légion d'honneur depuis le 26 décembre 1894.

HEBRARD de VILLENEUVE (Henry)

Conseiller d'Etat, sportsman, né à Riom (Puy-de-Dôme) le 10 septembre 1848. Issu d'une vieille famille de ce département, il fit ses études classiques au collège de sa ville natale, puis vint à Paris, où il prit ses inscriptions de droit.

Pendant la guerre de 1870-71, M. Hébrard de Villeneuve prit part aux opérations des armées de l'Est et de la Loire et notamment aux affaires de Coulmiers, Patay, Montbéliard, Héricourt, comme lieutenant adjudant-major au 32e régiment de mobiles du Puy-de-Dôme.

Président de la conférence Molé-Tocqueville en 1873, il fut reçu, la même année et le deuxième sur vingt, au concours de l'auditorat au Conseil d'Etat. Promu auditeur de 1re classe en 1874, maître des requêtes lors de la réorganisation du Conseil d'Etat en 1879, il a été nommé conseiller d'Etat en 1895.

Successivement membre des sections du Contentieux, de l'Intérieur et des Cultes, de l'Instruction publique et des Beaux-Arts, puis des Travaux publics, il a été chargé d'importants rapports sur les chambres de commerce, l'enseignement primaire et l'assistance publique.

Membre du Conseil supérieur de l'Assistance publique, du Conseil supérieur de la Mutualité et de la section permanente de ce dernier conseil, M. Hébrard de Villeneuve est vice-président de la section de mutualité du Musée social. Il est hautement apprécié pour ses connaissances juridiques et sa compétence administrative.

Elève de l'escrimeur Mimiague et tireur grandement réputé, M. Hébrard de Villeneuve a fondé, en 1882, la Société d'encouragement à l'Escrime, dont il est le président depuis cette époque ; cette société est la seule de ce genre reconnue d'utilité publique.

Comme président du jury d'honneur de cette société, il a été appelé à servir d'arbitre dans de nombreuses affaires d'honneur. Il a été en outre chargé d'organiser les tournois internationaux d'escrime de 1896 et 1897 ; il a présidé la section d'escrime de l'Exposition universelle de 1900 et le Congrès international d'escrime qui eut lieu à la même époque. Il est aussi président de la Société de secours mutuels des Maîtres d'armes et président d'honneur des sociétés d'Escrime à l'épée, d'Entraînement à l'épée, du Pistolet, etc.

On a de lui un intéressant ouvrage intitulé : *Propos d'épée* (1 volume, 1894).

M. Hebrard de Villeneuve est officier de l'Instrutruction publique et officier de la Légion d'honneur.

BENOIST (Charles)

Philosophe, économiste, député, né à Courseulles-sur-Mer (Calvados) le 31 janvier 1861. Issu d'une ancienne famille normande, il fit de brillantes études au lycée de Caen et vint à Paris en 1883, comme secrétaire de l'économiste Baudrillart, membre de l'Académie des Sciences morales et politiques, qu'il assista dans son *Enquête sur les populations agricoles de la France*, destinée à l'Institut. Il devint ensuite secrétaire et collaborateur de M. Hervé-Mangon, membre de l'Académie des Sciences, alors ministre de l'Agriculture.

Elève titulaire de la section d'histoire à l'Ecole des Hautes Etudes en 1886-1887, il fit paraître à ce moment son premier ouvrage : *La Politique du roi Charles V, la Nation et la Royauté*. Devenu rédacteur à la *Revue politique et littéraire*, depuis connue sous le titre de *Revue Bleue*, M. Charles Benoist y publia, sous le pseudonyme de « Sybil », en 1888 et 1889, des *Croquis parlementaires* dont le retentissement fut considérable. Il collabora aussi par la suite au *Journal des Economistes*, au *Nouveau Dictionnaire d'Economie politique* de Léon Say, auquel il donna notamment l'article sur l'*Economie politique de la Révolution* ; à la *Revue des Deux-Mondes*, dont il devenait, en 1893, le « leader » politique, etc.

Chargé par le journal le *Temps* de diverses missions d'études, M. Charles Benoist se rendit successivement en Italie, en Belgique, en Suisse, en Algérie, en Tunisie, en Hollande, en Espagne, etc.

En 1895, il fut nommé professeur de droit constitutionnel de l'Europe continentale à l'Ecole libre des Sciences politiques.

Outre les travaux déjà mentionnés, M. Ch. Benoist a publié : *Une enquête sur la nécessité des réformes applicables à l'Algérie* (1 vol. 1891) ; *L'Etat et l'Eglise*, étude d'abord parue dans le *Temps* (1892) ;

Sophismes politiques de ce temps, étude critique sur les formes, les principes et les procédés de gouvernement (1892) ; les *Ouvrières de l'aiguille à Paris*, étude sociale, couronnée par l'Académie des Sciences morales et politiques (1 vol. 1892) ; *Souverains, Hommes d'État, Hommes d'Église* (1 vol. 1893) ; *Voyages d'empereur*, à propos du voyage de Guillaume II en Italie ; *Le Reischtag, l'Empereur et l'Empire allemand* (1893) ; *L'Italie dans la triple-alliance* (1894) ; l'*Organisation du suffrage universel*, série d'articles formant la 1re partie de la *Crise de l'État moderne* (1 vol. 1896) ; l'*Association dans la Démocratie* et le *Pouvoir judiciaire dans la Démocratie* (1899) ; *Parlements et parlementarisme*, rapport au Congrès International de droit public ; *Démocratie organisée et parlementarisme réel* (1900) ; l'*Organisation du Travail*, 2e partie de la *Crise de l'État moderne* (1901-1902) ; la *Politique*, introduction générale à la *Vie nationale* ; *Les deux parlementarismes et la Cour suprême des États-Unis* (1902) ; l'*Organisation de la Démocratie*, recueil des conférences faites à Paris et en province (1902). Il a aussi donné, dans l'*Éclair*, une série d'articles, parus ensuite sous le titre : *Un Programme* (1902).

Candidat dans la première circonscription du sixième arrondissement de Paris, aux élections générales législatives de 1898, M. Charles Benoist échoua, après deux tours de scrutin, contre M. André Berthelot, député sortant ; mais, au renouvellement suivant de la Chambre, en 1902, il fut élu député de cette circonscription, par 4,316 voix contre 2,799 à son ancien adversaire, et sur un programme, où il demandait : « la séparation des pouvoirs exécutif et législatif, le parlementarisme limité, la magistrature et l'administration affranchie de la servitude parlementaire, les finances et les travaux publics défendus des exigences parlementaires, la diplomatie pacifique mais fière d'une France forte par son armée et sûre d'elle, l'État et l'Église vivant sous le régime du droit concordataire, la Commune et l'Association développées, une politique sociale destinée à établir la paix dans la justice entre les classes. »

Écrivain et orateur de talent, M. Charles Benoist, en raison de ses fortes études économiques et politiques, occupa bientôt à la Chambre une place importante. Il a fondé et il préside, depuis juin 1902, un groupe dit de la Réforme parlementaire, qui comprend près de cent vingt adhérents, appartenant à des partis divers, mais partageant les idées réformatrices de son fondateur. Il est membre des grandes commissions du travail, du suffrage universel, de la réglementation de la Chambre et d'enquête sur les mines.

Il a protesté à la tribune contre l'apposition de scellés sur les immeubles des congrégations ; il a proposé la nomination des commissions parlementaires au scrutin de liste (1902), s'est élevé contre le monopole de l'alcool par l'État en se plaçant au point de vue social, et contre la manière précipitée de voter le budget ; puis contre le rejet en masse des demandes d'autorisation déposées par les Congrégations (1903) ; il est, en outre, intervenu sur diverses questions de politique extérieure.

M. Charles Benoist est chevalier de la Légion d'honneur depuis le 19 juillet 1893.

LEVRAUD (Léonce-Adam)

Député, médecin, né à Paris le 27 avril 1843. Issu d'une famille où les convictions républicaines sont de tradition, il prit ses inscriptions médicales à la Faculté de Paris, tout en participant activement au mouvement de la jeunesse des écoles contre l'Empire. Externe des hôpitaux, il se préparait aux concours de l'internat quand il fut poursuivi, avec quelques amis politiques, pour délit de société secrète, dans l'affaire dite de la Renaissance, en 1866 et 1867, ainsi que pour sa collaboration à divers journaux démocratiques, notamment le *Candide* ; il fut condamné à un an de prison.

Reçu docteur en 1868, avec une thèse intitulée : *Du développement des vaisseaux sanguins dans les tissus de nouvelle formation, étude de physiologie expérimentale*, M. Levraud exerçait sa profession lorsque survint la révolution du 4 septembre 1870. Il fut l'un des premiers manifestants qui envahirent la Chambre des Députés et proclamèrent la République. Au début du siège de Paris, il collabora au journal de Blanqui : la *Patrie en Danger* et devint en même temps chirurgien du 169e bataillon de la garde nationale. Puis, désirant un poste plus actif, il prit du service en qualité de chirurgien-major dans le 6e bataillon des Mobiles de la Seine, qui fut cruellement éprouvé aux affaires d'Avron et de Buzenval.

Pendant la Commune, le Dr Levraud dirigea l'ambulance de la rue Condorcet, qui recueillit un grand nombre de blessés des deux partis.

Surveillé et quelquefois inquiété par les gouvernements du 24 mai 1873 et du 16 mai 1877, le Dr Levraud fut membre des comités radicaux-socialistes organisés en 1876 dans le XIe arrondissement et désigné, cette même année, pour remplacer Floquet, devenu député, au Conseil municipal de Paris. Elu, le 28 mai 1876, conseiller municipal pour le quartier Saint-Ambroise et conseiller général de la Seine, il fut constamment réélu de 1878 à 1896, avec une majorité toujours croissante de suffrages.

A l'Hôtel-de-Ville, il s'est occupé plus spécialement des questions d'hygiène, d'assistance publique, d'enseignement et de beaux-arts, sur lesquelles il a publié d'importants et nombreux rapports. En 1891-1892, il fut choisi comme président du Conseil municipal et eut à intervenir dans une grève des Omnibus, pour défendre à la fois les intérêts des employés et du public.

Il fut, pour la première fois, élu député de la troisième circonscription du onzième arrondissement de Paris en 1898, par 6,552 voix contre 6,409 à M. Toussaint, député sortant, socialiste allemaniste.

Le Dr Levraud prit place au groupe radical-socialiste de la Chambre. Membre des grandes commissions de l'Enseignement et de la révision des lois constitutionnelles et du suffrage universel, il présenta un projet portant interdiction d'enseigner aux congrégations existantes et demanda la nomination d'une commission pour statuer à cet effet. Cette initiative peut être considérée comme le point de départ de la loi, depuis votée, contre les congrégations. Il est également intervenu pour faire adopter par la Chambre une proposition de loi réglementant l'affichage pendant les périodes électorales, proposition qui fut ensuite repoussée par le Sénat ; puis pour répondre à M. Ribot à propos des modifications relatives à l'enseignement secondaire, etc.

Réélu en 1902, dans la même circonscription, par 8,588 voix contre 6,580 à M. Rebattet, nationaliste, au ballottage, le Dr Levraud reprit sa place dans les commissions de l'Enseignement et du suffrage universel ; il fait partie en outre de celles qui s'occupent de la santé publique et de la révision de la loi de 1838 sur les aliénés. Il a présenté une proposition tendant à donner à l'Etat le monopole de l'enseignement primaire et a fait adopter un rapport portant modification de la loi sur la santé publique du 15 février 1902, dans ses articles concernant le département de la Seine (1903).

M. le Dr Levraud a été membre du Conseil d'hygiène départemental et il fait partie de plusieurs sociétés savantes.

CLARY (Comte Justinien)

PORTSMAN, né à Paris le 20 avril 1861. Il est le petit-fils du comte Nicolas Clary, de Marseille, beau-frère de Bernadotte et du roi Joseph-Bonaparte, et le fils du colonel comte Justinien Clary, ancien officier d'ordonnance du maréchal Bugeaud, qui délivra de l'émeute l'Assemblée législative en 1848, fut élu représentant du peuple en 1849, siégea au Corps législatif de 1849 à 1869, reprit du service, lors de la guerre franco-allemande et, comme chef d'état-major de la 18e division militaire, forma la plus grande partie de l'armée de la Loire.

Le comte Justinien Clary fit, à Paris, des études classiques et juridiques. Reçu docteur en droit, il délaissa le barreau pour se livrer à la pratique et à l'encouragement du tir sous toutes les formes. Depuis 1878, il subventionne la plupart des sociétés de tir françaises et s'est intéressé personnellement à toutes les questions de tir, de chasse, etc. De première force, lui-même, dans l'exercice de toutes les armes, il a remporté les premiers prix et de nombreuses médailles à tous les concours ou championnats spéciaux. Il est considéré comme l'un des plus sûrs tireurs du monde et passe, à la chasse, pour le premier fusil de France.

Membre, depuis 1894, du Conseil de l'Union des Sociétés de France, il a fondé, la même année, la société « le Pistolet », qu'il préside depuis lors et qui est devenue une véritable école de tir au pistolet au commandement, ainsi qu'au revolver, pour le tir de vitesse. Le règlement et la méthode adoptés par cette société sont, depuis quelques années, suivis par de nombreuses organisations similaires, tant en France qu'à l'étranger. En 1897, il a fondé la société « le Fusil de chasse, » dont il a été le premier vice-président et le premier champion.

Nommé, dès 1894, membre de la Commission des Sports pour l'Exposition universelle de 1900 et, à l'unanimité, vice-président du comité de la section IV (tir), le comte Clary a été aussi membre du comité d'installation de la classe 51 et il organisa, la même année (18 juillet), le Concours international de pistolet au polygone de Vincennes. Il fut aussi choisi par les Américains et les Français pour présider le match franco-américain à la même époque. Il a été, de plus, vice-président du Concours international d'armes de chasse de 1901 à 1902, membre du jury des tournois d'épée de 1898 à 1902 et de nombreux concours.

Membre du comité de patronage des fêtes annuelles de tir, il a été nommé président, en 1903, du « Saint-

Hubert-Club de France » qui représente, avec les sociétés affiliées, plus de cinq mille chasseurs. C'est en grande partie à ses efforts que l'on doit l'extension de cette association et son influence auprès des pouvoirs publics dans ce qui peut intéresser la chasse.

M. le comte Clary a collaboré à la *Chasse moderne*, ouvrage pour lequel il a rédigé l'étude sur le *Tir de chasse*, ainsi que plusieurs autres. Il est aussi l'auteur d'articles documentés sur le tir, les poudres, la chasse, publiés dans les revues et journaux spéciaux.

Il est décoré de divers ordres étrangers.

GUYOT DE VILLENEUVE (Jean-Pierre)

Député, né à Saint-Bouize (Cher) le 9 février 1864. Fils d'un ancien préfet, qui démissionna au lendemain du 16 mai 1877, il fit ses études militaires à Saint-Cyr (1882-1884) et à l'Ecole de Guerre (1889-1891), d'où il sortit capitaine breveté d'état-major.

En 1891, il reçut une mission spéciale pour le Turkestan ; puis, en 1898, il fut envoyé aux manœuvres fédérales suisses, par le gouvernement français.

Au moment où la campagne menée pour la revision du procès Dreyfus était dans la période la plus ardente, en 1899, le capitaine Guyot de Villeneuve adressait à M. Gabriel Syveton, qui venait d'être révoqué de ses fonctions de professeur de l'Université, une lettre de chaude sympathie et d'approbation qui fit le tour de la presse. Puni de soixante jours d'arrêt de rigueur par le ministre de la Guerre, général de Galliffet, M. Guyot de Villeneuve subit sa punition, puis reprit sa place dans l'armée, qu'il quitta définitivement, plus de deux ans après (30 novembre 1901), après avoir démissionné de son grade.

Aux élections générales législatives de 1902, M. Guyot de Villeneuve se présenta, comme candidat des comités nationalistes, dans la cinquième circonscription de Saint-Denis (Seine) et fut élu, au premier tour de scrutin, par 7.487 voix, contre 6.060 à M. Laloge, député sortant, 282 à M. Laffitte et 228 à M. Jouanne.

Cette élection, d'abord soumise à l'enquête, ne fut validée que le 6 avril 1903.

L'honorable député de la Seine appartient aux groupes nationaliste, des Etudes militaires et des Intérêts de Paris. Il a combattu la politique radicale et s'intéresse, à la Chambre, particulièrement aux questions touchant l'armée et les finances.

WICKHAM (Louis)

Médecin, né à Paris le 28 février 1861. Il fit ses études médicales à la Faculté de Paris, fut nommé externe des hôpitaux en 1881, interne provisoire en 1884, puis interne titulaire en 1885 ; il passa ces deux dernières années dans les services du docteur Hallopeau et du docteur Vidal à l'hôpital Saint-Louis. Il a été reçu docteur en 1890.

En 1888, il avait été chargé par le ministère de l'Instruction publique d'une mission destinée à l'étude de l'enseignement de la dermato-syphiligraphie en Grande-Bretagne.

Chef de clinique adjoint, puis titulaire, à l'hôpital Saint-Louis de 1891 à 1896, dans le service du professeur Fournier, le docteur Wickham devint assistant suppléant de consultation en 1896, puis conservateur du Musée et de la Bibliothèque du même hôpital à la mort du docteur Feulard. En 1897, il a été nommé, au concours, médecin-adjoint de l'infirmerie spéciale de Saint-Lazare à Paris. Il est en outre médecin inspecteur de l'asile Lambrechts et de l'Orphelinat de la Seine.

Membre de la Société française de Dermato-syphiligraphie, dont il a été secrétaire, puis archiviste depuis 1894, il fut secretaire pour la langue anglaise du premier Congrès international de dermato-syphiligraphie de Paris (1889) et il a pris part aux travaux du Congrès ayant le même objet réuni à Londres en 1896.

Depuis 1897, le Docteur Wickham professe un cours de clinique syphiligraphique à Saint-Lazare. Il a été chargé en outre, depuis 1901, d'un service de dermatologie à la Clinique médico-chirurgicale fondée par les docteurs Cazin et Banret, à Paris.

Les travaux du Dr Wickham, relatifs aux maladies de la peau et aux maladies vénériennes, sont fort appréciés. On cite notamment les suivants : *Sur une forme suppurative du lupus tuberculeux*, avec le docteur Hallopeau (*Annales de Dermato-syphiligraphie*, 1888) ; *Ecthyma térébrant de l'enfance*, recherches bactériologiques, avec le Dr Baudouin (idem 1888) ; *L'ectropion consécutif à la syphilis mutilante de la face*, avec le docteur Hallopeau (idem 1889) ; *Lettres de l'Hôpital Saint-Louis*, articles parus dans le *British Journal of Dermatology* (1888-1896) ; *Maladie du mamelon de Paget* (thèse de doctorat 1889); *Des névrodermites* (Annales de Dermato-syphiligraphie, 1893); *Ulcérations buccales tabétiques* (idem 1894); *Position actuelle de la question des teignes* (Presse médicale, 1894); *Une épidémie de teigne tondante à l'asile Lambrechts* (Annales de Dermato-syphiligraphie, 1894); *Sur un signe pathognomonique du lichen de Wilson* (idem, 1895); de nombreux articles, études ou communications insérés dans les organes anglais et français scientifiques, ou présentés aux divers Congrès dont il a fait partie, et entr'autres : *Un cas rare de dermatite herpétiforme de Duhring* (1891); *Un cas d'erythrodermie exfoliante généralisée, de nature incertaine* (1894); *Deux cas de pityriasis pilaris* (1895); *Observations pour servir à l'histoire des névrodermites et de l'eczéma seborreique* (1895); *Sur un cas de rhinosclérome* (1896), etc.

Le docteur L Wickham est lauréat de l'Assistance publique et de la Faculté de Médecine.

LA CHAMBRE (Charles-Emile)

FINANCIER, ancien député, né à Saint-Malo (Ille-et-Vilaine) le 25 octobre 1816. Il s'occupa fort jeune d'affaires et surtout de l'importation du guano en France, fit d'importantes opérations avec le gouvernement péruvien, et fonda une maison de banque à Paris, où il fut nommé membre de la Chambre de Commerce.

Conseiller municipal de Saint-Malo sous l'empire, M. Charles La Chambre, au moment des élections pour l'Assemblée nationale en 1871, déclina publiquement la candidature qui lui était offerte dans le département d'Ille-et-Vilaine. Plusieurs biographes avant nous ont, à tort, publié qu'il s'était présenté et avait échoué.

Devenu propriétaire et directeur du *Journal de Saint-Malo*, il fut candidat « libéral conservateur constitutionnel, » aux élections du 20 février 1876, dans la 1re circonscription de cette ville.

Elu député par 6,034 voix contre 5,914 à M. Hovius, républicain, M. Charles La Chambre siégea au centre droit. Membre de la Commission de la Marine marchande, il prit une part active aux travaux qui y furent élaborés. Au 16 mai, il soutint le cabinet de Broglie-Fourtou. Réélu, après la dissolution de la Chambre, le 14 octobre 1877, dans la même circonscription, par 7,128 voix contre 5,436 à son ancien concurrent, et invalidé, il perdit son siège le 7 avril 1878, n'ayant obtenu, cette fois, que 5,214 suffrages, pendant que M. Hovius était élu avec 7,525.

M. Charles La Chambre, candidat à nouveau aux élections législatives du 21 août 1881, échoua encore avec 5,673 voix contre 6,327 au député sortant ; de même le 4 octobre 1885, sur la liste conservatrice d'Ille et Vilaine, où il obtint 59,400 voix sur 124,652 votants. Plus heureux au renouvellement général de 1889, il fut élu, dans son ancienne circonscription, au scrutin de ballottage, par 6,067 voix contre 6,314 à deux autres candidats.

A la Chambre, il reprit place dans les rangs de la minorité conservatrice, s'intéressant de préférence aux questions industrielles et maritimes. Il ne se représenta pas aux élections générales de 1893.

M. Charles La Chambre est chevalier de la Légion d'honneur depuis 1863.

LA CHAMBRE (Charles)

DÉPUTÉ, avocat, né à Paris le 7 novembre 1861. Fils du précédent, il fit ses études classiques au lycée Fontanes, depuis Condorcet, et prit ensuite ses inscriptions à la Faculté de Droit. Reçu licencié, il se fit inscrire au barreau de la Cour d'appel, où il parut peu de temps.

M. Charles La Chambre s'est surtout occupé de questions financières et d'œuvres d'assistance, d'éducation ou de mutualité sociales. Propriétaire agricole dans l'Ille-et-Vilaine, il est membre de la Société d'agriculture de ce département et de la Société des Agriculteurs de France.

Candidat aux élections législatives du 27 avril 1902 dans la première circonscription de Saint-Malo, naguère représentée par son père, M. Charles La Chambre fut élu député par 6,358 voix contre 5,669 à M. Jouanjan, maire de Saint-Malo, radical.

Dans son programme, il réclamait les libertés d'enseignement, d'association, de conscience, du travail, la révision de la législation des boissons, la protection des intérêts agricoles et maritimes, la création d'institutions de prévoyance pour les ouvriers, etc.

L'honorable député a déposé à la tribune de la Chambre une intéressante proposition de loi tendant à faire compter pour une année, dans le calcul de la pension la campagne de navigation des Terre-Neuviens. Il est inscrit aux groupes de l'Action libérale et de la Réforme parlementaire.

SAINT-SAËNS (Charles-Camille)

Musicien, membre de l'Institut, né à Paris le 9 octobre 1835. Il étudia très jeune la musique : à sept ans, il était déjà l'élève de Stamaty pour le piano et de Maleden pour la composition. Il suivit ensuite, durant trois années, la classe de Halévy au Conservatoire ; puis, élève du cours d'orgue de Benoît, il remporta le deuxième prix de cet instrument en 1849 et le premier en 1851. En 1852, il échoua au concours du prix de Rome. Il se représenta sans plus de succès en 1864.

Nommé organiste de Saint-Merry en 1853, de la Madeleine en 1858, puis professeur à l'Ecole Niedermeyer, M. Saint-Saëns avait fait déjà. exécuter, à dix-huit ans, sa première composition : *Symphonie en Mi bémol*, par l'orchestre de la Société de Sainte-Cécile (1851) ; puis, en 1856, la *Symphonie en Fa*, par la Société Sainte-Cécile de Bordeaux ; cette symphonie est restée inédite.

M. Camille Saint-Saëns a composé des œuvres musicales de genres très divers. Voici l'énumération de ses principaux ouvrages, classés par catégories :

Œuvres lyriques et dramatiques. — Les *Noces de Prométhée*, cantate couronnée au concours international de Paris (Cirque des Champs-Elysées, 1ᵉʳ septembre 1868) ; la *Princesse jaune*, opéra-comique 1 acte, de L. Gallet (Opéra-Comique, 18 juin 1872) ; le *Déluge*, poème biblique (Concerts du Châtelet, 5 mars 1876) ; le *Timbre d'Argent*, drame lyrique, 4 actes, de J. Barbier et M. Carré (Théâtre Lyrique, 23 février 1877) ; *Samson et Dalila*, opéra, 4 actes, de P. Lemaire (Weimar, Théâtre Grand-Ducal, 2 décembre 1877 ; Rouen, Théâtre des Arts, 3 mars 1890 ; Paris, Opéra, 23 novembre 1892) ; *Etienne Marcel*, opéra 4 actes de L. Gallet (Lyon, Grand Théâtre, 8 février 1879 ; Paris, Opéra Populaire, 24 octobre 1884) ; *La Lyre et la Harpe*, ode commandée pour le festival triennal de Birmingham (Birmingham, 28 août 1879) ; Paris, Concerts Populaires, 11 janvier 1880) ; *Antigone*, musique de scène (Comédie-Française) ; *Henri VIII*, opéra, 4 actes, de Detroyat et A. Silvestre (Opéra, 5 mars 1883) ; *Proserpine*, drame lyrique, 4 actes, de Vacquerie et L. Gallet (Opéra-Comique, 16 mars 1887) ; *Ascanio*, opéra, 5 actes, de L. Gallet (Opéra, 21 mars 1890) ; *Phryné*, opéra-comique. 2 actes, de Augé de Lassus (Opéra-Comique, 24 mai 1893) ; *Frédégonde*, drame lyrique, 5 actes, de L. Gallet, partition laissée inachevée par Guiraud (Opéra, 18 décembre 1895) ; *Scène d'Horace*, d'après Corneille ; *Javotte*, ballet, 2 actes, de J.-L. Croze (Lyon, Grand-Théâtre, et Bruxelles, Monnaie, novembre 1896) ; *Parysatis*, musique pour le drame de Mᵐᵉ Jane Dieulafoy (Arènes de Béziers, août 1898 et 1902) ; *Déjanire*, musique pour la tragédie de L. Gallet (1899) ; *Lola*, scène dramatique de S. Bordèse (Concerts Colonne, 7 mars 1901) ; les *Barbares*, tragédie lyrique de V. Sardou et B. Gheusi (Opéra, 23 octobre 1901).

Œuvres symphoniques. — Les deux *Symphonies* citées plus haut ; *Occident et Orient* (marche exécutée à la distribution des récompenses de l'Exposition universelle de 1878) ; le *Rouet d'Omphale*, la *Danse macabre*, *Phaëton*, la *Jeunesse d'Hercule*, poèmes symphoniques ; *Suite* pour orchestre ; *Marche Héroïque* ; *Deuxième Symphonie en La mineur* ; *Suite algérienne* ; *Une nuit à Lisbonne* ; la *Jota aragonese* ; *Troisième Symphonie en Ut mineur* ; *Hymne à Victor Hugo* ; *Marche du Couronnement* (pour le sacre d'Edouard VII d'Angleterre).

Œuvres mystiques. — *Oratorio de Noël* ; *Psaume XVII* ; Motets au Saint-Sacrement : *Ave verum* en si m., en ré et en m. b. ; *O Salutaris*, en la, en si b et en la b ; *Tantum Ergo* en mi b ; *Veni Creator*, pour 4 voix d'hommes en ut ; Motets à la Vierge : *Ave Maria*, en la, en sol, en mi et en si b ; *Inviolata*, en ré et en fa ; *Sub Tuum*, en fa m. ; *Messe solennelle* (soli, chœur et orchestre) ; *Messe de Requiem*, etc.

Œuvres pour soli et orchestre. — *Tarentelle* (flûte et clarinette) ; *Introduction et Rondo* (violon) ; 5 *Concertos* pour piano, ré majeur, sol mineur, mi bémol, ut mineur, fa majeur ; 3 *Concertos* pour violon, la majeur, ut majeur, si mineur ; 2 *Concertos* pour violoncelle, la mineur et ré mineur ; plusieurs *Pièces* pour violoncelle ; 2 *Romances* pour cor ; *Romance* pour violon, ut majeur ; *Havanaise* pour violon ; *Morceau de concert* pour violon ; *Africa*, *Rapsodie d'Auvergne*, pour piano, etc.

Il a composé en outre une quantité de mélodies, duos, trios pour chant avec accompagnement de piano, des morceaux pour chœur, musique pour orgue ; un nombre considérable de *Gavottes*, *Mazurkas*, *Romances*, *Menuets*, *Valses*, *Berceuses*, etc., et surtout des morceaux de piano : études, thèmes, concertos, préludes, sonates, etc., à deux et à quatre mains, pour deux pianos, pour piano et violon, etc.

Il a transcrit pour piano un grand nombre de compositions de Bach, plusieurs quatuors de Beethoven, la valse et la kermesse de *Faust*, le menuet d'*Orphée*, la marche religieuse de *Lohengrin* (piano, violon et orgue), etc. Il a restauré la partition du *Malade imaginaire* de A Charpentier et c'est sous sa direction que se publie l'édition des *Œuvres complètes de J.-P. Rameau*.

M. Saint-Saëns a exposé et défendu ses théories musicales dans divers écrits. Il a dû protester souvent contre l'assimilation faite de ses idées avec celles de Wagner et il a combattu les tendances wagnériennes de ses confrères de la presse musicale ; à cet effet, il a publié une étude d'esthétique : *Matérialisme et Musique* (1882). Il a écrit en outre : *Harmonie et Mélodie* (1885) ; *Charles Gounod et le Don Juan de Mozart* ; *Notes sur les décors de théâtre dans l'antiquité romaine* (1886) ; *Rimes familières* ; *Portraits et Souvenirs* ; *Problèmes et Mystères*, etc. De passage à Alger en 1892, il y a fait représenter, le 17 mars, une petite comédie en un acte : la *Crampe des Écrivains* et il a remis à l'Odéon, en 1902, une fantaisie en vers en un acte, intitulée : *Botriocéphale*.

Élu membre de l'Académie des Beaux-Arts, en remplacement de Reber, en 1881, M. Camille Saint-Saëns est aussi membre de l'Académie des Beaux-Arts de Belgique.

L'éminent musicien est grand-officier de la Légion d'honneur et dignitaire de très-nombreux ordres étrangers.

CARDET (Alexandre-Georges)

Député, né à Harfleur (Seine-Inférieure) le 2 mars 1856. Venu à Paris à 19 ans, comme ouvrier mégissier, il y travailla de son état régulièrement, tout en s'occupant d'une manière très active du mouvement syndical professionnel.

Élu conseiller prud'homme en 1890, et réélu en 1893 et en 1899, M. Cardet devint, en 1890, vice-président du Conseil (produits chimiques) des Prud'hommes de la Seine, et, en 1901, président du même Conseil. En 1900, il avait été élu pour représenter, au Conseil supérieur du Travail, les Chambres syndicales des cuirs et peaux de France.

Membre du parti socialiste français, M. Cardet s'était fait remarquer, entre temps, parmi les militants du collectivisme. Conférencier et propagandiste très écouté, il a prêté son concours à de nombreuses réunions publiques pour la diffusion des principales revendications de son parti.

Candidat, en 1896, dans le quartier de la Maison Blanche, à Paris, aux élections municipales, M. Cardet obtint, au deuxième tour de scrutin, 1,882 voix contre 2,927 données à l'élu, M. Henri Rousselle, et 851 à différents candidats.

Il fut, à nouveau, porté par la Fédération socialiste révolutionnaire de la Seine aux élections législatives de 1902, dans la première circonscription du XIIIe arrondissement de Paris, et élu, au second tour de scrutin, par 3,746 suffrages contre 3,588 à M. Paul Bernard, député sortant, nationaliste.

Inscrit au groupe socialiste de la Chambre, M. Cardet est membre des Commissions du Travail et des Postes et Télégraphes.

LABORDE (Jean-Julien)

Médecin, né à Paris le 7 septembre 1872. Il fit ses études classiques au lycée Henri IV, où son père était professeur, figura brillamment aux concours généraux et commença, à 17 ans, sa médecine, à la Faculté de Paris. Externe des hôpitaux, successivement à l'Hôtel-Dieu, aux hospices Hérold, Trousseau et Necker, il y prit une part active à l'organisation du service des cholériques pendant l'épidémie de 1890-91 et obtint le doctorat en médecine, en 1896, avec une thèse très étudiée sur la *Vulvo-vaginite des petites-filles*, comprenant plus de 90 observations personnelles. Cette thèse a été traduite en allemand et reproduite par plusieurs organes scientifiques.

En 1896, le Dr Jean Laborde fut nommé chef de service à la Crèche Furtado-Heine, qu'il a organisée de façon modèle ; ce qui lui fit décerner la médaille d'or de l'Exposition d'hygiène de Paris, en 1900. Cette œuvre de bienfaisance est maintenant classée au tout premier rang parmi les services d'hygiène des nouveaux-nés ; son installation et les conseils spéciaux qu'y donne le docteur Laborde attirent de nombreuses personnalités médicales étrangères.

Reçu, le premier, au concours des médecins de l'assistance médicale à domicile, en 1898, M. Laborde a été chargé, depuis lors, par l'Assistance publique, de l'étude des consultations de nouveaux-nés. Il est en outre médecin du ministère des Postes et Télégraphes et des principaux théâtres de Paris, expert près les tribunaux de paix et professeur à l'Union des Femmes de France. A cette dernière association, il a donné de nombreuses conférences pratiques, ainsi qu'à la Ligue contre la tuberculose, conférences qui lui ont valu une médaille d'or.

Grâce à l'observation quotidienne de l'alimentation

du nouveau-né, le Dr Laborde, par des perfectionnements successifs, a inventé une tétine dont l'extrémité est disposée de façon à ralentir la succion, empêchant ainsi l'absorption trop rapide du contenu des biberons et mettant obstacle à tous les accidents de gavage, si fréquents chez les enfants du premier âge nourris artificiellement.

Le docteur Laborde est l'auteur de divers rapports à l'Assistance Publique ; l'un d'eux, relatif à la *Distribution du lait aux enfants des familles indigentes*, a été adopté partiellement et mis en vigueur. Il a publié aussi : un mémoire documenté sur le *Fonctionnement de la Crèche Furtado-Heine et l'œuvre des crèches en général*, à l'occasion des Congrès réunis à Paris en 1900 ; une étude très complète sur l'*Hystéro-traumatisme*, signalé comme une complication très fréquente dans les accidents du travail (*Revue des accidents du travail*) et maints travaux sur des sujets divers, notamment dans la *Revue de Médecine et de Chirurgie infantiles*.

M. le docteur Jean Laborde est officier de l'Instruction publique et membre de la Société d'Hygiène et de Médecine publiques.

SAINT-ARROMAN (Raoul-Blaise de)

ÉCRIVAIN, auteur dramatique, administrateur, né à Bordeaux le 8 octobre 1849. Il débuta jeune dans le journalisme en donnant, à peine âgé de 20 ans, des articles de critique musicale et dramatique au *Journal de Bordeaux*.

Pendant la guerre de 1870-71, M. Raoul de Saint-Arroman servit dans les armées de la Loire et de l'Est ; puis il vint à Paris et fut, dès 1871, secrétaire de la rédaction de la *Gazette des Etrangers*, à laquelle collaboraient Sarcey, Cochinat, Timothée Trimm, etc.

Entré, en 1873, au ministère de l'Instruction publique, il y est devenu, en 1890, chef de l'important service des Travaux historiques et scientifiques.

M. de Saint-Arroman s'est fait remarquer par une production littéraire et dramatique assez considérable et pleine d'intérêt. Il a collaboré à de nombreux journaux : le *Figaro*, le *Gaulois*, le *Voltaire*, le *Constitutionnel*, le *Globe*, la *Presse*, le *Matin*, ainsi qu'à plusieurs revues littéraires ou artistiques.

Avant l'inauguration de l'Opéra de Ch. Garnier, il avait publié, dans la *Chronique musicale*, une monographie curieuse et précise de ce monument, sous ce titre : *Maquettes et Travaux du nouvel Opéra* (1873) ; on lui doit un grand nombre d'articles sur la musique et l'art dramatique, un intéressant essai historique sur la *Gravure à l'eau-forte* (1 vol. 1876), plusieurs nouvelles, parues presques toutes dans la *Vie moderne* et deux volumes sur les *Missions scientifiques françaises* (1894 et 1896), commençant une série qui doit être continuée.

Au théâtre, M. de Saint-Arroman a fait représenter : le *Carnaval de Bocquillon*, vaudeville en 3 actes, écrit avec M. Paul Mahalin (Délassements-Comiques, 1874) ; *Fanfreluche*, opérette en trois actes, avec MM. Hirsch et Burani, musique de Serpette (Renaissance, 1884) ; puis deux drames, en collaboration avec M. Ch. Hugot, tirés des romans d'Emile Zola : *Au Bonheur des Dames*, 6 tableaux (Gymnase, 1896) ; la *Terre*, 5 actes (Théâtre Antoine, 1902).

Cet écrivain a été l'un des fondateurs du Cercle de la Critique musicale et dramatique ; membre de la Société des Auteurs, Editeurs et Compositeurs de musique et de celle des Gens de Lettres, il fut vice-président de cette dernière société pour les années 1891 et 1892.

Officier de la Légion d'honneur et de l'Instruction publique, chevalier du Mérite agricole, il est dignitaire de plusieurs ordres étrangers.

ACHALME (Pierre-Jean)

MÉDECIN, bactériologiste, né à Riom (Puy-de-Dôme) le 30 juin 1866. Il étudia la médecine à Paris, où il fut interne des hôpitaux Laribroisière et de la Pitié, et reçu docteur en 1892. Nommé, la même année, chef de laboratoire de la clinique médicale de la Pitié, il devint, en 1897, chef de clinique du professeur Jaccoud, au même hôpital et conserva cette fonction jusqu'en 1900.

Le Dr Achalme, tout en poursuivant ses études médicales à la Faculté, avait été l'un des premiers élèves du professeur Duclaux à l'Institut Pasteur. Il s'est surtout occupé de bactériologie et de pathologie générale et a fait paraître, dans cette voie, de nombreux travaux, parmi lesquels on cite notamment les suivants : *Des propriétés pyogènes du bacille typhique* (Société de Biologie, 1890) ; *Sur le rôle des microbes dans les péritonites* (id. 1890) ; *Sur les abcès aerolaires du foie* (Société Anatomique, 1891) ; *Considérations pathogéniques et anatomo-pathologiques sur l'erysipèle, ses formes et ses complications, essai sur la virulence du streptocoque* (thèse de doctorat, 1892) ; *Sur les lipômes rénaux* (id. 1892) ; *Traité de l'Erysipèle* (1 vol. 1892) ; *L'immunité dans les maladies infectieuses* (1 vol. 1893) ; la *Sérothérapie* (1 vol. 1894), ouvrages parus dans la collection Charcot Debove ; *Sur le microbe du rhumatisme articulaire aigu* (Société de Biologie, 1897) ; *Sur les ferments solubles des diastases du pus* (id. 1898) ; *Sur le rhumatisme articulaire aigu*, cours clinique (*Archives générales de Médecine*, 1902) ; *Sur la bactériologie du clou de Biskra* (*Annales de l'Institut Pasteur*, 1903) ; différents autres travaux sur les *Microbes*, les *Sérums*, les *Propriétés de la Pancréatine*, etc., parus dans le *Bulletin de la Société de Biologie*, les *Annales de l'Institut Pasteur*, etc.

M. le Dr Achalme est officier d'Académie, titulaire de la médaille d'argent des hôpitaux, lauréat de la Faculté et de l'Académie de Médecine.

BÉRARD (Ernest)

ANCIEN député, industriel, né à Lyon le 29 octobre 1829 Après avoir été dessinateur dans une fabrique de soieries, il fonda lui-même une manufacture et, pour en développer l'importance, il accomplit de fréquents voyages en Orient et en Extrême-Orient ; il obtint du gouvernement français, en 1892, une mission commerciale en ces pays.

M. Ernest Bérard reçut de nombreuses récompenses, comme industriel, aux expositions, entr'autres un diplôme d'honneur à l'Exposition d'Amsterdam et un grand prix à l'Exposition universelle de Paris en 1889.

Dès 1848, M. Ernest Bérard avait manifesté des opinions républicaines. Sous l'empire, il fit, à Lyon, campagne en faveur des idées démocratiques et devint l'un des membres les plus en vue de l'Association phalanstérienne, qui lutta avec énergie contre le gouvernement de Napoléon III. Elu, en 1884, conseiller municipal de Lyon, et réélu en 1888, il fut en 1889, choisi comme député de la septième circonscription de cette ville, par 4,788 voix contre 2,907 à M. Ribart, révisionniste (au 2ᵉ tour de scrutin). Il fut confirmé dans ce mandat législatif en 1893, dans la même circonscription, par 3,248 voix contre 3,076 à M. Colliard, socialiste.

A la Chambre, l'honorable député du Rhône siégea à la gauche radicale. Il fit partie de plusieurs commissions, notamment de la Commission d'enquête sur les affaires de Panama, de la Commission de révision de la loi sur les protêts, de la Commission d'examen du projet de loi sur la participation des ouvriers aux bénéfices, etc. Il déposa en outre un projet, qui n'aboutit pas, relatif à la retraite des travailleurs des villes et des campagnes. Non réélu au renouvellement législatif général de 1898, il s'est retiré depuis lors de la politique active.

M. Ernest Bérard est chevalier de la Légion d'honneur et officier du Dragon de l'Annam.

BÉRARD (Alexandre)

DÉPUTÉ, membre du gouvernement, écrivain, né à Lyon le 3 février 1859. Fils du précédent, il fit ses études de droit à la Faculté de sa ville natale, où il obtint le doctorat en 1882. Il avait été chef de cabinet du maire de Lyon et attaché aux cabinets du procureur de la République et du procureur général à Lyon, de 1880 à 1883. A cette époque, il fut nommé substitut à Saint-Etienne (Loire), puis à Lyon. En cette qualité, il porta la parole dans certaines causes criminelles dont le retentissement a été considérable, telle l'affaire de l'anarchiste Cyvoct, qu'il fit condamner et qui fut depuis l'objet d'une mesure gracieuse, l'affaire Gouffé, etc. Il devint enfin substitut du procureur général à Grenoble, puis à Lyon.

Déjà conseiller général du département de l'Ain pour le canton d'Ambérieu depuis 1886, M. Alexandre Bérard fut élu député de l'arrondissement de Trévoux en 1893, par 11,731 voix, sans concurrent, en remplacement de M. Henri Germain, député sortant. Il a été réélu dans le même arrondissement : en 1898, par 12,169 suffrages contre 6,383 à M. V. Cambon, rallié et 2,055 à M. Rigaud, républicain, et en 1902, par 13,766 voix contre 6,738 à M. Chaveyriot, conservateur.

A la Chambre, il a fait partie de la gauche radicale, groupe dont il a été vice-président durant plusieurs années. Membre, à plusieurs reprises de la Commission du Budget et rapporteur de celui de l'Intérieur, il est l'auteur d'une proposition de loi relative aux retraites destinées aux sapeurs-pompiers et qu'il fit aboutir en 1898. Il a participé à l'élaboration des lois sur les sociétés de secours mutuels et les retraites ouvrières ; c'est également lui qui avait déposé à la tribune de la Chambre, dès 1895, le projet portant interdiction du cumul des indemnités parlementaires avec le traitement des fonctions de l'Etat.

Lors de la formation du ministère Combes (7 juin 1902), M. Alexandre Bérard fut appelé au sous-secrétariat des Postes, Télégraphes et Téléphones.

Dans la direction de son département ministériel, M. Alexandre Bérard a fait preuve d'une certaine activité. Afin de donner plus de développement aux réseaux téléphoniques français, il a demandé deux crédits, l'un de 6,100,000 francs pour l'extension du réseau déjà existant, l'autre de 3,900,000 francs pour l'exécution de nouveaux réseaux multiples. Il a déposé un projet de câbles télégraphiques reliant Dakar à Madagascar et aux îles de la Réunion et Maurice, et un autre projet sur les communications télégraphiques de la Cochinchine.

M. Alexandre Bérard, dès l'âge de 17 ans, s'était exercé dans le journalisme, en collaborant au *Courrier de Lyon*, feuille que poursuivit le gouvernement du seize-mai. Il a fourni depuis des articles au *Progrès de Lyon*, au *Lyon Républicain*, au *Voltaire*, et à divers autres organes de Paris ou de province. Il est l'auteur de quelques essais historiques : les *Vaudois*, histoire de ces hérétiques du IVe au XIIIe siècle ; *Cypris*, étude historique ; l'*Abbaye d'Ambronay*, reconstitution locale ; les *Thermopyles de 1814*, récit de l'histoire du Bugey ; les *Invasions de 1814 et 1815 dans l'Ain* ; l'*Invasion arabe dans la Bresse, la Dombes et le Bugey* ; *Les galériens et les galères royales sous Louis XIV*. On lui doit aussi : *Un crime*, conte fantastique ; *L'anarchie et les anarchistes*, étude sur ce mouvement ; *Marcella*, roman de l'époque gallo-romaine.

M Alexandre Bérard est officier d'Académie.

NORMAND (Jacques)

ÉCRIVAIN, poète, auteur dramatique, né le 25 novembre 1848 à Paris. Fils d'un négociant, il fit ses classes au lycée Bonaparte et au collège Rollin, puis il étudia le droit à la Faculté de Paris. Reçu licencié en 1869, il ne plaida que peu de temps. En 1870-71, il prit part au siège de Paris dans le 8e bataillon des mobiles de la Seine. Il suivit ensuite, de 1872 à 1875, les cours de l'École des Chartes et fut reçu, cette dernière année, archiviste paléographe, avec une thèse intitulée : *Aïol, chanson de geste*, que couronna l'Académie française.

M. Jacques Normand a publié des poésies dont on apprécie le tour délicat, aisé et spirituel, ainsi que des nouvelles remarquables par leurs qualités d'observation ou d'émotion. On cite de lui : les *Tablettes d'un mobile* (1871) ; l'*Emigrant Alsacien*, récit en vers (1872) ; *A tire d'ailes*, poésies (1872) ; les *Ecrevisses*, plaquette (1879), qui reçut du public le meilleur accueil ; *La Poésie et la Science*, avec M. Louis Denayrouse, poème qui fut couronné par l'Académie française (1880) ; *Paravents et Tréteaux*, fantaisies de salon et de théâtre (1881) ; le *Monde où nous sommes*, nouvelles (1884) ; la *Madone*, roman parisien (1886) ; les *Moineaux francs*, poésies (1887) ; le *Réveil*, plaquettes pour l'ouverture du Cercle funambulesque (1888) ; *Contes à Madame* (1890) ; la *Muse qui trotte*, poésies avec préface de Sully Prud'homme (1894) ; *Soleils d'hiver*, notes d'un parisien en Provence, poésies (1897) ; *Du triste au gai* (1901) ; les *Visions sincères*, vers (1903).

Auteur dramatique, il a fait représenter des pièces nombreuses, qui ont, pour la plupart, obtenu un franc succès. Mentionnons : le *Troisième larron*, comédie en 1 acte en vers (Odéon, 1875) ; les *Petits cadeaux*, comédie en 1 acte (Gymnase, 1876) ; les *Petites marmites*, comédie en 3 actes, avec A. Delavigne (Gymnase, 1877) ; *Blackson père et fille*, comédie en 4 actes, avec le même (Odéon, 1878) ; l'*Amiral*, comédie en 3 actes en vers (Gymnase, 1880), pièce reprise avec succès, en 2 actes, à la Comédie-Française en 1895 ; l'*Auréole*, comédie en 1 acte en vers (Vaudeville, 1882) ; *Diana*, opéra-comique en 3 actes, avec H. Régnier, musique de Paladilhe (Opéra-Comique, 1885) ; *Musotte*, pièce en 3 actes, avec Guy de Maupassant (Gymnase, 1891), qui eut un grand succès et fut reprise ensuite au Vaudeville ; les *Vieux amis*, comédie en 3 actes en vers (Odéon, 1892) ; *Voilà Monsieur !* comédie en 1 acte, avec Delavigne (Gymnase, 1895) ; la *Douceur de croire*, comédie en 3 actes en vers (Théâtre Français, 1901) ; *Monsieur et Madame Dugazon*, comédie dramatique en 4 actes (Odéon, 1902).

On lui doit encore : un à-propos en vers sur *Beaumarchais* (Odéon, 1877) ; le *Phormion*, de Térence, adaptation pour la scène française ; *A la Baguette*, comédie en 1 acte, parue dans le *Théâtre de Campagne* (1878) ; la *Farce joyeuse de la Cornette* (Gaîté, 1879 ; la *Goutte d'eau*, comédie en 1 acte parue dans les *Saynètes et Monologues* de l'éditeur Tresse, etc.

M. Jacques Normand a collaboré à la *Revue des Deux-Mondes*, à la *Revue bleue*, à la *Revue de Paris*, au *Figaro*, au *Gaulois*, etc.

Ancien vice-président de la Commission des Auteurs dramatiques et de la Société des Gens de Lettres, il est officier de l'Instruction publique, chevalier de la Légion d'honneur depuis 1892, chevalier des ordres de Léopold de Belgique et de François-Joseph d'Autriche.

Il a épousé Mlle Autran, fille du poète qui fut membre de l'Académie française.

BOS (Charles)

Député, publiciste, avocat, né à Saint-Flour (Cantal) le 1ᵉʳ janvier 1862. Venu de bonne heure à Paris pour terminer ses études, il entra au ministère des Colonies, comme rédacteur, en 1886, et demeura dans cette administration jusqu'en 1890.

Tout en remplissant ses fonctions, M. Charles Bos s'essayait dans le journalisme. Il donna, au *Figaro* et à plusieurs autres journaux, des articles de reportage ; puis il entra, en 1887, au *Rappel*, où il publia sur les questions ouvrières des études documentées, qui lui donnèrent l'idée de grouper en syndicats les employés des Compagnies des Omnibus et du Gaz. Lors de la grève des Omnibus, en 1891, sa campagne de presse contribua grandement à obtenir la réalisation des desiderata du personnel de la Compagnie.

M. Charles Bos, qui avait étudié le droit à la Faculté de Paris, se fit inscrire au barreau de la Cour en 1893. Depuis, il n'a point cessé de s'occuper de causes civiles.

En 1899, il est devenu rédacteur en chef du *Rappel* et du *XIXᵉ Siècle*. Ses articles sur la politique générale sont toujours très commentés et reproduits.

En 1893, M. Charles Bos s'était présenté à la députation dans la 2ᵉ circonscription du xixᵉ arrondissement de Paris. Il ne fut battu, au deuxième tour, par M. Prudent-Dervillers, qu'avec une majorité de 81 voix.

Élu, en 1896, conseiller municipal de Paris pour le quartier d'Amérique (xixᵉ arrondissement), par 1,816 voix contre 1,545 à M. Picau, conseiller sortant, M. Charles Bos prit place au groupe socialiste de l'Hôtel-de-Ville ; il s'intéressa surtout aux tramways dits de pénétration, dont il est considéré comme l'un des promoteurs, et à l'éclairage électrique de la Ville. Le Conseil municipal lui avait d'ailleurs confié des missions en Allemagne, en Belgique et en Angleterre, pour étudier les distributions d'énergie électrique existant dans ces divers pays. Il a été aussi chargé du rapport sur la conversion de l'emprunt de 1886 en 2 %, conversion qu'il avait lui-même imaginée.

Candidat, aux élections législatives générales de 1898, dans la 2ᵉ circonscription du xixᵉ arrondissement, il fut élu député par 3,335 voix contre 2,889 à M. Rozier, socialiste. Son mandat législatif a été renouvelé en 1902, dans la même circonscription, au ballottage, et après une lutte très vive, par 5,306 voix contre 3,247 à M. Barillier, conseiller municipal nationaliste.

A la Chambre, M. Charles Bos est inscrit au groupe radical socialiste. Il s'est prononcé en faveur des ministères Brisson, Waldeck-Rousseau et Combes, dont il a soutenu la politique par la plume et la parole. Il combattit de la même façon en faveur de la revision du procès Dreyfus dès 1898, et il est devenu l'un des chefs de la coalition de « défense républicaine ».

Dans un appel qu'il adressait, en 1901, au nom du parti républicain-radical et radical-socialiste à propos des élections au Conseil général, il se prononçait en faveur du « bloc » de toutes les forces républicaines contre le bloc des puissances réactionnaires ; et c'est à la réalisation de ce programme, dont la formule est depuis devenue courante, qu'il s'est consacré depuis plusieurs années.

Avec M. Rajon, député de l'Isère, l'honorable représentant de la Seine proposa le rejet en un seul vote des demandes d'autorisation formulées par les congrégations, et la Commission des Congrégations, le gouvernement, puis la Chambre, se rangèrent à son avis (1903). Il a été membre des grandes commissions des Travaux Publics, des Congrégations, etc. ; il représente généralement son groupe auprès de la Réunion parlementaire des gauches.

M. Charles Bos a fait paraître, en 1899, un volume sur l'*Energie électrique en Allemagne*.

Il est chevalier de la Légion d'honneur depuis 1896.

POLIGNAC (Comtesse de CHABANNES LA PALICE, née Armande de)

Musicienne, née à Paris. Elle est la petite-fille du duc de Polignac, le dernier ministre de Charles x, la fille du prince Camille-Armand de Polignac, qui servit, avec le grade de général, dans l'armée des Confédérés, lors de la guerre de sécession aux Etats-Unis, et la nièce du prince Edmond de Polignac, qui fut un compositeur de musique de haut mérite.

Elève de M. Ernest Gigout, l'organiste distingué, et de Mᵐᵉ Szarvady, pour la composition et le piano, Mᵐᵉ de Chabannes La Palice a composé des œuvres musicales qui ont mis rapidement en vive lumière sa science artistique, et qu'elle signe du nom d'Armande de Polignac. On cite d'elle, notamment : une *Sonate pour piano et violon*, deux *Quatuors à cordes*, une *Suite pour violoncelle*, un *Recueil de préludes pour piano*, une *Suite d'orchestre* ; un *Air de Ballet* ; un *Chœur mixte à Cappella*, une *Danse tzigane* ; les *Danses midores* de Henri Gauthier-Villars ; plusieurs mélodies, entre autres : *Au mois d'avril, Ne me regarde pas, Valse en si bémol, Barcarolle*, etc. Ces œuvres sont publiées chez les éditeurs Hamelle, Emile Baudoux, Durand, etc.

On annonce de M⁹ Armande de Polignac : la *Petite Sirène*, opéra en 3 actes, d'après le livret de M. H. Gauthier-Villars (1903).

La plupart des compositions signalées ont été exécutées avec succès à Paris, en province et à l'étranger, accompagnées par leur auteur ou par des artistes réputés. Elles plaisent généralement par leur forme, restée classique, tout en s'unissant à une inspiration originale et surtout moderne.

PIETTE (Louis-Edouard-Stanislas)

POLYGRAPHE, ancien magistrat, né le 11 mars 1827 à Aubigny (Ardennes). Il est petit-fils du conventionnel Jean-Baptiste Piette ; son père, d'abord notaire à Aubigny, fut, après avoir cédé son étude, premier adjoint de Charleville et conseiller général des Ardennes.

Ses études classiques accomplies au collège de Charleville, il vint faire son droit à Paris, avec son frère cadet, Henri Piette, mort en 1889 premier président de la Cour d'appel de Pau. Il suivit en même temps les cours de l'Ecole des Mines, ceux du Jardin des Plantes et de la Faculté des Lettres.

Inscrit, comme avocat, au barreau de Rocroy (Ardennes), en 1856, M. Edouard Piette se fit nommer, en 1860, juge de paix à Raucourt ; l'année suivante, il passait, au même titre, à Rumigny, où habitait sa famille ; envoyé, en 1868, à Craonne (Aisne), il se trouvait dans cette résidence quand les Prussiens l'occupèrent et il encouragea les maires de son canton à résister aux réquisitions de l'ennemi. Il fut ensuite nommé à Eauze (Gers) ; puis, ayant demandé l'inamovibilité, il devint successivement juge aux tribunaux de Segré, du Mans et d'Angers. Il prit là sa retraite et fut nommé juge honoraire en 1889. Il se retira alors dans son département d'origine.

La carrière de M. Edouard Piette fut assez souvent troublée par l'animosité politique. Tout en en poursuivant le cours cependant, il s'adonnait à des travaux littéraires, archéologiques et scientifiques, dont le haut intérêt a mis en lumière son nom et sa personnalité. Ses premières recherches géologiques permirent de déterminer l'âge des grès du Luxembourg, jusqu'alors indéterminé (1858). Son œuvre préhistorique surtout est considérable, car sa méthode et ses découvertes ont, en quelque sorte, transformé cette science ; ses fouilles ont fait connaître des époques ignorées et facilité la reconstitution de points obscurs des temps préhistoriques ou de l'époque gallo-romaine.

M. Edouard Piette a fait paraître un très grand nombre d'ouvrages, mémoires, brochures et études. Voici les titres de ses principaux travaux, classés par catégories :

Paléontologie. — *Coquilles ailées trouvées dans la grande oolithe des Ardennes, de l'Aisne et de la Moselle* (1885) ; *Coquilles voisines des purpurines trouvées dans la grande oolithe des Ardennes et de l'Aisne* (1856) ; *Description des Cerithium des dépôts bathoniens de l'Aisne et des Ardennes* (1857) ; *Un genre nouveau de Gastéropodes, l'Exelissa* (1860) ; *Le lias inférieur dans l'Est de la France, le Luxembourg et la Belgique*, par Terquem et Piette (1863) ; *Paléontologie française, Terrain jurassique, Gastéropodes*, 1ʳᵉ série (1864 à 1876) ; *Sur plusieurs genres nouveaux ou peu connus de Gastéropodes* (1874) ; les *Coquilles ailées des mers jurassiques* (1876).

Géologie. — *Observations sur les étages inférieurs du terrain jurassique dans les départements des Ardennes et de l'Aisne* (1855) ; *Notice sur les grès d'Aiglemont et de Rimogne* (1856) ; *Note sur le gîte des Clapes, Moselle* (1857) ; les *Phosphates minéraux des Ardennes* (1859) ; *Note sur les gîtes analogues à celui de Fontaine-Etoupefour, rencontrés au sud du plateau paléozoïque de l'Ardenne, et observations sur l'âge des minerais de fer qui couvrent le bord méridional de ce plateau* (1861) ; *Le lias inférieur de la Meurthe, de la Moselle, du Luxembourg, de la Belgique, de la Meuse et des Ardennes*, par Terquem et Piette (1862) ; *Réponse à la note de M. Meugy, intitulée :* Sur le lias (1870) ; *Le glacier quaternaire de la Garonne et l'âge du renne dans les grottes de Gourdan et de Lortet* (18.1) ; la *Hauteur du glacier quaternaire de la Pique à Bagnères-de-Luchon* (1876) ; le *Gisement de Saint-Michel-en-Thiérache* (1894) ; les *Causes des grandes extensions glaciaires* (1902) ; *Conséquences des mouvements sismiques des régions polaires* (1902).

Archéologie et ethnologie préhistoriques. — *Lettres à M. de Ferry sur les sépultures de Chassemy* (1869) ; *Urnes gallo-romaines dans la nécropole de Chassemy* (1870) ; *Sépulture polyandrique de l'Hôpital, près Rumigny*, par Piette et de Ferry (1870) ; *Une grotte de l'âge du renne, près Montrejeaux, Haute-Garonne* (1871) ; *Les troglodytes dans le département de l'Aisne*

(1872) ; *La grotte de Gourdan pendant l'âge du renne* (1873) ; *Recherche de vestiges préhistoriques dans la chaîne des Pyrénées* (1873) ; *La grotte de Lortet pendant l'âge du renne* ; — *Histoire de la cuiller* ; — *Une flûte néolithique* ; — *La flûte composée à l'âge du renne* (1874) ; *Nouvelles fouilles dans la grotte de Gourdan* ; — *Les vestiges de la période néolithique comparés à ceux des âges antérieurs* (1875) ; la *Montagne d'Epiaup*, par Piette et J. Sacaze (1877) ; les *Monuments de la montagne d'Epiaup*, par Piette et Sacaze (1878) ; les *Tumulus d'Avezac-Prat, Hautes-Pyrénées*, par Piette et Sacaze (1879) ; *Nomenclature des temps anthropiques primitifs* (1880) ; les *Tumulus de Bartrès et d'Ossun* (1881) ; *Exploration de quelques tumulus situés sur les territoires de Pontacq et de Lourdes* (1884) ; *Equidés de la période quaternaire d'après les gravures de ce temps* (1887) ; *De l'erreur de Buffon, qui a pensé que le renne vivait encore dans les Pyrénées au XIV⁰ siècle, et des causes qui l'ont amené à la commettre* ; — le *Kertag quaternaire* (1887) ; *Façon de faire le fil avec des tendons de renne en Laponie* (1888) ; *Un groupe d'assises représentant l'époque de transition entre les temps quaternaires et les temps modernes* ; — les *Subdivisions de l'époque magdalénienne et de l'époque néolithique* ; — *Nomenclature de l'ère anthropique primitive* ; — *Grotte du Mas d'Azil* (1889) ; *Notions nouvelles sur l'âge du renne* (1891) ; *Phases successives de la civilisation pendant l'âge du renne dans le midi de la France, et notamment sur la rive gauche de l'Arise* ; — la *Caverne de Brassempouy* ; — *l'Equidé tacheté de Lourdes* ; — *Excursion faite aux abris de Brassempouy* (1892) ; la *Station préhistorique de Brassempouy* (1893) ; *L'époque éburnéenne et les races humaines de la période glyptique* ; — *Note pour servir à l'histoire de l'art primitif* ; — *Une station sylistrienne à Gourdan* (1893) ; — *Nouvelles fouilles à Brassempouy* (1894) ; *Etudes d'ethnographie préhistorique* ; — *Répartition statigraphique des harpons dans les grottes des Pyrénées* (1895) ; *Etudes d'ethnographie. II. Les plantes cultivées de la période de transition au Mas d'Azil* ; — les *Galets coloriés du Mas d'Azil*, avec un album (1896) ; *Fouilles à Brassempouy en 1896*, par Piette et de Laporterie ; — *Origine de nos alphabets* (1897) ; *Fouilles à Brassempouy en 1897*, par Piette et de Laporterie ; les *Tertres fundraires d'Avezac-Prat*, par Piette et Sacaze (1899) ; *l'Art pendant l'âge du renne*, avec 100 planches (1900) ; *Sur une gravure du Mas d'Azil* (1903).

Anthropologie. — *Les vestiges de la civilisation gauloise à l'Exposition de Reims* (1873) ; *Buste de femme taillé dans la racine d'une dent incisive d'équidé, trouvé dans la grotte du Mas d'Azil* (1888) ; *Races humaines de la période glyptique* ; — *Race glyptique* ; — *Ivoires sculptés provenant de la station quaternaire de Brassempouy (Landes)*, par Piette et de Laporterie ; — les *Fouilles de Brassempouy en 1894*, par Piette et de Laporterie ; *Sur de nouvelles figurines d'ivoire provenant de la station de Brassempouy* (1894) ; *La station de Brassempouy et les races humaines de la période glyptique* ; — *Une sépulture dans l'assise à galets coloriés du Mas d'Azil* (1895) ; *Gravure du Mas d'Azil et statuettes de Menton* (1902).

Epigraphie. — *Note pour servir à l'épigraphie d'Elusa* ; *Note sur l'épigraphie d'Elusa* ; *Lettre à M. A. Lavergne sur les fouilles d'Elusa* ; *Seconde note pour servir à l'épigraphie d'Elusa* ; *Note sur plusieurs inscriptions récemment découvertes dans les ruines d'Elusa* (1881).

Littérature. — *Situation* (1848) ; *De la vaine pâture* (1856) ; *Education du peuple* (dans ce livre, l'auteur, agitant des questions que personne n'avait encore soulevées à ce moment, pose le principe de la laïcité et de l'obligation de l'instruction) (1858) ; *Notes sur l'intelligence des animaux* (1858) ; *Les lignes défensives de la France* (1873) ; *Seconde note sur les lignes défensives de la France* (1874) ; *Indissolubilité du mariage et divorce* (1880).

On annonce encore de lui un nouvel ouvrage, avec un album de cent planches, sur *l'Art pendant l'âge du renne*, sujet qu'il a déjà traité.

Après avoir réuni, en plus de trente années de laborieuses recherches, un nombre considérable d'objets de l'âge du renne et du premier âge du fer, M. Edouard Piette a fait don à l'Etat, en 1902, du trésor scientifique ainsi amassé. Placée au Musée des Antiquités nationales, à Saint-Germain-en-Laye, dans une salle portant le nom du donateur et ornée de son buste, cette collection a été qualifiée « d'incomparable » par M. Salomon de Reinach, dans une notice intitulée : la *Collection Piette au Musée de Saint-Germain*.

Membre du Comité de la Paléontologie française, de la Société Géologique de France, de la Société d'Anthropologie de Paris, de l'Association française pour l'avancement des Sciences, et de plusieurs autres corps savants ; correspondant du ministère de l'Instruction publique et membre du Comité des Travaux historiques et scientifiques à ce ministère, M. Piette est officier de l'Instruction publique.

BUISSON (Ferdinand-Edouard), député, pédagogue et publiciste, né à Paris le 20 décembre 1841. Fils d'un magistrat protestant, il accomplit ses études classiques successivement aux lycées d'Argentan (Orne), de Saint-Etienne (Loire), puis à Paris. Admissible à l'Ecole normale, il ne put y entrer à cause de sa santé. Il passa les examens de licence et d'agrégation de philosophie (1868). Dès 1866, il s'en était allé en Suisse, où il fut, jusqu'en 1870, professeur suppléant à l'Académie de Neuchâtel.

Pendant son séjour dans ce pays, M. Ferdinand Buisson se lia avec les français proscrits par l'empire qui s'y étaient réfugiés et fit lui-même de la propagande démocratique. Dans un congrès réuni à Lausanne en septembre 1869, prononçant des paroles qui eurent un grand retentissement sur le moment et ont été fréquemment rappelées depuis, il s'élevait, dit un biographe, « dans un langage enflammé, contre « l'officier, le prêtre, le magistrat, devenus les valets « de l'homme de Décembre, et clamait sans mesure « son mépris pour tout uniforme. »

Rentré en France après le 4 septembre 1870, il s'occupa, dans Paris assiégé, de l'organisation de l'orphelinat laïque de la Seine, qui fut plus tard transféré à Cempuis (Oise).

En 1871, Jules Simon nomma M. Buisson inspecteur primaire à Paris ; mais une protestation de Dupanloup à l'Assemblée nationale obligea le ministre à lui retirer ce poste l'année suivante. Envoyé, en 1873, à Vienne, comme secrétaire de la commission de statistique de l'enseignement primaire à l'Exposition universelle, il remplit, en 1876, une mission analogue à l'Exposition de Philadelphie, puis une autre à celle de Paris en 1878. Devenu, le 31 août de cette même année, inspecteur général hors cadre, il fut nommé directeur de l'enseignement primaire, par Jules Ferry, le 10 février 1879.

Dans ces dernières fonctions, M. Ferdinand Buisson a réalisé des réformes d'une certaine importance et toutes dans le sens d'un enseignement orienté vers les idées démocratiques et la neutralité religieuse ; il prépara et défendit devant le Parlement le projet de loi relatif à la gratuité, à la laïcité et à l'obligation de l'instruction primaire et, après lui, il organisa cet enseignement.

En 1891, il se fit recevoir docteur ès-lettres.

Trois ans plus tard, de graves désordres étaient signalés dans l'administration de l'Orphelinat de Cempuis ; des protestations, en même temps, s'élevaient dans certains journaux, contre la façon dont on y appliquait le système de l'éducation en commun des deux sexes. Attaqué personnellement par la *Libre Parole*, en qualité d'exécuteur testamentaire de M. Prévost, fondateur de l'œuvre et de membre de son comité de surveillance, M. Buisson, qui avait fait nommer M. Robin directeur de cet établissement, défendit énergiquement son protégé et l'institution même ; mais il ne put empêcher que la direction de l'orphelinat ne fut retirée à M. Robin et l'œuvre réorganisée.

En 1896, M. Buisson fut nommé professeur de « science de l'éducation » à la Sorbonne.

Quand fut agitée la question de la revision du procès Dreyfus, il prit, des premiers, parti en faveur de cette mesure et, pendant toute la durée de la campagne menée à ce propos, il fut au nombre des plus actifs propagandistes de la revision, par la plume et par la parole ; il compta parmi les fondateurs et reste l'un des directeurs de la Ligue des Droits de l'Homme.

Au renouvellement général législatif de 1902, M. Ferdinand Buisson se présenta comme candidat radical-socialiste dans la 2ᵉ circonscription du 13ᵉ arrondissement de Paris et fut élu député, au 2ᵉ tour de scrutin, le 11 mai, par 8,468 voix contre 7,747 à M. Paulin Méry, député sortant, nationaliste.

A la Chambre, il siège au groupe radical-socialiste et soutient la politique « d'action républicaine ».

M. F. Buisson est l'auteur de publications de divers genres. Il a fait paraître d'abord quelques brochures de polémique religieuse : le *Christianisme libéral* ; l'*Orthodoxie et l'Evangile dans l'Eglise réformée* (1864) ; *De l'enseignement de l'Histoire Sainte dans les écoles primaires* (1868) ; *Principes du Christianisme libéral* (1869) ; il publia ensuite ses *Rapports sur les Expositions de Vienne* (1873) et *Philadelphie* (1876) ; puis un *Recueil de Devoirs d'Ecoliers américains* (1877); ses deux thèses de doctorat : *Biographie de Castellion et De Libertate Dei* (1891) ; il a dirigé la publication du *Dictionnaire de Pédagogie* (paru de 1877 à 1890) et de l'*Encyclopédie populaire du XIXᵉ siècle* (inachevée). L'un des fondateurs de la *Revue pédagogique*, il dirige, en outre, depuis 1896, le *Manuel de l'Instruction primaire*. Il a aussi collaboré à divers journaux politiques, notamment à l'*Aurore*, au *Siècle*, à l'*Action*.

M. Ferdinand Buisson est commandeur de la Légion d'honneur depuis 1889 et officier de l'Instruction publique.

RABION (Louis-Martial)

MÉDECIN, publiciste scientifique, né à Eu (Seine-Inférieure) le 27 novembre 1857. Il fit à Paris ses études classiques et médicales.

Élève des professeurs Ball à l'hôpital Laënnec, Labrie aux Enfants Malades, Vidal à Saint-Louis, Guyon et Potain à Necker, il recueillit plus de huit cents observations de ce dernier maître pour la publication de ses *Cours de Clinique*.

Déjà lauréat de la Faculté de Paris pour un mémoire sur les *Pleurésies* qui obtint le prix Corvisart (1881), il fut reçu docteur en médecine en 1885, avec une thèse remarquée sur la *Contribution à l'étude des souffles extra-cardiaques*. On lui doit, depuis, de nombreuses communications ou observations, parues dans les organes scientifiques et notamment dans la *Presse médicale*, le *Bulletin médical*, la *Médecine moderne*, etc. On cite surtout ses études sur une *Plaie pénétrante de l'abdomen provoquée par la baïonnette*, sur un *Cas de guérison rapide de l'Influenza* et sur divers points du traitement des *Affections pulmonaires*.

Praticien très apprécié du monde savant, M. le Dr Rabion est médecin de l'Association des Journalistes parisiens. Il est membre de la Société des Médecins du IXe arrondissement, du Syndicat des Médecins de la Seine, de la Société Médico-Chirurgicale, dont il fut le secrétaire, de la Commission administrative des Médecins de France, et officier d'Académie.

CHAUVET (Louis-Jacques-Gustave)

ARCHÉOLOGUE, né à Pérignac (Charente) le 17 février 1840. Après l'achèvement de ses études classiques et l'accomplissement du stage légal, il devint notaire à Edon (Charente) en 1869, puis à Ruffec en 1876 ; il occupe depuis lors cette charge.

M. Gustave Chauvet s'est fait remarquer par des travaux archeologiques, spéléologiques, géologiques, paléontologiques et historiques. Ces travaux, d'un réel intérêt, et qui révèlent chez leur auteur un sens critique développé, joint à une haute érudition, l'ont fait choisir comme président de la Société archéologique et historique de la Charente.

A l'Exposition de Poitiers (section des Beaux-Arts), en 1887, M. Chauvet avait réuni un ensemble d'objets provenant de fouilles faites dans la Charente et ayant une importance capitale au point de vue de la civilisation préhistorique de cette contrée. Parlant de cette intéressante exposition, M. Ardouin-Dumazet a écrit :

Ce sont les vitrines de M. Chauvet, surtout, qu'il faut visiter pour bien se rendre compte de la place considérable occupée par la Charente dans la science préhistorique.
M. Chauvet est un chercheur infatigable, qui consacre tous ses loisirs à l'exploration des moindres anfractuosités de nos rochers. Partout où le roc surplombe au-dessus de nos vallées calcaires, offrant un abri contre les pluies, on peut dire que M. Chauvet et M. Lièvre ont fouillé. Grottes, cavernes, sablières et gravières ont été explorées avec soin par M. Chauvet ; il a retiré de ces recherches des centaines d'objets, dont un classement intelligent fait un véritable cours de la civilisation antéhistorique dans nos contrées. Chaque fois que ces trouvailles lui ont paru avoir un grand intérêt pour la science, il leur a consacré une étude spéciale, dont la réunion constitue un véritable traité d'archéologie préhistorique.

M. Gustave Chauvet a publié les ouvrages ou mémoires suivants : *Station de l'époque du renne au Ménieux, Charente* (1872) ; *Sur la grotte sépulcrale de la Gélie, Charente* (1873) ; *Fouilles de sept tumulus de la période de la pierre polie, La Boixe* (1875) ; *Notes sur la période néolithique dans la Charente* (3 planches, 1877) ; les *Tumulus de la Boixe* (1877, avec M. Lièvre) ; *Note à propos des puits funéraires* (1878) ; *Sur le travail de l'os* (1878) ; *Notes d'archéologie préhistorique, canton de Mareuil-sur-Belle, Dordogne* (1880) ; *Deux sépultures néolithiques près de Fouqueure, Charente* (id. 1881) ; *Station moustérienne de La Quina ; Deux dolmens en bois à Fouqueure, Charente* (1882) ; *Exposition préhistorique de La Rochelle* (1882) ; les *Polissoirs préhistoriques de la Charente* (2 planches, 1882) ; le *Lasso préhistorique* (1883) ; le *Gros Guignon, tumulus de la commune de Savigné, Vienne* (3 figures, 1884) ; le *Gros Guignon, commune de Savigné, Vienne* (4 figures, 1884) ; *Période néolithique. — Les Métaux dans les dolmens* (1886) ; *Boules et pierres de jet dans les dépôts quaternaires* (1 planche, 1886) ; *Collection G. Chauvet, à Ruffec, Charente* (1 figure, 1887) ; *Étude préhistorique. — Les Débuts de la Gravure et de la Sculpture* (1887) ; *Coup d'œil sur la période néolithique dans le département de la Charente* (1887) ; les *Haches en bronze de Chebrac* (1888) ; l'*Archéologie préhistorique à la Faculté de Poitiers* (1889) ; *Coup d'œil sur les temps quaternaires dans la vallée de la Charente* (1890) ; *Sur la classification des temps quaternaires dans la Charente* (1891) ; *Quelle est la valeur des objets d'industrie humaine, comme élément de classification des terrains quaternaires et des époques préhistoriques* (1891) ; le *Squelette quaternaire de Chancelade* (1891) ; *Comparaison des industries primitives de France et d'Asie* (1892) ; *Une cachette d'objets en bronze, trouvée à Vénat, commune de Saint-Yrieix, près Angoulême* (34 planches en phototypie, 12 figures, 1894) ; le *Grand éléphant fossile de Tilloux (elephas antiquus), contemporain de l'homme primitif* (1895) ; *Stations humaines quaternaires de la Charente. — N° 1. Bibliographie et statistique ; Fouilles au Ménieux et à la Quina* (6 planches et 13 figures, 1896) ; le *Gisement quaternaire de la Micoque* (avec M. E. Rivière, 1896) ; *A propos des Aryas de Pictet et du peuplement de l'Europe* (1896) ; le *Cimetière barbare de Saint-Germain, commune de Saint-Front, Charente* (2 figures, 1896) ; *Station quaternaire de la Micoque, Dordogne* (avec M. E. Rivière, 1897) ; *Enquête sur les monuments mégalithiques de la Charente* (1896-1897-1898) ; *Sur l'existence d'une faune d'animaux arctiques dans la Charente à l'époque quaternaire* (avec M. Marcellin Boule, 1899) ; *Fouilles au Champignon, commune de Gardes, Charente* (6 figures, 1899) ; *Statistique et bibliographie des sépultures préromaines du département de la Charente* (7 planches, 1899) ; *Silex taillés du Nil et de la Charente, comparaisons* (1899) ; *Sépultures préhistoriques de la Charente et de l'Egypte, comparaisons* (1899) ; *Anciens vases à bec* (3 figures, 1899) ; *Notice sur A.- F. Lièvre* (portrait, 1899) ; *Ovum anguinum* (1 figure, 1900) ; les *Anciennes forges de Ruffec* (1900) ; *Poteries préhistoriques à ornements géométriques en creux ; vallée de la Charente* (1901) ; *Hypothèse sur une statuette antique trouvée à Angoulême* (5 figures, 1901) ; *Statues, statuettes et figurines antiques de la Charente* (1901) ; le *Puits gallo-romain des Bouchauds, Charente* (1901) ; une *Ville romaine « Sermanicomagus » ou « Germanicomagus », près Saint-Cybardeaux (Charente)*, important rapport, adressé au Comité des Travaux historiques et scientifiques du ministère de l'Instruction publique en 1902, sur d'intéressantes découvertes archéologiques.

Certains de ces travaux ont fait l'objet de communications à divers congrès de l'Association française pour l'avancement des Sciences, au Congrès international d'archéologie préhistorique et d'anthropologie de Moscou, à l'Institut (Académies des Inscriptions ou des Sciences) ; d'autres ont paru dans le *Bulletin de la Société archéologique et historique de la Charente*, les *Matériaux pour l'histoire primitive de l'Homme*, le *Bulletin de la Société d'Anthropologie de Paris*, la *Revue Archéologique* et diverses publications scientifiques. Le mémoire sur *Une cachette d'objets en bronze*, qui jette un jour nouveau sur les origines de la métallurgie en Gaule, fut récompensé par l'Académie des Inscriptions et Belles-Lettres, en 1896), sur un rapport de M. A. de Barthélemy où l'on trouve l'appréciation suivante :

> Les soixante-quinze kilogrammes d'objets en bronze de toute nature, trouvés en 1893 dans une sablière, ont été étudiés avec un soin méticuleux, presque trop méticuleux ; chaque pièce, épées, lances, poignards, objets de parure, etc., est soumise à un examen particulier, comparée avec des pièces analogues recueillies en différentes contrées. Un pareil travail laisse deviner une somme considérable de recherches et une abondance de notes prises de longue date ; on peut considérer l'auteur comme très bien informé des découvertes analogues et au courant du sujet. Il y a là un effort puissant, une collection de recherches formant une étude comparative et très sérieuse à travers les livres, les dessins et les musées. Cette œuvre est d'autant plus méritoire que, demeurant loin des grands centres, M. Chauvet a dû se donner une grande peine pour arriver à être aussi bien au courant de la science.
>
> Dans cette masse de notes empruntées à de nombreux ouvrages qui, du reste, sont scrupuleusement cités, M. Chauvet n'a pu toujours contrôler la valeur des renseignements ; aussi ne trouve quelques doubles emplois, quelques indications sujettes à contestation ; peut-être cherche-t-il un peu conjecturalement au loin certains types de comparaison, par exemple en Sibérie, au Cambodge, en Chaldée...

Correspondant du ministère de l'Instruction publique pour les Travaux historiques et scientifiques depuis 1899, lauréat de l'Institut (1896), M. Gustave Chauvet est chevalier du Mérite agricole depuis 1894 et officier de l'Instruction publique depuis 1896.

AGUILLON (Louis)

SÉNATEUR, industriel, né à Parthenay (Deux-Sèvres) le 14 octobre 1851. Issu d'une famille d'ouvriers, il apprit le métier de tanneur et parcourut ensuite la France pour se perfectionner dans son état. Rentré à Parthenay à vingt-deux ans, il succéda, comme maître-tanneur, à l'un de ses oncles.

En 1885, M. Louis Aguillon fut nommé conseiller municipal de Parthenay ; en 1896, il devenait premier adjoint et en 1898 maire de cette sous-préfecture, que ses efforts et sa propagande incessante, ainsi que sa popularité, ont amenée peu à peu aux idées républicaines.

C'est sur son initiative que furent, à Parthenay, interdites les processions publiques et supprimés les traitements accordés par la municipalité au clergé paroissial, ainsi que les subventions jusque-là délivrées aux écoles congréganistes. Libre-penseur militant, M. Aguillon est vénérable de la Loge maçonnique de cette ville.

Président du Comité républicain de Parthenay, il soutint la candidature de M. André Lebon, ancien ministre des Colonies, aux diverses élections générales législatives, bien que ses opinions ne fussent pas exactement celles de cet homme politique.

Nommé, en 1902, conseiller d'arrondissement de

Parthenay et président de ce conseil, M. Aguillon fut élu sénateur des Deux-Sèvres, le 15 mars 1903, par 464 voix contre 276 à M. de Talhouët, royaliste, en remplacement de M. Garran de Balzan, décédé.

Inscrit au groupe de la Gauche démocratique, il soutient, à la Chambre haute, la politique d'action et de défense républicaines.

L'honorable sénateur des Deux-Sèvres est officier d'Académie.

JUDET (Jean-Léonard)

Député, né à Châtres, commune de Soumans (Creuse), le 20 juillet 1846. Petit-fils d'un maire de Lavaufranche, il se signala très jeune par ses critiques contre l'empire, ce qui lui valut depuis d'être toujours à l'avant-garde du parti républicain dans la Creuse. Devenu conseiller municipal et maire de Lavaufranche en 1877, il n'a cessé d'être confirmé depuis lors dans ce mandat. Son administration a fait construire des bâtiments scolaires, une mairie, et organiser tout un réseau de chemins vicinaux, qui n'existaient pas encore dans cette commune. Ces travaux, grâce à certaines combinaisons financières, purent se terminer sans charges appréciables pour la commune.

Elu conseiller d'arrondissement le 12 août 1883, pour le canton de Boussac, M. Judet fut choisi comme président de cette assemblée en 1896. En 1898, il devint conseiller général, en remplacement de M. Aucouturier, nommé député ; il a été réélu en 1901.

Candidat aux élections générales législatives de 1902, il fut élu député, le 11 mai, par 5,226 voix, contre 2 416 à M. Camus, nationaliste ; il donna alors, pour ne pas cumuler deux mandats, sa démission de conseiller général.

Dans les diverses assemblées dont il a fait partie, M. Judet s'est montré partisan de l'impôt progressif sur la fortune acquise. Il a fait émettre plusieurs vœux dans ce sens au Conseil d'arrondissement de Boussac et au Conseil général de la Creuse. Il s'est, en outre, déclaré partisan de la séparation des églises et de l'Etat, de la suppression du budget des cultes, de l'élection de la magistrature dans une catégorie de citoyens offrant les garanties nécessaires, etc.

M. Judet s'est occupé de commerce et surtout d'agriculture En cette dernière matière, il a acquis une certaine réputation en vulgarisant autour de lui des méthodes nouvelles, qui trouvent aujourd'hui beaucoup d'adeptes. Dans ses propres cultures, il a donné à sa région un précieux exemple en transformant, par des canaux d'irrigation et des captations d'eau, de vastes terrains incultes en excellentes prairies.

Plusieurs fois lauréat dans les concours agricoles, M. Judet est vice-président du Comice de Boussac.

EXPERT-BEZANÇON (Charles)

Industriel, sénateur, né à Paris le 5 janvier 1845. Entré jeune dans les affaires, il dirige une importante usine de fabrication de blanc de céruse et autres produits chimiques à Paris.

En 1870-71, M. Expert-Bezançon prit part au siège de Paris comme officier des mobiles de la Seine ; il fut ensuite capitaine dans l'armée territoriale.

Ancien président de la Chambre syndicale des produits chimiques de Paris, président du Comité central des Chambres syndicales du Commerce et de l'Industrie et de l'Association des Comptables de la Seine, il est membre du Conseil de l'Office national du Commerce extérieur.

En octobre 1899, M. Expert-Bezançon fut nommé maire du XIIIe arrondissement de Paris ; le 28 janvier suivant, il posa sa candidature aux élections sénatoriales dans le département de la Seine et fut élu, par 367 voix sur 779 électeurs inscrits, au 3e tour de scrutin et après une lutte très vive. L'ingérence de M. Waldeck-Rousseau, alors vice-président du Conseil, ne parut pas étrangère au succès de M. Expert-Bezançon, ami personnel de cet homme d'Etat. M. Expert-Bezançon et M. Piettre, seuls élus nouveaux parmi les huit sénateurs de la Seine, remplaçaient MM. Ranc et Barodet, radicaux.

Au Luxembourg, l'honorable sénateur, inscrit à l'Union républicaine, suit une ligne politique modérée. Il est intervenu à la tribune pour défendre son industrie, menacée par une loi interdisant l'emploi du blanc de céruse, produit reconnu comme éminemment dangereux pour la santé des ouvriers qui le préparent ou l'emploient.

Le journal le *Français* ayant, en novembre 1902, engagé une campagne contre le blanc de céruse, M. Expert-Bezançon, appelé devant une Commission de la Chambre des députés, prétendit que ces articles étaient payés par ses adversaires. Le *Français*, s'estimant diffamé par cette allégation, demanda au Sénat l'autorisation d'en poursuivre l'auteur ; mais cette autorisation ne fut pas accordée (1903).

M. Expert-Bezançon est officier de la Légion d'honneur.

GUIMET (Émile-Étienne)

INDUSTRIEL et collectionneur, né à Lyon le 2 juin 1836. Fils de Jean-Baptiste Guimet, l'inventeur du bleu d'Outremer (1795-1871), il continua l'industrie créée par son père et accrut ainsi une fortune déjà considérable, dont il a consacré une partie à des œuvres artistiques.

Après avoir étudié la musique avec Den de Vienne, Lindau de Berlin et Reichel de Dresde, M. Émile Guimet composa notamment : le *Feu du Ciel*, oratorio sur des paroles de Victor Hugo, représenté à Paris et à Londres ; l'*Œuf blanc et l'Œuf rouge*, ballet représenté à Lyon ; *Taï-Tsoung*, opéra en 7 tableaux, représenté à Marseille ; *Dix Scènes et Mélodies*, éditées avec des lithographies de Gustave Doré ; *Trente Chansons d'amour* avec lithographies de F. Régamey ; *Airs pour violon* ; des *Trios et Quatuors* ; des *Sonates*, *Suites pour orchestres* ; des *Chœurs pour orphéons* ; les *Hymnes*, oratorio sur des paroles de Lamartine ; les *Djinns*, pour voix et orchestre, paroles de Victor Hugo, etc.

M. Guimet a longtemps voyagé, parcourant l'Europe, l'Égypte, l'Afrique du Nord, l'Amérique, la Chine, le Japon, les Indes, etc. A l'Exposition universelle de 1878, il exposa la majeure partie des objets artistiques ou se rapportant aux cultes qu'il avait rapportés de l'Extrême-Orient ; puis il en forma, à Lyon, un musée qu'il entretenait à ses frais. Il a établi en outre dans cette ville une bibliothèque et une école spéciale aux langues orientales.

En 1885, M. Guimet céda à l'État la propriété de son musée de Lyon et de plusieurs autres collections très importantes, pour établir à Paris, sur un terrain concédé par la ville, un musée consacré aux philosophies, histoire et art de l'antiquité et de l'Extrême-Orient ; il fit d'ailleurs une grande partie des frais de construction de ce musée, qui porte son nom et dont il a été nommé directeur sans traitement.

Sous les auspices de M. Guimet paraissent plusieurs publications, telles que les *Annales du Musée Guimet*, la *Revue de l'Histoire des Religions*, la *Bibliothèque d'Études* et la *Bibliothèque de Vulgarisation*.

Parmi les travaux publiés sous sa signature, nous citerons : *A travers l'Espagne* (1862) ; *Cinq jours à Dresde*, souvenirs de la grande fête de chanteurs (1865) ; *Croquis Égyptiens* (1867) ; *Esquisses scandinaves*, compte-rendu du Congrès archéologique et préhistorique de Stockolm (1875) ; *Aquarelles africaines*, études et correspondances (1877) ; *Promenades japonaises* (1888, illustré par Félix Régamey) ; *Huit jours aux Indes* (Tour du Monde, 1889) ; l'*Isis romaine* (Académie des Inscriptions et Belles-Lettres, 1894) ; les *Isiaques de la Gaule* (Revue Archéologique, 1896) ; *Plutarque et l'Égypte* (Nouvelle Revue, 1899) ; le *Dieu d'Apulée* (1900) ; *Symboles asiatiques en Égypte* (Annales du Musée Guimet, 1902).

M. Émile Guimet a fait paraître en outre des articles dans divers périodiques. Il a donné des conférences à Paris et en province sur la musique ou sur des sujets d'histoire et d'archéologie avec projections lumineuses.

En 1899, il se présenta comme membre libre à l'Académie des Inscriptions et Belles-Lettres ; mais sa candidature ne fut pas accueillie.

En dehors de son usine de Neuville-sur-Saône (Rhône), qu'il n'a cessé de diriger, il est président de la Compagnie industrielle d'Alais et de la Camargue et administrateur de la Société de Navigation mixte.

M. Émile Guimet est officier de la Légion d'honneur depuis le 20 juillet 1895.

PUECH (Jean-Louis)

DÉPUTÉ, avocat, publiciste, né à Gavernac (Aveyron) le 1er mai 1852. Ses classes achevées au petit séminaire de Rodez, il vint à Paris faire ses études de droit. Reçu licencié, il se fit inscrire au barreau de la Cour d'appel en 1880 et attira l'attention sur lui en plaidant diverses affaires politiques, notamment celles des grévistes de Decazeville, des anarchistes Monod et Lucas, des socialistes russes à Paris, etc.

M. Louis Puech fut élu conseiller municipal du quartier Sainte-Avoie (IIIe arrondissement de Paris), en remplacement de M. Darlot, décédé, le 23 avril 1893, et son mandat fut confirmé au renouvellement de 1896.

Secrétaire du Conseil municipal de Paris et du Conseil général de la Seine, puis choisi comme vice-président de ces deux assemblées, il fut rapporteur de la question des omnibus et sut obtenir de la Compagnie générale des concessions importantes pour ses employés. Il fut aussi rapporteur général du budget de contrôle des finances municipales et membre des commissions des finances, monopoles et services publics, des adjudications militaires, des indemnités, etc.

Candidat dans le IIIe arrondissement de Paris, au siège législatif abandonné par M. Chautemps, devenu député de la Savoie, M. Louis Puech fut élu député, le 8 mai 1848, par 9,185 voix, contre 6,840 à trois autres concurrents.

Durant cette législature, il prit la parole dans la discussion générale de la plupart des budgets ; il intervint encore, notamment, sur les retraites ouvrières et, pour faire voter son rapport relatif à la transaction à intervenir entre le gouvernement et les Prévoyants de l'Avenir ainsi que les sociétés similaires ; puis pour faire étendre la loi de 1893 sur la propriété artistique et industrielle aux dessins, sculptures et modèles d'art industriel, enfin contre le traité Chamon, relatif au gaz, adopté par le Conseil municipal de Paris et qu'il contribua à faire rejeter par la Chambre.

Partisan de la politique d'union républicaine, il soutint les ministères Dupuy, Brisson et Waldeck-Rousseau. Toutefois, il se sépara de celui-ci à propos de la révision du procès Dreyfus, mesure à laquelle il tenta de s'opposer ; puis à propos de la loi sur les associations, qu'il combattit, en demandant seulement la suppression des biens de main-morte et la dissolution des congrégations qui ne se soumettraient pas aux lois existantes. Cette attitude indépendante lui valut d'être combattu, comme « radical dissident, » par les soutiens de la politique de défense républicaine. Il n'en fut pas moins attaqué de la façon la plus ardente par la coalition nationaliste, au renouvellement législatif d'avril-mai 1902, dans sa circonscription, ce qui rendit particulièrement vive la lutte électorale, à ce moment, dans cet arrondissement parisien.

Au premier tour de scrutin, M. Puech n'obtint que 5,528 voix, tandis que ses cinq concurrents en réunissaient 12,977 ; mais, au ballottage, l'union des républicains s'étant faite sur le nom du député sortant, celui-ci fut réélu par 10,288 suffrages contre 8,396 à M. Dausset, ancien président du Conseil municipal de Paris, nationaliste.

L'honorable député appartient au groupe radical-socialiste. Membre de la Commission d'assurance et de prévoyance sociales depuis 1898, il fait aussi partie de la Commission des Colonies et de celle de législation civile et criminelle, dont il a été nommé vice-président. Il a soutenu, depuis sa réélection, d'une façon générale, la politique du « bloc » républicain.

M. Louis Puech a prononcé, à Paris et en province, de nombreuses conférences sur des questions de politique républicaine. Publiciste apprécié, il a collaboré à la *Revue Municipale*, à l'*Eclair*, au *Rappel*, etc.

Le député de la Seine est le frère aîné de M. Denys Puech, le statuaire bien connu (1).

(1) Notice tome 1, page 331.

ROUSSEAU (Léon)

CHIRURGIEN, né à Egreville (Seine-et-Marne) le 21 novembre 1863. Il fit de brillantes études au lycée de Sens (Yonne), où il obtint le prix de l'Association des anciens élèves. Venu ensuite à Paris, il prit ses inscriptions à la Faculté de médecine. Externe, puis interne des hôpitaux (1890), successivement à Ivry, Tenon et Lariboisière, il obtint le doctorat, en 1893, avec une étude, nouvelle pour cette date, sur les *Urétérites et l'Urétérectomie*.

En 1899, M. le Dr Léon Rousseau est devenu chirurgien de l'hôpital Péan, à Paris, où il s'occupe de chirurgie générale et de gynécologie particulièrement. Praticien très estimé, il fait dans cet établissement un cours de clinique qui est suivi par de nombreux étudiants et médecins. Il est en outre médecin consultant, pour les maladies des femmes, de la direction des Postes et Télégraphes et médecin du ministère de l'Agriculture.

M. le Dr Léon Rousseau a publié diverses communications sur des points de chirurgie pratique, dans les revues spéciales et les bulletins des sociétés médicales auxquelles il appartient.

LANJUINAIS (Paul-Henri Comte de)

DÉPUTÉ, né à Paris le 24 juillet 1834. Il est le petit-fils du comte Jean-Denis de Lanjuinais qui fut président de la Convention, puis pair de France sous la Restauration (1753-1827), et le fils du comte Paul-Eugène, qui siégea aussi à la Chambre des pairs (1799-1827). Entré à l'Ecole de Saint-Cyr en 1852, il en sortit deux ans plus tard officier de cavalerie ; en 1863, il donna sa démission, étudia le droit et se fit recevoir licencié, en 1866, à la Faculté de Paris, sans se faire inscrire à aucun barreau.

A la déclaration de guerre, en 1870, M. de Lanjuinais reprit du service en qualité de capitaine d'état-major attaché à l'armée de Bretagne.

Maire de Bignau (Morbihan) depuis 1878, il fut élu, en 1882, conseiller général du canton de Saint-Jean-Brevalai, puis vice-président du Conseil général du Morbihan.

En 1881, il se fit élire député de la 1re circonscription de Pontivy, par 7,042 suffrages, contre 4,958 à M. Le Maguet, candidat républicain. Il fut réélu, en 1885, le 4e sur 8, par 60,316 voix sur 95,198 votants départementaux ; en 1889, dans son ancienne circonscription, par 7,832 voix, contre 4,617 à M. Fagot, candidat républicain, et en 1893, par 6,995 voix, contre 5,716 à M. Robo, également républicain. En 1898, il échoua, mais l'élection de son adversaire, M. Langlais, républicain, ayant été annulée, il regagna son siège l'année suivante, avec 8,137 suffrages. Son mandat a été confirmé en 1902, par 8,052 voix, contre 269 à M. Le Bouëdec, républicain.

Adversaire déclaré des institutions républicaines, le comte de Lanjuinais, dès sa première élection, se fit inscrire à la droite royaliste de la Chambre ; il n'a jamais quitté ce groupe, dont il fut élu vice-président en 1893. Dans les débats parlementaires, il est intervenu, notamment, contre l'enseignement obligatoire laïque et dans les questions agricoles, industrielles, militaires et les discussions des budgets annuels, pour préconiser une politique d'économie, s'opposer aux impôts sur le revenu et sur la rente.

Il a fait partie de diverses commissions, notamment de celles de la Marine et de l'Armée.

L'honorable député est président de la Société des Bibliophiles français ; il fait partie du Jockey-Club et du cercle de l'Union.

NICOLAÏDI (Jean)

MÉDECIN, chimiste, né à Calafat (Roumanie), de parents grecs, le 10 mars 1873 Il vint très jeune à Paris se faire inscrire à la Faculté de Médecine. Externe des hôpitaux en 1894, il concourrait pour l'internat lorsque survint la guerre gréco-turque en 1897. Parti alors dans son pays d'origine, avec l'ambulance organisée par le professeur Panas, M. Nicolaïdi y resta jusqu'à la fin des hostilités ; puis, à son retour à Paris, il termina ses études médicales. En 1900, il soutint une thèse intitulée : *Contribution à l'étude de l'acidité urinaire chez l'homme sain et chez le malade*, et fut reçu docteur.

Nommé, en 1901, médecin adjoint du dispensaire grec de Paris, le docteur Nicolaïdi a remplacé, l'année suivante, à son laboratoire, M. Joulie, le chimiste bien connu. S'intéressant spécialement aux questions de chimie biologique, d'urologie et de pathologie générale, il a publié sur ces matières des communications et articles documentés, qui lui ont rapidement acquis une certaine réputation. On cite, parmi ses travaux : *Sur la médication phosphorique*, leçon faite à l'hôpital Tenon ; *Conférence sur l'acidité urinaire*, faite à l'Institut Pasteur par M. Joulie et publiée par M. Nicolaïdi dans la *Revue de Chimie générale et appliquée* ; *Sur l'alimentation des herbivores par un produit nouveau, appelé Zool*, procédé scientifique permettant la solidification de l'acide phosphorique ; *Nouveau traitement des arthropathies du groupe hypoacide*, mémoire adressé à l'Académie de Médecine ; *Préparation et Coloration du système nerveux*, traduction de l'ouvrage allemand de B. Pollack, avec une préface du docteur Launois (1 vol.) ; les *Plaies articulaires par armes à feu*, observations recueillies pendant la campagne gréco-turque, etc.

GASQUET (Amédée-Louis-Ulysse)

PROFESSEUR, administrateur, écrivain, né à Clermont-Ferrand (Puy-de-Dôme) le 3 janvier 1852. Il fit ses études classiques d'abord au lycée de la ville natale, puis à Paris, au collège Sainte-Barbe et au lycée Louis-le-Grand. Entré, en 1870, à l'Ecole Normale supérieure, il se fit recevoir, en 1874, agrégé d'histoire et devint successivement professeur aux lycées de Moulins, de Pau et de Clermont-Ferrand.

Nommé, en 1880, professeur d'histoire à la Faculté des Lettres de cette dernière ville, M. Amédée Gasquet fut élu, en 1888, maire de Clermont, et ses concitoyens renouvelèrent ce mandat en 1892. En cette dernière qualité, il eut à surveiller et combattre les menées politiques du général Boulanger pendant son séjour à Clermont ; il a su, d'autre part, donner au chef-lieu du Puy-de-Dôme un développement important : il y a fait établir la première ligne de tramways électriques construite en France, élever un théâtre et des écoles, bâtir des quartiers nouveaux, améliorer le système d'alimentation d'eau et la voirie.

Nommé, en 1893, recteur de l'Université de Nancy, M. Gasquet en réorganisa les différentes branches, la Faculté de Médecine et celle des Sciences particulièrement. Il a été appelé, en 1902, à la direction de l'Enseignement primaire au ministère de l'Instruction publique et des Beaux-Arts, service dont les lois nouvelles sur les Congrégations enseignantes ont accru considérablement l'importance.

M. Gasquet est l'auteur d'ouvrages qui se font remarquer par un style brillant et une érudition toujours exacte. On cite de lui entr'autres : *De l'autorité impériale en matière religieuse à Byzance* (thèse de doctorat, 1879) ; *Géographie générale* (1 vol. 1880, 8e éd. 1901) ; *Géographie de la France*, tirée de la précédente (1 vol. 1882) ; *Précis des institu-*

tions politiques et sociales de l'ancienne France (2 vol. 1884) ; L'Empire byzantin et la Monarchie franque sous les Mérovingiens et les Carlovingiens (1 vol. 1888) ; Essai sur le culte et les mystères de Mithra (1 vol. 1900), etc. Il a, de plus, publié de nombreux articles dans la Revue des Deux-Mondes, la Revue Historique, etc.

M. Amédée Gasquet est officier de la Légion d'honneur et de l'Instruction publique.

SILVER (Charles)

Compositeur de musique, né à Paris le 16 avril 1868. Il fit ses études musicales au Conservatoire, dans les classes de MM. Dubois et Massenet. Après avoir obtenu le premier prix d'harmonie en 1889, il remporta, deux ans plus tard, le premier grand prix de Rome pour la composition, avec une cantate intitulée : l'Interdit, qui fut exécutée à l'Institut.

M. Charles Silver s'est fait connaître du grand public par des œuvres musicales toujours intéressantes et qui ont souvent reçu la consécration du succès. On doit mentionner de ce compositeur : l'Escarpolette, musique de scène pour la comédie de Laya (Théâtre d'Application) ; le Ballet de la Reine, suite ancienne, donnée pour la première fois à Rome devant la reine Marguerite d'Italie, à qui elle était dédiée ; Naïs, poème élégiaque pour soli et orchestre, paroles de Paul Collin, qui fut couronné par la Société des Compositeurs, et exécuté, à l'origine, salle Pleyel ; Ouverture de Bérénice, entendue pour la première fois aux Concerts Lamoureux ; Poème carnavalesque, suite symphonique, dont l'auteur dirigea l'exécution aux concerts de l'Opéra ; les Jardins du Paradis, musique de scène pour le conte tiré d'Andersen par Coolus et Athis ; le Conte du Bohémien, musique de scène pour cette œuvre de M. Jean Lorrain ; Rapsodie sicilienne, exécutée aux Concerts Lamoureux ; Tobie, mystère en quatre épisodes, de Paul Collin, donné au Nouveau Théâtre de Paris par l'orchestre et les chœurs du Conservatoire, sous la direction de MM. Taffanel et Marty, puis aux Concerts classiques de Marseille ; la Belle au bois dormant, opéra-féerie en 4 actes, représenté à Marseille en 1902 et annoncé au théâtre de la Monnaie de Bruxelles en 1903, etc.

Ce musicien est aussi l'auteur de nombreuses mélodies très estimées. Citons entr'autres : A Manon, aubade et sérénade ; Aux bords de l'eau ; Obstination ; Madrigal ; Nouvelle chanson ; Aubade, d'après Victor Hugo ; Chinoiserie ; les Rôdeurs de Nuits ; le Sonnet à ma Mie ; la Prière ; les Chansons écossaises de Leconte de Lisle ; Jeanne ; la Fille aux cheveux de lin ; l'Invitation au voyage ; Sur la route ; Celle qui passe ; l'Embarquement pour Cythère, de Jean Lorrain ; Au Bonhomme Noël, etc. Il a, en outre, composé des morceaux pour orchestre, parmi lesquels on doit mentionner : Danse orientale ; David et Bethsabée, scène lyrique de Coolus ; Cydalise, madrigal ; Ninon, opéra-comique en un acte ; Chez la Pâtissière, pantomime en un acte ; Elle va venir, mimodrame de Severin, etc.

On annonce encore du même auteur : Soir de Lune, mimodrame-ballet en deux actes ; le Clos, drame lyrique en quatre actes de Michel Carré, reçu à l'Opéra-Comique ; Myriane, drame lyrique en trois actes de Paul Ferrier ; Neigilde, ballet en deux actes de J. Lorrain ; Danses Ecossaises, suite pour orchestre d'après des thèmes populaires ; les Zingaris, suite symphonique.

M. Charles Silver est officier d'Académie.

BRÉJEAN-SILVER (Mme Georgette)

Artiste lyrique, née à Paris le 22 septembre 1871. Élève de M. Crosti au Conservatoire de Paris, elle y obtint le premier prix de solfège et le deuxième prix de chant.

Mlle Bréjean débuta, en 1890, au Grand Théâtre de Bordeaux, où elle créa, d'une façon brillante, Esclarmonde, Mme Chrysanthème, et interpréta Lucie de Lammermoor, Hamlet, les Huguenots, l'Étoile du Nord, Mireille, Thaïs, la Flûte enchantée, Don Juan, etc.

Le 17 septembre 1894, elle parut à l'Opéra-Comique de Paris, dans Manon ; elle y créa ensuite Ninon de Lenclos, Cendrillon et chanta brillamment les rôles de son emploi dans le répertoire. On a pu dire de son interprétation de Sapho « qu'au merveilleux instrument de chant dont la nature a doué l'artiste, s'est jointe l'intelligence de la comédienne, belle flamme qui anime tout, » et un critique l'a comparée à la Malibran.

L'excellente artiste a épousé M. Charles Silver en 1900 ; elle a été engagée au Théâtre de la Monnaie à Bruxelles en 1903 pour créer l'œuvre de son mari : la Belle au bois dormant.

Professeur de chant réputée, Mme Bréjean-Silver est officier d'Académie.

MOUGEOT (Léon-Paul-Gabriel)

Député, ministre, né à Montigny-le-Roy (Haute-Marne) le 10 novembre 1858. Ses études faites aux lycées de Chaumont et de Nancy et ses inscriptions de droit prises à Dijon, puis à Paris, il se fit admettre comme avocat au barreau de Langres en 1881.

M. Mougeot, devenu conseiller municipal de Langres en 1884, fut maire de 1888 à 1890 et il a présidé la Société d'Horticulture et de Viticulture de la Haute-Marne.

Candidat dans l'arrondissement de Langres, aux élections générales législatives de 1889, M. Mougeot échoua contre M. Dubreuil de Saint-Germain, royaliste ; mais, en 1893, au renouvellement général, il fut élu, dès le premier tour de scrutin, par 11,633 suffrages contre 9,875 à M. Arnal, rallié, et 938 à M. Magnier, socialiste. Il a été réélu, en 1898, par 11,293 voix, contre 8,466 à M. Cabasse, modéré ; et en 1902 par 12,783 voix, contre 8,951 à M. de Borrnat, conservateur.

Il a voté, à la Chambre, l'amendement Bourgeois relatif à la loi sur la presse, et s'est prononcé à la tribune en faveur des projets de loi sur le régime des boissons et sur les successions ; il intervint encore dans diverses discussions budgétaires et refusa, notamment, les crédits demandés pour l'expédition de Madagascar.

Membre de la Commission du Budget et d'autres commissions, il présenta, durant la législature 1893-98, le rapport sur la procédure devant les justices de paix, celui sur la loi concernant la vente et l'achat des animaux domestiques, qui fut votée en 1895, etc.

Membre, tout d'abord, de la Gauche progressiste, dont il fut également secrétaire et de l'Union progressiste, M. Mougeot, par la suite, orienta plus à gauche sa ligne politique. Il a été secrétaire de la Chambre de 1896 à 1898.

A la formation du cabinet Brisson (28 juin 1898), le député de Langres fut pourvu du sous-secrétariat des Postes et Télégraphes. Il conserva ces fonctions dans les ministères qui suivirent : Dupuy (3 novembre 1898) et Waldeck-Rousseau (22 juin 1899). En cette qualité, il a poursuivi l'établissement du réseau et abaissé le prix des communications téléphoniques ; il autorisa l'installation de boîtes particulières pour les levées postales à Paris, que le public appela aussitôt les « mougeottes » : mais cette innovation, peu goûtée, n'eut pas de suite.

A la constitution du cabinet Combes (7 juin 1902,) M. Mougeot passa du sous-secrétariat des Postes au ministère de l'Agriculture, où son action n'a été marquée jusqu'ici par aucune mesure à mentionner.

M. Mougeot est commandeur de l'ordre de Saint-Stanislas de Russie depuis 1895 et grand-croix de celui de Sainte-Anne (même pays) depuis 1901.

GUILLOT (Adolphe)

Écrivain, membre de l'Institut, magistrat, né à Paris le 25 avril 1836. Fils d'un officier distingué, neveu de l'intendant général Léon Guillot et du Dr Natalis Guillot, il fit ses études classiques et juridiques aux Facultés de Paris. Inscrit au barreau dès 1859, il fut secrétaire de MM. Templier, avocat à la Cour d'Appel, et Paul Fabre, avocat au Conseil d'Etat et à la Cour de Cassation ; il fut aussi choisi comme secrétaire de la Conférence des avocats.

Nommé, en 1864, substitut du procureur impérial à Vitry-le-François, M. Adolphe Guillot passa, au même titre, à Rambouillet (1865), puis à Troyes (1867) et devint, en 1872, procureur dans la même ville. Il fut appelé, l'année suivante, comme substitut à Paris. Devenu juge d'instruction en 1874, il conserva cette fonction jusqu'en 1900, époque à laquelle il prit sa retraite pour des raisons personnelles. Doyen des magistrats du Tribunal de la Seine depuis 1894, il est devenu vice-président honoraire à sa retraite.

Au cours de sa carrière, M. Adolphe Guillot a été chargé de l'instruction de nombreuses causes célèbres, parmi lesquelles on doit mentionner les affaires Godefroy, Pranzini, Marie-Bière, Barré et Lebiez, Gamahut, Prado, Danval, l'incendie de l'Opéra-Comique, etc.

M. Adolphe Guillot a attaché son nom à d'importants travaux sur l'organisation judiciaire, dans lesquels il a défendu avec force le principe de l'inamovibilité de la magistrature, l'indépendance du juge d'instruction, et réclamé la révision libérale du Code d'instruction criminelle Cette dernière réforme a été en partie accomplie par l'adjonction d'un avocat assistant les accusés pendant l'instruction des causes criminelles ou correctionnelles. S'attachant, d'autre part, à la protection de l'enfance coupable, il s'est consacré à cette cause, avec dévouement et persévérance, depuis longtemps. Ses efforts dans cette voie ont abouti à l'abandon de la procédure de flagrant délit pour les enfants, à la protection des filles mineures et à la création d'un comité de défense et d'action pour les condamnés libérés.

On doit à M. A. Guillot les ouvrages suivants : *Examen critique des principes de la réforme projetée du Code d'instruction criminelle* (1884) ; *Paris qui souffre*, histoire de la basse geôle du Chatelet et des morgues modernes dans leurs rapports avec les mœurs et les institutions, livre qui fut couronné par l'Académie française (1890) ; *Les prisons de Paris et les prisonniers*, étude également couronnée par l'Académie française (1891) ; *Observations pratiques en vue d'assurer la protection des enfants traduits en justice et programme du Comité de défense*, étude sociale (1891) ; *L'Enfant vagabond et l'Ecole de préservation* (1893) ; l'*Avenir de la Magistrature*, ouvrage d'une grande largeur de vues(1895) ; *L'Enfant devant la justice pénale* (1895) ; *Rapports sur l'action des Comités de défense de l'Enfance* (1891-1897) et divers rapports à l'Institut, notamment sur le prix Carnot.

Elu membre de l'Académie des Sciences morales et politiques (section de morale) en 1892, en remplacement de M. Baudrillard, M. Adolphe Guillot est chevalier de la Légion d'honneur.

BRICE (René-Joseph)

Député, financier, né à Rennes le 23 juin 1839. Il appartient à une vieille famille du département d'Ille-et-Vilaine. Ses études de droit terminées par l'obtention du doctorat en 1863, il se fit inscrire au barreau de la ville natale et plaida, dès lors, avec talent, des causes locales. Entré dans l'opposition libérale, il se présenta, en 1867, sans succès, aux élections pour le Conseil général dans le canton sud-ouest de Rennes et fut l'un des principaux rédacteurs de l'*Electeur républicain*, en 1869.

Après le 4 septembre 1870, le gouvernement de la Défense nationale le nomma sous-préfet de Redon, poste dont il se démit presque aussitôt.

Membre du Conseil municipal de Rennes, adjoint au maire de cette ville, M. René Brice fut élu, le 8 février 1871, représentant d'Ille-et-Vilaine à l'Assemblée nationale, par 102,540 voix sur 109,672 votants. La même année, il était nommé conseiller général du canton du Sel.

Dans cette assemblée, il se plaça au centre gauche, se montra favorable aux opinions modérées et prit la parole en diverses circonstances, notamment pour soutenir les projets de loi tendant à l'établissement de la Constitution de 1875.

Elu, en 1876, député de l'arrondissement de Redon, par 11,981 voix contre 5,836 à M. Delavigne, il siégea de nouveau au centre gauche et fut des 363. Réélu le 14 octobre 1877, par 12,345 contre 7,197 à M. Gérard, candidat officiel, M. René Brice devint, durant cette session, secrétaire de la Chambre et s'associa aux votes de la majorité républicaine. Il intervint notamment dans les questions économiques et budgétaires, s'éleva contre la constitution des Chemins de fer de l'Etat, contre l'élévation du timbre des effets de commerce, et fut rapporteur d'un projet de loi sur les chemins de fer d'intérêt local.

Porté, en 1885, sur la liste républicaine d'Ille-et-Vilaine et élu, avec 62,084 voix sur 125,294 votants, il se prononça encore contre le budget des Chemins de fer de l'Etat et s'occupa surtout des questions agricoles; il interpella, en 1886, à ce propos, le ministre de la Guerre, demandant l'exclusion des marchands étrangers pour la fourniture des fourrages militaires.

Aux élections de 1889, il échoua dans l'arrondissement de Redon, n'obtenant que 9,778 voix contre 11,272 à M. Barbotin, conservateur ; mais il retrouva un siège, en 1893, dans la 2ᵉ circonscription de Rennes, où il obtint 8,802 voix contre 6,274 à M. Caron, député sortant.

M. René Brice prit encore dans cette nouvelle législature une part active aux travaux de la Chambre. Protectionniste, il se prononça pour l'augmentation des droits sur les blés, parla contre l'emprunt à la Caisse des Dépôts et Consignations des sommes nécessaires pour l'expédition de Madagascar et fut rapporteur de projets de loi ayant pour but l'un de réprimer la fraude dans le commerce des beurres, l'autre d'établir un droit de douane sur les minerais de plomb étrangers et sur leurs dérivés à leur entrée en France.

Au renouvellement général de 1898, M. Brice fut réélu, dans la 2ᵉ circonscription de Rennes, au premier tour de scrutin, par 12,035 voix, sans concurrent et son mandat a été encore renouvelé en 1902, avec 13,534 suffrages, sans concurrent.

Inscrit au groupe progressiste, qui reçoit les inspirations de M. Méline, l'honorable député a soutenu la politique de cet homme d'Etat et combattu celle des ministères radicaux ou d'action républicaine. Il a, d'ailleurs, durant ces deux législatures, joué un rôle parlementaire beaucoup plus effacé que précédemment, n'intervenant plus que très rarement dans les discussions d'affaires et jamais dans les débats politiques. Il fait partie du groupe agricole et est l'un des plus anciens membres de la Chambre.

M. René Brice s'occupe d'affaires financières autant et plus peut-être que de politique. Censeur du Crédit Foncier, il est membre des conseils d'administration de plusieurs grandes compagnies, notamment des Chemins de fer de l'Ouest et du Crédit Lyonnais.

Gendre de l'académicien Camille Doucet, il est le beau-père de M. Paul Deschanel, ancien président de la Chambre, académicien lui-même.

Le député d'Ille-et-Vilaine est chevalier de la Légion d'honneur.

ISNARD (Marie-Zéphirin)

Érudit, historien, né à Digne (Basses-Alpes) le 5 août 1842. Ses études classiques accomplies, il vint à Paris suivre les cours de l'Ecole des Chartes de 1861 à 1863.

Sorti de cette école, M. Zéphirin Isnard fut nommé, en 1864, archiviste du département des Basses-Alpes, poste qu'il occupe depuis cette époque.

Choisi, en 1866, comme inspecteur des archives communales hospitalières des Basses-Alpes, il a opéré, en cette qualité, le classement et l'inventaire des documents antérieurs à 1790, épars dans les archives des Basses Alpes, travail de longue haleine et d'une haute érudition.

Membre du bureau d'administration du lycée de Digne depuis 1887, membre de la Société française d'Archéologie, de l'Académie d'Aix, secrétaire de la Société scientifique et littéraire des Basses-Alpes, M. Isnard s'est signalé à l'attention publique par la publication d'ouvrages documentés sur l'histoire du Sud-Est de la France. On cite surtout son *Inventaire sommaire des Archives des Basses-Alpes*, comprenant 2 volumes, l'un publié en 1892, l'autre annoncé ; et son *Livre des Privilèges de Manosque, cartulaire municipal latin-provençal (1169-1315)* (1894), qui a été honoré d'une souscription du ministère de l'Instruction publique et d'une mention honorable de l'Institut (1891).

Il a fait paraître, en outre, dans le *Bulletin de la Société scientifique et littéraire des Basses-Alpes*, qu'il dirige depuis 1883, et dans le *Bulletin historique et philologique du Comité des Travaux historiques*, des mémoires sur des sujets analogues. Citons : la *Tour de l'Horloge à Digne* (1890) ; la *Peste de Digne* (1891) ; *Corbières et ses Seigneurs* (1892) ; *Les Commandeurs et les Baillis de Manosque* (1894) ; le *Mystère des Trois Rois* (1896), etc.

M. Isnard est correspondant du ministère de l'Instruction Publique depuis 1884 et officier de l'Instruction publique depuis 1898.

BRUNARD (Jules)

Député, industriel, né à Cublize (Rhône) le 6 mai 1837. Fils d'un maître serrurier-mécanicien, il fit de simples études primaires dans son pays natal et au collège de Thizy (Rhône); puis il apprit l'état de son père. Il parcourut ensuite la France, travaillant le jour de son métier et achevant son instruction aux cours du soir, qu'il suivait assidûment.

Membre, puis président général de la Société « l'Union, » qui comprenait tous les corps de métiers du bâtiment, M. Brunard faisait, dans son milieu, de la propagande démocratique et il fut plusieurs fois inquiété à ce sujet par le gouvernement impérial.

Il fonda, de ses économies d'ouvrier, un petit atelier de serrurerie à Lyon, où sa réputation de patron expert lui valut une vive popularité et un rapide succès. Nommé conseiller prud'homme par la Chambre syndicale des Entrepreneurs du bâtiment, il acquit un rapide renom d'impartialité unanimement reconnue.

Elu conseiller municipal de Lyon et adjoint au maire pour le quartier de la Guillotière en 1896, M. Brunard se distingua dans cette fonction par son dévouement et sa philanthropie. Il créa le Denier des Ecoles de la Guillotière, dont il fut nommé président, et contribua puissamment à son succès. Membre de l'Œuvre des vacances scolaires à la Montagne et de diverses œuvres similaires, il est aussi président du Patronage des écoles secondaires des 3e et 6e arrondissements, ainsi qu'administrateur des hospices civils de Lyon.

Conseiller d'arrondissement du Rhône, M. Brunard, pendant longtemps, déclina les offres de candidatures législatives qui lui étaient faites par divers comités républicains de Lyon ; mais au renouvellement général de la Chambre en 1902, il céda cependant aux sollicitations de ses concitoyens, qui l'élurent député de la 3e circonscription de Lyon, par 6,564 voix contre 1,155 à M. Bonard, député sortant, socialiste nationaliste.

L'honorable député du Rhône est inscrit au groupe radical socialiste, au groupe de l'enseignement, à celui des revendications des ouvriers et employés des établissements industriels de l'Etat. Il fait également partie de la Commission de législation fiscale. Il a soutenu la politique du cabinet Combes, voté le projet de loi contre les congrégations et celui tendant à la séparation de l'Eglise et de l'Etat.

M. Jules Brunard est officier d'Académie.

GUILLAUME
(Jean-Baptiste-Claude-Eugène)

Statuaire, critique d'art, administrateur, membre de l'Institut, né à Montbard (Côte-d'Or) le 4 juillet 1822. Il fit ses classes au collège de Dijon, puis vint à Paris étudier le droit. Il suivit ensuite les leçons de Pradier à l'Ecole des Beaux-Arts, où il remporta le grand-prix de sculpture, en 1845, avec ce sujet : *Thésée trouvant sous un rocher l'épée de son père*. De Rome, il envoya : le *Démon de Socrate*, bas-relief ; une *Amazone*, copie de l'antique du Capitole ; le *Tombeau des Gracques* ; un *Faucheur*, et *Anacréon*, admis au Salon de 1852. Ces ouvrages reparurent à l'Exposition universelle de 1855, où l'on vit aussi du même auteur les *Hôtes d'Anacréon*, bas-relief, et le buste de *M. Hittorff*.

M. Guillaume exécuta, dans les années suivantes : la *Vie de Sainte-Clotilde* et la *Vie de Sainte-Valère*, bas-reliefs pour le chevet du chœur de la nouvelle église Sainte-Clotilde ; le *fronton* et les *cariatides* du pavillon Turgot ; la statue de *L'Hôpital*, au nouveau Louvre ; un œil-de-bœuf, l'*Art couronnant la Beauté*, œuvre des plus remarquables, qui orne ce même palais, et plusieurs statues pour la Bourse, la Préfecture et le Palais-de-Justice de Marseille.

Les principaux envois de cet artiste aux Salons annuels ont été les suivants : *Monument de Colbert*, obtenu au concours, pour la ville de Reims ; *Napoléon Ier*, statue marbre (1861), qui figura de nouveau à l'Exposition universelle de 1867, avec plusieurs autres représentant Napoléon à diverses époques de son existence ; *Bonaparte, lieutenant d'Infanterie*, statue marbre (1870) ; *Kaolali*, statue marbre ; *Mgr Darboy*, buste plâtre (1873), réexposé en marbre en 1875 avec un *Terme*, en plâtre ; *Tombeau d'une Romaine* (1876) ; *Mariage romain*, groupe en plâtre ; *Ingres*, buste en plâtre (1877) ; *Rameau*, statue en bronze, à Dijon ; *Orphée*, statue en bronze (1878) ; *M. Buloz*, buste en bronze (1879) ; *M. Thiers*, statue marbre, pour le musée de Versailles ; *Philippe le Bon, duc de Bourgogne* (1880) ; *Andromaque*, groupe marbre ; *Marc Seguin*, buste marbre (1881) ; *Castali*, statue marbre, placée au ministère de l'Instruction publique ; *Patin*, secrétaire perpétuel de l'Académie française (1883) ; *Monument à Duban*, pour l'Ecole des Beaux-Arts ; *Jean-Baptiste Dumas*, buste marbre (1884) ; *Paul de Saint-Victor*, buste marbre (1885) ; *Henri Germain* et *Portrait de mon père*, bustes marbre (1886) ; *Jules Ferry*, buste marbre (1887) ; le *Prince Napoléon*, buste marbre ; *Chevreul*, buste plâtre (1888) ; *Dom Pedro II*, empereur du Brésil, buste marbre (1889) ; *Perrin*, administrateur du Théâtre-Français, buste marbre (1890). Depuis cette date, il n'a plus rien envoyé aux Salons.

En 1866, M. Guillaume, très bien vu à la cour impériale, avait été chargé d'exécuter une *Statue équestre de Napoléon Ier*, destinée à la place du Carrousel, et dont l'achèvement fut empêché par les événements de 1870.

On doit encore à ce sculpteur : la statue de *Claude Bernard*, inaugurée devant l'entrée du Collège de France le 6 février 1886 ; les bustes de *Louis Bouilhet*, deux autres de *Jean-Baptiste Dumas* ; les statues de *Chevreul*, à Paris ; de *Philippe de Girard*, de *Pascal*, de *César Becquerel*, dans différentes villes ; de *Saint-Louis* au Palais-de-Justice ; de la *Force* à la Fontaine Saint-Michel ; des *Quatre docteurs de l'Eglise* à la Trinité de Paris ; *François Ier et sa sœur Marguerite*, groupe au Collège de France, etc.

Nommé professeur à l'Ecole des Beaux-Arts de Paris dès 1864, M. Eugène Guillaume fut choisi comme directeur de cette école le 27 décembre 1865, succédant à Robert Fleury ; il y organisa particulièrement la section d'architecture et y créa le diplôme d'architecte. Devenu, en 1872, inspecteur général de l'enseignement du dessin, il a assuré le développement progressif de cet art depuis l'école primaire jusqu'à l'Ecole polytechnique.

Le 27 mai 1878, il devenait directeur général des Beaux-Arts, en remplacement de M. de Chennevières ; il fonda le bureau de l'enseignement de l'Ecole et démissionna de ce poste l'année suivante. Membre du Conseil supérieur des Beaux-Arts (1879), il fut nommé, en 1882, professeur d'histoire de l'Art au Collège de France, à la chaire précédemment occupée par Charles Blanc.

En 1891, M. Guillaume fut choisi comme directeur de l'Académie nationale de France à Rome et à ce titre, il a présidé, à côté du ministre de l'Instruction publique, M. Chaumié, aux fêtes du centenaire données en 1903.

L'éminent sculpteur a publié, dans la *Revue des Deux-Mondes*, les Salons de 1879 à 1881 et 3 volumes de *Fragments sur les théories de l'art*. Il a collaboré au *Dictionnaire des Beaux-Arts*, fait paraître, en 1899, un volume : *Études sur l'Histoire de l'Art* et réuni ses discours en 2 volumes, parus la même année sous le titre : *Allocutions et Discours*.

Ce bagage littéraire lui a ouvert les portes de l'Académie française, où il a été admis en 1898. Depuis 1862, il faisait déjà partie de celle des Beaux-Arts, où il avait remplacé Petitot.

Après avoir obtenu une 2ᵉ médaille en 1852, une de première classe en 1855, M. Guillaume reçut des médailles d'honneur aux expositions universelles de 1867 et de 1878. A celles de 1889 et 1900, il fut membre du jury. Il est grand-croix de la Légion d'honneur depuis cette dernière année.

AMAGAT (Emile-Hilaire)

Physicien, membre de l'Institut, né à Saint-Satur (Cher) le 2 janvier 1841. Il fit, dans sa famille, de très complètes études classiques et scientifiques ; puis il vint à Paris et fut, en 1865-1866, préparateur de chimie organique au Collège de France. Il prit successivement les licences ès-sciences mathématiques et ès-sciences physiques, l'agrégation et le doctorat ès-sciences physiques.

Professeur de sciences au lycée cantonal de Fribourg (Suisse) de 1867 à 1872, M. Amagat, à son retour en France, fut nommé, en la même qualité, au lycée d'Alençon ; l'année suivante, il était envoyé à l'Ecole normale secondaire spéciale de Cluny, d'où il passa, en 1877, à la Faculté libre des Sciences de Lyon. En 1892, il fut appelé, comme répétiteur, à l'Ecole Polytechnique, où il est devenu examinateur d'entrée en 1897.

Correspondant de l'Académie des Sciences depuis 1890, il a été élu membre titulaire en 1902, au fauteuil d'Alfred Cornu. Il est, en outre, membre de la Société royale de Londres, membre honoraire de celle d'Edimbourg, membre étranger de la Société hollandaise des Sciences de Harlem, etc.

M. Amagat s'est signalé à l'attention du monde savant par ses recherches sur la statique des fluides, la compressibilité et la dilatabilité des gaz et des liquides, l'élasticité des solides, les lois des chaleurs spécifiques, le point critique, les états correspondants, les changements d'état, etc. Ses travaux ont été publiés en un certain nombre de mémoires, dans les *Annales de Physique et de Chimie*, le *Journal de Physique*, les *Comptes-rendus de l'Académie des Sciences*, ceux de la *Société française de Physique* et dans diverses publications étrangères.

Lauréat de l'Institut (prix Lacaze de physique), M. Amagat est chevalier de la Légion d'honneur.

DUPUY (Jean)

Sénateur, journaliste, ancien ministre, né à Saint-Palais (Gironde) le 1ᵉʳ octobre 1844. Il étudia le droit à la faculté de Paris et fut nommé sous-préfet par le gouvernement de la Défense nationale en 1870 ; mais il ne put se rendre à son poste, Paris étant déjà investi. Il acheta, en 1872, une étude d'officier ministériel près le Tribunal civil de la Seine, qu'il conserva jusqu'en 1882.

M. Jean Dupuy s'occupa ensuite de journalisme. Choisi, en 1886, comme directeur du *Siècle*, à la suite d'un rapport d'Hippolyte Carnot, président du Conseil d'administration, il quitta ce journal, en 1888, pour prendre la direction du *Petit Parisien*, dont il présidait déjà le Conseil de surveillance depuis 1879. Sous son impulsion, cette feuille populaire, de nuance républicaine radicale, a atteint un développement considérable. Elle arrive à un tirage quotidien de plus de onze cent mille exemplaires, le plus fort des organes politiques du monde entier.

Après avoir refusé, à plusieurs reprises, dans la Gironde et les Hautes-Pyrénées, la candidature à la députation, M. Jean Dupuy fut élu, le 4 janvier 1891, sénateur des Hautes-Pyrénées, au premier tour de scrutin, par 401 voix sur 697 votants. Son mandat a été confirmé, au renouvellement de 1900, par 552 suffrages sur 689 exprimés.

Au Luxembourg, l'honorable sénateur fait partie de l'Union républicaine. Il a pris une large part aux travaux du Sénat : membre de la Commission des Finances, il a été rapporteur du code de justice militaire pour la Marine (1892), du budget de l'Algérie, en 1895 ; de la Commission de l'Algérie, de celle pour la réforme du régime des officiers ministériels (1896) ; du budget de la Justice et des Cultes (même année) ; du budget de l'Agriculture, de la Commission de la réforme de l'instruction judiciaire (1897).etc.

Ni protectionniste, ni libre-échangiste absolu, il s'est affirmé cependant comme partisan des traités de commerce dans la plus large mesure possible.

M. Jean Dupuy a été ministre de l'Agriculture dans le cabinet Waldeck-Rousseau (22 juin 1899 au 11 juin

1902). Dans cette période, il organisa définitivement le crédit agricole et, par son action personnelle, obtint la création de nombreuses caisses régionales de crédit. C'est aussi à lui qu'est due l'ouverture de l'Office de renseignements agricoles, appelé à rendre d'utiles services aux cultivateurs ; son nom, d'autre part, restera attaché au développement de l'usage de l'alcool industriel, produit national capable de remplacer, dans bien des cas, le pétrole étranger, ce qui fournirait à la viticulture et à la culture de la betterave un débouché important.

Il avait abandonné, à son arrivée au ministère, la direction du *Petit Parisien*, qu'il reprit en 1902.

Membre du Syndicat de la Presse Parisienne, M. Jean Dupuy fut appelé à la présidence du Syndicat et du Comité général des Associations de la Presse en 1898. Confirmé dans ce mandat en 1899, il dut en démissionner peu après, quand il devint ministre; mais le Comité du Syndicat, composé de la plupart des directeurs des journaux de Paris, ayant décidé de ne pas le remplacer jusqu'à ce que la cause d'incompatibilité eût cessé, M. Jean Dupuy reprit, en juin 1902, la présidence du Syndicat de la Presse Parisienne.

Ancien président de la Commission supérieure de l'Exposition universelle de 1900, M. Jean Dupuy est membre des Comités supérieurs de l'Agriculture et des Haras.

DUPUY (Pierre)

DÉPUTÉ, fils du précédent, né à Paris le 21 juin 1876. Après avoir fait ses études classiques au lycée Condorcet, il étudia le droit, fut reçu licencié, puis docteur, et inscrit, en 1898, au barreau de la Cour d'appel de Paris. En même temps, il s'occupait du *Petit Parisien*, et bientôt son père se l'adjoignit dans la conduite de cet organe, avec le titre de directeur-adjoint.

Ancien élève de l'Ecole des Sciences politiques, il fut secrétaire particulier du ministère de l'Agriculture de 1899 à 1902.

Au renouvellement général législatif de 1902, M. Pierre Dupuy posa sa candidature dans l'arrondissement de Blaye (Gironde) et fut élu, au premier tour de scrutin, le 27 avril, par 7,494 voix, contre 7,015 à deux autres candidats.

Il remplaçait, à la Chambre, M. Théophile Goujon, décédé quelques jours avant le scrutin. Inscrit au groupe de l'Union démocratique, il vote, le plus souvent, avec la majorité qui soutient la politique d'action républicaine. Il était, au moment de son élection, le plus jeune député de la Chambre française.

GARRIGUES (Jean-François-Albert)

MÉDECIN, publiciste et conférencier, né à Toulouse (Haute-Garonne) le 1ᵉʳ janvier 1874. Après avoir fait ses études classiques au lycée de Toulouse, où il obtint la médaille d'or des anciens élèves, il vint à Paris prendre ses inscriptions médicales. Externe des hôpitaux, puis interne de l'hôpital Saint-Joseph (1898), il fut reçu docteur de la Faculté de Paris en 1900.

L'année suivante, il devenait médecin-adjoint de l'Hôpital Péan, auquel il est resté attaché depuis lors. Chargé un instant de l'Assistance médicale au XIIᵉ arrondissement, il quitta ces fonctions pour celles d'administrateur du Bureau de bienfaisance du même arrondissement et de délégué cantonal. Médecin en chef de la Compagnie d'assurances sur la vie « le Sauveur », il est aussi médecin d'autres compagnies d'assurances contre les accidents, de plusieurs syndicats ouvriers, de mutualités, de « l'OEuvre de la tuberculose humaine, » etc.

Outre un important ouvrage intitulé : *Syncope et Asphyxie locale, Gangrène dite de Raynaud, Sclérodermie*, le docteur Garrigues a publié un grand nombre d'études et des articles de vulgarisation scientifique dans l'*Avenir* de Foix, la *Vérité* de Toulouse, la *Revue encyclopédique Larousse*, le *Voltaire* de Paris, le *Peuple* de Bruxelles, etc. Parmi les communications qu'il a faites à divers congrès, on cite surtout celle sur la *Lithiase biliaire dans ses rapports avec les assurances sur la vie*, important mémoire présenté au troisième Congrès international des médecins de Compagnies d'assurances, congrès à l'organisation duquel il a contribué (1903).

Le Dʳ Garrigues a donné de nombreuses conférences dans tous les milieux populaires, en province ou à Paris, et plus particulièrement à l'Association polytechnique, à la Coopération des idées, à la Société des Hospitaliers sauveteurs, etc. ; il traite des sujets de médecine pratique et d'hygiène, par exemple : les *premiers secours aux malades*, les *causes et remèdes de la tuberculose*, la *syphilis*, la *photothérapie*, l'*alcoolisme*, etc.

Ses travaux scientifiques et ses conférences de vulgarisation ont fait très-rapidement connaître son nom au grand public. Quelques-unes de ses publications sont signées du pseudonyme « Docteur Graigurse ».

Membre du Syndicat des Médecins de la Seine, M. le Dr Garrigues fait aussi partie de l'Académie aéronautique de France et du Syndicat de la Critique parisienne. Orientaliste distingué, il a été secrétaire de la Société d'Ethnographie.

CALLON (Georges-Julien-Charles)

Compositeur de musique, écrivain, né à Paris le 26 juillet 1860. Il appartient à une famille d'industriels, originaire d'Angleterre. Son grand-père vint établir en France (en Normandie) le tissage mécanique du velours; son père, ingénieur distingué, fut professeur à l'Ecole Centrale des Arts et Manufactures et vice-président du Conseil municipal de Paris. Du côté maternel, il est le petit-neveu de l'astronome Charles Messier, dont une rue de Paris porte le nom et qui fut astronome de la Marine sous Louis xv et Louis xvi. Son frère, Pierre-Joseph-Edouard Callon, né en 1849, décédé en 1900, fut un poète de grand mérite.

Ses études classiques faites au lycée Charlemagne et après s'être préparé d'abord à l'Ecole Centrale, M. Charles Callon s'adonna à la musique. Elève de MM. Massenet et de plusieurs autres professeurs, il s'est fait connaître du public par des mélodies et des morceaux divers qui obtinrent un succès rapide, grâce à sa musique à la fois savante et très personnelle d'inspiration.

On cite notamment de lui les œuvres suivantes : *Barcarolle*, les *Fleurs de la vie* et *Mirage*, d'après Guinand ; *Fol Capitaine* et *Manfreda*, d'après Edouard Callon, frère de l'auteur ; *Jacotte*, paroles et musique de lui-même ; *Fauvettes*, adaptation musicale d'après Guinand, interprétée maintes fois par Mme Dupont-Vernon ; *Ave Maria*; *Rondel et Solitude*, d'après Paul Collin ; *Soir d'Eté*, d'après un sonnet de M. Lihou ; *Querida*, valse lente pour piano, éditée dans le numéro de Noël de l'*Illustration* de 1887 ; *A l'absente*, etc. On lui doit, en outre, d'abord une suite de « lieder » tirés de la *Vie Inquiète*, impressions de voyage de M. Paul Bourget, ainsi que les *Poèmes de la mer* de M. Jean Richepin ; puis *Fidélité*, scène symphonique pour soli, chœurs et orchestre, tirée d'un poème remarquable de son frère Edouard.

M. Charles Callon est aussi un écrivain distingué ; il a donné une collaboration suivie et fort appréciée au *Courrier musical*, au *Monde musical*, au *Monde diplomatique*, au *Journal des Artistes*, à la *Revue des Beaux-Arts*, etc.

Ténor fort bien doué, il a interprété lui-même nombre d'œuvres classiques ou nouvelles dans les réunions mondaines et à la Société des Enfants d'Apollon, société qu'il présida en 1902 et pour laquelle il a écrit des articles sur Le Sueur, Fr. Halévy, Gustave Chatenet, etc., anciens membres de ce groupement artistique.

Secrétaire général de la Société des Concerts de chant classique depuis 1887, membre du Comité et vice-président de la Société des Artistes musiciens, après en avoir été secrétaire depuis 1890; membre du Comité de la Société chorale d'Amateurs depuis 1885, de la Société symphonique « la Tarentelle », de la Société de musique nouvelle, il fait aussi partie de la Société des Monuments parisiens, qui l'a choisi comme membre de la Commission de sauvegarde des monuments français.

M. Charles Callon est officier d'Académie.

BIONCOURT (Alexandre-Auguste de)

Administrateur et philanthrope, né à Moscou (Russie) le 5 mai 1863, demeurant en France. Il appartient à une famille d'origine française, qui a fourni des magistrats éminents, tant dans le Pas-de-Calais qu'en Lorraine où elle se fixa au xviie siècle, notamment J.-B.-Louis de Bioncourt qui, en 1779, fut récompensé par la ville de Metz d'une médaille d'or pour avoir rendu la rivière de la Seille navigable. Son grand-père émigra en Russie vers 1803, s'y fixa et prit la nationalité russe.

Ses études classiques accomplies à l'Université de Moscou, où il obtint le doctorat ès-lettres, M. Alexandre de Bioncourt, en 1887, fut nommé à l'élection juge de paix honoraire. Il est en même temps directeur des importantes papeteries W. Howard et Cie, situées près de Kalouga (Russie) et, à ce titre, il a obtenu un grand prix à l'Exposition universelle de 1900 à Paris.

Nommé, la même année, membre de la Commission de révision de la loi sur la chasse en Russie, il a présenté, en cette qualité, aux ministères des Finances et de l'Intérieur russes un intéressant rapport sur le tarif douanier des armes à feu et des armes blanches. Il avait été chargé, l'année précédente, par le ministère de la Guerre d'un rapport sur la question des tirs nationaux en France, en Allemagne et en Suisse. Son ouvrage sur cette question, seule publication de ce genre parue en langue slave, sert de base à l'organisation des tirs centonaux en Russie, en Sibérie et au Caucase, et par extension en Bulgarie et en Roumanie, où rien de semblable n'existe encore.

En 1902, M. A. de Bioncourt a été nommé délégué de l'Assistance publique russe aux Congrès de bienfaisance en Europe et chargé par le ministère de l'Intérieur russe des rapports sur les asiles de nuit, les maisons de travail et les œuvres d'assistance en général de la France.

Membre du Conseil d'Administration de la Société de bienfaisance de la colonie russe à Paris, membre honoraire de plusieurs autres sociétés philanthropiques en Russie, M. A. de Bioncourt est commandeur de Sainte-Anne de Russie, de Danilo 1er de Monténégro, grand-croix de Saint-Grégoire-le-Grand et chevalier de la Légion d'honneur.

DRUARD (Hippolyte)

Avocat, écrivain, administrateur, né à Oyonnax (Ain) le 4 novembre 1850. Fils d'un ancien maire de cette ville, qui fut victime du Coup d'État de 1851, il fit ses études de droit à la Faculté de Dijon. Inscrit ensuite au barreau de Chalon-sur-Saône, il collabora, dans le même temps, à différents journaux républicains, entr'autres à l'*Abeille du Bugey* et au *Progrès de Saône-et-Loire*, pour lequel il défendit, en 1876, plusieurs colporteurs, dont il obtint l'acquittement.

Entré dans l'administration en 1877, comme sous-préfet de la Tour-du-Pin (Isère), M. Hippolyte Druard devint, en 1881, sous-préfet de Dreux (Eure-et-Loir), puis secrétaire-général de la préfecture de la Côte-d'Or en 1883.

Mis en disponibilité, l'année suivante, par le cabinet Ferry-Waldeck-Rousseau, il fut porté, lors des élections législatives de 1885, sur la liste du congrès républicain du département de l'Isère, obtint plus de 25,000 voix, mais ne fut pas élu.

Rappelé à l'activité par le cabinet Sarrien, en 1886, comme secrétaire-général de la préfecture de l'Eure, M. Druard fût nommé à la même fonction dans le département de la Loire, en 1888 ; mais, sur sa demande, il fut maintenu à Evreux. Devenu, en 1889, sous-préfet de Pontoise (Seine-et-Oise), il alla, en 1894, en la même qualité à Meaux.

Promu, en 1895, préfet du Lot, il passa au même titre, l'année suivante, dans la Nièvre (13 octobre), poste qu'il n'accepta pas, pour des raisons personnelles. Il fut ensuite nommé préfet de l'Allier (16 octobre 1896).

En 1898, après la chute du cabinet Méline, M. Druard, compris dans le mouvement administratif qui priva de leurs fonctions onze préfets, fut mis de nouveau en disponibilité par M. Henri Brisson, ministre de l'Intérieur, à la demande du parti socialiste, qu'il avait combattu dans le département de l'Allier. Poursuivi même pour un délit électoral, commis par un inconnu, il fut acquitté par la Cour d'appel de Riom, en 1899.

Candidat républicain au Conseil général de l'Ain, pour le canton d'Oyonnax, en 1901, M. Druard obtint, au deuxième tour de scrutin, 1,183 voix, contre 1,275 à l'élu, M. Allombert, député. M. Druard ayant protesté contre la validité de cette élection, la Cour d'appel de Lyon, par un arrêt du 8 janvier 1902, condamna un scrutateur de la commune d'Echallon pour fraude électorale, et le Conseil d'Etat, par décision du 26 janvier 1903, annula les opérations électorales.

M. Druard, après cette élection, avait assigné, devant le tribunal correctionnel de Bourg, le gérant et les rédacteurs de l'*Eclaireur socialiste de l'Ain*, pour injures publiques et diffamation ; il impliqua, dans cette poursuite, l'imprimeur. Le tribunal de Bourg, le 3 décembre 1902, condamna les prévenus, y compris l'imprimeur, et le jugement fut confirmé, le 11 mars 1903, par arrêt de la Cour de Lyon. Le 9 mai suivant, la Cour de Cassation, statuant pour la première fois sur un cas de ce genre, rejeta le pourvoi purement et simplement, fixant, par cet arrêt, la jurisprudence sur la responsabilité de l'imprimeur dans les délits de presse, jusque-là incertaine.

M. Hippolyte Druard, dont le talent de plume est apprécié, a collaboré à de nombreux journaux et revues de Paris ou des départements. Il a fait paraître en librairie plusieurs brochures politiques ou juridiques, notamment : *Les causes des progrès des bonapartistes et les moyens de les entraver* (1875) ; *Le colportage des journaux sur la voie publique* (1876) ; *Une page du Coup d'Etat du 2 décembre 1851 dans l'Ain* (1886), etc.

Il a épousé, en 1880, la fille aînée de M. Edouard Marion, alors député de l'Isère. Depuis sa retraite, il s'occupe, dans l'Ain, d'agronomie.

M. Druard est officier de l'Instruction publique depuis 1889 et titulaire d'une médaille d'honneur, décernée pour sa conduite courageuse lors d'une épidémie de typhus, qui sévit dans l'arrondissement de Pontoise en 1893.

ANDRIEUX (Louis), homme politique, avocat et publiciste, né à Trévoux le 20 juillet 1840. Il fit son droit à Paris, tout en collaborant à diverses feuilles démocratiques du quartier latin. Inscrit ensuite au barreau de Lyon, il se fit remarquer en plaidant de nombreux procès politiques et par son zèle pour l'organisation des réunions publiques dans la région; en juin 1870, le jeune orateur fut condamné à trois mois de prison pour outrages contre Napoléon III.

Nommé procureur de la République à Lyon au 4 septembre de la même année, M. Andrieux, après le meurtre du commandant Arnaud, conduisit l'enquête sur cette affaire et son attitude fut critiquée dans une interpellation à la Chambre adressée au ministre de la Justice Dufaure (30 mai 1872). M. Andrieux démissionna peu de temps avant l'arrivée de M. de Broglie au ministère, le 24 mai 1873. Reprenant sa place au barreau de Lyon, il eut à soutenir, contre le préfet du gouvernement, les affaires de la Permanence, Bouvier, etc. ; il écrivit au ministre de l'Intérieur, M. Buffet, une lettre fameuse sur les effets des mesures prises par son administration.

Elu membre du Conseil municipal de Lyon et du Conseil général du Rhône en 1875, M. Andrieux fut, comme radical, nommé député de la 4ᵉ circonscription de Lyon, le 20 février 1876, par 10,445 voix contre 4,085 à M. Rapet, conservateur. Il prit place, à la Chambre, dans le groupe de l'Union républicaine et déposa, entr'autres propositions, celle tendant à supprimer le résumé du président prescrit par l'article 336 du Code d'instruction criminelle (1877).

Réélu, après le 16 mai 1877, comme l'un des 363, par 10,304 suffrages contre 8,224 à M. Fenoyl, monarchiste, il se battit au pistolet, à la suite d'une altercation à la Chambre, contre M. Paul de Cassagnac (12 mars 1878). Chargé du rapport sur le projet d'amnistie en faveur des condamnés de la Commune de 1871, il soutint l'amnistie partielle seulement (1879).

Nommé préfet de police la même année, le député du Rhône dut se démettre de son mandat législatif et se représenter devant ses électeurs, qui le lui rendirent.

Son administration ne tarda pas à se trouver en désaccord avec le Conseil municipal de Paris. Après un premier vote de blâme (25 novembre 1879), cette assemblée déclara rompues toutes relations avec le préfet de police ; une arrestation illégale, survenue peu de temps après, donna lieu, devant la Chambre, à une demande d'autorisation de poursuites qui fut repoussée (18 juillet 1881). M. Andrieux qui, de son côté, réclamait l'autorisation d'être poursuivi, avait, d'ailleurs, donné, deux jours avant, sa démission de préfet de police. Il s'était fait remarquer, en 1880, par le zèle qu'il avait apporté dans l'exécution des décrets contre les congrégations religieuses.

Réélu député, le 21 avril 1881, dans la 5ᵉ circonscription de Lyon, par 8,900 voix contre 635, et choisi comme rapporteur de la commission chargée d'examiner le projet de Gambetta, relatif à la revision des lois constitutionnelles, où se trouvait inscrit le principe du scrutin de liste, M. Andrieux conclut à son rejet et le fit repousser par un vote qui renversa le « grand ministère ». Nommé par M. de Freycinet, en 1882, ambassadeur de France à Madrid, à titre temporaire, il ne conserva pas ce poste et vint reprendre son siège au Parlement la même année. Il y déposa, notamment, une proposition de revision de la Constitution, tendant à substituer la responsabilité du président de la République à celle des ministres et à prendre ceux-ci en dehors des Chambres ; il se rallia ensuite à celle de M. Barodet.

Le député du Rhône combattit avec acharnement le cabinet Ferry. Dans le même temps, après avoir publié dans un journal du soir des lettres anti-opportunistes très commentées, il fondait la *Ligue*, feuille dans laquelle parurent ses *Souvenirs d'un ancien Préfet de police*, réunis plus tard en volume, et où se firent jour maintes indiscrétions ; il y fit aussi le récit de son admission dans la franc-maçonnerie, ce qui le fit radier de la loge du *Parfait silence*, de Lyon.

Candidat à une élection sénatoriale partielle dans le Rhône, le 4 octobre 1885, il n'obtint, sur 735 votants, que 16 voix. Aussi, ne pouvant espérer la confirmation de son mandat à Lyon, il posa sa candidature, lors du renouvellement général législatif de 1885, dans le département des Basses-Alpes. Elu, avec sa liste, au 2ᵉ tour de scrutin, par 16,757 suffrages sur 26,698 exprimés, il s'éleva, à la Chambre, contre la politique du ministère Brisson, et se rapprocha un peu des boulangistes, avec lesquels il demandait la revision ; mais il ne fit pas partie du « Comité national ».

En 1889, en vue des élections législatives, faites de nouveau au scrutin uninominal, M. Andrieux se rendit acquéreur de la *Petite République française*, où il poursuivit une campagne violente contre le ministère Floquet. Candidat dans la 2ᵉ circonscription du IXᵉ arrondissement de Paris, il échoua, au 2ᵉ tour de scrutin, avec 4,882 voix contre 6,177 à M. Georges Berger.

A la mort de son ami, M. Amagat, député de Saint-Flour (Cantal), M. Andrieux sollicita son siège ; mais les électeurs de cet arrondissement lui préférèrent d'abord M. Mary Reynaud, que des condamnations judiciaires rendaient inéligible, puis ils nommèrent, le 4 janvier 1890, M. Bory.

Inscrit au barreau de Paris depuis cette époque, l'ancien député a plaidé quelques procès politiques retentissants : Numa Gilly contre le Conseil de préfecture du Gard, Laur contre Constans, Rochefort contre Quesnay de Beaurepaire, l'affaire dite des 104 (procès Martin), du *Journal* et de la Compagnie transatlantique contre les armateurs marseillais, du *Petit Provençal* et de la *Libre Parole* contre Félix Martin, etc.

Candidat, aux élections législatives de 1893, dans le VIIe arrondissement de Paris, M. Andrieux n'obtint qu'une faible minorité au premier tour de scrutin et se retira de la lutte avant le ballottage.

Dans l'affaire de Panama, il remit, de son propre mouvement, à la première commission d'enquête parlementaire, la liste des chèques distribués directement par le baron de Reinach, liste qui se terminait par une déclaration portant qu'une somme de 1,350,000 francs avait été distribuée entre 104 députés ; ce fut là, semble-t-il, l'origine de la légende des 104. Pressé par la presse, M. Andrieux se rendit à Buda-Pest, puis à Londres, pour offrir à Arton, a-t-il déclaré, de lui acheter ses papiers ; puis, devant son refus, il proposa au gouvernement de le faire arrêter (1894). Cette proposition n'eut pas de suite sur le moment et l'ancien agent de la Compagnie de Panama ne fut arrêté que deux ans plus tard.

Au renouvellement législatif de 1898, M. Andrieux, candidat dans l'arrondissement de Digne, échoua, après deux tours de scrutin, avec 4,661 voix contre 6,075 à M. Roux, élu. Il en fut de même aux élections générales de 1902, où il se présenta dans la 1re circonscription du XVIe arrondissement de Paris et se retira après le premier tour.

Il fut encore candidat dans les Basses-Alpes, au renouvellement sénatorial du 4 janvier 1903. Elu, au 2e tour de scrutin, par 211 voix sur 415 votants, il vit son élection annulée par le Sénat et il n'obtint, lorsqu'il se représenta devant le même collège électoral, le 15 février suivant, que 184 suffrages sur 402 exprimés.

Outre ses *Souvenirs d'un Préfet de police* et de nombreux articles de journaux, M. Andrieux a publié en librairie un volume : la *Revision* (1883).

Il est chevalier de la Légion d'honneur depuis 1882.

BODIN (Paul)

INGÉNIEUR et professeur, né à Saumur (Maine-et-Loire) le 20 septembre 1849. Fils d'un inspecteur diocésain, architecte-archéologue renommé ; petit-neveu de l'historien Félix Bodin, dont Thiers fut le secrétaire, il fit à Albi (Tarn) ses études classiques et, en 1868, entra à l'Ecole centrale des Arts et Manufactures, à Paris.

Pendant la guerre franco-allemande de 1870-71, il combattit en qualité de lieutenant au 7e corps des mobiles du Tarn, qui participa activement aux engagements sous Paris.

Sorti de l'Ecole centrale en 1871, avec le diplôme d'ingénieur, M. Bodin entra, presque immédiatement, à la Société de Construction des Batignolles, importante compagnie industrielle, de laquelle il est devenu à la fois l'ingénieur en chef des constructions métalliques et administrateur.

En 1892, il fut nommé professeur à l'Ecole centrale des Arts et Manufactures et, en 1896, il entra au Conseil de cette école.

M. Paul Bodin a pris une large part aux grands travaux exécutés en France et à l'étranger par la Société des Batignolles. En première ligne, parmi ses ouvrages, on doit mentionner le célèbre viaduc du Viaur (Tarn-Aveyron), le plus grand pont en arc du monde entier — 220 mètres d'ouverture, — où fut appliqué pour la première fois le système de « fermes en arcs équilibrées par encorbellements ou culasses », dont M. Bodin a eu la première idée. Ce travail gigantesque, qui fait l'admiration de tout le monde scientifique, créa une rapide popularité à son auteur dans toute la France méridionale et le fit décorer.

En octobre 1902, M. Maruéjouls, ministre des travaux publics, inaugurant le viaduc du Viaur, glorifia publiquement l'œuvre. Comparant au pont du Forth (Ecosse), il s'exprima en ces termes :

Combien l'esthétique en est supérieure, dit-il, la conception plus noble, l'exécution plus artistique, le système plus ingénieux, avec ce réseau inextricable à l'œil, cette dentelle aérienne par laquelle la force se résout en beauté. Le génie de notre race, fait de clarté, de simplicité, d'élégance, se révèle tout entier dans cette merveille, qu'on se plaît à proclamer unique encore en Europe. La conception première et la réalisation de l'ouvrage appartiennent à l'ingénieur très distingué de la Société des Batignolles, M. Bodin, professeur à l'Ecole Centrale, qu'a très justement décoré sur le chantier même, le jour de la pose de la première pierre, un de mes prédécesseurs. Cette récompense est peu de chose à côté de celles que lui décernent l'administration et la reconnaissance publiques et que ratifieront les générations à venir. (*Officiel*, 11 octobre 1902).

A cette œuvre, on doit ajouter d'autres travaux nombreux et importants, tels que le pont Troïtsky, sur la Néva, à Saint-Pétersbourg, dont Félix Faure posa la première pierre en 1897, et qui est une nouvelle application du système dû à M. Bodin.

En 1903, M. Paul Bodin, élu président de la Société des Ingénieurs civils de France, exposa, à sa séance de réception, en un magistral discours, ses remarquables méthodes personnelles de calcul des ponts métalliques.

M. Paul Bodin, qui compte parmi les sommités scientifiques de l'heure actuelle, a recueilli, en diverses circonstances, de nombreuses récompenses, notamment des médailles d'or aux expositions universelles de 1889 et 1900. Membre des comités d'admission et d'organisation à cette dernière exposition, membre de l'Association internationale des méthodes d'essai des matériaux, du Comité supérieur de rédaction du *Génie civil*, etc., il a été choisi, en 1903, comme membre du Conseil d'administration du Conservatoire national des Arts et Métiers et du Comité technique de l'Exposition de l'habitation. Président d'honneur du deuxième Congrès international d'automobilisme, il fait partie de plusieurs sociétés savantes.

Cet ingénieur éminent est chevalier de la Légion d'honneur, officier d'Académie, chevalier du Christ de Portugal, officier de l'ordre du Cambodge, etc.

MARIN (Eugène)

Ingénieur, inventeur né à Berteaucourt (Aisne) le 29 juillet 1859. Après avoir fait ses études à l'École des Arts et Métiers de Châlons (1875-1878), il fut admis à l'École des Ponts et Chaussées, mais n'y entra pas. Employé à la Compagnie des Chemins de fer de l'Est, il y occupa bientôt une situation importante. Il fut chargé notamment des projets de construction des voies ferrées de Wassy à Doulevant, de Jessains à Eclaron, de Vouziers à Revigny et Saint-Dizier, de Saint-Florentin à Troyes ; il s'occupa aussi d'études techniques relatives aux améliorations des chemins de fer en général et particulièrement de la ligne de Vincennes-Paris, à laquelle il est attaché depuis 1888.

En 1894, M. Eugène Marin inventa un système d'avertisseur mécanique, à la fois optique, acoustique et enregistreur, d'une simplicité réellement pratique. Cet appareil, capable de s'appliquer à tous les disques et à toutes les machines, peut, non-seulement éviter les collisions toujours si redoutables, mais aussi servir de contrôle pour l'observation des signaux par les mécaniciens. Après avoir été soumis à des expériences concluantes du Comité technique des Chemins de fer, il a été employé avec succès sur les réseaux de l'État, de l'Est, de l'Ouest et d'Orléans. Il a été depuis expérimenté en Belgique, en Hollande et en d'autres contrées européennes.

On comprend aisément l'importance d'une invention de ce genre, appelée à rendre des services infiniment précieux en temps de paix ; en cas de guerre, la généralité de son emploi serait une nécessité. Cet appareil, qui porte le nom de M. Marin, a mis en vive lumière son auteur.

Chef du bureau de la sixième section des Chemins de fer de campagne, M. Eugène Marin est membre de la Société des Ingénieurs des Arts et Métiers, dont il a été secrétaire, et de celle des Ingénieurs civils. Il est officier d'Académie.

BASLY (Émile-Joseph)

Député, né à Valenciennes (Nord) le 29 mars 1854. Fils d'ouvriers et orphelin à dix ans, il fut recueilli par l'hospice de sa ville natale, qui le mit en apprentissage chez un peintre en bâtiment ; mais il ne persévéra pas dans cette voie et vint travailler comme ouvrier aux mines d'Anzin, d'où il fut congédié, en 1880, à l'occasion d'une grève. Il s'établit alors cabaretier et, grâce à l'influence que lui donnait cette profession sur ses anciens camarades, il put organiser un syndicat ouvrier et acquérir, dans ce milieu, une importance considérable.

Élu conseiller municipal de Denain en 1883, M. Basly fut le promoteur de la grève qui éclata dans cette ville en 1884. Délégué par les ouvriers pour aller recueillir les souscriptions obtenues en leur faveur à Paris, il se prodigua dans les réunions publiques et s'appliqua à mettre en valeur sa personnalité.

Aux élections législatives générales de 1885, candidat socialiste dans le Nord et la Seine à la fois, il n'obtint qu'un nombre infime de voix dans le premier département, mais fut élu dans le second, au scrutin de ballottage, le trente-sixième sur 38 candidats de la liste de concentration républicaine, avec 267,376 suffrages sur 414,360 exprimés. Quelques mois après, il se rendit à Decazeville, où une grève se produisait, et assista au meurtre de l'ingénieur Watrin ; puis, de retour à Paris, développant à la tribune une interpellation qu'il avait adressée au ministère, il essaya de justifier cet acte et réclama la mise en liberté des auteurs ; mais la Chambre lui manifesta sa réprobation en refusant de lui accorder un congé qu'il demandait pour retourner à Decazeville (11 février 1886).

En 1889, candidat dans la 2ᵉ circonscription du

xiii° arrondissement de Paris, il fut battu par le D' Paulin Méry, boulangiste. Après l'invalidation de celui-ci, il se présenta de nouveau et ne fut pas plus heureux (16 février 1890) ; mais, le 22 février 1891, à l'occasion d'une élection partielle, il posa sa candidature dans la 1re circonscription de Béthune et fut élu député par 8,892 voix sans concurrent. Il a été réélu successivement, toujours au premier tour : en 1893, par 14,609 suffrages, contre 66 à l'abbé Deligne, rallié ; en 1898, par 14,228 voix contre 8,584 à deux autres candidats, et en 1902, par 14,268 voix contre 801 à M. Norange, socialiste guesdiste (la 1re circonscription de Béthune étant, à ce moment, devenu la 2e).

A la Chambre, M. Basly a continué de soutenir les revendications de ses anciens camarades de travail. Il a combattu pour ses idées avec beaucoup de fougue d'abord, puis avec plus de modération. Il est intervenu dans presque toutes les discussions relatives à l'organisation du travail et à l'amélioration du sort des travailleurs. Il a combattu le boulangisme, puis le nationalisme, et soutenu, en dernier lieu, la politique du « bloc » républicain.

Président du Syndicat général des Mineurs du Nord et du Pas-de-Calais, il demeure l'âme de cette organisation ouvrière. Dans le parti socialiste, il est resté attaché à la fraction gouvernementale dirigée par MM. Millerand, Jaurès, Viviani, etc.,

M. Basly est conseiller général et maire de Lens depuis 1900.

JAN-MONCHABLON
(Ferdinand-Jean MONCHABLON, dit)

PEINTRE, né le 6 septembre 1854, à Châtillon-sur-Saône (Vosges), où son père était médecin. Attiré à Paris par la vocation artistique, il suivit, à l'Ecole des Beaux-Arts, les cours de Cabanel et de Jean-Paul Laurens, et débuta au Salon de 1881 avec un portrait d'homme. En 1882, il exposa un panneau décoratif.

Délaissant bientôt la figure pour le paysage, où il devait trouver sa voie et acquérir par la suite une grande notoriété, M. Jan-Monchablon exposait, en 1885, deux tableaux dont l'un, la *Roche verte*, fut très remarqué et acquis par l'Etat pour le musée d'Arras ; en 1886, il donnait les *Avoines*, que l'Etat acquit également pour le musée de Nantes.

En cette dernière année, l'artiste se rendit en Hollande et y étudia de près l'art des anciens maîtres flamands. Ses observations modifièrent sa manière et le portèrent à une notation plus précise de la nature, en même temps qu'à une fluidité de coloris qui n'exclue pas la chaleur, ni la fougue du pinceau. Il a exposé au Salon des Artistes français, depuis cette époque, les œuvres suivantes : les *Champs* ; les *Regains*, études qui, écrivit un critique, « attirèrent vivement l'attention, jamais personne n'ayant compris le paysage de cette façon, avec cette largeur d'horizon et ce fini de détails qui donnent tout à fait l'idée vraie de la nature » (1887) ; la *Vallée de Jonvelle* ; les *Pâturaux* (1888) ; *Paysages* (1889) ; le *Chemin fleuri* ; la *Rivière dormante* (1890) ; la *Première rencontre* ; *Prés et Bois* (1892) ; *Pâturage d'avril* ; *Vue prise de Sidi-Aïa dans les environs de Cherchell, Algérie* (1873) ; le *Village de Fresnes* ; le *Printemps à Châtillon* (1894) ; *Arbres en Fleurs* ; *Champs de Blé à Châtillon* (1895) ; *Une vue d'Enfonvelle (Haute-Marne)* ; *Pont sur la Saône à Châtillon* (1896, musée du Luxembourg) ; la *Vallée et le Village de Lironcourt* (1897) ; la *Saône à Lironcourt* ; *Vue de Fresnes* (1898) ; *Une Campagne lorraine* (musée de Nancy) ; *Mon Village* (1899) ; la *Vallée de la Saône* (1890) ; la *Vallée de Châtillon*, la *Campagne de Jonvelle* (1901) ; la *Saône dans la Vallée de Jonvelle* (1902), etc.

M. Jan-Monchablon est considéré comme le peintre des Vosges et ses tableaux s'imposent par leurs qualités, non seulement de composition, de dessin et de coloris, mais aussi de sentiment et d'émotion poétique.

Dans ses recherches concernant la peinture sur bois, ce peintre a obtenu une beauté de matière qui lui est propre et dont un premier exemplaire est au musée du Luxembourg.

Le nom de M. Jan-Monchablon est très répandu à l'étranger. Beaucoup de ses tableaux ornent les galeries principales de Hollande, d'Angleterre et des Etats-Unis, notamment : la *Petite Vallée*, acquise par M. Campbell Clarke ; les *Moissons*, tableau exposé et récompensé à l'Exposition universelle de 1889 et acheté par M. José de Kuyper, de Rotterdam ; la *Mare*, appartenant à un collectionneur anglais ; la *Petite Rivière*, au musée de Millewaukee ; *Prés et Bois* à Pittsburgh ; une *Vue de Fresnes* à Boston ; d'autres encore sont à Chicago, New-York, Philadelphie, etc.

Cet excellent artiste a obtenu une mention honorable en 1885, une médaille d'argent à l'Exposition universelle de 1889, une autre à celle de 1900, et une médaille d'or à l'Exposition internationale de Vienne. Il est hors concours à la Société des Artistes français et chevalier de la Légion d'honneur depuis 1895.

ARAGO (François)

DÉPUTÉ, diplomate, né à Fauguerolles (Lot-et-Garonne) le 10 janvier 1862. Il est le petit-fils de François Arago, l'illustre savant, membre du gouvernement provisoire de 1848, et le fils d'Emmanuel Arago, qui fut successivement commissaire général de la République à Lyon, ministre plénipotentiaire à Berlin, membre du gouvernement de la Défense nationale, ministre de la Justice, ambassadeur à Berne et sénateur des Pyrénées-Orientales (1812-1896).

M. François Arago fit ses études classiques au lycée Condorcet, puis celles de droit à la Faculté de Paris. Reçu licencié, il fut nommé, au concours, attaché au ministère des Affaires Etrangères et, en cette qualité, délégué à l'ambassade de Berne en 1883. Secrétaire de 3e classe en 1886, il devint deuxième secrétaire sur place.

Désigné pour remplir un emploi de son grade à la direction politique du ministère des Affaires Etrangères en 1894, M. François Arago devint sous-chef du cabinet de M. Berthelot, puis de M. Léon Bourgeois, ministres en 1895 et 1896. Promu premier secrétaire d'ambassade à cette époque, il fut, pendant deux ans, rédacteur à la direction des Affaires politiques, et choisi, en 1899, par les ministres des Affaires Etrangères et du Commerce, comme chef du service général des sections étrangères à l'Exposition universelle de Paris (1900) et secrétaire du Jury supérieur international de cette exposition. Il s'acquitta de cette double tâche avec un tact et une impartialité à laquelle les gouvernements étrangers ont rendu d'unanimes hommages. Chargé de mission par le ministère des Affaires étrangères, il fut nommé, la même année, ministre plénipotentiaire

Par ses relations et ses attaches de famille, M. François Arago fut amené à se présenter comme candidat aux élections générales à Marmande (Lot-et-Garonne), en 1898; il échoua avec 9,582 voix contre 9.638 à l'élu, M. Léo Melliet, socialiste, ancien membre de la Commune. Candidat encore en 1902, il arriva, au premier tour de scrutin, le premier, avec 2,000 voix de plus que le plus favorisé de ses trois concurrents ; mais au scrutin de ballottage, M. Dèche, libéral, fut élu par 12,767 voix, contre 10,498 à M. Arago.

M. Maurice Rouvier, député des Alpes-Maritimes et ministre des Finances, ayant été élu sénateur, M. François Arago, désigné pour recueillir sa succession par les comités républicains de la 2e circonscription de Grasse (Cannes-Antibes), fut nommé député, le 1er mars 1903, au premier tour de scrutin, par 4,627 voix, contre 2,157 à M. Gillette-Arimondy, vice-président de la Chambre de Commerce, républicain radical.

M. François Arago demandait, dans son programme, la suprématie du pouvoir civil, la liberté de l'enseignement privé sous le contrôle de l'Etat, la réduction du service militaire à deux ans, la création de caisses de retraite pour les vieillards, etc.

L'honorable représentant des Alpes-Maritimes est officier de la Légion d'honneur et de l'Instruction publique, grand-cordon de François-Joseph d'Autriche, grand-officier de Léopold de Belgique, du Sauveur de Grèce, de Saint-Stanislas de Russie, de Charles III d'Espagne, du Danebrog de Danemarck, de Saint-Olaf de Norvège, de la Couronne d'Italie, du Lion Néerlandais, de la Conception de Portugal, de la Couronne de Prusse, du Takowo de Serbie, etc.

M. François Arago est le gendre de M. Jean Dupuy (1), sénateur, ancien ministre de l'Agriculture.

FABRE (Paul-Pierre-Samson)

MÉDECIN, membre de l'Académie de Médecine, né à Limoux (Aude) le 8 août 1845. Il fit ses études médicales à la Faculté de Paris. Externe des hôpitaux, puis interne à l'Asile de convalescence de Vincennes (1870-72), il fut reçu docteur en 1872, avec une thèse sur les *Mélanodermies et en particulier sur une mélanodermie parasitaire*. Il fut appelé ensuite à exercer sa profession à Commentry (Allier), comme médecin des mines et médecin adjoint de l'hôpital. Il est devenu, en 1878, médecin en chef de ce dernier établissement. Il est, en outre, médecin de la Compagnie des Chemins de fer d'Orléans depuis 1887.

Lauréat de la Société de Médecine d'Anvers pour une étude *Sur le Zona*, le Dr Paul Fabre a été secrétaire de la Société des Sciences médicales de Gannat de 1877 à 1881 et président de 1881 à 1889. Il est en outre membre honoraire de l'Académie royale de Médecine de Belgique, membre de la Société royale d'Hygiène, de la Société de Médecine d'Anvers, de la Société royale des Sciences médicales et naturelles de Bruxelles, des sociétés françaises de Dermatologie et de Syphiligraphie, de Médecine et d'Hygiène professionnelles, etc. Il préside, depuis 1891, l'Association des Médecins de l'Allier.

(1) Notice page 317, tome IV.

En 1889, il a été élu membre correspondant de l'Académie de Médecine.

Le Dr Paul Fabre a publié de nombreux travaux relatifs à l'hygiène, à la pathologie, à la dermatologie, à la thérapeutique générale. Ces travaux, très importants, ont mis en vive lumière leur auteur dans le monde scientifique. Voici les titres des principaux, classés par catégories : *De l'Anémie et spécialement de l'Anémie chez les mineurs* (1 vol. 1878) ; *Des conditions hygiéniques des houillères* (1878) ; *De l'influence du travail souterrain sur la santé des mineurs* (Comptes-rendus de la Société de l'Industrie minérale, 1878) ; *De l'élévation de la température dans les houillères et des phénomènes qui s'y rattachent au point de vue hygiénique* (Annales d'Hygiène publique et de médecine légale, 1878) ; *De l'Anoxhémie des houilleurs* (1879) ; *De l'action d'un milieu humide sur l'organisme humain étudié spécialement chez des ouvriers mineurs* (Revue d'Hygiène et de Police sanitaire, 1880) ; *De l'état sanitaire des mineurs de nos jours, suivi d'une note sur la Maladie des mineurs du Saint-Gothard* (Gazette médicale de Paris, 1881) ; *Du Rôle des entozoaires et en particulier des ankylostomes dans la pathologie des mineurs* (Bulletin de la Société de l'Industrie minérale et 1 vol. 1883) ; *Des Eaux dans les travaux de mine au point de vue de l'hygiène professionnelle* (Revue d'Hygiène, 1883) ; *Les Mineurs et l'Anémie* (1 vol. 1884) ; la *Pathologie des Houillères* (Bulletin de l'Académie de Médecine, 1890) ; *Des poussières charbonneuses dans l'industrie houillère et de leurs effets sur l'organisme* (Communication au Congrès international d'Hygiène de Madrid, 1898) ; *De l'Enseignement de la gymnastique dans les écoles au point de vue hygiénique et médical* (1873) ; le *Congrès international d'hygiène de Turin* (1 vol. 1881) ; *La gale dans les campagnes* (Revue d'Hygiène et de Police sanitaire, 1881) ; *Du Rôle des parasites animaux dans la pigmentation cutanée, à propos d'une observation de mélanodermie phthiriasique* (1892) ; *Sur les mélanodermies phthiriasiques* (1902) ; *Quelques considérations cliniques à propos de deux cas de maladies d'Addison* (Union médicale, 1879) ; *Quelques considérations étiologiques sur le Zona* (1880) ; *Le Zona*, mémoire avec planches et tableau synoptique des observations (1 vol. 1882) ; *Un cas de Zona récidivant* (1 vol. 1884) ; les *Récidives du Zona* (Communication à l'Académie de Médecine, 1903) ; *De l'Erythème polymorphe exsudatif ou Maladie d'Hébra* (1 vol. 1883) ; *Du Mycosis fongoïde et spécialement des manifestations cutanées de la lymphadémie* (1 vol. 1884) ; *Eruption eczémateuse provoquée par l'application d'une pommade iodoformée chez un syphilitique* (Gazette médicale de Paris, 1884) ; *Coup d'œil sur la Dermatologie en France et à l'Etranger* (1 vol. 1887) ; *Relation d'un cas de Gangrène symétrique des extrémités* (1 vol. 1884) ; *Trois cas de Pustule maligne opérée par le thermocautère* (brochure, 1880) ; *Coexistence de la Scarlatine et de la Vaccine chez un même sujet* (brochure 1881) ; *Note sur l'extraction d'un calcul développé dans la cavité buccale vers la base de la langue* (brochure 1878) ; *Persistance de l'hymen n'ayant pas empêché la conception* (broch. 1883) ; *Hémorragie artérielle produite par une piqûre de sangsue* (brochure 1883) ; *De la Splénalgie dans les Fièvres intermittentes* (1 vol. 1885) ; *D'une forme spéciale d'obstruction intestinale par accumulation de noyaux de cerises dans le rectum* (Gazette médicale de Paris, 1886) ; *De l'engorgement isolé ou primitif des glandes sous-maxiliaires dans une épidémie d'oreillons* (Compte-rendu de la Société des Sciences médicales de Gannat, 1875-1876 et brochure, 1876) ; *Notes sur trois épidémies d'oreillons* (Gazette médicale de Paris, 1887) ; *Une épidémie d'oreillons à Commentry* (1892) ; les *Oreillons, à propos de la dernière épidémie de Commentry, 1899-1900* (brochure, 1901) ; *Du Délire dans la Gangrène sénile* (brochure, 1901) ; *Contribution à l'étude des tumeurs gazeuses de la région antérieure du cou* (Gazette médicale de Paris, 1886) ; *Recherches sur l'origine, les variations et les vicissitudes de l'Emplâtre et du Baume Opodeldoch* (1 vol. 1901) ; *Le Dr Barbrau, de Commentry* (broch. 1887) ; *Un Médecin naturaliste en Province, Léon Dufour* (Gazette médicale de Paris, 1888) ; *Le Dr J.-P. Trapenard, de Gannat*, notes biographiques (broch. 1893) ; *Un médecin italien à la fin du 17e siècle : Georges Baglivi*, rectifications biographiques (broch. 1896) ; *Dictionnaires et Lexiques médicaux* (1 vol. 1891) ; *Charles Nodier, naturaliste et médecin, sa théorie du choléra, sa dernière maladie* (broch. 1897) ; *Coup d'œil sur la Géographie médicale, son passé, son présent et son avenir* (1 vol. 1898) ; *Un Emule d'André Vésale*, essai biographique sur l'anatomiste Jean-Baptistin Cananc, 1515-1578 (broch. 1898) ; le *Rôle humanitaire de la femme*, conférence (broch. 1900) ; *Eloge d'Antoine Jardot*, prononcé devant la Société des Sciences médicales de Gannat, dans la séance du 3 juin 1879 (brochure 1879) ; *Notice historique sur la Société des Sciences médicales de Gannat* (1 vol. 1885) ; *Du Rôle des médecins dans les études historiques* (Archives internationales pour l'*Histoire de la Médecine et de la Géographie médicale*, Amsterdam : 1 vol. 1893, et Extrait du *Janus*, 1903), etc.

On connaît encore de cet auteur beaucoup d'autres études ou communications parues dans les *Comptes-rendus de la Société des Sciences médicales de Gannat*, le *Bulletin de l'Association des médecins de l'Allier*, la *Gazette médicale de Paris*, etc.; ou dans le *Centre médical*, dont il est membre du comité de rédaction.

Il faut, en outre, signaler de lui, sous le pseudonyme de « docteur Albertus », un volume : les *Étoiles doubles de la Médecine*, études consacrées aux docteurs poètes, historiens, érudits, etc.

M. le docteur Fabre est officier de l'Instruction publique depuis 1898.

AILLAUD (Jean-Emile)

ÉCRIVAIN, né à Nantua (Ain) le 12 juin 1839. Petit-cousin d'Edgar Quinet, il fit ses études classiques à Bourg-en-Bresse et au lycée de Lyon.

Attaché à la Trésorerie générale de cette dernière ville, il fut nommé percepteur des contributions directes en 1863 et il occupa cette fonction jusqu'en 1895. Il fut ensuite, de 1896 à 1900, maire de Saint-Jean-le-Vieux, commune de l'Ain où il avait fixé sa résidence ; il est délégué cantonal de l'Instruction primaire depuis 1899 ; il a été président de l'Association fraternelle de prévoyance des Percepteurs de France, pour le département de Saône-et-Loire, et il préside, depuis 1902, l'Union Bugeysienne, société de secours mutuels.

Sous le pseudonyme anagrammatique d'« Émile Daullia », M. Émile Aillaud s'est signalé à l'attention publique par des ouvrages d'un caractère attachant et pittoresque, qui ont obtenu un succès assez vif auprès du public. On connaît de lui : *Voyage impressionniste en Suisse* (1 vol. Dentu éd.) ; *Contes cynégétiques* (1 vol. Dentu éd.) ; *La vie à Évian-les-Bains* (1 vol. Berger-Levrault éd.) et, sous le titre général de *Alpes et Pyrénées* : *le tour du Mont-Blanc* (tome I) et *Au Pays des Pyrénées* (tome II), intéressantes monographies, illustrées par l'auteur, dont le tome III reste à paraître chez l'éditeur Ch. Mendel.

Il a publié encore : l'*Alouette*, monographie de cet oiseau ; *Tauromachie*, étude sur ce sport ; *Des goûts et des couleurs, Du froid*, autres études ; *Une arrestation*, nouvelle dramatique ; *Un malentendu*, saynette, et *A propos de mon image*, monologue.

On annonce, en outre, de lui : *La Belgique et la Hollande à vol d'oiseau, Sensations d'Italie* et *Voyage à Cyrnos*, nouvelles impressions de voyage.

Membre du Touring-Club de France, du Club Alpin français et du Club Cévenol, membre associé de l'Académie de Mâcon, etc., il est officier d'Académie.

MAZON (Charles-Albin)

ÉCRIVAIN, né à Largentière (Ardèche) le 20 octobre 1828. En 1855, il était, à Nice, rédacteur en chef du journal l'*Avenir* ; ses articles, favorables prématurément à l'idée de l'annexion à la France, le firent expulser par le gouvernement italien en 1861.

M. Albin Mazon vint alors à Paris, où il fut attaché à l'Agence Havas en qualité de directeur du service télégraphique, fonctions qu'il exerça jusqu'en 1900.

M. Mazon s'est fait connaître par un certain nombre de publications d'ordres divers, parues, en partie, sous le pseudonyme de « Docteur Francus. » On lui doit des romans, des études de critique religieuse ou politique, et surtout des ouvrages historiques, archéologiques ou géologiques sur l'ancienne province du Vivarais. Nous citerons, par ordre chronologique : *Nice en 1861* (1861), le *Vieux musicien* (1862), *Jean Bruyère* (1864), romans ; *Une esquisse d'Anatomie politique* (1868) ; *Notes ardéchoises* (1870) ; *Marguerite Chalis et la Légende de Clotilde de Surville*, où l'auteur soutient que ce poète n'a jamais existé (1873) ; *Un roman à Vals* (1875) ; *Voyage aux Pays volcaniques du Vivarais* (1878) ; id. *autour de Valgorge* (1879) ; la *Comédie politique en Europe* (1880) ; *Voyage autour de Privas* (1882) ; id. *dans le Midi de l'Ardèche* (1884) ; id. *le long de la Rivière d'Ardèche* ; id. *au Pays Helvien* (1885) ; *Achille Gamon et Christophle de Gamon* (1886) ; *Voyage au Bourg-Saint-Andéol* (1886) ; id. *autour de Crussol* (1886) ; id. *au Mont Pilat* (1890) ; *Essai historique sur le Vivarais pendant la guerre de cent ans* (1890) ; *Velay et Vivarais*, deux livres de raison au XVIIe siècle (1893) ; *Notes sur l'origine des Églises du Vivarais* (2 vol., 1891 et 1893) ; *Histoire de Soulavie* (2 vol. 1893) ; le *Conflit de Vernoux en 1745* (1894) ; *Chronique religieuse du vieil Aubenas* (1894) ; *Une page de l'histoire du Vivarais (1629-1613)* (1894) ; *Notices sur Saint-Alban-sous-Sampzon* ; le *Cheylard* ; *Uzer* (1894) ; *Rochemaure* (1895) ; *Notice sur Pierre Marcha* (1895) ; *Voyage fantaisiste et sérieux à travers l'Ardèche et la Haute-Loire* (2 vol.

1895); *Notice sur Saint-Martin-de-Valamas* (1896); *Notice sur l'astronome Flaugergues de Viviers* (1896); *Notice sur Laurac et Montréal* (1896); *Notice historique sur Vals-les-Bains* (1896); *Notice historique sur la Franc-Maçonnerie dans l'Ardèche* (1896); *Notice sur Vinezac* (1897); *Notice sur l'ancienne paroisse de Taujac* (1898); *Notre vieux Largentière* (5 livraisons parues, 1900); *Notice sur la baronnie de la Voulte* (1900); *Voyage autour d'Annonay* (1901); *Appendice à l'histoire de Soulavie* (1901); *Notes historiques sur Saint-Agrève* (1902); *Notes et documents historiques sur les Huguenots du Vivarais* (3 vol. parus en 1902; se continue); *Comment je suis arrivé à croire, — confession d'un incroyant* (1903).

L'un des fondateurs de la *Revue du Vivarais*, il a donné une collaboration assidue à cette publication, qui est une des plus intéressantes revues d'histoire et d'archéologie locales publiées en province.

Dans tous ses écrits, même ceux que leurs titres désignent comme des études de science pures, M. Mazon a introduit la controverse politique ou religieuse, soutenant avec conviction, mais non sans passion, les idées conservatrices, et catholiques. Cette tendance porte atteinte, dans une certaine mesure, à l'autorité de ses travaux historiques, d'ailleurs remarquables par leur érudition.

Il a été décoré de la Légion d'honneur le 15 août 1862, à l'occasion de l'annexion de Nice à la France.

SYVETON (Gabriel)

Député, publiciste, professeur, né à Boën-sur-Lignon (Loire) le 21 février 1864. Il fit ses études classiques au lycée Louis-le-Grand, à Paris, et à la Faculté des Lettres de Lyon.

Reçu licencié, docteur, puis agrégé de l'Université, M. Gabriel Syveton devint successivement professeur aux lycées d'Aix, de Laon, d'Angoulême et de Reims. Il fut, en 1890-1892, chargé d'une mission d'études par le ministère de l'Instruction publique et des Beaux-Arts en Autriche-Hongrie.

M. Gabriel Syveton se mêla activement aux luttes politiques dès le moment où la campagne en faveur de la révision du procès Dreyfus commença, dans la presse et dans le pays. Après avoir pris un congé sans traitement d'une durée illimitée, il fonda, en décembre 1898, avec son collègue, M. Dausset, depuis conseiller municipal de Paris, MM. François Coppée et Jules Lemaître, de l'Institut, une ligue dite de « la Patrie Française, » qui prit bientôt une extension considérable. A la suite de cette initiative, M. Syveton fut mis en demeure de reprendre ses fonctions universitaires à Reims. Traduit quelques jours après devant le Conseil Académique de Paris, il y prononça un plaidoyer que, sous ce titre : *L'Université et la Nation*, la Patrie Française fit paraître comme brochure de propagande. Suspendu pour une période de un an et un jour, M. Syveton refusa, après ce laps de temps, les postes qui lui étaient offerts. Il fut alors révoqué (1900).

Membre du comité-directeur et trésorier de la « Ligue de la Patrie Française », M. Syveton prit une grande part à la préparation des élections générales municipales de 1900, qui donnèrent une majorité nationaliste à l'Hôtel-de-Ville de Paris, ainsi qu'aux élections générales législatives d'avril-mai 1902, où il combattit vivement les candidatures ministérielles.

Candidat lui-même dans le deuxième arrondissement de Paris, M. Gabriel Syveton y lutta très ardemment contre le député sortant, M. Mesureur. Elu, au premier tour de scrutin, par 7,394 voix contre 5,631 à ce dernier, il organisa, dès son entrée au Parlement, le groupe nationaliste républicain, dont il fut nommé secrétaire, tandis que M. Cavaignac en devenait le président et M. Gauthier de Clagny le vice-président.

M. Gabriel Syveton se révéla à la tribune de la Chambre comme un véritable orateur politique ; il intervint notamment dans la discussion du budget de l'Instruction public et des Cultes, pour dénoncer « le péril primaire », demander qu'on augmentât le traitement des instituteurs et que ceux-ci « fussent « soustraits à la tyrannie des préfets et des députés, « pour être rendus à leurs chefs naturels, les recteurs ».

Dans un autre débat, sur l'affaire Humbert, une altercation éclata entre le député de la Seine et M. Vallé, garde des sceaux ; ce dernier refusa de donner aucune suite à l'affaire ; mais, à la Chambre, l'incident amena l'expulsion de M. Syveton.

Invalidé, le 7 avril 1903, après une longue intervention de M. Jaurès, M. Syveton fut renvoyé à la Chambre, le 21 juin suivant, par 6,857 suffrages, contre 4,915 à trois concurrents.

Ecrivain apprécié, M. Gabriel Syveton a publié : *Une Cour et un aventurier au XVIIIᵉ siècle* (1 vol.) ; *Louis XIV et Charles XII* (1 vol.), études historiques, et de nombreux articles dans la *Revue Bleue*, dans les *Annales de la Patrie Française*, etc. Il a été chargé de la critique littéraire dans diverses revues.

MARUÉJOULS
(Pierre-Adolphe-Émile)

Député, ministre, né à Villefranche (Aveyron) le 4 août 1837. Après avoir achevé ses études et s'être fait recevoir licencié en droit à la Faculté de Paris, il s'occupa de littérature et de critique d'art, publiant ses travaux dans la *Gazette des Beaux-Arts*, la *Revue Contemporaine*, le *Temps*. En 1869, l'Académie française lui décerna un prix d'éloquence.

En 1871, M. Émile Maruéjouls se fit élire conseiller général de l'Aveyron pour le canton d'Asprières. Au renouvellement législatif de 1881, il fut candidat à la députation dans la 1re circonscription de Villefranche, où il fut battu par M. Cibiel, conservateur. Il obtint alors un poste de conseiller de préfecture dans la Seine ; devenu, quelques années après, vice-président de ce tribunal administratif, il abandonna ces fonctions en 1889.

En 1885, il s'était présenté aux élections sénatoriales dans l'Aveyron et avait échoué encore. Plus heureux, au renouvellement législatif de 1889, il fut élu député de la 2e circonscription de Villefranche (nouvellement créée), obtenant, dès le premier tour de scrutin, 7,716 voix, contre 6,816 à M. Gastambide, conservateur. Il a été réélu, successivement : en 1893, par 7,269 suffrages contre 5,681 à M. Duc-Quercy, socialiste ; en 1898, par 9,769 voix contre 4,000 à M. Allemane, socialiste, et en 1902, par 7,360 contre 7,232 à deux concurrents.

A la Chambre, l'honorable député de l'Aveyron s'est intéressé de préférence aux questions industrielles, économiques, de travaux publics ou de beaux-arts. Membre de nombreuses commissions, il a présidé celles du Travail, des Chemins de fer, de la Marine. C'est sur ses rapports favorables qu'ont été votées la loi créant un office du travail, celles sur les accidents du travail, sur les heures de travail des mécaniciens et chauffeurs, sur la sécurité des chemins de fer, etc. Il n'est inscrit à aucun groupe politique ; mais il fait partie des groupes agricole, viticole et colonial. Il suit une ligne politique nettement républicaine et laïque.

Nommé, en 1889, membre du Conseil supérieur de l'Assistance publique, il a fait partie, en 1890, de la délégation française au Congrès pénitentiaire de Saint-Pétersbourg et de la Commission de l'Exposition de Chicago. Membre du Conseil supérieur du Travail depuis 1892 et du Conseil supérieur des Beaux-Arts depuis 1893, il fait encore partie de diverses autres commissions extra-parlementaires moins importantes.

Ministre du Commerce et de l'Industrie dans le cabinet Brisson (28 juin au 25 octobre 1898), il est revenu aux affaires dans le ministère formé par M. Émile Combes, le 7 juin 1902, cette fois avec le portefeuille des Travaux publics.

On attribue à M. Maruéjouls un ouvrage non signé sur la Sicile, intitulé : *Agrigente et Girgente*.

Président du Conseil Général de l'Aveyron, il est officier de la Légion d'honneur et de l'Instruction publique.

BAZIN
(René-François-Nicolas-Marie)

Écrivain, professeur, membre de l'Académie française, né à Angers le 26 décembre 1853. Il fit ses études classiques au lycée et au petit séminaire de cette ville et vint prendre ses inscriptions de droit à la Faculté de Paris. Reçu docteur, il revint à Angers en 1878, où il occupe, depuis lors, une chaire à la Faculté libre de Droit.

Malgré son titre de professeur de droit, M. René Bazin semble s'être intéressé fort peu à la jurisprudence et on ne connaît de lui aucun travail important sur cet objet ; mais il s'est acquis une belle notoriété littéraire en publiant, sous la forme de romans ou nouvelles, des études des mœurs et de la vie provinciales. Dans ces œuvres, écrites en un style très pur et attachant, l'auteur se plaît surtout à louer la résignation et les vertus domestiques.

Après s'être présenté vainement deux fois à l'Académie française, il a été admis dans cette compagnie, en juin 1903, au fauteuil d'Ernest Legouvé.

Nous citerons de cet auteur les ouvrages suivants : *Stephanette* (1884) ; *Ma tante Giron* (1886) ; *Victor Pavie* (1887) ; *Une tache d'encre* (1888, couronné par l'Académie française) ; *Noëllet* (1890) ; *A l'aventure* (1891) et *Sicile* (1892), deux livres sur l'Italie, le dernier couronné également par l'Académie ; la *Légende de Sainte-Bége* (1892) ; la *Sarcelle bleue* (1892) ; *Madame Corentine* (1893) ; les *Italiens d'aujourd'hui* (1894) ; *Humble amour* (1894) ; *En province* (1896) ; *De toute son âme* (1897) ; le *Comte de Perrette* (1898) ; la *Terre qui meurt* (1899) ; le *Guide de l'Empereur* (1901) ; les *Oberlé* (1902) ; *Donatienne* (1903).

M. René Bazin a publié en outre une traduction abrégée et annotée des *Réflexions sur la Révolution française*, de l'anglais Edmond Burke (1883) ; il a collaboré au *Correspondant*, à l'*Illustration*, à la *Revue des Deux-Mondes* et au *Journal des Débats*.

Lauréat du prix Vitet, décerné par l'Académie française pour l'ensemble de ses œuvres en 1896, il a été décoré de la Légion d'honneur en 1900.

MONTAIGU
(Pierre-Augustin-Joseph Comte de)

Député, né à Valenciennes (Nord) le 11 mars 1844. Issu d'une ancienne famille originaire de l'Auvergne, qui donna un grand-maître à l'ordre de Saint-Jean de Jérusalem en 1207, il est le fils du marquis Auguste et le neveu du général comte Alfred de Montaigu, qui se distingua durant la guerre de 1870.

Après l'achèvement de ses études classiques, faites à Pont-Levoy, le comte de Montaigu se fit inscrire à la Faculté de Droit de Rennes. Reçu licencié, il voyagea pendant quelques années.

En 1870-71, M. de Montaigu commandait une compagnie d'éclaireurs de la Loire-Inférieure, qui prit une part active aux combats livrés autour de Paris. Sa belle conduite au 21 octobre 1870 fut mentionnée au *Journal Officiel* ; deux fois cité, ensuite, à l'ordre du jour de son régiment et blessé le 1ᵉʳ janvier 1871, il fut décoré de la Légion d'honneur, le 7 du même mois.

Après son mariage, en 1872, avec Mˡˡᵉ de Wendel, fille du grand industriel, il s'occupa lui-même d'affaires.

Administrateur de la Compagnie des Chemins de fer d'Orléans, des Chemins de fer et Phosphates de Gafsa (Tunisie), des Mines de cuivre du Boléo (Mexique), il s'intéresse également à l'exploitation de vastes domaines qu'il possède dans la Loire-Inférieure. Président du Comice agricole de Saint-Gildas-du-Bois, il représente ce canton au Conseil général depuis 1883 et il a été nommé, en 1900, vice président de l'assemblée départementale de la Loire-Inférieure.

En 1898, au renouvellement général législatif, candidat dans la 2ᵉ circonscription de Saint-Nazaire, M. de Montaigu avait été élu député, au premier tour de scrutin, par 9,049 suffrages contre 8,668 à M. Amaury Simon, député sortant. Il a été réélu, dans la même circonscription, en 1902, par 13,571 voix, sans concurrent.

Monarchiste, le comte de Montaigu soutint, avec ses amis de la Droite, la politique du cabinet Méline, en 1898 ; à la chute de celui-ci, il combattit successivement les ministères radicaux qui lui succédèrent.

En économie sociale, il est partisan des traités de commerce et de réciprocité.

Membre de diverses sociétés savantes, ancien commissaire de l'Exposition de 1900 (Commission des armes), l'honorable député de la Loire-Inférieure s'est occupé d'archéologie et d'histoire. Il a écrit, en collaboration avec M. Maître, une *Histoire de la Baronnie de la Roche-Bernard*, et il travaille à la publication de la *Correspondance diplomatique du Comte de Montaigu, ambassadeur à Venise en 1743*, qui eut pour secrétaire Jean-Jacques Rousseau. Il a fait paraître, en juillet 1899, une brochure politique intitulée : *Après l'Affaire*, relative aux procès Dreyfus et prophétisant la guerre du Transvaal, brochure qui fut, à son heure, très commentée.

MENARD (Louis)

Médecin, né à Lunel (Hérault) le 2 novembre 1851. Issu d'une vieille famille qui compte de nombreux médecins, il est le frère du capitaine Menard, mort glorieusement au Soudan et auquel on a élevé un monument dans sa ville natale.

Après de brillantes études médicales, commencées à la Faculté de Montpellier, il se fit recevoir docteur à Paris en 1875.

Le docteur Menard est considéré comme un publiciste scientifique de valeur. Outre sa thèse, portant sur la *Congestion pulmonaire localisée aux sommets*, il est l'auteur d'importants travaux médicaux, parmi lesquels il convient de mentionner des monographies sur la *Névralgie intercostale*, le *Zona*, la *Plessimetrie*, la *Pathologie urinaire*, la *Phosphaturie*, la *Transfusion du sang, Diverses formes d'hydrophobie*, etc., publiées dans le *Dictionnaire encyclopédique des Sciences médicales*.

Le Dʳ Menard a, en outre, collaboré à la *Grande Encyclopédie*, à la *Gazette hebdomadaire de Médecine et de Chirurgie*, et surtout au *Cosmos*, organe scientifique dont il est l'un des principaux rédacteurs depuis 1884.

Médecin de l'ambassade d'Espagne et du ministère des Affaires étrangères depuis 1895, membre de plusieurs associations scientifiques ou professionnelles, M. le Dʳ Menard est officier du Nicham-Iftikar, commandeur d'Isabelle-la-Catholique, etc.

MENARD (Joseph)

AVOCAT, homme politique, né à Lunel (Hérault) le 12 septembre 1863. Frère du précédent, il fit, à Nîmes et à Montpellier, de brillantes études classiques, vint prendre ses grades à la Faculté de Droit de Paris et se fit inscrire au barreau de la Cour d'appel.

Durant son service militaire, accompli entretemps, il avait pris part à l'expédition de Tunisie ; ensuite, M. Joseph Menard écrivit dans la presse départementale ; puis il revint à Paris et collabora à divers journaux politiques.

Il se fit aussi connaître comme conférencier, non-seulement à Paris, mais en province, et prit, en toute occasion, la défense des libertés religieuses.

Au Palais, M. Joseph Menard s'est créé une place très en vue. Après avoir été l'avocat d'un groupe d'actionnaires du Panama contre certains députés accusés de concussion, il se distingua en plaidant de nombreuses causes politiques se rattachant à l'affaire Dreyfus. Il fut notamment l'avocat et le conseil du colonel du Paty de Clam, du commandant Cuignet, du capitaine Fritsch contre l'*Aurore*, de M. Ernest Judet, rédacteur en chef du *Petit Journal*, contre Emile Zola et de diverses autres personnalités.

M. Joseph Menard, choisi, en 1899, par plusieurs accusés de la Haute Cour, plaida définitivement devant elle, pour M. Jules Guérin, l'assiégé du « fort Chabrol, » qu'il avait fait acquitter précédemment sur une plainte formée par le commissaire Leproust ; puis, devant le Jury du Var, il fit acquitter M. Max Régis, l'ancien maire d'Alger, poursuivi pour rébellion à main armée et tentatives d'assassinat. Il prononça encore de retentissants plaidoyers dans les procès Henri de Rotschild-Périllier, Aucoin-Papillaud, etc.

Comme avocat de la *Libre Parole*, M. Joseph Menard a plaidé fréquemment pour cette feuille. Dans le procès intenté par M. le sénateur Joseph Fabre contre ce journal, il obtint son acquittement.

L'*Intransigeant*, le *Jour*, la *Gazette de France*, l'*Autorité*, le *Petit Journal* lui ont également confié d'importantes et délicates affaires.

Au moment de l'exécution des mesures contre les congrégations (1902-1903), M. Joseph Menard défendit, devant les cours ou tribunaux de Paris et de province, plusieurs congrégations et notamment les Petites Sœurs de l'Assomption.

On doit encore rappeler ses plaidoiries pour l'asile de Mlle Noualhier à Limoges, pour les prêtres de l'Isle-Adam et de Mouy (Oise) poursuivis pour port de la soutane ; et celles qu'il prononça dans les affaires d'assises sensationnelles de Jessel, accusé d'assassinat sur sa femme et sa belle-mère, qu'il fit acquitter ; du vol du théâtre de la Gaîté et de la bande de Neuilly. C'est aussi M. Joseph Menard qui fit condamner l'assassin de Mme de Vaucroze devant les assises du Gard, après des débats qui justifièrent le fils de la victime des soupçons qu'on avait fait peser sur lui.

Cet avocat a été choisi par ceux de ses confrères ayant des différends avec le Conseil de l'Ordre, pour plaider devant la Cour d'appel toutes chambres réunies. Il a été, d'autre part, désigné comme arbitre avec M. René Viviani dans le débat entre patrons et ouvriers, lors d'une grève de mineurs à Carmaux, en 1901.

M. Joseph Menard a été candidat au Conseil municipal de Paris, dans le quartier du Gros-Caillou (VIIe arrondissement), en 1893 et en 1896. Il a été ensuite candidat libéral à la députation dans le département du Gard, au renouvellement législatif de 1902, et concentra sur son nom, dans la 1re circonscription de Nîmes 9,560 voix contre 9,652 à l'élu, M. François Fournier, socialiste, député sortant.

Chevalier de Saint-Grégoire et de plusieurs autres ordres, il est décoré de la médaille coloniale.

GONTHIER (Jean-François)

PRÊTRE catholique, historien, né à Ballaison (Haute-Savoie) le 21 juillet 1847. Après avoir fait ses classes au séminaire d'Annecy, il fut ordonné prêtre en 1871.

Successivement, dans la Haute-Savoie, vicaire à Cuvat, puis à Velgy-Foncenex, M l'abbé Gonthier fut nommé curé de Meillerie en 1881, et remplit, dans cette paroisse, son ministère jusqu'en 1885. A ce moment, il fut choisi comme aumônier des hospices civils et militaires d'Annecy.

M. l'abbé Gonthier s'est livré à des travaux historiques et archéologiques sur la Savoie qui ont fait connaître son nom et sont hautement appréciés pour leur érudition et leur intérêt. Parmi les ouvrages qu'il a publiés, il convient de citer les suivants: le *Château et la Chapelle des Allinges* (1881), couronné par la Société Florimontane ; *Histoire de l'Instruction publique avant 1789 dans la Haute-Savoie* (1887) ; la *Mission de Saint François de Sales en Chablais* (1891);

l'*Abbaye de Filly* (1892) ; les *Voirons autrefois et aujourd'hui* (1893) ; le *Journal de Saint François de Sales durant son épiscopat* (1894) ; *Vie de Saint Guérin, abbé d'Aulps* (1896) ; les *Évêques de Genève durant le grand schisme et du grand schisme à la Réformation* (1899) ; *Promenade historique à travers les rues d'Annecy* (1902). Ces diverses études ont été réunies en trois forts volumes in-8°, édités sous le titre général de *Œuvres historiques de l'abbé Gonthier* (1901-1903). Le même auteur publie, en outre, un *Dictionnaire des communes de la Haute-Savoie*.

M. l'abbé Gonthier est membre de diverses sociétés savantes, notamment de l'Académie Salésienne, dont il est secrétaire depuis 1894 et de la Société Florimontane, membre honoraire de la Société d'histoire de Maurienne, de l'Académie Saint Anselme d'Aoste et membre agrégé de l'Académie de Savoie depuis 1897.

AUFFRAY (Jules)

Député, avocat, publiciste, né à Paris le 3 novembre 1852. En 1870, ses études classiques étaient à peine terminées quand il s'engagea, au 17° bataillon des mobilisés de la Seine ; il prit part aux combats sous Paris durant la campagne. Après la paix, reçu licencié ès lettres et en droit, puis docteur en droit, il se fit inscrire au barreau de Paris.

En 1877, M. Jules Auffray fut nommé premier, après concours, auditeur au Conseil d'Etat et choisi, à ce titre, comme secrétaire du Conseil supérieur de l'Instruction publique. Démissionnaire en 1879, il reprit sa place au Palais et devint président de la Conférence Molé en 1882-1883. Il s'est fait remarquer depuis comme avocat de compagnies d'assurances, de congrégations religieuses, et il a plaidé de nombreuses causes civiles.

Aux élections législatives de 1885, porté sur la liste de la « défense agricole, » en Seine-et-Oise, M. Jules Auffray échoua avec toute cette liste.

Devenu, en 1887, rédacteur en chef de la *Défense Religieuse*, important journal qu'avait, dix ans auparavant, fondé Dupanloup, il abandonna cet organe l'année suivante, n'étant plus d'accord avec la direction. Il fut, à ce moment, nommé secrétaire de la Ligue de consultation nationale, fondée par le « Comité des Douze ».

M. Jules Auffray se prononça énergiquement pour la marche parallèle des révisionnistes conservateurs et des républicains boulangistes. Il fut l'un des principaux intermédiaires entre les chefs du parti monarchiste et ceux du parti boulangiste réfugiés à Londres, et il coopéra à la préparation des listes électorales de 1888 et 1889.

M. Auffray fut lui-même candidat révisionniste, à une élection partielle dans les Ardennes, en 1888, et il obtint 28,794 voix contre 36,590 à l'élu, M. Linart, républicain. En 1889, au renouvellement général, candidat, avec un programme républicain, dans l'arrondissement de Rocroi, il échoua au second tour, avec 4,914 voix contre 5,877 à M. Jacquemart républicain, élu.

Après avoir mené une campagne de quelques jours contre M. Gévelot, député de l'Orne, au renouvellement législatif de 1893, M. Jules Auffray s'était retiré des luttes politiques, lorsque l'agitation provoquée par l'affaire Dreyfus l'y fit rentrer. Dans la presse et en de nombreuses conférences, il combattit alors énergiquement la révision ; puis, quand la Cour de cassation eut renvoyé l'affaire devant le Conseil de guerre de Rennes, en août 1899, il publia, dans la *Vérité*, des impressions qui furent alors très remarquées.

Présenté par le parti nationaliste comme candidat aux élections municipales de Paris en 1900, dans le quartier de la Sorbonne, il fut élu, par 2,505 voix contre 1,863 à M. A. Lefèvre, socialiste, conseiller sortant. A l'Hôtel-de-Ville, il s'est surtout occupé des questions d'assistance.

En 1902, il se porta comme candidat à la députation dans la 1ʳᵉ circonscription du v° arrondissement et fut élu, au 2° tour de scrutin, par 5,567 voix contre 5,075 à M. René Viviani, député sortant, socialiste.

A la Chambre, M. Jules Auffray fait partie du groupe nationaliste et de celui de la réforme parlementaire. Exclu des grandes commissions par la majorité, il est intervenu à la tribune en plusieurs circonstances, notamment dans la discussion sur les incompatibilités des mandats législatif et municipal à Paris ; à propos de l'élection de M. Claudinon, député de la Loire, dont ses efforts ne purent empêcher l'invalidation ; à propos de l'assistance obligatoire, acceptant le principe de la loi, mais demandant pour les ayants-droit la liberté de s'adresser aux établissements de secours privés, etc.

M. Auffray a publié un certain nombre d'études ou de brochures. Citons : les *Expulsés devant les tribunaux*, recueil des décisions judiciaires relatives à l'exécution des décrets du 29 mars 1880 ; un recueil de *Poésies* ; *Journal et lettres de René de Saint-Maur*, avec une notice (1881) ; le *Rétablissement du monopole universitaire*, étude sur le certificat d'aptitude pédagogique et la collation des grades (1883); *Le 3 septembre 1883 à Goritz*, récit des obsèques et réflexions sur la succession du comte de Chambord (1884) et des recueils de plaidoiries et de conférences prononcées à divers moments.

Le député de la Seine a été officier de réserve au 25ᵉ régiment d'artillerie jusqu'en 1901.

ALLÈGRE (Raymond)

Peintre, né à Marseille (Bouches-du-Rhône) le 26 août 1857. Élève de MM. Vollon et J.-P. Laurens, il débuta en 1880 aux Salons annuels de la Société des Artistes français avec un paysage. Il s'est, depuis, fait remarquer par des études de la Provence, de l'Algérie et de l'Italie. Elles l'ont placé en bon rang parmi les peintres aimés de ce temps. Coloriste brillant, alliant à une note variée et toujours juste de réelles qualités d'observation des caractères et surtout des milieux différents, cet artiste sait reproduire sur ses toiles, l'atmosphère même des sites évoqués.

On cite, parmi les toiles de M. Allègre, vues aux Salons annuels de la Société des artistes français, les suivantes : *Nature morte* (1881) ; *Les Martigues*, étude de Provence, acquise par l'État pour le musée d'Aix-en-Provence (1883) ; *Le Pont-Neuf en juillet* (1886) ; *En Provence* (1887), depuis au ministère du Commerce ; *Un coin de Rouen* (1888) ; *Quai de l'île à Martigues* ; *Brescon à Martigues* (1889) ; *Marseille, le vieux port* (1890) ; *Portrait de M. Paul Gonzalès* (1891) ; *Soir d'été à Marseille*, tableau acquis par cette ville ; *A Villefranche-sur-Mer* (1892) ; *Matinée d'été à Marseille* (1893) ; *le Printemps à Bouzareah, Algérie*, acquise pour le musée de Menton (1894) ; *Soir d'automne en Provence* (1895) ; *Marseille*, autre aspect de cette importante cité (1896) ; *Sur le seuil du Temple* (1897) ; *la Samaritaine* ; *Diane*, étude décorative (1898) ; *Mai*, panneau décoratif (1899) ; *San Michele*, étude de Venise (1900) ; *Gondole et Murano de San Michele* autres études de Venise (1901) ; *Donatella* ; *Canal Grande, ponte de Rialto, Venise* (1902) ; *Ponte ca di Dio* ; *A Venise* (1903), etc.

M. Raymond Allègre est encore l'auteur des importantes peintures décoratives de la grande salle du buffet de la nouvelle gare de Lyon, à Paris : *Vue d'Alger et Vue de la Baie de Cassis* en Provence. Il a envoyé en outre à l'Exposition universelle de Paris en 1900 : *Marseille*, qui fut acquise par la Ville de Paris pour le petit Palais des Beaux-Arts, et, en 1902, à l'Exposition internationale d'Hanoï : *Les Martigues en Provence*.

Mentionné dès 1883, M. Allègre a obtenu depuis une médaille de bronze à l'Exposition universelle de Paris (1889), le prix Raigecourt-Goyon en 1893, une deuxième médaille en 1894, une médaille à l'Exposition universelle de Paris (1900), un grand-prix à l'Exposition internationale d'Ostende, etc. Il a été fait chevalier de la Légion d'honneur en 1903.

AUGÉ (Justin-Auguste)

Député, viticulteur, né à Béziers (Hérault) le 31 mars 1850. Engagé volontaire au 1ᵉʳ zouaves en 1870-71, il exerça d'abord un important commerce de vins dans sa ville natale. Il est en outre propriétaire viticulteur dans l'Hérault et les Pyrénées-Orientales.

M. Augé, en 1885, prit l'initiative d'une série de conférences pour protester contre les traités de commerce et organisa une campagne contre les tarifs douaniers, qui portaient atteinte au commerce des vins ; il fut chargé, en 1887, par les sociétés agricoles du Midi, de venir discuter à Paris le renouvellement du traité franco-grec. Il a été conseiller général de l'Hérault de 1890 à 1900, démissionnant à ce moment pour protester contre le cumul des fonctions électives.

M. Augé avait été élu député de l'Hérault en 1897, après la démission de M. Côt (2ᵉ circonscription de Béziers), et par 6,600 voix contre 5,442 à M. Cathala, socialiste. Il a été réélu : au renouvellement général de 1898, par 11,314 voix contre 3,947 à M. Benabeuq, au deuxième tour, et en 1902, au scrutin de ballottage également, par 11,171 suffrages contre 9,323 à M. de Magallon, nationaliste.

M. Augé siège à la gauche radicale. Il a fait partie des Commissions du Budget, des Travaux Publics, de l'Agriculture, dont il est le vice-président, des Mines et des Octrois. Rapporteur de cette dernière, il a pris une grande part aux travaux et aux débats relatifs à la suppression des droits sur les boissons hygiéniques. Il s'est également beaucoup occupé de la réforme du régime des boissons et du privilège des bouilleurs de cru.

En politique, l'honorable député de l'Hérault a combattu le ministère Méline et soutenu le cabinet Brisson, qui suivit. Un des cinq signataires de l'ordre du jour sous lequel succomba le ministère Dupuy en 1898, il est l'auteur d'un autre ordre du jour qui sauva le cabinet Waldeck-Rousseau dans un débat difficile ; il a appuyé ensuite la politique du « bloc » républicain.

On doit à M. Augé des articles sur les questions vinicoles, parus dans la *Ligue Agricole*, l'*Union des Propriétaires* et autres organes régionaux. Il est membre de plusieurs sociétés littéraires et scientifiques.

BORDIER (Paul-Jean)

Musicien, inventeur, né à Angers (Maine-et-Loire) le 24 juin 1826. Issu d'une famille bien connue de cette ville, il vint à Paris à dix-huit ans pour entrer au Conservatoire de Musique. Élève de Colet pour l'harmonie et de F. Halévy pour la composition, il remporta quelques succès dans ces deux classes, puis quitta le Conservatoire pour se consacrer à l'étude, sans autre maître que son inspiration.

M. P.-J. Bordier est l'auteur de nombreux morceaux pour chant, piano, violoncelle, bordicor, musique de chambre, trios, quatuors, quintettes, symphonies, odes symphoniques, opéras, musique sacrée, etc. De ces œuvres, quelques-unes seulement ont été exécutées, entr'autres ces morceaux connus : *Jeanne d'Arc*, donnée maintes fois avec un succès réel par la musique de la Garde républicaine ; *Garibaldi* ; *Fantasia pastorale et guerrière* ; *Mon lac*, andanti pour piano, etc. On doit aussi mentionner de cet auteur : la *Fiancée d'Abydos*, drame lyrique en deux actes, paroles de Dartol.

M. P.-J. Bordier s'est fait connaître, en outre, comme pianiste, violoncelliste et chanteur ; sa fougue et sa virtuosité demeurent remarquables.

Sa passion pour la musique l'amena à s'occuper, dès 1872, de la construction d'un nouvel instrument, qui, à l'Exposition de 1900, lui valut une mention honorable et qu'il avait appelé le « Bordicor ».

Ainsi nommé à cause de la ressemblance des sons qu'il produit avec ceux du cor et de la prise de résonnance sur le bord des caisses sonores, cet instrument à cordes d'acier et archet comprend en étendue toutes les parties de l'orchestre. C'est un grand violon, auquel la longueur de ses cordes donne une sonorité et une variété de sons inconnus jusqu'à présent ; deux résonnateurs, l'un en bois, l'autre en cuivre, communiquant par le chevalet avec les cordes métalliques, ajoutent aux sonorités de celles-ci leurs timbres et leurs volumes, constituant ainsi le son spécial au bordicor. Un sillet mobile permet de transposer dans tous les tons. Comprenant toute l'étendue des cinq instruments à cordes, le bordicor peut aussi les donner séparément, selon les besoins de l'exécution.

M. P.-J. Bordier a imaginé, en outre, un archet spécial, différant de tous ceux connus jusqu'à présent en ce qu'il permet d'allonger le bras et ne fatigue pas les doigts par la pression habituelle. Il a construit aussi un siège ; avec tabouret, d'un dispositif original, et s'appliquant au bordicor.

M. P.-J. Bordier a publié une brochure intitulée : *De l'Origine des chiffres*. Avec ses suites : *Preuves à l'appui* et *La création universelle selon la loi harmonique, arithmétique et géométrique*, ces trois publications doivent former un ouvrage où l'auteur expose une conception qui lui est personnelle de la soumission des lois physiques et naturelles « à une grande loi harmonique, comprenant le mouvement, le nombre et la forme, et animant ou équilibrant les évolutions des éléments. »

Amateur d'art éclairé et éclectique, M. P.-J. Bordier possède une galerie de tableaux de maîtres anciens et modernes d'une très grande valeur et qui est très réputée.

RIQUOIR (Gabriel)

Médecin, né à Louvigny-les-Bavay (Nord) le 5 janvier 1873. Descendant du grand jurisconsulte Merlin de Douai, il accomplit ses études médicales à la Faculté de Paris, où il fut élève des professeurs Budin et Bonnaire. Il obtint le doctorat, en 1899, avec une thèse sur la *Symphyséotomie et la césarienne*, étude dans laquelle il démontrait les avantages de cette dernière méthode dans les opérations nécessitées par la grossesse, comme présentant plus de facilités dans la pratique, et laissant craindre moins de suites morbides et surtout mortelles. Cette thèse, qui fut fort remarquée, a été mentionnée dans l'important *Traité de l'Art des Accouchements* des docteurs Tarnier et Budin (4e volume 1901) et ses conclusions sont adoptées.

Le docteur Riquoir dirige, à Paris, une clinique gratuite, destinée particulièrement au traitement des affections des bronches et de la poitrine.

Poursuivant les recherches des professeurs Debove, Bouchard, Albert Robin, et se basant sur des données exactes de chimie biologique, le Dr Riquoir, à l'aide d'observations prises sur des cas de tuberculose et de ses travaux personnels, a présenté, en 1903, à l'Académie de Médecine, deux intéressantes communications sur le *Traitement de la Tuberculose* par le sérum dont il est l'inventeur. Ce dernier produit, expérimenté avec succès sur de nombreux malades, est un sérum minéral artificiel, rendant à l'organisme les sels minéraux qui lui sont nécessaires, dans les proportions biologiques, non seulement du plasma mais aussi des globules du sang ; cette idée est très intéressante, étant donné le rôle actif des globules blancs dans le phagocytose.

M. le docteur Riquoir est l'auteur d'autres observations sur les *Maladies déprimantes en général*, l'*Anémie*, la *Neurasthénie*, etc. ; plusieurs mémoires de lui sur ces sujets divers ont paru dans les revues médicales et scientifiques. Ces travaux ont rapidement mis leur auteur en lumière.

CAMBOURG (Loïc de)

AUTEUR dramatique, né à Paris le 13 janvier 1875. Il appartient à une très vieille famille de Bretagne. Fils d'un ancien conseiller général de Maine-et-Loire, membre du Conseil supérieur des Colonies, il fit ses études chez les Jésuites de Paris et au lycée Janson de Sailly ; puis, engagé volontaire, il devint sous-officier de cavalerie. A son retour du régiment, il fut nommé secrétaire de la Société des Etudes coloniales et maritimes.

M. Loïc de Cambourg s'est consacré aux lettres, et il a acquis une rapide réputation comme auteur dramatique.

Il a fait représenter avec succès les pièces suivantes, en un acte : le *Remplaçant*, au Nouveau Théâtre ; *Permission de la Nuit*, au Cirque Molier ; les *Rayons Z* et la *Zibeline*, aux Mathurins ; *Place réservée* et *Une idée de Frontin* sur diverses scènes ; puis, en 3 actes : les *Nuls* (Bouffes Parisiens, 1903) ; dans cette dernière pièce, l'auteur critique, avec beaucoup de verve et non sans vigueur, l'insécurité, au point de vue physiologique, du mariage pour la femme. Un critique a écrit à son propos :

<small>Avec une chaleur qui a contribué en certains endroits à l'éloquence la plus émue et la plus communicative, M. de Cambourg a plaidé la cause de la femme sacrifiée, condamnée à rester sans enfants, en un foyer qui ne réchauffe pas l'amour. A côté des *Avariés*, les *Nuls* resteront désormais pour désigner cette catégorie humaine, honnie par M. Plot, apôtre de la dépopulation, et que M. de Cambourg, avec une belle hardiesse, n'a pas craint de stigmatiser au théâtre.</small>

M. Loïc de Cambourg a collaboré au *Gaulois*, au *Gotha français*, à la *Revue Mondaine*, etc.

GAYRAUD (Hyppolyte)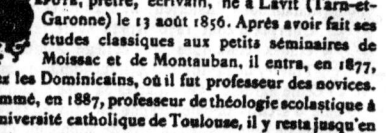

DÉPUTÉ, prêtre, écrivain, né à Lavit (Tarn-et-Garonne) le 13 août 1856. Après avoir fait ses études classiques aux petits séminaires de Moissac et de Montauban, il entra, en 1877, chez les Dominicains, où il fut professeur des novices. Nommé, en 1887, professeur de théologie scolastique à l'Université catholique de Toulouse, il y resta jusqu'en 1893.

Venu à cette époque à Paris, l'abbé Gayraud se fit connaître comme prédicateur et collabora à différents journaux ou revues : l'*Univers*, la *Science Catholique*, la *Revue du Clergé français*, etc.

Après le décès de Mgr d'Hulst, député de la 3ᵉ circonscription de Brest (Finistère), M. l'abbé Gayraud se présenta en son remplacement et fut élu député par 7,336 voix, contre 5,976 à M. le comte de Blois, monarchiste (24 janvier 1897). Invalidé le 4 juillet, pour cause d'ingérence cléricale, il fut réélu le 29 août suivant, par 7,980 suffrages contre 5.706 au même concurrent. Son mandat a été renouvelé : en 1898, par 10,167 voix, contre 41 à M. Théodore Lefebvre ; et en 1902, par 8,670 contre 5,511 à l'abbé Stephan, conservateur.

Se déclarant républicain catholique, l'abbé Gayraud prétend suivre, à la Chambre, la politique préconisée par les instructions du pape Léon XIII. Il est inscrit au groupe de l'Action libérale. En 1903, il a été nommé membre de la commission de l'Instruction publique.

Orateur remarquable, sinon toujours persuasif, l'honorable député du Finistère a pris la parole dans les questions religieuses et celles relatives à l'enseignement. Certains de ses discours ont eu du retentissement, ceux notamment sur les budgets de l'Instruction publique et des Cultes, sur le projet de loi contre les congrégations (1901), puis sur les demandes en autorisation formulées par celles-ci (1903), etc.

Conférencier très répandu, l'abbé Gayraud a pris part à de nombreux congrès pour la propagande des cercles ouvriers, de la démocratie chrétienne, de l'Association scientifique catholique, etc. Il est intervenu personnellement dans les désordres survenus en Bretagne lors de l'exécution des décrets contre les congrégations, en août 1902, pour participer à la résistance contre les autorités.

L'abbé Gayraud a publié : l'*Antisémitisme de Saint Thomas d'Aquin* (1895) ; les *Questions du jour* (1897) ; les *Démocrates chrétiens* (1898) ; la *République et la paix religieuse* (1900) ; la *Crise de la Foi* (1901), etc.

SOYER (Jacques-Sylvain)

Archéologue, historien, né à Blois (Loir-et-Cher) le 9 août 1870. Après avoir fait ses études classiques au collège Augustin-Thierry de sa ville natale, il fut admis comme élève à l'Ecole nationale des Chartes en 1889 et obtint le diplôme d'archiviste-paléographe en janvier 1893.

Archiviste de Loir-et-Cher, à titre de suppléant, dès le 30 septembre 1893, il est devenu archiviste du Cher le 23 septembre 1895.

M. Jacques Soyer est membre de la Société de l'Ecole des Chartes, membre titulaire de la Société des Antiquaires du Centre, membre correspondant de la Société des Sciences et Lettres de Loir-et-Cher et membre du Comité d'inspection de la Bibliothèque communale de Bourges.

Il a publié d'intéressants travaux, bien documentés, sur l'histoire et l'archéologie du Blésois et du Berry. On cite notamment, de cet auteur, les ouvrages suivants : *Etude sur la communauté des habitants de Blois jusqu'au commencement du XVIe siècle* (Paris, 1894) ; *Un faux diplôme carolingien, attribué tantôt à Louis le Débonnaire et tantôt à Louis le Bègue, concernant l'abbaye de Dèvre, près de Vierzon* (Bourges, 1898) ; *Analyses des actes de Charles VII conservés dans les Archives départementales du Cher* (Bourges, 1898) ; *Le relâchement de la discipline dans l'abbaye de Saint-Satur-sous-Sancerre au XVIe siècle et les statuts de réforme, 1557-1558* (Bourges, 1899) ; *Donation, par Charles VII à Jean Stuart, seigneur de Derneley, connétable de l'armée d'Ecosse, des terres de Concressault et d'Aubigny-sur-Nère, 21 avril 1421, 26 mars 1423, 3 décembre 1425* (Bourges, 1899) ; *Compte des recettes et dépenses de la ville de Blois en 1404, transcription in-extenso de l'original conservé aux Archives nationales, avec des notes historiques et philologiques* (Blois, 1900); *Etude sur trois documents apocryphes des Archives départementales du Cher attribués à la période franque : Charte de Gontran, roi des Francs, en faveur de l'église N.-D. de Salles de Bourges ; testament de Sainte-Eustadiole, fondatrice de l'abbaye de Montermoyen de Bourges ; acte de transfert, en la ville de Vierzon, du monastère de Dèvre, après autorisation de Thibaud, comte de Chartres et de Blois* (Bourges, 1900) ; *Documents inédits sur Jean Boucher, peintre berruyer, maître de Pierre Mignard* (Bourges, 1902) ; *Les Actes des souverains antérieurs au XVe siècle, conservés dans les Archives départementales du Cher, transcrits in-extenso, avec des analyses et un index des noms propres : I. Fonds de l'abbaye de Saint-Satur-sous-Sancerre, ordre de Saint-Augustin, diocèse de Bourges* (Bourges, 1903) ; et divers mémoires insérés dans le *Bulletin du Comité des Travaux historiques et scientifiques* (section d'histoire et de philologie ; section de géographie historique et descriptive).

Officier d'Académie depuis 1900, M. J. Soyer a été nommé, en 1902, correspondant du ministère de l'Instruction publique pour les Travaux historiques et scientifiques.

TRAISSAN (Olivier-Marie-Meriadec le GONIDEC Comte de)

Député, né à Vitry (Ille-et-Vilaine) le 24 février 1839. Il accomplit ses études à Rennes et à Paris, puis s'engagea dans les zouaves pontificaux et prit part à la campagne de Rome, au cours de laquelle il reçut le grade de capitaine. En 1870, il revint en France et servit à l'armée de la Loire avec les volontaires de l'Ouest ; il devint chef de bataillon après un combat auprès d'Orléans.

Conseiller municipal de Vitré depuis 1875, il fut, aux élections législatives de 1876, élu député de l'arrondissement par 9,997 voix contre 4,841 à M. de Montluc, républicain, avec un programme nettement monarchiste. Secrétaire de la Chambre en 1877, il fut réélu la même année, après la dissolution qui suivit l'acte du Seize Mai, par 13,022 voix contre 4,237 à son ancien adversaire, et en 1881 par 10,319 voix contre 5,142 à M. Ragot, républicain.

Le scrutin de liste ayant remplacé celui d'arrondissement en 1885, il échoua avec toute la liste conservatrice de son département, obtenant 59,414 suffrages sur 124,651 votants. L'année précédente, il avait été élu maire de Vitré ; mais il fut bientôt après révoqué.

En 1889, le scrutin uninominal ayant été rétabli, M. le Gonidec de Traissan fut réélu député de l'arrondissement de Vitré par 12,174 voix sans concurrent ; son mandat a été confirmé en 1893, par 10,092 voix contre 5,582 à M. Garreau, républicain ; en 1898, par 11,916 suffrages sans concurrent, et en 1902 par 11,172 voix contre 5,912 à M. Pensa, républicain.

Inscrit, depuis son entrée à l'Assemblée législative, au groupe de la Droite royaliste, il a été membre du bureau de la Chambre plusieurs années et a fait partie de quelques commissions. Il vote avec l'opposition.

M. le Gonidec de Traissan a été décoré de l'ordre de Pie IX en 1867 et de la Légion d'honneur en 1871.

BRINDEAU (Louis-Henri-Eugène)

Député, avocat, publiciste, né au Havre (Seine-Inférieure) le 21 décembre 1856. Ses études classiques achevées au lycée de la ville natale et celles de droit à la Faculté de Paris, où il fut reçu licencié en 1881, il se fit inscrire la même année au barreau du Havre. Il fut nommé, en 1883, juge suppléant au tribunal de cette ville.

Elu conseiller municipal du Havre en 1886, M. Louis Brindeau fut maire de 1890 à 1896. On doit à son administration la création d'un réseau complet de tramways à traction électrique, l'installation de l'éclairage électrique, la fondation d'un laboratoire municipal de chimie et de biologie, la revision du cadastre havrais, réforme d'une grande importance, etc. Pendant l'épidémie cholérique de 1892, il se dévoua particulièrement dans la lutte contre ce fléau.

Le 10 mars 1895, M. Louis Brindeau était élu député de la 2ᵉ circonscription du Havre, par 9.270 voix sans concurrent, en remplacement de Félix Faure, nommé président de la République le 17 janvier précédent. Il a été réélu : en 1898, par 10,767 suffrages, contre 1,638 à M. Laville, socialiste; et en 1902, par 9,643 contre 4,412 à M. Nicolle, radical.

Inscrit au groupe des républicains progressistes, M. Brindeau a pris une part prépondérante aux discussions relatives aux travaux dans les ports maritimes, canaux et rivières (1896); aux conventions avec la Compagnie transatlantique, pour la défense des intérêts du Havre (1898); au projet de loi sur la marine marchande, à propos duquel il prononça plusieurs discours remarqués (1901), etc. Il a été rapporteur, de 1900 à 1903, des projets de loi sur le sauvetage et la sécurité de la navigation, la création d'un corps de marins indigènes en Algérie et en Tunisie, la création de médailles d'honneur en faveur des marins comptant trente ans de service, etc.

Secrétaire de la Chambre de 1900 à 1902, il a été membre des commissions de l'Armée et de la Marine de 1898 à 1902, et, depuis 1903, des commissions des Travaux publics et du Commerce et de l'Industrie.

Après avoir soutenu d'une façon générale, la politique du cabinet Méline, combattu le ministère Brisson et voté presque constamment pour le cabinet Dupuy, l'honorable député a été l'adversaire constant des ministères Waldeck-Rousseau et Combes.

Directeur du *Journal du Havre*, important organe politique et maritime, M. Louis Brindeau a également collaboré d'une façon brillante au *Bulletin de l'Association nationale républicaine*.

Nommé chevalier de la Légion d'honneur comme maire du Havre et pour sa conduite lors de l'épidémie de choléra en 1892, M. Louis Brindeau est, en outre, officier de l'ordre du Sauveur de Grèce.

CONSTANS (Jean-Antoine-Ernest)

Sénateur, diplomate, ancien ministre, né le 5 mai 1833 à Béziers (Hérault), où son père était conservateur des hypothèques. Il prit ses inscriptions de droit à la Faculté de Toulouse jusqu'au doctorat et se fit recevoir au barreau de cette ville. Puis il habita quelque temps l'Espagne, où il s'occupa d'industrie. A son retour en France, il fut nommé professeur agrégé de droit successivement aux Facultés de Douai, de Dijon et, en 1872, de Toulouse.

Elu, en 1873, conseiller municipal, puis adjoint au maire de cette dernière ville, il se vit révoquer de ses fonctions au 24 mai 1873, pour la part qu'il avait prise à l'organisation des écoles communales laïques. De plus, pour l'éloigner de Toulouse, le ministre de l'Instruction publique, M. de Cumont, le renvoya à Dijon ; mais M. Constans refusa ce poste et se fit inscrire à nouveau au barreau de Toulouse. En 1875, un autre ministre, M. Wallon, le réinstallait dans sa chaire.

Candidat républicain dans la 1ʳᵉ circonscription de Toulouse, aux élections législatives de 1876, il fut élu député par 6,489 voix, contre 6,000 à deux concurrents. A la Chambre, siégeant au groupe de l'Union républicaine, il prit une part active à la résistance contre le gouvernement du Seize-Mai et fut réélu, comme l'un des 363, le 14 octobre 1877, par 7.742 voix, contre 3,957 à M. de Lacroix, légitimiste.

Le rôle important que devait jouer M. Constans dans les affaires du pays commença à se dessiner dès l'avènement de M. Grévy à la présidence de la République. A la fondation du cabinet Freycinet (28 décembre 1879), il fut désigné comme sous-secrétaire d'Etat à l'Intérieur, M. Lepère étant ministre. Celui-ci s'étant retiré le 18 mai 1880, M. Constans prit son portefeuille et se trouva chargé, comme ministre de l'Intérieur, de l'exécution des décrets contre les congrégations religieuses (29 juin).

Un ministère présidé par M. Jules Ferry ayant succédé au cabinet Freycinet, M. Constans en fit partie (23 septembre 1880) et présida ainsi aux élections générales d'août 1881.

Il fut, à cette date, élu député à la fois à Toulouse et à Bagnères-de-Bigorre. Il opta pour Toulouse, où il avait obtenu 6,828 voix, contre 6,164 données à deux concurrents, l'un monarchiste, l'autre républicain.

Le 14 novembre 1881, le cabinet Freycinet, dont il faisait partie, cédait la place au ministère Gambetta.

Dans cette législature, M. Constans défendit, et fit voter par la Chambre, le rétablissement du scrutin de liste, que Gambetta n'avait pu obtenir.

Porté sur la liste républicaine de la Haute-Garonne aux élections du 4 octobre 1885, il fut élu, au scrutin de ballottage, par 57,689 suffrages sur 113,413 votants.

Peu après, M. Constans accepta la mission de terminer les négociations engagées avec la Chine sur l'application du traité de commerce franco-chinois. Il put obtenir d'importantes modifications, avantageuses pour la France, au traité de Tien Tsin.

En 1887, il reçut en mer, tandis qu'il rentrait en France, sa nomination, à titre provisoire, de gouverneur-général de l'Indo-Chine. Il s'empressa de se rendre à son poste, et son administration se fit remarquer par un large esprit de tolérance à l'égard des populations indigènes pour leurs priviléges et leurs mœurs.

Revenu en congé à Paris, ses vues ne concordant pas avec celles des chefs de l'administration centrale, il renonça aux fonctions qu'il détenait temporairement et que le gouvernement se proposait de lui offrir à titre définitif (juillet 1888), et il reprit son siège à la Chambre.

Après la chute du ministère Floquet, M. Constans reçut dans le cabinet Tirard le portefeuille de l'Intérieur (22 février 1889). Ce ministère eut à s'occuper de trois affaires très importantes, en cette année 1889 : l'Exposition universelle, la lutte contre le boulangisme et les élections générales législatives.

La lutte contre le boulangisme surtout fut l'œuvre de M. Constans. Arrivant au pouvoir après l'élection du général Boulanger à Paris (27 janvier), il prit d'énergiques mesures contre la Ligue des Patriotes et les chefs du mouvement boulangiste ; il constitua le Sénat en Haute-Cour de justice et fit condamner par celle-ci le général, MM. Rochefort et Dillon, à la peine de la déportation, entraînant la privation des droits politiques (11 août). Il avait au habilement inciter, quelque temps auparavant, le général à prendre la fuite. Réfugié en Belgique, ce dernier s'y suicida deux ans plus tard.

La campagne électorale, faite au scrutin uninominal, s'acheva par la défaite, le 22 septembre, du parti boulangiste et des conservateurs coalisés avec lui.

Candidat lui-même dans la 1ᵉʳ circonscription de Toulouse, M. Constans y rencontra la plus violente opposition et de nombreux concurrents ; néanmoins, il obtint au premier tour 7,270 voix, contre 8,059 partagées entre les trois autres candidats et fut élu, au second tour, par 8,600 suffrages, contre 6,874 réunis par M. de Susini.

Deux mois après, une vacance sénatoriale partielle s'étant produite dans la Haute-Garonne par le décès de M. Féral, M. Constans se portait candidat à la Chambre-Haute et était élu, le 29 décembre, obtenant 603 voix, sur 960 votants. Le 1ᵉʳ mars suivant (1890), à la suite d'un dissentiment avec le président du Conseil, M. Tirard, il donna sa démission de ministre. Le cabinet ne lui survécut que quelques jours ; le 17 mars, un nouveau, formé par M. de Freycinet, lui rendait le portefeuille de l'Intérieur, et M. Constans sut reprendre sur la majorité de la nouvelle Chambre, l'ascendant qu'il avait exercé sur l'ancienne.

Aussi devint-il personnellement l'objet des attaques violentes des anciens boulangistes et de toutes les fractions de l'opposition. M. Henri Rochefort, notamment, dans son journal l'*Intransigeant*, s'acharna à ce moment, et longtemps encore après cette époque, contre M. Constans, avec l'ardeur, et il faut le dire, avec la passion, que cet écrivain apporte habituellement dans ses controverses politiques. Un député, M. Laur, ayant, dans une interpellation déposée à la séance du 19 janvier 1902, essayé de porter à la tribune de la Chambre les mêmes accusations parfois infamantes que reproduisaient journellement les feuilles boulangistes, M. Constans, dans un moment d'impatience, se livra sur ce député à des voies de fait assez vives, que la Chambre excusa, d'ailleurs, en votant la question préalable sur l'interpellation de M. Laur par 339 voix contre 43. Dans cette période, M. Constant déposa un projet de loi sur les retraites ouvrières, qui a donné naissance aux propositions analogues discutées depuis.

Le cabinet Freycinet, dont faisait partie M. Constans, se retira le 26 février 1892, remplacé par un ministère Loubet.

Aux approches du renouvellement général législatif de 1893, le sénateur de la Haute-Garonne prononça, à Toulouse, un discours retentissant pour préciser les grandes lignes de son programme politique.

M. Constans prit longtemps une part active aux travaux du Sénat ; il est intervenu notamment pour défendre son projet de loi sur l'instruction criminelle, dont le vote par le Parlement a fait disparaître de nos codes le secret de l'instruction.

Le 15 février 1896, sa candidature fut posée à la présidence de la Haute-Assemblée, en remplacement de M. Challemel-Lacour ; mais M. Loubet fut élu.

M. Constans a présidé la Commission sénatoriale d'enquête sur l'Algérie, poste qu'avait occupé Jules Ferry. Son mandat a été renouvelé aux élections sénatoriales du 3 janvier 1897, par 492 voix sur 980 votants, après deux tours de scrutin Il y eut bien un troisième scrutin à cette élection, et M. Constans y fut battu par M. Paul de Remusat ; mais le Sénat décida que ce troisième tour devait être annulé, M. Constans ayant, dès le second, obtenu la majorité. M. de Remusat, d'ailleurs, mourut durant le débat, ce qui en facilita la solution.

En décembre 1898, M. Ernest Constans fut envoyé comme ambassadeur de France en Turquie. A ce titre, il a fait aboutir, en 1902, selon les vues de notre diplomatie, les réclamations depuis longtemps pendantes devant la Sublime-Porte au sujet de créances importantes réclamées par les héritiers Lorando et Tubini au gouvernement ottoman.

GALPIN (Gaston-Georges)

Député, né à Alençon (Orne) le 9 janvier 1841. Arrière-petit-fils du dernier bailli de Fresnay-sur-Sarthe, fils d'un juge au tribunal d'Alençon, il appartient à une vieille famille de la Sarthe. Reçu licencié en droit à la Faculté de Caen dès 1862, il entra, la même année, dans l'administration, comme chef de cabinet du préfet de la Moselle, qu'il suivit ensuite dans la Côte-d'Or au même titre. En même temps, il accomplissait son stage d'avocat aux Cours d'appel de Metz et de Dijon.

Devenu, en 1868, conseiller de préfecture de l'Yonne, M. Galpin donna sa démission, après le 4 septembre 1870, pour s'engager dans la deuxième armée de la Loire, où il fut sous-intendant militaire au quartier général de Chanzy.

Nommé, en 1876, maire d'Assé-le-Boisne et, en 1877, conseiller général de la Sarthe pour le canton de Fresnay-sur-Sarthe, il fut vice-président du Conseil général de 1886 à 1892 et n'a pas cessé, depuis sa première élection, de faire partie de cette assemblée. Il a fondé, en 1880, dans le canton de Fresnay, un Comice, et en 1888, un Syndicat agricole ; il préside ces deux groupements depuis leur création.

Aux élections générales de 1885, porté sur la liste conservatrice de la Sarthe, M. Galpin avait été élu député par 51,758 voix sur 102,034 votants. Au renouvellement législatif de 1889, fait au scrutin uninominal, il fut nommé dans la deuxième circonscription du Mans, obtenu 11,213 voix contre 7,680 à M. Paillard-Ducléré, républicain, député sortant. Il a été réélu dans la même circonscription : en 1893, par 9,880 voix contre 8,289 à M. Soubre, républicain ; en 1898, par 11,244 suffrages contre 7,471 à M. Paul Ligneul, républicain radical, maire du Mans ; et en 1902, par 11,133 voix contre 7,752 à M. Lebert, avocat au Mans, républicain ministériel.

Inscrit, dès son entrée à la Chambre, au groupe de l'Appel au peuple, M. Galpin n'appartient plus à aucun groupe depuis 1889.

Il a été membre de diverses commissions, notamment celle d'initiative parlementaire, celles relatives aux sous-préfets, à la création de chambres consultatives d'agriculture, à l'organisation du Conseil supérieur de l'Agriculture, la grande Commission des Douanes (de 1894 à 1902), celle de l'Agriculture (de 1898 à 1902), dont il était vice-président.

L'honorable représentant de la Sarthe s'est surtout occupé, à la Chambre comme au Conseil général de son département, des questions agricoles et économiques. A la Chambre, il a pris une part active à la discussion des lois relatives aux encouragements à la culture du lin et du chanvre, aux droits des bouilleurs de cru, etc.

CHARMES (Marie-Joseph-Julien-Francis)

Sénateur, publiciste, né à Aurillac (Cantal) le 21 avril 1848. Il se fit inscrire à la Faculté de Droit de Paris en 1867 et fut reçu licencié en août 1872. Pendant la guerre de 1870-1871, il avait fait partie de l'armée de la Loire, comme lieutenant, puis capitaine, des mobiles de son département.

M. Francis Charmes débuta dans la presse en 1872, en collaborant au *XIXe Siècle* d'Emond About ; peu de temps après, il passait au *Journal des Débats*, qu'il n'a jamais quitté. Depuis 1890, il est aussi chargé de la chronique politique de quinzaine à la *Revue des Deux-Mondes*. Ses articles, dans ces deux importants organes, sont toujours très remarqués et commentés.

Nommé, en 1880, sous-directeur politique au ministère des Affaires étrangères, puis ministre plénipotentiaire de deuxième classe, M. Francis Charmes quitta cette fonction en 1881, pour se faire élire député du Cantal, dans l'arrondissement de Murat, par 4,407 voix, contre 1,667 à M. Teissèdre, député sortant.

Siégeant à l'Union démocratique, il prit part à de nombreuses discussions sur la politique étrangère et coloniale, notamment pour soutenir le condominium anglo-français en Egypte en 1883, et pour déposer, en 1884, avec M. Ribot, un ordre du jour contre la politique coloniale de Jules Ferry. Il fut secrétaire de la Chambre en 1883.

Après le rétablissement du scrutin de liste, qu'il avait voté lui-même, M. Francis Charmes, porté sur la liste républicaine du Cantal en 1885, échoua au deuxième tour de scrutin, avec 17,636 voix sur 41,361 votants. Il rentra alors au ministère des Affaires étrangères comme directeur des affaires politiques, et fut bientôt nommé ministre plénipotentiaire de 1re classe et conseiller d'État en service extraordinaire.

En 1889, au renouvellement général législatif, fait au scrutin uninominal, il retrouva son siège de député de Murat, élu, dès le premier tour, par 4,171 voix contre 2,831 à M. de Castellane, ancien député. Son mandat fut renouvelé, dans le même arrondissement, en 1893, par 4,099 voix, sans concurrent ; mais au renouvellement général de 1898, il se désista avant le second tour après avoir obtenu au premier, 2,256 voix contre 3,205 à l'élu, M. le Dr Peschaud, radical, et 1,639 au marquis de Castellane.

Pendant son séjour à la Chambre, M. Francis Charmes était inscrit au groupe agricole et à celui des républicains de gouvernement. Il est intervenu dans maintes discussions de divers ordres. Rapporteur de la Commission du règlement de la Chambre, il fit repousser, contre M. Léon Bourgeois, l'institution de grandes commissions parlementaires correspondantes aux divers ministères (1889 et 1890). Comme rapporteur de la Commission du Budget pour la loi sur les sucres, il fut le principal auteur de la révision de la loi de 1884 (1891) A propos des affaires de Madagascar et d'Egypte, il combattit le ministère Bourgeois (1896), etc. Il fit partie des Commissions du Budget, de l'Armée et autres commissions spéciales.

M. Francis Charmes a été conseiller général du Cantal, pour le canton de Marcenat, de 1892 à 1898.

En 1900, il fut élu sénateur du Cantal par 315 suffrages sur 577 votants, en remplacement de M. Devès, décédé. Il a été réélu en 1903, au renouvellement triennal, par 288 voix sur 577 votants.

M. Francis Charmes siège à l'Union républicaine sénatoriale. Dans la discussion de la loi sur les associations, il soutint un amendement ayant pour objet de faire accorder ou refuser les autorisations que demandaient les congrégations religieuses par des décrets et non par des lois (1901). Il a été rapporteur de la Commission chargée d'étudier la proposition de M. Bérenger sur l'organisation des conseils du travail, et a combattu à ce titre l'organisation de ces conseils telle que l'avait établie M. Millerand, ministre du Commerce. La proposition qu'il soutenait fut votée à une grande majorité (1902).

On doit à M. Francis Charmes un volume d'*Études historiques et diplomatiques* (1885).

Chevalier de la Légion d'honneur en 1878, promu officier en 1886, l'honorable sénateur est, en outre, dignitaire de nombreux ordres étrangers.

CHARMES
(François-Anne-Marie-Xavier)

ADMINISTRATEUR, écrivain, membre de l'Institut, frère du précédent, né à Aurillac le 25 novembre 1849. Ses études classiques terminées, il entra dans l'administration universitaire comme secrétaire d'Académie. Appelé plus tard au ministère de l'Instruction publique, il fut choisi, en 1877, par M. Bardoux, alors ministre de ce département, comme chef de cabinet.

Après la chute de celui-ci, M. Xavier Charmes occupa les fonctions de chef de division du secrétariat (ancienne direction des Lettres et des Arts) et, à la réunion de cette division avec la direction de la comptabilité, il devint directeur de ces deux services, en 1881. A ce titre, il était membre de droit de toutes les sections du Comité des Travaux historiques. Il a quitté son poste en 1901.

M. Xavier Charmes a produit une série de rapports administratifs d'un grand intérêt, notamment sur la *Création d'un Institut d'archéologie orientale au Caire*. Il a fourni, en outre, à la *Collection des documents inédits relatifs à l'Histoire de France*, une très importante publication intitulée : le *Comité des Travaux historiques et scientifiques*, histoire et documents (1886, 3 vol.). Il a aussi collaboré à la *Revue de France* et à d'autres publications savantes.

Il a été élu, le 12 mars 1887, membre libre de l'Académie des Sciences morales et politiques.

M. Xavier Charmes est commandeur de la Légion d'honneur depuis 1896.

COACHE (Émile-Charles-Alfred)

Député, industriel, né à Gennes-Ivergny (Pas-de-Calais) le 8 mai 1857, d'une famille d'industriels et d'agriculteurs artésiens.

Après avoir achevé, au lycée d'Amiens, ses études classiques (lettres et sciences), il suivit à Paris les cours de la Faculté de Droit et écrivit dans divers journaux ou revues littéraires et scientifiques.

Propriétaire et industriel dans la région, il se fixa, en 1886, à Abbeville, où il consacra ses loisirs à l'étude de questions scientifiques ou économiques, à la création, à la direction ou au fonctionnement de nombreuses sociétés, telles que le « Souvenir français », société nationale des tombes militaires, la section de la Société de Topographie de France, la Conférence scientifique d'Abbeville et du Ponthieu, la Société d'émulation d'Abbeville, l'Union commerciale et industrielle d'Abbeville et de l'arrondissement, la Mutualité Scolaire, la Société d'horticulture de l'arrondissement d'Abbeville, etc.

Conseiller municipal de Crécy-en-Ponthieu (Somme) depuis 1892, il fut élu conseiller général du canton de ce nom, le 28 juillet 1895, au premier tour de scrutin, contre M. Jules Sagebien, conseiller sortant, radical, et M. Louis Roussel, candidat libéral.

Quatre mois plus tard, le 24 novembre 1895, il succédait à M. Froment, député de la 1re circonscription de l'arrondissement d'Abbeville, élu sénateur; battant par 8,685 voix M. Carette, ancien député radical et ancien maire d'Abbeville, qui n'obtenait que 5 001 suffrages. Il a été réélu, sans concurrent, en 1898, par 12,727 voix, et, en 1902, par 12,385 suffrages contre 1,711 à M. le docteur Dufour de Villerose, socialiste révolutionnaire.

Républicain « sans épithète », M. Coache n'est inscrit, au Palais-Bourbon, à aucun groupe politique.

Respectueux de toutes les convictions sincères, a-t-il écrit, je ne serai jamais avec les intransigeants ni avec les sectaires. Libre de toute attache, j'apporte, avec une indépendance absolue de caractère, une foi entière dans l'avenir de nos institutions et dans l'œuvre de justice sociale qui est la conséquence du progrès vraiment républicain.

Il a fait successivement partie de la Commission des patentes, de la Commission du Commerce et de l'Industrie, de la Commission de législation fiscale, ainsi que des divers groupes de défense des intérêts agricoles, commerciaux et industriels. Il est membre de la Commission des Postes et des Télégraphes.

M. Coache s'est particulièrement intéressé, tantôt sous la forme de propositions de lois ou d'amendements, tantôt en intervenant avec succès à la tribune, aux questions agricoles, commerciales et militaires. Il est, notamment, l'auteur d'une proposition sur le tir obligatoire, dont toute la presse a parlé en son temps, proposition tendant à faciliter la réduction de la durée du service actif par l'enseignement et la pratique du tir. Il a, de plus, déposé, sur la loi réduisant à deux ans le service militaire, un amendement par lequel il demande la réduction des périodes d'exercices de 28 et de 13 jours.

Officier d'artillerie territoriale, membre du Conseil d'administration de la Société de tir au canon de Paris (École annexe d'instruction du gouvernement militaire de Paris), membre d'honneur de l'Union des Sociétés de tir de France, président de la Société de gymnastique, d'escrime et de tir (mixte) « l'Abbevilloise », membre du Comité consultatif spécial de tir à l'Exposition universelle de 1900, M. Coache a publié, sur la *Carte de l'Etat-major français*, un ouvrage qui a été couronné par la Société de Topographie de France.

VALLÉ (Ernest)

Sénateur, avocat, ministre, né à Avize (Marne) le 19 septembre 1845. Il commença ses études au collège d'Epernay et les termina au lycée de Reims. Il fit ensuite son droit à Paris, et fut successivement secrétaire de Me Le Blond, puis de Me Cresson.

Inscrit, dès 1867, au barreau de Paris, M. Vallé prit part au mouvement de la jeunesse républicaine contre l'empire; il fit partie du comité antiplébiscitaire et fut chargé de distribuer dans les casernes des bulletins de vote portant *non*. Pendant la campagne de 1870-71, il servit dans la garde mobile.

Depuis, comme avocat à la Cour d'appel, il s'est occupé de nombreuses causes civiles, dont certaines assez retentissantes, telle en dernier lieu celle du banquier Cattaui contre la famille Humbert (1903).

En 1886, le canton d'Avize envoya M. Ernest Vallé au Conseil général de la Marne. Candidat, aux élections législatives de 1889, dans l'arrondissement d'Epernay, il fut élu député, au premier tour, par 12,390 voix, contre 8,804 obtenues par M. Mérendet, révisionniste. Les mêmes électeurs ont renouvelé son mandat aux élections générales de 1893, par 9,183 suffrages contre 7,165 à deux candidats socialistes et à celles de 1898, par 12,010 voix, contre 10,870 à trois concurrents.

Durant la législature de 1889-93, M. Vallé intervint dans un certain nombre de discussions intéressant plus particulièrement la procédure. Il fut nommé, en 1892, rapporteur général de la Commission d'enquête sur les affaires de Panama et il décida la Commission à rendre public le rapport qu'il avait dressé.

En 1891, il fut encore chargé du rapport sur la réforme judiciaire et l'extension de la compétence des juges de paix ; il conclut en faveur de cette dernière disposition et de la réduction des frais de justice.

Quand M. Henri Brisson forma son second ministère, le 28 juin 1898, il s'adjoignit, comme sous-secrétaire d'Etat à l'Intérieur, M. Vallé, qui démissionna, avec le cabinet, le 25 octobre suivant.

L'année précédente, M. Vallé s'était présenté aux élections sénatoriales dans la Marne et avait échoué, n'obtenant que 434 voix sur 990 votants (3 janvier 1897). Après le décès de M. Poirier, il posa encore sa candidature et, plus heureux cette fois, il fut élu sénateur de la Marne, le 20 novembre 1898, par 499 suffrages sur 993 exprimés.

Membre de la Commission de la Haute-Cour, il n'est inscrit à aucun groupe sénatorial.

Titulaire du ministère de la Justice dans le cabinet présidé par M. Emile Combes (7 juin 1902), il a, en cette qualité, contribué au vote des mesures contre les congrégations (1903).

CARRANCE (Evariste)

Publiciste, poète, auteur dramatique, né à Bordeaux (Gironde) le 1er octobre 1842. Après avoir fait de brillantes études dans sa ville natale, il se fit recevoir docteur en droit ; puis il se consacra exclusivement aux lettres.

Journaliste, poète, auteur dramatique, romancier, conteur, nouvelliste, ce fécond écrivain a publié plus de cent volumes ou brochures diverses et des milliers d'articles dans la presse de Paris ou de province.

A Bordeaux, où il eut longtemps sa résidence, il fut successivement rédacteur en chef de l'*Echo littéraire* et du *Contemporain*. Dès 1864, il fondait les Concours poétiques de France, œuvre prospère, dont l'organe, également créé par lui, la *Revue française*, a largement contribué à la diffusion de la poésie nouvelle.

Depuis 1878, M. Evariste Carrance est rédacteur en chef de l'*Indépendant du Lot-et-Garonne*, paraissant à Agen. Il a collaboré, en outre, au *Temps*, au *Figaro*, au *Journal du Dimanche*, à la *Fraternité*, au *Journal de Nantes*, etc.

Depuis son premier livre, un roman, intitulé : *Simple histoire* (1858), M. Evariste Carrance a fait paraître notamment : le *Monde*, poème, avec une lettre de Lamartine (1861) ; le *Marquis de Fornas*, roman (1 vol. 1864); le *Roi des Pêcheurs*, roman (1 vol. 1865) ; le *Roman de Pâquerette* (1 vol. 1869) ; la *France républicaine* (1 vol. 1870); *De ma fenêtre*, croquis et profils (1 vol. 1872) ; le *Mariage chez nos pères*, récit (1 vol. 1872); les *Livres du Peuple* (1 vol. 1873) ; *Histoire d'un mort*, roman (1 vol. 1873) ; *Tobie* (1 vol. 1874) ; les *Nuits d'automne*, poésies (1 vol. 1875) ; les *Mystères de Royan*, roman (1 vol. 1876); *Aventures du Dr Van der Bader*, ouvrage traduit en russe, espagnol, anglais, italien, etc. (1 vol. 1877) ; *Légendes sacrées* (1 vol 1880) ; les *Flèches d'argent*, poésies (1 vol. 1882) ; *Contes grivois*, quatre séries (1887 et 1889) ; *Coriolan*, adaptation très remarquable en vers, du drame de Shakespeare (1 vol. 1889 ; les *Mystères d'Agen*, édités en livraisons illustrées (1891) ; *Histoire d'une mort*, édition illustrée (1 vol. 1894) ; *Contes.... courants* (1 vol. 1894) ; *Légendes sacrées* (2e vol. 1898) ; *Conte de Noël* (1901, 6e édit.); *Monologues* en prose et en vers, 20 livraisons (1902-1903) ; le *Petit Conteur*, dix volumes de nouvelles (1902-1903).

Il a composé, en outre, des pièces de théâtre dont la série forme, en 1903, trente volumes. Plusieurs ont été représentées à Paris, d'autres en province, avec des succès notables. Citons comme comédies en un acte : *Vingt minutes d'arrêt* ; *Maison à louer* ; le *Talisman de Colette* ; la *Petite voisine* ; le *Baiser* ; la *Marotte* (en vers) ; *En Province* (en vers); l'*Emeraude* ; le *Camélia* ; *France et Russie* ; *Sous les marronniers* ; *Tyrans en jupons* ; *A vingt ans* (en vers) ; les *Toqués* (en vers) ; le *Gant rose* (en vers) ; *Une brioche* (en vers) ; l'*Oncle Babylas* ; le *Retour du Marin* ; *Ma Belle-Mère* ; la *Georgienne*, drame ; le *Revenant* ; *Par express* ; *Je porte la culotte* ; le *Vilebrequin* ; les *Braves gens* ; le *Duc de Clarence*, drame ; les *Faiblesses de Croquenbois* ; *Arlequin à Paris* (vers) ; le *Capitaine Bouton-d'Or* ; deux comédies en trois actes : *Choix d'un mari* et *Ruses de l'amour* ; *Amour mortel*, drame en cinq actes, en prose, etc.

M. Evariste Carrance est encore l'auteur de plus de cent romances, dont la musique a été écrite par MM. Pigot, Cavallo, Lataste, Jules Capry, etc.

Très apprécié comme romancier, journaliste fécond et verveux, il est surtout remarquable poète.

Carrance, a écrit un critique, naquit poète. Il fait ses vers comme les oiseaux chantent ; comme Giotto, berger, dessinait ses brebis sur le sable du rivage Toscan.

M. Pierre Loris écrit, d'autre part, de son *Corolian*:

Sa traduction serre de près l'original, autant du moins que le permettent notre poétique parfois exclusive, et le génie si différent des deux langues... M. Carrance a été guidé par son instinct d'artiste... L'auteur a su rendre la merveilleuse variété de son modèle. Il a fait preuve d'une souplesse de talent qui n'est pas l'un des moindres mérites du livre.

M. Évariste Carrance remplit, à Agen, les fonctions de consul des républiques du Vénézuela et du Guatemala d'Amérique.

Membre de la Société des Auteurs dramatiques, président des Concours poétiques du Midi et des Sociétés des Sauveteurs de Saône-et-Loire, de Naples, de Milan, d'Algérie, etc., il fait partie de l'Institut de Genève et de plusieurs autres corps savants.

Officier de l'Instruction publique, il est commandeur de l'ordre de Saint-Marin, de Saint-Georges, du Venezuela, de la Croix-Rouge, etc.

ISOARD (Paul)

ÉPUTÉ, médecin, né à Marseille (Bouches-du-Rhône) le 25 novembre 1869. Fils du Dr Marius Isoard, qui fut professeur d'anatomie, maire de Marseille, député des Basses-Alpes (1839-1894), il fit ses études classiques et médicales dans sa ville natale. Reçu, le premier, externe des hôpitaux de Marseille en 1890, et le premier à l'internat en 1892; nommé, en 1893, prosecteur d'anatomie physiologique à l'École de Médecine, il fut reçu docteur avec une thèse sur les *Ostéopercostites suppurées d'origine grippale*, qui fut remarquée.

Le Dr Isoard exerça sa profession à Marseille, où il devint médecin des différents services de vaccination, de police, etc. En même temps, faisant activement de la politique, il fut choisi comme président du comité électoral qui soutint, en 1898, la candidature de M. Cadenat, socialiste, contre celle de M. Bouge, député sortant, modéré.

Élu conseiller municipal sur la liste de M. Flaissières, alors maire de Marseille, le Dr Isoard devint adjoint, délégué municipal pour l'hygiène et l'assistance publique, et administrateur des hôpitaux. Sa conduite, pendant diverses épidémies qui sévirent à Marseille, lui valut les médailles d'or des hôpitaux et du ministère de l'Intérieur.

Candidat, en 1901, aux élections pour le Conseil général des Bouches-du-Rhône, dans le IVe canton de Marseille, le Dr Isoard échoua à quelques voix de minorité contre M. Muysonnave, dont l'élection fut ensuite invalidée par le Conseil d'État pour fraudes et corruptions électorales. Mais il ne se représenta pas lui-même lors de l'élection qui suivit, non plus qu'aux élections municipales qui eurent lieu après la dissolution du Conseil municipal (juillet 1902).

A ce moment, le docteur Isoard était allé s'établir dans les Basses-Alpes, où sa famille possède de nombreuses attaches; il dirigeait déjà, depuis quelques années, dans ce département, un organe républicain: l'*Avenir des Alpes*, qui, sous le nom de la *République provençale*, est devenu l'une des feuilles les plus répandues du Midi; et il y avait été candidat, aux élections législatives de 1898, contre M. Sicard, élu député de l'arrondissement de Forcalquier.

Au renouvellement de la Chambre de 1902, M. Isoard appuya, dans cet arrondissement, la candidature de M. Defarge, radical-socialiste, au succès de laquelle il contribua pour une large part. C'est en partie également à ses efforts personnels qu'il faut attribuer l'élection au Sénat de MM. Defarge et Gassier, le 15 février 1903, après l'invalidation de MM. Andrieux et Fruchier, nationalistes.

Le 7 juin de la même année, le Dr Isoard fut élu lui-même député de l'arrondissement de Forcalquier, en remplacement de M. Defarge, et par 4,082 voix contre 3,969 à M. Sicard, progressiste.

Inscrit au groupe socialiste, l'honorable représentant des Basses-Alpes s'intéresse beaucoup aux questions économiques et agricoles.

HEIM (Frédéric)

ÉDECIN, botaniste, né à Metz le 1er janvier 1869. Il appartient à une ancienne famille alsacienne. Neveu du célèbre peintre d'histoire Heim, fils d'un commandant du génie qui a laissé des œuvres de cartographie et de topographie appréciées, il fit de brillantes études classiques au lycée Charlemagne à Paris; puis, il se fit inscrire aux Facultés des Sciences et de Médecine. Reçu docteur en médecine et docteur ès-sciences naturelles en 1892, il devint préparateur, puis chef du laboratoire de botanique du professeur Baillon. La même année, il était nommé, à l'unanimité moins une voix, professeur agrégé à la Faculté de Médecine, avec une dispense d'âge (la limite étant 25 ans).

Appelé, en 1895, à la direction intérimaire des services de la chaire d'histoire naturelle médicale à la Faculté de Médecine de Paris, il organisa l'enseignement de l'histoire naturelle médicale d'après le nouveau régime d'études établi en raison de l'organisation du P. C. N. dans les Facultés des Sciences.

Après la mort du docteur Baillon, il fut porté, bien que n'ayant pas l'âge réglementaire et sans avoir fait acte de candidat, sur la liste des candidats présentés par la Faculté à la nomination ministérielle. Des différends retentissants, survenus alors entre lui et M. Raphaël Blanchard, le nouveau professeur titulaire d'histoire naturelle, durent être tranchés par le Conseil supérieur de l'Instruction publique et aboutirent à la suppression momentanée de l'enseignement du professeur et de l'agrégé.

L'enseignement de la botanique se trouvant supprimé à la Faculté de Paris, et la chaire d'histoire naturelle étant occupée, le Dr Heim accepta du ministère des Colonies, en 1897, la mission d'aller étudier, à Bruxelles, les collections botaniques de l'État indépendant du Congo ; il s'occupa dès lors de botanique coloniale et économique, des plantes utiles à l'agriculture et à l'industrie et il dressa, en 1899, à la demande du ministère du Commerce, un rapport sur les mesures propres à faciliter en France l'étude des matières premières.

Nommé, en 1899, chef du service scientifique créé au ministère du Commerce à la suite de ce rapport, il passa, en 1901, à la direction du laboratoire des matières végétales, transféré au Conservatoire des Arts et Métiers. Puis, M. Heim devint, en 1903, professeur à l'École nationale supérieure d'Agriculture coloniale (chaire de matières premières coloniales, créée pour lui).

M. le Dr Heim a collaboré aux travaux techniques de diverses commissions ministérielles dont il est membre : Commission technique au ministère de l'Agriculture ; Comité consultatif de l'agriculture des Colonies ; Commissions des méthodes d'essai au ministère des Travaux publics, d'Hygiène industrielle au ministère du Commerce ; Conseil de perfectionnement de l'Office colonial. Délégué de la Guyane au ministère des Colonies, il a déterminé, par la fondation du Comité de la Guyane française, dont il est l'âme, un vif courant d'opinion en faveur de cette colonie, aussi riche que peu connue. Pénétré de cette vérité que c'est par la connaissance scientifique préalable de leurs ressources naturelles que les colonies doivent procéder à leur mise en valeur méthodique, il a, pour l'établir, entrepris la publication d'une série d'études sur la *Flore économique et les produits végétaux utiles de la Guyane française*.

Parmi les travaux de M. Heim, publiés en ouvrages isolés, nous citerons : *Recherches médicales sur le genre Paris* (thèse inaugurale, 1892) ; *Recherches sur la famille des Diptérocarpacées ; Contribution à l'étude du sang des Crustacés* (thèses de doctorat ès-sciences, Sorbonne, 1892) ; *Recherches scientifiques sur les matières premières* (1901) ; *Études sur les productions et cultures coloniales* (1902-1903) ; *Notes de Botanique pure et appliquée*, véritable recueil, par fascicules, de notes se rapportant aux diverses branches de la botanique (1898-1903). Ses notes et mémoires relatifs à la taxinomie des phanérogames, à l'organographie, à l'anatomie, à la pathologie végétales, à la mycologie, à l'histoire naturelle médicale, aux parasites, à la physiologie comparée, sont éparses dans les *Comptes-rendus de l'Académie des Sciences*, de la *Société de Biologie*, de l'*Association française pour l'avancement des Sciences*, dans les *Bulletins des Sociétés Botanique, Mycologique, Entomologique, Thérapeutique, d'Agriculture coloniale*, etc.

MOREL (Victor-Narcisse)

Député, médecin, né à Campagne-les-Hesdin (Pas-de-Calais) le 30 octobre 1869. Fils d'un médecin très estimé, qui fut maire et conseiller d'arrondissement de cette localité, il fit lui-même ses études médicales à la Faculté de Paris, où il fut reçu docteur, en 1894, avec une thèse sur la *Tuberculose de l'Omoplate*.

De retour dans sa ville natale, il y exerça la chirurgie générale avec dévouement et succès. Conseiller municipal et maire de Campagne-les-Hesdin, il succéda dans ce mandat à son père et contribua pour sa part à la prospérité de cette commune en y créant un matériel agricole au service de tous, comprenant l'installation de bascules, semoir, pressoir à cidre, etc.; un autre matériel de secours à domicile destiné aux malades indigents ; en restaurant les écoles et en faisant édifier un hôpital cantonal.

Conseiller d'arrondissement depuis 1900, M. le Dr Morel a été élu, en mai 1902, député de l'arrondissement de Montreuil-sur-Mer, par 9,434 voix contre 8,366 à M. Truy, qui, nommé aux élections générales de 1901, avait été invalidé.

Républicain indépendant, l'honorable représentant du Pas-de-Calais n'appartient à aucun groupe parlementaire ; il s'est prononcé pour une ligne politique assurant la liberté de conscience et d'enseignement sous le contrôle de l'État, pour la réduction du service militaire à deux ans, la réforme des impôts, etc. Il s'est déclaré protectionniste.

ROUVIER (Maurice)

Sénateur, ministre, ancien président du Conseil des ministres, né à Aix le 17 avril 1842. Il fit ses études à Marseille, y fut employé de banque, et non pas avocat, comme un biographe, M. Vapereau, l'a écrit par erreur.

Encore fort jeune, il organisa, à Marseille, la Ligue de l'Enseignement, collabora au *Peuple* et au *Rappel de Provence*, organes démocratiques. En 1867, il soutint dans cette même ville la candidature au Corps législatif de Gambetta, dont il resta depuis l'ami et le disciple. Après avoir fondé, en janvier 1870, l'*Égalité*, journal d'opposition, il devint, la République proclamée, secrétaire-général de la Préfecture des Bouches-du-Rhône, vice-président du camp des Alpines, et il organisa l'enrôlement des mobiles de son département.

Candidat pour l'Assemblée nationale, aux élections du 8 février 1871, dans les Bouches-du-Rhône, il échoua, avec 44,059 voix sur 95,803 votants ; mais il fut élu, à une élection complémentaire, le 4 juillet suivant, par 34,156 voix sur 75,000 votants.

Inscrit à l'Union républicaine de l'Assemblée, M. Rouvier protesta à la tribune contre l'exécution de Gaston Crémieux à Marseille et, ayant publié à ce propos, dans le journal la *Constitution*, un article injurieux pour la Commission des grâces, il se vit menacé de poursuites ; la Chambre cependant les repoussa, sur une motion de Chéngarnier, proposant l'adoption de l' « amnistie du dédain ».

Rapporteur de la Commission pour la réforme judiciaire en Égypte, il défendit énergiquement les intérêts français en Orient. Il vota l'ensemble des lois constitutionnelles.

Élu député, le 20 février 1876, de la 3e circonscription de Marseille, par 8,503 voix contre 3,501 à M. de Rostang d'Ancézune, il reprit sa place à gauche et fut élu secrétaire de la Chambre.

Accusé, en 1876, d'un acte d'immoralité au Palais-Royal, M. Rouvier demanda lui-même à la Chambre d'autoriser les poursuites et il fut acquitté ; mais la presse conservatrice donna à cette affaire un grand retentissement.

L'un des 363, il fut réélu, en 1877, par 8,784 voix, contre 4,855 à M. de Jessé, maire de Marseille, conservateur. Il fit partie de la Commission du Budget, comme membre, rapporteur, puis président ; il soutint la politique scolaire et coloniale des ministères républicains et vit son mandat renouvelé en 1881 par 8,308 voix sur 8,884 votants. Le 14 novembre suivant, M. Maurice Rouvier fut appelé à prendre, dans le « grand ministère » formé par Gambetta, le portefeuille du Commerce et des Colonies ; il se retira avec les autres membres du cabinet le 26 janvier 1882.

Il défendit, en 1883, les conventions des chemins de fer et, en 1884, les théories libre-échangistes, à propos de la surtaxe sur les sucres étrangers ; il fut encore président de la Commission du Budget et reprit le ministère du Commerce dans le cabinet Jules Ferry (14 octobre 1884 au 29 mars 1885).

En quittant le pouvoir, il distribua des décorations en abondance et à des personnes dont le seul titre était d'avoir été attachées à son cabinet. Ces nominations eurent pour conséquence le vote, à la Chambre, d'une loi retirant aux ministres le droit de décoration au moment de leur départ ; mais ce projet ne fut pas adopté par le Sénat.

En 1885, M. Rouvier, candidat à la fois dans l'Inde et dans les Bouches-du-Rhône, échoua partout au premier tour. Pour le ballottage, il se présenta dans les Alpes-Maritimes, où il fut élu, non sans avoir jeté le trouble dans le parti républicain, par 18,787 voix sur 36,883 votants. Il présida une fois de plus, en 1886, la Commission du Budget et fut chargé, la même année, d'une mission officielle à Rome, relative aux négociations d'une convention nouvelle, destinée à remplacer le traité franco-italien expirant deux mois plus tard ; il défendit à la tribune cette convention, qui ne put aboutir (1887), et combattit les surtaxes sur les céréales.

M. Rouvier, devenu, le 30 mai suivant, président du Conseil des Ministres avec le portefeuille des Finances, éloigna du ministère de la Guerre le général Boulanger, qui en avait été titulaire sous les deux cabinets, et l'y remplaça par le général Ferron.

Comme président du Conseil, il repoussa l'urgence sur la proposition Labordère relative à l'élection du Sénat par le suffrage universel ; il fit rejeter l'exemption du service militaire demandée pour les séminaristes et les instituteurs, obtint la conversion du 4 1/2 ancien, et se retira, lors des affaires Wilson, après avoir essayé de couvrir constitutionnellement le président Grévy. Ce dernier refusa la démission de M. Rouvier ; mais il dut bientôt céder la présidence de la République à M. Carnot, qui accepta la démission du cabinet.

Président de l'Union des gauches en 1888, M. Rouvier combattit le projet de révision de M. Pelletan, refusa un portefeuille dans le ministère Floquet et fut rappelé au ministère des Finances, dans le cabinet Tirard, le 22 février 1889. Lors du krack provoqué, cette même année, par la chute du Comptoir d'Escompte, il sut préserver l'épargne d'un désastre considérable. Il conserva le ministère des Finances successivement dans les cabinets de Freycinet, Loubet et Ribot. Dans l'intervalle, il avait été, en 1889, élu député de l'arrondissement de Grasse par 10,000 voix contre 2,500 à M. Paulet, boulangiste. Il eut l'occasion de se prononcer à la Chambre en faveur du rétablissement du scrutin uninominal et pour les poursuites contre le général Boulanger.

Économiste de haute valeur, d'une compétence éprouvée en matière financière, orateur dont la parole habile projetait toujours une merveilleuse clarté sur les plus ardues questions de chiffres, M. Rouvier semblait être devenu en quelque sorte l'homme indispensable à la tête de nos finances, quand il dut quitter brusquement le pouvoir, le 12 décembre 1892, à la suite des accusations portées contre lui dans l'affaire de Panama.

Compris, le 20 décembre, au nombre des députés contre lesquels le parquet demandait et obtenait des poursuites, M. Rouvier, accusé d'avoir touché une somme de 300,000 francs, expliqua sa conduite à la Chambre, par les nécessités politiques ; disant que, chef du pouvoir, il avait dû demander à des financiers amis, qui eux l'avaient reçu de la Compagnie de Panama, l'argent que nécessitait la campagne contre le boulangisme. Il fut compris dans l'arrêt de non-lieu rendu par la Chambre des mises en accusations le 7 février 1893.

Réélu député de l'arrondissement de Grasse, au renouvellement de la même année, par 8,794 voix contre 5,629 à M. Baron, socialiste, il a vu confirmer son mandat aux élections générales successives de 1898, par 8,803 voix contre 7,041 à M. Andrieu, conseiller à la Cour de Paris, radical ; et en 1902 par 4,055 suffrages, contre 3,413 à deux concurrents, dont le précédent. (A ce moment, son collège était devenu la deuxième circonscription de l'arrondissement.)

Durant ces législatures, il a fait encore partie, à plusieurs reprises, de la Commission du Budget, dont il fut président en 1895 ; il est intervenu souvent aussi dans les débats de la Chambre, et notamment, avec retentissement : en 1894, en réponse à M. Jaurès sur le projet de loi contre les anarchistes ; en 1896, où son discours contre l'impôt sur la rente, demandé par M. Cochery, ministre des Finances, contribua à l'ajournement de ce projet ; en 1897, dans la discussion sur le crédit agricole et le privilège de la Banque de France. Durant la législature 1898-1902, il présida la Commission de l'impôt sur le revenu.

Quand M. Emile Combes forma, le 7 juin 1902, un ministère, M. Rouvier reprit le portefeuille des Finances. Il a fait voter, en cette qualité, des mesures restrictives du privilège des bouilleurs de cru et présenté un projet d'impôt sur le revenu (1903).

Le décès de M. Borriglione ayant rendu vacant un siège sénatorial dans les Alpes-Maritimes, en 1903, le ministre des Finances se présenta et fut élu sénateur de ce département.

M. Maurice Rouvier est président du Conseil général des Alpes-Maritimes depuis 1889.

CHATELLIER (Armand-Paul du)

ARCHÉOLOGUE, historien, né à Quimper (Finistère) le 13 novembre 1833. Ses études faites à Versailles, il se consacra à la peinture, fut élève des ateliers de Picot et de Th. Gudin, et exposa pendant plusieurs années aux Salons ; puis il s'adonna entièrement à l'archéologie.

M. Paul du Chatellier a opéré de nombreuses fouilles dans le Finistère qui lui ont fait découvrir d'importants objets et même des monuments intéressant les époques préhistorique, gauloise et gallo-romaine.

Choisi, en 1876, comme inspecteur de la Société française d'Archéologie pour la conservation des monuments, il fut chargé, en novembre de la même année, d'une mission scientifique, par M. Waddington, alors ministre de l'Instruction publique. Il a été nommé, en 1894, correspondant du ministère de l'Instruction publique pour les travaux historiques. Il préside la Société Archéologique du Finistère depuis 1897.

M. du Chatellier a fait connaître les résultats de ses recherches et de ses travaux archéologiques ou historiques en de fréquentes publications qui ont mis son nom en lumière. Parmi les très nombreux ouvrages, études ou mémoires qu'il a fait paraître (environ 80), nous devons mentionner les suivants, d'une importance particulière : *Réchaud gallo-romain en bronze découvert en creusant les fondations d'une maison à Quimper*, avec planches (1875) ; *Fouilles des tumulus de Plovan (Finistère)*, avec photogravures et dessins dans le texte (1876) ; *Exploration des monuments de Kerugon, de Kerflant, de Pen-ar-Menez et de Kervilloc, communes de*

Plomeur et de Treffiagat, canton de Pont-l'Abbé (Finistère), avec planches (1877) ; *Cimetière gaulois du Mont-Blanc, à Étréchy, canton de Vertus (Marne)* avec planche en chromolithographie (1878) ; *Fouilles au pied des menhirs du canton de Pont-l'Abbé (Finistère),destination de ces monuments*, avec figures dans le texte (1881) ; les *Sépultures de l'époque du bronze en Bretagne ; explorations et études comparatives*, avec photogravures et planches, ouvrage couronné par l'Institut (1883) ; *Sur diverses monnaies trouvées à Tréguennec, Finistère* (1885) ; *Exposition archéologique de Nantes* (1886) ; les *Époques préhistorique et gauloise dans le Finistère, Inventaire des monuments de ce département*, 1 vol. 22 planches (.889) ; le *Trésor de Saint-Pabu (Finistère)*, 3 dessins dans le texte (1889) ; *Oppidum de Castel-Meur*, 20 figures dans le texte (1890) ; *De quelques cachettes découvertes dans le Finistère*, 13 figures dans le texte (1891) ; la *Poterie aux Époques préhistorique et gauloise en Armorique*, avec 17 planches hors-texte et 3 phototypies dans le texte, important ouvrage couronné par l'Institut (1 vol. in 4°, Paris, 1897) ; *Une habitation gauloise à Trouoën-en-Saint-Jean-Trolimon (Finistère)*, 1 planche hors texte (Paris 1897) ; *Exploration sur les montagnes d'Arrhées et leurs ramifications*, ouvrage couronné par l'Institut (1897) ; le *Bronze dans le Finistère* (1899) ; *Relevé des monuments préhistoriques des îles du Finistère* (1901) ; *Carte des monuments préhistoriques du Finistère : dolmens, allées couvertes, menhirs, tumulus et trouvailles du Bronze* (1902) ; *Un âge du cuivre ayant précédé l'âge du bronze a-t-il existé en Armorique ?* (1903) ; la *Pointe de Kermorvan en Ploumoguer (Finistère), ses monuments, pierres à cupules* (1903), etc.

Quelques-uns des travaux ci-dessus mentionnés et d'autres sur des sujets analogues ont paru dans diverses revues savantes, auxquelles M. Paul du Chatellier apporte une collaboration fort appréciée, notamment la *Revue Archéologique*, le *Bulletin Monumental*, les *Mémoires de la Société d'émulation des Côtes-du-Nord*, la *Champagne souterraine*, les *Matériaux pour l'histoire primitive et naturelle de l'Homme*, le *Bulletin de la Société des Études scientifiques de Morlaix*, l'*Anthropologie*, les *Mémoires de la Société Archéologique de Nantes*, le *Bulletin de l'Association bretonne*, etc.

Trois fois lauréat de l'Institut (Académie des Inscriptions et Belles-Lettres), cet érudit écrivain est officier de l'Instruction publique depuis 1894.

RAUX (Albert-Charles)

LINGUISTE, écrivain, né à Paris le 12 février 1856. Il accomplit ses études classiques au lycée d'Orléans et fut, en 1889, chargé du cours d'anglais au lycée de Constantine (Algérie). Il occupe ce poste depuis lors.

M. Raux s'est fait connaître et remarquer par les travaux qu'il a publiés sur la langue et la littérature arabes. Les excellentes traductions, très consciencieuses, qu'il a données, des vieux auteurs, ont surtout contribué à mettre son nom en lumière. Parmi ses ouvrages on cite surtout les suivants : *Recueil de morceaux choisis arabes*, traduits littéralement en français (1897) ; *Chrestomathie arabe élémentaire* (1902) ; *La Lâmiyyat el'Adjam d'Ettogrâi*, poème arabe publié avec une introduction, un commentaire et une traduction en français (1903).

M. Albert Raux est officier d'Académie.

PELLEPORT-BURÈTE (Pierre-Eymerie Vicomte de)

PHILANTHROPE, publiciste, né à Bordeaux le 24 juin 1856. Il est le petit-fils du lieutenant-général vicomte Pierre de Pelleport, pair de France, créé baron de l'Empire à la bataille de Wagram et dont le nom est inscrit sur l'Arc-de-Triomphe (1773-1855) ; et le fils du vicomte Charles de Pelleport-Burète, qui fut maire de Bordeaux et sénateur de la Gironde (1829-1899).

Le vicomte Pierre de Pelleport-Burète entra à l'école de Saint-Cyr en 1876. Sorti sous-lieutenant de cavalerie le 1er octobre 1878, il devint capitaine en 1888 et donna sa démission en 1892.

Rentré alors dans sa ville natale, M. de Pelleport-Burète s'adonna entièrement à l'étude des questions d'assistance, de mutualité et de coopération, ainsi qu'à la création ou à l'extension de nombreuses œuvres philanthropiques. S'inspirant des traditions de sa famille, dont la réputation de générosité est bien établie dans la Gironde, il fonda, à Bordeaux, des institutions d'assistance par le travail pour les jeunes filles et pour les filles-mères, une société de mutualité scolaire pour les écoles libres, et, de plus, il dirige des établissements créés en vue de prévenir la mendicité et d'assister les malheureux par le travail. Il a fait, sur ces questions, de nombreuses conférences à Paris et en Province.

Depuis l'application des mesures contre l'enseignement privé, M. de Pelleport-Burète a pris une part active, parfois même dirigeante, à la défense des libertés scolaires et religieuses.

Le vicomte de Pelleport-Burète a publié des ouvrages, rapports ou études, sur l'*Assistance au XVIIe siècle et l'action de Saint-Vincent de Paul*, les *Œuvres pour les femmes*, l'*Assistance par le travail et la mendicité*, l'*Organisation catholique*, etc. On lui doit aussi un *Indicateur de la charité Bordelaise*, intéressant memento charitable qui a obtenu une récompense à l'Exposition universelle de 1900. Il est titulaire d'une médaille de la Société d'encouragement au Bien.

Président des comités bordelais de cette dernière société, président de l'Union catholique des Ecoles libres, etc., le vicomte Pierre de Pelleport-Burète est chevalier de la Légion d'honneur et de l'ordre pontifical de Pie IX.

BRETON (Jules-Adolphe-Aimé-Louis)

PEINTRE et écrivain, membre de l'Institut. Né à Courrières (Pas-de-Calais) le 1er mai 1827. Il reçut d'abord, à Gand, les conseils du peintre F. de Vigne, dont il épousa la fille ; puis il fut à Paris l'élève de Drolling.

M. Jules Breton débuta au Salon de 1849 par une scène de la Révolution : *Misère et Désespoir* ; en 1851, il envoya un autre tableau historique : la *Faim* ; mais, à partir de 1853, où il exposa le *Retour de moisson*, son pinceau n'a plus reproduit que des scènes de la vie rustique et quelques portraits. On a vu de lui, depuis ce moment, à l'Exposition universelle de 1855, les *Glaneuses* (Courrières), le *Lendemain de la Saint-Sébastien* et *Petites Paysannes consultant les épis*; puis, aux Salons annuels, les principales œuvres suivantes : en 1857 : la *Bénédiction des blés* (Artois) ; en 1859 : le *Rappel des glaneuses* (Artois) ; ces deux dernières œuvres sont, aujourd'hui, au musée du Luxembourg ; *Plantation d'un Calvaire*, le *Lundi* et une *Couturière* ; en 1861 : le *Soir*, les *Sarcleuses*, le *Colza*, l'*Incendie*; en 1863 : *Consécration de l'église d'Oignies* (Pas-de-Calais), une *Faneuse* ; en 1864 : les *Vendanges à Château-Lagrange*, une *Gardeuse de dindons* ; en 1865 : la *Fin de la journée*, la *Lecture* ; à l'Exposition universelle de 1867 : la *Becquée*, une *Source au bord de la mer*, la *Moisson* ; en 1868 : *Femmes récoltant des pommes de terre*, l'*Héliotrope* ; en 1869 : un *Grand Pardon breton*, qui est au Musée de New-York ; les *Mauvaises herbes* ; en 1870 :

les *Lavandières des côtes de Bretagne*, *Fileuse* ; en 1872 : *Jeune Fille gardant des vaches*, la *Fontaine* ; en 1873 : *Bretonne* ; en 874 : la *Falaise* ; en 1875 : la *Saint-Jean* ; en 1877 : la *Glaneuse*, qui est au Luxembourg ; en 1879 : *Portrait de Mme Breton et Fille de Mineur* ; en 1880 : le *Soir* ; en 1884 : les *Communiantes*, aujourd'hui à Montréal (Canada) et *Sur la route en hiver* ; en 1885 : le *Dernier Rayon* ; en 1887 : la *Fin du travail* et *A travers Champs* ; en 1888 : *Jeunes Filles se rendant à la procession* et l'*Etoile du berger* ; en 1889 : *Portrait de ma fille*, *Mme Demont-Breton* ; en 1890 : la *Lavandière* et les *Dernières Fleurs* ; en 1891 : le *Pardon de Kergoat* et l'*Été* ; en 1892 : *Juin* et *Souvenir de Douarnenez* ; en 1893 : le *Chemin du Pardon* et la *Dinde de Noël* ; en 1894 : la *Fin de la récolte* et la *Sonchez, à Courrières* ; en 1895 : les *Dernières glanes* et *Mon Portrait* ; en 1896 : *Dans la plaine* et *Dès l'aurore* ; en 1897 : la *Moisson des Œillettes* et *Courrières* ; en 1898 : *Glaneuse* et *Rue de village* ; en 1899 : le *Cri d'alarme* et l'*Heure secrète* ; en 1900 : *Ardeurs de crépuscule* ; en 1901 : le *Foin* et la *Mauvaise herbe* ; en 1902 : les *Corbeaux* et *Printemps* ; en 1903 : *Chaumière du Limbourg belge* et *Crépuscule*. Il a aussi exposé quelques dessins.

M. Jules Breton est, par excellence, le peintre de la vie des champs. Un sentiment poétique élevé se montre dans ses œuvres, dont la facture est toujours impeccable. Il a obtenu une 3me médaille en 1855, une 2e médaille en 1857, en 1859 une 1re, rappelée en 1861, une autre médaille de 1re classe à l'Exposition universelle de 1867 et la médaille d'honneur en 1872. Il fut membre du jury à l'Exposition de 1900.

Elu, le 20 mars 1886, membre de l'Académie des Beaux-Arts, en remplacement de Paul Baudry, il fait partie en outre des académies de Vienne, de Stockholm, de Madrid, de Bruxelles, d'Anvers, royale de Londres et de Milan.

L'éminent peintre est aussi un écrivain et un poète de mérite. Il a publié : les *Champs et la Mer* (1876) et *Jeanne*, qui a obtenu le prix Monthyon (1880), poèmes, réunis ensuite sous le titre d'*Œuvre poétique* ; la *Vie d'un artiste*, autobiographie (1893) ; *Un peintre paysan*, recueil de critiques (1895) ; *Savarette* (1900) ; *Nos peintres du Siècle* (1901) ; *Delphin Bernard* (1902) etc.

En 1903, il posa sa candidature à l'Académie française ; mais il ne fut pas élu.

M. Jules Breton est commandeur de la Légion d'honneur depuis 1889 ; il est, en outre, commandeur de Saint-Michel de Bavière, de Saint-Stanislas de Russie et officier de l'ordre de Léopold de Belgique

Il est le frère aîné d'EMILE BRETON (1831-1902), qui fut aussi un peintre de mérite. Sa fille, Mme VIRGINIE DEMONT-BRETON, née le 26 juillet 1859 et le mari de celle-ci, M. ADRIEN DEMONT, né le 25 octobre 1851, se distinguent également dans la pratique du même art. M. et Mme Demont sont tous les deux hors-concours à la Société des Artistes français et chevaliers de la Légion d'honneur.

BORRELLY (Louis-Alphonse-Nicolas)

ASTRONOME, né à Roquemaure (Gard) le 8 décembre 1842. Entré, comme élève astronome, à l'Observatoire de Marseille, en 1864, il fut nommé aide-astronome en 1868, puis astronome-adjoint en 1874. Entre temps il était envoyé, comme chef de station, à Valence, à Orange et à Barcelonnette, pour observer les étoiles filantes, de 1869 à 1871, et ses observations donnèrent d'importants résultats

Pendant plusieurs années, M. Borrelly s'est consacré à la recherche des planètes intra-mercurielles qu'on supposait exister dans le voisinage du Soleil et, dès 1880, il a conclu à la négative en ce qui concerne l'existence d'une grosse planète dans cette région.

Il a découvert plusieurs étoiles variables et des nébuleuses ; mais il s'est surtout occupé, dans ses explorations du ciel, de la recherche de planètes et de comètes. C'est lui qui, le premier, a découvert les planètes Egine, Dike, Lydie, Lomia, Lachésis, Nemesis, Lucine, Déjanire, Ophélie, Baucis, Ino, Ampella, Astérope, Vanadis, Asporine, Adorea, Polixo, Phœo, Aëria et Daruina.

Dès 1871, il avait participé à la découverte de la comète I 1871 (Vinnecke Borrelly) et constaté le premier retour de la comète périodique de Tutle.

Après Tempel, il découvrit la comète II 1873 ; puis successivement les comètes III 1873, II 1874, IV 1874 et VI 1874. Le 1er février 1875, il annonça, le premier, le retour de la comète périodique de Winnecke. Le 9 février 1877, il découvrit la comète I 1877 et le 14 avril la comète II 1877 ; puis, le 12 décembre 1889, la dernière comète de cette année (I 1890). Le 23 juillet 1900, il constatait l'existence d'une nouvelle comète Borrelly, qui fut visible à l'œil nu pendant quelques jours.

Après avoir découvert, le 2 septembre 1902, la comète Périne-Borrelly, également visible à l'œil nu, il signala encore, le 21 juin 1903, la comète C. Borrelly, qui fut visible à l'œil nu pendant près de deux mois, atteignant l'éclat d'une étoile de grandeur 2-3 et dont la presse de tous les pays s'est occupée.

Outre ces travaux, M. Borrelly a consigné plus de deux mille observations de comètes ou planètes et exécuté près de quarante mille observations méridiennes.

Ce savant, qui s'occupe aussi de météorologie, a publié plusieurs notes et une *Carte sur les orages à grêle dans les Bouches-du-Rhône*, dans le *Bulletin* et l'*Atlas météorologique de l'Observatoire de Paris*.

Vice-secrétaire de la Commission de Météorologie du département des Bouches-du-Rhône, M. Borrelly a été lauréat du Congrès des Sociétés savantes, de l'Académie impériale des Sciences de Vienne, du Bureau des Longitudes et de l'Institut de France. Il est officier de l'Instruction publique depuis 1884.

DELCASSÉ (Théophile)

DÉPUTÉ, ministre, né à Pamiers (Ariège) le 1er mars 1852. Ses études faites dans sa ville natale, il se fit recevoir licencié ès lettres à la faculté de Toulouse en 1872 et vint, l'année suivante à Paris, où dès lors, il collabora à la *République française* de Gambetta. Il se fit aussi connaître, par la suite, comme publiciste par des articles au *Paris*, au *Matin*, etc., où il traitait exclusivement les questions de politique étrangère et coloniale.

Son entrée dans la vie publique date de 1888. Nommé, à cette époque, conseiller général du canton de Vicdessos (Ariège), M. Delcassé fut élu député, en 1889, dans l'arrondissement de Foix, par 10,691 voix, contre 7,986 à M. de Narbonne, conservateur. Pendant cette législature il fut rapporteur du budget des Colonies (1892).

En 1893, il était réélu dans la même circonscription par 14,128 voix, sans concurrent. Il a été successivement réélu, en 1898, par 9,241 suffrages, contre 8,296 à M. R. Lafayette, radical-socialiste ; et, en 1902, par 13,735 voix, contre 2,648 à M. Lafayette et 1,871 à M. de Morteaux, nationaliste.

Nommé, le 1er janvier 1893, dans le cabinet Ribot, sous-secrétaire d'État aux Colonies, le ministère de la Marine et des Colonies étant aux mains de l'amiral Rieunier, M. Delcassé conserva ces fonctions dans le premier cabinet Dupuy, du 5 avril au 3 décembre 1893. Le 31 mai 1894, un portefeuille des Colonies ayant été créé dans le deuxième cabinet Dupuy, M. Delcassé fut appelé à ce ministère. Il décida et dirigea la campagne de Siam qui établit notre protectorat dans ce pays et termina celle de Dahomey (1893-1894).

Démissionnaire le 14 janvier 1895, M. Delcassé prononça, en mars 1895, un retentissant discours sur le budget des Colonies, à l'occasion de ses actes antérieurs comme ministre.

Après la chute du cabinet Méline, il reprit le portefeuille des Affaires étrangères dans le ministère Brisson (28 juin 1898) ; il le conserva dans les cabinets qui suivirent, présidés par MM. Charles Dupuy (3 novembre 1898), Waldeck-Rousseau (22 juin 1899), Combes (7 juin 1902).

Comme ministre des Affaires étrangères, M. Delcassé s'est montré favorable au maintien du protectorat religieux de la France en Orient et des bonnes relations avec le Saint-Siège. En 1898, il fit accepter sa médiation dans le conflit entre l'Espagne et les États-Unis ; la même année, après la prise de possession de Fachoda par le commandant Marchand, il dût traiter avec l'Angleterre et, se soumettant aux exigences du gouvernement anglais, faire évacuer le point occupé par nos troupes. En 1901, il signa le traité de paix conclu entre notre courageux représentant M. S. Pichon (1) et la Chine, après la campagne sanglante poursuivie dans ce pays, en 1899-1900, par les troupes européennes coalisées pour délivrer leurs nationaux, assiégés par les insurgés boxers dans Pékin : l'année suivante, il conclut avec le Siam un traité que la Chambre n'approuva pas.

L'action de M. Delcassé sur la politique extérieure de la France s'est exercée sans relâche et a produit des résultats sensibles. Il a consolidé l'alliance franco-russe et réussi, par ses efforts, à rapprocher notre pays de l'Italie, de l'Angleterre et de l'Allemagne même. Les fruits de son effort diplomatique ont été rendus visibles par les visites que firent en France divers souverains, tels que le tsar à deux reprises, les rois de Suède (1900), d'Angleterre, d'Italie (1903), et par les voyages officiels qu'il accomplit lui-même, seul ou accompagnant le président de la République, à Saint-Pétersbourg, à Copenhague, à Londres. Interpellé souvent dans les Chambres, notamment durant la guerre du Transwaal et sur les massacres d'Arménie ou de Macédoine, il a toujours fait approuver par le Parlement sa politique réservée et pacifique.

M. Delcassé est chevalier de la Légion d'honneur et dignitaire de nombreux ordres étrangers.

(1) Voir cette notice, page 23, tome IV.

CASADESUS (Henri)

Musicien, né à Paris, le 30 septembre 1879. Doué de rares dispositions musicales, il étudia très jeune et d'abord sous la direction de son père, les principes de cet art. Dès l'âge de neuf ans, il entrait au Conservatoire dans la classe de M. Albert Lavignac et, deux ans plus tard, il se consacrait déjà à l'étude exclusive de l'alto. Admis, en 1895, dans la classe de M. Laforge, il en sortit en 1899 avec un premier prix.

M. Henri Casadesus a fait partie, de 1893 à 1900, des Concerts Colonne, où il s'est produit avec succès comme concertiste. Il compta aussi, de 1897 à 1899, parmi les exécutants de l'Opéra. Depuis il s'est fait entendre dans les grands concerts de Paris, de province et de l'étranger ; partout, il s'est fait chaleureusement applaudir.

M. Henri Casadesus a remis en honneur en France l'alto et la viole d'amour. On sait maintenant, grâce à lui, ce que peuvent donner ces deux instruments, longtemps oubliés ou méconnus.

Non-seulement il est parvenu à faire entendre l'alto avec accompagnement d'orchestre ; mais, a écrit M. Pierre Lalo, l'éminent critique, il a conçu l'idée de faire exécuter à l'alto certaines œuvres écrites pour d'autres instruments, en choisissant celles qui se prêtent le plus naturellement à cette adaptation.

Un premier essai de cette innovation, tenté en 1900, à la salle Érard, fut suivi de nombreuses exécutions ; puis M. Colonne, entr'autres chefs d'orchestre, fit exécuter brillamment des sonates de Borghi ou autres maîtres par M. Henri Casadesus jouant la viole d'amour et M. E. Nanny tenant la contrebasse ; parmi d'autres auditoires, on doit encore rappeler les concerts avec orchestre de M. Henri Casadesus à la salle Pleyel, puis à la salle Érard. Dans ce dernier concert, donné sous la direction de M. Alfred Cortot, il exécuta, d'une manière remarquable, un *Concerto* écrit pour violoncelle et transcrit par l'auteur, M. Saint-Saëns, pour l'alto.

M. Henri Casadesus a fondé, avec sa femme, Mme Casadesus-Dellerba, MM. Édouard Nanny, Desmonts, Eug. de Bricqueville, Ch. Guillon, etc., la Société de Concerts des instruments anciens, présidée par M. Saint-Saëns. Il fait partie des quatuors Jacques Thibaud et Lucien Capet.

Cet excellent artiste est considéré comme un virtuose de premier ordre et un novateur audacieux. Exclusivement altiste, il est parvenu à faire adopter au nombre des instruments de concert l'alto, qui, avant lui, n'avait jamais été considéré autrement que comme un instrument de soliste, et son autorité musicale a pu imposer cette conception nouvelle.

CASADESUS-DELLERBA (Mme Renée)

USICIENNE, femme du précédent, née à Paris le 30 juin 1879. Douée aussi de rares dispositions musicales, elle commença toute enfant l'étude du piano, sous la direction de Lucien Wurmser ; puis elle se consacra, dès l'âge de douze ans, au violon.

Elle entra en 1893 au Conservatoire et y obtint, l'année suivante, la première médaille dans la classe préparatoire de M. Desjardin. Dans la classe de M. Garcin, où elle passa en 1895, elle remporta, en 1896, un second accessit, et dans celle de M. Remy, qui remplaça Garcin, un deuxième prix en 1897 et un premier prix de violon en 1898.

Mme Casadesus-Dellerba est la première femme qui ait été engagée aux Concerts Colonne ; elle entra dans cette association comme premier violon en 1897. Devenue, en 1898, violon solo, elle abandonna cette situation pour se faire entendre avec son mari, M. Henri Casadesus, à côté de qui elle a obtenu d'éclatants succès. Elle a fondé avec lui la Société de Concerts des instruments anciens, mentionnée plus haut, où elle tient la partie de quinton.

FONTAUBERT (Pierre VASLET de)

ÉDECIN, né à Pouzauges (Vendée) le 3 août 1869. Après de brillantes études classiques, terminées par l'obtention d'un prix au concours général de philosophie, en 1887, il suivit les cours de la Faculté de Médecine de Paris.

Reçu successivement externe des hôpitaux et du Bureau central d'admission, interne de Saint-Lazare, puis des Asiles de la Seine, il obtint de l'Académie de Médecine le prix Laval, décerné suivant l'usage à l'élève le plus méritant de la Faculté de Paris.

Sa thèse de doctorat sur *l'Importance de l'Enseignement de la Psychiatrie* fut récompensée au concours des thèses de Paris, très remarquée et commentée en France et à l'étranger.

Préparé à ces spécialités par ses recherches et travaux antérieurs et par ses stages d'internat, le docteur de Fontaubert s'est consacré plus particulièrement au traitement des affections de nature gynécologique et de nature mentale ou nerveuse. Lauréat de l'Académie de Médecine, lauréat de la Faculté de Paris, très apprécié dans le monde médical, il s'est rapidement créé une belle réputation de praticien et de clinicien.

Médecin du Dispensaire du XVIIe arrondissement de Paris et de diverses autres institutions philanthropiques, le Dr de Fontaubert est officier d'Académie et membre ou correspondant de plusieurs sociétés savantes.

BERTEAUX (Henry-Maurice)

ÉPUTÉ, administrateur, né à Saint-Maur-les-Fossés (Seine) le 3 juin 1852. Il fit, au lycée Charlemagne, à Paris, de brillantes études classiques et obtint plusieurs prix au Concours général. Placé, à vingt-sept ans, à la tête d'une charge d'agent de change près la Bourse de Paris, il devint bientôt membre de la Chambre syndicale de sa corporation. Il rédigea le rapport de la commission extraparlementaire chargée de préparer le règlement d'administration publique pour l'exécution de la loi de 1885 sur les marchés à termes. Proposé, à la suite de ce travail, pour la croix de la Légion d'honneur, il la reçut à la promotion du 14 juillet 1890.

Dès 1888, M. Maurice Berteaux avait été élu conseiller municipal de Chatou (Seine-et-Oise) et il devint maire en 1891. Son administration a beaucoup contribué à la prospérité de cette commune. En septembre 1893, il fut envoyé à la Chambre des députés, par la 1re circonscription de Versailles, battant, au premier tour, M. Hély d'Oissel, député conservateur sortant, et obtenant, au ballottage, 9.015 voix, contre 4.035 à M. Faucher. Il a été réélu, au renouvellement général de 1898, par 15.013 voix contre 6.771 à M. Deloison, avocat, républicain libéral, et à celui de 1902, par 15.050 voix, contre 8.983 à M. Oster, nationaliste.

Radical-socialiste, l'honorable représentant de Seine-et-Oise s'est déclaré partisan de l'impôt sur le revenu progressif et global, de la séparation des églises et de l'Etat, de la réduction du service militaire, de la réforme et de l'extension de l'assistance aux vieillards, etc. Il a combattu la politique du cabinet Méline, puis soutenu les différents cabinets Brisson, Waldeck-Rousseau et Combes, qui suivirent.

Membre des plus importantes commissions de la Chambre, très compétent surtout dans les questions financières et militaires, M. Maurice Berteaux a été, deux années de suite, rapporteur du budget des Postes et Télégraphes, puis rapporteur du budget de la guerre en 1902. En 1903, il fut nommé par la commission de l'Armée rapporteur de la loi de deux ans. Il fut aussi rapporteur général du Budget de 1903.

Avec MM. Rabier et Jaurès, M. Berteaux est l'auteur d'une proposition de loi, qui porte son nom, en faveur des ouvriers et employés des chemins de fer. Il est membre du Comité consultatif des Chemins de fer.

Les discours qu'il a prononcés en diverses occasions lui ont acquis l'oreille du Parlement ; les interruptions parfois fougueuses, souvent réfléchies, qu'il émet fréquemment avec courtoisie, pour la défense de ses propositions ou de ses idées, ont donné à sa personnalité un relief et un caractère particuliers.

M. Maurice Berteaux a eu plusieurs duels à la suite d'incidents parlementaires ; l'issue de ces rencontres lui a été le plus souvent heureuse.

L'honorable député est président de la Société républicaine des Conférences populaires, membre d'honneur de l'Union des Sociétés de gymnastique, de l'Union des Sociétés de tir de France et de nombreuses autres sociétés d'instruction et d'assistance publiques.

CHAVANON (Jules-Joseph)

ÉCRIVAIN, paléographe, né à Paris le 28 janvier 1866. Fils d'un commerçant, ses études terminées, il entra dans l'Université, comme maître-répétiteur, en 1886.

Quatre ans plus tard, après avoir pris le diplôme de licencié en droit, M. Jules Chavanon se faisait recevoir à l'Ecole des Chartes, d'où il sortit, en janvier 1894, avec le titre d'archiviste paléographe. Il fut nommé, aussitôt, attaché à la Bibliothèque de l'Arsenal et, un an après, archiviste du département de la Sarthe. En 1899, il est devenu archiviste départemental du Pas-de-Calais.

Pendant son séjour à l'Ecole des Chartes, M. Chavanon avait déjà collaboré, à plusieurs revues ou journaux parisiens sous divers pseudonymes, particulièrement celui de « Jules Clermont » ; il écrivait alors à la *Semaine des Familles* et à la *Nouvelle Réforme universitaire*. Il fit publier et jouer deux comédies, écrites en collaboration avec M. Jean Drault et qui ne passèrent pas inaperçues : *Fricotard et Chapuzot* (3 actes, 1891) et *Un lit à la Cantine* (1 acte, 1892).

Après ces essais de jeunesse, M. Jules Chavanon s'est signalé à l'attention publique par des travaux sur l'histoire et l'archéologie des anciennes provinces françaises, particulièrement le Maine et l'Artois. Il reçut, dès 1896, le titre de correspondant du ministère de l'Instruction publique pour les Travaux historiques.

Parmi les ouvrages de cet écrivain, que l'on s'accorde à déclarer très documentés et d'une grande érudition, nous devons citer les suivants : *Une ancienne relation de Madagascar, 1650* (1897) ; *Chronique d'Adhémar de Chabannes* (1897) ; *Initiales artistiques extraites de chartes du Maine* (1898) ; *Inventaire des archives révolutionnaires de la Sarthe* (1898) ; *Correspondance du Prince de Bergues* (1899) ; *Etudes et documents sur Calais avant la domination anglaise* (1901) ; *Bibliographie critique de l'histoire d'Artois* (1902) ; *Relation de Terre-Sainte en 1533, par Greffin Affagard*, édition illustrée (1902) ; *Inventaire des Archives hospitalières de Saint-Omer* (1902) ; *Inventaire des archives de l'abbaye Saint-Vaast d'Arras* (1902) ; *Charte de coutume de Marck* (1903) ; *Renaud VI de Pons, conservateur des Trèves de Guyenne* (1903) ; *Le Pas-de-Calais de 1800 à 1810* et une biographie de *Murat*, en collaboration avec M. G. Saint-Yves (sous presse 1903), ouvrages auxquels l'Académie des Sciences morales et politiques a décerné le prix du Budget en 1902 et le prix Bordin en 1903.

Il a fait paraître, en outre, de nombreux articles de critique, d'histoire et de littérature dans diverses revues savantes de Paris et de province, notamment dans la *Bibliothèque de l'Ecole des Chartes*, le *Bulletin de l'Histoire de Paris*, le *Bulletin du Comité des Travaux historiques*, la *Revue historique*, la *Revue des Questions historiques*, la *Revue des Etudes historiques*, la *Revue de Saintonge et d'Aunis*, la *Revue du Maine*, la *Province du Maine*, les *Mémoires de l'Académie d'Arras*, etc.

Membre de l'Académie d'Arras, il prononça pour sa réception un discours sur les *Sources d'archives de l'Histoire de l'Art*, qui est une étude des plus intéressantes.

M. Chavanon fait partie de plusieurs autres sociétés savantes. La section agronomique de l'Exposition universelle de 1900 lui décerna une médaille d'argent pour avoir dirigé la publication d'un ouvrage important : le *Pas-de-Calais au XIXme siècle*.

Deux fois lauréat de l'Académie des Sciences morales et politiques, lauréat de la Société de Géographie (prix Jomard, 1903), M. Chavanon est officier d'Académie.

DOUMERGUE (Gaston)

Député, ministre, né le 1er août 1863 à Aigues-Vives (Gard). Avocat au barreau de Nîmes dès 1885, il fut, en 1888, nommé juge de paix en Cochinchine ; puis, de 1890 à 1893, il exerça les mêmes fonctions en Algérie.

Quand la mort d'Emile Jamais rendit vacant le siège de député de la 2e circonscription de Nîmes, M. Doumergue vint briguer cette succession, comme candidat radical. Elu, au premier tour de scrutin, le 17 décembre 1893, par 9.467 voix, sans concurrent, il a été réélu successivement : aux élections générales législatives de 1898, par 11,549 suffrages contre 5,891 accordés à deux concurrents, au premier tour ; et à celles de 1902 par 10,735 voix, contre 5,525 à deux autres adversaires, également au premier tour.

M. Doumergue, inscrit aux groupes radical-socialiste, colonial, agricole et viticole, a été secrétaire de la Chambre en 1895 et 1896. Il a fait partie de nombreuses commissions, notamment celles des Colonies et du Budget. Spécialisé dans les questions coloniales et économiques, pour lesquelles sa compétence est reconnue, il est intervenu très fréquemment à la tribune, dans les débats touchant à ces sujets et aussi dans la plupart des discussions politiques importantes.

Il a été désigné comme ministre des Colonies dans le cabinet formé par M. Emile Combes le 7 juin 1902.

PORTO-RICHE (Georges de)

Poète, auteur dramatique, né à Bordeaux le 20 mai 1849. Il fit ses études à Paris, où, sous le titre de *Prima verba*, il publia, en 1872, un premier recueil de vers, sous le pseudonyme de « Georges Riche ». Ce livre fut suivi de : *Pommes d'Eve* (1874) et *Tout n'est pas rose* (1877), poésies ; *Vanina*, fantaisie vénitienne en deux parties (1879) et *Bonheur manqué* (1889).

En même temps, l'auteur tenait le feuilleton dramatique de l'*Estafette*, de la *France*, de la *Presse*. Il donnait aussi au théâtre des œuvres qui, toutes, ont brillamment réussi : le *Vertige*, comédie en un acte, en vers (Odéon, 1873) ; *Un drame sous Philippe II*, en quatre actes, en vers (Odéon, avril 1875) ; *Don Juan*, adaptation en 3 actes d'après Shadwell (Gaîté, 1877) ; les *Deux fautes*, comédie en prose, en un acte (Odéon, décembre 1879) ; la *Chance de Françoise*, un acte en prose (Théâtre Libre, décembre 1888, repris ensuite à la Comédie Française) ; l'*Infidèle*, un acte en vers (Vaudeville et Renaissance, 1890, joué depuis plus de 300 fois) ; *Amoureuse*, pièce en trois actes (Odéon, 25 avril 1891), qui opéra une véritable révolution dramatique et trouva tant d'imitateurs ; le *Passé*, comédie en quatre actes, en prose (Odéon, décembre 1897, repris en 1902 à la Comédie Française, avec le plus vif succès). Ces quatre dernières pièces ont été réunies, sous le titre de : *Théâtre d'Amour*, en un volume publié en 1898.

M. Georges de Porto-Riche est officier de la Légion d'honneur.

MAZEAU (Charles-Jean-Jacques)

Ancien sénateur, ancien ministre, né à Dijon (Côte-d'Or) le 1er septembre 1825. Il fit ses études de droit dans sa ville natale même et fut reçu docteur ; puis il acheta, en 1856, à Paris, la charge de Martin (de Strasbourg), avocat au Conseil d'Etat et à la Cour de cassation. En même temps, il collaborait à divers journaux judiciaires, et surtout au *Dictionnaire général de la Politique*. Entré, en 1865, dans le Conseil de l'Ordre des avocats, il en devint le secrétaire en 1866, le premier syndic en 1873, et le président en 1881.

La vie politique de M. Mazeau commença en novembre 1869, époque à laquelle il fut nommé conseiller général de la Côte-d'Or, pour le canton de Gevrey-Chambertin. Le 2 juillet 1871, il était élu représentant de ce département à l'Assemblée nationale. Républicain modéré, il alla siéger à la Gauche républicaine, et se voua tout spécialement aux questions d'administration et d'affaires. Il soutint le gouvernement de M. Thiers et vota les lois constitutionnelles.

Le 30 janvier 1876, il devint sénateur de la Côte-d'Or. Il suivit également, à la Chambre haute, la politique de la gauche, combattit le gouvernement du Seize-Mai et vota contre la dissolution en juin 1877.

Il fut, le 25 novembre 1882, nommé conseiller à la Cour de Cassation.

En 1885, soumis au renouvellement sénatorial, M. Mazeau fut renvoyé par la Côte-d'Or au Luxembourg, élu, au premier tour, par 793 voix sur 1,049 votants.

Appelé au ministère de la Justice dans le cabinet Rouvier du 30 mai 1887, c'est lui qui, comme ministre, donna au procureur-général, dans l'affaire Caffarel-Limouzin, l'ordre d'instruire, qui aboutit aux poursuites contre M. Wilson, gendre de M. Grévy. Le retentissement énorme de cette déplorable affaire entraîna la démission du président de la République, et par suite, celle du ministère (3 décembre 1887).

Le mandat sénatorial de M. Mazeau fut confirmé, au renouvellement de 1894, par 679 voix sur 1,029 votants. A celui de 1903, il ne se représenta pas.

Au Sénat, il siégeait à la Gauche républicaine.

Le 17 mars 1890, le sénateur de la Côte-d'Or avait été choisi comme premier président de la Cour de Cassation. En cette qualité, il présida les débats qui amenèrent la revision du procès Dreyfus en 1898. Il prit sa retraite en 1902.

M. Charles Mazeau est grand-officier de la Légion d'honneur.

LORAIN (Marie-Joseph-Henri)

MÉDECIN, né le 14 décembre 1860 à Lorquin (Alsace-Lorraine). Fils d'un docteur en médecine, qui vint s'installer à Nancy après 1870, il fit dans cette ville ses études classiques et médicales. Elève des professeurs Gross, Herrgott et Bernheim, il fut lauréat de la Faculté de Nancy et obtint, en 1887, le doctorat.

Après avoir complété ses études scientifiques à Paris, à Vienne (Autriche) et à Prague (Bohême), M. le Dr Lorain exerça tout d'abord sa profession à Nogent-sur-Marne (Seine), où il fut l'un des professeurs de l'Association des Dames françaises. En 1890, il fondait, avec les docteurs Aubeau et Bilhaut, la Clinique française de la rue d'Assas, à Paris, depuis connue sous le nom d'Hôpital International et dans laquelle il était chargé de l'enseignement de la médecine générale.

Bientôt le Dr Lorain se consacra exclusivement à l'obstétrique et à la gynécologie, spécialités qui lui ont valu une belle réputation. Il a fondé, en 1895, une clinique gratuite pour les maladies des femmes, très fréquentée par les médecins et les étudiants.

On doit à M. le Dr Lorain des travaux qui sont appréciés du monde savant. Dans sa thèse sur l'*Eau chaude en obstétrique*, l'un des premiers, il démontrait, par des expériences concluantes, l'action utile de ce procédé. Il a publié en outre les articles sur les *Coliques hépathiques*, la *Lithiase biliaire*, etc., dans le *Traité pratique de Médecine clinique et thérapeutique*; et des communications sur les *Hémorrhagies profuses consécutives aux interventions chirurgicales pratiquées sur le sein pendant la période menstruelle*, sur *Un cas de tétanos puerpéral*, sur le *Mécanisme de l'accouchement dans les cas de fibromes à évolution pelviennes*, sur la *Pathogénie des kistes du vagin*, sur l'*Emploi de l'icthyol et gynécologie*, sur *Un cas de dilatation kystique du rein*, une *Contribution à l'étude clinique de l'endométrite sénile*, etc. Ces travaux ont paru dans les bulletins de sociétés savantes ou les journaux spéciaux : l'*Actualité Médicale*, le *Journal de Médecine de Paris*, la *Gazette Médicale de Paris*, l'*Indépendance Médicale*, etc.

Ancien vice-président de la Société des Praticiens de France, trésorier du Syndicat professionnel de la Presse scientifique, membre de la Société française d'Hygiène et de la Société d'Hypnologie, M. le Dr Lorain est officier d'Académie.

ALBANEL (Jean-Marie-Louis)

MAGISTRAT, sociologue, publiciste, né à Brioude (Haute-Loire) le 10 novembre 1854. Il fit ses études classiques au lycée de Lyon, puis vint à Paris suivre les cours de la Faculté de Droit, où il fut reçu licencié, puis docteur.

Entré, en 1880, dans la magistrature comme substitut à Sens (Yonne), M. Louis Albanel devint ensuite juge d'instruction à Coulommiers (Seine-et-Marne). Nommé, peu de temps après, juge suppléant à Paris, il fut promu juge d'instruction en 1896.

Dans ces fonctions, M. Albanel s'est désigné à l'attention publique non-seulement comme un magistrat d'une grande urbanité et d'un tact parfait, mais aussi comme un psychologue doublé d'un philanthrope éclairé. Il s'est, en effet, créé une sorte de spécialité des affaires relatives aux enfants délinquants, en qui il voit le plus souvent des malades à guérir ou des abandonnés à préserver. Dans cette pensée, et surtout pour venir en aide aux familles besogneuses et nombreuses, dans lesquelles les parents ne peuvent pas toujours surveiller et diriger les enfants, il a fondé, avec quelques amis, un patronage familial qui suit ses jeunes protégés de l'école à l'atelier et s'efforce de les arracher aux tentations de la rue et aux contagions de la maison de correction.

Cette œuvre de véritable hygiène sociale et réellement tutélaire a donné d'excellents résultats ; elle permet d'espérer une criminalité moindre chez les mineurs dans un tout prochain avenir.

M. Louis Albanel s'est fait connaître comme écrivain par des études très documentées, qu'il a fait paraître sur la *Sociologie criminelle* (*Figaro* 1897-1898) ; sur l'*Instruction contradictoire*, réforme qu'il préconise depuis plusieurs années (*Grande Revue* 1901-1903) ; sur l'*Anthropologie criminelle* (*Revue Bleue* 1901) ; etc. Il a publié, en outre, un volume de statistique sur la *Criminalité de l'Enfance* (1897) et un important ouvrage d'études sociales sur le *Crime dans la Famille* (1 vol. 1900).

Il a été fréquemment délégué par le gouvernement français aux Congrès internationaux, notamment au Congrès de statistique de Saint-Pétersbourg (1897), au Congrès de patronage des libérés et de sauvetage de l'enfance à Anvers (1898), au Congrès de droit pénal à Buda-Pesth (1899), à différents Congrès de Paris (1900), au Congrès d'études sur l'anthropologie criminelle d'Amsterdam (1901), au Congrès de droit pénal de Saint-Pétersbourg (1902), etc. Comme membre du conseil d'administration de l'Ecole Lepeletier du Saint-Fargeau à Montesson (appelée depuis Ecole Théophile Roussel), il a été le promoteur et le rapporteur de la transformation de cet établissement, appartenant au département de la Seine, en école de préservation pour les enfants vicieux et indisciplinés de 7 à 14 ans.

Membre de diverses sociétés de sociologie ou d'assistance et de sociétés savantes, M. Louis Albanel est commandeur de Saint-Stanislas de Russie et décoré de plusieurs autres ordres.

ARMENGAUD Jeune
(Jules - Alexis - Marie)

INGÉNIEUR, homme politique, né à Paris le 12 juin 1842. Il est le fils de Charles Armengaud et le neveu de Jacques Armengaud, qui créèrent, dès 1836, la profession d'ingénieur-conseil en matière de propriété industrielle.

Ses études classiques faites à l'école Sainte-Barbe, M. Jules Armengaud subit avec succès les examens d'admission à l'Ecole Centrale, à l'Ecole Normale et à l'Ecole Polytechnique ; il opta pour cette dernière (1862-1864), puis voyagea à l'étranger et, de retour en France, collabora aux travaux de son père, dont il devint l'associé en 1869.

Pendant la guerre de 1870-71, M. Jules Armengaud, engagé dans l'artillerie, concourut à la création d'un parc destiné à recevoir les engins fournis par l'industrie privée au ministère de la Guerre. Lieutenant en premier au corps franc d'artillerie, il prit en outre part aux combats de Champigny et du plateau d'Avron. Il reçut, à la cessation des hostilités, avec le grade de capitaine, la mission d'inspecter le matériel acquis pendant la guerre. Il a été depuis capitaine d'artillerie territoriale.

Resté seul, en 1878, à la tête de son office, M. J. Armengaud jeune lui a, depuis, donné une grande extension.

Nommé adjoint au maire du 1ᵉ arrondissement en 1880, il fut élu, en 1884, conseiller municipal de Paris et conseiller général de la Seine ; il s'occupa surtout, à l'Hôtel-de-Ville, des questions économiques ou industrielles et fut notamment chargé du rapport relatif à la transformation de la gare Saint-Lazare.

Porté sur la liste de l'Alliance républicaine du département de la Seine en 1885, aux élections législatives, M. Jules Armengaud échoua avec la plupart de ses amis politiques. Il ne redemanda pas, par la suite, le renouvellement de son mandat municipal.

Président de la Chambre syndicale d'Electricité, il organisa et présida, en 1881, le Congrès des électriciens et prit, la même année, une large part à l'organisation de l'Exposition internationale d'Electricité. Il a été aussi membre du Conseil d'administration de la Société des Téléphones, à la prospérité de laquelle il contribua et qu'il quitta, en 1886, pour ne pas se solidariser avec M. Cornélius Hertz, qui voulait transformer cette société en compagnie financière. En 1883, il avait été chargé du compte-rendu de l'Exposition internationale d'Electricité de Vienne (Autriche).

La loi du 31 mars 1884 lui permit d'aider à la fondation du Syndicat des Ingénieurs-Conseils en matière de propriété industrielle, dont il n'a cessé de faire partie et dont il fut le président de 1886 à 1888. Dès 1878, au premier Congrès de la Propriété industrielle, il avait élaboré un projet d'entente qui a été la base de la convention, plus tard adoptée, pour la protection de cette propriété, convention qui étend à un an le droit de priorité qu'a l'inventeur pour la prise de brevets à l'étranger. C'est aussi à son initiative que l'on doit la création de l'Office international de la Propriété industrielle et son installation au Conservatoire des Arts et Métiers sous le ministère Millerand.

Membre de la plupart des congrès pour la protection de la propriété industrielle, vice-président de ceux de Turin (1902) et d'Amsterdam (1903). M. J. Armengaud jeune fut membre des jurys d'admission et de récompenses aux Expositions universelles de Paris en 1889 et 1900, de Moscou en 1890, de Vienne en 1897, de Londres en 1898, etc. Il a été, en outre, en 1900, président du Comité technique qui organisa, dans l'Exposition universelle, le trottoir roulant et le chemin de fer électrique.

On doit à M. Jules Armengaud jeune les ouvrages suivants : *Téléphonie, Microphonie et Photophonie* (1881); *De l'installation et de l'exploitation des lignes téléphoniques* (1881) ; *Guide manuel de l'Inventeur et du Fabricant*, nouvelle édition de l'ouvrage de M. Charles Armengaud (1882) ; les *Progrès de la Navigation aérienne*, judicieuses réflexions sur l'aviation (1901) et de nombreuses communications sur les *Moteurs à gaz*, les *Machines frigorifiques*, etc., insérées dans les bulletins spéciaux.

Membre de la Société des Ingénieurs civils, de la Société des Electriciens qu'il contribua à fonder, de la Société de Navigation aérienne, dont il a été le président, M. J. Armengaud jeune est chevalier de la Légion d'honneur depuis 1882 et de Saint-Stanislas de Russie depuis 1883.

GODIN (Jules)

SÉNATEUR, ancien ministre, né à Versailles le 14 mars 1844. Inscrit à la Faculté de Droit de Paris, il fut lauréat de cette faculté et reçu docteur en 1868 ; puis il acheta une charge d'avocat au Conseil d'Etat et à la Cour de cassation.

Avocat de la ville de Pondichéry, M. Godin fut élu député des Indes françaises, en 1876, par 18,615 voix, sur 18,690 votants, sans avoir posé sa candidature, ni adressé aucune profession de foi. Il prit place au centre gauche et fut un des 363. Réélu, aux élections du 14 octobre suivant, contre M. Benoist d'Azy, ancien directeur des colonies, il échoua au renouvellement du 21 août 1881, contre M. Pierre Alype, républicain.

M. Godin se fit alors nommer conseiller à la Cour d'appel de Lyon ; puis à celle de Paris en 1883.

Candidat encore aux élections législatives dans l'Inde, en septembre 1889, il se fit de nouveau battre par le même concurrent ; mais, aux élections sénatoriales de janvier 1891, il fut élu sénateur de l'Inde française, par 46 voix contre 44 à M. Jacques Hébrard, sénateur sortant.

Secrétaire du Sénat de 1894 à 1896, M. Godin, à la formation du cabinet Brisson, le 17 novembre 1898, devint ministre des Travaux publics ; il rendit son portefeuille, avec ses collègues, à la chute du cabinet (2 novembre 1889).

Il a été réélu sénateur au renouvellement triennal de 1900 par 82 voix sur 83 votants.

Président du Conseil d'arrondissement de Rambouillet (Seine-et-Oise), M. Jules Godin est membre du Conseil supérieur des Colonies et chevalier de la Légion d'honneur.

POILPOT (Théophile)

PEINTRE, né à Paris le 20 mars 1848. Elève de MM. Gérôme et Boulanger, il s'est acquis une réputation à la fois artistique et commerciale comme peintre de panoramas.

M. Poilpot, pour débuter au Salon de 1874, envoya une toile intitulée *Iza à Saint-Assise*, d'après un roman d'Alexandre Dumas fils. Il exposa ensuite : le *Karabouk*, souvenir d'Algérie (1875) ; le *Passeur* ; *Traineau gallo-romain* (1876) ; *Mort de Diogène* (1877) ; la *Prois* (1878), qui reparut à l'Exposition des Beaux-Arts en 1883.

Se donnant ensuite tout entier au genre panoramique, cet artiste exhiba sa première tentative à Londres ; elle représentait la *Bataille de Balaklava*. Il fit ensuite, pour Paris, les panoramas de la *Bataille de Reischoffen*, de la *Bataille de Buzenval*, de la *Prise de la Bastille*. Puis, il alla passer aux Etats-Unis deux années, pendant lesquelles il exécuta la *Bataille de Siloh*, pour la ville de Chicago ; le *Combat de « Merrimac » et du « Monitor »*, pour New-York ; le *Combat de Bull-Run*, pour Washington. Revenu à Paris, il fit, à l'Exposition universelle de 1889, un panorama pour la *Compagnie transatlantique* ; puis, à celle de 1900, un autre pour la même société.

M. Poilpot a été décoré de la Légion d'honneur en 1889 et fait officier en 1895.

BRIEUX (Eugène)

AUTEUR dramatique, né à Paris le 19 janvier 1858. Après avoir fait de simples et courtes études primaires, il fut employé de banque ; mais il ne persévéra pas longtemps dans les affaires. Dès 1879, en effet, il débutait dans la littérature en écrivant, avec M. Salandri, une comédie en un acte : *Bernard Palissy*, qui fut représentée au théâtre Cluny.

En 1885, M. Eugène Brieux alla à Rouen, comme rédacteur en chef du *Nouvelliste*. Revenu, en 1892, à Paris, il collabora à la *Patrie*, au *Gaulois*, au *Figaro*, etc. ; il donna des conférences à la Salle des Capucines, puis il s'adonna à peu près exclusivement au théâtre, où ses qualités d'analyste et d'observateur, ainsi que l'émotion des situations, ont valu de beaux succès à ses pièces.

Cet auteur a fait jouer : en 1890, *Ménage d'artistes*, en 3 actes (Théâtre Libre) ; *Corneille à Petit-Couronne*, à propos en 1 acte (Rouen) ; en 1892 : *Blan-*

chelle, comédie en 3 actes (Théâtre Libre, reprise plus tard au Théâtre Antoine, puis à la Comédie Française); *M. de Reboval*, comédie en 4 actes (Odéon) ; en 1894: *Chez la mère Octave*, 1 acte (Rouen) ; l'*Engrenage*, 3 actes (Comédie Parisienne) ; *Fifine*, 1 acte (Nouveautés) ; *Chacun chez soi*, 1 acte (Rouen) ; en 1895 : la *Rose bleue*, 1 acte (Rouen) ; le *Soldat Graindor*, 1 acte (Marseille) ; en 1896 : les *Bienfaiteurs*, pièce en 4 actes (Porte-Saint-Martin) ; l'*Evasion*, en 3 actes (Comédie Française) ; en 1899 : les *Trois filles de M. Dupont*, 4 actes (Gymnase) ; le *Berceau*, comédie (Comédie Française) ; *Résultat des courses*, comédie (Théâtre Antoine) ; en 1900 : la *Robe rouge*, comédie de mœurs judiciaires (Vaudeville) ; en 1901 : les *Remplaçantes*, en 3 actes (Théâtre Antoine) ; en 1903 : les *Avariés*, dont la représentation fut interdite à cause du sujet scabreux qu'elle traitait ; *Petite amie*, 4 actes (Comédie française).

M. Eugène Brieux est officier de l'Instruction publique et chevalier de la Légion d'honneur.

BOUSSINESQ (Valentin-Joseph)

MATHÉMATICIEN, membre de l'Institut, né à Saint-André (Hérault) le 13 mars 1842. Professeur au collège d'Agde en 1862, à celui du Vigan ensuite et à Gap en 1865, il s'est appliqué à l'étude de divers problèmes de mécanique ou de physique mécanique et s'est placé, par ses travaux, au nombre des mathématiciens réputés de ce temps.

Reçu docteur ès sciences en 1867, M. Boussinesq obtint, en 1872, le prix Poncelet de l'Académie des Sciences pour ses travaux sur la théorie de la lumière, sur la thermodynamique et sur l'élasticité des solides. La même année, il fut nommé professeur de calcul différentiel et intégral à la Faculté des Sciences de Lille, où il se trouvait lorsque l'Académie des Sciences l'admit parmi ses membres (16 juin 1886). Il fut alors envoyé à la Faculté des Sciences de Paris (20 août 1886), comme professeur de mécanique physique et expérimentale.

Les ouvrages les plus réputés de M. Boussinesq sont les suivants : *Essai théorique sur l'équilibre des massifs pulvérulents comparé à celui des massifs solides et sur la poussée des terres sans cohésion* (1876); *Essai sur la théorie des eaux courantes* (1877) ; *Conciliation du véritable déterminisme mécanique avec l'existence de la vie et de la liberté morale* (1878) ; *Etude sur divers points de la philosophie des sciences* (1880) ; *Cours élémentaire d'analyse infinitésimale* (1884) ; *Application des potentiels à l'étude de l'équilibre et du mouvement des solides élastiques* (1885) ; *Cours d'analyse infinitésimale* (1887) ; *Leçons synthétiques de mécanique générale, introduction au cours de mécanique physique* (1889) ; *Théorie de l'écoulement des liquides* (1897), etc.

Ce savant est officier de la Légion d'honneur.

RONDELEUX (Paul-Grégoire)

ANCIEN député, ingénieur, administrateur, né à Paris le 20 novembre 1832. Après avoir été attaché à un grand établissement industriel, il devint, en 1862, directeur général des importantes mines et usines de la Condemine.

Après le 4 septembre 1870, M. Paul Rondeleux fonda, avec ses amis, le *Républicain de l'Allier*, journal qui prit rapidement une extension considérable dans la région.

Nommé, en 1877, conseiller d'arrondissement pour le canton de Bourbon-l'Archambault, il fut élu député de l'Allier le 4 octobre 1885, obtenant 49,616 suffrages sur 94,228 votants. Inscrit à l'Union des gauches, il devint questeur de ce groupe parlementaire. Il déposa et fit aboutir plusieurs propositions de loi, notamment un amendement au règlement visant le quorum dans les élections en séance publique (4 juin 1887). Chargé de plusieurs rapports, il prit part à l'interpellation relative aux tarifs de chemins de fer, pour combattre l'application trop générale des tarifs à base décroissante (15 mars 1886), à la discussion du budget (8 et 11 février 1887), du projet de loi concernant les caisses de retraite des ouvriers mineurs (22 mars 1888), du projet sur le travail des femmes et des enfants dans les manufactures (16 juin 1888). Lors de l'interpellation du comte de Mun sur les événements de Châteauvillain (Isère), un ordre du jour de M. Rondeleux fut adopté à une très forte majorité (13 avril 1886). Chargé du rapport sur l'autorisation d'émission des valeurs à lots du Panama, M. Rondeleux conclut au rejet de cette demande. La majorité de la commission s'étant déplacée tout à coup, il fut remplacé comme rapporteur ; mais, à la tribune, il s'éleva vivement, le 24 avril 1888, contre l'adoption du projet.

M. Rondeleux prit parti contre le général Boulanger et déposa une proposition tendant à appliquer l'article 5 de la loi du 22 juin 1886 concernant les prétendants, à tout individu convaincu de poursuivre le rétablissement à son profit du pouvoir personnel. Prise en considération, cette proposition ne vint pas en discussion, le général Boulanger ayant été traduit devant la Haute-Cour.

Non désigné par le Congrès républicain au renouvellement uninominal de 1889, M. Rondeleux se retira de la lutte. En 1893, cédant aux sollicitations de nombreux amis, il se représenta à nouveau dans le département de l'Allier, mais ne fut pas élu.

Il s'est, depuis lors, retiré de la politique active, pour se consacrer entièrement à l'administration des établissements de la Condemine.

COLLIN (Lucien)

Compositeur de musique, né à Paris le 28 mai 1849. Entré au Conservatoire dans les classes de composition et d'harmonie, il y remporta plusieurs récompenses, puis il étudia le chant avec un égal succès.

Devenu premier piston et trompette à l'orchestre de l'Opéra-Comique en 1873, il passa sur la scène du même théâtre en 1875 et débuta dans le rôle de Girot du *Pré aux Clercs*. Il parut ensuite dans ceux de Barnabé du *Maître de Chapelle*, de Bellamy des *Dragons de Villars* et, peu à peu, dans les principaux rôles pour son emploi du répertoire. Son talent de comédien et la bonne tenue de sa voix de baryton lui valurent de nombreux applaudissements pendant dix-huit ans. Il fut surtout remarquable dans Comminges du *Pré aux Clercs*, où il n'a pas encore été remplacé, dans Laërte de *Mignon* et dans Juliano du *Domino noir*.

M. Lucien Collin a composé de nombreux morceaux de musique religieuse, motets, andante, etc., des morceaux de piano et de chant, des chœurs bien connus, tels que ceux des *Pages Louis XIII*, des *Gardes-chasse*, des *Vendanges*, d'*En Marche*, du *Clocher*; des opérettes : le *Spleen*, avec Lambert Thiboust ; les *Gais amoureux*, duo, avec Octave Pradel ; *Coco Bel Œil*, le *Petit Spahi*, le *Coq de Blésigny*, le *Garde-Chasse*, les *Noces d'Or*, le *Retour de Musette*, la *Journée aux soufflets*, *Une mariée sans mari*, avec différents auteurs, etc.

On lui doit aussi plus de huit cents chansons, qui ont surtout rendu son nom populaire et parmi lesquelles il convient de citer : *Un baiser pour la fête*, le *Bréviaire*, la *Chanson des Clochetons*, *Chapeau rose et fin mollet*, *Ça coûte un baiser*, *Ce que dit la Chanson*, le *Carême de l'abbé Pinson*, les *Cantinières*, les *Ecrevisses*, l'*Enfant chantait la Marseillaise*, le *Facteur des Amours*, *Jeanne m'a pris mon cœur*, *Laisse-moi t'aimer ma belle*, la *Lettre à Marguerite*, *Lettre d'une Grand'Mère*, *Mon p'tit pioupou*, la *Saison des fraises*, le *Voyage à Robinson*, le *Déjeuner sur l'herbe*, le *Rossignol n'a pas encore chanté*, le *Portrait de Marguerite*, etc.

M. Lucien Collin est aussi l'auteur de plusieurs volumes de *Solfège*, très consultés par les élèves et dont l'usage est fort répandu.

Il a souvent interprété lui-même ses propres œuvres.

Cet excellent musicien est officier de l'Instruction publique et décoré de plusieurs ordres étrangers. Il a épousé, en 1884, Mlle Baumaine, artiste des Variétés, dont le succès au théâtre fut brillant.

DESMOLIÈRES (Mlle Juliette)

Médecin, née à Sens (Yonne) le 26 mai 1868. Elle fit à Paris ses études classiques et médicales. Comme externe des hôpitaux, elle a été l'élève des professeurs Rendu, Rigal, Hartmann, Josias, Ricard et Terrier, de ce dernier particulièrement ; elle fut reçue docteur avec une thèse très remarquée : *Contribution à l'étude des fibromes utérins et du traitement des hémorrhagies par le curetage*.

Mlle Desmolières a été chargée des consultations de gynécologie dans le service du professeur Terrier, à l'hôpital Bichat, puis à celui de la Pitié. Elle est aussi médecin du Dispensaire d'enfants du IXe arrondissement de Paris, de la Crèche municipale du XVIIe arrondissement, de l'administration des Postes et Télégraphes, de la Société de l'Allaitement maternel et de la Ligue des Mères de famille, dont elle est, d'autre part, membre du Conseil d'administration.

Mlle Desmolières s'est surtout consacrée au traitement des maladies spéciales aux femmes et aux enfants, tant au point de vue chirurgical que médical. Elle s'est fait connaître comme conférencière dans les Universités populaires et les œuvres de patronage laïques ; ses causeries, portant sur des sujets d'hygiène pratique et de vulgarisation médicale, toujours très suivies et généralement bien comprises, sont fort appréciées. Elle a collaboré à la *Presse médicale* et à diverses publications scientifiques.

Officier d'Académie, Mlle Desmolières est membre de la Société médicale du IXe arrondissement, de la Société de Prophylaxie de la Tuberculose, etc.

KOCH (Jean-Louis)

ADMINISTRATEUR, linguiste, né à Brest (Finistère) le 15 novembre 1835. Il fit ses études dans sa ville natale, où il devint instituteur adjoint à l'école communale, puis surveillant général, maître répétiteur et professeur de la classe élémentaire de 7ᵉ au lycée (1856-1859).

Ayant quitté ce poste, M. Louis Koch alla se perfectionner dans l'étude des lettres et des langues vivantes à l'Université d'Iéna (Allemagne), tout en enseignant le français dans une institution secondaire de cette ville. Reçu docteur en philosophie de l'Université d'Iéna en 1862, il revint en France, où il publia, dans la *Revue des Cours littéraires* d'Eugène Yung (depuis *Revue Bleue*), des articles documentés sur l'histoire des Universités d'Iéna et de Heildelberg, sur le célèbre linguiste allemand Schleicher, etc. En même temps, il professait à Brest des cours d'allemand et d'anglais aux élèves de l'enseignement spécial.

Ayant obtenu l'agrégation des langues vivantes à l'Université de Paris en 1863, M. Louis Koch fut nommé professeur d'allemand au lycée Saint-Louis, situation qu'il conserva jusqu'en 1896, année où il prit sa retraite.

M. Louis Koch s'est fait connaître non-seulement comme un excellent professeur de langues, mais aussi comme un innovateur de mérite. Chargé, aux cours de langues vivantes fondés par le Grand-Orient de France, de l'enseignement des langues allemande et anglaise, il introduisit l'usage du chant comme moyen de prononciation et de monotechnie, suivant une méthode qui lui est personnelle et qui, depuis, a été mise en usage par divers collèges et lycées. On lui doit nombre d'articles parus dans le *Rappel*, le *Gaulois* et d'autres journaux ou revues ; des recueils de chant pour l'enseignement, des dialogues pratiques intitulés : la *Classe en allemand* ; l'édition et la traduction des *Histoires de Niebuhr* ; des *Histoires du village d'Auerbach*, de Michel Colas de Kleist ; un Dict!onnaire français-allemand et allemand-français, etc.

Il est membre des concours d'examen pour les langues vivantes à la Sorbonne et pour les classes primaires élémentaires et supérieures à l'Hôtel-de-Ville.

Neveu de Mᵐᵉ Drouet, l'amie dévouée de Victor Hugo, M. Louis Koch fut, lui aussi, le familier et le commensal du maître. Il reçut en héritage, à la mort de Mᵐᵉ Drouet, une précieuse collection de meubles sculptés, de dessins et d'objets divers ayant appartenu à Victor Hugo ou travaillés par lui. Lorsqu'il fut question de créer la « Maison de Victor Hugo », M. Louis Koch offrit la collection qu'il possédait et son don généreux fut accepté.

Nommé conservateur du Musée Victor Hugo, inauguré place des Vosges à Paris en 1903, il a largement contribué à l'aménagement de ce musée et à son organisation. Ayant vécu dans l'intimité du poète, il a pu, mieux que personne, rendre florissante l'œuvre qui lui a été confiée.

M. Louis Koch est officier de l'Instruction publique.

Son fils, M. RENÉ KOCH, ingénieur distingué et docteur ès sciences, est l'inventeur d'un objectif anastigmat employé pour le microscope.

DARVEY (Mˡˡᵉ Marie-Madeleine-Sophie LACOUT, dite Abel)

COMPOSITEUR de musique et virtuose, née à Saint-Jean-d'Angely (Charente-Inférieure) le 11 août 1855. Issue d'une ancienne famille de la Gironde, fille d'un professeur de musique qui fut lui-même un artiste de talent, elle manifesta toute jeune encore d'heureuses dispositions vers l'art musical.

Venue à Paris pour y professer le piano et le chant, Mˡˡᵉ Lacout se fit également connaître comme compositeur de musique et comme poète sous le pseudonyme d' « Abel Darvey ».

On lui doit des œuvres d'une poésie délicate et d'une belle inspiration musicale. Citons : les poèmes et la musique de *Ribera*, drame lyrique que M. Carvalho avait reçu à l'Opéra-Comique et que des circonstances étrangères empêchèrent d'exécuter ; d'*Yves et Yvette*, idylle en un acte, de charmante inspiration ; de *Pierre d'Aragon*, grand opéra en 4 actes et 6 tableaux, représenté avec succès au Grand Théâtre de Marseille en 1898, au Théâtre des Arts de Rouen en 1902, et, en 1903, à Gand (Belgique) ; de la *Fiancée de Messine*, autre drame lyrique d'après Schiller, etc.

Elle est également l'auteur de plusieurs morceaux connus : *Yarabouk*, le *Couvre-feu*, etc., qui ont été exécutés par divers chefs d'orchestre distingués, notamment M. Jules Danbé.

Lors de la représentation de *Pierre d'Aragon*, cet opéra à la musique à la fois savante et primesautière, toute la presse loua le talent de l'auteur. « La valeur de cette œuvre, dit le critique du *Gaulois*, est ample-

[...] Lacout (Abel Darvay) est membre de la Société des Auteurs et Compositeurs de musique, et de la Société des Félibres ; elle est officier d'Académie.

GIRERD (Cyprien-Jean-Jacques-Marie-Frédéric)

Homme politique, ancien député, né à Nevers le 1ᵉʳ mai 1832. Fils d'un ancien représentant du peuple, il étudia le droit à Paris et se fit inscrire au barreau de Nevers, où il devint bâtonnier.

Publiciste en même temps qu'avocat, M. Cyprien Girerd fonda, dans cette ville, et dirigea le journal l'*Impartial du Centre*, qui fit une vive opposition au gouvernement impérial.

Nommé préfet de la Nièvre le 6 septembre 1870, il se présenta aux élections du 8 février 1871 pour l'Assemblée nationale et fut élu, dans ce département, par 36,435 voix. Il fit partie de la Gauche républicaine.

En mai 1874, M. Girerd apporta à la tribune, à propos de l'élection de M. de Bourgoing, des documents publiés par le journal la *République de Nevers*, qui firent ordonner une enquête sur les agissements du parti bonapartiste, enquête qui fit connaître l'existence d'un comité présidé par M. Rouher, et à la suite de laquelle fut votée la Constitution de 1875.

Candidat aux élections sénatoriales du 30 janvier 1876 dans la Nièvre, M. Cyprien Girerd n'obtint que 108 voix sur 381 votants ; mais il fut élu député, au second tour, le 20 février suivant, dans la 1ʳᵉ circonscription de Nevers, par 9,221 voix contre 6,200 à deux concurrents.

Dans cette nouvelle législature, [...] la Gauche républicaine, il prit [...] discussions, et au 16 mai 1877, fut un des plus [...]

Réélu, le 14 octobre suivant, par 8,798 [...] 1,776 à M. Flamen d'Assigny, il devint sous-secrétaire d'État au ministère de l'Agriculture et du Commerce le 23 décembre 1877, dans le cabinet Dufaure. En cette qualité, il prit une certaine part à l'organisation de l'Exposition universelle de l'année suivante.

Au renouvellement général législatif de 1881, M. Girerd n'ayant obtenu au premier tour que [...] voix sur 16,072 votants, se désista avant le scrutin de ballottage. Il s'est, depuis lors, retiré de la vie politique.

Nommé, le 26 août 1885, trésorier-payeur-général de l'Allier, il passa, en 1887, dans le Loiret, puis dans le département de la Somme en 1900.

M. Cyprien Girerd a été fait chevalier de la Légion d'honneur en 1888.

POYET (Georges)

Médecin, né à Paris le 18 septembre 1847. Il étudia la médecine à la Faculté de Paris, fut reçu externe, puis interne des hôpitaux et demeura chef de clinique du D' Fauvel de 1868 à 1877.

Reçu docteur en 1876, avec une thèse qui fut très remarquée sur les *Paralysies du larynx*, le docteur Georges Poyet fut bientôt considéré comme l'un des spécialistes les plus appréciés des maladies de la gorge, du nez et des oreilles. Il a publié un important *Manuel de Laryngologie et de Laryngoscopie* (1 vol. 1883) généralement consulté, et qui fait autorité en la matière. On lui doit en outre de nombreuses communications aux sociétés savantes sur des sujets analogues.

M. le D' Georges Poyet a été nommé médecin en chef du Conservatoire de Musique de Paris, en remplacement du D' Guggenheim, en 1901. Il est chevalier de la Légion d'honneur.

FIN DU QUATRIÈME VOLUME

www.ingramcontent.com/pod-product-compliance
Lightning Source LLC
Chambersburg PA
CBHW050544170426
43201CB00011B/1562